黑河市爱辉区志

（1983—2005）

爱辉区志编纂委员会　编

方志出版社
Publishing House of Local Records

图书在版编目（CIP）数据

黑河市爱辉区志. 1983—2005 / 黑河市爱辉区地方志办公室编. —北京：方志出版社. 2018. 5
ISBN 978-7-5144-3072-1

Ⅰ. ①黑… Ⅱ. ①黑… Ⅲ. ①区（城市）—地方志—黑河—1983-2005 Ⅳ. ①K293.54

中国版本图书馆CIP数据核字（2018）第101251号

黑河市爱辉区志（1983—2005）

编　　者：黑河市爱辉区地方志办公室
责任编辑：梅中英
出 版 人：冀祥德
出 版 者：方 志 出 版 社
地址　北京市朝阳区潘家园东里9号（国家方志馆4层）
邮编　100021
网址　http://www.fzph.org
发　　行：方志出版社图书经销中心
电话（010）67110500
经　　销：各地新华书店
印　　刷：南京四彩印刷有限公司
开　　本：889 × 1194　　1/16
印　　张：57.5
字　　数：1714千字
版　　次：2018年5月第1版　　2018年5月第1次印刷
印　　数：0001 ~ 2000册
ISBN　978-7-5144-3072-1　　**定价**：560.00元

黑河市爱辉区志编纂委员会

黑河市爱辉区志编纂人员

主　　编　孙运才

总　　纂　孙运才

副 总 纂　傅静华　张德玉

编　　辑　孙运才　张德玉　何玉霞　张　瑜

照片编辑　孙运才

照片提供　孙运才　吴边疆　赵恭民

终　　审

黑龙江省地方志办公室

刘树波　梁　辰

黑河市地方志办公室及有关县（市）地方志办公室

田桂珍　岳月美　傅静华　赵　颖　蒋南京

潘树仁　闫　岩　于志坚

特约审稿　祁学俊　白常祥　何常荣

序（一）

爱辉地处祖国北疆，黑龙江右岸，小兴安岭南麓，与俄罗斯阿穆尔州及其首府布拉戈维申斯克市隔江相望，历史厚重、文化多元、生态优良、资源富集，素有塞外名城、北疆锁钥之称，是自然人文交汇之城、边疆风情孕育之地。从黑龙江将军府、副都统衙门的设立，到《尼布楚条约》《瑷珲条约》的签订，"庚子俄难"的爆发，再到保家卫国的壮举，爱辉人民用不畏牺牲、寸土不让的家国情怀，书写了"英雄之城、爱国之民"的悲壮历史。曾经的肃慎、东胡、挹娄、室韦、女真等土著居民，如今的满、汉、鄂伦春、鄂温克、达斡尔等各族人民，在爱辉大地上，用勤劳、勇敢、智慧谱写了开发边疆、保卫边疆、建设边疆的壮丽篇章，为祖国统一、社会发展和文化传承作出了卓越贡献。

1983年，国务院批准撤销爱辉县，将行政区域并入黑河市（县级），1993年，国务院批准撤销黑河市（县级），设立黑河市（地级）爱辉区，两次历史性转折给爱辉带来了前所未有的发展机遇和挑战，历届区（市）委、区（市）政府团结带领全区各族人民，高举中国特色社会主义伟大旗帜，抢抓机遇、开拓进取、拼搏实干，加快推动美好爱辉建设，全区（市）经济和社会事业取得了长足进步，城乡面貌发生了翻天覆地的变化，入选国家级生态区、国家园林城、卫生城、环保模范城，荣获全国民族团结进步模范集体三连冠。由昔日的边陲小镇发展成为全国重要的沿边开放城市。综合实力和发展活力不断增强，经济总量稳步增长，农业和农村经济全面发展，工业经济不断壮大，基础设施日趋完善，对外开放成果辉煌，相继开创了中俄合作史上边境贸易、边境旅游、金融结算、经济合作、微波通讯"五个第一"，经济、民主政治、法治建设、文化、社会、生态文明、党建等重点领域改革取得了显著成效。

盛世修志，续著新篇。地方志是历史智慧的结晶，是维系中华民族血脉亲情的重要力量，是存史、育人、资治的重要载体。《黑河市爱辉区志》的编纂，几度寒暑，数易其稿，终于付梓出版，它用翔实的史料，勾画了从爱辉县到黑河市（县级）、再到爱辉区23年来美好发展的清晰脉络，再现了爱辉人民顽强不屈的奋斗历程，记录了爱辉大地激荡人心的沧桑巨变，为当代提供了资政辅治之参考，为后世留下了堪存堪鉴之记述。

以史为鉴可以知兴衰、明得失、察未来，《黑河市爱辉区志》必将增进我们对养育我们的这片土地的真切了解，加深对家乡的热爱之情，激励我们在习近平新时代中国特色社会主义思想的指引下，紧紧围绕争创中国历史文化名城、幸福爱辉首善之区、绿色发展践行区、中俄地方合作交流示范区、中国人口资源环境协调发展的国情标识区、民族团结进步示范区、东北振兴合作的产业承载区等"一城六区"的发展理念，以史为鉴、解放思想，艰苦奋斗、拼搏进取，携手共创爱辉更加美好的明天。

中共黑河市爱辉区委书记 张建国

2018年10月

序（二）

历史车轮滚滚向前，时代潮流浩浩荡荡。渐次打开1983年以来爱辉的历史发展轴卷，一代又一代爱辉人励精图治、劈波斩浪的奋斗成就映入眼帘：率先打开了中断20年的中苏边境贸易大门，创造了跻身“全国百强县”的骄人业绩，迈出了“两撤两建”体制变革后“市区一体化”发展的铿锵步伐。爱辉的发展既有凌云之志、又有笃定之行，这段奋斗历史栉风沐雨、沧桑砥砺、倍道兼程，彰显了爱辉人团结奋进、自强不息、勇创一流的坚强力量。

《黑河市爱辉区志》的付梓出版，是全区政治、经济、文化、社会建设过程中的一件大事要事。编纂这部近180万字的《黑河市爱辉区志》是一项浩繁巨大的系统工程，凝聚了编纂人员的大量心血和艰辛汗水。它既是一部记载爱辉区情的百科全书，也是一部内容翔实的大型工具书，为社会各界认识爱辉、了解爱辉提供了载体和窗口，功在当代，利在千秋。

一个时代有一个时代的印记，一代人有一代人的担当。读志鉴古知今，用志经世兴邦。重视历史、研究历史、借鉴历史，可以给我们带来更多了解昨天、把握今天、开创明天的智慧。通阅这部志书，为全区上下过去20多年取得的巨大成就感到振奋和自豪，同时也深感肩负的使命和责任重大。进入新时代，恢弘壮阔的征途在我们面前徐徐展开，让我们依托一以贯之、一脉相承的深厚积淀，与时俱进，开拓创新，奋勇前行，坚定地走出一条质量更高、效益更好、结构更优、优势充分释放的发展新路，为爱辉区的全面振兴、全方位振兴而努力奋斗。

中共黑河市爱辉区委副书记、区长 周强

2018年10月

凡　例

一、以马克思列宁主义、毛泽东思想、邓小平理论“三个代表”重要思想、科学发展观、习近平新时代中国特色社会主义思想为指导，坚持辩证唯物主义和历史唯物主义的立场、观点和方法；实事求是地记述爱辉区（包括原黑河市县级）1983—2005年的发展过程，重点反映全区各方面的改革、发展与提高。本志编纂力求体现历史原貌，突出爱辉边境特点和时代特色；力求做到思想性、科学性和资料性的高度统一。

二、本志为续志，记述上限自1983年6月原爱辉县并入原黑河市时起（即承接《爱辉县志》），下限至2005年12月底。

三、本志全面记述反映爱辉区的发展和现状，重点记述全区经济、政治和各项社会事业发展的情况。全志分篇、章、节、目四级排列，共27篇114章523节。志前设总述和大事记，后有附录和编后记。全志共计170余万字。

四、本书体裁以志为主，辅以述、记、图、表、录等体裁。横排门类，纵述史实；以类系事，以事系人。记述语言为规范的现代语体文，本书所涉及法律、法规，首次出现时使用全称，再次出现时用简称。

五、民国前使用朝代年号纪年，括注公元年份，同一朝代年号在同一条目中只在首次出现括注。民国后使用公元纪年。本志所称“黑河”多数是专指市区这一特定地域（即当地人的习惯称呼），或亦指现黑河市和原黑河地区。1956年，汉字改革瑷珲县改为爱辉县；1980年11月15日，爱辉县分建黑河市（县级）；1983年6月，爱辉县并入黑河市（县级）；1993年4月1日，黑河地区撤地变黑河市（地级），黑河市（县级）改建为黑河市（地级）爱辉区；本志名称记述按其改称时间自然变动，不作特别说明。

六、按照“生不立传”的修志原则，本志只为烈士和已故的先进人物写了传略。模范人物简介仅限于国家级，模范人物名录只限于省级以上者；区（市）曾任领导人简介限于2005年末之前任正职者；专业技术人才简介仅限于政府特殊津贴获得者；专业技术职称人员名录限于副高级职称以上者。

七、本志资料来源于全区各乡镇、各部门撰写人员撰写的初稿和提供的资料，部分内容由志办编纂人员根据档案资料摘录整理，同时借鉴了《黑河地区志》《爱辉县志》和正在编纂的《黑河市志》等方志资料；经济数据以统计局公布的数据为准。

湿地（上马厂乡）

2003年7月摄

春暖花开（上马厂乡） 2004年4月摄

山野风光（上马厂乡） 1998年6月摄

蓝天白云（张地营子乡）　2005年6月摄

山青水秀（上马厂乡）　2004年6月摄

森林（胜山保护区）

2002年6月摄

盛开的达紫香（上马厂乡） 2005年5月摄

雾凇（卧牛湖） 2005年12月摄

金山银山（上马厂乡）　2005年12月摄

银装素裹（新生鄂伦春族乡）　2001年12月摄

市区新貌

2005年7月摄

王肃街 2005年6月摄

中央步行街 2005年6月摄

黑龙江公园 2005年12月摄

环城路 2005年7月摄

通江路 2005年7月摄

站前广场 2005年7月摄

黑河火车站

2005年9月摄

黑河国际公路客运站

2005年9月摄

黑河机场　　2005年8月摄

黑河码头　　2005年10月摄

黑河口岸　　2005年9月摄

鄂伦春族学生课间活动
2004年9月摄

群众文艺演出　2005年9月摄

群众业余文化生活
2005年9月摄

俄罗斯商品街　2005 年 9 月摄

中俄儿童庆“六一”活动
2005 年 6 月摄

中外游客出入境
2004 年 7 月摄

黑龙江冬季对俄贸易
1993 年 12 月摄

黑龙江流冰期汽垫船运输
2002 年 11 月摄

俄罗斯游客购买商品
2004 年 5 月摄

瑷珲历史陈列馆

2005年9月摄

知青博物馆　　2005年12月摄

鄂伦春族篝火狂欢　　2005年8月摄

卧牛湖水上冲浪
2005年8月摄

冬泳　　2005年2月摄

滑雪　　2005年12月摄

农民新居　　2005年9月摄

村屯街道　　2005年9月摄

农村休闲广场　　2005年9月摄

农业示范园区　　2005年6月摄

丰收　　2001年10月摄

鄂伦春族农民购置大型农机具
2005年4月摄

秋整地　　2005年4月摄

卧牛湖水库　2000年9月摄

奶牛　　1998年7月摄

驼鹿

棕熊

狍子

蓝莓

木耳

榛蘑

灵芝

猴头

黄花

金莲花

红树梅

黑河市爱辉区政区图

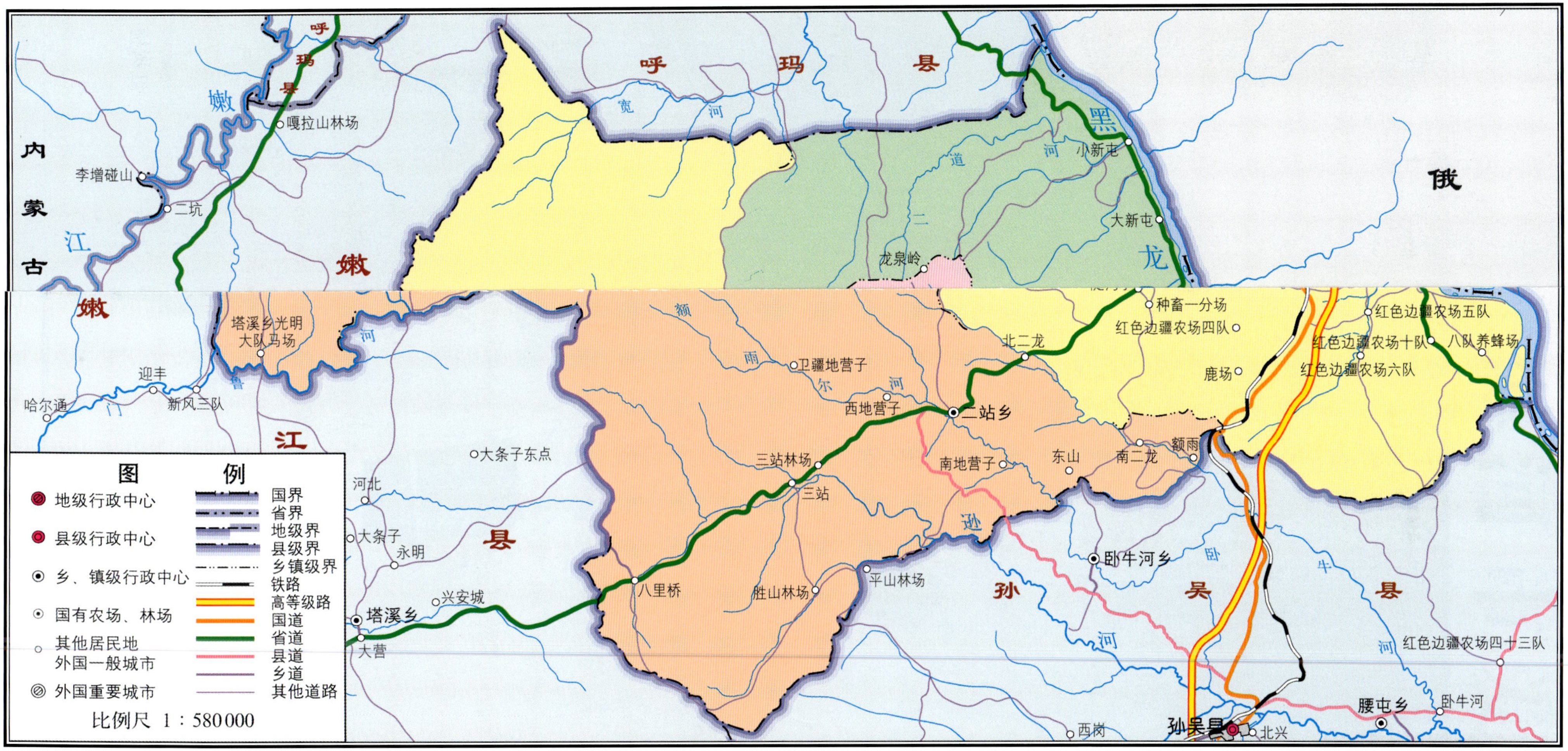

哈尔滨地图出版社　编制　　黑S（2017）149号　　资料截止到2005年

区街区图

资料截止到2005年

目　　录

第一篇　自然环境

第二篇　政区　建置

第三篇　城乡建设　环境保护

第四篇　经济综合管理

第五篇　金　　融

第六篇　农　业

第七篇　林　　业

第八篇　水　　利

第九篇　工　　业

第十篇　交通　邮政　通信

第十一篇　商业　贸易　旅游

第十二篇　中国共产党

第十三篇 人民代表大会

第十四篇　人民政府

第十五篇　政治协商会议

第十六篇　民主党派　群众团体

第十七篇　人事　劳动　民政

第十八篇　法治　军事

第十九篇　精神文明建设

第二十篇　教育　科学技术

第二十一篇 文化 体育

第二十二篇　卫　生

第二十三篇　社会生活

人　　物

附　　录

黑河市爱辉区志（1983—2005）

◎总　述

总　述

一

黑河市爱辉区位于黑龙江省北部，地处北纬49°31′～50°51′，东经125°52′～127°39′之间，边境线长184.3千米，东隔黑龙江与俄罗斯阿穆尔州及其首府布拉戈维申斯克市相望，西接嫩江县，南联孙吴县，北邻呼玛县。爱辉区总面积14 446平方千米。2005年末，爱辉区总人口为197 240人，全区平均每平方千米14人。共有26个民族。除汉族外，主要有满族、达斡尔族、回族、蒙古族、鄂伦春族、朝鲜族等少数民族。2005年，爱辉区辖3个镇、8个乡（3个少数民族乡）、4个街道办事处（12个社区）、89个行政村及15个国营农林牧场。

清朝初期瑷珲区域由盛京总管、盛京昂班章京管辖。清康熙元年（1662年），瑷珲区域归宁古塔将军管辖。清朝康熙时期，在今爱辉镇始设置了黑龙江将军衙门，辖管黑龙江两岸广大地区。民国时期设置瑷珲直隶厅及瑷珲县公署。1933年春日本侵略者侵占瑷珲，建立了伪政权。1945年8月苏联红军出兵东北解放黑河，中共黑龙江省委于当年11月派出干部队进驻黑河，建立了黑河地区行政办事处和瑷珲县人民政府。瑷珲县民主政权建立后历经瑷珲县人民政府、人民委员会（1956年瑷珲县改为爱辉县）、革命委员会、再到恢复人民政府等沿革变化。1980年12月，爱辉县的黑河镇、幸福公社、西岗子煤矿、宋集屯煤矿、东方红煤矿，分出组建黑河市（县级）。1983年6月，爱辉县并入黑河市。1993年4月，以原黑河地区组建黑河市（地级），以原黑河市组建黑河市爱辉区（县级）。黑河市（地级）、爱辉区（县级）的领导体制从1993年4月1日起实行。

爱辉区与俄罗斯布拉戈维申斯克市一江之隔，独特地缘优势使对外贸易迅速崛起。1987年9月1日，双方恢复了中断20年之久的边境贸易。1990年，按照“南联北开”全方位开放的战略，加速对外开放步伐。对外贸易中，以易货贸易为突破口，拓宽贸易领域，向苏联腹地扩展。1992年，国务院批准黑河市为国家级首批沿边开放城市。确立了“以边境贸易合作为先导，以资源开发、经济技术合作为重点，以出口加工和第三产业为依托，积极发展外向型农业和高科技产业，带动经济和社会协调发展的多功能现代化的国际性口岸城市”的发展目标。边境贸易由单一的易货贸易向经济技术合作、劳务合作等多种形式发展。以边境贸易为龙头的对外贸易活动为爱辉区开发、建设注入了新的活力。

爱辉区西依小兴安岭山脉，东靠黑龙江，境内群山连绵起伏、河谷纵横交错，形成低山、丘陵漫岗、盆地、平原河谷地貌特征。植被发育良好，构成以森林为主体、沼泽草甸为辅的自然生态植被体系。爱辉区地处中高纬度。属寒温带大陆性季风气候。冬季受极地大陆气团影响，常为蒙古高压所控制，在其影响下天气严寒而干燥；夏季受东南季风影响，气候温和，降水集中，光照时间长；春季多偏南大风，降水少，易发生干旱；秋季则降水集中，常有早霜危害。爱辉区境内一年四季气候特征显著。区境内复杂的地形，又造成同一季节不同地域的气候差异。

爱辉区自然资源丰富。区属耕地面积为86 812公顷，农村人均占有耕地1.55公顷，耕地的特点是肥沃、连片、平坦，适宜农业机械化作业，盛产小麦、大豆，是全省小麦、大豆的主产区，已成为国家重要的商品粮和大豆基地。爱辉区属黑龙江省地方林业最大的国有林区，占全省地方林业的1/5，占全

白桦林　2005年9月摄

市林业的1/3。爱辉区林业经营总面积120万公顷，林业用地面积99万公顷，非林业用地面积21万公顷。有林地面积860 077公顷，活立木总蓄积量51 609 150立方米，森林覆被率64.5%。主要树种有落叶松、云杉、红松、樟子松、柞树、椴树、白桦树、杨树等。爱辉区境内草原资源丰富，主要分布在西部及北部山区。全区草原面积为11.82万公顷，载畜量59.12万个羊单位，全区草场可供饲用植物200余种，有饲用价值的61种。具有发展畜牧业良好的自然条件和优势。爱辉区地处黑龙江的上、中游右岸，黑龙江流经全区境内全长184.3千米，全区境内共有法别拉河、公别拉河、石金河等大小河流60余条，自然泡沼182处，全区总水面19万余亩。鱼类组成分别隶属于18科58属75种，鳇鱼、鲤鱼、大马哈鱼、“三花五罗”(“三花”即鳌花、鳊花、鲫花，“五罗”是哲罗、雅罗、法罗、铜罗、胡罗)等较为出名。爱辉区水产养殖资源十分丰富，水域类型齐全。水质清澈无污染，适合温水性鱼类、冷水性鱼类生长栖息，适于发展绿色生态水产养殖。黑河市爱辉区境内共有大小河流60余条，分别属于黑龙江和嫩江两大水系。其中有26条河流域面积在200平方千米以上。全区平均降水量519.9毫米，平均径流总量19亿立方米，地下水储量约有6.7亿立方米。爱辉区水资源丰富，开发利用潜力巨大。爱辉区幅员辽阔，境内江河纵横，林草茂密，自然条件十分优越，形成了区内土特山产资源丰富，品种繁多的特点。植物种类达500余种。除森林植物及天然牧草优势外，还有药用植物如黄芪、刺五加、百合、芍药、苍木、柴胡、党参等400余种。食用野果有都柿、山丁子、稠李子、忍冬等；山野菜有蕨菜、黄花菜、薇菜、老山芹、狍爪菜等几十种；食用菌有木耳、蘑菇等。年蕴藏量约8万多吨。由于森林面积大，区域内野生动物数量较多。珍贵动物有马鹿、驼鹿、棕熊、黑熊、狍、野猪、狐狸、猞猁、旱獭、紫貂、黄鼬、灰鼬、獾子等；还有花尾榛鸡、黑琴鸡、天鹅、鸳鸯、稚鸡、松鸡等飞禽，共40余种。全区有206种鸟类，其中白鹳、黑鹤、猫头鹰、金雕、鸳鸯等为主要珍稀鸟类。

爱辉区的地质构造体系(大地构造)属于兴安岭——内蒙地槽褶皱区。受地质、植被、气候条件影响和在复杂的地质建造和多旋回造山运动及内外营力长期作用下，形成了丰富多样的矿产资源。已探明的矿产有褐煤、黄金、铜、银、硫、锡、石灰石、沸石、云母、大理石、磁化铁、硫化铁、钛化铁、重晶石、石英砂、辰砂、陶土、油页岩、方铅矿、玛瑙石、铅、锌、铀、铬和玄武岩、浮石、火山灰、火山渣等69种。其中以煤炭、黄金储量最为丰富，还有储量可观的大理石、石灰石、玄武岩、珍珠岩、石英砂、铜、锌、钼、硅石等。爱辉区矿产资源丰富，且分布集中、矿种优势明显，利于形成产业规模，开发利用前景广阔。

爱辉区拥有得天独厚的旅游资源，境内湖泊棋布、河流纵横。有闻名遐迩的瑷珲古城和瑷珲历史陈列馆。界江、冰雪、森林、人文历史、民俗风情等构成了爱辉区发展旅游业的资源优势，蕴藏巨大的开发潜力。

二

随着经济体制改革的不断深入，爱辉区的经济发生了巨大而深刻的变化，经济持续稳定增长，经济发展步伐不断加快，经济综合实力明显增强。改革开放以来，爱辉区以经济建设为中心、实施“内改外联、综合开发、建港通贸、兴边富民”的战略方针，对外开放领域和规模不断扩大，边境贸易和经济技术合作迅速发展；经济发展取得了令人瞩目的成就，生产力水平得到了显著提高。1994 年全区国内生产总值为36 792万元。到 2005 年全区生产总值为49 014万元。1983 年全市财政收入4 957万元，2005 年，爱辉区财政总收入达到27 595万元。

秋收　　2003 年 10 月摄

大力发展农业，实现由传统农业向现代农业的转变，全面发展和繁荣农村经济。1984 年，开始在农村推行经济体制改革，农村原有的“集体所有、统一经营”的模式被打破，土地的所有权和经营权分离，1995 年，爱辉区按照明确所有权、稳定承包权、搞活使用权的“三权分离”的原则，逐步健全农村土地流转机制，1998 年，全区农村第二轮土地承包得到全面落实。2000 年，开始推进农村税费改革试点工作。随着税费改革的深入，改革成果凸显。2004 年，全区农村各项改革全面推进，全区免征农业税及乡村提留统筹，落实了“一免两补”等国家多项惠农政策，在对农民全部免征农业税的基础上，发放粮食补贴资金、良种补贴资金。解放了生产力，调动了农民的生产积极性。科学种田和农业生产新技术得到普及，全区粮食单产和总产逐年提高。政府积极支持创办农机合作社并给予农民购买大机械补贴，农业机械化程度逐年提高。畜牧业从单体散养逐步发展为规模养殖。渔业生产从自然捕捞、粗放养殖发展为大面积人工养殖和精细养殖。农业气象服务为农业发展提供了安全保障。国家和当地政府加大投资实施农业综合开发，改善了农村基础设施和农业生态环境，增强了农业发展后劲，提高了农作物产量和农业的经济效益，农业和农村经济取得了快速发展。2005 年，全区粮食种植面积达到 117.3 万亩，总产量 14.86 万吨，比 1983 年种植面积增加 83.2 万亩，产量增加 6.07 万吨；农业总产值 4 亿元，为 1983 年的 8.6 倍。农民人均年纯收入3 237.1元，为 1983 年的 7 倍。拖拉机保有量达到5 000余台，机械化程度四项（机耕地、机播地、机中耕、机收获）综合指数达到 95.25%。全区奶牛存栏 5 208 头，黄牛存栏 20 568 头，山绵羊存栏 72 873 只，生猪存栏 7 289 头，家禽存栏 89 900 只。

强化工业企业在国民经济中的主导地位，加快改革开放步伐，振兴全区工业企业。爱辉区（黑河市）国有和集体企业，先后实行了承包经营、租赁经营和股份制改革；推行了厂长负责制；进行了剥离经营、分级分权和“一企多制”等产权制度改革；在国有企业实行民营化、私营化改革。爱辉区不断推进“强区升位”战略目标的进程。工业经济结构得到进一步优化,矿产资源开发、农副产品深加工、绿色食品等产业成为工业经济主体。2005 年,全口径工业企业利税完成1 180万元。规模以上工业企业完成增加值1 782万元。区属 167 家国有和集体企业完成产权制度改革,实现了国有资本的有序退出。改革开放以来,爱辉区工业企业得到长足进步和发展。

大力发展服务行业和商品流通,服务城乡居民。随着国家计划经济向社会主义市场经济的不断推进和市场机制的不断变化,黑河市国营商业、供销社商业、粮食企业、物资企业的经营和管理体制进行了一系列改革。引入竞争机制,商贸企业全面走向市场;在社会主义市场经济体制下,私营经济和股份制、合资制等多种贸易形式迅速发展,国营商贸业逐步被以私营为主的多种经贸形式所替代。爱辉区社会服务设施建设得到长足发展,社会服务设施建设已初具规模,口岸城市功能日趋完善。餐饮、住宿、娱乐等服务业日益繁荣。市区主要商业区以中央街为主线,街道两侧商铺林立,拥有东、西农贸市场,大黑河岛国际商贸城、俄罗斯商品一条街等,吸引着国内外旅游者前来购物、游览。到2005 年,经过集中建设,爱辉区所管辖的各类市场为 17 处,场内固定经营业户4 512户(包括早晚市等季节性经营者),营业面积62 542平方米,摊位数4 637个,年成交额16 368万元。1983 年,全市社会商品零售额为7 973万元,其中,消费品类为6 512万元,占总额的 81.7%,农业生产资料类为1 461万元,占总额的 18.3%。到 2005 年社会消费品零售总额为16 394万元。2005 年,全区个体、民营企业累计发展到4 394家,从业人员10 947人;实现营业收入 3.62 亿元,上缴税金3 172万元。

对外开放领域和规模不断扩大,边境贸易和经济技术合作迅速发展。2005 年,全区注册经营的边贸企业达 60 多家,1988—2005 年对外贸易进出口总额实现24 539.9万美元。对外开放领域和规模不断扩大,边境贸易和经济技术合作迅速发展。边境贸易和经济技术合作的逐步兴盛,促进了地方经济的全面发展。

三

城乡建设快速发展,城乡面貌日新月异。改革开放后,爱辉区(黑河市)城乡建设飞速发展,城乡面貌发生了翻天覆地的变化,市容市貌焕然一新。1983 年县市合并后,加大了城市建设投入,加强基本设施建设,提高了城市整体功能。随着黑河与俄罗斯布拉戈维申斯克市友好往来不断深入,相继开通了中苏边境贸易和旅游,国内外游客和客商大量涌入黑河,加速了黑河市区基础建设。1993 年“两撤两建”? 说明文字,爱辉区成为黑河市的唯一行政区,市区规模不断扩大,基础设施建设不断完善,城市整体功能进一步提高,到 2005 年黑河城区建设已初具规模。机场、港口、车站、热电厂均已投入使用。黑河市区和爱辉镇作为旅游名城(镇)每年迎接国内外大量游客旅游观光,大黑河岛中俄民

黑河市城区建设　　2005 年 7 月摄

贸市场投入使用，市区对俄旅游者开放，黑河这一边疆重镇逐渐发展成为国际商贸业、国际旅游业等综合性的多功能现代化、国际性的沿边开放城市并蜚声于海内外。截至2005年，黑河市区道路面积达到118万平方米，人行道面积达42万平方米，人均城市道路面积8.61平方米。供水管线总长度达到160千米。黑河市区污水排放总量为750万立方米，排水管道总长53千米，排水管道密度为2.86千米/平方千米。黑河热电厂已建成“七炉四机”规模，总装炉容量475T/H(5台65T/H次高压沸腾炉、2台75T/H循环流化床锅炉)，装机54兆瓦。在市区建有24个换热站。黑河市区人均园林面积达到4.77平方米，城市绿化覆盖面积达到210万平方米。黑龙江公园、龙滨公园等公用设施相继建成并投入使用，城市基础设施配套齐全，功能日趋完善。全区乡村建设得到快速发展，1983—2005年，村镇建设用于公用设施投资8 078.45万元，共铺装道路8 989千米；用于公共建筑投资6 213.60万元，完成建筑面积为12 2175平方米；用于生产建筑投资2 299.72万元，完成建筑面积为48 033平方米；用于住宅建设投资14 903.91万元，共建房屋7 045户，建筑面积56.19万平方米。

爱辉区的交通运输业在改革开放后得到快速发展。1984年黑河机场重建工程开始动工，1985年11月新建的黑河机场正式投入使用。2000年黑河机场扩建工程开工建设。2003年10月1日扩建工程全部完工，新扩建后的机场为4C级机场，跑道长2 500米，宽45米，可起降B－737、MD82等中型飞机；同时新建的市区至机场15.5千米公路建成通车。1987年与俄布市开通夏季水路和冬季冰上客货运输以后，1993年引进新型气垫船，并于当年开通黑河—布拉戈维申斯克流冰期和结冰期客运航线，实现了黑龙江水上全年四季无间断运输。1986年恢复重建北黑铁路，1989年全线通车营运，到2005年已开通黑河—哈尔滨、黑河—齐齐哈尔等多条线路。至2005年末，全区公路总里程已达1 479.06千米，形成了以市区为中心的扇形辐射道路网络，实现了邻县相通、区乡相通、乡乡相通的道路格局。爱辉区已经形成公路、铁路、水路、航空立体交叉、纵横交错的交通网络。

四

全面发展各项社会事业，维护社会和谐稳定。全区科学技术事业不断发展，相继实施推广了星火计划、丰收计划、重大项目攻关计划、科技兴农(粮)计划、农业技术推广、科技示范园区、绿色农产品和山珍产品开发、北药开发等专项重点科研项目和科研成果；利用多种形式为农民开展科技培训和服务，现代科学知识和先进的实用技术在全区广大农村得到广泛宣传和落实。至2005年，全区有各级各类科技人员2 623人。其中，正高级专业技术职务资格36人，副高级443人，中级、初级2 144人；各行业科技成果研发工作得到足够重视并取得骄人业绩，在种植业、农机、工业、畜牧、林业、卫生等战线共有45项科技成果分别获得市级(地区)一、二、三等奖；科学技术的全面进步和广泛普及，有力地促进了全区经济发展。

爱辉区教育事业全面发展。幼儿园、中小学校办学条件逐年改善，基础教育教学改革全面开展，教学质量不断提升；少数民族教育和特殊教育得到国家相关政策的扶持，均有长足进步。到2005年，全区幼儿教育已建成省级示范园1所、区级一类园4所、二类园25所、三类园18所，初步形成了高、中、低档次与大、中、小规模相结合的格局。义务教育经过“六五”至“九五”期间的巩固、改革、调整、发展，“十五”期间全区累计投入基本建设资金4 508万元，新建校舍3.7万平方米；通过布局调整，全区11个乡镇有10个乡镇实现集中办学，中小学校从2001年的131所合并到2005年的23所；在校生共计17 319人，其中小学11 224人，初中6 095人；小学毕业生合格率98.2%，初中毕业生合格率提高到96.3%。全区有教职工1 401人，专任教师1 318人；专任教师学历达标率分别为小学100%、初中97%、普通高中96%、职业高中89%。

爱辉区文化事业得到发展和繁荣，群众文体活动丰富多彩，文学艺术创作成果丰硕，文化市场得到有序管理,边疆厚重的历史文物得到有效保护;广播电视、档案管理和地方志编纂等事业不断发展。体育事业广泛普及,把增强人民的体质,提高全民的健康水平,作为根本任务。为国家培养输送了大批体育人才并有多人成为国家级竞技运动员,在全国和国际比赛中取得较好名次,为家乡和祖国争得了荣誉。随着人民群众物质生活水平的提高,精神生活不断丰富,群众自发的文体活动逐步开展起来。居民群众利用黑龙江公园、龙滨公园、居民小区休闲广场等场地开展了群众大秧歌、健身舞、交谊舞、歌咏大家唱等丰富多彩的文体活动,每项活动有数十人至数百人参加。爱辉区文学艺术创作活动日益活跃,创作体裁逐渐丰富,一批反映现实生活和历史事件的文学作品相继问世,并且有部分优秀文学作品获得国家、省、市级多种奖项。同时,涌现出一批文学艺术爱好者,文学创作队伍不断发展壮大,层次不断提升。优秀创作者被吸收为黑河市作家协会、省作家协会会员或其他艺术协会会员。全区有线电视入户率达98.8%。

爱辉区卫生事业得到加强和全面发展,形成了以黑河市第二人民医院为核心的医疗体系,以爱辉区妇幼保健院为主的妇幼保健系统,以爱辉区农村疾病控制中心为主体的农村防病控制网络;全区医疗、预防保健网点布局较为合理、各项功能完善、人才结构合理、医疗技术水平不断提高、医疗设备先进,形成具有一定规模,集医疗、疾病控制、预防保健,教学科研为一体的卫生医疗体系。全区医疗卫生机构有黑河市第二人民医院、爱辉区妇幼保健院、爱辉区农村疾病控制中心、中央街门诊部(原商业职工医院)、11个乡镇卫生院,113个村卫生所,28个社区卫生服务站。2005年,全区城乡卫生系统有专业人员483人。有主任医师6人、副主任医师38人,其中女副主任医师9人。有主治医师167人,其中女主治医师138人。有初级职称118人,其中女医师103人。乡镇卫生院有专业技术人员158人,其中主治医师60人,医师98人。

五

人民生活水平和生活条件日益提高,生活质量显著提升,消费档次不断增强。爱辉区随着改革开放的不断深入,经济发展迅速,社会产品极大丰富。基本公共服务逐渐完善,物价总水平基本稳定,居民收入不断增加。1983年,城镇居民人均收入为1 066元,到2005年城镇居民人均收入8 047元。1983年农村人均收入为649元,2005年全区农民人均纯收入3 237元。到2005年,城镇居民人均住宅使用面积增加到18.63平方米,农村人均住房面积达18.75平方米。随着城乡居民收入不断增加,居民购买力不断增强。1983年社会商品零售总额8 216.1万元,其中城镇居民消费品零售额达到5231.2万元,占社会商品零售总额的63.7%。2005年,城镇居民消费总额12 127万元。农村居民消费支出总额6 520万元,其中,食品消费支出1 815万元,衣着消费支出518万元,家庭设备和用品及服务类支出200万元,医疗保健类支出571万元,交通通信类消费支出592万元,文教娱乐用品及服务类支出842万元,居住消费支出624万元,其他商品和服务支出196万元。爱辉区全面落实民族政策,争取各类资金扶助民族区域经济和社会事业发展,民族乡村经济和基础建设得到较快发展,少数民族群众生活富裕、和谐、安定。全区人民安居乐业,幸福指数不断提高,人民群众幸福感不断增强。

改革开放以来,中共爱辉区委、区政府带领全区人民坚持以经济建设为中心,坚持改革开放,与时俱进,攻坚克难,务实创新,经济建设和社会各项事业都取得了巨大成就。明天的爱辉更加美好,人民生活更加幸福。

◎大事记

大 事 记

1983 年

3 月 1 日 中共黑河市委、市政府决定,在“全民文明礼貌月”活动中开展五项活动:一是抓好共产主义思想教育,大力提高人民群众的思想觉悟;二是开展向雷锋学习,“争当 80 年代雷锋”的活动;三是继续治“脏”,创造优美的环境;四是抓治“差”,搞好优质服务;五是抓治“乱”,建立优良秩序。

3 月 24 日 爱辉县被国务院列为“国家商品粮基地试点县”。

5 月 30 日 召开黑河市与爱辉县移交会议。地委副书记王德祜主持会议并讲话。会上,爱辉县委副书记王国生代表爱辉县向黑河市移交工作。

6 月 1 日 召开黑河市、爱辉县合并大会。爱辉县所属机构全部并入或划归黑河市。

6 月 根据中央、国务院指示精神,黑河市在四嘉子公社开展政社分开、建立乡政权的试点,撤销四嘉子公社党委,建立四嘉子乡党委。

7 月 11—13 日 政协黑河市首届委员会第三次会议召开。会议学习六届全国人大一次会议和全国政协六届一次会议重要文件,补选了政协黑河市首届委员会主席、副主席。此次会议是在市、县合并后召开的,黑河市和原爱辉县共 102 名政协委员出席会议。

7 月 12—13 日 黑河市首届人民代表大会第三次会议召开。市、县合并后应到人大代表 307 名,出席会议代表 275 名,列席人员 15 名。会议根据国务院决定,对市国家权力机关工作人员进行了调整。

7 月 16 日 中共黑河市委、市政府在爱辉镇举行魁星阁重建落成典礼,市委书记张贵生为魁星阁落成剪彩。

8 月 20—21 日 新生公社召开庆祝鄂伦春族下山定居 30 周年大会。省委书记李立安参加会议并作讲话。国家民委代表团团长李鸿范,省代表团黑河分团团长李敏,地委书记王海彦,市委书记张贵生分别发表讲话,祝贺鄂伦春族定居 30 周年。大兴安岭、嫩江等地、市代表团向大会赠送锦旗和礼品。

9 月 3 日 黑河市撤销爱辉人民公社和西岗子人民公社,设立爱辉镇和西岗子镇。

9 月 13 日 一场罕见的大暴雨袭击黑河市,持续 1 小时 59 分钟,总降雨量达 83.5 毫米。暴雨过后,全市城乡2 500余户房屋进水被淹,郊区3 645亩菜地,59 800亩小麦、玉米地被淹,冲毁农田涵洞 33 处。灾情发生后,黑河市委、市政府立即组织力量抢险救灾。

11 月 28 日至 12 月 4 日 中共黑河市委、市政府召开农村工作会议。各公社、农林牧场党委书记、管委会主任、场长、党群书记、宣传委员、生产大队党支部书记、生产队长,市直有关部门的领导共 385 人参加会议。会议传达省委五届二次全委(扩大)会议和省委工作会议精神。市委书记张贵生作了题为《坚定信心,继续前进,努力开创农村工作的新局面》的报告,市委副书记、市长宫海林宣读《关于黑河市 1984 年至 1985 年林工商综合经营方案》,市委副书记王国生宣读《关于稳定完善联产承包责任制》,王恩久宣读了《关于今年收益分配意见》,张中元发表《关于加强精神文明建设清除精神污染》的讲话。会议交流了农业生产责任制和建设文明村方面的经验。

1984 年

2 月 12 日 黑河市第一副食品商店营业大楼建成开业。

2 月 23 日 为纪念苏联红军建军 66 周年,黑河市政府、中苏友好协会黑河市分会向苏联红军烈士塔献了花圈。

3 月 9 日 为进一步落实党的知识分子政策,切实解决专业技术干部在工作、生活等方面的实际问题,调动和发挥专业技术干部的积极性,市委、市政府制定并下发《专业科技干部政治、生活待遇的 11 条暂行规定》。

3 月 黑河市橡胶厂生产的翻新胎在黑龙江省翻胎质量考核评比会上获得第一名。

同月 黑河市农村实行政社分开,建立乡(镇)政权,将原有 11 个公社改建为 11 个乡(镇)。至此,全市共有 11 个乡(镇),即幸福乡、四嘉子乡、爱辉镇、西岗子镇、上马厂乡、张地营子乡、西峰山乡、新生乡、罕达汽乡、北师河乡、二站乡,并建乡(镇)党委和政府及经管会。

4 月 16—17 日 中共黑河市委召开全委(扩大)会议,传达学习了省、地委领导的有关讲话,听取市委领导赴绥化、松花江地区参观学习的经验介绍,确定了 1984 年的工作重点和开创新局面的措施。会议决定深入宣传学习《中共中央关于一九八四年农村工作的通知》文件精神,继续解放思想,放宽政策,进一步落实和完善以"两户"(重点户和专业户)为重点的联产承包责任制。会议确定 1984 年要打好以麦豆为重点的粮食生产,以养牛、猪、鸡为重点的多种经营生产,以发展庭院经济为主要形式的沿江经济区生产。

5 月 23 日 中共黑河市委、市政府领导在黑河工人文化宫召开放权松绑大会。市委副书记李忠祥代表市委宣布市委、市政府放权松绑的决定,将干部管理、任免,职工招收与辞退,职工奖惩,工厂经营决策,税后利润支配,职工工资、奖金分配,劳保福利等 7 项权利下放给工业企业。

5 月 28—30 日 中国共产党黑河市第一次代表大会召开。会议应出席代表 245 人,实到代表 224 人,市委副书记刘振国主持大会。地委常委、地委秘书长吕志贤代表黑河地委作讲话,张贵生代表市委作题为《认真贯彻党的十二大精神,全面开创我市社会主义现代化建设新局面》的报告,张中元代表市纪律检查委员会作题为《全面开创纪律检查工作的新局面,为尽快实现我市党风根本好转而奋斗》的报告。大会选举产生由 27 名委员、4 名候补委员组成的中共黑河市第一届委员会和由 13 名委员组成的中共黑河市纪律检查委员会;通过了中共黑河市第一届委员会的工作报告和中共黑河市纪律检查委员会的工作报告。

5 月末 全市各种专业户发展到2 200户,占总农户的 22.3%,比上年增加 1 倍多。其中在专业户基础上发展成家庭小农场 23 个、小林场 69 个、奶牛场 8 个、黄牛场 1 个、猪场 9 个、蜂场 3 个、鱼场 4 个、鹿场 1 个。

5 月 黑河都柿酒被评为黑龙江省果酒佳品。

同月 新生公社更名为新生鄂伦春族乡。

6 月 9—12 日 黑河市第二届田径运动会召开,市内 35 个代表队参加大会。有 86 人次、7 个组分别打破 18 项市田径纪录,134 人达到国家三级田径运动员技术等级标准,157 人达到国家少年级运动员技术等级标准。

6 月 18—19 日 中共黑河市委、市政府召开"两户"(重点户、专业户)工作会议。市委、市政府领导,市直有关部门负责人,全市乡(镇)重点户、专业户 33 名代表出席会议。会议传达了地区"两户"会议精神,交流了经验。市委书记张贵生在讲话中指出,全市"两户"有了很大发展,11 个乡(镇)"两户"已发展到2 017户,占农户总数的 18.5%,比 1983 年增加 1 倍。

6月30日 黑河市新建的乳品厂举行投产典礼,市领导陪同省、地领导到厂祝贺。首批“百岁”牌奶粉走下生产线。

7月5—7日 中共黑河市委召开知识分子工作会议。会议就如何贯彻落实省、地关于知识分子工作的一系列规定问题进行了认真研究。会上,市委副书记、市长刘振国作题为《肃清“左”的影响,落实党的政策,全面开创我市知识分子工作的新局面》的报告,有11个单位和个人介绍了经验,表彰奖励了18名优秀知识分子和8个落实知识分子政策的先进单位,出台了《加强知识分子工作的五项措施》,并向全县的知识分子发出倡议书。

7月10日 黑河市政府召开全市安全工作会议。会上,宣布市政府对市第二建筑工程公司第三施工队6月20日到爱辉镇野游,发生汽车超速撞树,造成7人死亡、2人重伤、6人轻伤的重大交通事故的有关责任人给予政纪处分的决定。

7月16—26日 全国北片13省、市“县志稿”评议会在黑河市召开。

8月15日 《黑河日报》刊载题为《黑河市抢险救灾成果显著》的通讯,全面介绍了黑河市抗洪抢险工作情况。全市堵住险段29处,运出粮食50万千克,抢收小麦1万余亩,运出大牲畜1 200头,保住机械80台,使9个村屯7 000余户居民、3万亩耕地免遭洪水侵害,受灾群众5 500余人转移到安全地带。

8月中旬 黑河乳品厂生产的“百岁”牌奶粉被黑龙江省乳品研究所鉴定为特级产品。

8月29日 黑河市农贸市场改扩建后,集市贸易呈现一派繁荣景象,月成交额637 699元。

9月15日 在达斡尔族、满族聚居地成立坤河达斡尔族满族乡。坤河各村农民及地、市领导和有关单位及全市各乡(镇)负责人参加庆祝大会。坤河达斡尔族满族乡由西岗子镇坤河、蓝旗屯、红旗屯、新民屯、富拉尔基和爱辉镇黄旗营子6村组成。

10月1日 应黑河地区和黑河市中苏友好协会邀请,苏联阿穆尔州布拉戈维申斯克市苏中友好协会代表团一行于午时乘快艇到达黑河市,参加中华人民共和国成立35周年庆祝活动。

11月12日 中共黑河市委召开各乡(镇)党委书记、乡(镇)长及有关部委办局领导参加的座谈会,讨论《关于全面落实家庭联产承包责任制若干问题的意见》。市委书记张贵生指出:两年的实践证明,实行家庭联产承包确实解决了“大锅饭”平均主义问题,活跃了家庭经济,调动了农民的生产积极性,全面推进势在必行,不能再犹豫动摇。调整全市农村产业结构,使自给经济转为商品经济,也必须全面落实好家庭联产承包责任制。与会人员充分讨论了市委提出的《关于全面落实家庭联产承包责任制若干问题的意见》。同时,市委决定组织一批有农村工作经验的人员下到各乡、村具体帮助基层落实好家庭联产承包责任制。

12月13日 黑河市首次召开侨务工作会议。会议决定对驻黑河市的中、省、地、市直属单位和各乡镇、农场的侨务工作对象进行普查登记。

1985年

1月7日 黑河市政府召开集体经济工作和食品工业会议。会议提出改革集体经济的5条措施:一是改革“国营模式”,实行一业为主,综合经营;二是改“大锅饭”为经营承包责任制,克服分配中的平均主义;三是改干部委派制为民主选举制,公开招聘制;四是改固定工为合同工,改固定工资为分红和计件工资;五是改依靠国家投资为群众集资。

2月14日 黑河市召开国库券发行、奖励大会。市政府表彰奖励60个先进单位、77名先进个人,并下达了141.4万元的1985年认购国库券任务。

3月1—2日 黑河市首届妇女代表大会召开。参加会议代表200人。市委副书记张中元和地区妇联主任王世翠到会并讲话。

3月 黑河市被公安部批准为乙类对外开放区。

4月11—12日 黑河市青年联合会首届委员会第一次会议召开。会议选举产生市青年联合会首届委员会主席、副主席和常务委员。

4月25日 为尽快把黑河市建设成为布局合理、具有吸引力的口岸城市,黑河市政府制发《黑河市城市建设用地动迁安置细则》。该细则规定了包括动迁居民房屋的安置,临时安置的补助标准和房屋拆除与补偿及对动迁户的奖罚办法。

4月27日 黑河市总工会举行全市首次党、政、工干部企业民主管理答辩会。

5月17—18日 黑河市召开首届归侨、侨眷代表大会。出席会议代表41人,列席代表34人,省侨联副秘书长李兰芳到会祝贺。会议听取并通过了侨务工作报告,成立了市归国华侨联合会,选举产生了由6人组成的市首届侨联委员会,选举产生了首届侨联主席、副主席。

5月19日 经省人民政府批准罕达汽撤乡建镇。

6月23日 著名经济学家于光远在省经济研究中心和省社联领导陪同下对黑河市进行考察。

6月 黑河市政府对烈士陵园及"抗日暨爱国自卫战争烈士纪念塔"进行重新修整。

7月3日 黑河市中医医院成立。

7月5—10日 黑龙江省政府口岸谈判代表团在苏联布拉戈维申斯克市就开通使用黑河—布市口岸达成协议。

8月8日 全国政协文史办和黑龙江政协文史办协作合编《抗日名将马占山》一书定稿会在黑河市结束。

9月1日 中共黑河市委党校首次开设2年制中专班,在市党政机关中共招收政治专业学员43人。

9月8日 中共黑河市委、市政府在工人文化宫隆重庆祝第一个教师节。市委副书记、市长刘振国代表市委、市政府向广大教师祝贺节日。

10月30日 哈尔滨——黑河航线恢复通航。省委书记李立安、副省长安振东、省政府顾问李瑞、民航沈阳管理局和省民航局及地委领导参加了试航庆典。

11月14日 中共黑河市委召开全市整顿党风动员大会。市直机关全体党员、省指导委员会整党巡视组全体人员和地委整党办的有关人员共1 100多人参加会议。会议公开处理和通报了10起不正之风典型案件。地委书记王海彦以《共产党员无论在何时何地都要经得起考验》为题做讲话。地委整党指导小组副组长张玉林就如何高标准、高质量搞好整党问题发表讲话。

11月27日 黑河市派出由95人组成的13个清查小组对各乡(镇)1980年以来发生的贪污、盗窃、侵占公款、请客送礼、损失浪费和违反财经纪律等问题进行清查。

1986年

1月5日 黑河市繁荣商场开业。

1月 黑河市第三百货商店荣获"黑龙江商业系统先进企业标兵"称号,跨入全省20个先进企业标兵行列。

3月1日 黑河市举办农村经济管理人员培训班。

3月13日 宋集屯煤矿再次荣获1985年"全国先进矿"光荣称号。

3月 四嘉子乡、西岗子煤矿被国家计划生育委员会授予"全国计划生育先进集体"称号。

4月16日 黑河中学被省教育委员会批准为"黑龙江省重点中学"。

4 月 28 日 黑河市政府作出决定，授予国产制筷机等 14 项科研成果“1984 年度科学技术进步奖”。

5 月 7—8 日 黑河市遭受罕见寒流袭击，幸福乡 196 栋、87 500平方米大棚蔬菜受到不同程度冻害。

5 月 12 日 中国人民解放军黑河市人民武装部正式改为地方建制交接仪式在市人大会议室举行。

5 月 19 日 中共黑河市委召开第十五次常委会。决定成立西沟水电站筹建指挥部。

5 月 26 日 中共黑河市委召开第十六次常委会。会议对政法工作及全市“严打”第三战役进行了部署。

6 月 2 日 中国儿童发展中心顾问林佳媚、主任任蓓秋等一行 17 人对黑河市进行为期 3 天的考察。

6 月 6 日 黑河市内发生 1 起重大火灾，2 栋居民房被烧毁。市委、市政府立即召集全市各单位负责人召开重大火灾现场会，强调要加强防火检查，堵塞漏洞，消除一切隐患。

6 月 黑河市乡级整党工作取得成效。全市 12 个乡（镇）场中清理出各类不正之风问题 166 件，查出占用公款、请吃送礼、滥发钱物、弄虚作假、以权谋私和乱摊派等不正之风涉及的党员、群众 309 人，涉及金额330 400元。其中，应纠正金额150 579元，已纠正金额达 95%，涉及党员 168 人，涉及金额51 717元，整改率 95.3%。较大的案件，实行领导包案，分级立案，共立案 9 起（其中市级 1 起、乡级 8 起），结案率 66.6%。

7 月 7—8 日 中共黑河市委书记刘振国向到黑河考察的国务委员、国家计委主任宋平汇报黑河市的工作。

7 月 10 日 黑河市颁发居民身份证工作正式开始。

7 月 11 日 针对黑河市遭受几十年未遇的严重旱灾，为减轻农民负担，搞好抗灾自救工作，市委、市政府制定了让利于民的 8 项措施。

8 月 6 日 为促进经济体制改革的顺利进行，健全完善厂长（经理）任职期间的考核、奖励制度，中共黑河市委、市政府作出决定，在全市国营企业对厂长（经理）的任免、调动、晋级、奖励实行审计公证制度。

9 月 19—22 日 中国共产党黑河市第二次代表大会召开。应出席会议代表 259 人，实到代表 244 人。刘振国代表中共黑河市第一届委员会作题为《改革创新、开放搞活，为把黑河建设成经济繁荣、精神文明的口岸城市而奋斗》的报告；于洪典代表市纪委作题为《认清形势，明确任务，坚定不移地实现我市党风的根本好转》的报告。大会选举产生了由 21 名委员、4 名候补委员组成的中共黑河市第二届委员会和由 15 名委员组成的中共黑河市纪律检查委员会，通过了中共黑河市第一届委员会的工作报告和中共黑河市纪律检查委员会的工作报告。

9 月 21 日 黑河港对苏联布拉戈维申斯克市港进出口贸易正式开通。省国外贸易总公司对苏联远东贸易公司出口的1 200吨大豆通过黑河海关出口到苏联。

9 月 25 日 卧牛河水电站 2 台 320 千瓦水轮发电机正式发电。

11 月 黑河市农机公司被机械工业部授予“全国农业机械化服务（供应）公司系统优质服务先进单位”称号。

12 月 12 日 黑河人民广播电台开始试播。

12 月 30 日 黑河市第一百货商店历经 30 多年后重新开始营业。

12 月 黑河市工商局根据国务院颁发的《关于进一步清理和整顿公司的通知》，对市内 153 家企业进行审查，经市政府批准依法取缔“皮包公司”30 户，缩小组织形式 27 户。

1987 年

1 月 为把黑河市建设成美丽清洁的口岸城市,市政府决定在全市实行“门前三包”责任制。

2 月 23—26 日 黑河市首次召开农村妇女工作会议,全市 13 个乡(镇)、农场和林业、煤炭及街工委的 190 余名妇女干部参加会议。

2 月 国家外汇管理局黑河分局在黑河市设立外汇调剂市场,开办买入卖出外汇额度业务。

3 月 13 日 《爱辉县志》出版发行。这是一部记载了爱辉县 300 年历史的重要文献,资料丰富,内容翔实,突出了地方特点和时代特点。全 1 册 110 万字,精装 16 开本。

3 月 20 日 中共黑河市委总结了 3 年来的整党工作。自 1983 年以来,全市参加整党的 387 个单位、554 个党支部、5 165名党员(占党员数 99. 4%)先后分 4 个层次,经历了 3 年时间,圆满完成了整党的 4 项任务,达到了验收的 5 条标准。

5 月 6 日 中共黑河市委在市工人文化宫召开坚持四项基本原则,反对资产阶级自由化宣讲大会,市委书记刘振国参加会议并作报告。

5 月 13 日 中共黑河市委、市政府召开护林防火与支援大兴安岭火灾动员大会。会后,黑河市组织了 1. 25 万千克干粮、500 千克咸菜、60 辆卡车,由副市长张显盛带队前往塔河灾区。

5 月 25 日 黑河餐厅经理宋格,副经理、一级厨师武振伟,共同承租黑河餐厅等 6 家饭店。标志着黑河市企业改革迈出了第一步。

5 月 黑河市组建黑河市西沟水电站指挥部工程处,副处级建制。

6 月 2 日 黑河市胜山猎场论证会在哈尔滨市举行。与会专家、教授认为胜山猎场已经符合林业部“关于选择外宾猎场的通知”要求,完全具备了开办猎场的条件。

6 月 6 日 黑河市 1 万多名干部群众以隆重的仪式,热烈欢迎从大兴安岭凯旋的黑河市扑火救灾运输队的勇士们。

6 月 12 日 中共黑河市委、市政府召开大会,表彰奖励黑河市赴大兴安岭扑火救灾车队的 148 名干部和司机,并对表现突出的 28 人给予奖励。地委、行署领导于万岭、王世翠、洪祥泽出席大会,并向受奖者颁发奖品。副市长、扑火救灾车队总指挥张显盛介绍了车队在扑火救灾中的经验。市委书记刘振国号召全市人民向扑火救灾车队的同志们学习。

6 月 28 日 黑河市遭受罕见冻灾,全市155 250亩农作物遭受不同程度损失(其中绝产55 250亩,受灾五至八成的50 000亩,三至五成的50 000亩),预计减产 972 万千克,经济损失5 673万元。灾后,市委积极采取自救措施,帮助重灾户和种地户解决生产、生活中的困难。

7 月 7 日 举行国家“七五计划”重点工程——西沟水电站奠基仪式。

7 月 25 日 黑河市委举办黑龙江省大兴安岭扑火救灾先进事迹报告会,号召全市人民向扑火勇士学习。

9 月 1 日 黑河市与苏联布拉戈维申斯克市之间开通边境小额贸易。首批 208. 19 吨黑河地产西瓜运抵布拉戈维申斯克市。

9 月 9 日 为适应经济体制改革的需要,黑河市二轻工业局与市工业局正式合并,统称工业局,原二轻工业局所属的企业单位由工业局统一管理。同时,撤销二工业党委,建立手工业联社党委。

9 月 10 日 黑河市在北京日坛饭庄举行“黑河市人民政府都柿系列产品新闻发布会”。

9 月 15 日 黑河市 8 万多名选民充分行使自己的民主权利,对市、乡(镇)两级人民代表大会代表进行了投票选举。上午 8 时,黑河市选民分别在 90 个选区、1 651个选民小组参加选举活动。

9 月 25—26 日 黑河市科学技术协会第一次代表大会召开。会议选举产生由 29 名委员组成的首届黑河市科学技术协会。

11 月 2 日 中共黑河市委常委、副市长王开恕应苏联布拉戈维申斯克市邀请参加苏联十月革命庆祝活动。

12 月 16 日 卧牛河水库通过省、地主管部门验收。

12 月 21 日 全市开始实行职工退休社会统筹。

12 月 22 日 黑河市友谊宾馆举行第一批合同制工人合同签字仪式。共有 19 名应聘的合同制工人签订了为期 3 年的劳动合同。

12 月 25 日 黑河市农机修造厂举办承包经营招标答辩会。郭德金取得黑河市农机修造厂的承包经营权。

1988 年

1 月 4 日 中共黑河市委、市政府决定从全市新建住宅总投资中提取 2%，建立教师住房建设基金，以缓解教师“住房难”问题。

同日 宋集屯煤矿召开承包招标答辩会。经过激烈竞争，谷永年获得宋集屯煤矿承包权。

2 月 黑河市热电厂被列入国家“七五”计划和黑龙江省 1988 年节约能源计划。

4 月 2 日 中共黑河市委召开组织科技人员进入经济建设主战场动员大会，各乡（镇）、场领导及市直各单位副科级以上干部约 300 人参加会议。

5 月 30 日 黑河市消费者协会成立。

7 月 1 日 黑河市政府与行署联合举办新闻发布会，市委副书记、市长徐福和主持会议。会议向来自东北 3 省及北京、上海、广东等地的党政领导、客商介绍了黑河市对苏经贸以及开发建设“黑河通贸兴边试验区”的 8 项优惠政策，并欢迎国内外各地客商共同开发利用黑河口岸。

同日 黑河市成立黑河地区第一家集体金融组织——黑河市兴边城市信用社。

7 月 1—11 日 黑河市、黑河行署联合举办 1988 年夏季黑河商品展销、经济技术合作洽谈会。本次洽谈会是黑河市有史以来举办的第一次大规模的对外经贸活动。市委主要领导为洽谈会剪彩。入夜，大会举办盛大的江畔焰火晚会。来自京、津、沪和黑、吉、辽、粤、内蒙古等 18 个省、市、自治区 495 个厂家（单位）的1 000余名客商参会，并展出电子、机电、机械、建材、工艺美术、家具、服装、鞋帽、毛纺针织、小百货等商品8 500余种。苏联阿穆尔州派出了由 60 人组成的经贸代表团参加夏季黑河商品展销洽谈会。中苏双方共签订2 500万瑞士法郎的进出口贸易合同。此次洽谈会拓宽了黑河市内外经济技术合作的领域，加快了横向经济联合步伐，扩大了黑河口岸在国内外的影响。

8 月 9 日 黑河市政府对黑河人民自治军司令部旧址、马占山将军公馆旧址、瑷珲海关旧址、振边酒厂旧址、苏联红军卫戍司令部旧址、关帝庙旧址 6 处第一批市级文物保护单位悬挂保护标志。

8 月 14 日 黑河市第一家私营药店——新药特药商店开业，打破了全市医药行业 20 余年来由国营药店独家经营的局面。

8 月 15 日 国务院正式批准，黑河市与苏联布拉戈维申斯克市开通“一日游”。

8 月 28—31 日 应黑河市政府邀请，苏联阿穆尔州经济贸易代表团一行 13 人到达黑河进行为期 4 天的访问和洽谈。北京、天津、石家庄、哈尔滨、青岛等市的 40 多个厂家到黑河进行商品样展。经过看样、洽谈，市边境贸易公司与苏联阿州农工委、阿州航运局、阿州水利局等单位签订多项进出口贸易合同和经济技术协作合同，贸易成交额达3 000多万瑞士法郎。

9 月 9—11 日 黑河市与苏联布拉戈维申斯克市就两市之间开展“一日游”活动在布市签订合同。赴布市的黑河市旅游代表团与布市代表团协商确定，在不动用外汇、相互交换旅游团组、提供对等服务的原则下,开展“一日游”活动。从9月下旬开始,中国国际旅行社黑河支社和苏联阿穆尔州旅行者联合公司每周交换2个团组,每个团组40人,中方每周三、六派团,苏方每周二、五派团。双方还就结算方法、出入境时间、购物等7个方面的问题进行了认真磋商,并达成一致意见。

9月23日 黑河市在黑呼公路10千米处设立回族公墓。

9月24日 黑河市举办黑河——布拉戈维申斯克市“一日游”开通庆典。市、地领导和中苏友协黑河分会负责人参加了开通庆典。

9月 北黑铁路桥梁主体工程全部竣工。

11月 黑河市在1988年全省城市市容环境卫生竞赛评比中被评为甲级市。

同月 国务院批准黑河市为沿边对外开放地区。

12月 黑河市12个乡(镇)卫生院全部实现了“三权下放”,下放后的乡(镇)卫生院的人、财、物统由乡(镇)政府管理。

1989年

1月1日 黑河市成立广播电视服务部和《黑龙江广播电视报》发行站。

2月18日 黑河市速滑代表队在全区速滑比赛中获得团体总分第一名。

3月21日 黑河市政府制定出台《农业科技承包方案》,鼓励科技人员进入农村大显身手,为科技兴边、科技兴农做贡献。

4月29日 黑河市公安局增设巡警队,副科级建制。

5月10日 黑河市政府投入80余万元财政补贴资金稳定饲料价格,保证禽蛋市场供应。

6月1日 黑河市10名少儿工作者和70名少先队员组成中国黑河少先队旅游团,到苏联布拉戈维申斯克市与苏联儿童共度国际儿童节,这是继1961年黑河少先队10人代表团出访苏联布拉戈维申斯克市之后,30余年来的又一次中苏少年儿童联谊活动。

6月28日 16时左右,幸福乡、四嘉子乡、爱辉镇、西岗子镇遭受大暴雨和冰雹袭击,1.7万亩农作物受灾,7 000多亩良田绝产。暴雨夹冰雹来势凶猛,历史罕见,受灾严重的幸福乡上二公村最大冰雹有鸡蛋大小,农民家玻璃与土墙被毁坏。

7月1—5日 中央电视台《神州风采》摄制组,到黑河市拍摄并在央视黄金时段播放《边隆重镇黑河》专题片。

7月17日 黑河市首批250名农业劳务人员赴苏联布拉戈维申斯克市,在布市沃尔科夫斯基国营农场开展为期3个月的蔬菜田间管理和收获的对外劳务。

7月18日 中共黑河市委、市政府决定对农村老干部(老党支部书记、老村长、老会计)实行生活补贴,全市各乡(镇)的124名农村老干部享受到生活补贴。

7月29日 为加强乡(镇)科技领导工作,在选拔干部上体现平等、竞争、择优的原则,经市委常委会讨论决定,采取考试、考核的办法公开招聘科技副乡(镇)长。

9月29日 以苏联阿穆尔州执委会副主席马卡列维奇为团长的阿穆尔州政府代表团参观黑河市农村。

10月19日 黑河市被省政府辟建为“通贸兴边”试验区。

1990 年

2 月 10 日 黑河市朝鲜族民族联谊会成立,并举行庆祝活动。

3 月 12 日 宋集屯煤矿经省、地、市有关部门正式确认,被定为“国家中型工业企业”。

4 月 黑河市成立蔬菜批发市场。

6 月 25 日 黑河市王肃立体声影院举行首映式。

6 月末 全国已有 10 多个省市的 31 个地(市)、县(区)政府和 76 家企事业单位在黑河市设立办事(代办)机构。

6 月 中共黑河市委撤销人民银行党组,成立中共黑河市金融委员会,对市人民银行、建设银行、农业银行、保险公司等金融系统的党组织实行统一领导。

7 月 30 日 黑河市最大的电视共用天线系统调试安装完成并投入使用。

7 月 黑河市开展以清理纠正弄权勒卡和整顿建筑市场问题为内容的整顿行业不正之风工作。此次整顿的重点是建筑行业中掌管实权和问题较多的单位,着重清理查处建筑市场存在的行贿、受贿和倒手转包等 11 个方面违法乱纪问题。市委组成调查组对全市 20 个重点行业、部门的不正之风问题进行了调查,召开了市委常委会议,研究制定了《关于廉政建设任务的分解意见》及《清理纠正弄权勒卡和整顿建筑市场的工作方案》。

8 月 28 日 黑河市第三百货商店被授予“全国文明经营示范单位”。

8 月 30 日 黑河市政府在中央街华联商场召开“卫生文明城建设、卫生文明商店建设”现场会,华联商场负责人介绍了卫生、文明建设经验。

9 月 20 日 黑河市在全省率先改革土地管理办法,对国有土地使用权实行有偿出让转让。

同日 黑河市皮革厂制革分厂经过 2 年多改造扩建正式开工投产。

9 月 黑河市宋集屯煤矿被能源部批准为“1989 年度国家二级煤炭企业”。

10 月 1 日 黑河市五金交化商场开业。

10 月 8—11 日 黑河市中苏友协应邀首次派团访问苏联布拉戈维申斯克市。

10 月 18—20 日 以苏联布市市长、苏中友协布市分会主席利亚仁科为团长的苏中友协代表团首次访问黑河市,并就两市之间的友协往来签署协议。

12 月 18 日 黑河市有线电视台成立。

1991 年

1 月 16—19 日 黑河市第四届人民代表大会第一次会议召开。出席会议代表 156 人,缺席 7 人,列席人员 90 人。会议听取并审议市人大常委会、市人民政府、市人民法院、市人民检察院工作报告,审查批准了黑河市国民经济和社会发展计划、财政预决算报告,并作出了相应决议。会议依法选举产生由 20 人组成的市第四届人大常委会,选举产生了市人大常委会主任、副主任;市长、副市长;法院院长和检察院检察长。

6 月 20 日 中共黑河市委副书记、市长徐福和在黑河地区哈尔滨记者招待会上向中外记者介绍了黑河市“立足黑河、服务全国,加速边境开放城市建设,共同参与东北亚国际经济大循环”的设想和计划。

6 月 西沟水电站指挥部工程处更名为西沟水电站,并升格为正处级单位。

9月11日 黑河市集体企事业职工社会养老办公室在市保险公司挂牌成立。

9月 宋集屯煤矿被省政府命名为优秀“特企”。

10月19日 黑河市召开外埠驻黑河办事机构首届年会。会议表彰了外埠驻黑河的37个先进单位和54名先进个人。

11月17日 西沟电站正式启动并网发电。

1992年

1月30日 中共黑河市委、市政府召开边贸工作表彰奖励大会。会上,72名在上年边贸工作中做出突出贡献的有功人员受到表彰奖励。

1月 中共黑龙江省委、省政府授予黑河市“双拥先进市”称号。

3月9日 国务院决定进一步开放黑河市,并特许八条政策。

3月 根据省委、省政府关于《进一步加强教育工作若干问题的决定》,黑河市教育局更名为黑河市教育委员会。

4月23—25日 黑河市四届人大二次会议召开。出席会议代表177人,缺席10人,列席人员99人。会议听取并审议了市人大常委会、市人民政府、市人民法院、市人民检察院工作报告,审查批准了黑河市国民经济和社会发展计划、财政预决算报告,并作出了相应决议。

5月11日 黑河市关心下一代工作委员会正式成立。

5月16日 黑河市成立招商局,正科级建制,与经合委合署办公。

5月20日 黑河市成立经济合作区管理委员会。

5月26日 中共黑河市委撤销市公安党组和公安机关党委,设立公安党委。

6月2日 黑河—哈尔滨旅游特快列车“黑河号”开通。

6月9日 外埠在黑河市建立办事处、代办处已达407家,其中办事处136家、代办处271家。

7月26日 黑河市万门程控电话投入使用。

8月10日 黑河市老年体育活动中心大楼落成剪彩。

8月18日 黑河市与俄罗斯布拉戈维申斯克市邮件互换工作正式启动。

8月20日 以市长徐福和为团长的黑河市政府代表团与俄罗斯布拉戈维申斯克市市长利亚什克为团长的布拉戈维申斯克市代表团在市友谊宾馆就共建布拉戈维申斯克市经济合作区问题进行会谈。

10月15—17日 应黑河市邀请,俄布拉戈维申斯克市副市长罗布诺娃率阿穆尔州布拉戈维申斯克市“老前辈”代表团一行13人对黑河市进行友好访问。“老前辈”大多是参加过反法西斯战争和在中国东北战斗过的苏联老红军。

11月16日 投资150万元的坤河大桥验收通车。

1993年

3月18日 中共黑河市委、市政府举行黑河市爱辉区成立大会。会议宣读了国务院《关于黑龙江省撤销黑河地区设立黑河市(地级)的批复》和省政府《关于转发国函〔1993〕12号文件的通知》要求,宣布黑河市爱辉区正式成立,并于1993年4月1日起正式运行。

3月20日 中共爱辉区纪律检查委员会与区监察局合署办公。

6月3日　中共黑河市委决定:中共黑河市爱辉区委管理的民进、民建组织上划市委管理。

7月22日　黑河市爱辉区人民代表大会召开。出席会议代表161人,列席人员70人。会议根据国务院〔1993〕12号函关于撤销黑河地区,设立黑河市(地级);撤销黑河市(县级),设立爱辉区(县级)的决定,选举产生黑河市爱辉区人大常委会主任、副主任;选举产生黑河市爱辉区人民政府区长、副区长;黑河市爱辉区人民检察院检察长。

12月22日　黑龙江省旅游局主办的新生鄂伦春民俗旅游构想研讨会在新生鄂伦春族乡召开。

12月27—29日　中国共产党黑河市爱辉区第一次代表大会召开。会议应出席代表182人,实到代表179人,赵敬华主持大会。区委书记战佩山代表区委作题为《认真贯彻十四届三中全会精神,全面推进各项改革,为实现小康目标而努力奋斗》的报告,区纪检委书记刘泽生代表区纪委作题为《深入开展反腐败斗争,切实加强党风廉政建设,保证党的各项任务顺利完成》的报告。大会选举产生了由23名委员、2名候补委员组成的中共黑河市爱辉区第一届委员会和由13名委员组成的中共黑河市爱辉区第一届纪律检查委员会,通过了中共黑河市爱辉区委员会的工作报告和中共黑河市爱辉区纪律检查委员会的工作报告。

1994年

1月12—13日　中共爱辉区委召开第一次常委会。会议根据中央财税体制改革后全区出现的严峻形势,责成财政部门制定办法,鼓励机关创收。

1月24日　政协黑河市爱辉区首届代表大会闭幕。会议选举产生了由25名常委组成的政协黑河市爱辉区第一届委员会,选举刘万福为政协黑河市爱辉区首届委员会主席,选举狄来三等5人为副主席。

1月25—28日　黑河市爱辉区第一届人民代表大会第一次会议召开。本次会议实有人民代表161人,出席会议代表158人,缺席3人,列席55人。会议听取、审议并批准区人大常委会、区人民政府、区人民法院、区人民检察院工作报告及1993年财政预决算、1994年国民经济和社会发展计划草案,并作出相应决议。会议选举产生黑河市爱辉区人大常委会组成人员。选举产生黑河市爱辉区第一届人大常委会主任、副主任;会议选举黑河市爱辉区人民政府区长、副区长;选举产生区人民法院院长、区人民检察院检察长。

2月23日　自农历正月十三至正月十五,全区11个乡(镇)3 000名农民组成40余个秧歌队庆祝元宵节。爱辉、西岗子、四嘉子等乡(镇)举行了秧歌彩灯汇演,地直机关党委也组队参加了汇演。

3月7日　爱辉区企业产权制度改革工作会议召开。

3月10—13日　中共爱辉区委举办《邓小平文选》3卷研讨班,38个基层党委的党群书记、宣传委员及党校教员、理论骨干共81人参加研讨。

3月15日　中共爱辉区委召开第二次常委会。会议决定《爱辉区国有企业进行产权制度改革实施方案》《国有企业在进行产权制度改革中妥善处理好职工、离退休人员安置和生活问题的规定》根据讨论意见修改后以“两办”文件形式下发,并成立区国有企业改革领导小组;以“两办”名义联合下发《关于区五套班子领导包系统,指导企业搞好产权制度改革的实施方案》《全区机关事业单位机构、编制、人员实行冻结的通知》。

3月27日　爱辉区人民政府被省政府授予“省级森林防火先进单位”称号。

5月5日　爱辉区人民法院城区法庭正式挂牌办公。

5月20日　爱辉区个体劳动者协会首届代表大会召开,会议选举产生区个体劳动者协会首届理事会,推选了区个体劳动者协会名誉会长、副会长。

6月22日 爱辉区举行首例小型集体企业——亨得利钟表眼镜店出售签字仪式。

7月8日 四嘉子乡正式改为四嘉子满族乡。

7月24—25日 全区乡镇企业工作会议召开。会议传达学习省乡企工作会议精神,分析全区乡镇企业工作面临的形势,研究了促进下半年乡企发展的对策和措施,典型单位分别作了发言,区委书记战佩山作讲话。

8月28日 坤河达斡尔族满族乡建乡10周年庆典和达斡尔族首届敖包节,在坤河达斡尔族满族乡举行。

9月12日 爱辉历史展览馆被省委、省政府批准为"省级爱国主义教育基地"。

9月22日 爱辉区政府召开拍卖"五荒"(荒山、荒地、荒滩、荒水、荒草)动员大会。

9月25日 爱辉区妇幼保健院创建爱婴医院通过国家级检查评估。

11月9日 中共黑河市委决定,爱辉区评剧团上划黑河市。

1995年

4月18日 全区乡镇企业工作会议召开。区五大班子领导,区直各单位、各乡(镇)领导参加会议,会议表彰了1994年度全区乡企工作先进集体和先进个人。与会人员分组讨论了《中共爱辉区委、区政府关于促进乡镇企业发展若干激励政策的规定》(讨论稿),区委副书记、区长赵敬华作"解放思想,理清思路,真抓实干,全面振兴我区的乡镇企业"的讲话,区委副书记卢寿绵作"提高认识,加大力度,认真做好包扶工作"的讲话。

5月18日 爱辉区通过了国家和省基本普及九年义务教育、基本扫除青壮年文盲的"两基"检查验收。

6月24—25日 爱辉区农村水电初级电气化工程通过省政府验收。

7月14日 爱辉区三级干部赴德都考察乡镇企业发展情况。

8月14—15日 全区乡镇企业工作爱辉镇现场会召开。区五大班子成员、各乡(镇)主要领导参加会议,并参观爱辉镇的保鲜库、铁木社、牙签厂、印刷厂、电线厂等企业。听取了爱辉镇、上马厂乡、黑河市申龙木制品有限责任公司、区技术监督局等单位的典型发言。区委副书记李学军通报上半年全区乡镇企业发展情况,区委书记战佩山作题为"加大力度,真抓实干,全面完成乡企工作任务"的讲话,区委副书记、代区长王圣文作会议总结。

8月31日月9月1日 中共爱辉区委召开第十次常委会会议。会议讨论并原则通过《爱辉区国民经济和社会发展到2010年规划和"九五"计划纲要(草案)》《关于把我区建设成农业强区的规划(草案)》《关于把我区由农业大区建设成农业强区的决定(草案)》《关于科教兴农的实施意见(草案)》《爱辉区粮食发展情况和粮食增产因素的分析》《关于农业开发优惠政策》《关于发展鹅业的优惠政策》《爱辉区村屯建设规划》。

9月25日 中共爱辉区委召开一届四次全委(扩大)会议。区委委员,各党委(总支)、区直各部、委、办、局领导出席会议。会议由区委副书记、代区长王圣文主持。区委副书记卢寿绵传达省、市委全委(扩大)会议精神,区委书记战佩山代表区委作题为《依托资源优势,加快开放开发,为实现爱辉区由农业大区向农业强区的历史性跨越而努力奋斗》的报告,区委副书记、代区长王圣文作题为《关于〈关于爱辉区由农业大区建设成农业强区的十年规划〉的说明》。会议宣读《关于爱辉区由农业大区建设成农业强区的十年规划》《关于把爱辉区建设成为农业强区的五年实施方案》。

10月10日 爱辉区恢复宋集屯万亩灌区。

12月20日 根据中发〔1995〕12号文件《关于县(市、区)人民武装部收归军队建制的通知》精神，黑河市爱辉区人民武装部更名为中国人民解放军黑龙江省黑河市爱辉区人民武装部，隶属黑河军分区和中共黑河市爱辉区委、区人民政府双重领导。

1996 年

2 月 4 日 全区经济工作会议召开。区五大班子领导，各乡（镇）党委书记、乡（镇）长及主管农业的副书记或副乡长，各林场场长，各村党支部书记，区直各单位党政一把手参加会议。经过分组讨论，一致通过了《区委、区政府关于进一步稳定和完善土地承包关系的意见》《爱辉区 1996 年经济体制改革工作要点》《关于进一步贯彻落实增收节支措施》《黑河市爱辉区招商引资工作方案》。

5 月 28 日 三道湾子电站完成勘测任务。

8 月 4 日 下午，爱辉区 6 个乡（镇）遭受龙卷风和冰雹袭击，全区 32 个村屯、2 764 户农民、10 733公顷农田受灾，部分房屋、路面被毁坏，树木被折断。

8 月 29 日 全区乡镇企业工作会议召开。区五大班子成员、各乡（镇）党政“一把手”及主管乡企领导、乡企站长、重点乡（镇）企业负责人及区直各部门党政“一把手”参加会议。与会人员参观了程达木业工艺品厂、山珍产品开发（集团）总公司。会上，爱辉镇、四嘉子教育用品厂、程达木业工艺品厂、山珍产品开发（集团）总公司分别介绍了各自发展经验。

11 月 11 日 爱辉区粮食生产突破 12 万吨。

11 月 18 日 爱辉区召开旅游协会成立大会暨第一次理事会议。区旅游协会全体理事参加会议。会议宣读了《关于成立区旅游协会的批复》，讨论并通过了《爱辉区旅游协会章程》。选举产生了旅游协会会长、副会长。

11 月 21 日 爱辉区召开机关机构改革推行公务员制度动员会议。会议传达省、市关于区党政机构改革方案的批复，安排部署全区机构改革和推行公务员制度工作。

1997 年

1 月 10 日 坤河达斡尔族满族乡新民村被省委授予“省级文明村”荣誉称号。

3 月 4 日 爱辉区政府与市政府联合召开支教人员欢送大会，欢送从党政机关和事业单位选派的首批 55 名支教人员分赴各县（市）区和乡（镇）。

3 月 13 日 在 1997 中国（黑龙江）首届名优博览会上，爱辉区乳品厂生产的“百岁”牌奶粉和爱辉区食品厂生产的“爱河”牌都柿糖获得名优产品金奖。

3 月 28 日 中共爱辉区委、区政府公布对在 1996 年光大银行证券交易市场发生重大经济犯罪案件负有领导责任的光大银行筹备处实施一票否决的决定，取消光大银行筹备处 1996 年综合治理先进单位的资格，党政主要领导和主管领导一年内不得晋职晋级、评先受奖。

5 月 15 日 爱辉区成立假劣产（商）品举报中心。

同日 爱辉区 100 余名农民种菜技术员携带籽种、地膜、农药赴俄罗斯等独联体国家种植瓜菜。

5 月 18 日 爱辉区在中央街举行迎接香港回归万人签名活动。

8 月 8 日 爱辉区部分乡（镇）遭受水灾，区领导深入灾区组织抗灾自救。

8 月 27—28 日 召开全区乡镇企业、畜牧工作现场会。各乡（镇）党委书记、主管乡企和畜牧工作的副书记、副乡（镇）长，区直副科级以上干部参加会议。与会人员参观了爱辉镇面粉加工厂、幸福乡神雕工艺品厂、振兴粮库与华兴育肥厂、下二公胜澳肉鸡厂等 10 个发展乡镇企业及畜牧业典型，听取了爱辉镇实行小型企业民营化、幸福乡依托优势大力发展乡镇企业、西峰山乡领导干部带头养殖黄牛发展畜牧业的经验介绍。区委副书记、区长王圣文作了讲话。

10月28—29日 爱辉区二届人大一次会议召开。出席会议代表158人,列席人员59人。会议贯彻落实省委关于换届选举工作的方针政策和省、市人大常委会的有关决定,依据新修改后的《中华人民共和国全国人民代表大会和地方各组织代表大会选举法》和《中华人民共和国地方各级人民代表大会和地方各级人民政府组织法》研究部署1997年爱辉区的换届选举工作。会议选举了20名区第二届人民代表大会常务委员会组成人员,依法选举产生了区人大常委会主任、副主任;区长、副区长;选举产生了法院院长、检察院检察长。

10月30—31日 政协爱辉区第二届委员会第一次会议召开。应到政协委员125人,实到115人。会议审议通过了政协爱辉区第二届委员会第一次会议决议,选举产生了政协爱辉区第二届委员会主席、副主席和常委委员。

1998年

3月30日 全区共安置554名失业人员重新就业。

7月28日 爱辉区总工会第一次代表大会召开。大会审议通过《爱辉区总工会工作报告》和《爱辉区工会经费委员会报告》,选举产生区首届总工会委员会和经费审查委员会,选举产生区总工会首届委员会主席、副主席,选举产生区总工会经费审查委员会主任,选举了出席黑河市总工会第二届代表大会的代表。

8月26日 日本大版市高等学校旅游团到爱辉区西岗子村采访寒地水稻种植情况。

9月7日 举行新生鄂伦春族乡下山定居45周年庆祝活动。

9月10日 黑河市第二中学举行晋升省级模范初中揭牌仪式。

12月2日 爱辉区社区服务中心正式挂牌成立。

1999年

3月2日 爱辉区确定压缩小麦、大豆面积,增加玉米、水稻、经济作物和杂粮面积"两压四增"种植计划。

3月11日 中共爱辉区委、区政府针对农业和农村经济发展新要求,有计划地调整了1999年农村经济结构,以发展特色农业和外向型农业为重点实施新的农村经济发展计划。

同日 爱辉区政府推进蔬菜生产规模发展,不断增加投入,增大科技含量,提高蔬菜品质,增加效益。全区蔬菜生产基地由原来的1个乡3个村发展到2乡1镇9村。

3月29日 爱辉区面粉厂、饮料公司、华兴养殖场等企业以每千克分别高于国家保护价2分、4分的价格与农户签订6 000吨优质麦、7 000吨玉米、2万吨大豆购销合同。

6月3—4日 全区91 450亩大豆、油菜、蔬菜等农作物遭受低温灾害,总成灾面积达78 992亩,占总面积的10%。

6月10—13日 爱辉区召开首届田径运动大会。区直各系统、区直各中小学校、农村各中心学校共43个代表队参加比赛。

6月24日 中共爱辉区委、区政府授予区民委主任宁淑贤、林业局局长高福、经贸委主任兼党委书记彭海涛、北师河乡计划生育助理李桂云、农业技术高中校长叶梅贞、西峰山乡党委书记冯亮、兴安街居民委主任闫海兰、区财政局局长刘运江、西岗子镇党委书记陈超、农业技术推广中心潘树海10人为区第二届“十佳公仆”称号。

8月19日 大黑河岛国贸城开业。

9月2日 中共爱辉区委、区政府做出了积极开拓国内市场和俄罗斯市场，强化企业改革、改组、改造和管理，打好地方工业翻身仗的部署。

9月20日 召开全区表彰个体私营业者大会。

11月15日 共青团黑河市爱辉区第一次代表大会召开，全区团代表、区五大班子领导参加会议。会议通过了团内工作的各项草案及各种章程，选举产生了共青团黑河市爱辉区第一届委员会委员及常务委员。区委副书记郭建华代表区委作讲话。选举产生了共青团黑河市爱辉区第一届委员会书记、副书记。会议经过讨论，确定了团区委迈入21世纪的工作任务和目标，确定了前进的方向。

11月18—19日 爱辉区第一届妇女代表大会召开。135名妇女代表、区五大班子领导参加会议。会议审议和批准了区第一次妇女代表大会工作报告，选举产生了由31名委员组成的区第一届妇女联合会执行委员会。

11月20日 召开爱辉区科级干部开展“走进千万家”活动动员大会，拉开了全区干部“进百家门，知百家事，解百家难，交百家友”活动序幕。

11月26日 爱辉区以保护价敞开收购农民手中余粮，全区农民踊跃交售新粮，盘活资金，为来年农业生产做好准备。

2000年

1月下旬 爱辉区在科级以上干部中开展“访千人进百户”活动，加大扶贫解困工作力度，解决群众关注的“热点”“难点”问题，进一步密切党群、干群关系。副科级以上干部积极行动，本着政治上关心、生产上扶持、生活上照顾的原则，相继走访慰问100户贫困户、100户城镇下岗职工家庭、100户老同志（包括老干部、老劳模、老工人、老知识分子和老退伍军人）家庭、100户工作在生产一线的干部群众家庭，进一步了解城乡人民群众的生产、生活情况，帮助解决实际困难。根据走访情况确定重点帮扶对象，进一步落实帮扶任务和目标，搞好对接，长期帮扶，直至脱困。

1月 爱辉区确定了压缩小麦面积，稳定大豆面积，增加玉米、水稻、油菜、杂豆等作物面积的“一压、一稳、五增”种植业结构调整思路，使粮经作物比例达到6∶4。

2月29日 爱辉区政府与俄布拉戈维申斯克市政府签订协议，拟定在21世纪的起步之年，双方进一步巩固、发展经贸合作、农业技术合作、人民团体互访等合作与交往。

3月1日 召开全区工业经济工作会议。区委书记胡东胜作题为“解放思想，抢抓机遇，加快爱辉区工业经济的发展”的讲话。会议强调要全力推进全区工业经济快速发展，加快工业经济结构调整步伐，重点要做好产业结构、产品结构、组织结构的调整，大力改善全区工业经济发展环境，抓好各项工作的落实。

3月26日 爱辉区青少年集邮协会召开第一届会员代表会议，选举产生理事会，通过《协会章程》，聘请4位资深的集邮者为校外辅导员，作出2000年《爱辉区青少年集邮活动计划》。

6月15日 参加第十一届哈洽会的爱辉区代表团在雪龙商务酒店邀请中俄有关部门及企业客商举行中俄合作项目对接洽谈会。与会各方负责人介绍各自的经济发展状况，主要产品及急需进行合作的项目。与会各方就进出口农副产品、地工产品及贸易经济技术合作项目进行广泛的洽谈对接，在很多领域和项目上达成合作意向。

7月4日 在“城对乡赠书”活动中，第一批9 000余册图书分别送至坤河达斡尔族满族乡、上马厂乡和西峰山乡。

12 月 第一轮城市"一帮一"扶贫解困工程启动。

2001 年

1 月 4 日 中共爱辉区委下发《关于在全区开展"三个代表"重要思想学习教育活动的实施方案》的通知。

1 月 20 日 爱辉区确定三湾水电站建设项目、绿色山珍开发生产项目、蔬菜出口基地工厂化生产项目、桦树汁产品开发项目、灭菌豆奶生产项目、北药开发项目、节水灌溉项目、西岗子中储库建设项目、电气化县建设项目、兴边富民项目、蓝莓酒生产项目 11 项重点推进项目。

2 月 4 日 中共爱辉区委召开二届三十二次常委会会议。会议决定金水乡并入罕达汽镇后政府所在地设于罕达汽村。

2 月 16 日 中共爱辉区委、区政府联合下发《关于印发〈爱辉区 2001 年企业产权制度改革工作方案〉的通知》。

3 月 28 日 中共爱辉区委、区政府下发《关于印发〈黑河市爱辉区乡镇机构改革方案〉的通知》。

4 月 中共爱辉区委、区政府在全区范围内开展"严打"整治斗争。

同月 爱辉区妇联在全区范围内开展"爱心献春蕾"活动,对全区贫困女童调查摸底统计造册,建立贫困女童档案 142 份。

6 月 1 日 共青团爱辉区委在江边公园举办庆"六一""申奥有我"百米长卷绘画活动,100 余名儿童在长卷上描绘未来的新北京、新形象。

6 月 10—13 日 爱辉区召开第二届田径运动会。

6 月中旬 中共爱辉区委制定下发《爱辉区 2001—2010 年儿童发展规划》《爱辉区 2001—2010 年妇女发展规划》。

7 月 6 日 18 时 20 分,西峰山乡、张地营子乡、上马厂乡、幸福乡、四嘉子满族乡受到冰雹袭击,9 267公顷土地受灾,534 间房屋被损,直接经济损失 428 万元。

7 月 9—10 日 中共爱辉区委召开全区畜牧工作会议。会议主要目的是举全区之力,推进畜牧业超常规、跨越式发展,带动农村经济的整体提升。爱辉区把农村工作的重点转移到大力发展畜牧业上来,实施主副业生产换位的工作思路。下发了《爱辉区关于发展畜牧业的扶持政策》。

8 月 3 日 中共爱辉区委办、区政府办联合下发《关于爱辉区行政村区划调整的通知》。

同日 中共爱辉区委、区政府联合下发《关于行政村区划调整后基层组织设置的意见》。

10 月 23 日 中共爱辉区委办、区政府办联合印发《关于黑河市爱辉区党政机构改革方案的实施意见》《黑河市爱辉区党政机关机构改革人员定编定岗及人员分流安排实施办法》。

10 月 30 日 中共爱辉区委、区政府召开区直党政机关机构改革动员大会。会议就全面推进区直党政机关机构改革进行动员和部署。区委副书记、区长夏作民在会上讲话。

11 月 20 日 爱辉区开展认真清理不符合当前市场经济发展需要的过时红头文件,减少审批事项,简化审批程序,拆除阻碍经济发展的"红围墙",积极营造宽松的政策环境。

2002 年

2 月 7 日 中共爱辉区委印发《关于贯彻〈中共中央关于加强和改进党的作风建设的决定〉的实

施意见》。

2月27日 召开爱辉区企业产权制度改革推进工作会议。会议通报了2001年全区企业产权制度改革工作情况，表彰奖励2001年度在企业产权制度改革工作中成效显著的先进单位和企业。区经济计划局、黑河饭店有限责任公司、黑河市第二生产资料公司介绍了各自的改制经验。区委书记胡东胜在会上作了题为“转变作风，扎实工作，全力推进企业产权制度改革”的讲话。区委下发了《关于印发全区企业产权制度改革推进工作会议督办检查要点的通知》。

同日 爱辉区开展春季爱国卫生活动月活动。

3月18日 中共爱辉区委、区政府召开全区“控辍”工作动员大会。区处级以上干部，各乡（镇）党政一把手、主管教育工作副乡（镇）长，区直各单位副科级以上干部，各村党支部书记、村委会主任，各乡（镇）中心校、中小学校校长，区直各学校主任以上干部参加会议。会议宣读《爱辉区控制农村中小学生辍学工作实施意见》，表彰先进，签订了“控辍”责任状。

4月19日 爱辉区开展防火清山行动，区四大班子领导、包村干部挨家挨户开展防火宣传教育，强化群众防火意识，全面签订《防火公约》，预交防火抵押金，进一步完善森林防火快速反应机制。同时，将没有保证书、没交防火抵押金非法人员清理出山。

4月24日 为密切党和政府同人民群众的联系，及时妥善处理群众反映的信访问题，把群众热切期盼的事情办好，维护社会稳定，保障全区改革开放和经济建设的顺利进行，区委办、政府办联合下发《爱辉区党政领导信访工作制度》。

4月28日 爱辉区在黑龙江公园周末大舞台广场举办宣传《公民道德建设实施纲要》和“树道德风，做文明人”主题活动启动仪式。

6月1日 爱辉区“阳光助学工程”正式启动，并举行了结对子仪式。

6月10日 中共爱辉区委、区政府召开爱辉区解放思想实现对外开放战略升级动员大会。区四大班子成员，现职副处级以上领导干部，曾任实职的副处级以上离退休老干部，各乡（镇）党政“一把手”、纪检、宣传委员，区直副科级以上干部，区直各党委、总支宣传委员，驻区中省市直各单位党政“一把手”，区重点企业厂长、经理，民营企业厂长、经理参加会议。

8月5日 为全面贯彻落实省委对县级财源建设的总体部署，加快全区财源建设步伐，早日实现“富民强区”战略目标，中共爱辉区委下发《关于加大财源建设推进力度，确保财政收入稳步增长的实施意见》。

8月9日 黑龙江铃田生物科技股份有限公司马铃薯颗粒全粉加工厂落户爱辉区。

10月21—22日 政协黑河市爱辉区第三届委员会第一次会议召开。应到政协委员124人，实到118人。区委书记胡东胜到会并作讲话。会议依据政协章程，选举产生政协黑河市爱辉区第三届委员会主席、副主席和常务委员。

10月22—24日 爱辉区三届人大一次会议召开。出席会议代表156人，列席人员38人。会议选举产生由21人组成的区三届人大常务委员会，选举产生了区三届人大常委会主任、副主任，区长、副区长，区人民法院院长、区人民检察院检察长，选举产生出席黑河市第三届人民代表大会代表。

11月1日 中共爱辉区委召开全区学习浙闽经验、加快经济发展大会。区四大班子成员，现职副处级以上干部，各乡（镇）党委书记、乡（镇）长，区直副科级以上干部参加会议。

2003年

2月18日 中共爱辉区委办、区政府办联合下发《关于实行单位包村，推进畜牧经济发展的通知》。

3月5日 为进一步改善经济发展环境，爱辉区开始试行首问责任制、服务承诺制、限时办结制、失职追究制、否定报备制、无偿代办制“六项制度”。

3月6日 爱辉区妇联组织130余名下岗女工听取来自逊克、孙吴、爱辉区再就业明星事迹报告会。

3月 中共爱辉区委、区政府确定2003年10项重点工作和26个重点建设项目，下发《2003年全区重点工作和重点建设项目专项推进落实方案》，成立了10个重点工作领导小组和26个重点建设项目领导小组。

4月22日 为加快爱辉区畜牧业发展，鼓励机关事业单位干部职工发展畜牧业，中共爱辉区委、区政府联合下发《关于印发〈爱辉区加快推进畜牧经济发展扶持政策〉的通知》。

4月28日 爱辉区社会治安综合治理委员会召集市区有关职能部门在齐齐哈尔大学黑河分校进行现场办公，专题解决校园周边环境秩序问题。

4月29日 召开爱辉区加强党风廉政建设和工作作风建设会议。会议动员全区广大党员干部紧紧围绕发展这个第一要务，进一步加强党风廉政建设和工作作风建设，促进全区经济社会加快发展。

4—5月 为防止“非典型肺炎”传播扩散、保障全区人民身体健康、维护全区社会稳定，区委、区政府先后下发了《爱辉区防治传染性非典型肺炎工作方案》《关于进一步加强非典型肺炎防治工作的意见》《关于成立爱辉区防治传染性非典型肺炎工作指挥部的通知》《关于印发爱辉区非典型肺炎综合防治方案（试行）的通知》《关于成立包乡村督导组，推进非典防治与控辍工作的通知》《爱辉区开展“防非典、革陋习、树新风、创建文明健康新生活”活动方案》。

6月 中共爱辉区委、区政府建立督察问效机制、情况反馈指导机制、“两风”建设和当前工作双促进等“三项机制”，扎实推进“两风”建设。

9月4日 爱辉区学习贯彻“三个代表”重要思想培训班开班。各党委（总支）、区直各部委办局、乡（镇）党群书记、党办主任等副科级以上干部150余人参加培训班。

11月 月初开始，爱辉区开展第十六届“科普之冬”活动。在农村以开展农村实用技术的培训工作为主；在城市社区开展以“讲精神文明、比科学生活、建科普文明社区”为主题的培训活动；在企业开展“讲理想、比贡献”和“金桥工程”推广活动。

12月2日 爱辉区领导带领公安、纪检、监察等部门的负责人到市郊鹿源春酒业有限责任公司和嘉宇畜产品开发公司，为两家公司挂上“重点保护企业”牌匾，向公司总经理颁发由爱辉区公安分局签发的绿色“特别保护卡”。

12月 爱辉区第二轮城市“一帮一”扶贫解困工程启动。

2004年

3月15—20日 爱辉区开展“送科技下乡”活动。市、区农业和畜牧专家先后深入到爱辉镇、西岗子镇、四嘉子满族乡、坤河达斡尔族满族乡进行现场解答和专题讲座，发放《农村妇女实用技术手册》500余册，提供市场信息100余条、实用技术600多项，培训农民7 560人。

4月25—28日 中国共产党黑河市爱辉区第三次代表大会召开。会议应出席代表220人，实到代表214人。区委副书记、区长王喜军主持大会。会上，市委副书记、政协主席韩伟代表市委作重要讲话，李洪祥代表中共黑河市爱辉区第二届委员会作题为《以全面建设小康社会为目标，进一步加快区域经济社会发展步伐》的报告。大会选举产生由23名委员、3名候补委员组成的中共黑河市爱辉区第三届委员会和由11名委员组成的中共黑河市爱辉区纪律检查委员会及19名出席中国共产党黑河市第三次代表大会代表，通过了中共黑河市爱辉区第二届委员会的工作报告和中共黑河市爱辉区纪律检查委员会的工作报告。

4 月 28 日 中共黑河市爱辉区第三届纪律检查委员会举行第一次全体委员会议。会议选举中共黑河市爱辉区纪律检查委员会常务委员会和书记、副书记、常委。

4 月 爱辉区妇联在全区开展无赌、无毒、无黄、无邪教、无家庭暴力“五无家庭”创建活动。

6 月 11 日 爱辉区第三届中小学生田径运动会在黑河体育场举行。

6 月 爱辉区妇联在全区范围内开展“爱心献春蕾”活动，动员社会各界资助贫困女童 155 名，向爱辉中心小学 30 名贫困女童每人捐赠 1 件羽绒服。

7 月 12 日 中共爱辉区委、区政府制发新的《积极鼓励机关事业单位干部职工投身奶牛、肉牛养殖生产的扶持政策》。

7 月 19 日 中共爱辉区委召开全区深入开展“两风”建设领导干部会议，对全区深入开展“两风”建设工作进行部署。区委要求全区上下进一步解放思想，提高认识，扎实工作，务求实效，努力用“两风”建设成果取信于民，凝聚人心，树立形象，弘扬正气，为实现“强区升位”和全面建设小康社会奠定坚实的政治思想和群众基础。

8 月 9 日 82 名上海知青回访爱辉区，在当晚举办的专场文艺晚会上，上海知青向来自乡（镇）的 16 名特困生每人捐赠 800 元助学金。此次返乡是纪念知青上山下乡 35 周年，上海知青联谊会发起的第二次大规模重返黑土地活动。

8 月 30 日 中共爱辉区委、区政府发出倡议，呼吁全区广大干部群众扶困助学。

9 月 18 日 共青团爱辉区委首次举行 18 岁成人宣誓仪式。全区近 500 名年满 18 岁的中学生面向国旗宣誓。

10 月 15 日 爱辉区妇联在全区各乡（镇）组建爱辉区乡（镇）廉内助协会，聘请区纪检委、区检察院的工作人员为乡（镇）廉内助协会会员进行廉政教育。

10 月 爱辉区妇联在金融社区、宏志社区创办的首批社区家长学校被市妇联授予市级社区家长学校。

11 月 13 日 为纪念中国少年先锋队建队 55 周年，共青团爱辉区委在工人文化宫举行隆重庆祝活动，表彰了爱辉区首届优秀大队辅导员、校外辅导员、十佳少先队员。

11—12 月 爱辉区各乡（镇）机构改革全面铺开。根据《黑河市爱辉区乡（镇）机构改革方案》和《黑河市爱辉区乡（镇）机构改革人员定编定岗及人员分流安排实施办法》，各乡（镇）行政编制按 10% 精简、事业编制按 30% 精简。改革后，各乡（镇）党政领导职数按 5 职配备，实行兼职和党政交叉任职，“两办三中心”主任实行竞聘上岗，保留党委和政府，下设党群办、政府办、经济技术服务中心、畜牧兽医服务中心、计划生育服务中心，精减人员得到妥善安置。

2005 年

1 月 17 日 中共爱辉区委、区政府联合下发《关于砂金禁采实施方案》，并成立以区委书记李洪祥和区长王喜军为组长的区砂金禁采领导小组，砂金禁采清理工作在全区范围内展开，区国土资源局、林业局、水务局、环保局、畜牧局、财政局、信访办、纪检委、交通局、政法委、公安分局、法院等职能部门联合参与此项工作。

1 月 25 日 爱辉区落实中央、省委、市委关于开展保持共产党员先进性教育的部署。区委成立了保持共产党员先进性教育活动领导小组，制定下发了《爱辉区委关于开展以实践“三个代表”重要思想为主要内容的保持共产党员先进性教育活动的实施意见》《爱辉区第一批开展保持共产党员先进性教育活动的实施方案》，确定了第一批开展教育活动的范围，全区有64个单位1 350名党员投入到第一批保持共产党员先进性教育活动当中。

1月 爱辉区建立由共青团和政法各部门组成的关于未成年人保护工作联席会议制度，确定了联席会议议事内容，明确了各成员单位职责，建立了例会制度。

2月1日 爱辉区进行教育人事制度改革。区委办、区政府办联合下发《关于印发〈黑河市爱辉区教育人事制度改革工作实施方案〉的通知》。此次改革，一是改革学校领导体制，规范学校管理，进一步强化中小学校长负责制，坚持和完善校长培训和持证上岗制度，规范并推进校长的收入分配制度改革。二是改革用人机制，实行教职工聘用制，全区中小学、农技高中、黑河市幼儿园在编在岗人员打破身份界限一律参加竞聘，聘用期为5年，同时建立辞聘、辞职和解聘、辞退制度。三是加强编制管理，科学核定了教师工作量。四是改革分配机制，实行结构工资制。全区所属学校实行了学校工资总额包干制度，建立并逐步完善中小学教职工分配奖惩制度，实行向骨干教师倾斜的收入分配政策。

3月27日 中共爱辉区委、区政府将金湾水电站项目、卧牛湖风景区域整体开发二期工程项目、东宝炭素项目、黑河中俄民俗村旅游开发项目、60万吨煤矿开采项目、通乡、村公路项目、万隆对俄批发大市场项目、西北科技农林大学科技园项目、社区办公室建设项目、宋集屯试车场项目确定为爱辉区2005年十大重点建设项目。区委办、政府办联合下发“2005年十大重点建设项目表”“爱辉区2005年各部门重点推进项目表”。

4月29日 爱辉区被省委政法委命名为“经济发展法治环境先进区”。

5月17日 爱辉区23万亩耕地受涝灾，其中4.2万亩受灾严重。区委、区政府采取措施，投入资金、人力和机械设备抗涝抢种。全区投入排水抗涝资金65万元，开挖排涝沟34.5千米，截流沟32.16千米，对原有排涝沟清淤6.2千米。

6月22日 5时，黑河市爱辉区四嘉子满族乡小乌斯力村黑龙江段发生一起沉船事故，船载人员34人。因船只严重超载和违规作业，加之江水湍急，风力较大，导致船体严重进水翻沉，船载34人全部落水，经过落水者自救和互救，有17人生还，其余17人溺水身亡。

6月28日 中共爱辉区委下发《关于印发〈第二批保持共产党员先进性教育实施意见〉的通知》，确定第二批先进性教育活动的范围、时间安排和方法步骤。

8月3日 爱辉区抗旱工作全面展开。自6月20日始全区40余天无有效降雨，7月份降雨比常年少100毫米左右、土壤水份平均低于50%，干旱形势严峻，区委、区政府组织全区干部群众投入到抗旱工作中。

10月1日 经过政策宣传、调查摸底，自行拆除、自行处理，强制保存、就地拆除，集中清理、动态巡查4个阶段的工作，全区砂金禁采清理工作圆满完成。

◎第一篇　自然环境

第一篇　自然环境

爱辉区西依小兴安岭山脉，东靠黑龙江，境内群山连绵起伏、河谷纵横交错，形成低山、丘陵漫岗、盆地、平原河谷地貌特征。植被发育良好，构成以森林为主体、沼泽草甸为辅的自然生态植被体系。属寒温带大陆性季风气候。境内有黑龙江、嫩江两大水系，黑龙江流经境内184.3千米。具有丰富的土地资源、水资源、矿产资源、森林资源、草场资源、水产资源和独特的旅游资源。受地理条件影响，自然灾害虽有发生，但损害程度相对不大。

第一章　地质　地貌

第一节　地　　质

黑河市爱辉区及其毗邻区域在古震旦纪以前的地质时期，几经沧桑变化和多次旋回的造山运动，成为地槽。在广阔区域内由花岗片麻岩和混合岩系奠定了古老的褶皱基底。五道豁洛一带露头的浅灰色粗粒花岗片麻岩、角闪花岗片麻岩及新开岭南的冷川混合岩为其代表。

震旦纪——寒武纪时有大型沉降带性质沉积，寒武纪末期爱辉区与毗邻区域又经受一次较强烈的造山运动，隆起幅度较大，并伴随有火山喷发活动，地层受到进一步的区域变质作用，有加里东早期的花岗岩侵入。五道沟一带有代表性岩层。

奥陶纪——志留时，铁犁骆驼围子向西北——呼玛兴隆沟方向由沉积碎屑火山岩建造过渡到沉积碎屑碳酸盐岩建造。志留系地层多为灰紫色、灰绿色凝灰砂岩、砂岩、石英砂岩等组成的地层系统。“八十里小河组”地层为中志留统；黑呼公路11千米等处和稗子沟出露的石英砂岩均为上志留统。

泥盆纪末至早石炭纪初，海西运动的早期褶皱作用，使黑河地槽区封闭起来，成为大兴安岭——小兴安岭褶皱带的一部分。区域内花岗岩广泛活动，背斜、向斜、凹陷等复杂地质构造又进一步激化。海西运动晚期，爱辉区及毗连地区沿内向斜有石炭——二叠纪海侵一直深入到本区较远地带。所以至今本区境内还残留有滨海相和泻湖遗迹。稍后，爱辉区及其毗连区域内发生了北东东和北西西型X交叉断裂组，同时有部分侵入体和火山喷发活动。

三叠纪——中侏罗世，整个小兴安岭北西部是一个长期隆起区。隆起同时，小兴安岭北西部发生了北北东向的嫩江深大断裂和黑龙江西北北向深大断裂，南北向的诺拉河——辽东湾深大断裂也在本区过境。原来的交叉断裂组也在活化，它们代表着燕山运动在这个地域内的主导构造方向，长期内控制着这一广阔地域的地质发展。主要的中生代断裂在爱辉区境内的有4条：黑河——呼玛深大断裂、长白山——海兰泡深大断裂过境段、西岗子——科洛断裂、黑河——新开岭——霍龙门断裂。沿着这些断裂都有中生代火山喷发或喷溢活动；有些地方还有很大的下陷幅度，形成大小不等的凹陷和盆地。除充填有中生代火山岩外，并都含有褐煤沉积，如煤窑沟——西沟凹陷、三吉屯南重迭凹陷、霍尔沁、三道沟、木耳汽等盆地都是此期形成。沿江平原地区在这后期形成，属于结亚——乌云中生代凹陷，也叫黑河盆地。

新生代，断裂作继承性深化，沿着这些系统有玄武岩喷发。爱辉区与孙吴县邻界的四季屯火山群、嘎丛火山群、安白火山群、中部大黑山火山群，以及毗邻地区的查哈彦火山等此时都有活动。小兴安岭也呈继承性地作南北速度不匀的翘起，孙吴凹陷、黑河盆地又呈继承性地缓慢下陷。第三系地层，在爱辉区境内目前虽为零星出露，但分布广泛。主要为红褐色、猪肝色含铁质砾岩，夹薄层灰色、灰黄色黏土；砾石成分为花岗岩、流纹岩及玄武岩等，砾径不一，磨圆度良好，皆属上——中新统。西部泥鳅河上游一带，零星出露有上新统“五叉沟玄武岩”组地层，岩性为灰黑色、钢灰色、红色及灰色玄武岩，气孔非常发育，气孔中有玉髓并偶有碳酸盐充填物，总厚度 10～15 米。

第四系广布全区，出露齐全。下更新统以五道沟大青西北三角点附近地层为代表，据槽探揭露：堆积物厚约 10 米，表面铁染较深，岩性为浅褐色含黏土砂砾，砾石磨圆度较好，分选极差，不显层理。中更新统地层系冰缘搬运堆积物，在罕达汽、泥鳅河及法别拉河上游谷地与一级阶地上分布的称“绰纳河组”，上部为黄褐色砂黏土含角砾，下部为褐黄色和黄灰色砂砾。泥鳅河上游和法别拉河、公别拉河各支流河谷漫滩和河流迹地上的河流冲积层也属于中更新统，为爱辉区主要含金地层，以四道沟的深毛剖面为代表。全新统黑色腐殖土层下即是黄土状砂质亚黏土，偶含砾石，呈水平纹层结构，约有 0.8 米。以下是以含砂黏土为主的黄色泥砾的过渡层，厚约 0.3 米，下面是褐色砾石层含黏土，底部有大于 1 米厚的灰白色含砂砾黏土的透镜体，砂砾很小。再以下出现黄色的花岗岩屑为主要成分的粗砂与亚黏土互层堆积，总厚约 3.8 米，含金层的厚度和埋藏深度不一。

上更新统在爱辉区有三组地层。属嫩江支流者，上部为黄土状亚黏土，厚约 3～10 米，下部为灰白、灰黄砂卵石夹黏土透镜体，厚 10～13 米。属黑龙江及其支流者，上部为黄、棕黄色亚黏土夹砂，下部为黄色、黄褐色中细砂与砂砾石，厚约 3～5 米。上马厂北、嘎丛山、白山、何集屯南山一带的玄武岩，也属本统。以上马厂北 1605 号观测点露头剖面为代表，主要为气孔状辉石玄武岩，有的还具有枕状或绳状等构造，厚约 20～150 米，称“大黑沟玄武岩组”。

爱辉区境内的全新统，主要由黑色腐植土层、河床与河漫滩堆积物及“老黑山玄武岩组”组成。黑色腐植土层、河床与河漫滩堆积物广布各地。“老黑山玄武岩组”主要分布在罕达汽镇大黑山——小黑山火山群、三站北面的安永——白山火山群和嘎丛山火山群。主要为黑色、钢灰色和褐红色具气孔状，有时致密状的橄揽石灰石玻璃质玄武岩，还有黑色、褐色、褐红色、深灰色火山浮石、火山砾和火山弹等，也保留有完整的火山锥、喷气锥等各种流动构造，厚约 250 米左右。

在大地构造单元上，爱辉区境多属于霍尔沁——新开岭——北师河——团山子——西岗子封闭曲线联线之内的“铁犁骆驼围子复背斜”。背斜区以北属“罕达汽——多宝山复向斜”，背斜区以南属“塔溪复向斜”。

第二节　地　　貌

一、类　　型

地貌形态是地质构造内外营力长期作用的结果，由于爱辉区位于小兴安岭隆起带的西北端，东南部又系结雅——布列亚凹陷（黑河盆地）边缘，小兴安岭由北向南绵亘于全境的中西部，使爱辉区地势形成中部高，两侧低，西部与北部高，东南部低。根据全区地势特点和地貌特征，可以划分为四个主要地貌区。

(一)沿江平原区

本区包括黑龙江沿岸平原、公别拉河与法别拉河下游沿岸平原,以黑龙江沿岸平原较为宽阔。黑河西北部以上,由于嘎丛山脉余丘直抵江边,平原狭窄,并多断续性的小块平原。黑河以下幅度逐渐增宽,宽达数千米至十几千米,由明显的三级阶地组成。一级阶地高出黑龙江面10米上下,是耕地和居民点分布集中区域,阶地之下为黑龙江漫滩,枯水时暴露于江边或江心,夏季常为洪水淹没;二级阶地高出江面20~40米,也多辟为耕地;三级阶地高出江面60~80米左右,尚未充分利用。本区的海拔高度均在200米以下,各级阶地起伏较缓,地势平坦。由于开发历史较久,沿江平原区成为爱辉区重要的农业生产基地。

(二)岭东丘陵河谷区

本区位于小兴安岭东北坡,是小兴安岭向黑龙江沿岸平原过渡的山麓地带。海拔高度200~500米,多为河流切割的谷地和相对高度100~200米左右的丘陵,地势起伏较大,多为天然次生的柞桦树林所覆盖。河谷两侧的阶地漫岗,多被垦为耕地,也是爱辉区的主要农业区。

(三)岭上低山区(亦叫小兴安岭山地区)

本区位于小兴安岭岭脊及两侧,是小兴安岭山地西北端的主体部分,海拔高度在500~850米,海拔500米以上的山体,近70多座均分布在这里,为黑龙江、嫩江两流域河流的分水岭。山与山之间的相对高度在200~500米左右,最高峰大黑山的海拔高度为867米。本区几乎全被森林所覆盖,82%的林场分布在本区,是爱辉区重要的林业生产基地。此外,山间谷地里有零星荒原、大量草沟、草坡,可利用发展畜牧业生产。

(四)岭西丘陵漫岗区

本区位于小兴安岭岭脊西麓,是小兴安岭向松嫩平原过渡地带的一部分,海拔高度在400~500米之间,地势波状起伏,多宽谷平岗,森林覆盖率达53%。有大量荒原草地,已多被开发利用。

二、山　　脉

爱辉区位于中国综合自然区划的兴安岭—长白山区,小兴安岭主脉由北向南纵贯区境西部。岭脊在区境内长约160千米,最高峰为公别拉河上游的大黑山。山地由花岗岩、石灰岩、火成岩组成,表层为疏松砂砾和薄层腐植质覆盖。境内的山脉皆属于小兴安岭山脉,支脉随河谷切割,呈网状分布。

(一)大黑山

位于罕达汽镇三道沟屯正南约12.5千米小兴安岭主脊上,地理坐标为北纬50°13′,东经126°30′,海拔高度为867.4米。山顶浑圆、平坦,平坦面达15平方千米。边缘为兴安落叶松环抱,中间岩石裸露,树木稀少,地表被越桔、杜香、偃松、鹿蹄草覆盖;岩石表面生长泥苔藓类,植被属大兴安岭植物类型;土壤脊薄,为灰棕壤化过程形成的原始型暗棕壤。

(二)白　山

位于二站乡三站村西北14千米,地理坐标为北纬49°40′,东经126°36′,海拔高度为704.3米。山峰突起,北坡陡峭,断裂状岩石裸露;南坡稍缓,由于火山灰露于地表,远看白色而得名。北坡脚下有大面积兴安落叶松生长,主峰无树木生长,多被耐脊薄、耐旱的杂草覆盖。白山为嘎丛火山群中的高峰,岩石为火山沸石及火山岩,可为建筑业提供轻体建材的原料。

（三）河界山

位于新生乡北界，地理坐标为北纬50°50′，东经126°26′，海拔高度为592米。此山是南宽河、卧都河、刺尔滨河3河之源，地势平缓，森林茂密，由兴安落叶松、白桦构成了山腹林带，分水岭多为蒙古柞构成的林地。

（四）二架山

位于红色边疆农场南界，地理坐标为北纬49°41′，东经127°37′，海拔高度为266米，是爱辉区与孙吴县的界山，山坡陡峭，均被柞、桦次生林所覆盖。

爱辉区境内山脉成网，均系小兴安岭山体的一部分，但由于有的支脉短平，无明显特征，故历史上亦无名称，除以上所述4座主要山峰外，区内有名称的山峰还有222座，但均无特点可言，因此不再赘述。

三、水　　系

爱辉区境内的河流分属于黑龙江、嫩江两大水系。以小兴安岭为分水岭，岭东坡发源的法别拉河、公别拉河、逊别拉河、托牛河、达凌晨河、霍尔沁河和石金河等河东流注入黑龙江；岭西坡发源的卧都河、泥鳅河、门鲁河等河西流注入嫩江，从而构成了爱辉区大地江河成网，水源丰富，源远流长的特点。

（一）黑龙江水系

1. 黑龙江

自张地营子乡小新屯村上游红星岛附近南大沟口由呼玛县流入本区境内，经由张地营子乡、上马厂乡、黑河市区、幸福乡、四嘉子满族乡、爱辉镇、西岗子镇、红色边疆农场，到下马场屯下游兔子通岛附近团山脚下流入孙吴县，流经爱辉区境内长达184.3千米。黑龙江是中国第三大河。我国古时称黑龙江为羽水、黑水、浴水、望建河、室建河、乌桓水、石里罕水。通称黑龙江是从《辽史》开始的，蒙语称哈拉穆连，满语称萨哈连乌拉，皆是“黑水”意译。

黑龙江流入爱辉区境域后河宽约880米，至黑河下游女雅通岛附近与俄罗斯的结雅河汇合，江面明显变宽，达930米左右，径流量也明显增大。黑龙江流量变化较大，平均流量为344.2立方米/秒，历年平均最大流量为1900立方米/秒，历年平均最小流量为121立方米/秒。黑龙江结冰期为半年左右，历年平均封冻天数为165天，最多时为180天，最少时150天。黑龙江航道宽阔，水流平稳，枯水期短，属于常流河，适宜船舶航行。依据地理划分，黑龙江自洛古河口至结雅河口为上游，自结雅河口至乌苏里江口为中游，爱辉区处在黑龙江中上游右岸。

2. 法别拉河

又称鄂列雅沟，发源地罕达汽镇小兴安岭脊东坡的八道沟顶子，流经罕达汽镇永胜、桦树排子，上马厂乡纳金口子、三道湾子、达音炉、新发屯等村，在上马厂乡法别拉屯附近注入黑龙江。自上游起汇入法别拉的支流有西虎拉汽河、五十德吉河、栖林河、古兰河、猪肚子河、刺尔滨河、乌里亚河、阿尔滨河等。随着各支流的相继汇入，河槽逐渐增宽，由上游的4米到下游河口附近宽达85米。河流长度151千米，流域面积2 927平方千米，水域面积667公顷，正常水深为0.5～1.9米，洪水期可达2～3.5米，正常流速为每秒0.4～1米；结冰期为每年的10月22日前后，解冰期为4月16日左右，冰厚可达1.32米；河底为沙石。刺尔滨河是汇入法别拉河的最大支流，发源于新生乡境内北部的宽河、卧都河、刺尔滨河的三河之源——河界山，流经新生、上马厂二乡，全长115千米，相继汇入刺尔滨河的支流有榆边河、卡马卡其河、索尔吉汗河，河槽宽度4～25米，水域面积262公顷，流域面积816平方千米，坡降2.8%～5.1%，水深0.6～2米。法别拉河流域河床开阔，下游两岸均已垦殖耕种，上游植物繁茂，是放牧割草的天然草场。

3. 公别拉河

发源于大黑山，于坤河乡坤河村附近注入黑龙江。由上游起汇入的有秀水河、洪湖图河、孤川河、义气罕河、库纳尔河、八车力河、哈拉台河、阿陵河、潮水河（石匠河）9大支流，流经罕达汽镇、锦河农场、西岗子镇的西沟、梁集屯、曹集屯、杨树屯、坤河乡的坤河村、大红旗营子等村屯，全长165千米。水域面积768公顷，流域面积2 726平方千米，正常水深1.5～3米，正常流速每秒0.3～1.2米，洪水期可达2米/秒，河槽宽度4～70米，洪水期可达500米，坡降1%～10.1%，河底为砂石。《黑龙江志稿》记载公别拉河为坤河，《盛京通志》解释为蒙语“人河”的意思。中华人民共和国成立后，沿主河建立了西沟水文站，在阿陵河修筑了宋集屯水库，1984年为治理石匠河修筑了河岸堤防。1991年8月，位于公别拉河中游的西沟水电站竣工。西沟电站是一座多年调节大(2)型水库、中型水电站，装机容量3.6万千瓦，年发电量9 571万千瓦时。公别拉河水资源丰富，团山子附近可利用地形建大发电水库，是爱辉区正在开发利用的重要河流。

4. 逊　河

又称逊毕拉河，起源于小兴安岭主脊大岭段西南岔，上游位于爱辉区境内二站乡三站村西4千米处，后进入孙吴县、逊克县。据《黑龙江志稿》记载：“满洲语，逊奶浆也，即逊必拉。《记略》作逊河，古肃慎氏所居之水，语为双顺，俗亦称泡子河，因其流经库穆尔窝集，亦曰库穆尔河。”从上游起汇入逊毕拉河的有南河、额雨尔河，还有源头在爱辉区、后流入孙吴县汇入额雨尔河的二龙河。逊毕拉河在爱辉区境内80千米，河槽宽度3～40米，水域面积250公顷，流域面积390平方千米，水深0.8～2米，坡降7‰。逊毕拉河流经爱辉区部分为河之源头，沿河两岸山地均为森林覆盖，是爱辉区红松分布和林木高产区域。

5. 托牛河

也称托泥河，发源于西峰山乡北部黑花山，流经西峰山乡龙泉岭村，在张地营子乡境内汇入达音河后，于达音山村下游汇入黑龙江，全长90千米，河槽宽度3～30米，水域面积173公顷，流域面积585平方千米，水深0.5～2米，洪水期可达2.5米，流速正常期为0.2～0.8米/秒，洪水期可达2.2米/秒，河底为砂石。《盛京通志》记载：“托诺河，国语托诺，毡屋木圆顶也。”

6. 达音河

《黑龙江志稿》记载为达颜河，发源于西峰山乡，流入张地营子乡后汇合托牛河注入黑龙江，全长45千米，流域面积735平方千米，年平均流量10.7立方米/秒，可供发电和灌溉下游农田。

7. 霍尔沁河

在张地营子乡境内，经霍尔沁屯北注入黑龙江。《黑龙江志稿》记载：“霍勒戈壁河，在县北，会口距县九十里，东北流五十里，又东南流经霍尔沁喀伦南注于黑龙江。”霍勒戈壁河即霍尔沁河。

8. 大卧牛河

又叫额泥河，上马厂乡境内，在大卧牛河屯下游注入黑龙江，全长47千米，流域面积288平方千米，年平均流量4.4立方米/秒。《盛京通志》记载：“额依音河，蒙古语，额依音，只管之谓，城西北二百里，即额依音毕尔罕。”小卧牛河于卧牛河屯附近汇入。卧牛河水资源丰富，河口附近两岸陡峭狭窄。

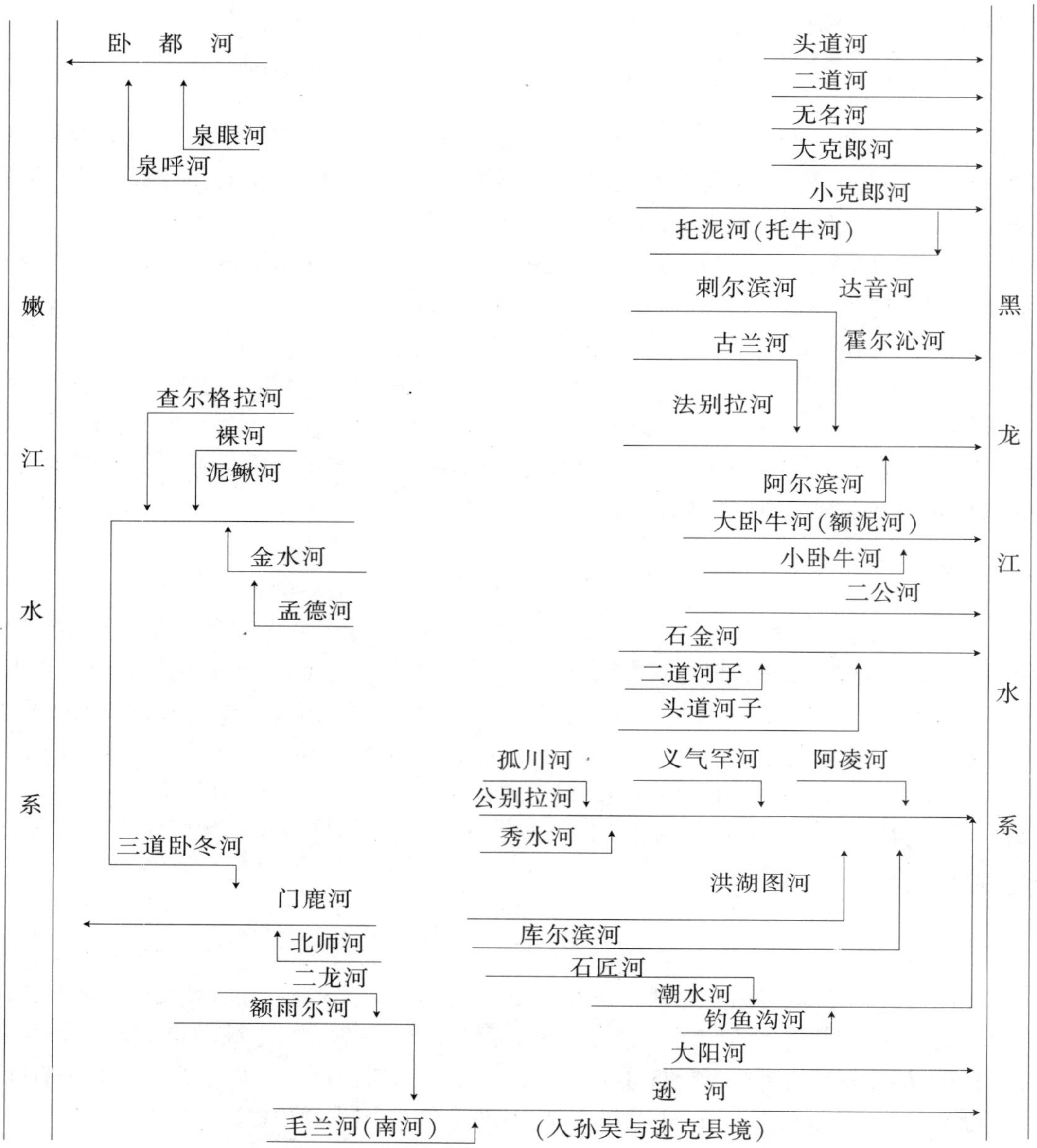

图 1－1　爱辉区境内黑龙江与嫩江水系图表

9. *石金河*

又叫石锦河，发源于锦河农场境内大头山，于四嘉子乡小乌斯力屯附近注入黑龙江。自上游汇入的有二道河、核桃沟河等支流。河流长度 58 千米，流域面积 881 平方千米，正常水深 1.2～2.5 米，洪水期可达 3 米，河槽宽度 3～20 米，砂石河底。《黑龙江志稿》记载：“什建河，一作室建河，二作石匠河，南源乌克萨河（满语‘猛然’之谓也），源出额勒克尔山，东北流，折东南流六十里，乌克萨两源，自穆延山北流合东流五十里来会，又东北折东南流六十余里，分二道径黑河道治南，注入黑龙江。”

除上述各河流外，直接汇入黑龙江的还有二道河、大克郎河、小克郎河、二公河、太阳河等河流。

（二）嫩江水系

嫩江位于爱辉区西界外，其卧都河、门鲁河 2 支流上源位于爱辉区境内，是爱辉区境内小兴安岭西坡的重要水源地。

1. 卧都河

发源于罕达汽乡北部水界山之南流，自上游在爱辉区境内的有泉呼河及泉眼河。泉呼河的上游，境内流长 120 千米，河槽宽度 3 ~ 15 米，流域面积545平方千米。源于罕达汽乡境内，后流入嫩江县注入嫩江。

2. 门鲁河

发源于二站乡小兴安岭西坡，在爱辉区境内有三道卧冬河、当间卧冬河、北师河汇入该河；在嫩江县境内又有泥鳅河汇入，最后注入嫩江。泥鳅河发源于爱辉区罕达汽乡大黑山西坡，注入该河的有汇入孟德河的金水河、查尔格拉河、裸河等。门鲁河在爱辉区境内总长 375 千米，河槽宽度 4 ~ 30 米，水域面积 296 公顷，流域面积2 828平方千米，上游坡降较大，可达 11%，下游坡降小，较平缓，在 1% ~ 4% 之间。河底为火山岩组成。

第二章　气候　物候

第一节　气候特征

爱辉区位于黑龙江省北部，地处中高纬度。属寒温带大陆性季风气候。冬季受极地大陆气团影响，常为蒙古高压所控制，在其影响下天气严寒而干燥；夏季受东南季风影响，气候温和，降水集中，光照时间长；春季多偏南大风，降水少，易发生干旱；秋季则降水集中，常有早霜危害。历史最高气温出现在 7 月，极端最高气温 37.7℃（1970 年）；历史最低气温出现在 1 月，极端最低气温为 －44.5℃（1980 年）。年平均降水量为 521.9 毫米。

由于爱辉区所处的地理位置，以及太阳辐射、大气环流影响，形成了爱辉区境内一年四季气候特征显著变化。区境内复杂的地形，又造成同一季节不同地域的气候差异。

一、日　照

爱辉区的地理位置决定了光照的季节变化，日照时数的变化是夏长冬短；辐射强度的变化是夏强冬弱。历年平均日照时数为2 652.6小时，12 月日照时数最少，为 157.8 小时；6 月最多，达 276.1 小时；7 月次之，为 256.6 小时；5 月再次之，为 246.7 小时。

冬至前后昼最短，日出为地方时 8 时整，日落为 15 时 57 分，昼长仅 7 小时 57 分，夜长达 16 小时 03 分。夏至前后昼长夜短，日出为地方时 3 时 48 分，日落为 20 时 15 分，昼长达 16 小时 27 分，夜长仅为 7 小时 33 分。

二、气　温

爱辉区气温较低，1983—2005 年（以下简称为历年）年平均为 －0.1℃。高温的 1990 年，年平均气温为2.0℃;低温的1987年年平均气温为-0.7℃,二者相差2.7℃。1月份平均气温为-28.3℃。7月份为最高的月份,历年平均气温为20.4℃,高温的1999年年平均气温为23.0℃,极端最高气温是1994年7月17日和1999年7月16日为35.6℃,1999年7月≥30℃的日数为15天,比历年同期多12天。极端最低气温是1994年1月12日为-40.5℃。气温平均历年年较差为44.1℃,最大年较差为1994年50.3℃。

受地形影响,年平均气温以大岭、二站、五道沟、纳金口子、新生等地气温最低。沿江平原年平均气温较高为0~1.0℃,小兴安岭东侧为-1.0~-1.5℃,岭脊为-2.0℃左右,岭西侧为-1.5~-2.0℃。

日平均稳定通过0℃的日期为4月10日,最早是1989年3月26日,最晚是1987年4月25日,两者相差1个月;月平均气温稳定通过0℃的终日平均为10月18日。最早是1997年10月6日,最晚是1990年、1995年、1998年10月30日,平均初日与终日间隔日数为192天。

日平均气温稳定通过10℃的平均日期为5月17日,最早是1996年5月7日,最晚是1985年5月30日,终日平均为9月16日,最早是1997年9月9日,最晚是1994年9月2日,平均初日与终日间隔122天。≥10℃的活动积温年平均为2 152.5℃,随着积温带的北移,温度升高,一般可以满足作物生长所需要的热量。高温年1994年≥10℃的活动积温为2 478.5℃,而低温的1985年为2 026.0℃,但未造成严重的低温冷害。

爱辉区历年气温平均值、近30年平均值和极端值表

表1-1　　　　单位:℃

项目	历年平均气温	近30年平均气温	平均最高气温	平均最低气温	极端最高气温	出现日期	极端最低气温	出现日期
1月	-23.2	-22.5	-17.8	-28.0	-0.5	1995年1月7日	-40.5	1994年1月12日
2月	-18.0	-15.9	-11.7	-24.0	7.1	1998年2月28日	-37.4	1984年2月4日
3月	-8.3	-8.1	-2.2	-14.8	20.4	1990年3月31日	-31.4	1984年3月1日
4月	3.5	4.2	9.6	-2.9	25.7	1998年4月12日	-19.1	1986年4月4日
5月	11.9	12.5	18.5	4.6	35.1	1998年5月15日	-5.0	1986年5月11日
6月	18.2	18.4	24.3	11.7	35.6	1985年6月5日	1.7	1999年6月4日
7月	20.8	21.5	26.1	15.4	35.6	1999年7月16日	8.5	1991年7月11日
8月	18.3	18.9	23.9	13.4	33.2	1988年8月6日	6.1	1995年8月20日
9月	11.6	11.9	17.8	6.1	29.7	1994年9月15日	-4.3	1987年9月29日
10月	1.9	2.8	8.1	-3.5	24.2	1993年10月6日	-16.5	1986年10月30日
11月	-11.2	-11.2	-6.1	-16.4	11.6	1997年11月9日	-32.8	1987年11月26日
12月	-20.9	-21.0	-16.4	-25.8	1.0	1989年12月1日	-38.7	1986年12月30日
全年	-0.4	1.0	6.2	-5.3	35.6	1999年7月16日	-40.5	1994年1月12日(近30年)

说明:1."近30年"指1971—2000年

2."历年"指1983—2005年

三、降　　水

爱辉区降水量充沛，年平均降水量为 514.5 毫米，1984 年为 788.7 毫米，而 1986 年降水仅 344.2 毫米。夏季 6—8 月份是爱辉区降水集中期，占全年降水量的 66.4%，秋季次之，春季少于秋季，冬季最少。5—9 月降水量占全年降水量的 87.3%。7 月为全年降水峰值月，历年 7 月平均降水量为 133.3 毫米，1 月为降水量低值月，历年 1 月平均降水量为 2.2 毫米。但各月降水量的年际变化很大：1984 年 7 月降水量为 307.4 毫米，而 1985 年 7 月降水量仅 40.4 毫米，相当于该月的历年值的三分之一。1997 年 8 月降水量为 256.0 毫米，是多年平均值的 2 倍，而 1994 年 8 月仅降水 34.0 毫米，仅占历年平均值的四分之一。1994 年 9 月降水 127.5 毫米，10 月降水 84.5 毫米，造成秋涝。1984 年、1987 年、1998 年 7 月下旬至 8 月中旬降水超过 200.0 毫米，给小麦收获带来很大困难。大雨、暴雨多集中在夏季，降水强度大，冰雹、涝灾时有发生。

爱辉区平均降雪期为 212 天，最多 229 天（1986—1987 年），最少 171 天（1995—1996 年），降雪平均始于 10 月 5 日，最早始于 1997 年 9 月 11 日，最晚始于 1995 年 10 月 30 日；平均终于 5 月 4 日，最早终于 1997 年 4 月 8 日，最晚终于 1991 年 5 月 21 日。最大积雪深度 29 厘米，出现于 1991 年 12 月。在降雪的特点上，有时严冬季节星辰可见，天空仍雪花纷飞；有时伴有大风，气象上称之为大风雪或暴风雪，常冻死牲畜，冻坏行人，阻塞交通；冬春、秋冬交替季节，常常是雨雪并降，或交替下降，道路积水成冰，或形成雪凇，折断树木，破坏力极强。

由于受复杂地形的影响，构成了爱辉区不同地域的降水差异。西沟至大岭一带，常年降水量为 550～600 毫米。北师河、金水、罕达汽年降水量 500～550 毫米，爱辉区北部新生、滨南及张地营子北部降水量 550～600 毫米。沿江各乡镇年降水量为 550 毫米，沿江平原降水量在 450～500 毫米，二站、大岭、北师河、罕达汽、金水降水在 500 毫米左右。年降水量最多的是新开岭、纳金口子、新生一带。

1983—2005 年爱辉区各月及年平均降水量统计表

表 1－2　　　　单位：毫米

每月	1	2	3	4	5	6	7	8	9	10	11	12	全年
平均	4.1	3.0	5.7	25.2	41.1	86.0	131.1	121.4	65.4	23.5	9.1	6.3	521.9

四、相对湿度及蒸发

爱辉区相对湿度及蒸发随着季节的变化而变化。春季风大，升温快、光照强、蒸发量大，相对湿度最小，有时竟达到零，平均相对湿度为 57%，比年平均值小 11%；夏季由于降水充沛植被繁茂，平均相对湿度达 77%；秋季平均相对湿度为 64%，与年平均值接近；冬季虽然降水少，但白雪覆盖地面，光照时间短，蒸发量小，因此，空气平均相对湿度达 69%，居各季第二位。

五、风

爱辉区全年盛行西北风，但一年之中不同风向频率变化很大。冬季受强大的蒙古高压影响，西北风频率最大，夏季最小。历年年平均风速 3.6 米/秒。七级以上大风主要发生在春季，加上大暴雨前后发生的大风，每年平均有 10 次左右七级以上大风。1996 年 6 月 10 日，在本区发生极大风速 29 米/秒的大风。

六、霜

爱辉区无霜期较短，平均无霜期为124天，1994年最长达143天，1999年最短107天。平均终霜日在5月14日，最早终霜日在5月4日，最晚终霜日在1999年6月5日。平均初霜在9月16日，最早初霜1996年9月3日，最晚初霜1986年9月28日。1996年秋霜来得较早，出现在9月3日，使山区部分作物遭受冻害。

爱辉区无霜期的分布是沿江平原110～125天，小兴安岭东为100～110天，二站、大岭等地80～100天，张地营子北部90～110天。

七、雷　暴

初春以后，暖空气势力渐强与北来的冷空气交逐产生雷电现象。爱辉区平均雷暴期为139天，1985年雷暴期最长为202天，1996年最短为116天。最早3月24日闻雷，最晚6月2日才闻雷。最早9月1日即终雷，最晚10月25日终雷。夏季有时雷声滚滚，持续不断，有时短促而清脆，有时冗长沉闷，人畜被雷电击伤或建筑物、树木被破坏时有发生。

八、结　冰

爱辉区地处中高纬度，结冰日期长，每年平均结冰期为227天，最长为240天（1996—1997年），最短为217天（1994—1995年）。结冰始期平均为9月26日，终冰最早期为5月9日，最早终于1990年4月30日，最晚终于1994年5月13日。隆冬冰层最厚可达2米左右。

爱辉区多年平均冻土深度为230厘米，最小冻土深度1992年4月10日147厘米。平均冻土开始时间为10月13日，平均冻土解冻时间为4月7日，一般每年7月冻土才能完全解冻。

第二节　气候区划

一、划分依据

从气候资源分析上看，制约农业生产的气候条件主要是热量条件，所以把它作为第一级区划的对象。而在热量条件要素中，以生长季内的积温最能代表一个地区的热量水平，故将生长季内的80%保证率的积温作为一级区划指标。水分条件是影响农业生产的又一主要因素，则其为第二级区划对象。由于生长季内降水量差异性不大，故而将生长季干燥度作为二级区划对象的主要分区指标。

在区划尺度确定时，既要考虑农业生产的实际需要，同时尽量避免与局地小气候的冲突，也要兼顾几个指标可划分标准，尤其注意一级区划指标整分性问题。所以在确定区划指标时着重注意生长积温的整百分度分割，每隔100℃绘制一条等直线，并以此为主确定综合分区指标。

二、分区评述

（一）沿江平原温凉半湿润区

该区位于爱辉区东部黑龙江沿岸。本区的年平均气温在0～0.5℃，是全区最暖区域，无霜期较长，在110～125天。≥10℃活动积温为2 000～2 200℃。春季日平均气温稳定通过0℃的日期为4月5—10日，稳定通过10℃日期为5月15—20日。年降水量为500～550毫米，日照时数2 600～2 700小时。该区气候条件较好，是以种植为主的农业经济区。

（二）岭东丘陵冷凉湿润区

该区位于小兴安岭东坡向沿江平原的过渡地带，地貌为丘陵河谷，地形复杂，年平均气温在－1.0～－1.5℃，无霜期为90～110天。日平均气温稳定通过0℃日期为4月10—15日，≥10℃活动积温为1 800℃～2 000℃，年降水量550毫米，日照时数2 500～2 600小时。受地形影响，该区霜害较重。

（三）岭上低山寒冷湿润区

该区位于小兴安岭岭脊及两侧岗地，山峰起伏，是爱辉区最冷的区域，年平均气温为－2.0℃左右，日平均气温稳定通过0℃的日期为4月25日以后，≥10℃活动积温为1 500～1 800℃，无霜期80～100天。年降水量500～600毫米，日照时数2 500～2 600小时。因境内地貌复杂，气候寒冷，霜害严重。该区不利于发展种植业，是爱辉区的主要林区。

（四）岭西漫岗冷凉湿润区

该区位于爱辉区西部，小兴安岭西侧。海拔高度400～600米，相对高度200米，起伏较小，切割较浅，高度较低。年平均气温在－1.5～－2.0℃，≥10℃活动积温为1 600～1 800℃。年日照时数在2 600小时左右，无霜期为80～100天。光照强度为95～100千卡/平方厘米·年。是爱辉区发展农业林牧业等多种经营生产潜力地区。

爱辉区气候分区及分区指标表

表1－3

名　称	区　　域	主要指标		辅助指标	
		≥10℃活动积温（℃）	日平均气温稳定通过0℃日期	无霜期（天）	年平均气温（℃）
沿江温凉半湿润区	张地营子、上马厂、四嘉子、爱辉、西岗子及红色边疆农场东部	2 000～2 200	4月5～10日	110～125	0～0.5
岭东丘陵冷凉湿润区	西峰山、张地营子、上马厂东部、锦河农场西部、西岗子镇西部、红色边疆西部和二站乡东部	1 800～2 000	4月10～15日	90～110	－1.0～1.5
岭上低山寒冷湿润区	二站、三站、大岭、胜山、七二七、大平、滨南、新生、罕达汽东部	1 500～1 800	4月25日左右	80～100	－2.0左右
岭西漫岗冷凉湿润区	金水、北师河、罕达汽西部	1 600～1 800	4月20—25日	80～100	－1.5～－2.0

第三节　物　　候

至2005年，爱辉区气象局只观测6种物候，因此掌握的情况是不连贯的，也很不全面。仅将观测的物候特征种类列下表。

爱辉区自然历一览表

表1－4

节　气	物候现象	日序	平均日期	平均温度	农事活动
清明后	青草发芽	97	4月7日	－1.3℃	始播小麦，种菠菜
谷雨前	黎萌动期	104	4月14日	—	—
	车前子萌芽	105	4月15日	3.0℃	—
	家榆萌芽	107	4月17日	—	—
	中东杨萌芽	109	4月19日	—	—
	终积雪日	116	4月26日	5.7℃	普遍播种小麦
	青蛙始鸣	118	4月28日	—	—
立夏前	家燕来	124	5月4日	—	小麦出苗，种窝瓜
	终雪日	126	5月6日	—	种角瓜，白露葱返青
	黑龙江流冰结束	127	5月7日	—	—
	紫丁香展叶	128	5月8日	—	—
	终结冰日	133	5月11日	8.0℃	播种谷子、大豆、卷心菜
	终霜日	133	5月13日	—	—
小满前	初雷日	136	5月16日	11.5℃	播种玉米
	家榆种子成熟	142	5月22日	—	种豆角，大豆出苗
小　满	紫丁香开花	147	5月27日	13.8℃	谷子出苗
	初霜日	261	9月18日	11.5℃	大田收获
秋　分	终雷日	266	9月23日	—	—
	初结冰日	270	9月27日	9.0℃	—
寒露前	初雪日	279	10月6日	—	—
霜降前	初积雪日	291	10月18日	2.2℃	大地封冻
霜降后	黑龙江流冰	296	10月23日	—	—
立冬前	黑龙江封江	313	11月9日	—	—

说明：1. 观测坐标为北纬50°15′，东经127°27′，海拔高度166米

2. 时间至2005年

第三章　自然资源

第一节　土地资源

1983年，黑河市属耕地面积为62 366.2公顷，到2005年12月底区属耕地面积为86 812公顷，23年增加了24 445.8公顷，增加39%。1983年农村人均占有耕地1.55公顷，到2005年仍为1.55公顷。土地面积在增加，人口亦增长，23年间人均占有耕地基本持平。爱辉区土地资源丰富，蕴藏着极大的生产潜力。耕地的特点是肥沃、连片、平坦，适宜种植小麦、大豆，是全省小麦、大豆的主产区，已成为国家重要的商品粮和大豆生产基地。

土地资源除数量外，质量也是开发利用的重要依据。全区共有6个土壤类型（暗棕壤、黑土、草

甸土、新积土、沼泽土、泥炭土），15 个亚类（暗棕壤、草甸暗棕壤、白浆化暗棕壤、潜育暗棕壤、暗矿质暗棕壤、黑土、草甸黑土、草甸土、潜育草甸土、白浆化草甸土、草甸沼泽土、泥炭沼泽土、沼泽土、低位泥炭土、新积土），26 个土属（砂砾质暗棕壤、砾砂质暗棕壤、黄土质草甸暗棕壤、砾砂质草甸暗棕壤、砂砾质白浆化暗棕壤、暗矿质暗棕壤、壤质潜育暗棕壤、黏壤质草甸土、砂砾底草甸土、砾底草甸土、黏壤质潜育草甸土、砂砾底潜育草甸土、黏壤质白浆化草甸土、砂底草甸沼泽土、黏质草甸沼泽土、泥炭沼泽土、泥炭腐殖质沼泽土、黄土质黑土、砾底黑土、砂底草甸黑土、砂砾底沼泽土、埋藏型低位泥炭土、芦苇苔草低位泥炭土、砂质新积土、黏壤质新积土、砾质新积土），51 个土种（薄层砾石底暗棕壤、中层砾石底暗棕壤、薄层砂砾底暗棕壤、中层砂砾底暗棕壤、壤质潜育暗棕壤、砂砾底白浆化暗棕壤、中层草甸暗棕壤、薄层草甸暗棕壤、中层砂砾底草甸暗棕壤、薄层砂砾底草甸暗棕壤、原始暗棕壤、中层黑土、薄层黑土、薄层砾石底黑土、薄层砂砾底草甸黑土、厚层黏壤底草甸土、中层黏壤底草甸土、薄层黏壤底草甸土、薄层砾石底草甸土、中层砂砾底草甸土、黏壤质白浆化草甸土、厚层泛滥地草甸土、中层泛滥地草甸土、薄层泛滥地草甸土、厚层黏壤底沼泽化草甸土、中层黏壤地沼泽化草甸土、薄层黏壤地沼泽化草甸土、中层砂砾底沼泽化草甸土、薄层砂砾底沼泽化草甸土、山地草甸土、泛滥土、生草泛滥土、草甸泛滥土、沼泽化泛滥土、沟谷草甸沼泽土、薄层蝶形洼地草甸沼泽土、中层蝶形洼地草甸沼泽土、厚层蝶形洼地草甸沼泽土、薄层低地草甸沼泽土、泥类腐殖质沼泽土、蝶形洼地沟谷泥类腐殖质沼泽土、薄层黏底泥炭沼泽土、薄层砂砾底泥炭沼泽土、生草沼泽土、草炭类泥炭土、埋藏型泥炭土、搅动土、生草石质土、腐殖质石质土、暗棕壤型石质土）。

一、暗 棕 壤

分布面积广，是全区面积最大的一个土壤类型。这类土壤主要分布在低山丘陵，沿江平原也有局部块状分布。暗棕壤是在森林植被下长期的腐殖质积累，弱酸性淋溶及铁锰下移氧化过程形成的弱酸性，并具明显的黏粒淀积层次的土壤。表层自然肥力较高，但土层薄，质地粗、松散，垦殖后易流失，肥力下降速度快，其利用方向以保护现有植被，发展林业为主。其中，草甸暗棕壤，在成土过程中由于地势低平，有阶段性积水，为此，附加草甸腐殖化过程，土层较厚，质地黏重，肥力高，部分地段可垦殖耕种。全区暗棕壤面积 110.86 万公顷，占全区总面积的 77.67%。

二、草 甸 土

分布于沿江平原和黑龙江支流河谷地。黑土层较厚（一般约 20 厘米），有机质含量约 10%，含氮量 0.5% ~0.8%。沿江阶地上的耕地多为此类土壤，但由于开垦年限较久，水分条件已发生变化，表层草甸化过程不明显，是本区较理想、质量较高的耕作土壤。全区草甸土面积 8.6 万公顷，占全区总土地面积的 6.04%。

三、沼 泽 土

分布于河谷低地，常或季节性积水，喜湿性植物覆盖地表，塔头丛生，草根盘结紧密，自然植被为苔草、小叶樟、三棱草。底土有岛状永冻土，土质黏重，冷凉，利用方向应以畜牧为主，在改造排水前，一般只适宜作割草地及季节放牧。全区沼泽土面积 22.13 万公顷，占全区总土地面积的 15.06%。

四、黑　　土

是爱辉区自然肥力最高，耕地最好的土壤，分布在小兴安岭西坡平缓岗地，地表多为榛柴、五花草覆盖，黑土层厚，腐植质含量高，持水性强，偏酸性，是理想的耕作土壤。但其面积较小，且多为条带状分布，面积只有 667 公顷，占全区土地面积的 0.48%。

五、泥 炭 土

是在长期低温、潮湿和积水条件下，腐植质在嫌气性分解的过程中形成的。此类土壤含水量大，质地粘重、冷凉，不宜垦殖耕种，但其泥炭含氮量及含炭量都较高，挖掘可做肥料、燃料及其他工业原料。但爱辉区境内该土类分布不广，面积只有 120 公顷，占全区土地面积的 0.01%。

六、新 积 土

包括泛滥土、搅动土，石质土。总面积为10 400公顷，占全区总面积的 0.74%。泛滥土是分布于黑龙江及其主要支流的沿岸和沿江各岛屿上，由江河泛滥泥沙沉降淤积而成的新生型土壤。此类土壤土质疏松，耕性好，持水性差，地温高，发苗快，但易受洪水危害。分布在河湾里部，生长极少量耐沙植物，经常受河水泛滥冲刷、淤积等影响，层次不稳定，俗称“沙滩”，无农业利用价值，可做沙场，提供建筑材料。面积为4 000公顷，占全区土地面积的 0.31%。搅动土是在原始土壤被破坏后形成的，主要分布于煤矿、金矿区，该土是在开矿过程中层次被翻动搅乱，近期无法被种植业利用。面积2 467公顷，占全区土地面积的 0.18%。爱辉区境内石质土主要发育在火山岩经风化而形成的薄层表土，是新生土壤，土层微薄，不宜利用，面积为3 533公顷，占全区土地面积的 0.25%。

爱辉区耕地有机质含量分为 5 个等级，表层土壤含量大于 60 克／千克的占 89.2%，含量 40 ~ 60 克／千克的占 6.8%，含量 30 ~ 40 克／千克的占 2.5%，含量 20 ~ 30 克／千克的占 0.9%，含量 10 ~ 20 克／千克的占 0.6%。由于本地区土壤有机质和黏粒含量丰富，所以土壤全量氮、磷、钾含量皆很高，给土壤肥力提供了重要的物质基础。

第二节　水　资　源

一、地 表 水

区内河流分属黑龙江水系和嫩江水系，属于黑龙江水系的主要河流（指流域面积大于 200 平方千米的河流）有 20 条；属嫩江水系的河流有 6 条。区内泡沼 182 个，最大的泡沼是张地营子乡泡子沿村的泡沼，水面约 20 公顷。黑龙江多年平均流入爱辉区的水量为 501 亿立方米，对岸俄罗斯的结雅河汇入后，水量达1 078亿立方米。黑龙江在本区的主要支流有法别拉河、公别拉河、石金河等。爱辉区多年平均降水量为 522.70 毫米，多年平均径流深为 167.20 毫米。全区多年平均地表水资源总量为 23.9 亿立方米，地表水资源量的地区分布不均匀，差异较大，水土资源比例极不平衡。沿江各乡镇人多地多，水量最少，山区乡镇人少地少，水量最多，如北西部的新生乡人均水量为 25.2 万立方米，亩均水量为7 170.50立方米。而沿江的爱辉镇人均水量为3 393.9立方米，亩均水量 144.90 立方米，人均水量最多与最少相差 74.2 倍，亩均水量最多与最少相差 49.5 倍，由于地多水少的矛盾十分突出，沿江平原区受春旱灾害威胁较大，同时雨季也易受洪涝灾害的威胁，因此应积极采取开源节流方法，提高水资源的利用率。本区地表水资源较丰富，开发利用潜力很大。本区河流流经山区河段长，平原区河段短，山区河网较密，河槽窄小，河身弯曲度大，河道坡降大，流至下游平原区后河道水量集中，坡降减缓，在河口附近河道紊乱。全区统计有 12 条较大河流，水能资源理论蕴藏量按 N95%，N50% 和 N 平均分别计算，总计达 38.77 万千瓦（包括黑龙江河段 29.75 万千瓦在内），平均水年蕴藏 37.49 万千瓦（包括黑龙江河段 29.26 万千瓦在内），适合建设水力发电站。现有的水利工程为农业生产、增加粮食产量、减少旱涝灾害起到很大作用。但地表水资源利用率还很低，除搞好现有水利工程的续建配套外，仍可综合开发利用山区的水能资源优势。

二、地 下 水

爱辉区地下水天然资源最多的是罕达汽镇为 9 871.3 万立方米，占全区地下水总量的 17.35%；最少的是市区为 99.25 万立方米，占地下水总量的 0.17%。地下水可开采量最多的是张地营子乡为 2 408.76 万立方米，占全区地下水资源可开采总量的 18.38%；开采量最多的是市区为 103 万立方米，占全区的地下水资源可开采量的 0.78%。

（一）松散岩类孔隙水

主要分布于黑龙江水系的主谷、支谷的第四系松散堆积层中。主谷分布在黑龙江沿岸平原河滩地、一级阶地和二级阶地上。支谷大部分分布在山区河谷。水量、埋深、含水层变化一般主谷大于支谷，支谷大于支沟，河漫滩大于一、二级阶地。单井涌水量为 100～1 000吨/日，部分地区在每日 100 吨以下。含水层厚 2～10 米，埋深 1～6 米，局部 9～14 米。含水层由砂、砂砾石、卵石及含黏土的砂砾石组成。

（二）碎屑岩类裂隙孔隙水

主要分布在黑河市至孙吴单斜盆地和张地营子落牙湖盆地中，为侏罗系上统和白垩系下统碎屑岩裂隙孔隙承压水。本区松树沟、欢洞、潮水等地均属该区，其地形主要为平原和浅丘，含水层岩性由砂岩、砂砾岩及含泥质砂砾岩组成。单井涌水量 100～1 000立方米/日。盆地边缘小于 100 立方米/日。含水层厚一般 20～42 米，顶板埋深 37～81 米，承压水头埋深一般 7～27 米，部分地段自流承压水头高出地表 1～5 米，自流量一般 56.16～220.49 立方米/日。张地营子盆地推测钻孔涌水量小于 100 立方米/日。

（三）基岩裂隙水

基岩裂隙水按成因及分布特点，分为风化带裂隙水、孔洞裂隙水及构造裂隙水三种类型。风化带网状裂隙水分布在本区山区，分布面积广，新生、西峰山、山神府、二站、罕达汽等均有该类型地下水。地下水径流模数 1～6 升/秒·平方千米，一般 3～6 升/秒·平方千米，风化带厚度 15～55 米，一般厚度 30～40 米。孔洞裂隙水主要分布在金水农场和北师河乡一带，分布不广。玄武岩厚 15～50 米，富水性不均，钻孔涌水量 22.46～809.91 立方米/日。构造裂隙水主要分布在本区木耳汽煤矿一带，岩性为正常碎屑岩，富水性差别大，钻孔涌水量 3.37～296 立方米/日，另外，该区沟谷中有第四系松散岩类孔隙水。全区三种地下水天然资源为 6.7 亿立方米/年。

地下水补给有大气降水、江河水渗入和侧向补给三个方面。黑龙江主谷由于上层覆盖为亚黏土或砂土，大气降水和江河水直接渗入地下补给，水位埋藏浅，变幅大。支谷、支沟除大气降水、河水补给外，还有侧向基岩裂隙水补给，水位变幅小，一般 0.26～0.87 米。爱辉区由于小兴安岭分割，地表水与地下水流向基本一致，其径流强度与径流速度、河床、山地坡降有直接关系，其排泄主要以径流形式排泄于区外和补给地表水两个途径。另外，由于爱辉区植被覆盖面积大，森林茂密，植物的蒸腾排泄也是一个重要途径。

（四）水　质

按照《生活饮用水卫生标准》规定，爱辉区地下水基本上符合人畜饮用水标准。地下水温 2～6℃，矿化度一般 86.6～894.1 毫克/升，总含盐量一般 97.4～538.4 毫克/升，灌溉系数大于 18，是较好的灌溉水源。

第三节 森 林 资 源

黑河市爱辉区是黑龙江省重点林区之一，森林植被处于大兴安岭植物区系过渡带。北部分布树种为兴安落叶松和白桦，多呈混交林分布，并因本区受毗邻地带的影响，混生带有温带耐干旱的树种蒙古柞、黑桦及少量山杨，林下生长着大叶杜鹃、越桔、胡枝子、杜香、苔草、拂子茅等；南部山地生长着长白植物区地带性植物红松、混有鱼鳞云杉、兴安落叶松、枫桦和少量团状分布的水曲柳、黄菠萝等，林下多以胡枝子、杜鹃等为主。介于上述两类中间广大的过渡地带，并有较广的蒙古柞、山杨为主的阔叶混交林，有较广的兴安落叶桦生长，林下丛生旱柳、胡枝子、杜鹃等灌木。

爱辉区属黑龙江省地方林业最大的国有林区，占全省地方林业的1/5，占全市林业的1/3。2005年，爱辉区林业局经营总面积120万公顷，林业用地面积99万公顷，非林业用地面积21万公顷。林业用地面积中：国有面积98万公顷，集体面积12 792公顷。有林地面积860 077公顷，其中，国有面积848 672公顷，集体面积11 405公顷。活立木总蓄积量51 609 150立方米，其中，国有林总蓄积50 589 210立方米，集体总蓄积1 019 940立方米。森林覆被率64.5%。至2005年，落叶松面积33 647公顷，云杉林面积72公顷，红松林面积2公顷，樟子松面积2 138公顷，柞树林面积45 849公顷，柞矮林面积7 554公顷，椴树林面积8公顷，白桦林面积251 296公顷，杨树林面积2 410公顷，针混林面积3 350公顷，硬阔混面积7 947公顷，阔混林面积481 560公顷，针阔混面积24 237公顷，珍阔混面积7公顷。

区内森林植被的分布具有明显的临界性质和过渡特征，属长白植物区系小兴安亚区与达乌里区系过渡类型。低山丘陵的阳坡以蒙古柞林占优势；阴坡平坦分水岭及宽平低湿河谷洼地，则分布混有白桦的兴安落叶松林。区境南部的南河河南山地为长白区系代表群落，有团状红松林分布及混生兴安落叶松、云杉、冷杉和少量的黄菠萝、水曲柳，呈明显的异龄复层林相，多为成、过熟林，成过林约占林地总面积的75%。林冠下胡榛子、杜鹃等灌木丛生，沟谷生长着珍贵的药材刺五加，是爱辉区森林植被单位面积蓄积量较高的区域，每公顷达110立方米。北部低山的刺尔滨河、古兰河、卧都河中上游，分布着寒温带代表树种兴安落叶松为主的针阔混交林，干燥山脊及阳坡蒙古柞林占优势，阴坡山腹及平坦谷地为兴安落叶松、白桦混交林，林下丛生着越桔、杜香、都柿等达斡尔区系代表种灌木。兴安落叶松系由大兴安岭区系向南延伸而来。林分中等密度，成过熟林面积占42.6%，单位面积产量每公顷60立方米左右，是区内近年来主要采伐利用的林区。

介于上述两类型间的广大地区，森林植被具有明显的过渡特征，团状或散生着兴安落叶松，甚至在缓坡和阳坡均有生长，表现出兴安落叶松由南向北生态幅度逐步变宽的趋势。中温带耐干旱的代表树种是蒙古柞及喜湿的白桦，林下丛生胡枝子、丛桦、杜鹃、旱柳、沼柳等灌木，岭东以耐旱蒙古柞占优势，岭西以喜湿白桦为主，反映了两坡地势陡缓差异和土壤条件的不同，由于遭受多次破坏，林下生草程度较高。

第四节 草 原 资 源

爱辉区境内草原资源丰富，主要分布在西部及北部山区。由于受气候和多种自然环境影响，草场类型复杂。按生态草场分布为：林区边缘以柞桦朵类草为主的梳林草甸，以蒙古栎、丛桦、榛柴为主的灌丛草甸和五花草塘；河谷两侧以小叶为主的沼泽草甸；山间低地河谷两侧以塔头苔草为主的丘状草甸和沼泽草甸。

1980年农业区划时，根据航片踏查，确认辖区内天然草地面积36.75万公顷，扣除省属国营农场所属草场外，全区草地面积为28.81万公顷。到2005年，全区草原面积为11.82万公顷，载畜量59.12万个羊单位。其中，沼泽草甸是爱辉区主要天然草场，这些草甸为常年或季节积水，塔头丛立，多以莎草科草类为主，坡前草地以禾本科和豆科为主。全区草场可供饲用植物200余种，有饲用价值的61种。依据草类构成和利用价值，草场分为4种类型。

一、小叶章杂类草场

这类草场分布在漫岗疏林和低山缓坡、林绿地势稍高的草地上，是较为干燥的草甸土草场。刺尔滨河、三道卧冬河、查尔格拉河的两岸属于这类草场。土壤稍湿润的地域植物种类繁多，以小叶章、草藤杂草占优势，夏秋季节百花盛开，芬芳四溢，群众俗称"五花草塘"。这种草场是由多种中生杂草所组成，群落中常见的伴生植物有地榆、野豌豆、蓬子菜、唐松草、蚊子草等。杂草种类多，密度大，品质好，地势平坦，草层厚，草层覆盖度90%～100%，亩产干草250～325千克，这类优质大片天然小叶章杂类草场，全区共有2.45万多公顷。

二、小叶章沼泽化草场

这类草场分布在两山或两岭间的低湿河谷地。土壤多属沼泽化草甸土，土壤潮湿，常有季节性积水或局部积水，随着地理的变化，地表不断抬升或下沉，水份逐渐减少，湿生或水生的狭叶甜菜逐渐被中生、湿生的小叶章所代替，小叶章为优质植物。伴生有地榆、芥草，常见的有沙参、婆婆纳、叶玉梅等，草层覆盖度90%～100%，植株密度每平方米300～350株，植株高度90～100厘米，亩产干草300～400千克。这类草场分布在根里河、托泥河两岸，面积较大，共有6.62万公顷。此类草场地势高低不平，局部略有塔头，高达20厘米左右。该草场适于割草和放牧，为永久性牧业基地。

三、疏林灌丛草场

此类草场分布在疏林地和低山缓坡，是草原中常见的林下草场，属森林破坏后，向草甸发展的过渡类型草场，伴生有少量的榛柴、兴安蔷薇等。草本植物以小叶章为主，其他植物有大油芒、野古草、东风菜、白花地榆、萱草、蚊子草等。草层覆盖度90%～100%，牧草种类多，中、湿生植物都有，密度大，植株密度每平方米350～400株，株高90～120厘米，亩产干草400～550千克，草质稍次。这类草场全区有7.87万公顷，分布在金水河、嘎丛山等地。

四、苔草沼泽化草场

此类草场分布在沟河两岸、泡塘周围，有大量塔头，呈现常年或季节性积水，以苔草为优势，伴生有大花马觅蒿、狼尾草、三棱草，株高100～130厘米。由于地势不平，低洼，湿度大，采草和运输有困难，只能放牧牛、马，不宜放羊。

爱辉区境内的草场多分布在沟谷河流两岸与林地边缘，草水条件较好，为发展畜牧业提供了有利条件，但由于草场多为带状分布，单片面积小，而且分散，因此不宜集中办大型牧场，可因地制宜办小型牧场，发展家庭畜牧业。

第五节 矿产资源

爱辉区的地质构造体系（大地构造）属于兴安岭—内蒙地槽褶皱区。以新开岭深大断裂（在本区内呈近东西向）为分界线，北部为兴安岭地槽褶皱系中的罕达汽优地槽褶皱带的部分（东部区域）；南部为小兴安岭—松嫩地块中的沐河隆起带的一部分；东部边缘为中生代断陷盆地。主要断裂构造为北东向的新开岭断裂，其在本区内呈东西向，是罕达汽优地槽与沐河隆起的分界线，控制境内花岗岩带的分布。受地质、植被、气候条件影响和在复杂的地质建造和多旋回造山运动及内外营力长期作用下，形成了丰富多样的矿产资源。到2005年已探明的矿产有褐煤、黄金、铜、银、硫、锡、石灰石、沸石、云母、大理石、磁化铁、硫化铁、钛化铁、重晶石、石英砂、辰砂、陶土、油页岩、方铅矿、玛瑙石、铅、锌、铀、铬和火山玄武岩、浮石、火山灰、火山渣等69种。其中以煤炭、黄金储量最为丰富，还有储量可观的大理石、石灰石、玄武岩、珍珠岩、石英砂、铜、锌、钼、硅石等。煤炭探明储量近10亿吨，主要分布在金水—木耳汽煤田和西岗子煤田。已探明岩金储量150吨，主要分布在罕达汽镇七分厂和上马厂乡三道湾子村。已经开发利用的主要有褐煤、黄金、岩金矿等少数几种。爱辉区有各种矿点90处，其中煤矿31处、岩金矿19处、珍珠岩矿13处、大理岩矿5处、铜矿4处、沸石、钼、钨等其他矿点18处。

爱辉区矿产资源丰富，且分布集中、矿种优势明显，利于形成产业规模，开发利用前景广阔。

一、煤　　炭

爱辉区煤炭资源十分丰富，主要分布在金水—木耳汽煤田（西部）及西岗子煤田（东部），煤种为褐煤和长焰煤。

西部煤田（金水—木耳汽煤田）位于罕达汽镇境内，普查储量约3.5亿吨，详查储量约2.6亿吨。其中金水四分场精查区储量为10 172万吨，纯煤总厚5.21～15.73米，为特厚复合煤层；金水三分场详查储量6 726万吨；木耳汽区普查储量11 242万吨。木耳汽34线—老公司—727区域只做槽探，储量待查。本煤田煤均为黑色，属低硫、低磷、中灰、中等发热量的长焰煤。发热量在5 000大卡左右。

东部煤田——西岗子煤田位于西岗子镇、爱辉镇及锦河农场境内，煤田自北向南分为：三道沟区、西岗子区和盘肠沟区。已探明地质储量7.47亿吨，其中三道沟区普查储量5.5亿吨，占总储量的70%。煤田的煤种均为褐煤，发热量在11.3～19.2焦耳之间。三道沟区煤层稳定，煤质好，是西岗子煤田开发的重点，其中三吉屯区又是三道沟区开发的重点。三吉屯区详查储量1.4亿吨，精查储量为6 327万吨。

至2005年，金水—木耳汽煤田共有煤矿31处（市直8处），年设计生产能力332万吨，总设计储量10 770万吨。其中市局直属煤矿4处，设计生产能力261万吨，总设计储量8 073万吨；爱辉区区管煤矿23处，设计生产能力71万吨。开拓方式为片盘斜井、长壁后退式开采工艺。东部煤田——西岗子煤田有1处露天矿井三吉屯煤矿，设计生产能力8万吨/年。

二、岩　　金

境内已发现岩金矿点19处。已探明资源量的有三道湾子（储量8 000千克，品位8.33克/吨）、争光岩金矿（储量30 000千克）、上马厂（储量8 000千克）、神仙沟（储量2 500千克，品位5克/吨）、五道沟二支沟岩金矿床（储量308千克，品位21.88克/吨），资源总储量约14 808千克。

三、铜　　矿

境内发现铜矿矿化点4处，分别为骆驼崴子（纳金口子西6千米）、西山后、盘肠沟矿点，其中探明储量2处，即富地营子铜矿，已探明储量约1.72万吨，品位3.4%。伴生有伴生金、银、锌、硫4种矿产。现已开发利用。

四、钼　　矿

区内有钼矿点2处，位于罕达汽境内独立山及西古兰河。未开发利用。

五、大理岩(石灰岩)

爱辉区境内发现矿化点5处,分别为费力山西南大理岩矿点(西峰山)、大小新屯矿点、猪肚子河矿化点、西山后矿化点。探明资源量的矿床1处,大新屯大理岩矿床已开发利用,资源储量604万吨。

六、石英砂矿

探明资源量的仅1处,位于上马厂乡石英砂矿床,资源量300万吨。未开发利用。

七、麦饭石矿

麦饭石矿床位于上马厂乡三道湾子村东南。距黑河市区约30千米,工作面积约1.65平方千米。资源储量约10万吨。未开发利用。

八、硅 石 矿

位于西岗子镇西沟村以南约5千米处,储量约5万吨。未开发利用。

九、珍 珠 岩

位于上马厂乡卧牛河水库附近,储量约100万吨,年产5万吨。

十、油 页 岩

位于罕达汽境内木耳汽盆地。资源储量较为丰富。未开发利用。

十一、蛇纹岩矿

爱辉区大岭山北蛇纹岩矿床,探明储量1 704.6万吨,未开发利用。

十二、其他矿产

钨矿点1处、汞矿点3处、镍矿点2处、黄铁矿点3处、沸石矿点4处、陶瓷黏土矿点1处及砾岩金等。

第六节　水 产 资 源

爱辉区位于黑龙江中上游,境内江、河、沟、泡星罗棋布,有大小河流61条,其中10千米以上的40条,泡沼182个,共有大小水库9座,其中市辖水库4座。辖区内黑龙江江段184.3千米。全区水面12 666公顷,水产养殖总面积746.93公顷,其中水库养鱼面积510.26公顷,池塘养鱼132.4公顷,泡沼养鱼104.26公顷;年养殖鱼类210吨,捕捞鱼类180吨。黑龙江干流水深流急,砂砾底,水质清,透明度大,是鲟、鳇鱼栖息和繁殖的理想场所,也是其他鱼类越冬的好场所。境内河流均发源于山地,河槽狭窄,流速快,水温低,石砾河底,水质清澈,明水期水量丰富,是冷水鱼类生活和产卵的好场所。由于河床变迁,沿江一带形成许多自然泡沼,大部分水面面积较小,最大的几百亩。这些泡沼经过人工改造,可成为养鱼的水面资源。此外,在可利用的水面中饵料生物较丰富,适宜鱼类生长。

爱辉区水域中的鱼类组成分别隶属于18科58属75种,其中,鲤科鱼类44种占总数的58.6%,鲑科鱼类5种,鮨科鱼类4种,其他15科22种。主要冷水性鱼类有8种:哲罗鱼、细鳞鱼、乌苏里白鲑、黑龙江茴鱼、黑斑狗鱼、江鳕、大马哈鱼、拟赤梢鱼。有国家Ⅱ级保护动物3种,即细鳞鱼、鲟鱼、鳇鱼。鲟鱼、鳇鱼被列入《濒危野生动植物的国际贸易公约》附录Ⅱ；细鳞鱼、哲罗鱼、黑龙江茴鱼、雷氏七鳃鳗、日本七鳃鳗、乌苏里白鲑、怀头鲶被列入《中国濒危动物红皮书》；大马哈鱼、江鳕被列入《中国名贵珍稀水生动物》。雷氏七鳃鳗、日本七鳃鳗、黑龙江茴鱼、乌苏里白鲑、江鳕、拟赤梢鱼、黑龙江花鳅为黑龙江水系的特有种。

主要经济鱼类有鲤鱼、鲫鱼、鲢鱼、草鱼、翘嘴红鲌、鳌花、鮠类、鲶鱼、唇䱻、雅罗鱼等。小型成鱼有银鲴、鮈类、鲹条等。还有冷水鱼类大马哈鱼、鳇鱼、鲟鱼、哲罗鱼、细鳞鱼、白鲑等。

从生态习性看，全区水域的鱼类既有分布范围较广的鲤科鱼类，也有分布范围较狭的冷水性鲑科、鳕科、狗鱼科、茴科鱼类，既有北方山区溪流类水域的哲罗、细鳞、江鳕、斑鳟子等，也有平原类型的代表鱼类，如草鱼、鲢鱼、鳜鱼、银鲴、各种鲌属和红鳍鲌属鱼类。

在产卵洄游方面，既有在水草较多的浅水区产粘性卵的鲤鱼、鲫鱼、鲶鱼及鱥鱼等，也有生殖期溯河产卵繁殖的半洄游性鱼类，如草鱼、鲢鱼、翘嘴红鲌、鳇鱼、鲟鱼等；还有从海洋回归进入山区河流产卵繁殖的大马哈鱼。哲罗、细鳞在山区河流中产卵繁殖；而草鱼、鲢鱼在黑龙江干流中产漂浮性卵，卵在流水中孵化；鲟鱼、鳇鱼在砂砾上产黏着性卵。

在食性方面，有杂食性的鲤鱼、鲫鱼、鳊鱼等，也有植物食性的草鱼、鲢鱼、银鲴等；有肉食性的鳇鱼、狗鱼、哲罗、鲶鱼、鳜鱼等，也有主食底栖动物的唇䱻、鮠类、鮈类等。

从鱼类的个体看，有淡水鱼个体最大的鳇鱼，大者体长 3～5 米，重 500～1 000千克，也有种类众多的小型鱼类，体长 10 厘米左右，体重不到 10 克或几十克，如鳑鲏、鲹鲦、鮈类和鳅类等。

2005 年爱辉区鱼类调查表

表 1－5

科　属	学　名	俗　称	科　属	学　名	俗　称
土鳃鳗科	日本土鳃鳗	七星子	鲤　科	花　䱻	吉花鱼
鲟　科	鳇　鱼	—		银　鲴	黄姑子
	鲟　鱼	七粒浮子		三角鲂	法　罗
鲑　科	大马哈鱼	—		长春鳊	鳊　花
	哲罗鱼	—		红鳍鲌	小白鱼
	细鳞鱼	—		蒙古红鲌	红　尾
	乌苏里白鲑	雅巴沙		翘嘴红鲌	岛　子
鮰鱼科	黑龙江鮰鱼	斑鳟子		鲹　鲦	干　条
胡瓜鱼科	公　鱼	黄瓜鱼		贝氏鲹鲦	白漂子
狗鱼科	狗　鱼	—		鲹　鲦	青鳞子
鲤　科	雅罗鱼	华子鱼		黑龙江马口	—
	青　鱼	—		黑龙江鳑鲏	葫芦子
	草　鱼	—		大鳍刺鳑鲏	葫芦子
	湖　鱥	柳根池		兴凯刺鳑鲏	葫芦子
	花　鱥	柳根池		鲫　鱼	—
	黑龙江鱥	拉氏鱥		鲤　鱼	—
	东北湖鱥	柳根池		鲢　鱼	白　鲢
	真　鱥	柳根池		鳙　鱼	花鲶鱼
	拟赤稍鱼	红尾巴稍	鳅　科	须　鳅	—

续表 1－5

科属	学名	俗称	科属	学名	俗称
鲤科	罗汉鱼	麦穗鱼	鳅科	泥鳅	—
	犬首鮈	砂葫芦		东北薄鳅	扁担钩
	细体鮈	砂葫芦		花鳅	—
	东北颌须鮈	砂葫芦	鲇科	鲇鱼	—
	兴凯颌须鮈	砂葫芦	鮠科	黄鳡鱼	嘎牙子
	条纹似白鮈	砂葫芦		乌苏里鮠	牛尾巴
	东北鳈	山鲤子		青鮠	—
	东北黑鳍鳈	花媳妇	鮨科	鳜鱼	鳌花
	棒花鱼	爬虎鱼	塘鳢科	东北塘鳢	老头鱼
	平口鮈	砂葫芦	杜父鱼科	黑龙江杜父鱼	鳇鱼舅舅
	蛇鮈	川丁子	鳕科	江鳕	山鲶鱼
	突吻鮈	川丁子	鳢科	乌鳢	黑鱼
	唇䱻	重唇			

第七节　土特山产品资源

爱辉区幅员辽阔，境内江河纵横，林草茂密，自然条件十分优越，形成了区内土特山产资源丰富、品种繁多的特点。

区内的野生动物，在动物地理区划上属古北界东北区长白山亚区。其中有野生兽类 51 种，毛皮动物有比较珍贵的狐狸、猞猁、黄鼬、水獭以及灰鼠、麝鼠、獾等，肉食动物有狍、野猪等，药用动物有驼鹿、马鹿、熊等，其中狐狸、猞猁、紫貂、黄鼬、獾、驼鹿、黑熊、狍、野猪等属于保护动物。全区有 206 种鸟类，其中白鹳、黑鹤、猫头鹰、金雕、鸳鸯等为主要珍稀鸟类，还有野鸡、沙半鸡、花尾榛鸡等野禽。在湿地、沼泽、河流等地还有数十种蛙类和鱼类。鱼类常见的有 18 科，鳇鱼、鲤鱼、大马哈鱼、“三花五罗”等较为出名。野生动物的主要分布范围是：驼鹿分布在北起猪肚子河中上游，经古兰河，西到嫩江县边界的根里河、门鲁河、克河，东到公别拉河上游，南至逊河支流南河的胜山一带，由东北向西南成一条带状分布。马鹿分布范围大约有 20 万公顷，其中南河一带山林中较多。雪兔多分布在望峰和奇山一带。猞猁多分布在奇山和三站一带。野猪、狍多分布在望峰和奇山一带。花尾榛鸡多分布在三站、奇山一带。野鸡多分布在沿江平原一带。

区内的野生植物，属长白山植物区系小兴安岭亚区。植物种类多达 500 余种。除大面积的森林植物和天然牧草外，还有黄芪、一轮贝母、桔梗、刺五加、百合、芍药、苍术、柴胡、党参等近 400 种药用植物。有木耳、蘑菇、蕨菜等几十种山野菜。蜜源植物有胡枝子、椴树、柳树等。还有蓝莓、杜香、榛子、野玫瑰等。

区内的野生植物中药材共有 147 科、231 属、350 种，年蕴藏量约 15 万千克，其中仅人参、黄芪、沙参、贝母、五味子等名贵药材就有 120 余种。由于地貌类型、土壤类别、水分条件及光照的不同，野生植物药材的分布有明显的区域性。沿江平原由于开发历史较早，土地多被垦为农田，林地和草场甚少，因此野生植物只能在田头地埂、道、渠、沟河旁及草甸水面生长。据调查，野生植物药材主要有蒲公英、车前子、益母草、大小蓟、鸭趾草、莨菪、芦根、点地梅及水生乌菱、浮萍、金鱼藻、黑三棱等 55 科、108 属、158 种药材。河谷草甸多为低湿冷凉，并有部分常年积水或季节性积水，生长着喜湿性植物，主要野生植物药材有空心柳、山梗菜、拳参、沼地马先蒿、水昌蒲、水车前、白藓皮、马兰、北乌头、延胡索等。林缘及山前台地，多为林缘草甸及灌丛，因地势平缓，土壤表层深厚，水分充足，野生植物药材有金莲花、地榆、赤芍、龙胆、土三七、四叶参、兴安升麻、野玫瑰等。

低山丘陵阴阳两坡坡度、土层厚度、光照条件及干湿度均有明显差异，野生植物药材向阳山地有黄芹、桔梗、黄芪、远志、柴胡、漏芦等，阴坡有关苍术、兴安升麻、紫背鹿蹄草、白花鹿蹄草、一轮贝母、玲兰等。小兴安岭岭脊，受抬升剥蚀影响，部分地段岩石裸露，野生植物多为耐旱型，有刺五加、黄柏、暴马子、石蕊、水龙骨、北五味、高山松、爬山松、白山蒿、猫眼菜等。南河顶子山地，土层脊薄，岩石裸露，植物以红松为代表，灌木为胡榛子，沟谷有刺五加、毛赤杨，药用植物有黄柏、五味子、刺五加、接骨木、百步还阳丹、满山红、果松籽、野玫瑰、松潘草乌、耧斗菜等94科、121属、173种。北部低山是爱辉区寒冷区域，药用植物有白花鹿蹄草、一枝黄花、唐松草、兴安杜鹃、细叶杜香、威灵仙、黄芪、一轮贝母、玲兰等49科、64属、123种。

除药材资源外，区内还有木耳、榛子、都柿、蘑菇、松子、蕨菜、黄花菜、橡子等经济价值较高的土特产品，其储量和分布情况是：木耳，主要以人工栽培为主，野生木耳储量以西部山区、半山区最多，其中，桦树排子、滨南林场、大小新屯、纳金口子一带都有很好的采摘区，年可收获木耳1万~1.5万千克。野生榛子树以张地营子、上马厂、西岗子3个乡镇的半山区、山区最多，面积可达2万公顷，年产榛子可达500吨。都柿在全区各地均有分布，尤以西峰山、二站乡最多，面积大约在2 000公顷以上，年产都柿可达500吨。橡子大多分布在本区西部半山区、山区，以上马厂、二站一带最多，全区资源在1万公顷左右，每年可产橡子500吨。蘑菇在本区半山区最多，其中二站、上马厂、张地营子3个乡为主产区，每年全区可出产蘑茹15吨。其中，猴头在本区已有人工培育，野生猴头主要分布在区内远山区的各林场，每年可采摘野生猴头1吨。全区有大面积的梢条、草原杂花和大量的椴树、柳树等，为蜜蜂提供了大量的蜜源，区内蜜源植物十分丰富。

第四章　自然灾害

第一节　洪　涝

1983年8月28—30日，黑河市区内2次连降暴雨，分别有800户、1 500户房屋进水。9月13日，黑河市区1小时雨量63.2毫米，市区民房进水2 000户，小铁路冲垮4 700米，粮米加工厂、晒麦场共损失粮食39.5万千克，农田淹没4 383公顷，死亡1人。

1984年8月，黑龙江江水猛涨，洪峰于8月15日3~4时经过黑河站，水位达129.84米，是1949年以来仅次于1958年洪峰值的第二次特大洪水，冲毁堤坝6处、坝段8 400米、水库护坡5 000平方米，冲垮闸门2处。8月15日早长发屯大坝决口，淹没已成熟未收割小麦，全屯房屋均浸泡在水中，张地营子江水倒灌，淹没村屯和农田，造成农作物绝产13 366公顷，粮食总产只有4 195万千克，比上年减产5 000万千克，平均亩产只有52千克。

1988年6月下旬，黑龙江上游苏联境内石勒喀河流域大面积降雨。7月上旬，黑河市黑龙江水域水位迅速上涨，同时苏联境内结雅河内有一水库从7月1—10日放水，使黑龙江水位到7日9时涨至95.36米，沿江有4个乡14个村的285户1 145人受灾，农田受灾面积达952公顷，其中重灾400公顷，有4个村屯的394户1 667人被水围困，交通、通信中断。沿江乡镇张地营子乡、上马厂乡内涝外洪同时发生，受灾严重。8月1—10日，受黑龙江第二次洪峰影响，黑河市沿江乡镇张地营子、上马厂

2 乡共 12 个村屯遭受洪水袭击，另有幸福、四嘉子 2 乡部分农田被洪水淹没。沿江有 15 个村屯的 1 014户、4 513人受灾，农田受灾面积达 541 公顷，其中绝产 433 公顷，有 4 个村屯 394 户1 667人被洪水围困。部分交通、通信中断，有 24 户村民房屋进水，损失粮食 247 万千克，造成直接损失 148.2 万元。因内涝严重，黑龙江水位同内涝地积水几乎持平，积水无法排出，致使大面积小麦倒伏浸泡水中，最深积水达 1.5 米，平均农田积水 15 ~20 厘米。因 8 月 7—9 日连降暴雨，市区内西兴集贸市场附近有 23 户被淹。黑呼公路中断，由市区通往山区村屯的公路亦中断。

1989 年 7 月 23 日 1 ~13 时，西岗子镇、爱辉镇、二站乡、上马厂乡、张地营子乡、四嘉子乡、幸福乡等 9 个乡镇、45 个村、1 418户、5 683人遭受暴雨袭击，3 次暴雨降水量分别为 82.9 毫米、142.0 毫米、94.0 毫米，农田受灾面积达5 177公顷，占播种面积的 26%，其中河套地因河水出槽造成农作物绝产。暴雨冲走木耳段 20 万段，冲毁养鱼池 3 个，跑掉重量在 0.5 千克以上的鲤鱼 20 万条，冲毁桥梁 3 座，致黑嫩公路中断运输 48 小时、黑呼公路停运 24 小时，灾害造成直接经济损失 240 万元。

1990 年 7 月 11 日晚 12 时，法别拉河流域河水出槽，形成河水下泄，造成法别拉河流域出现严重洪水灾害。三道湾子村有 5 户住宅进水，淹地 100 公顷，冲走木耳段 5 万余段。纳金口子村淹地 240 公顷，冲走木耳段 3 万多段，羊 30 多只，村民住宅进水。达音炉村淹地 250 公顷，冲走木耳段 2 万段，羊 80 只、牛 2 头、马 1 匹，4 户进水。新发屯村外淹地 150 公顷，冲走木耳段 2 万段，西山后村淹地 100 公顷，冲走木耳段 2 万段，路面多处崩塌。七二七林场 12 户住宅进水，水深达 60 厘米，冲走木耳段 8 万段、木材 30 立方米、木桥 1 座、卫生筷子 300 余箱，冲毁运材公路 100 米、桥梁 6 座、涵洞 23 座、国有公路 45 千米、乡间道路 60 余千米，冲倒供电线路 52 千米，中断通信线路 165 千米。张地营子乡、上马厂乡因重复受灾小麦绝产 633 公顷。全区淹地造成绝产5 053公顷，损失粮食 291.4 吨，22 户房屋进水，加上冲走木耳段及牛羊，损失折合人民币 353 万元。7 月 23 日上午，黑河市区降暴雨，部分乡镇受到暴雨侵袭。其中西峰山乡大雨过后有 7 所民房倒塌，冲毁农田路 19 条，便桥 14 座，全乡农田受灾面积达1 601公顷，绝产 260 公顷。罕达汽乡与七二七林场均受水灾。

1993 年 6 月 5 日至 7 月 28 日，爱辉区连续 53 天阴雨连绵，降雨量达 270.1 毫米，比常年多 53.5 毫米，月平均气温低。在全区普遍遭受洪涝灾害的同时，7 月 16 日后，全区发生龙卷风 1 次，冰雹 4 次，暴雨 6 次，致使全区 7 个乡镇 32 个村1 774户受到重灾，倒塌房屋 23 间，死亡畜禽 173 头（只）。农作物受灾面积6 734公顷，其中绝产面积3 833公顷。直接经济损失1 100多万元，减少粮食产量 1.2 万吨。6 月 11 日和 7 月 31 日，张地营子乡的白石砬子和小新屯等村遭受暴风雨夹带冰雹袭击，持续近 1 小时，32 头（只）畜禽被水冲走。7 月 3 日，爱辉区普降暴雨，金水农场467 公顷油菜被冲光，张地营子乡1 666公顷坝外地重复受灾，致颗粒无收。

1997 年 8 月 8 日，石匠河流域开始降雨，9 日为最大降雨时间，降雨历时 72 小时，降雨总量 75 毫米。洪水造成石匠河河水出槽，共冲毁房屋 150 间，冲走牲畜 250 头，3 所学校 1 个砖厂被淹，淹没两岸耕地 240 公顷，并在左右岸迎流顶处冲开 3 个 2 ~3 米大口子，造成河水漫滩，大面积农田绝产，共造成经济损失 190 万元。8 月 8—12 日，爱辉区过程雨量达 200 毫米，受淹农田1 171公顷，成灾 783 公顷，绝产 133 公顷，受灾村屯 18 个，3 617人受灾，直接经济损失 532 万元。

1998 年 7 月 6 日，二龙河流域开始降雨，7 日为最大降雨时间，降雨历时 48 小时，降雨总量 145 毫米。由于当时河水出槽是在人们没有防备的夜间，洪水涨至二龙村农户炕沿，给人民群众生命财产带来极大威胁。此次洪水共淹没房屋 6 间，道路 5 千米，桥梁 1 座，直接经济损失 20 万元。

1999 年 8 月 27—30 日，黑河市区降雨量达 101.6 毫米，由于排水不畅，冲毁北黑公路桥桥基，淹没耕地 200 公顷，被淹村屯 3 个、民居 467 户，倒塌房屋 16 间。堤防决口，致使市区近郊1 500多户民宅被淹，直接经济损失达 800 多万元。

2000 年，爱辉区受灾人口4 000人，受灾农作物面积2 300公顷，成灾面积1 600公顷，绝收面积 600 公顷，倒塌房屋1 199间，农业直接经济损失4 379万元。2001 年，爱辉区受灾人口9 000人，受灾农作物面积

1 200公顷，成灾面积 890 公顷，绝收面积 320 公顷，倒塌房屋 31 间，农业直接经济损失2 724万元。2002 年，爱辉区受灾人口7 000人，受灾农作物面积3 312公顷，成灾面积1 773公顷，倒塌房屋 6 间，直接经济损失 301 万元，其中农业直接经济损失 253 万元。2003 年，爱辉区受灾人口 1.5 万人，受灾农作物面积13 398公顷，成灾面积9 186公顷，绝收面积3 231公顷，倒塌房屋 75 间，直接经济损失1 173万元，其中农业直接经济损失 996 万元。2004 年，爱辉区受灾人口 1.4 万人，受灾农作物面积15 800公顷，绝收面积4 528公顷，农业直接经济损失1 120万元。2005 年，爱辉区受灾人口 1.54 万人，受灾农作物面积15 860公顷，绝收面积6 113公顷，倒塌房屋 93 间，直接经济损失1 692万元，农业直接经济损失1 677万元。

第二节 干　　旱

爱辉区干旱类型按照季节分为春旱和夏旱，素有“十年九春旱”之说。春旱主要发生在沿江乡镇及南部乡镇，夏旱在全区范围内均有发生。

1984 年，农作物由于干旱受灾面积 1 万公顷，成灾面积8 500公顷，绝收面积4 500公顷，受灾人口2 000人，直接经济损失1 800万元。1987 年，干旱受灾面积35 620公顷，成灾面积28 740公顷，绝收面积1 590公顷，受灾人口 2.5 万人，直接经济损失2 200万元。1989 年，干旱受灾面积15 000公顷，成灾面积14 467公顷，绝收面积1 347公顷，受灾人口 1 万人，直接经济损失1 500万元。1990 年，干旱受灾面积4 133公顷，成灾面积1 666公顷，受灾人口 4.6 万人，直接经济损失 850 万元。1995 年，干旱受灾面积15 620公顷，成灾面积11 000公顷，绝收面积4 785公顷，受灾人口 2 万人，直接经济损失1 200万元。

2000 年春，全区范围普遍出现严重的干旱季。自 5 月下旬至 7 月初，降水量比常年少 70% ~ 80%，形成春旱连夏旱，6 月 24 日，干土层厚度 5 ~ 10 厘米。春季正值小麦分蘖、拔节、孕穗的关键时期，“卡脖旱”造成小麦植株矮小，麦穗特小，码数较少，穗粒数不足常年一半，严重影响了小麦产量。自 6 月 26 日至 7 月中旬末，全区几乎无有效降水，使干旱加重。当年农作物受灾面积45 578公顷，成灾面积30 569公顷，绝收面积13 220公顷，受灾人口 4.5 万人，直接经济损失4 379万元。2001 年，干旱受灾面积28 458公顷，成灾面积26 625公顷，绝收面积1 832公顷，受灾人口 3 万人，直接经济损失2 724万元。2003 年，干旱受灾面积49 756公顷，成灾面积48 390公顷，绝收面积31 717公顷，受灾人口2.5 万人，直接经济损失13 513万元。

2004 年入夏以后，爱辉区出现持续少雨天气，降水普遍较常年同期少 95% 以上，气温变动幅度较大，6 月出现 3 ~ 6 天 30℃ ~ 35℃ 高温热浪天气。从 5 月 23 日至 6 月 30 日的 38 天里，全区范围未出现有效降水，旱象日趋明显。本次初夏干旱灾害主要对小麦影响较大，此时小麦正处于生育关键时期——拔节期，干旱对其幼穗分化不利，使小麦植株较矮，致使小麦减产。全区小麦受灾面积2 400公顷。当年干旱受灾面积3 420公顷，绝收面积 385 公顷，受灾人口 0.4 万人，直接经济损失 580 万元。

2005 年 7 月，爱辉区降水量仅为 23 毫米，比常年同期少 108 毫米。7 月 23 日测定观测地段土壤相对湿度，10 厘米仅为 44%，干土层达 7 厘米，农作物处于严重干旱状态，全区所有乡镇均不同程度受灾，农作物遭受旱灾面积达 75.2 万亩，其中受灾 10% ~ 30% 面积 25.1 万亩，30% ~ 50% 面积 43.1 万亩，绝产面积 7 万亩。当年干旱受灾面积达27 533公顷，绝收面积9 240公顷，受灾人口 2.6 万人，直接经济损失1 223万元。

第三节 风　　雹

1983 年，农作物受灾面积达3 000公顷，成灾面积2 020公顷，绝收面积 960 公顷，受灾人口4 000人，直接经济损失1 100万元。1984 年，受灾面积3 000公顷，成灾面积1 100公顷，绝收面积 433 公顷，受灾人口1 000人,直接经济损失 500 万元。1986 年,受灾面积5 000公顷,成灾面积4 000公顷,绝收面积3 000公顷,受灾人口8 000人,直接经济损失 200 万元。1989 年受灾面积6 000公顷,成灾面积4 000公顷,绝收面积 520 公顷,受灾人口9 000人,直接经济损失 600 万元。1990 年受灾面积2 333公顷,成灾面积1 600公顷,受灾人口4 000人,直接经济损失 230 万元。1991 年受灾面积6 867公顷,成灾面积6 667公顷,绝收面积2 133公顷,受灾人口2 000人,倒塌居民房屋 93 间,损坏房屋 183 间,直接经济损失 580 万元。

1993 年 6 月 18 日 17 时许,西峰山乡出现约 15 分钟的冰雹,平均冰雹直径为 4 ~6 毫米,最大冰雹直径为 10 毫米,主要受灾农作物是大豆,受灾面积1 458亩,其中绝产面积 233 亩。直接经济损失 3. 2 万元。8 月 10 日 13 时左右,爱辉镇北三家子、里二道沟等 6 个村屯发生冰雹,冰雹最大直径 1. 5 厘米,持续 20 多分钟。冰雹过后,80% 的大豆和全部的小麦倒伏。

1994 年 8 月 8 日 12 时 30 ~55 分,四嘉子满族乡的东部、西四嘉子、小三嘉子、大乌斯力和小乌斯力等 5 个村屯,幸福乡的上二公、小黑河、河南屯和长发等 4 个村屯先后遭受冰雹袭击,一般雹径 15 ~20毫米,个别大者如鸡蛋黄大小,地面积雹厚度达 3 ~5 厘米。农作物受灾面积 3. 3 万亩,其中绝产面积 507. 8 公顷。

1995 年农作物受灾面积达9 058公顷,成灾面积1 813公顷,绝收面积 940 公顷,受灾人口 1. 6 万人,直接经济损失 760 万元。

1996 年 8 月 4 日 14 时至 16 时 30 分,张地营子乡、上马厂乡、四嘉子满族乡和爱辉镇等 6 个乡(镇)先后遭受大风和冰雹袭击。受灾范围长 100 千米、宽 6 千米,瞬时大风速度达 20 米/秒,最大冰雹直径达 20 毫米,平均积雹厚度为 10 厘米,最深积雹厚度达 20 多厘米,降水量为 55 毫米。100 多农户的房盖被大风掀掉,损坏房屋共计 154 间。大牲畜死亡 220 头,失踪 70 头。农作物受灾面积10 733公顷,其中绝产面积4 600公顷,直接经济损失1 200多万元。

1997 年农作物受灾面积30 225公顷,成灾面积17 828公顷,绝收面积10 066公顷,受灾人口 1. 8 万人,直接经济损失1 856万元。1998 年 4 月 20 日 6 时 05 分至次日 0 时 15 分,在黑河出现 26 米/秒的大风,大风将幸福乡部分村屯的塑料大棚及房屋损坏,经济损失上千万元,大风将第三小学对面家属楼上的广告牌卷起,落地时砸伤行人,许多住宅的房盖、粮库粮囤上盖被掀掉。同年 6 月 11—15 日期间,爱辉区西峰山、金水、二站、坤河、西岗子先后发生冰雹灾害,农田受灾面积10 466公顷,绝产1 133公顷,受灾人口 1. 2 万人,直接经济损失 860 万元。

2001 年 7 月 6 日,西峰山、上马厂和四嘉子满族乡受到冰雹和大风袭击,农作物受灾面积9 267公顷。其中,成灾面积6 000公顷,绝产面积3 267公顷。损坏房屋 534 间,直接经济损失2 482万元。2004 年农作物受灾面积1 580公顷,绝收面积 190 公顷,受灾人口2 000人,直接经济损失 345 万元。2005 年农作物受灾面积5 012公顷,绝收面积2 450公顷,受灾人口4 000人,造成伤病 40 人,损坏房屋 25 间,直接经济损失 428 万元。

第四节　低温　霜冻

1985 年 5 月 26 日,黑河地区各县(市)全部遭晚霜,黑河市受害农田 300 公顷。1987 年 6 月 28 日,黑河地区大部分县(市)遭受严重霜冻,黑河市受害面积5 449公顷。

1989 年 9 月 9—10 日,黑河市出现霜冻,比历年提早 8 天,致使全市大豆几乎全部受灾。新生、西峰山等 10 个乡镇、2 个农场、95 个村2 223户受害。总成灾面积 1. 3 万公顷,占全市大豆播种面积的 67% ,其中减产 30% ~50% 的占播种面积的 50% ,50% ~80% 的占 16. 8% ,霜冻灾害造成直接经济损失 553 万元。

1990 年 7 月 23—28 日，黑河最低气温在 2℃ ~9℃之间，出现冻害。

1996 年 6 月 2—6 日，爱辉区出现连续低温天气，最低温度在 -2 ~8℃之间，上马厂、罕达汽、二站、新生、西峰山、北师河等乡镇农作物遭受严重冻灾。全区成灾总面积2 200公顷，直接经济损失达 200 万元。1997 年，全区低温冷冻灾受灾面积5 000公顷，成灾面积3 000公顷，绝收面积1 000公顷。冷冻灾受灾人口3 000人，直接经济损失 500 万元。1998 年，低温冷冻灾受灾面积 925 公顷，成灾面积 345 公顷，绝收面积 580 公顷。冷冻灾受灾人口 1.7 万人，直接经济损失 868 万元。

1999 年 6 月 4—7 日，爱辉区出现强降温，地面最低温度在 -1 ~5℃，形成终霜冻，对出苗作物造成不同程度的冻害。

2004 年 6 月 7 日凌晨，受北来冷空气影响，爱辉区各地均发生晚霜冻，最低气温 1℃，持续时间约 3 ~4 小时。受害作物主要为大豆，其次是芸豆。各乡镇受害面积3 667公顷。其中，绝产面积 341 公顷，造成直接经济损失 370 万元。

第五节　雷　　电

1995 年8 月9 日11 时30 分左右，锦河农场14 队（原31 队）王某、张某（王某妻）和王的侄子3 人在草甸子卷草，从西面飘来一块浓积云，开始下雨，王某与侄于一处草垛下避雨，张某在距2 人约1 米远的另一处草垛下避雨，一声沉闷雷声后，3 人均被震昏，当王某与侄醒来叫张某时，见其已被雷击死。

1999 年 8 月 9 日，黑河市工商银行（通江路工商银行办公大楼）信号线受雷击，致使 2 台计算机主机、14 台终端机毁坏。同年 9 月 11 日，黑河市迎宾馆和双星木业受雷击，致使电梯、电话总机和电源设施遭到破坏，直接经济损失 5.1 万元。

2000 年 7 月 29 日，黑河市 810 电台机房遭到雷击，多台接收机及发射机设备被击坏，直接经济损失 3 万多元。同年 8 月 8 日，黑河市工商银行大楼（通江路工商银行办公大楼）遭到雷击，多台计算机及多处电子设备被击坏，直接经济损失 25.36 万元。

2001 年 7 月 6 日 18 时 20 分，距黑河一次变电所1 200米出口处，10 千伏高压送电线路被雷击断 5 处，多台变压器被击毁，损失 30 余万元。

2003 年 7 月 1 日 18 时许，西岗子镇杨树屯村发生雷击，全村大部分住户的电视电话等电器设备遭到不同程度的损坏，直接经济损失 4.85 万元左右。7 月 12 日晚，四嘉子满族乡大乌斯力村几户民房遭雷击，室内多数电器被雷击毁，直接经济损失 0.6 万余元。同日 17 时 50 分，黑河市自来水公司大水源地取水泵站遭到雷击，内部程控电话交换机被击坏，1 台电动机组及保险设备被击毁，全市停止供水 8 个小时，造成直接经济损失 10.8 万元。7 月 13 日 21 时许，黑河市人民银行家属楼遭受雷击。

2004 年 7 月 23 日 20 时，黑河市人保财险分公司三楼微机室遭到雷击，造成市话交换机 2 台、网卡 3 块损坏。8 月 13 日 17 时许，民航黑河机场电力高压线被击断 3 根，造成线路停电。与此同时，黑河市粮库遭雷击，造成 8 个粮囤起火，直接经济损失 1.87 万元。

2005 年 6 月 22 日 14 时 51 分至 15 时 47 分，黑河城区出现雷暴天气，有 3 人在王肃公园内高大杨树附近遭雷击，当即被 120 急救车送往医院。19 时经医院伤情确认 2 人为中度击伤，1 人为重度击伤，经及时抢救 3 人均脱离危险。

◎第二篇　政区　建置

第二篇　政区　建置

黑河市爱辉区历史悠久，据考古发现证明，早在1万年前的旧石器时代晚期，就有人类在这里活动，他们是形成本地古代土著原始民族的基础。据记载，唐朝时期瑷珲区域应为室韦族居地。辽代时期，归西北路招讨司管辖。金代归属蒲与路辖境。元初属乃颜封地，后属开元路。元朝在路下设万户府和千户所两级管理机构。明朝为了管辖黑龙江流域和乌苏里江流域，在亨滚河口对岸的特林设立奴尔干都指挥使司。

清朝初期瑷珲区域由盛京总管、盛京昂班章京管辖。清康熙元年(1662年)，瑷珲区域归宁古塔将军管辖。清朝康熙时期，在今爱辉镇设置了黑龙江将军衙门，辖管黑龙江两岸广大地区。民国时期设置瑷珲直隶厅及瑷珲县公署。1933年春日本侵略者侵占瑷珲，建立了伪政权。1945年8月苏联红军出兵东北解放黑河，中共黑龙江省委于当年11月派出干部队进驻黑河，建立了黑河地区行政办事处和瑷珲县人民政府。瑷珲县民主政权建立后历经瑷珲县人民政府、人民委员会(1956年瑷珲县改为爱辉县)、革命委员会、再到恢复人民政府等沿革变化。1980年12月，爱辉县的黑河镇、幸福公社、西岗子煤矿、宋集屯煤矿、东方红煤矿，分出组建黑河市(县级)。1983年6月，爱辉县并入黑河市。1993年3月，以原黑河地区组建黑河市(地级)，以原黑河市组建黑河市爱辉区(县级)。黑河市(地级)、爱辉区(县级)的领导体制从1993年4月1日起实行。

第一章　建置　区划

第一节　建置沿革

清康熙二十二年十月(1683年12月)，清政府于黑龙江左岸修筑黑龙江城(即旧瑷珲城)始设黑龙江将军衙门，设1名将军和2名副都统，统辖黑龙江、嫩江流域广大地区。清康熙二十四年(1685年)，黑龙江将军衙门从江左迁至江右新筑的黑龙江城(今爱辉区爱辉镇)，清康熙二十九年(1690年)又迁往墨尔根(今嫩江县城)，黑龙江(瑷珲)副都统留守瑷珲新城。清宣统元年(1909年)清政府裁撤黑龙江(瑷珲)副都统，改设瑷珲兵备道。同年，在瑷珲设置瑷珲直隶厅，在黑河设置黑河府。瑷珲直隶厅与黑河府隶属于瑷珲兵备道。

1912年6月北洋政府撤销瑷珲兵备道，同年7月成立黑河道，迁道署于黑河，同年7月又撤销黑河府并入瑷珲直隶厅，此时期瑷珲直隶厅隶属于黑河道。1913年黑河道改称为黑河观察使，同年3月瑷珲直隶厅改称为瑷珲县公署。1914年黑河观察使改称为黑河道，1929年2月，黑河道又改为黑河市政筹备处，同时瑷珲县公署又改称为瑷珲县政府，此时期瑷珲县公署、瑷珲县政府隶属于黑河观察使、黑河道和黑河市政筹备处。

1933年春，日伪军队进驻瑷珲，于瑷珲成立了伪瑷珲县公署；5月，伪满政府撤销原黑河市政筹备处，成立黑龙江省驻黑河办事处；9月1日，伪瑷珲县公署由瑷珲迁往黑河，伪黑龙江省驻黑河办事处撤销，其所辖事项移归伪瑷珲县公署接管。

1934年10月，伪满洲国民政部在黑河设立了黑河省公署开设办事处，11月又改为黑河省公署筹备委员会。同年12月1日，伪黑河省公署在黑河成立。伪瑷珲县公署隶属于伪黑河省公署。1945年8月9日，苏联红军出兵东北解放黑河。在苏联红军的同意下，由伪官吏出面，成立了黑河临时治安维持会；8月25日，苏军黑河卫戍司令部宣布对瑷珲县实行军事管制。11月初，中共黑龙江省工作委员会（驻北安）和黑龙江省人民政府派以王肃为首的干部队进驻黑河开辟工作；不久，又派岳林等7人干部队进驻黑河。在两批干部来到黑河后，根据黑龙江省政府的命令，11月19日，黑河地区成立第一个民主政权——嫩江省黑河地区行政办事处。12月14日，改称黑龙江省黑河地区行政办事处，隶属于黑龙江省政府。接管了黑河临时治安维持会，省政府委任胡宇翔为办事处主任。11月20日，瑷珲县人民政府成立，办事处主任胡宇翔委任孙宝基为瑷珲县县长，县政府归行政办事处领导。12月中旬，孙宝基辞职；办事处委任第三批来黑河的干部肖敬若为瑷珲县县长。1946年2月，根据苏联红军要求，将黑河地区行政办事处与瑷珲县政府合并改为黑河治安维持会。同年3月，黑龙江省政府派王玉特派员来黑河，经过民主选举，重新组建了瑷珲县政府，肖敬若当选为县长。4月1日又恢复了黑河地区行政办事处。7月24日，根据黑龙江省政府的命令，瑷珲县政府归并于黑河地区行政办事处，施行行政办事处兼瑷珲县政府工作。同年9月16日，根据省政府命令，撤销黑河地区行政办事处，成立了黑河行政区督察专员公署（仍兼瑷珲县政府工作）。1948年10月31日，根据省政府通令，黑河行政区督察专员公署不再兼管瑷珲县政府工作，任命贾封五为瑷珲县县长，筹建瑷珲县政府。瑷珲县政府经过2个月筹建，1949年1月1日开始正式办公。

中华人民共和国成立后，1954年2月，第一次全县人民代表大会之后，瑷珲县政府改称为瑷珲县人民委员会。“文化大革命”期间，1967年1月27日县内的造反组织夺取了县委、县人委的权力，4月，成立爱辉县革命委员会。1980年11月，第八届人民代表大会召开后，撤销了县革命委员会，建立了爱辉县人民政府。同年12月，黑河镇、幸福公社、西岗子煤矿、宋集屯煤矿、东方红煤矿从爱辉县分出组建黑河市（县级）。1983年6月，爱辉县并入黑河市。1993年3月，以原黑河地区组建黑河市（地级），以原黑河市组建黑河市爱辉区（县级）。黑河市（地级）、爱辉区（县级）的领导体制从1993年4月1日起实行。

第二节　位置　面积

黑河市爱辉区位于黑龙江省北部，地处北纬49°31′～50°51′，东经125°52′～127°39′之间，边境线长184.3千米，东隔黑龙江与俄罗斯阿穆尔州及其首府布拉戈维申斯克市相望，西接嫩江县，南联孙吴县，北邻呼玛县。全区总面积14 446平方千米。2005年，全区辖3个镇、8个乡（3个少数民族乡）、4个街道办事处（12个社区）、89个行政村及15个国营农林牧场。

第三节　行政区划

1983年6月，爱辉县并入黑河市（县级）；5—7月，黑河市（县级）根据省委、省政府和黑河地区的部署，在四嘉子公社进行了政社分设建乡试点。按照党、政、社分设的原则，以原公社为基础，建立了乡党委、乡政府和经济组织，以生产大队或自然村为单位，建立了村民委员会。在试点的基础上，1984

年全市建乡、建镇工作全面展开，于5月末完成。全市共建10个乡、2个镇，其中包括恢复新生鄂伦春族乡，新建坤河达斡尔族满族乡；设立了110个村民委员会。

1985年，建立罕达汽镇。

1993年12月28日，经省政府批准，黑龙江省民政厅下发《黑龙江省民政厅关于黑河及市县请示变更行政区划的批复》，同意将四嘉子乡改建为四嘉子满族乡，改建后的四嘉子满族乡原行政区域不变，机构设置、人员编制不变。

1996年12月6日，经省政府批准，黑龙江省民政厅下发《黑龙江省民政厅关于对黑河市设置金水乡请示的批复》，同意撤销金水农场，设置金水乡，辖燎原村、九道沟村、水河里村、红旗村、裸河村、南大河村、清水河村、北大河村，乡政府驻地红旗村。同时对罕达汽行政区划做了相应调整。

2001年，爱辉区按照省、市政府要求，进行撤乡并村工作，全区乡镇总数由原来的13个精减为11个。根据爱辉区乡镇区划具体情况调整为：撤销金水乡，将其行政区域划归罕达汽镇管辖；撤销北师河乡，将其行政区域划归二站乡。行政区划调整后，全区辖3个镇、8个乡；全区由115个行政村合并为89个行政村。

截至2005年12月底，黑河市爱辉区辖3镇、8乡，4个市区街道办事处、12个社区（另有罕达汽镇属3个社区）；89个行政村。

2005年爱辉区行政区划表

表2－1

乡（镇）街道办事处	村（屯）社区
爱辉镇（16个村）	爱辉村　拉腰子村　北三家子村　欢洞村　城关村　外二道沟村　外三道沟村　外四道沟村　西三道沟村　窦集屯村　二道泉村　腰屯村　西三家子村　高岗村　头道沟村　松树沟村
西岗子镇（10个村）	西岗子村　东岗子村　杨树村　曹集屯村　托力木村　小红旗营子村　西沟村　宋集屯村　盘肠沟村　坤站村
罕达汽镇（9个村3个社区）	罕达汽村　小沟村　猪肚河村　桦树村　老公司村　九道沟村　红旗村　裸河村　南大河村　木耳汽社区　河西社区　四道沟社区
幸福乡（10个村）	河南屯村　之路村　新生活村　小黑河村　长发村　红兴村　上二公村　下二公村　高地营子村　幸福村
四嘉子满族乡（6个村）	东四嘉子村　西四嘉子村　大乌斯力村　小乌斯力村　卡伦山村　小三嘉子村
坤河达斡尔族满族乡（6个村）	富拉尔基村　坤河村　红旗村　新民村　兰旗村　黄旗营子村
二站乡（11个村）	二站村　东山村　二龙村　额雨村　三站村　卫星村　北师河村　根里河村　卧冬河村　青松山村　青龙山村
上马厂乡（7个村）	上马厂村　西山后村　达音炉村　三道湾子村　纳金口子村　南窑地村　新曙光村
张地营子乡（6个村）	霍尔沁村（包含小北屯）　张地营子村　泡子沿村（包含达音山）　白石砬子村　大新屯村　小新屯村
新生鄂伦春族乡（3个村）	新生村　新青村　新发村
西峰山乡（5个村）	新建村　新西村　新峰村　新山村　哈青村
花园街道办事处（5个社区）	联通社区　长海社区　网通社区　金兰社区　博文社区
兴安街道办事处（3个社区）	金融社区　邮政社区　热电社区
海兰街道办事处（2个社区）	鹿源春社区　温馨社区
西兴街道办事处（2个社区）	人保财险社区　福龙社区

第二章　街道办事处

1983—2005年，爱辉区(黑河市(县级))城区设置4个街道办事处，即花园街道办事处、兴安街道办事处、海兰街道办事处、西兴街道办事处。2002年以前，街道办事处下设居民委，2002年9月，按照区政府统一部署，将居民委组建为居民社区。2005年6月21日，经爱辉区委三届十六次常委会议研究决定，4个街道办事处的党总支分别更名为街道办事处工作委员会。至2005年，全区4个街道办事处下设12个居民社区。

第一节　花园街道办事处

一、概　　况

爱辉区花园街道办事处始建于1948年，时称第一街人民政府，1959年改称为第一管理区，1962年改为第一街道，1986年更名为花园街道办事处。花园街位于城区东部，西起东兴路，东止河南屯，北临黑龙江，南止火车站门前202国道；2000年辖区面积20平方千米，2005年扩展到26平方千米。

1983年，居民总户数3 606户，总人口14 300人。1990年，居民总户数5 252户，总人口18 102人，其中，集体户数22户、人口数452人，农业户数429户、人口数1 738人。2000年第五次全国人口普查显示，花园街居民总户数为12 895户，总人口39 107人，其中，爱辉区16 222人，合作区22 885人。2005年，总人口49 079人。以汉族居多，有回、满、达斡尔、鄂伦春、朝鲜、蒙古族等少数民族。

1983—1986年，第一街道设有16个居民委，委主任16人；1988年增加到19个居民委；1999年增加到20个居民委，委主任增加到38人；2000年街道以序号命名20个居民委。2002年开始组建社区，20个居民委组建13个社区，每社区设工作人员3～4人。2003年，花园街道办事处企业工会联合会成立，选举了工会委员会和女工委员会。在18家个体私营企业中建立了工会组织，签订《行业工资集体协商协议书》10份。2004年9月，13个社区调整为5个社区分别为联通社区、网通社区、金兰社区、长海社区、博文社区，社区工作人员共41人。2005年7—9月，5个社区完成换届选举工作，分别选举出社区主任、副主任。

2005年6月，中共黑河市爱辉区花园街道办事处工作委员会成立，下设社区党总支5个，党支部14个(其中机关支部1个、社区支部13个)；中共花园街道办事处工委设委员5名，即书记、副书记、纪检委员、组织委员、宣传委员各1名。9月，完成全部5个社区党总支换届选举工作。截至2005年末，花园街工委共有党员1 032名，其中，机关支部党员9人，接纳离退休、退养、军转、大中专毕业生、下岗党员971人。

花园街道办事处为正科级单位。至2005年末，总编制10个(含工勤编1个)，领导职数1正职2副职，内设机构为党政办、卫生股、计生股、民政司法股。下辖5个社区、1个劳动服务公司。

辖区内有黑河市委、市政府、市人大、市政协、大黑河岛国际互贸区、黑河边境经济合作区、建设银行、工商银行、黑河市第一人民医院、市财政局、市国土资源局、市规划局等93个中、省、市直单位，20个区直单位。辖区内有佛教寺院1处，基督教堂1处，古迹有黑河清真寺。

二、环境卫生

花园街道办事处建立了严格的卫生管理制度，对辖区内单位门前实行“三包”责任制。每年春季开展群众性的卫生突击清理活动。整修巷道，栽树种花，建花坛，美化绿化环境，常年在居民中开展卫生知识宣传教育。1986年，花园街道办事处被评为省级文明卫生单位。1987年，创建了10个绿化大院，创建标准文明卫生户859户、文明卫生委4个、文明卫生单位44个。1990年改变了冬季垃圾聚堆、春季突击清理的做法，实行脏冰、积雪、垃圾三分开的管理办法并加强保洁队伍建设，环境卫生做到经常化。1992年，按市政府要求在居民区开展建绿化美化小区、建文明小区活动。2000年新建高标准绿化小区4处。2004年，卫生工作改革，街道委托新希望家政公司负责全街环境卫生保洁工作，11月起在楼房区推行生活垃圾袋装化，由保洁员统一收集管理的方法，全街共封堵楼道垃圾口460个，建立了25处袋装垃圾中转站。

三、计划生育

1983年以来，花园街道办事处利用13亿人口日、“5·29”协会成立纪念日、“7·11”世界人口日等契机，开展多种形式的计划生育宣传教育活动。定期与公安、工商、民政等部门进行联系沟通控制早婚等。推进计划生育居民自治工作，药具发放达到100%，对重点“服务对象”进行跟踪服务。街道成立了6个计生协组织，有会员4 812人，109个会员小组，29个宣传服务阵地，会员占人口总数的10.1%。计生簿、卡、册填写达到规范化。2003年8月22日，黑河市人口与计划生育综合改革爱辉区现场会在花园街宏志社区召开，省、市领导对宏志社区的工作给予了高度评价。对宏志社区计划生育工作的组织网络、规章制度、自我教育、自我管理、自我服务新机制给予了肯定。截止2005年9月30日，全街总人口49 079人，已婚育龄妇女10 364人，有一孩人数8 721人，领取独生子女证4 267人，领证率为41.2%，二孩人数912人。2005年，全街女性初婚人数60人，晚婚47人，晚婚率78.3%。出生300人，出生率6.29‰；死亡96人，死亡率2.01‰，自然增长率为4.28‰。2005年末全街共有流入人口1 498人，育龄人口953人；流出人口391人，育龄人口317人，流动人口婚育证明核发317人。

四、民　　政

花园街道办事处落实优抚安置、救灾、救济和社会福利等项政策，按规定办理婚姻登记、助残解困、城镇居民最低生活保障金发放等项工作，开展拥军优属活动。2005年，全街享受低保的城市居民660户、1 527人，月发放保障金137 870元；有优抚对象6户6人，每月发放优抚款1 840元。

五、社会治安综合治理

花园街道办事处设有人民调解组织，调解成功率95%以上。1988年成立两劳工作站，对刑释解教人员进行跟踪帮教并给予生活关心和帮助，避免其重新违法犯罪。2001年12月成立社区联防治安队伍，5个社区共有治安联防员52人。2004年成立安全工作领导小组，在社区设安全联络员。强化信访工作，及时解决社区居民信访问题。

六、精神文明建设

花园街道办事处积极开展文明社区、文明楼道、条条楼道洁起来等活动。2000年，花园街道办事处开展了五好家庭评比活动。2003年，粉刷居民楼14栋，社保社区的张德顺被推选为全国先进社区志愿者，到北京人民大会堂参加表彰大会。2004年粉刷居民楼15栋。2005年粉刷居民楼18栋。建起文化大院5个，先后在昌平社区、宏志社区成立了秧歌队，利用节假日开展健康文明向上的社区群众文化体育活动。2003—2005年，2个社区秧歌队参加市区组织的秧歌会演，连续3年获得优秀表演奖。

第二节　兴安街道办事处

一、概　　况

兴安街北临黑龙江、西起迎恩路、东至东兴路、南至下二公村。辖区面积6.8平方千米，是区委、区政府所在地，中央商业步行街横贯东西，为市区的中心区域。截至2005年，全街有居民12 501户，人口28 199人。其中，流动人口3 286人，流动户510户。以汉族居多，有回、满、达斡尔、鄂伦春、朝鲜、蒙古族等少数民族。辖区内有机关单位18个、企事业单位49个、个体工商户389个。街道办事处位于文化街120号。

兴安街道办事处始建于1948年，当时名为第二街人民政府，1959年改名为第二管理区，1962年改名为第二街道，1986年更名为兴安街道办事处。至2005年，兴安街道办事处编制9个，实有10人，领导职数1正职3副职。内设党政办公室、民政司法股、计划生育股、卫生股4个职能股室。党工委下辖社区党总支3个、社区党支部7个、机关支部1个、富绅私营企业支部1个，有党员598人。下设3个社区，分别是金融社区、邮政社区、热电社区。配有社区工作者38人，其中，金融社区13人、邮政社区12人、热电社区13人。

二、社区建设

1983年，第二街道共设有19个居民委，配备居委会干部19人。1986年，进行了各居民委员会的改选工作，并将各居民委依据自然地理位置进行了调整。修改制定了居委会例会、学习、联系等制度。

1993年，对不能胜任工作的居委会干部，通过居委会换届予以撤换。采取了工作与奖金挂钩的办法，使居委会的工作有奖有罚、奖罚分明，调动了居委会干部的工作积极性。1999年，向社会招聘居委会干部，优先录取文化程度高的下岗职工，招聘后居委会干部平均年龄由原来的46岁下降到40.9岁，60%以上具有高中以上学历。

2000年，兴安街道办事处设居委会19个，配备居委会干部38人。2001年8月，黑河市民政局在兴安街进行居委会改革试点工作，将原19个居民委改为7个社区居委会，分别为龙江社区、金融社区、通信社区、邮政社区、健安社区、边城社区、热电社区。2002年7月，根据兴安街的改革经验，黑河市在全市展开居委会改革工作。当年8月，兴安街道办事处面向社会公开招聘社区工作人员29人。2003年10月，修建了热电社区办公室80平方米。2004年7月，省组织部特批10万元、区组织部协调10万元为金融社区新建204平方米办公楼，金融社区办公环境建设走在了全市前列。8月，区政府决定把全区32个社区合并为12个社区，兴安街由原7个社区居委会合并为3个社区居委会，分别为金融社区、邮政社区、热电社区；9月，社区居委会换届选举工作顺利完成，选出社区主任3人，副主任6人，20名社区工作者通过街道、社区居委会双重考核上岗。

三、环境卫生

兴安街道办事处常年坚持开展环境卫生整治活动，组织居民修整巷道、投放鼠药、修建花坛、栽种树木，绿化美化居住环境。1984年，第二街道被评为省级卫生先进单位；第十四居民委被授予省级卫生先进单位。1999年，在创建全国卫生文明城市工作中，发动群众3 450人次，投入资金9 000元，组织居民义务修巷道2条350延长米，清积雪垃圾918车，清脏水圈26个，投放鼠药7 800包。种植花坛花带174处，建成示范绿化小区2处，清除小广告2 400张，出板报176期宣传卫生知识。2003年，以“防非典、革陋习、树新风”为主题净化环境，全年清运脏水、积雪垃圾777车、2 652吨；清除死角垃圾16处；投放鼠药4 182包、蟑螂药3 100包；走访群众5 218人。2004年9月，全区进行环境卫生制度改革，实施卫生垃圾袋装化管理,封闭楼道垃圾口 735 个。12 月,卫生清扫清运工作交由新希望家政公司承揽,负责全街清洁卫生工作。

四、计划生育

兴安街道办事处积极开展计生法规和计生工作的宣传,每年坚持对育龄妇女进行普查,对女性初婚、新生儿落户、办理独生子女证等信息资料进行归档管理。实行“一卡在手,全区通取”的药具管理工作机制,利用“人口素质学校”宣传“预防艾滋病知情选择、关爱女孩、生殖保健普查普治”等知识,提高了居民优生优育的自觉性。

1995 年,建立计划生育“一把手”负责制,成立了计划生育流动人口综合管理领导小组。1996 年,重新调整了小组成员,制定了《计划生育流动人口管理细则》,为计生工作充实了人员。举办计生知识培训 3 次,发放宣传单3 800份,居民受教育率达 86% 以上。1998 年,举办学习班 2 期,进行大型社会宣传 3 次,发放宣传单2 400份;举办专业岗位培训 4 次,152 人参加。

2000 年,举办学习《黑龙江省人口与计划生育条例》骨干培训班 2 次,110 人参加,发放宣传单6 000份;举办生殖保健知识讲座和知情选择知识讲座培训班 2 次,185 人参加学习。2000 年,全街有育龄妇女7 679人,其中,已婚育龄妇女6 288人,其中一个孩子的4 679人,领取独生子女证3 138人,两个孩子以上的 754 人,全年出生人口 318 人。2002 年,全街有育龄妇女8 455人,其中,已婚育龄妇女6 923人,全年出生婴儿 218 人;举办计生干部培训班 4 次、计生知识培训班 3 次,共 523 人参加培训,在中央街展示宣传板 18 块,发放宣传单8 000余份。重新对辖区内常住人口、流动人口进行了自查并登记了计生台账。2004 年,全街育龄妇女8 626人,出生婴儿 68 人。举办计生知识培训班 1 次,40 人参加。2005 年,全街育龄妇女9 047人,出生婴儿 206 人。有流动人口3 286人,流出人口 133 人。

五、民　　政

兴安街道办事处常年坚持开展拥军优属和困难救助工作,与部队共建单位建立了良好的军民关系,军烈属得到优待,残疾困难群体得到救助。1983 年,全街有烈士家属 7 户 15 人,军属 139 人,复转退伍军人 513 人,残疾军人 3 人;救济“五保户”21 人,发放救济款5 023元;全年接待来信来访 76 人次。1985 年,“八一”建军节和春节前,组织居民为子弟兵制作了 100 双鞋垫、书写了 100 副对联,购买了 100 张年画。

1991 年,为灾区捐衣物 400 余件,捐粮票4 184千克。1998 年,全市开始执行社会最低生活保障制度,兴安街当年发放保障金 3 万余元。全年捐献救灾衣物2 860件、救灾款1 735元;为 60 岁以上老年人免费体验、测血压 200 余人次;为 20 名残疾人申请了最低生活保障。

2000 年,全街有低保户 289 户、1 438人,全年发放低保金 68. 4 万元;“八一”建军节召开军警民联欢会,演出 3 场 249 人参加;当年走访慰问军烈属 178 户,为辖区特困党员及特困家庭送米面和 800 元救助款。2002 年,规范了低保申请、审批、发放、监督程序,全街有低保户 316 户、881 人,发放低保金 48 万元。2003 年,全街有低保户 476 户、1 153人,发放低保金 72 万元;当年末,在各社区开始办理特困户小额贷款。2004 年,全街有低保户 560 户1 370人,年发放低保金 87. 6 万元;当年办理下岗再就业优惠证 200 本。2005 年 9 月,对全街领取低保金的 674 户家庭进行逐一排查,对已有生活来源的、不在辖区居住的家庭取消低保户资格。清查后,全街共有低保户 614 户1 471人,全年发放低保金 180 万元。

六、社会治安综合治理

兴安街道办事处设有人民调解委员会,调解居民纠纷。开展法制宣传,对居民进行法制教育。建立了帮教组织,帮助“两劳”“两放”人员解决实际困难。

1983年,第二街道共调解民事纠纷67起、婚姻纠纷19起、家庭纠纷32起、邻里纠纷17起、其他纠纷23起。1987年,兴安街道办事处联防工作经验在黑河市各街道推广。1988年,为配合清理道路两侧障碍物,进行了相关法律宣传。1993年,处理纠纷39起,调节成功率90%。1999年,完成楼道亮化工程,共安装声光节能灯3 120盏。当年共调解纠纷31起,调解成功率100%。

2000年,创建安全单位2个,安全小区1个;开展普法宣传8次,出宣传板报24期;举办调解培训班2次、102人参加培训。2002年,兴安街道办事处组织召开了辖区单位社会治安综合治理工作会议,与到会的78个单位签订了责任状。当年,全街共创建省级安全单位1个、省级安全小区1个、市级安全单位19个、区级安全单位20个。成立普法工作领导小组8个、组成人员26人。举办"四五"普法骨干培训班1次,32人参加培训。全年普法宣传32期,发放新婚姻法手册500本,走访群众210人次。全年调解纠纷49起,其中婚姻纠纷19起、邻里纠纷25起,调解成功率95%。帮助"两劳"释放人员解决了户口安置、子女入学、申请最低保障等困难。2004年,健全了人民调解委员会各项工作制度和岗位责任制度,全年调解民事纠纷66起,其中婚姻纠纷31起、邻里纠纷33起,调解成功率96%;组织召开辖区单位社会治安综合治理工作会议,与到会的44个单位签订了责任状,33个单位缴纳了风险抵押金。当年,创建市级安全单位5个,区级安全单位2个;市级安全小区1个,区级安全小区14个。2005年,核发人民调解员资格证书并颁发人民调解徽章,统一制作了调委会工作薄册,做到规范调解。全年调解纠纷69起,其中婚姻纠纷12起、邻里纠纷28起、土地纠纷2起、私拆乱建6起,调解成功率96%。全年组织大型宣传活动4次。组织公开法律咨询12次,为6人提供了法律援助。全街有专职治安员30人,义务联防员60人。投入资金6 000元安装了10处监控器。

七、精神文明建设

兴安街道办事处常年开展精神文明建设,开展了"文明礼貌月"、五好家庭、文明社区、文明楼道、条条楼道洁起来等多项活动。

1984—1988年,兴安街道办事处先后制订了《七项任务》《街规民约》《卫生公约》等有关文明建设的制度和规定,并与辖区武警、森警大队等单位开展军民共建活动。1989年,根据黑河市创建文明卫生城动员大会精神,制订了《创建文明城规划》,在2个居民委开展了形式新颖的活动。

1990年,在争创"五好家庭"活动中,对过去命名的"五好家庭"进行复查,不符合条件予以摘牌,够条件的重新命名。当年创建"五好家庭"9个。1994年,开展文明小区建设,创办绿化美化大院3个。

2003年,粉刷居民楼27栋。2004年1月7日,举办了兴安街辖区单位联谊会;3月8日,举办健康知识讲座,聘请妇幼保健院医生讲课,辖区妇女79人参加;7月1日,通信社区在文化宫举办庆"七一"专场文艺演出,127人参加表演,观众逾千人;当年粉刷居民楼15栋。2005年,建立起3个文化大院,金融社区成立了腰鼓队、舞蹈队,邮政社区成立了门球队、京剧队,热电社区成立了演唱队。金融社区业余舞蹈队参加全省舞蹈比赛汇演,连续3年获优秀表演奖;6月,街道门球队参加全市门球友谊赛,获得第一名;7月,组织149名党员参观瑷珲历史陈列馆,进行爱国主义教育;当年粉刷居民楼18栋。

八、街道办企业

1983年,兴安街有6家企业,固定资产3万元,收入1.8万元。

1986年,街道企业年收入2.3万元。为职工提高工资额9%,提高福利待遇30%。

1993年,街办企业由于效益不佳,对原有的网点进行了承包、租赁,以收取费用维持企业生存。到2005年没有变化。

第三节　海兰街道办事处

一、概　　况

爱辉区海兰街道办事处始建于1948年，当时名为第三街人民政府。1959年改称为第三管理区，1962年改名为第三街道，1986年更名为海兰街道办事处。位于城区中西部，北临黑龙江，西起电厂北路、电厂南路与西兴街相邻，东起迎恩路与兴安街相邻；南起黑河军分区东南大墙、黑大公路与兴安街相邻；面积7.15平方千米。截至2005年末，有人口20 011人。以汉族居多，有回、满、达斡尔、鄂伦春、朝鲜、蒙古族等少数民族。辖区内有王肃街、海兰街、文化街、中央街、兴安街、兴林街、兴华街、兴隆街等街路经过；辖区内有中省市直单位32个，区直单位35个。办事处位于兴安街71号。

2002年9月，根据爱辉区委、区政府加强社区建设的要求，对原有15个居民委重新规划为7个社区，以公开招聘形式录取了社区居委会干部13名，向社会招聘了社区党支部书记、主任7名。2004年9月根据区委、区政府的统一要求，7个社区调整为2个社区（鹿源春社区、温馨社区），2个社区共有146个小组，社区工作者20人。2005年7月12日，完成社区居委会换届选举工作。

2005年6月21日，中共爱辉区委三届十六次常委会会议研究决定成立中共黑河市爱辉区海兰街道办事处工作委员会。海兰街党工委设委员5名，即书记、副书记、纪检委员、组织委员、宣传委员各1名。7月11日，根据区委组织部要求，原2个社区党支部变更为2个社区党总支、5个党支部，经过党组织换届选举，产生了2个社区的总支书记和10名委员。全街道共有党员681人，包括离退休人员、下岗失业人员、毕业未就业的大学生等。

至2005年末，海兰街道办有行政编制9个，其中工勤编1个；属正科级单位，领导职数1正职2副职；内设机构为党政办、卫生股、计生股、政法股；下设1个劳动服务公司；辖2个社区，7个党支部（其中，1个机关支部、5个社区党支部、1个企业支部）。

二、环境卫生

海兰街道办事处每年集中开展城乡卫生环境综合治理工作，2003年在预防“非典”期间，利用板报和宣传单向居民宣传卫生知识、爱国卫生运动的重大意义和预防“非典”注意事项等内容。2004年爱辉区卫生工作进行改革，实行街道委托新希望家政公司负责全街环境卫生保洁，11月对平房区环境卫生实行全天候保洁。2005年清理街道23条、庭院13个、楼道275个，治理脏乱7处、城乡结合部2处，清运垃圾8吨。同时开展了除“四害”防病工作，设宣传站点19个，发放宣传单1万余张。

三、计划生育

1983年以来，海兰街计划生育工作注重发挥计生协会、人口学校的作用，加强对流动人口的管理服务，完善人口与计划生育目标责任制，强化对人口计生工作的综合治理。每年年初召开联席会议，督促各相关部门认真履行职责，做好本单位的人口与计划生育工作，确保全街计划生育工作目标的实现。贯彻落实《中华人民共和国人口与计划生育法》，利用每年的13亿人口日、“5·29”协会成立纪念日、“7·11”世界人口日等，开展丰富多彩的宣传教育活动。推进计划生育居民自治工作，开展“婚育新风进万家”“关爱女孩行动”，居民群众婚育观念发生了转变。对使用药具的人员进行培训，本着“以人为本、方便群众、知情选择、按需发放”的原则，拓宽药具发放渠道，开展送药上门和“一卡通”服务，采取自取箱发放避孕药具，药具发放达到100%。街道有2个计生协会组织，有会员1 139人，67个会员小组，27个宣传服务站，会员占人口总数的10.1%。2005年海兰街有人口20 011人，育龄妇女4 487人，晚婚率70.2%，独生子女领证率65.9%。

四、民　　政

海兰街道办事处以城市居民最低生活保障为工作重点，实现动态管理下的应保尽保。到2005年，海兰街有优抚对象8户，月发优抚款2 064.5元；享受低保的城市居民有513户、1 176人，每月发放保障金96 352元。为灾区、慈善爱心超市捐赠衣物777件，棉被18套，炊具25件，捐款745元，为贫困救济户发放面粉7 500千克。为残疾人赠轮椅1台，捐款1 120元。为16名精神病患者申请了康复药物治疗，发放药品。组织大型义诊活动，有50人接受检查和咨询，设置康复器材10余件，定期对外开放。2005年末，为低保户落实贫困优惠政策，每户发放粮油补贴优惠券20元。

五、社会治安综合治理

2001年12月成立社区治安联防队，2个社区共有治安员30人；2005年底增补到36人，根据治安人员的素质、文化程度、年龄结构进行了调配，联防队伍整体素质得到提高。截至2005年共调解纠纷412件，调解率100%，成功率95%以上，没有发生因调解不及时而发生上访或民事转刑事案件。海兰街道办事处成立了"两劳"人员帮教组织，并经常与派出所沟通，释解人员和劳教人员得到妥善安置，对丧失劳动能力的给予了最低生活保障。海兰街道办事处贯彻执行《信访条例》，多次进行信访排查，为群众排忧解难，为海兰街办事处劳动服务公司退休的13名职工办理了退休手续，并纳入社保管理，解决了职工老有所养问题。多次解决社区居民缺水和下水道堵塞等信访问题。

六、精神文明建设

1983年，第二街道开展了文明社区、文明楼道、条条楼道洁起来等多项活动。2003—2005年粉刷9栋居民楼52个栋口，种植花坛27个；建文化大院1个，成立秧歌队3个，利用节假日开展健康文明向上的社区群众文化体育活动；在地勘五院家属区建室内活动室1处，室外健身路径1处，有50多件器材。2个社区秧歌队参加市区组织的秧歌会演，连续3年获得优秀表演奖。2005年，爱辉区委在温馨社区召开了精神文明建设现场会，温馨社区居委会在会上做了发言，与会人员观看了由居民自编自演的文艺节目。

第四节　西兴街道办事处

一、概　　况

西兴街位于市区西部，电厂北路、电厂南路以西至三道豁洛，南至新区，北至黑龙江边，辖区面积6平方千米。截至2005年末，全街有常住人口18 821人，流动人口1 818人。辖区内有环城路、黑呼公路、电厂南路、电厂北路，王肃街、海兰街、文化街、中央街、兴安街、兴林街等街路经过。辖区有黑河第三小学、黑河第五中学、黑河港务局、黑河航道局、爱辉区气象局、黑河农科研、黑河市森警支队、黑河公安边防大队等20个机关企事业单位。

1981年6月，黑河市第四街道成立，1986年6月改为西兴街道办事处，1993年4月改为爱辉区西兴街道办事处。

1983年第四街道有15个居民委，1988年增加到17个居民委，1994年增加到19个居民委。2002年9月，按照爱辉区政府统一部署，将原来的19个居民委调整为6个居民社区，分别为港航社区、石油社区、节能社区、兴粮社区、西郊社区、五中社区。2004年9月，根据区长办公会决定，西兴街所属的6个社区合并为2个社区，即港航社区、石油社区、节能社区合并为人保财险社区，兴粮社区、西郊社区、五中社区合并为福龙社区；配置社区工作人员20人。社区合并后重新调整了社区领导班子，社区设书记、主任1人，副书记1人、副主任1人，设置了专门的办公室，改变无正式办公场所、无办公经费、无现代化办公设施的“三无”局面。通过共建活动，各社区均配置了微机，人员工作进行了明确分工，推行了具体工作与包片分管的工作模式，既方便了居民群众，又便于社区工作人员熟悉掌握分管区域情况。2005年4月，社区办公室建设正式启动，办公室为二层楼房，面积200平方米，结束了社区租房办公的历史。

2005年6月21日，经中共爱辉区委三届十六次常委会会议研究决定成立中共黑河市爱辉区西兴街工作委员会，西兴街工委设委员5名，即书记、副书记、纪检委员、组织委员、宣传委员各1名。截至2005年末，中共黑河市爱辉区西兴街工作委员会下设人保财险社区、福龙社区2个党总支，7个党支部(其中，1个机关支部、6个社区党支部)；有党员245人(其中接纳离退休及下岗党员128人)。

西兴街街道办事处为正科级单位，到2005年，总编制11个(含工勤编1个)，领导职数1正职2副职；内设机构为党政办、卫生股、计生股、民政股。设社区居委会2个，分别为人保财险社区、福龙社区，有社区工作者20人。并设有“两劳”工作站、食品卫生监督站。

二、环境卫生

西兴街街道办事处坚持对居民群众开展环境卫生宣传教育工作，对辖区单位实行门前三包(包环境卫生、包绿化、包秩序)，常年开展春秋两季爱国卫生突击月活动。在突击月活动中，全街每年清除脏冰、垃圾数千吨、千余车，整修巷道2 000余平方米、1 000多延长米；每年发放鼠药数千包；修整花坛数十个，种植花带十几条、200余延长米。1988年在第十一居民委修建永久性花坛2个，创建绿化小区1处。2004年进行了卫生工作改革，委托新希望家政对环境卫生进行全面管理。建立起街道、社区、保洁公司三位一体的环境卫生管理监督机制，11月对楼房垃圾实行袋装化管理，平房区环境卫生实行全天候保洁，做到日产日清，不留后患，使居民的生活居住环境质量有了提高。2005年共清刨脏冰、垃圾130处，2 100车，15 000吨；清除死角垃圾2处，60车，480吨；新建、翻建公厕5个；新建脏水窖2个；清掏脏水窖8个。收缴居民卫生管理费18.4万元。

三、计划生育

西兴街道办事处坚持开展计划生育宣传工作，宣传中央7号文件、13号文件和《中华人民共和国计划生育法》，并组织群众学习讨论，开展“婚育新风进万家”活动。1991年宣传教育普及率达85%，受教育面达85%。1996年建立健全了《常住人口的育龄妇女登记簿》《流动人口登记簿》《避孕药具管理簿》《宣传教育工作簿》《出生婴儿登记簿》《计划生育协会名册》等6个簿、卡、册，规范了6表1单，计划生育工作实行规范化管理。1998年3月，成立了西兴街生殖健康教育学校，购置了计算机，计划生育工作达到了科学化管理。1994年3月成立西兴街计划生育协会，截至2004年已有3个计生协组织，有会员2 010人、45个会员小组、6个宣传服务阵地，会员占人口总数的10.3%，计划生育协会引导群众实行居民自治。2005年，家庭户卡填写准确率100%，基层协会组织建设得到巩固提高。完成了全国百分之一人口抽样调查工作。

四、民　　政

西兴街道办事处对低保户严格排查，确保低保工作不错、不漏、不重复，实现应保尽保，困难群众的生活得到保障。本着动态管理的原则，2005年，街道和社区为155户、347人办理了最低生活保障金，每月合计发放人民币29 040元；取消了55户、154人的最低生活保障金，每月减少发放12 371元。对病重、病残、无劳动能力的人员及时进行上调生活保障金。按照《城市居民委员会组织法》，2005年9月，完成了第一届社区委员会、党总支换届选举工作。

五、社会治安综合治理

西兴街道办事处设有治安联防队（四中队）、民事纠纷调解组织和法律服务所，做到大纠纷不出街、小纠纷不出委，杜绝了民事转刑事案件的发生，调解率达100%、成功率在95%以上。对群众提出的信访问题给予解决。“二五”“三五”普法工作均验收合格。

第三章　乡　　镇

第一节　爱　辉　镇

一、概　　况

爱辉镇位于爱辉区东南部、黑龙江西岸，北纬49°30′，东经126°5′；距黑河市区32千米。东靠黑龙江，西依小兴安岭，南与坤河达斡尔族满族乡接壤，北与四嘉子满族乡相邻，西北与锦河农场毗邻。镇内地势平坦，土壤为草炭黑土及沙砾土，有大小河流16条。2005年辖区总面积211平方千米，其中耕地面积1.15万公顷，草原1 333公顷，水面667公顷，次生林地2 667公顷，土壤肥力较高，植被为松阔混交人工林，是黑河市产粮大镇。爱辉镇是著名的历史文化名城。1982年，爱辉古城旧址被列为省级文物保护单位；1994年，爱辉镇被中宣部命名为全国百家爱国主义教育基地之一，全国500个综合试点乡镇之一，全国100个农村观察点之一；2001年，爱辉镇被批准为国家级大遗址保护乡镇。

爱辉镇政府　　2005年6月摄

1984年，爱辉公社改建为爱辉镇。同年9月黄旗营子村划归坤河达斡尔族满族乡。至2005年，爱辉镇辖16个行政村，分别是：爱辉村、城关村、头道沟村（含北兴村）、外二道沟村、外三道沟村、外四道沟村、高岗屯村、腰屯村（含新村）、西三道沟村、北三家子村、窦集屯村（含里二道沟村）、欢洞村（含前欢洞村、后欢洞村）、西三家子村、松树沟村、拉腰子村（含前拉腰子村、后拉腰子村）、二道泉村（含砖窑村）。总户数3 072户，固定人口10 975人，其中镇政府所在地人口4 843人。主要民族有汉族、满族、蒙古族、回族、达斡尔族5个民族。爱辉村为镇政府所在地，辖区有公安边防派出所、财政所、广播电视站、文化站、农经站、农业技术推广站、畜牧站、农机站、水利站、土地站、林业站、中心校、农业银行爱辉支行、粮库、卫生院、农村信用社、供销社、邮政支局、电信支局、计划生育服务站等机关企事业单位。

二、农　　业

（一）种植业

1983 年，爱辉公社 23 个大队实行了不同形式的联产承包责任制，全镇粮豆总产量1 938.5吨，向国家交售商品粮1 311.5吨，人均收入 621 元。1985 年，爱辉镇除外三道沟村外全部实行了土地、农机具承包到户。土地、农机具承包到户后，农户又自由的联合起来，形成 96 个自由联合体和 220 个生产户。当年，全镇农业总收入6 601万元，纯收入 379 万元，人均收入 540 元。粮食产量9 450吨。1988 年，爱辉镇发展了不同形式、不同内容、不同规模、不同层次的经济联合体与合作体。当年农业总收入1 046万元，农民人均收入 711 元。1989 年，全镇实现“粮食总产、平均亩产、上交商品粮、农业总收入和人均收入”五创历史最高水平。实现农业总收入1 485万元，农民人均收入达1 110元。

1990 年，开展了“送科技下乡，送知识上门”活动；进行了科技集团承包并参加了全市高产攻关竞赛。集团承包的3 467公顷小麦平均亩产 220 千克，1 667公顷大豆平均亩产 158 千克。在竞赛中，农民刘桂林、班富高、于荣范等被市政府分别授予小麦、大豆高产大王的光荣称号。1990 年爱辉镇被省政府命名为全省农业生产先进镇。1991 年，松树沟、城关等村引进水稻旱育稀植技术，水稻平均亩产达 433 千克。全镇粮食总产量25 143吨，农业总产值实现1 718.4万元，农村人均收入1 483元。1989—1991 年，爱辉镇连续 3 年被评为市级农业生产先进镇。1993 年，全镇进一步完善了统分结合的双层经营体制，同外地农业企业建立合作开发项目 30 余项，实际投产 12 项。农业总产值2 667.2万元，人均收入2 300元。1996 年 8 月，爱辉镇遭受特大风雹灾害，风力达 8 级，风雹持续近 20 分钟，6 400公顷农作物受害，其中成灾面积5 617公顷，粮食减产8 640吨，农业经济损失1 500万元，直接经济损失达200 万元。1997 年，爱辉镇发展“两高一优”（优质、高产、高效）农业，协调银行、信用社对农业生产投入资金 680 万元，镇农经站投放 34 万元农业生产资金。全镇实现社会总产值12 437万元，农村经济总收入实现3 224.5万元。

2000 年，爱辉镇遭受特大旱灾，1 611公顷小麦大幅度减产，104 公顷大麦全部绝产，5 580公顷大豆遭受蚜虫灾害，另有 910 公顷大豆发生根腐病。粮食总产量只有13 042吨，农村经济总收入为1 996万元。当年，播种总面积10 065公顷。其中大豆面积7 580公顷，小麦面积 742 公顷，玉米面积 975 公顷。2003 年，爱辉镇按照“稳豆、增菜、引新”的要求，调整了种植业结构，播种总面积10 214公顷，其中大豆面积7 590公顷、小麦面积 640 公顷、玉米面积 890 公顷、薯类种植面积 240 公顷。2004 年全镇总播种面积10 320公顷，其中大豆播种面积7 391公顷、小麦播种面积1 145公顷、玉米播种面积1 000公顷、薯类播种面积 254 公顷。2005 年，全镇推行规模化经营，推广了北三家子村农民自发组织的联组经营、连片种植的联合体经验；指导农民防治小麦黑穗病，推广双和多菌拌种及大豆种子包衣技术，以深松为主，松、耙、旋相结合的土壤耕作技术；采用施微量元素与氮磷钾肥相结合、用地和养地相结合、增加农肥施用面积以提高肥料利用率等先进耕作方式。当年全镇耕种面积10 520公顷，粮食总产量29 478吨，以种植玉米、水稻、大豆为主；经济作物有菇茑、西瓜等。全年农业总产值5 939.5万元，农业收入4 089.6万元，人均纯收入3 635.1元。

（二）畜牧业

1984 年，全镇共饲养生猪5 719头，出栏2 411头；农户饲养黄牛 416 头，以窦集屯养牛户居多。1985 年，全镇生猪存栏2 866头，出栏2 433头；奶牛存栏 133 头，产奶 26.5 万千克；黄牛存栏 646 头；马存栏 983 匹；山绵羊存栏 824 只；家禽存栏 2.11 万只。1986 年，全镇生猪存栏4 293头，马存栏 960 匹，黄牛存栏 630 头，奶牛存栏 147 头。1988 年，全镇奶牛存栏 658 头、产奶 131.1 万千克，黄牛存栏 612 头，生猪存栏1 370头，山绵羊存栏 800 只，禽存栏 2.77 万只，畜牧业总产值 105.27 万元。

1994年,镇政府组织村干部赴巴彦县考察学习,学习畜牧业先进经验,当年投资27万元,建起了年可出栏生猪100头的猪舍2个、可出栏250头的2个、可出栏50头的3个、可出栏600头的1个。当年生猪出栏1 426头,存栏2 341头;奶牛存栏247头;黄牛出栏162头,存栏283头;马出栏125匹,存栏222匹;羊出栏225只,存栏675只;禽出栏2.13万只,存栏1.99万只;禽产蛋4万千克,畜牧业总产值438.88万元。1995年,全镇推行户养起步、养引结合、因地制宜、突出重点、规模经营等发展模式,大力发展畜牧业。当年黄牛存栏417头,奶牛存栏337头,生猪存栏3 232头,鸡存栏2.65万只,羊存栏1 385只。畜牧业总收入286万元。1996年,畜牧交易市场(位于外二道沟村)成立,促进了全镇畜牧经济的再一次发展,全镇畜禽存栏量均有上升,其中,黄牛708头、奶牛334头、生猪3 792头、禽4.02万只、羊1 984只,全年出栏生猪4 356头。全镇有畜牧专业户63家,畜牧业总产值820万元,总收入377万元。1997年,头道沟村畜牧小区建设形成规模,建成配种站和收奶站各1处,当年为40头奶牛输精,准胎率91%,收购鲜奶1 200吨。外四道沟村通过招商引资,共投资50万元,建起综合养殖厂和饲料加工厂各1处,能够养殖5 000只鸡、2 000头猪、100头牛。当年,全镇黄牛存栏912头、奶牛存栏447头、生猪存栏4 616头、山绵羊存栏2 046只。1998年,爱辉镇加快了畜牧业的产业化发展,逐步向规模化、科学化饲养发展。养殖专业户凌仁云在外四道沟村投资40万元建成占地1.4万平方米的集饲、养、加工于一体的综合养殖场。头道沟村奶牛冻精配种站建成,改良了本地品种杂、产奶量低的问题。

2000年,特色火鸡养殖初具规模,拉腰子村养殖火鸡200只,外四道沟村养殖火鸡500只。"奶牛村"头道沟村养殖奶牛93头。当年,全镇奶牛存栏712头,肉牛存栏1 125头,羊存栏3 252只。至2005年,已进行冻配奶牛50头,窦集屯、二道泉2村已成为标准化畜牧小区,并配有畜牧服务站。全镇奶牛存栏1 483头,肉牛存栏1 314头,羊存栏4 535只。全年牧业收入825.4万元。

(三)农业机械

2005年,全镇农机总值2 049.49万元,其中有链轨拖拉机71台,轮式拖拉机366台,大中型配套农具331台,小型拖拉机560台,小型配套农具642台。当年组建的北三家子农机合作社购进3台(套)中型大马力机械,包括约翰迪尔1048联合收割机和洛阳1004大马力胶轮拖拉机。

三、乡镇企业

1984年,爱辉镇有砖厂、铁木社、冰棍厂、种籽站等4家镇办企业,总产值33.7万元,创利3.7万元。1986年,面粉加工厂建成,当年总产值55万元,创利8万元。1988年,牙签厂投产试运行,当年总产值186万元。

1990年,城关村创建的草袋编织厂、饲料综合加工厂均投产运行。全镇建立了出口创汇型、生产加工型、饮食服务型、建筑材料型为主的骨干企业,砖厂、珍珠岩厂、牙签厂等企业经济效益稳定。1991年,全镇有镇办企业9家,生产的红砖、珍珠岩、牙签、小农具等产品在国内和国际市场销路畅通。当年乡镇企业总收入340万元,利税30万元。1992年,爱辉镇本着季节抓农业、常年抓企业、重点抓边贸、全力抓经济的做法,推进镇村企业及个体工商业的发展。共拥有镇办企业40个(包括镇直各公司)、村办企业15个、个体工商户559个(含运输户)。1993年,全镇乡镇企业同国内外30多家企业建立了长期贸易关系。当年签约5 000万瑞士法郎,履约1 000万瑞士法郎,获利500万元人民币。乡企总产值1 371万元,利润270万元。1994年,随着边贸经济滑坡,全镇边境贸易接近为零,新项目匮乏,乡企逐渐转向招商引资及发展个体、私营经济。全年引进资金1 230万元,全镇工业企业发展到10家,商贸服务发展到5家,村企个体私营经济39家,农机服务1家。当年乡企总值2 176万元。1995年,全镇乡镇企业总收入3 613.3万元,总产值3 814万元,利润386万元,利税154.7万元。1996年,招商引资541万元,当年总产值4 309万元,利润305万元,利税80.4万元。1997年,全镇拥有企业706家，从业人员1 125人，12家镇办企业改为个体经济机制。乡企总产值4 363万元，总收入3 631万元，利润237万元，利税68万元。1998年，全镇乡企实现产值838万元，利润22.3万元，利税17.7万元。1999年，有镇办企业5个，就业109人；村办企业3个，就业60人；从事个体私营经济114人。

2000年，全镇共有乡镇企业14家，乡企营业收入总额838万元。爱辉镇对处于停产、半停业状态和生产设备闲置的集体企业进行转轨盘活。拍卖了社办砖厂，将无法运转的牙签厂的设备拍卖，厂房对外租赁。爱辉镇依据地理优势，率先在黑龙江里搞起网箱养鱼试验。经专家论证，网箱鱼鱼质与天然江鱼基本相同，规模发展到4组。此项目被中国特产经济贸易促进办公室、全国特种养殖示范基地活动组委会评为"全国库鱼江养特种养殖示范基地"。2001年，全镇有大型规模的镇办企业15家，企业收入953万元。至2005年，共有25家企业，从业人员117人，其中工业有11家（面粉厂4家、油坊3家、修理部2家、冰棍厂1家、砖厂1家），饮食服务业8家，交通运输业5家，生化养殖基地1家。当年，乡镇企业总收入475万元、利润38万元、利税18万元。

四、旅游业

1993年，瑷珲历史陈列馆维修了魁星阁、辟建了卧虎园、改造了院内各景点。共接待游客23 124人。1997年，瑷珲历史陈列馆接待国内外游客2万余人，收入近10万元。1998年，"八旗营子"建成，展现了满族人民的风土人情、民俗婚俗、饮食文化。当年，完成了占地2 000平方米的海关博物馆设计一期工程，该项目被省政府列为1998年十大旅游项目之一。10月，与个体联营的俄罗斯艺术馆正式开放，该馆占地150平方米，藏品2 000余件。1999年，爱辉镇提出构筑"沿江一条线"的旅游发展思路，当年头道沟旅游度假村正式挂牌营业。2002年6月，瑷珲历史陈列馆重新开放，当年接待游客12万人（次）。2004年，"十里长江"公园工程开始建设。景区全长1 761米，分为龙腾景区、历史文化景区、休闲娱乐景区、民俗文化景区、海关水师景区和历史开发景区，当年10月，休闲娱乐景区完工。2005年，森林公园、金法寺佛教公园、瑷珲卫国英雄纪念馆正在建设。计划投资3 070万元的全国最大的知青馆——黑龙江知青馆在筹划建设中。

五、社会事业

（一）教　育

1983年，爱辉公社共有中学1所、小学19所，小学校舍建筑面积3 859平方米，其中砖瓦结构3 703平方米，取暖设备94%是铁炉与火墙。共有小学教师57人，其中36%是代课教师。当年，黑河市政府拨款19万元，重建爱辉中学校舍主体教学楼。同年秋，爱辉中学开办高中班，入学125人。1985年，爱辉中学建平房教室400平方米。1986年，爱辉中学有教学班11个，其中高中班3个；在校生487人，其中高中生125人；教师37人。1987年，全镇筹集3万元资金，共建造320平方米的小学教室。1990年，爱辉中学新建食堂429平方米、学生宿舍552平方

爱辉镇中学　　2000年12月摄

米。当年,爱辉中学被评为省级“先进学校”。1991年,外三道沟投资12万元,建成350平方米的小学校舍。1992年,因高中生源不足,爱辉中学高中班停办;初中班由三年制向四年制转轨过渡,至1995年完成。1995年,外三道沟、松树沟、西三道沟3所小学被评为规范化小学,爱辉中学、拉腰子小学被评为花园学校。同年,爱辉中学有教学班16个,在校生623人,教职工57人。小学中有6所学校集中取暖供热,镇中心小学增建了图书室、实验室、少先队活动室、卫生室。1996年,全镇校舍均实现砖瓦化。1999年,镇政府投资12万元,为爱辉中学新建平房教室1 025平方米。2003年,全镇小学实行集中办学,学生全部合并至镇中心小学。

2005年,爱辉中学占地面积3.65万平方米,校舍面积3 616平方米,在校生573人,教职工54人(其中代课教师3人)。学校有理化实验室2个,学校微机室配有计算机42台,另设有音乐、体育、美术教室。图书室藏书7 000册。小学有教师59人,在校生609人。小学适龄儿童入学率、小学升初中率、九年义务教育覆盖率均达到100%。

(二)卫 生

1983年,爱辉公社中心卫生院有职工13人。1987年,爱辉镇卫生工作开展以除虫灭病为中心的爱国卫生运动,预防和治疗常见病、多发病,有效控制和减少了地方病、传染病的发生。当年,中心卫生院实行了院长负责制的体制改革。1996年,镇中心卫生院新建二层办公楼,卫生院实行财政差额拨款。下设防保部、医疗部、后勤组,防保部负责完成全镇卫生防疫、地方病、结核病防治和妇幼保健等;医疗部负责门诊、病房诊疗工作;后勤组负责卫生院后勤供应及水电取暖环境卫生等工作。1997年、1999年省卫生厅2次下拨价值20万元的医疗器械设备,包括高压灭菌锅、尿分析仪、抢救床、液压妇科检查床、产床、x光机等。

2000年,投资1.6万元新建了城关、三好2处分院。当年,中心卫生院有在岗职工30人,其中医生21人、护士5人。全镇有19个村级卫生所,各村屯均成立了卫生服务点,形成了较为完备的医疗网络。至2005年,全镇有中心卫生院、防疫站、妇幼保健站各1所,有住院床位50张,专业卫生人员40人。全镇村民均参加了新型农村合作医疗。中心卫生院占地面积4 000平方米,建筑面积518平方米,设17个科室,5个病室,20张病床。在原有设备的基础上,更新了洗胃机、x线防护设备、心电图机、制氧机、B超机等医疗设备。

(三)计划生育

1984年,爱辉镇出生128人,死亡81人。人口增长率为7.05‰,领独生子女证的占一孩夫妇的98.2%。1989年,全镇成立了25个计划生育协会,共有会员283人,1 980个联系户。1990年,全镇计划生育工作连续3年超额完成人口控制计划,被评为全省先进单位。1992—1995年,连续4年被评为市先进单位。1998年,镇政府投资3万元修建了106平方米的计生综合服务站,并建立了计算机信息系统。1999年,全镇一孩计生率98.6%,二孩计生率100%。2005年,人口自然增长率3.1‰,生育率5.8‰,生殖保健普查率85%。全镇有19人享受到农村计划生育家庭奖励扶助金奖励扶助。

(四)精神文明建设

1. 文明村 文明户创建活动

1984年,在全镇开展文明村创建活动。当年,前欢洞村、西三道沟村被黑河市授予市级文明村。1993年开始,在全镇开展“十星级文明户”创建活动,以村为单位,每年年初评比,挂牌带星。1998年,松树沟村、窦集屯被评为省级文明村。2000年,爱辉镇被评为省级文明镇。全镇有十星级文明户641户,占总户数的30%;有六星级以上文明户1 283户,占总户数的60%。全镇文明村覆盖率90%。

2005 年,全镇有十星级文明户 1 159 户,占总户数的 35%;有六星级以上文明户 1 987 户,占总户数的 62%。至 2005 年末,爱辉镇文明村覆盖率 96%。

2. 群众业余文化生活

20 世纪 80 年代初,农闲期间生产队把村里的文艺骨干组织起来排练节目,既在本村演出,也到外村演出。当时北三家子、西三家子、外三道沟等村排练了《沙家浜》《洪湖赤卫队》《红灯记》等节目。1998 年秋,爱辉村村民依靠 1 台手风琴、2 把二胡、1 支笛子和 1 台录音机,组成了爱辉小乐队。2001 年春节,爱辉镇举办全民秧歌大赛,有 10 支队伍参加比赛,活跃了节日气氛,调动了农民们参与文化活动的热情。同年 3 月,外三道沟村文化大院首先在爱辉镇正式挂牌。文化大院有骨干 11 人,创作演出的《税费改革暖人心》《赶科技大集》等节目受到群众的欢迎和好评。文化大院图书室有图书 5 000 余册。同年夏,以爱辉小乐队为基础成立的爱辉村文化大院正式挂牌,镇政府投资 6 000 元,配备了架子鼓、电子琴、萨克斯和音箱等设备。爱辉村文化大院有成员 21 人,其中器乐组 7 人、创作组 2 人、表演组 12 人。夏季,爱辉镇举办了首场广场文艺演出,广场文化拉开序幕。2003 年,共进行广场演出 6 场。2004 年,爱辉镇修建了 3 200 平方米的文化休闲广场。同年,在爱辉区"信合之光"首届农民文艺会演中,拉腰子村表演的节目《打花棍》获得优秀表演奖;北三家子村秧歌队在黑河市元宵节秧歌汇演中获得优秀表演奖。

2005 年,黑龙江省《金色田野》农民艺术节在爱辉镇举办,镇政府投资 5 万元用于制作服装、布置会场,演出活动取得成功。至年末,全镇的文化场所包括镇直文化室、爱辉村文化大院、拉腰子村文化大院、外三道沟文化大院、西三道沟文化大院、北三家子文化大院、城关村文化大院。爱辉村文化大院演出队自成立至 2005 年参加正式演出 20 余场。西三道沟村文化大院拥有电子琴、架子鼓、电吉它、电贝司、音箱等乐器。

六、基础建设

(一)农田水利 自来水

1983 年,全长 17.5 千米的爱辉公社堤防护坡工程完成。当年,全公社有 6 个大队(村)通了自来水,共有 560 户 2 423 人用上自来水。1984 年,前拉腰子村、西三道沟村安装了自来水。1988 年,全镇有 20 个村屯用上自来水,其余 2 个村屯每家有压水井。1989 年,爱辉镇水利站成立。

1994 年,全镇完成治涝土方 7.27 万立方米,长度 1.19 万米,受益土地 3 127 公顷;灌溉完成土方 2 720 立方米,长度 1.24 万米,受益土地 167 公顷;堤防工程完成土方 1.17 万立方米,长 3.28 万米。在兴修水渠的工程中,清淤 2 400 米,出车 700 多台次,出工 2 800 个。1995 年,全镇修建水利建筑物 35 座,排涝沟清淤 2 万米,除涝面积 845 公顷,农田道路修整 9.7 万延长米,共完成土石方 20 万立方米。在外二道沟村挖了 1 条长 2 000 米的排涝沟。1996 年,全镇共修建水利设施 5 座,水渠清淤 7 000米,除涝面积 207 公顷,农田道路修整 9.68 万延长米,共完成土石方 1.5 万立方米。1997 年,全镇集资 6 万多元,共修建桥涵 6 座,挖排涝沟 1 800 米,防涝面积 22 公顷,铺路 2 750 米(城关村),为里二道沟村安装了自来水。共完成土石方 99 875 立方米,投工 3.99 万个工日。1998 年,治涝完成土方 4.73 万立方米,长 7 100 米。总投工 2.66 万个工日,总土方 65 400 立方米,集资 7.83 万元。

2000 年,外二道沟村投资 2 万元打节水灌溉井 1 处。2001 年,投资 3.4 万元为砖窑村和二道泉村打饮水井 2 处。2005 年,新建农田桥 2 座、涵洞 11 处,清理排涝沟 8 000 延长米,打人畜饮水井 3 处。农业基础设施和农民群众生产生活条件明显改善。至 2005 年,除二道泉村、西三家子村外,其余 14 个村均使用自来水,自来水通村率为 87.5%,入户率达 98%。

（二）交　通

1989年前，爱辉镇只有沿江的7个村通客车。1989年，爱辉镇公路交通管理站成立，当年开始对各村道路进行改造、升级。1989—1992年，全镇修砂石路8条，全镇砂石路总里程达61千米，另有16千米爱黄线公路（为自养路），全镇有20个村屯通了客车。1994年，投资4万元在窦集屯村修桥1座。1999年，爱辉镇在镇内修建2条1 200延长米的白色路面，并将全镇78千米道路全部大修铺，道路铺装率达100%。2000年，新铺装水泥路80延长米。2005年，修建村级道路1万延长米，全镇16个行政村均通公路，爱辉镇通往各村的公路总里程达81千米，镇内有长度为2 100延长米的白色路面4条。全镇拥有农用车辆766台，汽车10台，每日境内往返客车8台次，个体出租车30台次。

（三）通信　住房

1984年，爱辉镇有32部手摇磁石电话机。1995年，由省、市邮电局投资160万元、镇政府和各村屯集资14万元，首先在镇政府所在地和爱辉村、北兴村、城关村、头道沟、西三家子村、北三家子村开通了程控直播电话，当年装机超过350台。1999年，全镇共装机1 908部，是黑河市第一个实现村村通电话的乡镇。2000年，全镇有固定电话用户2 100部，其中住宅电话2 060部。2005年，全镇有固定电话用户3 700部，其中住宅电话1 890部。移动电话普及率95%，宽带接入用户2 871户。全镇人均住房面积22.45平方米，住房砖瓦率99.8%，92%的农户安装了程控电话，91%的农户安装了闭路电视，人民的生活水平和生活质量显著提高。

第二节　西岗子镇

一、概　况

西岗子镇位于爱辉区东南部，位于北纬49°53′、东经127°20′，距黑河市区45千米，东邻坤河达斡尔族满族乡，北与爱辉镇、锦河农场接壤，西部与锦河农场1037队、区良种场、二站乡相接，南部与红色边疆农场为邻。镇东部属于平原，镇西部是山区，有公别拉河、阿陵河、石匠河3条较大河流流经镇境。自然资源丰富，矿藏主要有煤炭、铜、大理石、花岗岩等。2005年西岗子镇辖区总面积1 324平方千米，其中耕地面积9 013公顷，草地面积4 267公顷，林地面积2.91万公顷，水面面积1 133公顷。2005年，总户数2 336户，总人口15 300人。其中农业人口5 300人，民族有汉、满、达斡尔、回、蒙古、朝鲜族6个民族。

西岗子镇政府　　2005年5月摄

1984年2月，经省政府批准，建立坤河达斡尔族满族乡，将原属于西岗子公社的坤河、富拉尔基、大红旗营子、新民、蓝旗屯5个村屯划出。同年4月，撤销西岗子人民公社，建立西岗子镇人民政府，下辖西岗子、东岗子、曹集屯、托力木、杨树屯、坤站、老站、红星、梁集屯、老青屯、西沟、盘肠沟12个村。1990年，将曹集屯划分为东曹集屯和西曹集屯2个村。2001年,老青屯村并入西岗子村,老站村与红星村合并为小红旗营子村,西沟村与梁集屯村合并为西沟村,合并后镇内共有9个行政村。2005年,将原属于黑河市宋集屯煤矿管理的农场——宋集屯农场划归西岗子镇,成立了宋集屯村。2005年,西岗子镇下辖西岗子村、东岗子村、坤站村、杨树村、曹集屯村、小红旗营子村、盘肠沟村、西沟村、托力木村、宋集屯村共10个行政村。镇内设有3个街道居民委员会(第一居民委、第二居民委、第三居民委)。镇内有农村经济技术服务中心、计划生育服务中心、畜牧兽医服务中心、林业站、火车站、医院、邮政局、公路养护站、中学、中心学校、工商所、地税所、国税所、信用社、派出所、法律服务所,还有宋集屯煤矿、西岗子煤矿、东方红煤矿、盘肠沟煤矿、西沟水电站、富地营子铜矿、八十里河金矿、宋集屯水库、供电所、粮库、第一良种厂、种畜场、实验林场、卡伦山林场办事处、加油站、交通管理征费稽查、交警中队、65935部队等30余个省、市、区机关企业事业单位及驻军。

二、农　　业

(一)种植业

1985年,西岗子镇普遍实行了家庭联产承包责任制,签订承包合同1 266户,占总农户的99%,承包土地面积4 889.33公顷,并且在农户自愿的基础上组成36个自由联合体。政府号召压麦增豆,小麦播种面积逐年降低,但由于小麦运用的新品种和化肥的合理使用,1984—1990年小麦产量翻了3番,1984年小麦亩产只有40千克,到20世纪90年代小麦亩产达到180千克。1984年前,大豆播种面积始终低于小麦播种面积,1984年后,随着大豆新品种的普遍应用和农民对土地投入的增加使大豆产量上升,价格也不断攀高,促使大豆播种面积逐年增加。1984—1990年大豆年均播种面积达39 685亩,占总播种面积的50%,总产量年均达2 506吨。20世纪80年代,年平均耕种面积达5 087.33公顷,到1989年粮食总产量达到9 307吨。

1990年,土地承包已经过渡到一家一户独立经营。由于粮食价格不断上涨,弃地问题基本得到解决,农民们不仅承包了废弃土地,又垦殖了新的荒地。1998年4月至1999年5月,西岗子镇进行了第二轮土地承包,按照大稳定的方针,土地承包期延长至30年。1995—1999年期间,小麦种植面积进一步下调。1999年,国家取消了东北春小麦的订购任务,农民生产的小麦只能自销,小麦播种面积占总播种面积的15%,大部分是1544、4083品种的硬质麦,小麦产量由亩产180千克上升到230千克。20世纪90年代,大豆年平均播种面积3 675.2公顷,占总播种面积的50%以上,年均总产量达7 174吨。

2001年1月初,开始实行农村税费改革。在国家政策的扶持下,全镇农业的基础地位得到加强,种植业结构进一步优化,经济效益持续提高。2000—2005年,全镇粮豆播种总面积年平均达到6 787公顷,其中,大豆5 974公顷、小麦400公顷,其他为玉米和杂粮。粮食总产年均达11 507吨。农业总收入由2000年的1 913.1万元提高到2005年的52 908万元,人均收入由1 265元提高到3 595.2元。

(二)畜牧业

1985年,全镇生猪存栏3 284头,比1984年的3 191头增加2.9%;黄牛509头,比1984年的490头增长3.9%;奶牛156头,比1984年的121头增长28.9%。1987年,黄牛存栏652头,奶牛325头。1988—1992年,全镇畜牧业(尤其是奶牛、黄牛养殖)由于受市场影响,呈下降趋势。

1992年,为扭转畜牧业下滑局面,西岗子镇综合规划,开展猪、牛、羊、禽四大基地建设,制定了优惠政策,包括实行划分饲料地制度,每头奶牛划2亩饲料地,每头母猪划1亩,不承担定购任务;对育肥20-头猪或10头黄牛的养畜大户从资金物质上给予保证。解决了农民为争夺草场、饲料、水源而引发的矛盾。1993—1998年,全镇畜牧业发展仍旧缓慢,主要原因是大豆价格看涨,农民把主要精力投入在种植业上。年平均养殖量为：黄牛300~400头、奶牛100~160头、猪2 000头。

21世纪初，西岗子镇畜牧业坚持“典型引路、利益驱动、市场导向、政策扶持”的方针，重点发展以奶牛、肉牛、山绵羊等为主的养殖业。2000—2005年，西岗子镇共协调下摆贷款1 889万元用以扶持养殖户。奶牛、黄牛、山绵羊的存栏数分别以年均30.6%、48.3%、67%的速度上升。至2005年，全镇奶牛存栏762头，肉牛存栏2 385头，山绵羊存栏5 571只。

（三）瓜果蔬菜

1983—1990年，西岗子镇西瓜种植户163户，年均种植西瓜195公顷，平均亩产收入4 000元。蔬菜大棚种植户10户，扣棚2.2公顷，每亩收入1.1万元。1991—2000年，西瓜种植户185户，种植面积225公顷，平均亩产收入4 600元。蔬菜大棚种植农户10户，扣棚2.2公顷，每亩收入1.12万元。2001—2005年，西瓜种植面积减少至115公顷，种植农户减少至85户，每亩收入5 000元。蔬菜大棚种植农户10户，扣棚2.2公顷，每亩收入1.2万元。

（四）农业机械

1984年，全镇有各种拖拉机761台，联合收割机38台，农具350台（件），手扶拖拉机由1983年的48台增加到1984年的71台。小型机械在农忙时用于农业生产，农闲时可用于短途运输等服务性生产。

20世纪90年代，西岗子镇农机水平逐年提高。1998年，全镇拥有大中型拖拉机90台，小型拖拉机748台，大中型拖拉机配套农具121台，小型拖拉机配套农具700台，联合收割机48台。镇机管站对农户进行跟踪服务，使全镇农业机械完好率由1989年不足80%上升到100%，落实了农机“五统一”（统一录入信息、统一喷码喷号、统一人机合影、统一落户上牌、统一验货核实），场库棚建设明显改善，农机标准化作业显著提高。

2002年，全镇秋翻整地4 200公顷，占耕地总面积的64%。2003年，西岗子镇依托国家政策扶持，投资150万元在坤站村建立了大型农机合作社。镇政府以坤站村农机合作社为典型，带动全镇农业机械装备水平提高，主要增加大马力拖拉机、精量播种机和深松旋耕机等大型机械。2004年，秋整地面积达5 056.33公顷，占耕地总面积的75%，其中，深翻1 148公顷，深松1 365公顷，耙茬255公顷，81%的耕地达到待播状态。2005年，累计投资190.4万元，其中贷款57万元，农民自筹133.4万元。更新大中型拖拉机69台；大中型配套农具144台（套），其中七铧犁38台（套）、精播机68台（套）、其他38台（套）。

2005年，全镇拥有农机总动力2.37万千瓦，拥有大中型拖拉机346台、小型拖拉机640台；大中型配套农具490台（套），其中机引犁107台（套）、机引耙110台（套）、机引播种机156台（套）、中耕机23台（套）、旋耕机3台、镇压器51台、深松机8台、联合整地机5台、粉碎还田机3台、其他24台；小型配套农具517台，其中机引犁41台、机引耙3台、机引播种机82台。

三、乡镇企业

1984年，乡镇企业有老站砖厂、西岗子榨油厂、镇办冰棍厂、木工厂。1987年，乡办、村办、联办、户办工业、企业上升至219户，运输业发展到107户，商业饮食服务业发展到45户。1988年，西岗子镇采取“积极扶持、合理规划、正确引导、加强管理”的原则，妥善处理了老站砖厂、油坊的承包问题，对冰棍厂进行改造，提高了产品质量。乡镇企业发展到189家，从业人员460人。全年创产值170万元。1989年乡镇企业创产值202万元。

1990年，乡镇企业创产值220万元，创利税76.5万元。1992—1995年，镇政府招商引资建立了联兴砖业，西岗子木折椅厂也相继成立。1996年，西岗子镇本着“立足资源、面向市场、四轮驱动、注重效益”的方针，进行内引外联式招商引资，鼓励并支持在西岗子镇独资、合资、私营兴办各种企业，老青屯煤矿、老青屯砖厂相继投产；镇政府投资100万元修建了西岗子农贸大市场。1996年后，由于受黑河边贸热降温的影响，乡镇企业效益出现下滑，老青屯砖厂、西岗子木折椅厂等企业相继破产。同时，西岗子镇立足当地资源，建立5个油坊、5个小麦加工厂和4个酒坊。1999年，采用“借船出海、引水养鱼、风险共担、利益均沾”的机制，加大招商引资力度，在石材开发、粮油加工方面取得进展。当年，个体私营生产达230户，从业人员460人，乡镇企业增加值为330万元。

2000—2005年，西岗子镇利用资源和地理优势，从改善经济发展环境入手，利用多种渠道进行招商。引进养殖专业户、建立公司（工厂）、发包原有村办煤矿等多种形式，6年共引进资金1 083万元。2005年，全镇共有乡镇企业1家，个体工商户230户，全年实现工商税收100余万元。

四、社会事业

（一）教　育

1983年，西岗子公社有中学1所、小学14所。当年西岗子公社中心小学校有学生284人，教师24人，校舍为砖瓦结构共817平方米，设有12个教室，4个办公室。中学是一所完全中学，1983年前实行三二制（即初中三年、高中二年），1984—1994年实行三三制（即初中三年、高中三年），1994年8月以后，由于高中生源不足，爱辉区农村高中开始停招。并开始招收初中四年级学生。确定了小学五年制、初中四年制的九年义务教育制。1990年，西岗子镇中学有在校学生588人，教师52人。原日军侵华留下的2座楼房分别用作学生教室和老师办公室。共有19个教室（其中有8间平房），另设有音、体、美活动室及生、理、化学科实验室各1间。1999年，镇中心小学新建4个教室、1个办公室，校舍总面积1 024平方米；在校学生349人，教师33人。镇中学有在校学生680人，教师56人。2002年，全镇有农村小学13所，共有学生400人，教师38人，其中正式教师28人，代课教师10人。2004年，各村屯小学全部并入西岗子镇中心小学校。当年，西岗子镇中心小学校修建了新的教学楼，共3层1 840平方米，新建了1 184平方米的校舍。2005年，镇中心小学有在校学生841人，教师57人，设有13个教室。镇中学有在校学生571人，教师47人，设有16个教学班。

（二）卫　生

1983年，西岗子公社中心卫生院有编制45个，在岗职工45人。配有X光机、化验机器、心电机。1995年，镇中心卫生院已成为一所综合性中心卫生院，设有化验室、X光室、手术室、理疗科、五官科、口腔科、内科、外科、妇科、儿科、预防保健科，有分门诊部1个。并通过省级“一级甲等医院”验收。1998年，西岗子镇中心卫生院被正式批准为爱婴医院及职工医疗保险定点卫生院。1999年，国家对卫生院的财政投入由全额变为差额，减少到65%，并由事业单位转为企业管理模式，归镇政府管理。2000年，新购置呼吸机、洗胃机等医疗器械。

2005年，西岗子镇中心卫生院面积1 385平方米，其中楼房（业务）用房498平方米，平房面积887平方米，拥有固定资产88.78万元。拥有2000毫安X光机1台、黑白B超机1台、麻醉机1台，呼吸机、洗胃机、电子显微镜等医疗器械。编制45个，有职工46人，其中医生14人，护士13人。全镇有村卫生所13个，配备乡村医生15人、妇幼接生员12人，医士1人、医师13人、主治医师1人。全镇三级医疗保健网已全面形成，能够完成治疗常见病和预防保健工作。

（三）计划生育

1983—1985年，西岗子镇独生子女领证率69.2%，人口自然增长率9.9‰，每年新生儿在108～146名之间。1986年，开始实行《黑河市完善生育政策试行方案》。1986—1989年，新生儿从141名降到126名,人口自然增长率为9.6‰。

1990—1995年,平均每年出生124人,死亡37.8人,人口自然增长率为9.2‰。1996—1999年,平均每年出生121人,死亡40人,人口自然增长率为8.22‰。1999年,以育龄群众的身心健康和意愿为宗旨,推出了"知情选择"的避孕节育新政策,既尊重了群众的选择权利,又保证了群众身心健康。

2000年,曹集屯、红星、托力木、坤站、东岗子5个村被黑河市确定为计划生育"三自主"(自我教育、自我管理、自我服务)管理试验区。首次实行村级计划生育服务室主任竞聘上岗。2001年,人口出生率为6.3‰,自然增长率为0.94‰,西岗子镇被评为市级计划生育先进镇。2002年,人口出生率在6.3‰以下,人口自然增长率在0.94‰以内。2003年,人口自然增长率为2.99‰,生育符合政策率99%。杨树、西岗子、盘肠沟3个村被确定为"三自主"试验区。2005年,全镇进行第二轮村级计划生育服务室主任竞聘上岗工作,当年人口出生率为10.62‰。2000—2005年,发放各种奖励扶助金近15万元。

(四)精神文明建设

1985—1989年,西岗子镇各村都建立了五好家庭档案,每年年底进行五好家庭评选,并贴标牌。1987—1988年,全镇开展了爱国卫生竞赛活动,以村和街道为单位,以妇联、团支部、居委会为主体组成检查小组,检查各户卫生情况,一个月评比一次,合格户贴"合格牌"。1993—1999年,在全镇群众中开展十星级文明户创建评比活动,以村为单位,每年年初评比一次,挂牌带星。1999年末,全镇13个村屯共有十星级文明户995户,八星级293户,七星级136户,六星级3户,分别为总户数的67.64%、19.91%、9.24%、2%。

2002年,西岗子村、曹集屯村、坤站村开展了文化大院创建活动。2003年,清理规范了网吧营业场所。2004年夏,西岗子镇农民在黑龙江畔世纪广场举办了西岗子镇周末大舞台、西岗子小学捐资助学文艺汇演等活动。2000—2005年,利用各种节假日,开展棋类、歌咏、乒乓球等比赛项目及秧歌汇演等活动,参加活动群众累计达1万人次。2005年,全镇村级有线电视入户率95%。农闲时,农民自发组织看报、唱歌、扭秧歌、有奖竞猜等活动,全镇农民的精神文化生活日益丰富多彩。

五、基础建设

(一)交　通

西岗子镇交通十分便利,既是202国道、黑嫩公路的交汇点,又是北黑铁路三级站所在地。20世纪80年代初,西岗子镇建有公路客运站,开通了西岗子—黑河、黑河—西岗子—爱辉线路客车,开往哈尔滨、嫩江、北安、龙镇、新华、大五家子等线路客车均途经西岗子镇。1986年,修建了西岗子铁路站,黑河—北安的火车途经于此。随着村民生活条件的不断提高及交通事业的快速发展,从1993年开始一些农民购买出租车用于运营。1995年,公路线路实行个体承包经营,由村民承包开通了黑河—宋集屯、黑河—曹集屯村、黑河—西岗子线路公共汽车。全镇13个村屯中有11个村通公共汽车。1997年,黑河—齐齐哈尔的火车线路开通途径西岗子镇。2005年,全镇有营运出租车18台,往返于黑河市区和全镇各村屯之间。

(二)住　房

20世纪80年代,西岗子镇农村砖瓦结构住房仅约35%。1995年,全镇砖瓦结构住房率上升至80%。2000年末,全镇已有90%的农户住上了砖瓦房,部分村屯砖瓦房能够达到95%以上。2005年农村住房砖瓦化率达98%。随着农民生活水平的提高,部分农户对原有住房进行了重新装修,换上彩钢房顶、塑钢窗、复合地板等。

(三)道路和环境建设

2002年,西岗子镇共维修农田路12千米,清淤挖排涝沟5千米,修复涵管5处,新打深水井1口,投入资金10万余元。2003年全镇累计投资14万余元,清挖、新修排涝沟、截流沟17.34千米,修复桥涵13处,新换涵管54节,整修农田和村屯道路14条24千米。2004年全镇累计投资12万余元,为各村清挖、新修排涝沟、截流沟10千米,修复桥涵13处,新换涵管58节,整修农田和村屯道路11条、5千米。

2005年,西岗子镇小城镇基础设施建设取得突破性进展。争取资金200余万元,在西岗子镇内修建了宽4.5米,长1 000米的白色水泥路面,改善了镇内的道路环境。投资10万元修建了2 000平方米的小广场,筹集2万元资金修建1处200平方米的停车场,在镇内主要路口下涵管共32节。在商业一条街两侧设置垃圾箱,配备清洁车1辆、清洁工2人,对垃圾定点、定时清理,年垃圾处理量150吨,开展了镇容镇貌的治理。当年,全镇投入22.7万元,用于农田水利基础设施建设,共清挖、新修排涝沟、截流沟31千米,修筑堤坝0.4千米,整修农田和村屯道路27条36千米。同时市信用联社投资20余万元,在曹集屯村建设的灌溉节水示范园区初步形成,托力木、东岗子新打的2眼深水井投入使用。

第三节　罕达汽镇

一、概　　况

罕达汽镇政府　　2001年7月摄

罕达汽镇地处小兴安岭山脉顶端,位于爱辉区西部,距黑河市区128千米。2005年镇辖区总面积5 003平方千米,是全区行政区划面积最大的镇。其中耕地面积11 267公顷,林地面积21万公顷,草原面积5万公顷,水面面积2 333公顷。2005年,全乡有2 290户,7 997人。其中农业户894户、3 329人,非农业户1 396户、4 668人;其中镇直114户、376人;从事煤炭生产的流动人口4 000人。1985年罕达汽乡改建为罕达汽镇。镇址设在罕达汽村,辖有罕达汽村、小沟村、长胜村、猪肚河村、老公司村、桦树村6个行政村。2001年3月金水乡并入罕达汽镇,罕达汽镇辖13个行政村(罕达汽村、九道沟村、南大河村、红旗村、裸河村、小沟村、猪肚河村、桦树村、老公司村、小河里村、燎源村、清水河村、常胜村),3个社区(河西、木耳汽、五道沟),地方国营林场2个(七二七林场、大平林场),机械化防火站1个(望峰防火站)。有农村经济技术服务中心、畜牧兽医服务中心、计划生育服务中心、农机监理站、国土资源站、司法所、卫生院、罕达汽学校、运管站、养路站、信用社、派出所、邮电支局、电信支局、粮库、地税所、国税所、矿山派出所、煤矿管理局等企事业单位。

罕达汽镇是典型的山区乡镇,平均海拔500米,气候属第六积温带,无霜期为90~100天,有效积温为1 900~2 100℃。地域辽阔、物产丰富、自然环境优美,有珍稀的野生动物、名贵的中草药材及二十几种天然绿色野生植物。森林和矿产资源丰富,森林资源的蓄积量居爱辉区之首,年采伐量4万立方米,有黄金、煤炭等17种矿藏,煤炭储量4.5亿吨,2005年有煤矿27家。

二、农　　业

(一)种植业

1983年,罕达汽乡粮食总产量4 030吨,上交商品粮2 650吨。1984年,开始逐渐实施家庭联产承包责任制,全乡共成立承包组33个,计311户,农业人口1 187人。农业生产由统一管理转为农民个体经营,农民有了经营自主权。1985年,全镇实现总收入129.88万元,人均纯收入490元。土地承包模式逐渐稳定。1986年总播种面积1 407公顷。其中粮豆薯总播种面积1 224公顷,总产量875吨。1988年,总播种面积1 581公顷,其中小麦1 047公顷,总产量975万吨,亩产71千克;油菜267公顷、蔬菜267公顷。全年上交商品粮500吨,农业总产值60万元,人均收入450元。当年,种地大户沃荣年率先成立了"荣年家庭农场",承包经营撂荒地200公顷,年交粮150吨,收入14.7万元,获得"全国百名售粮模范"称号。1989年,全镇总播种面积2 267公顷,其中小麦1 333公顷、油菜面积400公顷。上交商品粮850吨。上交商品粮超过50吨的交粮大户6户。1990年,总播种面积2 533公顷,农业总产值实现796.5万元,人均收入558元。上交商品粮超50吨的交粮大户7户。1991年,全镇粮食总产2 250吨,上交商品粮875吨,人均收入800元。1993年,罕达汽镇扩大种植面积72.8公顷,农业总收入129.3万元,人均收入1 600元。1996年,采取引资、租赁、承包等方式,使弃地回耕,耕地面积扩大到2 667公顷,引进了优良小麦品种(179、514),人均收入2 603元。1999年,罕达汽镇完成了二轮土地承包工作,制定了"压麦、稳豆、增加经济作物"的种植业调整原则。全镇总播种面积3 027公顷,全镇油菜、杂豆播种面积1 000公顷,种植优质小麦"U-92"200公顷、"446"667公顷、"514"467公顷,粮食亩产达170千克。对外承包耕地1 333公顷。2000年,播种面积2 006公顷,发展了芸豆及北药生产基地。由于干旱严重,造成小麦、油菜基本绝产。

2001年,全镇总播种面积5 293公顷,其中小麦1 000公顷、大豆2 243公顷、油菜1 000公顷;新增加亚麻作物种植面积324公顷。由于严重的自然灾害,小麦基本绝产。大豆、亚麻等取得较好的经济效益,亚麻单产达4.5吨/公顷,每公顷纯收入2 505元。当年,建立50公顷的亚麻园区,示范品种为黑亚10号、双亚5号;建立2公顷的油菜园区,示范品种为青油14。采用种子包衣技术、配方施肥。2002年,种植业结构调整以"减麦、稳豆、增亚麻、引药、扩薯、增杂粮"为原则,总播种面积5 271公顷,其中,大豆1 765公顷、亚麻1 420公顷、小麦800公顷。粮食总产量3.4万吨,人均收入2 298元。2003年总播种面积5 700公顷,其中,大豆3 077公顷(其中高油大豆250公顷)、亚麻1 173公顷、小麦700公顷。当年遭受多种自然灾害,导致全部农作物不同程度受灾。当年,建立10公顷高标准亚麻示范园区,进行亚麻品种、肥料、除草剂的对比实验。建立面积167公顷的高油大豆科技示范园区,进行品种试验。2004年,国家实行"一免两补"(免农业税、发给粮食补贴和良种补贴)政策,调动了农民的种地积极性,原撂荒地得到全面复垦。当年总播种面积11 246公顷,其中,大豆8 416公顷、亚麻1 280公顷、小麦800公顷。6月7日,罕达汽镇气温降至-3℃,造成已出苗的大豆全部受到冻害,受灾面积5 657公顷。当年,粮食总产量3.9万吨,人均收入2 086元。2005年,全镇总播种面积11 246公顷,其中大豆7 576公顷、小麦2 449公顷、亚麻771公顷。粮食总产量4.1万吨,人均收入2 886元。当年,建立170公顷的九道沟村亚麻高产栽培技术示范区;建立罕达汽村和猪肚河村大豆新品种示范区,面积分别为200公顷和45公顷;建立500公顷的罕达汽村优质小麦高产栽培技术示范区,进行了多个新旧品种的对比实验。

（二）畜牧业

1983年,全乡畜牧业以分散饲养和牧放饲养为主,开始出现养殖专业户,当年,黄牛存栏290头、马存栏220匹、猪存栏350头。1985年,禽类存栏6 745只、猪存栏674头、马存栏185匹。1989年,禽存栏1万余只、生猪存栏243头、马存栏135匹、黄牛存栏120头、羊存栏77只。有饲养260只鹅的养鹅专业户1个。20世纪90年代,全乡畜牧业开始向科学饲养和规模化、集约化、专业化方向发展。1992年,罕达汽镇建了黄牛养殖场,存栏黄牛50头,带动了全镇畜牧业的发展。当年,大牲畜(牛、马)存栏450头、羊270只、猪350头、禽5 000只。1996年,全镇养殖禽类6 754只、猪674头、黄牛228头、马185匹。1999年,罕达汽镇畜牧业按照"户养起步、养引结合、典型引路、规模发展、整体推进"的发展思路,确定了畜牧发展专业村1个(老公司村,主要发展生猪和山羊)、养殖专业户11户(本地7户,外埠4户)。当年,全镇黄牛存栏256头,生猪存栏288头,绵羊存栏546只。2000年,全镇黄牛存栏613头,绵羊存栏1 763只,生猪存栏547头,禽存栏6 410只,创产值150.6万元。2001—2005年,罕达汽镇实施"粮转畜"战略,出台了发展畜牧业的优惠政策,开展了"畜牧技术推广、疫病防治和草原管理"三下乡活动;开展了免疫注射(生猪的猪瘟、猪丹毒、猪口蹄疫三大疫病,黄牛、山绵羊口蹄疫),基本上控制了牲畜传染病的流行与传播,全镇畜牧业步入良性发展轨道。2005年,全镇肉牛出栏1 001头,存栏3 140头;山绵羊出栏5 212只,存栏8 558只;生猪出栏683头,存栏512头;禽出栏4 090只,存栏3 384只;马出栏120匹,存栏356匹。

（三）农业机械

1983年,罕达汽乡有大型拖拉机41台,大中型农机具31台,联合收割机29台。机械播种面积90%以上,机械收割面积60%以上。1984年,实行家庭联产承包责任制,罕达汽乡引导农民搞分组种植,有能力的种植户成立家庭农场,原生产队的配套农机具随着土地的承包而承包到户。1988年,全镇有大中型拖拉机65台。1991年,全镇推广了农业机械高产实用综合技术,即实行新的耕作制度,轮耕、深松、深施,使农业机械化生产水平进一步提高。猪肚河村购进514联合收割机1台、东风牌收割机1台等大中型农机具。1997年,全镇有大型农机具66台(套),小型拖拉机80台。2000年,有链式拖拉机30台,大型农机具310台(套),小型拖拉机105台、小型农具141台(套)。2005年,全镇共有联合收割机34台,大中型拖拉机124台,大中型配套农具290台(套);小型拖拉机256台,小型农机具34台(套),农副产品加工机械51台,其中,粮食加工机械5台、农用运输车17台。机械播种面积达100%,收割面积达90%以上。农业机械净值695.8万元,总动力13 061万千瓦。有农机修理点6个。

三、乡镇企业

1984年,罕达汽乡黄金管理站成立。1985年,管理站收购黄金40千克,收入47万元。1991年,全镇有黄金水道28条,年生产黄金72.5千克。当年,取缔了个体采金,全镇采金业实现手工开采向机械开采的转变。1992年,罕达汽镇成立镇企总公司,在黑河市开办了黄金首饰店,使黄金产、供、销一体化。罕达汽镇与方正县宝兴镇联合开办了罕宝煤矿,建成年产3万吨的斜井煤矿,产值可达300万元~600万元。全镇有个体私营煤矿28家。1995年,有镇办、村办及个体私营企业78家,从业人员800余人,产值1 317万元,利税57.7万元。年初,组建了第一家股份合作企业——罕达汽镇股份合作金矿,当年收购黄金34.35千克。新建黄金采矿点1处,采矿点年产量达7.5千克,新建水道3条。与省煤炭矿业开发公司联营新建1处贮量为37万吨煤矿,与省煤炭干校联营新建了1处贮量为50万吨煤矿。与绥化市外贸局联办的宏盛木制品加工厂(位于老公司村)生产的柞木地板块出口韩国和日本,年创产值100万元。运输业实现年收入500余万元。2000年,全镇有采金水道27条、采金船15只,从业人员400人,人均年收入达3 000~5 000元。煤炭生产创产值370万元。

2001年,全镇有采金水道35条,小采金船300条,年产黄金1 250千克,从业人员290人,人均年收入达5 000元。有煤矿27家,年产煤约3万吨。有饮食服务业11户、零售业9户、运输业36户。2002年在红旗村新建小型温水扒麻加工厂。2003年,投资240万元在河西社区新建金蚕亚麻有限责任公司,年产量为2 000~3 000吨。2005年,罕达汽镇有乡镇企业44家,其中集体企业2家,私营企业2户,个体企业40户,从业人员262人,实现总产值236万元,利润19万元,上缴税金4万元。

四、社会事业

(一)教 育

1983年,罕达汽乡6个大队(村)有小学6所,教学班13个(其中复式班5个),有小学教师16人、在校生303人。1988年,罕达汽镇中学有教学班3个,教师9人、在校生56人,学制为三年制。1996年,镇政府投资6万元,为镇中学修建面积106平方米的微机室,并购进10台计算机和实验设备。2000年,罕达汽镇中学有教学班4个,有教师13人、在校生134人,学制为三年制。校园占地1万平方米,有平房校舍2座,建筑面积700平方米。全镇有小学5所(撤销长胜小学),18个教学班,有小学教师23人、在校生134人。小学入学率100%,巩固率100%。1985—2000年,全镇共向教育投入资金36万元,用于建校舍和改善办学条件,修建校舍2 000多平方米,全镇学校均实现砖瓦化。2003年,罕达汽镇中心学校新建1栋二层教学楼,面积1 600平方米。2004年9月,将河西小学、五道沟小学、永胜小学、小沟小学并入镇中心学校集中办学。2005年,全镇有中学1所,占地面积1.3万平方米,教学楼面积1 500平方米,有教师29人,在校生84人;有中心校1所,有小学教师52人,在校生270人。

(二)卫 生

1986年,罕达汽镇卫生院有职工12人,设有1个分院,村级卫生所2个。镇卫生院有门诊、药房、注射室、化验室、B超室、X光室等。其中门诊包括内科、外科、妇儿科、口腔科等科室,设有住院处,有病床8张,门诊量3 800人次/年。1999年,中心卫生院为面积280平方米的砖瓦结构平房,有职工14人,其中主治医师1人、医师3人、医士5人、护士1人,药剂师1人。配有B超、X光机、牙科器械、显微镜等医疗设备;有医药品种600余种,其中中药300种,西药300种。2001年,卫生院对外承包。2003年4月,镇政府收回卫生院承包权。开始推进农村医疗卫生体制改革。2005年,镇卫生院占地400平方米,共有职工8人,其中执业医师2人,助理执业医师5人,护士1人。门诊量约为4 000人次/年。

(三)计划生育

1983年,罕达汽乡计划生育工作提倡晚婚晚育。1986年6月,计划生育服务指导站成立。1988年,全镇已婚育龄妇女373人,综合节育率95.54%。1989年,全镇共出生42人,其中一胎21人,二胎15人。1991—1994年,人口自然增长率均在5.17‰以内。2000年,全镇有已婚育龄妇女454人。2005年全镇有已婚育龄妇女1 351人,新生婴儿264人,人口自然增长率5.81‰。

（四）文化生活

截至2005年，罕达汽镇和红旗村分别建立了500平方米和200平方米的文化活动场地，并配备了健身器材，方便了群众文化体育活动。全镇有篮球场2个，镇政府每年组织各村屯、机关单位进行篮球比赛。全镇9个村都有村级文化宣传室和广播室，配备了村村通广播。各村均有农家书屋，书屋配备专职图书管理员，全镇共有图书27万册。每逢节日，各村开展体育比赛、象棋比赛、歌咏比赛等活动，每年元宵节，各村的秧歌队到镇政府进行秧歌汇演。2000—2005年，罕达汽镇开展文化、科技、就业等各种技能培训，每年均培训500多人次。

五、基础建设

（一）交通　农田水利

20世纪80年代，罕达汽镇主要为黑罕公路（黑河—罕达汽公路），全长120千米，每天1次客运班车。途经老公司村、猪肚子河村、小沟村、罕达汽金矿和罕达汽村。1992年，罕达汽镇开通黑河市开往罕达汽镇的专线公共汽车。每天往返2～3次。2001年，修建星火九连到罕达汽镇38千米省二级砂石路面。当年完成了低压线路改造工程，结束了罕达汽镇无国电的历史；占地面积1 000平方米的罕达汽镇加油站投入使用。2002年10月，加黑公路全面开通，贯穿全镇。2003年，镇政府投资16.35万元修建加黑公路罕达汽支线1千米。2005年，每天有2个班次的客车往返于罕达汽镇与黑河之间，年载客量约3.5万人次。

截至2005年，南大河村、清水河屯、裸河村、红旗村、桦树排子村安装了自来水。新打深水井3眼，解决了3个村村民饮水难问题。2000—2005年，罕达汽镇农田水利建设累计投工1.2万个，完成土方12.8万立方米，投入资金106.1万元，治理河沟2 460米，修复水土保持林165公顷，修截流沟1 450米，建桥涵15座，改造中低产田面积747公顷，治理水土流失面积1 173公顷。

（二）住房　通信

1983年，罕达汽乡6个自然村有磁石手摇电话机23台。1996年，由省市邮电局投资100万元、罕达汽镇政府集资5万元开通了程控电话90部。2000年，罕达汽镇程控电话共173部。2001年10月，通讯业务在全镇开通。2003年，对九道沟村、红旗村、裸河村、南大河村进行统一规划。罕达汽镇新建居民住宅面积1 532平方米，新建公共建筑280平方米。2005年，全镇房屋砖瓦化率达到35%，人均建筑面积17.9平方米。有线电视入户数994户，程控电话安装276户。

第四节　幸　福　乡

一、概　　况

幸福乡是黑河市区的城郊乡，环绕市区周围，地理位置独特，东临黑龙江，北与上马厂乡接壤，南部与西部是四嘉子乡和锦河农场。2005年，全乡总面积179.24平方千米，耕地4 420公顷，林地76.66公顷，水面93.33公顷。

1984年3月，幸福公社改建为幸福乡。同时，建立幸福乡经济管理委员会。1985年3月幸福乡经济管理委员会撤销。幸福乡辖小黑河、长发屯、河南屯、高地营子、上二公、下二公、新生活、幸福、之路、稗子沟10个行政村，其中幸福、之路、新生活3个村为城郊混居村。辖区内另有红旗桥、奶牛场2个主要流动人口聚集点。辖区内有大黑河岛、通江路、幸福3个边防派出所。2005年，总户数4 557户，总人口18 649人，其中农业人口15 162人。

二、农　　业

（一）种植业

1984 年幸福乡开始实行家庭联产承包责任制，农民有了生产经营自主权，粮菜生产的单产、总产水平增长幅度较大。1985 年粮食作物总产 3 354 吨，小麦亩单产 150 千克，大豆亩单产 110 千克，上交商品粮 950 吨。蔬菜总产量 725 万千克，提供商品菜 510 万千克。种植业收入增长较快，1986 年种植收入 267 万元，占农业总收入的 40%，粮食作物收入 125.1 万元，蔬菜收入 138.6 万元。1986 年人均收入 415.8 元。

1987 年，国家将农产品的统购统销的流通体制改为国家与农户签订定购合同与农民直接进入市场流通的“双轨制”，在市场经济的推动下，幸福乡出现了农、林、牧、副、渔全面发展的态势。1989—1992 年，粮食作物种植面积在 2 399 ~ 2 365.6 公顷之间，产量稳定在 3 230 ~ 5 964 吨之间，蔬菜面积由 480 公顷增至 533 公顷，产量由 834 万千克增至 1 611 万千克，提供商品菜由 1 000 万千克增至 1 500万千克，种植业收入由 713 万元增加到 1 321.9 万元，其中粮食作物收入由 197 万元增加到 473 万元，蔬菜收入由 508 万元增至 835 万元，人均收入由 906 元增至 2 131 元。1992 年黑河被国务院批准为开放城市，幸福乡以降低粮食作物面积、增加市场畅销的经济作物面积进行种植业产业结构调整，使粮经作物面积比逐渐调为6:4。1998 年，爱辉区与俄罗斯布拉戈维申斯克市坦波夫卡区建立友好区，幸福乡借助地源优势，建立 4 个蔬菜专业合作村，通过经贸公司向俄方出口蔬菜，年向俄罗斯出口蔬菜 300 吨，建立起以蔬菜为重点的农产品的绿色通道。2004 年取消农业税，实行“二免一补”（免收农业税、农业特产税，实行粮食补贴）政策，农民种粮积极性高涨，带动了种植业的发展。2004 年粮豆薯单产为 2 080 千克。2005 年蔬菜面积为 626 公顷，蔬菜产量 4 889 吨，油料作物面积 25 公顷，瓜类面积 39 公顷，种植业收入 5 360 万元，其中粮食作物收入 3 180 万元，蔬菜收入 1 180 万元，人均收入 3 341.7 元。外向型农业成为幸福乡农村新的经济增长点。2005 年向俄罗斯出口蔬菜 930 吨，建立起以蔬菜为重点的农产品的绿色通道。

（二）畜牧业

1983 年，幸福公社实施“粮转畜”战略，坚持“培育龙头、典型带动、扶持大户”的发展思路，引导农户发展畜牧业。1984—1989 年，全乡畜牧业生产以分散饲养和粗放饲养为主，逐步出现了养猪、养牛专业户和畜牧联合体。1989 年幸福乡畜牧业生产有了新发展，以生猪、黄牛生产为重点不断发展壮大，黄牛饲养量 528 头、出栏 97 头、存栏 431 头；奶牛饲养量 528 头、出栏 65 头、存栏 463 头；羊饲养量 630 只、出栏 104 只、存栏 526 只；马饲养量 493 匹、出栏 100 匹、存栏 393 匹；禽饲养量 21 243 只、出栏 2 149 只、存栏 19 094 只；畜产品产量 310 吨，畜牧业收入 194 万元。1994 年，专业户、专业大户、规模饲养户、股份制养殖场开始涌现，共有专业养殖户 163 户、养殖大户 44 户、畜牧联合体 3 个、股份制饲养场 5 个，资产超百万元的养殖场 3 个。其中有 2 个千头猪场，1 个万只鸡村，出现畜牧业生产向一户一品、一村一业方向发展。1995—2000 年，畜牧业收入稳定在 293.70 万元 ~ 450.90 万元之间，养殖专业户 89 户，养殖场 7 个，万只鸡村 2 个，肉、蛋、奶产量 903 吨。2002 年，全乡黄牛饲养量 791 头，出栏 206 头，存栏 585 头；生猪饲养量 5 574 头，出栏 2 860 头，存栏 2 714 头。

2005 年，加强防治口蹄疫和防控禽流感工作，口蹄疫疫苗注射率 100%，禽免疫注射率 100%，羊痘注射率 96% 以上。全乡奶牛存栏 738 头，黄牛存栏 1 043 头，生猪存栏 1 467 头，有奶牛专业户 24 户，养鸡专业户 9 户，养羊专业户 25 户。

（三）农业机械

实行联产承包责任制后，土地包产到户，小型农用机械大量出现。到2005年末，幸福乡有农用小四轮拖拉机517台，大中型胶轮车58台，大型机械22台。

三、乡镇企业

1986年，幸福乡共有企业11家，以红砖生产为主的乡办企业1家。1987年，新上项目5个，共有乡、村、户及联办企业16家，年实现产值627万元。1989年乡镇企业快速发展，全乡共有企业1 201家，乡办企业3家（造纸厂1家、瓷砖壁画厂1家、饲料加工厂1家），村办企业6家、个体私营企业1 192家。从业人员2 549人，年实现产值1 004.3万元，利润63.81万元，税金28.92万元，成为黑河市第一个产值、收入超千万元的乡镇。1990—1992年，乡镇企业平稳发展，1992年全乡共有企业1 278家，乡办12家，个体1 242户，年实现产值1 665.4万元，收入1 660.9万元，利润127.4万元，税金26万元，被黑河市政府列为发展乡企的"龙头乡"，连续3年被评为地、市级先进单位。1993年，全乡共有企业1 725家，乡办企业19家，村办企业49家，联营企业32家，个体私营1 625家；创办经贸公司26家，共引进技术8项、人才12人，有6名大学生安家落户幸福乡，年创产值2 360万元，利润150万元，税金46万元，乡企发展已成为乡经济发展的支柱产业之一。之路村砖厂与俄罗斯签订了易货合同，打开了红砖过江销往俄罗斯的通道。1994年，幸福乡对乡企实行股份制管理，使乡企股份制企业比例达50%，个体私营和第三产业人数由6 500人增至7 000余人，乡企总产值突破1.5亿元大关，成为黑河市第一个乡企产值超亿元的乡镇。1998年对乡办的珍珠岩厂、下二公水泥厂、高地营子轧钢厂进行租赁拍卖。2000年，全乡共有企业23家，其中乡办1家、村办10家、私营12家，主要产品有红砖、果酒、食用油等，年缴利税38万元，产值2 173万元。2003年乡镇企业239个，从业人员976人，总产值4 064万元，利润162万元，营业收入4 235万元，上缴税金120万元。2005年，乡镇企业279家，私营企业11家（包括砖厂、油房、米面加工厂、涂料厂等），从业人员355人；小型企业268家，从业人员446人，实现产值4 480万元，利润143万元，上缴税金210万元。幸福乡利用城区近郊优势和口岸优势，开发劳动力市场，为剩余劳动力提供就业信息，为失地农民就业和剩余劳动力转移创造条件。当年向市区转移劳动力1 569人，增加收入80万元，赴俄劳务输出1 400人，增加收入70万元。

四、社会事业

（一）教　育

1983年，幸福公社有中学1所，小学10所，教学班78个，中学教学班20个，小学教学班58个。在校小学生2 051人，中学生1 042人；教师81人，其中大专学历3人、中专学历37人、高中学历40人、初中以下学历1人。当年由于校舍紧张，未开展幼儿教育。1988年后，达到村村有幼儿班、扫盲班，农业科技培训班。1984—1989年，乡、村共向教育投入资金148.6万元，用于建校舍和改善办学条件，上二公、下二公建起教学楼，9所小学和中学安装了暖气，中小学校舍全部实现砖瓦化。2000年，中学教师76人，小学教师120人。在岗教师学历中研究生结业的2人、本科39人、专科105人、中专高中48人、高中以下2人。学龄儿童入学率100%，小学升初中率100%，初中升高中率98%。向高中、中专院校输送学生396人。1989—2000年，乡、村投入354万元，用于学校等附属设施的更新、维修和教学仪器的购进。2000—2005年，乡、村共向教育投入资金176万元，用于建校舍和改善办学条件。2005年，全乡有小学9所，教师71人，44个教学班，在校生951人。乡级完全初中学校1所，教师58人，16个教学班，在校生705人。全乡129名教师中，在岗教师学历中研究生结业的2人、本科39人、专科68人、中专高中20人，接受函授本科教育的16人、函授专科的7人。学龄儿童入学率100%，小学升初中率100%，初中辍学率控制在0.07%，初中升高中率98%，向高中、中专院校输送学生596人。截至2005年，中学有物、化、生实验室，图书室，电教室，活动室，微机室等，配有电脑13台、幻灯仪8台、微机40台、电教音响1套。8所小学配有实验室，大部分学校有图书室，共有幻灯仪50余台，微机23台。

幸福乡中学　　1993年12月摄

（二）卫　生

幸福乡辖卫生院1所，建筑面积200多平方米，固定资产40余万元。1983年，设有4个分院、10个村级卫生所；有职工18人，其中主治医师1人、医师8人、药剂师2人；有血压计、诊床、听诊器等简单设备；年门诊人数为7 630人次。

幸福乡卫生院　　2005年10月摄

2005年增至5个分院、25个村级卫生所。卫生院有门诊、药房、注射室、病房、化验室、B超室、手术室、行政科室，设有住院处，有病房1间、病床8张。卫生院有职工26人，其中主治医师11人、医师1人、药剂师4人。配有显微镜1台、心电图机1台、B超机1台、万能手术床1台、牙科器械1套、脑血流图机1台；有医药品种近500种，成药100多种；全年门诊人数逾万人。2005年，卫生院能够进行生化检验，血、尿、便常规，胸部透视，心脑疾病检查及切、开缝合，轻伤治疗，下腹手术和计划生育4种手术。

（三）计划生育

1983年，乡、村成立计划生育领导小组。1984年底，人口自然增长率13.04‰，一胎率达到71.6%，领取独生子女光荣证的338对夫妇，占一孩夫妇总数的28%，晚婚率达92%。1991—1994年，人口自然增长率控制在9.89‰以内。

2005年，人口出生率、人口自然增长率年平均为7.2‰、4.5‰，生殖保健普查率达90%以上，避孕药具及时发放率100%，已婚育龄夫妇免费享有基本项目的计划生育技术服务落实率达100%。

第五节　四嘉子满族乡

一、概　　况

四嘉子满族乡位于爱辉区南部，距黑河市区 8 千米，是沿江近郊乡，地理坐标为北纬 50°09′，东经 127°52′。东临幸福乡长发屯、小黑河与俄罗斯布拉戈维申斯克隔江相望；北邻幸福乡河南屯、上二公、下二公；西部与锦河农场接壤；南邻爱辉镇外四道沟、外三道沟。有黑龙江、石金河、三岔河 3 条河流流经四嘉子满族乡境内，有 3 个自然村临江而建。2005 年全乡所辖面积 225 平方千米。其中，耕地总面积4 993. 33公顷，林地面积 469. 58 公顷，水域面积 1 652. 45 公顷，草地面积 584. 06 公顷。

四嘉子满族乡政府　　2005 年 8 月摄

四嘉子乡分别于 1990 年和 1992 年 2 次向省民政厅呈请改建满族乡。1993 年 12 月 28 日，黑龙江省民政厅正式下发《黑龙江省民政厅关于黑河市县请示变更乡级行政区划的批复》，四嘉子乡正式改建为四嘉子满族乡。1994 年 7 月，举行四嘉子乡改建为四嘉子满族乡挂牌仪式。四嘉子满族乡境内共辖 7 个行政村，分别是西四嘉子村、东四嘉子村、小三嘉子村、小乌斯力村、大乌斯力村、五道沟村、卡伦山村，其中小乌斯力村、卡伦山村、五道沟村是满族村。2001 年 9 月，进行了行政村区划调整，由原来的 7 个行政村调整为 6 个行政村，分别是西四嘉子村、东四嘉子村、小三嘉子村、小乌斯力村、大乌斯力村、卡伦山村，一个自然屯为五道沟屯。全乡有 5 131 人，农业人口 4 825 人，非农业人口 306 人，全乡共有汉、满、回、蒙古、达斡尔、鄂伦春、朝鲜、锡伯、白族等 9 个民族组成，满族人口 1 731 人，占总人口的 34%。四嘉子满族乡政府设有农业综合服务中心、农村经济管理中心、畜牧服务中心、计划生育服务中心、林业站、土地站；辖区内有公安边防派出所、中心校、中学、信用社、供销社、卫生院、邮局、电信局、电管站等企事业单位。

二、农　　业

（一）种植业

1983 年，四嘉子公社确立了"以粮为纲，发展多种经营"的方针，采取了独立经营、经济联合体等多种形式并存的方式。全公社共划分 22 个生产组，按劳力分牲畜、农具、种子、口粮，但由于经验不足，生产组于第二年解散。当年粮食产量普遍较低，小麦平均亩产 100 千克，大豆平均亩产 50 千克。1984 年，四嘉子乡全面推行家庭联产承包责任制，当年耕种总面积为 3 866. 67 公顷。确定了种植（养殖）高新、高产优质作物（品种）的 7 个专业村：西四嘉子蔬菜村，东四嘉子大棚村，小三嘉子企业村，大乌斯力西瓜、黄烟村，小乌斯力养渔村，卡伦山奶牛村。大乌斯力种植的西瓜使农民获得可观效益。小乌斯力村关喜昌由于承包地多、农具齐全，成为全乡第一名万元户。1985 年，全乡耕种面积减少 280 公顷，人均收入 500 ~ 800 元（其中包括家庭副业），比承包前增长 2 倍。当年农业总收入 247. 38

万元。1986—1987年,全乡农副业人均收入900元~1 200元。1987—1990年,粮食产量一直保持稳定,小麦平均亩产175~180千克,大豆平均亩产150千克,玉米平均亩产500千克。1998年,开始实行第二轮土地承包,30年不变的土地承包政策促使农户致力于农业生产,当年基本实现集体所有的家庭联产承包责任制。2000年,乡政府按照"市场最佳效益导向,比较优势、体现特色"原则,引导农民调整种植业结构,优化结构。根据本乡耕地沙性土壤多,农作物产量低、效益差的实际情况,优化粮食与经济作物的比例,重点发展绿色无公害蔬菜。2001年,建设了高油大豆生产基地、优质小麦生产基地、青贮玉米生产基地、绿色蔬菜生产基地和马铃薯、菇茑、黏玉米经济作物生产基地,形成了四嘉子满族乡支柱产业。2002年,执行税费改革政策,减轻了农民负担,激发了农民进行农业生产的热情。2002年后,农业生产因遭受不同程度自然危害,农田水利设施老化,失去抗旱排涝功能,造成农产品产量较低。2004年、2005年粮、豆、薯总产量分别为826.9万千克和715.2万千克。

2005年,四嘉子满族乡种植农作物以大豆、玉米、小麦为主,但种植比例呈递减趋势,经济作物种植比例逐年上升。由于本乡特殊的地理位置,决定了蔬菜生产在经济作物中所占比例较大,东、西四嘉子村的蔬菜大多供应于黑河市场。东、西四嘉子村、大乌斯力村侧重推广蔬菜棚室,露地栽培技术;大、小乌斯力村侧重推广菇茑、向日葵、西瓜等经济作物栽培技术;小乌斯力村、卡伦山村侧重推广渔、牧生产技术。全乡大豆种植品种主要有黑河27、黑河19、黑河38等;玉米品种主要有孚尔拉、边3-1、边3-2以及克丹9等;小麦种植较少,主要品种有克丰6号、克旱16等。

(二)畜牧业

1983年,四嘉子公社养猪1 037头,黄牛92头,奶牛219头,马483匹,羊532只,禽类8 305只。1986—1987年,四嘉子乡响应国家号召大力发展养殖业,以副养农。提出千头牛、千头猪的发展目标,从讷河等地购进30多头奶牛。由于没有形成链式发展轨道,且粮价上涨,广大农民主要放在大豆等油料、粮食、经济作物上,全乡畜牧业在90年代出现下滑。2000年,全区提出"种畜换位"号召,四嘉子满族乡积极引导,2001年,涌现出22家养殖大户,全乡奶牛存栏625头,黄牛154头,马106匹,生猪663头,家禽2 920只,实现直接经济效益165万元。2002年,四嘉子满族乡引进胚胎移植技术,促进了畜牧品种繁育改良。乡政府投入5万元资金,用于购置仪器设备和进行人员培训。2005年,四嘉子满族乡奶牛存栏935头,黄牛存栏354头,羊存栏4 280只,当年畜牧业产值471.4万元。

(三)瓜果蔬菜

1983年,四嘉子公社种植豆角、黄瓜、西红柿、白菜等各类蔬菜77.37公顷,产量672吨;种植菇茑、西瓜94公顷,产量822.5吨。种植品种全部为自繁品种,蔬菜自家食用。1985年,蔬菜逐步进入市场,各类经济作物种植面积逐年增加。到1989年,蔬菜种植面积超过100公顷,总产量1 000余吨。经济作物种植面积1 015公顷,总产量1 983吨。1995年,农民开始逐步接受蔬菜新品种,并在生产中采取了温室大棚种植方式,使蔬菜提前上市。到1999年,蔬菜、瓜果种植品种已全部为新品种,其中西瓜为京欣1号、特大新红宝、新城等品种,豆角品种为紫花油豆、将军一点红、将军大油豆等。2000年后,四嘉子满族乡开始出现种植特菜的农户,种植品种有冬瓜、苦瓜、丝瓜、臭菜、空心菜等。2005年,四嘉子满族乡蔬菜、瓜果大田种植达130公顷,所生产的蔬菜瓜果已占黑河市区消费市场50%的份额。

(四)农业机械

1983年,四嘉子公社有大型拖拉机67台,大中型农机具184台,联合收割机31台,小型拖拉机104台,机械收割面积达76%以上。土地实行承包后,由于地块分散,播种、收割时间不统一,作物区域不一致,达不到拖拉机标准化作业。为了适应新的生产形式,四嘉子乡引导农民统种分管,或搞区域化种植。各村相继成立了农机服务队,大型机械集体所有,设农机专管员。全乡对各村的农业机械统一管理,即统一筹集资金,统一作业标准,统一收费标准,统一农具停放。1990 年,四嘉子乡推广了农业机械化高产实用综合技术,即实行新的耕作制度,轮耕、深松、深施。随着家庭联产承包责任制的进一步开展,小型拖拉机等农具的经济适用、灵活方便的优点逐渐被广大农户接受,小型农机具开始走进千家万户,逐步取代了畜力车和大型机械,成为农户的主要家用车辆。农户拥有小四轮拖拉机由 1983 年的 104 台上升到 1990 年的 170 台。2000 年,全乡共有大型拖拉机 56 台,大中型农机具 67 台,联合收割机 20 台,小型拖拉机 522 台。

2004 年,四嘉子乡开始组建农机合作社试点工作。截至 2005 年,全乡共有农机合作社 4 个,农业机械 261 台,运输机械 192 台。当年实际机耕面积 4 413 公顷,机械播种面积 3 541 公顷,机械收割面积 3 089 公顷。

三、乡镇企业

1989 年,四嘉子乡有 4 家乡镇企业,均为工业企业,当年利税 5 万元。1991 年,四嘉子乡组建了 5 家公司。1993 年,边贸公司发展为 16 家,多为全民所有制企业,隶属于乡政府各企事业单位。1995 年后,随着边境贸易的不景气,四嘉子满族乡边贸公司纷纷申报停业、出租或转让。2000 年后,通过招商引资使乡镇企业逐年增加。2002 年,开设小型面粉厂 2 家,吸引资金 40 万元。引进天丝亚麻厂和四嘉子水泥制品厂 2 家大型企业,乡镇企业年吸收农民工 300 余人,年创产值 1 342 万元,年利税 15 万元。2005 年,全乡有私营面粉厂 3 家,养鸡场 1 个,养猪场 1 个,养牛场 1 个,豆腐加工点 1 处,榨油厂 2 家,个体食杂店 21 个,饭店 4 家。

四、社会事业

(一)教　育

1983 年,四嘉子公社有中学 1 所,为公社办初级中学,校园占地 10 330 平方米,建筑面积 960 平方米;有教职员工 25 人,设 6 个教学班,有在校生 230 人。有村级小学 6 所,共有教师 31 人、在校生 660 人。1990 年,全乡基本普及了九年义务教育。1998 年,全乡小学教师共有 36 人,在校生 373 人。

1984—1998 年,乡村累计投入资金近百万元,用于中小学基础设施建设和改善办学条件。2000 年以来,全乡适龄儿童入学率 100%,巩固率 100%,初中入学率 100%。2002 年,乡政府投资 6 万元为中心小学新建铁栅栏围墙 400 延长米。2003 年,区政府投资 80 万元新建四嘉子中学教学楼并投入使用。2004 年,投资 8.5 万元为四嘉子中学新建标准化实验室并接通自来水。当年,全乡各村小学撤销,合并到中心小学,实现集中办学。

2005 年,省民委投资 35.8 万元,为中心小学新建食堂宿舍;黑河海关投资 6 万元,对中心小学办公楼进行了全面维修。当年四嘉子中学中考升学率达到 92.3%,毕业率 100%。至是年底,四嘉子满族乡有中学 1 所,教职工 25 人,在校生 264 人,设 8 个教学班;小学 1 所,教职工 25 人,在校生 252 人,设 7 个教学班。

(二)卫　生

1984 年,四嘉子乡卫生院有职工 14 人。2000 年,卫生院实行财政差额拨款,有职工 16 人,其中医生 7 人,护士 2 人,财会 3 人,药局 2 人,计算机员 1 人,锅炉工 1 人。设有 6 个村卫生所,有防疫医生 6 人,接生员 5 人,形成了辐射全乡的医疗网络。2004 年,乡政府投资 3 万余元对卫生院医疗诊室进行维修改造,改善了医疗卫生条件。2005 年,四嘉子满族乡卫生院建筑面积 300 平方米,设有口腔室、化验室、防疫室、妇科、内科、外科、心电图室、药局等。共有职工13人,其中医生6人,护士2人,财会3人,药局2人。配有X光机、牙科综合治疗机等医疗设备,门诊量为3 000人/年。

(三)计划生育

1983年,四嘉子公社计划生育工作提倡鼓励晚婚晚育,一对夫妇只生育一个孩子。2000年,在避孕节育方面推出了“知情选择”的避孕节育新政策,在小三嘉子、大乌斯力、小乌斯力、五道沟村开展“群众计划生育自我管理试验区”试点村建设工作,并于2002年在全乡普及推广,实现了群众计划生育自我管理、自我服务,当年,全乡人口出生率为8.85‰。2001年,四嘉子满族乡实行村级计生服务室主任竞聘上岗制,本着公开、公正、择优的原则,选聘2人计生工作人员。

(四)文化生活

四嘉子乡建有文化活动室1处,面积约400平方米。内有图书室、活动室、休闲娱乐室各1间,配备有电子琴、二胡、架子鼓、手风琴、音响、VCD机、麦克风等乐器设备。各村的文化小组每年重大节日集中排练秧歌,秧歌队曾多次到黑河市区演出。随着农村文艺爱好者的增多,自发形成了“文化大院”。卡伦山村首先建立起农民文化大院,多次代表市区接受领导检查及其他市县观摩,并已作为示范样板在全省范围推广。2000年,省委副书记刘东辉到爱辉区检查农村群众文化工作,观看了卡伦山村农民“文化大院”的文艺演出,给予高度评价,把卡伦山村“文化大院”作为其包扶点。在卡伦山村“文化大院”的带动下,四嘉子满族乡的“文化大院”全面兴起。西四嘉子村为“图书大院”、东四嘉子村为“剪纸大院”、卡伦山村为“歌舞大院”、小乌斯力村为“满族秧歌大院”、大乌斯力村为“歌舞、秧歌大院”。2004年,全省群众文化大院工作现场会在黑河市召开,全省文化宣传战线的领导和工作人员百余人参观了卡伦山村、大乌斯力村、西四嘉子村的文化大院。

五、基础建设

1984年,四嘉子乡的7个村屯均有公共汽车通达,四嘉子乡农村住房90%为土坯房。全乡共修建农田路15千米,江防堤7.5千米,疏通排水沟12千米。1997年,大乌斯力村、小乌斯力村、小三嘉子村、东四嘉子村、西四嘉子村5个村分别有通往市区的专线公共汽车。2004年,修建东四嘉子村、小乌斯力村2村旁的通村公路共计7.2千米。大乌斯力村、西四嘉子村疏通排涝沟2 300延长米,重点治理了202国道水淹地问题。2005年,四嘉子满族乡共修建乡级公路14千米,疏通排涝沟5处,加固堤防200延长米,在小乌斯力村投资21.48万元,打抗旱井10眼,解决了225公顷易旱地供水问题。全乡住房砖瓦率97%,程控电话入户率70%,有4个村的村民用上了自来水。2000—2005年,全乡共植树100公顷。

第六节　上马厂乡

一、概　　况

上马厂乡地处黑龙江中游右岸,位于爱辉区西北部黑呼公路25千米处,北纬50°22′07″,东经127°19′07″,气候属于第五、第六积温带,半山区地貌。南与幸福乡、锦河农场接壤,北与张地营子乡相邻,西与新生乡、罕达汽镇交界,东隔黑龙江与俄罗斯相望。境内有3条主要河流,分别是法别拉河、卧牛河、阿尔滨河。境内水力资源与矿产资源丰富,有卧牛湖水电站、象山电站2个大型水电站,岩金矿、珍珠岩、沸石等矿产资源储量丰富。2005年全乡辖区总面积849平方千米,其中耕地面积8 533公顷,山林6.13万公顷,草原1.33万公顷(其中天然草场面积6 000公顷),水面3 333公顷。

1984年3月，上马厂公社改为上马厂乡，建立上马厂乡经济管理委员会。1985年3月，撤销上马厂乡经济管理委员会。上马厂乡辖有10个行政村，分别是上马厂村、西山后村、南窑地村、新曙光村、达音炉村、三道湾子村、纳金口子村、三间房村、法别拉村、新发屯村。2001年9月，新发屯与西山后村合并，三间房村与南窑地村合并，法别拉屯与上马厂村合并，合并后为7个行政村、3个自然屯，分别是上马厂村、西山后村、南窑地村、新曙光村、达音炉村、三道湾子村、纳金口子村、三间房屯、法别拉屯、新发屯。区域内有卧牛湖风景区、药场、二运农场3个属地管理区。2005年，全乡总人口5 100人，其中农业人口4 174人，主要民族有汉、满、蒙古、回、达斡尔、鄂伦春族等6个民族。上马厂乡政府所在地设在上马厂村，辖区内有财税所、司法所、农业服务中心、计生服务中心、畜牧服务中心、土地管理站、农村信用社、卫生院等企事业单位。

二、农　　业

（一）种植业

1984年，上马厂乡总播种面积4 338公顷，小麦播种面积2 761公顷，亩产49千克；大豆播种面积1 368.2公顷，亩产51.5千克；玉米种植面积为99公顷。1985年，家庭联产承包责任制全面推开。在土地联产承包初期阶段，上马厂乡采取了多种形式并存的方法。全乡共有农户1 028户，其中独立经营520户，联户经营52个，经济联合体13个，实行联产承包责任制的农户占94%，承包到户土地3 773公顷，弃地和退耕还林土地320公顷。1986年，土地承包到户以后，上马厂乡要求压麦增豆，小麦面积逐年减少。小麦种植面积为1 400公顷。1987年，实现了土地承包到户4 100公顷，全乡有弃地100公顷。

1990年，土地承包4 133公顷。同年，黑河市下发了开荒每亩补助18元的鼓励政策，年底，全乡土地承包面积为4 200公顷。其中小麦种植面积1 633公顷，玉米播种面积273公顷。1997年，全乡耕地面积4 353公顷。1998年4月至1999年5月，上马厂乡进行第二轮土地承包。1999年，总播种面积4 400公顷，粮豆薯总产量579公顷，实现产值408万元，人均收入2 100元。

2005年，全乡有耕地面积4 925公顷，主要以粮食作物为主，大豆、玉米、小麦的播种面积占90%。其中大豆种植面积3 958公顷，亩产80千克；小麦种植面积207公顷，亩产113千克；玉米种植面积300公顷。

（二）畜牧业

1986—1987年，上马厂乡共投资60万元，购进奶牛、马共计145头（匹），由于经验不足，奶牛品种不良，养殖技术落后，全乡畜牧业发展依旧缓慢。1990年后，为使畜牧业向专业化发展，上马厂乡采取养引结合的政策，引进畜牧优良品种，引进有技术有经验的专业户。1996年，全乡共引进养殖专业户10户，引进了小尾寒羊和黄牛新品种。1997年，全乡有5个百头牛的专业村。1999年，全乡有牛950头、羊1 002只、猪1 307头，马156匹、禽7 700只。

2000年，全乡实施“粮转畜”战略，加大了科技投入和资金支持，鼓励发展规模养殖。当年，全乡养牛979头、养羊1 097只、养猪1 386头、养马228匹。2000—2005年，引进“夏洛莱”“西门塔尔”“利牟赞”等新品种肉牛。2002年，通过招商引资，全区最大的养殖基地之一昊达养殖基地落户上马厂村，基地引进西门塔尔、鲁西黄牛127头，总投资206万元。

2005年，全乡养牛3 908头、养羊8 785只、养猪241头、养马173匹。有35头以上的养牛大户4户。有100只以上的养羊大户34户，主要分布在上马厂乡山区，品种以绒山羊为主。

（三）农业机械

1983 年，上马厂公社有大中型拖拉机 57 台、大中型农机农具 114 台、联合收割机 32 台、拖粒机 14 台，实现机械播种面积 90% 以上，收割面积 50% 以上。1984 年实行土地承包后，由于地块分散，播种、收割时间不统一，作物区域不一致，达不到农机化作业标准。小型拖拉机实用性凸显出来，成为农户的主要农用车辆。当年，全乡有小型拖拉机 17 台。为了适应新的生产形势，上马厂乡引导农民搞统种分管，或搞区域化种植。各村成立了农业服务队，大机械集体所有，设农机专管员。各村的农业机械实行统一管理，即统一筹集资金，统一作业质量标准，统一收费标准，统一农具停放。1986 年，小型拖拉机达到 62 台。1988 年，西山后村和上马厂村分别购进 514 联合收割机各 1 台，购进收割机后增加了链轨板，使其在涝洼地也能发挥作用。

1990 年，小型拖拉机达到 200 多台，平均每 4 户农民拥有 1 台。1991 年，全乡推广了农业机械化高产实用综合技术，即实行新的耕作制度，轮耕、深松、深施肥，使农业机械化生产水平又进了一步。1996 年，全乡推广了"农机化节本增收工程"和"科教农业机械化生产"工程。1999 年，全乡有大型拖拉机 367 台，大中型机引农具 160 台，联合收割机 20 台，小型拖拉机 374 台。2000 年全乡有大中型配套农具 193 台，联合收割机 18 台，脱粒机 90 台，动力机械 23 台，农用运输车 5 台，推土机 4 台，链轨拖拉机 45 台，轮式拖拉机 30 马力以上 53 台。有小型配套农具 650 台，小型拖拉机 304 台。有农机化服务组织 9 个，农机户（即带耕作业户）102 个、农机修理点 3 个，农机修理人员 16 人。农机供油站 8 个，储油能力 200 吨。2000 年后，大部分集体所有的大中型农机具因管理不便而出售。农民自筹资金购进了大中型农机具。

2005 年，全乡有大中型配套农具 188 台、联合收割机 38 台、脱粒机 170 台、链轨拖拉机 20 台、轮式拖拉机 127 台。有小型配套农具 853 台、小型拖拉机 650 台。有农机户 210 户、乡村农机服务点 4 个、农机修理点 4 个、供应点 5 个、从事专业农机修理人员 7 人。

三、乡镇企业

20 世纪 80 年代，上马厂乡相继出现了油坊、豆腐坊、铁匠炉、木工作坊和金矿等小型家庭手工作坊。1985 年，全乡有小作坊 10 个，从业人员 182 人，工副业收入 25.2 万元。

1991 年 5 月，上马厂乡组建了第一家外贸公司"黑马对外贸易公司"，为全民所有制企业，隶属于上马厂乡政府，财务单独核算。1992 年 6 月，西山后村与哈尔滨第一砖厂建起了"黑马山综合砖厂"。拟定年生产能力 400 万块。由于经营不善及产品销路不畅，该砖厂刚投产就被迫下马，联营双方共损失 150 多万元。1993 年，各村相继成立了 60 多家经贸公司。1994 年，外贸公司实现总产值 1 170 万元，总收入 4 812 万元，实现税金 1 606 万元。1995 年末，黑马公司申报破产，各村的外贸公司也相继破产。1996 年，上马厂乡实现乡企总收入 677.5 万元，产值 280.5 万元，实现利润 61 万元，税金 19 万元。2000 年，乡镇企业主要有汽车运输、食杂店、饭店、烘炉、磨坊等。有企业 30 个、从业人员 69 人，营业收入 359.5 万元、利润 34.2 万元。

2005 年，上马厂乡有企业 27 家、从业人员 65 人，营业收入 138 万元、利润 21 万元。有货运中小型汽车 10 辆、供销社（食杂）18 家、磨坊 5 个、饭店 3 家、烘炉 3 个，小型修理部 1 个。

四、社会事业

（一）教　育

1983 年，上马厂公社有中学 1 所，有教师 20 人，其中代课教师 3 人，有 6 个教学班，在校学生 231 人；学制为三年；有校舍 870 平方米，校园占地 2 万平方米。有 10 所小学，小学教师 35 人，其中代课教师占50%；有教学班34个，在校生635人。1984年，各村累计投资50万元，修建砖瓦化校舍3 000平方米，全乡小学实现砖瓦化。当年，西山后小学被评为省级改善教学先进单位。1983—1988年，为了使小学生入学率、巩固率、毕业率都达到100%，上马厂乡制定政策，对中途辍学者收回学生本人的承包田，加倍征收父母的提留。小学入学率为100%，巩固率99%，小学生毕业率为90%。1990年，有中学教师23人，有6个教学班，在校学生198人，学制为四年制。2000年，全乡有小学7所，教师28人，在校学生210人。

上马厂中心小学　　2003年5月摄

2005年，上马厂乡中学占地面积1 300平方米，有教室9间，有综合实验室、计算机教室、多功能教室、图书室（藏书1 200册）各1间；学校有教师18人，在校生108人。全乡有小学7所，有教师28人，在校学生215人。上马厂中心小学校园总占地面积33 687平方米，校舍总面积2 360平方米，教学楼建筑面积606平方米，是邵逸夫于2003年捐资15万元修建的。中心小学有教师13人，在校学生70人。学校有标准实验室1间、图书室1间（藏书4 920册），微机室1间。

（二）卫　生

1983年，上马厂公社卫生院有职工12人，配有X光机、化验机器、心电机等设备。1987年，卫生院实行院长负责制，设有医疗部、防保部、后勤部。卫生院为240平方米砖瓦结构平房，卫生院共有在岗职工10人，实行财政差额拨款。设有村级卫生所10个，有医生10人，接生员4人，负责本村的疫苗发放及妇幼保健工作。1993年，卫生院有职工12人。1995年，上马厂乡卫生院已成为一所综合性中心卫生院。设有化验室、X光室、预防保健科等科室。1999年，国家对卫生院的财政投入由全额变为差额，减少到65%，并由事业单位转到企业管理模式，归乡政府管理。

2005年，上马厂乡卫生院拥有业务用房面积300平方米。设有医疗室、防疫室、保健室和化验室。在开展日常医疗工作的同时，能够完成治疗常见病和预防保健任务。有职工10人，其中医生3人，护士3人。配备黑白B超机、呼吸机、心电机、电子显微镜、血压计、听诊器、化验仪器等医疗器械。全乡有村卫生所7个，配备乡村医生7人。

（三）计划生育

1984年，上马厂乡实行晚婚晚育，一对夫妇只生育一个孩子。1983—1985年，独生子女领证率73%，人口自然增长率为8.5‰，每年新生儿在85～95名。1986年，新生儿87人。1989年，新生儿64人，人口自然增长率10‰。1990—1995年，平均每年出生61人，死亡24.3人，人口自然增长率为10‰。1996—1999年，平均每年出生人口39人，死亡19人，人口自然增长率5‰。2000年，达音炉村、上马厂村和南窑地村定为计划生育自我管理试验区，即计划生育自主权交给了村民。2001年，村计生干部实行竞聘制。2000—2005年，上马厂乡计划生育率为95%～100%，一孩计划生育率100%，人口自然增长率为2‰～5‰，独生子女领证率在30%左右，人口出生率为5‰～7‰。

（四）文化生活

1984年，西山后村被黑河市授予市级文明村。截至1999年，上马厂乡文明村覆盖率为70%。扭秧歌是上马厂乡群众主要的文体活动之一，活动时间在每年11月份至春节过后。全乡7个行政村均有秧歌队，有统一的服装和乐器，参与者十分广泛。上马厂乡每年组织五四青年节诗歌比赛、“六一”运动会、“七一”歌咏活动等，丰富群众的文化生活。2005年，上马厂村、三道湾子村、新曙光村相继成立了文化大院，上马厂村以秧歌队为代表，新曙光村以乐器队为特色。全乡共有文艺骨干32人，乡政府利用农闲时间聘请区群众艺术馆专业老师集中培训文艺骨干，并为各村配备了音响、调音台、灯光、更衣室等；配备了二胡、吉他、竹笛、唢呐、手风琴、电子琴、笛子、扬琴、架子鼓、锣鼓镲等乐器。

五、基础建设

（一）交　通

1984年，上马厂乡已有6个村通公共汽车。1994年，上马厂村专线公共汽车开通，由村民个人经营。1999年，有8个村通公共汽车。2000年，上马厂乡共有地方道路60千米。2005年，乡境内公路线总长达到124千米，其中省级公路31千米，县级公路54千米，乡级公路23.5千米。全乡各村均通公共汽车，有16台出租汽车往返于黑河市与各村屯之间。

（二）农田　水利

1984—1985年，上马厂乡组织民工对西山后村和新发屯交界处的法别拉河道进行改河施工，新推河道500米，用沙石6万立方米。1987年，再次在此河段修建石坝，由两村村民义务施工累计1.3万个工时，用石1万立方米。1995年，投资10万元修建了三道湾子石坝。1998年，在西山后和新发屯交界处的法别拉河上建成10米长、6米宽的水泥桥。

2000—2003年，由于法别拉河时常泛滥，上马厂乡政府为保障法别拉村群众安全，进行了法别拉村搬迁，原法别拉村群众迁到上马厂村外的法别拉新村（即法别拉屯）。新村由乡政府兴建，新区面积26平方千米，有44户居民。

2001年6月，由水利局投资4万元在西山后村村头打机井1眼，井深17.5米，直径40厘米。由于地下水温低，农民使用率极低。2004年，乡政府投资1.5万元对新曙光村村头桥梁进行了维修，用涵管6根，用土石方2 100立方米。2000—2005年，全乡共挖排涝沟42条15 150米，治沟32条125.3公顷，共完成土方52.6万立方米、石方2.87万立方米，总投资合计170.6万元。

（三）住　房

1983年，上马厂公社农村住房97%为土坯房，砖瓦结构住房不足3%。1985年，全乡砖瓦住房增加到10%，大部分位于沿江村屯。1995年，全乡砖瓦结构住房达到50%，1999年，全乡有70%的农户住进了砖瓦房，沿江村屯砖瓦房达到90%以上。

（四）通　信

1984年，全乡共有25台磁石手摇电话机。1995年6月，投资190万元的程控电话在上马厂村开通。1997年，除纳金口子村因规划搬迁没有开通程控电话外，其他村屯均开通了程控电话。2005年，全乡有线电视覆盖率为93%，上马厂村、西山后村、南窑地村已并入国家有线电视加密网。

第七节　张地营子乡

一、概　　况

张地营子乡位于黑河市区以北52千米处,北纬50°32′,东经127°18′;东隔黑龙江与俄罗斯相望,边境全长84千米,南邻上马厂乡和西峰山乡,西与新生乡接壤,北与呼玛县交界,辖区总面积1 242平方千米。2005年末,全乡总人口5 444人,其中农业人口5 127人,主要民族有汉族、满族、回族、达斡尔族、朝鲜族、俄罗斯族6个民族。

张地营子乡政府　　2005年8月摄

张地营子乡是黑龙江冲积平原和小兴安岭东麓向黑龙江过渡带,乡北部为丘陵河谷地貌,气候属于第五第六积温过渡带,属于半山区沿江乡,年平均气温在0～0.5℃,无霜期110～125天,年平均降水量550毫米。2005年,全乡有耕地面积8 061公顷,占全乡总面积的5.96%,草地1 000公顷,占2.44%,林地88 667公顷,占71.19%,水面和其他25 333公顷,占20.41%。

1983—2001年,张地营子乡共辖8个村屯,分别是霍尔沁村、小北屯村、张地营子村、泡子沿村、达音山村、白石砬子村、大新屯村、小新屯村。2001年,张地营子乡对行政村进行合并,合并后张地营子乡辖6个行政村(8个自然村屯),分别是霍尔沁村(包括小北屯)、张地营子村、泡子沿村(包含达音山)、白石砬子村、大新屯村、小新屯村。张地营子村为乡政府所在地。乡直单位有农村经济技术服务中心、畜牧服务中心和计划生育服务中心。辖区单位有公安边防派出所、财政所、司法所、土地站、林业站、农村信用社、卫生院、供销社、邮政支局、电信支局、学校等。

二、农　　业

(一)种植业

1983年,张地营子公社种植业主要以粮食作物为主,小麦、大豆、玉米占总播种面积的90%左右,杂豆、杂粮及蔬菜等占总播种面积的10%左右。当年全乡总播种面积6 356.53公顷,小麦播种面积3 873.60公顷,约占总播面积的60%,亩产55千克,全乡小麦收获总量5 326吨。大豆播种面积2 001.33公顷,占总播面积的31%,大豆亩产51.5千克,总产1 534吨。1985年,种植业结构调整,要求压麦增豆,小麦面积逐渐减少,大豆种植面积逐渐扩大。当年,由于遭受洪水和冰雹灾害,实播面积只有4 120.86公顷,比往年减少40%,上缴粮食415.5万千克,农业总产值391万元,总产接近常年,人均收入比大丰年的1983年平均增收500元,全乡收入万元以上的农户有13户。1987年,实现了土地承包到户6 768.13公顷,比1983年增长4.8%,有弃地100公顷。当年,大豆播种面积2 015.06公顷,占总播面积的50%,亩产97千克,总产4 700吨。1988—1994年,大豆播种面积在2 133.33～

2 400公顷之间，占总播面积的60%。1990年初，黑河市出台了开荒每亩补助18元的鼓励政策，当年底，张地营子乡耕地面积比承包前的1983年多出133公顷。由于引进了适合本地气候特点的品种和投入的增加，大豆单产逐年提高。1991年，大豆亩产120千克，总产6 984吨。1997年，张地营子乡全面清查所管辖的土地，全乡耕地面积达到7 667公顷。

2000年，张地营子乡耕地面积为7 605公顷，耕地面积减少的原因是有一部分土地由于雨水大被冲毁，还有一部分沙化地、脊薄地无法继续耕种而弃耕。2000年后，张地营子乡连年遭受旱灾，小麦产量受到影响，小麦的播种面积逐渐下降。2000年小麦播种面积600公顷，约占总播种面积的7.8%，亩产29千克，全乡小麦收获总产量264吨。大豆播种面积6 500公顷，占总播种面积85%，大豆亩产106千克，总产量10 381吨。2003年，张地营子乡推广种植了"双高""东农44"等高产大豆。2004年，实行粮食流通环节的间接补贴改为对种粮农民的直接补贴。张地营子乡粮食补贴平均每亩地10元。经过对全乡土地进行的清查核实，全乡土地面积为8 061公顷。当年，小麦播种面积621公顷，占总播种面积的8%，亩产121千克，全乡小麦收获总产量1 130吨；大豆播种面积6 646公顷，占总播种面积83%，亩产121千克，总产11 670吨。2000—2005年，大豆播种面积相对比较稳定，占总播种面积的72%～85%。2005年推广了"窄行密植"技术。

（二）畜牧业

1986—1987年，张地营子乡和农户先后投资60万元，购进奶牛120头，由于养殖经验不足，所购进的奶牛品种不良，同时受鲜奶滞销影响，奶牛养殖发展缓慢。1995—1996年，张地营子乡先后2次调整出台畜牧业优惠政策，为养殖专业户提供一系列优惠条件，畜牧业1996年获得发展。当年，全乡共吸引资金20多万元，涌现养殖大户10余户，1997年全乡已有3个百头牛专业村。2002年爱辉区提出"粮转畜"战略，张地营子乡及时出台畜牧业优惠政策，组织有关人员到大庆、齐齐哈尔和双城等地考察牛源，并宣传张地营子乡的畜牧业资源和优惠政策，吸引外地养殖人员。2003年，全乡共投入和吸引资金300余万元用于牛羊的购买。当年，肉牛存栏3 056头，山绵羊7 468只，拥有养殖场5个，养牛专业户6个，养羊专业户23个，300头以上的专业村3个，涌现出一批养殖大户。

2005年，张地营子乡大牲畜存栏数量出现下滑。从内蒙古招商来的养殖户因效益不好，将牛、羊拉回内蒙古。由于大豆价格回升，部分养殖户看到养殖效益慢，又转产种植业。种植业的秸秆还田，使大量饲草浪费。畜牧贷款到期，利息提高，使部分养殖户放弃养殖业。2005年末全乡肉牛存栏1 557头，山绵羊存栏4 751只。

（三）农业机械

1983年，张地营子公社有大型拖拉机40台，大中型农机具280台，联合收割机15台，拖拉机26台，机械播种面积90%以上，收割面积60%以上。家庭联产承包责任制的进一步实施，小型拖拉机农具的经济适用、灵活方便的优点逐渐被广大农户认可，小型农机具逐步取代了畜力车和大机械，成为农户的主要农用车辆。农户拥有的小四轮拖拉机由1983年的58台上升到1986年的120台、1990年达到450台。1991年，张地营子乡推广农业机械化高产实用综合技术，即实行新的耕作制度（轮作、深松、深施），使农业机械化生产水平进一步提高。

2000—2005年，张地营子乡95%以上15马力拖拉机（小四轮）更新为20马力以上拖拉机，数量达520台；老旧的条型播种机更新为精量点播机。2005年，张地营子乡白石砬子村成立了农机作业合作社。总投资150万元，购买了174套大型轮式农机具，2台先进的大型联合收割机。

三、乡镇企业

1983 年全公社有各种小作坊 12 处,从事工副业 95 人,从事劳务人员 120 人,工副业收入达 65 万元,其中工矿收入 5.5 万元。1989—1999 年,张地营子乡出台了一系列招商引资优惠政策,全乡引资 100 余万元,成立粮食加工企业 4 家,新增商业、服务业、运输业业户 11 个。1999 年末,全乡工副业总产值 304 万元,收入 223 万元,纯利润 36 万元,上缴税金 3 万元,新增产值 50 万元。2000 年,家庭式手工作坊呈逐渐增长趋势。2001 年,泡子沿村引资 80 余万元,成立"好汉庄园"。2003 年,张地营子村引资 300 万元,成立洪叶金矿。2005 年,张地营子乡有私营面粉厂 1 家、榨油厂 2 个、个体食杂店 48 个、餐饮服务部 18 个,豆腐坊、铁匠炉、木工作坊等 23 处。从事工副业 145 人,从事劳务 187 人,工副业收入达 350 万元,纯利润 65 万元,上缴税金 5 万元。

四、社会事业

(一)教 育

1983 年末,张地营子公社共有小学 8 所,其中 3 所为砖瓦房,其余均为泥草房,在校学生共有 635 人,教师共有 35 人,有 34 个教学班;中学 1 所,为乡办初级中学,占地 36 450 平方米,有平房砖瓦校舍 2 座,建筑面积 870 平方米,在校学生 178 人,教师 20 人,有 6 个教学班。1984 年,按照中小学教育乡管村办的原则,全乡各村累计修建小学校舍 3 000 多平方米,小学校舍全部实现砖瓦化。1998 年,因黑龙江突发洪水,中学校舍受到损毁,省武警总队捐资 80 万元,乡政府筹集资金 70 万元,新建张地营子乡八一中学教学楼,三层楼房建筑,面积 1 800 平方米,是设施比较完善的农村中学。2002 年,张地营子乡新建中心校办公室、面积 100 平方米。9 月,张地营子乡中心小学与中心校合并为张地营子乡中心学校。2004 年,张地营子乡中心小学对学校进行全面改造,更换 33 个塑钢窗、新铺了地面砖。2005 年,张地营子乡各所小学与张地营子乡中学合并,新建了面积为 555 平方米的小学教学楼,并对中小学生校舍进行了全面维修。截至 2005 年末,小学在校生 210 人,教师 27 人,5 个教学班;中学在校生 201 人,教师 21 人。

八一中学教学楼　　2002 年 6 月摄

(二)卫 生

1983 年,张地营子公社卫生院占地 1 000 平方米,建筑面积 340 平方米,砖瓦结构平房,有职工 10 人。设有 10 个村级卫生所,有防疫医生 8 人、接生员 6 人。1993 年乡卫生院增编为 12 个,其中医生 6 人、护士 5 人、财会人员 1 人。1996 年新购医疗器械设备,并新建了院舍。2002 年,乡卫生院自筹资金购进心电机、高倍显微镜、高速涡轮机等医疗器械设备。2004 年,卫生院又自筹资金购进电脑、电视机各 1 台。截至 2005 年末,张地营子乡卫生院职工共计 10 人,其中,主治医生 3 人、医师 1 人、助理医师 1 人、医士 2 人、护师 2 人、护士 1 人。设有 6 个村级卫生所,有防疫医生 6 人、接生员 6 人。

（三）计划生育

1983年，计划生育提倡鼓励晚婚晚育，一对夫妇只生育一个孩子。1983—1985年，张地营子乡人口自然增长率为0.685‰。90年代后期，国家推出"两个转变"（即由孤立地就计划生育抓计划生育向与经济社会发展紧密结合，采取综合措施解决人口问题转变；由以社会制约为主向逐步建立利益导向和社会制约相结合，宣传教育、综合服务、科学管理相统一的机制转变）的方针，群众的生育观念不断转变。2002年，独生子女领证率达到85%。2002—2004年，人口自然增长率为0.152‰。

（四）文化生活

2001年12月20日，张地营子乡党委召开党委扩大会议，会议确定在全乡各村屯建立"农村文化大院"，以文化大院为载体，向群众宣传党的方针、政策，宣传先进的思想，宣传好人好事，开展形式多样的文化体育活动。2002年4月28日，乡文化站站长张志忠创办的张地营子村文化大院率先成立，成为各村屯文化大院的典范。文化大院人员主要来源于20世纪50年代的"群众文化业余剧团"和70年代的"毛泽东思想宣传小分队"的成员。

文化大院成立后，相继诞生了5个文艺团体，分别是"春之声"艺术团、"夕阳红"活动组、中青年活动组、半边天乐园和少儿天地，村民广泛参与到文化大院的活动中，参与群众逐年增加。2003年4月24日，张地营子乡举办了庆祝文化大院成立1周年文艺演出，市委宣传部领导亲自为张地营子村文化大院演出队伍命名为"春之声"艺术团。2004年5月26日，张地营子村文化大院演出队参加了爱辉区农民文艺汇演，5月29日代表爱辉区参加黑龙江省业余舞蹈大赛，选送的《洗衣歌》《掀起你的盖头来》分别荣获大赛第一名、第二名。同年7月29日，全省群众文化工作现场会在黑河召开，与会领导到张地营子乡分会场观看文化大院演出。2005年，张地营子乡对能容纳近千人的张地营子村大礼堂进行修整，配备了音响、调音台、灯光、更衣室等，能满足承担各类演出任务的要求。文化大院的乐器得到进一步丰富，有二胡、京胡、板胡、高胡、琵琶、乐琴、柳琴、扬琴、竹笛、萨克斯、手风琴、电子琴、电贝司、架子鼓等。当年，张地营子村文化大院荣获全国先进文化大院荣誉称号，创始人张志忠被评为全国先进文化工作者，张地营子村党支部被评为黑河市先进基层党组织。

五、基础建设

（一）交　通

1983年，张地营子公社有7个村通公共汽车。1994年，张地营子村村民开始搞客运，张地营子村有了张地营子专线公共汽车。2000年，张地营子乡所辖各村屯全部通了公共汽车，由各村村民承包经营。全乡共有地方道路10千米，分别为张地营子村到"黑呼"公路8千米，达音山村到"黑呼"公路2千米。2002年，爱辉区外事办在对各个边防巡逻路维修时对张地营子乡2条公路进行了维修和养护。2003年，中央为解决"三农"问题，减轻农民负担，取消了民工建勤，地方道路由爱辉区公路管理站统一养护。随着公路的修建和交通事业的发展，一些农民购买了出租车，往返于黑河市区和全乡各村屯之间。2005年末，全乡共有出租车25台；私营专线公共汽车2辆，每日往返2次。

（二）住　房

1983年，张地营子公社农村住房95%为土坯房，砖瓦结构住房户不足5%，联产承包责任制后，仅1年时间，全乡新增砖瓦结构住房约10%。1995年，全乡砖瓦结构住房率上升至50%，至1999年末，全乡已有80%的农户住上了砖瓦房，有的村屯砖瓦房达到90%以上。2000年初农村住房砖瓦化率83%。2005年末,全乡住房砖瓦化率92%,人均住房面积约15平方米。随着农民生活水平的提高,部分农户对原有住房进行了重新装修,换上了塑钢窗、复合地板等,新建住房室内装修接近城市住房装修水准。

（三）自来水建设

1983年,张地营子公社农村饮水主要依靠自家浅水井,每户都有压水井,全乡共计浅水井1 500余眼,是人畜用水的主要来源。2003年,泡子沿村率先修建自来水饮水工程,当年实现全村360余户村民家家通自来水。2005年年末,大新屯村、小新屯村开始修建自来水饮水工程。

第八节　西峰山乡

一、概　　况

西峰山乡位于爱辉区西北部,距黑河市区78千米,坐落于小兴安岭东麓河谷高丘区域,北纬50°33′,东经126°57′。南临上马厂乡,西临新生乡,东、北为张地营子乡所环绕。境内有西峰山、乌里亚东山等山峰,最高峰为乌里亚东山,海拔521米。托牛河、达音河、阿尔滨河流经西峰山乡。属岭东河谷高丘地貌,海拔高度200～300米,地形起伏较大。属寒温带大陆性季风气候,为岭东丘陵河谷冷凉区,处于第五、第六过渡积温带。平均气温-1.0～1.5℃。无霜期90～110天。年降水量为550毫米。土壤以暗棕壤为主,土壤有机质含量在5%～10%之间,肥力较高。气候特点是冬季漫长而寒冷,夏季短暂而湿润,光照充足,昼夜温差较大,适宜马铃薯和芸豆生长。2005年全乡总面积680平方千米,草原面积1.6万公顷,林地面积3.4万公顷,耕地6 893公顷。西峰山乡牧场辽阔,自然资源丰富。野生动物有驼鹿、熊、狼、野猪、狍子、雪兔;珍禽有野鸡、飞龙、树鸡、鸳鸯、乌鸡;山珍产品有猴头、榛子、蕨菜、蓝莓、蘑菇、木耳、黄花菜;野生药材有人参、细辛、贝母、黄芪、生麻、桔梗、苍术、五味子、金莲花等。2005年,全乡有730户、人口2 768人,其中,女性1 344人、男性1 424人。有汉、满、蒙古、锡伯和达斡尔5个民族。

1984年,西峰山乡辖有新建村、乡南村、北良村、新立村、新西村、新峰村、新山村、龙泉岭村。1990年,将新建村、乡南村、北良村、酒林、畜牧场合并为新建村。1998年,为纪念哈尔滨下乡青年对龙泉岭村的建设,将龙泉岭村更名为哈青村。2001年,新建村、新立村合并为新建村。2005年,西峰山乡辖新建村、新西村、新峰村、新山村、哈青村5个行政村。新建村为乡政府所在地。辖区内有供销社、农村经济技术服务中心、卫生院、林业站、西峰山学校、计生服务中心、财税所、派出所、畜牧综合服务中心等企事业单位。

西峰山乡政府　　2005年11月摄

二、农　　业

（一）种植业

西峰山乡种植业主要以种植大豆、小麦为主。为加快乡域经济发展，20 世纪 90 年代后，加大了马铃薯、北药等经济作物的种植比例。

1987 年西峰山乡总播种面积 2 548 公顷，粮豆薯总产 822.5 万千克，农业收入 60 余万元。1994 年，全乡总收入 11 174 万元，实现人均收入 1 816 元，比 1993 年增加 289 元。全乡种植大豆 2 388 公顷，小麦 56 公顷，薯类及其他作物 509 公顷。总产量达 507.7 万千克。1999 年，调整种植业结构，大豆播种面积压缩到 2 000 公顷，小麦种植面积扩种到 173 公顷。引进 90－514 号抗旱小麦品种，成为西峰山乡主栽品系。全乡粮豆薯总产 3 859 吨，农业总收入 1 200 万元。2002 年，全乡种植大豆2 178 公顷、马铃薯 400 公顷、小麦 100 公顷、亚麻 73 公顷、玉米 46.6 公顷、北药 6.7 公顷、荷兰豆 15 公顷。农业人均收入 1 988 元。2004 年，全乡播种面积共 3 312 公顷，粮豆薯总产 5 122 吨，农业生产总值 977.6 万元，农民人均收入 1 840.2 元。2005 年，种植面积 5 409.2 公顷，其中大豆播种面积 4 817 公顷，马铃薯种植面积 278.5 公顷，小麦 212 公顷，玉米 60 公顷，荷兰豆 30 公顷，芸豆 11.7 公顷，农民人均收入 2 530 元。

（二）畜牧业

1983 年，全公社黄牛存栏 283 头。1987 年，黄牛存栏 343 头、生猪存栏 1 217 头、羊存栏 192 只、马存栏 85 匹。1991 年，黄牛存栏 503 头、生猪存栏 1 320 头，引进山绵羊 100 只。1999 年，畜牧养殖大户发展到 15 户，并已初具规模。全乡黄牛存栏 865 头，马存栏 158 匹，生猪存栏 840 头，羊存栏 480 只，家禽 2 600 只。2000 年，黄牛存栏 769 头，马存栏 151 匹，生猪存栏 574 头，山绵羊存栏 473 只，禽存栏 2 655 只，其中鹅存栏 390 只。全乡有养牛专业户 31 户，养羊专业户 2 户。2005 年，西峰山乡实施“粮转畜”战略，出台了一系列优惠政策，促进了畜牧业的发展。全乡黄牛存栏 2 150 头，山绵羊存栏 4 800 只，畜牧业年产值达 140 万元。全乡有养牛专业户 68 户、养羊专业户 18 户。全年发包草原面积 150 公顷。

（三）农业机械

1985 年，西峰山乡有大中型拖拉机 56 台，其中胶轮拖拉机 26 台，有小型拖拉机 22 台。1998 年，全乡有大中型拖拉机 59 台，其中胶轮拖拉机 28 台。2000 年，全乡有联合收割机 2 台，大中型拖拉机 42 台，大中型配套农具 40 台，小型拖拉机 275 台，小型配套农具 116 台。2005 年，全乡有联合收割机 2 台，大中型拖拉机 46 台，大中型配套农机具 40 台，小型拖拉机 475 台，小型配套农具 136 台。

三、乡镇企业

1982 年 6 月，西峰山公社都柿酒厂成立，年产量达 50 吨。1984 年，西峰山乡成立采金队，1987 年在新西村建起 1 处金矿，年产黄金 350 克，收入 0.7 万元。1991 年，撤矿后，形成流动采金点，采金点 5～10 个。随着乡办企业兴起，村办、联办、户办企业不断涌出。1999 年，开办小型淀粉加工厂 11 所，生产淀粉 52 吨，创效益 10 万余元。2000 年，淀粉加工厂达到 13 所，生产淀粉 67 吨，创效益 12 万余元。2004 年 4 月，哈尔滨辉煌集团投资 1 025 万元，在新建村建成西峰山粉业制造有限责任公司，从事加工生产马铃薯精制淀粉。2005 年，全乡有食杂、农机配件商店 19 家、马铃薯加工小作坊 19 家、豆腐作坊 8 家、饭店 5 家、旅店 5 家、网吧 3 家、浴池 2 家、舞厅 2 家。

四、社会事业

（一）教　育

西峰山乡学校　　　　　　　　2005 年 12 月摄

1984 年，西峰山乡有中学 1 所，小学 6 所。中学有教学班 3 个，教师 11 人，在校生 121 人。学制为三年制。小学有教师 25 人，在校生 357 人。6 所小学分别为中心小学、新立小学、新西小学、新峰小学、新山小学、龙泉岭小学。学制为五年制，办学形式以村办学校为主。除中心小学、龙泉岭小学外，其他 4 所小学均为复式班教育。1985 年，西峰山中学扩建了校舍，建立了图书室。全乡 6 所小学的校舍相继实现砖瓦化。中心小学、龙泉岭小学建起了实验室。1994 年，中学学制改为四年制。1996 年，中心小学扩建校舍 175 平方米，使校舍总建筑面积达到 375 平方米，建起了图书室、阅览室、微机室。龙泉岭村投资 3 万元，对校舍进行全面维修。1998 年，龙泉岭小学更名为哈青小学。1999 年末，撤销新立小学。2000 年，西峰山中学有教师 13 人，在校生 111 人。全乡 5 所小学有教学班 20 个，教师 20 人，在校生 227 人。2004 年，全乡教育体制改革，各村小学与中学合并为西峰山学校（哈青小学一、二年级除外），位于原西峰山中学与中心小学校园，校园占地 3.7 万平方米。乡政府投资 30 万元对学校环境进行了全面改造。2005 年，全乡共有中小学教师 28 人，初中在校生 105 人，小学在校生 203 人。

（二）卫　生

1983 年，西峰山公社卫生院有房舍 404 平方米，职工 15 人。设有门诊、药局、注射室、观察室、X 光室、化验室、妇科诊室。配有 X 光化验显微镜 1 台、无影灯 1 台，观察床 4 张。1984 年，新增手术器械 1 套、麻醉机 1 台。1995 年，农村产妇有近半数住院分娩，幼儿“四苗”（卡介苗、麻疹、脊髓灰质炎和百白破疫苗）覆盖率达到 100%。1999 年，乡卫生院承包给个人，当年新增 1 台冷藏设备。2000 年，西峰山乡卫生院有职工 11 人，其中医生 3 人，检验 1 人，防疫 1 人。2003 年，西峰山乡将卫生院承包权收回，投资 5 万元对卫生院进行了供暖设施的改造。2005 年，乡卫生院有职工 9 人，其中主治医师 1 人、临床职业医师 2 人、公卫职业医师 1 人、护士 3 人。全乡有村级卫生所 5 所，村级医生 5 人。

（三）计划生育

1991—2005 年，西峰山乡连续 15 年兑现与爱辉区计生委签订的计生工作一档责任状。1994 年，建成手术室及检查室 1 所。1998 年，实行微机报表制度。1999 年，乡政府为计生服务站配备了 B 超机。当年，全乡出生人口 13 人，人口出生率 7.93‰。全年死亡人口 8 人，人口自然增长率 4.92‰。2000 年，全乡育龄妇女 810 人，已婚妇女 636 人，其中一孩 232 人，二孩 363 人。全乡人口出生率 6.21‰，死亡率 0.44‰。2005 年，全乡育龄妇女 720 人，已婚妇女 645 人，其中一孩 242 人，二孩 364 人。全乡人口出生率为 4.21‰，死亡率为 1.44‰。

（四）文化生活

1981 年，西峰山公社举办第一届全民运动大会后，至 2005 年全乡先后举办了 12 届体育运动大会。参赛项目丰富，群众参与热情高。2005 年，全乡有新山村、哈青村 2 处村级文化活动中心，有农家书屋 3 个。

五、基础建设

（一）交通　农田改造

1999 年，西峰山乡投入资金 40 万元，购买涵管 99 节，为哈青村、新建村建起混凝土大桥，组织劳动力 4 560 人次，机动车 430 台次，上砂石料 2 万立方米，土方 5 万立方米，清理边沟 6 700 余延长米。2000 年，西峰山乡争取资金 18 万元，全体机关干部出工 1 个月，修复了全长 11 千米的西峰山乡至大城线公路。2004 年，改造西峰山乡至新生鄂伦春族乡岔道（11.5 千米）和西峰山乡至张地营子乡泡子沿村（30 千米）公路，修建公路标准达到砂石四级公路。2005 年，改造新建村至新西村 10 千米、新建村至新峰村 9 千米、哈青村至桦皮窑林场岔道公路 10 千米，修建公路标准为砂石四级公路。2000—2005 年，共修复泥泞路段农田路 75 千米，组织劳动力 14 560 人次，机动车 5 430 台次，上砂石料 20 万立方米，土方 53 万立方米，清理边沟 9 700 余延长米；改造中低产田 234 公顷，挖截流沟 9 800 延长米。2005 年，西峰山乡至黑河的客车途经新立村，每天往返一次。黑河至哈青村的客车隔日往返一次，客车均为个体承包。

（二）住房　通信　自来水建设

1983 年，村民居住房屋外墙体材料大多是柴草结构。2000 年，全乡有居民住房 4.3 万平方米，其中钢筋砖瓦结构 1.2 万平方米，新建砖瓦房 26 栋，面积达到 1 870 平方米，砖瓦化率为 28%。2000 年，有 5 个行政村安装了闭路电视，村村通电话，装机 265 部，3 个村通自来水。2005 年，全乡住房砖瓦化率为 35.1%，新建房屋大多铺设地砖、地板，有的建有浴室。闭路电视入户率 45%，自来水入户率 75%，程控电话装机 375 部。

第九节　新生鄂伦春族乡

一、概　况

新生鄂伦春族乡位于爱辉区西北部，地理中心坐标：北纬 50°31′、东经 126°47′。东距黑河市区 76 千米，东和张地营子（界长 33 千米）、西峰山（界长 39.5 千米）2 乡接壤，南、西分别与上马厂乡（界长 12.5 千米）、罕达汽镇（界长 98 千米）毗邻，北部与呼玛县交界，西北部与嫩江县交界，处于爱辉区中部小兴安岭峰脊及两侧的“领上线切割低山区域”。

新生鄂伦春族乡处于小兴安岭山地西北段的低山丘陵区，地势相对高差较小，表现为丘陵性台地性质。地势平均海拔在 300～600 米之间，山峰有智高山、万丘山、万堡山、向巫山、龙音山、黄窑山、望娘山、河界山等 30 余座，以黄窑山为最高，海拔 599.4 米。境内有河流 16 条，主要河流为刺尔滨河、索尔奇（及）干河。矿藏以黄金最为出名，品位较好，蓄量丰富。另有石英砂、花岗岩、铅、云母等矿产。

新生鄂伦春族乡土地总面积 1 700 平方千米，有可耕地面积6 933公顷，已开垦 3 333 公顷；林地面积10.34万公顷；草地面积4.87万公顷；水面面积266.67公顷。

1984年5月以后，撤公社建乡，新生公社更名为新生鄂伦春族乡。辖5个行政村：新生村（鄂伦春族居住的村屯）、新青村、新发村、新茂村、新兴村。2002年，新发村与新茂村合并为新发村，新兴村与新生村合并为新生村。新生村是新生鄂伦春族乡政府所在地。2005年，全乡有3个行政村（新生村、新青村、新发村），1个自然屯（新茂屯）。总户数269户，总人口852人，有汉族、鄂伦春族、蒙古族、满族、达斡尔族、朝鲜族、苗族族等7个民族。

新生鄂伦春族乡政府大楼 2003年11月摄

二、农 业

（一）种植业

1984年末，新生鄂伦春族乡实行家庭联产承包责任制，有42户鄂伦春族承包了土地，全乡实施了“以农为主，积极发展多种经营”的方针。当年全乡农作物播种面积近2 000公顷，粮食总产量298万千克，上交国家商品粮158万千克，农业总收入占全年总收入的85%。1985年，农作物遭受春旱夏涝灾害，受害面积502公顷，其中重灾316公顷，绝产4公顷。1986年，新生鄂伦春族乡总结1985年鄂伦春族实行土地承包到户的经验教训，经上级批准，年初对鄂伦春族推行生产责任制采取两种形式：对农业有独立经营能力者又愿意继续独立经营土地的11户，继续实行承包到户的办法，对其余28户在自愿的情况下组建联合体，组织指导经营生产。1987年4月9日，黑河行署在新生鄂伦春族乡召开专员办公会，为解决鄂伦春族种地问题，决定在不破坏森林植被的情况下，允许开荒3年，每年50公顷。6月27日，全乡遭受霜冻，农作物受灾面积380公顷，其中304公顷绝产。1988年，调整产业结构，扩大经济作物种植面积，全乡种油菜316.4公顷。新生二队大豆亩产200千克，创历史最好水平。1989年，全乡先后遭受春旱、夏涝、冰雹和早霜的袭击，农作物受灾面积576.7公顷，占种植总面积的49.86%。

1991年，新生鄂伦春族乡对5公顷小麦进行深施肥试验，亩增产35千克；对3公顷重茬大豆进行微肥试验成功，达到了增产目的。1994年，大豆获得丰收，平均亩产167千克，创历史最好水平。1995年全乡农业总收入348.4万元，较“七五”期末的128.4万元增长171%，人均收入2 558.19元，较“七五”期末的715元增长257.79%。1996年，全乡工农业总产值704万元，较1995年翻了一番，人均收入2 868元，较1995年增长12.12%。1999年，根据市场需求，全乡再次调整产业结构，增加经济作物种植面积，经济作物播种面积占全乡总播种面积的13%；压缩小麦播种面积，调整后小麦播种面积占总播种面积的30%；稳定大豆播种面积。

2000年，全乡遭受历史罕见特大灾害，连续经历春涝、夏旱、冰雹、虫害。自4月中旬开始70余天无雨，耕地6厘米深无湿土。7月11日遭冰雹侵害，受灾地带宽2 000米、长40千米。全年播种面积1 416公顷,粮食总产64.6万千克,亩产121.6千克,较上年减产40%以上。2001年,新生鄂伦春族乡以"放种还粮"(为贫困户购买优良种子,分年返还商品粮,由乡政府以粮换种,再扶持贫困户)的形式引进早熟高产大豆品种东农44共6.75吨。由于上年遭受自然灾害及农产品价格低靡等原因,农业收入不佳,种植业收入175.10万元。2003年,全乡农作物总播种面积1 123公顷,粮豆薯总产量594吨,农村社会总产值526.10万元,农民人均纯收入1 026元。2005年,全乡农作物播种面积2 707公顷,其中,大豆2 370公顷(其中含种植双高大豆品种"东农44"334公顷)、杂豆205公顷、薯类55公顷、玉米38公顷、小麦35公顷。农民人均纯收入2 600元,粮豆薯总产量5 149吨。

(二)畜牧业

1983年新生公社畜牧业得到发展,先后支援外地鄂伦春马200余匹、鹿202头、交售鹿茸2.2万两。12月,黑河市科委为了发展跟踪放牧,拨给新生公社0.7万元。新生公社修建了高2.3米、长5 000米的太阳能电围栏,围栏内草场为200公顷。年底马存栏234匹、黄牛62头,奶牛12头、猪373头、羊49只、鹿125只。1984年,草场养鹿125只。由于鹿及鹿产品价格下降、饲料不足等原因,到2000年草场仅有马鹿5只。1985年,全乡牛存栏140头,马247匹,猪290头,羊64只,鹿107只。

1990年,全乡牛存栏175头,马264匹,猪358头,羊50只,鹿33只,兔51只。1994年,全乡牛存栏112头,马152匹,猪288头,羊76只,鹿9只。有养牛专业户2户。1995年5月,新生鄂伦春族乡制定了发展畜牧业的优惠政策,养牛业迅速发展,出现7户养牛专业户和1户养牛大户,共养牛225头;有养羊专业户3户,养猪专业户5户,全乡牧业总收入38.7万元。1996年全乡饲养黄牛515头,山羊226只,收入39万元,饲养猪389头,禽2 371只,蜜蜂88箱。1997年引进萨尔克羊73只、长迪猪28头。1998年,引进西门塔尔牛的冷冻精液配种50头。乡投资88万元联办养殖场,饲养黄牛86头。

2000年,全乡黄牛存栏452头,马188匹,猪181头,羊245只,禽4 029只。畜牧业收入34.1万元。2003年,新生鄂伦春族乡结合区委、区政府"粮转畜"政策,依托山区优势发展畜牧业。当年肉牛存栏1 166头,两羊存栏3 517只,引进外来养殖户6户,养殖业初具规模。2005年,新生鄂伦春族乡为3个村(新生村、新青村、新发村)配备了专职防疫员,培训养殖户搞科学养殖。吸引外来养殖大户1户,引进两羊1 800只。特种野猪养殖生产规模稳定发展,特种野猪养殖厂吸引外资8万元,扩大养殖规模。当年全乡肉牛存栏1 266头,两羊存栏3 312只,野猪存栏150头。

(三)农业机械

1983年,新生公社有国产大中型拖拉机18台、国产联合收割机8台、四轮小拖拉机8台、国产农用汽车2台,有B6黄豆播种机1台,并改进了装车机械和播种机、收割机。当年,鄂伦春族聚居的新生大队有链轨拖拉机7台、胶轮拖拉机4台,联合收割机4台。1990年7月,黑河市在新生村等34个村屯实施了麦豆"旱作机械化少耕综合组装技术",用更新后的机具实施少量耕作、良种精播、化肥深施、连片细管、抗涝保收、秸秆还田等6项农机农艺结合的机械化生产综合技术。1993年,国家拨给新生鄂伦春族乡1台802链轨拖拉机和1台(套)农机具,1台东风助走收割机。新生鄂伦春族乡对国产"超期服役"的大型农机具有计划、有选择、有重点的更新,先后购进90年代先进技术水平的大中型拖拉机和机具。全乡机耕、机播、机中耕、机收获、机运输的机械化程度都达到86%以上。全乡拥有各种农机具87台(套),比1983年的43台(套)增加102%。

2000年,全乡有大中型拖拉机20台,大中型农机具20套,小型拖拉机104台,农用汽车9台。当年百亩耕地拥有农机动力为8.33千瓦。2003年,全乡有各种农机具200余台(套),其中大中型拖拉机35台,大中型农机具40套。2005年,新生鄂伦春族乡争取资金为鄂伦春族农民购进1004马力拖拉机 1 台,免费为鄂伦春族农民代耕。当年,全乡成立了 2 个农机专业合作社,农民购小马力 404 以上农机享受 30% 的国家补贴。全年深松连片作业整地 415 公顷。

三、乡镇企业

1987 年,省民委投资 5 万元在新生鄂伦春族乡建小木加工厂 1 座,使鄂伦春族民众在生产转型中迈出了第一步。加工厂安排劳动力 17 人,当年生产刀把 20 万根,产值 4. 8 万元。1988 年,黑河市第一家精制淀粉加工工厂——新生淀粉厂建成投产。工厂投资 67 万元,厂房建筑面积 815 平方米,日加工土豆 80 吨。淀粉厂实现了当年论证、当年集资、当年建厂房、当年投入生产。当年生产精制淀粉 36. 5 吨,成为新生乡的龙头企业。1989 年,乡镇企业创产值 45 万元,较 1988 年增长 125% ,占全乡总收入的 19. 79% ,解决剩余劳动力 70 人。1993 年全乡有 2 家公司与俄罗斯依尔库茨克阿普金属材料公司签订了边境贸易协议,过货角钢 500 吨,销售额 160 万元,实现利润 40 万元。1996 年,乡镇企业已成为全乡经济发展新的经济增长点,当年实现收入 243. 9 万元,产值 206. 1 万元,实现利税 95 万元。淀粉厂加工精制淀粉 120 吨,创产值 60 万元。2000 年,全乡有村办企业 10 余家,安置剩余劳动力 200 余人,收入达 104 万元。其中商饮业 3 户,年收入 4 万余元;服务业 1 户,年收入 5 000 元。2003 年,全乡有企业 15 家,其中个体零售企业 6 家,加工制造企业 1 家,上缴利税 2 万元,年实际总产值 146 万元。2005 年,全乡共有企业 11 家,其中个体零售业 7 家,加工制造企业 1 家,餐饮服务业 3 家,年实际总产值 110 万元。

四、社会事业

(一)教　育

1983 年前新生公社有幼儿园 3 所,学前儿童 40 余人,配有专职幼儿教师。1983 年,新生公社新建中心幼儿园 1 所,有教师 3 人,幼儿 53 人,园所 80 平方米,配有暖气和标准的桌椅床铺。有小学 4 所,设 11 个教学班,有教师 15 人,在校生 203 人,其中鄂伦春族学生 42 人。1986 年,乡中学有教师 15 人,在校生 122 人,其中鄂伦春族学生 30 人。4 所小学有教师 17 人,其中鄂伦春族教师 7 人。共设 10 个教学班,有在校生 134 人,其中鄂伦春族小学生 22 人。同年,在小学开办 2 个学前班,招收学前幼儿 35 人,配备幼师 2 人。1987 年,乡政府所在地幼儿园共招收幼儿 58 人。同年新建小学 450 平方米,实现了中、小学分设。中心小学开设了鄂伦春族语言课。1990 年,全乡共有正规幼儿园 1 所,5 个幼儿班,包括乡政府所在地中心幼儿园有 2 个班(含 1 个学前班),新青、新发和新茂各 1 个班,入园幼儿共 59 人。1997 年在黑龙江省副省长周铁农的协调下,省、市、区共同投资 60 万元,新建了 550 平方米新生中学。中学有教师 15 人,在校生 85 人。当年,新生鄂伦春族乡投资 10 余万元(乡联营金矿生产黄金利润),用于 3 个村小学校舍的扩建,共扩建 200 平方米。1998 年,乡中心小学与中学合并,成立“九年一贯制”学校,即小学五年、中学四年。

新生鄂伦春族乡中学　　2004 年 6 月摄

各村办小学陆续集中到乡，实行统一办学。

2000年，全乡有“九年一贯制”学校1所，其中中学设4个班，有教师12人，其中鄂伦春族教师3人；在校生81人，其中鄂伦春族学生16人。小学设8个班，有教师17人，其中鄂伦春族教师7人；在校生119人，其中有鄂伦春族学生11人。中小学入学率与毕业合格率均为100%。2003年，有教师24人，其中初中教师12人，小学教师12人；有在校生131人，其中少数民族学生31人。2005年，新生鄂伦春族乡学校有教师25人，在校生99人，校舍面积1 200平方米，有学生标准化宿舍4个。

（二）卫　生

1983年，鄂伦春族平均寿命由定居前的30岁提高到56岁，婴儿死亡率下降到12‰，1985年，新生鄂伦春族乡卫生院有医护人员5人，其中鄂伦春族医护人员4人。当年完成门诊量812人次，设家庭病房诊治41人次，抢救危重病人10人次。1989年，投资10万元，翻建了200平方米砖瓦结构院舍。同年，设立了X光室，购进30毫安X光机1台，增加医用神灯1台及心电机等常规医用设备。1990年，乡卫生院职工增至9人，其中医生4人，护士4人，工勤人员1人。当年购置化验设备1套。1996年，对鄂伦春族实行医疗实报实销的优惠政策。鄂伦春族平均寿命上升至59岁，肺结核发病率下降到零。同年，卫生院更新1台50毫安的X光机，新增1台B超机。2003年，乡卫生院有医护人员7人，其中主治医师2人。卫生院设有门诊、药房、注射室、病房、化验室、X光室，有病室1间，病床4张，在预防“非典型肺炎”期间，设置了发热门诊、观察室、留验站。全年门诊达2 000人次。

新生乡卫生院　　1989年6月摄

2005年，乡卫生院有医护人员7人，其中主治医师1人、医师2人、护师1人。卫生院设有门诊、内科、外科、注射室、化验室、X光室、药局等科室，配备了挂式全科诊断仪、血尿分析仪等设备，开设了预防保健科室，能同时进行各项基本公共卫生服务，鄂伦春族群众享受免费医疗政策，成人免疫和儿童防疫工作日趋完善。

（三）计划生育

1983年，新生公社新出生人口21人，出生率18.78‰，自然增长率14.31‰。1985年出生率15.26‰，1986年出生率64‰，1988年出生率88.8‰，1990年出生率为88‰。1999年，全乡开展婚育新风进万家活动，坚持计划生育“三为主”（以宣传教育、避孕节育、经常性工作为主）方针，引导广大群众树立科学文明进步的婚姻观念。2000年，全乡人口1 506人。当年出生12人，死亡8人，人口自然增长率为2.66‰。2001年全乡总人口1 003人，出生1人，死亡1人，出生率0.99‰，死亡率0.99‰。计划生育率100%。2002年全乡总人口1 069人，出生人口3人，死亡5人，出生率为3.03‰，死亡率5.05‰。2005年，全乡已婚育龄妇女226人，占总人口的25%。

(四)文化生活

1983 年,新生公社隆重庆祝鄂伦春族下山定居 30 周年,当年建造了 48 平方米砖瓦结构的新生展览馆,展出鄂伦春族狩猎、生活文物 50 余件。当时全公社平均每 3 户有 1 台电视机。1993 年,举办了鄂伦春族下山定居 40 周年大庆活动,庆祝活动形式有歌舞、射击、赛马、篝火晚会等。当年建立了卫星地面接收站,群众可收到 10 余套电视节目。区、乡财政投资 5 万元,新生展览馆增至 2 间,即一间综合厅,一间艺术厅。2001 年为迎接全国少数民族教育会议,区财政投资 10 万元异地装修 4 间 200 平方米的平房,采用大理石雕刻“岭上人博物馆”,共分“概述、政治、经济、事业、人才、民俗、关怀、展望 8 部分内容。2002 年春季,新生鄂伦春族乡举办了“联防区友谊篮球赛”,参赛观看群众 200 余人。2003 年,鄂伦春民族下山定居 50 周年,乡政府购买了秧歌服装、道具 100 余套,村民学跳民族舞、学唱民族歌,进行射击比赛、马术比赛。当年,建成 971 平方米的鄂伦春族科技文化活动中心 1 座。

五、基础建设

1982 年,在迎接鄂伦春民族下山定居 30 周年前夕,由国家拨款,为鄂伦春族居民在新生村共建 19 栋 1 900 平方米砖瓦房,38 户鄂伦春族居民搬进新居。新生村形成了东西 4 条主街、南北 3 条路的格局。1993 年,新生村安装了有线电视卫星地面接收设施。爱辉区投资 105.7 万元用于新建乡办公大楼、新生公路等 11 个项目。1996 年,新生村开通了程控电话,当年安装程控电话 80 户。同年,新生鄂伦春族乡刺尔滨河大桥落成。2000 年,新青村形成南北 1 条路、东西 3 条街,有民房 4 排;新发村形成南北 1 条路、东西 2 条街,有民房 4 排;新茂村形成南北 1 条路,东西 2 条街,有民房 3 排。2003 年,全乡设立 20 个垃圾站点;主巷道两侧栽植花木 2 万余株;两侧增设排水沟渠;对新青村1 000 延长米的通乡路进行升级。2000—2005 年,先后修建了新生村中央街白色路面 800 延长米,建成总长 2 000 延长米的村内白色路面 5 条,升级改造 47 千米农田路。2005 年,投入资金 1.2 亿元,将长度 76 千米的新生至黑河通乡公路升级为高等级白色路面,乡通村及各村村内道路全部实现水泥硬化。新生村农户全部用上自来水,全村程控电话安装 130 户,全村住房砖瓦化率 100%。其他村屯未通自来水及安装程控电话。

第十节　坤河达斡尔族满族乡

一、概　　况

坤河达斡尔族满族乡位于爱辉区南部,距黑河市区 45 千米。地处北纬 49°53′,东经 127°30′。北部与爱辉镇相邻,南部与西部是红色边疆农场和西岗子镇,东部隔黑龙江与俄罗斯相望。2005 年辖区面积 87.5 平方千米,其中,耕地面积3 272公顷,林地面积 137.33 公顷,水域面积 1 214.6 公顷,草原面积 426.67 公顷。气候属第四积温带,无霜期为 110 ~ 125 天,年平均气温为 0 ~ 0.5℃,年降水量 500 ~ 550 毫米,年平均日照时数约为 2 500 小时,境内有公别拉河流经新民村、兰旗村、坤河村注入黑龙江。全乡属冲积平原,境内渔业资源丰富,适合农业耕种,是典型的鱼米之乡。

坤河达斡尔族满族乡成立于 1984 年 9 月 15 日,由西岗子镇的坤河村、新民村、红旗村、富拉尔基村、兰旗村和爱辉镇的黄旗营子村组建而成。乡政府机关所在地设在坤河村,辖区内有财政所、农村经济管理中心、农业技术综合服务中心、畜牧兽医综合服务中心、计划生育服务中心、林业站、卫生院、农村信用合作社、坤河民族学校、邮政支局等企事业单位。1984 年建乡时,全乡总人口 2 336 人,由汉族、达斡尔族、满族、蒙古族、鄂伦春族、鄂温克族、朝鲜族 7 个民族构成,其中达斡尔族 515 人,满族

489 人，蒙古族及其他少数民族 37 人，达斡尔族人口占总人口的 22.0%，满族人口占总人口的 21.1%，少数民族人口占总人口的 44.5%。2005 年，坤河达斡尔族满族乡境内辖坤河村、富拉尔基村、红旗村、黄旗营子村、兰旗村、新民村 6 个行政村。全乡有 715 户、人口 2 650 人，其中农业人口 2 473人。达斡尔族 848 人，满族 530 人，达斡尔族人口占人口总数的 32%，满族人口占人口总数的 20%，少数民族人口占全乡人口总数的 52.4%。

二、农　　业

（一）种植业

坤河乡种植业主要以大豆、小麦、玉米为主。1984 年，全乡播种面积 2 800 公顷，其中，小麦播种面积 1 513 公顷，大豆播种面积 927 公顷，玉米播种面积 118 公顷。1985 年，坤河达斡尔族满族乡逐步推行家庭联产承包责任制，全乡有 5 个村把土地按人平均分配到户实行家庭联产承包种植。1990 年，种植面积 2 848 公顷，种植业收入 342 万元，人均收入 866 元。1993 年，种植面积 2 771 公顷，种植业收入 804 万元，人均收入 2 796 元。1996 年，种植面积 2 787 公顷，种植业收入 1 354 万元，人均收入 3 417 元。1999 年 3 月，全乡开展了第二轮土地承包工作，土地产权由集体所有，家庭联产承包责任制 30 年不变。

2000 年，全乡农作物播种面积 3 027 公顷，其中大豆 2 401 公顷、小麦 397 公顷、玉米 118 公顷，粮食总产量 6 400 吨，农业总收入 668 万元，人均收入 1 188 元。2002 年，农作物总播种面积 3 109 公顷，其中，大豆 2 374 公顷、玉米 325 公顷、小麦 202 公顷、杂粮 117 公顷、薯类 24 公顷，粮豆薯总产 6 989.8吨，种植业总收入 1 047 万元，人均收入达到 2 442 元。2003 年，坤河达斡尔族满族乡遭受洪涝等严重自然灾害，大豆、玉米、小麦总产 3 090 吨，比 2002 年减少 56%。农业收入 841 万元。2004 年，粮豆薯总产5 530吨，种植业收入为 976.6 万元，人均纯收入 3 123 元。

2005 年，农作物总播种面积 3 555 公顷，其中，大豆 3 149 公顷，玉米 348 公顷，杂粮、薯类 43 公顷，青贮 15 公顷。粮豆薯总产 7 183 吨，种植业收入 1 302 万元，农民人均收入 3 481 元。种植品种主要有：大豆以黑河 19、黑河 27、黑河 1272 为主，小麦以龙麦 20 号为主，玉米以孚尔拉、海育 7、龙丹 9 和原丹 32 号（青贮）为主。推广应用了垄三栽培种植技术，深松整地，种子包衣，配方施肥，化学除草，叶面喷肥等各项新技术。

（二）畜牧业

1985 年，坤河达斡尔族满族乡奶牛存栏 92 头、黄牛存栏 23 头、马存栏 249 匹、羊存栏 30 只、生猪存栏 800 头。畜牧业总产值 16 万元。1992 年，全乡奶牛存栏 276 头、黄牛存栏 107 头、马存栏 174 匹、羊存栏 144 只、生猪存栏 625 头。畜牧业总产值 119 万元。2000 年，坤河达斡尔族满族乡加大资金、技术等方面投入，重点发展“两牛一羊”和特色养殖，实施“粮转畜”政策。调动养殖大户带动小户，共同发展。当年，全乡奶牛存栏 492 头、黄牛存栏 179 头、羊存栏 187 只、生猪存栏 429 头、禽类存栏 1.2 万只，鲜奶产量 485 吨。畜牧业总产值 166 万元。2002 年，全乡奶牛存栏 692 头、黄牛存栏 287 头、羊存栏 1 071 只，鲜奶产量 950 吨，畜牧业收入 196 万元。2003 年，全乡奶牛存栏 1 038 头、黄牛存栏 491 头、羊存栏 1 942 只，鲜奶产量 1 020 吨，畜牧业收入 260 万元。

2005 年，全乡奶牛存栏 1 391 头、肉牛存栏 658 头、羊存栏 1 046 只，鲜奶产量 1 266 吨，畜牧总收入达 281.3 万元。全乡有 5 个村建立了收奶站，方便奶户交奶。在兰旗村建立了畜牧服务中心，能够辐射全乡 6 个村。6 个村均配有畜牧员，负责对“两牛一羊”的 3 次防疫，防疫率为98%。全乡有养殖大户 7 个，有标准化牛舍 10 个、青贮窖 12 个。

（三）农业机械

1984 年，坤河达斡尔族满族乡机管站成立，编制 2 个。全乡共有 6 支农机服务队为农民服务。当年全乡农机总动力 5 740 马力，有小型拖拉机 11 台。1991 年，全乡农业机械力量得到加强，更新 2 台联合收割机。全乡农机总动力达 8 760 马力，红旗村和兰旗村各有 1 台 SE－514 联合收割机，其余 4 个村各有东风 90 收割机 1 台，全乡有小型拖拉机 186 台。1988—1992 年，坤河达斡尔族满族乡代表黑河市在全省“铁牛杯”竞赛中获得金杯。坤河达斡尔族满族乡通过国家补贴的方式更新了 2 台 55 型拖拉机和东方红 65 型链轨式拖拉机等农机具。1995—1998 年，全省实施“农机化工程”，坤河达斡尔族满族乡作为农机化重点乡，代表爱辉区在全省评比中获得第二名。1998 年，全乡农业机械总马力达 9 000 马力。

2000 年，全乡拥有农业机械总动力为 9 800 马力，拥有联合收割机 12 台，大中型农机具 230 台（套）、链轨拖拉机 30 台、大中型胶轮 23 台、小型拖拉机 245 台。小型拖拉机逐步成为农户的主要农用车辆。2001 年，坤河乡农机站与坤河乡农业技术推广中心合并，改称坤河乡农业综合服务中心，编制 7 个。2004 年 11 月，乡农业综合服务中心与农经管理服务中心合并，改称坤河达斡尔族满族乡农村经济技术服务中心。

2005 年，坤河达斡尔族满族乡农机合作社成立，新购进东方红－1024 大型拖拉机 2 台、东方红－1004 轮式拖拉机 2 台、东方红－804 轮式拖拉机 2 台、约翰迪尔 1065 联合收割机 1 台。全乡农机总动力 1.7 万马力，拥有农机 350 台。

三、乡镇企业

1985 年，坤河达斡尔族满族乡有股份制、私营制企业 12 家，从业人员 69 人。工副业收入 9.5 万元，其中工矿业收入 6.1 万元。1991 年 6 月，坤河达斡尔族满族乡组建了新宇、坤阳等 16 家对外经济贸易有限公司，大部分为全民所有制企业。1991—1994 年，16 家公司共实现总产值 2 000 多万元。1996 年以后贸易公司逐渐倒闭。2000 年，全乡有股份制、私营制企业 67 家，从业人员 86 人，工副业收入 112 万元，其中工矿业收入 30 万元，纯利润 18 万元，上缴税金 1.6 万元。

2005 年，全乡有面粉厂 2 家、榨油厂 1 个、个体综合商店（食杂店）14 个、集旅游餐饮为一体服务业 2 户，红炉、电焊 8 家，农机合作社 1 个，实现收入 65 万元。

四、社会事业

（一）教　育

坤河乡学校　　1989 年 7 月摄

1984 年 10 月，坤河达斡尔族满族乡中心校成立，中心校设有中学、小学。另有 5 所村小学。全乡共有教师 23 人，其中正式教师 18 人，代课教师 5 人。中学有在校生 41 人；小学有 27 个教学班，在校生 314 人。1989 年 9 月 20 日，坤河中学教学楼交付使用，建筑面积 1 900 平方米，学校有教师 26 人，设有小学、初中两个学部，15 个班级，中小学在校生共 352 人。2000 年，坤河中学更名为坤河民族学校，是集中办学的全日制九年义务教育学校，学校有达斡尔族、满族、鄂伦春族、朝鲜族、汉族等多个民族的学生。校园总占地面积 17 800 平方米，总建筑面积 2 490 平方米，其中食堂 232 平方米、宿舍 568 平方米(住宿床位 160 张)。中心校拥有教室 11 间，其中微机室 1 间(配微机 31 台)、实验室 2 间、有图书室兼阅览室 1 间，藏书 3 140 册。全乡有教师 27 人，其中中学教师 7 人、小学教师 20 人。在校学生总数 241 人，其中中学 112 人、小学 129 人。2003 年，爱辉区对坤河乡教育实施网点布局调整，撤并黄旗营子、兰旗、红旗、富拉尔基、新民小学，集中到坤河民族学校集中办学。当年，全乡小学入学率、巩固率、普及率均达 100%。

2005 年，坤河民族学校共有教师 27 人，在校生 171 人，其中小学 105 人，初中 66 人。

(二)卫　生

1984 年 12 月，坤河达斡尔族满族乡卫生院成立，卫生院占地面积 693 平方米。当年有职工 3 人，其中医生 1 人、护士 2 人。负责全乡 6 个村的计划免疫、卫生防疫、妇幼保健、地方病与结核病的防治及公共卫生、饮水、卫生面貌的管理及宣传工作。开设门诊医疗，设有 5 张观察床。2000 年，卫生院有职工 8 人，其中医生 4 人、护士 2 人、防疫 1 人。全年门诊量为 1 949 人次。

2005 年，卫生院有职工 7 人，其中主治医师 1 人、医师 2 人，卫生院设有观察室、注射室、药房、病房、化验室、X 光室，病房有床位 4 张，年门诊量为 2 500 人次。另有村卫生所 5 个，村级医生 5 人。

(三)计划生育

1984—2000 年，坤河达斡尔族满族乡的人口发展稳中有降，基本稳定在低生育水平，人口增长率为 3‰。2000 年 3 月，坤河达斡尔族满族乡被市政府批准为“计划生育群众自我管理坤河乡试验区”(即群众自主按法律、法规调节生育，群众自主按自身情况选择避孕措施，群众自主按意愿参与人口和计划生育活动)。12 月，富拉尔基村计生协会被授予“全国先进协会”，村原党支部书记、村计生协会会长杜福庆被评为“黑龙江省计划生育协会先进志愿者”。当年，一孩领证率为 47.5%。2001 年，坤河达斡尔族满族乡人口自然增长率为 3‰以内。同年 10 月，坤河达斡尔族满族乡被中共中央宣传部、国家计划生育委员会授予“全国婚育新风进万家活动先进乡”称号。2002 年和 2004 年出现人口负增长。2005 年，一孩领证率 69.49%。

(四)文化生活

2000 年，坤河达斡尔族满族乡共建立文化大院 6 个，文化大院拥有文艺骨干 150 余人；组建民乐队 2 个，音响及器乐、演出服装齐全，有达斡尔族、满族舞蹈队 4 个。文化大院开展丰富多彩的文艺活动，农民自发组织跳秧歌、达斡尔族满族歌舞表演、广场舞、健身操等，其中以身着达斡尔族、满族服饰的舞蹈为鲜明特色。2001—2005 年，各村文化大院每年演出 80 余场，2004 年参加了黑河“信合之光”文艺会演。2004 年 8 月 20 日，举办建乡 20 周年庆典暨第三届敖包会，共有 1.2 万人参加庆典活动。2005 年 8 月，参加黑河周末大舞台“金色田野”专场演出，演出的节目展现出浓厚的民族风采。

五、基础建设

(一)交通　农田水利　自来水建设

2000—2005 年，坤河达斡尔族满族乡有 2 个村建设铁栅栏 6 800 米。全乡种美化树 1 500 余株，乡村道路均为砂石路。2002 年，投资 5 万元为兰旗村修涵洞 1 处。2003 年，投资 5 万元为坤河村、红旗村、富拉尔基村修排涝沟 5 300 米。2004 年，投资 8 万元为坤河村打人畜饮深水井 1

眼;投资 42 万元维修乡政府办公楼,铺水泥院面 2 470 平方米。2005 年,有黑嘉公路(黑河—嘉荫)、爱岗公路(爱辉—西岗子)、老坤公路(老站—坤河)贯穿全乡,交通比较方便,每天有 7 次班车经过。全乡 6 个村均饮用自来水,自来水入户率 100%。当年投资 6.8 万元为新民村打人畜深水饮水井 1 眼。

(二)住房　通信

1984—1998 年,坤河达斡尔族满族乡新建砖瓦房 392 座,总建筑面积 26 337 平方米,多为砖瓦结构木质门窗,铁皮房盖。1999—2005 年,全乡新建 201 座民房,建筑更为保温,材料趋向合金窗、防盗门,外墙粘贴瓷砖,内部装修多为瓷砖铺地、木质装修。

1996 年开始安装程控电话,当年安装 91 部。2002 年达到 419 部,入户率为 67%。2005 年达到 523 部,入户率 79%。

第十一节　二　站　乡

一、概　　况

二站乡政府　　2005 年 8 月摄

二站乡位于爱辉区西南部,距黑河市区 90 千米,南与孙吴县、西与嫩江县交界,北与罕达汽镇、锦河农场为邻,东与西岗子镇相接。二站乡位于北纬 49°40′,东经 126°57′,小兴安岭东麓,无霜期约 90 天,有效积温约 1 900℃,田间小气候变化无常,属第五、第六积温带。2005 年辖区总面积 2 507 平方千米,其中耕地面积 8 086 公顷,草原面积 4.27 万公顷,林地面积 2.13 万公顷,水域面积 1.9 万公顷。二站乡有丰富的矿产、野生动物和山产品资源。已探明地下蕴藏有大理石、花岗岩、硅酸岩、煤、金等矿产资源。野生动物资源有犴、狼、野猪、狍子、猞猁等。山珍有蘑菇、木耳、猴头、蕨菜等,年采集量1 000吨。2005 年,全乡总户数 698 户,总人口 2 788 人,有汉族、满族、蒙古族、回族等民族。

1984 年 3 月,二站公社改称二站乡,并建立二站乡经济管理委员会。辖区内有额雨村、南二龙村、东山村、南地营子村、二站村、三站村、卫疆村 7 个行政村。1985 年 3 月,二站乡经济管理委员会撤销。2001 年 3 月,北师河乡并入二站乡。辖区内共有二站村、三站村、东山村、卫星村、额雨村、二龙村、北师河村、根里河村、青龙山村、青松山村、卧冬河村等 11 个行政村。辖区内有农村经济技术服务中心、畜牧兽医服务中心、计划生育服务中心、林业站、派出所、邮电支局、卫生院、中心校、电业所、养路道班(爱辉区养路段设立)、亚麻粗加工厂等企事业单位。

二、农　　业

（一）种植业

1983 年，二站公社种植业以粮食作物为主，大豆、小麦种植面积占总播种面积的 80% 以上。粮食总产 145.4 万千克，农业总产值 165 万元，人均收入 112.70 元。1984 年开始实施家庭联产承包责任制，由于农民以经营木耳段为主要经济来源，对土地的重视程度不够，到 1985 年家庭联产承包制逐渐在全乡全面铺开。包产到户后，农民生产自主性得到提升，农作物播种面积也逐年上升，1986 年种植面积达到 878 公顷，其中小麦 412 公顷，平均亩产 200 千克；大豆 420 公顷，亩产 90 千克，总收入 262 万元。由于国家鼓励农民开荒种地，1990 年以后二站乡耕地面积逐年增加，1990 年末达到 1 324 公顷。1995 年后，连续多年遭受低温多雨早霜等自然灾害，致使粮食特别是大豆大面积减产甚至绝产。1995 年大豆播种面积 980 公顷，总产量 225 吨。1997 年，全乡农作物受灾面积 394.4 公顷，其中绝产 140.9 公顷。大豆收获后品质下降，种子含水率约 20%。1998 年 6 月，连阴雨近 20 天，致使大豆大面积草荒，产量明显下降。1999 年，农作物播种面积 1 714 公顷，总产量 2 004 吨，其中大豆播种面积 669 公顷，总产量 835 吨；小麦播种面积 385 公顷，总产量 659 吨。当年有弃耕地 500 公顷。2001 年，北师河乡与二站乡合并，全乡种植面积增加到 4 353 公顷，二站乡引导全乡农户发展质量效益型农业，进行种植业结构调整。2004 年，全乡推进大豆振兴计划，成立大豆振兴计划推进领导小组，制定了实施方案，做到乡有分解表、村有登记册、户有种植卡。当年实施了农村税费改革，实行粮食补贴，农民种地积极性高涨，大面积弃耕地得到复耕，全乡种植面积增加到 7 074 公顷。2000—2005 年，先后建设了黑龙江省第十二生态区大豆新品系区域生产试验园区（13 公顷）、荷兰豆高产种植园区（100 公顷）、高油高产大豆品种 97－5064 推广园区（133 公顷）、亚麻高产模式化种植园区（100 公顷）等 4 个科技示范园区。种植的荷兰豆公顷产超过 2 500 千克，98－5139 优质大豆品种公顷产超过3 300千克。发展了以亚麻粗加工为主体的农副产品加工业，门鲁河村孙军仪亚麻粗加工厂带动了周边村屯亚麻种植业发展，为农民务工、提高收入创造了条件，推进了全乡种植业结构调整。

2005 年，全乡总播种面积 8 086.18 公顷，种植高标准优质大豆 5 354.67 公顷、优质小麦 2 398.33 公顷，亚麻、薯类、饲料等经济作物 333.18 公顷。粮豆薯总产量15 924吨，总收入 635 万元，人均收入 2 450元。

（二）畜牧业

二站乡牧草资源丰富，适合发展畜牧业生产。1984 年，全乡大牲畜存栏 343 头，其中马 102 匹、牛 241 头，生猪存栏 295 头。1986—1989 年，由于农民养殖积极性不高，畜牧业发展缓慢。1990—1995 年，二站乡绵羊养殖增长较快，至 1995 年末，全乡肉牛存栏 525 头、马 210 匹、生猪 335 头，山绵羊 1 330 只，畜牧业已经逐渐成为二站乡新的经济增长点。2001 年，二站乡实施“粮转畜”战略，发展畜牧业，出台各种优惠政策引进外埠养殖大户。争取省扶贫开发办扶贫资金 8 万元，建成 1 处 250 平方米畜牧站，配备专业技术人员 3 人，购买 3 台摩托车。各村配备了畜牧员和防疫员，形成能够辐射全乡的服务网络。在乡畜牧站、额雨村、二站村、根里河村建立 4 个冻配站，为品种改良奠定了基础。由于各种配套设施的逐步完善，至 2005 年，全乡牲畜存栏 9 164 头，其中黄牛存栏 2 901 头，山羊、绵羊存栏 6 263 只，畜牧产值 355 万元，占全乡总产值的 35%。额雨村成为畜牧专业村，畜牧产值占该村总产值的 50%。

（三）农业机械

1985 年，二站乡各村开始推行机械承包责任制，包机到人。当年，全乡共有 11 台 55 马力轮式拖拉机、7 台链轨式拖拉机和 10 台牵引式割晒收获机。实行家庭承包经营责任制后，一家一户自主经营,15马力以下的小型农业机械逐步走入百姓家中。1994年,全乡15马力以下小型拖拉机68台。2005年末,全乡有自走式联合收割机21台(套),50马力以上的中型拖拉机37台(套),20马力以下小型拖拉机475台。大豆、小麦机播率、田间管理率均为100%,作物机械收获率达到80%。

三、乡镇企业

1983年,二站公社陆续出现了豆腐坊、淀粉坊、铁匠铺等手工小作坊9家,从业人员15人,实现副业收入3万元。1985年11月,二站乡木器厂成立,当年实现利润2.9万元。1995年6月,针对二站乡木耳产量高、质量好的实际情况,建立了二站乡木耳块厂,实现增值增效,二站牌木耳畅销黑河地区。1996年,该厂实现利润5.5万元。2001年,在根里河村建成2个亚麻粗加工厂,年加工亚麻3 000吨,年利润20万元。2004年,二站乡通过招商引资建成了二站众益采石厂,由于交通等原因该厂倒闭。国家给予粮食补贴后,农民种植经济作物的积极性下降,主要以种植大豆、小麦为主,亚麻厂因无原材料生产而倒闭。2005年,全乡共有淀粉加工厂3处、面粉厂1处,豆腐坊11处,食杂店27家,小吃部7家。

四、社会事业

(一)教　育

1983年末,二站公社有中学1所,为砖瓦结构建筑,共有3个教学班,有教师7人,在校学生80人。有小学7所,其中中心小学、东山小学、卫疆小学是砖瓦结构校舍,其余4所学校均为泥草房,共有32个教学班,在校学生196人,教师26人。1991—1992年,额雨小学、南二龙小学、卫星小学、三站小学等4所小学陆续建起砖瓦结构校舍,总面积350平方米,全乡学校砖瓦校舍率达到100%。2002年,二站乡实行并校,各村小学陆续撤销。2004年末,在二站中学原址新建2 000平方米教学楼和宿舍、食堂,成立了二站乡学校,实现全乡中、小学并校。2005年,二站乡学校有教职工13人,在校生53人。

(二)卫　生

1983年,二站公社中心卫生院有职工5人,其中技术人员4人。有房舍220平方米,设有综合、X光、处置室等3个科室,7个村均有防疫卫生员。1997年,卫生院投资0.7万元,购置了心电机、B超等医疗器械。2001年,二站乡中心卫生院三权上划至爱辉区卫生局,为差额事业单位。2005年,二站乡中心卫生院与二站边防派出所进行了房屋置换,房屋面积增加到250平方米,共有职工7人,其中技术人员6人,包括副主任医师2人、护师3人、护士1人。下设11个村级卫生所,配备防疫卫生员11人。

(三)计划生育

1983年,计划生育工作提倡晚婚晚育,一对夫妇只生育一个孩子。1992年,设立了二站乡计划生育服务站。计划生育工作从群众的生产生活入手,从为育龄群众提供优质服务入手,使群众的生育观念不断转变。2002年,独生子女领证率达70%。2002年末,二站乡人口2 871人,育龄妇女887人。2005年,二站乡人口2 696人,育龄妇女836人,人口自然增长率为2.59‰。

(四)文化生活

1983年,全公社有2台电影放映机,到7个村进行巡回放映。当年,二站乡设立了广播站,有550瓦功率广播扩大机1台。1985年,二站乡全境接上国电,全乡7个村全部实现广播入户,全乡有10台12寸黑白电视。2001年,二站村、卫星村成立了文化大院,主要开展扭秧歌等文体活动。2005年,全乡有文化大院7个,经常开展形式多样的集体活动,农民群众踊跃参加。全乡农村有线电视覆盖率90%。

五、基础建设

(一)交 通

1983年,嫩黑公路已通车,沿线二站村、三站村群众出行较为方便。1990年,修建了二站村至额雨村砂石路30千米。1991年,修建二站村至卫星村砂石路24千米。1994年,胜山林场至黑河的当日往返客运班车开通,方便了群众出行。2003年,二站乡至孙吴县的当日往返班车开通。2005年,维修北师河村至卧冬河村地方公路2千米,修护二站至额雨村地方公路30千米。截至2005年,途经二站乡的客运班车有黑河—嫩江客运班车4个班次、黑河—讷河班车1个班次、胜山林场—黑河班车1个班次,二站村首发至孙吴的班车1个班次。

(二)水 利

1983年,二站公社农民吃水主要以地表辘轳水井为主。20世纪90年代,二站乡各村开始使用10多米深的压井。2004年,二站乡为北师河村、青松山村和额雨村各打饮水机井1处。2005年,投资15万元对根里河桥进行维修加固,投资3万元对二龙河进行改造,疏浚河道,清淤挖深。截至年底,乡政府所在地居民用上自来水,自来水普及率9%。

(三)住房 用电

1983年,二站公社除几个学校为砖瓦房外,农民住房全部为泥草房。2005年,二站乡农村人均住房面积15平方米,住房砖瓦化率约20%。随着国家农村电网改造政策的实施,9月30日,二站乡国电联网开通,二站乡居民用电每千瓦时由原来的1元降至0.47元,实现同网同价。

第十二节 北师河乡

一、概 况

北师河乡位于爱辉区西南部,北纬49°53′、东经126°201′。东部为锦河农场、罕达汽镇、金水乡所环绕,南部和西部与嫩江县的塔溪乡、霍龙门乡为邻,辖区总面积960平方千米。北师河乡属于浅山区,处于小兴安岭向嫩江平原过渡地带,东部高、西部低,地貌是小兴安岭西麓山前漫岗。海拔高度为400~600米,相对高度200米,土地表面潮湿,河流宽阔、泡子较多,大部分土地属于暗棕色土壤,有少量薄层黑土、伴有沼泽化黑土分布。气候特点为气温低,无霜期短,小气候变化明显,年均温度为-1.5~-2℃,活动积温1 600~1 800℃,无霜期80~90天,年降水量500~550毫米,全年日照时数2 630小时。至2000年,全乡有耕地3 067公顷,草原面积4.28万公顷,水面400公顷,林地面积8万公顷,全乡总户数为299户(其中农业户256户),人口1 306人。

1984年5月,北师河由人民公社改建为乡。2000年,有北师河村、卧冬河村、门鲁河村、青松山村、青龙山村和孟德河村、大沙河村、根里河村等8个行政村。辖区内有农业技术推广站、农业机械管理站、农经站、畜牧站、文化广播站、林业站、公安派出所、农行营业所、邮电代办所、卫生院、供销社等企事业单位。2001年3月,北师河乡并入二站乡。

二、农　　业

（一）种植业

1983 年，北师河公社总播种面积 2 296.67 公顷，平均亩产 72.5 千克，总产量 241.2 万千克，农业收入 93.9 万元，农民人均收入 197.6 元。由于北师河气候特点为气温低，无霜期短，适合种植的农作物品种单一、产量低，1990 年以后农民主要以木耳段、山产品采集等收入为主要经济来源。1991 年，农民人均收入 723 元。1995 年后，北师河乡制定了优惠政策：农民经营土地，按土地的优劣程度和远近来调整土地提留。以本村为单位，土地可向本村种地能手转让，实行土地的规模经营；利用土地资源优势，吸引外埠农户到北师河乡开发承包土地。农作物主要以小麦、油菜、大豆为主，同时兼种其他杂粮。当年，全乡向国家交粮 494 吨。2000 年，全乡总播种面积 3 636 公顷，粮食总产量 545.4 万千克，农业总收入 856 万元。

（二）畜牧业

1983 年，北师河公社有役马 140 匹。1986 年，北师河村从林甸县购入黄牛 60 头，当年全乡大牲畜（黄牛、马）存栏 414 头，牧业收入 45 万元。2000 年，黄牛存栏 172 头、马存栏 93 匹、猪存栏 323 头、山羊存栏 223 只，牧业收入 44.8 万元，全乡有养殖专业户 3 户。

（三）农业机械

1983 年，北师河公社有大、中型拖拉机 47 台共 3 273 马力，载重汽车 3 台，机耕面积 2 121 公顷。2000 年，全乡大豆、小麦、玉米机播率为 100%，农业机械总动力 3 625 千瓦，有大中型联合收割机 9 台，悬耕机 32 台、精量播种机 76 台、饲料粉碎机 12 台、大中型轮式拖拉机 57 台、汽车 11 台，胶轮拖拉机 4 台。

三、乡镇企业

1983 年，北师河公社建立起 1 处蓝莓汁加工厂，年加工都蓝莓 35 吨，1988 年停产，总收入 25 万元。1988—1993 年，北师河乡先后办起 4 处镰刀把加工厂，均为个体经营，总收入 15 万元。1998 年，办起股份制黑木耳加工厂 1 处，年加工木耳块 2 500 千克，年收入 4.2 万元。2000 年，全乡有淀粉加工厂 1 家、米面加工坊 4 家、食杂店 6 家、旅店 1 家、拖拉机配件商店 1 家。

四、社会事业

（一）教　育

1983 年，北师河公社有中学 1 所，为乡办初级中学，学校教师 16 人，在校学生 86 人，学校占地面积 21 500 平方米，建筑面积 2 500 平方米，有 6 个教学班；有小学 8 所，在校学生 102 人，教师 20 人，校舍均为砖房。1998 年，乡政府投资 5 万元，为北师河乡中学建起 700 平方米的图书室、实验室、学生宿舍、学生食堂。2000 年，全乡有中学 1 所、小学 5 所（青松山村小学、青龙山村小学、卧冬河村小学、北师河村小学、根里河村小学）。中学有教师 10 人，中学生 153 人。小学有教师 13 人，在校生 105 人。

（二）卫　生

1983 年，公社卫生院有医生 5 人，门诊设床位 5 张，工资实行财政拨款。1994 年，乡卫生院实行个人承包经营，工资实行上级财政差额补助。1995 年卫生院购进 X 光机 1 台。1997 年购进血液化验机 1 台。1998 年,购进产床 1 张。2000 年,卫生院共有医务人员 6 人,其中主治医师 2 人,医师 2 人,护士 2 人。乡卫生院下设儿科、妇科、外科 3 个科室。有村级卫生所 5 个,防疫人员 5 人。

(三)计划生育

1986—1989 年,新生儿从 67 人增长到 89 人。2000 年,独生子女领证率为 75%。

(四)文化生活

1995 年,乡政府投入 0.5 万元在乡政府所在地根里河村建设了休闲广场,广场占地面积 1 000 平方米,配备了乒乓球活动室、棋类活动室及篮球设备等娱乐健身设施。

五、基础建设

(一)交 通

1983 年,北师河公社只有 1 辆客运汽车,有地方道路北师河至大岭公路 65 千米,养护方式为民工建勤,以出人、出车的方式进行道路养护。2003 年,中央为解决“三农”问题,减轻农民负担,取消了民工建勤,地方道路由爱辉区公路管理站统一养护。

(二)住 房

1983 年,北师河公社农村住房 95% 为土坯房,砖瓦结构住房户不足 5%。2000 年,全乡住房砖瓦化率为 20%。

(三)自来水建设

1983 年,北师河公社农村饮水主要依靠自家浅水井,全公社共有浅水井 110 余眼,是人畜用水的主要来源。1996 年,根里河村率先修建井房,村民吃上深井水。2000 年,全乡 8 个村均使用深井水。

第十三节 金 水 乡

一、概 况

金水乡位于爱辉区西部,小兴安岭北麓,地处爱辉区与嫩江县交界处,距黑河市区 154 千米,2005 年,金水乡总面积 960 平方千米,其中,林地面积 478 平方千米,耕地面积2 267公顷,草原面积 2.33 万公顷,水域面积 1 000 公顷。河流 30 余条,泡泽、湖泊星罗棋布,矿产资源丰富,有煤炭、黄金、铜等 15 种矿产,其中煤炭储量达 3.5 亿吨。

金水乡政府办公楼 2000 年 6 月摄

金水乡前身是金水农场,1997 年6 月撤场设乡。2000 年,金水乡总人口 1 895 人,有燎源村、九道沟村、小河里河村、红旗村、裸河村、南大河村、北大河村、清水河村 8 个行政村。乡政府位于红旗村,辖区内有财税所、农技站、农经站、农机站、畜牧站、林业站、土地站、电管站、计划生育指导站、文化站、广播站、金水乡中学、金水乡中心校、国税所、地税所、地矿分局、煤炭分局、煤矿治安派出所、边防派出所、农业银行代办所、邮政代办所等企事业单位。2001 年 3 月，金水乡并入罕达汽镇。

二、农　业

（一）种植业

1983 年，小麦是金水农场的主要种植品种，播种面积为 3 000 公顷。1985 年，农场实行家庭农场承包责任制，当年承包 3 200 公顷耕地，剩余 1 000 公顷土地大多为冷浆地和远征地而无人承包。当年小麦播种面积 3 040 公顷，亩单产 150 千克。1988 年，播种面积 2 467 公顷。当年，将八分场 720 公顷土地转让给沈阳空军驻克山后勤部。1989 年，播种面积 3 600 公顷，其中小麦 2 667 公顷、油菜 800 公顷，因受霜冻基本绝产。1990 年，被弃耕的土地复垦 300 公顷。1996 年，全场小麦平均每公顷产 3.5 吨，农业总产值为 1 400 万元，获得丰收。1998 年 6 月至 1999 年 4 月，金水乡第二轮土地承包工作全面展开。2000 年，大豆种植面积增加为 2 267 公顷。

（二）畜牧业

金水乡草资源丰富，适合发展畜牧生产。1983 年，全农场有黄牛 172 头、马 35 匹、山羊 340 只、生猪 560 头、家禽 1 700 只。1987 年，金水农场为了发展畜牧业，决定招收的落户人员每户必须带 10 头牛。1988 年，黄牛存栏 989 头。1988 年 10 月的雪灾导致大部分黄牛死亡。1989 年，由于引进的品种不适应当地气候和对当地笨牛的疏于管理，金水八分场养殖的 180 头牛全部死亡，造成八分场养殖基地破产。1990 年，全农场有黄牛 498 头、马 38 匹、羊 415 只、生猪 897 头。1995 年，爱辉区纪检委在东山办起小尾寒羊养殖场，购进小尾寒羊 200 只、山羊 50 只。由于小尾寒羊不适应当地气候，加之缺乏管理经验，1998 年养殖场停办。2000 年，全乡有黄牛 636 头、马 48 匹、山羊 850 只、绵羊 240 只、生猪 780 头。其中南大河村有百头养牛专业户 1 户。

（三）农业机械

1983 年，金水农场有链轨拖拉机 32 台、轮式拖拉机 16 台、牵引式收割机 17 台、自走式收割机 7 台，农机具 34 台（套）、汽车 7 台，机械化拥有量居爱辉县榜首。1984 年农场实行家庭联产承包后，把一部分机械租赁或卖给职工开办家庭农场，大部分收存起来由场部统一管理。1990 年，全场有链轨拖拉机 16 台、大型农机具 17 台（套）、胶轮 28、55 型拖拉机 6 台、牵引收割机 5 台、自走式收割机 2 台、叶尼塞收割机 2 台、小型拖拉机 34 台、小型农机具 25 台（套），运输汽车 10 台。1995 年，全农场有链轨拖拉机 12 台、大型农机具 13 台（套）、叶尼塞收割机 8 台、小型拖拉机 65 台、小型农机具 45 台（套），运输汽车 14 台。2000 年，全乡有链轨拖拉机 18 台、大型农机具 16 台（套）、叶尼塞收割机 10 台（装有大豆收割刀台的 4 台），运输汽车 20 台。小型农业机械已经普及，有小型拖拉机 180 台、小型农机具 160 台（套）。

三、乡镇企业

1983 年，金水农场建立联营公司，经营木材产销。同年建立的刀把厂年创产值 50 万元。金水农场八分场成立了个体经营的刀把厂，年创产值 10 万元。1984 年 3 月，金水农场在五分场建立了金水煤矿。1985—1989 年间，金水农场辖区先后成立 50 多家煤矿，职工副业收入占人均收入的 70%，年人均收入 1 780 元。1990 年，金水农场建立金水雕塑厂，产品为火山石雕塑，年创产值 25 万元。1994 年，金水农场有 7 个场开办了煤矿，由于没有国电、交通不便，造成煤价低、效益低，阻碍了煤矿的发展。当年，39 军煤矿投资 80 万元，安装架设嫩江国电；嫩江地铁局和金水农场共同修建黑宝山至金水五分场的地方公路，使各个煤矿开采的原煤能及时销往外地。1996 年，金水农场有煤矿 80 余家，各种服务性企业和商店、饭店逐渐兴起。1997 年，金水乡有大小煤矿 108 家，服务性企业以及商店、饭店等共计 53 家，其中砖厂 1 个、木材加工厂 2 个、面粉加工厂 3 个、汽车修理部 3 家、矿山五金商店 2 个、水泵修理部 2 个、综合商店 2 个、饭店 8 家、食杂店 15 家、豆腐房 7 家、旅店 3 家。矿区人口 8 000人，流动人口 2 000 人。煤矿范围从金水乡清水村到木耳汽的小河力矿总长 40 千米。煤矿年产原煤 50 万吨，产值 4 600 万元，利税 150 万元。个体服务性经营企业创产值 1 000 万元，利税 80 万元。2000 年末，国家严格了煤炭管理，全乡煤矿数量减少为 30 家，年产量 30 万吨，产值 2 000 万元，利税 80 万元。个体服务性经营企业减少为 31 家。

四、社会事业

（一）教　育

1998 年 10 月，修建中学校舍建筑面积 570 平方米；修建小学校舍 450 平方米。当年，香港商人投资 20 万元、乡政府投资 30 万元共同修建了占地 1.6 万平方米的福和希望小学（又名红旗小学）。1999 年，南大河村自筹资金新建小学校 180 平方米。2000 年，金水乡有中学 1 所，中心小学 1 所，6 所村级小学，中学班 4 个、小学班 15 个。共有教师 36 人，在校生 378 人，其中中学 100 人、小学 278 人。

（二）卫生

2000 年，金水乡有卫生院 1 所，南大河村和裸河村各设有 1 个卫生所，全乡共有医务人员 14 人，其中医士 8 人，医师 1 人，中医师 2 人，药剂师 2 人。

金水乡卫生院　　2000 年 5 月摄

（三）计划生育

1983—1991 年，金水农场独生子女领证率 86%，人口自然增长率 0.58‰，年平均出生新生儿 16 人。1992—1995 年，独生子女领证率 85%，人口自然增长率 1.4‰，平均每年出生 21 人。1996 年，国家推出了“两个转变”（转变工作思路，转变工作方法）的方针，计划生育政策宣传深入千家万户，使群众的生育观念逐渐转变。1999 年，以尊重育龄群众的身心健康和意愿为宗旨，推出了“知情选择”的避孕节育新政策。1997—1999 年，共出生人口 86 人，人口自然增长率 12.88‰，综合节育率 92.8%。

五、基础建设

1984 年，金水农场共有地方道路 35 千米。有 7 个村通公共汽车。农村住房 90% 为木板夹锯末房和土坯房。砖瓦结构住房不足 10%。1990—1999 年，乡村两级投入资金 25 万元用于地方道路的养护。1996 年，投资 10 万元新建 750 平方米的金水乡卫生院。1997 年，投资 12 万元新建 260 平方米派出所。1998 年，在红旗村建成 1 217 平方米的金水乡政府办公楼。1999 年末，全乡住房砖瓦率上升至 35%。

黑河市爱辉区志（1983—2005）

◎第三篇　城乡建设　环境保护

第三篇　城乡建设　环境保护

1983 年，黑河市由于所处地理位置比较偏远，人口较少，城市化发展水平不高，城市基础设施较落后。从 1983 年县、市合并后，加大了城市建设投入，加强基本设施建设，提高了城市整体功能。1984 年 8 月，中共中央总书记胡耀邦到黑河视察，提出“南有深圳，北有黑河；南深北黑，比翼齐飞”的战略构想。1984 年以后黑河市与对岸布拉戈维申斯克市友好往来不断加深，相继开通了中苏边境贸易和旅游，国内外游客和客商大量涌入黑河，加速了黑河市区基础建设。1993 年“两撤两建”，爱辉区成为黑河市的唯一市辖区，市区规模不断扩大，基础设施建设不断完善，城市整体功能进一步提高，到 2005 年黑河城区建设已初具规模。把老城区改造为居住、公共服务功能区的规划已基本完成，新城区内以市政府为核心的全市行政办公中心建设已形成规模。机场、港口、车站、热电厂均已投入使用。黑河市区和爱辉镇作为旅游名城(镇)每年迎接国内外数以百万计的游客旅游观光，大黑河岛中俄民贸市场投入使用，市区对俄旅游者开放，黑河这一边疆重镇逐渐发展成为国际商贸业、国际旅游业等综合性的多功能现代化、国际性的沿边开放城市并蜚声于海内外。同时，全区乡村建设得到快速发展，1983—2005 年，村镇建设用于公用设施投资 8 078.45 万元，共铺装道路 8 989 千米；用于公共建筑投资 6 213.60 万元，完成建筑面积 122 175 平方米；用于生产建筑投资 2 299.72 万元，完成建筑面积为 48 033 平方米；用于住宅建设投资 14 903.91 万元，共建房屋 7 045 户，建筑面积 56.19 万平方米。

1983—2005 年，爱辉区大力宣传贯彻落实《中华人民共和国环境保护法》《中华人民共和国水污染防治法》《中华人民共和国大气污染防治法》《中华人民共和国固体废物污染防治法》《中华人民共和国噪声污染防治法》《黑龙江省环境保护条例》等环境保护法律法规，逐步实施了经济和城乡建设与环境保护同步规划、同步实施、同步发展，促进了全区环境保护工作的开展，经济效益、社会效益和环境效益相统一的战略思想得以实现，全区生态环境得到保护和改善。

第一章　城区建设

第一节　机　　构

1981 年，黑河市人民政府成立后相继设立了基本建设委员会、城市建设局、规划办公室、环境保护局。1982 年，设房地产管理局。1984 年 2 月，机构改革，基本建设委员会、城市建设局、房地产管理局、环境保护局、规划办公室合并为城乡建设环境保护局。1985 年 3 月，撤销城乡建设环境保护局，恢复城市建设局，设立城市管理局。当年 9 月，又将城市建设局、城市管理局合并为城乡建设环境保护局。

1986年12月，再次撤销城乡建设环境保护局，复设基本建设委员会。内设机构为秘书股、科教股、计财股、审计股、劳资股、建工股、建材股、统筹办、质监站、保卫股。系统内设事业单位有市政处、房产处、规划办、设计室、农建办、园林处、排水办、自来水公司（事业单位企业管理）。系统企业有第二建筑公司、第三建筑公司、第四建筑公司、水泥厂、石矿、第一砖厂、第二砖厂、第三砖厂、预制构件厂。

1987年11月，成立黑河市市政管理处，内设机构有政秘股、财务股、路灯管理站、生产股、技术股，副科级建制，后变更为正科级建制。

1992年6月，规划办从基本建设委员会分出成立城市建设规划局；建工股从建委分出成立建筑工程管理局；房产处从建委分出成立房地产管理局；建材股从建委分出成立建筑材料工业局，内设办公室、生产股、财务股、行业管理办公室，所属企业单位有预制构件厂、一砖厂、二砖厂、三砖厂、四砖厂；城建股从建委分出成立黑河市城市建设管理局，内设政秘股、劳资股、财务股、工程技术室、城管股5个股室，所属单位有自来水公司、市政建设管理处、园林处、排水处、环卫处，基层企业为市政工程公司。

1993年4月1日撤市建区，黑河市建设委员会改称爱辉区建设委员会，仍为正科级建制；内设机构有办公室、科技股、综合股、财务股，均为正股级建制。同年11月10日爱辉区编委下发文件明确爱辉区建材工业局为爱辉区建设委员会设置部门；建材局内设机构有生产股、财务股、行业管理股，下属企业有黑河市三砖厂、黑河市四砖厂。1996年党政机关改革，根据《中共黑河市爱辉区委员会、黑河市爱辉区人民政府关于黑河市爱辉区党政机构改革方案的实施意见》，撤销爱辉区建设委员会成立爱辉区建设局。内设机构有办公室、施工管理股、村镇建设股、财务股；所属事业单位有爱辉区农村建设办公室，正股级建制；所属企业有黑河市第二建筑工程公司、黑河市第三建筑工程公司、黑河市第四建筑工程公司、黑河市第五建筑工程公司；机关编制9个，其中行政编制8个，机关工勤人员编制1个，实有10人；行政领导职数1正职1副职，股级职数3职。

2001年，爱辉区建设局并入新组建的爱辉区经济计划局，所属事业单位爱辉区村镇建设办公室和所属企业黑河市第二建筑工程公司、黑河市第四建筑工程公司、黑河市第五建筑工程公司一同并入。爱辉区经济计划局设国土区划办公室、投资股、建工股、农建股、项目办等职能股室负责城乡建设管理。所属基本建设企业单位有黑河市三砖厂、黑河市四砖厂、黑河市第二建筑工程公司、黑河市第四建筑工程公司、黑河市第五建筑工程公司等。2005年，管理体制和机构没有变化。

第二节　城区总体规划

1981年，黑龙江省城建局指派省规划设计院协助黑河市编制总体规划。本着“逐步解决，先搞急需”的原则，计划在五年内把黑河市建设成为整洁、美观、大方的现代化城市。当时黑河市区人口5.1万人，建成区8.64平方千米。规划内容为人口7万人，建设用地10.55平方千米；规划期限为近期1981—1985年，远期1986—2000年；城市性质为黑河市是地、市、县政府所在地，是该地区的政治、经济、文化中心，又是重要的边防城市。用地布局规划为居住区、工业区、仓库区。该规划具有明显的现代城市规划功能分区思想，以加强旧城改造，用地尽量不向外扩展为原则。

1986年，黑河市第二次城市规划，也是黑河口岸开放后的第一次城市规划。此次规划修编是在1981年规划的基础上进行，确定市区为市域中心，以居住、公共服务功能为主；西岗子、罕达汽为重点发展的工业镇，爱辉镇为旅游城镇。本次规划对公共设施和基础设施进行了比较全面的考虑，首次增加专项规划内容，对机场、港口、车站、热电厂等基础设施进行了科学选址；对文教体卫等公共设施做出了比较详细的规划。

1992年9月16日，国务院特区办批准成立黑河边境合作区；同年，再次进行了黑河市城市总体规划的修编工作。规划期限近期1993—2000年，远期2001—2010年。由省城市规划设计研究院编制。1995年11月5日，经黑龙江省人民政府批准，本次规划确定城市性质为市域的政治、经济、文化中心和交通枢纽，是我国面向东北亚尤其是俄罗斯远东、沟通欧亚的国际大通道上的大口岸，是以出口加工工业为主，国际商贸业、国际旅游业综合发展的多功能现代化、国际性的沿边开放城市。

1999年11月末至2002年，省规划设计研究院对黑河市进行了新一轮总体规划编制。本次规划期限为近期2000—2005年；远期2006—2020年。2002年11月7日，黑龙江省规划技术鉴定委员会鉴定通过，2002年12月4日黑龙江省人民政府正式批复，城市总体规划为黑河城市性质为市域的政治、经济、文化中心，以国际商贸业、出口加工业、国际旅游业为主的现代化生态型边境口岸城市；黑河市区规模为近期2005年总人口为17万人，远期2020年黑河市区总人口为22万人；黑河市区城市建设用地总面积为27.89平方千米；城市总体布局分为老市区、合作区及桥头区3个组成部分；规划6个居住区，包括老城居住区、新城居住区、新城低层别墅区、铁西居住区、科技居住区、桥头居住区。规划集中的4片工业区，包括中西部老工业区、铁西工业区、南部出口加工业园区以及桥头工业区。规划在新城区内建设以市政府为核心的全市行政办公中心、专业特色文化街5条。

2004年4月，黑河市人民政府对2000—2020年黑河市总体规划建设用地进行了重大调整，把新编制的《黑龙江大桥桥头区总体规划》纳入黑河市城市总体规划建设用地范围，使之成为《黑河市总体规划(2000－2020)》的组成部分；确定黑龙江大桥桥头区是以发展进出口加工业和现代物流业为主的综合园区，规划到2020年桥头区居住人口为10万人，桥头区建设总用地为9.88平方千米；园区分为居住功能区、金融商务区、口岸功能区、重工业区、轻工业区、仓储保税区。此次规划调整委托黑龙江省城市规划勘察设计研究院编制，2004年9月10日通过黑龙江省规划技术鉴定委员会鉴定，9月27日黑龙江省人民政府正式批复此规划。2004年城市总体规划主要调整改变了城市规模和用地布局，调整后城市规模城区人口为32万人，建设用地为37.77平方千米；城市布局增加了黑龙江大桥桥头综合园区。

第三节 民用建筑

1983年，黑河市区房屋总建筑面积仅为73.64万平方米，其中住宅面积39.69万平方米，且多为平房。

1984—1986年，建筑物竣工面积2.6万平方米，其中住宅面积2.5万平方米。1986年老七节楼建成。1987—1989年，建筑物竣工面积8.5万平方米，其中住宅面积8.3万平方米。

1990年，黑河市区开始建设商品房。1991年底，黑河市城区已有房屋总面积234.92万平方米，其中住宅101.85万平方米。1990—1993年，建筑物竣工面积210万平方米，其中住宅面积190万平方米。

1993年，黑河市城区在建工程263项，施工面积120.97万平方米，其中新建商品房23.28万平方米。项目、面积、投资分别比1992年增长12.4%、56.6%和71.3%。工程质量明显提高，竣工验收合格率100%，优良品率达35%，比1992年提高3%；创省、地优质工程50项，比1992年增加5项。城区建成房屋总面积294.85万平方米，其中住宅136.59万平方米。

1994年，工程建设出现下滑趋势，施工项目67项、建筑面积36.83万平方米。其中住宅面积为15.4万平方米，投资8 619万元，项目、面积、投资分别比1993年减少75%、70%、88%，房屋开发因产品过剩而滞销。1994—1997年，建筑物竣工面积94万平方米，其中住宅面积86万平方米。

1997年，采取“以销定建”的办法，避免盲目建设。

1999年,建绿色庭院小区5个。出台了经济适用住房和集资建房优惠政策,市区新建住宅面积大幅度增长。

2000年,黑河房产业逐渐复苏。新开发建设住宅27.88万平方米,其中商品房4.67万平方米,人均住宅面积上升至18平方米。

2003年,《国务院关于进一步深化城镇住房制度改革加快住房建设的通知》发布,城镇住房制度改革深入推进,住房建设步伐加快,住房消费有效启动,居民住房条件有了较大改善。

2004年,黑河城区新建商品楼9.65万平方米。

2005年,黑河市区经规划部门批准建设住宅面积51.35万平方米,投资4.36亿元,其中,新建商品房13.57万平方米,集资房37.78万平方米。建设规模同比增长8.58%,投资规模同比增长32.23%。开发了宏志小区、友谊嘉苑小区、世纪花园小区、东方花园小区等一大批住宅小区。以职工集资建房的形式,集资建设了园丁小区、金禾小区、雅苑小区、宏鹏小区等一些居民住宅小区。居民住宅楼由过去单栋式向小区整体开发转变,小区配套管理日益完善,改善了市民居住条件,提升了城市形象。

截至2005年底,新建住房(含翻建)64 177户,面积(含翻建)621.47万平方米。人均建筑面积由1993年的13.92平方米提高到18.53平方米,提高4.61平方米。

第四节　公 用 建 筑

1983年,城区房屋建筑多为平房,只有工人文化宫、人民银行、少年宫、邮电大楼、黑河宾馆等为数不多的几栋楼房。当年,黑河市区房屋总建筑面积73.64万平方米,其中公共建筑面积近34万平方米。

1984年兴建了林业局办公大楼。1985年友谊宾馆落成。1986年末,新建的黑河市第一百货商店开张营业。1988年中央街商业城(圈楼)营业。1989年五金公司营业大楼建成。1990年黑河市第三小学投入使用。

1991年,大黑河岛中俄民贸市场建成投入使用。截至年底,黑河市城区已有房屋总面积234.92万平方米,其中,厂房36.70万平方米、仓库14.54万平方米、商业用房13.51万平方米、服务业用房3.22万平方米、办公用房22.61万平方米、教育用房10.74万平方米、文体用房7.23万平方米、医疗用房3.49万平方米,其他2.10万平方米。

黑河国际饭店　　2005年9月摄

1992年,黑河建起第一座高层、三星级的国际饭店。

1993年,市区建成房屋总面积294.85万平方米。其中,厂房38.21万平方米、仓库16.60万平方米、商业用房15.52万平方米、服务业用房14.67万平方米、办公用房25.36万平方米、教育用房15.24万平方米、文化体育用房7.24万平方米、医疗用房4.36万

商贸大厦　　2005 年 7 月摄

平方米、其他 21.05 万平方米。

1994—1997 年，由于国家调控整顿，黑河城区公共建筑建设速度放慢。

2000 年，黑河房产业逐渐复苏。当年已有房屋总建筑面积 360.23 万平方米，其中公共建筑 186.50 万平方米。

到 2001 年，先后建起商贸大厦、华富商城、电力调度通讯中心等大型公共建筑。当年，黑河第五小学主体工程竣工；市中心血站、第一人民医院病房楼、教育大厦、师范专科学校综合楼和艺术楼相继投入建设。

2002 年，城区建设步伐加快，一批标志性小区陆续建成。师专艺术楼和综合楼、黑河中学综合楼、黑河第五小学、教育大厦相继建成并投入使用。

2003 年，建起黑河市第二人民医院门诊楼、黑河市疾病预防控制中心等办公和公益类建筑。黑河市人民艺术剧院、群众艺术馆改扩建项目启动。

2004 年，兴建了中房嘉苑商服楼。市第一人民医院住院部大楼、黑河人民艺术剧院投入使用。

2005 年，建成了中国工商银行办公楼、黑河龙珠卧牛湖滑雪场综合服务楼、黑河逸夫小学、黑河银监局数据处理中心办公楼、黑河市工商局综合楼、中国工商银行办公楼等公共建筑。

第五节 基础设施建设

一、道　　路

20 世纪 80 年代前，黑河城区道路建设发展缓慢，城市道路主要是砂石路和土路，只有中央街、王肃街、西兴路 3 条路为油渣路。

1983 年末，市区内已形成道路 25 条，总长 43.5 千米，其中，土路 21 千米，砂石路 15 千米，碎石路 2.3 千米，油渣路 2.2 千米，柏油路 3 千米。

1985 年，投资 138.1 万元，改造 2 条路面，路面升级 2 911 米。其中投资 76.8 万元，建成中央街混凝土路面 1 635 米；投资 61.3 万元，建成海兰街混凝土路面 1 276 米。1986 年，投资 109 万元改造 2 条路面。其中投资 65 万元，建成西兴路混凝土路面 1 479 米；投资 44 万元，建成东兴路混凝土路面 1 050 米。投资 12 万元，对中央街和海兰街两侧人行道铺装了预制块。

1993 年前，黑河市城区主要道路有王肃街、海兰街、文化街、中央街、兴安街、兴林街、兴隆街、南大街；公园路、东兴路、官渡路、邮政路、迎恩路、西兴路、电厂路、环城路、通江路。道路面积 94 万平方米。

1993 年，对兴隆街东段、环城路、龙滨路、开发路、通江路、站前大街、站前四道街路面进行升级改造，改造面积 18.8 万平方米。1995 年始，对全部道路逐步进行升级改造，过去的砂石路、土路逐次建设改造为水泥路、柏油路。1996 年，对中央街（零千米—粮库下坡）、兴华街、王肃街（公园路—东环城路)、文化街东段、公园路南段路面进行升级改造,改造面积3万平方米。1998年,对兴安街西段、南大街、兴隆街(西兴路—邮政路)、二营路、文化街东段、广场路南段、环城路北段路面进行升级改造,改造面积3.6万平方米。1999年,对兴林街西段、海兰街西段、环城路西段(西兴路—黑呼公路)、土产路、党校北段路进行升级改造,改造面积4.5万平方米。2000年,对兴安街西段(电厂路—向学路)、电厂南路、兴隆街(东兴路—路端)、站前大街(站前广场—二环路)路面进行升级改造,改造面积3万平方米。2001年,对王肃街(公园路—电厂北路)路面进行沥青罩面改造,改造面积2万平方米。卧牛湖旅游路建成通车。2003年,对文化街、兴林街、迎恩路、中央街东段和西段路面进行沥青罩面,面积7万平方米。对中央街东段、西段及文化街道路进行拓宽,拓宽道路长3 460米,面积1.2万平方米。2004年,完成龙科街、龙滨路道路修建工程,新建道路面积1.2万平方米。城区南出入口202国道于2004年正式通车,2005年进行拓宽建设,拓宽后路宽25米。

邮政路　　　　2005年8月摄

2005年,进行了五中路、煤炭路、宏志大街、公园路拓宽、202国道拓宽、站前四道街道路拓宽等工程,面积3.5万平方米。截至2005年,黑河市区道路面积达到118万平方米,人行道面积达42万平方米,人均城市道路面积8.61平方米。

二、供　　水

1983年末,全市自来水地下管线全长93.1千米,其中,干线37.6千米,直线55.5千米。有水源4处(停用2处,备用1处),水库2处,年产水110万立方米。有5 583户居民室内引进了自来水。平均人均生活用水量29升。

1985年,投资35万元,铺设1条1 680米长的供水主干线。1986年,投资49.6万元,新建1条通往高区1 960米的主管线,解决了市区东部和东南部、西部和西南部居民和机关、厂矿用水难的问题。1988年,投资80万元,从南岗高区供水塔沿环城路至江边泵站修通了供水干线,解决了高区时常停水的问题。

截至1993年,已建成4眼大口井水源、1处日供水1万立方米地表水水源、2 000立方米水库及100立方米水塔各1座,供水能力达到2.3万立方米/日,供水管线116.7千米,供水人口达7万余人。

随着城区建设的发展,居民居住的建筑由原来的平房逐步发展成为楼房,而且建筑物逐渐增多,使得水压不能满足新建楼房的要求,为满足住宅楼高楼层居民用水需求,各新建楼群普遍增设加压泵房,这些小区二次加压泵房解决了住宅楼高楼层居民用水问题。

1995年,投资100多万元,新建1座350平方米的水质监测中心办公楼,购置各类监测设备10余台。招聘大专院校毕业生4人并对其进行培训,加强了水质检测规范建设,能按GB 5749－85标准进行30个水质指标的检测。

2000年,投资10 664万元,建成黑河市五道豁洛水源工程并投入试运行,其供水能力为5万立方米/日,该水源的运行投产,改善了供水水质,出厂水质合格率100%。其供水能力基本满足黑河中远期经济和社会发展的用水需求。

2004年,黑河经济合作区应急供水工程启动,投资1 098万元对合作区供水管网进行改造,更新改造管线14千米。2005年,投资883万元,进行城区供水管网改造,更新改造管线18千米。至2005年,供水管线总长度达到160千米。

三、排　　水

1983年底,黑河市区共有排水沟45千米,其中浆砌石、混凝土预制块等仅有6.5千米(主要分布于西兴路、迎恩路、邮政路及中央街两侧),简易排水沟38.5千米。

1984年,黑河市区城市排水管网开始建设,成立了黑河市排水建设指挥部。为加快改造和建设速度,本着先地下、后地上的原则,决定对老城区内10条街8条路铺设地下排水管线,为地上建设奠定基础。经省计委、建委批准,黑河市第一期排水工程16.5千米,分3年完成,投资360万元。当年排水工程投资108万元,完成工程量2 792延长米。1985年,投资150万元,完成工程量7 404延长米。1986年,投资102万元,完成工程量6 500延长米。至此第一期地下排水工程全部完成,建设排水管道总长度为16.7千米,结束了黑河市没有市政排水管道基础设施的历史,改变了雨水、污水顺路漫延的状况,改善了城区居民生活环境。

1986年,经黑河市市长办公会议讨论同意,成立黑河市排水事业管理处。

1993年,黑河市区排水管线达到29千米,基本形成了城市排水网络格局。1994年,环城路(客运站—江边)排水工程开工建设,铺设排水管线5.6千米。1997年,西环城路(客运站—黑呼公路)排水工程开始建设,铺设排水管线3千米。1998年,站前大街排水工程开工建设,铺设排水管线4千米。

截至2005年底,黑河市区污水排放总量为750万立方米,排水管道总长53千米,排水管道密度为2.86千米/平方千米。这些竣工的排水工程,解决了黑河市区雨水滞留的问题,基本达到了流水畅通的目标。路面升级过程做到先建排水管线,后路面升级,每50延长米设置1个下水井,暴雨过后即可快速排除雨水。

四、供　　热

1981年,经地方申请、省政府批准,黑河开始建设集中供热工程。工程总投资264万元,其中国拨190万元,地方和企业自筹74万元,实际完成246万元,占总投资的93%。1982年10月15日,集中供热工程正式供热。接通92个供热点、130个单位,供热面积15万平方米。设计供热能力18万平方米,到1983年底已超过设计能力。

截至1986年,供热面积达到28万平方米,受益单位250个,家庭用户1 008户,拆除锅炉烟囱150座。为补充供热不足,经有关单位倡导,推行试验性、区域性连片供热锅炉2处:北方宾馆一片5 000余平方米,市房产一片1.2万平方米。

负责市区供热的黑河市热电厂是市直国有中型企业,隶属黑河市政府。黑河市热电厂工程是国家"八五"期间批准兴建的热电联产节能项目,是黑龙江省重点建设工程。

黑河市热电厂首期建设工程总投资41 671万元,建设3台65T/H次高压沸腾炉,2台12兆瓦双抽式汽轮发电机组,设计年发电量1.7亿千瓦时。供热面积120万平方米。1988年8月破土动工,1991年10月投入生产。同年6月,黑河发电厂全体职工并入黑河市热电厂。

二期扩建工程总投资7 076万元,扩建2台65T/H次高压沸腾炉、1台15兆瓦背压式汽轮发电机组(供热机组),设计年发电量0.64亿千瓦时,供热面积120万平方米。1992年8月开始筹建,计划1995年10月竣工投产,由于资金筹措困难,贷款迟迟不到位而中途停工,于1997年1月竣工投入生产。

黑河热电厂　　1999 年 5 月摄

随着黑河市城区供热面积逐年增加，热电厂一期工程建设的唯一一条向市区输送热能的一级供热管线已不能满足供热需求，2001 年夏季，热电厂自筹资金 700 万元，自己设计、自己生产加工保温管，自己施工新建 1 条 3 000 米长（双管 6 000 延长米）Φ630 毫米一级供热管线，直通黑河市边境经济合作区，称为黑河市热电厂“630”工程。该工程设计可增加供热面积 160 万平方米，同时使热电厂供热管网形成了环路，为安全稳定供热提供了保障。该工程概算投资 1 500 万元，由于是自己动手施工，工程竣工决算实际总投资为 700 万元，比概算投资节省 800 万元。

三期工程（即龙珠工程）投资 12 000 万元，扩建 2 台 75T/H 循环流化床锅炉、1 台 15 兆瓦背压式汽轮发电机组，设计年发电量 0.75 亿千瓦时，供热面积 140 万平方米。2002 年 5 月开工建设，2003 年 12 月竣工投产。

2003 年 9 月，黑河市热电厂兼并了黑河市边境经济合作区供暖公司，当时合作区供暖公司在职人员 52 人，建有 3 个换热站，每个换热站配有 2 台 4T/H 锅炉，供热面积 12 万平方米。小区并入集中供热和联片供热面积 31 万平方米。

四期工程（即龙珠二期工程）投资 5 000 万元，扩建 1 台 75T/H 循环流化床锅炉、1 台 15 兆瓦背压式汽轮发电机组，设计年发电量 0.75 亿千瓦时，供热面积 70 万平方米。2005 年 8 月开工建设。

截至 2005 年末，黑河热电厂已建成“七炉四机”规模，总装炉容量 475T/H（5 台 65T/H 次高压沸腾炉，2 台 75T/H 循环流化床锅炉），装机 54 兆瓦（2 台 12 兆瓦双抽式汽轮发电机组，2 台 15 兆瓦背压式汽轮发电机组）。在市区建有 24 个换热站。

五、燃　　气

1985 年，黑河行署由财政出资筹建行署机关液化石油气供应站；1987 年购置 2 个 25 立方米液化石油气贮罐、1 个 5 立方米残液灌及压缩机、烃泵等相应设施；1989 年购置 2 个 63 立方米液化气贮罐、1 台压缩机（2.7）、2 台槽车；陆续投资 300 万元。

1986 年，黑河市出资筹建黑河市液化石油气公司；1986 年，购槽车 1 辆，液化石油气贮罐 75 立方米 1 个及压缩机、烃泵等相应设施；1989 年扩建，购置液化石油气槽车 2 台，液化石油气贮罐 75 立方米 1 个、50 立方米 1 个，压缩机（0.7）1 台；截至 1989 年，陆续投资 300 万元。供气范围为黑河市居民。

1995 年，市、区 2 家液化气单位合并，成立黑河市液化石油气公司，供气范围为市区及乡镇居民。

2000 年，黑河市液化气站建办公用房 433 平方米，并设计建设了喷淋系统。

2001 年，在黑河市城南新建 1 处业旺液化石油气站。

2003 年，由联通公司和地税局联合出资 40 万元修建了龙滨供气站，设有车间、办公室和微机室，供气能力 1 000 户左右，建成管道 400 余米，用户 160 户。

截至2005年，随着建筑业的发展，大部分居民居住楼房，搬运液化气灌困难，故居民做饭用电居多，致黑河市液化气公司一直维持原有状态。

六、园林绿化

1983年，黑河市园林处投资11.94万元，于王肃公园修建了拱桥、假山、望江亭和儿童体育设施。当年黑河市内春季义务植树284棵，种植花草1.13万平方米。年末，市内街道两旁有杨树、榆树、柳树等约7 700株。

1992年，黑河市城市绿化面积为123万平方米，城市绿化覆盖率5.9%，人均公共绿地1.24平方米。1995年，王肃公园扩建，建中日合资游乐场2 500平方米。扩建后公园面积5.2公顷（公园原占地4.5公顷，为当时市区仅有的1处综合性公园）。1999年新开辟绿地近10万平方米。

王肃公园　　2004年7月摄

2000年，开始修建黑龙江公园。黑龙江公园西起航运码头，东至大黑河岛桥头，全长3 100米。黑龙江公园东宽西窄，最宽处200米，最窄处40米，整个地段呈带状，占地总面积42.5公顷。其中绿地面积23.6万平方米，沙滩面积3.4万平方米，硬化面积131.1万平方米。到2005年，黑龙江公园已建成广场15处、音乐喷泉7处、花坛9 686平方米，栽植树木约40个品种共2万余株，草坪20多万平方米，绿篱18 632延长米，种植花草10余个品种计10万余株。新建成的黑龙江公园，不仅为市区居民提供了舒适的休闲健身娱乐场所，也为国内外游客游览、观光黑龙江两岸风景提供了方便。

到2005年，市区人均园林面积达到4.77平方米，城市绿化覆盖面积达到210万平方米。城区绿化逐年增加，美化了城市，改善了气候，净化了大气，减弱了噪音。

1993—2005年爱辉区绿化资金投入表

表3－1　　单位：万元

年份	绿化资金投入	年份	绿化资金投入
1993	3	2000	21.1
1994	4	2001	9
1995	4	2002	25.7
1996	4	2003	20
1997	4	2004	70
1998	6	2005	560
1999	4	合计	734.8

七、环境卫生

1983年，黑河市环卫处有职工91人，年经费28.9万元，有拉运垃圾汽车10台，吸粪汽车2台，推土机1台，手扶四轮翻斗车3台。市内设置公厕149个，脏冰窖204个。市内主要街道清扫面积30万平方米，有街道清扫员55人。自王肃街至南大街（十道街）放置皮制垃圾盆3 427个，城边设置垃圾点36处，全年清运垃圾26.42万吨。

1993年，财政对环卫设备进行了大规模投入，先后购置一大批比较先进的机械化设备，各种车辆共计26台，职工发展到163人。在垃圾清理上实行“五定”（定车、定员、定段、定标准、定任务）责任制。2003年启动了“无烟城市”创建工作。2004年，黑河市区实行垃圾袋装化。

2005年，黑河市政府为加大清扫积雪力度，购置1台雪狼清雪机，使主要街路冰雪能够及时得到清扫。同年7月，黑河市生活垃圾处理厂开工建设，标志着黑河市区生活垃圾将由分散掩埋改为集中规范处置。生活垃圾处理厂位于市区南部黑大公路10.5千米处，占地面积15公顷。工程设计使用年限为10年，设计规模为日处理生活垃圾250吨、粪便96吨、医疗垃圾3吨。该工程按垃圾综合处理方式设计，包括垃圾挡坝、厂区道路、防渗系统、渗滤液处理系统、沼气疏导系统、截洪与排洪及其他辅助设施。

截至2005年底，市环卫管理处专用车辆达到28台，职工163人，清扫保洁面积284万平方米，公厕86座，年清运生活垃圾11万吨。

第二章　房地产管理

第一节　机　　构

1983年，爱辉县房地产管理局与黑河市房地产管理处合并，更名为黑河市房地产管理局，正科级建制。内设政秘股、生产股、房管股、工会、共青团。共有全民所有制职工164人，其中行政管理人员35人，一线工人129人。黑河市房地产管理局下设黑河市房地产住宅公司，属集体所有制，有职工282人。

1984年4月，根据建设部《关于城镇房产经营和房屋修缮单位实行经济责任制若干问题暂行规定》的通知精神，黑河市房地产管理局实行机构改革，更名为黑河市房地产管理处，处机关共有管理人员45人，处内部机构增设了房地产普查股和建设征地动迁股。按照政企分开、简政放权的改革精神，按不同体制分别成立了第一、第二2个维修工程队，黑河市房地产管理处维修队为集体所有制。2个队共有职工397人，经济管理方法以队为单位，单独核算，自负盈亏。

1989年4月4日，成立黑河市房屋产权办公室、黑河市房地产交易所、黑河市房地产仲裁办公室。1990年8月2日，经黑河市编制委员会同意，成立黑河市房地产仲裁委员会，下设办公室，编制4个。同年冬，根据黑河市建设委员会第68号文件精神，撤销原房产维修一队、二队，成立黑河市住宅建筑维修公司，隶属黑河市房地产管理处。

1992年8月19日，黑河市房地产管理处更名为黑河市房地产管理局，人员编制47个，内设办公室、财务室、生产股、房管股、产权产籍管理办公室、房地产仲裁办公室、房地产交易所、动迁办公室。

1993年4月，黑河市房地产管理局更名为爱辉区房地产管理局，正科级建制，地方自定编制20个。同年，爱辉区房产一队、二队合并（自定编共计136个）更名为黑河市第五建筑公司，改属爱辉区建设局。建区后,爱辉区房地产管理局隶属爱辉区人民政府,正科级单位,机构编制 20 个,内设办公室、财务室、产权股、房管股、交易股、生产股、动迁股、物业公司 8 个股室,均为正股级建制。辖区内设置西岗子镇交易所、爱辉镇交易所、罕达汽镇交易所,均为事业单位,股级建制。

1994 年开始施行住房公积金管理业务。

2000 年 7 月,根据黑龙江省建设厅《关于加快房地产估价行业发展的若干意见》文件,估价机构限期脱钩改制,将其推向市场,推向社会的要求,取消爱辉区房产价格评估事务所。

2002 年 2 月 22 日,根据爱辉区人民政府 2002 年第一次区长会议纪要精神,为加大对农村集体土地房屋建设市场的管理和开发工作力度,确保农村房屋建筑和交易有序进行,爱辉区集体土地房屋产权登记、办证、市场交易职能归属爱辉区房产局。同年 9 月 17 日,根据《黑龙江省人民政府印发省住房制度改革委员会关于进一步加强住房公积金管理工作方案的通知》精神,爱辉区将住房公积金管理业务移交给黑河市住房公积金管理中心。

第二节　房屋管理

1983 年,黑河市内房屋总面积 73.64 万平方米,其中房产处管理 12.64 万平方米;单位自管房 56.1 万平方米,私产房 4.9 万平方米。在房产处管理的房产中住宅面积 12.19 万平方米;机关企事业用房 4 479 平方米。在单位自管房中住宅面积 22.6 万平方米,机关企事业用房 33.39 万平方米。房产处对其直管的房屋采取以租养房、差额由地方财政补贴的办法管理。此时期,职工住宅的管理和分配,仍实行以“统一管理、统一分配、以租养房”的公有住房实物分配为主的制度,即城镇职工的住房主要由所在单位解决,各级政府和单位统一按照国家的基本建设投资计划进行住房建设,住房建设资金的主要来源 90% 靠政府拨款,少量靠单位自筹。住房建好后,单位以低租金分配给职工居住,住房成为一种福利。这种制度模式在当时较低消费水平层次上,较好地满足了职工的基本住房需求。随着社会发展和居民逐渐增多,居民住房一直处于紧张状态。同年 4 月,根据中央和省提出的“城镇居民可以购买住宅,也可以自已建房,由国家建设一批住宅,向群众敞开出售,不但新建房可以出售,老房子也可以出售,可以一次付款,也可以分期付款”的精神,结合黑河市实际情况,黑河市政府制定了《黑河市出售公有房屋试行方案》,向居民出售三、四、五级房和东北沦陷时期遗留房产。旧房改造及基本建设工作交由住房公司负责。

1994 年末开始,爱辉区房产局将直管房和区直属行政、事业单位的自管房面向职工出售。

1995 年,根据房地产业发展需要,爱辉区房地产管理局对直管房、接管房实行物业管理,对黑河市内私产房、不在爱辉区房产局管辖范围内的各类房屋开展有偿服务。

1998 年 7 月 3 日,国务院发布《关于进一步深化城镇住房制度改革加快住房建设的通知》。通知进一步确定了深化城镇住房制度改革的目标,即停止住房实物分配,逐步实行住房分配货币化;建立和完善以经济适用住房为主的多层次城镇住房供应体系;发展住房金融,培育和规范住房交易市场。同时决定,1998 年下半年开始停止住房实物分配,逐步实行住房分配货币化。至此,实行了近 40 年的住房实物分配制度从政策上退出历史舞台,宣告了福利分房制度的终结和新的住房制度的开始。

到 2000 年 6 月,全区已有 85% 以上的职工购买了居住的公有住房。职工购买住房后急需改善住房条件,于是出现了单位集资建房和经济适用解困住房。建筑市场逐渐呈现繁荣景象,家庭条件好的职工卖掉原有旧小的住宅,借贷部分公积金,购买宽敞建筑面积相对较大的住宅,致使房屋交易十分活跃,公积金信贷业务蓬勃发展。住房制度改革使住房建设更趋合理化、适用化,城镇居民住房制度逐步走向商品化、社会化。

第三节　房产交易管理

1983 年，制订了《黑河市出售公有房屋试行方案》，向居民出售三、四、五级房和东北沦陷时期遗留房产。

1987 年，黑河市政府制定《黑河市房产交易市场管理暂行办法》，细化了规划区内进行的公有房屋、私有房屋的买卖、租赁、互换等房产交易活动规则，该办法的出台维护了房地产市场秩序，保障了当事人的合法权益及合法交易，促进了房地产开发、经营、流通，加速了住宅商品化步伐。

1991 年 8 月 17 日，黑河市人民政府印发《黑河市公有房产交易市场管理暂行办法》。此办法的出台避免了多家管理而出现的建管脱节、弃管、漏管现象，强化了售后管理。房管部门在实施管理过程中，采取分步实施、逐步完善的办法，对产权为市属的公产房屋实行统一管理，在摸索和积累经验的基础上，逐步完善了市区内公有房屋的统一管理。

1994 年 10 月 26 日，根据《国务院关于深化城镇住房制度改革的决定》《黑龙江省深化城镇住房制度改革实施方案》《黑河市深化城镇住房制度改革方案》，爱辉区成立住房制度改革领导小组，制定了《爱辉区出售公有住房实施办法》《爱辉区住房公积金制度实施办法》《爱辉区公有住房售后维修管理办法》。年末开始对爱辉区房产局直管房和区直属行政、事业单位自管房面向职工出售。出售形式分两种，标准价和成本价，为方便职工，房改时可以单位集体办理房改手续，也可以个人自行办理房改手续。房改工作中，一是产权界定，即把多家产权的住宅，按规定进行产权划分。根据文件精神确定房屋可否出售，政府认为不宜出售的房屋不予出售。二是房屋估价，即无论是集体还是个人购房，楼房建筑面积、建筑结构等依照图纸进行计算，平房进行实地看房后鉴定、测量、划分等级，然后出售。三是房屋交易，即按成本价或标准价购买现有住房，证件、工龄等手续齐全后方可填表，建房年限以档案记载为标准，根据套议公式计算交易价格。公有住房售后维修执行《爱辉区公有住房售后维修管理办法》，公有住房售后属于自用部位、自用设备的维修养护费用自理，共用设备和共用部位维修养护费用由原产权单位负责。住房共用部位、共用设备的维修养护由售房单位或委托房产部门承担维修养护责任。

1996 年度出售公有住房 146 户，其中，标准价出售 138 户，成本价出售 8 户。1997 年度出售公有住房 708 户，其中，标准价出售 367 户，成本价出售 341 户。

1998 年 3 月 17 日，房地产价格评估事务所成立，开始对爱辉区范围内的包括中央、省、市、区直属机关、企事业单位和个人的房屋买卖、租赁、交换、抵押等做出独立的比较科学的房地产价格评估。同年 6 月，根据黑河市人民政府有关精神，鼓励职工成本价购买公有住房，职工在原标准购房款的基础上乘以系数 0.92 即为成本房款额，这一优惠政策，使原有标准价房改的职工纷纷参加房改。截至 2000 年 6 月 15 日，爱辉区房产局办理房改手续 5 237 户，房改总面积 264 755 平方米。

2000 年 1 月至 2005 年 12 月，爱辉区共出售公有住房 634 户。截至 2005 年底，爱辉区在实施城镇住房制度改革中共出售公有住房 6 724 户。

第四节　动 迁 管 理

1983 年，黑河市人民政府决定对全市危房进行逐步改造。当年，对黑河市区 5 片平房住宅区，面积 1.7 万平方米，进行拆迁建设。这些房子均为中华人民共和国成立前遗留，使用年限均在 40 ~ 50 年以上，全部为危房，主要分布于繁华的中央街两侧。

同年，根据国家城市建设总局《关于在第三次全国人口普查试点前做好试点城市住房情况调查的通知》精神，为加快黑河市房屋管理摸清现有住房增减变化底数，加快住宅建设，研究制定长远规划和房产管理政策，黑河市决定对全市进行房屋普查工作，凡在黑河城市规划区域的房产，包括地、市、县房管部门的直管房，各单位自管房以及私有房均列入本次普查范围，普查内容包括产权产籍、产权来源、房屋座落、房屋结构、建筑面积、使用用途、使用面积、辅助面积、层次、建筑年限、房屋质量、使用性质以及缺房户、不使用户、拥挤户和现住房的居住情况，逐步查清登记，历经 1 年时间，完成了房屋普查登记工作。此次普查为拆迁安置奠定了基础。

1985 年，出台了《黑河市城市建设动迁安置暂行办法》，制订黑河市总体规划，市区建设全面实行危房改造和小区规划改造，逐步拆迁危房、平房，建成楼房并集中供热。

1991 年，制定了《黑河市城市建设动迁安置管理实施办法》，加强了城市动迁管理工作。当年进行了 4 个地段的旧房改造工作，全市动迁 298 户，建筑面积 16 254.77 平方米。1992 年，全市动迁 84 片，总户数 1 879 户，建筑面积 83 722 平方米。

1993 年 4 月，实施“两撤两建”，房产动迁职能上收，爱辉区不再担负市区动迁工作的管理，只负责爱辉区房产局直管房的动迁安置工作。当年动迁工程量剧减，全区只动迁 28 户，建筑面积 1 343.88 平方米。1999 年，王肃街以北拆迁面积 2 万平方米。

2000 年 1 月至 2002 年 12 月，爱辉区房地产价格评估事务所共为市区内城市改造居民住宅拆迁、爱辉镇 202 国道扩建、博物馆扩建拆迁 80 余户做了房地产价格评估。

2001 年春，因爱辉博物馆扩建工程增加占地面积和 202 国道修建工程拓宽道路，动迁 16 户民宅及宅基地。2002 年春，爱辉镇修建小型广场，动迁 3 户民宅。2003 年春季，爱辉镇沿江公园规划建设，依据《黑河市城市建设拆迁安置暂行工作办法》的规定，动迁民宅 36 户。拆迁安置了小黑河坝外泄洪区 38 户居民，解决了这 38 户居民用水水质污染问题。

第三章　乡村建设

第一节　规　划

1981 年，黑河市开始编制村镇建设规划，规划编制先进行现状图的测绘工作，然后在现状图的基础上编制规划图。为搞好规划，黑河市从有关部门抽调专业技术人员，组建农村规划测量队，开展村镇建设规划编制工作。在编制规划中，按照“立足当前、着眼长远、有利于生产、方便生活”的原则。

新生鄂伦春族乡全貌　　2005 年 6 月摄

考虑现实生产和村屯现状，制定了近期（到 2000 年）规划标准，即布局合理化；房屋砖瓦化、造型多样化；道路铺装砂石化；环境园林化；饮用水自来化；公共基础设施配套化。在勘察规划方法上，开始一律采用控制导线测量法，质量好，但速度慢，根据国家关于严格控制节约建设用地的指标，本着先粗后细的原则，从 1983 年起，除对集镇所在地和地形变化较大的村屯外，都改为平板导线测量法，加快了测量速度。

1981 年，先在爱辉镇松树沟村、西三家子村，上马厂乡西山后村、达音炉村，四嘉子乡小乌斯力村和西岗子镇杨树村等沿江乡镇中条件好的村屯进行规划和试点。1982 年，重点编制了爱辉镇各村（西三道沟村、南砖窑、窦集屯、里二道沟除外）、西岗子镇托力木村、四嘉子乡大乌斯力村、张地营子乡泡子沿村和坤河乡黄旗营子村等 17 个村的规划。1983 年，进行了新生集镇规划编制试点和上马厂乡各村、张地营子乡各村（大、小新屯村除外）、四嘉子乡各村及坤河乡兰旗村、西岗子镇坤站村和爱辉镇里二道沟村等 1 个集镇、18 个村屯的建设规划。1984 年，主要进行了西岗子镇各村（曹集屯，红星村除外）、罕达汽镇各村（长胜村除外）、西峰山乡各村、新生乡各村、二站乡各村、坤河乡各村及张地营子乡小新屯村共 29 个村的规划。1985 年，主要完成了坤河集镇、北师河集镇及各村、爱辉镇西三道沟村和南砖窑村等 2 个集镇、9 个村的建设规划。

1986 年，根据省建设工作会议提出的年内完成全省集镇规划工作的要求，黑河市集中力量按省提出的统一规划的要求，对西岗子镇、爱辉镇、罕达汽镇进行重点规划，并对以前已完成的 3 个集镇的规划进行重新检查，均达到有现状图、规划图、工程管线图、居民点分布图及集镇规划说明书等，经黑河行署村镇规划验收小组验收全部合格，并发给验收合格证。坤河、四嘉子 2 个集镇的规划设计被评为黑河地区村镇规划优秀方案。同年，完成幸福乡河南屯村、小黑河村、长发村、上二公村、下二公村、高地营子村及爱辉镇窦集屯村 7 个自然村的规划设计工作。1987 年，完成西岗子镇红星村、罕达汽镇长胜村、张地营子乡大新屯村的规划工作，完成村屯规划说明书 37 份。

1988 年，全市有 61 个村屯的规划方案通过市政府批准，并通过验收，取得验收合格证。1989 年，完成西岗子镇曹集屯村的现状测量和规划编制工作。25 个山区乡镇的村屯规划方案通过验收，取得验收合格证。至此，全市所辖 3 个建制镇、8 个集镇、90 个村屯的规划设计工作全部完成。

1990 年，四嘉子乡小乌斯力村被列为省村镇建设试点村，在“大地乡村建筑发展基金会”资助下，省建委乡镇处及村镇建设研究所对小乌斯力村的规划进行重新修编，使其更符合实际和具有可操作性。1992 年，对二站乡卫星村、东升村的规划进行重新修编，对罕达汽镇桦树排子村搬迁进行规划，对西岗子镇现状图进行补测，并编制出小区开发规划。

1993 年，对幸福乡小黑河村、河南屯村新建小区进行了规划。1996 年，对爱辉镇旅游区进行了规划。1997 年，金水农场撤场建乡，对金水乡进行了规划，对罕达汽镇桦树排子村进行新建规划。1998 年，洪涝灾害后，对 2 个乡镇、14 个村屯进行了重新规划。1999 年，对爱辉镇现状图进行测量，为下步规划修编提供依据。

1999—2001 年，爱辉区按照开展小城镇建设“双百千”活动和“网络工程”活动的要求，进行了新一轮村镇规划修编工作。同时，全面加强基础设施和住房建设，努力改善村镇环境。2001 年，对 8 个乡镇的规划进行修编。2004 年，对爱辉镇进行部级规划，对罕达汽镇进行省级规划，对 7 个集镇（四嘉子乡、坤河乡、上马厂乡、张地营子乡、新生乡、西峰山乡和二站乡）进行了编制调整完善建设规划。

第二节　基础建设

1979 年一些村屯开始扩展乡间和村屯内的道路,但多为土路,没有高等级道路。农民饮水多为手压机井,后来逐步兴建了深井压力罐,并敷设了管道,农户开始使用自来水。自来水普及率不足3%。

1984—1987 年,黑河市投入大量建筑材料支持村镇建设。其中,钢材 93 吨,木材 1 071 立方米,水泥 783 吨,玻璃 3 199 标准箱。地方投入钢材 239 吨,木材 599 立方米,水泥 470 吨,玻璃 500 标准箱,其余为市场调节。

1986 年,对全市农村建设情况进行调查统计,投资 37.75 万元,新建公共建筑 3 809 平方米;投资 6 000 元,新建生产建筑 400 平方米;公用设施建设投资 4 万元,新建乡村道路 79.2 千米。15 个村屯新建自来水,8 113 人用上自来水。

1993 年后,爱辉区村镇建设以实现全区小城镇发展战略、带动和促进全区经济发展为中心,以推进"康居工程"为主线,坚持统一规划、合理布局、配套建设的方针,遵循工业小区、集贸市场、基础设施建设三位一体的原则,全面实施撤并自然屯、建设中心村、发展小城镇的战略,重点突破、梯次推进,加速城乡一体化进程,拉动了全区国民经济发展,村镇建设成绩显著。

1998 年末,农村道路铺装率达到 80%,比 1993 年增加 20 个百分点;农村自来水普及率达到 45%,比 1993 年提高 33%。2001 年,投资 908 万元,新建学校、医院、邮局、加油站等公共建筑 10 100 平方米,加强了全区文教、卫生、商业、服务业等公益性服务设施建设。投资 272.7 万元,新建生产建筑 2 710 平方米;投资 618 万元铺装西岗子镇、爱辉镇、新生鄂伦春族乡高级、次高级路面 325 千米、3 225万平方米。投资 321 万元,维修村屯道路 402 千米,使全区道路铺装率达到 86%。全区共建成示范村 7 个、小康村 22 个、样板房 30 栋,村镇基础设施建设得到明显加强,农民居住环境得到较大改善。

2002—2003 年,2 年共投资 1 774.8 万元,新建公共建筑 12 375.6 平方米;投资 442.7 万元,新建生产建筑 6 286.4 平方米;7 个村投资 224.24 万元,安装了自来水,新增用水人口 825 户、2 856 人,全区自来水普及率 47.5%,比 2001 年末增长 5 个百分点;投资 1 923.2 万元,改造村屯道路 614.8 千米,新铺装道路 701.3 千米。道路铺装率达 90%,比 2001 年末增长 4 个百分点。

2004 年,用于公共建筑投资 477.6 万元,建筑面积 6 560.23 平方米;用于生产建筑投资 389 万元,建筑面积 1 915 平方米;用于公共设施投资 2 708.53 万元,其中用于铺装道路 2 982.19 千米,铺设自来水管道 64 千米,安装路灯 370 盏,修建防洪堤 65.4 千米。

2005 年,爱辉区各乡镇组织干部、村民维修村镇道路约 300 千米,投入资金 100 万元,疏通边沟 5 000多延长米。爱辉镇 4 项重点工程项目——十里长江公园工程、佛教公园金法寺工程、森林公园工程、卫国英雄园工程,前 2 项工程已启动,先期分别投入 200 万元和 150 万元。

1983—2005 年,全区(市)村镇建设用于公用设施投资 8 078.45 万元,共铺装道路 8 989.04 千米;用于公共建筑投资 6 213.6 万元,完成建筑面积 122 174.83 平方米;用于生产建筑投资 2 299.72 万元,完成建筑面积 48 033.4 平方米。

截至 2005 年末,全区村镇公共建筑实有面积 16.37 万平方米;生产建筑实有建筑面积 13.12 万平方米。

第三节　住房建设

1980 年，全国召开了第一次农房会议，黑河市按照会议精神把农村住房建设作为村镇建设工作的主要内容，把改善农村居民生活环境和提高农村居民居住水平作为各级政府和有关部门的工作重点。1983 年 7 月，黑河地区行署基本建设委员会、土木建设学会编辑出版了《黑河地区农村建筑图集》，为农民建房提供优秀设计方案 31 个，面积从 40 平方米至 100 平方米不等。黑河市沿江乡镇的部分村屯在 80 年代建的住宅大部分采用了这些方案，黑河市沿江村屯住房砖瓦化率 80 年代达到较高水平，涌现出一些村镇建设典型，如坤河乡黄旗营子村等。

1980—1982 年，全市农村共建各类房屋 9. 3 万平方米，农房总面积 66. 9 万平方米。其中砖瓦房占 13. 9%。1986 年，对全市农村住房建设情况进行了调查统计，建新宅农民 422 户，建筑面积 3. 09 万平方米，其中砖房 2. 41 万平方米，土草房 6 800 平方米。

1992 年，为加强对农村住房的产权管理，保护村镇房屋所有人（单位）合法权益，黑河市根据省建委要求，对乡镇房屋产权进行登记和发放房屋所有权证工作，建立了村镇房屋产权产籍档案，2 年时间完成了沿江乡镇大部分房屋产权登记和发放房屋所有权证工作。

为了支持和鼓励农民建高标准住宅，黑龙江省建设委员会多次征集关于农房建设的优秀设计方案，并编成通用设计图册发放给农民，对一些设计新颖、美观、功能齐全的住宅进行评比并命名为样板房。1992—1995 年建起以当地村命名的“小三嘉子式”等多款房式。

截至 1998 年末，农村人均住房建筑面积 17. 8 平方米，住房砖瓦化率 70%。与 1993 年比人均增加住房建筑面积 1. 3 平方米，住房砖瓦化率提高 19 个百分点。

2001 年，全区共投入 1 637 万元，新建、翻建住宅 481 户、42 700 平方米。至年末，全区村镇住房砖瓦化率达到 73%，人均住房建筑面积 18. 3 平方米。

2002 年，根据爱辉区人民政府 2002 年第一次区长会议纪要精神，在黑河市率先开展辖区内集体土地房屋产权登记、交易工作，增强了农民房地产产权意识，保护了农民合法权益。

2004 年，爱辉区 3 个建制镇（爱辉镇、西岗子镇、罕达汽镇）现状用地面积 432 公顷。住户 2 900 户，其中，农业户 1 100 户，非农业户 1 800 户。人口合计 8 800 人，其中，农业人口 3 700 人，非农业人口 5 100 人。实有建筑面积 17. 1 万平方米，其中，砖木结构 14. 97 万平方米，其他 2. 13 万平方米。住房使用面积 13. 68 万平方米，人均使用面积 15. 55 平方米；自来水普及率达 96. 5%。全区 7 个集镇（四嘉子满族乡、坤河达斡尔族满族乡、上马厂乡、张地营子乡、新生鄂伦春族乡、西峰山乡和二站乡）现状用地面积 325 公顷，有住户 1 900 户，其中，农业户 1 400 户，非农业户 500 户。人口合计 7 100 人，其中，农业人口 5 300 人，非农业人口 1 800 人。实有建筑面积 13. 33 万平方米，其中，砖木结构 10. 15 万平方米，其他 3. 18 万平方米。住房使用面积 10. 66 万平方米，居住面积 8 万平方米；人均使用面积 15. 02 平方米，人均居住面积 11. 26 平方米。全区 78 个村屯现状用地面积 1 615 公顷。住户 1. 15 万户均为农业户口。人口合计 4. 21 万人。实有建筑面积 78. 93 万平方米，其中，砖木结构 65. 88 万平方米，其他 13. 05 万平方米。住房使用面积 63. 14 万平方米，住房居住面积 47. 36 万平方米；人均使用面积 15 平方米，人均居住面积 11. 25 平方米。

2005 年，投资 627. 51 万元，新建住宅 170 户，建筑面积 1. 36 万平方米。

截至 2005 年末，全区（市）乡镇村实有居住建筑面积 110. 72 万平方米。其中砖木结构 92. 36 万平方米，其他 18. 36 万平方米。至 2005 年末，为爱辉区辖区内农民办理房屋产权登记 3 500 户，房屋产权交易 330 户。

1983—2005 年，全区（市）乡镇村共建房屋 7 045 户，建筑面积 56.19 万平方米，其中，砖房面积 51 万平方米，土草房面积 3.74 万平方米，楼房面积 1.45 万平方米。用于住宅投资 14 903.91 万元。

1983—2005 年爱辉区（黑河市）村镇建设情况表

表 3－2

年份	建房（户）	新增住宅建筑面积（万平方米）				公共建筑（平方米）	生产建筑（平方米）	铺装道路（千米）	村镇建设投资（万元）				
		合计	砖房	土草房	楼房				合计	住宅	公共建筑	生产建筑	公用设施
1983	516	3.11	2.49	0.62	—	23 679.00	—	—	559.90	311.00	248.90	—	—
1984	440	3.51	2.98	0.53	—	1 860.00	2 700.00	32.00	383.20	351.10	18.60	13.50	—
1985	340	2.95	2.51	0.44	—	1 140.00	250.00	90.00	270.09	223.75	42.54	3.80	—
1986	422	3.09	2.41	0.68	—	3 809.00	400.00	79.20	351.35	309.00	37.75	0.60	4.00
1987	295	1.81	1.66	0.15	—	9 600.00	3 800.00	94.90	288.64	205.01	64.93	18.00	0.70
1988	366	2.30	2.24	0.04	0.02	4 300.00	570.00	184.40	372.60	339.56	20.73	7.41	4.90
1989	324	2.20	1.92	0.24	0.04	2 000.00	200.00	204.30	520.45	465.41	50.42	4.62	—
1990	323	2.00	1.86	0.14	—	1 900.00	3 240.00	166.50	565.19	488.78	23.60	45.60	7.21
1991	314	2.63	2.50	0.13	—	2 500.00	740.00	156.00	809.76	684.01	118.13	6.00	1.62
1992	333	2.59	2.14	0.35	0.10	12 900.00	4 450.00	198.85	1 018.68	573.28	353.75	14.00	78.15
1993	450	3.64	3.44	0.08	0.12	6 397.00	2 690.00	120.25	1 640.76	1 232.96	293.00	63.00	51.80
1994	280	2.71	2.63	0.08	—	400.00	2 000.00	143.15	902.47	735.87	11.90	40.00	114.70
1995	388	2.82	2.71	0.11	—	3 965.00	150.00	96.00	1 380.86	1 012.58	285.58	1.50	81.20
1996	233	1.94	1.94	—	—	3440.00	10 272.00	304.00	1 370.60	747.50	289.60	1.00	223.50
1997	314	2.62	2.55	—	0.07	3 459.00	—	313.20	1 385.40	972.60	335.00	—	77.80
1998	234	1.98	1.90	—	0.08	1 186.00	—	311.00	1 271.22	905.22	95.00	—	271.00
1999	189	1.80	1.62	0.06	0.12	5 129.00	540.00	200.00	1 392.50	660.90	344.00	26.00	361.60
2000	132	1.26	1.19	0.07	—	1 275.00	1 420.00	177.00	756.19	430.89	114.00	198.70	12.60
2001	481	4.27	4.27	—	—	10 100.00	2 710.00	727.00	3 756.70	1 637.00	908.00	272.70	939.00
2002	188	2.60	1.70	—	0.90	8 876.70	4 094.40	651.50	3 824.75	688.90	1 450.60	306.70	1 378.55
2003	146	1.29	1.27	0.02	—	3 498.90	2 192.00	664.60	1 299.63	512.08	324.20	136.00	768.89
2004	167	1.71	1.71	—	—	6 560.23	1 915.00	2 982.19	4 364.13	789.00	477.60	389.00	2 708.53
2005	170	1.36	1.36	—	—	4 200.00	3 700.00	1 093.00	2 677.57	627.51	305.77	751.59	992.70
合计	704	56.19	51.00	3.74	1.45	122 174.83	48 033.40	8 989.04	31 162.64	14 903.91	6 213.60	2 299.72	8 078.45

第四章　建　　筑

第一节　施工企业

1983年,黑河市区有4家国营建筑企业,分别为第一、第二、第三、第四建筑工程公司。随着建筑业的发展,建筑企业不断增多,伴随着商品房的出现,房屋开发企业应运而生。从1990年开始,黑河先后成立了具有房产开发业务的中房、龙华、地房开、黑龙、中大、正大、龙铁、宝乡、金融、建设银行、广厦等房产开发公司。1993年,房产处维修一队、维修二队合并为黑河市第五建筑工程公司。这些新老建筑企业年均建筑面积在30万~40万平方米左右,加快了黑河城区建设的步伐。此时期,黑河市区各建筑工程公司的职能由建筑型转化为建筑管理型,接收外阜施工队伍的挂靠使其取得建筑权,对工程实行全面管理。1993年下半年,大部分房产开发公司基本退出建筑市场,各建筑公司面临吃不饱的困难,部分公司陷入倒闭状态。1998年,建筑形势逐渐有所好转。2000年开始,建筑企业逐步进行体制改革。一些新的建筑公司先后成立。到2005年有80%的建筑企业变为股份制企业。改制后,企业自主经营,活力增强。

一、爱辉区属建筑企业

(一)黑河市第二建筑工程公司

成立于1962年3月,时有职工600余人,主要从事房屋维修和小型建筑施工,名为爱辉县房产维修队。1964年,部分职工分出,成立黑河地区工程公司(即第一建筑工程公司)。1972年,县房产维修队更名为爱辉县建筑工程队;1978年,更名为县建筑工程公司,下设2个建筑施工队。1980年,2个工程队分设,第一工程队改名为第二工程公司。1984年11月8日正式注册为集体所有制,主营房屋建筑三级、水暖电照设备安装、市政建设工程施工四级,汽车货运等。2002年11月6日,经爱辉区人民政府体制改革办公室批准,由集体所有制企业改为股份合作制企业。在册职工184人,其中在岗20人,另有退休职工129人,企业以房屋建筑为主。2005年,黑河市第二建筑工程公司隶属爱辉区经济计划局,经国有资产管理局评估确认,企业资产总额389.2万元,负债总额253.9万元,净资产135.3万元。

(二)黑河市第四建筑工程公司

原为爱辉县建筑工程公司第二工程队,1980年改为第四建筑公司。公司成立之初主要经营房屋建筑,注册资本647万元。到2005年,隶属爱辉区经济计划局,资质等级为三级施工总承包。公司在册职工41人,其中,大专学历15人,中专学历22人,高级工程师2人,工程师19人,助理工程师13人,技术员9人,会计师2人,助理会计师4人,会计员2人,助理经济师、经济员、统计员、政工员、管理员各1人;退休职工168人。承建的工程项目合格率达到100%,曾多次获省优、市优。

(三)黑河市第五建筑工程公司

1990年11月,黑河市建委撤销原房产修建一队、二队,成立黑河市住宅建筑维修公司,隶属黑河市房地产管理处,为事业单位。实行企业化经营管理,独立核算,自负盈亏。1993年3月,“两撤两建”。黑河市住宅建筑维修公司归属爱辉区房地产管理局，更名为爱辉区住宅建筑维修公司，同年9月经爱辉区人民政府批复改为黑河市第五建筑安装工程公司，隶属爱辉区建委。黑河市第五建筑安装工程公司属国有企业，下设物业公司和施工一处，时有在册职工162人，离退休职工164人。1995年始企业已无施工任务，企业经营管理处于瘫痪状态。2002年6月企业改制为私企。到2005年，隶属于爱辉区经济计划局。

（四）黑河市爱辉区龙江建筑工程公司

单位性质为国有企业，主营项目为房屋施工工程服务。资质等级为三级施工总承包。2002年3月成立；在职职工20人，退休职工16人。到2005年，隶属于爱辉区经济计划局。主要设备有卷扬机、混凝土振捣器、塔吊、挖掘机、电焊机、搅拌机、载重汽车、钢筋弯曲机、小型自卸车等。

二、辖区内市属建筑企业

（一）黑河市第一建筑工程公司

始建于1964年4月10日，原为黑河地区工程公司，建安二级企业。1973年8月更名为黑河地区第一建筑工程公司，1981年1月，下放归属黑河市，改为黑河市第一建筑工程公司。1993年撤市建区时上划黑河市（地级），为国营建筑企业。公司下设四个建筑安装分公司、佳美建筑有限责任公司、节能房地产开发公司、华联建筑装饰公司、设计研究所、混凝土预制构件厂、水电安装分公司、机具物资分公司、涂料厂、铝合金厂、细木加工厂等。公司在册职工1 024人，有高、中、初级职称工程技术人员150人，其中，高工4人、工程师29人、助工51人；48人取得了项目经理证书。公司年从业人员2 200人，企业资产总值406万元，具有年完成1亿元以上产值的能力。公司有塔吊、汽车吊、装载机、推土机等各类建筑机械可以保证各类工程使用；有材料库房6处，占地面积约3万平方米。是黑龙江省29家计划内国有建安企业之一。到2005年，隶属于黑河市建设管理局。第一建筑工程公司创出很多名牌产品。

（二）中房集团黑河房地产开发有限公司

前身是1985年成立的黑河市房地产开发公司，1992年由房地产开发公司四级企业晋升为房地产开发公司二级企业。是黑河市房地产企业中开发量最大，时间较长的房地产开发公司。为了适应市场经济发展，2002年9月公司进行股份制改造，由原来的房地产开发国营企业改制为股份有限公司，全称为中房集团黑河房地产开发有限公司。公司设有股东会、董事会、监事会三权制衡的管理机构。2005年，公司有职工124人，中、高级管理人员达到60%；企业注册资本2 308万元。公司主要以房地产开发、商品房销售、建筑施工与建筑工程管理为主，以物业管理、预制构件生产、商业服务与边贸为辅业。到2005年隶属于黑河市建设管理局。公司下设中房物业管理公司、中房预制构件厂、黑河市第三建筑工程公司。

1985—2005年，公司累计开发量80万平方米，实现商品房销售面积78万平方米，实现销售收入近2亿元，实现利税收入1 000余万元。

（三）黑河华泰房地产开发有限责任公司

前身是黑河市建设开发总公司，黑河市建设开发总公司组建于1988年。公司先后开发建设楼房百余栋，建筑面积达到上百万平方米。2005年8月，黑河市建设开发总公司完成改制，由原来的全民所有制企业改制为民营企业——黑河华泰房地产开发有限责任公司，隶属于黑河市建设局，公司注册资金5 000万元，固定资产2 000多万元。有职工315人，其中，高级工程师35人、中级工程师58人。

公司内设财务部、销售策划部、工程开发部、房屋设计部及办公室等。总公司下设黑河龙华建筑安装公司、黑河万泰物业管理有限公司、黑河兴泰建筑设计有限公司、黑河顺安拆迁事务有限公司、黑河华兴塑钢门窗厂等子公司。

(四)黑河龙华建筑安装有限责任公司

成立于1993年,前身为黑河龙华建筑安装总公司,是经黑龙江省建设厅核定的房屋建筑总承包二级和市政公用工程总承包三级的施工企业。龙华建工逐步发展为房屋建筑、市政建设、劳务分包、建材经营的综合性企业。2005年,公司有职工189人(含外聘人员),专业管理人员115人,具有各类职称的专业技术人员175人(其中中、高级技术人员95人),建造师(一、二级)36人。企业注册资金2 000万元,拥有起重机、挖掘机、装载机、混凝土搅拌机、载重汽车、工程用车、办公用车等大中型机械设备270台(套),总功率6 500千瓦,各类资产总价值2 100余万元,年施工能力30万平方米,产值3亿元以上。公司隶属于黑河华泰房地产开发有限责任公司。

三、民营建筑企业

(一)黑河黑龙建筑公司

公司始建于1984年4月,原隶属于黑河市水利局。于1991年晋升为国家三级建安企业,1994年,公司进行产权制度改革,改为股份合作制企业。截至2005年末,公司总资产2 000余万元,占地面积3万平方米,办公楼与生产经营场所面积1.5万平方米。公司下设黑河康居房地产开发有限责任公司、同江市黑龙经贸有限公司、黑河黑龙塑钢门窗厂、黑河爱辉区龙房水泥预制构件厂、黑河黑龙物业管理有限公司、黑河黑龙综合商店、黑河黑龙大厦7个分支企业。公司在册职工116人,其中有职称的工程技术与管理人员52人。有大型施工生产机械50多台(套),公司具有年生产能力为土石方工程30万立方米,混凝土工程2万立方米,房屋建设开发、施工面积3万多平方米,生产铝合金塑钢门窗2万平方米,年可完成总产值3 000余万元,可创利税300余万元。公司自建立共完成各项工程100多项,楼房竣工面积36万平方米,完成总产值3亿多元、共创利税3 000多万元 。工程合格率、履约率均为100% 。

(二)黑河市房产管理局建筑工程公司第四分公司

市房产第四分公司于2004年3月成立,属民营企业。固定职工7人,临时工20人。公司另有昊达养殖基地。

(三)昌辉房地产开发有限公司

创建于2005年6月,注册资金2 000万元人民币,流动资金1 800万元;为开发、施工、物业管理为一体的三级资质企业单位。公司有各类技术人员45人,其中高级工程师8人、中级技术人员28人,高级经济师3人、中级经济师6人。拥有机械设备68台(件)。

第二节 设 计

一、机 构

黑河市建筑勘察设计室成立于1981年,承担全市的建筑设计及勘察任务,科级建制。爱辉区建设局下属事业单位。经营性质为事业单位企业管理,是具有丙级资质的设计单位。主要设备有绘图板12套、晒图机1台。1999年5月,黑河市建筑勘察设计室与黑河市建筑勘察设计院合并。黑河市建筑勘察设计院是具有乙级资质的设计单位,经营性质为事业单位企业管理,隶属于黑河市(地级)住房和城乡建设局。到1999年有固定职工18人。

二、工程设计

1989年,黑河市建筑勘察设计室设计的工程有黑河地区邮电局职工集资住宅楼共三层1 650平方米、黑河地区法院职工集资住宅楼共二层1 352平方米、第五中学职工住宅楼3 450平方米、市开发26号楼A、B共六层4 850平方米、市开发29号楼共六层5 644平方米、地区医院住宅楼共五层6 532平方米、黑河市水产商店职工集资住宅楼共五层3 278平方米、黑河市武警职工集资住宅楼二层4 896平方米、黑河市水利局职工住宅楼六层7 741平方米、中国出口基地黑河分公司3 592平方米、黑河市五金公司营业大楼四层5 981平方米、黑河市公安局五层4 648平方米、黑河市环卫处车库住宅楼2 184平方米、黑河市物资局生产资料服务公司住宅三层2 140平方米、黑河森警支队车库住宅食堂4 319平方米。

1990年设计的工程:市二建公司住宅楼6层3 190平方米、制帽棚靠厂三层2 361平方米、区社车库旅店196平方米、市医院职工住宅六层3 895平方米、市宾馆冰果厂986平方米、警校培训中心教学楼2 851平方米、市开发住宅楼4 810平方米、市房产住宅3 842平方米、市线路站住宅3 754平方米、孙吴站办公室车库1 953平方米、地中院培训中心2 976平方米、市预制构件厂2 983平方米、市工人联建楼3 988平方米、市商校职工住宅4 189平方米、市第三小学教学楼3 995平方米、地区铁路局4 118平方米。

1991年设计的工程:黑河市房产处1 978平方米、市计量局综合楼3 125平方米、市动植所住宅3 216平方米、市储运公司办公楼4 310平方米、市开发办公楼3 125平方米、市民政收容站办公室1 254平方米、市房产局住宅楼六层7 585平方米、黑河地委党校教学楼三层2 984平方米、市计量局办公楼4 129平方米、市劳动局培训中心6层、黑河铁路局住宅楼3 210平方米、黑河市农行幸福信用社1 584平方米、市劳动局住宅楼2 978平方米、信用社住宅1 791平方米、黑河地区经济技术开发公司住宅3 780平方米、黑河市农行营业楼2 940平方米、呼玛林场锅炉房658平方米、地开发车库586平方米、地区水文站1 194平方米、地区商业局附属用房1 483平方米、汽车修配厂847平方米、黑河市计量局附属工程986平方米、铁路客货车检修所1 445平方米、黑河市龙江修理厂住宅4 213平方米、列车解冻库1 877平方米、地区外运储运公司食堂仓库3 180平方米、二热住宅楼3 420平方米。

1992年设计的工程:黑河市开发公司41号楼4 550平方米、黑河市开发公司44号楼4 760平方米。

1994年黑设评字第002号文件,黑河市建筑设计室设计的黑河市农行办公楼获得黑龙江省丙、丁级考察设计单位优秀设计一等奖;贸隆公司综合楼获得优秀设计二等奖。

1998年9月设计了嫩江县餐饮服务综合楼建筑面积8 676平方米,10月设计了嫩江县第一百货商店建筑面积7 100平方米,并获得黑龙江省优秀设计三等奖,设计了嫩江县中医院建筑面积7 550平方米。

1999年设计了嫩江县宝森集体公司综合楼建筑面积10 787平方米、黑河市金矿局培训中心建筑面积7 800平方米、黑河逸夫中学教学楼建筑面积4 923平方米、黑河市邮件转运中心建筑面积6 552平方米、黑河市职教中心教学楼建筑面积11 470平方米、逊克第一百货商店建筑面积6 466平方米。

第三节　工程质量监督

1985年6月，按照国务院及建设部颁发的《建筑工程质量监督条例（试行）》《关于改革建筑业和基本建设管理体制若干问题的暂行规定》《建筑工程质量监督工作暂行规定》等文件精神，为规范黑河市建筑市场秩序，建立健全建筑工程管理制度，黑河市工程质量监督站正式成立。隶属黑河市建工局，为科级事业单位，核定事业编制4个，1992年扩编为11个。

1985—1996年，黑河市工程质量监督工作按照“监、帮、促”的原则，要求施工单位严格依照施工验收规范要求进行施工作业；以确保工程实体质量和工程结构安全。工程质量监督逐步形成了建设单位积极申报监督、施工企业主动接受监督的局面。全市工程合格率、优良品率逐年提高。经常开展全市建设工程质量大检查活动。对检查中发现的违反技术标准特别是违反强制性标准条文的行为，发出监督整改通知书，责令其限期整改。在检查活动中，评出优秀结构工程，批评质量问题严重的工程，促进各个责任主体工程质量的提高，确保了工程质量处于受控状态。黑河市第二建筑工程公司、第四建筑工程公司工程合格率均达100%，优良品率在35%以上，并有多项工程获省优质工程和市优质工程奖项。黑河市第一建筑工程公司承建的黑河紫云饭店、第一百货商店、市工行、中行等工程获得省级金牌、银牌及市级优质工程和省级文明工地称号。

1990年，黑河市区开始建设商品房之后，工程质量监督工作进一步加强，市区建筑工程质量显著提高。1993年，工程竣工验收合格率达100%，优良品率达35%，比上年提高3%，创省、地优质工程50项，比上年增加5项。至1996年，全市的工程监督覆盖率达到96%以上。

1996年，原黑河市工程质量监督站与原黑河地区工程质量监督站合并为黑河市（地级）工程质量监督站，划归黑河市（地级）建设局主管。

第四节　材 料 生 产

一、红　　砖

20世纪80年代至2000年期间，爱辉区（黑河市）内先后有5家红砖生产企业，分别为黑河市第一砖厂、黑河市第二砖厂、黑河市第三砖厂、黑河市第四砖厂（黑双空心砖厂）和黑河市之路砖厂。2005年，隶属于爱辉区的红砖生产企业只有黑河市第三砖厂1家，主管部门为爱辉区经济计划局。

（一）黑河市第三砖厂有限责任公司

黑河市第三砖厂始建于1985年，为集体所有制企业，2005年隶属于爱辉区经济计划局。位于黑呼公路2千米处，属区内骨干企业之一。截至2005年，拥有固定资产200余万元，占地面积8.8万平方米，职工103人，有50型湿坯挤泥机1套，30门轮窑1座，年产红砖2 000万块；另有JIK50\45真空挤泥机1套，年产空心砖2 000万块。产品有黏土实心砖，外型尺寸240×115×53毫米，根据GB/T5101－1998标准强度等级为150#；高掺量粉煤灰承重空心砖，外型尺寸240×115×90毫米，相当于标准砖1.7块，孔洞率20%；非承重空心砖，外型尺寸240×115×240毫米，相当于标准砖4.5块，孔洞率36%。该厂生产的烧结高掺量粉煤灰承重空心砖、非承重多孔空心砖，具有质轻、隔音、强度高、抗冲击、防水性能好，施工作业简单，提高功效等优点。

(二)黑双空心砖厂(黑河市第四砖厂)

黑双空心砖厂是由黑河市建材局与双鸭山市政府于1992年联营投资建设以生产空心砖为主的较大型制砖厂,位于黑河市区西郊良种场附近,1993年8月竣工。因是黑河与双鸭山两地联建,所以命名为黑双空心砖厂。此前黑河已有3家制砖厂,故习惯称该厂为四砖厂。设计能力为年生产红砖3 000万块,空心线年生产空心砖1 000万块。工程总投资1 966万元,其中,房屋投资1 350万元,设备投资616万元。按投资双方协议规定,双鸭山市政府占总投资的45%,约880万元,但双鸭山市政府在建设过程中只投入90万元,其余资金均为银行贷款。其中,建行贷款1 050万元,人行贷款500万元(含为第二热电厂贷款300万元),省农行信托投资公司黑河办事处贷款250万元。

黑双空心砖厂建成后,进行了2个多月的试生产,产品质量达到设计要求。由于1993年黑河建筑市场滑坡,红砖销路不畅,导致黑双空心砖厂一直未能正式投产。2001年,该厂随建材局并入爱辉区经济计划局。2002年,黑双空心砖厂经重新评估企业资产总额为2 150万元,企业负债总额为2 119.79万元,资产负债率为99%,为严重资不抵债。经与黑双空心砖厂主要债权人省建行信达公司协商,黑双空心砖厂宣布破产。

二、水　　泥

爱辉区辖区内有1家水泥生产企业——黑河水泥厂,隶属于黑河市,属于国有企业。建于1970年,当时只有1座土立窑和1台小磨机,完全开放式生产,工艺落后,水泥产量小,标号低,质量不稳定,产品仅适于小工程使用。改革开放后,企业的生产规模不断扩大,到1995年已发展成为具有年设计能力为1.5万吨的生产线,年产量近万吨的水泥生产企业。1999年,水泥产量达4.6万吨,产值1 695万元(现行价),实现税金172万元,实现利润142万元。

2004年7月,黑河水泥厂改制变更为黑河市恒基水泥有限责任公司(股份制)。黑河水泥厂位于市区,对环境有一定的污染。2005年6月22日,企业整体迁至距城区9千米处的新厂区。恒基水泥有限责任公司总投资9 500万元,引进国内最先进的新型干法熟料生产线,日产1 200吨,年创利税2 000万元。生产规模在全省同行业中排名第6位。公司本着环保第一的原则,投入千万元购入安装了电除尘等环保设施。除尘设备一昼夜可回收利用粉尘480吨,年节约资金300万~400万元。

三、水泥制品

爱辉区水泥制品生产厂家主要是黑河水泥制品股份合作公司。黑河水泥制品股份合作公司前身为黑河市水利水泥制品厂,1977年成立,是黑河市水利局直属地方国营企业,厂址位于当时的市区西南郊,占地面积8 900平方米。主要生产各种规格钢筋混凝土管等产品,年生产能力约为2 000立方米混凝土。1996年,水利水泥制品厂进行股份合作经营,职工参股、改制为股份合作公司。同时进行设备更新和技术改造,生产能力有所提高,可以生产各种路边石、混凝土路面砖以及各种特殊要求的混凝土产品,年生产能力达到5 000立方米混凝土。1997年,创利税65万元。1999年,企业全面改制为股份责任有限公司。至2005年底,企业年生产能力达到近万立方米混凝土,成为爱辉区水泥制品龙头企业、纳税大户。

第五章　环境保护

第一节　机　　构

1981 年 1 月，黑河市设立环境保护局。1983 年 7 月，成立环保监测站为环境保护局二层机构。1984 年 2 月，环境保护局与基本建设委员会、城市建设局、房地产管理局、规划办公室合并成立城乡建设环境保护局。1986 年，城乡建设环境保护局撤销，设环境保护办公室。1988 年 9 月，环境保护办公室更名为环境保护局，内设机构为政秘股、环境管理股、宣教股、环境监督管理站、环境监测站。1990 年 4 月，环境监测站与黑河地区环境监测中心站分离，单独成立环境监测站，定编 11 个。

1993 年 4 月，黑河市环境保护局更名为爱辉区环境保护局，正科级建制，内设机构为政秘股、环境管理股、科教股，均为正股级建制；所属事业单位有爱辉区环境监测站（副科级建制）、爱辉区环境监督站（正股级建制）。1996 年，爱辉区环境保护局内设机构调整为办公室、环境管理股、大自然保护股、宣教股；所属事业单位有爱辉区环境监测站（副科级建制）、爱辉区环境监督站（正股级建制）。局机关编制 14 个，其中行政机关编制 12 个，工勤事业编制 2 个；实有 13 人，行政领导职数 1 正职 2 副职。局内编制 44 个。

2001 年底，环境保护局与国土资源局合并，成立爱辉区国土资源环境保护局。内设 6 个股室，其中环境管理股、自然保护宣教股为环境保护专业股室。

2005 年 3 月，撤销爱辉区国土资源环境保护局，单独设立爱辉区环境保护局（国土资源管理职能划入黑河市国土资源局爱辉分局）。爱辉区环境保护局为正科级建制，领导职数为局长 1 职、副局长 3 职；编制 8 个，其中行政机关编制 7 个，工勤人员事业编制 1 个。实有职工 11 人。内设办公室、环境管理股、自然保护宣教股 3 个职能科室。下设单位有环境监测站（副科级建制），编制 11 个；环境监察大队（股级建制），编制 12 个。

第二节　污染类型

一、大气污染

黑河市区地处祖国东北端，气候寒冷，且地势较低，冬季早晨和傍晚易形成半辐射逆温。逆温层笼罩于城区上空，阻止气体向上扩散。由于城区锅炉、炊灶污染源量多面广和不利的地面条件，烟气常常不是向上升散而是偏向地面扩散，造成城区大气污染。

城区大气污染属以尘为主的煤烟型，取暖期大气污染状况明显高于非取暖期，每到冬季，城区上空烟雾弥漫。污染物构成主要是总悬浮微粒、二氧化硫、氮氧化物、一氧化碳、有机化合物等。

20 世纪 80 年代至 90 年代中期，城区内锅炉多、分布广，热效率低，能耗高，烟囱高度不够；居民、饭店、机关、食堂及街头小店、小亭和各种烧烤摊点均为散烧低空排放，因而冬季城区内有刺鼻的臭气味。据 1986 年污染源普查数据表明，城区工业锅炉运行使用 73 台锅炉，年耗煤 3 万多吨。1995 年城区内有锅炉 227 台。此外，由于城区道路狭窄，从 90 年代机动车辆逐年增多，汽车尾气排放亦较严重。

2000 年后，城区建设不断发展，城区内建成区面积达 10 余平方千米，由一个边陲小镇发展成为对俄贸易的口岸城市。经过环境治理，城区内冬季生活取暖实现了集中供暖，居民家中小炉灶被液化气或其他电器所取代，机动车均要求安装尾气净化装置，大气污染得到较大程度改善。

二、水 污 染

20世纪80年代，地表水的污染主要有采金生产排放的采金废水和城区内工业企业排出的生产废水。黑龙江水系的两大河流法别拉河和公别拉河分别被黑河金矿局的五道沟金矿与黑河黄金公司所属的八车力金矿的采金废水所污染。五道沟金矿共有5条采金船，年排出采金废水2 985万吨，悬浮物浓度4 476毫克／升。八车力金矿1条150立升采金船，年排放采金废水419万吨，悬浮物浓度4 476毫克／升。嫩江水系的泥鳅河被黑河金矿局所属的罕达汽金矿废水所污染，年排放采金废水3 574万吨，悬浮物浓度2 054毫克／升。

90年代，开始逐渐实施金矿禁采，但是，采金废水仍然对地表水有污染。同时，乳品厂、啤酒厂、氧气厂等企业排出的生产废水，由于环保设施不健全，对地表水亦有污染。

2000年后，全面实施金矿禁采，采金废水对地表水的污染得到根本上的制止。地表水的主要污染源是啤酒厂、亚麻厂和三精药业排放的生产废水。

三、噪声污染

环境噪声按来源分为工业噪声、交通噪声、建筑施工噪声和社会生活噪声。爱辉区城区内无大中型工业企业，仅有部分小型工业企业在市区，工业噪声影响不突出。

20世纪80年代，全区城镇规划功能区无明显功能分隔。修建的道路平行的多，并且建筑密度大，“见缝插楼”致使楼群拥挤，道路狭窄，人口集中、商业服务点多，生活噪声较多。所以，这一时期的环境噪声主要来自社会生活。

90年代，随着经济发展，城区内新建楼房增多，此时，环境噪声以建筑施工噪声为主，本地区冬季长达7个月，施工季节较短，所以在非施工季节，社会生活噪声较为突出。

2000年以后，城市建设步伐加快，环境噪声以建筑施工噪声为主。人民生活水平不断提高，机动车辆逐年增加，在非施工季节，社会生活噪声突出，其次为交通噪声。

第三节　环境监测

一、空气监测

1992年，环境监测数据统计表明，市区二氧化硫年日均值为0.147毫克/立方米，达到国家大气环境质量二级标准(0.15毫克/立方米)。总悬浮微粒年日均值为0.35毫克/立方米，达到国家大气环境质量三级标准(0.50毫克/立方米)。氮氧化物年日均值为0.056毫克/立方米，达到大气环境质量二级标准(0.10毫克/立方米)。黑河市区的大气直观感觉是每年12月至来年的3月份左右空气污染比较严重。1992年，由于市区集中供热面积扩大，水泥路面增多、砂石路面减少，灰尘的飘落量有所减少。加之环境管理工作的加强，所以，总悬浮微粒、二氧化硫和氮氧化物年均值均低于1991年。

1997—2000年，环境监测数据统计表明，市区二氧化硫年日均值为0.11～0.16毫克/立方米，超过国家环境空气质量三级标准(0.10毫克/立方米)。总悬浮微粒年日均值为0.18～0.29毫克/立方米，达到国家大气环境质量三级标准(0.30毫克/立方米)。氮氧化物年日均值为0.04～0.08毫克/立方米，达到大气环境质量二级标准(0.10毫克/立方米)。

2001—2005年，环境监测数据统计表明，市区二氧化硫年日均值为0.07～0.12毫克/立方米，超过国家环境空气质量三级标准（0.10 毫克/立方米）；可吸入颗粒物年日均值为 0.08～0.13 毫克/立方米，达到国家大气环境质量三级标准（0.15 毫克/立方米）；氮氧化物年日均值为 0.06～0.08 毫克/立方米，达到大气环境质量二级标准（0.10 毫克/立方米）。

二、地表水环境质量监测

1991—1994 年，环境监测数据表明，有机污染严重，超过地面水三类标准。地表水中挥发酚、氰化物、砷、汞等有毒物质普遍检出，但是达到国家饮用水标准。

1996—1999 年，环境监测数据表明，有机污染严重，超过地面水三类标准。地表水中挥发酚、氰化物、砷、汞和铬等有毒物质普遍检出，但是达到国家现行饮用水标准。

2000—2005 年，环境监测数据表明，有机污染更加严重，超过地面水三类标准。地表水中氰化物、砷、汞、铬和铅等有毒物质普遍检出，但是仍能达到国家现行饮用水标准。

三、噪声监测

1992 年，黑河市交通噪声数据统计显示，市区内交通噪声污染严重，均值为 71.8 分贝，超过标准值 2.57%。

1996—2000 年，区域噪声统计表明，均值为 52.5～59.7 分贝，达到声环境质量二级标准。而 1996—2000 年交通噪声统计表明，均值为 64.5～74 分贝，略有超标。

2005 年，区域噪声均值为 54.0 分贝，达到声环境质量二级标准。

第四节　污 染 治 理

一、废气治理

20 世纪 80 年代，黑河市区大气污染主要是烟尘污染，特别在冬春季节较为严重，治理大气污染主要采取了改变城镇能源结构，发展气化燃料改善大气质量。1985 年，为减少大气污染，经政府委托，投入环保治理资金 200 余万元，组建了液化气公司。当年，市区燃气普及率从 2% 增加到 8%。截至 1990 年，液化气用户达到 8 193 户。1986—1990 年，推行热电联产集中供热，实行小区连片供热，集中供热面积总计达 78.5 万平方米；拆除烟囱 8 715 个，城市热化率达到 84.4%。在此期间，市区实行建立烟尘控制区，建成 5 条街、4 条路为无烟控制区，控制面积达 127.5 万平方米，占市区总面积的 25.5%。加强对机动车辆的尾气治理，市区内有机动车辆 4 055 辆，每年坚持对机动车所排尾气进行监测，实行对超标排放车辆安装尾气净化装置，使市区机动车达标率 49.5%。加强市区路面改造，由砂石路改为水泥路，投资 826.6 万元，完成 12 千米、18.8 万平方米、12 条街道的路面升级工作，减轻了扬尘污染。

1992 年，政府加大环保治理补助资金，帮助企业治理大气污染。当年环保治理补助资金 199.8 万元，8 家企事业单位自筹 216.6 万元，开展污染限期治理，基本上做到当年投资、当年见效。1994 年，爱辉区环境保护局审批建设项目 13 个，项目总投资 2 115 万元，其中环保投资 30 万元。环保治理补助资金 125 万元。1995 年，黑河第二粮库结合浸油厂扩建，改造了锅炉消烟除尘设备；企业自筹资金 72 万元，补助环保治理资金 4 万元。1996 年，黑河粮油食品厂改造了热量低、耗水量大，粉尘污染严重的 NT－2 型蒸气锅炉，自筹资金 6 万元，补助环保治理资金 5 000 元。1997 年，黑河第二粮库改造锅炉消烟降尘设备，自筹资金 12 万元，补助环保治理资金 3 万元，使锅炉林格曼黑度达到国家排放要求。同年，黑河申龙木制品有限责任公司建成封闭式粉尘室，日处理粉尘 100 千克，补助环保治理资金 1.5 万元，减少了粉尘污染。1999 年，整治黑河第三砖厂制砖粉尘污染，补助环保治理资金 3

万元。同年,黑河农业机械维修服务中心自筹资金 4.89 万元,补助环保治理资金 1 万元,购置 2 台快装式锅炉,淘汰了烟尘排放不达标污染严重的生产和取暖锅炉。

黑河市热电厂一、二期工程建的 5 台 65T/H 次高压沸腾炉采用的是多管旋风子除尘器,除尘效率仅为 65% 左右,有近三分之一的灰尘通过烟囱排入天空,污染了热电厂周边环境。为减少城区烟尘污染,使企业烟尘排放达标,落实国家和黑河市政府对企业的环保要求,热电厂利用 2000 年夏季停热期 5 个月的时间,投资 2 500 万元,对厂内 5 台 65T/H 锅炉和市内黑河发电厂并入的调峰供热站的 3 台 10T/H 锅炉、1 台 20T/H 锅炉的除尘系统进行改造,均改造为静电除尘器,除尘效率高达 99.8%。锅炉除尘器改造后,烟囱不再冒黑烟,经环保部门测试,烟尘排放量、最大落地浓度均达到国家 GB 13223－91 标准要求,热电厂周边的空气质量明显提高,据测算每年烟尘排放量比改造前减少 4.3 万吨。

2000 年以后,实施"蓝天工程",以治理烟尘、扬尘为重点,对城区内的煤烟和油烟污染严重超标的单位和私营业户下达限期治理任务。2005 年,检查了城区内 300 余家饭店、7 家浴池、20 余家小型作坊,检查出有问题的 175 家,下达了限期治理通知书,其中对 33 家违反操作规程、烟尘污染严重超标的个体业户进行处罚,依法征收超标排污费。对全区使用 1 吨以下锅炉的小型洗浴林格曼等级超标或使用淘汰型设备的单位进行登记,下达限期改正通知书,要求小型洗浴使用型煤和助燃剂。开展了"三堆"(煤堆、粉煤灰堆、渣料堆)扬尘巡查治理行动,共检查 25 家单位,对没有进行覆盖、围挡的单位下达限期改正通知书,设置专人监督整改,以保障治理任务的完成。

二、废水治理

1988 年,投入 360 万元迁移皮革厂制革车间至市区东郊,减少了制革废水排放。

1991 年,新建黑河锦河农场乳品厂氧化塘工程,黑河锦河乳品厂自筹 1.2 万元,环保治理专项资金补助 8 000 元,有效减少了奶业生产有机废水的污染。1995 年,改造了申龙木制品有限公司重点污染源,修建 1 座污水沉淀池和 120 延长米的排污管道,购置了低噪声引风机,补助环保治理资金 1 万元,企业自筹资金 2.75 万元。1996 年,确定了浸油厂、氧气厂、申龙木制品厂、粮油食品厂、黑河金矿等重点污染源的限期治理改造,取得明显实效。黑河氧气厂排放大量废水,污染比较严重,群众反映强烈。企业自筹资金 2.9 万元,补助环保治理资金 8 000 元,整治废水污染;通过废除建厂时留下的 10 米深渗水井,扩大压缩机风冷排管面积,扩建 1 座 250 立方米储水池和采取自然降温的办法,节约大量地下水源,减少了污水排放。黑河金矿在辖区内有 14 条采金船,分布在法别拉河、公别拉河和泥鳅河,对这 3 条河流产生严重污染,通过采取产前剥离、多级筑坝、修沉淀池等多种办法降低河水中的悬浮物,共剥离土方 943.3 万立方米,筑水坝 13 条,修沉淀池 67 个,恢复植被 35 万平方米。1998 年,黑河乳品厂修建地下管道 218 米、沉淀池 1 个,企业自筹 10 万元,补助环保治理资金 3 万元,到 2000 年乳品厂废水被有效利用,达到达标排放要求。

三、噪声治理

1986—1990 年,先后治理了 7 个居民区内的噪声污染源。市调味品厂锅炉引风机噪声过大,经监测达 90 多分贝,帮助厂家研究治理办法并进行改造,所需治理资金 9 000 元,由政府投资 7 000 元,企业自筹 2 000 元,于 1990 年 10 月完成改造通过验收,噪声值达到该区域内的环境噪声排放标准。

1990 年,开展对市区的扰民噪声的治理力度,先后检查 26 家歌舞厅,收缴超标音箱 30 多个,基本解决了娱乐场所的扰民噪声。

2000 年以后,以整治扰民噪声源为重点,实施"安静工程",解决了居民区内噪声污染问题。

2005 年,开展了对城区工业、建筑工地、营业性文化娱乐场所和其他可能产生噪声污染的场所进行全面清查治理。对群众反应强烈的 10 家练歌厅、休闲厅、迪厅进行重点整治,下达限期整改通知书,停业整改 2 家。对建筑工地实施限制作业时间,强化监督管理,增加夜间巡查频次,确保居民有一个安静的工作生活休息环境。在“两考”（高考、中考）期间对各种噪声实行昼夜监控，严禁安装有广告宣传喇叭的车辆在主要街道通行，给考生创造良好的学习和休息环境。

四、综合治理

20 世纪 90 年代，爱辉区加强对区内乡镇企业污染源的综合治理，对耗能高、污染重的幸福珍珠岩厂依法关停。对饮食、娱乐服务行业进行重点检查，要求新建饮食娱乐服务行业必须首先经过环保部门审批才可办理其他手续，杜绝新污染源的产生。截至 1999 年，对 14 家饭店进行了检查，其中 13 家饭店达到环保要求，1 家饭店被责令停业治理。新、改、扩建项目环境影响报告书（表）制度，执行率达到 100%，“三同时”（指主体工程与环保设施工程同时设计、同时施工、同时投产使用）执行率达 100%，审批工业企业项目 12 项，总投资 1 292. 9 万元，其中环保投资 9. 3 万元。始终坚持开展废水、工业固体废物、废气的排污申报登记。

2000 年，爱辉区下发《爱辉区 2000 年工业污染源达标排放工作方案》，成立了以副区长为组长，各有关部门为成员的领导小组，确定了工作目标和考核验收要求。4 家污染企业被列入 2000 年达标排放重点单位。黑河浸油厂把烟囱加高加粗，实现烟尘高空排放，做到一级达标排放；黑河氧气厂锅炉经过治理改造后达到烟尘排放标准。

2000—2005 年，爱辉区加强环境法制建设，落实 “三同时”等制度，提倡使用清洁燃料，逐步取消原煤散烧，有效改善了大气环境质量。

◎ 第四篇　经济综合管理

第四篇　经济综合管理

改革开放以来,全区的经济进入计划经济与市场经济相结合的新时期。从“六五”计划到“十五”计划,是由传统的计划经济体制向社会主义市场经济体制转变的时期。计划部门不断深化内部改革,充分发挥了宏观调控职能,维护了社会经济秩序,促进了全区的经济和社会事业的发展与繁荣。

1983—2005 年,黑河市工商局爱辉分局积极推进社会主义市场经济体制的建立,坚持依法开展企业登记管理和注册,严把市场主体准入关,帮扶企业提高依法经营的素质和能力;把发展非公有制经济作为繁荣区域经济和解决下岗职工再就业的重要途径,努力为非公有制经济的发展落实一系列政策措施,创造良好、宽松的环境;促进了爱辉区经济健康发展。到 2005 年,全区登记注册的企业共有 1 178 户;个体工商户发展到 4 030 户,从业人员 8 436 人,注册资金 22 793 万元。

全区的价格改革根据社会主义市场经济宏观要求,以市场形成价格为主的价格体制逐步形成,除少数垄断性的、关系国计民生的重要商品价格和服务收费由政府统一定价,其他绝大部分商品和服务价格已经放开,由经营者根据市场供求状况和企业自身经营条件自主决定。经过调、放结合的改革,到 2005 年,价格体系趋于基本合理;过去长期存在的重大比价、差价关系严重扭曲和倒挂的现象已得到了根本性的改善。

爱辉区安全生产管理部门每年在元旦、春节、全国“两会”五一国际劳动节、国庆节等重点时期,对公众聚集场所、危险化学品、非煤矿山、建筑施工、道路交通、民用爆炸品和烟花爆竹等重点行业领域作出安全部署,及时组织开展安全生产综合检查和专项检查活动,有效地杜绝了群死群伤等重大事故的发生。

第一章　经济综述

第一节　经济结构

一、工农业总产值及比重

1983 年农业总产值为 6 474 万元,占工农业比重的 51.7%。工业总产值为 6 053 万元,占工农业比重的 48.3%。到 2005 年,爱辉区农林牧渔业总产值为 40 018 万元,占工农业比重为 66.1%,工业总产值为 20 534 万元,占工农业比重为 33.9%。

二、工业内部结构

1983 年黑河市全民所有制工业企业总产值为 4 890 万元,集体所有制企业工业总产值为 1 163 万元。其中占工业总产值比重较高的行业为采矿业 1 106 万元、煤炭业 393 万元、粮食加工业 995 万元。到2005年，爱辉区拥有轻工业企业90家，工业总产值10 779万元，重工业企业131家，工业总产值9 755万元。其中占工业总产值比重较高的行业为粮食加工业（浸油厂5 635万元）5 919万元、煤炭业6 362万元、私营产业2 349万元。

三、农业内部结构

1983年广义农业总产值为6 475万元，其中农业产值为5 340万元、林业产值为391万元、牧业产值为439万元、副业产值为288万元、渔业产值为17万元。经过多年发展，到2005年农林牧渔总产值为40 018万元，其中农业总产值为29 576万元、林业总产值为4 319万元、牧业为5 693万元、渔业为370万元。

第二节　经济综合指标

一、国内生产总值

自1985年起，统计部门开始统计本地国内生产总值。1994年全区国内生产总值为36 792万元，其中第一产业为16 550万元；第二产业为8 059万元；第三产业为12 183万元。2000年全区国内生产总值为32 076万元，其中第一产业为8 388万元；第二产业为5 488万元；第三产业为18 200万元。到2005年全区生产总值为49 014万元，其中第一产业17 847万元；第二产业为9 384万元；第三产业为21 783万元。

二、固定资产投资

1983年，黑河市固定资产投资为2 322万元，其中，中直单位合计投资921万元，省、地直单位合计投资846万元，市直单位合计投资555万元。改革开放以来，工业项目投资逐渐增大，运输、通信、城市建设项目投资开始起步，截止到2005年，建筑业总产值为7 541万元。本年累计完成固定资产投资25 868万元，本年新增固定资产9 613万元。其中新建公路165千米，新建城市防洪堤1.4千米，城市新建建筑面积6 989平方米。

三、社会消费品零售总额

随着改革开放的不断深入，经济发展迅速，社会产品极大丰富。1983年社会商品零售额为7 973万元，其中，消费品类为6 512万元，占总额的81.7%，农业生产资料类为1 461万元，占总额的18.3%。到2005年社会消费品零售总额为16 394万元。

2005年爱辉区社会消费品零售总额分类比重表

表4－1

指标名称	金额（万元）	比重%	指标名称	金额（万元）	比重%
社会消费品零售总额	16 395	—	用品类	4 789	29.21
食品类	6 461	39.41	燃料类	553	3.37
衣着类	4 592	28.01	—	—	—

第三节　经济体制改革

一、农村综合改革

1983 年，黑河市在农村深入贯彻中央 1 号文件《全国农村工作会议纪要》精神，开始推行家庭联产承包责任制，并提出实行林工商综合经营、实现农林牧一体化发展农村经济的新路子。

1984 年，在农村全面推开家庭联产承包责任制，全市农村 149 个核算单位，当年底已有 147 个落实了家庭承包制。至此，农村原有的“集体所有、统一经营”的模式被打破，土地的所有权和经营权分离，农民拥有除土地外所有生产资料的所有权。

1986 年 6 月 25 日全国人大常委会第十六次会议通过《中华人民共和国土地管理法》，以法律的形式确立了家庭联产承包责任制；明确了“土地的承包经营权受法律保护”的土地承包政策。

1993 年，爱辉区进一步巩固和完善家庭承包责任制并进行了农村股份制改革试点。

1995 年，爱辉区按照明确所有权、稳定承包权、搞活使用权的“三权分离”的原则，逐步健全农村土地流转机制，允许农民在承包期内把土地使用权有偿转让、租赁、抵押、入股，形成了市场经济条件下国土资源有效合理利用的新模式。1996 年，区政府进一步推进改革开放，继续巩固和完善家庭联产承包责任制和统分结合的双层经营体制，全年农村经济建设稳步发展。

1998 年，根据中共中央、国务院“关于延长土地承包期”的通知精神，全区农村开展了第二轮土地承包，按照区政府制定的《爱辉区农村土地承包期再延长 30 年实施方案》，全区农村第二轮土地承包得到全面落实。

根据中央文件精神，结合实际，爱辉区于 2000 年 12 月下旬开始推进农村税费改革试点工作。农村税费改革是党中央、国务院做出的重要战略部署，是我国农村继土地改革、家庭承包经营之后的第三次重大改革。爱辉区通过撤并乡镇，合并行政村、减少税收附加、规范征收、密切联系群众、遏制“三乱”现象等办法有效地解决了当时农业、农村和农民问题，取得了明显成效。2002 年涉农收费减收，取消涉及教育、土地、林业等多个部门的 10 项涉农收费项目，减收涉农收费 13 万元，取消“两工”（义工、积累工）减负 33 万元；免农村贫困生学杂费 1 258 人、金额 11 万元；免课本费 1 041 人、金额 17 万元。2003 年，全区农民减负增收 2 709 万元。农村税费改革深受广大农民群众的欢迎。2004 年，全区农村各项改革全面推进，区政府认真贯彻落实国务院《关于在黑龙江省实现全部免征农业税改革试点的决定》，全区免征农业税及附加 1 490 万元；落实了“一免两补”（免征农业税、粮食生产直补、良种补贴）等国家多项惠农政策，在对农民全部免征农业税的基础上，发放粮食补贴资金 1 165 万元、良种补贴资金 92 万元。通过落实“一免两补”政策，全区粮食种植面积增加，2005 年耕地总量达到 136 万亩，其中落实粮食种植面积 113 万亩。

二、工业企业改革

1984 年，全市工业企业开始进行扩大企业自主权试点工作，在不改变国家所有权的前提下，从调整国家与企业的利益关系入手，将一部分生产经营权和利益下放给企业，让企业在一定程度上自主经营，增强了企业活力。黑河市通用机械厂、西岗子机械厂、印刷总厂、农机修造厂、电动工具厂和电影机械厂等企业通过试点，先后实行了承包经营、租赁经营。具备条件的单位进行了股份制试点，并加强了企业技术进步和技术改造工作力度，提高了经济效益，增强了发展后劲。通过放开经营，一些面临关停困境的企业开始有了生机。经济效益比整顿前普遍有明显好转，有的企业效益成倍增长。

1985—1986 年，根据《中共中央关于经济体制改革的决定》的文件精神，黑河市把“增强企业活力，扩大企业自主权，所有权与经营权分离”作为城市经济体制改革的重点，在全市 93 个国营企业和

54 个集体企业推行了厂长负责制。

从 1987 年开始，黑河市国有企业改革以重建企业经营机制为中心，全面推行各种形式的经营责任制。按照“包死基数、确保上缴、超收多留、欠收自补”的原则，主管局与各企业签订承包合同，进一步完善厂长负责制和任期目标责任制，有力地推进了国有企业的改革和发展。

1992 年，在邓小平南方讲话和中共十四大精神鼓舞下，全市工业企业继续深化改革，转换企业经营机制；在国有企业实行了进档达标责任制，在集体企业普遍实行目标管理责任制。通过贯彻国务院《全民所有制工业企业转换经营机制条例》，电机厂、通用机械厂、薄铁社制定了试行股份制实施方案，农机一厂进行了划小核算单位的改革，使企业增强了活力。全市工业生产持续、稳定增长，当年市属全口径工业总产值完成 14 089 万元。

1993 年，爱辉区加快企业经营机制转换步伐，推进企业产权制度改革。在部分企业进行了租赁经营、剥离经营、分级分权和“一企多制”的产权制度改革试点。

1994—1995 年，在中共十四届三中全会《关于建立社会主义市场经济体制若干问题的决定》精神指引下，爱辉区制定了“抓住机遇、深化改革、扩大开放、促进发展、保持稳定”的工作方针，区政府根据建立社会主义市场经济体制的要求，本着“解放思想、深化改革、依托口岸、立足资源、强工兴企、增粮抓钱、多轮驱动、多元发展”的经济发展思路，按照产权明晰、责权明确、政企分开、管理科学的现代企业管理制度，进一步推进经济体制改革，对区属企业全面进行了清产核资和产权改造，在全区 112 家企业中，有 90% 的企业进行了各种形式的产权改革。1995 年开展了乡镇企业兼并国有企业的改革。当年，全区 112 家企业有 100 户企业进行了各种产权改革，工业实力进一步增强，完成工业总产值 6 824 万元，实现销售收入 7 251 万元。民营科技企业从无到有，创造产值 113.6 万元。

1996 年，区政府进一步推进改革开放，逐步深入进行工业企业产权制度改革。工业企业产权制度改革逐步深入，全区又有 25 家企业进行股份制和股份合作制改造；进行企业“三项制度”改革的企业达 95 家，占总数的 85%。

1997 年，以明晰产权为重点完成了 5 家国有企业的破产重组，并在国有工业企业中全面推行了股份合作制经营模式，进一步提高了企业经济效益。

1998 年，爱辉区推进企业产权制度改革，制定《爱辉区产权制度改革实施意见》，成立了产权改革领导机构；对区属国有企业采取了股份合作、整体出售、兼并、产权租赁、破产等方式实施了产权制度改革；爱辉区区直工业企业时有 45 家，当年有 30 家企业完成产权制度改革、占总数的 67%，盘活国有企业资产存量 225 万元，化解债务 977 万元。当年，通过企业产权制度改革，食品厂实现扭亏增盈；制粉厂改造项目增加了 5 个品种，提高出粉率 2 个百分点；蓝莓系列产品开发项目取得明显进展，打开了大连、郑州、哈尔滨等地市场；百岁乳业公司在奶粉市场竞争激烈的形势下，又在大连、秦皇岛等建立了销售网点；西岗子机械厂、西岗子陶瓷厂、家俱厂等一批关停企业重新启动；锅炉厂实现了扭亏增盈；砖厂、水利水泥制品厂等一批建材企业实现扭亏增盈或大幅度减亏。

2000 年，国有企业民营化、私营化发展进程加快，西岗子机械厂、高层给水设备厂、四砖厂等企业完成产权制度改革，全区工业企业改制面达 70%。

2002—2004 年，爱辉区根据《中共中央关于完善社会主义市场经济体制若干问题的决定》精神，进一步深化工业企业改革和扩大开放。2003 年又有 39 家国有企业实施了产权改革，其中 11 家企业全面完成改制。2004 年国企改革继续深化，纳入社保并轨试点人员 2 553 人。

到 2005 年，爱辉区属 167 家国有和集体企业完成产权制度改革，基本实现了国有资本的有序退出。

三、商业流通改革

从 20 世纪 80 年代初开始，黑河市流通领域进入改革时期，随着国家计划经济向商品经济的不断推进和市场机制的不断变化，黑河市国营商业、供销社商业、粮食企业、物资企业的经营和管理体制进行了一系列改革。

1984 年，黑河市对辖区内饮食服务业实行放开经营，并下放给企业经营自主权，对干部管理权即企业领导人实行民主选举、主管部门考核任命制，企业中层干部由企业领导人聘任，企业可以根据自身实力增加经营项目和产品的经营决策权；企业可自行招用、辞退合同工人、临时工人，可聘用技术和专业人员，对职工的奖惩、工资奖金分配企业有权自行确定；对企业留利使用、财务管理等企业有权自定的十三项权利有限放权给小企业。给企业放权后，使企业既有了活力又有压力，逐步打破了企业吃国家“大锅饭”、职工吃企业“大锅饭”的局面，职工收入和企业经济效益都得到提高。

1985 年，在商业企业开始实行经理负责制和经理任期目标责任制，进一步明确企业法人代表的责、权、利；至 1987 年在 12 户国营商业企业推行了经理任期目标责任制，与此同时在企业内部实行部组经营承包责任制和岗位责任制，改革职工工资分配关系，把职工工资与企业效益挂钩，各企业分别实行“百元利润工资含量”“浮动工资”“部分工资浮动及企业新增奖金捆到一起分配”等分配方法。根据国务院颁布的《关于进一步活跃农村经济的十项政策》，引导农民进入流通领域，改供销社官办为国家、集体、个人联合经营并提倡集资办企业。物资局对所属公司实行经理任期目标责任制，明确其在任职期间应承担的责任和应实现的各项任务目标；精简机构，划小核算单位；推行经营承包责任制。经理负责制的推行，焕发了企业的生机和活力。

1986 年，市政府制定了《黑河市搞活国营商业企业若干问题的暂行规定》，扩大了经营自主权；全面放开了城乡贸易市场。

1987 年，继续深化流通体制改革，对部分国营、集体的小型饮食、服务行业实行了租赁、承包经营，实行了所有权与经营权的分离，并在部分企业试行了股份制；扩大了集体、个体商业服务网点，全市商业服务网点达到 2 143 个。1987—1990 年，对国营饮食企业实行了租赁经营。以黑河饭店为依托，将站前饭店、西兴饭店等 3 户企业及花园餐厅、海兰餐厅、亚美佳餐厅 3 个网点，实行了租赁经营。实行租赁后这些企业转亏为盈，从困境中走出并得到逐步发展。1988 年，国营商业企业实行承包经营责任制。第一承包期从 1988—1990 年为三年，第二承包期从 1991—1992 年为两年。承包方式为“包死基数，超额全留”“递增包干，年递增 3% 或 10%”“包死还贷，超额分成”，承包主要指标为利润指标。

1988—1990 年，物资局对其所属的生产资料服务公司、金属材料公司、机电设备公司、燃料公司、轻化建材公司实行了租赁经营，并由市财政局和市物资局代表市政府同上述公司签订了租赁经营合同。

1992 年，黑河市商业系统借鉴重庆、牡丹江经验，在第一、第二百货商店推行经营、价格、用工、分配“四放开”试点。当年 11 月第二百货商店实行国有民营改革，由职工包租柜台。同年，在二轻、农机、商业和供销系统开展了租赁经营、股份制改革、“四自主”“四放开”试点；市政府成立了转换企业经营机制办公室，制定出台了转换企业经营机制方案；实行了企业人事、用工制度、产品价格、生产项目、产品销售手段、分配、经营形式、企业科技人员、原料进货渠道、企业所有制形式的“十放开”政策。1985—1993 年，粮食部门由过去的以管理为主转向经营为主，实行粮食流通体制改革和粮食管理体制改革，变统购为合同和国家定购，实行计划和市场相结合，粮食流通体制改革由计划经济向市场经营过渡。

1993 年，爱辉区物资局根据黑河市物资局《关于简政放权问题的实施意见》，按照国务院《全民所有制工业企业转换经营机制条例》规定应赋予企业的权利全部下放给了所属各公司，物资局只负责宏观管理。同年底，爱辉区供销社首先在基层供销社的经营上引入市场机制：打破商品经营权限制，各基层社一律实行“租壳卖瓤”的经营机制，即把库存商品按一定折价比例卖给职工，由职工交给供销社一定的租金进行租赁经营。进入 21 世纪后，供销商业除保留利润计划外，其余经济指标全部放开，实行企业自主经营、自负盈亏。2001 年，供销系统基层社管理基本实行了无亏损经营机制。至

2005年,除基层供销社实行租赁经营外,区联社直属企业分别实行目标管理责任制、股份合作制、对外租赁等经营机制。

1999—2000年,对黑河饭店、海兰摄影场、龙江浴池等国营服务业实行产权制度改革。具体方式为:对企业的资产进行重新评估作价,剔除退休职工养老资产,量化国有资产额,企业使用国家土地作价额及享受一次性购买给予优惠20%的政策扣除额等,为最后实际出卖资产股额度及设置股份数量;各企业分别确定职工认购股份量,职工认购后剩余的股份,可由企业领导人全部购买或由董事会决定购买方法。3户企业账面资产净值361.2万元,重新评估作价为416.9万元,净资产卖出额107万元,出卖后企业性质由国有企业变为股份合作企业。

2001—2002年,粮办工业及附营企业完成9家企业的改制工作,其中实行股份制的企业6家(制粉厂、饲料公司、粮食车队、天漠海电脑公司、宏汇粮店、市场办),兼并1家(制米厂);出售资产,全员解除劳动合同的2家(城区粮店、华兴养殖场)。2002年,天漠海电脑公司、宏汇粮油食品商店改为民营企业。2003年,根据黑龙江省人民政府《关于深化粮食流通体制改革的意见》和各企业的经营现状,对粮贸公司、粮油食品厂和华兴养殖场等企业依照法律程序实行破产,2005年企业破产工作结束。

2001—2005年,全区商贸系统、饮食服务业及下属企业由承包租赁经营逐步转为国有民营、民有民营机制。

2003年,个体工商户和民营企业上缴税金942万元,占全区工商税收的51.3%。

2004年,全区个体、民营企业为3 991户,注册资本金14 893万元,从业人员7 362人;个体私营经济实现产值3.2亿元,占全区GDP总量的26.5%,上缴税金1 300万元。

2005年,全区个体、民营企业累计发展到4 394户,从业人员10 947人;实现营业收入3.62亿元,上缴税金3 172万元。

第二章　计划管理

第一节　机　　构

1981年,黑河市政府设立黑河市计划委员会。1993年4月1日撤市建区时,更名为爱辉区计划委员会,正科级建制;内设机构为工交组、基建组、农业组、财贸组、综合组、秘书组,均为正股级建制;机关编制20个,行政领导职数1正职2副职。1996年党政机构改革后,内设机构为办公室、国民经济综合股(外经外贸)、农村经济股、工业交通股、市场物资股(财政金融)、国土综合开发规划建设股(国土区划办公室)、投资股、物价股(对外挂物价局牌子);编制总数增至24个,其中行政编制22个(计划委员会14个、国土区划办公室4个、物价局4个),机关工勤人员事业编制2个;行政领导职数1正职3副职;所属单位有爱辉区经济信息中心、爱辉区国土规划办公室,均为副科级建制。

2001年,爱辉区计划委员会与爱辉区经济委员会合并组成爱辉区经济计划局,并将爱辉区贸易局、爱辉区建设局并入爱辉区经济计划局,将爱辉区财贸办、爱辉区建材总公司、爱辉区物价局的职能划入爱辉区经济计划局。经济计划局正科级建制,领导职数:局长1职、副局长3职;编制总数46个,其中机关行政编制42个,机关工勤人员事业编制4个;内设机构:项目办、区政府安全生产办公室、国民经济综合股、国土区划办公室、农村经济股、办公室、企业管理股、经济运行股、市场管理股、投资股、社会事业股、科技技改股、对外经济贸易股、农建股、建工股、审计股、党委办公室等17个股室,均为正股级建制；下辖企业单位27个。2005年4月，区政府安全生产办公室从经济计划局分出成立爱辉区安全生产监督管理局。截止到2005年底，爱辉区经济计划局没有其他变化。

第二节　计划管理体制

1983—2005年，是爱辉区改革开放和现代化建设事业的重要时期。这一时期经历了“六五”“七五”“八五”“九五”和“十五”计5个五年计划阶段，是由传统的计划经济体制向社会主义市场经济体制方向转变过程。“六五”期间，全区完成了经济调整整顿的任务，国民经济开始走上比较协调、注重效益的新路子。在此期间，成功地推进了农村经济体制改革，并开始了经济体制全面改革。经济体制开始从封闭走向开放，从过去管得过多、统得过死的僵化体制，转向适应有计划的商品经济要求的充满活力的新体制。“七五”期间，全区计划工作开始逐步实行计划经济与市场调节相结合的管理体制，从原来收购、分配和调拨的管人、钱、物指令性计划体制，转变为以计划经济为主、市场调节为辅的新体制。计划管理的重点转移到制定经济和社会发展战略，制定产业政策，通过综合运用经济杠杆以促进产业政策的实现，保持社会总需求与社会总供给的大体平衡。1992年，计划部门的职能逐渐转变为宏观经济综合管理。从“八五”后期到20世纪末，计划部门主要工作任务是协助地方政府搞好宏观调控。其主要职能是计划、规划、协调、监督、服务。主要任务是合理制定经济和社会发展战略，确定经济建设战略目标和战略方针；统一协调和规范企业之间，部门之间和地区之间的发展计划和经济关系；协调建设、财政、环保等部门把重点建设项目抓好抓实；为全区各部门各单位向省、市计划部门争取建设项目和争取国家预算内资金和其他专项投资；收集和传播经济信息。“十五”计划期间，政府不再是资源配置的主角，市场发挥着资源配置的基础性作用。

第三节　计划编制与执行

一、“六五”“七五”时期(1981—1990)

20世纪80年代，黑河市实施“内引外联、综合开发、建港通贸、兴边富民”的战略方针，国民经济持续增长，经济实力明显增强；农业在连续4年受灾的情况下登上了新台阶，外向型工业发展呈现良好势头；制约黑河市经济发展的“瓶颈”如能源、交通、口岸等基础设施较差问题得到基本解决；对外开放领域和规模不断扩大，边境贸易和经济技术合作迅速发展；各项社会事业发展较快，人民生活水平大幅度提高。

“七五”时期，黑河市的经济结构发生很大变化，但从整体看，仍然没有脱离以传统农业为主的自然经济格局。各产业之间和产业内部之间的结构不尽合理，尚未形成优势发展的产业体系。

二、“八五”时期(1991—1995)

20世纪最后10年，是我国社会主义现代化建设的关键时期，更是爱辉区国民经济和社会发展的特殊历史时期。1990年制定了《黑河市国民经济和社会发展十年规划和“八五”计划纲要》。

(一)“八五”规划指导思想

立足地缘、资源两大优势，依靠改革、科技两大动力，驱动开放、开发两个轮子，以贸易为先导，以外向型为重点，大力发展出口加工业，积极发展效益农业，加速发展第三产业，全面推进地方经济与国内、外市场对接，尽快实现兴市富民的战略目标。

（二）“八五”规划主要任务和奋斗目标

主要任务是到本世纪末，把黑河市建设成为经济发达、社会安定、生活富裕的现代化、国际性、多功能的开放城市，黑龙江沿岸的经济、科技、文化、旅游中心，我国对独联体国家最大的现代化口岸，我国北方重要的出口产品加工基地和国际商埠，东北亚区域经济的一个重要支撑点。

奋斗目标是国民生产总值1995年达到90 000万元，5年平均递增19.4%；工农业总产值1995年达到76 800万元，5年平均递增15.3%；国民收入1995年达到58 632万元，5年平均递增16.7%；社会商品零售总额1995年达到46 700万元，5年平均递增18%。

（三）“八五”规划完成情况

“八五”期间，国民生产总值实现30 000万元，剔除不可比因素，约为1990年的2倍；粮食总产量稳定在10万吨左右，农业总产值实现19 000万元；工业生产走出低谷，开始回升，实现产值6 800万元；对外贸易实现540万美元；社会商品零售总额实现18 000万元。个体、私营经济快速发展，人民生活水平提高。

三、“九五”时期（1996—2000）

20世纪最后5年和21世纪初10年，是我国全面实现社会主义现代化建设第二步战略目标、初步建立起社会主义市场经济体系的重要历史时期，也是爱辉区国民经济和社会发展的重要历史阶段。1996年制定了《黑河市爱辉区国民经济和社会发展“九五”计划和2010年远景目标纲要》。

（一）“九五”规划指导思想

坚持“农业稳区、产业兴区、项目立区、工业富区”的发展方针，立足资源，依托城市和口岸，通过调整产业结构和形成三次产业相互依托又相互促进的国民经济体系，实行规模化集约化经营，培植财政支柱企业，为全面实现“保三争四”奋斗目标，为21世纪初建立起外向型市场经济体系，为把爱辉区建成农业强区而奋斗。

（二）“九五”规划主要任务和奋斗目标

农业方面要通过扩大耕地面积、改造中低产田、增加高产作物面积、提高科技含量使粮食总产量在现有基础上翻一番；大力发展畜牧业和渔业，就地转化粮食，过腹增值，实现种植业与养殖业的相互促进，实现由传统农业向现代农业的转变。工业方面要走改造和新建并举的路子，对现有企业进行经营机制改革和技术改造；通过前期的积累建一批高科技含量的企业，在规模上下功夫，形成既有地方特色，又有时代特色的工业体系，形成财政支柱企业群。第三产业要一方面抢占城区市场，发展为城区服务的各种行业，发展街区经济；另一方面要大力发展为农村生产生活服务的商品流通、科技、咨询、储运等行业。

奋斗目标是国内生产总值2000年达到50 000万元（1990年，不变价），5年平均递增15.6%；工业总产值2000年达到16 000万元，5年平均递增18.7%；农业总产值2000年达到36 000万元，5年平均递增10.8%；对外贸易额2000年达到1 500万美元，5年平均递增22.7%；社会商品零售总额2000年达到70 000万元，5年平均递增31.2%。

（三）“九五”规划完成情况

“九五”时期，全区经济形势日益好转，体制改革稳步推进，财政收入逐年提高，各项社会事业保持了平稳发展态势。国内生产总值实现25 000万元；农业总产值实现22 100万元；全口径工业总产值实现 9 000 万元(1999 年起,林业采伐产值不计入工业总产值);对外贸易额实现 900 万美元;社会商品零售总额实现 22 500 万元。国民经济各项指标均没有完成"九五"规划。

四、"十五"时期(2001—2005)

"十五"规划是爱辉区进入 21 世纪的第一个五年规划。经济全球化趋势的加速发展,新技术革命的不断推进,结构调整进入关键时期,以及加入 WTO 将带来的影响,都给本区经济发展带来了新的机遇和挑战。2001 年制定了《黑河市爱辉区国民经济和社会发展第十个五年计划纲要》。

(一)"十五"规划指导思想

高举邓小平理论伟大旗帜,认真贯彻中共十五届五中全会精神,以发展为主题,以经济结构调整为主线,以改革开放和科技进步为发展动力,突出发展农业效益型、工业支撑型、旅贸牵动型、市场导向型的特色区域经济,建立以全方位开放、开发和资源精深加工为主要特征,以个体私营经济为主要成分,各产业协调发展的新的经济格局,使区域经济实力和活力大幅度增强,人民生活水平和质量大幅度提高,促进经济、社会协调发展,努力实现富民强区的战略目标。

(二)"十五"规划主要任务和奋斗目标

主要任务一是以绿色食品开发为重点,大力发展优质高效农业;二是立足产权制度改革和结构调整,大力发展资源精深加工企业,提高工业经济效益;三是加速发展边境贸易和经济技术合作;四是以边境、人文旅游为重点,大力发展爱辉特色的旅游业;五是加强小城镇建设,努力提高城镇化水平;六是加快基础设施建设,为全区经济社会快速发展奠定坚实基础等。

奋斗目标是国内生产总值 2005 年达到 41 700 万元,人均国内生产总值 2005 年达到 2 650 元,对外贸易进出口总额 2005 年达到 1 000 万美元,地方可支配财政收入 2005 年达到 9 150 万元。

(三)"十五"规划完成情况

"十五"计划的各项主要目标全面完成。全区生产总值完成 49 014 万元,同比增长 12.6%;城镇固定资产投资完成 25 868 万元,同比增长 174.5%;社会消费品零售总额完成 16 394 万元,同比增长 5.8%;财政一般预算收入完成1 968万元,同比增长 34.2%。

第三章　财　　政

第一节　机　　构

1983 年 6 月县市合并,爱辉县财政科并入黑河市财政局。同年,黑河市财政局内设政秘股、综合股、农财股、工财股、商财股、预算股。

1988 年 7 月,增设经贸股;9 月增设会计股、乡财股。1989 年,增设农业税财股、文行股。1990 年,黑河市政府在黑河市财政局设立黑河市国有资产管理局(副科级建制)。

1993 年 4 月,在撤市建区中,黑河市财政局更名为爱辉区财政局,为正科级建制;黑河市国有资产管理局更名为黑河市爱辉区国有资产管理局。财政局内设机构有政秘股、农财股、文行股、工财股、票证股、预算股、综合股、乡财股、商财股、粮财股、农业税股、外经股、会计股、财政监察股、财政信息办公室、罚没财物管理站，均为正股级建制。所属事业单位有爱辉区控购办、爱辉区税收财务物价大检查办公室，均为副科级建制，爱辉区国债服务部，为正股级建制。

1996年党政机关机构改革，爱辉区财政局对内设机构进行了调整，同年11月26日爱辉区编制委员会《关于印发黑河市爱辉区财政局职能配置内设机构和人员编制方案的通知》明确财政局内设股级机构有办公室、预算股、文行股、区政府财政税收财务大检查办公室、会计股、商贸股、乡财股、农业财务股、工业财务股、综合计划股、社会保障基本建设股、农业税征收管理股；所属事业单位有爱辉区农业税征收管理局，正股级建制；爱辉区财政局国债服务部，正股级建制，编制5个；爱辉区收费管理局，为副科级建制。财政局机关编制总数35个，其中行政机关编制33个，工勤编制2个。领导职数为1正职3副职。

1997年3月11日，黑河市爱辉区政府在区财政局设立黑河市爱辉区农业税征收管理局，副科级事业单位。

1999年12月，爱辉区财政局收费管理局更名为预算外资金管理局。

2001年，国有资产管理局并入区财政局，更名为黑河市爱辉区国有资产管理委员会办公室（正科级建制）；爱辉区财政局内设13个职能股室分别是办公室、预算股、乡镇股、文行股、企财股、农业股、社保基建股、税政法规股、区政府采购管理办公室、会计股、财政监督股、农业税征收管理局、国有资产管理局。机关行政编制30个，工勤编制2个。

2004年4月26日，将文行股改为教科文股，税政法规股改为行政政法股；将社会保障基建股改为社会保障股，财政统发工资办公室改设为经济建设股。

2005年，预算外资金管理局更名为爱辉区非税收入征收管理局。成立土地整理中心，为财政局所属事业单位，正股级建制。同年3月4日，黑河市爱辉区财政局将乡镇股职能与黑河市爱辉区农业税征收管理局职能合并，组建黑河市爱辉区乡镇财政管理局，为财政局所属事业单位，副科级建制。

截至到2005年底，爱辉区财政局为正科级建制，领导职数为局长1职、副局长3职；编制总数32个，其中机关行政编制30个，机关工勤人员事业编制2个；内设办公室、预算股、企财股、社保股、农业股、经济建设股、行政执法股、乡财股、教科文股、政府采购办、会计股、财政监督股、乡镇财政管理局、国有资产管理委员会14个职能股室。其中乡镇财政管理局、国有资产管理委员会办公室为副科级建制，其余为股级建制。所属事业单位6个：爱辉区农业综合开发办公室（正科级）、爱辉区乡镇财政管理局（副科级）、爱辉区非税收入征收管理局（副科级）、土地整理中心（股级）、国库集中支付中心（股级）、区政府采购中心（股级）。

第二节　财政管理体制

1983—1984年，黑河市财政实行"划分收支、分级包干"的体制。黑龙江省对黑河地区财政规定固定收入不抵支时由工商税抵补（有余上解），再不足时由黑龙江省补助。1983年全市财政收入4 957万元，其中上级补助1 663.3万元，支大出收177.2万元。

1985—1992年，实行"划分税种、核定收支、分级包干"的新体制。省对黑河地区财政包干基数以1983年决算为基数，根据收支范围和第二步利改税收支转移情况以及企业隶属关系的变化因素，确定收入和支出额度，支大于收的部分由省给予差额补助。因黑河市地处边境，省决定从1986年起，补助数额每年递增5%。包干基数一定5年不变，地方多收入可多支出，少收入不追加补助，由地方自求平衡。1992年全年财政收入8 471.9万元，其中省补为2 404.3万元；支出8 235.4万元，支略小于收。

1993 年开始实行“核定收支,定额补助”的体制。全年财政收入为 5 473.5 万元,其中省补助为 2 599.6万元;支出 5 304.2 万元,支出小于收入。

1994 年开始,实行“分税制”的体制,黑河市对县(市)区实行“核定收入、定额补助”的体制。爱辉区强化乡镇财政管理体制,确定了“划分收支范围,核定收支基数,定额补助或上解超收归己,短收超支不补,结余留用,一年一定”的财政管理体制。1996 年重新核定收支基数,对乡镇实行补助逐年递减的管理体制,一定 3 年不变。1997 年在 12 个乡镇全面推行“财税合一”制度,使乡镇零散的流动收入基数做到少流失不流失。

2000 年加快财政体制改革的步伐,推进了乡镇财政体制改革方案实施,调整后的乡镇财政体制自我调控能力得到加强,承担财政风险责任相应增大。当年,爱辉区开始实行统发工资制度改革,将区直预算单位职工工资纳入财政统发工资范围,建立统发工资系统,直接把工资存入职工个人账户,确保职工工资按时足额发放。

2003 年,按照省、市财政部门关于推行部门预算编制改革的要求,爱辉区结合实际情况,开始在 59 家区直行政事业单位实行试编部门预算制度,由爱辉区财政局起草并印发了《爱辉区直编制部门预算办法(试行)》,推行部门预算、综合预算、零基预算和早编细编预算的方法,将预算内外资金编入一本预算,统筹安排,捆绑使用,各项财政支出按项目轻重缓急综合考虑,合理分配财力,使爱辉区预算管理更加科学、严肃、规范。同年,按照省市财政部门有关国库集中支付制度改革的要求,爱辉区成立财政国库集中收付中心,制定并下发了《关于实行国库集中支付制度改革清理区直单位账户的实施办法》《爱辉区直财政国库收付中心审核报账办法》《爱辉区直财政集中收付单位报账员工作规则》,在预算单位资金使用权、财务管理权和会计主体地位不变的情况下,取消区直预算单位的银行账户,由收付中心在商业银行统一开设账户,集中办理财政性资金支付业务,辅助预算单位进行业务核算。

为适应国库管理制度改革的需要,确保财政资金运行安全高效,2005 年,爱辉区财政局成立国库股,将原由各业务股室管理的财政性资金账户划归国库股统一管理,对所有财政性资金账户进行清理归并,减少了资金拨付中间环节,提高了财政性资金的安全性。

至 2005 年,爱辉区依旧实行“分税制”财政体制,财政收入稳步增长。2005 年,爱辉区财政总收入达到 27 595 万元,是 2000 年的 3.1 倍。区乡两级共 121 个行政事业单位,6 175 人纳入了统发工资范围。区直全额预算单位全部纳入部门预算编制范围。

第三节　财 政 收 入

一、1983—2000 年财政收入

(一)工商税收入

1983 年,工商税收通过利改税,使税款以所得税的形式及时收缴,全年工商税收 613 万元,比上年增长 80.4 万元,增长 15.1%。从 1984 年开始实行第二步利改税,并且积极支持工商企业户扩大经营,提高效益,本年是工商税收最好的一年。全年工商税收达到 700 万元。

1990 年,围绕“保盘子工程”成立工商调查组,对销售不畅等原因进行了分析,调整充实增收节支措施,全年工商税收完成 2 610.2 万元,为年度预算的 98.5%,比上年增长 6.6%。1991 年以后,继续实施“保盘子工程”,1992 年全年工商税收入 5 116.6 万元,为预算的 148.8%,比上年增长 59.9%。1994 年全年工商税收入完成 764 万元,为预算的 69.7%。经过改革开放和边贸发展工商户急剧增加,使得工商税收逐年有所增加,1995 年完成 689 万元,为预算的 79.5%,1996 年完成 720 万元,为预

算的83.1%，但从1999到2000年，由于边贸下滑，工商业发展略显迟滞，2000年全年工商税收入共计780万元，为预算的95.5%，同比下降7.6%。

（二）企业收入

中共十一届三中全会以来，对企业进行整顿，实行了经营承包责任制，尤其实行利改税以后，企业经济效益有明显好转，1983年，预算内25户工业企业完成1.711万元，比上年增长10.2%。盈亏相抵亏损49.5万元，比1982年减亏66.3万元，减亏57.3%，亏损减少2户。利改税基本体现了国家、企业得中头、个人得小头的原则。1984年实行第二步利改税，搞活财政，进一步处理好国家和企业分配关系，从根本上解决企业吃国家"大锅饭"的弊端，有74户国营工业企业实行利改税。主要做法是把粮食企业亏损指标全部包干到企业，增亏财政不予弥补，减亏全部留给企业；将生猪亏损指标全部包给企业，超亏不补，减亏分成；放宽对小企业的留利分配的控制，下放给财产损失处理权限等，给企业扩权。另外，为了帮助企业放开搞活，采取冲减流动资金和财政退库的办法，为企业放包袱130万元。以上措施对企业改善经营管理、提高经济效益、增强企业活力和动力起到了较好的作用。1984年企业扭亏增盈有了明显提高，工业企业盈亏相抵，增盈增收21万元，其中盈利企业增盈33.4万元，亏损企业减亏25万元，创下多年未见的好效益。1985年和1986年财政部门狠抓企业扭亏增盈工作，积极扶持重点和贫困企业，有的企业在改造中，部分企业达到预期的经济效益，乳品厂在奶源不足的情况下扭亏为盈，企业利润大幅度上升，实现利润30多万元。针织厂、电机厂改造了厂房，增添了设备，进行产品更新，经济效益明显提高，为财政稳定增长奠定了基础。

1990年，实施"保盘子工程"。当时，面临着经济形势非常严峻的局面，企业产量呈持续下滑趋势，回升缓慢，市场结构疲软，给实现财政收支平衡带来很大压力。财政部门帮助企业研究政策，制定措施，针对不同企业的实际情况，从政策上和资金上给予支持和扶持；根据省政府"五十条"政策规定制定了促产增销25条措施；千方百计筹集资金，扶持企业发展，全年通过各种渠道筹集资金413.4万元，重点解决了通用机械厂卡轮油泵、电动工具厂的云石切割机、毛纺厂的低档花格呢等项目资金短缺原材料不能购进、新产品开发等困难；根据流动资金存量不活等问题，制定和实施了清理往来、职工欠款等具体办法，全年共回收往来欠款150万元，收回职工欠款138.8万元。1992年，城市开放步伐加快，围绕如何增收节支实现"保盘子工程"开展具体工作，在培植财源方面，重点扶持了陶瓷、针织、燃料、储运、制造厂等企业的技术改造项目。在扭亏增收方面，对亏损大户开展了扶持工作。通过划小核算单位，加强内部管理，增加资金投入等措施，使第一机械厂、木材公司等企业工作收到明显效果。同时对西岗子电厂亏损进行了调查，建议调整了不合理电价，积极帮助协调企业间供求关系，使该企业在1992年度实现了大幅度减亏目标。到1995年企业完成收入－4 504万元，为预算的54.7%。1996年积极培育新的经济增长点，开辟新财源，加强资源开发，积极建设市场。根据实际情况确定了木耳块、山产品加工、白酒、赤豆粉、开荒、淀粉厂等几个产业集团为新的财源增长点，到1998年企业收入完成63万元，为预算的74.1%，比上年增长270.5%。2000年继续加快财源建设，对一些见效快、有发展的企业予以扶持，爱辉区蔬菜出口基地，油菜籽生产基地当年实现了利润，黑河饭店、食品厂、龙江浴池增强了市场竞争力，全年企业收入完成117万元。

（三）农业税收入

1983年农业获得丰收，农业税收为976万元。1984年由于遭受严重自然灾害，农业税收减收59.6万元；同时按上级部署，清查了农村土地，促进了农业生产承包制的推行，为合理征收农业税提供了依据。1985—1986年连续2年遭受自然灾害，农民生产生活面临困难。财政部门认真兑现农业税政策。减轻农民负担，对应收的农业税款，积极组织征收入库，当年农业税尾欠比上年同期有所下降。农业税款为 36 万元。

1990 年,实施“保盘子工程”并推进乡镇财政改革,组织开展农业税、农业特产税,耕地占用税的征收,同时加强管理工作,认真开展“三税”政策复查工作,狠抓税源清理,兑现减免政策,落实先减后征,使“三税”征收超额完成省下达的任务,当年农业税完成 163 万元,为年度预算的 120%,为上年的 88.0%。从 1991 年开始实行农业四税(农牧业税、农林特产税、耕地占用税、契税),1992 年农业四税收入为 209.9 万元,为预算的 130.0%,比上年增长 13.5%。1995 年,面对农业遭受的自然灾害,财政部门深入农村做细致的工作,保证了农业四税征收;当年农业四税完成 369 万元,为预算的 107.2%。1997 年省同意黑河北三县(区)恢复省农业税平均税率,这是财政增收的一个契机,但同时又面临着农业多灾、小麦质低销售难、农民纳税积极性不高的问题,通过驻乡、驻库、逐村、逐户多渠道征收,全年征收农业税 850 万元,超计划 269 万元,比上年增长 52.5%。对锦河农场耕地逐块丈量,盘点出征税面积 5.5 万亩,增加税收 50 万元。完善了特产税的征管办法,征收特产税 170 万元。超额完成计划 20 万元。全年农业税完成 959 万元,为预算的 131.7%。2000 年,由于农业灾情严重,农业四税完成额仅为 474 万元,占预算的 59%,同比下降 41.8%。其中农业税 238 万元,占预算 42%。同时加大特产税征管力度,特产税完成 99 万元,占预算的 62.5%。

(四)预算外收入

1983 年,在贯彻国家对预算外资金管理的规定的基础上,建立了报表制度,对预算外单位和预算外资金情况分别采取了“统收统支”和“计划管理”的方法,当年预算外收入达 86.7 万元,2000 年预算外收入达到 375 万元。

(五)国库券收入

1983—1986 年,全市认购国库券为 463.6 万元,平均超过认购额外负担的 10%。1990 年国库券和特种债务券任务为 199.6 万元,实际完成 215.1 万元,超额外负担 7.8%。1993 年、1994 年分别完成国库券 256 万元、257 万元,超额完成了认购任务。从 1995 年开始,国库券认购能力增大,认购数下拨不到区县市就已经完成。

(六)其他收入

1983 年,财政部规定,国家经济部门依法处置的罚款,如违价罚款、违反交通规则罚款、公共卫生违章罚款、挤占马路罚款、燃料超耗罚款等,全部缴地方财政。当年罚没款 1.8 万元。1996 年全年罚没收入 113 万元。到 2000 年共计罚没收入达到 700 多万元。其他如契税、规费及杂项收入较少,1983—2000 年共计收入逾 170 万元,其中的契税收入达到了 137 万元。

二、2000—2005 年财政收入

2000 年,由于预算体制改革,按照省、市财政部门关于推行部门预算改革的要求,将财政原来划分的 6 部分收入改为一般预算收入、基金收入和预算外收入 3 部分。

(一)一般预算收入

2000 年,爱辉区一般预算收入完成 1 635 万元,完成年初预算的 88.7%,比 1999 年同期下降 12.1%。其中,工商税完成 805 万元,完成预算的 98.5%,其中,增值税完成 180 万元,为预算的 85.3%;个人所得税完成 255 万元,为预算的 97%,比 1999 年同期下降 0.8%。行政性收费和罚没收入完成 81 万元,为预算的 101.3%,比上年同期下降 10%。其中,行政性收费完成 30 万元,为预算的 100%,罚没收入 51 万元,为预算的 102.5%。

2001 年,爱辉区一般预算收入完成 1 629 万元,完成年初预算的 96%,比 2000 年同期增长 1.1%,其中,工商税完成 864 万元,完成预算的 108%,其中,增值税完成 196 万元,为预算的 102.6%,营业税完成 159 万元,为预算的 97%;个人所得税完成 345 万元,为预算的 133.2%,比上年同期增长 35.3%。行政性收费和罚没收入完成 113 万元,为预算的 136%,比上年同期增长 40%。其中行政性收费完成 32 万元,为预算的 125%,罚没收入 73 万元,为预算的 143.1%。

2002 年,爱辉区一般财政预算收入完成 1 881 万元,为调整预算的 108%,其中,工商税完成 776 万元,为调整预算的 114%,同比增长 5.9%。行政性收费收入完成 56 万元,为调整预算 140%,同比增长 40%;罚没收入完成 51 万元,为调整预算的 128%,比上年下降 30%;专项收入完成 75 万元,占预算的 138.9%,同比增长 41.5%;其他收入为零,主要原因是林业上缴收入没有完成任务。

2003 年,爱辉区一般财政预算收入完成 1 580 万元,为调整预算的 113.8%,其中工商税完成 759 万元,为调整预算的 104.1%,可比口径增长 6.0%;行政性收费收入完成 105 万元,为调整预算的 175%,同比增长 87.5%;罚没收入完成 117 万元,为调整预算的 234%,同比增长 129.4%;专项收入完成 76 万元,占调整预算的 116.9%,同比增长 1.3%;其他收入完成 7 万元,占调整预算的 100%,同比增加 7 万元。

2004 年,爱辉区一般财政预算收入完成 1 467 万元,为调整预算的 126.7%,其中,工商税完成 765 万元,为调整预算的 101.7%,可比口径增长 0.8%;其他各项收入完成 315 万元,为调整预算的 144.5%,同比增长 7.9%。

2005 年,爱辉区一般财政预算收入完成 1 968 万元,为调整预算的 127.8%,同比增长 34.2%,其中,增值税完成 402 万元,为调整预算的 151.7%,同比增长 69.9%;营业税完成 219 万元,为调整预算的 125.1%,同比增长 36.9%;企业所得税完成 79 万元,为调整预算的 493.8%,同比增长 393.8%;非税收入完成 491 万元,为调整预算的 181.9%,同比增长 49.7%。一般预算收入提前 2 个月完成任务,全口径一般预算收入提前 3 个月完成任务,超额完成了省考核指标和区进档升级目标,完成了当年的预算任务。

(二)基金收入

2000 年,爱辉区基金收入为 64 万元,完成预算的 53.3%,比上年同期下降 46.2%,上级补助收入为 122 万元,上年结余 9 万元,调入资金 8 万元,基金收入总计 203 万元。2001 年,爱辉区基金收入为 292 万元,上级补助收入为 440 万元,上年结余 22 万元,调入资金 6 万元,基金收入总计 760 万元。2002 年,爱辉区政府基金收入总计完成 390 万元,其中土地有偿收入 253 万元,上级补助收入 56 万元,调入水利基金 8 万元,上年结余 73 万元。当年基金支出 217 万元,滚存结余 173 万元。2003 年,爱辉区政府基金收入总计完成 545 万元,其中土地有偿收入 238 万元,上级补助收入 127 万元,调入水利基金 7 万元,上年结余 173 万元。当年基金支出 505 万元,滚存结余 40 万元。2004 年,爱辉区政府基金收入总计完成 470 万元,其中土地有偿收入 235 万元,上级补助收入 185 万元,调入水利基金 10 万元,上年结余 40 万元。当年基金支出 426 万元,滚存结余 44 万元。2005 年,政府基金收入总计完成 425 万元,其中农业部门收入 1 万元,土地有偿收入 193 万元,上级补助收入 175 万元,调入水利基金 12 万元,上年结余 44 万元。当年基金支出 387 万元,滚存结余 38 万元。

(三)预算外收入

2000 年,爱辉区预算外收入 447 万元,其中,建设部门收入 3 万元,科学文化部门收入 67 万元,教育部门收入 205 万元,卫生部门收入 29 万元,公检法部门收入 50 万元,其他部门收入 93 万元,上年结转 137 万元。2001 年,爱辉区预算外收入 485 万元,其中,农林水部门收入 78 万元,科学文化部门收入 2 万元,教育部门收入 234 万元,卫生部门收入 26 万元,公检法部门收入 62 万元,其他部门收入

83 万元,上年结转 166 万元。2002 年,爱辉区预算外收入 437 万元,其中,农林水部门收入 53 万元,科学文化部门收入 3 万元,教育部门收入 290 万元,卫生部门收入 14 万元,其他部门收入 77 万元,上年结转 102 万元。2003 年,爱辉区预算外收入 687 万元,其中,农林水部门收入 89 万元,科学文化部门收入 4 万元,教育部门收入 392 万元,卫生部门收入 13 万元,其他部门收入 189 万元。

2004 年,爱辉区预算外收入 621 万元,其中,农林水部门收入 99 万元,科学文化部门收入 4 万元,教育部门收入 416 万元,卫生部门收入 4 万元,其他部门收入 98 万元,上年结转 140 万元。

2005 年,爱辉区预算外收入 528 万元,其中,农林水部门收入 86 万元,科学文化部门收入 3 万元,教育部门收入 416 万元,其他部门收入 23 万元,上年结转 134 万元。

1983—1999 年爱辉区(黑河市)地方财政收入情况表

表 4－2　　　　单位:万元

年份	合计	工商税收	农牧业税	企业收入	其他收入
1983	496	613	98	－259	44
1984	395	700	38	－369	26
1985	742	927	70	－307	52
1986	1 083	1 116	36	－116	47
1987	1 453	1 372	49	－83	115
1988	1 747	1 827	75	－223	68
1989	2 711	2 448	193	－59	129
1990	2 830	2 610	167	－91	144
1991	3 426	3 200	185	－140	181
1992	5 746	5 117	210	30	389
1993	3 314	2 900	219	－31	226
1994	1 158	763	372	－68	91
1995	1 142	701	391	－51	101
1996	1 551	750	639	－59	221
1997	1 979	812	984	18	165
1998	2 183	871	1 035	7	270
1999	1 906	846	814	19	227

2000—2005 年爱辉区地方财政收入情况表

表 4－3　　　　单位:万元

年份	合计	一般预算收入	税收返还	体制补助	所得税基数返还	专项补助	转移支付补助及其他各种补助	上年结余
2000	9 004	1 635	571	2 060	—	1 668	3 002	68
2001	12 183	1 629	580	2 060	—	2 203	5 541	170
2002	16 098	1 881	584	—	—	4 106	9 328	199
2003	17 304	1 580	599	—	230	4 454	10 387	54
2004	20 364	1 467	608	—	230	5 891	12 073	95
2005	27 595	1 968	934	—	230	8 920	15 247	296

第四节　财 政 支 出

一、1983—2000 年财政支出

(一)经济建设费支出

1983 年,经济建设费支出总额为 1 242.2 万元,其中较大额度是农业支出为 583.8 万元,城市维护费 219.9 万元,企业挖潜 188.2 万元。1984 年增加团山子电话勘测费、二站电网费等,在财力紧张的情况下,用于企业技术改造方面的款额达 189.7 万元,比上年增加 1.7 万元,用于商业企业简易建筑费达 35.5 万元,比上年增加 3.8 万元,支援农业支出 24.2 万元,比上年增加 5.2 万元。随着经济建设的不断发展,改革开放的不断深入,经济建设费用支出逐年增加,1990 年,经济建设支出 1 380 多万元,重点解决了通用机械厂卡轮油泵、电动工具厂的云石切割机、毛纺厂的低档花格呢等项目的奖金短缺以及原材料不能购进、新产品开发等困难;同时支持了储运公司、粮油公司的设施建设,拖修厂、陶瓷厂的购置原材料资金,针织厂、开联公司易货贸易以及发展农村特产品所需资金等,收到了较好的经济效益和社会效益。1994 年,由于城市维护费项目的减少,经济建设支出额占有 700 多万元,2000 年此项目支出为 901 万元。

(二)文教科技卫生事业费支出

中共十一届三中全会以来,文教卫生事业进入快速发展阶段,政府从财力上给予了一定的支持。1983—2000 年间,文教卫生事业费累计支出 2.5 亿元左右。其中,1994 年达到了 2 318 万元,为历史最高年,占全年财政总支出的 40%多,占各项支出首位。文教卫生事业费支出额增加,主要包括知识分子和科技人员津贴、书刊补助费,建立微波站,建设第四小学校、第六小学校、党校校舍等。

(三)抚恤和社会福利救济支出

1983 年以后,在搞好经济建设和社会各项事业发展的基础上,抚恤和社会福利救济费的支出和范围不断扩大。1984 年抚恤和社会福利救济项目支出为 85.4 万元,其中仅城乡救济灾款支出达 73 万元。1990 年抚恤和社会救济事业费支出 72 万元。1998 年遭遇百年一遇的特大洪灾,抚恤和社会福利救济支出达到 90 万元。1983—2000 年此项支出共计 1 641 万元。

(四)行政管理费支出

行政管理费支出,一直奉行节约的原则,但因各项事业的迅速发展,行政费支出 1983—1999 年总计达到 12 968 万元。特别是进入 20 世纪 90 年代,办公楼多为年久失修,办公现代化设备的逐年增加,加大了行政支出的数额。另外几次职工调资,所需经费皆由当地财政自行解决,也是行政管理费支出增加的原因。1999 年行政管理费类支出 1 350 万元。

(五)其他支出

1983 年以后,其他支出有边境建设补助、支援不发达地区发展资金、少数民族地区补助费、价格补助支出等。1983—1999 年,其他支出总计为 33 773 万元。另外,1983—1999 年,公、检、法类支出总计为 3 212 万元。

二、2000—2005 年财政支出

2000—2005 年，由于预算体制改革，按照省市财政部门关于推行部门预算改革的要求，将财政支出的划分分为一般预算支出，基金支出和预算外支出 3 部分。

（一）一般预算支出

2000 年，爱辉区一般预算支出为 8 970 万元，其中，地方支出为 8 592 万元，专项上解支出完成 336 万元，调出资金 8 万元，滚存结余 34 万元，结转支出 34 万元。主要是专项结转 34 万元。支出项目中支农支出完成 260 万元，同比增长 192.1%，增长的主要原因是省专项增多，如蔬菜出口基地建设、梁集屯续建项目、西峰山土地资本经营、打井抗旱等重点工程项目；农业综合开发支出完成 486 万元，同比增长 69.3%；科技支出完成 28 万元，教育事业费支出 1 973 万元，由于当年离退休人员经费全部在离退经费中列支，实际数字虽比上年有所减少，但按可比口径，均比上年有所增长。地方财政支出中仅工资性支出即达 5 730 万元，占地方财政支出的 85%。

2001 年，爱辉区一般财政预算支出为 12 183 万元，其中地方支出为 11 803 万元，专项上解支出完成 350 万元，调出资金 6 万元，滚存结余 24 万元，结转支出 24 万元。主要是专项结转 24 万元。支出项目完成中支农支出完成 222 万元，为预算的 102.3%，主要是省专项，用于蔬菜出口基地建设、农田水利建设、土地资本经营、打井抗旱等重点工程项目；农业综合开发支出完成 134 万元，同比下降 72.4%，下降主要原因是省专项减少，地方财政无资金投入；科技支出完成 28 万元，教育事业费支出 1 973 万元，由于本年行政机关机构改革，离退休人员增多，再加上本年调资幅度较大，各种事业费支出均比上年有大幅度增长。地方财政支出中工资性支出 8 418 万元，占地方财政支出的 87.7%。2001 年国家及地方政府减收增资政策对爱辉区预算执行产生很大影响。落实国家出台相关政策增支，如艰苦边远地区津贴增支 71 万元，医疗保险增支 50 万元，农村税费改革增支 36 万元；落实市政府有关文件，造成本区短收增支。如新建第五小学增支 100 万元，幼儿园维修投入 46 万元，木材公司动迁增支 120 万元。上述因素都给爱辉区的预算执行带来很大困难，在 12 月由于省市困难补助及结算补助到位后，才使年初预算得以正常执行，并没有形成新的工资拖欠。

2002 年，爱辉区一般财政预算支出为 16 098 万元，其中地方支出为 15 664 万元，专项上解支出完成 403 万元，调出资金 8 万元，滚存结余 23 万元，结转支出 23 万元。主要是专项结转 23 万元。支出项目完成中：支农和农业综合开发支出完成 635 万元，为预算的 100%，主要是省专项，用于蔬菜出口基地建设、农田水利建设、土地资本经营、打井抗旱等重点工程项目；科技支出完成 38 万元，同比增长 11.8%；教育事业费支出 3 308 万元，为预算的 119.1%；文体广播事业费支出 437 万元，为预算的 156.1%，增长的主要原因是执行税费改革政策，国家及地方加大了对农村的教育和计划生育的投入，由于当年行政机关机构改革，离退休人员增多，各种事业费支出均比上年有大幅增长。地方财政支出中仅工资性支出即达 8 966 万元，占地方可用财力的 85.5%。

2003 年，爱辉区一般财政预算支出为 17 304 万元，其中地方支出为 16 951 万元，专项上解支出完成 320 万元，调出资金 7 万元，滚存结余 26 万元，结转支出 26 万元。主要是专项结转 26 万元。支出项目中完成科技三项费用 15 万元，占调整预算的 100%，同比持平；农业支出和林业支出分别为 1 306万元、2 027 万元，均占调整预算的 100%，主要是省专项，用于财源建设项目贴息、农田水利建设、农业综合开发、打井抗旱、防汛和生态效益林补助等重点工程项目；科学支出完成 24 万元，教育支出完成 3 746 万元，由于当年兑现三次调资政策，工资性支出均比上年有大幅增长。地方财政支出中仅工资性支出即为 10 019 万元，占地方可用财力的 88.1%。

2004 年，爱辉区一般财政预算支出为 20 364 万元，其中，地方支出完成 20 057 万元，专项上解支出完成 189 万元，调出资金 10 万元，滚存结余 108 万元，结转支出 108 万元。主要是专项结转 108 万

元。支出项目中完成科技三项费用105万元,占调整预算的100%,同比增长600%;农业支出和林业支出分别为1 554万元、2 042万元,分别占调整预算的95.7%、100%,主要是省专项,用于财源建设项目贴息、农业综合开发和生态效益林补助等重点工程项目;科学支出完成25万元,教育支出完成3 995万元,由于上年调资政策后的影响,工资性支出比上年有较大增长。地方财政支出中仅工资性支出即为11 502万元,占地方可用财力的84.1%。

2005年,爱辉区一般预算支出为27 595万元,其中地方财政支出为27 390万元,专项上解支出完成189万元,调出资金12万元,滚存结余4万元,结转下年支出4万元。地方财政支出中仅工资性支出即为13 349万元,占地方财政支出的48.7%;三条保障线支出1 578万元,占财政支出的5.7%;森林生态效益支出3 716万元,完成了2004年、2005年的支付任务,占财政支出的13.6%;农业综合开发支出669万元,占财政支出的2.4%;教育支出4 724万元,占财政支出的17.2%,同比增长18%。

(二)基金支出

2000年,爱辉区基金支出181万元,滚存结余22万元。2001年,爱辉区基金支出687万元,其中农业部门基金支出30万元,地方财政税费附加支出32万元,土地有偿支出215万元,文教建设支出110万元,其他部门基金支出300万元,基金结余73万元。2002年,爱辉区基金支出217万元,滚存结余173万元。2003年,爱辉区基金支出505万元,滚存结余40万元。2004年,爱辉区基金支出426万元,滚存结余44万元。

2005年,爱辉区基金支出387万元,滚存结余38万元。

(三)预算外支出

2000年,爱辉区预算外支出393万元,其中,农林水部门支出49万元,建设部门支出5万元,科学文化部门支出4万元,教育部门支出175万元,卫生部门支出19万元,公检法部门支出52万元,其他部门支出89万元,政府调剂资金支出25万元,结转下年166万元。2001年,爱辉区预算外支出438万元,其中,农林水部门支出66万元,建设部门支出1万元,科学文化部门支出2万元,教育部门支出231万元,卫生部门支出5万元,公检法部门支出62万元,其他部门支出71万元,政府调剂资金支出86万元,结转下年127万元。2002年,爱辉区预算外支出429万元,其中,农林水部门支出53万元,科学文化部门支出3万元,教育部门支出290万元,卫生部门支出14万元,其他部门支出69万元,政府调剂资金支出110万元。2003年,爱辉区预算外支出547万元,其中,农林水部门支出75万元,科学文化部门支出2万元,教育部门支出356万元,卫生部门支出2万元,其他部门支出112万元,结转下年140万元。2004年,爱辉区预算外支出626万元,其中,农林水部门支出76万元,科学文化部门支出2万元,教育部门支出378万元,其他部门支出170万元,结转下年134万元。

2005年,爱辉区预算外支出500万元,其中,农林水部门支出66万元,科学文化部门支出3万元,教育部门支出412万元,其他部门支出19万元,结转下年162万元。

第四章　税　　务

第一节　国家税务

一、机　　构

2000年12月，经黑龙江省国家税务局批准，黑河市国家税务局爱辉分局更名为黑河市爱辉区国家税务局，按县级正科级建制管理，承担所辖区域国税税收征管职能；内部机构设7个行政科（室），下设4个分局、5个税务所、1个事业单位（信息中心）和1个直属机构（稽查局）。到2005年底，未有变化。

二、税收征管体制改革

1992年，党的十四大明确提出我国经济体制改革的目标是建立社会主义市场经济体制。为适应市场经济体制对税收提出的新要求，1994年我国工商税制进行了全面性、结构性的改革。此次改革的指导思想是统一税法、公平税负、简化税制、合理分权，理顺分配关系，保障财政收入，建立符合社会主义市场经济要求的税制体系。改革主要内容是统一内资企业所得税，采用33%的比例税率，规范企业所得税前列支项目和标准，取消"国营企业调节税"和向国营企业征收国家能源交通重点建设基金和国家预算调节基金；把原个人所得税、个人收入调节税、城乡个体工商业户所得税统一为个人所得税，分不同所得项目分别采用超额累进税率和比例税率，规定了不同的扣除标准；改革旧流转税制。新流转税制由增值税、消费税、营业税组成，在工业生产领域和批发零售商业普遍征收增值税，对特定消费品征收消费税，对不实行增值税的劳务和销售不动产征收营业税；扩大资源税征收范围，将盐税并入资源税，实行分产品从量定额计算征税的办法；开征土地增值税，用于调节房地产交易中的过高利润，采用四档超率累进税率；拟开征证券交易税、遗产和赠与税；调整城乡维护建设税、土地使用税，取消集市交易税、牲畜交易税、烧油特别税、奖金税和工资调节税，下放屠宰税、筵席税给地方。国家税务总局按照分税制的原则成立国家税务局和地方税务局。

三、税种　税目　税率

爱辉区国家税务局按国家规定征收税种有四大项，即增值税、消费税、企业所得税、储蓄存款利息所得税。

（一）增值税

1. 纳税人销售或者进口货物，基本税率为17%。

2. 纳税人销售或者进口下列货物，税率为13%：

（1）粮食、食用植物油；（2）自来水、暖气、冷气、热水、煤气、石油液化气、天然气、沼气、居民用煤炭制品；（3）图书、报纸、杂志；（4）饲料、化肥、农药、农机、农膜；（5）国务院规定的其他货物。

3. 纳税人出口货物，税率为零；但是，国务院另有规定的除外。

4. 纳税人提供加工、修理修配劳务，税率为17%。

5. 小规模纳税人销售货物或者应税劳务的征收率为6%。

根据国务院决定，从 1998 年 7 月 1 日起，商业个体经营者的增值税征收率由 6% 调减为 4%，其他个体经营者的增值税征收率仍为 6%。

（二）消费税

消费税税目税率表

表 4－4

税　　目	征收范围	计税单位	税率（税额）
一、烟	—	—	—
1. 甲类卷烟	—	—	45%
2. 乙类卷烟	包括各种进口卷烟	—	40%
3. 雪茄烟	—	—	40%
4. 烟丝	—	—	30%
二、酒及酒精	—	—	—
1. 粮食白酒	—	—	25%
2. 薯类白酒	—	—	15%
3. 黄酒	—	吨	240 元
4. 啤酒	—	吨	220 元
5. 其他酒	—	—	10%
6. 酒精	—	—	5%
三、化妆品	包括成套化妆品	—	30%
四、护肤护发品	—	—	17%
五、贵重首饰及珠宝玉石	包括各种金、银、珠宝首饰及珠宝玉石	—	10%
六、鞭炮、焰火	—	—	15%
七、汽油	—	升	0.2 元
八、柴油	—	升	0.1 元
九、汽车轮胎	—	—	10%
十、摩托车	—	—	10%
十一、小汽车	—	—	—
1. 小轿车	—	—	—
气缸容量（排气量，下同）在 2 200 毫升以上的（含 2 200 毫升）	—	—	8%
气缸容量在 1 000 毫升至 2 200 毫升的（含 1 000 毫升）	—	—	5%
气缸容量在 1 000 毫升以下的	—	—	3%
2. 越野车（四轮驱动）	—	—	—
气缸容量在 2 400 毫升以上的（含 2 400 毫升）	—	—	5%

续表 4－4

税　　目	征收范围	计税单位	税率(税额)
气缸容量在 2 400 毫升以下的	—	—	3%
3. 小客车(面包车)	22 座以下	—	—
气缸容量在 2 000 毫升以上的(含 2 000 毫升)	—	—	5%
气缸容量在 2 000 毫升以下的	—	—	3%

说明:2001 年 5 月 1 日,国家税务总局调整了白酒消费税征收办法,对白酒实行从价和从量相结合的复合计税方法,对粮食白酒和薯类白酒仍维持现行按出厂价,以 25% 和 15% 的税率从价征收消费税办法不变,再对 0.5 千克白酒按 0.5 元从量征收一道消费税

(三)企业所得税

企业所得税有法定税率和优惠税率两种。法定税率是 33%;优惠税率是指对应纳税所得额在一定数额之下的企业给予低税率照顾,分为 18% 和 27% 两种。年应纳税所得额在 3 万元以下(含 3 万元)的减按 18% 的税率征收;年应纳税所得额超过 3 万元至 10 万元以下(含 10 万元)的,减按 27% 的税率征收。

(四)储蓄存款利息所得税

储蓄存款利息所得个人所得税的税率是 20%。享受避免双重征税协定待遇的外国居民税率为 10%、15%、7.5%、5%。

四、税款收入

2000 年,全区共计征收入库税款 817 万元。到 2005 年,全区征收入库税款共计 2 417 万元。

2000—2005 年爱辉区国家税务局按税种税收金额统计表

表 4－5　　　　单位:万元

时间 税种	2000 年	2001 年	2002 年	2003 年	2004 年	2005 年
合计	817	902	936	990	1 051	2 417
增值税	788	848	874	930	941	2 087
消费税	—	1	1	7	6	6
企业所得税	—	—	—	—	97	307
储蓄存款利息个人所得税	29	53	61	53	7	17

第二节 地方税务

一、机 构

（一）黑河市税务局

1981年，黑河市政府设立黑河市税务局。1992年，黑河市税务局内设机构有：办公室、监察室、人事股、计会股、税政股、征管股、稽查股、教育股、派出所。所属单位：一分局、二分局、三分局、西岗子分局、罕达汽税务所、大黑河岛分局。

1993年撤市建区后，税务机关上划归属新成立的黑河市（地级）。

（二）爱辉区地方税务局

黑河市爱辉区地方税务局前身系黑河市地方税务局爱辉分局。爱辉分局是遵照《国务院关于组建国家税务总局在各地的直属税务机构和地方税务局有关问题的通知》和《国务院办公厅转发国家税务总局关于组建在各地的直属税务机构和地方税务局有关问题的通知》两个文件的精神要求，于1994年9月12日成立，正科级建制，是主要为地方政府组织财政收入、促进地方经济发展的经济杠杆部门；隶属于黑河市地方税务局，实行上级地方税务机关与同级人民政府的双重领导，以上级地方税务机关为主的管理机制。内设机构：办公室、人事教育股、征管股、征收股、会计股、税政股、稽查股、西岗子所、罕达汽所、市场所10个股（室）、所，均为正股级建制。局机关编制总数47个，其中，省行政编44个，地方自定编3个，领导职数为1正职2副职。

1998年3月，经黑龙江省地方税务局批准，黑河市地方税务局爱辉分局西岗子所更名为西岗子分局，行政建制由正股级升格为副科级。

2000年4月，黑河市地方税务局爱辉分局更名为黑河市爱辉区地方税务局，机构设置无变化。

2001年，黑河市地方税务局领导职数1正职3副职，局机关编制总数59个，其中省行政编制57个，地方自定编制2个。10月，按照黑河市地方税务局对黑河市县、市、区地税局机构职能调整的要求，成立了黑河市爱辉区地方税务局稽查分局，副科级建制，调整后的黑河市爱辉区地方税务局内设：办公室、人事教育股、监察股、综合业务股、个体股、企业股、农村股、税收服务中心、稽查分局、西岗子分局、罕达汽所、爱辉所总计12个股（室）、所、分局，除西岗子分局、稽查分局为副科级建制，其余均为正股级建制。

2003年12月，按照黑河市地方税务局对黑河市内，区、分局进行的机构职能调整的要求，撤销了爱辉区地方税务局下设的稽查局，实行了市区一级稽查。调整后的黑河市爱辉区地方税务局领导职数、人员编制均无变化。至2005年，内设机构为办公室、人教股、监察股、综合业务股、个体股、企业股、农村股、税收服务中心、西岗子分局、罕达汽所、爱辉所总计11个股（室）、所、分局，除西岗子分局为副科级建制，其余均为正股级建制。

二、税 种

1994年税制改革后，至2005年黑河市爱辉区地方税务局负责征收的主要税种有营业税、企业所得税、外商投资企业和外国企业所得税、个人所得税、资源税、土地增值税、城镇土地使用税、房产税、车船税、印花税、城市维护建设税、教育费附加共计12项。

三、税费收入

黑河市地方税务局爱辉分局1994年当年完成税费收入401.6万元，1995年完成503万元，1996年完成439.3万元；由于1996年以前，个体、涉外税收由国税局征管，从1997年调整为由地税征管，因此，1997年税收增幅较大，完成838.9万元；1998年完成917.1万元，1999年完成903.7万元。2000年更名后的黑河市爱辉区地方税务局完成税费收入867万元，2001年完成886.7万元，2002年完成943.1万元，2003年完成986.4万元，2004年完成955.5万元；2005年，爱辉区地方税务局加大征管工作力度，对辖区内的建筑业、房地产等行业实施全面监管，效果显著，当年完成1 259.5万元，达到历史最高水平。

1994—2005年爱辉区地方税务收入统计表

表4-6　　单位：万元

纳税年度	税收收入	其他收入	合计
1994年	392.5	9.1	401.6
1995年	472.9	30.1	503.0
1996年	391.8	47.5	439.3
1997年	724.7	114.2	838.9
1998年	863.4	53.7	917.1
1999年	850.4	53.3	903.7
2000年	819.5	47.5	867.0
2001年	867.3	19.4	886.7
2002年	916.8	26.3	943.1
2003年	961.2	25.2	986.4
2004年	918.2	37.3	955.5
2005年	1 218.2	41.3	1 259.5
合计	9 396.9	504.9	9 901.8

四、税收征管

（一）征收方式

按照征收手段进行分类，爱辉区地方税务局税款征收主要有以下几种方式：自行计算，自行缴纳；自报核交；代扣代缴；委托代征；核定税额；网上报税；电话报税；划卡报税。

（二）征管方式

1994年税制改革后，实行以征、管、查“三分离”为特征的分权征管模式，取代了几十年来计划经济体制下形成的“一员到户，各税统管，征、管、查一人负责，上门收（催）税”的税收征管模式。

1995年，国家税务总局实行征管改革，在实行征、管、查“两分离”和“三分离”做法的基础上，提出了“以纳税申报和优化服务为基础，以计算机网络为依托，集中征收，重点稽查”的30个字的新税收征管模式。

1997年，确立了“以纳税申报和优化服务为基础，以计算机网络为依托，集中征收，重点稽查”的税收征管模式。并提出税收“专管户”向“专管事”转变的要求，进一步强化了税收专管员的分权制约。

1998年，实行了“公示制”和“文明办税十项承诺制度”。同年，爱辉税务分局落实黑龙江省地方税务局、黑河市地方税务局强化征管基础建设、规范农村税收工作部署，建立完善了办税厅及申报窗口。同时为方便纳税申报、降低税收成本，分局委托全区各乡镇政府代征地方税收，在乡镇财税所内建立窗口，与地税机关明确职责，严格执行地税机关制定的征收管理的各项制度。辖区的纳税人到办税厅（室）持《纳税申报手册》自行申报缴纳各项应纳税款，对农村分局（所）所在地的纳税人按月申报，对偏远的乡镇、村纳税人农村分局（所）或乡镇财税所采取巡回征收或定点征收的方式征收税款。针对农村乡镇政府代征工作，制订了包括申报手册、征管底册在内的一整套征管文书，在全区农村乡镇统一使用，规范了乡镇征管业务流程，使农村税收征管工作步入规范化轨道。

1999年，落实黑河市地方税务局推行新版饮食业发票工作部署，实行“以票管税”管理方式。同年，实行了企业纳税信誉等级评定制度，激发了广大企业依法经营、依法纳税的积极性。在辖区内实行划片管理，完善管片税务干部责任制，结合爱辉区地税局征管质量“十率”的考核工作情况，合理地确定了考核办法和指标，实行严格的奖惩，最大限度地杜绝漏征漏管户的发生。

2000年，根据国家税务总局关于完善征管改革，切实强化管理的意见的安排、黑龙江省地方税务局和黑河市地方税务局工作会议精神，在爱辉区局范围内开展了“税收征管质量年活动”，征管质量和效率有了一定的提高，“十率”各项指标均达到了省局的考核要求。同时，加强发票管理，规范了发票的领、购、存制度，发票实行计划上报制度。

2001年，规范了城区内个人房屋出租税收的管理，制定了统一的定额等级标准。开展了“饮食业定额发票抽奖活动”，提高了广大消费者索票的积极性；落实黑河市地方税务局加强窗口代开发票税务管理工作部署，制定了《爱辉区地方税务局窗口代开发票管理制度》。同年，实现了爱辉区税收征管资料微机化管理，建立了完整的纳税人机类（征管软件）征管资料档案；加强了饮食业定额户管理，制定了爱辉区地方税务局饮食业定额标准明细表，实行“三级审批”制度。

2002年，落实《黑河市地方税务局饮食业刮奖发票实施方案》部署，在全区范围内启用了饮食业刮奖发票，使饮食业税收大幅增长；开展了加强农村税收征收管理及农村税收征管工作情况调查工作，进一步提高了农村税收征管质量，实现了征管工作重心从征管基础建设向全面提高征管质量的转移；落实《黑河市地方税务局定期定额听证实施办法》相关规定，开展了个体业户定期定额听证工作，促进了政务公开，公平公正，解决了征收管理中存在的问题。

2003年，爱辉区地税局落实黑龙江省地方税务局、黑河市地方税务局实现税收征管现代化工作部署，推出了网上报税、电话报税和划卡报税；推行了申报纳税“一窗式”管理，加强了征管，方便了纳税人，提高了办税工作效率。同时，对纳税人的所有资料实行了“一户式”存储，实现信息共享。上线并使用黑龙江省地税征管软件，初步实现了征管网络化，办公自动化的应用格局；农村税收征管工作全部纳入广域网管理，提高了税收征管和行政管理的效率和质量。同年，全面落实《黑河市地方税务局户籍动态管理办法》和《黑河市地方税务局户籍管理考核办法》的相关规定，对所有业户实行动态化管理。

2004年，爱辉区地税局积极响应落实国家税务总局提出的“以纳税申报和优化服务为基础，以计算机网络为依托，集中征收，重点稽查，强化管理”的新征管模式；当年实现了“电子定税”；开展网络化征收扩面工作。当年7月1日《中华人民共和国行政许可法》正式施行，爱辉区地税局税务行政许可项目的主要内容为对发票使用和管理的审批；对发票领购资格的审核；印花税票代售许可。

2005 年，爱辉区地税局全面建立税收管理员制度，制定下发了《爱辉区地方税务局税收管理员工作办法》，建立了《税收管理员责任区制度》《税收管理员交流轮换制度》《税收管理员岗位职责》《企业税收管理员操作办法》《个体税收管理员操作办法》《农企税收管理员操作办法》等各项制度。形成了责任到人、管理到户的局面，使新的征管模式的整体优势得以进一步发挥。同年，爱辉区地方税务局开展了重点税源户的纳税评估工作；顺利开通了"12366"纳税服务热线，纳税人可以通过"12366"服务台享受到地税部门的方便快捷服务；上线并使用新的网络化监控软件，将户籍管理、申报征收、税源监控等征收管理各环节全面纳入监控范围。

第五章　统　　计

第一节　机　　构

1983 年 6 月，爱辉县统计局并入黑河市统计局，内设机构为综合社会股、工业农业股、财贸投资物资股、资料计算股。1984 年组建黑河市农村抽样调查队，事业单位，正科级建制，编制 2 个。1989 年 6 月，黑河市城市社会经济调查队成立，编制 5 个，城调队为副科级建制。

1993 年 4 月撤市建区，黑河市统计局更名为爱辉区统计局。正科级建制，编制 17 个。内设综合社会股、工业农业股、财贸基建物资股、资料计算股，均为正股级建制。

1996 年，爱辉区统计局行政编制 13 个、事业编制 1 个；领导职数局长 1 职、副局长 2 职；内设机构撤综合社会股，增设办公室。

2001 年，爱辉区统计局调整职能后内设 4 个职能股（室）办公室、农业财贸股、社会法制计算机股、工业投资股。区统计局领导职数局长 1 职，副局长 3 职。编制 11 个，其中行政编制 10 个，事业编制 1 个。内设办公室、农业财贸股、社会法制计算机股、工业投资股 4 个职能股室，均为正股级建制。所属事业单位：爱辉区城调队，副科级建制，编制 8 个；爱辉区农调队，正科级建制，编制 2 个。

到 2005 年统计局机构和人员编制没有变化。

第二节　统计调查

一、农业统计调查

1984 年，黑河市开展了农村抽样调查。按着抽样调查程序，抽取 6 个村，每村 10 户，共 60 户样本。调查结果为：平均每户人口 4.4 人、劳动力 2.3 人，年人均纯收入 469 元。其后至 1988 年间，分别进行了农作物产量抽样调查、蔬菜生产供销专项调查、大田播种面积专项调查和农村社会经济调查。

1989 年，对全市农户进行了综合调查。

1989 年黑河市农户综合情况调查一览表

表 4－7

单位＼项目	乡村户数(户)		乡村人口(人)		农村劳动力(人)		总播种面积（亩）	人均收入（元）
	总户数	其中农业户	总人口	其中农业人口	总劳力	其中从事种植业		
合计	12 027	11 125	47 371	44 550	11 651	11 272	691 969	816
西岗子镇	1 343	1 335	5 361	5 338	1 327	1 305	84 181	718
爱辉镇	1 966	1 701	7 912	6 954	1 934	1 934	136 700	1 112
罕达汽镇	453	363	1 602	1 385	235	213	34 000	577
幸福乡	2 664	2 664	10 651	10 651	2 526	2 423	45 247	907
四嘉子乡	1 193	1 017	4 427	4 032	1 478	1 407	61 000	585
坤河达斡尔族满族乡	566	563	2 310	2 305	564	564	42 127	837
上马厂乡	1 008	926	4 087	3 718	1 328	1 300	66 140	670
张地营子乡	1 442	1 291	5 521	5 171	965	904	98 045	764
西峰山乡	452	437	1 812	1 763	508	508	50 067	790
新生鄂伦春族乡	266	234	1 041	905	161	141	21 148	1 083
二站乡	381	331	1 572	1 311	410	385	25 600	625
北师河乡	293	263	1 075	1 017	215	188	27 714	403

1990 年后，按照上级统计部门的部署，陆续开展了粮食产量实割实测抽样调查，农作物播种面积、农民生活费用价格、农业生产资料价格、奶牛生产、生猪生产等项目的专项调查，小麦和大豆的测产调查，获取了大量的准确数据。

1993 年，区内可耕地面积 173 万亩，农民人均占有耕地 22.4 亩，居全国前列。

1996 年国务院部署了第一次全国农业普查，爱辉区按照上级要求，成立了农业普查领导小组及办公室，坚持高标准、严要求，开展了全面的农业普查。此次普查涉及农业、农村生产经营单位数量、结构、农村从业人员素质和行业、农业机械设备、耕地数量、畜牧饲养数量等 687 项内容和指标。按照普查方案要求，经过严格细致的工作，取得了大量、科学、准确可靠的基础数据。全区 12 个乡镇，109 个村，农村住户 12 625 户，农村总人口 47 183 人，其中，男 24 139 人，女 23 044 人；耕地面积 1 533 268 亩，其中，水田 2 405 亩，旱田 1 530 863 亩；果园 200 亩，林地 15 328 065 亩，牧草地 71 875 亩，渔业养殖 8 123 亩；乡镇企业 81 个，从业人员 1 548 人，其中，男 1 047 人，女 501 人；大中型拖拉机 803 台，小型拖拉机 3 757 台，收割机 221 台，脱粒机 74 台，农用运输车 121 辆，农用水泵 454 台，渔用机动船 96 艘，机电井 147 眼；1996 年购置农用机械和设备：大中型拖拉机 49 台、小型拖拉机 24 台，收割机 14 台，农用运输车 35 辆，农用水泵 26 台；黄牛存栏 2 990 头，奶牛 866 头，马 1 987 匹，山羊 2 871 只，绵羊 2 649 只，猪 12 198 头。

2002 年，区统计局组织农调人员对 6 个乡镇的 18 个村 180 个调查户的小麦和大豆产量进行了实割实测抽样调查。调查结果小麦亩产 189.5 千克，比上年增加 86.7 千克，增长 84.3%，总产量13 919 吨，比上年增加 4 463 吨，增长 47.2%；大豆亩产 122.7 千克，比上年增加 13.4 千克，增长 12.3%，总产量 72 105 吨，比上年增加 8 567 吨，增长 13.5%。

2003 年，全区完成播种面积 86.3 万亩，其中受灾面积占 96.7%，完成农业增加值 10 189 万元，下降 13.8%。

2005 年，对大田作物播种情况进行了专项调查。总播种面积 1 220 355 亩，比上年增加 20 235 亩，粮豆薯面积 1 172 520 亩，饲料作物面积 2 400 亩，亚麻面积 22 065 亩，蔬菜瓜果面积 21 690 亩。由于近几年大豆价格持续升高，农民种植大豆的积极性随着提高，大豆播种面积占总播种面积的 80. 5%。

二、工业统计调查

1985 年 3 月，根据上级工业普查领导小组的要求，黑河市成立了工业普查领导小组及办公室。经过清查企事业单位、培训普查工作人员、试点、企业基础核算整顿、草填普查表等准备工作，于 1986 年初正式填表，下半年进行了部分表的手工汇总和普查资料分析研究工作，1987 年汇编企业卡片、整理普查简表、建立资料档案、总结工作、评比先进集体和先进个人等，历时 3 年全面完成了工业普查工作。本次全国工业普查的重点是独立核算工业企业，1985 年，黑河市全部工业企业中：现价总产值为 4 955. 7万元，独立和非独立核算工业企业工业总产值、净产值增长情况：不变价计算的工业总产值为 7 554. 6 万元，相比于 1980 年的 4 463. 3 万元，5 年平均增长 11. 10%。不变价计算的净产值为 2 653. 3万元，相比于 1980 年的 1 438. 1 万元，5 年平均增长 13. 03%。净产值占总产值的比重为 35. 12%。1985 年，黑河市全部工业固定资产原值年末数为 16 048. 7 万元，固定资产净值年末数为 12 736. 4万元，流动资金年平均余额为 4 150. 5 万元。

1996 年，在第三次全国工业普查中，爱辉区乡及乡以上独立核算工业企业主要经济指标中：企业单位数为 92 个，工业总产值（现价）为 7 256. 7 万元，产品销售收入为 8 107. 2 万元，本年实缴税金总额为 366. 5 万元，利润总额为 676 万元，年末固定资产原价为 7 843. 1 万元，年末流动资产合计为 6 355. 3万元，实收资本自有资金为 4 626. 8 万元。爱辉区独立核算国有工业企业主要财务状况指标：企业单位数为 31 个，工业总产值（现价）为 3 701. 8 万元，产品销售收入为 5 234. 6 万元，本年实缴税金总额为 194. 3 万元，利润总额为 10. 9 万元，年末固定资产原价为 3 834. 7 万元，年末流动资产合计为 3 074. 3 万元，实收资本自有资金为 1 964. 1 万元。爱辉区独立核算集体工业企业主要财务状况指标：企业单位数为 52 个，工业总产值（现价）为 3 026. 6 万元，产品销售收入为 2 245. 2 万元，本年实交税金总额为 133. 3 万元，利润总额为 23. 3 万元，年末固定资产原价为 2 703. 7 万元，年末流动资产合计为 2 515. 5 万元，实收资本自有资金为 2 131. 6 万元。

三、经济普查

2004 年，爱辉区第一次全国经济普查数据为：全区共有从事第二、三产业的法人单位 383 个，企业法人单位 105 个，机关、事业法人单位 144 个，社会团体法人单位 5 个，其他法人单位 129 个。产业活动单位 577 个，其中，第二产业 56 个，第三产业 521 个。个体经营户 5 057 户，其中，第二产业 220 户，第三产业 4 837 户。全区共有工业企业法人单位 36 个，就业人员 951 人，工业个体经营户 198 户，就业人员 1 173 人。

四、人口统计调查

1983 年 1 月，黑河市第三次全国人口普查资料手工汇总全面完成，其主要普查数据以 1982 年 7 月 1 日为标准时。全市总户数 33 100 户，总人口 131 300 人，其中，男 67 100 人，占 51%，女 64 200 人，占 49%。

1990 年，黑河市开展第四次全国人口普查。黑河市辖区内划分 25 个行政区域，195 个普查区，443 个调查小区。全市总户数 38 787 户，其中，家庭户 38 568 户，集体户 219 户；总人口 145 616 人，男 74 466 人，女 71 150 人，平均每户 3. 62 人；农业人口 63 661 人，非农业人口 80 282 人，户口待定 1 673人；出生 3 405 人，其中，男 1 728 人，女 1 677 人，性别比 103. 04；死亡 1 041 人，其中，男 649 人，女392人;汉族130 278人,蒙古族648人,回族1 419人,朝鲜族350人,满族9 794人,达斡尔族2 640人,鄂伦春族386人,少数民族占10.53%;在业人口74 241人,其中,农林牧渔业30 570人,工业13 615人,建筑业2 393人,交通运输邮电业4 323人,商业5 970人,房地产公用事业2 276人,卫生体育社会福利业1 796人,教育文化广播电视业3 947人,科研和技术服务业394人,金融保险业1 008人,机关政党社会团体7 796人。

1995年,在全国1%人口抽样调查中,成立了抽样调查领导小组,选调人员设立了抽样调查办公室。经过紧张细致的工作,按标准调查统计了各种数据。共深入社区、村屯走访调查3 500户,填报调查表4 000张,调查人数12 350人,按时完成了抽样调查任务。

2000年,爱辉区第五次全国人口普查共抽调工作人员150人,选调普查员、普查指导员1 230人,划分了18个行政区域,352个普查小区。经过细致的调查摸底、绘制调查地域平面图和全面的入户普查登记并复查、人工汇总。全区总户数62 762户,其中,家庭户61 675户,集体户1 087户,总人口192 764人,男97 488人,女95 276人;汉族174 777人,蒙古族1 127人,回族1 547人,藏族5人,维吾尔族16人,苗族15人,彝族13人,壮族9人,布依族3人,朝鲜族460人,满族11 027人,侗族6人,瑶族3人,白族1人,土家族16人,哈尼族1人,达斡尔族3 215人,俄罗斯族12人,鄂温克族22人,鄂伦春族413人,少数民族占9.33%;出生1 541人,死亡935人。

五、其他统计调查

1983年,按照市政府要求,统计局对集市贸易市场和蔬菜供求情况进行了专项调查。

1984年,根据省政府的部署,市土地局、农业局、统计局等部门联合进行了国土资源调查。调查结果为全市水土流失面积45.16万亩,其中,荒山荒地流失面积2.6万亩,耕地流失面积37.15万亩,其他流失面积5.41万亩。

1985年,对农村进行抽样调查,按要求抽取了8个村,每村10户,共抽取了80户样本。调查结果为人口377人,劳力225人,人均纯收入575元,平均每户人口4.7人,平均每户劳动力2.8人,人均耕地面积12.06亩,人均用房面积11平方米。

1990年,对全市农用生产资料价格进行了抽样调查,全市共抽取样本60户,调查指标主要有:农用生产资料的数量、品种、价格等。

1993年,区统计局对全区1991—1992年第三产业情况进行了普查。经过普查准备、调查摸底、填报普查表、手工数据汇总、数据微机录入、质量控制、普查资料开发等阶段,普查工作结束,写出公报、简报、总结15份。

1996年,按照上级的要求,进行爱辉区第一次全国基本单位普查。8月,区政府成立全区基本单位普查领导小组及办公室,并制订《爱辉区第一次全国基本单位普查方案》;9月,召开全区基本单位普查动员大会,全面部署了普查工作。普查标准时间为12月31日,主要内容是法人单位和产业活动单位的基本情况,调查方式采取直接填写报表的方式。至1997年3月末,普查工作全部结束,并通过省市的验收。

2001年,根据黑河市统计局《关于开展第二次全国基本单位普查的通知》要求,成立了全区基本单位普查工作领导小组及办公室,制定了方案。2002年1月1日,正式调查填表,经过全体普查人员共同努力,普查工作顺利完成。2001年末,爱辉区共有法人单位1 075个,其中,第一产业22个,从业人员1 507人,第二产业107个,从业人员9 821人,第三产业946个,从业人员24 800人。

2003年,根据国务院办公厅《关于进行第二次全国第三产业复查的通知》要求,由区统计局牵头成立了爱辉区第三产业普查机构,组织开展普查工作。此次普查主要是摸清第三产业的基本情况,普查的对象是辖区内从事第三产业的全部法人单位、产业活动单位和个体工商户,到2004年5月,圆满完成普查工作任务。

第三节　统 计 管 理

1983—2000 年，各乡镇设置专职统计助理，正股级。2001 年乡镇机构改革，撤销统计助理，各乡镇设兼职统计工作人员。

1983 年 12 月，第六届全国人大常委会第三次会议审议通过《中华人民共和国统计法》（以下简称《统计法》）。改变了过去统计工作无法可依的状况。当年 12 月 26 日，市政府召开全市贯彻实施《统计法》大会。会后，加大了对《统计法》等统计法规的宣传力度，开展了多种形式的宣传贯彻活动，共发放《统计法》宣传册、宣传单 2 800 多套，宣传标语 2 000 条，为依法开展统计工作奠定了基础。

1984 年 1 月，国务院做出了《关于加强统计工作的决定》。省统计局 2 月印发了《关于认真执行〈统计法〉，开展统计数字质量检查的通知》，并决定将每年的 6 月和 11 月定为统计数字质量检查月。黑河市于 6 月和 11 月在全市范围内普遍开展了统计数字质量大检查。通过检查解决了存在影响统计数字质量的问题，把统计的各项基础工作包括原始记录、统计台账、核算制度、归档制度等建立健全起来，推动了《统计法》的全面实施。

1985 年 5 月开展了《统计法》知识竞赛，全市 286 个直接报表单位均派人员参赛，评出优胜单位 15 个，并予以表彰奖励。

1987 年，国家统计局发布了《统计法实施细则》。6 月，市政府召开贯彻《统计法》及《统计法实施细则》大会，再一次掀起学习宣传统计法规的热潮。

1992 年 1 月，《黑龙江省统计检查监督条例》发布实施。市统计局利用会议、广播电台、报纸、标语等进行广泛的宣传。

1994—1997 年，统计局每年会同监察局对全区统计报表单位，特别是乡镇企业进行统计法规执行情况大检查。对在检查中发现的违反《统计法》和《黑龙江省统计检查监督条例》的单位进行严肃处理，共立案 8 件，罚款 8 000 元，通报批评 6 个单位，有效地抑制了统计数据虚报、浮夸现象，维护了统计数据的真实性和科学性。

1999 年 9 月，对全区 12 个乡镇和区内大中型企业的统计工作进行执法大检查，达到了强化各单位领导及统计人员统计法制意识的目的。

2001—2002 年，根据国家统计局、监察部、司法部联合开展执法大检查的要求，爱辉区对 400 多个统计单位进行了执法大检查。在各单位自查的基础上，区统计执法组对工业、农业、基本建设、财贸、劳动工资 5 个专业进行了重点检查，共计查处违法行为单位 35 个，立案 5 件，全区通报批评 20 户，限期整改 10 户。

2005 年，对全区 11 个乡镇的 22 个村进行了统计执法检查，并将检查结果在全区进行了通报。通过各种途径的统计管理监督，强化了各单位领导和统计人员的法律意识，增强了统计工作的责任感，保证了统计数据的准确性，提高了整个统计工作的质量。

第四节　统 计 服 务

1983—1989 年，统计局每年编印统计年鉴，将每年体现国民经济和社会各项事业的发展变化的主要数据汇编成册，发至各级领导和单位，以便随时查阅使用。

1990—1995 年，每年按期编发统计信息和统计简报，其间共印发统计信息和简报 150 期，为社会各界提供统计服务 2 460 起。

1996—2000年,每年编辑印发《爱辉区统计年鉴》,按期编发统计信息和简报,其间共印发信息和简报240期。从1999年开始印发《爱辉区主要经济指标汇编》,发挥了统计信息的咨询服务作用。

2001—2005年,每年编辑发行《爱辉区统计年鉴》和《爱辉区主要经济指标汇编》,按时发布爱辉区国民经济和社会发展公报,其间共计印发统计信息和简报280期,为社会各界提供统计信息咨询服务2 600余次。

第六章　工商行政管理

第一节　机　　构

黑河市工商局始建于1981年1月。1987年11月1日,黑河市工商局内设市场管理股、企业管理股、经济监督检查股、个体工商业户管理股、政秘股、合同股和个体劳动者协会7个股,直属机构有黑河市市场管理所、西岗子工商管理分局、爱辉工商管理分局、罕达汽工商管理分局、上马厂工商管理分局。1990年增设中央街市场管理所、西市场管理所、东兴市场管理所、消费者监督联合会和蔬菜管理所。1991年10月增设大黑河岛工商分局。

1993年,撤市建区时,黑河市工商局爱辉分局的人、财、物均划归市局管理,但仍挂爱辉分局的牌子。内设机构有办公室、人事教育股、企业监督管理股、公平交易股、市场监督管理股、个体私营经济监督管理股。行政编制8个,事业编制26个。领导职数3职。下属副科级单位有西岗子工商分局。下属股级单位有东市场管理所、西市场管理所。

2001年,工商局爱辉分局领导职数局长1职,副局长4职。人员编制107个。内设办公室、个体登记管理股、法制股、综合股、监察室5个职能股室,均为股级建制。所属工作机构3个:海兰街工商所(正科级)、一条街工商所(正科级)、中央街工商所(正科级)。下属单位2个:西岗子工商所(副科级)、西市场管理所(股级)。至2005年没有变化。

第二节　市场贸易

1983年以来,随着改革的深入,政策的放宽,集市贸易由恢复阶段转入全面发展阶段。在这一时期,人们对市场经济的地位、作用进一步明确,国家对长途贩运、上市品种等的规定进一步放宽,社会主义市场经济体制逐步建立,当地的集市贸易逐渐发展起来。集市贸易改变了以往沿街摆摊、马路为集的状态,逐步由露天、半封闭型集市状态向全封闭、综合型市场发展。1983年上市品种250多种,经营者1 000余人,市场成交额169.9万元。

1988年,全市第一个封闭型、楼房式综合集贸市场——黑河市中央街市场建成,促进了黑河集市贸易的发展。1990年以来,随着改革开放的不断深入和计划经济与市场经济调节相结合的新的经济运行机制逐步确立,市区的集市贸易迅速发展起来。在筹集市场建设资金上,采取多渠道筹集,新建、扩建、改建市场,出现了市场网络日渐完善、市场建设水平不断提高、交易规模日益扩大的新局面。在此期间,边民互市贸易异军突起,全市的各个市场均成为民间互市贸易场所。黑河市俄罗斯商品一条街是以经营俄罗斯商品为主的独具特色的综合性市场,吸引了国内外客商前来参观购物。

1991 年，市区第一家生资市场——钢材市场正式成立。

1993 年 9 月，时任中央政治局常委、中央书记处书记胡锦涛到黑河视察，视察了黑河富有特色的民贸市场，给予经营者很大鼓舞，为市场贸易的快速发展奠定了有力的舆论基础。此后，期集和季节性市场在农村不断涌现，成为当地农村商品流通的重要渠道。

2000 年，爱辉区所管辖的各类市场发展至 19 处，场内固定营业户 959 户，非固定业户约 2 700 户（包括早晚市等季节性经营者）。

到 2005 年，经过集中建设，爱辉区所管辖的各类市场为 17 处，场内固定经营业户 4 512 户（包括早晚市等季节性经营者），营业面积 62 542 平方米，摊位数 4 637 个，年成交额 16 368 万元。

一、俄罗斯商品一条街

俄罗斯商品一条街　　1991 年 10 月摄

俄罗斯商品一条街形成于 1991 年 5 月，是黑河很有特色的综合性市场。初期于中央街辟出 2 千米长的路段，设各类摊床出售俄罗斯商品。市场主要以经营俄罗斯商品为主，商品主要是轻工类，如俄罗斯呢子大衣、高档银狐领及各种大衣领、化妆品、食品、各种工艺品、首饰、礼帽、披肩、餐具、手表、剃须刀、儿童玩具、望远镜、渔具等。市场发展鼎盛时期，曾有摊位 1 000 多个，参与经营者约 3 000 人，日客流量 3 万人以上，日成交额 6 万元以上。1995 年 12 月，俄罗斯商品一条街从中央街迁至海兰街东部，初时仍以在街边摆摊方式经营。1997 年开始，业户逐渐由沿街露天经营转入室内固定场所经营。在此期间，经营规模及摊位数量发生变化，逐步由小摊位、单一品种的经营向百货商场型转变。到 2005 年，俄罗斯商品一条街在海兰街形成固定规模，业户 100 余家。俄罗斯商品丰富，购货者络绎不绝，外地游客都到俄罗斯商品一条街参观和购物。

二、西　市　场

西市场　　2005 年 11 月摄

西市场是黑河市区最大的综合性集贸市场，位于市区内最繁华的中央街和西兴路交叉地带。

西市场始建于 1989 年 10 月，同年 12 月投入使用，占地面积 7 442 平方米，建筑面积 5 600 平方米，是封闭型综合性集贸市场。市场内建有 1 幢综合楼，面积为 3 000 平方米，一楼为肉食大厅，二楼为轻工大厅，三楼为家具大厅。另外在楼的南侧和东侧建有顶棚综合大厅 1 处，面积为 1 626 平方米；蔬菜大厅 1 处，面积为 600 平方米。市场内共有摊位 500

个，经营户300家。

市场内销售的商品有水果、蔬菜、粮油、日杂、食杂、水产、肉、蛋、禽、服装、鞋帽、家具、大小百货等。

至2005年，西市场每年成交额17 500万元，收取摊位费200万元，向国家纳税26万元。

三、东 市 场

东市场位于黑河市区公园路19号，建于1993年春，1994年11月投入使用。建筑总面积4 127平方米，为两层，一楼1 900平方米，二楼1 300平方米。初建时，二楼未设摊位，只是在春秋两季不定期的举办轻工产品展销，1998年开始设置固定摊位，主要以经营家具和灯饰为主。一楼以食品杂货摊床为主，经营种类有蔬菜、水果、水产品、肉类、调料、冻货、杂货等。1994—2000年，东市场有商户100余家，因受附近早市和小果蔬店的影响，经营商户有所减少，至2005年有商户80户左右。

东市场　　2005年8月摄

第三节　市 场 监 管

1983年，根据国务院《城乡集市贸易管理办法》和《黑龙江省城乡集市贸易管理细则》，工商部门充分发挥市场监管主体作用，引导广大业户遵纪守法、文明经商，不断营造良好的创业营商和安全消费环境。

1987年，根据国家工商局《关于开展建文明市场活动的通知》精神，开展“文明经商、计量信得过、质量信得过”竞赛等活动，进一步加强市场管理，对于摆摊设点的经营者，实行“商品信誉卡”等制度，规范了市场交易行为，文明市场不断涌现。工商行政管理部门以搞活市场为目的，遵循“活而不乱，管而不死”的方针，坚持管理与服务相结合，大力发展个体工商户，不断完善市场设施，为市场交易提供良好环境。打击欺行霸市、强卖强买、流氓滋扰、短斤缺两、掺杂使假等不法行为，维护了市场交易秩序。1989年成立了市场治安民警队，加强了场外交易的管理，严厉打击无照经营、场外交易等行为，创造了公平竞争的良好交易秩序。1990年，中央街市场被评为国家级文明市场。

1990年后，工商部门坚持打假与保优并举，建立健全打假网络，结合不同时期的不同特点，严厉查处制售与人民生产、生活密切相关的假冒伪劣商品。陆续开展了“打假保健康”“打假保节日”“红盾打假护农”“百城万店无假货”等专项治理活动，加大对各市场假冒伪劣商品的打击力度，采取验“三期”（生产日期、保存期、保质期）、查“三证”（检验证、合格证、发货票证）、打“三无”（无厂名、无厂址、无中文标识）等活动，坚决打击以次充好、以假乱真、“三无”商品等违法行为，强化了集贸市场监管，确保了人民群众的身体健康。

1995 年后，市场管理方式由以往的驻场式管理向按区域划分的巡查制管理转变，从侧重监管集贸市场向监管各类商品交易转变，重点是向生产资料市场和生产要素市场管理转化。1996 年，按照国家工商局的要求，黑河市工商局完成了市场“管办”脱钩工作，把主办市场等服务性事务从工商行政管理机关分离出去，增强市场监督管理的力度和效能。

2000 年，国家工商局发出了整顿和规范市场秩序的通知，要求严厉打击制售假冒伪劣商品的违法行为，爱辉区工商部门把日常监管与专项整顿结合起来，堵源截流，严查狠打，坚决取缔假冒伪劣商品的生产窝点，没收各类假冒伪劣商品 1 000 多件，收缴罚款 5 000 多元，取缔 5 处“黑”加工点，销毁价值 3 万元的假冒伪劣商品。

2001 年 8 月，国家粮食局、国家质量监督检验检疫总局发出《关于严禁加工、销售劣质粮油和严禁违规处理陈化粮的紧急通知》，爱辉工商分局根据文件精神，强化粮食市场日常监管，坚持每周一查，巡查到位。各工商所重点检查了粮食收购企业和粮食加工企业的经营资格和收购资格，共检查粮库、粮店、粮食加工厂等粮食经营企业百余家，对存有陈化粮的企业分别建立了陈化粮经销企业监管档案，并设专人负责，认真记载检查情况。实行陈化粮出库双告知制度，对于拍卖出库的陈化粮及时向省局市场处及陈化粮购买地的工商局发去出库通知，严防各粮油经销点及面粉加工厂等口粮经销处出售陈化粮。

2002 年，集中开展了集贸市场专项整治工作，在整治有形集贸市场的同时，对农村大集进行了重点整治，对整顿后的农村大集采取跟踪管理的方式，做到合理布局，规范管理。

2003 年全国部分地区暴发了“非典型肺炎”，2004 年，爱辉区发生了高致病性禽流感疫情，爱辉在抗击“非典型肺炎”和防治禽流感期间，工商部门全力做好防疫防控工作，全面加强市场监管工作。各工商所每天派专人对辖区内的 95 户涉及禽鸟类制品的业户进行巡查，明确要求经营者一律停止现场屠宰加工禽类活动。同时，严格市场准入制度，加强对禽类及其产品经营者落实进货检查验收制度、索证验票制度的监督检查，督促业户建立进货台账，出具信誉卡、悬照经营、明码标价等，严防高致病性禽流感在本区的发生。

2005 年 5 月 23 日，国家工商总局制定《工商行政管理所食品安全监督管理工作规范》，爱辉分局按要求做到了五个到位，即基层工商所对食品经营者经济户口管理和信用分类监管到位，市场监管责任区、责任人和市场巡查到位，食品质量监管和监督经营者建立与落实自律制度到位，查办食品违法案件和取缔无照经营到位，受理处理消费者投诉申诉和预警与应急处置到位。

2000—2005 年，爱辉分局特别加强对节日市场的监管力度，在元旦、春节、五一劳动节、十一国庆节、中秋节期间，有计划、有内容、有组织地开展监管工作。各工商所增加巡查次数，对辖区内的各大集贸市场、商店经营的生肉、肉灌制品、糖酒饮料、入口食品等节日畅销商品进行集中检查，特别是对生肉的购销台账和检疫票据、入口食品的购销台账、生产日期、保质期、合格证、商家明码标价、出具信誉卡等情况进行重点检查，严厉查处不规范的经营行为，确保了广大消费者节日期间食品消费安全。在开展红盾打假护农行动中，每年春季，对全区 20 余家农资生产销售、经营单位进行登记摸底，向农资经营户和农民宣传农资管理政策和使用知识，使经营户守法经营。西岗子工商所作为驻守在乡镇的基层所，经常深入到村屯巡查走访，检查农资经营情况，指导其建立台账，规范经营。全区工商部门采取明查暗访与鼓励举报相结合、依法查处与媒体曝光相结合等措施，防止假冒伪劣农资流入农民手中，保护了农民的合法权益不受侵害。加大食品安全专项执法检查力度，开展了儿童食品市场、盐业市场、劣质奶粉、夏季饮料市场、酒类等专项整治执法行动。各工商所对本辖区经销食品的商店及业户进行宣传教育，在各大市场、各乡镇村屯的醒目位置张贴标语，大力宣传整治食品市场的重要意义。围绕整治的重点区域和重点品种，各工商所的巡查小组对辖区内的集贸市场、早晚市、农村大集、各类食品商场、超市以及经销单位的食品库房，进行“拉网式”“地毯式”整治检查，对被列为整治重点的农村、林区、矿区的食杂店进行了清理整治。积极开展受理消费者投诉工作，认真执行“12315”消费者申诉举报制度,根据法律、法规的规定,耐心细致地接待、受理消费者投诉,确保了消费者的合法权益不受侵害,营造了放心的消费环境。2000 年至 2005 年,全区工商部门共出动执法检查人员 3 000 多人次,查处各类经济违法违章案件 4 202 件,收缴罚款 31.3 万元。均依法定程序进行核审或审查,无一起引起行政复议或行政诉讼。捣毁制假窝点 12 个,取缔无照经营 165 户、传销窝点 5 个,为消费者挽回经济损失 8 万多元,有效地维护了市场经济秩序。共受理消费者投诉 1 120 件,为消费者挽回经济损失 15 万余元。

第四节　工商企业登记管理

一、私营工商企业登记

1983 年,黑河市尚无工商登记的私营企业。80 年代末期,黑河市私营经济缓慢发展。90 年代初,随着当地边境贸易的蓬勃发展和外引内联的不断扩大,工农业生产的不断好转,私营企业迅速发展,并在当地的经济建设中发挥了重要作用。到 1991 年黑河市已有 4 家私营企业。到 1992 年底,黑河市共有私营企业 37 家。

1993 年 4 月撤市建区后,私营企业的登记管理职能移交黑河市工商管理局。

二、国营集体工商企业登记

从 1983 年初开始,黑河市工商局认真贯彻执行国家工商局 1982 年 12 月 13 日制定印发的《工商企业登记管理条例施行细则》,严格按照其各项规定,对工商企业加强登记管理,按照企业的注册资金、生产经营范围、名称几项主要内容,认真审核企业开办条件。

1984 年 12 月 3 日,中共中央和国务院做出了《关于严禁党政机关和党政干部经商、办企业的决定》,国家工商局于 1985 年 2 月 1 日发出了《关于认真清理党政机关、干部经商办企业问题的通知》,黑河市工商局根据这一精神,对已登记发照的党政机关和党政干部办的企业,逐一进行检查清理。该保留的保留,该处理的处理,该吊销营业执照的吊销营业执照。

1985 年 8 月,国务院发布了《进一步清理和整顿公司的通知》,黑河市工商局与各有关部门密切配合,积极开展了清理、整顿公司的工作。到 1986 年底,全市清理各类企业 138 家。

1988 年,根据党中央、国务院的部署,黑河市工商局再次清理整顿公司。通过治理整顿,查处了一批违法经营的公司,维护了正常的经济秩序。

1992 年,黑河市被国务院定为沿边开放城市之后,随着对苏贸易的发展,全国各地纷纷到黑河建办事处、办公司,各类公司迅速发展起来。企业登记管理工作本着解放思想、大胆改革、转变职能、支持企业发展搞活的原则,结合本市实际情况,制定了宽松政策,本着特事特办、急事急办的原则,对投资、开发办厂、开店的中外客商改革办事程序,实行一条龙的办事制度。截至 1992 年底,黑河市共有三资企业 13 户。

1993 年 4 月"两撤两建"后,原地区所属企业一部分划归黑河市工商局管理,爱辉工商分局所管辖的企业户数下降。

1997 年,企业登记管理工作以建立现代企业制度为重点,全力做好支持国企改革工作。规范企业登记注册工作,把好市场主体准入关,坚持依法履行登记注册手续和审批程序,加强企业年检工作,提高参检率,对不参加年检和虚假出资的企业,认真予以教育或给予必要的处理。加强对新开办企业的回访检查工作,重点检查背离登记的事项的各项违法违规行为。继续抓好"三无"(无资金、无场地、无机构)企业和党政机关办实体的清理工作。

2000 年,强化监管力度,把好市场主体准入关,认真开展了企业登记管理工作,工作人员依法履行登记程序。加大了以年检为重点的监督管理力度，按照上级文件精神，对军队、政法机关所办的企业、从事煤炭开采的企业及假国有、假集体企业进行了全面清理整顿，为41家企业办理了变更手续，依法对176家未及时年检的企业予以吊销营业执照，维护了工商法规的严肃性，净化了市场经营环境。当年全区新发展企业12户。

在2001年末的机构改革中，黑河市工商局爱辉分局撤销了企业股，将企业登记管理职能上交给黑河市工商局，不再开展企业登记管理工作。

三、个体工商业登记

1983年，黑河市个体经济得到迅速发展。1984年，全市个体工商户已达522户，从业人员671人，自有资金41.6万元，营业额66.2万元。

为加强对个体经济的管理，1986年9月黑龙江省第六届人代会第24次会议通过了《黑龙江省个体工商户条例》，1987年国务院相继颁发了《城乡个体工商户管理暂行条例》及《城乡个体工商户管理实施细则》。黑河市工商局从实际出发，适时适度放宽政策，在从业人员、从事行业、经营范围、经营方式、字号名称、开业条件、登记手续等方面，作出了相应的有利于其发展的规定。

1991年，全市个体工商户达到2 678户，从业人员3 699人，自有资金1 012万元，营业额660万元，分别比1984年增长4.13倍、4.51倍、23.3倍和99.6倍。1992年全市个体工商户达到3 857户，从业人员5 256人。

1993年“两撤两建”后，一部分个体工商户归属黑河市工商局管辖，爱辉区个体工商户数有所下降。

1999年7月，爱辉区政府召开爱辉区发展个体私营工作会议，会上表彰了30名先进个体工商户，交流了发展个体私营经济工作的经验，促进了全区个体私营经济的发展。

到2000年底，全区个体工商户已发展到5 214户，从业人员17 534人，实现产值1 950万元，注册资金25 206万元，营业额达27 836万元。

2002年，随着经济结构的调整，下岗职工剧增，爱辉工商分局充分发挥登记管理职能，按照黑龙江省工商局和黑龙江省劳动和社会保障厅联合制发的《关于进一步做好下岗失业人员再就业工作的实施意见》的精神，把发展个体私营经济与促进再就业相结合，设立了“下岗再就业服务台”，专门为下岗再就业职工提供咨询服务和办理执照的业务，坚持“落实政策、简化程序、优先办理”三个原则，为下岗再就业人员提供优质服务。

2004年7月1日，《中华人民共和国行政许可法》正式施行，爱辉分局在受理、审核个体工商户的注册登记过程中，按照行政许可法的有关要求，统一了登记标准、登记程序和登记要求，提高了登记质量。通过实施当场登记、一次性告知制度、一审一核制度，提高了登记效率，严把了市场主体经营资格准入关。到2005年共计为下岗再就业人员办理营业执照1 142户。共补办工商营业执照200多户，取缔无照经营业户42户，净化了市场主体和市场经济环境。

2005年，爱辉区个体工商户4 030户，从业人员8 436人，注册资金22 793万元，实现产值845万元，销售总额13 168万元，零售总额13 968万元。

第五节　经济合同管理

一、鉴　　证

1983年，黑河市工商局尚未设立专门机构管理经济合同。

1984年3月，黑河市工商局设立了合同管理股。工商行政管理部门依照法律法规规定，对经济合同实行统一管理。主要是指导和督促检查有关部门和当事人管理本系统、本单位的经济合同。确认无效经济合同，调解、仲裁合同纠纷。同年建立乡镇合同管理网 11 个，备案管理合同达 4 552 份，签约金额 771 万元。

1985 年 8 月，根据国家工商局发布的《关于经济合同鉴证的暂行规定》，黑河市工商局改变鉴证、仲裁做法，由强制鉴证改为自愿鉴证，两级仲裁改为一级仲裁。同时加强对经济合同的监督检查，对于无效合同行使确认权，根据具体情况，宣布合同无效或部分合同条款无效。积极查处利用经济合同进行违法活动的行为。1986 年开始有计划地、有重点地开展了“重合同、守信用”活动。

1990 年，重点对基建工程承包合同、工矿产品和大宗农副产品购销合同进行了检查。

1992 年检查经济合同 6 540 份，金额 1 430 万元。

二、调　　解

1983 年《经济合同仲裁条例》发布后，国家工商局发布《经济合同仲裁委员会组织规则（试行）》，1984 年 6 月黑河市工商局依法设立了专门的仲裁机构——经济合同仲裁委员会。对经济合同履行过程中发生的纠纷，工商部门贯彻以调解为主、裁决为辅的原则，力求把矛盾解决在萌芽之中，尽力减少经济损失，维护了当事人的合法权益。在调解纠纷时认真地听取双方意见，做好调查研究，多做说服教育工作，公正合理地解决问题。对于调解无效的纠纷，仲裁时做到有理有据。坚持了以事实为依据，以法律为准绳，对当事人适用一律平等和先行调解三项基本原则。1992 年，处理经济合同纠纷案件 8 起，结案率达 100%。

1993 年撤市建区后，经济合同管理工作交由黑河市工商局负责。爱辉工商分局撤销合同股。

第六节　商标广告管理

一、商标注册

1990 年 12 月，黑河市工商局正式设立了商标广告管理股，开始了对商标广告的管理工作。

1990—1993 年，工商部门依据 1983 年 3 月颁布的《中华人民共和国商标法》对商标注册加强了管理。改变过去的全面注册为自愿注册。保护注册商标的商标专用权，建立了商标评审制度。本市的注册商标在 30 件左右。

二、商标管理

黑河市工商局指导本辖区的企业、事业单位和个体工商业者按照商标法正确使用商标，鼓励创名牌、保名牌，开展正当竞争。制止商标侵权，打击假冒伪劣商标行为。1992 年，黑河市工商局查处假冒商标案件 1 起。在商标的印制上，坚持严格要求，认真把关，基本堵住了假冒伪劣商品的产出，保障了企业和消费者的正当权益。

三、广告管理

工商行政管理机关根据《广告管理暂行条例》和《广告管理暂行条例实施细则》，对广告经营单位进行登记，核发营业执照，到 1992 年，黑河市有 5 家合法的广告经营单位。1992 年，加强了对牌匾幌号、路牌广告的管理，把招生、药品、医疗、化妆品、酒类、美容等行业广告做为重点审查对象，加强管理，促进广告业健康发展。

1993年撤市建区后，爱辉区的商标、广告管理工作交由黑河市工商局负责。爱辉工商分局撤销商标广告股。

第七章　物价管理

第一节　机　　构

1981年1月，黑河市政府设立物价局。1983年6月改为物价委员会。1984年6月物价委员会改为物价局；设局长1职，副局长3职；内设机构为综合股、工价股、农价股、检查所。1984年，黑河市设立物价检查所。1990年6月建立西岗子物价监督检查站，1993年9月撤销。

1993年，黑河市物价局更名为爱辉区物价局；为政府序列局，正科级建制，领导职数为1正职2副职，编制总数8个；下设3个股，一个二层机构：爱辉区物价检查所，副科级建制，编制总数15个，内设2个股。

1996年，成立了爱辉区价格事务所，事业单位，正股级建制，定编3个，经费自筹，人员内部调剂。2001年6月，价格事务所更名为价格认证中心。

2001年11月全区党政机构改革时，爱辉区物价局归属爱辉区经济计划局，为其二级局，对外挂爱辉区物价局牌子，仍为正科级行政部门。2003年，爱辉区物价检查所更名为爱辉区物价局监督检查分局，升为副科级建制。到2005年，监督检查分局仍为爱辉区物价局下属事业单位。

到2005年，爱辉区物价局仍为爱辉区经济计划局的内设二级局、正科级建制，人员编制5个；内设综合股、收费股、价格股，均为正股级建制；所属事业单位：爱辉区物价局监督检查分局，副科级建制，编制15个，实有14人；爱辉区价格认证中心，正股级建制，编制3个，实有5人。

第二节　价格管理体制改革

1984—1988年，随着社会主义市场经济的发展，根据国家价格改革要求，黑河市放开了猪肉、蔬菜、副食品价格；调整了农村粮、豆收购价和粮食销售价；放开了计划外生产资料价格；放开了部分小针纺织品、小文化用品、小五金、小日杂、小百货用品的商品价格，实行市场调节价，由经营者自由定价；修订了价格管理目录，同时出台了农业生产资料价格双轨制。这些价格政策的出台，特别是计划外生产资料价格放开，在一定程度上刺激了生产资料生产的积极性，增加了短缺资源的生产和供应，但也出现一些短线生产资料价格奇高，形成争资金、争原料的局面，致使价格轮番上涨，到80年代末至90年代初本地区物价指数已突破两位数，加剧了通货膨胀的发生。为了抑制通货膨胀，保持物价基本稳定，进一步深化改革和促进经济发展，创造一个更加良好的宏观环境，爱辉区根据国家提出的改善经济环境十项措施，要求各部门积极行动起来，坚决贯彻落实十项措施，实现国家提出的经济发展速度“软着陆”的经济战略。

1989—1991年，由于部分商品价格的放开，市场物价大幅度上涨，社会出现了抢购家用电器、日用商品等抢购风，使价格改革遇到一定阻力。

1992年，黑河市物价局按照国家统一部署，在市区内重新修订了价格管理目录，规定了运杂费和综合差率。工业品管理的目标是：电冰箱、彩电、自行车、录音机等商品价格需报批备案，其他商品基本放开。农产品管理的目标是粮食、籽种、农药、化肥、农膜实行国家定价；议价粮油、主要副食品、蔬菜等价格实行限制管理，其他商品实行代理作价。

1995 年，绝大部分商品价格和服务价格放开后，价格以市场形成为主，进一步完善了市场价格体制。

1996 年，为适应社会主义市场经济体制下价格工作的需要，成立了爱辉区价格事务所，2001 年 6 月更名为黑河市爱辉区价格认证中心，面向社会开展价格认证、价格评估、价格咨询工作。

1999 年，化肥零售价格放开。2000 年，属于爱辉区物价部门管理的商品价格和收费项目只有少数垄断行业的价格，其他属于区级管理的地方商品价格 171 种，非商品收费标准 16 种已经全部下放给经营者和企业，由经营者和企业根据市场行情自主定价。从此爱辉区物价局管理的商品价格全部放开，基本完成了价格管理机制的转换。

2001—2005 年，随着建立社会主义市场经济体制进程的不断加快，爱辉区物价局加快职能转变。从单一定价、管价向定规则、当裁判、搞服务转变；积极探索"放得开、管得好"的价格工作新思路。

第三节　物 价 指 数

1990 年，黑河市被黑龙江省物价局列为价格指数测算点，由物价局负责测算社会商品零售价格指数和居民消费指数，其中，城镇零售价格指数包括食品、衣着、日用品、书报杂志、医药及医疗用品、文化娱乐用品、建筑材料、燃料等八大类消费品；居民消费价格指数包括房租、水电费、交通费、医疗保健费、学杂费、保育费、修理费及其他服务费等 8 个小类。

1990—1999 年爱辉区（黑河市）商品零售价格指数变动表

表 4－8

年份	零售物价指数	年份	零售物价指数
1990	105. 3	1995	116. 0
1991	110. 7	1996	106. 6
1992	113. 1	1997	103. 1
1993	120. 0	1998	98. 7
1994	121. 4	1999	96. 4

商品零售价格指数：1985 年，价格总水平的涨幅急速攀升，零售物价指数从一位数涨到两位数，1988 年 118. 0，出现了通货膨胀，经黑河市人民政府努力，控住了物价上涨势头。从上表可以看到，1990 年回落到 105. 3。1991 年又开始上升，1993 年解除物价控制，又出现了大幅度上升，1993 年猛升到 120. 0，1994 年创历史最高纪录达到了 121. 4。政府采取宏观调控、实行最高限价及冻结价格等一系列政策措施，使价格总水平涨势得到遏制。1995 年回落到 116. 0，1996 年进一步回落到 106. 6。1998 年物价指数出现负增长，1999 年为 96. 4。

2000—2003 年物价总水平有所回升，零售物价指数分别为 98. 5、99. 2、98. 7、99. 9，市场价格走向平稳。2004 年 102. 8，物价连续 6 年负增长后首次回升到物价正增长，其速度慢、涨幅小。2005 年 100. 8，价格形势趋于稳定。

第四节　价 格 管 理

一、比价和价格调整

(一)议价粮油价格比较及调整

1984年以后,市场价格逐步放开,黑河粮油市场价格不断上涨,一定程度上影响了居民正常生活,物价部门采取对粮油进行阶段性限价的政策,遏制了价格上涨。

黑河市议价粮油最高限价

表4-9　　(1989年7月10日)　　单位:元

品　名	计价单位	等级	价格
标准粉	千克	—	1.48
大　米	千克	一等	1.88
豆　油	千克	二级	4.70
特二粉	千克	—	1.68

1991年黑龙江省粮油统一统销价格

表4-10　　单位:元

品　名	计价单位	等级	价格
特二粉	千克	—	0.72
标准粉	千克	—	0.56
大　米	千克	一等	0.72
玉米面	千克	普制	0.32
小　米	千克	一等	0.46
豆　油	千克	二级	4.0

黑河市区议价粮油最高限价

表4-11　　(1995年5月19日)　　单位:元

品　名	计价单位	等级	价格
议价豆油	千克	二级	9.60
新大米	千克	特级	4.20
新大米	千克	一等	4.00
新大米	千克	二等	3.80
新大米	千克	三等	3.60
鸡　蛋	千克	—	6.40

(二)农贸商品价格比较和调整

1988年,全国商品零售价格指数为18.5%,物价涨幅过大,市场供求总量失衡,黑河市政府针对几年来本市蔬菜价格放开后,蔬菜产销形势不稳、种植面积逐年减少、市场供求紧张的状况,制定了主要副食品、蔬菜最高限价。

黑河市农贸市场蔬菜副食品价格

表4-12　(1988年5月19日)　单位:元

品　名	单价	上年同期价格	备注
韭　菜	1.40	1.00	计量单位为千克
元　葱	1.00	—	
小白菜	0.50	0.60	
水萝卜	0.60	—	
葱	1.00	0.70	
黄　瓜	5.00	3.60	
芹　菜	2.00	1.60	
土　豆	0.30	0.30	
白　菜	0.90	—	
猪　肉	6.00	3.60	计量单位为千克
牛　肉	6.00	—	
羊　肉	4.60	—	
鸡　蛋	4.80	3.60	
外进黄瓜	4.00	—	
外进蒜台	4.00	—	
外进芹菜	1.40	—	
外进柿子	6.00	—	
外进尖椒	5.60	—	

黑河市区农贸市场商品价格

表4-13　(1996年5月、1999年5月)　单位:元

品名	等级	计量单位	1996年5月		1999年5月	
			上年同期	本期	上年同期	本期
面粉	特二	千克	3.00	3.00	2.30	2.19
大米	标一	千克	4.30	3.40	2.00	2.00
玉米面	一等	千克	2.90	2.80	2.00	2.00
韭菜	一等	千克	2.40	1.70	2.07	1.97
黄瓜	一等	千克	3.00	3.70	2.73	2.73
西红柿	一等	千克	4.10	3.80	3.67	3.00

续表 4－13

品名	等级	计量单位	1996 年 5 月		1999 年 5 月	
			上年同期	本期	上年同期	本期
茄子	一等	千克	4.90	5.20	4.00	3.60
青椒	一等	千克	6.00	7.60	5.87	5.33
豆角	一等	千克	7.80	7.80	4.60	4.47
菠菜	一等	千克	2.30	2.00	5.67	5.00
芹菜	一等	千克	2.40	2.80	2.13	2.40
土豆	一等	千克	1.70	1.00	2.13	2.00
精盐	一级	500 克	1.60	0.80	0.75	0.75
豆油	一级	千克	9.70	8.90	7.53	7.53
酱油	中档	瓶	2.00	2.00	0.90	0.90
猪肉	去骨鲜后鞧	千克	13.00	13.00	13.33	9.67
猪肉	去骨鲜腰盘	千克	11.00	11.00	8.33	5.87
猪肉	去骨鲜前槽	千克	12.00	12.00	10.00	7.67
牛肉	去骨统肉	千克	18.00	18.00	12.67	12.33
羊肉	去骨统肉	千克	18.00	14.00	16.00	16.00
鸡蛋	—	千克	6.60	7.40	5.47	4.87

二、管理形式

2000 年 5 月以后，按照新的价格法规定，取消了政府限价，价格管理实行政府定价、政府指导价、市场调节价三种价格管理形式。

政府定价，主要是垄断性的、资源稀缺性的，供求严重不平衡和关系国计民生的重要商品和劳务收费。

政府指导价，按分管权限规定基准价和浮动幅度、综合差价、利润率、最高限价、最低保护价格等。

市场调节价，国家定价和国家指导价的商品价格和劳务收费。

三种价格形式图示：

政府定价

政府指导价
- 最高限价
- 中准价格
- 最低保护价

市场调节价
- 完全自由价格
- 限制性自由价格

图 4－1　价格形式

三、管理制度

1987 年，黑河市建立了国家机关行政性、事业性收费许可制度。1991 年，黑河市建立价格调节基金制度，当年征收价格调节基金 140 万元。先后扶持了四嘉子乡生猪生产基地、西岗子鲤鱼养殖基地、小黑河菜篮子工程、蛋鸡养殖场。通过建设菜篮子工程，扶持副食品基地的发展，保障了市场副食品供给，发挥了平抑市场价格的作用，实现了政府对市场价格的间接干预管理。1994年，《按照国家计委关于商品和服务实行明码标价的规定》，统一制定了单色（绿色）标签，加强了监督检查力度，在全区开展了“明码标价示范店”活动，规范了全区市场价格秩序。

1998年，按照上级要求建立了企业负担登记卡制度，有效遏制了乱收费行为，对全区治乱减负起到了积极的规范作用。

2004年初，为支持农村经济发展建设，遏制农资价格大幅度上涨，推行了涉农价格公示制，执行农资调价备案制和出售商品明码标价制度。增加涉农价格政策的公开性和透明度。

四、监督机制

1984年，黑河市设立物价检查所，依法行使所辖境内价格监督检查和处理价格违法行为的职权。2003年爱辉区物价检查所更名为爱辉区物价局监督检查分局，升为副科级建制。

在价格监督方面，不仅有专职部门负责，而且还有社会监督和行业监督、舆论监督。

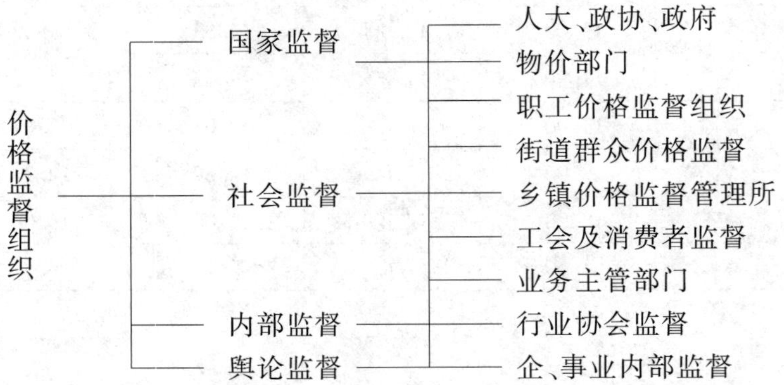

图4－2　价格监督组织

五、监督检查

从1988年开始，按照《中华人民共和国价格检查条例》，黑河市物价局每年定期对乱收费进行清理，但问题一直未得到很好解决。乱收费、乱摊派严重干扰了企业正常经营，加重了企业负担，影响了改革和发展。为了从根本上解决这一问题，1997年爱辉区物价部门依照中共中央国务院《关于治理向企业乱收费、乱罚款和各种摊派等问题的决定》的实施意见和《关于解决农民负担若干问题的意见》，采取措施，认真落实党中央、国务院关于减轻农民负担、减轻企业负担的政策，有效遏制了乱收费势头。

1990年以来，爱辉区物价部门多次对农村电力部门进行有效监督，检查了目录电价、农村集体电力资产、低压线路改造和运行维修、乡村电工报酬、随电搭车收费等。2001年全省农网改造收费专项检查中，爱辉区物价检查部门共查出价格违法金额790万元，收缴罚款30万元，减轻了企业和农民负担，理顺了电力价格，促进了电力事业健康有序发展。同时期受省物价局委托，对黑河市邮电局进行了价格检查，收缴违法收入16万元。

2003年，预防“非典”期间，爱辉区物价局全体人员定时对市区内4所医院、23家药店、11个乡镇卫生院、27个村屯医疗诊所进行巡回检查，共查处价格违法行为10起，收缴罚没款2 400元，销毁一批假冒伪劣防“非典”药品和预防用品，及时有效控制了爱辉区“非典”期间药品价格。

2004年，对涉农价格进行了专项检查，有效地遏制了涉农价格大幅度上涨，为增加涉农价格政策的公开性和透明度，爱辉区物价局自筹资金1万元，为全区1.5万户农民印制了《爱辉区涉农收费手册》,免费发放给农户作为农民交费的依据。

2005年,在爱辉区中小学实行了“一费制”教育收费政策,规范了中小学教育乱收费状况,并推行了“价格阳光工程”,在市区街道、社区及收费单位实行价格公开。

1984—2005年,爱辉区物价局共查处价格违法案件3 000余件,查出价格违法金额4 000多万元,共收缴价格违法案件罚没款400多万元,退还用户3 600余万元。

第八章 审 计

第一节 机 构

1983年9月,黑河市审计局成立,内设办公室、工交审计室、商贸审计室、基本建设审计室、农林审计室、文行审计室、财金审计室。1993年4月,黑河市审计局更名为爱辉区审计局。同年11月,按照国务院《关于建立审计机关的通知》和《关于地方各级审计机关设置和人员编制问题的通知》文件精神,爱辉区政府重新确定了爱辉区审计局的设置和人员编制,确定爱辉区审计局为正科级建制,编制总数16个,其中,省行政编制11个、省事业编制5个。审计事务所为所属单位,正股级建制,自收自支,实行企业管理,地方自定编制8个。1994年8月,成立综合审计室。1996年11月,按照精简机构要求,爱辉区审计局内设机构有办公室、财政行政事业审计股、商贸审计股、农业审计股、工业审计股、固定资产投资审计股。人员编制12个,工勤事业编制1个;领导职数3职。2000年,工业审计股与固定资产投资审计股合并为工业固定资产投资审计股。2001年11月,按照精简机构要求,爱辉区政府重新确定爱辉区审计局的机构设置和人员编制,确定审计局为正科级建制,局机关编制12个,工勤事业编制1个,行政领导职数4职(1正职3副职),内设机构:办公室、财政审计股、行政事业审计股、农业经贸与投资审计股、经济责任审计股。2004年12月,新增法制督察股。至2005年,爱辉区审计局行政编制12个,工勤编制1个,行政领导职数4职(1正职3副职),内设机构:办公室、财政审计股、行政事业审计股、农业经贸与投资审计股、经济责任审计股、法制督察股。编制13个。工作人员全部达到大专以上学历,其中具有中级职称以上人员8人。

第二节 财政 金融审计

1984年,黑河市审计局开始对市政府及其各部门的财政、财务收支,乡镇政府的财务收支、以及金融系统各单位进行了有重点的分期分批审计。1986—1991年,黑河市审计局按照“边组建、边审计”的指导思想,每年选择一个金融部门,对该企业的财务收支进行合规性审计。1992年开始延伸到对乡镇级财政、部分农村信用社及区政府财政预算执行情况进行审计。在每年的审计中,都查出一些违纪违规问题,爱辉区审计局按照财经法律、法规分别做了认真处理,审计效果日趋明显。2000—2005年,爱辉区审计局对区政府及各乡镇、各部门的财政、财务收支情况进行了有重点的分期分批审计,共审计区直财税部门、乡镇财政所30个(次)。2002年,区审计局对本级预算执行情况进行了全面的审计监督,除对财政、地税部门审计外,还延伸审计了区法院、检察院、畜牧局、农经总站等预算单位及水利资金、民政救灾资金等专项资金。共查出违规、违纪资金119万元(其中,应缴财政65万元,归还原渠道资金15万元,处理处罚违纪资金65万元已缴财政),指明要求纠正资金207万元。2003年,区审计局对本级预算执行情况进行了全面的审计监督,除对财政、地税部门审计外,延伸审计了教育局、农委、卫生局、劳动和社会保障局、物价局等5个预算执行单位。共查出违规违纪资金58万元(其中,应交财政1万元、归还原渠道资金12万元、调账处理金额26万元),指明要求纠正资金73万元。

至2005年,爱辉区审计局共审计财税、金融部门,乡镇财政所114个;查出违纪资金5 105.16万元,要求纠正5 000.61万元;应缴财政103.82万元,已缴财政104.55万元。

1986—2005年爱辉区财政金融审计情况表

表4-14　　单位:个、万元

年份	受审计单位数	违纪、违规金额			应缴财政	已缴财政		
		小计	决定处罚	指明纠正		小计	其中	
							税金	罚款
1986	1	12	4	8	4	4	—	4
1987	1	1	—	1	—	—	—	—
1988	1	2	—	2	—	—	—	—
1989	1	3	2	1	2	2	—	2
1990	1	—	—	—	—	—	—	—
1991	1	40	—	40	—	—	—	—
1992	4	1	—	1	—	—	—	—
1993	4	—	—	—	—	—	—	—
1994	4	—	—	—	—	—	—	—
1995	4	—	—	—	—	—	—	—
1996	18	798	—	798	—	—	—	—
1997	7	74	6	68	6	6	—	6
1999	15	78	1	77	1	1	—	1
2000	17	887	10.1	876.9	10.1	10.1	—	10.1
2001	7	1 043.84	0.38	1 043.46	0.38	0.38	—	0.38
2002	7	1 065.18	66.94	998.24	66.94	66.94	—	66.94
2003	7	167.22	5.06	162.16	4.33	5.06	0.73	4.33
2004	8	225.28	—	225.28	—	—	—	—
2005	6	707.64	9.07	698.57	9.07	9.07	—	9.07
合计	114	5 105.16	104.55	5 000.61	103.82	104.55	0.73	103.82

第三节　企业　事业审计

一、工商粮贸审计

1984年,黑河市审计局开始对全市工业、交通、物资、商业、供销、粮食、外贸系统所属企业进行财务收支、经营管理、经济效益、承包租赁经济责任、固定资产保值增值等进行审计。至1999年,共审计了124个单位或项目,查出违纪违规资金531万元,应缴财政157万元,已缴财政90万元,指明纠正374万元。

2000—2005年,完成了农业综合开发资金审计;对国有粮食企业进行了财务挂账审计;国家利用外资对结核病控制项目专项审计;对农村信用合作社信贷资产情况进行了审计。完成了区政府交办的水利护岸工程资金、张地营子堤防消险加固工程资金审计、水务局人畜饮水工程资金使用情况审计、水务局节水灌溉工程资金使用情况审计、小型农田水利补助费专项资金审计、上马厂乡新曙光村抗旱打井专项资金审计、放马岛护岸工程审计、爱辉区人畜饮水项目工程审计、宋集屯水库溢洪道尾水渠整治项目资金审计、上马厂乡新曙光村修路专项资金审计、以工代赈项目新生鄂伦春族乡新发村村内修路工程专项资金审计、农机农技农广三校合一审计、西岗子国家储备粮库工程资金使用情况审计、二站中学危房改造专项资金使用情况审计、物资经贸公司上访问题审计调查、乳品厂改制专项调查、农机公司破产清算审计、粮食局边贸公司破产清算审计、华兴养殖场破产清算审计和农机维修服务中心改制审计、区司法局购置改造乡镇司法所所用专项资金审计。查出的主要问题是有些单位和企业账务管理混乱,内控制度不健全、截留利润、乱挤成本、漏缴税收、盈亏不实、挪用资金购置设备等。审计局按着"一审二帮三促进"的审计方法,帮助受审计单位和部门纠正差错,健全财务管理制度,理顺关系,提高财会人员业务水平。在此期间,审计局与经济计划局、信访办组成联合检查组对第四砖厂进行了检查;与财政局、国税局、地税局组成联合检查组参加了市财政局组织的全市税收大检查;与财政局、信访办、边贸局共同参加对海兰公司改制工作的审计核查。其中,2004年,区审计局会同农发行、区财政局和区粮食局对爱辉区所属5个粮库进行了粮食购销企业财务挂账清理审计工作,历时3个月,对5个粮库自1998年6月至2004年6月的亏损挂账情况进行了清查认定,为粮食流通企业的体制改革奠定了基础。

1984—2005年,共审计了155个单位(项目),查出违纪违规资金1 405.84万元,应缴财政168.94万元,已缴财政101.94万元,指明纠正1 236.9万元。

1984—2005年爱辉区工商粮贸单位审计情况表

表4-15　　　　单位:个、万元

年份	受审计单位数	违纪、违规金额			应缴财政	已缴财政		
		小计	决定处罚	指明纠正		小计	其中	
							税金	罚款
1984	1	75	5	70	5	4	—	4
1985	1	—	—	—	—	—	—	—
1986	5	30	15	15	15	14	—	14
1987	5	19	—	19	—	—	—	—
1988	10	22	13	9	13	13	—	13
1989	28	52	21	31	21	18	—	18
1990	31	36	8	28	8	7	—	7
1991	15	176	5	171	5	5	—	5
1992	1	17	—	17	—	—	—	—
1993	5	10	—	10	—	—	—	—
1994	4	88	88	—	88	27	—	27

续表 4－15

年份	受审计单位数	违纪、违规金额			应缴财政	已缴财政		
		小计	决定处罚	指明纠正		小计	其中	
							税金	罚款
1995	7	2	2	—	2	2	—	2
1996	1	—	—	—	—	—	—	—
1997	1	—	—	—	—	—	—	—
1998	2	—	—	—	—	—	—	—
1999	7	4	—	4	—	—	—	—
2000	3	22	—	22	—	—	—	—
2001	8	129.16	1.61	127.55	1.61	1.61	—	1.61
2002	4	178.82	6.41	172.41	6.41	6.41	—	6.41
2003	7	72.78	—	72.78	—	—	—	—
2004	7	14.72	3.92	10.80	3.92	3.92	—	3.92
2005	2	457.36	—	457.36	—	—	—	—
合计	155	1 405.84	168.94	1 236.90	168.94	101.94	—	101.94

二、农林水企事业单位审计

农林水企事业支出占全区财政总支出的15%，为了促进合理有效地使用资金，使农林牧副渔生产全面发展，把农林水企事业支出作为审计重点，通过调查摸底，熟悉情况，重点试审，由点到面逐步开展起来，以亏损大、挂账多的农牧企业为重点进行了经济效益审计调查，把水利资金和支农投资使用情况作为重点分期分批进行审计。

1984—2005年，共审计农林水企事业单位65个，查出违纪违规金额626.84万元，其中，指明纠正613.78万元，应缴财政13.06万元，已缴财政13.06万元。

1984—2005年爱辉区农林水企事业单位审计情况表

表4－16　　单位：个、万元

年份	受审计单位数	违纪、违规金额			应缴财政	已缴财政		
		小计	决定处罚	指明纠正		小计	其中	
							税金	罚款
1984	6	—	—	—	—	—	—	—
1987	3	—	—	—	—	—	—	—
1988	1	—	—	—	—	—	—	—
1990	1	8	—	8	—	—	—	—
1991	1	2	2	—	2	2	—	2
1992	3	36	—	36	—	—	—	—
1993	5	—	—	—	—	—	—	—

续表 4 - 16

年份	受审计单位数	违纪、违规金额			应缴财政	已缴财政		
		小计	决定处罚	指明纠正		小计	其中	
							税金	罚款
1995	31	1	1	—	1	1	—	1
1996	1	—	—	—	—	—	—	—
1997	2	—	—	—	—	—	—	—
1998	1	7	—	7	—	—	—	—
1999	1	—	—	—	—	—	—	—
2000	6	258.34	8.56	249.78	8.56	8.56	—	8.56
2001	1	—	—	—	—	—	—	—
2003	1	40	—	40	—	—	—	—
2005	1	274.5	1.5	273	1.5	1.5	—	1.5
合计	65	626.84	13.06	613.78	13.06	13.06	—	13.06

三、行政事业单位审计

2000—2005 年，对区辖的行政事业单位有重点的进行了预算执行及财务收支工作审计；完成了对爱辉区企业职工基本养老保险基金、失业保险基金、医疗保险基金的征缴、使用和管理情况及经办机构财务收支情况进行了审计与审计调查；完成了对爱辉区房改基金、住房公积金的征缴、使用和管理情况的专项审计；开展了转移支付资金专项审计；民政救灾等资金专项审计；粮食风险金专项审计调查；希望工程基金和捐资助学资金专项审计调查。其中，2000 年，对爱辉区 1999 年度水利各项资金管理使用情况进行审计，查出违规资金 2.64 万元，管理不规范资金 7.78 万元。要求上缴财政2 588元、补缴税款 5 250 元。2004 年，对爱辉区 2003 年度城镇职工基本医疗保险基金征收、管理和使用情况进行审计，查出违规资金 25.11 万元，责令全部归还原资金渠道，并处 2 000 元罚款。

第四节　基建　经济责任审计

一、基本建设审计

1986 年，在全市范围内选择部分基建项目进行基本建设的试审工作。在摸索经验的基础上审计范围逐步扩大，重点对自筹基本建设项目资金来源实行事前审计，杜绝了乱拉资金，乱挤乱摊成本和费用，大搞基本建设现象的发生。1986—2003 年，共审计 89 个单位或项目，查出违纪违规金额 307 万元，其中，指明纠正 286 万元，应缴财政 21 万元，已缴财政 21 万元。其间，2003 年，对爱辉区 2001 年、2002 年度中小学危房改造工程专项资金开展了审计调查，发现乡村自筹资金没有足额到位、危房改造资金没有专户存储等问题，责令其立即纠正，实行专户管理。

1986—2003 年爱辉区基本建设审计情况表

表 4－17　　单位:个、万元

年份	受审计单位数	违纪、违规金额			应交财政	已缴财政		
		小计	决定处罚	指明纠正		小计	其中	
							税金	罚款
1986	19	1	—	1	—	—	—	—
1987	6	21	—	21	—	—	—	—
1988	1	2	—	2	—	—	—	—
1989	4	—	—	—	—	—	—	—
1990	17	73	18	55	18	18	18	—
1991	15	3	1	2	1	1	—	1
1992	23	200	—	200	—	—	—	—
1994	1	5	—	5	—	—	—	—
1995	1	2	2	—	2	2	—	2
2000	1	—	—	—	—	—	—	—
2003	1	—	—	—	—	—	—	—
合计	89	307	21	286	21	21	18	3

二、经济责任审计

2000 年,爱辉区经济责任审计工作开始启动,经济责任审计工作根据中共中央、国务院两办关于《县级以下党政领导干部任期经济责任审计暂行规定》《国有企业及国有控股企业领导人员任期经济责任审计暂行规定》进行。结合审计署 6 号令的有关规定,又进一步进行了规范,使经济责任审计逐步程序化、规范化。经济责任审计结果成为地方组织部门选拔任用干部的参考依据。2003 年,共完成经济责任审计项目 9 项,其中完成年初计划经济责任审计项目 8 项,完成区委、人大交办经济责任审计项目 1 项。审计各单位党政领导 10 人,其中机关事业 3 项,乡镇 6 项。共查出违规违纪资金 70 万元(其中,应缴财政 6 万元),管理不规范资金 376 万元指明要求纠正。2004 年,共完成经济责任审计项目 14 项,其中,完成年初计划经济责任审计项目 1 项,完成区委、人大交办经济责任审计项目 13 项。审计各单位党政领导 13 人,其中机关事业 10 项、乡镇 3 项;审计企业法人 1 人,企业 1 个。审计出违纪违规资金 120 万元(其中,归还原渠道资金 108 万元、调账处理金额 3 万元),管理不规范资金 3 249 万元指明要求纠正。

至 2005 年,爱辉区审计局对爱辉区所属机关、事业、企业 68 个单位的党政领导共计 79 人的离任或任期经济责任进行了审计。其中,区委、区政府交办及区委组织部委托 52 人,人大交办 8 人,自行安排 19 人。查出违纪违规金额 2 547. 38 万元,其中,指明纠正 2 385. 04 万元,应缴财政 48. 34 万元,已缴财政 48. 34 万元。

2000—2005 年爱辉区经济责任审计情况表

表 4 - 18　　　　单位:个、万元

年份	受审计单位数	违纪、违规金额			应缴财政	已缴财政		
		小计	决定处罚	指明纠正		小计	其中	
							税金	罚款
2000	8	447.76	27.72	420.04	27.72	27.72	—	27.72
2001	27	666.62	5.62	661	5.62	5.62	—	5.62
2002	13	1 110	8	1 102	8	8	—	8
2003	10	70	—	70	6	6	—	6
2004	14	120	—	120	—	—	—	—
2005	7	133	121	12	1	1	—	1
合计	79	2 547.38	162.34	2 385.04	48.34	48.34	—	48.34

第五节　内部审计　社会审计

一、内部审计

1986 年开始,根据审计署《关于内部审计工作的规定》,黑河市首先在工业、商业、供销、物资、粮食等系统设立了审计股,配备了专职审计人员,同时在企、事业单位配备了兼职审计人员,对本部门、本单位的经济活动、经济效益、承包经营责任进行审计。至 1999 年末,全区共有 24 个部门设立了审计机构,内审人员 62 人,其中专职人员 26 人。1984—1999 年,共审计了 664 个单位,其中,财务收支审计 402 个,经济效益审计 34 个,经济责任审计 181 个,基本建设审计 1 个,其他 46 个,查出损失浪费 165 万元,促进增收节支 101 万元,纠正违纪违规行为 728 万元。2000 年,内部审计工作转交到爱辉区审计事务所成立的黑河兴财会计师事务所。

1986—1999 年爱辉区内部审计情况表

表 4 - 19　　　　单位:个、万元

年份	内审机构		审计单位						查出损失浪费	促进增收节支	已纠正违纪违规行为金额
	合计	其中专职机构	合计	财务收支审计	经济效益审计	经济责任审计	基本建设审计	其他			
1986	5	—	—	—	—	—	—	—	—	—	—
1987	16	—	64	61	—	3	—	—	1	1	14
1988	23	—	75	58	2	8	—	7	76	1	—
1989	34	22	122	57	6	32	—	27	18	34	57
1990	43	26	142	72	15	43	—	12	17	12	104
1991	43	32	93	39	11	42	1	—	7	37	360
1992	43	32	96	60	—	36	—	—	—	—	167
1993	43	32	4	—	—	4	—	—	—	—	—

续表 4－19

年份	内审机构		审计单位						查出损失浪费	促进增收节支	已纠正违纪违规行为金额
	合计	其中专职机构	合计	财务收支审计	经济效益审计	经济责任审计	基本建设审计	其他			
1994	26	26	12	12	—	—	—	—	36	10	21
1995	26	26	15	15	—	—	—	—	10	6	5
1996	26	26	11	8	—	3	—	—	—	—	—
1997	63	—	15	10	—	5	—	—	—	—	—
1998	62	—	15	10	—	5	—	—	—	—	—
1999	62	—	—	—	—	—	—	—	—	—	—
合计	515	222	664	402	34	181	1	46	165	101	728

二、社会审计

随着经济体制改革的深入和黑河市对俄边境贸易的扩大，迫切需要建立社会审计组织。1988 年 6 月 25 日，经省审计厅批准黑河市审计事务所成立，为独立核算依法纳税自收自支的事业单位，编制 8 个，实有 4 人，聘用会计师、审计师 10 人。1988—1999 年，审计事务所共接受委托审计 4 101 个单位或项目，其中，财务收支 42 个，企业验资、年检 4 049 个，承包经济责任审计 3 个，基本建设投资、资产评估、咨询等项目 7 个。1999 年 4 月 13 日，根据财政部关于《会计师（审计）事务所脱钩改制实施意见》的文件要求，爱辉区审计事务所于 1999 年 9 月末与爱辉区审计局彻底脱钩，经黑龙江省会计师协会批准，成立了黑河兴财会计师事务所，社会审计工作同时转交到黑河兴财会计师事务所。

1988—1999 年爱辉区社会审计情况表

表 4－20　　单位：个、万元

年份	从业人员		委托单位	完成委托事项					
	合计	聘用人员		合计	财务收支	验资年检	承包责任	资产评估	其他
1988	7	4	8	8	—	8	—	—	—
1989	7	4	156	156	2	154	—	—	—
1990	14	11	115	115	2	113	—	—	—
1991	14	11	201	201	2	198	1	—	—
1992	14	11	985	985	3	982	—	—	—
1993	14	11	518	518	2	516	—	—	—
1994	16	12	581	581	1	577	1	—	2
1995	16	12	438	438	2	432	1	—	3
1996	16	12	338	338	3	335	—	—	—
1997	16	12	230	230	6	224	—	—	—
1998	16	12	242	242	9	231	—	—	2
1999	16	12	289	289	10	279	—	—	—
合计	—	—	4 101	4 101	42	4 049	3	—	7

三、上级审计机关授权审计

2003 年，爱辉区审计局协助黑河市审计局完成大兴安岭图强林业局财务收支审计，并完成其交办的房改专项资金审计和社会低保资金审计调查。2004 年，完成省审计厅授权的沾河林业局至五大连池市通乡公路在建项目审计；协助黑河市审计局完成了大兴安岭地区新林区、呼中区 2002 年度土地系统的各项收费和财务收支及 2003 年度财务收支审计。2005 年，完成省审计厅授权的沾河至五大连池市通乡公路竣工决算审计。

第九章　质量技术监督

第一节　机　　构

1981 年，黑河市设立标准计量局。1989 年 4 月，黑河市标准计量局改称为技术监督局，内设机构有秘书股、标准化股、计量管理股。当年 9 月增设质量监督股。1991 年组建计量站。下属事业单位有产品质量监督检验所、口岸计量站。

1993 年 4 月 1 日，黑河市技术监督局更名为爱辉区技术监督局。为正科级建制，编制 13 个，其中省行政编制 3 个，省事业编制 10 个。内设秘书股、标准化股、质量监督股、计量管理股。

1996 年，爱辉区技术监督局与爱辉区经济委员会合署办公，行政机关编制 9 个，工勤事业编制 1 个。行政领导职数局长 1 职、副局长 1 职。内设机构有计量股、标准化股、质量监督稽查股。

1999 年 9 月，按照国务院批转的国家质量技术监督局《质量技术监督管理体制改革方案》精神，技术监督系统试行省以下垂直管理体制。爱辉区质量技术监督局上划省技术监督局统一管理，原职能配置和内设机构、人员编制保持不变。2001 年 6 月，爱辉区质量技术监督局更名为黑河市质量技术监督局爱辉区分局，加挂质量技术监督稽查队牌子。行政领导职数局长 1 职，副局长 1 职，稽查队长 1 职；编制总数 16 个，其中机关行政编制 14 个，工勤人员编制 2 个；内设办公室、综合管理股、政策法规宣传股 3 个职能股室。

2004 年 8 月，爱辉区分局与黑河市质量技术监督局合署办公。实行垂直管理，正科级建制，领导职数 3 职，局长、副局长、纪检组长各 1 职；核定编制 14 个，在职 14 名。内设办公室、财务股、政策法规宣传教育股、质量监督管理股、标准化股、计量监督管理股 6 个职能股室。

第二节　标准化管理

爱辉区的标准化管理工作按照国家标准、行业标准、地方标准、企业标准四级标准体制分别进行管理，其中执行国家标准、行业标准、地方标准的要进行企业执行标准注册登记；执行企业标准的要进行企业标准备案，发放按市标准计量局统一要求的标准备案号。

一、标准化的制（修）订与实施

2000—2005 年，爱辉区质量技术监督局在制定标准过程中，贯彻执行 1990 年 4 月 6 日国务院发布的《中华人民共和国标准化法实施条例》和 1998 年 12 月 29 日中华人民共和国第七届人民代表大会常务委员会第五次会议通过的《中华人民共和国标准化法》及《黑龙江地方标准管理暂行规定》，共修订地方标准34个，企业标准45个。

在制订标准过程中，坚持贯彻执行国家统一制定的基础标准。在具体实践中，主要注重了在新产品鉴定中考证产品建材、在进行产品质量检查时考证技术标准水平和掌握新产品开发动向。

在实施标准化法的具体工作中，广泛宣传标准化法，编印下发标准化普及手册500册，在科委举办的科技成果展览会上组织省规模企业宋集屯煤矿、市乳品厂、市锅炉厂、市印刷厂、市食品厂等20多个厂家宣传了实施标准化法所取得的成果。

（一）工业标准

在贯彻工业标准的实施中，对区属及乡镇进行了企业摸底，对全区344家企业进行了登记造册，标准化覆盖率达98.6%。除执行国家标准外，监督局帮助企业制订企业标准78个。2000年11月16日黑河市乳品厂生产的百岁牌奶粉达到国际水平，采用了国际标准，黑龙江省质量技术监督局为其颁发了合格证书。

（二）农业标准

2000—2005年，区技术监督局与农委协调制订大豆、玉米、油菜、水稻栽培种植技术标准。在村屯与农委共同建立农业标准化试点，从种子播种、秋收一整套均按农业技术标准执行，使大豆、小麦单位产量提高20%。

二、信息交流与服务

爱辉区质量技术监督局加强与各地区、各部门标准情报机构之间联系，建立协作关系，促进了标准资料的交流。2000—2005年，共收集标准文献9 000余份，其中包括国外先进标准30余份，国家标准3 000余份，行业标准4 000余份，外省制定地方企业标准1 000余份，企业标准1 000余份。向社会各行业提供各种标准7 800余份。

第三节　计量监督管理

2000—2005年，爱辉区质量技术监督局加强计量强制检定工作。重点放在石油系统经销环节、医疗卫生系统医疗环节、粮食系统收购销售环节和集贸市场强检方面，强检计量器具受检率达到95%，公平秤受检率100%。完成了全区范围内与计量有关的企业的基本情况的统计，其中加油站和油库12家、定量包装企业80家、医疗机构13家，帮助2家小型企业进行了计量合格确认。共出动执法人员140余人次，对石油系统、医疗系统、粮食购销系统、集贸市场、工业企业、定量包装生产企业、餐饮业等单位进行了计量器具、定量包装商品的监督检查。

第四节　质量监督管理

1983—2005年，爱辉区质量监督工作严格按国家和省有关法规执行。先后实行的法规有《中华人民共和国产品质量法》《化学危险物品安全管理条例》《黑龙江省产品质量监督管理条例》《黑龙江省防伪技术产品管理规定》《工业产品生产许可证试行条例》《查处无生产许可证产品的实施细则》《部分商品修理更换退货责任规定》《国务院关于严厉打击生产和经销假冒伪劣商品违法行为的通知》《产品质量仲裁检验和产品质量鉴定管理办法》《农业机械产品修理、更换、退货责任规定》《产品质量申诉处理办法》《产品标识标注规定》《金银饰品标识管理规定》《产品免于质量监督检查管理办法》《黑龙江省信息技术标准技术监督管理办法》《黑龙江省皮服商品修理更换退货责任规定》《黑龙江严厉打击生产和经销假冒伪劣违法行为的实施办法》等。

1991—2005 年，爱辉区质量管理和产品认证工作按 1991 年 5 月 7 日国务院发布的《中华人民共和国产品质量认证条例》和 2000 年 12 月 14 日，黑龙江省第九届人民代表大会第二十次会议通过的《黑龙江省质量认证条例》所规定的内容执行。

2002 年 3 月 27 日，国家质量监督检验检疫总局发布《工业产品生产许可证管理办法》，随后出台了一系列政策规定。截止到 2005 年，全区实行工业产品生产许可证管理的产品有 85 种，实行食品生产许可证管理的有 15 种；已有塑钢窗生产 6 家、白酒生产 2 家、小麦粉生产 2 家获得工业产品生产许可证和食品生产许可证。

第十章　安全生产监督管理

第一节　机　　构

1987 年 7 月 24 日，正式成立黑河市安全委员会办公室，副科级建制，隶属于市政府办公室。1993 年 4 月“两撤两建”后，黑河市安全委员会办公室更名为爱辉区安全委员会办公室，副科级建制，隶属爱辉区人民政府办公室。1996 年 5 月机构改革时，安全办公室划入区劳动局与劳动局安全监察股合属办公，为正股级建制。1999 年 5 月 26 日，根据爱辉区机构编制委员会《关于爱辉区劳动监察中队、爱辉区安全委员会办公室为副科级建制的批复》确定其为副科级建制，人员编制 2 个。

2001 年 11 月全区机构改革时，按省、市安全管理机构设置模式，安全委员会办公室由区劳动局划归区经济计划局，仍为副科级建制，编制 2 个。

2004 年 9 月，爱辉区组建安全生产监督管理局，为事业单位，正科级建制。爱辉区安全生产监督管理局于 2005 年 4 月 18 日正式挂牌成立，局机关核定编制 12 个，领导职数为局长 1 职、副局长 3 职，股级职数 4 职；内设办公室、安全生产协调股、安全生产监督管理股、危险化学品安全监督管理股。新组建的爱辉区安全生产监督管理局在安全委员会办公室的基础上组建，将劳动局分管的安全监察、经济计划局分管的危险化学品安全监督管理职能划归于安全生产监督管理局。

第二节　安全教育

1983 年以来，贯彻执行企业三级安全教育制度，招收录用合同制工人、临时工时，进行入厂、车间、岗位安全教育，工人调换工种时，进行新从事工种的安全教育。1985 年，有计划地进行各级管理人员、特殊工种人员的技能培训和考核。到 1986 年末，有 386 名锅炉工经过培训实现持证上岗，之后每年须验证。1986 年，为 41 名厂级企业干部颁发黑河地区安全管理培训结业证，为 67 名专（兼）职安全员颁发劳动安全检查员证。

1988 年后，每年 5 月 6 日开展“5 · 6”大兴安岭特大森林火灾反思日活动，组织各部门、企业刊登板报、悬挂横幅标语、设立咨询站和防火宣传一条街等形式，进行防火宣传。1991 年开始按照国家统一安排，每年5月中旬从第一个星期一开始，利用一周时间开展“安全生产周”活动。1997年开始，每年11月9日，组织开展“11·9”消防宣传日活动。每年在春、冬两季防火期开展为期一个月的安全宣传月活动。

2002年，爱辉区以实施《中华人民共和国安全生产法》为契机，组织企事业单位职工学习安全生产保障制度，进一步增强安全意识。2002—2005年，以开展安全活动月为重点，全面开展以实施《中华人民共和国安全生产法》为主线的各种形式的宣传教育活动。相继开展了安全生产咨询日文艺演出、“安康杯”安全知识竞赛、安全知识培训、安全常识讲座、“5·6”大火反思日、“119”消防宣传日、“五创”“五进”等系列活动，对居民加强安全防范意识教育。坚持宣传与培训教育相结合，2002年协助省安全生产监督管理局在爱辉区北港宾馆举办了全省危险化学品安全管理培训班，全省13个地市安全生产监督管理局主管人员和危险化学品重点单位负责人200余人参加培训。2004年，协助公安部门举办了民用爆炸物品安全管理培训班，全区涉爆单位90余人参加培训和考核，分别取得了“安全员”“押运员”“保管员”“爆破员”证书。至2005年，共组织开办5期安全培训班，对企业法人代表、安全员进行了培训和考核。

第三节　安全保障机制

1987年后，黑河市安全委员会办公室坚持召开安全生产形势分析例会制度，安排部署重点时期安全生产工作。区政府常务会议听取全区安全生产形势分析汇报，找出存在的问题和不足，落实安全措施，强化源头治理，超前防范，增强安全工作的针对性和有效性。制定了安全生产联席会议制度，定期召开相关行业主管部门参加的执法联席会议，确定联合执法检查工作方案，组织开展联合执法检查活动，研究解决日常执法检查中发现的问题，提高检查质量和覆盖面，达到相互沟通、形成合力，联合执法的目的。严格安全生产责任制考核，每年年初制定年度工作计划和考核评比细则，明确部门和单位相关责任，签订安全生产责任状，以政府名义成立安全工作考核组，定期组织对安委会成员单位、重点企业进行安全生产责任状考评，对工作突出的单位和个人给予表彰和奖金奖励。

安全生产监管部门强化对安全隐患排查工作的领导，逐步健立和完善制度体系，即安全隐患排查整改工作定期联系协调机制、安全隐患排查整改和定期通报制度、安全隐患防范工作机制、安全隐患排查整改宣传教育培训制度、安全隐患排查整改保障机制、安全隐患排查整改督查机制、安全隐患排查整改责任追究机制等相关制度。2002年，制定了《爱辉区人民政府安全事故行政责任追究暂行规定》。到2005年，全区初步形成运行有序的隐患整治工作机制，并在具体实际工作中得到实施。根据《安全生产法》《国务院关于特大安全事故行政责任追究的规定》等相关法律法规，按照有报必查、有报速查的要求，面

1991年黑河市安全生产、社会治安工作会议

1991年3月摄

向社会公开安全生产隐患举报电话，在最短的时间内到达被举报单位进行核查。

2005年，爱辉区召开区长常务会研究制定了《爱辉区安全生产工作包保责任制》，划分了区四大班子领导对各乡镇人民政府及区直各单位的包保单位；明确主要工作任务和工作要求，确定了区政府安全专项通报制度：每月召开一次区政府安全生产专项通报会议，会议由区长主持，负责包保单位的领导通报当月安全生产情况，提出下步工作意见；由主管安全生产的副区长负责提出议题建议并就会议议定的事项抓好贯彻落实。区人大、政协先后2次由主要领导带队，组织人大代表、政协委员视察安全生产、煤矿安全工作，对安监局、煤炭局、消防科、交警大队的工作情况进行了检查指导，并向政府提交调查报告。同年，爱辉区安监局结合本辖区实际，在全省率先推行基层委托行政执法。在11个乡镇、4个街道办事处成立15个安全生产监督管理站，在各自辖区内进行安全监管和安全委托执法工作。制定下发了《关于乡镇人民政府及街道办事处安全生产监督管理机构设置的通知》《黑河市爱辉区中小企业安全生产监督管理办法》《爱辉区安全生产巡查实施办法》。11月24—30日举办了爱辉区安全生产监察员首期培训班，各乡镇、街道办事处共30名监察员参加了行政执法培训。

第四节　监督检查

1987年，根据省劳动厅的部署和要求，制定《关于推广使用滴水式乙炔发生器和逐步淘汰浮桶式乙炔发生器的规定》，规定限期到1988年5月1日前淘汰浮桶式乙炔发生器和暂时使用时的要求。1988年，进一步贯彻《黑龙江省劳动安全条例》，在农机一厂进行了落实条例试点，取得成果。全市各企业领导的责任意识有所提高，把安全责任纳入企业经营管理重要位置，普遍调整建立了安全网络。1988年基本取缔了工业焊割中普遍使用的浮桶式乙炔发生器。同年，根据省劳动厅的要求，开展了执行国家标准安全标志工作，具体要求是市内中、省、地、市所属厂矿和商、粮、供、物资等仓储部门，必须于1988年末前在各类危险作业场所及要害部位悬挂禁止、指令、警告、提示等名义的安全标志牌，各建筑施工队伍必须于1989年4月末前购齐各种安全标志牌，在开工前及时悬挂。同时规定，把悬挂安全标志工作列入企事业单位进行安全检查、企业评比和企业升级中考核安全工作的一项重要内容，从1989年起，凡应悬挂而未按期悬挂的，一律按有关规定给予经济处罚，发生伤亡事故的要追究有关领导的责任。

1990年在整顿小煤矿安全生产秩序中，对9个小煤矿进行了重点治理，停产整顿5个，取缔2个安全条件差、经过努力也不可能达到安全开采条件的个体小煤矿。

1991年，深入贯彻“安全第一，预防为主”的方针，认真开展落实《黑龙江省安全工作责任制实施方案》。在黑河采金船工程公司进行了落实安全工作责任制试点，并召开了全市现场会，为全市实现安全生产、文明生产奠定了坚实基础。开展了建筑施工栋号安全资格认证工作，取得很好效果。1995年始，认真推行和落实“企业负责，行业管理，国家监察，群众监督”的安全工作体制，新型的劳动安全管理逐步形成。

2003年，安全生产监管部门落实重点隐患整改资金10.2万元，协调整改了老年体育活动中心省级重大火灾隐患。

2004年，在危险化学品安全生产监管工作中，爱辉区安全办与工商部门建立了工作协调机制，即未经安全生产行政许可的单位和个人，工商部门一律不予办理注册登记和年检手续，有效地避免了失控漏管现象。

2005年，安监局对全区危险源进行调查摸底，对可燃液体、气体贮罐、爆炸品仓库、毒害品的储存和使用、易燃易爆品和化学危险品生产、运输、储存、使用单位及锅炉、压力容器等进行登记，制定应急预案，严格监控管理。以严格审批发放安全生产许可证为重点，着重推进危险化学品的安全生产证、经营许可证、企业设立审批、建设项目安全审查制度。安监、公安、工商等部门成立联合治理工作组，对全区危险化学品生产、经营、使用单位进行了全面排查，共计治理生产企业4家、经营企业23家、使用单位25家，督促整改各类事故隐患189处，下达整改指令书47份。同年，区安监局挂牌成立后，在开展非煤矿山行业专项整治中，严格实施了安全条件认证工作。按照专项整治工作的要求和规定的标准，对办矿手续不完备，未依法取得《采矿许可证》《矿山安全条件合格证》《工商营业执照》《爆炸物品使用许可证》的单位，对未在限期内完成整改的企业，一律采取了停业整顿措施。定期组织人员对采石场、砖厂和地下采水场等进行全面整顿检查，共排查事故隐患57处，下达《安全生产监督检查指令书》23份，责令停产整顿3个单位。通过整治，全部非煤矿山企业均开展了安全评估工作，取得了安全条件合格证。在安全条件认证、安全评估、安全评价工作中，要求非煤矿山企业按规定程序办理安全生产许可证，对办矿手续不全的要求其补充完善材料。当年，安监局共组织开展大型安全检查活动11次，分别对各类矿山企业进行了春节期间、全国“两会”期间、春防期间、劳动节期间和安全生产月、国庆节期间的安全大检查，做到检查有方案、有组织、有落实。累计检查非煤矿山单位160余家，发现各类事故隐患450余处，下达安全生产监督检查指令书28份，当场整改事故隐患410余处。检查中确定重大事故隐患5处，督促企业全部完成整改。

第五节　生产事故应急处置

一、安全事故应急预案编制

为切实做好事故应急救援工作，2005年爱辉区安全生产监督管理局先后制定了安全生产总体预案及各类专项预案，对各类安全事故的救助工作从组织领导、任务分工、职责和要求等方面作了明确规定，要求各有关单位加大应急投入，充分作好应急准备和预警机制，采取形式多样的应急知识和技能的普及，提高普通群众和广大职工的自救互救能力。

二、“6·22”重大沉船事故应急处置

2005年6月22日5时，黑河市爱辉区四嘉子满族乡小乌斯力村黑龙江段发生一起沉船事故，船载人员34人。因船只严重超载和违规作业，加之江水湍急，风力较大，导致船体严重进水翻沉，船载34人全部落水，经过落水者自救和互救，有17人生还，其余17人溺水身亡。经事后调查，事故原因主要是船主无视船舶安全管理规定，船只严重超员超载，违章驾驶，导致船只进水沉没。另外，事故当天江面风力较大，江水湍急，船体晃动，也是造成船仓进水沉没的原因之一。

事故发生后，省、市、区主要领导迅速赶赴事发现场，启动相关突发事故应急救援预案，各责任部门按照职责分工，迅速集结，实施有效救援，全力组织搜救打捞和善后处理工作，迅速成立“6·22”事故处理领导小组，开展搜救和事故责任调查处理，及时从黑龙江航运救捞站抽调5名潜水员帮助进行深度打捞。从22日早6时开始，搜救工作采取水上船艇寻找、潜水员水下搜寻、军警民配合、沿江下游巡查、利用滚钩及拉网等多种方式全方位、立体式进行救捞。随着搜救打捞工作的开展，搜救范围也不断由事故发生地向黑龙江下游地区扩展，指挥部及时向爱辉镇、坤河乡、红色边疆农场及孙吴县、逊克县并向邻国俄罗斯布拉戈维申斯克市通报情况，请求协助进行搜救工作。在整个搜救打捞期间，共有500余人、30艘船艇参加救捞工作。由于组织有序、措施得力，至6月28日，17具遇难者尸体全部打捞出水，搜救工作结束。

“6·22”事故后，爱辉区政府下发了《爱辉区农用船舶交通监督管理暂行办法》，经区政府常务会议审议，确定交通局为全区水上交通安全监管部门，在区交通局增设了监管机构，充实了监管人员。区政府投资3.7万元，在沿江乡镇村设立19个渡口，设立了标志和警示牌，加强全区水上安全监管。

登岛从事农业、牧业生产作业的船只必须在渡口停泊，渡口和船只由辖区乡镇政府和边防派出所进行管理，船舶必须经检验合格，取得牌证后方可下江作业。

第十一章　土地管理

第一节　机　　构

1981年，黑河市政府设立土地办公室。1983年6月县市合并，爱辉县土地办公室、开荒办公室并入黑河市土地办。1984年机构改革中，黑河市土地办改为二层机构，隶属于黑河市农牧渔业局。

1987年4月，按国家土地法单独设立土地管理局，为政府序列局，正科级建制。领导职数为1正职2副职，内设机构有城乡用地股、土地利用规划股、政秘股、地籍股、土地监察股。1989年3月14日，经编委批准成立土地统征服务部，为土地局直属事业单位，定编7个。1991年4月15日设立城区用地改革管理办公室，定编3个。

1993年4月，随着撤市建区，黑河市土地管理局更名为爱辉区土地管理局，正科级建制。同年11月10日，爱辉区土地管理局内设用地股、监察股、政秘股、财务股，均为正股级建制。1996年党政机关机构改革时，根据《黑河市爱辉区编制委员会关于印发黑河市爱辉区土地管理局职能配置、内设机构和人员编制方案的通知》，内设机构调整为办公室、地籍规划股、建设用地管理股、法规监察股；所属单位：爱辉区土地统征服务部，事业单位性质，正股级建制。编制7个。全局职工27名，其中机关16名，乡镇土管员8名，事业3名。

2001年，爱辉区土地管理局、爱辉区环境保护局合并组建为爱辉区国土资源环境保护局；同年，爱辉区国土资源环境保护局重新进行了职能配置、内设机构、人员编制的划分。领导职数为局长1职，副局长3职；股级职数6职。编制总数为17个，其中机关行政编制15个，机关工勤人员事业编制2个。内设办公室、财务股、土地利用规划管理股、地籍监察股、环境管理股、自然保护宣教股6个职能股室，均为正股级建制。所属事业单位4个：环境监察大队（编制17个，正股级、自收自支单位），国土资源环境监测站（编制11个，副科级、财政全额拨款单位），区土地统征服务部（编制8个，正股级、自收自支单位），乡镇土地管理站（编制12个，正股级、自收自支单位）。

2004年11月，按照国土资源部要求，国土资源系统进行机构改革，各地国土资源局全部上划。当年12月，爱辉区国土资源局从国土资源环境保护局划出，机关在职公务员8人、工勤1人，统一征地工作站8人，乡镇土管站12人，退休8人上收到黑河市国土资源局。2005年，成立黑河市国土资源局爱辉分局，为黑河市国土资源局的派出机构，由黑河市国土资源局垂直管理；内设耕地保护股、地籍股、财务股。

第二节　土地使用制度改革

1988年，黑河市的土地使用制度开始改革，土地使用制度改革即土地有偿使用制度改革，其核心是改国有土地使用权无偿无限期使用为有偿有限期使用。当年6月，黑龙江省人民政府批准黑河市为土地使用制度改革试点单位。市委、市政府建立了以主管副市长为组长，黑河市直有关部门主要领导为成员的土地使用制度改革领导小组，并组建办公室。黑河市的土地使用制度改革开始起步。

1988—1990 年,结合黑河市的实际情况,先后组织主管土地工作的市政府领导和市土地管理局的负责人及有关人员到沿海地区和省土地管理工作先进单位克东等地进行实地考察学习。这一时期,黑河市开展了土地现状调查,摸清和掌握了城镇规划区内的土地类别、使用状况和权属。在上级土地主管部门和黑龙江省土地勘测中心的指导下,对黑河市区不同行业用地的效益进行了调查和分析,对建成区 10.1 平方千米的土地进行了评等定级。在调查研究的基础上制定黑河市城镇国有土地使用制度改革工作方案。依据有关土地法律、法规,制定《黑河市城镇国有土地使用权出转让暂行规定》及有关配套规章。同时制定出让地块的近期公告地价和优惠办法,使土地使用制度改革有法可依、有章可循。1990 年 9 月,先后召开土地使用制度改革大会和土地使用制度改革新闻发布会。

按照国务院 1990 年 5 月发布的《中华人民共和国城镇国有土地使用权出让和转让条例》规定,黑河市土地使用制度改革只在城镇内国有土地施行。土地使用权的最高使用年限按用途确定为:居住用地 70 年,工业用地 50 年,教育、科技、文化、卫生、体育用地 50 年,商业、旅游、娱乐用地 40 年,综合或者其他用地 50 年。黑河市城镇国有土地使用权基准地价分四个等级,每个等级内的地价又与用途相关,例如:建成区用于工业类的每平方米 110.67 元,用于住宅类的每平方米 73.78 元。

1991 年 3 月,黑河市土地管理局与大黑河岛经济开发总公司举行签发土地使用权出让签字仪式,为黑河市第一次转让土地,所出让的第一幅土地使用权大黑河岛民贸用地 77 165 平方米,确定出让金为 739.13 万元,结束了黑河市国有土地无偿使用的历史,标志着黑河市的土地有偿使用制度改革已由试点阶段转入正常运行阶段。第二幅出让地是黑河市锅炉厂,出让面积 2 580 平方米,出让金 134 万元。1991 年收取土地出让金 917 万元。

1992 年 2 月,黑河市人民政府出台黑河市城市规划区国有土地有偿出让优惠政策。具体内容为黑河市城市规划区内分为四个区域,即一级区(旧城区)、二级区(新生活、之路)、三级区(河南屯、小黑河、下二公)、四级区(幸福)。四个区域的土地出让金近期减半征收。在一级区从事房屋开发、建筑面积在 2 000 平方米以上,动迁 10 户以上的优惠出让金、征地费、基础设施费总额的 20%;建筑面积在 3 000 平方米以上,动迁 20 户以上的优惠出让金、征地费,基础设施总额的 40%;建筑面积在 5 000平方米以上,动迁 40 户以上的优惠出让金、征地费,基础设施费总额的 50%。凡符合上述建筑面积和动迁户数条件之一者即可享受优惠。在四个区域从事工业、商服开发建设的投资额 10 万 ~50 万元的,优惠出让金和基础设施总额的 5% ~20%;投资额 50 万 ~100 万元的优惠出让金、基础设施费总额的 20% ~40%;100 万元以上的优惠出让金、基础设施费总额的 50%。除一级区外在其他三区从事房屋开发的,建筑面积在 2 000 平方米以上,优惠出让金、征地费,基础设施费总额的 30%。出让金可以支付现金,也可以利用物资或开发其他工程费用支付,利用物资和开发工程费用支付的,双方协商议定。凡对黑河市经济发展有特殊贡献的重点骨干项目的开发,除享受上述优惠待遇外,其优惠程度还可以放宽,具体可协商议定。1992 年收取土地出让金 219 万元。

1992 年黑河市公告地价分类情况表

表 4 –21　　　　单位:元/平方米

	名称	出让金	征地费	基础设施费	合计
建城区	工业	51.65	29.02	30.00	110.67
	住宅	14.76	29.02	30.00	73.78
	商服	73.78	29.02	30.00	132.80

续表 4－21

	名称	出让金	征地费	基础设施费	合计
新生活、之路	工业	14.01	29.02	15.00	58.03
	住宅	38.53	29.02	15.00	82.55
	商服	55.03	29.02	15.00	99.05
小黑河、河南屯	住宅	7.28	22.13	7.00	36.41
	工业	25.49	22.13	7.00	54.62
	商服	36.41	22.13	7.00	65.54
幸福	住宅	5.29	11.16	10.00	26.45
	工业	18.52	11.10	10.00	39.62
	商服	26.45	11.16	10.00	47.61

1993 年 4 月“两撤两建”后，爱辉区土地管理工作的实体全部上收归属黑河市（地级），土地出让金只收至 1993 年 3 月底。1993 年收取土地出让金 315 万元。

第三节　土地法规宣传

1983 年至 1987 年 1 月 1 日，土地管理法颁布实施之前，土地管理工作遵循的法律法规是国务院发布的《村镇建房用地管理条例》。黑河市的土地法规宣传以制止农村建设乱占耕地为主导思想，宣传的内容以国家和省里下发的有关文件为主，宣传的方式以在各乡镇的普法教育中传达上级文件为主，辅以召开会议或张贴标语等形式。宣传的有关文件有《国务院关于制止农村建房侵占耕地的紧急通知》《中共中央国务院办公厅转发书记处农村政策研究室城市建设环境保护部关于切实解决滥占耕地建房问题的报告》《黑龙江省人民政府转发国务院关于制止农村建房乱占耕地的紧急通知》《关于认真贯彻中发〔1982〕39 号文件切实解决滥占耕地建房问题的通知》《黑龙江省人民政府关于切实加强对土地管理方针、政策和法规宣传工作的通知》《黑龙江省人民政府关于贯彻〈国务院关于制止买卖租赁土地的通知〉的通知》等。

1987 年，土地法规宣传以贯彻《中华人民共和国土地管理法》保护耕地就是保护我们的生命线，国有土地有偿使用为主导思想，以拉过街横幅标语、设立土地法律法规咨询台、发放宣传单、出动宣传车等方式开展。

1988 年，黑河市政府下发《关于深入宣传贯彻〈土地管理法〉的通知》；1992 年黑河市政府下发《关于在全市开展土地执法检查自查工作的通知》《关于转发〈黑龙江省开展创建“三无”乡（镇）活动试点工作方案〉的通知》；1993 年下发《关于开展“三无”乡镇活动的通知》。

1991 年，《土地管理法实施条例》开始实行，在 6 月 25 日第一个全国“土地日”期间，黑河市土地管理部门以实行“十分珍惜和合理利用每寸土地，切实保护耕地”的基本国策为主题，进行广泛宣传活动。在主要街道悬挂横幅标语，出动宣传车，在全市城乡进行巡回宣传。此后，每年的 6 月 25 日“土地日”，爱辉区土地管理部门都举行宣传活动。确定宣传主题，围绕主题开展土地宣传活动。1991—2005 年全国土地日宣传的主题依次为：1991 年土地与国情；1992 年土地与改革；1993 年土地与经济；1994 年土地与市场；1995 年土地与法规；1996 年土地与发展——保护我们的生命线；1997 年土地与国家——爱护我们的国家；1998 年土地与未来——集约用地，造福后代；1999 年依法行政，合理用地；2000 年保护耕地——为了美好的明天；2001 年规划用地利国利民；2002 年规范土地市场，促进经济发展;2003 年规范土地市场,可持续发展;2004 年坚持科学发展观,珍惜每一寸土地;2005 年第十五个全国土地日主题为节约集约用地,促进科学发展。

至 2005 年,土地管理部门在全区城乡对《中华人民共和国土地管理法》《中华人民共和国土地管理法实施条例》和《黑龙江省土地管理实施条例》等土地法令法规进行了广泛深入的宣传。

第四节　调查规划　用地审批

一、土地概况

到 2005 年,全区总面积 14 443 平方千米,区属土地总面积为 1 368 510.8 公顷。其中,耕地 80 892.11 公顷,占土地总面积的 5.91%;园地 38.55 公顷,占土地总面积的 0.003%;林地 1 054 523.73 公顷,占土地总面积的 77.05%;牧草地 4 576.46 公顷,占土地总面积的 0.33%;居民点及工矿用地合计 8 562.17 公顷,占土地总面积的 0.63%;交通用地 3 222.92 公顷,占土地总面积的 0.24%;水域 16 675.43 公顷,占土地总面积的 1.22%;未利用土地 200 019.43 公顷,占土地总面积的 14.617%。

2005 年爱辉区土地利用分类面积与构成情况表

表 4 – 22　　　　单位:公顷

土地类型		面积	占面积%
区属总面积		1 368 510.80	—
耕地	灌溉水田	46.95	—
	旱　地	80 845.16	—
	合　计	80 892.11	5.91
园地	果　园	9.56	—
	其他园林	28.99	—
	合　计	38.55	0.003
林地	有 林 地	998 166.60	—
	灌 木 林	45 904.24	—
	疏 林 地	9 494.66	—
	未成林造林地	630.22	—
	迹　地	300.25	—
	苗　圃	27.76	—
	合　计	1 054 523.73	77.05
牧草地	天然草地	4 576.46	—
	合　计	4 576.46	0.33
居民点及工矿用地	城　市	1 550.00	—
	农村居民点	3 896.22	—
	独立工矿	3 115.95	—
	合　计	8 562.17	0.63

续表 4－22

土地类型		面积	占面积%
交通用地	铁　　路	280.98	—
	公　　路	969.37	—
	农村道路	1 912.15	—
	民用机场	60.42	—
	合　　计	3 222.92	0.24
水域	河流水面	12 478.98	—
	水库水面	3 003.59	—
	坑塘水面	558.35	—
	滩　　涂	267.50	—
	沟　　渠	240.05	—
	水工建筑物	126.96	—
	合　　计	16 675.43	1.22
未利用土地	荒 草 地	59 214.79	—
	沼 泽 地	140 652.56	—
	沙　　地	20.73	—
	其　　他	131.35	—
	合　　计	200 019.43	14.617

二、调查规划

从 1986 年颁布第一部土地管理法到 1999 年新土地管理法的实施，土地管理内容发生了很大变化：从保证建设用地供应为主转变为以保护耕地为主；建设用地的利用方式从粗放利用转变为集约利用；土地管理方式由限额审批制度转变为用途管理制度；从自我监督、自我约束为主转为上级对下级监督和社会监督为主。

20 世纪 80 年代，黑河市土地管理部门成立之初的中心任务是摸清土地情况和确认土地权属，为土地管理工作提供基础资料和科学依据。1984 年 10 月基本完成全市国营农场、林场、牧场、渔场及其他形式的农业生产用地界线划定工作，划界单位 138 个，发放土地证 138 个。1986 年 3 月，根据行署指示，黑河市土地管理部门对黑河市行政辖区内铁路沿线路基用地进行调查，签订了土地回收协议。1988 年开展城乡基本建设用地清查和城镇国有土地申报工作。1989 年完成黑河市区1 041.9万平方米土地的评等定级工作。1991 年完成黑河市后备资源调查，质量达到规程要求。1993—1995 年完成土地资源详细调查。1995 年 12 月完成卧牛湖风景名胜区保护区和管理区的划界工作。1996 年完成基本农田保护区规划并开展了土地利用变更工作。1997—2000 年完成爱辉区土地利用总体规划。2001 年 6 月至 2002 年 7 月完成农用地分等工作。

三、用地审批

用地审批按用途分为农业建设和非农业建设。农业建设用地主要是指开荒、养殖和农田基本建设。非农业建设用地主要是指国家建设、乡（镇）村建设和农民建房使用的土地。土地管理局自成立以来，始终贯彻“十分珍惜、合理利用每寸土地，切实保护耕地”的基本国策，积极协调用地关系，努力做到合理利用土地。1983—2004 年，共审批开荒 65 600 亩；基本建设批件 4 449 件，其中国家基本建设 696 件；占地 160 937.51 亩，其中耕地 5 848.99 亩；乡镇村建设 380 件，占地 160 937.51 亩，其中耕地 725 亩；农民个人建房 3 373 件，占地 1 621.2 亩，其中耕地 98.6 亩。在此期间，农业建设增加耕地 65 600 亩，非农业建设占用耕地 6 673 亩，占用的耕地数量逐年减少。

1994 年 8 月出台了爱辉区拍卖“五荒”使用权试行办法。1996 年 5 月开展了耕地清查确权发证工作。2002 年完成了本年度规划修编和农用地评等定级工作。为投资 1 000 万元的民营企业天丝公司落户爱辉区，提供了建设用地选址服务工作。2003 年，协调上级局解决了“佳宇畜牧产品开发有限责任公司”“绿色生态园”“天丝亚麻厂”等重点项目的用地及黑金铁路用地预审工作。同年，根据爱辉区的粮转畜战略要求，开展了畜牧用地的调整工作，制定了具体调查方案，准确掌握畜牧用地情况。

四、土地权属

到 2005 年，爱辉区辖区 11 个乡镇，89 个行政村，土地总面积 99 440.63 公顷，其土地属于集体所有制，土地所有权属于各行政村。除去集体所有土地之外，土地属全民所有即国有土地，土地所有权归爱辉区人民政府所有，用地单位只有土地使用权。

第五节　执法监察

1993 年 12 月，爱辉区政府下发《关于加强土地管理的通知》。2001 年，协调 202 国道的征地工作，兑现农民耕地资金补偿 40 余万元。

2002 年，167 万元项目资金全部到位，3 个废弃砖厂四嘉子乡卡伦山、爱辉镇北兴、南砖窑土地复垦整理工作进展顺利。爱辉区国土资源环境保护局出动 20 余人，对辖区广西砂枪非法采金人员进行了集中整顿和治理，统一收缴集中保管水枪 553 台，控制了外来非法采金近万人。有效地保护了资源，保护了生态环境。

2003 年，复垦了西岗子镇老站村的废弃砖厂，并按省里的施工要求，全面达标、通过验收。爱辉区国土环保局牵头协调相关执法部门，组成采金治理、整顿、收费领导小组，共抽出 10 台车、47 人，从 6 月 6 日至 9 月 27 日历时 4 个月，对爱辉区方圆 300 千米的采金过采区的黄金开采者进行了逐户登记，签订生产责任状，并按统一标准进行捆绑式征收，共计签订生产责任状 583 份，其中小船 563 条，大船 14 条，水道开采 6 条；捣毁广西砂枪 12 条，并清除了在新采区中开采的 10 条小船，共收缴各项规费 290 万元；仅土地、环保各项规费达 120 万元。

2004 年，由爱辉区国土资源环境保护局牵头，由土地、环保、林业、水利、草原、地矿、财政、公安、法院等相关职能部门组成近百人的取缔水枪开采黄金的治理工作队伍，出动大小车辆 8 台次，用 4 个多月时间，销毁砂枪 118 台，遣返金农 6 000 人次，并进行统一捆绑收费，共收费 220 万元，土地、环保费达 105 万元。

第十二章　招 商 引 资

第一节　机　　构

1985 年,黑河市经济技术合作委员会成立,为黑河市人民政府工作部门,属于行政机关单位,正科级建制,编制 7 个。

1992 年,国务院批准黑河市为首批沿边开放城市,黑河市设立招商局,与黑河市经济技术合作委员会合属办公,属于地方行政编制,编制 3 个。

1993 年,黑河市撤市建区,黑河市经济技术合作委员会更名为爱辉区经济技术合作委员会,黑河市招商局更名为爱辉区招商局,机构职能、编制、人员职数未有变化。

1996 年,根据中共黑河市爱辉区委员会、爱辉区人民政府《关于黑河市爱辉区党政机构改革方案的实施意见》,爱辉区经济技术合作委员会、招商局由行政机关改制为参照公务员法管理、具有行政职能的财政全额拨款事业单位,其机构编制、内设机构、行政职能未有变化。

2005 年末,爱辉区经济技术合作委员会、招商局领导职数为 1 正职 2 副职,内设机构为综合股、经协股、物协股,均为正股级建制。全员编制 11 个。

第二节　优势条件与优惠政策

一、优势条件

爱辉区有着丰富的土地、山林、水草资源、独特的气候条件以及紧邻俄罗斯的口岸优势,为本区的招商引资工作创造了良好的基础条件,吸引了许多外地客商到爱辉区投资。爱辉区依托高纬寒带的地理特征,引进了高寒地区及冰上汽车试验基地项目;依托绿色环保的水草和肥沃的土地资源,引进天丝亚麻种植加工项目,马铃薯颗粒全粉加工项目,乳品加工项目,畜产品开发加工项目,生产马铃薯精淀粉项目;依托对俄口岸优势,引进对俄果蔬批发大市场项目;依托矿产资源优势,成功招商到开发三道湾子金矿项目;依托冰雪资源优势,成功招商投资建设国际滑雪场项目;依托丰富的水利资源,争取到投资 2.6 亿元建设金湾电站工程项目。

二、优惠政策

爱辉区委、区政府于 2002 年制定《爱辉区招商引资优惠政策》。优惠政策规定"对经营期在 10 年以上,符合国家政策的外商投资新办加工企业,由财政将前 3 年增值税地方所得部分奖励给企业;从获利年度起,前 2 年全部、后 3 年 50% 的所得税逐年奖励给企业。对购买或兼并爱辉区亏损企业,经营期在 10 年以上,安置原企业职工 50%,并按期缴纳养老金的外商企业,由财政将前 3 年增值税地方所得部分、所得税前 3 年的全部和后 3 年的 50% 奖励给企业;租赁、联营爱辉区停产、半停产企业,安置原企业职工 60%,并按期缴纳养老金的外商企业,由财政将所得税前 2 年全部、后 3 年的 50% 奖励给企业。外商投资企业在乡镇占用国有土地的、免征土地使用费 10 年,减半征收 5 年;投资矿产资源(黄金、煤炭除外)开发项目减半征收土地使用费 3 年。外商投资旅游业占用国有土地,减半征收土地出让金,在土地使用权有效期内可依法转让出租”。

在制定优惠政策的同时,负责招商引资的部门加大了为投资商服务力度。对投资商的服务主要包括“外商在本区办企业,由招商局协调有关部门‘一站式’审批;需报中、省、市有关部门批复的,由区属归口部门协办。外商兴办加工型项目获准后,可试生产4个月办理工商登记手续。对在爱辉区兴办企业依法给予保护,对效益好、信誉高的,实行挂牌重点保护,给企业法人发放‘治安特别保护卡’,在治安、户籍、交通、出入境等方面提供方便。外商在爱辉区兴办企业所需的水、电、气、热等,招商局负责协调有关部门予以优先解决”。

第三节　经济联合

经济技术合作委员会和招商局成立以后,开展国内横向经济联合工作。本着“互惠互利,共同发展”的工作原则,以互访考察、联合建厂、走协作发展之路的合作形式,积极引进外地的先进技术、先进设备、优质商品和资金,借助外力建设黑河。

1985—1989年,黑河市同外地共签订联合协议138项,引进技术40项,引进先进设备101台(套),审批外地在本市建办事处、代办处共计112个。黑河与外地横向联合开发建设的项目主要有1985年黑河市黄金公司与大庆庆大实业有限公司联合开采黄金项目;黑河市皮革厂从齐齐哈尔制鞋厂引进技术,生产出质量过关的产品;黑河市锅炉厂与哈尔滨红旗锅炉厂合作,引进该厂先进的节煤、消尘、除烟KΠ－30－7－A型锅炉的生产技术。1986年黑河市肉联厂与哈尔滨市肉联厂联营,引进该厂先进的生产设备;黑河市白酒厂引进省优质产品的都柿酒生产技术,生产都柿酒。1987年经合委协助市第二砖厂从上海引进防水涂料生产技术,该项目填补了黑河市涂料产品的空白。1989年幸福乡与山东滕州办事处联建砖厂;市果酒厂从北京宣武区引进资金30万元,新上一条生产灌装线;市农机二厂从哈尔滨引进飞虹牌油漆生产技术,产品出口苏联。在联办商店、外来商品引进上,全市共与19个省市、142家厂家建立了联系,为88个厂家设立了商品专柜。

1990—1992年,是黑河市对苏联贸易呈现快速发展的阶段。在“南联北开”政策引导下,3年间,利用哈洽会、黑河的“二月二龙节”经贸洽谈会等会展有利时机,大力宣传黑河的优势资源和地域优势,吸引外来企业到黑河考察洽谈。3年共签订联合协议111项,引进技术4项,审批外地在本市建立办事处、代办处782个。1990年,黑河市羽绒厂同江西省九江芙蓉羽绒厂联营引进资金10万元,扩大生产能力,羽绒产品出口苏联;市毛纺厂从唐山第一服装厂引进资金10万元,生产棉服装6 000件出口苏联;黑河市啤酒厂引进无锡轻化学院啤酒生产技术,开发出新的啤酒产品。黑河市的经济联合从传统的商贸方面,发展到工业生产联合,并延伸到农、林、交通运输行业。1991年,黑河市皮革厂与天津武清县新丽鞋业有限公司联合经营,生产雪地鞋和旅游鞋;大黑河岛开发公司与铁道部十三局工程处联合建设过岛桥;市白酒厂从北京通县引进二锅头生产技术,生产销往苏联的白酒。1992年3月9日,黑河市被国务院批准为首批沿边开放城市,黑河市的经济联合向内地、向南纵深快速发展,一大批南方县(区)、市政府、公司、企业到黑河考察投资,黑河市洽谈合作。当年接待外来团组4 289个、37 836人次,先后有韩国、马来西亚、新加坡、澳大利亚、法国等国家和我国香港、澳门、台湾地区的客商到黑河考察洽谈。其中,沈阳市委、市政府组成130人的考察团到黑河市考察,在本市双方对接了70个项目,投资了356.8万元的合作项目。日本客商2次到黑河考察,与黑河市林业局就共同加工山野菜项目进行洽谈。当年,黑河市与23个省(直辖市)的102个市、县、区建立友好关系,缔结46个友好市县;签订实质性协议61项;全年经合委、招商局共审批外埠在本市建办事处、代办处657个。

1993年下半年,由于国家宏观政策的调整,以及俄罗斯政局变化等诸多原因,黑河边境贸易低迷,很多外地驻黑河办事处撤离,大批边贸公司倒闭,黑河的横向经济联合工作遇到严重困难。1993—1995 年的 3 年间,爱辉区共签订联合协议 83 项,引进技术 10 项,引进设备 4 台(套)。主要合作的项目:1993 年爱辉镇牙签厂引进韩国客商资金 10 万美元,用于提高产品质量和扩大再生产。1995 年黑河浸油厂与黑龙江省粮食局油脂公司联营引进技术改造资金 300 万元。

1995 年后,随着国际、国内经济形势的变化和俄罗斯政局的稳定,爱辉区对外阜横向经济联合政策也进行了调整。经济联合由联合办厂、办企业向招商引资方面转型,区委、区政府更多的是给予外来企业以优惠政策和优良环境的大力扶持,为外来企业做好服务工作。企业大多是独自经营,联办工厂、联合经营的形式已基本不存在。

第四节　招商引资项目

1996 年,爱辉区开始开展招商引资工作,当年,区委、区政府确定为“招商引资年”,由区招商局负责具体工作。

1996—2005 年,爱辉区共引进招商项目 482 个,引进到位资金 5. 351 亿元。到爱辉区考察项目、进行洽谈的外地客商总计 376 个来访团组 1 567 人次。爱辉区组团到外省市上门招商、项目对接出访团组 234 个 948 人次。此时期,爱辉区每年利用哈尔滨国际经贸洽谈会、大黑河岛经贸洽谈会、香港黑龙江省招商活动周等大型招商活动,宣传爱辉区优势资源和招商项目,发放爱辉区招商引资项目册,展销爱辉区的特色产品,如木耳块、豆沙、淀粉、都柿糖等。在 2004 年的香港活动周期间,先后同香港怡润集团、龙珠(香港)滑雪集团、加拿大(香港)泰业有限公司、香港保康动力有限公司、香港同溢堂药业、香港百达制衣有限公司进行了对接和洽谈。

大黑河岛中俄商品交易会　　2002 年 9 月摄

2000 年,爱辉区引进上海大众汽车制动系统有限公司投资总额 3 200 万元的高寒地区汽车试验基地项目。

2002 年,成功引进天丝亚麻种植加工项目;引进黑龙江铃田生物科技股份有限公司投资额为 300 万元马铃薯颗粒全粉加工项目。

2003 年,引进韩国万都集团汽车刹车试车厂投资总额 162 万元的冬季冰上试车项目。同年,通过区招商局与哈尔滨龙丹乳业集团洽谈,使百岁乳业被哈尔滨龙丹乳业集团成功兼并,成立了龙丹黑河百岁乳业有限公司。同年,区招商局与嫩江冰花糖业有限公司洽谈,该企业投入 1 500 万元成立黑河嘉宇畜产品开发有限公司及肉牛加工企业。

2004 年,在第 14 届哈洽会上,爱辉区政府与哈尔滨辉煌电力设备有限责任公司签订总投资金额 1 764. 3 万元的马铃薯精淀粉加工项目,并成功落户爱辉区西峰山乡。

2005 年,成功引进了美国天合汽车集团 TRW 研发(上海)有限公司总投资 900 万元的在宋集屯水库冬季试车项目。区政府与辽宁台安物资开发总公司项目对接成功,引进总投资 2 300 万元的万隆对俄果蔬批发大市场项目,建设了 1 座 3 500 平方米的气调保鲜对俄果蔬批发库。成功招商到福建天宝矿业集团总投资 7 000 万元的三道湾子金矿项目。区政府与黑龙江省龙珠滑雪集团经过多次洽谈,双方达成共同投资 1 500 万元,建立黑河龙珠远东国际滑雪场项目。爱辉区经过积极招商,争取到哈尔滨鑫海集团投资 2. 6 亿元建设金湾电站工程项目。

黑河市爱辉区志（1983—2005）

◎第五篇 金 融

第五篇　金　　融

1993年12月，《国务院关于金融体制改革的决定》出台，各专业银行逐步向商业银行转轨，实行金融业务交叉经营。2005年，随着改革的推进，黑河市国有商业银行，有3家进行了股份制改造：原中国工商银行黑河市分行更名为中国工商银行股份有限公司黑河分行；原中国建设银行黑河市分行更名为中国建设银行股份有限公司黑河分行；原中国银行黑河市分行更名为中国银行股份有限公司黑河分行。

改革开放以后，保险业务从银行系统分出单独办公，并向多险种发展，并且打破了原来一家保险公司独揽业务的局面。

第一章　金融监管

第一节　机　　构

2003年11月，成立中国银行业监督管理委员会黑河监管分局，隶属于中国银行业监督管理委员会黑龙江监管分局，为正处级中直事业单位。时有职工31人。内设办公室、监管一科、监管二科、监管三科、统计信息科、人事科、财务科7个科室；下辖北安、嫩江、五大连池、逊克、孙吴5个县(市)监管办事处。

第二节　金融行业监督管理

1993年，中国人民银行黑河分行认真贯彻“从严控制总量，优化结构，面向市场，转换机制，提高效益”的货币信贷方针。整顿金融秩序，清理金融环境，辖内所办的76家金融实体，停办41家，脱钩35家。1994年，围绕“金融监督管理、调查统计、横向投存调剂、经理国库、发行基金调拨、联行清算和外汇管理”开展工作。完成工商银行、农业银行两行政策性业务与商业性业务的分离化转工作。审批新建黑河交通银行等各类金融机构13家。1995年，中国人民银行黑河分行以“实行适度从紧的货币政策，强化金融监管，改善金融服务，坚决抑制通货膨胀”为指导开展金融工作。

1997年，中国人民银行黑河分行继续坚持适度从紧的货币政策；严格金融监管，防范和化解金融风险；强化调研监测，改善经营管理。对全市70家农村信用社，485个信用站进行普查。黑河融资中心全年累计融资11 400万元。全市22个专项贷款项目10 620万元，全部划转到中国农业发展银行黑河市分行。1998年，人民银行继续坚持适度从紧的货币政策；依法严格金融监管，降低不良资产，有效防范和化解金融风险。其中，农业发展银行62 388万元的粮食附营企业贷款，划转到有关银行、信用社,同时划出应收未收利息 7 278 万元。1999 年,继续发挥中央银行职能作用,贯彻执行稳健货币政策,促进金融事业平稳运行。

2000 年,加大对各家金融机构窗口指导,引导各家金融机构合理调整信贷投向。2001 年,全市金融运行平稳。人民银行开展了电子联行"天地对接"和"业务到县"二期工程,扩大了电子联行的覆盖面。年末完成人民银行内联网升级扩容二期工程,全国人民银行系统内联网监测系统实现全国联网。

2004 年,黑河市辖区金融运行总体态势平稳。黑河市人民银行督促商业银行做好消费贷款业务,制订《推进黑河市下岗失业人员小额担保联贷款工作指导意见》。

2005 年,继续执行稳健的货币政策,维护金融稳定。坚持"区别对待、有保有压"的原则,发挥中央银行"窗口指导"的作用。大额支付系统、中央银行会计集中核算系统、人民币银行结算账户等系统成功上线。

第二章 金融业务

第一节 机 构

一、国家银行金融机构

中国人民银行黑河市中心支行 1992 年 10 月,中国人民银行黑河地区中心支行与原黑河市(现爱辉区)支行合并,改为中国人民银行黑河分行。内设办公室、人事科、纪检监察室、调查统计科、资金科、金融监督管理科、国库科、会计科、外汇管理局、保卫科、货币发行科、金融研究室、工会、稽核科、金银科等 15 个科室,职工 159 名。1993 年,撤销资金科、金银科和金融研究室,增设货币信贷科,内设科室减少到 13 个。1996 年,增设科技科;1997 年,增设合作金融监管科;1998 年,货币发行科改为货币金银管理科。

1998 年 9 月,中国人民银行黑河分行改称中国人民银行黑河市中心支行,并成为国家中央银行的派出机构,隶属于中国人民银行沈阳分行领导,单位级别为正处级。内设机构调整为办公室、人事科、货币信贷与统计科、科技科、内审科、外汇科、发行科、保卫科、国库科、会计科、群工部和后勤服务中心等 12 个科室;下辖北安市、嫩江县、五大连池市、逊克县、孙吴县 5 个支行。2000 年 6 月 19 日,经中国人民银行哈尔滨中心支行批准,撤销中国银行逊克县支行。2003 年,全辖区撤销 10 家金融机构,10 家金融机构迁址更名。同年 12 月 20 日,人民银行黑河市中心支行将金融监管职能移交黑河银行监管分局。

二、国家政策性银行

中国农业发展银行黑河市分行 1996 年 10 月 22 日,中国农业发展银行黑河市分行正式成立。为政策性金融机构,正处级建制,隶属于中国农业发展银行黑龙江省分行。下设办公室、财务会计科、人事科、信贷科、监察审计科、保卫科、计划科等 7 个科室;辖属 1 个市分行营业部、5 个县(市)支行;管辖全市 44 个粮库、9 个经营性公司、12 个加工厂和 5 个粮管处(店)等 70 户企业。1999 年增设电脑科,内设科室增至 8 个。全市各支、分行、营业部共有职工 190 名。截至 2005 年末,全市各支、分行、营业部共有职工 186 名,黑河市分行机关 35 人,设 10 个科室(办公室、人力资源科、资金计划科、客户服务科、信贷与风险管理科、内部审计科、信息技术科、会计科、监察室、机关服务中心)。当年,黑河市分行行营业部及各支行的干部及员工编制有了增加,各支行领导职数均由 2 职增加到 3 职,每个支行增加 1 名副行长。全行有本科以上学历的 52 名、大专学历的 58 名，具有大专以上学历的占全行干部职工总数的 59%。

三、国有商业银行

（一）中国工商银行黑河分行

1984 年 11 月，中国工商银行黑河地区中心支行正式成立，1992 年 10 月 5 日，改为中国工商银行黑河分行，隶属于中国工商银行黑龙江省分行。内设信贷部、储蓄部、资金计划部、出纳部、财务会计部、科技部、保卫部、人事部、劳资部、监察稽核部、政教部、金融研究室、办公室、规划办、营业部、国际业务部、房地产信贷部、党委、工会、信托投资公司、房屋开发公司、信息咨询公司、职工培训中心、银达贸易公司、劳动服务公司等 25 个部、室及公司。1993 年 4 月，内设科室减少到 15 个，分别是行政办公室、人事劳资部、财务会计部、出纳部、信贷部、储蓄部、资金计划部、检查稽核部、党委办公室、政教部、保卫部、科技部、规划办、工会、金融研究室。1995 年撤销规划办，将检查稽核部分设为监察室、稽核部 2 个部室，增设经营办公室、调统部。1996 年，内设科室进行调整，将“部”改为“科”，同时撤销金融研究室，增设法律事务室。1997 年撤销调统科，会计科与出纳科合并，增设业务发展科。1998 年，根据上级行关于合并精简内设机构的要求，分行对机关原有科室进行了撤并重组，由原来的 16 个科室调整至 12 个，即办公室、管理信息科、人事科（含组织部）、计划财务科、教育科（含宣传部）、资金营运科、工会（含统战、群团）、零售业务科、监察室、会计结算科、保卫科、业务发展科。分行下辖营业部 1 个、支行 8 个（其中市区 3 个、县（市）5 个）、办事处 7 个、分理处 4 个、储蓄所 49 个。2005 年，中国工商银行黑河分行内设科室增加业务发展部、资产风险管理部，共设 18 个科室，下辖 5 个县（市）支行、1 个营业部、4 个城市支行、8 个分理处、27 个储蓄所。

（二）中国农业银行黑河分行

1979 年 7 月 21 日，恢复中国农业银行黑河地区中心支行。1993 年，“两撤两建”（撤黑河地区、黑河市（县级），建立黑河市（地级）、爱辉区）后，中国农业银行黑河地区中心支行改称为中国农业银行黑河分行，同时增设营业部、国际业务部、信托投资公司、房地产开发公司等直属机构。年末，黑河农行共有省辖市分行 1 家，信托投资公司 1 家，干部学校 1 家，县、市支行 6 家，城区支行 2 家，国际业务部 1 个，营业所 90 个，储蓄所 50 个，并负责领导管辖农村信用社。1995 年，开办农业发展银行业务代理工作，并与俄罗斯阿穆尔州 4 家银行建立了代理行，首开边境地区银行与俄罗斯直接通汇业务的先河。当年，分行机关重新设置内部管理机构，将原有的 18 个科室精简合并为 11 个。1996 年 10 月，农业银行与农业发展银行分离单设。1997 年 2 月，农村信用合作社与农业银行脱钩，中国农业银行黑河分行撤销信用合作管理科。1998 年 7 月，分行内设市场拓展部、信贷管理一部、信贷管理二部、资产保全部、综合计划部、财务会计部、科技部、人事教育部（组织部）、监察保卫部、总稽核室、办公室和党群办公室。当年 11 月，成立女职工委员会，增设党委宣传部和市场开发部。12 月，黑河农行的机构总数达 168 个，新增城区营业机构 5 个，乡镇、农场营业机构 11 个，形成遍及全区城乡的金融服务网络，内设科室达 15 个。下辖 5 个县（市）支行和海兰支行、迎恩路办事处、营业部 3 个直属单位。业务遍及 6 个县（市、区）85 个乡（镇）和 14 个国营农场，拥有业务机构 124 个，全辖职员 1 495 名。2000 年末，全行机构总数 125 个，较数量最高时减少 43 个。

截至 2005 年末，黑河农行共有各类机构 59 个，其中二级分行 1 个，县（市）支行 5 个，城区支行 2 个，二级支行（翻牌支行）1 个，分理处 45 个、储蓄所 5 个。市行机关内设部、室 15 个（含分行营业部）。有在岗员工 1 119 名，其中长期合同工 799 名，储蓄合同工 320 名。

(三)中国银行股份有限公司黑河分行

1988年8月18日,中国银行黑河支行成立。隶属于中国银行黑龙江省分行。1992年8月,中国银行黑河支行更名为中国银行黑河分行。1993年,内设会计科、出纳科、信贷科、计划科、电脑室、储蓄科、企业存款科、监察室、工会办、人事科、保卫科、党支部等科室。1999年,分行内设国际业务科、信用卡科、会计科、出纳科、储蓄科、信息科技科、人事科、监察室、办公室、工会办、保卫科11个科室,共有员工160名,下辖北安、嫩江、逊克、黑河开发区4个支行。

2001年1月,中国银行黑河分行更名为中国银行黑河市分行。并对内设部门调整,共设12个部室,分别是保卫部、信息科技部、营业部、零售业务部、公司业务部、行长办公室、监察部、人教部、工会办、计财部、风险管理部、保全业务部,全员160名,下辖北安、嫩江、黑河开发区支行。2003年9月,黑河分行由12个部室整合成9部、2室,分别是行长办公室、党委宣传部、人事教育部、工会办、监保部、风险管理部、公司业务部 、个人金融部、计财部、清算部、信息科技部。有员工163名。下辖北安、嫩江、开发区支行。2004年8月,随总行整体改制为股份制商业银行,更名为中国银行股份有限公司黑河分行,内设机构部门无变化。下辖北安、嫩江、开发区3个支行,共有16个营业网点,在岗职工270多名。

2005年12月,黑龙江省分行业务流程整合,黑河分行由11个部室整合成9部门,即综合管理部、人力资源部、监察保卫部、风险管理部、公司业务部、计划财会部、国际结算部、营业部、个人金融部。员工146人。下辖北安、嫩江、开发区支行。

(四)中国建设银行股份有限公司黑河分行

1993年,中国人民建设银行黑河分行全行职工549名。分行机关内设机构17个分别是办公室、行政科、保卫科、信贷科、审计科、中央科、地方科、计划科、会计科、项目科、人事科、监察室、营业部、房贷部、投资公司、国际业务部、信用卡部。分行辖北安、嫩江、五大连池、沾河、双山、逊克、孙吴、兴华、开发区等9个基层支行。当年6月1日,经省人行、省建行批准,成立黑河开发区支行并正式营业。7月2日,成立建行信用卡部。经市人民银行批准,在黑河、沾河两地新增2个储蓄所。1995年成立中介业务科,与建经科合属办公。1996年,中国人民建设银行改为中国建设银行,中国人民建设银行黑河市分行改为中国建设银行黑河市分行。黑河市分行是全民所有制国有商业银行,正处级单位,隶属于中国建设银行黑龙江省分行。1997年,分行内设机构进行调整,撤并5个科室。1998年,分行机关内设机构由原来的18个精简为13个。11月,按照总行和省行关于二级分行党组改党委的要求,成立中共建设银行黑河分行委员会和纪律检查委员会,隶属省行党委垂直管理,重新任命基层党组织领导班子。1999年,分行机关内设机构由原来的13个精简为10个,成立8个部2室。当年,按照省行的统一要求和部署,撤销了省行驻黑河分行稽审办公室,成立信贷经营部和信贷风险部。当年,分行成立了中国共产主义青年团黑河分行委员会。2002年,分行对城区网点实现垂直管理。对存款达不到盈亏平衡点进行撤并,全年共撤销网点7个。2003年,撤销低产低效网点9个,其中分理处3个,储蓄所6个。净减员65名。撤销分行内设机构中介业务部和工程监理公司。2004年,中国建设银行实行股份制改革,中国建设银行黑河分行更名为中国建设银行股份有限公司黑河分行。

2005年,按照股份制改造和上级行的要求,对分行机关内设机构进行调整和规范,整合后分行机关内设机构10个分别是办公室、纪检监察部、公司业务部、个人金融部、国际业务部、人力资源部、信息技术管理部、安全保卫部、风险管理部、财务会计部。截至2005年末,中国建设银行黑河分行辖北安、五大连池、嫩江、沾河、开发区、中央街、兴华街等7个支行;2个分理处;全行网点13个;职工总数354名。

（五）交通银行股份有限公司黑河支行

1993 年 5 月，成立交通银行黑河支行筹备组，正处级建制，隶属于交通银行哈尔滨分行。1994 年 10 月 28 日，经交通银行总行和中国人民银行批准，交通银行黑河支行对外营业。内设办公室、行政科、人事教育科、保卫科、监察室、工会、稽核室、私人金融业务科、市场营销科、电脑科、财会科、计划科、出纳科等科室。下辖 1 个营业部、2 个分理处和 2 个储蓄所，共有职工 135 名。1999 年，内设办公室、综合计划部、财务会计部、人事教育处、保卫处、电脑部、储蓄业务部、信贷风险审查部、稽核室、工会、思政办、监察室、出纳业务部、行政科等机构。2003 年，对机构和人员进行调整，成为哈尔滨交行的异地支行，行政级别和业务范围未变。

2005 年，交通银行股份有限公司在香港上市，是第一家在境外上市的国有控股大型商业银行。

四、非银行国家金融机构

（一）中国人民保险公司黑河分公司

1983 年 8 月 5 日，经中国人民银行黑龙江省分行批准，成立中国人民保险公司黑河地区中心支公司。1992 年 7 月 29 日，中国人民银行黑龙江省分行决定，黑河地区与黑河市（县级）两级保险公司合并，改称中国人民保险公司黑河分公司。1993 年 4 月，“两撤两建（撤销黑河地区、黑河市，建立黑河市（地级）、爱辉区）”中国人民保险公司黑河分公司更名为中国人民保险公司黑河市分公司。属于全民性质的中直企业，正处级建制。内设办公室、劳动人事科、城险科、农险科、人险科、财会科、计划统计科、监察科、稽核审计科、防灾防损科、电脑室、政工办公室等 12 个科室。

1996 年 4 月，公司财产、寿险分业经营，组建中保财产保险有限公司黑河分公司，内设办公室、计财部、审计监察部、财产业务部、车险业务部等 5 个科室。1997 年 10 月，内设机构调整为人秘科、计划财务科、监察审计科、运输工具险科、城险科、农险科、防灾防损科、政工办公室等 8 个科室。

（二）中国太平洋财产保险股份有限公司黑河中心支公司

2005 年 8 月，中国太平洋财产保险股份有限公司黑河中心支公司成立。在北安、嫩江、五大连池、逊克等地设立了支公司。

（三）天安保险股份有限公司黑河中心支公司

2005 年 8 月 30 日，经中国保监会验收，天安保险股份有限公司黑河中心支公司开业。公司先后开发了企业职工廉政保险、幸福女性保险计划、幸福家庭保险计划、愉快人身险、住宅房及房内财产保险等 10 多个创新险种；特别是在国内首创了律师责任保险、医疗责任保险、建筑工程监理责任保险等险种。

（四）中保人寿保险公司黑河分公司

1996 年 4 月，原中国人民保险公司黑河分公司分设为中保财产保险有限公司黑河分公司和中保人寿保险有限公司黑河分公司。1999 年 4 月，中保人寿保险有限公司黑河分公司更名为中保人寿保险公司黑河分公司，正处级建制。是黑河市专门从事人寿保险业务的国有商业保险企业，由上级主管部门授权，在黑河市范围内从事人寿保险、养老保险、健康医疗保险和意外伤害保险等，以人的身体和生命为标准的各类人身保险业务。公司内设办公室、计财科、行管科、业务综合科、团体保险科、代理人管理科、电脑室等 7 个科室，下辖嫩江县支公司以及五大连池市、北安市、逊克县、孙吴县分公司等 5 个营业部。并在全市范围内（农场、乡镇，大银行、邮政服务窗口）设立 158 个代理机构。

（五）中国太平洋人寿保险股份有限公司黑河中心支公司

2003 年 5 月 8 日，中国太平洋人寿保险股份有限公司（简称太保寿险）黑河中心支公司成立，地址位于黑河市环城南路 9 号。公司下设 7 个机构，分别为九三农垦支公司、嫩江支公司、逊克支公司、孙吴支公司、五大连池支公司、北安支公司和市区本部。

五、非国家金融机构

（一）邮政储蓄

1986 年 6 月 1 日，恢复邮政储蓄业务。2005 年，邮政储汇两网互通工程正式上线。邮政储蓄执行国家的统一利率，主要业务种类有活期储蓄、整存整取、存本取息、定活两便、定额定期，工资转储、异地存取、同城通存通取和礼仪储蓄等。

（二）爱辉区农村信用合作社联合社

1996 年 9 月，根据国务院关于"农村信用社与农业银行脱离行政隶属关系"的金融改革规定，爱辉区农村信用合作社联合社（简称为爱辉区联社）成立由黑河市农村金融体制改革委员会办公室（以下简称农金改办）代为管理；随后农金改办归入中国人民银行黑河中心支行，爱辉区农村信用合作社联合社也随之由中国人民银行黑河中心支行辖属。爱辉区联社领导班子由 1 正职（主任）、2 副职（副主任）3 职组成，机关内设人事教育科、财务电脑信息科、综合业务科、审计监察科、安全保卫科、办公室，辖属 8 个信用社：四嘉子信用社、爱辉信用社、坤河信用社、西岗子信用社（辖二站乡业务）、张地营子信用社、上马厂信用社、罕达汽信用社、幸福信用社（辖西峰山乡、新生乡各项存、贷款业务）、1 个营业部、8 个储蓄所（柜）、115 个信用代办站，担负着全区 11 个乡镇、89 个村屯的存款组织工作和贷款投放工作，业务网点遍布全区城乡，服务于城乡特别是交通不便的偏远山区村屯的"三农"资金的存取等。

2000 年 8 月，爱辉区农村信用合作社联合社划归新成立的黑河市农村信用合作社联合社管辖。到 2005 年底，爱辉区农村信用合作社内设机构及下设营业网点均无变化。

第二节　银 行 业 务

一、存　　款

1993 年，全市金融机构各项存款额 273 700 万元。2002 年，全市金融机构各项存款余额 1 202 204万元，其中，企业存款增加 22 000 亿元，增长 16. 7%；城乡居民储蓄增加 185 000 万元，增长 23. 6%。2003 年，全市各项存款余额 1 304 463 万元，比年初增加 102 259 万元，增长 8. 5%，其中，企业存款余额 173 447 万元，比年初增加 18 781 万元，增长 12. 1%；城乡居民储蓄 1 046 247 万元，比年初增加 73 067 万元，增长7. 5%。2005 年，全市各项存款余额 1 580 642 万元，比上年增长 12. 2%，其中，企业存款余额 224 000 万元，比上年增长 4. 8%；机关团体存款余额 79 000 万元，比上年增长 55. 5%；城乡居民储蓄余额1 197 000万元，比上年增长 11%。

1993—2005 年全市各项存款额及城乡居民储蓄额

表 5－1　　　　单位:万元

年　份	各 项 存 款	其中城乡居民储蓄
1993	273 700	186 132
1994	320 418	234 348
1995	452 830	349 979
1996	575 991	457 121
1997	698 023	549 441
1998	745 344	600 715
1999	830 342	665 233
2000	880 937	700 204
2001	977 685	787 443
2002	1 202 204	973 180
2003	1 304 463	1 046 247
2004	1 392 814	1 078 808
2005	1 580 642	1 197 732

(一)中国工商银行黑河分行

工商银行黑河分行存款,包含对公存款和个人储蓄存款两大类。其中对公存款,主要包括企、事业单位以及财税、部队、非银行金融机构等性质的存款。

1985 年,储蓄存款余额 15 247 万元。1999 年,各项存款余额达 261 509 万元,较年初增加16 655 万元。其中储蓄存款余额 200 686 万元,较年初增加 14 979 万元,完成全年计划的 78. 1% ,外币储蓄存款余额 647 万美元,较年初增加 202 万美元,完成全年计划的 118. 8% ;对公存款余额为 55 431 万元,较年初减少 18 万元,完成省行核批计划的 －173. 9% 。2000 年,各项存款余额较年初增加 407 万元,增长 12. 8% ;外币储蓄较年初增加 17 万美元,完成计划的 9. 4% 。2001 年,储蓄存款较年初纯增加 5 397 万元;外币储蓄较年初减少 77 万美元。2002 年,储蓄存款余额 218 392 万元,较年初纯增 17 755万元,完成全年计划的 118. 4% ;对公存款余额 57 432 万元,较年初纯增 12 972 万元,完成全年计划的 288. 2% 。2003 年,储蓄存款余额增至 225 359 万元,对公存款余额 68 561 万元,同比纯增 6 820万元。2004 年,对公存款较年初增加 22 078 万元,全省排名第二位。储蓄存款余额较年初纯增加 6 241 万元,全省排名第九位。2005 年,对公存款在实现稳存增存的同时,推行“挖、抢、夺、拼”揽存策略。对公存款余额实现 100 556 万元,较年初增加 2 536 万元;储蓄存款余额234 097万元,较年初增加 3 633 万元。

(二)中国农业银行黑河分行

1993 年,中国农业银行黑河分行个人储蓄存款余额为 52 793 万元。1994 年末,黑河分行、信用社合计各项存款余额达 136 210 万元,较年初纯增 28 629 万元,其中储蓄存款 93 971 万元,比年初增加 18 325 万元,实现了储蓄存款额突破亿元大关,居全区金融机构之首。1995 年,全市存款余额 173 172万元,比年初增加 36 962 万元,增长近 30% ;储蓄存款比年初纯增 26 163 万元。1999 年,全行各项存款余额 146 384 万元,较年初纯增 27 007 万元,对公存款余额 34 489 万元,较年初纯增 5 352

万元。到2000年,分行各项存款余额已达214 232万元,其中,储蓄存款余额为176 133万元。2005年,各项存款较年初增加78 534万元,其中个人储蓄存款余额达到292 524万元。

(三)中国银行股份有限公司黑河分行

1993年末,中国银行股份有限公司黑河分行各项存款总额17 359万元,较年初下降615万元。其中公司存款余额5 374万元,较年初下降2 898万元;储蓄存款余额11 985万元,较年初增加2 283万元。1995年末,黑河分行各项存款总额21 092万元,较年初下降18 820万元。其中公司存款余额5 332万元,较年初下降12 449万元;储蓄存款余额15 760万元,较年初下降6 371万元。1996年末,黑河分行各项存款总额47 449万元,较年初增加26 357万元。其中公司存款余额9 783万元,较年初增加4 451万元;储蓄存款余额37 666万元,较年初增加21 906万元,资金供需矛盾有所缓解,累计偿还拆借资金4 750万元。

2000年末,黑河分行各项存款总额97 231万元,较年初增加25 309万元。其中公司存款余额19 566万元,较年初增加4 899万元;储蓄存款余额77 665万元,较年初增加20 410万元。2001年,黑河分行各项存款总额105 589万元,较年初增加8 358万元。其中公司存款余额17 796万元,较年初下降1 770万元;储蓄存款余额87 793万元,较年初增加10 128万元。2004年末,黑河分行各项存款总额163 541万元,较年初增加25 337万元。其中公司存款余额43 143万元,较年初增加13 737万元;储蓄存款余额120 398万元,较年初增加11 600万元。

2005年末,黑河分行各项存款总额170 372万元,较年初增加6 831万元。其中公司存款余额38 735万元,较年初下降4 408万元;储蓄存款余额131 637万元,较年初增加11 239万元。

1993—2005年中国银行黑河分行存款状况表

表5－2　　单位:万元

年份＼项目	各项存款总额	增长额	公司存款余额	增长额	储蓄存款余额	增长额
1993	17 359	－615	5 374	－2 898	11 985	2 283
1994	39 912	22 553	17 781	12 407	22 131	10 146
1995	21 092	－18 820	5 332	－12 449	15 760	－6 371
1996	47 449	26 357	9 783	4 451	37 666	21 906
1997	57 526	10 077	13 275	3 492	44 251	6 585
1998	64 822	7 296	12 184	－1 091	52 638	8 387
1999	71 922	7 100	14 667	2 483	57 255	4 617
2000	97 231	25 309	19 566	4 899	77 665	20 410
2001	105 589	8 358	17 796	－1 770	87 793	10 128
2002	128 369	22 780	26 646	8 850	101 723	13 930
2003	138 204	9 835	29 406	2 760	108 798	7 075
2004	163 541	25 337	43 143	13 737	120 398	11 600
2005	170 372	6 831	38 735	－4 408	131 637	11 239

(四)中国建设银行股份有限公司黑河分行

1993年,中国建设银行股份有限公司黑河分行一般性存款实现34 147万元。比1992年末增存646万元。同年,办理外币储蓄292万笔,余额为40万美元。1994年12月末,分行系统一般性存款余额 38 660 万元,比年初增加4 556万元。其中储蓄存款 31 677 万元,比年初增加 6 559 万元。1995 年,分行一般性存款余额 54 883 万元,新增 10 659 万元,完成省行下达新增计划的 106.6%。其中,企业存款余额 10 477 万元,新增 274 万元,完成省行计划的 137%。储蓄存款 44 016 万元,新增 9 996 万元,完成省行计划的 102%。国际业务一般性存款余额 559 万元,其中保证金 163 万元,外汇存款余额 94 万美元,1995 年新增企业外汇存款 7 万美元,完成省行计划的 350%。外汇利润实际完成 4.6 万美元。存贷比例控制在省行规定的计划之内。1997 年,分行存款余额首次突破 10 亿元大关,达到 102 168 万元,新增余额22 835万元,完成省行下达年度新增任务的 112.4%。其中企业存款 10 013 万元,完成省行下达年度任务的 200.3%。储蓄存款新增 14 384 万元,完成省行下达年度任务的 102.9%。外币存款余额 22.6 万美元,其中企业存款 6.6 万美元,储蓄存款 16 万美元,比年初下降 38 万美元。1998 年,全行一般性存款余额为106 353万元,较年初新增 4 900 万元,完成计划的 26.7%。其中企业存款余额为 31 643 万元,较年初新增 2 754 万元,储蓄存款余额为 74 710 万元,较年初新增 2 106 万元。1999 年,全口径存款时点余额为 115 516 万元,新增 5 278 万元,完成计划的 55.6%。其中企业存款余额为 34 287 万元,新增 2 636 万元,完成计划的 114.6%;储蓄存款余额为 77 830 万元,新增 3 102 万元,完成计划的 44.7%;同业存款余额为 3 399 万元,较年初下降 459 万元,完成计划的 -229.5%。

2000 年 12 月末,建行全口径存款时点余额为 124 832 万元,比年初新增 9 316 万元,比省行下达计划(8 500 万元)多 13 16 万元,比上年同期新增 4 038 万元。增幅为 76.5%,完成计划的 110%。其中企业存款余额为 38 511 万元,比年初新增 4 223 万元,比上年同期新增 1 587 万元,完成计划的 106%;储蓄存款余额为 82 231 万元,比年初新增 4 402 万元,比上年同期新增 1 300 万元,完成计划的 110%;同业存款余额为 4 090 万元,比年初新增 691 万元,比上年同期新增 13 万元,完成计划的 138%。2002 年,建行全口径存款时点余额为 167 085 万元,时点新增达到 23 433 万元,完成省行下达计划的 162.3%。2003 年,全口径存款时点余额为 190 453 万元,时点新增达到21 965万元。超额完成省行下达计划。其中,储蓄存款余额 128 112 万元,比年初新增 8 224 万元,完成省行计划;企业存款余额 58 251 万元,比年初新增 14 867 万元;同业存款余额 4 090 万元,比年初下降 1 126 万元。

2004 年,建行黑河分行全口径存款突破 20 亿元大关。全口径时点余额为 203 099 万元,比年初新增 11 986 万元。其中,企业存款余额 77 900 万元,比年初新增 18 660 万元;个人存款余额为 123 200 万元,比年初下降 4 900 万元;同业存款余额为 1 987 万元,比年初下降 1 774 万元。2005 年,各项存款余额 183 575 万元。

(五)交通银行股份有限公司黑河支行

1993 年,交行黑河支行成立后,各项存款逐年增加。到 1999 年,交行各项存款余额达 20 961 万元。2000 年,各项存款余额增至 23 688 万元,增幅 13%。2005 年,各种存款余额为 15 857 万元,比上年增加2 411万元,完成省分行下达全年计划的 109.5%。其中储蓄存款余额 12 003 万元,较年初增加 2 215 万元,增长 22.6%。太平洋卡余额为 1 345 万元,较年初增加 126 万元。发卡 39 019 张,比年初增加 2 024 张,完成计划的 101%。

(六)邮政储蓄

1986 年底,有储户 1 312 户,收储余额 914 203 元。1987 年,增加 3 个月和 9 个月两个档次的定期整存整取、500 元以上定期大额储蓄的利率在国家统一规定的利率基础上上浮 5% ~10%、汇款转储蓄 3 种新业务。年底,全区储户 107 887 户,收储余额 7 533 893 元。至 1992 年,全区收储余额 107 868 993 元。1998 年,邮政储蓄存款余额达到 12 586 万元,新增 1 227 万元,业务收入完成 231 万元。1999 年末,全局邮政储蓄余额达 13 882 万元,纯增余额 1 296 万元,实现收入 430 万元。1999 年 6 月开办入账汇款(储汇合一)新业务,截至年末,共办理入账汇款1 649笔,入账金额687 765元。同年,与保险公司协商,签订了代理合同,取得了"保险代理经营许可证"(兼业),代收保险费11 300元,发展保户101户。代理销售国债,两期国债共销售259.19万元。2000年,邮储余额达到15 772万元,比上年同期增长13.61%,净增额完成1 891万元,比上年同期增长45.91%。定活比例为24.40:75.60,储蓄利差率始终保持在全省前列。代发工资结存户数实现2 075户,占结存户数的7.4%,代发养老金结存户数772户,占结存户数的2.75%。储蓄收入完成425万元,比上年同期增长1.19%。

2005年末,全市邮储余额达到213 456万元,余额市场占有率为15.61%;净增26 088万元,新增额市场占有率为21.79%,定活比为30.14:69.86。其中市局净增7 297万元,新增额市场占有率为18.36%,定活比为24.65:75.35。

(七)爱辉区农村信用合作社联合社

为保证"三农"的资金供给,更好地支持农村经济结构调整,促进城乡经济协调发展,爱辉区联社先后对各营业机构的硬件设施进行全面优化,努力打造统一、规范、优质的营业环境。先后组织开展了"支农储蓄""巾帼支牧储蓄""教育储蓄"等惠民储蓄活动,同时积极协调争取人民银行支农再贷款,有效满足了全区"三农"生产生活资金需求。1996—2005年,爱辉区联社各项存款明显提升。2005年各项存款较1995年各项存款增加33 453万元,增长3.51%。

1995—2005年爱辉区农村信用社资金情况表

表5-3 单位:万元

年份	资金来源			
	各项存款	其中		股金
		储蓄存款	企事业存款	
1995	9 518	8 502	1 016	1
1996	94 020	84 460	9 560	8
1997	11 541	10 459	1 082	1 015
1998	14 565	12 304	2 261	72
1999	14 662	12 400	2 262	113
2000	15 121	13 948	1 173	119
2001	16 930	15 128	1 802	208
2002	20 880	17 062	3 818	214
2003	27 869	23 031	4 838	212
2004	33 681	28 851	4 830	9 557
2005	42 971	39 988	2 983	9 557

二、贷 款

1993年,信贷机构认真贯彻"从严控制总量,优化结构,面向市场,转换机制,提高效益"的货币信贷方针。1997年,全市22个专项贷款项目,投放贷款10 620万元。

1999 年,全市各家银行为落实扩大内需,刺激经济增长的财政政策,新增加贷款 20 141 万元,支持黑河的基础建设。全市金融机构存增贷款 18 000 万元,累计投放 55 465 万元。其中,向农村信用社再贷款 6 000 万元。

2000 年,加大对各金融机构指导,引导各金融机构合理调整信贷投向。2001 年,金融机构各项贷款余额 1 093 300 万元,同比增加 31 500 万元,增长 2.9%。2002 年,全市金融机构各项贷款余额 1 116 000万元,其中工业贷款增加 21 000 万元;农业贷款增加 16 000 万元;边境贸易贷款增加 2 400 万元;私营企业贷款增加 1 100 万元;商业贷款下降 48 000 万元。2003 年,各项贷款余额1 095 435万元。2004 年,充分运用支农再贷款货币政策工具,支持"三农"发展,累计发放支农再贷款 26 900 万元。2005 年,全市金融机构各项贷款余额 979 707 万元,同比增加66 000万元。

(一)中国工商银行黑河分行

中国工商银行黑河分行　2005 年 9 月摄

1996 年,对个体工商户及个人发放贷款 4 159 万元。1999 年,各项贷款余额 201 277 万元,纯增 328 万元,剔除不良资产及核销呆账因素,实际贷款纯增 23 863 万元。累计发放贷款 35 000 万元,其中,流动资金累计投放 22 689 万元,项目贷款累计投放 12 311 万元。三项不良贷款余额 86 426 万元,较年初增加 14 192 万元,较年初上升 5.9 个百分点。2000 年,不良贷款 66 797 万元,不良贷款计划控制额为 70 909 万元,较控制下降 4 112 万元,下降 5.8%,不良贷款占比率为 35.4%,占比率较年初下降 10 个百分点。2002 年,全市工行不良贷款余额 60 184 万元,较年初下降 4 221 万元。2003 年,成功营销了完达山乳业、北安热电有限责任公司的贷款共计 6 500 万元;个人综合消费贷款发放 6 199万元,较年初纯增 3 000 万元;个人短期信用贷款 959 万元、发放个人住房按揭贷款 2 488 万元,完成省行年初下达的营销计划。2004 年,清收转化不良贷款 26 127 万元,其中现金清收 5 854 万元,完成省行计划的 146.4%。

2005 年,实现对公贷款余额 29 165 万元、个人消费贷款余额 1 946 万元、住房贷款余额 6 296 万元。

(二)中国农业银行黑河分行

1994 年,共投放资金 41 800 万元。主要用于稳定粮食生产,支持粮油生产和"菜蓝子"工程,全年投放农村生产费用贷款 12 541 万元。适当加强了对科技兴农项目、"两高一优"基地建设、乡村企业发展和农业综合开发、畜牧业贷款额度。1995 年,累计投放农业贷款 46 259 万元,较上年增加 5 000 万元,主要用于支持农村发展效益型农业和农场发展商品生产。到 1996 年,多方筹措资金支持农村贷款 25 138 万元。1997 年,累计投放农业贷款 59 459 万元,其中,投放农户贷款 25 084 万元,投放国营农业贷款 34 375 万元。1998 年,累计投放农业贷款额度迅速增加到 94 297 万元,纯放 8 322 万元。1999 年,累计发放农业贷款 55 906 万元。

2000—2005 年,农行的资产业务总体上呈缓慢增长态势。截至 2005 年末,农行各项贷款余额为

205 700 万元,较 2000 年剥离时的 193 000 万元,仅增加 12 700 万元。累计投放各项贷款 590 000 万元,支持地方经济发展。在 205 700 万元的贷款总量中,不良贷款余额为 167 800 万元,不良贷款率 81.6%。

(三)中国银行股份有限公司黑河分行

1993 年初,对公贷款余额 10 153 万元。1999 年,累计发放贷款 2 742 万元,各项贷款余额达 8 150万元。

2000 年,各项贷款余额为 3 747 万元。2001 年各项贷款余额增至 14 573 万元。2002 年,各项贷款余额为 73 121 万元,较年初增加 40 774 万元,增幅为 126.1%。不良贷款 4 828 万元,不良率为 6.6%,较年初的 15.4% 下降 8.8 个百分点。经营形势出现好转,全年实现外币利润 177 万元,与上年同比减亏 331 万元。2003 年,各项贷款余额达到 57 500 万元,不良贷款率仅为 4.3%,实现经营利润 813 万元。2004 年,中国银行股份有限公司黑河分行授信资产余额 8 760 万元。消费信贷业务规范发展,余额为 7 726 万元,较年初增加 1 143 万元,完成全年计划的 38.1%。共划转可疑类贷款 3 户,本金 601 万元,核销呆账 6 户,本金 217 万元;处理以物抵债资产 17 户 3 030 万元。授信资产不良余额 51 万元,不良率 0.6%,现金清收 25 万元。

2005 年,各种贷款余额 62 000 万元,其中对公贷款余额 55 614 万元、个人贷款余额 6 413 万元。为广大居民办理住房、商业用房、汽车、二手住房等多种贷款。累计发放达 12 000 万元。

(四)中国建设银行股份有限公司黑河分行

1993 年,全市建行各项贷款余额 40 363 万元,比年初增加 9 452 万元。其中,基建贷款 17 776 万元,更改措施贷款 1 794 万元,短期贷款 20 793 万元。1998 年,信贷资产余额为83 555万元,较年初新增6 363万元,贷款规模控制在省行核定计划之内。2000 年,信贷资金贷款余额为51 072万元,比年初减少 19 074 万元。不良资产率为 36.6%,较年初下降 17.5 个百分点。

中国建设银行股份有限公司黑河分行

2005 年 9 月摄

2001 年度投放贷款 2 855 万元。累计归集职工公积金 5 829 万元,累计发放住房金贷款 3 609 万元,自营性个人住房贷款 4 566 万元,累计支持购房面积 15 万平方米。2002 年,建行贷款余额为 49 098 万元,全年累计发放 14 101 万元,比年初增加 3 187万元,不良贷款余额 20 071 万元,比年初增加 1 372 万元,比计划多 1 516 万元。不良率为 40.9%,较年初高 0.15 个百分点,比省行计划高 0.6 个百分点;呆账核销 78 万元,完成了省行调整后的呆账核销计划;全年累计回收贷款 10 836 万元,回收呆滞贷款中现金回收 523 万元,非现金回收 75 万元,利息回收 155 万元,完成省行计划的 456%。2003 年,贷款余额 42 744 万元,比年初减少 7 017 万元。

2005 年,全行各项贷款余额 18 993 万元,比年初增加 6 154 万元。

(五)中国农业发展银行黑河市分行

1999 年,农副产品贷款完成 93 648 万元;简易建仓贷款完成 3 880 万元;各项贷款全部控制在计划之内。2000 年,全市新发放粮食收购贷款 34 907 万元,加上上年结余货币资金 530 万元,实际用于收购资金 34 377 万元,支持全市粮食购销企业收购粮食 26 793 万千克,入库值 34 377 万元,其中,价款 32 541 万元,合理费用 1 836 万元,发放调销贷款 7 344 万元,调入粮食 3 293 万千克,调入商品值 7 314万元,调入结算资金占用 30 万元,实现新发放的收购(调销)贷款与新收购(调入)粮食价值比例达到 100%。2001 年,共投放保护价收购贷款 1 165 万元,支持粮食企业收购保护价粮食 9 730 吨;全年共投放非保护价收购贷款 17 896 万元,支持企业收购非保护价粮食(本地主要粮食作物大豆) 99 500吨,并发放专储粮收购费用贷款 156 万元,垫付调出费用贷款 1 983 万元。2002 年,对保护价粮食,继续实行"收一斤粮,给一斤粮款"政策。共投放保护价贷款 4 115 万元,收购水稻 3 657 万千克,实现收购值 4 411 万元。同年累计投放专储贷款 12 052 万元,支持企业新增专储指标 7 000 万千克的收购;支持企业进行了 2 284 万千克,3 269 万元的储备粮新陈轮换;垫付 8 900 万千克专储粮出口费用贷款 87 万元,拍卖特储粮 646 万千克,实现销售收入 1 749 万元。同年,累计轮出陈大豆 10 772万千克,收回贷款 20 010 万元。2003 年,全行贷款规模由建行初期的 21 亿元已经增加到 54 亿元。新发放贷款物资保证率完成 100%。年末累计发放收购调销贷款 19 439 万元,用于收购的存款和现金 765 万元,累计实现粮油收购(调入)值 18 674 万元。贷款综合收回率完成 121.9%。2004 年,累计投放粮食流转贷款 12 955 万元,收购商品大豆 2 903 万千克,种用大豆 706 万千克,收购玉米 4 518 万千克,水稻 428 万千克。全行贷款规模 44 亿元。

2005 年,根据贷款管理原则和条件,在落实有效风险防范措施的前提下,对 24 家粮食购销企业,申请 34 笔 76 803 万元贷款,其中,共计向中央储备粮嫩江直属库发放贷款 13 237 万元,收购中央储备粮 5 万吨,数量真实、储存安全,库存值与储备粮贷款相符。发放中央储备粮轮换贷款 526 万元,轮换小麦 20 440 吨 。当年全行各项贷款余额累计达 40 亿元。

(六)交通银行股份有限公司黑河支行

1999 年,黑河交行贷款余额为 6 252 万元。2000 年,积极开办个人消费贷款,累计发放个人消费贷款 4 428 万元。2005 年,各项贷款余额 105 万元,实际比年初减少 225 万元。

(七)爱辉区农村信用合作社联合社

1995 年,爱辉区联社各项贷款仅为 2 579 万元,爱辉区联社不断推陈出新信贷新产品,加大信贷投放力度,截至 2005 年末,爱辉区联社各项贷款累放额实现 36 020 万元,较 2000 年的累放额 6 742 万元纯增了 29 278 万元,较 1995 年纯增 20 071 万元,增长 778%。

1995—2005 年,爱辉区联社为全区畜牧业、特色农业、高科产业等"三农"产业提供了资金支持,满足"三农"各领域资金需求。爱辉区联社不断拓宽资金投放渠道,积极扩大小额信用贷款、农户联保贷款普及使用范围,同时依照相关制度对农户的信贷资金使用提高贷款额度,适时创新贷款品种,先后开办质押抵押贷款、助学贷款、畜牧业贷款等多个品种。

1995—2005 年爱辉区农村信用社资金情况统计表

表 5 - 4　　单位:万元

年份	资金运用			
	各项贷款	其中		
		农业贷款	养殖业贷款	其他贷款
1995	2 579	562	—	2 017
1996	4 446	2 071	—	2 375
1997	1 382	481	—	901
1998	4 998	2 260	—	2 738
1999	5 124	2 189	—	2 935
2000	4 787	1 919	—	2 868
2001	6 615	2 145	—	4 470
2002	11 215	4 091	1 205	5 919
2003	13 663	5 130	3 170	5 363
2004	19 514	7 499	5 623	6 392
2005	22 650	12 860	5 703	4 087

第三节　保 险 业 务

一、险　　种

(一)中国人民财产保险股份有限公司黑河分公司险种

1983—1993 年,中国人民保险公司黑河市分公司主要险种有运输工具保险、城乡企财、家财等险种。1997 年险种由原来的几个发展到 50 多个。2003 年,中国人民财产保险股份有限公司黑河分公司主要险种有机动车辆保险、企事业单位财产保险。个体私人经济财产保险、城乡家庭居民财产保险、货物保险、船舶保险、责任保险、人身意外伤害保险、短期健康保险、银行系列保险、产品、奶(肉)牛保险等 100 多种险种。

(二)中保人寿保险公司黑河分公司险种

中保人寿保险公司黑河分公司在黑河市范围内从事人寿保险、养老保险、健康医疗保险和意外伤害保险等险种,以人的身体和生命为标准的各类人身保险业务。

(三)中国太平洋人寿保险股份有限公司黑河中心支公司险种

中国太平洋人寿保险股份有限公司(简称太保寿险)黑河中心支公司开办险种 200 余个,覆盖人寿保险、年金保险、健康保险、意外伤害保险等多个领域。

(四)中国太平洋财产保险股份有限公司黑河中心支公司险种

中国太平洋财产保险股份有限公司黑河中心支公司主要险种有财产保险、机动车辆保险、责任保险、意外保险、工程保险等 100 多项保险业务。

(五)天安保险股份有限公司黑河中心支公司险种

天安保险股份有限公司黑河中心支公司开办的业务险种有财物保险基本险、财物保险综合险、财产保险(涉外)、财产一切险(涉外)、家庭财产保险、抵押商品住房保险、机器损坏险、信用卡保险、机动车辆保险、建筑工程一切险、安装工程一切险、产品责任保险、公众责任保险、雇主责任保险、旅行社责任险、幸福家庭财物综合保险、校方责任保险、人身意外伤害保险及健康险等60多个险种。

二、投　　保

(一)中国人民保险公司黑河分公司

1983—1996年,承保水平由初期的几十万元发展到10多亿元。1998年,累计承保社会资产总量已达20多亿元。2003年,承保资产总量99.4亿元。

(二)天安保险股份有限公司黑河中心支公司

2005年8月30日,天安保险股份有限公司黑河中心支公司开业。在正式成立之前2004年试经营近4个月的时间里,共收取保费189.7万元,无应收保费(保险公司按照合同约定应向投保人收取但尚未收到的保费收入)。其中,机动车辆保险保费收入180.6万元,占总保费收入的95.20%;企财险保费收入3.6万元,占总保费收入的1.90%;家财险保费收入2.2万元,占总保费收入的1.16%;意外险及责任保险保费收入3万元,占总保费收入的1.58%。2005年,公司成立近半年的时间里,承保保单2 100笔,收入保费180万元,其中企财险保费收入4万元、家财险保费收入2万元、意外险及责任险保费收入8万元,其他险种保费收入166万元。

(三)中保人寿保险公司黑河分公司

1998年,人寿保险业务收入4 413万元,承保人数达359 000人次。截至1999年末,人身保险保费收入16 300万元,其中人身意外险保费收入3 052万元,人寿保险保费收入13 248万元。共计承保404 042人次。2000年,人寿保险业务收入突破6 000万元,完成当年计划139.6%。实现利润68万元。

2001年,全市寿险保费收入完成8 162万元,同比增长15.9%。其中短期业务保费收入完成1 160万元,比上年增长3%;意外险保费收入682万元、健康险保费收入478万元;全市新保单保费收入完成2 242万元,为省计划1 990万元的112.7%,比上年增长21.5%;在新单中团体新单完成209万元、营销新单完成2 021万元。2002年,各项保费指标实现跨越式发展。全市保费收入20 327万元,完成年度计划的203%,同比增长149%。其中,银行邮政代理业务完成3 300万元,占业务量的16.2%。2003年,全市保费总收入完成30 792万元,完成全年计划的105.8%。其中寿险完成29 483万元、短期业务完成1 309万元、新单保费收入15 861万元、分红险保费完成19 472万元、银行邮政代理业务完成10 282万元、续期业务完成13 622万元。2004年,全市保费总收入完成32 383万元。其中寿险完成31 113万元,短期险保费收入完成1 270万元,其中意外险保费收入556万元,健康险保费收入714万元;新单保费收入13 450万元,其中,期交新单保费4 090万元、趸交(整批交)新单保费9 360万元;续期保费完成17 663万元。实现利润150万元。

2005年,全市总保费收入32 215万元,较上年同期增长7%。其中个险首年期交保费完成3 628万元,与上年同期持平;意外险保费收入617万元,较上年同期增长20%;三个渠道卡折业务保费收入386万元,较上年同期增长79%;女性安康保费收入16万元,较上年同期增长14%;团体寿险保费收入4 350万元,较上年同期增长26%;中介代理新单保费完成4 770万元,较上年同期增长6%。

三、理　　赔

(一)中国人民保险公司黑河分公司

1983—1996 年,赔付能力由最初不足 1 万元到年赔付支出 2 863 万元,截至 1998 年末,累计赔付支出 19 600 万元。2003 年,理赔支出 4 770 万元。

(二)天安保险股份有限公司黑河中心支公司

在 2004 年天安保险股份有限公司黑河中心支公司试经营近 4 个月的时间里,赔款金额 7. 7 万元,其中已决赔款 4. 6 万元,未决赔款 3. 1 万元,结案率 81%。2005 年 8 月至年末,赔案发生率为 5%,结案率 95. 2%。

(三)中保人寿保险公司黑河分公司

1998 年,赔付金额 511 万元。截至 1999 年末,赔付保险金 2 394 万元。

◎第六篇　农　业

第六篇　农　　业

1984年,黑河市开始在农村推行经济体制改革,建立和完善家庭联产承包责任制,解放了生产力,调动了农民的生产积极性。科学种田和农业生产新技术得到普及,全区粮食单产和总产逐年提高。政府积极支持创办农机合作社并给予农民购买大机械补贴,农业机械化程度逐年提高。畜牧业从单体散养逐步发展为规模养殖。渔业生产从自然捕捞、粗放养殖发展为大面积人工养殖和精细养殖。国家和当地政府加大投资实施农业综合开发,改善了农村基础设施和农业生态环境,增强了农业发展后劲,提高了农作物产量和农业的经济效益,农业和农村经济得到快速发展。

到2005年,全区粮食种植面积达到117.3万亩,总产量14.86万吨,比1983年种植面积增加83.2万亩,产量增加6.07万吨;农业总产值4亿元,为1983年的8.6倍。农民人均年纯收入3 237.1元,为1983年的7倍。全区拖拉机保有量达到5 000余台,机械化程度四项(机耕地、机播地、机中耕、机收获)综合指数达到95.25%。

第一章　种　植　业

第一节　机　　构

1983年6月,爱辉县与黑河市(县级)合并,黑河市政府设立黑河市农业局。1984年2月,黑河市政府将黑河市农业局、畜牧局、农机局、水产局合并,设立黑河市农牧渔业局。编制21个。内设政秘股、生产股、农牧场管理股、商品粮基地股、科教股、渔政股。直属单位有黑河市种子公司,事业编制20个,副科级建制;黑河市养鸡场,副科级建制;黑河市奶牛场,副科级建制;黑河市种畜场,副科级建制;黑河市第一良种场,副科级建制;黑河市第二良种场,副科级建制;黑河市多种经营办公室,事业编制7个;黑河市农村合作经营管理总站,事业编制20个(含农村各站)。

1986年,畜牧局、农机局、水产局分出单设,农牧渔业局遂改为农业局,编制20个。内设政秘股、生产股、审计股、科教股。直属机构有黑河市种子管理站,事业编制20个,副科级建制;黑河市农村合作经营管理总站,事业编制20个(含农村各站),副科级建制;黑河市农业技术推广中心,事业编制37个,副科级建制;黑河市第一良种场,副科级建制;黑河市第二良种场,副科级建制。

1993年4月撤市建区,黑河市农业局更名为黑河市爱辉区农业局,编制和内设机构不变。1996年机构改革时,编制和内设机构没有变化。

2001年,爱辉区政府将农业局、乡镇企业管理局、农业工作办公室合并,设立爱辉区农业委员会。编制29个,内设办公室、综合股、产业政策与法规股、科技教育与市场信息股、农业产业化与发展计划股、种植业管理股、对外经济合作股、农业综合执法大队、扶贫开发办。直属单位有爱辉区种子管理站，事业编制20个，副科级建制；农村合作经营管理总站，事业编制20个（含农村各站），副科级建制；农业技术推广中心，事业编制37个，副科级建制；爱辉区第一良种场，副科级建制；爱辉区第二良种场，副科级建制。至2005年没有改变。

第二节　农业人口和耕地

一、农业人口与劳动力

1983年，爱辉县有农业户10 747户，农业人口45 172人，农村劳动力14 025人，农村剩余劳动力1 257人。

1986—1987年，由于干旱少雨，农作物产量不高，从事种植业的人口纷纷从农村流入城市，农村人口减少。20世纪90年代，大豆价格上涨至每千克2.60元以上，城市人口流入农村承包租种土地。1995年农村劳动力人数和农村剩余劳动力人数分别达到19 850人和6 589人，农村剩余劳动力占农村劳动力总数的33%。随着生产经营方式的变化，外来流动人口到本区农村租种土地或到乡镇农村打工，城市人口承包农村土地耕种，一部分人口向农村的手工业、运输业、小商业、养殖业等产业偏移，农村劳动力和农业劳动力有了变化。

到2005年12月，全区农业户达18 148户，农业人口达55 859人，比1983年增加10 687人，增长24%；农村劳动力达41 560人，比1983年增加27 535人，增长197%；农村剩余劳动力为10 200人，比1983年增加8 943人，增长7.1倍。

二、耕　　地

1983年，全区耕地面积为1 098 000亩，人均占有耕地24.3亩。到2005年12月底耕地面积为1 302 180亩，比1983年增加366 687亩，增加39%；农村人均耕地面积24.3亩。土地面积增加，人口增长，23年间人均占有土地基本持平。耕地面积增加的主要原因是国家开荒和集体扩种，具体是通过速生林和丰产林前期整地、次生林改造等措施而增加的。

1983—2005年爱辉区（黑河市）耕地面积变化统计表

表6－1　　单位：公顷

年份	耕地面积	比上年（±）
1983	73 200	—
1984	69 400	－3 800
1985	97 067	27 667
1986	96 000	－1 067
1987	94 733	－1 267
1988	63 400	－31 333
1989	63 940	540
1990	63 827	－113
1991	63 000	－827
1992	62 702	－298
1993	61 933	－769

续表 6-1

年份	耕地面积	比上年(±)
1994	53 537	-8 396
1995	60 423	6 886
1996	64 870	4 447
1997	65 610	740
1998	65 610	0
1999	65 610	0
2000	64 952	-658
2001	65 053	101
2002	65 155	102
2003	65 270	115
2004	86 820	21 550
2005	86 812	-8

第三节　农作物生产

一、粮食作物

(一)小　麦

爱辉区常年小麦种植面积 2 万~2.3 万公顷。1983 年、1984 年小麦种植面积近 4 万公顷。1983 年小麦公顷产 1 710 千克,总产 67 970 吨,小麦面积占粮豆薯面积的 71.8%,占播种面积的 67.4%,总产占粮豆薯总产的 77.4%。由于小麦面积过大,重茬、迎茬严重,出现了散(腥)黑穗病、根腐病、赤霉病等严重危害小麦的品质和产量,给农民造成一定的经济损失。1984 年黑龙江发生大洪水,使沿江平原区的部分乡镇受到洪涝灾害,小麦受灾面积为 2.7 万公顷,占小麦面积的 66.7%。其中小麦减产三至九成面积的为 1.75 万公顷,占小麦面积的 43.75%;小麦绝产面积为 0.93 万公顷,占小麦面积的 23.3%。1985 年小麦公顷产量回升到 1 494 千克。1986 年是大旱年,小麦公顷产量仅为 705 千克。1987 年也是大旱之年,小麦公顷产量只有 870 千克。当时农业局等职能部门到上马厂乡西山后村、法别拉村的麦田调查,麦

小麦丰收　　1990 年 9 月摄

地裂缝宽1～3厘米，深达1米多，此时小麦已抽穗，株高只有60厘米左右，底叶干枯死亡，旗叶淡绿，旗下叶片黄绿。由于频繁的旱涝灾害发生，造成小麦单产不高、总产不稳，严重影响农民种植小麦的积极性。1988年小麦面积下降为1.7万公顷，是1983年小麦面积的42.9%，公顷产量为1 485千克。针对频繁出现旱涝灾害的现实，黑河市委、市政府提出抗灾减灾的方案和措施。一是维修加固黑龙江防洪大堤，使其能抗御百年一遇的大洪水的危害。水利部门在全市的支流进行开沟、筑坝和河道改线等项工程，将全市的洪灾、内涝程度减少到最低点。二是增加防陷保收的收割机，1983—2000年共购买俄产叶尼塞100余台，大型东风(履带式)115台，完全满足涝年雨季收割小麦的农机动力，使内涝年小麦也可正常收获。三是改革耕作制度、改连年平翻为"以深松为主体、松、耙(旋)、翻相结合"的整地方式，做到防旱排涝保收。四是增加水田面积，内涝年也能获得好收成。五是加强中、低产田改造，增施农肥，巧施化肥，及时追肥，进行化肥深施，选施植物生长调节剂。通过以上措施的实施，1989年小麦公顷产量达1 785千克，1990年小麦公顷产量达2 800千克，到1997年小麦公顷产量达3 218千克，达历史上小麦产量最高水平。1993年大豆提价，每千克议价大豆达2.20～2.60元，大豆面积增加到2.7余万公顷，1994年小麦面积仅有0.97万公顷，使本区的作物种植比例失调。区委、区政府在小麦生产中先后采取了引进优质小麦品种和优质优价政策，从1994年先后引进了优质麦龙麦13号和克丰六号(90—514)，到2000年以后全区有优质麦品种5个，即龙麦13号、克丰6号、龙麦26(4083)、小冰麦、龙辅麦。由于优质麦的推广，小麦价格的提高，农民扩大优质小麦面积收到可观效益。1995年小麦面积为1.5万公顷，1996年上升到2.1万公顷。23年中小麦公顷产量最低的年份是2000年，由于大旱，全年降水只有429.1毫升，小麦公顷产只有315千克，0.73万公顷小麦总产为2 302.3万吨。由于小麦的减产和大豆收购价格的提升，2005年小麦种植面积减少到0.66万公顷，占总播种面积的8%，总产占粮豆薯总产的10.8%。2005年小麦公顷产量为2 910千克。

(二)大　豆

大豆种植　　　　2004年6月摄

爱辉区是麦豆产区。1983年大豆播种面积1.25万公顷，公顷产量1 200千克，总产1.5万吨。1984年大豆单产达最低点公顷产量只有735千克，总产只有1.7万吨，主要是由于当年黑龙江发生大洪水，造成大豆地块严重内涝，致使大部分大豆田绝产和减产。1983—1990年大豆公顷产量在1 200～1 500千克徘徊，1991—1997年(除1995年严重早霜大部分大豆地未能正常成熟外)大豆公顷产量从1 100千克逐步增加到2 250多千克，部分乡镇、场公顷产量超过2 400千克以上，有些村屯公顷产量达到2 700千克，不少农户公顷产量超过3 000千克以上。外三道沟农户李强在1992年大豆公顷产创造了3 799.5千克的高产记录，获得全区大豆高产大王称号。1997年风调雨顺，2.5万公顷大豆公顷产达2 275.5千克，总产达5.7万吨。面积、千克产和总产分别是1983年的1.9倍、1.89倍和3.79倍(有面积大因素)。大豆单产的大幅度提高给农民带来了较大的经济收入，进入90年代大豆价格大幅度上扬，比1983年提高了0.5～0.7元，所以，从90年代开始大豆面积不断增加，到2005年，全区大豆种植面积已经达到98万亩，占农作物播种面积的82%。

（三）水　稻

水稻种植　　2005年8月摄

爱辉区种植业基本上以旱作为主，水田面积只占旱田面积的0.01%。20世纪80年代，由于低温、冷害，早霜，使水稻在撒播的生产条件下不能正常成熟，水稻呈现年度间差异大不稳产。当地品种“黑粳”品质差、满足不了人们对优质米的需要，种水稻麻烦多而价位低，出现了卖米难，严重挫伤了农民种水稻的积极性，水利设施不配套不完善，有的沟渠年久失修，损毁严重，常出现水田淹旱田现象，旱田农户与水田农户时常发生矛盾。以上三种因素影响了稻农的生产积极性，限制了水稻生产的发展。1983年，水稻种植面积为508公顷，公顷产量只有945千克，总产480吨，为产量最低。1984年水稻种植面积降到298公顷，公顷产量为1 320千克。1985年种植面积127公顷，公顷产量为2 718千克。1986年水稻种植面积49公顷，公顷产量2 280千克。由于单产不高、总产不稳，使水稻种植面积滑入低谷。1989年后水稻价格上涨，市委、市政府及时调整了种植业结构，把发展水稻生产做为本市经济发展的突破口，大胆地引入人才，引入先进的栽培方法即水稻旱育稀植法，引入优质水稻品种，迅速扩大水稻种植面积。市委、市政府开展水利工程修复，使干流通畅，支渠联网。从1989年开始水稻面积逐年上升，1989年面积为159公顷，1990年达239公顷。本区地处高寒，无霜期短、低温和早霜对水稻危害严重，是水稻长期徘徊不前的主要因素。针对这些问题，农业主管部门从1991年开始引进绥化地区农民到本区种植水稻，采用水稻“旱育稀植”的栽培技术模式，1991年水稻种植面积412公顷，公顷产量达4 762.5千克，是1983年的5倍，是1990年的2.33倍。1992年水稻种植面积迅速扩大到588公顷，公顷产量达到5 986.5千克，总产量为3 520吨，创最高纪录。同时更换了米质较差的“黑粳”安号的水稻品种，种植了K19等一些高产优质水稻品种，到1997年水稻面积为472公顷，公顷产量达6 082.5千克，突破历史最高单产纪录。1998年水稻面积下滑到186公顷。到2005年水稻面积只有86公顷，公顷产量为4 980千克。水田作物在本区波动幅度大，主要是受气候条件、品种等因素，年度间单产波动的影响。

（四）玉　米

20世纪80年代，黑河市玉米种植面积在1 000公顷左右，公顷产量一般在2 250千克左右。1990年玉米公顷产量2 895千克。1997年，玉米种植面积2 000公顷，公顷产量5 250千克，公顷产量比1990年增加近1倍，总产达到12 673吨，是1983年的6.7倍。由于优良品种的引进推广、栽培技术的改进和提高，单产和总产都得到大幅度提高。

1983—2005 年爱辉区(黑河市)粮豆薯播种面积和产量情况表

表 6－2

年份	粮豆薯播种面积(公顷)	粮豆薯单产(千克)	粮豆薯总产量(吨)
1983	55 492	1 583	87 854
1984	53 722	781	41 973
1985	62 295	130	8 114
1986	56 264	1 012	56 946
1987	39 410	1 102	43 425
1988	37 864	1 567	59 345
1989	45 259	1 647	74 529
1990	46 151	1 928	88 997
1991	46 484	2 411	112 083
1992	46 497	2 390	111 125
1993	45 142	2 309	104 227
1994	43 748	2 220	97 127
1995	8 790	2 521	22 159
1996	47 834	2 369	113 331
1997	50 928	2 878	146 551
1998	2 336	2 556	5 970
1999	51 033	2 244	114 511
2000	50 317	1 251	62 957
2001	50 885	1 791	91 119
2002	51 175	2 175	111 297
2003	52 467	600	31 457
2004	76 098	1 836	139 699
2005	78 168	1 901	148 622

二、蔬菜和瓜类

(一)蔬菜种植

地产蔬菜种类有韭菜、菠菜、小白菜、水萝卜、油菜、豌豆、莴苣、香菜、芝麻菜、空心菜、茄子、青椒、尖辣椒、番茄、黄瓜、芹菜、豆角、豇豆、荷兰豆、白菜、甘蓝、菜花、西兰花、芥菜、葱、蒜、马铃薯、南瓜、角瓜、金丝瓜、冬瓜、胡萝卜、小青萝卜、大红萝卜、大青萝卜、心里美萝卜、圆葱等,共 30 多个种类。

20 世纪 70 年代末,本地区开始应用塑料大棚和温室种菜技术,1983 年之后逐渐增多,地膜覆盖技术随之普及。新技术的应用,使蔬菜提前 20 天上市,产量随之提高。距黑河市区较近的幸福乡、四嘉子乡、西岗子镇、爱辉镇等乡镇成为黑河市的主要瓜菜生产区。

1983 年,四嘉子乡党委、政府提出“以粮为纲,积极发展多种经营”的发展方针,在全乡确定了 7 个专业村,其中有西四嘉子蔬菜村、东四嘉子大棚村、大乌斯力西瓜村。当年种植豆角、黄瓜、西红柿、白菜等各类蔬菜 1 160.5 亩,产量达 672 吨。1984 年,农村实行家庭联产承包责任制,农民有了生产经营自主权,增加了蔬菜种植面积。1985 年,蔬菜逐步进入市场,蔬菜等经济作物种植面积逐年增加。幸福乡蔬菜总产量725万千克，提供商品菜510万千克。1986年幸福乡蔬菜收入138.6万元，粮食作物收入125.1万元，种菜收入首次超过种粮收入。1987年，四嘉子乡蔬菜种植面积达到5 144亩。种植的各类蔬菜增加到10余种。80年代末与苏联恢复贸易以后，当地生产的蔬菜大量销往布拉戈维申斯克市市场，促进了当地蔬菜的种植。

1989—1992年，幸福乡蔬菜面积由7 200亩增至8 000亩，产量由833.5万千克增至1 610.5万千克，提供商品菜由1 000万千克增至1 500万千克，蔬菜收入由508万元增至835万元，人均收入由906元增至2 131元。1992年幸福乡河南屯村苏汉俊种植的番茄获得亩产10 111.5千克的好收成，被誉为番茄大王；幸福乡长发村的史延廷种植的黄瓜亩产15 684千克，被誉为黄瓜大王。1992年黑河被国务院批准为开放城市，幸福乡以降低粮食作物面积，增加市场畅销的经济作物面积进行种植业产业结构调整，使粮经作物面积比逐渐调整为6∶4。到1995年，农民开始逐步接受新品种籽种，部分农民开始购买蔬菜籽种，用于蔬菜生产，并在生产中采取了建温室大棚的方式，使蔬菜提早上市。90年代末，蔬菜种植品种已全部为新品种，其中豆角品种为紫花油豆、将军一点红、将军大油豆等。1998年，爱辉区与俄罗斯阿穆尔州坦波夫卡区建立友好区，幸福乡抢抓机遇，借助地缘优势，建立4个蔬菜专业合作村，通过经贸公司向俄方出口蔬菜，年向俄罗斯出口蔬菜300吨，建立起以蔬菜为重点的农产品的绿色通道。2000年以后，四嘉子满族乡开始出现种植特菜的农户，种植了冬瓜、苦瓜、丝瓜、芝麻菜、空心菜等。2003年，爱辉镇蔬菜种植面积255公顷，适度种植倭瓜、元葱等经济作物。城关村种植元葱4公顷。2004年，爱辉镇蔬菜种植面积268公顷，依托蔬菜出口基地，扩大蔬菜栽培规模，利用俄罗斯市场对蔬菜的需求，积极推广圆葱种植。

2005年，爱辉镇开拓“爱绿”牌西红柿在俄罗斯市场的销售份额，通过城镇综合开发项目新建标准化温室8栋，推进蔬菜和经济作物种植，增加农民收入。幸福乡种植蔬菜626公顷，蔬菜总产量4 889吨，向俄罗斯出口蔬菜930吨。种植蔬菜收入1 180万元，人均收入3 341.7元。外向型农业成为幸福乡农村新的经济增长点。四嘉子满族乡蔬菜大田种植110公顷，蔬菜品种更加多样化，蔬菜和西瓜已占领黑河市场50%的份额。

（二）瓜类种植

1983年四嘉子乡种植西瓜和甜菇娘1 410亩，产量822.5吨，种植的品种均为自繁品种。1983—1990年，西岗子镇西瓜种植163户，年均种植西瓜195公顷，平均亩产收入4 000元。80年代末与苏联恢复贸易以后，当地生产的蔬菜和西瓜大量销往布拉戈维申斯克市场，促进了当地西瓜的种植。1990—2000年，西岗子镇西瓜种植户185户，种植面积225公顷，平均亩产收入4 600元。90年代末，瓜果种植品种已全部为新品种，其中西瓜开始种植京欣1号、特大新红宝、新城等品种。2000—2005年，西岗子镇西瓜种植面积减少至115公顷，种植农户减少至85户，每亩收入5 000元。

2005年，幸福乡瓜类种植面积39公顷。四嘉子满族乡的西四嘉子、东四嘉子、大乌斯力等品牌的西瓜逐步在黑河市区打响。

（三）政府扶持

改革开放后，爱辉区（黑河市）科研部门在蔬菜、西瓜种植和温室栽培技术方面给予资金投入，并取得成果。1985年，科研部门在西瓜栽培技术上进行研究实验，采用地膜覆盖加小棚的办法进行合理密植，喷施生长激素和增甜剂，使西瓜能提前定植，生长旺盛，坐果率高，增加了西瓜的甜度，提早15～20天成熟。1986年在西岗子镇重点推广了西瓜新品种和栽培新技术新方法。1988年从吉林引进特大草莓索非亚、戈雷拉，在曹集屯进行试栽和越冬试验，成活率达到80%以上。1998年9月，由爱辉区政府投资兴办的外向型企业——爱辉区绿色农产品开发公司（蔬菜基地）成立。基地生产的“爱绿牌”系列蔬菜已在国家商标局正式注册，其中，甘蓝、番茄、圆葱3个蔬菜品种获得国家绿色食品发展中心A级绿色食品标志使用权。基地已建成标准化日光节能温室 11 栋，总面积 8 400 平方米；塑料大棚 24 栋，总面积 1 600 平方米；建成出口包装车间、仓库、农工宿舍及办公室 350 平方米。蔬菜基地具有对俄罗斯小额贸易经营权，基地生产的甘蓝、圆葱在俄罗斯市场很受欢迎。1998—2000 年，利用科研部门研制和引进推广的温室大棚高效节能新技术，全区先后建成温室 10 栋、面积 1 万平方米，带动建成塑料大棚 40 栋。解决了市区反季节蔬菜生产及温室育苗问题，为市区鲜菜出口提供了有力支撑。在此技术的支持下，万吨蔬菜出口基地当年生产西红柿 7 万千克，实现对俄出口 5 万千克。2000 年，由政府投资的农业综合技术开发的科技项目，在四嘉子满族乡建设黑河特种蔬菜花卉种植高新技术基地，示范面积 67 亩，引进番茄美国“名人”、樱桃蕃茄、紫蕃茄 、五彩甜椒、羊角椒、洋香瓜、伊丽莎白、芦荟、食用仙人掌 9 个品种。同时推广二氧化碳叶面施肥、低喷灌溉、浮动栽培等新技术。

2002 年，爱辉区的“寒地设施园艺外向型综合开发利用”项目，获得省级科技攻关项目资金支持 19 万元。同年爱辉区科技局引进东农 98－1 型日光节能温室的整套技术（引资 17 万元），在蔬菜出口基地进行了试验示范，带动基地建造了与此型温室相类似的温室 48 栋，取得了较好的经济效益。2003—2004 年，政府投资 260 万元的“外向型无公害蔬菜工厂化生产”项目、政府投资 2 180 万元的“爱辉区境外农技业综合科技示范园区”项目、爱辉绿色农产品开发公司承担的“高寒地区外向型蔬菜开发及产业化”省级重大攻关项目，已与东北农业大学建立了良好的合作关系，该项目在整体推进中。

第四节　耕 作 制 度

一、轮 作 制

爱辉区地处黑龙江省北部，无霜期为 80～125 天。≥10℃的活动积温在 1 7 00～2 300℃之间，受特定的气候条件的限制，农作物只能满足一年一熟制（蔬菜棚室除外）。

沿江平原的轮作主要方式是麦、麦、豆。山区和部分半山区轮作为油（菜）、麦、夏休或豆、麦、夏休的方式，这种轮作对麦豆产区的本地来说是基本合理的。为了解决由于土地连年耕翻自然形成犁底层的弊病，在轮作上，黑河市从 1988 年试点少耕免耕节能高效的耕作制改进，轮作形成了沿江平原为麦、豆、麦、杂，即小麦面积占 50%，大豆占 33%，杂粮和经济作物占 17% 的最佳轮作组合；山区还是油、麦、夏休或豆、麦、夏休的方式。这种轮作在 1993 年发生畸形变化，沿江平原出现了豆、豆、豆、麦或豆、豆、麦；半山区出现了豆、豆、麦；山区出现了豆、豆、麦或豆、豆、油的现象。1993 年大豆面积 41. 2 万亩，占总播种面积 55%；1994 年大豆面积达到历史最高为 46. 4 万亩，占总播种面积 64. 8%；1995 年回落到 41. 2 万亩，占总播种面积的 55. 9%；1996—1997 年分别为 39 万亩和 37. 4 万亩。大豆面积突然增加的原因主要是受大豆市场的影响，从 1991—1992 年大豆价格每千克分别上涨到 2. 40 元和 2. 60 元，给各作物轮作造成混乱。1994 年坤河达斡尔族满族乡黄旗营子村大豆重迎茬率 100%，全区重迎茬大豆面积占大豆面积的 55%～60%，由此引发了大豆根疽、根腐病、大豆孢囊线虫病和大豆食心虫等病虫害蔓延。1994—2000 年大豆病虫害危害加重，造成大豆产量降低，品质低劣。爱辉区委、区政府及时采取了减少大豆面积，增加小麦、玉米、水稻和经济作物面积的“压豆增麦”措施，大豆种植面积由 1994 年的 46. 4 万亩下降到 1997 年的 37. 4 万亩，使麦、豆轮作趋于合理。由于市场经济的影响，1997 年以后大豆面积又不断增加，到 2005 年，全区大豆种植面积已经达到 98 万亩，占农作物播种面积的 82%。

二、耕作方式

1983—1990 年，本区土壤耕作方式为连年伏秋用机械翻整地耕作制。到 1990 年，随着国外的深松耕法和旋耕免耕法的引入，黑河市的农艺和农机技术部门研究拟定了黑河市土壤耕作方式改革方案，在爱辉镇、坤河乡、西岗子镇、四嘉子乡、上马厂乡和张地营子乡的 34 个农机试点村进行了耕作制度改革，推广“以深松为主体，松、耙、旋、翻相结合”的耕作方式试验。结果是深松达到犁底15厘米耕层下，形成虚实并存的苗床。作物在苗期干旱年地下储水库源源不断上升供作物利用。使土壤含水量提高5%～9%，内涝年又可将表层水浸入35～40厘米耕层深以下，减少表层水淹苗的现象。通过深松的地块比不深松的地块一般增产10%以上。结束了黑河市连年耕翻为主的耕作制，避免了干旱年和内涝年作物减产或绝产现象。黑河市从1990年后逐步形成深松、耙茬，采取旱作少耕的耕作制，沿江平原和半山区基本形成了3—4年翻1次，具体按四区轮作方案进行作业。

爱辉区实施四区轮作制具体实施方案

表6－3

轮作区（年度）	第一区（年）	第二区（年）	第三区（年）	第四区（年）
作物	小麦	大豆	小麦	杂
轮作比例	25%	25%	25%	其中大豆8%，玉米杂粮等17%
土壤耕作	还田后间隔深松25～30厘米中型耙茬14～16厘米或深翻20厘米中型耙整地14～16厘米翻耙法合秋起垅镇压	采用精量播种机播种垄体垄沟深松，中型耙秋耙茬14～16厘米（或秋深施肥镇压）	秸秆还田深翻20厘米中型耙整地14～16厘米翻耙结合或间隔深松25～30厘米中型耙茬14～16厘米秋起垄、镇压	精量播种机播种垄体垄沟深松，中型耙秋耙茬14～16厘米（或秋深松施肥镇压）

山区为三区轮作，第一区（年）油菜茬粉碎还田，秋深松、秋耙茬。第二区（年）油菜茬耙茬播麦，麦茬粉碎还田后深松、耙茬。第三区（年）休闲，翻地，秋耙茬（镇压）。三区轮作的作物各占比例为油菜33%，小麦33%，休闲33%，充分做到用地养地相结合。经过实践，黑河市到20世纪90年代已经形成了一套新的耕作制度，取代了连年耕翻生产上的被动局面。一个“以深松为主体松、耙（旋）、翻、耢相结合，垄作与平作相结合，用地与养地相结合”的旱作少耕的耕作制度初见成效。为本区农作物生产的高产稳产找到了一条新的耕作途径。

20世纪80年代，黑河市小麦面积较大，沿江平原区基本上是麦、麦、豆轮作，有个别的村屯连续三四年小麦重茬轮作，耕作基本是连年耕翻整地，多年的这种耕作法自然形成坚硬的犁底层，结果是旱年易旱、涝年易涝，既不抗旱又不耐涝，给农业生产造成一定的经济损失。针对这种情况，农业科技和农机技术人员联合对小麦耕作制度进行了改革。改秋（春）翻整地播麦为秋耙或春耙茬播麦。

爱辉区的地理位置的特定气候条件是十年九春旱，推广耙茬播麦有利于保墒，增加土壤含水量8.3%，可增产小麦10%以上。此项技术得到广大农户的认可，此后，春耙茬播麦技术在全区得到全面推广。在干旱的条件下，提早整地对小麦的苗期需水将起到很大的保苗壮苗作用。自1989年，黑河市小麦生产从连年耕作整地逐步转向“旱作少耕”雨养农业良性循环的科学耕作轨道。

第五节　种　　子

一、种子区域布局

由于爱辉区特定的地理位置，横跨第四、五、六3个积温带，无霜期80～125天，≥10℃活动积温为1 700～2 200℃之间，有效积温不足严重影响农业生产。所以，从1985年按积温区划安排作物品种，到2005年仍在沿用。

（一）小麦各积温品种区划布局

1983—1986年，沿江平原第四、第五积温带小麦以克丰三号、克丰二号为主栽品种，搭配黑春二号，苗头品种为克旱九号。山区第六积温带以克丰三号、黑春二号为主栽品种。1987—1992年，小麦第四、第五、第六积温区品种主栽品种为克旱九号，搭配克丰三号、克丰二号、黑春三号等，苗头品种新克旱九号。1993—1997年，小麦第四、第五、第六积温区品种主栽品种为新克旱九号，搭配克旱九号、龙麦13号，苗头品种为优质麦新品种克丰六号。1998—2005年，小麦主栽品种是克丰六号，搭配品种为龙小麦26、91B569等。

（二）大豆各积温品种区划布局

1983—1988年，第四积温区大豆主栽品种为黑河54号，搭配黑河3号、黑河4号，苗头品种为黑河5号。第五积温区大豆主栽品种为北丰3号，搭配黑河54和逊选1号，苗头品种为黑河6号。第六积温区大豆主栽品种为北呼豆，搭配东农36。1989—1992年，第四积温区大豆主栽品种为黑河5号和黑河9号，搭配黑河7号、黑河4号，苗头品种为北豆6号。第五积温区大豆主栽品种为黑河6号，搭配品种为北豆3号、逊选1号，苗头品种北89-1。第六积温区大豆主栽品种为东农36和北呼豆。1993—2005年，第四积温带大豆主栽品种为北丰16号（北87-9），搭配品种黑河18号。第五积温带大豆主栽品种为北丰11号（89-1），搭配品种黑河17号为苗头品种。

（三）玉米品种积温区划布局

1983—1989年，第四积温带玉米主栽品种为克单3号、孚尔拉，搭配品种为黄八趟。第五积温带玉米主栽品种为当地农家品种黄八趟，搭配品种火苞米。第六积温带玉米主栽品种为火苞米。1990—2005年，第四积温带玉米主栽品种为海玉7号、克单五号、边三1号、边三2号，搭配孚尔拉、东农248。第五积温带为克单3号。第六积温带主栽品种仍然是火苞米。

（四）水稻品种积温区划布局

20世纪80年代，第四、第五积温带主栽品种为黑粳2号、黑粳3号、黑粳4号。1990— 2005年，第四积温带主栽品种为黑粳5号、黑粳6号。

（五）谷子品种积温区划布局

1983—2000年，沿江平原区第四、第五积温带主栽品种为嫩选11号、黑谷2号。第六积温带主栽品种为毛毛谷。1986年山区推广龙谷26，该品种的推广打破了爱辉区第六积温带（高寒山区）不能种植谷子的历史，为开发山区“富硒”谷子做出了贡献。

生产实践证明，农作物品种积温区划布局安排，使品种生长天数与当地的无霜期、≥10℃活动积温相吻合，有效减少了部分农民盲目追求高产品种而越区种植造成的经济损失。

二、种子质量检验

1983—2005年，爱辉区种子检验按1976年农业部颁发的《主要农作物种子分级标准》《主要农作物种子检验办法》和1983—1985年国家标准局先后发布的《农作物种子检验规程》《粮食种子》等国家标准执行。爱辉区有种子检验员23人，每年由种子部门带头，农业各职能部门协调配合联合进行田间检验。主要检验农作物种子的纯度，每年按种子的收购数量定田检面积，按面积定检验的点次，常年检验点次在千余个样本。按品种特征特性，典型一致程度，检验样本中本品种的株（穗）数，异株（穗）数，求出异株（穗）数占本品种总株（穗）的百分率，即是品种的纯度。然后根椐作物品种纯度指导种子生产，除杂保纯，提高种子质量。种子入库前进行种子室内检验，主要检验种子的净度、种子发芽率、种子的水分、种子的百（千）粒重和种子的容量。

三、种子生产加工

按照国务院1978年提出的“种子质量标准化、种子加工机械化、种子生产专业化、种子布局区域化，以县（市）为单位统一供种”（简称为“四化一供”）的种子工作方针，爱辉区（黑河市）1982—2005年落实种子基础设施建设投资168万元，建成500平方米办公室，晒场800平方米，库房14间共2 400平方米；购进小麦、大豆比重式分级精选机械，安装在种子加工厂。爱辉区第一、二良种场投资56万元，建设办公室、库房、种子精选机械。全区以区种子公司为核心，第一良种场、第二良种场为基地，从种子生产、加工，精选，拌药等系列加工成龙配套。爱辉区生产良种工作的重点放在第一良种场、第二良种场，由第一良种场、第二良种场将科研单位引入的原原种或原种进行高倍繁殖，从中选出优秀单株（穗）进行三四提纯复壮，生产出的原种一代、原种二代进行高倍繁殖；再将原种二代或一级良种批配给乡镇种子站或种子生产专业村。在1983—2005年的23年间，全区共建种子生产专业村5个，即爱辉镇的前欢洞、西岗子镇的托力木村、四嘉子乡的卡伦山村、坤河乡的坤河村、张地营子乡的泡子沿村。坚持一村一品，严防混杂，每年可生产种子2 350吨，满足了全区良种的更新换代。

1984—2005年，爱辉区共投资650万元，购进小麦、大豆种子加工机械6套，建设种子加工厂3座，晒场8 000余平方米，种子烘干室4座。村村自筹资金购进重力式种子精选机械，每年可加工种子730万千克，经过加工后的种子小麦千粒重可提高2～3克，容量提高10～15克。每公顷可节约小麦种子22.5～52.5千克，可节约资金22.5～52.5元，经过种子分级后可增产10%左右，种子拌药、包装、标示等逐步走向种子加工机械化，标准化。

本区农户已自觉的应用重力式精选机精选良种。种子公司和良种场的种子采用分级选种，种子大粒、中粒分级装袋，小粒种子淘汰的办法，保证了全区种子质量达良种一、二级水平。即纯度99.5%，净度达98%，发芽率90%，水分13.5%。

四、良种推广

1983—2005年，全区（市）共引入参加区域试验、生产试验和异地鉴定的农作物品种系350多个，用于生产上48个。全区共推广销售各种农作物优良品种累计6.1万吨，全区累计推广二级良种以上的农作物优良品种面积总计1 650万亩。1983年良种覆盖率为80%左右；2005年良种覆盖率达96.4%，增加16.4个百分点；2005年粮豆薯总产达148 622吨，比1983年的粮豆薯总产87 854吨增加60 768吨，增长69%。

（一）小　麦

1983年，黑河市小麦主栽品种是克丰二号，公顷产量只有1 500千克左右。1984年后推广主栽品种为克丰三号，公顷产量在1 872千克左右，比克丰二号增产18.3%。1985年种植克旱九号83公顷，公顷产量为3 035千克，比克丰三号增产46.9%。通过对克旱九号小麦考种调查结果为克旱九号小麦具有抗旱抗逆、秆强不倒、适应性广和丰产性好等优点。1985年大量繁殖推广克旱九号，1987年该品种推广到0.37万公顷。同时克旱九号的姊妹系品种新克旱九号扩繁，在克旱九号的优点基础上其还有口紧、避免穗发芽影响面粉品质等多种优良性状，8年累计推广12.4万公顷，比克丰三号平均增产18.5%，累计增产小麦11.8万吨，按1990年不变价计算农民增加收入7 063.6万元。此后，出现了平均每公顷产量达3 750千克的村屯，有些农户公顷产量超过5 000千克水平。1997年爱辉区推广克丰6号小麦（克90－514）面积0.47万公顷，占小麦面积的21.8%。当年全区小麦公顷产量达到3 217.5千克的好收成，总产达68 917吨，农民人均收入为2 755.2元。2000—2005年全区优质麦面积为0.73万公顷，占小麦面积的100%。

（二）大　豆

大豆是喜温耐冷的作物。本区横跨第四、第五、第六积温带。通过多年的生产实践，农业部门将各积温区域按大豆品种生育日数划分出积温区划布局。

第四积温区，≥10℃有效积温为2 100～2 300℃，无霜期在110～125天；该区包括爱辉镇、坤河乡、四嘉子乡、幸福乡、西岗子镇的大部分和第一、第二良种场。本区生产的大豆不但产量高，而且品质好，常年栽培面积占全区大豆总播种面积的65%，一般公顷产1 800～2 700千克，1983—1986年，栽培品种以黑河54为主栽品种，搭配黑河3号、黑河4号等；1986—1990年以黑河5号、黑河7号、黑河9号为主栽品种；1991—1996年以黑河9号、北丰11号为主栽品种，搭配黑河7号；1997—2005年以黑河18号、黑河19号、黑河27号、北丰17号为主栽品种。

第五积温区，≥10℃有效积温1 900℃～2 100℃，无霜期在90～110天，该区境内有西岗子镇（小部分）、张地营子乡、上马厂乡、二站乡、西峰山乡部分区域。常年栽培大豆面积占全区大豆总播种面积的25%，公顷产1 200～1 800千克。1983—1986年主栽大豆品种为北呼豆；1987—1990年以北丰三号为主栽品种，搭配北呼豆；1991—2005年主栽大豆品种为黑河6号，北89－1等。

第六积温区，≥10℃有效积温在1 600～1 900℃，无霜期70～90天，在该区境内有新生乡、北师河乡、罕达汽镇、金水乡、二站乡、西峰山乡部分区域。常年种植大豆面积占全区大豆总播种面积的10%左右。1983—1987年主要栽培大豆品种有漠河1号（个别村屯有种植）。1988—1994年推广东农36大豆品种，该大豆品种的推广打破了部分高寒山区大豆种植禁区，结束了山区不能种大豆的历史，提高了高寒山区农户经济效益。该项目的育种推广等单位受到农业部的奖励。1994—2005年先后推广了东农40、东农41号大豆品种。大豆一般公顷900～1 200千克，高寒山区大豆单产虽然低，但大豆蛋白质含量高，是大豆出口创汇和大豆蛋白加工的原料。

年度间≥10℃有效积温和6—8月份的有效积温，对大豆的产量、品质有着很强的敏感性，积温高产量高、质量好，反之则是产量降低、质量差。

（三）水　稻

爱辉区地处高寒区域，无霜期短、低温和早霜对水稻危害严重，又由于水稻单产不高、总产不稳，致使水稻发展长期徘徊不前。从1991年开始采用水稻"旱育稀植"的栽培技术模式，更换了米质较差的"黑粳"安号的水稻品种，种植了K19等一些高产优质水稻品种。

（四）玉　米

20世纪80年代，爱辉区玉米品种主要选用黄八趟。80年代末选用克单3号。90年代初，选用克单5号和孚尔拉等品种。1997年选用东农248和边9003。2000年后，主要选用海玉7号、海玉5号和边三1号、边三2号等品种。

第六节　肥　　料

一、农家肥料

传统有机肥的积造方式比较落后，一般是延用近百年来的"过圈、坑沤"的方法，以粪、尿、水、土、草为原料高温造肥。1985年家庭承包到户后，农民种地热情高，改传统积造农家肥为制造颗粒肥料，颗粒肥料主要以大粪、鸡粪、猪粪、小灰（秸秆、草灰）、炕洞土等农家细肥为原料加土、水制成。生产500千克颗粒肥可增产20～25千克粮食，生产成本仅为2～3元钱。

二、化学肥料

20世纪80年代以来，本区作物施肥上存在重化肥、轻有机肥，重磷肥、轻氮钾肥，重大量元素、轻中微量元素等现象，肥料结构不合理，盲目施肥造成肥料利用率低，粮食单产不高，农产品品质下降。1981—1983年开展了全区土壤普查，全面掌握了本区的土壤类型和养分含量情况。为了做到科学施肥，提高化肥利用率，在农业生产上开展配方施肥工作。使化肥施用趋于合理。1983年化肥施用总量达9 980标准吨。化肥种类主要是硝酸铵、硫酸铵、过磷酸钙、尿素等单质化肥。1988年，农民在农业技术推广中心的指导下，开始应用由黑河农科所生产的硼钼微肥，对大豆生产起到了提质增效作用。1997年开始全区化肥年使用量稳定在2万标准吨左右，农民到2002年才逐渐认识到地力的单一消耗和磷肥的浪费投入问题，开始应用有机复合肥，并不断增加化肥施用中有机复合肥的应用量，到2005年复合肥料施用量占总施肥量的40%以上。

第七节　栽 培 技 术

一、小　　麦

小麦生产整地推广了“以深松为主体，松、耙（施）、翻、榜相结合”的复式作业，极大的提高机械化作业水平与效能。大豆、油菜、土豆及玉米茬等在当年深松基础上，第二年种麦可在上年秋或当年春耙茬播麦，整地总体要求标准是上虚、下实，虚实并存，松耙要达到平、细、碎、墒、净、齐、匀，深松深度达35厘米以上打破犁底层，耙茬深度达12～14厘米深，耙地达到不重不漏、地头整齐，形成一个虚实并存的土壤结构，抗旱耐涝，增加土壤的通透性，给作物根系创造一个良好的生长发育的土壤空间环境。

种子纯度为99.5%，净度达98%，发芽率为90%以上，水份为13.5%。种子精选后进行拌药主要防治小麦的散、腥黑穗，一般采用种子量0.2%的40%拌种双或种子量的0.3%的50%多菌灵拌种，拌匀后闷种20～24小时，阴干后播种。

爱辉区沿江平原第四积温带小麦播种期应在4月5至20日；半山区第五积温带小麦播种期应在4月10日至5月5日；山区第六积温带小麦播种期应在4月15日至5月20日之间。沿江平原区小麦播种最佳期（也叫高产期）在4月12—20日，一般土壤解冻5厘米开始播种。

小麦播种密度的确定应根据品种的特征特性、施肥水平、土壤肥力、气候条件和生产能力等多因素确定。一般在7.5厘米单条播亩收获穗数不少于45万穗，15厘米单条播亩收获穗数不少于40万穗，30厘米双条播亩收获穗数不少于35万穗，在播种时机车三速作业不停车，做到不重不漏播，深浅一致，覆土严密，播深控制在3厘米左右，地头播严播齐，及时镇压。

沿江乡镇、场新克旱九号小麦公顷施化肥300千克（尿素150千克，三料150千克），克丰六号小麦亩施化肥210千克（尿素105千克，三料105千克）。选用的N:P配方黑土区小麦施化肥氮磷比为1:1:选用的N:P配方棕土区小麦施化肥氮磷比为1.2:1；选用的N:P配方白浆土区小麦施化肥氮磷比为1.2:1。山区乡镇、场小麦施肥配方：平岗地选用N:P比配方应为1:1。洼地选用N:P比配方应为1:1.2～1.5。

百斤化肥不同品种用量配方表

表 6－4 单位:500 克

配方组	化肥品种	有效含量	N:P 1:1	N:P 1.1:1	N:P 1.2:1	N:P 1.3:1
一	美国二铵	氮 18% 磷 46%	62.2	58.5	55.3	52.4
	国产尿素	氮 46%	37.8	41.5	44.7	47.6
二	俄国一铵	氮 12% 磷 52%	53.5	50.4	47.7	45.3
	国产尿素	氮 46%	46.5	49.6	52.3	54.7
三	美国二铵	氮 18% 磷 46%	60.6	56.9	53.6	52.4
	俄国尿素	氮 46%	39.4	43.1	46.4	47.6
四	俄国二铵	氮 11% 磷 46%	56.8	53.7	51.0	48.5
	国产尿素	氮 46%	43.2	46.3	49.0	51.5
五	俄国二元素	氮 23% 磷 23%	100	95.2	91.0	87.0
	国产尿素	氮 46%	0	4.8	9.0	13.0
六	三料过石	磷 46%	50	47.6	45.5	43.5
	国产尿素	氮 46%	50	53.4	54.5	56.5
七	俄国三料过石	磷 43%	51.7	49.3	47.1	45.1
	国产尿素	氮 46%	48.3	50.7	52.9	54.9

小麦田间管理主要是控制杂草漫延,有双子叶杂草的地块,小麦进入三叶期应用 2.4D 进行化学除草,公顷用药量为 0.75～0.9 千克,用水根据不同喷雾器定量喷雾均匀,不重不漏,选择晴天无风,留出安全隔离带;确保邻近的双子叶作物和树木的安全;在野燕麦和稗草多的地块,公顷用 35% 禾草灵 2.55～3 千克,兑水 300 千克喷雾。

二、大 豆

大豆耕作以深松为主体,松、耙(旋)、翻结合的旱作少耕耕作制。

种子选择按生态区域选择抗逆性强、适应性广的高产、优质的品种,每 3 年更换一次。为防治病虫害,用 50% 多菌灵拌种,用药量为种子量的 0.3%,或用 50% 辛硫磷 0.5 千克,加水 20 千克,拌种 200 千克,拌匀闷种 4 小时,在有孢囊线虫病发病区域拌种衣剂,阴干后使用。

大豆播期沿江平原区一般在 5 月 5—20 日,山区为 5 月 10—25 日。

选用依兰产 2BJGC－6 型或 2BJGC－2 型精播机播种,在深松的基础上,垄上双行精量点播,行距为 10～12 厘米,株距为 8～10 厘米,覆土深度 3～5 厘米,播后镇压。大豆播种密度应在 33 万株,收获株数为 30 万株。在高产栽培的条件下,收获株数为 20 万～25 万株。一般是土壤肥沃、农家肥施入量大时易稀,反之易密。如爱辉镇外二道沟村村民李强家养百余只羊,每年上羊粪,公顷大豆实收 3 800 千克,经调查,该块大豆地密度为每平方米 18～22 株。

公顷施尿素 36.75～38.25 千克;三料施用量为 64.5～66 千克。1986—1987 年,黑河 5 号大豆公顷施尿素 39.75～42.75 千克,公顷施三料 80.25～81.75 千克,公顷施根瘤菌肥 5.25～9 千克。80 年代中后期,实际施肥为150千克,N∶P比例在1∶2.56;到90年代,沿江平原每公顷综合250千克,N∶P∶K比例为1.7∶2.3∶1,或每公顷施化肥230千克;山区每公顷施化肥160千克左右。

大豆田间管理以灭草为中心,以深松、放寒、增加地温为主要目的。一是播前封闭灭草,应在头年的秋季为好,用72%都尔2.5~3.5千克/公顷,加50%速收120~180克/公顷,用50%乙草胺3.0~3.5千克/公顷,加48%广灭灵0.5 ~0.7千克/公顷,用50%乙草胺2.5~3.5千克/公顷,加48%广灭灵0.5~0.7千克/公顷,加75%宝收15~20千克/公顷。播前土壤处理用80%卫农(灭草猛)2.0~3.5千克/公顷,加70%赛克300~600克/公顷,用50%乙草胺1.5~2.5千克/公顷,加48%广灭灵500~700毫升/公顷,加70%赛克300~400克/公顷,用88%乙农1.5~2.0千克/公顷,加48%广灭灵500~700毫升/公顷,加70%赛克400~500克/公顷。二是播后苗前封除草,用50%乙草胺1.5~2.5千克/公顷,加48%广灭灵500~700毫升/公顷,加50%速收60~90克/公顷,用50%乙草胺3.0~4.0千克/公顷,加2.4P~J 1.25~1.5千克/公顷,用50%乙草胺2.5~3.5千克/公顷,加70赛克300~600克/公顷。三是苗后化学除草,用15精稳杀得500~600克/公顷,加48%广灭灵500~700毫升/公顷,加排草丹1.5千克/公顷,用12.5%拿扑净750~1 000毫升/公顷,加48%广灭灵500~700毫升/公顷,加24%克乐250克/公顷。四是综合管理,小苗拱土前,进行铲前趟一犁(蒙头土)加垄沟深松,主要起到灭草、放寒、提高地温作用;还可用35稳杀得乳油或10%禾草克或12.5%盖草能防治禾本科杂草;用量威、杂草焚,达克尔防治阔叶杂草;用80%敌敌畏乳油制成毒杆,每公顷用量1.5~2千克,熏杀大豆食心虫或用2.5%敌杀死每公顷/千克加水800千克喷雾防治大豆灰斑病;亦可使用机械铲趟、人工拿大草相结合的方法,达到深松、灭草效果。

三、水 稻

爱辉区水稻种植栽培采用"旱育稀植"技术。

爱辉区种植的水稻大多在第四积温带,每平方米550~660株,千粒重为25~26克,结实率80%以上。选用丰产、优质、抗病、耐肥、分蘖力强适应性广熟期适宜的品种,确保霜前安全成熟,生产用种纯度95%,发芽率90%,净度95%,含水量14%的二级良种以上。

育秧的壮秧标准是中苗为秧龄30~35天,3.5~4个叶龄,苗高12~14厘米,每棵侧根数9~11条,百粒重1.5~1.75千克,带分蘖率为30%以上;大苗为秧龄40~45天,4.5~5.5个叶龄,苗高15~16厘米,每棵苗的根数13~15条,百粒重2.5~3千克,带蘖率80%以上。

苗床的选择在地势平坦排水良好,水源方便,碱性小,土肥,长期固定连年培肥。苗床规格小棚宽1.5米,开闭式床宽1.8米,床长15~20米,床高5~10厘米,床间步道宽40~50厘米,农膜规格宽2米。秋做床,秋施农肥;春做床的,早春要翻地,耕深10~15厘米,清茬土碎、整平。苗床施肥,用床土调酸增肥剂调酸的,每平方米施农肥10千克,磷酸胺100克;用硫酸调酸的,每平方米施过筛的优质农肥10千克,硫酸铵或硝酸铵30~50克,磷酸二胺50~70克,硫酸钾50克,与床土混拌均匀,床土调酸土壤pH值为4.5~5.5,不超过6.0,足苗床水,在苗床底水前,每平方米用70%敌克松2.5克兑水2.5~3.0千克,均匀喷雾。

在种子出库后,选晴天晒种1~2天,经常翻动,筛选或用比重1.10的盐水,黄泥水选种,捞出秕谷,用清水选净,用35%多森铵(恶苗灵)200毫升,兑水50千克,浸种40千克,每天搅拌1~2次,水温10~15℃,浸种消毒5~7天,将浸泡好的种子用30~32℃高温破胸,长芽温度在25℃,经常翻动,使种子受热均匀,芽长2毫米为低温炼芽。

爱辉区在4月15~25日气温稳定通过5~6℃时播种,中苗播量每平方米播芽籽275克,大苗播芽籽200克摇匀,摇后用药剂防治蝼蛄,拍压种子,使种子在3面入土,用过筛土覆盖0.5~1厘米盖严。用60%去草胺每平方米0.2毫升,或用60%丁草胺每平方米0.18~0.2毫升,兑水300倍液喷匀。然后铺地膜,出苗后撤掉。播后每隔50厘米插1根弓条,做成高度30~35厘米的小棚,开闭式棚高40~50厘米,弓条间用3条绳绊联加固。盖膜后膜上拉绳成“之”字形,将膜压紧,四周用土培严。

播种至出苗期密封保温,出苗到一叶一心期,棚内温度不超过28℃。注意通风炼苗,秧苗1.5~2.5叶期,棚温控制到20~25℃,浇1次透水,起苗期公顷用40%氧化乐果0.375千克兑水300千克,喷雾来灭潜叶蝇虫卵,起秧时,随起随插秧,5月末结束。每次3~4株(9寸、3寸),深度2厘米。

在施农家肥的基础上,公顷施纯氮105~150千克,纯磷60~75千克,纯钾30~45千克,其氮:磷:钾比例为1:0.5:0.3,分底肥40%~60%、蘖肥20%~40%、穗肥10%~15%、粒肥5%四次施入。

缓苗初期灌苗高三分之二深水护苗,有效分蘖期灌3厘米浅水,有效分蘖期前3~5天,排水晒田7~10天,见地有裂缝,见白根时,逐步恢复正常水层,遇有低温,应灌10~15厘米深水护胎。出穗扬花期,灌水7~10厘米,灌浆到成熟间歇灌水,以湿为主,增温透气,于8月末至9月初,水稻黄熟中期排水。

水稻生长期采用96%禾大装每公顷3千克兑水适量灭稗草。6月下旬用48%苯达松3~3.75千克兑水50倍液喷雾灭三棱草,同时人工拔草2次,公顷用40%氧化乐果0.75千克兑水450千克喷雾防治潜叶蝇,公顷用5%西维因粉剂37.5千克早晚有露水时喷雾防负泥虫,公顷用稻瘟灵1.5千克兑水750千克喷雾治稻温病。

四、玉　　米

玉米是高产作物,对土壤、水份、肥料、气候要求较高,选择地势平坦、排水良好、保水保肥的地块种植玉米,前茬以大豆、小麦为最好,次之为马铃薯和肥沃的玉米茬;不选甜菜、葵花、白菜等耗肥量大的前茬种玉米。对小麦茬抓住宜耕期,及时搞好伏、秋翻地,耙整地达到细、碎、平、无堑沟,蓄秋两深底墒。对大豆茬用中型耙耙茬,耙深达到14~16厘米,间作比例为4:6或4:12或2:10。

爱辉区玉米栽培为“南种北移、浸种催芽”。本区南种北移条件是比当地品种生育日数长10天左右,比当地直播品种叶片数多2~3个,比当地品种活动积温多700℃左右。浸种于播种前2天进行,将玉米种子置于40℃温水中浸泡8~12小时,用木棒均匀搅拌,不烫手时停止,再用ABT-4生根粉进行浸种。将浸后的种子捞出,放入麻袋三分之一量,或放入木槽中,在20~25℃下催芽,2~3小时翻动一次,待种子照白,再置于阴凉处炼芽,干皮后即可播种。

爱辉区覆膜播种适宜期为5月5—15日。

爱辉区机械播种覆膜多采用本省研制的2BYD-190型玉米大垄播种机(海伦产),在三秋整地的条件下,进行深松、深施肥,播种,覆膜作业。

对玉米的田间管理要点,一是及时封严地膜开口、破口,防止畜禽进地;二是及时放苗,防止烤苗;三是及时补栽;四是及时灭草中耕。封膜前封闭灭草:公顷用乙草胺2 625~3 000毫升,加阿特拉律300~400毫升,对水进行封处理。玉米3~4叶期对垄沟趟一犁,活土,增温灭草;玉米6~7叶时公顷追尿素150~225毫升,深度10~15厘米,扎眼、点肥、覆土。及时掰去玉米叉子,七月上旬及时揭膜、接纳雨水。防治玉米螟:后期喷磷二氢钾每公顷1.5~3千克,加稀土750克兑水。由于当地霜来得早,秋后给玉米杆去蓼可提早成熟3~7天;站秆扒皮晾晒,霜前割倒放铺,茎秆养分向子粒转移、增重,以促进高产。

第八节　作物保护

一、草害防治

1985年,黑河市对农田杂草进行了历时3年的调查,通过调查,全市主要农田杂草共有93种、33科、两大类。沿江平原区农田杂草主要分为30科71种,以菊科、禾本科杂草最多。麦田主要杂草有野燕麦、鼬瓣花、稗草、蒿属类、荞麦蔓、藜、苣荬菜、大蓟等。豆田杂草主要有旱稗、苍耳、苋菜、兰花菜、问荆、藜等。水田杂草主要有水稗、雨久花、水葱、泽泻等。半山区农田杂草为18科、46种,基本与沿江平原区各类相同,但由于半山区有一部分远耕地,受地势和气候的影响,较沿江平原区多一些杂草,如山岗麦田中的狗筋麦瓶草、水棘针、山柳菊、野黍禾等杂草,尤其野燕麦的基量大大超过沿江平原区。山区农田杂草分为18科49种。由于山区基本上是小麦一种单一作物。所以麦田杂草最多,主要是野燕麦、裂边鼬瓣花、鼬瓣花、香薷基数最大。从20世纪90年代以来,随着农业机械化程度的提高,机械中耕面积逐年加大,加上全区大力推广先进、适用的化学除草技术,农作物草害综合防治水平不断提高。截至2005年,全区化学除草技术应用率达98%以上,从而有效地控制了农田杂草危害,实现了粮食作物的稳产高产。

二、病害防治

20世纪80年代以来,爱辉区植物病害主要为小麦赤霉病、散黑穗病、腥黑穗病;大豆灰斑病、大豆孢囊线虫病、菌核病、霜霉病。防治方法是使用化学农药,措施主要是进行种子处理,如小麦应用拌种双、福美双处理种子,防治小麦赤霉病、散黑穗病、腥黑穗病,后来用超微粉种衣剂麦迪安包衣,取代拌种双、福美双等用量大的胶衣剂,可有效地预防小麦腥、散黑穗病和根腐病等,并促进种子萌发、幼苗生长和根系发育,提高植株抗逆能力。防治小麦赤霉病等病害时,用50%的多菌灵,兑水喷施。35%多克福大豆种衣剂按药种比1:75拌种,防治大豆苗期病虫害,防治大豆孢囊线虫病。防治孢囊线虫病或根腐病采用喷施磷酸二氢钾、盛之丰、黄金搭档、火龙敌等营养剂,增强大豆营养,提高免疫力。同时喷施BFA大豆重茬剂或菌毒黑枪或菌克毒克或菌毒杀星等,每隔7天喷1次,共喷2次;防治菌核病、灰斑病采用多菌灵或地菌灵等进行喷雾,发病重的地块可喷2~3次。2003年以来,因大豆播种面积增加,重迎茬现象严重,大豆根腐病、大豆病毒病及大豆疫病也有发生。通过及时进行药剂防治,未造成大的危害。

三、虫害防治

20世纪80年代以来,全区农业害虫主要有危害大豆的大豆食心虫、大豆蚜虫、大豆根潜蝇,蓟马,红蜘蛛、草地螟;危害玉米的玉米螟;危害水稻的潜叶蝇、负泥虫、稻摇蚊。地下害虫有金针虫、地老虎、蛴螬地蛆等偶有土蝗危害作物,但发生面积不大。药剂处理:一是药剂闷种,地下害虫严重的地块(每平方米有1头以上蛴螬),地下害虫或苗期害虫严重的地区,用50%的辛硫磷乳油1千克,兑水40千克闷400千克种子。二是种子包衣或拌种,在地下害虫重,而玉米丝黑穗病轻(发病率小于5%)的地区,干种下地,可选用质量分数为35%的多克福种衣剂或质量分数为20%的呋福种衣剂,按药种比1:70进行种子包衣;催芽坐水埯种(催芽,即刚"拧嘴")时,按药种比1:75~80进行种子包衣。三是在地下害虫重、玉米丝黑穗病也重(发病率大于5%)的地区,采用2%立克秀按种子量的0.4%拌种,播种时每公顷再用辛硫磷颗粒剂30~45千克随种肥下地。地下害虫轻、玉米丝黑穗病重的地区,分不同情况,具体措施:干种直播地区,可选择的药剂用2%立克秀拌种剂,或25%粉锈宁可湿性粉剂,或用12.5%特谱唑可湿性粉剂,按种子量的0.3%~0.4%拌种;催芽坐水埯种地玉米种子催芽后,将种子置于阴凉干燥处晾6小时后,再用2%立克秀按种子量的0.3%拌种。四是菌肥拌种,每公顷用7.5千克固体硅酸盐细菌或液体硅酸盐细菌1 500~2 250毫升拌种。用BT乳剂防治玉米螟,在玉米心叶末期(5%抽雄)每公顷2.25~3千克的BT乳剂制成颗粒剂,撒放或兑水450千克喷雾。

第九节 增产技术和"丰收计划"

一、农艺增产技术

黑河市不断推广应用农业先进增产技术措施,每年测土配方施肥面积2万公顷。1983年土地分产到户后,除了旱涝及早霜等因素外,区域的农作物产量均有一定的提高,但提高幅度不大。20世纪

80 年代末期开始逐步推广应用各项农业增产技术，全区农作物单产和总量都得到大幅度提高。大豆“垄三”栽培技术从 1990 年开始试验推广，面积逐年增加，到 2005 年大豆“垄三”栽培面积达到 4 万公顷。水稻“旱育稀植”栽培技术已全面推广。每年应用大豆生根粉技术 1 000 公顷，每年稀土微肥应用面积 5 万公顷，每年秸秆还田面积 4 万公顷。每年应用农药 150 吨，面积 7. 3 万公顷，其中，灭草 6 万公顷，灭病、虫 1. 3 万公顷。

1983—2005 年，每年的试验示范项目平均 12 项，为农业先进技术的推广探索出可靠的科学依据。主要试验示范项目有小麦氮磷化肥用量试验、麦茬耙茬播麦中间试验、大豆根瘤菌肥试验、蔬菜无公害生产试验、应用麦草畏防除麦田杂草试验、寄生菌防治大豆根潜蝇中间试验、春小麦抗旱增产种子处理试验、麦豆秋白菜喷施稀土试验、三十烷醇使用试验、辛硫磷防治大豆根潜蝇试验、防治小麦赤霉病试验、大棚地膜覆盖番茄试验、抗菌素防治西瓜炭疽病试验、天门冬氨酸在蔬菜上的应用试验、大豆播法试验、西瓜深坑露膜早播试验、第五积温带玉米覆膜科技示范、测土配方施肥效果试验、大豆病虫害综合防治药效试验、应用禾草灵防治麦田杂草试验、虎威（氟乐灵）除草效果试验、大豆拌微复肥辛硫磷试验、大豆根瘤菌在重迎茬大豆上的应用效果试验、稀土与微复肥试验、颗粒肥试验、大豆灰斑病综合防治试验、承担省农科所豆田除草剂中间试验、小麦综合防治试验、增产菌试验示范、合育 11 玉米露膜试验示范、青椒（黄瓜）应用弱毒疫苗 N14S52 防治病毒病的试验、蔬菜无公害生产示范、小麦旱作少耕技术的高产工艺及成套设备的试验研究、液体大豆根瘤菌试验、小麦玉米联合固氮菌试验示范、微肥生产示范、硒肥在主要粮食作物上的应用效果及施肥技术的试验研究、大白菜黄瓜病虫害综防试验、普杀特防除大豆田杂草试验、黑河市山区麦麦油（豆）轮作试验研究、规范化栽培试验、小麦品种区域试验、按地块按作物推荐化肥经济用量（大豆）试验、大豆磷肥三料与尿素侧深施肥试验、大豆小麦化肥经济用量施肥部位试验、小麦大豆生产函数模型试验、寒地麦秆还田效果与应用技术中间试验、氧环三唑防治小麦根腐病试验、大豆根潜蝇预测预报方法中间试验、小麦氮磷钾经济用量与配合比例试验、甜菜品种引种试验、美国籽粒苋引种利用试验、稀土微肥拌种（小麦大豆）试验、天门冬氨酸铜促进蔬菜早熟高产研究试验、稀土微肥在小麦大豆蔬菜上增产试验、豆科绿肥田试验、氮磷比试验、大豆根瘤菌 –61A76 菌种增产特性试验、选育豆科绿肥新品种稀土微肥“农乐”农用的增产效果试验、黑河五号大豆品种在第四积温带不用土壤上综合农艺措施的最佳选择试验、小麦化肥经济用量及施肥方法试验、关于硒锌肥在麦豆上应用试验、黑河市小麦大豆配方施肥实用技术试验、香料烟异地鉴定试验、水稻氮钾营养与施肥技术的研究中间试验、关于苏联进口化肥施量试验、地膜覆盖番茄试验、西瓜保护地栽培试验、石油助长剂试验、大豆肥料试验、配方施肥技术研究试验、小麦大豆高肥区试验、关于小麦药肥试验和气象因子的观察、南菜北移品种试验、大豆重迎茬试验、农作物病虫害测报和生物监测、化学除草试验、沸石研究试验、应用小麦大豆生根粉试验、大白菜施用生物肥试验、优质麦化肥最佳用量试验、大豆应用激素试验、大豆施用专用肥试验、大豆生长调节剂试验、小麦大豆蔬菜肥料试验、新农药试验、防治大豆田杂草试验、草炭生物复合肥“优质皮特”腐殖质酸肥试验示范、小麦玉米等作物应用生物有机肥试验、大豆小麦及蔬菜病虫草害试验、那氏 778 诱导剂试验示范、药剂防除杂草及农作物病虫害的试验、大豆亚麻马铃薯及蔬菜药剂试验、农药安全使用秋施药试验、大豆生物种衣剂及克露适时防效试验、荷兰豆栽培试验、阿穆尔莎草试验、高纬寒地马铃薯栽培试验示范与推广等。

二、“丰收计划”

1988 年，爱辉区开始实施“丰收计划”，截至 2000 年，共实施 29. 2 万公顷，新增粮、豆共计 9 509. 8 万千克，新增产值 9 791. 74 万元，年平均实施 1. 96 万公顷，每年新增粮、豆 864. 522 万千克，年新增 799. 249 万元。其中，承担部级大豆“丰收计划”2 年，实施面积 3. 4 万公顷，增收大豆 1 048. 4 万千克，新增产值 1 610. 32 万元；承担部级小麦“丰收计划”2 年，实施面积 2. 27 万亩，增收小麦 616. 19 万千克，新增产值 748. 49 万元；承担部级油菜“丰收计划”1 年，实施面积 2 000 公顷，增收油菜 17 万千克，新增产值24万元。部级“丰收计划”共实施6.03万亩，新增小麦、大豆、油菜1 681.59万千克，新增产值2 382.81万元。

2001年，实施省级丰收计划“高油大豆品种增产技术”；2002年，实施省级丰收计划“高油大豆品种及配套增产技术”；2003年，实施部级丰收计划“黑龙江省高油大豆生产技术”；2004年，实施省级丰收计划“大豆标准化栽培技术”；2005年，实施省级“丰收计划”“高油大豆模式化栽培技术”。

第二章 畜 牧 业

第一节 机 构

1983年，县、市合并，黑河市组建了新的畜牧局。1984年2月，畜牧局并入新成立的农牧渔业局，成为黑河市农牧渔业局二层机构，副科级建制，事业单位，称黑河市畜牧兽医总站；党政归农牧渔业局领导，业务独立。根据工作需要，畜牧兽医总站内设畜牧站、防疫站、繁育站、草原监理站及兽医院等业务股站，设有负责站内事务和后勤工作的秘书股，各项业务由总站内分管股站与乡镇间相互联系配合工作。各乡镇畜牧兽医站和兽医院（所）属市畜牧兽医总站派驻机构，党政工作归属所在乡镇领导，业务受市畜牧兽医总站和所在乡镇双重领导，以市总站为主。

1986年，撤销畜牧兽医总站，恢复畜牧局建制，组建了新的领导班子，党务工作由市农牧渔业局代管，政务和业务直接对市政府，局内所设股站职能不变。新增加了畜禽屠宰定点检疫、市场检疫以及肉牛基地建设前期工作。1987年7月，黑河市委、市政府成立了肉牛基地办公室，副科级单位，编制7个，领导及工作人员由市里选配，在畜牧局办公，党务工作由畜牧局代管。

1988年初，市委、市政府决定改组市畜牧局领导班子，班子成员除留1人外，其余班子成员全部调出，重新选派3名主要领导（总支书记、局长、第一副局长）到畜牧局组成新的局领导班子，并成立了畜牧局总支委员会。畜牧局党务工作直接对市委，不再由市农牧渔业局代管。畜牧局内设机构在保留畜牧站、繁育站、草原监理站、防疫站、兽医院和秘书股的同时，又从局内各股站抽调人员组成了总支办，动物检疫站、兽医卫生监督所，原由市农牧渔业局主管的种畜场、奶牛场归口移交给市畜牧局代政府管理。肉牛基地办公室仍在畜牧局办公，党政均归市畜牧局代管。1991年4月，成立黑河市动物检疫站，事业单位，实行自收自支，编制10个。

1993年4月，随着撤市建区，黑河市畜牧局更名为爱辉区畜牧局，内部设置不变，职能不变。2002年，设立爱辉区饲料办公室。2003年1月，区委、区政府成立了畜牧工作专项推进办公室，办公室设在区畜牧局。到2005年底，爱辉区畜牧局编制46个，其中，机关编制10个，下属事业站编制36个。在职职工66名，其中局机关在职12名，事业站职工54名。机关股室有办公室、畜牧股、兽政股。所属事业单位有畜牧站、动物防疫站、动物卫生监督所、家畜繁育指导站、草原监理站、动物检疫站，均为正股级建制。所属企业有爱辉区奶牛场、爱辉区陡沟子种畜场，均为副科级建制。

第二节 家畜 家禽饲养

1983年，大牲畜均由生产队集体饲养，猪、羊及家禽只限于农民家庭户小规模饲养，数量有限。畜、禽的饲养方式基本延续原始粗放的养殖模式，大牲畜和羊以放牧为主，只在冬季舍饲补草、补料。

饲草主要是羊草、青刈豆和作物秸秆，基本上不切碎。精料以豆饼、麸皮为主。役畜多数有圈，栓系饲养。1983 年县、市合并时，全市有黄牛 4 827 头、奶牛 1 200 头、马5 300匹，猪 1. 52 万头、羊4 100只。

1984 年，全市农村普遍实行了土地联产承包责任制，农村生产关系发生变化，农民生产力得到解放，畜牧业随之得到初步发展。按照中共十一届三中全会制定的改革开放政策，黑河市政府和畜牧主管部门解放思想放宽政策，调整了养殖政策，在管理体制上，重申了发展畜牧业“以私养为主”和国营、集体、个人一齐上的指导思想，突出“畜牧业以猪为首”的方针，使畜牧业走上健康发展道路。此后，各种养畜专业户大量涌现，改变了实行了 26 年的牲畜归集体所有、由集体饲养的模式，在畜禽的饲养体制和饲养形式上恢复了 26 年前畜禽主要归个人所有，由个人饲养的局面。在饲料利用方面，根据科学饲养的要求，开始由饲料单一、饲养粗放向营养合理全价饲养过渡。全市年末黄牛存栏达到 5 218 头，奶牛存栏 1 586 头，生猪存栏 14 610 头，山羊存栏 2 296 只，绵羊存栏 2 015 只，马存栏 5 060 匹，禽存栏 23. 97 万只。

1986 年，黑河市政府成立奶牛生产领导小组，由市主要领导为组长，成员为涉牧部门的主要领导，各部门同心协力、共同抓奶牛生产。到 1987 年末，奶牛存栏达 4 690 头，创历史最好水平。

1990 年，在“科技兴牧”活动中，通过充分利用配合饲料，在全市范围内推行了五项配套综合技术，即生猪直线育肥、提高奶牛群体单产、肉牛集中快速育肥、蛋鸡高产、提高绵羊产毛量和羔羊快速育肥综合技术措施，降低了饲养成本，提高了畜禽生产性能，在饲料合理利用上向前迈出一大步，推动了畜牧业的发展。

1995 年，畜牧生产出现徘徊不前的局面，奶牛、生猪、家禽养殖出现下降，肉牛、山绵羊增长缓慢。主要是由于饲料涨价、成本增加、养殖效益低，农民满足现状、以种植业为主、忽视养殖业等原因所造成。

1996—2000 年，国家重视畜牧业，爱辉区畜牧业逐渐进入上升阶段。在黑河百岁乳业的带动下，沿江乡镇奶牛养殖出现稳步回升态势，奶牛养殖户逐步增多。饲养管理上逐步实现使用配合饲料，越冬有暖舍，统一防疫；繁育上采用人工授精技术，每头优质奶牛年效益达 2 000 ~ 3 000 元。山区乡镇黄牛、山绵羊数量逐渐增加，张地营子乡、上马厂乡、罕达汽镇等乡镇黄牛均超 2 000 头，饲养管理水平由粗放经营向科学管理转变。爱辉区纪检委在金水农场东山办起小尾寒羊养殖场，引进小尾寒羊 110 只，后发展到 400 余只，为西部山区乡镇发展养殖业起到了带动作用。肉鸡、蛋鸡和生猪的养殖，在黑河城郊借助地缘优势兴起，在高地营子村、三道豁洛、小黑河、河南屯、振兴粮库等地出现多个养殖场，其中振兴粮库猪场存栏生猪 2 000 余头，小黑河蛋鸡养殖达 10 万余只。

2001 年 3 月，爱辉区提出“粮转畜”发展战略，确立发展以草食动物为主的“两牛一羊”的牧业经济，首次出台《爱辉区发展畜牧业优惠政策》。农户购牛、购羊积极性高涨，积极要求学习养殖技术，畜牧局成立了科技服务小分队，深入 7 个乡镇 16 个村屯，培训人员达 1 000 多人次。区政府根据畜牧局的建议，协调农村信用合作社发放了畜牧业中、长期贷款，当年共放贷款 600 多万元，打破了爱辉区 10 多年来无畜牧贷款的历史，爱辉区畜牧业从此走上了快速发展之路。

2003 年，省委、省政府提出实施“粮牧主辅换位”、大力发展畜牧业、由粮食大省变为畜牧大省的战略决策。爱辉区抓住机遇，加大畜牧业发展力度，当年 1 月成立了畜牧工作专项推进办公室，办公室设在区畜牧局。主要工作以市场为导向、积极推进粮牧主辅换位，加快肉牛、奶牛及特色基地建设，做大做强牧业经济。着重引进和培育了龙丹奶业、嘉宇、金河、东新马鹿养殖场等一批具有牵动作用的龙头企业，扩大基地建设，促进畜牧业向规模化、集约化方向发展。4 月 22 日，制定出台《爱辉区加快推进畜牧经济发展扶持政策》，引导农民成立了流通中介组织肉牛协会。

2004 年 7 月 18 日，制定《2004 年爱辉区加快“两牛”生产扶持政策》。2005 年，继续实施“粮转畜”战略，以强化服务、加快繁育改良为手段，发展质量效益型畜牧业。倡导开展了“科技人员指导百户、联系十户”活动，制定了活动方案并派出 10 名有实践经验和业务知识丰富的技术骨干组织实施，为推进全区畜牧业发展提供了坚实的基础和智力支持。2000—2005 年，爱辉区畜牧局着重培训了一大批专业人才，先后将多名村级、乡级技术员送到专业院校进行培训，5 年共培训 1 300 人次。

1986—2005 年爱辉区（黑河市）畜牧业生产统计表

表 6－5

项目 \ 年份		1986 年	1987 年	1988 年	1989 年	1990 年	1991 年	1992 年	1993 年	1994 年	1995 年
奶牛（头）	存栏	2 642	4 690	4 059	3 207	2 465	2 939	2 663	1 711	1 590	1 574
黄牛（头）	存栏	7 582	7 903	5 682	5 282	4 329	6 652	5 682	5 342	4 620	5 388
	出栏	909	1 236	919	1 645	1 668	1 352	2 194	1 969	1 551	858
羊（只）	存栏	4 804	4 930	4 568	4 404	4 108	5 915	5 746	4 357	4 200	7 036
	出栏	1 276	1 524	1 408	2 287	1 524	1 810	2 196	2 790	2 070	1 556
生猪（头）	存栏	25 130	17 167	11 533	15 755	17 579	22 099	22 831	17 627	17 655	18 653
	出栏	20 762	15 432	10 273	10 208	14 386	15 915	17 484	16 122	8 269	14 526
禽（只）	存栏	239 748	259 000	305 000	219 973	232 000	259 800	249 000	181 300	161 600	225 581
	出栏	186 250	135 000	149 000	220 000	172 000	188 000	152 900	127 300	353 400	150 136

项目 \ 年份		1996 年	1997 年	1998 年	1999 年	2000 年	2001 年	2002 年	2003 年	2004 年	2005 年
奶牛（头）	存栏	1 658	1 700	1 908	1 845	2 390	2 928	3 169	5 208	5 491	5 208
黄牛（头）	存栏	6 743	7 220	5 522	5 686	5 591	7 431	9 689	20 568	23 403	20 568
	出栏	890	1 332	1 165	1 624	1 506	1 969	2 145	4 232	6 452	4 232
山绵羊（只）	存栏	10 362	11 898	11 665	9 939	10 360	12 799	24 755	72 873	27 604	72 873
	出栏	2 573	2 641	3 775	4 806	4 423	5 037	6 710	15 603	31 002	15 603
生猪（头）	存栏	22 302	21 162	17 673	17 853	16 031	12 646	9 635	7 289	7 867	7 289
	出栏	14 956	16 223	12 587	14 476	16 799	13 510	12 089	13 364	7 132	13 364
禽（只）	存栏	231 144	171 275	167 799	157 659	145 653	109 586	99 469	89 891	75 374	89 900
	出栏	182 109	196 654	131 838	144 553	162 542	106 602	120 175	127 059	92 676	114 566

第三节　家畜　家禽品种

一、家畜品种

（一）生　猪

1983—1985 年，黑河市生猪品种主要是以农民自繁自养的东北民猪为当家品种。1986 年首次引进美国优良猪种杜洛克 20 头，其中母猪 4 头；引进长白种猪 20 头，其中母猪 8 头。1989 年引进苏白种猪 28 头，其中公猪 4 头。到 2005 年，全区的养猪业还没有确定的当家品种，猪群整体由多个品种杂交后代组成。

(二)黄 牛

1983—1985 年,当地农民主要以饲养本地黄牛为主。1986 年,种畜场从齐齐哈尔引进西门塔尔和海福特牛;1987 年,再从九三农管局引进西门塔尔牛,使全市西门塔尔牛达到 152 头(其中,公牛 2 头,繁殖母牛 30 头,育成母牛 20 头),组成了西门塔尔核心群,实行冻配改良。

(三)奶 牛

1983—1991 年,当地农民饲养的奶牛是杂种牛,统属滨洲牛范畴。1991 年 5 月,黑河市政府为发展奶牛生产,从北京购进中国黑白花(中国荷斯坦)种牛、育成牛 181 头,由奶牛场统一饲养,实行冻配。到 2005 年,全区的奶牛品种均属于中国荷斯坦牛品种。

(三)羊

1983—1993 年,本区所养的是萨能杂种山羊和东北半细毛绵羊。1994 年引进 11 只小尾寒羊。1995—1996 年,相继引进小尾寒羊和蒙古肉羊(黑头羊)及绒山羊。到 2005 年,全区山羊以绒山羊为主,绵羊主要是以小尾寒羊和蒙古肉羊为主,有一小部分为东北半细毛羊。

(四)马

鄂伦春马 2005 年 4 月摄

马的品种主要有黑河马和鄂伦春马。黑河马的形成有近百年的历史,属于力速兼备的优良地方品种。1984—1990 年,全区有马 2 300 多匹,至 2005 年已不足 300 匹。主要原因是 80 年代后,在农业生产中作为生产动力的马逐渐被农业机械所取代,因此马的饲养逐年减少,质量也在下降。鄂伦春马的形成历史悠久,属于中国小型马类,具有灵活敏捷、耐寒、抗逆性强、母性强,善于穿越深山密林,能陡坡驮运,跋涉沼泽,走塔头而不陷,蹄质坚硬,行走灵活,持久力强和不择食、耐饥渴等特点。爱辉区的鄂伦春马主要分布在新生鄂伦春族乡,到 2005 年尚存 200 余匹。鄂伦春马是在黑河地方马和索伦马的基础上,不断混入蒙古马血液形成的。在寒冷和深山丛林的条件下,通过长期登山涉水,越野穿林,饮雪啃枯、时饱时饥的状态下,驯化培育成体躯矮小、灵活敏捷、持久力强的小型狩猎、护林用优良地产品种。

二、家禽品种

(一)鸡

1984 年后,黑河市先后引进罗丝、来航、滨白 288 、星杂 579、埃把埃因和康拜尔等良种鸡品种。1990 年,从上海一次引进纯 AA 肉鸡 1 100 只,建起了小乌斯力村办鸡场。饲料公司孵化场除了保有良种蛋和肉鸡种群外,每年坚持从外地引进优良种禽种蛋孵化,供给群众和个体户良种鸡雏。到 2005 年鸡良种覆盖面越来越大。

(二)鹅　鸭

爱辉区饲养鹅、鸭历史悠久,品种不一,适应性强,生产性能较高。主要品种有白鹅,年产蛋80枚左右;雁鹅年产蛋65枚左右,籽鹅年产蛋100枚左右。此外一些地方还引入了豁鹅、狮头鹅。鸭的品种主要以麻鸭为主,年产蛋120枚左右。20世纪90年代一度掀起养康拜尔鸭热,产蛋率高,但不适应当地气候及饲养条件。

第四节　繁育改良

1984年以后,黑河市家畜繁育改良的重点由马改为牛,牛的冻配改良也从肉牛改为以奶牛为主,主要集中在幸福乡、四嘉子乡、爱辉镇等乡镇。1990年以后,家畜改良的范围逐渐扩大,沿江乡镇已经普遍推广。特别是奶牛推广了人工冻精配种,引进优质冻精改良,使全区奶牛不断纯化,生产性能不断提高,到90年代中后期平均年产鲜奶由90年代初的3吨提高到4吨以上,其中有30%的奶牛年产鲜奶达到5吨以上。

2000年后,随着《黑龙江省种畜种禽管理条例》的颁布,爱辉区做到了依法管种、依法用种,在全区范围内推进良种工程,提高了改良覆盖率,加快了品种改良步伐。

2003年,张地营子乡张地营子村引进波尔山羊二代150只,纯种波尔山羊5只,绒山羊1 000只,蒙古黑头绵羊300只。

到2005年,全区奶牛人工授精数由240头增加到1 242头,准胎率由64%提高到79%;肉牛人工授精头数由80头增加到353头,准胎率由43%提高到83%。全区肉牛、奶牛人工授精站由2000年的5个增加到2005年的24个。在优良品种引进方面,奶牛以美系、加系和本省优良"荷斯坦"冻精为主,以本地优良种公牛为辅。肉牛改良以西门塔尔牛精液为主,以南德温肉牛精液为辅,引进了比利时冻精。对山区交通不便的乡镇,从吉林购入西门塔尔种公牛240头,全区良种覆盖率达80%以上。

第五节　疫病防治

一、防　疫

爱辉区(黑河市)危害较大的主要畜禽疫病有猪瘟、猪丹毒、猪肺疫、口蹄疫、禽流感、鸡新城疫、牛羊布鲁氏病、结核、马鼻疽、马传贫等。

爱辉区(黑河市)防疫工作坚持"预防为主、防治结合"的方针,定期开展免疫注射、疫病普查、疫情监测等常规工作,对牛羊布病、结核等人畜共患病定期检疫,及时捕杀病畜。畜牧主管部门注重防疫体系建设,保障畜禽疫病防治工作的开展。全区所辖11个乡镇均设有畜牧兽医站,配备了专业技术人员,各村设1名防疫员,负责畜禽的防疫工作。

1983以来,黑河市猪三针注射率达93%以上,多年保持在95%以上,最好年份高达98%;鸡Ⅰ系苗注射率95%以上;四系苗滴鼻93%以上。在定期预防注射的同时,根据上级业务部门的要求,先后开展牛羊检疫工作。1989年全区检出布病阳性牛7头,其中黄牛4头,占受检黄牛的0.39%;奶牛3头,占受检奶牛0.18%;将阳性牛全部捕杀。牛结核检出率为0.78%。虽然全区每年都开展口蹄疫和布病的预防工作,但发病率仍有所回升,1994年奶牛布疫检出率为10%。1997年,有4个乡8个养殖户的55头猪发生口蹄疫,全部进行了捕杀并做无害化处理,杜绝了疫病蔓延。畜牧主管部门开展了牛羊寄生虫防治、鸡消化道线虫、猪蛔虫、小鹅瘟、鸡法氏囊病、马立克传染性支气管炎、羊痘等防疫注射工作，基本上做到了小病不出村，大病、难病不出乡镇。

2000 年 8 月，农业部批准“爱辉区无规定动物疫病区”项目。2001 年开始实施此项目，国家投入先进的检测设备和启动资金，提高了爱辉区动物防疫工作的科技含量。

2004 年年初，中国周边 10 个国家和国内一些省区相继暴发禽流感疫情和疑似疫情。省政府高度重视防控工作，2 月份相继召开 2 次全省防治高致病性禽流感工作会议。为保证实现省、市两级政府提出的“力争不出现，确保不蔓延，人间不感染”的总体目标，爱辉区成立防治高致病性禽流感指挥部，出台《爱辉区防治高致病性禽流感应急预案》，应对突发疫情。执行无疫情日报告制度，设立 24 小时值班电话。进行疫情监测，开展强制免疫。当年，畜牧局对区、村两级防疫员进行了全面的培训，经考核合格后，发给“动物防疫员上岗证书”，并把村级防疫员劳动报酬根据工作量的大小核定为 1 000 ~ 1500 元/年，由区财政统一支付。

2005 年，爱辉区争取到“黑龙江省动物防疫基础设施建设”项目，此项目的实施，给乡镇配备了诊疗器械和冰箱冰柜等设备。到 2005 年，爱辉区动物防疫工作已步入科学化、规范化轨道，为全区畜牧业健康发展提供了有力保障。

二、诊　　疗

1984 年以来，兽医院担负全区动物疫病诊疗任务，兽医院有工作人员 5 人。诊疗方法以中西医结合为主，主要从事草食家畜的消化系统疾病诊疗、营养代谢性病治疗、公畜去势、母畜接产等工作。1992 年以后，全市出现 3 家个体兽医诊所，加上养殖户自身管理水平的提高，兽医院业务逐渐减少。

2000 年，防疫站和兽医院合并，实行统一管理。全区养殖业稳步发展，乡镇畜牧站技术力量不断加强，奶牛，肉牛、生猪、家禽的一些常见病基本上能够治疗，重大疾病由兽医院专家诊治。兽医院主要从事兽药销售以及各种疾病治疗工作。

第六节　检　　疫

1986 年，畜牧局开展了畜禽屠宰、畜产品检疫及市场检验工作。最初畜牧部门只抽调人员组成检疫小组进行检疫，当时受检数量不多，每年检猪不到 2 000 头。随着改革开放的进一步深化，黑河市与俄罗斯边境贸易迅速升温，黑河流动人员猛增，市场肉、禽销售量增加，检疫量逐年加大。1991 年，动物检疫部门检疫生猪 3 万头、牛 2 800 头；检疫外调肉卷 370 ~ 400 吨、分割鸡肉 700 吨、蛋 1. 8 万吨。年检出病害猪 258 头。

到 2000 年，按照屠宰检疫操作规程的要求，完成了对辖区内 5 个屠宰场(点)的检疫工作。对进入屠宰场的动物进行索证和外观检查，对索证时发现的病畜和疑似病畜实行隔离观察，并根据实际情况分别采取了急宰、缓宰和禁宰。对检疫合格的胴体和内脏加盖检疫合格滚花印章，出具检疫合格证明，不受限制出场。对检疫不合格的胴体和内脏限制出厂，并进行无害化处理。

2000—2005 年，全区共有生猪屠宰场(点)5 个，其中黑河城区 3 个，爱辉镇和西岗子镇各 1 个；黑河城区有大牲畜屠宰点 2 个，其中汉族、回族各 1 个。此期间，全区共屠宰检疫生猪 207 200 头，检疫出病猪 365 头，检出率为 0. 2%；检疫猪肉 14 664 995 千克，检疫出病害肉 25 550 千克，检出率为 0. 2%，病害肉的无害化处理率为 100%。检疫活牛 7 008 头，检出病牛 37 头，检出率为 0. 5%；检疫牛肉 1 051 200 千克，检出病害肉 5 550 千克，检出率为 0. 5%，病害肉处理率为 100%。全区市场检疫羊肉 89 085 千克，检出病害羊肉 150 千克，检出率为 0. 2%，处理率 100%；检疫白条鸡 565 591 只，检出病害及注水鸡 304 只，检出率为 0. 1%，处理率 100%。全区共运输检疫羊 3 605 只，运输检疫牛 845

头，检疫消毒杂骨 101.5 吨，检疫消毒动物皮 5 765 张，运送猪胴体 1 466 495 千克，出车 8 140 台次，消毒运载工具（汽车）279 台。

第七节　检疫人员管理

2000—2005 年，按照《中华人民共和国动物防疫法》的规定，动物检疫部门依法对动物和动物产品实施检疫的人员进行管理和培训。爱辉区共设检疫员、产地检疫员 38 人，其中检疫员 25 人、委托检疫员 2 人、乡镇产地检疫员 11 人。检疫员的资格认定和资格证书发放由省畜牧局负责办理，产地检疫员的资格认定和证书发放由区动物防疫监督机构负责办理。区动物防疫监督机构在每年的 3 月份对检疫人员进行业务培训和考试，并建立个人的管理档案，实行规范化管理。为了尽快提高检疫人员的业务水平，2001 年 6 月，爱辉区畜牧局邀请俄罗斯阿穆尔州兽医专家到黑河讲学，授课内容主要是动物和动物产品的检疫及犬病诊治。为了提高对牛的检疫技术，2003 年 11 月，区畜牧局派 2 名检疫员去河北省三河市福成公司学习肉牛出口检疫技术和管理办法，经过 4 天的实际操作，掌握了从屠宰检疫到肉品检测的全过程技术，为开展肉牛出口检疫提供了技术保障。

第八节　监 督 检 查

1987 年，为了加强兽医卫生监督检验工作，黑河市成立兽医卫生监督所，事业单位，编制 2 个。兽医卫生监督所对动物饲养、经营者和动物产品生产经营者实施计划免疫和预防情况实施监督检查。对有关场所实施动物防疫条件的审核验收，对动物及其产品依法实施防疫检测，采取采样、留验、抽检、补检、重检、隔离封存等措施。同时开展索证复检、行政强制和行政处罚，依法受理复议申请等工作。

1990—1995 年，兽医卫生监督所加强法律法规的宣传和对监督员、检查员的培训。利用各种形式向群众宣传《黑龙江省动物防疫条例》的相关知识，共举办法律学习班、业务技术学习班等 12 期，乡村级兽医防疫人员培训班 6 期，培训人员 448 人，发放资料 500 余套。

1995—2000 年，爱辉区畜牧局制定《行政执法岗位责任制》《检疫员、监督员岗位责任制》《防疫员岗位责任制》。对全区 20 名检疫员、6 名监管员、11 名乡镇派驻检疫员、92 名村级兽医防疫人员均建立起档案管理制度，把培训考核成绩进行归档，并分别审核、办理了检疫、监管和防疫人员的上岗资格证书，防疫监督工作得到规范化管理。

2003 年，爱辉区兽医卫生监督所加大对早市鲜奶的管理力度，凡在市场销售鲜奶的人员必须持本人健康合格证和奶牛健康合格证办理服装、胸卡、编号，实行“三统一”管理。共审批合格 54 人，不具备条件的坚决不允许上市销售鲜奶，使鲜奶管理进入了规范化、法制化轨道。

2000—2005 年，按照“兽药管理条例”的规定对辖区内的兽药经营者进行严格审核，共办理审核“兽药经营许可证”114 本，依法对兽药店进行管理，采取定期不定期检查，共检查兽药店 260 次，杜绝了伪劣假药上市销售，调节诊疗纠纷 17 起。按照《黑龙江省动物防疫合格证发放管理办法》的规定，依法对动物及动物产品生产、经营、加工、销售的业户进行规范化管理，共审核、发放“动物防疫合格证”960 本、“动物诊疗许可证”112 本，上缴财政 4 万余元。依照《黑龙江省动物防疫条例》有关规定，对销售生猪产品和牛羊禽产品的专业户进行监督管理，查验动物产品、检验合格证明、检验验讫印章，确保肉品安全，共检查市场、屠宰场 2 065 次，查处违法案件 86 起，罚款 1.6 万余元，没收不合格猪肉 850 千克、马肉 1 050 千克、羊肉 260 千克、白条鸡 45 只，全部进行了销毁处理，办结率 100%。

第九节　草原监理

爱辉区境内草原主要分布在西部及北部山区。由于受气候和多种自然环境影响，草场类型复杂。按生态草场分布，林区边缘以柞桦朵类草为主的梳林草甸，以蒙古栎、丛桦、榛柴为主的灌丛草甸和五花草塘，河谷两侧以小叶章为主的沼泽草甸。山间低地河谷两侧以塔头苔草为主的丘状草甸和沼泽草甸。

1980年，爱辉县农业区划时，根据航片踏查，确认辖区内天然草地面积551.3万亩，扣除国营农场（省属场）所属草场外，全县草地面积为432.1万亩。

1984年后，由于农村实行了家庭联产承包责任制，农民承包了土地，随着机械化程度的提高和粮价的上涨，出现了拱地头扩地边，挤占草原现象。

1985年，《中华人民共和国草原法》颁布实施，畜牧局设立了草原监理站（编制2个），全面加强草原管理。1988年各乡镇配备了草管员，负责《中华人民共和国草原法》和《黑龙江省草原条例》及党的方针政策的宣传，进行草原承包和管理收费等工作。

1996年，爱辉区五荒办成立，先后拍卖草原2万亩，大多数变成了熟化地。

1998年，全区查处毁草开荒面积达22 601.5亩，责令退耕还草22 541亩，大面积毁草开荒得到控制。

2000年，全区承包草原28 550亩，其中放牧地17 468亩，熟化地面积11 082亩。

2000—2005年，全区草原共发包45 100亩，用于发展畜牧业，签订草原承包合同368份。共查处违法开荒98 302亩，恢复草原植被883.7亩，立案76起，结案58起，处理上访案件33次。因盗采砂金而被破坏草原6 300亩；煤矿征占用草原315亩；用于养殖业建渔池753.7亩。

2005年为了保护草原资源不被破坏，全区停止砂金开采，成立了砂金禁采工作组，负责打击砂金盗采等违法活动。

第十节　饲草　饲料

一、饲草品种引进

为解决爱辉区草资源匮乏、草质差、牧草品种单一的状况，满足全区快速发展畜牧业的需求，在区委区政府、省植保站及省畜牧局的批准和支持下，2003年3月经黑河口岸引进了俄罗斯饲草“阿穆尔沙草—54号”籽种650千克。该植物是多年生禾本科植物，具有繁殖能力强、生长快、蛋白质含量高、产草量高的特点。2004年在坤河达斡尔族满族乡兰旗村和西岗子镇梁集屯村试种，效果比较好，以此为典型在部分乡镇推广，分别在爱辉区11个乡镇种植，总面积达360亩，经饲喂效果较好，开创了中俄在畜牧业领域技术交流的新纪元。2005年，区政府与西北农林科技大学合作，引进了7个品种牧草籽种，经过在坤河达斡尔族满族乡的坤河村试种获得成功。

2000—2005年，爱辉区先后共引进牧草种籽阿穆尔沙草－54号650千克，高丹草500千克，紫花苜蓿200千克。全区种植优质高产饲草饲料达3万亩，完成青贮饲料1.5万吨，为优质高效畜牧业发展奠定了坚实基础。

二、青饲料贮备

青贮饲料具有保持青饲料营养、扩大饲料来源和增加饲料利用率、提高生产性能的优点，是一种简单、可靠、实用的方法。2002年后，爱辉区每年9月中旬在各个乡镇的养殖大户中做典型和示范，帮助建造青贮窖。2003年9月分别在红旗桥肉牛养殖大户王宝珊家和上马厂乡昊达养殖场召开青贮现场会议，将青贮技术在全区推广。到2005年共建造青贮窖50个，约3万立方米。占全区奶牛养殖大户80%。

三、饲料加工

2002—2005年，在全区畜牧业不断发展的情况下，畜禽饲料加工业随之得到相应发展。经爱辉区畜牧局饲料工业管理办公室办理、并分别由省饲料工业管理办公室发放饲料营销许可证的饲料生产加工企业，全区共有7家，分别为黑河市浩源饲料有限责任公司、万家福饲料加工厂、黑河百岁乳业饲料加工厂、黑河辉煌饲料有限公司、福月饲料加工厂、孙吴饲料加工厂、全乐饲料有限公司。

第三章　水　产　业

第一节　机　　构

1983年县市合并时，撤销爱辉县水产局，设立黑河市水产局。1984年2月，黑河市水产局并入黑河市农牧渔业局；1986年，从农牧渔业局分出单设水产局。

1993年4月撤市建区时，爱辉区水产局内设办公室、渔政股（渔业船舶检验站）、渔业股3个股室，均为正股级建制，机构编制11个。

1996年依据《黑河市机构编制委员会关于爱辉区党政机构改革方案的通知》，水产局改建为爱辉区水产总站，保留行政职能，正科级事业单位。全站共有职工15名，退休职工8名。爱辉区水产总站内设办公室、水产技术推广站（渔业股）、渔政股。下属企业有黑河市水产供销公司、黑河市水产商店、黑河市水产环城商店。1998年黑河市水产商店经区政府批准，由原职工入股改制成为股份合作制企业，与水产总站脱离隶属关系。2000年10月，水产供销公司经区政府批准改制，经竞卖转为民营企业，职工领取再就业补偿金后与水产公司解除劳动关系。

2005年，爱辉区水产总站更名为爱辉区水产局，科级编制，内设渔政股（爱辉渔业船舶检验站）、渔业股、办公室3个股室，性质、级别、人员编制、经费渠道不变。全局共有职工14名。

第二节　水产资源

一、水域环境

爱辉区位于黑龙江上游，地处第四、五积温带，多山、多丘岭、多溪泉，全区江河纵横，湖泡密布，水库、塘坝、人工池塘遍布乡村，水产养殖资源十分丰富，水域类型齐全。据统计，2005年全区共有大小水库12座，大小河流61条，全区总水面19万余亩。河流均为山间泉水汇集而成，水温偏低，水质清澈无污染，适合温水性鱼类、冷水性鱼类生长栖息。黑龙江流经本区184.3千米。生长大量的水生植物，水质清新，无毒、无污染，适于发展绿色生态水产养殖。

爱辉区的渔业水域既有大的江河水库，也有山间溪流和泡沼坑塘。水面分布的趋势是沿江平原水面较多，山区、丘陵地区较少。

爱辉区渔业生产可利用水面统计表

表6－6

河流名称	境内流长（千米）	河槽宽度（米）	水域面积（亩）	流域面积（平方千米）	水深（米）	坡降%
黑龙江	184.3	600～1 210	123 525	496 000	3～8	0.17
达音河	45	3～8	450	735	0.5～1.5	—
托牛河	90	3～30	2 595	585	0.5～2.0	—
法别拉河	151	4～85	10 004	2 927	4～85	2.11～10.4
阿尔滨河	75	4～25	1 845	284	0.5～2.0	4.1～6.5
刺尔滨河	115	4～25	3 923	816	0.6～2.0	2.81～5.11
古兰河	62	4～16	1.320	279	0.8～1.5	4.05～7.75
卧牛河	47	2～8	4 940	288	0.8～2.0	8.86
石金河	101	3～20	3 883	858	1～2.5	1.33～4.8
公别拉河	165	4～70	11 521	2 725	1.5～3.0	1.0～10.1
石匠河	70	3～8	1 417	312	0.6～1.5	3.66～10.9
阿陵河	90	2～8	990	331	0.7～1.5	4.14～4.83
库纳尔河	80	3～6	750	324	0.5～1.5	3.7～4.26
洪湖吐河	85	3～13	1 530	346	0.8～1.5	3.42～3.48
额雨尔河	80	3～8	1 163	425	0.7～1.5	4.66
逊别拉河	80	3～40	3 750	690	0.8～2.0	7.0
门鲁河	150	4～30	3 175	1 228	0.6～2.0	1.0～11.1
北师河	120	3～8	518	248	0.5～1.5	4.15
泥鳅河	125	4～20	1 568	1 600	1.0～2.5	—
根里河	85	3～15	1 421	744	0.5～1.5	0.66～3.88
金水河	60	3～7	690	338	0.5～1.5	2.2～11.1
卧都河	120	3～15	5 484	545	0.5～1.5	0.72～2.0
二道河	50	3～8	—	293	0.5～1.5	4.25
额雨河	—	2～8	—	260	—	—
大孤川河	31	2～8	—	204	—	8～14
二道河子	20	5～3	—	293	—	4.25

说明：黑龙江为界河，可利用水面应为二分之一

二、水　　质

爱辉区的水资源主要是由大气降水和地下泉水组成。

天然水中一般都含有碳、氢、氧、氮、钙、钾、钠、铁、锰、氯、磷、硅等元素，因其含量不同，各个水域在化学性质上有不同的特性，这一系列化学元素的组成的物质可分为溶解气体、主要离子、生物营养元素、微量元素和有机物五类。

爱辉区降水化学成分的组成，一般说来大气降水是溶解物质含量最小的天然水体，溶解和悬浮于雨水中的物质总量通常不超过50毫克/升，但其数量变化范围很大；雨水中杂质含量的多少决定于接

触空气的洁净程度。

爱辉区池塘养殖用水主要包括自然降水和江河以及地下水等水体。由于用水来源主要以天然水体为主,所以其离子组成随着天然水体的变化而随之变化,其离子成分与天然水体基本相同。

三、气候及水体的理化性状

爱辉区处于寒温带大陆性季风气候,盛行西北风,冬季寒冷少雪,夏季温暖而多雨,无霜期较短,但日照时间较长,昼夜温差较大,东部沿江平原年平均气温 -0.5℃左右,无霜期 110 ~ 125 天;半山区年平均气温 -1℃左右,无霜期为 100 ~ 110 天;山区年平均气温 -1.5℃,无霜期为 80 ~ 100 天。全区冰封期从 10 月下旬起至次年 4 月上旬止,长达 6 个月之久,冰厚度可达 1.2 ~ 1.5 米,给鱼类越冬带来很大困难。

1990 年对爱辉镇前拉腰子鱼种场进行水温调查,年平均≥14℃的天数为 121 天。所以,本区有三四个月的时间适宜鱼类的生长,同时没有高温影响,日照时间较长,有利于鱼类生长。

四、水域中浮游生物

在沿江平原分带的一些泡沼中,一般地势平坦,淤泥较深,水较浅,一般 1.5 ~ 3.0 米。多数水面的周围均为农田,土质肥沃,由于自然降水,大量的营养物质随着流水汇入泡沼、水库及江河之中,为浮游生物和底栖生物的生长繁殖提供充足的养料。

浮游植物的种类组成:黑龙江中以硅藻为主,绿藻和甲藻较少,泡沼和水库中绿藻和甲藻种类为最多,而硅藻和兰藻次之。全区常见的浮游植物有 5 门 24 种。

(一)浮游植物

硅藻有园盘硅藻、偏缝硅藻、针形硅藻、丝状硅藻、放射硅藻、直链硅藻、纺锤硅藻、舟型硅藻;绿藻有纤维藻、栅藻、十字藻、实球藻、月牙藻、空球藻;兰藻有鱼腥藻、兰纤维藻、微囊藻;甲藻有兰隐藻、角甲藻、隐藻;金藻有鱼鳞藻、黄群藻、锥囊藻。

(二)浮游动物

原生动物有砂壳虫、钟形虫、拟铃壳虫、侠盗虫;轮虫有龟甲轮虫、晶囊轮虫、三肢轮虫、多肢轮虫、聚花轮虫、臂尾轮虫、裂足轮虫;枝角类有象鼻蚤、秀体蚤、尖额蚤、盘肠蚤;桡足类有剑蚤、镖蚤。

从浮游生物的数量来说,沿江泡沼中浮游植物数量一般均高于黑龙江干流,但与中小型水库的浮游植物相接近。初步检查浮游动物有 17 种。在黑龙江干流中浮游动物数量较少,每升水中只有 400 ~2 000 个原生动物和 50 ~500 个轮虫,大型的枝角类和桡足类数量非常少。在沿江泡沼中情况则完全不同,原生动物数量与江中接近,每升水中有近百个甚至几百个。轮虫的种类和数量也显著增加,这些浮游动物的个体较大,因此,泡沼中的生物量比黑龙江干流显著提高,在山间溪流和杂草丛生的山塘中浮游生物则极为贫乏。

五、水生维管束植物

水生维管束植物是生长在水中的维管束植物的总称。包括有水生蕨类植物、水生被子植物,是多细胞植物体,有根、茎、叶的分化。

挺水维管束植物有水葱、席草、荆三棱、蔗草、芦苇、茭白、狭叶香蒲、黑三棱、白菖蒲、矮慈姑、雨久花莲、喜旱莲子草、苹。浮叶维管束植物有菱、眼子菜、茶菱、睡莲、水葵、两栖蓼。沉水维管束植物有马来眼子菜、微齿眼子菜、小茨藻、草茨藻、聚草、角茨藻、菹草、苦草、水车前、轮叶黑藻、篦齿眼子菜、金鱼藻。漂浮维管束植物有芜萍、稀脉浮萍、紫背浮萍、满江红、凤眼莲、水浮莲、三叉浮萍。

六、爱辉区的鱼类区系组成

据考察，爱辉区水域中的鱼类组成分别隶属于18科58属75种，其中，鲤科鱼类44种，鲑科鱼类5种，鲶科鱼类4种，其他15科22种。主要冷水性鱼类有8种：哲罗鱼、细鳞鱼、乌苏里白鲑、黑龙江茴鱼、黑斑狗鱼、江鳕、大马哈鱼、拟赤梢鱼。有国家Ⅱ级保护动物3种，即细鳞鱼、鲟鱼、鳇鱼。鲟鱼、鳇鱼被列入《濒危野生动植物的国际贸易公约》附录Ⅱ；细鳞鱼、哲罗鱼、黑龙江茴鱼、雷氏七鳃鳗、日本七鳃鳗、乌苏里白鲑、怀头鲶被列入《中国濒危动物红皮书》；大马哈鱼、江鳕被列入《中国名贵珍稀水生动物》。雷氏七鳃鳗、日本七鳃鳗、黑龙江茴鱼、乌苏里白鲑、江鳕、拟赤梢鱼、黑龙江花鳅为黑龙江水系的特有种。

主要经济鱼类有鲤鱼、鲫鱼、鲢鱼、鳙鱼、草鱼、翘嘴红鲌、鳌花、鲶类、鲶鱼、唇䱻、雅罗鱼等；小型成鱼有银鲴、鮈类、鳘条等；冷水性鱼类有大马哈鱼、鳇鱼、鲟鱼、哲罗鱼、细鳞鱼、白鲑等。

从生态习性看，全区水域的鱼类既有分布范围较广的鲤科鱼类，也有北方山区溪流类型水域的哲罗、细鳞、江鳕、斑鳟子等，也有平原类型的代表鱼类，如草鱼、鲢鱼、鳙鱼、银鲴，各种鲌属和红鳍鲌属鱼类。

在产卵洄游方面，有水草较多的浅水区黏性卵的鲤鱼、鲫鱼、鲶鱼及鲂等；也有生殖期溯河产卵繁殖的半洄游性鱼类，如草鱼、鲢鱼、翘嘴红鲌、鳇鱼、鲟鱼等；还有从海洋回归进入山区河流产卵繁殖的大马哈鱼。哲罗、细鳞在山区河流中产卵繁殖，而草鱼、鲢鱼、鳙鱼在黑龙江干流中产漂浮性卵，卵在流水中孵化，鲟鱼在砂砾上产黏附性卵。

在食性方面，有杂食性的鲤鱼、鲫鱼、鳊鱼等，也有植物食性的草鱼、鲢鱼、鳙鱼、银鲴等；有肉食性的鳇鱼、狗鱼、哲罗、鲶鱼、鳜鱼等，也有主食底栖动物的唇䱻、鮈类、鲶类等。

从鱼类的个体看，有淡水鱼类个体最大的鳇鱼，大者体长3～5米，重500～1 000千克，也有种类众多的小型鱼类，体长10厘米左右，体重几十克或不到十克，如鳑鲏、鰺条、鮈类和鳅类等。

第三节　水产养殖

一、养殖方式

黑河市的池塘养鱼起步较晚。1983—1987年，养殖户所采用的养殖方式较为粗放，其主要特点是养殖池塘通常是小型泡沼经简单改造而成的，有些池塘修造的不规范、蓄水量不足，养殖时通常不投饲或少量投饲，饲料主要有草类、破碎的玉米、小麦、豆饼类等，每天投喂1～2次。养殖品种主要是鲤鱼、草鱼、鲢、鳙鱼类，亩产量一般只有30～60千克，鱼类规格不大，当年的秋片鱼种只有20～30克，体质较弱，越冬成活率只有50%。

1987—1996年，渔民普遍采用了半精养方式。此时，爱辉区已拥有几个较大规模的水产养殖基地，如西岗子镇的千亩渔塘，爱辉镇前拉腰子村养殖基地等已初具规模。池塘条件较好，蓄水量足，养殖过程中每天投饵3次，饵料以豆饼为主，其主要成分是豆饼60%，麦麸20%，玉米20%，添加少量骨粉、贝壳粉。养殖品种主要是鲤鱼、草鱼、鲢、鳙鱼类，亩产量已达到100～180千克，鱼类规格有所增加，秋片鱼种达40～50克，越冬成活率可达70%。

精养方式即驯化养殖方式，是一种采用全价配合颗粒饲料集中投饲，定点、定时、定质、定量，使吃食鱼集中摄食快速生长的一种精养方式。

1993年，黑河市水产局在爱辉镇后欢洞渔场首次进行驯化养鱼试验，购进了1台平模式颗粒饲料机及1台增氧机，采用自制配合颗粒饲料驯化鲤鱼鱼种，取得了亩产500千克的优良成绩。1998

年后,本区开始大面积推广高产高效的驯化养鱼模式。

驯化养鱼运用驯化手段、使鱼类集中摄食,从而提高鱼类的生长速度,达到高密度集约化生产,减少了饲料浪费,降低了成本,增加了收益。养殖过程中根据不同规格鱼种投喂粒径适宜的饲料,体重50克以上的驯化鱼种,投喂粒径3~4毫米颗粒饲料;100克以上的鱼种投喂4毫米颗粒饲料。每次在投喂前先敲击铁桶,产生响声,然后在料台上小把投喂颗粒饲料,一般7~10天便可形成条件反射,鱼类听到敲击声便集中到料台上摄食,每天定点投喂3~4次,投喂时遵循"慢—快—慢"投喂方式,即开始小把撒喂,速度慢些,当绝大部分鱼上浮争食时,再大把投喂,速度快些,当绝大部分鱼群吃饱散去,只有少部分鱼群摄食时应少投,慢投,每次投喂需要半小时左右。

1998年春,黑河市西沟水电厂在水库库区内首次采用网箱高密度集约化养殖鲤鱼。网箱规格4米×4米×2米,共计4个网箱,投入鲤鱼鱼种1 000千克,投喂全价颗粒饲料养殖。

黑龙江网箱养鱼　　2004年7月摄

2000年初,爱辉区水产总站与爱辉镇联合,在爱辉镇南砖窑村共建黑龙江网箱养鱼基地。当年下江4米×4米×2米网箱四口,投喂全价颗粒饲料,成功养殖商品鲤鱼3 800千克。网箱养鱼的试养成功,为市民提供了优质无污染的水产品,满足了市场对"江鱼"的需求,丰富了市民的菜篮子,为发展高产高效、优质渔业开辟了一条新的养殖之路。黑龙江网箱养鱼做为一个新兴产业在爱辉区逐渐发展起来。

二、放养模式

鱼类养殖的放养模式主要有:一是采用"两套"的养殖方式,即鱼种池套养鲤鱼成鱼,上层水域养殖花鲢、白鲢鱼种,下层水域养殖鲤鱼、草鱼成鱼;或在成鱼池套养鲤鱼鱼种,上层水域养殖花鲢、白鲢成鱼。二是采用"鲢七鲤三"的放养模式,成鱼或鱼种分池单养。三是推广驯化养鱼技术之后采用的"鲤七鲢三"的放养模式,以投饲为主主养鲤鱼。

1993年爱辉区前拉腰子鱼种场鱼种池套养成鱼计划表

表6-7

鱼种规格（克）	放养密度（尾/亩）	成活率%	间捕时间	饲养天数（天）	计划产量（千克/亩）	成鱼规格（克/尾）
50	140~160	90	7月20日	85	50	350~400
100	190~210	90	7月10日	75	75	400~450
150	220~235	95	7月5日	70	100	450~500
200~250	320~350	95	6月30日	65	150	450~500

三、饲料配比

爱辉区驯化养鱼成鱼颗粒饲料配方一般为：豆饼40%，麦麸25%，土面25%，鱼粉5%，菜饼3%，矿物质添加剂2%，饵料系数为2.1。鱼种的颗粒饲料配方一般为：豆饼40%，麦麸20%，土面20%，鱼粉15%，菜饼3%，矿物质添加剂2%，饵料系数为1.8。

四、养殖品种

全区的养殖品种结构主要是以鲢鱼、鳙鱼、鲤鱼、草鱼为主。1983年以后，水产部门注重名特优品种引进与推广。1990年，引进团头鲂投入到池塘中进行试养并取得成功。1992年，黑河市第二热电厂渔场引进奥尼罗非鱼、尼罗罗非鱼、革胡子鲶、淡水白鲳等品种，利用电厂冷却水进行温流水养殖。1993年，西岗子德生渔场引进方正银鲫在池塘中混养，当年鱼种规格达到400克。引进草虾苗种10万尾放在小乌斯力水库进行试养，后期有部分虾种进入黑龙江，导致部分江段可以捕获到“江虾”。黑河市第二热电厂渔厂成立后，养殖的奥尼罗非鱼、尼罗罗非鱼、革胡子鲶、淡水白鲳成为本区市场主打的名特优品种。1994—1998年，先后引进鲶怀杂交、剑鲤、颖鲤、荷包鲤进行全区推广养殖。1995年，引进大银鱼、池沼公鱼鱼卵在西沟、卧牛湖、宋集屯水库增殖放流。1995—1996年，黑河市西沟水电站移殖2批亚洲公鱼受精卵，亚洲公鱼属鲑形目胡瓜鱼科的体型较小的鱼类，俗称“黄瓜鱼”，其生态适应力强，渔业价值及生态效益较好，增值前景广阔，营养价值高出一般淡水鱼类，其间共计移殖2 000万粒；运输存活率为80%，孵化成活率达50%，1997—1998年已初步形成移殖群体。

1997年6月，爱辉区水产总站从嫩江引进草虾30万尾，分别投放于小乌斯力和宝园水库；引进彭泽鲫10万尾、鲶怀杂交3 000尾，实行池塘单养与混养，取得良好的经济效益和社会效益。1998年3月，在爱辉区水产总站的组织下，从省水产局引进大银鱼发眼卵2 000万粒，分别投放到黑河市卧牛湖水库、黑河市宋集屯水库养殖。1998年，引进彭泽鲫在部分池塘推广养殖。1999—2002年，引进彩鲫在黑河市前拉腰子渔场进行池塘养殖并取得成功。

2000年6月，爱辉区水产总站引进10万尾团头鲂，混养于鱼种池中，养殖到秋片规格，投入到水库中养殖，爱辉区的水库渔业又增加了新品种。2000年，引进彩虹鲷，投放于河南屯渔场进行试养。2002年，西岗子土地局渔场引进淡水白鲳土池试养。2004年，引进河蟹在稻田、池塘、泡沼进行养殖，取得第一手经验后，第二年开始在全区大面积推广。2004年7月，爱辉区水产总站引进2 000千克淡水白鲳，放养于西岗子土地局渔场进行试养，取得成功。2005年，西沟的池沼公鱼形成种群。

五、养殖面积

1983年，黑河市水产养殖面积6 950亩，其中水库养殖面积6 120亩，成鱼池、鱼种池共计830亩。在水产养殖的发展中，政府提高对渔业生产的重视程度，渔民的养殖积极性不断提高，养殖面积成番增长。到2000年全区养殖面积已达到18 255亩；2005年稳定在11 204亩。其中水库养鱼面积7 654亩，池塘养鱼1 986亩，泡沼养鱼1 564亩；年养殖鱼类210吨，渔业养殖面积的增加对爱辉区渔业生产的发展起到重要作用。

1983—2005年部分年份爱辉区（黑河市）水产养殖面积表

表6－8　　　　单位：亩

年份	1983年	1984年	1987年	1990年	1996年	1999年	2000年	2005年
养殖面积	6 950	8 425	9 867	10 819	15 000	17 000	18 255	11 204

爱辉区水库渔业生产基本情况表

表6－9

序号	名　称	位　　置	养殖面积(亩)	权属	主要养殖品种	备注
1	西沟水库	西岗子、罕达汽境内	19 000	黑河市	鲢、鳙、鲤、公鱼、狗鱼	—
2	象山水库	新生、罕达汽境内	21 300	黑河市	鲢、鳙、鲤、鲫	—
3	宋集屯水库	西岗子境内	2 400	爱辉区	鲢、鳙、鲤、鲫、大银鱼	—
4	卧牛湖水库	上马厂境内	4 200	爱辉区	鲢、鳙、鲤、鲫	—
5	哈拉苔河水库	罕达汽境内	2 400	黑河市	鲢、鳙、鲤、鲫、大银鱼	—
6	红旗水库	幸福乡境内	800	爱辉区	鲢、鳙、鲤、鲫	—
7	宝圆水库	上马厂境内	200	爱辉区	鲢、鳙、鲤、鲫	—
8	富拉尔基水库	坤河乡境内	282	爱辉区	鲢、鳙、鲤、鲫	—
9	富地营子水库	罕达汽境内	8 900	黑河市	—	在建工程
10	石头人水库	幸福乡境内	100	爱辉区	鲢、鳙、鲤	—
11	西岗子煤矿水库	西岗子境内	200	爱辉区	—	闲置
12	小乌斯力水库	四嘉子乡境内	600	爱辉区	鲢、鳙	—
13	松树沟水库	西岗子境内	80	爱辉区	鲢、鳙、鲤	—
14	河南屯水库	—	—	爱辉区	—	废弃
15	下二公水库	—	—	爱辉区	—	废弃
16	小三嘉子水库	—	—	爱辉区	—	废弃

六、养殖产量

1983年以后，随着科学进步，生产力的发展，渔业生产养殖水平不断提高，养殖产量呈逐年上升趋势，特别是推广驯化养鱼技术后，渔业苗种供应充足，水产品市场稳定，养殖产量成番增长。1983年全市的养殖产量只有29吨，到1990年达到了201吨，1999年全区的养殖产量达到520吨，到2005年为390吨。

1983—2005年部分年份爱辉区（黑河市）渔业养殖产量表

表6－10

年份	1983年	1984年	1987年	1990年	1996年	1999年	2000年	2005年
渔业产量(吨)	29	54	101	201	450	520	520	390

七、养殖常用工具

1983年以后，黑河市的水产养殖经历了养殖初期简单的粗放粗养到中期的半精养的养殖方式，发展到集约化高密度精养。随着养殖技术的不断进步、变革，渔业工具也由简单的生产工具向科技含量高的生产工具演变。

池塘养鱼常用主要渔业生产工具有打浆机——用以粉碎豆浆，投饲水花、夏花阶段的苗种。颗粒饲料机组——主要有平模工颗粒饲料机、环模式颗粒饲料机，用以压制颗粒饲料。水泵——常用的是离心泵、潜水电泵，用于池塘注、排水。发电机组——供应生产用电。增氧机——用于渔池增氧。投饵机——用于机械化投喂。捕鱼生产工具为拉网，分为分水花网、夏花网、鱼种网和成鱼网，用以捕捞苗种和捕获成鱼。

第四节　水产捕捞

爱辉区水产捕捞业的捕捞区域主要是黑龙江我国水域，其次是内陆河流及泡沼、水库的渔业捕捞。

一、主要捕捞对象

爱辉区水产主要捕捞对象是以黑龙江鱼类为主。其捕捞量最大的品种主要有鲤形目、鲶形目、鲑形目鱼类。

爱辉区常见主要捕捞鱼类表

表 6－11

目　类	科　别	属　类	品　种	别　名	数　量	备　注
鲟形目	鲟科	鳇属	鳇鱼	—	+	大型鱼类
		鲟属	史氏鲟	—	+	中型
鲑形目	鲑科	大马哈属	大马哈鱼	—	+	—
		细鳞属	细鳞鱼	—	+ +	—
		鲑属	哲罗鱼	—	+ +	—
		白鲑属	乌苏里白鲑	雅巴沙、兔子鱼	+	—
	胡瓜鱼科	公鱼属	公鱼	黄瓜香	+ +	小型鱼类
	狗鱼科	狗鱼属	狗鱼	—	+ +	—
鲶形目	鲶科	鲶属	六须鲶	怀头	+ +	—
		—	鲶鱼	—	+ + +	—
	鮠科	—	黄颡	嘎牙子	+ + +	小型鱼类
		乌苏里鮠	牛尾巴	+ + +	—	小型鱼类
鳕形目	—	江鳕属	江鳕	山鲶鱼	+	—
鲈形目	鳜科	鳜属	鳜鱼	鳌花、桂花	+	“三花五罗”之一
	塘鳢科	—	葛氏鲈塘鳢	还阳鱼、老头鱼	+ + +	—
	鳢科	—	乌鳢	黑鱼	+ +	—

续表 6－11

目　类	科　别	属　类	品　种	别　名	数　量	备　注
鲤形目	鳅科	—	泥鳅	—	＋＋＋	小型经济鱼类
			花鳅			
	鲤科	鲢属	鲢鱼	白鲢	—	池塘养殖鱼类
		鳙属	鳙鱼	花鲢、胖头鱼	—	
		草鱼属	草鱼	草根	—	
		马口鱼属	马口鱼	—	＋＋	小型鱼类
		鳡属	鳡鱼	干条	＋	—
		雅罗鱼属	雅罗鱼	华子鱼	＋＋	—
		岁属	常见的真岁、湖岁、拉氏岁、花岁			小型鱼类
		鳊属	长春鳊	鳊花	＋	—
		鰺属	鰺条	白漂子	＋＋＋	小型鱼类
		鲴属	银鲴	黄姑子	＋＋＋	—
		鳑鲏科	黑龙江鳑鲏	胡芦子	＋＋＋	小型鱼类
鲤形目	鲤科 鲤亚科	鲫属	鲫鱼	鲫瓜子	＋＋＋	—
		鲤属	鲤鱼	鲤子	＋＋＋	—
		麦穗鱼属	麦穗鱼	麦穗鱼子	＋＋＋	小型
		蛇鮈属	蛇鮈	川丁子	＋＋＋	—
		鲇属	唇鲇	重唇、重重	＋＋＋	—
			花鲇	花吉勾、吉勾鱼	—	—

说明：＋数量较少，＋＋数量多，＋＋＋数量较多

二、主要渔具

爱辉区处于高寒地区，封冰期长达半年之久，因此，各季渔具各有不同。

黑龙江流域的渔具种类繁多，其中有同物异称的，也有构造相同而作业方法不同的，全省共有渔具 11 类 55 种，其中刺网类 10 种，分拉网类 7 种，撒掩网类 3 种，张网类 3 种，敷网类 1 种，掩网类 3 种，抄网类 3 种，耙刺类 4 种，钓具类 9 种，陷井类 9 种，笼壶类 2 种。常见的渔具分为明水期渔具和封冰期渔具。

（一）明水期渔具

常用的网具有刺网类，即单层刺网、双层刺网、三层挂网，刺网中以淌网最为常见，淌网一般长 200～600 米，配以机械渔船，捕捞量较大，成为黑龙江捕捞的主要作业工具；曳网类有大拉网、小拉网、池塘鱼种网；定置渔具主要有水库、江河渔业捕捞的谜魂阵、网箱、张网、亮子；掩网类有旋网，主要用于池塘、小泡沼的鱼类捕捞；杂渔具有圈网、花篮子、钓钩、鳇鱼钩等等。机械淌网的作业方法是一人驾船驶至江中网滩，将网一端系浮漂抛于江中，架船逆流以 45 度角向上缓行，边行进边撒网，直至把网全部撒完，网尾端亦系浮漂，然后船随网一同向下游“淌”，直“淌”至网滩末端收网起鱼。

（二）封冰期渔具

爱辉区冬季冰封期达半年之久，冰厚1.2～1.7米，冰封期中没有大规模的捕捞作业，常年的只有零星的使用冰下挂网穿冰网作业，用以捕捞水域中的小型鱼类，产量极少。

（三）捕捞船只

1983年，全市的渔业捕捞用船只有99艘，到1984年增加到141艘。随着科技的进步，经济的发展，到1990年全市已有大小渔船364艘，到2000年末增加到366艘，渔业捕捞产量成倍增长。2005年捕捞渔船219艘。常用捕捞船有木质非机动船、木质机动船、铁质非机动船、铁质机动船，长度一般为6米，8～12马力柴油机驱动。

三、捕捞作业网滩

爱辉区的水产捕捞业是以黑龙江我国水域捕捞为主、其他江河捕捞为辅。辖区内黑龙江江段的主要网滩有24个，由上游起分别为小新屯网滩、大新屯网滩、白石砬子网滩、达音山网滩、泡子沿网滩、炮台网滩、下酒柜网滩、小北屯网滩、霍尔沁网滩、法别拉网滩、上马厂网滩、小黑河网滩、长发网滩、长发社办网滩、三岔河网滩、小乌斯力网滩、卡伦山网滩、五道沟网滩、三道沟网滩、头道沟网滩、城关网滩、黄旗营子网滩、坤河网滩、富拉尔基网滩。这些网滩水流平稳、水底平缓无障碍物，产鱼量较高。

四、捕捞产量

1983年全市渔业捕捞产量54吨；1984年渔业捕捞产量32吨；1987年渔业捕捞产量86吨；1990年渔业捕捞产量112吨；1996年渔业捕捞产量138吨；2000—2005年，渔业年捕捞产量稳定在180吨。

第五节　渔政管理

1979年，成立水产局渔政股，当时有渔政执法人员3名，一个机构、两块牌子（渔政股、爱辉检验站），2003年3月，中华人民共和国渔业船舶检验局爱辉检验站成立，渔政股与爱辉检验站合属办公，渔政执法人员达到5名，主要负责黑龙江流域我国184.3千米水域以及境内自然水域的渔政管理及渔业船舶检验工作。主要执法依据是《中华人民共和国渔业法》《中华人民共和国野生动物保护法》《中华人民共和国渔业船舶检验条例》。

1983年以后，渔政执法工作主要以保护渔业生态环境、禁渔期管理为主。为保护鱼类产卵繁殖，增殖涵养渔业资源，促进渔业可持续发展，按上级规定黑龙江水域的禁渔期分为两季，共55天，分别为6月11日至7月15日、10月1日至10月20日。在禁渔期内，禁止一切捕捞作业（包括抄网），渔船、渔具要撤出作业场所（滩地），船加锁、渔具入库，实行船网分离。禁渔期间的管理目标是实现“江中无渔船、水中无网具、市场无江鱼”。

1983—2004年末，“渔业捕捞许可证”由县级水产部门审核发放，2005年起黑龙江省实行限额捕捞制度，爱辉区核定“捕捞许可证”149本，渔民统一换发农业部印制“渔业捕捞许可证”。

渔政执法人员不断加大对水生野生动物保护力度，2005年5月9日，爱辉区张地营子小新屯一渔民误捕到国家二级水产野生保护动物鳇鱼1条，该鱼体长2.9米，体重150千克。该渔民没有向主管部门汇报情况，私自进行出售，此行为违反《中华人民共和国野生动物保护法》第16条、第22条的规定,依据《中华人民共和国水生野生动物保护实施条例》第26条、第28条的规定,对其作出没收非法所得8 600元,没收捕捞用船、网;处罚人民币1万元。由于该渔民态度恶劣,不配合渔政执法人员执法,最后由爱辉区人民法院强制执行。

第六节　水产品经销

1984年,黑河市只有1家水产品供销企业即黑河市水产供销公司,下设环城商店和水产商店。黑河市水产供销公司是国有商品流通企业,有冷冻库房300平方米,冷藏能力70吨,每年可向市民提供冷冻海、淡水水产品1 000吨,基本满足全市人民的需求。

改革开放后,水产品经营品种由原来的几个增加到几十个品种。丰富了人们的菜篮子。

1996年后,在市场竞争压力下,水产供销公司的经营陷入困境。黑河市水产商店是黑河市水产供销公司的直属商店,主要经营渔具、日用品等,1998年黑河市水产商店经区政府批准,由原职工入股改制成为股份合作制企业,与水产总站脱离隶属关系。

2000年10月,水产供销公司和下属黑河市水产环城商店经区政府批准改制,经竞卖转为民营企业,职工领取再就业补偿金后与水产公司解除劳动关系。

第七节　水 产 协 会

西岗子镇是爱辉区的水产养殖重点乡镇,拥有较好的渔业养殖基础。全镇养殖产量、面积、质量逐年稳步提升,养殖产量140吨,占全区产量的22%,并以每年5%的速度递增。

随着经济的发展,以户为单元的传统经营模式已很难适应市场发展的需要,在新形势下,西岗子镇养殖大户徐德生带领周边渔业户依托西岗子镇千亩渔场,成立了爱辉区第一个渔业养殖协会,即西岗子镇渔业协会。协会成立于1986年,协会的宗旨是生产互助、共同进入市场,增强抵御风险的能力,提高利润,实现“风险共担、利益共享”。成立之初西岗子水产协会共有成员14人,均为西岗子养殖户。协会坚持“积极开拓、创新办会”的原则,将渔业的产前、产中、产后等环节有机结合起来,进行一体化经营。经过19年的发展,到2005年西岗子渔业协会已拥有成员53人,成员遍布全区各乡镇,在临近的嫩江县、呼玛县均有成员。到2005年渔业协会已发展成为爱辉区水产技术推广、新品种养殖的前沿,已成为带动全区渔业发展的民间组织。

第四章　农业机械

第一节　机　　构

1983年6月,爱辉县与黑河市合并,成立新的黑河市农业机械局。1984年2月,改为农业机械总站,隶属于黑河市农牧渔业局,副科级建制。11月,升为正科级建制,列为市政府直属机构。1986年10月,改为黑河市农业机械局,下设综合股、财务股、审计股、经管股、修造股、后勤供应股、监理站;所属事业单位有农机学校(副科级)、农机中心;所属国营企业有农机公司、第一机械厂(副科级单位)、农机修造二厂、农机车队；所属集体企业有立志联营公司、龙江公司、农机配件厂。1993 年 4 月撤市建区，黑河市农业机械局更名为爱辉区农业机械管理局，正科级建制，编制 28 个，实有 21 人。下设机构为修造股、财务股、经管股、生产股、办公室、审计股、供应股。1996 年 3 月，更名为爱辉区农业机械管理总站，内设机构不变；管辖 13 个乡镇机管站，3 个事业单位，包括爱辉区农业机械化学校（副科级）、爱辉区农业机械化技术推广服务中心（副科级）、爱辉区农机安全管理站，8 个企业单位，包括黑河市农机修造厂（正科级）、黑河市农业机械供应公司（副科级）、农机二厂、农机三厂、农机车队、立志公司、龙江五金商店、鑫升商店。

2000 年 3 月，乡镇机管站下放到所在乡镇管理。

2001 年 8 月，农机车队被永恒汽车修配部兼并；2002 年 6 月，农机公司宣告破产；农业机械化学校和农广校并入农职高中，归属区教育局管理。

2003 年 12 月，农业机械维修服务中心（原农机一厂）完成分块出售；黑河市环城机械厂（原农机二厂）、农机零配件厂（原农机三厂）、立志汽车修配厂、龙江五金商店、西岗子加油站先后破产倒闭；鑫升商店剥离经营后转为个体。

2005 年 7 月，爱辉区农业机械管理总站更名为爱辉区农业机械管理局；机构性质、级别、人员编制、经费渠道、内设机构不变。当年底，对各乡镇监理员实行垂直管理。截至 2005 年末，爱辉区农业机械管理局所属事业单位有爱辉区农机化技术推广站（副科级）、爱辉区农机安全监理站（正股级）。

第二节　农业机械化

1983 年，随着家庭联产承包为主体的农业生产责任制的实行，农业机械出现了集体、个体两种所有制和多层次、多样化的农机服务经营方式。

1987 年，国家确定在黑河市进行农机化综合试点，试点工作取得较好成果，促进了粮食增产、农民增收，推动了农村经济发展，并探索出高寒地区机械化作业、农机具更新、农机服务体系建设等多条新路。

1990 年，在全市开展“铁牛杯”竞赛活动，紧紧围绕“科技兴农”总目标，进一步完善农机经营管理体制，推动了农机化生产，加快了大型农机更新步伐，促进了农机服务组织建设，农机具技术状态有了明显提高，并取得了 2 金 1 银的好成绩。同年 7 月在黑河市召开了全国农机化综合试点工作汇报会。

1994—1999 年，全区开展农机化工程。主要内容是田间机械化生产、大型农业机械更新、农机化生产和新技术推广、农机服务体系建设和农业机械管理，拖拉机总动力由 1994 年 65 321 千瓦增加到 81 907 千瓦，机械化总投资由 1994 年的 6 489 万元增加到 10 319 万元。

2000—2001 年，全区开展农机化创新工程，主要内容是农机化技术创新，农机管理创新和农机服务创新。创新工作在农业生产、机群技术状态及农机培训改革新法上取得了很好的成绩，同时组建了上马厂农机股份有限公司和爱辉区农机经营服务中心，争取到黑龙江省和爱辉区农机资本运营资金共 100 万元。

2002—2003 年，全区加强农机化生产和农机具的更新力度，提高了整地质量，农机具的更新取得了一定成绩，农机具从小型机具向中型机具更新，但大型农机具更新较少，仍然制约着爱辉区农机化耕作水平。

2004—2005 年，国家加大对农业的扶持力度，取消了农业税，为农民发放种粮补贴，在农机具扶持政策上给予大力支持。从 2004 年起爱辉区重点开展了农机作业合作社项目建设，先后分别落实到爱辉镇爱辉村、北三家子村，西岗子镇坤站村和坤河达斡尔族满族乡坤河村。4个农机作业合作社国家共补贴资金307.5万元，农民自筹125万元，全部用于购置大型农机具，共购置大型拖拉机14台，其中80马力1台，100马力11台，120马力2台；大型联合收割机10台；大中型配套农具31台（件），提高了爱辉区农机化水平。2年里利用4个农机作业合作社的优势，全面推动了爱辉区标准化作业和农机具更新力度，为促进农业增产农民增收打下良好基础。

1984—2005年爱辉区（黑河市）农业机械化发展情况表

表6－12

项目 年份	拖拉机保有量		平均每千瓦完成作业量（标亩）	联合收割机（台）	大中型配套农具（台）	大中型拖拉机与农具配套比%	机械化总投资（万元）	机械化程度（千亩）							
								机耕地		机播地		机中耕		机收获	
	总台数（台）	总动力（千瓦）						面积	%	面积	%	面积	%	面积	%
1984	1 146	40 402	187	439	3 203	3.7	3 672	918	100	657	85	184	68	571	78
1985	1 675	47 011	152	437	3 143	3.2	3 824	873	100	579	84	117	56	450	68
1986	1 764	48 154	129	430	3 263	3.2	3 875	868	100	656	92	123	55	324	54
1987	2 084	55 370	91	464	3 125	2.8	4 075	868	100	657	93	230	75	352	53
1988	2 395	55 647	83	482	3 284	3.1	4 172	867	100	525	89	228	82	275	52
1989	3 011	61 930	82	482	3 179	2.9	4 212	860	100	612	91	273	85	388	59
1990	3 101	59 878	75	305	2 916	2.9	4 329	819	98	638	94	298	96	382	56
1991	3 361	61 966	76	324	2 866	3	4 792	813	98	622	92	288	94	423	63
1992	3 437	64 464	60	281	4 281	4.6	5 242	810	99	624	93	303	93	430	65
1993	3 478	59 365	72	287	3 739	4.4	6 303	893	98	665	93	423	89	430	59
1994	3 912	65 321	65	253	4 545	5	6 489	578	95	520	89	478	98	408	61
1995	3 954	66 627	65	247	4 547	4.9	6 722	661	88	614	93	405	99	443	67
1996	3 755	62 734	69	234	3 139	3.9	7 076	740	84	699	95	358	95	520	93
1997	3 721	63 185	68	253	3 210	3.8	8 047	827	90	757	93	449	99	616	76
1998	3 738	63 657	60	268	3 315	3.9	8 583	871	95	825	95	484	99	871	85
1999	5 066	81 907	49	309	2 149	2.1	10 319	878	96	778	89	503	93	647	74
2000	5 096	82 692	64	314	2 244	2.2	10 687	872	98	795	91	565	95	525	63
2001	5 142	83 490	44	318	2 256	2.1	10 823	823	95	765	91	600	98	561	71
2002	5 235	85 147	44	340	2 423	2.1	11 235	841	97	744	89	632	95	691	83
2003	5 370	89 389	42	365	2 443	1.7	11 905	865	99	767	92	661	98	625	78
2004	5 593	94 914	47	414	2 603	1.5	13 053	1 200	100	1 152	96	1 011	100	973	81
2005	5 794	95 498	47	416	2 936	1.4	14 128	1 220	100	1 183	97	1 050	99	1 040	85

第三节　农机管理

1984年,实行家庭联产承包责任制,大型农业机械由过去村(大队)集体单一经营变为村集体经营、连户经营、独户经营等多种经营形式,以独户经营和连户经营为主。由于土地经营规模的变小,失去了大型农机具的优势,大型农机具的技术状态和作业量逐年下降,小型农业机械增长速度较快,作业量也在逐年上升。

当时农机管理面临新的问题,一是在原来计划经济体制下,农机一直是实行统一管理,机有库,具有棚、有场,有标准的油料库、零件库,村(大队)机耕队有技术员,管理较规范;二是农业机械下放到户后,变为私有财产,过去的一些管理规章制度已不适应新形势,无机户种地难,有机户代耕经营难的问题普遍存在。

1989—1991年,由省农业机械管理局发起恢复大型农业机械技术状态为目的的"铁牛杯"竞赛活动。经过3年的"铁牛杯"竞赛活动,使大型农业机械的技术状态恢复到完好状态。同时对农户购置的大型农业机械,政府给予了20%的资金补贴,调动了农户的购机积极性,全区3年内购入大型联合收割机100多台,大马力拖拉机50多台,大型农具100多台,农机化水平有了很大程度的提高。

1994—1999年,爱辉区推进农机化工程。农机化管理进入了一个稳定发展的阶段,农机具更新逐步从小型机具向大中型机具转变,国家开始对农民购置农机具进行补贴,激发了大户农民购机热。爱辉区农业机械管理局加强了农机生产管理工作,制定了爱辉区《农机作业质量管理办法》,加大了村级农机作业质量监督员的培训。

2000—2003年,继农机化工程之后,着重开展了标准化耕作,农机联合体统一经营连片种植,加大农机具更新力度,抓好农机化服务,提高大型农机具作用,突出规模经营,以农业增产农民增收为目标,完善了农机化管理。

2004—2005年,国家加大对农机具补贴力度,爱辉区组建4个农机作业合作社,国投农机装备资金307.5万元,农民自筹资金125万元,4个农机作业合作社的农机装备总投资金432.5万元,全部用于购置大型农机具。利用农机作业合作社先进机械的优势,连续2年召开"秋整地现场会",在全区大力推广深松技术和标准化作业。农机作业合作社实现了规模经营,统一管理,连片作业。在操作上以各乡镇为单位,严格执行《黑龙江省田间作业质量标准》,推进标准化作业和深松整地技术,以打破"犁底层"、建立"土壤水库",提高耕地抗御自然灾害能力为目标。2005年,共完成秋整地91.8万亩,其中,深松整地35万亩,深翻整地30.5万亩,耙茬26.3万亩。

第四节　农机人员培训

1983—2005年,爱辉区(黑河市)以农机校为培训基地,采取多种形式,先后培训包车组长469人,农机技工52人,农民农机技术员110人,农机函授学员256人,女拖拉机手51人,联合收割机手798人,农机职工中专56人,农民中专150人,中学生农机实用技术培训40人,机关事业单位汽车驾驶员初、中、高级工技师639人,质检员115人,拖拉机驾驶员3 949人,驾驶员等级培训1 102人。此外,还培训了一大批修理工、燃油工、统计员、核算员和驾驶员复训等共计4万多人次。

2000年,"三权下放"(人权、财权、物权),乡镇监理员划归各乡镇政府管理。为了加强农机监理员队伍,加大各项规费的收缴力度,区政府决定,自2005年底,爱辉区农业机械管理局对全区各乡镇29名农机监理员实行垂直管理。

第五节　农机修造

20世纪80年代,随着农业机械化事业发展,农机修造企业得到较快发展,爱辉农机修造厂改为黑河市农业机械维修服务中心,并充实了技术力量和设备,提高了修理能力和机械加工范围。爱辉镇、西岗子镇、上马厂乡、四嘉子乡、张地营子乡、二站乡、罕达汽镇7个乡镇农机修理厂提高了承修能力和承修范围。形成了以黑河市农业机械维修服务中心为主,爱辉镇、上马厂乡等乡镇农机修理厂为辅的农机维修网络。

1990年,根据《黑龙江省农用链轨拖拉机恢复性修理补贴管理办法》的规定,在全市实行农用链轨拖拉机恢复性修理工时补贴。1999年,省投入资金30万元,修理厂自筹资金10万元,购进2套农机修理设备,装备了上马厂乡、爱辉镇农机中心修理厂。2000年初,所有乡镇农机修理厂归各乡镇政府管理。2001年初,根据国家政策,各企业实行产权制度改革。2002年末,农机系统8家企业,结合各企业的实际情况分别采取破产、股份制、出售等形式,完成企业产权制度改革工作。随着个人私营经济的发展,农机销售、维修市场出现了个体股份制等私有经济。2005年,全区共有私营农机销售42户,农机销售人员100余人;农机维修27户,农机修理工80余人。

1983—2005年,全区各国有企业、集体企业、私营企业共维修各类农机具约2 700台(件),销售各类大中小型农机具约25 520台(套),农机配件销售额约为22 000万元。

第六节　农机改造和技术推广

1984年,引进水稻工厂化育秧和机械插秧技术,从吉林引进日本久保田插秧机3台,大棚2栋,在黑河市第二良种场试验面积41.25亩,亩单产279.5千克,比散播对比田增产3.5倍。1985年扩大试验面积,先后在第一良种场、前拉腰子、第二良种场、东岗子试验示范面积664亩,亩产201~327.65千克,比散播增产1.3倍。

1986年,从呼和浩特油泵油嘴厂引进小型液压升降器与小四轮拖拉机配套进行推广,可配挂小型播种机、翻地犁、中耕犁等多种农具,降低了驾驶人员的劳动强度,提高了作业效率和质量。同时将牵引五铧犁改成悬挂四铧犁,由于牵引五铧犁存在着牵引阻力大,维修费用高等缺点,改装成悬挂四铧犁后,去掉地轮、沟轮、尾轮及轴,去掉牵引架,增加悬挂三角架、限深轮后,成为悬挂四铧犁,优点是结构简单,转变半径小,维修费用低。

1990年引进了JL-1075、E-514联合收割机自带桔杆粉碎还田装置试验示范,推广桔杆粉碎还田技术,经实践验证,粉碎效果好,抛撒均匀,深受农民欢迎。同年引进松江120大马力拖拉机试验示范,配挂IL-735型悬挂七铧犁,IBJ-5.3中型圆盘耙,在上马厂乡西山后村试验示范。

1994年,主要推广大豆全程机械化技术。大豆播种面积占耕地面积50%以上,大豆生产全程机械化是降低生产成本,降低劳动强度,节本增效的有效途径。引进了2~6行大豆精量点播机,一次性可完成化肥深施、双行精量点播、播后起垄等工序,播种质量好,出苗齐,使大豆机播质量上了一个新台阶,推广面积40万亩。同时引进美国迪尔公司生产大豆专用割台,配装到小麦联合收割机上,收割大豆,割茬低,不留猫耳茬,收获损失率降到4%以下,比用小麦收割机收获大豆降低损失6%左右,推广面积6 000亩。

1996年，推广玉米大双覆技术，从虎林农机厂引进10台气力式精密播种机，10套小四轮改距装置，在沿江5个平原乡镇试验示范面积600亩，以解决北部寒区积温不足，玉米产量不高的难题。经过1年试验，玉米产量达6 500～8 000千克/公顷。但由于玉米大双覆栽培技术用工量大，不适应人少地多地区推广。

1999年，推广大豆专用割台技术，为了解决大豆机械收获割茬高，损失大，大豆机收推广速度慢的问题，引进佳联生产的大豆专用割台改装技术，对爱辉区的300多台大型联合收割机进行技术改造，把原有的钢台改成绕性割台，解决了上述问题，深受农民欢迎。

2002年，引进大豆行间覆膜技术，从嫩江农机厂引进大豆行间覆膜施肥播种机1台，在坤河达斡尔族满族乡新民村和幸福乡红旗桥村3块不同土质的地块上试验示范，大豆平均增产30%，该项技术在爱辉区逐步推广。同年，引进北京绿宝丰科技有限公司生产的转光膜，在小黑河村蔬菜大棚上对比试验，转光膜棚内温度比对比棚内温度高3℃～4℃，地温高1℃～2℃，试验棚内的瓜菜比对比棚内的瓜菜提前7～10天上市，经济效益是对比棚的1.6倍。

2003年主要推广牧业机械。落实粮转畜战略，配合爱辉区政府从哈尔滨市牧机、齐齐哈尔市牧机引进120台小型青贮机、揉切机、粉碎机投放到屯村、农场、林场养殖大户使用，较好地解决了饲草不足的问题。从山东省淄博引进小型机械挤奶机在爱辉区推广，较好地解决了养奶牛大户人工挤奶劳动强度大、劳动力不足的问题，扩大了养殖规模，提高了鲜奶质量。

2004—2005年，通过组建农机作业合作社，引进100马力以上胶轮拖拉机、深松浅翻犁、翻转五铧犁、大型联合整地机、气力式精量播种机在爱辉区4个试点村试验示范。连续两年在爱辉镇召开深松整地现场会，经两年的对比试验，深松整地的地块比对比田粮食增产20%～25%。

第七节　农 机 企 业

20世纪80年代，农机修造企业均归黑河市农业机械局所属。当时，国营企业有农机公司、第一机械厂（副科级单位）、农机修造二厂、农机车队；集体企业有立志联营公司、龙江公司、农机配件厂等。在企业产权制度改革中，农机局所属各企业均在2001—2003年间完成产权制度改革，并解决了职工养老统筹和经济补偿金问题。2001年8月，农机车队被永恒汽车修配部兼并；2002年6月，农机公司宣告破产；2003年12月，农业机械维修服务中心（原农机一厂）完成分块出售；黑河市环城机械修造厂（原农机二厂）、农机零配件厂（原农机三厂）、立志汽车修配厂、龙江五金商店、西岗子加油站先后破产倒闭；鑫升商店剥离经营后转为个体。

一、黑河市农业机械维修服务中心（原农机一厂）

1956年成立，人员最多时有600多人。1985年8月被定位正科级单位。主要承担全区的农业机械的制造和修理及农机配件的生产。主要产品是东方红75/54后桥壳体、前横梁、变速箱减速齿轮离合器、固定滑动叉及各种轴承。同时对农业机械、民用各种柴油机、汽油机等机动车辆进行维修。并兼有地方性工业作业，主要生产建造采金船、卫生筷子机、各种机械的制造和安装。1995年配合国有资产管理局对该厂进行了资产评估，2003年12月初，通过分块出售资产变现的形式对职工进行了安置，改制结束。

二、黑河市环城机械修造厂（原农机二厂）

黑河环城机械修造厂始建于1971年，原为幸福机管站修理厂，1981年改建为黑河市农机修造二厂，1999年7月改名为黑河环城机械修造厂，位于黑大路3号，隶属于爱辉区农机局，属国有企业。

1995—1997 年租赁承包，1997—2002 年处于停产半停产状态，2002 年 3 月，经爱辉区人民政府体制改革办公室批准，黑河市环城机械修造厂改制为股份合作制企业。该企业零价出售给在岗职工，有 6 名职工出资入股，于 2003 年 8 月成立黑河市环城机械修造有限责任公司（股份制企业）。

三、黑河市农业机械供应公司

1961 年 6 月成立，时称爱辉县农机供应站；1983 年撤县并市时，更名为黑河市农业机械供应公司；1986 年 6 月被定为副科级单位。主要经营农业机械、五金配件、排灌机械等。1990 年，年销售额达 1 100 多万元，全员职工 140 多人。至 90 年代末，在市场经济的大环境下，企业经营效益逐年下降。2002 年 6 月 4 日，黑河市农业机械供应公司宣告破产。

四、农机车队

农机车队于 1973 年 4 月成立，主要经营汽车货运、配件商店，后期出租车库。汽车货运以木材运输、煤炭运输为主，效益较好。1998 年因个体营运车辆增多，市场竞争激烈，企业经营管理不善，效益逐年下降，处于停顿状态。2001 年 8 月企业并轨改制，农机车队被永恒汽车修配部兼并。改制时在职职工 241 名，退休 2 名。

第五章　农业综合开发

第一节　机　　构

黑河市农业开发办公室成立于 1992 年，编制 5 个。1993 年撤市建区，更名为爱辉区农业综合开发办公室。当年 11 月 10 日，爱辉区农业综合开发办公室隶属爱辉区人民政府，成为区政府职能机构，为副科级独立事业单位。2001 年并入爱辉区财政局，为财政局二层机构。至 2005 年，爱辉区农业综合开发办公室仍为副科级事业单位，下设综合股和计财股，编制 8 个。

第二节　项目开发

1994 年，爱辉区被列入国家农业开发项目县。至 2005 年，共实施建设农业开发项目 22 个，其中土地治理项目 10 个、产业化多种经营项目 8 个，科技项目 4 个。总投资 7 066.5 万元，其中，中省资金 3 754.5 万元，爱辉区政府匹配资金 644 万元，自筹资金 1 994 万元，贷款 674 万元。

一、土地治理项目

1994—1996 年，在爱辉镇和西岗子镇建成爱辉区爱岗农业综合开发小区，项目低产田改造 1.8 万亩。1997—1998 年及 2000 年，在西岗子镇建成爱辉区梁集屯农业综合开发小区，项目开荒 1 万亩、低产田改造 0.87 万亩。1999 年，在西峰山乡建成爱辉区西峰农业综合开发小区，项目低产田改造 1 万亩。2001 年，在幸福乡建成爱辉区幸福小区北药生产基地，项目种植北药 0.7 万亩。2002 年，在西岗子镇和坤河达斡尔族满族乡建成爱辉区宏伟小区优质大豆基地，项目种植优质大豆 3 万亩。同年，在上马厂乡建设爱辉区上马厂农业开发小区，项目改造中低产田 0.5 万亩。2003 年，在西峰山乡建成爱辉区哈青优质马铃薯基地，项目种植马铃薯3.3万亩。2004年，在新生鄂伦春族乡建成爱辉区大架山中低产田改造项目，项目中低产田改造2万亩。2005年，在爱辉镇建成爱辉区爱辉镇中低产田改造项目，项目中低产田改造1.1万亩；同年，在二站乡建设爱辉区北二龙农机合作社1个。

上述10个项目共完成国家、省投资2 007万元，共计改造中低产田14.27万亩，开垦宜农荒地1万亩，累计开挖排涝、灌溉沟渠27条257.45千米，修建配套水工建筑物185座，打井30眼，购置喷灌设备53套，建晒场13 800平方米、仓库2 500平方米，营造农田防护林0.74万亩，购置农机具249台（套），改善和新修交通道路224千米，土壤改良6.4万亩，技术培训18 000人次。项目建成后，控制了水土流失，改善了农田生态环境；年均新增粮食生产能力1 749万千克，年均新增产值3 504.26万元，比开发前增长120%；开发小区人均增收770元，比开发前增长105.3%，提高了农业综合生产能力和农民收入；项目区传统旱作低产低价作物的种植面积由开发前的90%减少到开发后的10%，优势作物、高产高效经济作物的种植比例由开发前的10%增长到开发后的90%，促进了农业结构的调整。

二、多种经营项目

1994—1996年，在四嘉子满族乡建设爱辉区三嘉蔬菜基地，建大棚20栋1万平方米，温室1 070平方米，裸地种植5万平方米。1997年，在黑河市乳品厂建成爱辉区赤豆沙生产线技术改造项目，年产赤豆沙1 500吨。2002年，在山珍公司建成爱辉区山珍木耳块生产加工项目，年新增木耳块150吨。2003年，在爱辉镇建成爱辉区马铃薯颗粒全粉加工项目，年加工马铃薯颗粒全粉3 000吨。2004年，在坤河达斡尔族满族乡建成爱辉区奶牛养殖基地项目，年存栏奶牛165头。2005年，在西峰山乡建成爱辉区西峰山马铃薯变性淀粉加工项目，年产变性淀粉3 000吨。在爱辉镇建成爱辉区马铃薯颗粒全粉加工项目，年产马铃薯颗粒全粉2 000吨。在上马厂乡建成爱辉区上马厂乡肉牛养殖项目，年出栏优质肉牛1 350头。

上述8个多种经营项目累计完成国家、省投资1 377.5万元，共建设土建工程12 892平方米、购置设备67台（套），架设输变电线路7.25千米，科技培训2 000人次。项目建成后，新增产值9 580.1万元，实现利润844.15万元。通过多种经营项目建设，开发利用了当地资源优势，扩大了种植、养殖、加工规模，提高了农产品的商品率和市场竞争力。

三、科技项目

2000年，在四嘉子满族乡建成黑河特种蔬菜花卉种植高新技术基地，示范面积67亩，引进番茄美国“名人”、樱桃番茄、紫番茄、五彩甜椒、羊角椒、洋香瓜、伊丽莎白、芦荟、食用仙人掌9个品种，推广二氧化碳叶面施肥、低喷灌溉、浮动栽培技术。2003年，在幸福乡建成黑河市马铃薯组织培养农业开发科技项目，年产脱毒小薯60万粒，原种200吨，各级种薯2 000吨，引进马铃薯早熟鲜食类克新-13、加工专用类大西洋和炸条、炸片类铃田99等3个品种，引进脱毒种薯高产栽培技术及优质马铃薯高产栽培技术2项。2004年，在坤河达斡尔族满族乡建成爱辉区兰旗奶牛服务中心科技项目，引进奶牛全价饲料配制技术和规范化喂养技术，引进冻精品种3个，推广优质奶牛繁育技术、高产奶牛饲养技术、青贮饲料喂养技术3项。2005年，在幸福乡建成爱辉区对俄出口蔬菜服务中心科技项目，引进西红柿和草莓2个品种，引进测土配方施肥和微滴灌技术2项。

上述4个科技项目共完成国家、省投资370万元，占中省投资总额的9.8%。项目建成后，年新增产值356.36万元，实现利润190.76万元。通过科技项目建设，示范推广了一批农业实用新技术、新模式，引进和培育了一批名、优、特种养品种，提高了农业综合开发的科技贡献率。

◎第七篇　林　业

第七篇 林 业

爱辉区林业部门坚持以造林绿化、产业发展、资源保护、依法治林为工作重点，努力开创生态文明建设。加大森林资源监管力度，打击盗伐和非法侵占林地等行为。认真落实防火责任，广泛宣传和普及林业政策法规、生态知识，提高防火意识。1984—2005 年，全区国有造林面积 47 841.3 公顷。全民义务植树 900.77 万株。

第一章 机 构

第一节 林 业 局

1983 年，黑河市林业局书记、局长为副处级，副书记、副局长为正科级，林场为副科级；实行条块管理，直属省林业厅领导。

1993 年 4 月，在“两撤两建”中，黑河市林业局更名为爱辉区林业局，级别为正科级，仍属于条块管理，直属省林业厅领导，林场仍按副科级管理。

1996 年，爱辉区林业局下放地方政府管理，直属爱辉区人民政府领导，级别正科级，林场仍为副科级。

林业局办公楼 2005 年 11 月摄

到 2005 年，爱辉区林业局内设机构和部门有办公室、审计计财股、造林股、资源林政股、文卫股、经营产业股、森林防火指挥办、劳资股。全区林业系统辖 10 个国有林场，2 个防火站，1 个贮木场和 17 个乡镇林业工作站；人口 4 265 人，其中，职工 1 820 名，干部 208 名，林场在职职工 1 688 名，其中，干部 125 名，工人 1 563 名，离休 8 名，退休 619 名；大中专毕业生 91 名，技校毕业生 160 名，大中专在校生 56 名。

第二节 基层单位

一、林场 防火站

到2005年,爱辉区林业局辖13个国营林场、站。其中,国营林场10个、防火站2处、贮木场1处。七二七林场为正科级,北师河防火站为股级,其他均为副科级建制。

(一)大岭林场

大岭林场位于爱辉区西南部,北靠七二七林场,东邻三站林场,西南与嫩江县接壤,行政区划隶属爱辉区二站乡。于1956年建场,到2005年总人口382人。其中,在职职工151人,干部15人,退休人员58人。林场经营总面积2 432 160亩,林业用地2 046 585亩,有林地面积2 046 585亩,灌木林地194 595亩,未成林造林地30 825亩;森林总蓄积5 528 140立方米;森林生态管护面积801 120亩。

(二)桦皮窑林场

桦皮窑林场位于爱辉区北部,距黑河市区114千米,东起黑龙江,北与呼玛县接壤,西与嫩江县及滨南林场相邻,南与七二七林场、大平林场相连,东南是江防林场。行政区域属新生鄂伦春族乡境内。1956年建场,到2005年总人口617人。其中,在职职工180人,干部8人,退休人员48人。林场经营总面积2 749 905亩,林业用地2 178 510亩,有林地面积1 662 150亩,疏林地381 405亩,灌木林地50 385亩,森林总蓄积6 547 130立方米,森林生态管护面积1 073 640亩。

(三)三站林场

三站林场位于爱辉区西南部,场界东南与孙吴县接壤,南邻胜山林场,西和大岭林场交界,北、东同二站林场相邻。施业区南北长19千米,东西宽22千米。场部距黑河市区105千米,行政区域属黑河市爱辉区二站乡。1958年建场,到2005年总人口350人。其中,在职职工132人,干部11人,退休人员33人。林场经营总面积358 740亩,林业用地281 750亩,有林地面积282 750亩,灌木林地11 025亩,未成林造林地5 505亩;森林总蓄积1 148 370立方米;森林生态管护面积127 115亩。

三站林场　　2004年3月摄

(四)河南屯林场

河南屯林场位于爱辉区,东靠黑龙江,南与黑河市(地级)直属卡伦山林场接壤,西与二站、大岭相接,北与江防林场相邻,行政区域属黑河市境内。1959年建场,到2005年总人口141人。其中,在职职工45人,干部14人,退休人员10人。林场经营总面积1 574 130亩,林业用地1 051 050亩,有林地面积 406 257 亩，疏林地 258 045 亩，灌木林地 305 280 亩，未成林造林地 7 605 亩；森林总蓄积 909 190 立方米；森林生态管护面积 801 280 亩。

（五）二站林场

二站林场位于爱辉区西南部，嫩黑公路 151 千米处，东与卡伦山林场、实验林场接壤，西与大岭、三站林场相邻，南连孙吴县，北与七二七林场、大平林场相接。行政区域属二站乡境内。1962 年建场，到 2005 年总人口 240 人。其中，在职职工 111 人，干部 18 人，退休人员 39 人。林场经营总面积 1 847 340亩，林业用地 1 489 245 亩，有林地面积 1 248 885 亩，疏林地 195 090 亩，灌木林地 29 250 亩；森林总蓄积 3 165 740 立方米；森林生态管护面积 503 160 亩。

（六）滨南林场

滨南林场位于爱辉区北部，东起黑龙江畔，西与嫩江县嘎拉山林场相接，南与桦皮窑林场相邻，北靠大兴安岭呼玛县。行政区域属新生鄂伦春族乡境内。1965 年建场，到 2005 年总人口 242 人。其中，在职职工 126 人，干部 6 人，退休人员 53 人。林场经营总面积 1 458 210 亩，林业用地 1 330 695 亩，有林地面积 1 175 370 亩，疏林地 97 110 亩，灌木林地 36 150 亩，森林总蓄积 5 180 990 立方米，森林生态管护面积 689 325 亩。

（七）七二七林场

七二七林场位于爱辉区西部，西与嫩江县接壤，北与滨南、桦皮窑林场交界，东与大平林场相邻，南与二站、大岭相望。南北长 91 千米，东西宽 64 千米。场部距黑河市区 84 千米，行政区域归罕达汽镇管辖。1969 年建场，到 2005 年总人口 433 人。其中，在职职工 258 人，干部 16 人，退休人员 74 人。林场经营总面积 4 746 135亩，林业用地3 951 630亩，有林地面积3 070 665亩，疏林地 338 445 亩，灌木林地497 895亩，未成林造林地16 425亩；森林总蓄积12 095 850立方米；森林生态管护面积749 400亩。

七二七林场　　　　2001 年 5 月摄

（八）大平林场

大平林场位于爱辉区西部，场址距黑河市区 54 千米，距黑罕公路 4 千米。林场东邻江防林场、河南屯林场，南和二站林场相接，西同七二七林场相毗邻，北与桦皮窑林场接壤。行政区域属罕达汽镇。1970 年建场，到 2005 年总人口 206 人。其中，在职职工 102 人，干部 9 人，退休人员 28 人。林场经营总面积 1 450 575 亩，林业用地 1 196 385 亩，有林地面积 1 037 850 亩，疏林地 94 920 亩，灌木林地 17 820亩，未成林造林地 10 785 亩；森林总蓄积 4 712 090 立方米，森林生态管护面积 580 830 亩。

(九)江防林场

江防林场位于爱辉区西北部、黑(黑河)漠(漠河)公路26千米处。北与桦皮窑林场相邻,南、西南与河南屯林场相连,西与大平林场交界,东面以黑龙江主航道与俄罗斯隔江相望。行政区域属上马厂乡和张地营子乡境内。1974年建场,到2005年总人口115人。其中,在职职工77人,干部10人,退休人员12人。林场经营总面积1 349 835亩,林业用地1 125 795亩,有林地面积719 160亩,疏林地199 335亩,灌木林地102 585亩;森林总蓄积1 970 460立方米;森林生态管护面积1 068 585亩。

(十)胜山林场

胜山林场位于爱辉区西南部,距黑河市区124千米,林场东南与孙吴县接壤,西南同嫩江县交界,西靠大岭林场,北和三站林场毗邻。行政区域属二站乡。1977年建场,到2005年总人口339人。其中,在职职工134人,干部14人,退休人员46人。林场经营总面积232 475亩,林业用地210 015亩,有林地面积190 575亩,疏林地5 850亩,灌木林地13 440亩,未成林造林地150亩;森林总蓄积876 970立方米,森林生态管护面积163 275亩。

(十一)望峰防火站

望峰防火站地处爱辉区西部、罕达汽镇政府所在地;北部与七二七林场相邻,南部与大岭林场相连,西部与嫩江县接壤,行政区域属罕达汽镇。1971年建站,到2005年总人口60人。其中,在职职工32人,干部4人,退休人员5人。经营总面积727 800亩,林业用地629 940亩,有林地面积545 175亩,灌木林地82 575亩,未成林造林地2 190亩;森林总蓄积1 868 450立方米。

(十二)大新屯贮木场

大新屯贮木场始建于1980年末,位于爱辉区北部,黑呼公路101千米处,行政区域属张地营子乡。辖区有2个自然屯,到2005年总人口120人,其中,在职职工25人,干部4人,退休人员5人。

(十三)北师河防火站

北师河防火站位于爱辉区西南部,场部距黑河市区205千米。2002年12月27日由爱辉区编制委员会批准建站,股级建制,设站长1人,副站长1人,有职工22人。行政区域属二站乡,辖区有5个自然村屯,主要负责托管辖区森林防火工作。

二、森林公安分局

1984年12月24日,在原保卫科的基础上,组建黑河市公安局林业派出所,副科级建制。定事业编制15个,1988年8月21日,省公安厅批准增加3人,计18人,其中,设正副所长各1职,驻场民警15名,所内3名。业务归地方公安局领导,编制和经费由林业局负责,驻场民警实行局(所)、场两级领导,干警待遇按公安部规定执行。

1985年10月,经上级主管部门批准,将原由各乡镇派出所管理的各林场职工户口交于林业派出所统一管理。1992年9月,根据《中华人民共和国人民警察警衔条例》的规定,全体干警被授予警衔。2000年12月,为加强对干警的管理,便于工作开展,将各林场民警集中办公。

2004年9月,经区委同意由爱辉区编委批准,由原来的林业派出所更名为黑河市林业森林公安局爱辉分局,为黑河市爱辉区林业局所属事业单位,级别为副科级。内设法制科、森林保卫科、刑事技术科、治安科、政工科5个科室,下设大岭派出所、金水派出所、滨南派出所,均为股级建制。到2005年机构设置未变化。

三、林产品经销处

爱辉区林产品经销处位于黑河市区南郊、火车站西南500米处，以经销爱辉区林业局所属林场生产的原木为主业。副科级事业单位，设经理1职、书记1职、副经理2职；在职人员15名。厂区占地面积66 700平方米，铁路专用线830米；厂区内设有熏蒸车间800平方米，办公区域780平方米，有叉车4台、吊车2台、越野车1台。

第二章　森林经营

第一节　经营面积

1984年，黑河市林业经营总面积143万公顷，其中，林业用地面积117万公顷，非林业用地面积26万公顷。林业用地面积中，国有面积115万公顷，占林业用地面积的98%；集体面积2.4万公顷，占林业用地面积的2%。有林地面积843 164公顷，其中，国有面积826 790公顷，集体面积16 374公顷。活立木总蓄积量38 748 914立方米，其中，国有总蓄积为38 279 810立方米，集体总蓄积469 104立方米。森林覆被率59%。

截至2005年底，爱辉区林业局经营总面积120万公顷，林业用地面积99万公顷，非林业用地面积21万公顷。林业用地面积中，国有面积98万公顷，集体面积12 792公顷。有林地面积860 077公顷，其中，国有面积848 672公顷，集体面积11405公顷。活立木总蓄积量51 609 150立方米，其中，国有林总蓄积50 589 210立方米，集体总蓄积1 019 940立方米。森林覆被率64.5%。

1984—2005年爱辉区（黑河市）森林面积蓄积统计表

表7－1

年份	森林面积（公顷）	森林蓄积（立方米）	年份	森林面积（公顷）	森林蓄积（立方米）
1984	843 164	37 076 670	1995	846 534	42 617 990
1985	827 168	37 169 820	1996	846 235	43 527 400
1986	805 586	36 846 730	1997	826 570	44 389 840
1987	807 576	37 866 110	1998	826 464	45 546 170
1988	805 662	39 190 300	1999	835 108	43 228 100
1989	825 551	41 050 200	2000	834 883	44 303 180
1990	805 637	41 485 930	2001	835 163	45 396 880
1991	803 406	42 737 400	2002	835 156	46 588 490
1992	810 379	38 610 150	2003	864 625	44 885 000
1993	810 467	39 588 590	2004	860 041	45 439 310
1994	847 954	41 559 660	2005	860 077	46 335 300

2005年,按林分类型分,落叶松面积33 647公顷,云杉林面积72公顷,红松林面积2公顷,樟子松面积2 138公顷,柞树林面积45 849公顷,柞矮林面积7 554公顷,椴树林面积8公顷,白桦林面积251 296公顷,杨树林面积2 410公顷,针混林面积3 350公顷,硬阔混面积7 947公顷,阔混林面积481 560公顷,针阔混面积24 237公顷,珍阔混面积7公顷。

第二节 经营管理

1984年开始,根据省林业厅实施的财务管理体制,林业局内部实行了"确定收支基数,超支短收不补,超收按比例分成,一定五年不变"的财务大包干的体制改革。随着改革的不断深入,实行了"砸大锅、立小灶,实行财务包干"5年不变的财务大包干体制改革。黑河市林业局与黑河市人民政府签定协议,并相应制定了以经济效益为中心的各项经济责任和目标管理责任制。改革充分调动了广大职工的积极性,至1988年5年的发展,取得了良好的经济效益。

1997年,由于林业资源逐渐减少、经济危困,结合省内部分林业局经验,对全系统人事、用工、分配三项制度进行改革,实行下岗分流、定岗定资。2001年,林业局恢复离、退休、退职人员的生活费和职工工资发放。

1984—2005年,全区林业共实现社会总产值54 721.78万元;实现总利润1 379.53万元;总计上缴税金1 680.79万元。

1984—2005年爱辉区(黑河市)林业局(林业系统)经济指标统计表

表7-2　　单位:万元

年份	总产值	总利润	总税金	年份	总产值	总利润	总税金
1984	514.08	68.79	51.41	1995	2 241.10	147.49	80.31
1985	622	64.46	70.68	1996	2 424.10	70.39	85.75
1986	550.6	48.36	67.25	1997	2 974.30	66.12	92.2
1987	1 207.70	61.19	94.35	1998	2 116.10	-109.59	69.67
1988	1 673.50	52.35	105.15	1999	2 298.70	74.57	79.22
1989	1 667.90	42.41	109.54	2000	2 793.50	25.03	84.53
1990	2 476.50	42.45	73.57	2001	3 349.30	76.84	100.1
1991	2 475.80	-61.41	93.14	2002	3 007.40	96.43	63.48
1992	2 121.20	-0.96	101.63	2003	4 305.60	130.66	56.32
1993	2 650.70	42.14	113.29	2004	4 883.30	89.7	—
1994	2 815.40	75.12	89.2	2005	5 553.00	276.98	—

第三节 育苗

由于受林业整体发展环境影响,爱辉区苗木市场行情较差,加之育苗品种单一,主要为落叶松,国有育苗单位逐步取消了苗木繁育计划。育苗以职工个人小规模投资为主,主要集中在三站林场、江防林场，发展缓慢。

1985 年，黑河市育苗面积 320 亩，出苗量 3 000 万株。1999 年育苗面积较少，仅为 80 亩，出苗量 900 万株。2003 年育苗的出苗量较多，育苗面积 120 亩，出苗量1 500万株。到 2005 年，爱辉区育苗面积共计 5 530 亩，出苗量 56 200 万株。

1985—2005 年爱辉区（黑河市）育苗情况表

表 7－3

年份	育苗面积（亩）	出苗量（万株）	年份	育苗面积（亩）	出苗量（万株）
1985	320	3 000	1996	340	3 600
1986	310	3 100	1997	310	3 100
1987	330	3 100	1998	320	3 200
1988	310	3 100	1999	80	900
1989	310	3 000	2000	310	3 200
1990	330	3 400	2001	130	1 600
1991	300	2 800	2002	140	1 700
1992	320	3 200	2003	120	1 500
1993	360	3 400	2004	110	1 200
1994	320	3 200	2005	140	1 700
1995	320	3 200	合计	5 530	56 200

第四节　幼林抚育

20 世纪 80 年代初，黑河市开始中幼龄林抚育生产。1993 年黑龙江省林业厅在滨南林场召开天然中幼龄林抚育现场会。全区进行中幼龄林抚育生产的有 6 个国营林场，当年完成抚育面积 2 万公顷。

第五节　造林绿化

1984—2005 年，全区每年平均出动造林人员 8 000 余人次，造林验收合格面积为 63 565. 2 公顷，其中，国营造林 46 113. 1 公顷，群众造林 19 556. 3 公顷，四旁（树旁、路旁、水旁、宅旁）绿化 96. 04 万株，义务植树 900. 77 万株，国营林场和群众按年造林绿化计划落实育苗任务，为造林绿化提供优质壮苗。

2005 年，爱辉区政府拨出 10 万元专款用于城市绿化，全社会共投资 100 万元，分别对黑龙江公园、通江路、市区主要街道、社区、学校、营区进行绿化。爱辉区林业局拨款 60 万元，作为购买苗木的专项资金，确保 1 万亩荒山荒地造林工程，4 万亩封山育林工作顺利进行。成活率为 86%，成林面积 5 万亩。

1984—2005 年爱辉区(黑河市)集体(个人)造林义务植树统计表

表 7 - 4

年份\项目	合计	用材林(公顷)	经济林(公顷)	防护林(公顷)	薪炭林(公顷)	"四旁"绿化(万株)	义务植树(万株)
1984	2 652.2	2 572.4	1.2	78.6	—	0.54	45.0
1985	1 971	1 921.5	—	49.5	—	14.8	55.1
1986	211.6	211.6	—	—	—	—	21.0
1987	227.0	198.0	—	—	29.0	—	31.5
1988	125.1	121.9	—	3.2	—	—	36.2
1989	948.0	946.4	—	1.6	—	—	41.3
1990	851.6	849.2	—	2.4	—	—	34.0
1991	1 004.2	1 004.2	—	—	—	2.7	36.0
1992	106.8	106.8	—	—	—	1.5	31.0
1993	936.0	936.0	—	—	—	0.8	50.0
1994	2 382.1	2 361.2	20.9	—	—	1.2	32.0
1995	2 408.7	2 404.7	4.0	—	—	43.0	33.0
1996	2 272.1	2 272.1	—	—	—	2.4	47.3
1997	312.3	296.8	15.5	—	—	2.8	49.4
1998	821.5	821.5	—	—	—	3.8	57.4
1999	1233.6	1217.3	4	12.3	—	10.4	67.0
2000	740.5	739.0	1.5	-	—	11.0	60.0
2001	126.8	122.8	3	1.0	—	—	16.0
2002	188.5	175.8	—	12.7	—	1.1	40.0
2003	36.7	36.7	—	—	—	—	41.67
2004	—	—	—	—	—	—	39.0
2005	—	—	—	—	—	—	36.9
合计	19 556.3	19 315.9	50.1	161.3	29	96.04	900.77

1985—2005 年爱辉区(黑河市)国有造林情况统计表

表 7 - 5 单位:公顷

年份	造林面积	年份	造林面积	年份	造林面积
1985	6 239.8	1992	3 431.3	1999	2 186.7
1986	676.6	1993	3 333.3	2000	2 621.4
1987	2 509.6	1994	3 472.0	2001	689.7
1988	2 251.4	1995	3 472.0	2002	104.2
1989	2 423.0	1996	3 395.7	2003	67.3
1990	2 488.4	1997	3 283.8	2004	667.0
1991	2 412.4	1998	1 905.7	2005	200.0
合计	47 831.3				

第六节　林 木 采 伐

1985年,黑河市10个国营林场实现了“采伐作业规程化、造材规格标准化、市场管理商品化”。同年12月在胜山林场召开了“三化”现场会,并在林业系统进行推广。1985—2000年,爱辉区林业局每年木材采伐出材量均超过5万立方米,其中人工林出材量较少,天然林出材量较多。2001—2005年,木材出材量略有减少。至2005年,全区采伐面积共计68 019公顷,消耗蓄积1 920 039立方米,出材量1 122 069立方米,木材产值24 460.58万元、利润5 284.51万元、税金1 510.74万元。

1984—2005年爱辉区(黑河市)林业局木材生产及产值情况统计表

表7-6

年份	采伐面积（公顷）	消耗蓄积（立方米）	出材量（立方米）	产值（万元）	利润（万元）	税金（万元）
1984	2 657	88 659	23 241	514.08	68.79	51.41
1985	2 865	93 718	56 231	622.00	88.39	62.40
1986	2 674	88 738	53 243	550.60	80.34	56.01
1987	2 900	96 512	57 907	671.60	106.22	74.27
1988	2 641	89 443	53 666	750.40	113.66	72.59
1989	2 556	92 882	55 729	756.20	102.09	75.81
1990	2 709	93 350	56 010	1 464.70	95.73	54.34
1991	3 002	108 987	65 392	1 132.50	51.35	86.84
1992	2 981	100 355	60 213	1 122.10	104.81	94.73
1993	2 652	102 458	61 475	1 915.40	190.43	104.39
1994	2 891	83 947	50 368	1 198.00	419.14	82.84
1995	3 485	93 540	56 124	1 276.50	308.90	70.97
1996	3 512	92 270	55 362	1 017.30	205.50	81.43
1997	3 607	86 912	52 147	1 109.50	171.94	89.39
1998	3 251	89 430	53 658	942.20	112.57	69.67
1999	3 009	83 745	50 247	921.30	210.31	79.22
2000	3 565	85 535	51 321	1 035.70	146.85	84.54
2001	3 233	75 583	45 350	1 400.10	279.14	100.10
2002	2 932	59 917	35 950	1 419.20	424.10	63.48
2003	4 006	74 913	44 948	1 160.30	335.97	56.32
2004	3 878	74 882	44 929	1 439.80	641.99	0
2005	3 013	64 263	38 558	2 041.10	1 026.28	0
合计	68 019	1 920 039	1 122 069	24 460.58	5 284.50	1 510.75

第七节 林副产品

一、林木产品加工

1984—1989 年,是黑河市林产品加工大发展时期,一些林场相继建起林木产品加工厂或加工车间。大岭林场、七二七林场建立了筷子厂,桦皮窑林场建立了胶合板厂(1984 年大火烧后重建,与哈尔滨香坊木器厂结成紧密型联营体),其他各林场相继建立了镰刀把和小型木材加工生产车间,形成了年加工各类木材 5 万立方米,拥有厂房 1.2 万平方米,固定资产 800 万元,年产值 1 000 余万元的林业木材加工体系。

1989—1991 年,由于生产技术落后和自身管理体制等因素的影响,胶合板厂、筷子厂的产品滞销,企业亏损,工厂相继停产。桦皮窑胶合板厂与哈尔滨香坊木器厂联营解体,其他各林场的镰刀把生产车间通过承包租赁维持生产,林业部门与乡镇的联合木器厂分块承包进行剥离经营,爱辉区林产工业呈停滞状态,这一状况持续到 1992 年末。

1993 年,大岭林场筷子厂通过招标租赁重新启动,桦皮窑胶合板厂通过出售设备盘活资金,实现了资产重组。爱辉区林产工业实现市场经济形式下的经营方式的转变。截至 2000 年,各林场通过招商引资,以独资、合资、合作和租赁等方式,先后发展建立木材加工企业 12 家,主要产品有地板块、卫生筷、单板、锯材等 10 多个品种,年加工能力超过 2 万立方米,产值 800 余万元,工业增加值 200 余万元。木材市场对小径材和等外材的需求不断加大,增加了林场的经济效益,实现了林产工业的发展。

2003 年,为更好的提高木材的利用率,生产高附加值的林产品,林产加工企业全部由林场搬迁至市区,统一进行管理。

二、山产品采集加工

1991 年,黑河市林业局投入 40 万元,在原来林业木器厂的基础上与哈尔滨食品工业研究所合作成立了爱辉区山野菜加工总厂,品名为"北疆山珍",以生产保鲜山野菜为主,年设计生产能力 150 吨。1991—1994 年,共生产保鲜山野菜 92 吨,销往大连、大庆、哈尔滨等城市,后因资金缺乏、市场开发和生产技术等因素停产。

1996 年,黑河市爱辉山珍产品有限责任公司成立,公司是以开发本地特有野生食用植物和部分农副产品为主的绿色食品加工企业。到 2005 年,公司主厂区占地面积 12 800 平方米,分厂区占地 4 500 平方米,厂房面积 4 818 平方米;有 4 条现代化生产线和相应的绿色食品生产加工设备 50 余台(件),生产销售产品 7 大类近百余种,销往全国各地。

三、森林特色养殖

1984—2004 年,爱辉区林业畜牧养殖只是职工、家属少量的养殖,没有形成规模。2004 年,林业局以区域经济发展为导向,充分利用资源和地缘优势,号召职工集资入股组织筹建盛林牧业有限责任公司,发展肉牛养殖。通过集资,建起泉山肉牛养殖繁育基地和奶牛场肉牛育肥基地,新建牛舍 948 平方米、库房 400 平方米,维修牛舍 3 480 平方米。当年,改良牛存栏 173 头,育肥牛存栏 73 头,销售育肥牛 98 头,实现销售收入 48.8 万元。到 2005 年,林业系统肉牛存栏 1 919 头、奶牛 19 头、羊 1.46 万只、种猪 110 头,养殖森林鸡 4 000 只,梅花鹿、兰狐、雪狐等特色养殖也逐渐起步。

四、食用菌栽培

1984—1996 年,当地林场的食用菌栽培以段栽木耳为主;为保护林木,1997 年以后,林场全面停止段栽木耳。此后曾进行过少量的袋栽试验,但不理想,因此食用菌产业停滞不前。2004 年,通过考察学习外地经验，全区开始发展地摆木耳。2005 年各林场、站结合本单位实际情况落实资金购置设备，筹备原材料，全系统购进大型装袋机 1 台、小型装袋机 25 台、粉碎机 11 台、搭建蒸菌锅 44 个以及水泵、发电机等设备总投资近 40 万元，完成地摆木耳 95 万袋，蘑菇 17 万袋，实现销售收入 60 万元。

第三章　森 林 保 护

第一节　管 护 规 模

2002 年，爱辉区纳入中央森林生态效益补助试点，全区重点公益林管护面积为 664. 5 万亩，占全省当年试点面积的 23% ，占全区林业用地面积的 42% 。全区参加管护经营的有 10 个国有林场，管护经营面积 655. 8 万亩；11 个乡镇集体单位，管护经营面积 8. 7 万亩。共划分为 302 个责任区，落实管护经营责任人 1 487 名，管理人员 139 名。

2003 年，上级对爱辉区重点公益林进行了重新调整，取消了 10 个乡镇集体单位的试点资格，将其管护的 8. 7 万亩全部划给国有林场，10 个国有林场管护经营面积调整为 664. 5 万亩。全部管护经营区域共划分为 156 个责任区，落实管护经营责任人 1 376 名，管理人员 140 名。

2004 年，国家取消中央森林生态效益补助试点，国家全面开展实施中央森林生态效益补偿基金制度，国家每年投资1 661. 3万元，从根本上解决了长期以来困扰爱辉区森林管护工作资金不足的问题。确定管护形式为专业队管护和个人管护两种，具体有职工家庭联户、职工联合及个人管护等方式。所有职工参加管护，收入稳定，生活水平明显提高。由过去局、林场两级管护变为局、场、队、个人四级管护。

第二节　森 林 防 火

1985 年 1 月，《中华人民共和国森林法》实施，森林防火以法律形式确立。1988 年，国务院发布的《森林防火条例》，进一步将森林防火工作细化。黑河市在森林防火工作中贯彻执行《森林法》《森林防火条例》，实行“预防为主、积极消灭”的方针，针对本地的实际情况，开展森林防火工作，确保森林资源安全。

森林防火宣传演出　　2005 年 5 月摄

2000 年，爱辉区被国家林业局正式批准为全国重点火险区，进行了为期 3 ~ 5 年的综合治理。2001 年上半年，第一期工程款及部分设备已到位，改善和缓解了爱辉区扑火专业队的设备老化和不足的问题，并投资 200 万元，修复了滨泉防火公路。

爱辉区按照国务院总理温家宝森林防火行政领导负责制“五条标准”的指示精神，实施森林防火工作党政领导共同负责制。政府主要领导为第一责任人，分管领导为主要责任人。强化区一级领导包乡镇、包林场，区直各部门和乡镇领导包村屯、包作业点，村屯领导包农户以及林场领导包管护队、管护队员包山头的“一包到底”责任机制，层层签订目标管理责任状。一级抓一级、一级促一级，做到责任明确，措施到位。2005 年 10 月，黑龙江省副省长刘学良到爱辉区检查森林防火工作，并对爱辉区森林防火工作给予了肯定。

1984—2005 年，全区共发生火警、火灾 115 起，其中，重大火灾 8 起、一般性火灾 42 起、火警 65 起，过火面积 1 518 823.9 万亩，其中林地 69 785.9 万亩。出动扑火人员 3 万多人次，车辆 2 347 台次。扑火费用 3 000 多万元。火犯处理分别为判刑 4 人、拘留 22 人、赔偿损失 37 人。火因多是人为酿成，多数为农民点烧秸稞、烧荒、烧防火线所造成。

至 2005 年，爱辉区有森林防火半专业扑火队 14 支、210 人；骨干扑火队 43 支、900 人。全区有风力灭火机 300 台；对讲机 150 部；瞭望塔 14 座；车载电台 20 部；卫星定位仪 14 部；装甲运兵车 2 台；指挥部微机 2 台；指挥沙盘、图板各 1 套；区防火办工作人员 6 人，防火通信系统网络化。

1983—2005 年爱辉区（黑河市）重大森林火灾一览表

表 7－7

起火地点	北纬	东经	发现时间	扑灭时间	起火原因	合计	过火林地面积（公顷）					出动扑火人员（人）
							天然林	人工林	有林地	其他林地	荒山荒地	
罕达汽	50°17′00″	126°05′00″	1986.3.20 14:00	1986.3.23 1:30	火因不明	430	30	0	30	400	400	300
北师河三队	49°55′00″	126°22′00″	1986.4.15 13:40	1986.4.15 16:40	吸烟引起	200.3	0.3	0	0.3	200	200	126
稗子沟	—	—	1986.5.14 9:25	1986.5.14 13:00	电线引起	100	20	0	20	80	80	290
小河里河	50°14′00″	126°19′00″	1986.5.11 13:55	1986.5.14 22:00	机车跑火	12 000	1 440	0	1 440	10 560	10 560	1 045
锦河二十八连	50°30′00″	126°50′00″	1986.5.31 13:20	1986.6.1 18:00	吸烟引起	1 133	113	0	113	1 020	1 020	880
三道卧冬河	49°47′00″	126°22′00″	1986.10.1 12:15	1986.10.4 19:45	其他原因	800	120	0	120	680	680	103
新生宽河南岸	50°54′00″	126°37′00″	1986.10.12 11:25	1986.10.13 14:07	火因不明	1 245	169	0	169	1 076	1 076	213
西岗子曹集屯	49°49′00″	127°23′00″	1987.4.16 19:00	1987.4.17 4:00	烧秸稞	133.3	37	3.3	40.3	93	93	106
上马厂乡新发村	—	—	1987.5.9 14:00	1987.5.10 00:00	电线引起	120	0	24	0	96	96	545
小河里河	50°13′00″	125°59′00″	1988.4.28 13:25	1988.4.28 23:40	火因不明	266	13	0	13	253	253	240
北师河	49°42′00″	126°10′00″	1988.9.26 11;50	1988.9.26 20:40	火因不明	600	4	0	4	596	596	75
新生乡桦皮窑	50°40′00″	126°13′00″	1989.5.4 10:39	1989.5.4 17:30	火因不明	433	0	40	0	393	393	323
滨南施业区	50°47′00″	126°41′00″	1996.9.26 16:00	1996.10.6 6:00	烧防火线	106	4	0	4	102	102	2 000
泉呼河	50°23′00″	126°11′00″	2000.6.19 16:00	2000.6.24 17:00	烧荒跑火	2 500	2 500	0	2 500	0	0	164
大河里河	50°20′00″	125°58′00″	2000.6.21 17:00	2000.6.24 17:00	烧荒跑火	120	120	0	120	0	0	140
北师河	49°10′00″	126°54′00″	2000.6.22 10:00	2000.6.24 7:00	烧荒跑火	700	700	0	700	0	0	70
北师河	49°47′00″	127°09′00″	2000.6.21 10:00	2000.6.22 17:00	烧荒跑火	900	900	0	900	0	0	70
罕达汽镇多宝山	50°23′12″	125°58′28″	2001.9.29 13:40	2001.10.3 18:00	烧防火线	1 666	65	0	65	1 601	1 601	353
滨南林场	50°50′12″	126°54′40″	2001.9.30 14:30	2001.10.4 8:00	烧防火线	987	64	0	64	923	923	250

续表 7－7

起火地点	北纬	东经	发现时间	扑灭时间	起火原因	合计	过火林地面积（公顷）					出动扑火人员（人）
							天然林	人工林	有林地	其他林地	荒山荒地	
锦河农场	50°07′00″	127°00′00″	2002.4.26 14:15	2002.4.26 18:45	火因不明	620	48	0	48	572	572	30
锦河农场	49°59′44″	127°12′00″	2002.5.8 11:00	2002.5.8 19:55	电线引起	660	66	0	66	594	594	15
二站林场	49°46′18″	127°00′35″	2002.9.16 16:00	2002.9.17 18:00	烧荒跑火	3 000	300	0	300	2 700	2 700	415
北师河 1 号	49°50′22″	126°15′32″	2002.9.16 16:00	2002.9.18 17:30	烧造林地	1 400	70	0	70	1 330	1 330	377
冷川	50°05′11″	126°42′55″	2002.9.16 16:00	2002.9.18 0:00	烧秸稞	4 800	480	0	480	4 320	4 320	1 041
北师河 2 号	49°53′29″	126°21′32″	2002.9.16 18:40	2002.9.18 17:30	烧造林地	800	80	0	80	720	720	662
木耳汽	50°12′32″	126°07′53″	2003.4.27 15:30	2003.4.27 22:00	电线引起	880	52	0	52	828	828	96
七二七林场娘娘沟	50°10′00″	126°08′00″	2003.4.28 13:20	2003.4.28 18:20	野外弄火	670	42	0	42	628	628	160
河南屯林场大头山	50°14′30″	127°01′00″	2003.5.3 9:30	2003.5.3 16:30	烧秸稞	760	38	0	38	722	722	180
卡伦山林场 西沟	49°49′42″	127°06′37″	2003.5.5 7:30	2003.5.5 13:30	烧荒跑火	420	21	0	21	399	399	195
桦皮窑林场韩家桥	50°29′00″	127°02′15″	2003.5.7 13:30	2003.5.7 17:50	烧荒跑火	150	10	0	10	140	140	113
泉山地营子	50°52′08″	126°31′01″	2003.5.20 15:10	2003.5.23 14:00	吸烟引起	1 600	980	0	980	620	620	18 265
燎原桥	50°04′58″	126°23′13″	2003.5.21 15:20	2003.5.23 11:00	机车跑火	359	72	0	72	287	287	165
锦河农场八千垧	50°07′08″	127°08′43″	2004.10.17 10:30	2004.10.18 20:30	火因不明	4 500	—	—	1 100	3 400	—	—

说明：表中所列火灾程度均为重大，火灾种类均为地表火

第三节　林 政 管 理

1985 年 1 月，中华人民共和国第一部《森林法》实施。同年 6 月，国务院批准了《森林和野生动物类型自然保护区管理办法》。1988 年 11 月 8 日，第七届全国人大常委会审议通过《中华人民共和国野生动物保护法》，此后在全区范围内多次开展对民用枪支的收缴工作，在做了大量的宣传工作基础上，清查了重点区域，使野生动物繁衍生息环境得到改善。

1990 年以后，由林业、工商等部门联合对集贸市场、宾馆、酒店进行全面检查，对销售野生动物、制作野生动物制品进行查处。在突出检查中，没收林蛙 75 千克，并没收野鸡、狍子等。

1995 年，全区林政工作人员开始统一着装，全区有 50 人着装，标志着林政执法走入正规。同年 11 月，为加强金水农场林业工作设了金水林业站。

1996 年春，根据省政府规定，爱辉区开始对“五荒”（荒山、荒地、荒滩、荒水、荒草）进行拍卖，共拍卖 6 万余亩。

1997 年初，黑河市林业局收回爱辉区林业管辖的六千米、五道豁洛 2 个木材检查站的建制。

1998 年，新修改的《森林法》施行，林政人员到全区乡镇、场、矿进行广泛宣传，印发宣传单 5 000 余份。同年，林政管理加大了宣传力度，严厉打击了盗伐、滥伐林木、木耳段、非法加工、非法侵占林地及乱捕滥猎野生动物等行为，保护了国家森林资源，维护了生态平衡。

2004 年，爱辉区林业局成立了征占用林地清理整顿大检查工作领导小组，对 2001 年 1 月 29 日以来审核审批的黑河至卧牛湖旅游路建设工程、220 千伏输电线路建设工程、黑河机场路建设工程、江

防卧牛湖滑雪场、黑龙江省农村建设与改造联网工程、新型基础材料加工区工程、新型基础原料加工区建设110千伏、10千伏送出线路、110千伏联络甲线、西黑线及10千伏联络干线新建工程、黑宝山至金水地方铁路建设工程9件征占林地项目进行了自查，通过自查证实用地单位领取了使用林地审核同意书，办理了林木采伐许可证，严格按审批设计施工，四项费用均按文件规定标准进行了补偿。同年9月，经区政府审核，给予国有林场颁发了林权证。

2005年，完成了爱辉区金湾水电站建设项目、卧牛湖至新生乡公路建设项目、对俄输电线路工程、黑龙江大桥引道工程、爱辉区卧牛湖风景区滑雪场滑道工程、加黑公路K309—K314路面升级工程的征占用林地外业调查、内业整理及组件上报工作。上述工程共占用国有林地27.88公顷，集体林地1.99公顷。

第四节　保护区建设

1987年，黑河市林业局与东北林业大学野生动物系、林学系合作，形成《黑龙江省胜山林场生物资源报告及猎场规划报告》，并于同年6月通过省级鉴定。

1989年，黑河地区批准卡伦山林场、胜山林场为市级自然保护区。1991年，林业部批准胜山林场为“游猎繁育场”。

2003年2月，国务院批准黑龙江胜山为省级自然保护区。胜山保护区属自然生态系统类自然保护区，位于黑河市爱辉区西南部，保护区中心距黑河市区110千米。地理坐标为北纬49°25′～49°40′，东经126°27′～127°02′。南邻孙吴县，西接嫩江县，东部与黑河市平山林场接壤，北部为爱辉区二站林场。行政区隶属爱辉区二站乡。保护区总面积6万公顷，地处小兴安岭北坡，毗邻大兴安岭林区，为大、小兴安岭交错过渡地带，动植物区系种类丰富而有特色。其中核心区面积18 200公顷，占30.33%；缓冲区面积13 100公顷，占21.83%；实验区面积28 700公顷，占47.83%。范围包括爱辉区胜山林场15 614公顷；三站林场23 789公顷；大岭林场孔雀山营林区的一部分20 597公顷。

根据调查和科学考察统计，黑龙江胜山自然保护区的生物多样性程度较高，野生生物物种资源丰富。共有野生生物物种2 053种，其中，高等植物896种、脊椎动物339种、昆虫330种、土壤动物59种、大型真菌429种。有国家二级保护植物7种：红松、水曲柳、黄檗、紫椴、钻天柳、野大豆和浮叶慈菇。其中此处红松林型是我国红松分布北部界线，浮叶慈菇做为慈菇属分布最北的狭域种，对研究植物的种系发展和生态系统演替方面有重要意义。保护区有国家一级重点保护动物6种，其中兽类有紫貂、原麝2种；鸟类有白头鹳、东方白鹳、金雕和黑嘴榫鸡4种；国家二级重点保护动物43种，其中鸟类35种，兽类8种，共计49种。其中，驼鹿做为环北极代表物种，现存鹿科动物中体型最大者，世界稀濒危动物之一，在保护区有集中分布。此外，该地区还分布数量、种类较多的经济动物，如狍子、野猪等。

2004年7月，爱辉区机构编制委员会正式批准成立胜山省级自然保护区管理局，为全民所有制事业单位，正科级建制。设局长1职，副局长3职。设7个股室，总编制64个，人员组成由区林业系统内部调剂，隶属于爱辉区林业局。

◎第八篇　水　利

第八篇 水 利

黑河市爱辉区境内共有大小河流60余条,分别属于黑龙江和嫩江两大水系。其中有26条河流域面积在200平方千米以上。有自然泡沼182处。截至2005年,共建成大中小型水库14座,总拦蓄能力5.47亿立方米。

全区水资源主要来自降水,平均降水量519.9毫米,平均径流总量19亿立方米,地下水储量约有6.7亿立方米。

爱辉区地处我国东北边陲,属于寒温带大陆性季风气候,受其影响,降水在年内、年际间变化很大。一年内的降雨量多集中在6—9月,约占年降雨量60%~80%,其余月份降水量很少,有明显的雨雪型特征。降水量的变化差异,直接导致径流年内分布的极不均匀性。由此导致常发性的水灾和旱灾,其中以洪涝灾害影响最大,特别是黑龙江水泛滥造成的洪害为主。涝灾以秋涝为主,其次是夏涝或夏秋连涝;旱灾以春旱为主,其次是夏旱或春夏连旱。

1984—2005年,爱辉区(黑河市)重视水利建设事业,把兴修水利工程作为改变农业生产条件的重要措施,发动群众开展了大规模的农田水利建设。这一时期,国家用于爱辉区水利建设投资达2.33亿元。共兴建中型水库2座,小型水库12座,万亩以上中型灌区1处,小型灌区19处,改造中型涝区1处;修建黑龙江防洪堤7处,总长59.77千米,公别拉河堤防护1处5.08千米,黑龙江护岸13处、总长51.76千米,钢筋混凝土防浪墙1.6千米,小型水电站6处。"十五"计划期间,爱辉区充分把握国家有利政策,新增节水灌溉面积达到2.04万亩,新打饮水井34眼,配套自来水管网11处,完成投资555.82万元,共解决了31个村屯的饮水困难问题。解决饮水困难人口1.62万人,大牲畜1.52万头。新建加固堤防19.28千米,其中,新增放马岛护岸1.28千米,发展水田面积5 480亩,水土流失治理面积完成5.40万亩,新增、改善除涝面积7.56万亩,打抗旱井111眼。

第一章 机 构

第一节 行政机构

1983年6月,爱辉县并入黑河市,黑河市水利局成立。水利局下设秘书股、计财股、农田水利指导股、工程管理站、堤岸管理站、勘测设计队6个股站,共有职工61名,行政编制11个。

1993年3月,撤市建区,黑河市水利局更名为黑河市爱辉区水利局,下设秘书、计财、审计、综合经营4个股站,共有职工71名,行政编制23个。

1996年11月,爱辉区机构改革,爱辉区水利局职能配置和内设机构发生变化。设办公室、财务审计、农村水利工程管理、水政、区政府防汛指挥部办公室5个股站,行政机关编制14个,工勤人员编制1个。

2001年4月,爱辉区水利局更名为爱辉区水务局。爱辉区水务局领导职数局长1职,副局长3职,工会主任1职。编制总数12个,其中,机关行政编制11个,机关工勤人员编制1个。内设办公室、计划财务审计股、农村水利工程管理股、区政府防汛指挥部办公室4个职能股室,均为正股级建制。

2005年末,全局共有职工126名,其中,行政机关在职人员10名,全额事业在职人员51名,自收自支在职人员20名;行政机关离休1名、退休18名、退养6名;全额事业离休2名、退休8名、退养1人、内退2名;自收自支退休2名、内退5名。

第二节 水利事业机构

20世纪80年代后,随着水利事业的发展,区水利局相继建立了勘测设计队、水资源办、河道管理站、水土保持监督管护站等机构。进入90年代后,随着经济体制改革的深入,机构建制逐步改革,1996年护岸工程队、抗旱打井办、水利钻井队等事业单位转为企业。

一、水利设计队

成立于1973年,正股级建制,全民事业单位,省事业编制13个。主要负责中、小型水利工程勘测、设计、施工等任务,负责农田水利基本建设,中、小河流域规划,水土保持规划,负责中小水电站的前期勘察。

二、水政水资源办公室

成立于1988年,正股级建制,自收自支事业单位。地方自定编制14个。业务范围包括:在全区范围内进行水法、水法规的宣传;建立和完善全区水利执法体系;对全区地表、地下水进行评价,对水资源进行中长期规划,调查统计全区用水量,负责全区取水许可证工作,负责水资源费的征收、管理和使用,全区水政监察员的培训、管理及水事违法案件的查处,水事纠纷的调解等。

三、堤 防 站

成立于1963年,正股级建制,全民事业单位。省事业编制8个。主要业务范围包括:爱辉区行政区域内的江河堤防工程的设计、施工、管理;对工程进行检查、观测,掌握河道、护岸、险工堤防工程状态以及河势、水流势变化情况;对工程进行养护修理,消除隐患,维护工程完整,确保工程安全,组织进行沿堤绿化工作,因地制宜开展综合经营。

四、河道管理站

成立于1977年,正股级建制,自收自支事业单位。地方自定编制2个。主要任务是贯彻执行《中华人民共和国河道管理条例》;负责全区河道管理工作,河道管理费的征收;堤防与护岸的工程管理与维修,各水库的工程管理。

五、水土保持监督管护站

成立于1994年,正股级建制,未予下达编制名额,工作人员由其他股站借调,按全民事业单位管理。主要任务是监督、治理爱辉区范围内的水土流失;征收各工矿企事业单位及个体业主的水土流失防治费。2005年6月,在各村建立水土保持监督机构100个,监督员30人,管护人员172人。

六、防病改水办公室

成立于1976年，其前身为卫生部门的防病改水办。1976年7月5日根据省水利部门、卫生部门的联合通知精神，将防病改水工作移交给水利部门。正股级建制，全民事业单位。省事业编制2个。主要任务是负责爱辉区内地方病高发区的改水问题调查及向上争取资金，具体落实防病改水井建设地点；病区改水井和乡村自来水建设的宣传指导。业务范围包括：爱辉区内防病改水井的规划设计；爱辉区内乡村自来水建设勘测、设计、施工管理与技术服务。

七、基层水利管理站

成立于1978年，正股级建制，全民事业单位。省事业编制42个，包括西岗子镇、爱辉镇、幸福乡、四嘉子乡、坤河乡、上马厂乡等乡水利站。主要任务是负责爱辉区农田水利基本建设及水利工程的勘测设计及施工、抗旱工作；各乡镇水利站管理灌、涝区水利工程建设及管理。业务范围包括：(1)农田水利建设：负责爱辉区农田水利基本建设的规划，组织实施，监督指导；(2)水利工程管理：根据《中华人民共和国水法》和《黑龙江省水利工程管理条例》等水利法规，做好工程的管理和维护工作。确保工程的正常运行；(3)乡镇水利站管理：认真贯彻执行农村基层水利工作方针，依靠乡镇政府，搞好群众性农田水利基本建设；(4)科学用水，发展水田；(5)抗旱打井工作，充分利用和开发地表、地下水资源，提高干旱地域的抗灾能力。

八、水利治安派出所

成立于1984年，全民事业单位，正股级建制，地方自定事业编制13个。主要任务是配合地方公安机关做好治安工作，维护社会稳定，保护公共财产安全，预防、制止和惩治违法犯罪活动。业务范围包括：配合部门领导抓好水利系统的社会治安综合治理工作；抓好各单位的治安、内保、安全；维护好水库的正常渔业生产，保卫水利工程设施的安全完整，侦破查处破坏水利工程设施的水事案件；打击犯罪，维护辖区社会秩序的全面稳定。

九、总工程师办公室

成立于2004年，全民事业单位，股级建制，事业编制5个，人员从水务局系统内部调剂。主要任务是强化水务专业技术指导职能，宏观负责与水利专业技术相关的各方面业务工作。负责制定全区水利发展中、长期和近期规划；监督指导辖区内科学用水、打井抗旱、节水灌溉等农田水利基本建设；负责全区中、小型水利水电工程的勘测、设计、施工及中、小河流流域规划、开发与治理；监督全区水资源、水环境保护，指导开展城乡节约用水、供水水源规划和排管网建设；组织制定水土保持规划和年度治理计划并监督实施；监督指导全区堤防与护岸工程的建设、管理与维修；对地方病高发区的改水问题进行调研，组织实施防病改水井建设的技术审查，为工程建设决策提供详实依据。

十、宋集屯水库管理站

成立于1961年，差额拨款事业单位，副科级建制，省定事业编制13个。主要任务是负责本水库防洪、防汛的日常工作；大坝、溢洪道、输水洞等枢纽工程的管理与维修；负责宋集屯灌区灌溉供水任务和水费征收，结合水利发电工作搞好养鱼捕捞与旅游工作。

十一、卧牛河水库管理站

成立于1984年，自收自支事业单位，正科级建制，地方编制28个。2005年水库改制为企业，主要任务是负责卧牛河风景名胜区的整体设计与规划，吸引外资；通过制定优惠政策，加大引资力度，负责整个旅游区的管理与接待工作,旅游基础设施建设与新项目开发,与卧牛河水库管理处一套人员和机构,两块牌子。

十二、卧牛湖治安派出所

成立于1996年,事业单位,副科级建制,地方自定事业编制10个。主要任务是维护好本辖区游客与居民的安全;保护水利工程设施的安全完整,保障水库渔业生产及各项工作的顺利进行;查处水事案件。

至2005年,以上12个事业机构的人员编制、职能配置均无改变。

第三节　水利局下属企业

一、黑河水泥制品股份合作公司

黑河水泥制品股份合作公司前身为黑河市水利水泥制品厂,水利局直属地方国营企业。1977年成立,1995年改制为股份合作公司。主要生产各种规格钢筋混凝土管等产品,生产各种路边石、混凝土路面砖以及各种特殊要求的混凝土产品,年生产能力为5 000立方米混凝土。共有职工41名,固定资产139万元,占地面积8 900平方米。1990年被水利部评为部级先进企业。1992年被评为全国水利综合经营突出贡献企业。1995年,水利水泥制品厂开始进行股份合作经营,职工参股、更新设备、技术改造,1997年创利税65万元。随着企业不断深化改革,1999年全面改制为股份责任有限公司。至2005年底企业已成为爱辉区水利水泥制品龙头企业、纳税大户。

二、黑河黑龙公司

黑河黑龙公司前身为黑河水利建筑公司,是水利局下属集体企业。始建于1984年,1991年企业发展为国家三级建筑安装企业,1994年改建为股份制企业。公司实有资本达1 000多万元,占地面积1 500多平方米,在册职工80名。企业1996年曾获得全国建筑节能先进单位;1996—1997年荣获省水利厅先进单位;1997年被省集体建筑企业协会授予全面质量管理优秀企业银奖。企业随之晋升为国家三级建筑企业。至2005年底,企业正常经营运转。

三、水利物资公司

水利物资公司建于1980年,为水利局下属国营企业。主要经营机泵和农田水利基本建设方面所需物资。固定资产13.2万元,占地面积2 640平方米。物资公司在经销水利物资的商品同时,担负着整个城区、乡镇的防汛物资储备任务,是水利局防汛物资第二储备库,在1984年黑河第二次大洪水抢险救灾中起到了重要的物资保障作用。2001年改制为股份制企业。

四、护岸工程队

护岸工程队成立于1975年,原为水利局下属事业单位,1996年机构改革中整建制转为企业。主要从事沿江护岸工程施工及其他工程施工、维修。2001年6月,经黑河市爱辉区经济体制改革委员会批复同意改为股份合作制企业,改制后的企业更名为黑河市水利水电建筑工程有限公司。公司有职工28名,资产总额为94.7425万元,占地面积1.1万平方米。由于市场竞争激烈,水利水电工程少,利润低,效益不佳,2005年12月,公司召开大会,同意将公司固定资产出售给个人;所得资金用于补发职工陈欠工资、补缴养老统筹金(至2005年末)、退还股东股金。企业全员解除劳动关系,宣告解体。

五、水利钻井队

水利钻井队成立于1979年，原为水利局下属事业单位，1996年机构改革中转制为企业。主要从事钻井、汽车运输、农村自来水安装、水泵的安装与修理。钻井队不仅在黑河地区各市县的范围内有钻井业务，还在呼玛、内蒙古等地钻井。共有职工14名，固定资产39万元，占地面积3 200平方米。2001年改制为私营企业。

六、羽 绒 厂

羽绒厂建于1989年，水利局下属国有企业。主要从事羽绒服生产加工。1991年投产后年创产值200万元，实现利润25万元。共有职工34名，固定资产142万元，占地面积1万平方米。1993年因没有合同定单被迫停产，停产期间曾2次与外商联营，均由于种种原因未获成功，至2004年仍处于停产状态，根据劳动部门政策，2004年企业进行并轨改制。由于羽绒厂停产已近10年，资产资不抵债，无能力支付并轨后应由企业承担的自筹资金，所以至2005年末改制工作仍未完成。

第二章　防 洪 工 程

第一节　堤　　防

黑龙江水流湍急而易造成江岸受损，1984年之前黑龙江江岸坍塌现象十分严重。1984—2005年，当地政府在沿岸的重点江段相继兴建了7段堤防工程，全长59.77千米。其中爱辉区直管5段，全长39.9千米，其中，张地营子堤防11.6千米；东四嘉子堤防3.5千米（现已被黑河市直修建的长发堤防围在堤外、由长发堤防直接发挥防洪效益）；坤河堤防5千米；小乌斯力堤防7.8千米；黄旗营子堤防12千米。另有中小河流公别拉河防洪堤1处，全长3.76千米。

一、黑龙江堤防

（一）张地营子堤防

张地营子堤防由张地营子乡泡子沿村开始，到张地营子村为止。建于1983年，长度为11.6千米。平均堤高2.5米，顶宽4米，平均底宽15.5米，总土方量34.32万立方米，总投资60万元。1998年洪水过后，为增强堤防抗洪能力，1999年8月省计委对张地营子堤防消险加固工程进行了批复，总概算1 350万元，工程总规模：堤防加高增厚11.6千米，填塘3.2千米，险工险段干砌石护坡3千米，防浪林台6.3千米，扩建排水涵闸1座，堤顶宽增至6米。总工程量50.37万立方米，其中土方48.17万立方米，砂石方2.11万立方米，混凝土方958立方米。从1999年国家投资和地方自筹资金逐年对消险加固工程进行施工。其中，2001年10月完成消险加固主体工程，堤防加高培厚11.60千米，填塘3.20千米，完成工程量39.73万立方米。加固后堤防长度仍为11.6千米，平均堤高3.5米，顶宽6米，完成投资760.54万元。2003年5月，张地营子堤防消险加固工程经验收合格投入使用。张地营子堤防可保护村屯2个，人口2 400人，耕地2.43万亩，草原0.25万亩。

（二）小乌斯力堤防

小乌斯力堤防从四嘉子村石金河大桥东南方高地开始，沿石金河南岸到小乌斯力村东南的卡伦山脚下为止。建于1983年，堤防全长为7.8千米。平均堤高2.5米，顶宽3米，平均堤宽15.5米，总土方量24.37万立方米，混凝土方119立方米，总投资50万元。可保护村屯2个，人口1 100人，农田0.78万亩。堤防设防洪闸1座，控制流域面积23.30平方千米，过闸平均流量4.62立方米/秒。

（三）黄旗营子堤防

黄旗营子堤防是由爱辉镇砖窑村后黑嘉公路左侧开始，沿江岸经过黄旗营子村向前，并于兰旗村东穿过黑嘉公路，到兰旗村东为止。建于1975年，堤长12千米，平均堤高3.0米，顶宽3米，工程量33.06万立方米，投资64.51万元，保护农田2.5万亩、村屯4个、人口0.13万人。堤防10+300处兰旗村东设3孔防洪闸1座，建闸处控制流域面积为33.4平方千米，过闸平均流量为15立方米/秒。

（四）坤河堤防

坤河堤防是由公别拉河右岸上游开始，沿江岸到坤河村南、富拉尔基村北为止。建于1984年，堤防全长为5千米。平均堤高3.0米，顶宽3米，平均底宽15.5米，总土方量15.81万立方米，总投资28.01万元。保护村屯2个，人口400人，农田0.8万亩。坤河堤防沿线36号桩位置设排内水泄洪闸1处，建闸处控制流域面积为13.4平方千米，排洪量为2.35米/秒。

公别拉河堤防　　2005年7月摄

二、公别拉河小红旗营子堤防

公别拉河小红旗营子堤防位于西岗子镇的小红旗营子和老站两村之间，建于1983年，堤防全长为3.76千米。平均堤高2米，顶宽1.5米，平均底宽7米，总土方量6万立方米，石方100立方米，总投资3.5万元。可保护村屯2个，农田0.2万亩。

爱辉区堤防工程统计表

表8－1

堤防名称	建设时间	堤长（千米）	效益			工程量（万立方米）	总投资额（万元）	造林	
			保护农田（万亩）	人口（万人）	村屯（个）			护堤林（亩）	苗圃（亩）
黑龙江段张地营子堤防	1983—1999	11.6	2.43	0.24	2	74.05	794.86	331	35
黑龙江段小乌斯力堤防	1983	7.8	0.78	0.11	2	24.37	50.0	300	—
黑龙江段坤河堤防	1984	5.0	0.80	0.04	2	15.81	28.01	—	—
黑龙江段黄旗营子堤防	1975	12.0	2.5	0.13	4	33.06	64.51	—	—
公别拉河段小红旗营子堤防	1981—1983	3.76	0.20	0.03	2	6.00	3.5	—	—
合计	—	40.16	6.71	0.55	12	153.29	940.88	631	35

第二节　护　　岸

一、黑龙江护岸

(一)黑河市城区护岸

黑河市城区护岸于1976年建成,干砌石护坡2 000米,总工程量9.12万立方米。1998年洪水过后,国家加大了对水利工程投资。为提高城区护岸的防洪标准,经省计委批准,1998年9月开始对城区护岸进行消险加固,该工程于1999年8月竣工。工程全长3 050米,采用立壁式钢筋混凝土护岸。完成工程量35.23万立方米,其中,土方19.98万立方米,石方12.88万立方米,混凝土方2.37万立方米,完成投资3 000万元。该护岸保护整个黑河市区及近郊3个村屯,保护农田1.23万亩。

(二)五道豁洛护岸

五道豁洛护岸位于爱辉区西7千米处五道豁洛岛上。该护岸全长900米,干砌石护坡。分别于1985年和1996年2次施工建成。总工程量5 400立方米,保护五道豁洛旅游区。

(三)长发屯护岸

长发屯护岸位于黑龙江右岸,距爱辉区东9千米左右。长发屯沿江堤岸长度为4 000米,护岸长度为3 100米。1973—1974年治理1 850米,1984—1987年治理1 300米,全部干砌石护坡。总工程量8.01万立方米,其中,土方2.42万立方米,砂石方2.08万立方米,石方0.84万立方米,保护村屯3个、农田1.75万亩、岛屿4个,面积4.95平方千米。

(四)大新屯护岸

大新屯护岸工程位于爱辉区西北部,距市区80千米,张地营子乡境内,1979年建成。护岸长度2 750米,干砌石护坡。总工程量10.44万立方米,其中土方7.83万立方米,石方2.61万立方米;完成投资112.00万元。保护村屯1个,保护人口460人、农田5 100亩。

(五)达音山护岸

达音山护岸工程位于爱辉区西北部,距市区60千米,张地营子乡境内。1992年开工,1994年建成。护岸长度1 200米,干砌石护坡。总工程量2.09万立方米,其中土方1.57万立方米,石方0.52万立方米;完成投资156.40万元。该护岸建成后阻止了江岸进一步后退,确保了国土完整。保护村屯1个,保护人口200人、农田1 500亩。

(六)张地营子护岸

张地营子护岸工程位于爱辉区西北部,距市区55千米,张地营子乡境内,1991年建成。护岸长度900米,干砌石护坡。总工程量1.62万立方米,其中土方1.22万立方米,石方0.4万立方米;完成投资45.48万元。该护岸建成后阻止了江岸进一步后退,确保了国土完整。保护村屯1个,保护人口550人、农田1 240亩。

（七）放马岛护岸

放马岛护岸工程位于黑河市西北部57千米处，张地营子乡境内，距乡政府5千米，2005年10月建成。护岸长度1.28千米，工程量4.16万立方米。其中土方2.69万立方米，砂石方1.47万立方米，总投资258.62万元。保护村屯1个，人口420人，农田0.6万亩。

（八）放马场护岸

放马场护岸工程位于黑龙江中上游右岸张地营子乡境内，距市区50千米，2000年10月建成。护岸长度1.5千米，总工程量8.11万立方米。其中土方3.41万立方米，砂石方4.7万立方米；完成投资476万元。防止国土流失界河改道，保护村屯1个，人口450人，农田0.8万亩。

（九）小北屯护岸

小北屯护岸工程位于爱辉区西北部，隶属张地营子乡，距市区40千米。1987年施工，1988年建成。护岸长度1.25千米，干砌石护坡；完成投资85.00万元。总工程量4.5万立方米，其中土方3.38万立方米，石方1.12万立方米；保护村屯1个，保护人口450人，农田0.13万亩。

（十）霍尔沁护岸

霍尔沁护岸工程位于爱辉区西北部，张地营子乡境内，距市区35千米，1973年建成。护岸长度3 150米，干砌石护坡。总工程量6.77万立方米，其中土方5.08万立方米，石方1.69万立方米；完成投资119.20万元。保护村屯2个，保护人口1 100人，农田3 150亩。

（十一）上马厂护岸

上马厂护岸工程位于黑呼公路之间，爱辉区上马厂乡境内。1979年施工，1981年建成。干砌石护坡1 100米，植柳护坡200米。总工程量5.16万立方米，其中土方3.87万立方米，石方1.29万立方米；完成投资63万元。保护国土面积2.2平方千米，村屯2个，人口950人，农田3 300亩。

（十二）四道沟护岸

四道沟护岸工程位于爱辉区东南部，距市区20千米，1992年建成。护岸长度400米，干砌石护坡。总工程量1.67万立方米，其中土方1.08万立方米，砂石方0.58万立方米。完成投资91.50万元。该护岸建成后阻止了江岸进一步后退，防止了国土流失。保护村屯1个，保护人口240人、农田1 200亩。

富拉尔基护岸工程　　2000年7月摄

（十三）富拉尔基护岸

富拉尔基护岸工程位于爱辉区坤河达斡尔族满族乡富拉尔基村，距市区52千米。1999开始修建，2000年9月建成。护岸长度1.029千米，总工程量6.13万立方米。其中土方4.16万立方米,砂石方1.52万立方米,完成投资260万元。该护岸保护村屯1个,人口310人,农田4 500亩。

二、中小河流护岸

刺尔滨河护岸:新生鄂伦春族乡刺尔滨河护岸工程,于1983年鄂伦春民族定居建村30周年省政府投资施工。护岸全长300米,干砌石护坡。总工程量4 000立方米,其中石方650立方米,混凝土方100立方米。保护村屯1个,农田450亩。

爱辉区境内护岸工程统计表

表8－2

护岸名称	建设时间	护岸长度（千米）	工程量（万立方米）			投资（万元）	工程效益			
			总工程量	土方	石方混凝土方		保护农田（万亩）	城镇（个）	村屯（个）	人口（万人）
黑龙江段黑河城区护岸	1998—1999	3.05	35.23	19.98	12.88	3 000	1.23	1	3	9.636
黑龙江段五道豁洛护岸	1985—1996	0.9	0.54	0.24	0.3	13.12	0.52	—	1	0.032
黑龙江段长发屯护岸	1973—1974 1984—1987	3.10	8.01	2.42	2.08	67.00	1.75	—	3	0.86
黑龙江段大新屯护岸	1979	2.75	10.44	7.83	2.61	112.00	0.51	—	1	0.046
黑龙江段达音山护岸	1992—1994	1.2	2.09	1.57	0.52	156.4	0.15	—	1	0.02
黑龙江段张地营子护岸	1991	0.9	1.62	1.22	0.4	45.48	0.124	—	1	0.055
黑龙江段放马岛护岸	2005	1.28	4.16	2.69	1.47	258.62	0.6	—	1	0.042
黑龙江段放马场护岸	2000	1.5	8.11	3.41	4.7	476.10	0.8	—	1	0.045
黑龙江段小北屯护岸	1987—1988	1.25	4.5	3.38	1.12	85.00	0.13	—	1	0.045
黑龙江段霍尔沁护岸	1973	3.15	6.77	5.08	1.69	119.20	0.315	—	2	0.11
黑龙江段上马厂护岸	1979—1981	1.10	5.16	3.87	1.29	63.00	0.33	—	2	0.095
黑龙江段四道沟护岸	1991—1992	0.40	1.67	1.08	0.58	91.50	0.12	—	1	0.024
黑龙江段富拉尔基护岸	1999—2000	1.029	6.13	4.16	1.52	261.21	0.45	—	1	0.031
刺尔滨河段新生乡护岸	1983	0.30	0.40		0.06	4.56	0.04	—	1	0.021
合计		21.91	94.83	56.93	31.22	4 753.19	7.069	1	20	11.062

第三章　蓄水　水电工程

第一节　蓄水工程

一、宋集屯水库

宋集屯水库位于西岗子镇宋集屯北侧、公别拉河支流阿陵河下游。1958年6月动工,1974年10月竣工。坝址以上控制面积318.5平方千米,多年平均径流量4 484万立方米。工程按100年一遇洪水设计,1 000年一遇洪水校核。设计灌溉面积1.8万亩,年发电量80万千瓦时。死水位168米,正常高水位172米。设计洪水位174.45米，校核洪水位175.50米，坝顶高程177.55米。死库容200万立方米，调节库容305万立方米，防洪库容1 020万立方米，总库容1 551万立方米，是一座以防洪、灌溉为主，结合发电、养鱼综合利用的不完全调节的中型水库。

宋集屯水库电站　　2005年8月摄

大坝为土坝，最大坝高177米，顶宽60米，长1 100米，迎水面为混凝土护坡，坡比1∶2.5，背水面为干砌石护坡，坡比1∶2.0，坝后设有排水棱体。

溢洪道为有闸宽顶堰式，堰宽60米，堰顶高程172米。桥式闸门16孔、闸高2米，每孔宽3.19米，闸体为钢筋混凝土结构，最大泄洪量每秒324立方米。

引水建筑物由进水口、启闭塔、坝下输水方涵、岔管和压力管道组成。进水口段长11.00米，长方形，进水口口底高程165.00米。竖井式进水塔，平面尺寸3.0米×4.7米，闸底坎高程161.90米，塔高20.79米。输水方涵断面尺寸2.0米×2.0米，长28.00米。压力管道两条直径为1 400～800毫米。引水系统总长73.20米。综合经营项目有养鱼、发电、养蜂、灌溉。库区有宜林面积1 875亩，营造落叶松林998亩。

2002年10月，宋集屯水库消险加固工程完工，工程包括土坝混凝土护坡工程和土坝基础处理工程，总工程量2.97万立方米。

2003年11月，宋集屯水库电站改造工程作为"十五"水电电气化县项目开工建设。在改造过程中，对电站厂房机组以及自动化控制进行了改造，同时电站新上自动化控制系统，提高了电站生产和工作效率。

2005年5月，宋集屯水库电站改造工程完工，总工程量2.14万立方米，新增装机容量150千瓦，装机总容量达到600千瓦，年平均发电量135万千瓦时。

卧牛湖大坝　　2005年9月摄

二、卧牛河水库

卧牛河水库位于爱辉区上马厂乡、卧牛河村东侧，黑龙江的小支流大卧牛河下游，距黑龙江口2千米处。控制流域面积285平方千米，总库容6 368万立方米。是一座以发电、养鱼、试车为主，结合其他多种经营生产、综合利用的完全可调节的中型水库。

水库于1977年9月5日动工兴建，1986年9月25日建成。水库枢纽有大坝、溢洪道、引水隧道、进水塔、水电站。大坝为黏土斜墙坝，坝顶高度157.5米，最大坝高22.8米，坝顶长155米。坝顶宽8米（公路从坝上通过）。坝深迎水面为干砌护坡，坡度1:3.25，背水坝面堆石护坡，坡度为1:2。溢洪道位置在右岸，为无闸门控制河岸式溢洪道。溢洪道有引渠、溢洪堰、湾道陡槽及挑流鼻坎组成，堰顶高程153.38米，溢流堰宽度14米，总长约160米。引水隧洞一部分采用圆形，洞径2.5米，隧道长515米。水电站装机为2台450千瓦发电机组。2002年9月，完成了对水库输水洞改造工程，帷幕灌浆480米。

卧牛河水电站发电与国家电网连网供电，年平均发电150万千瓦时。水库养鱼水面7 200亩，年捕捞商品鱼10万千克。此外，水库管理站还经营了农业、养殖业等项目。1987年以后经营达到自给自足。1988年水库开展旅游业，并已成为爱辉区主要风景名胜区，平均每年夏季接待游人10万人（次）。1994年水库被评为省级风景名胜区。

三、富拉尔基水库

富拉尔基水库位于黑龙江右岸一级支流蛤蟆沟河上，坤河乡富拉尔基村西4千米处。富拉尔基水库坝址以上流域面积21平方千米，是一座以防洪为主，兼顾灌溉、养鱼等综合利用的小（1）型水库，该水库保护下游坤河达斡尔族满族乡镇1个，耕地46 000亩，国防公路（黑河—逊克）1条。设计灌溉面积1 200亩。保护耕地4.10万亩。

富拉尔基水库始建于1972年，当年是在没有设计的情况下，由农民出义务工修建的，于1977年停建。1997年，由爱辉区水务局进行了输水洞和溢洪道工程的设计与施工。设计标准为20年一遇洪水设计，50年一遇洪水校核，校核洪水位141.51米，校核库容110万立方米。富拉尔基水库枢纽工程主要由土坝、输水洞和溢洪道三部分组成。土坝为均质土坝，坝长420米，坝顶高程为141.30米，坝顶宽3.0米左右，最大坝高4.6米，坝上游坡比1:2.2，下游坡比1:1.3，上下游坡面无防护措施，下游无排水设施。输水洞型式为方涵，位于土坝左侧，洞身为钢筋混凝土结构，尺寸为1.0米×1.0米，最大泄量为1.0立方米/秒，洞长18.25米，进口底高程139.0米。设有消力池和海漫段。溢洪道为跌水式，位于土坝右侧，堰顶高程为140.0米，堰顶宽14.0米，设计泄量为33.4立方米/秒，消力池长8.0米，宽14.0米，底板厚0.5米。富拉尔基水库大坝安全鉴定承担单位为黑河市水利勘测设计院。黑河市水利勘测设计院于2004年5月15日组织专业技术人员对富拉尔基水库进行现场安全检查，并进行了安全鉴定。鉴定结论为富拉尔基水库主体工程存在严重的安全隐患，是一座病险水库，结构安全性为C级。

富拉尔基水库除险加固工程量为10.92万立方米，其中，土方为5.82万立方米，砂石为5.06万立方米，混凝土为403立方米，总投资788.3万元。富拉尔基水库已按前期工作要求完成了大坝安全鉴定，安全鉴定复核，除险加固初步设计批复等工作，至2005年工程建设项目前期工作仍未全部完成。

四、富地营子水库

2003年10月建成投产。坝址以上流域面积550平方千米，装机容量为0.126万千瓦，年平均发电量1 700万千瓦时，水库库容9 650万立方米。

第二节　水 电 工 程

一、西沟水电站

西沟电站位于西岗子镇西沟村西南5千米处、黑龙江支流公别拉河中游。地理位置北纬49°40′~50°10′、东经126°30′~127°30′之间，距西岗子15千米，距黑河市区59千米。

西沟水电站开工典礼　　1987 年 7 月摄

西沟电站是一座以发电为主,结合养鱼、拦洪、旅游综合利用的大(2)型水库,中型水电站,是新中国成立以来黑龙江省新建的第一座最大的水力发电站,是东北地区少有的高水头发电站,也是东北地区电网装机容量最大的调峰电站。装机容量为 3.6 万千瓦,年发电量 9 571 万千瓦时。1987 年 7 月 7 日开工,1991 年 8 月竣工,10 月 17 日开机试运,12 月 9 日投入生产。

拦河坝为沥青混凝土心墙堆石坝,坝顶全长 646 米,最大坝高 36 米,顶宽 5 米。坝址以上流域面积 1 668平方千米,多年平均流量 9.92 秒立方米。正常蓄水位 343.5 米,总库容 1.47 亿立方米,有效库容 1.23 亿立方米,最大毛水头 17.5 米,设计水头 142.56 米。

溢洪道为开敞式,由溢流堰、泄水陡槽、挑流鼻坎和尾水渠组成。溢洪堰总长 39 米,分为 3 孔,每孔净宽 10 米,最大泄洪能力 1 079 秒立方米。

引水系统由进水塔、隧洞、调压井和压力管道组成。塔高 37.6 米,隧洞长 7 712.71 米(洞内高 4.3 米、宽 4.2 米),调压井深 117.1 米(内径 4.5 米),压力管道 322.71 米(钢管直径 2.8 米)。

总工程量为覆盖层开挖 12.9 万立方米,土石方明挖 28.78 万立方米,洞挖土石方 20.29 万立方米,坝体堆石 42.03 万立方米,回填土石方 43.63 万立方米,浇注混凝土方 9.48 万立方米等。耗用钢材 2 782 吨、水泥 2.56 万吨、木材 5 390 立方米、沥青 785 吨、炸药 225 吨。总用工量 117.5 万个工日,总投资 13 922 万元。

西沟电站自 1991 年 12 月投入生产以来,除拦洪外, 1991 年售电 936.1 万千瓦时,获利润 170.3 万元。1992 年售电 528.1 万千瓦时,获利润 102.7 万元。1993 年撤市建区后,西沟水电站划归黑河市管理。

二、金湾水电站

金湾水电站工程位于小兴安岭西麓、黑龙江右岸一级支流的法别拉河中下游,距黑河市区 46 千米,距三道湾子村 4 千米。其上游 35 千米处有建成的象山电站。水库上游流域面积 2 412 平方千米,设计总库容 4.45 亿立方米,是以发电、防洪为主的水利枢纽工程,电站装机容量为 2.2 万千瓦,年发电量 4 736 万千瓦时,电站规模为大(2)型水库,由拦河坝、副坝、鞍部溢洪道、引水隧洞及电站厂房等几部分组成。工程总投资 28 234.35 万元。

金湾水电站于 2005 年年末完成永久工程的征林征地工作(不含库区征林征地及移民),并完成水通、路通、电通、电讯通和场地平整工作。

第四章　灌 溉 工 程

1980 年以后,随着农业机械化程度的不断提高,导致水稻种植的成本较旱田偏高,爱辉区的灌溉工程也由之前的以灌溉水田为主转变为以灌溉旱田为主。

第一节　灌 溉 方 式

灌溉方式从农作物生长的下垫层上划分为水田灌溉和旱田灌溉，爱辉区水田灌溉以引地表水自流灌溉方式为主。进入21世纪，旱田灌溉多为节水灌溉，爱辉区主要采用管道移动式喷灌和卷盘机组喷灌，由于控制幅面大，卷盘式喷灌机应用中不太便捷，微灌以棚室滴灌为主，采用积压式或重力式。非节水技术的灌溉方式主要有“坐水种”“小白龙”等。“小白龙”是一种塑料软管，耐折、耐晒，便于移动。灌溉浇水时，一头接在田边的暗管或水泵出水管上，再通过这种白色软管导水入田，并根据灌溉情况可随时移动。为了保证出全苗、出壮苗，农民在生产实践中摸索出一套称为“坐水种”的方法，其作业程序是整地、覆膜、拌种、点种、注水、覆土等几道工序。通过注水灌溉能使作物的出苗率达到98%以上，适宜的主要作物为玉米和豆类。

一、井　　灌

从1959年开始建造灌溉井，经历了1959—1964年的初级阶段，1965—1976年的发展阶段，1977—1987年的巩固阶段。到1985年黑河市机电井普查时，全市拥有完好旱田灌溉井8眼，菜田灌溉井55眼，灌溉面积3 573亩。截止到2005年，这些机电井已全部报废。

从1988年开始，随着农村经济的发展，黑河市市郊各村屯出现一大批种植蔬菜、建设暖棚的农户，农村机电井建设进入快速发展阶段。尤其是小机电井的数量迅速增长，多集中在幸福乡和四嘉子乡各村，深度多为10～20米的浅塑料管井。而用于旱田灌溉的大机电井建设却停滞不前，并且由于缺少管理，在此之前建设的旱田灌溉井陆续报废。由于小机电井数量的迅猛增长，机电井的绝对数量呈上升趋势。到1999年，爱辉区拥有灌溉机电井1 175眼，全部为小机电井，其中菜田井1 174眼，水田补水井1眼，可控制蔬菜灌溉面积2 330公顷。2000年爱辉区遭受历史罕遇的旱情，与此同时，国家提出构建节水型社会的号召，在农业方面省政府提出调整产业结构、大力发展节水灌溉工程建设的政策。此阶段爱辉区机电井工程建设作为节水灌溉工程建设的一部分，在旱田灌溉井建设上实现了跨越式的发展。在菜田井建设上，由于蔬菜供需达到平衡，蔬菜种植面积达到饱和，菜田井数量增幅较小。2000—2005年，幸福灌区由于设施损毁严重，大坝蓄水严重不足，新打4眼井，提水灌溉。到2005年，全区有灌溉井1 443眼，其中，旱田井113眼，菜田井1 326眼，水田补水井4眼，可控灌溉面积3 850公顷。

农田打井　　2005年10月摄

爱辉区水利打井队负责机电井的建设任务，采用XPJ水文300型钻机和汽车100型水文地质钻机打井，提水工具为深水泵和浅水泵等机泵合为一体的潜水泵。爱辉区郊区的菜田灌溉基本以机电井为主。由于小机电井投资少、收效大，因此深受莱农欢迎。旱田灌溉井一般在发生旱情时发挥作用,利用率不高,有一部分旱田灌溉井也作为饮用水井。

二、喷 灌

喷洒灌溉(简称喷灌)是一项新兴的、较为先进的省水型灌溉新技术。它不需要修田间工程,并且可在有水源但不适宜搞地面灌溉、或进行地面灌溉难度较大的农田应用。进行喷灌,具有省水、省电、适应性强等优点。

1997 年 5—7 月,爱辉区投入 11.6 万元,在东四嘉子村进行了麦田喷灌试验。喷灌试验田控制面积 30 亩,对照田面积 7 亩。由于灌溉作用满足了小麦各生育期的需水量。试验田和对照田测产相比每亩增产 31.7 千克,获得了较好的经济效益。

2001 年 7 月,幸福乡河南屯村省级节水灌溉项目开工建设,同年 9 月竣工。共打喷灌井 28 眼(报废 3 眼),配套喷灌设备 25 套;打滴灌井 62 眼,配套滴灌设备 165 套。发展节水灌溉面积 327.87 公顷,其中,喷灌面积 304.54 公顷,滴灌面积 23.33 公顷。工程总投资 220.92 万元。

. 2001 年 11 月至 2002 年 8 月,在幸福乡长发村完成国家级节水增效灌溉示范长发项目工程建设,总规模 2 540 亩,其中,喷灌 2 450 亩,大棚滴灌 90 亩。

2003 年 7—10 月,在坤河达斡尔族满族乡完成喷灌工程省级项目——亚麻基地节水灌溉项目建设。该项目自 2003 年 7 月 10 日开工建设,于当年 10 月 31 日竣工。新打喷灌井 15 眼,配套喷灌设备 15 套,喷灌面积达到 200 公顷,工程总投资 59.60 万元。

爱辉区旱田灌溉主要以节水灌溉为主,至 2003 年,全区有大田管道移动式喷灌系统 110 台(套)和 2 台(套)卷盘式喷灌系统,柴油机驱动;棚室机压式滴灌系统 440 台(套),农用电提供动力。

1999—2004 年爱辉区机电灌溉面积统计表

表 8-3

年份	旱田		水田			
	机井数(眼)	喷灌(亩)	机井数(眼)	滴灌(亩)	亩	机井数(单位)
1999	20	3 510	—	—	—	—
2000	51	9 878	340	340	150	1
2001	10	2 000	100	100	—	—
2002	15	3 150	—	—	—	—
2004	17	2 550	—	—	—	—

第二节 灌 区 工 程

1983 年,黑河市有一定规模灌区 3 座分别是宋集屯灌区、宏伟灌区和幸福灌区,均属于中型灌区。宏伟灌区于 20 世纪 90 年代报废,截至到 2005 年,能运行的只有宋集屯灌区和幸福灌区。

一、宋集屯灌区

宋集屯灌区位于西岗子镇宋集屯附近,始建于 1965 年,1978 年竣工,是爱辉区最大的灌区。灌区干渠长 51.5 千米,灌区直接利用宋集屯水库电站尾水灌溉。设计灌溉面积 1.8 万亩,有效灌溉面积1.8万亩,1992年经黑河地区水利设计院重新规划灌溉面积为2.52万亩。渠系水利用系数0.6,灌溉水利用系数0.5,渠首年引水量0.42亿立方米,引水流量3.55秒立方米,灌溉保证率为75%,防洪标准达十年一遇,除涝标准五年一遇。受益范围包括西岗子镇、爱辉镇、第一良种场、第二良种场及锦河农场。

1996—2000年,宋集屯灌区续建水工建筑物1座,闸门1座,溢流堰5座,渡槽与跌水1座;农民投工开挖渠道50条,长73千米。完成土方10.32万立方米,砂石方3 089立方米,混凝土方1 841立方米。2000年,宋集屯灌区实灌面积为0.12万亩。

2005年底,宋集屯灌区配套工程有:灌区干渠1条,长22.45千米;分干渠1条,长2.65千米;建筑物168座。工程配套率49%,完好率40%。2005年由于宋集屯水库电站改造,影响了水田供水,但仍实现灌溉0.23万亩。

二、幸福灌区

幸福灌区位于黑河市爱辉区幸福乡境内红旗水库下游,下二公村和河南屯村南部,距黑河市区5千米,是以红旗水库为水源的自流灌区。灌区内夏季多雨,耕地平整,适合发展水田。由于灌区为"大跃进"时期的产物,水库达不到设计标准,灌溉渠道简陋,几乎没有配套工程。

1996—2000年,幸福灌区农民自筹资金1.2万元,修复闸门1座、桥1座、涵洞2座,开挖渠道38条、长7.3千米,完成土方1.1万立方米。2000年实灌面积为0.3万亩,2005年实灌面积为0.21万亩。

三、宏伟灌区

宏伟灌区位于坤河乡和西岗子镇的南山北麓,渠首为滚水坝1座、进水闸1座,从石匠河引水进行自流灌溉。设计灌溉面积为0.6万亩,此灌区为1950年由曹集屯、老站、坤站、新民屯、新华屯5个自然屯联合开发的水田灌区。宏伟灌区开发后的1951—1956年,农业获得过连年丰收,1956年之后,由于灌区构造物年久失修,损坏程度日趋严重等原因,造成灌溉面积急剧下降。于1964年动工进行复建,1965年建成。共有干支渠道8条,总长18千米,浆砌石拦河坝1座,长70米,水工建筑物5处,设计灌溉面积仍为0.6万亩,1965年实灌面积达到0.4万亩。到20世纪90年代末,宏伟灌区已经报废,干渠用于截洪排涝。

第五章　治涝工程

第一节　涝　区

爱辉区受涝现象比较普遍,易涝地区主要分布在山区的靠山地。土壤多属沼泽土、黑黏土、草甸土和暗棕土,土质黏重,透水透气能力差。耕作层以下是黄黏土,当雨季径流较大即造成内涝。根据地形、地貌,全区可划分为三个不同特点的排涝区:即沿江平原排涝区、岭东丘陵排涝区、低山丘陵漫岗区。

全区易涝面积有60.23万亩,其中29.8万亩耕地涝情较为严重。从20世纪80年代初开始逐步对受涝严重地区进行治理,经过疏浚天然河道,开挖排水干、支、斗渠和修建桥、涵、闸等建筑物,形成除涝系统工程的除涝区。治理区域为爱岗涝区、四嘉子涝区、张地营子涝区、幸福涝区、坤河涝区和西峰山涝区。其中,爱岗涝区和四嘉子涝区由上级主管部门批复建设,被列入国家治涝项目,国家给予部分资金的投入。

第二节　排涝工程

一、爱岗涝区工程

爱辉—西岗子涝区位于爱辉镇、西岗子镇和坤河乡境内。东部紧靠黑龙江,中部属公别拉河流域。涝区内受涝面积16万亩,其中易涝面积12万亩。工程在宋集屯灌区的基础上形成,灌排结合,可发挥较大效益。受益村屯包括爱辉镇、西岗子镇、坤河乡的30多个村屯。

工程于1983年开始施工,至2005年底,工程完成截流沟、排涝沟82条,长198千米,堤坝3条,长10.50千米;修建水工建筑物110座,其中跌水15座,涵洞64座,泄水闸1座,盖板桥30座;完成总工程量212万立方米;总投资335万元,其中,国家投资258万元,地方自筹77万元,治理受涝面积11.97万亩。

二、四嘉子涝区工程

四嘉子涝区位于爱辉区四嘉子乡境内,以石金河为界,划分为河南、河北两部分,地势西高东低。涝区面积5.87万亩,其中易涝面积3.2万亩,为爱辉区主要产粮区。

涝区工程于1982年5月开始施工,至2005年底,工程完成截流沟25条,长62千米;排涝干沟36条,长48千米;支沟17条,长25千米;修筑堤坝2条,长11.30千米;修建水工建筑物59座,其中农桥21座、涵洞35座、闸门2座、跌水1座;整治河流1条,完成土方120.47万立方米,石方4 700立方米,混凝土方900立方米。涝区内建成农田路23条、长63千米,造林300亩,农田路旁植树13万株。国家投资33.20万元,地方自筹26.10万元,治理面积4.23万亩,其中3~5年1.92万亩,5年以上2.31万亩。涝区重点受涝地块已经形成截、干、支、斗四级沟系网络,受益村屯7个,为涝区持续发展奠定了基础。

三、张地营子　幸福涝区工程

张地营子涝区位于爱辉区张地营子乡境内,张地营子乡位于黑河市西北部,距黑河市50千米。全乡包括张地营子村、泡子沿村、霍尔沁村、达音山村、小北屯村、白石砬子村、大新屯村、小新屯村等8个自然村。张地营子涝区内的各村均以农业生产为主,但因受涝灾影响,粮食产量一直徘徊不前。涝区总面积186.30万亩,耕地面积12.09万亩,受涝面积8万亩,易涝面积6万亩。由于秋季降水集中,地表渗透性弱,加之排水设施少,造成排水不畅,形成秋涝;春季冰雪融化,滞留地面形成春涝,影响春季播种,耽误农时;夏季受黑龙江水顶托影响,张地营子村内水无法排出,造成严重内涝。涝灾是影响该区域农业生产的主要因素。

幸福涝区位于黑河市南部,地理位置为北纬49°31′~50°51′,东经127°30′~127°52′,属于爱辉区幸福乡、四嘉子乡境内。涝区地域共涵盖18个自然村,涝区总面积60.64万亩,耕地面积15.2万亩,受涝面积6万亩,易涝面积4.6万亩。幸福涝区由于国家投入资金少,原有的排涝工程不配套,秋季降水集中,排水设施少,造成排水不畅,形成秋涝;另外由于202国道建成后,破坏了原有的排涝系统,致使202国道沿线两侧部分农田内水排不出去,形成严重的内涝,造成粮食减产甚至绝产,给农业生产带来极大危害。

到2005年,张地营子、幸福2处涝区工程共建各类水工建筑物42座,其中桥8座,涵洞33座,跌水1座;开挖排涝沟、截流沟143条,长244.60千米,完成总工程量47.57万立方米,完成总投资68.88万元,2处涝区合计治理易涝面积3.6万亩。

第六章　防　　汛

第一节　汛　　情

黑龙江的汛情,有春汛、夏汛和秋汛之分。

一、夏　　汛

夏汛出现在6—8月,是一年中出现洪水最多(约占70%)、洪水最大的汛情。秋汛是指9月份以后发生的洪水,但因夏汛往往拖后,与秋汛相连,又合称夏汛。

夏汛洪水来自暴雨,按影响范围分为全省性洪水、流域性洪水、山洪暴发、中小河流泛滥、水库险情等。夏汛洪水历年普遍出现,范围广,危害大,是爱辉区防汛的重要时期。

二、凌　　汛

春汛又称凌汛,出现在4月下旬至5月上旬江河解冻流冰时期,由融雪径流和冰坝壅水所形成,有的河流水位高于夏汛,成为当年最高洪水水位。

爱辉区冬季严寒,江河封冻。每年冬季大小江河都有流凌、封冻、解冻的自然过程。一般从11月上旬封冻,至次年4月中下旬解冻,冰厚1.0~1.5米。由于河道、地形、水情,特别是气候等条件的综合作用,黑龙江每年都有不同的凌汛发生,通常是封江水位高、水大、冰面宽、结冰厚度大、冰体多,加之河流上游气温回升早,冰雪消融快,流入河槽后冰体增大,促使上游冰层先解冻流冰,下游仍在封冻,形成自上而下水鼓冰开,形成"武开江"。当冰凌下泄不畅,特别是遇到河道束窄、急弯或浅滩处,加之气温的急剧变化,形成冰凌卡塞、堆积,淹没沿岸农田和房舍,造成严重灾害。

第二节　防汛组织

一、指挥机构

1983年,黑河市防汛指挥部成立,由主管农业的副市长担任总指挥,武装部副部长、农业局局长和水利局局长担任副总指挥;指挥部领导成员由市民政局、财政局、交通局、气象局、商业局、建委、邮电局、物资局等有关部门负责人组成;指挥部办公室设在水利局。每年的防汛工作实行各级行政首长负责制,统一指挥防汛工作。

2005年,爱辉区防汛指挥部总指挥由爱辉区政府区长担任;副总指挥由区委副书记、副区长、区人武部政委、区水务局局长担任;指挥部成员单位共有17个,其中包括区政府办公室、爱辉公安分局、区财政局、区民政局、区交通局、区气象局等17个单位。防汛指挥部办公室设在爱辉区水务局,主任由区水务局副局长兼任。

二、人力动员

爱辉区防汛抢险人员以人民解放军、人民武装警察部队和按照乡、村、屯青壮年编成的防汛大队、中队、小队为主,其次为市区机关、工厂、学校等单位的职工。

在防汛工作中,人力动员是根据汛情的发展而随时变化的。在未达到警戒水位时,由堤防管理人员按常规检查、养护、维修;在超过警戒水位时,增加人力,由防汛队伍巡堤查验,发现险情及时处理;水位继续上升时,抢险队伍立即上堤,险工弱段设专人负责看守,出现险情及时抢修;重点险段和紧急抢险由人民解放军和武警部队或基干民兵负责抢护。

为加强防汛的组织领导,更好的动员人力,从20世纪70年代开始到2005年,始终实行"领导包堤包库"的办法,主要江河堤防由市区领导包干,层层落实到个人。

三、物资筹措

爱辉区的防汛物资按照依靠群众和地方自筹为主,汛前统一筹措,防汛需要时集中使用。防汛抢险物资器材的来源有3种渠道:(1)依靠群众自筹。包括打防汛草、编制草袋、草帘子和绑草捆等,在汛前由防汛部门进行登记,并规定不准随意动用,一但汛期使用,汛后给予适当补贴。(2)国家适当储备。国家储备的防汛物资主要是草袋。20世纪90年代后多改用编织袋、木杆和铁线,草袋直接购入运到指定防汛仓库集中管理或由供销社代储。木杆和铁线购入后直接运至防汛仓库专门保管。(3)有防汛任务的或直接受益的国营农场、森林、铁路、公路、工矿和其他企业等单位自备自用。各单位负责组织防汛抢险,承担所需人力、物力和财力,或按系统由上级主管部门统筹防汛经费。

第三节 防汛抢险

爱辉区的防汛工作按照"以防为主,防重于抢,有备无患"的指导方针,做到全面防守、确保重点、立足于防,以确保沿江堤防和水库安全。根据防汛任务与要求,全区防汛的主要措施:一是在汛情到来时及时报汛,二是汛情发生时及时进行抢险。

一、报 汛

爱辉区的防汛汛情来自气象预报和水文情报。由于黑龙江是俄罗斯与中国共有,为沟通汛情,从1956年开始,双方每年从4月1日至11月1日逐日交换水情。

报汛站的汛情传递有有线和无线两种通信手段。有线通信是由于报汛站处于偏僻交通不便的地方,除利用邮电线路外,多是借用铁路、林业、农场及农村电话线路传递汛情。由于一些重点暴雨区受条件限制,难以使用有线通信,1987年,宋集屯水库和卧牛河水库建立了无线电通信接收塔,开始使用无线电通信。

二、抢 险

爱辉区的防汛抢险重点是堤防和水库。堤防的主要险情是堤身不高,易发生洪水漫溢;受风浪淘刷,易发生塌陷脱坡;因堤身单薄或沙基沙坝出现渗水管涌;由于穿堤建筑物处理不当产生绕渗漏水等等。抢险措施主要有堤防、大坝将发生漫溢时,采取在堤顶挡水一侧,因地制宜,突击加修土子捻或土袋捻。堤身受风浪冲蚀,造成堤坡坍塌脱坡时,就地取材,打桩加土袋,用柳排、柴捆、草捆加草袋压护等办法。出现渗水和管涌时,采取临河抛土截渗,背河开沟导渗的办法。穿堤建筑物绕渗漏水时,采取上堵下排、上下并举的办法,在上游用土袋、棉衣、棉被、麻袋、木板等堵塞出口,再用布盖住洞口,上压土袋;下游在出水口用麻袋装沙,垒成反滤斗,将出口围起来,在井内分层添以粗砂、石坷、石块等,保护坝身和坝基土不流失。

1984年7月,大兴安岭地区、黑河地区大面积连降大雨、暴雨,与同期相比,降雨量明显增大,降雨次数明显增多,致使黑龙江干流的呼玛、黑河、孙吴沿江一带发生了境内解放以来第二次洪水。新

防汛抢险　　1984 年 7 月摄

生、西峰山、张地营子、上马厂等 4 个农村乡的降雨量都超过常年平均值。其降雨特点一是雨量大。根据气象部门测报，7 月至 8 月上旬 40 天的时间，降雨量为 529.4 毫米，比正常年同期的降雨量多 393.4 毫米。市区包括幸福、四嘉子 2 个郊区乡的降雨量为 457 毫米，比上年同期 70 毫米多 387 毫米。二是大雨暴雨次数频繁。仅 8 月份上旬降大雨、暴雨五六次之多。三是局部地区降特大暴雨。西峰山乡 7 月 31 日一次特大暴雨，降雨量达 185.5 毫米。由于黑龙江上游的大兴安岭地区连降多次大暴雨，致使黑龙江水位猛涨。8 月 15 日 3 时黑龙江洪峰通过黑河水文站，洪水位高达 98.19 米等于黄海高程 129.41 米，超过警戒水位 1.19 米，比 1958 年洪水位 99.13 米低 0.94 米。本次洪水的特点：一是持续时间长，黑龙江的最大涨水率为每小时 2 厘米，从 7 月 23 日至 8 月 15 日长达 24 天，超过 1958 年特大洪水持续时间 7 天。二是涨水过程频繁，各个主要河流及其支流均都形成多次涨水过程。三是洪峰重叠，多次汇入使黑河市黑龙江段水位不断加高。8 月 1 日黑河水文站预报水位可达 96.50 米，8 月 8 日预报水位可达 96.80 米，8 月 10 日预报水位可达 97.27 米，第四次预报水位可达 98.10 米。四是洪水位高，达到 98.19 米。由于受黑龙江、结雅河两河洪峰相交顶托影响，仅低于 1958 年特大洪水位的 0.06 米。五是回落速度慢，持续时间长达 12 个小时。见回落后 24 个小时仅下降 6 毫米。六是洪涝结合，内涝严重。由于时间长、雨量大、使土壤水分饱和，再加上江水顶托、倒灌，各个河流水漫溢，出槽，造成大面积内涝。这次洪涝灾害给黑河人民生产生活带来巨大损失。在中共黑河地委、行政公署的领导下，中共黑河市委、市政府的主要领导深入乡镇第一线指挥，并带领近百人的抢险麦收工作队深入到重灾村屯，组织发动群众开展抢险救灾和抢收工作。在市区抢修堤防险段中，建立岗位责任制，做到了领导、队伍、运力和物资四落实，集中力量加固黑河市区外围堤防和长发屯危险堤段。8 月 12—18 日，市区内各党政机关、部队、工厂和企事业等单位职工及广大居民群众齐出动，全市城乡每天出动上万人、200 多台汽车、25 台推土机、10 多艘大小船只参加抗洪抢险，奋战 7 昼夜，保住了黑河市区外围堤防，确保了全市人民生命财产的安全。8 月 15 日晨 3 时 ~4 时洪峰到达时，长发屯大坝险段溃口 1 处，宽 80 米，冲走土方 3 万多立方米。全村的房屋均浸泡于水中，淹没了已成熟的全部麦田和其他农田。另外坤河、小乌斯力、黄旗营子等村，每天出动上千人，各种车辆 30 多台，奋战 7 天 7 夜，加固防洪堤坝，保住了这 3 处独立的坝段，总长 26.7 千米，安全度汛，使 5 个村屯、7 000 多人口、4 万亩农田免遭洪水侵害。在本次抗洪抢险中，使用的器材和物资主要有：草袋子 12.5 万条，木材 50 立方米（包括木杆），汽油 30 吨，柴油 30 吨，铁线 8 吨，照明用电线 1.5 吨，元钉 400 千克，扁担 1 000 条，土篮 2 000 个，麻袋 5 000 条，绳子 150 千克，铁锹 1 000 把，铁镐 300 把，抢险用客船 2 艘，民用艇 40 艘，水泵 12 台，潜水泵 2 台，租用电台 9 部，汽车 2 000 台次，推土机 500 台次，胶轮车 1 000 台次，石方 2 000 立方米，出动人力 11 万人次。总计耗用经费 29 万元。1984 年 8 月 19 日省工作组一行 5 人，在黑河行政公署专员李达、副专员谢振忠陪同下，对黑河市区外围堤防和宋集屯、卧牛河 2 座中型水库进行了检查。

第七章 水土保持 改水工程

第一节 水土保持

一、沿江轻度侵蚀农田保护区

包括爱辉镇、西岗子镇、幸福乡、四嘉子乡、坤河乡、张地营子乡和上马厂乡等部分区域，总面积203 822公顷。该保护区多为沿江地带及河谷平原，地势平坦、坡降小、河漫滩宽阔，并有阶地分布。在坡耕地治理上以修坡式梯田、地埂植带、改垄、植农防林、建护坡林等措施。针对不同地理环境采取因地制宜办法进行治理，种植的水保林以落叶松为主。

二、岭东轻度侵蚀防区

包括西峰山乡、张地营子乡和上马厂乡等部分区域，总面积188 072.10公顷。这3个乡镇位于爱辉区小兴安岭东，地势坡度较长、地形和缓，坡耕地土层薄、坡度大。治理措施采用坡式梯田、地埂植物带、改垄、挖截流沟、种水保林等方法，进行生态修复。

三、低山丘陵漫岗轻度侵蚀预防监测区

包括罕达汽镇、新生乡、二站乡、西峰山乡等部分区域，总面积976 616.20公顷。位于爱辉区西部、地势坡缓、坡长，山势和缓、山顶较平。治理措施是控制毁林、草和陡坡开荒。

爱辉区的水土保持工作从20世纪70年代开始，实行退耕还林、修筑谷坊、挖截流沟等治理措施，从保护水库着手治理水土流失。

1988—1998年，黑龙江省在全省范围内开展了农田水利基本建设“黑龙杯”竞赛活动，历经10年，爱辉区累计完成小流域治理14处，营造水保林7.125万亩；新增改善水保治理面积10.34万亩，水保治理面积达到11.57万亩。

至2005年底，爱辉区已累计治理水土流失面积7 690公顷，其中，基本农田3 279公顷、水保林2 488公顷，其他1 923公顷。

第二节 改水工程

20世纪80年代以前，爱辉区农村人畜饮水以大口井、手压井取地表水为主，饮用水受一定污染，有害物质含量严重超标，部分地区人口因水质问题患有皮肤病、大骨节病、地方性甲状腺肿病等。经过多年的建设，到2005年年末大部分地区已用上深井水，地方病已得到有效控制，自来水工程建设已在全区农村全面展开。

爱辉区的人畜饮用水改造历经3个阶段，第一阶段是自然原始取水阶段，这个阶段主要以天然泉水、人工挖大口井，以辘轳取水人工挑担畜拉等入户的方式取用饮用水，水质天然，水量丰盈，为地表浅表水。第二阶段为自助取水阶段，这一阶段主要在20世纪80年代以后出现，具体形式为人工挖掘砸管，自家个人安装手压井而自给自足；水质前期较好，到了末期受农药化肥影响有劣化趋势，

水量也是前期较好,后阶段出现季节性缺水现象,此阶段饮水为浅层地下水。第三阶段为自动供水阶段,主要以深水井抽取地下水,通过管网自动入户,水质水量均有保障。

一、深水井工程

1976 年 7 月 5 日,根据省水利部门和卫生部门的联合通知精神,卫生部门将防病改水工作移交给水利部门,1979 年,水利部门开始开展农村人畜饮水井、改水井工程建设,国家有计划向人畜饮用水工程投资。1979—1986 年为第一次投资建设高峰,8 年间国家投资共计 81.4 万元,下达饮水井、改水井计划 54 眼,完成 61 眼,主要解决了爱辉镇、坤河乡、四嘉子乡的饮水问题,其他乡镇解决了部分村屯。1987—1995 年共打人畜饮水井 15 眼。1996—1999 年,爱辉区争取省投资金项目,新打饮水井 10 眼,病区改水井 4 眼,铺设自来水管线 31.7 千米,受益村屯 13 个,受益人口 5 449 人,工程投资 248 万元。2001—2004 年为第二次建设高峰,爱辉区先后争取到 3 批国债项目、1 批以工代赈项目以及 3 批小农水计划工程,共打人畜饮水井 34 眼,井深在 100 ~ 150 米之间,解决饮水困难村屯 34 个、人口 16 730人,完成投资 554.45 万元。其中,国债项目完成总投资 394 万元,包括国债补助资金 155 万元,解决饮水困难村屯 19 个,困难人口 8 060 人。

1983 年—2005 年,全区打(改造)人畜饮用深水井共计 103 眼。

二、自来水工程

黑河市第一处自来水工程于 1983 年在四嘉子乡五道沟村建设。1984 年 5 月,在五道沟村召开了农村自来水建设现场会,会议学习五道沟村自来水建设经验,研讨落实了各乡镇今后建设任务。此后黑河市开展了农村自来水工程建设第一次高潮,到 1985 年末共建成农村自来水工程 15 处,主要集中在爱辉镇、坤河乡、四嘉子乡。农村自来水工程建设第二次高潮于 2001 年开始,在国债项目和以工代赈项目的带动下,先后新建农村自来水工程 6 处,铺设自来水管线 62.2 千米,受益人口 4 212 人,完成投资 245.2 万元。

1983—2005 年,全区农村共计铺设自来水管网 48 处。

1984—2005 年爱辉区(黑河市)改水工程统计表

表 8 – 4

年份	完成饮水井数(处)	铺设自来水管网(处)	解决饮水困难人口(人)	解决饮水困难牲畜(头)
1984	10	2	467	—
1985	14	4	1 590	—
1986	5	5	2 319	1 208
1987	1	1	650	276
1988	—	—	—	—
1989	1	1	313	201
1990	1	1	211	135
1991	3	3	1 250	566
1992	2	3	553	206
1993	2	2	2 090	565

续表 8 - 4

年度	完成饮水井数(处)	铺设自来水管网(处)	解决饮水困难人口(人)	解决饮水困难牲畜(头)
1994	5	3	1 131	922
1995	—	—	—	—
1996	6	4	1 488	1 140
1997	3	3	1 398	847
1998	2	2	1 041	837
1999	2	—	1 572	662
2000	1	—	100(新生学校)	—
2001	—	—	—	—
2002	11	5	5 191	—
2003	6	1	4 425	1 257
2004	15	—	4 805	1 772
2005	13	8	7 631	3 115
合计	103	48	38 225	13 709

◎第九篇　工　业

第九篇　工　　业

1983—1985年，黑河市全面贯彻落实《中共中央关于经济体制改革的决定》，把“增强企业活力，扩大企业自主权，所有权与经营权分离”作为城市经济体制改革的重点，对国营小企业实行放开经营，推行以经营承包为核心的多种形式的经济承包责任制和厂长（经理）负责制。开展增产增收、增盈节支活动，帮助亏损企业减亏增盈，工业生产扭亏增盈取得显著效果。

1987年，黑河市政府下发《关于加快发展乡镇企业的决定》。1988年，建立健全了农村服务体系，积极兴办以农副产品加工为主的乡镇企业。

1995年，按照产权明晰、责权明确、政企分开、管理科学的现代企业管理制度，对区属企业全面进行了清产核资和产权改革工作，并开展了乡镇企业兼并国有企业的改革。全区112家企业中，有90%的企业进行了各种形式的产权改革。1996年后，以乡镇企业为重点的非国有经济发展步伐加快，至2000年，乡镇企业发展到303家。

2005年，爱辉区以科学发展观统领经济社会发展全局，不断推进“强区升位”战略目标的进程。工业经济结构得到进一步优化，矿产资源开发、农副产品深加工、绿色食品等产业成为工业经济主体。全口径工业企业利税完成1 180万元，增长29.2%。规模以上工业企业完成增加值1 782万元，增长26%；区属167家国有和集体企业完成产权制度改革，实现了国有资本的有序退出。

第一章　机　　构

第一节　工　业　局

1983年6月，爱辉县工业科并入黑河市工业局。1984年2月，黑河市工业局改为黑河市工业公司；1986年8月改为工业局。1987年9月，黑河市工业局与黑河市二工业局合并；1988年8月，与二工业局分开，重新建立黑河市工业局。其间黑河市工业局（工业公司）内设机构有人秘组、生产组、技术安全组、经营管理组，编制19个。直属企业有黑河市制酒厂、啤酒厂、印刷厂、电动工具厂、电影机修配厂，黑河市西岗子机械厂、黑河市氧气厂、黑河市通用机械厂、黑河市西岗子陶瓷厂、黑河市针织厂、黑河市乳品厂等。

1993年4月随着撤市建区，黑河市工业局更名为爱辉区工业局，仍为正科级建制；内设机构及人员编制没有变化。所辖企业黑河啤酒厂划归黑河市（地级），其他无变化。

1996年党政机关机构改革时，爱辉区工业局被撤销，其职能和下设部门及所属企业并入爱辉区经济委员会。经委下设企业管理科，行使原工业局的管理职能。下属企业有电机厂、高层给水设备厂、西岗子机械厂、陶瓷厂、乳品厂、制氧总厂、冰果厂、食品厂及食品厂糕点分厂等。

2001年,根据《黑河市爱辉区党政机关机构改革方案》的规定,由爱辉区经委、计委、建设局、贸易局、财贸办、安全办、建材总公司合并组建黑河市爱辉区经济计划局。编制总数46个。经济计划局设企业管理股负责对工业企业的管理。所属工业企业有黑河市制氧总厂、龙丹百岁乳业公司、西岗子机械厂、西岗子陶瓷厂、昌泰电机厂、新华给水设备厂、华泉股份公司、桦林公司、黑河市三砖厂、黑河市四砖厂及第二、第四、第五建筑工程公司等。

至2005年末,爱辉区经济计划局仍设企业管理股负责对工业企业管理。下辖工业企业有龙丹百岁乳业公司、爱乐莎娅乳业有限责任公司、铃田生物科技有限公司、三砖厂、四砖厂、桦林公司和第二、第四、第五建筑工程公司等。

第二节　二 轻 总 会

1983年6月,爱辉县并入黑河市,爱辉县第二工业科并入黑河市第二工业局。1984年,黑河市政府设立黑河市手工业联社,与黑河市二工业局合署办公,一个机构、两块牌子。1987年9月,黑河市工业局与黑河市二工业局合并;1988年8月,与二工业局分开,1987年9月9日,黑河市政府撤销手工业联社,设立黑河市集体经济办公室。1989年,黑河市政府撤销集体经济办公室,设立黑河市二工业局。

1993年4月,黑河市撤市建爱辉区,黑河市二工业局更名为爱辉区二轻工业局。所属企业有黑河市皮革厂、黑河革件厂、黑河市木器家具厂、黑河市二轻局供销处、黑河市机械厂、黑河市锅炉厂、黑河市橡胶厂、黑河市酿造调味品厂、黑河市木材综合加工厂、黑河市杂品厂、黑河市五金弹簧厂、黑河市劳动保护用品厂、黑河市制帽棚靠厂、黑河市北方服装厂、黑河市宏大服装厂、黑河市工艺美术木器厂、黑河市华光人造板厂、黑河市薄铁社、黑河市化工厂、黑河市工艺美术厂、黑河市小五金修配厂、黑河市钟表眼镜修配厂、黑河市二轻托儿所、黑河市刻字厂等24个。爱辉区二轻工业局为正科级建制,编制20个。内设办公室、财务股、审计股、生产技术股、教育股、保卫股。

1996年,党政机关机构改革后,爱辉区二轻工业局更名为爱辉区二轻总会,并由行政机关转制为事业单位,原工作职能不变,仍为正科级建制,设会长1职(兼职)、副会长2职。编制20个。下设办公室、财务股、审计股、安全保卫股、生产技术股、企管股、教育股7个股(室)。所属企业单位20个,分别为黑河市木器家俱厂、黑河市二轻局供销处、黑河市机械厂、黑河市锅炉厂、黑河市橡胶厂、黑河市酿造调味品厂、黑河市木材综合加工厂、黑河市杂品厂、黑河市五金弹簧厂、黑河市制帽棚靠厂、黑河市北方服装厂、黑河市宏大服装厂、黑河市工艺美术木器厂、黑河市华光人造板厂、黑河市薄铁社、黑河市化工厂、黑河市工艺美术厂、黑河市钟表眼镜修配厂、黑河市二轻托儿所、黑河市刻字厂。

截至2005年,二轻总会内设机构没有变化,所属企业单位5个,分别为黑河市映山红酿造调味品厂、黑河市兴华机械有限责任公司、黑河市海兰锅炉制造有限责任公司、黑河市东胜木制品厂和黑河市洪飞橡胶厂。

第三节　煤　炭　局

1984年3月20日,按市编委《关于黑河市经济委员会内部及所属机构编制的批复》,设立黑河市煤炭局,企业编制43个,内设秘书科、安检科、计财科、劳动人事科、教育卫生科、多种经营科、生产技术科。

1985年9月10日,按市编委《黑河市编制委员会关于成立煤炭运销公司报告的批复》,将煤炭车队与煤炭商店合并，批准成立黑河市煤炭运销公司，科级建制。内设财务股、业务股、秘书股、销售管控股、供应股、人保股、调度室、营业室，下设车队。

1987 年 3 月 16 日，按黑河市编委会《黑河市编制委员会关于市煤炭局、电业局、建设委员会内部机构问题的通知》，市煤炭局内部审计科为科级建制。1989 年，煤炭局总调度室并入生产科。1989 年 7 月 25 日，省煤管局批准建立黑河煤炭质量监督总站第三检验站，行政级别为科级。1990 年 6 月 11 日，煤炭局增设保卫股。

1993 年 4 月，黑河地区改建为黑河市（地级），原黑河市改建为黑河市爱辉区，原黑河市煤炭局及所属煤矿划归黑河市（地级）煤炭局，爱辉区未设立煤炭局。

2004 年 7 月 23 日，设立爱辉区煤炭局，为财政全额拨款事业单位，正科级建制。内设机构有办公室、安全与生产指导股、行业管理股。机构编制 10 个，行政领导职数 1 正职 2 副职，股级职数 3 职。同年 11 月 16 日，爱辉区煤炭局正式成立。

第四节　乡镇企业管理局

爱辉县乡镇企业行政管理机构成立于 1976 年 3 月 24 日，成立之初为爱辉县社队企业科，核定编制 9 个。1983 年 6 月，爱辉县并入黑河市，爱辉县社队企业科改为黑河市社队企业局。1984 年 4 月，黑河市社队企业局改为黑河市乡镇企业管理局，编制 13 个。1993 年 4 月，黑河市撤市建爱辉区，黑河市乡镇企业管理局更名为爱辉区乡镇企业管理局。1995 年 10 月，乡镇企业管理局改建为爱辉区乡镇企业管理委员会。1996 年机构改革，爱辉区乡镇企业管理委员会更名为爱辉区乡镇企业管理局。局内设办公室、综合业务股、生产科教股、计财审计股 4 个股室，核定编制 13 个，其中，行政编制 12 个、工勤编制 1 个。1997 重新核编定为 15 个，其中行政编制 14 个工勤编制 1 个。1998 年重新核编定为 13 个，均为行政编制。2000 年定编 16 个，其中行政编制 15 个、工勤编制 1 个。2001 年 11 月，机构改革，撤销爱辉区乡镇企业管理局，合并到爱辉区农委，不单独设立编制，设立乡镇企业股，由农委副主任 1 人、股长 1 人、科员 1 人负责乡镇企业工作。到 2005 年机构没有变化。

第二章　经营管理与工业门类

第一节　企 业 经 营

1983 年，爱辉县并入黑河市后，全市工业企业开始进行扩大企业自主权试点工作，在不改变国家所有权的前提下，从调整国家与企业的利益关系入手，将一部分生产经营权和利益下放给企业，让企业在一定程度上自主经营，增强了企业活力。其中，黑河市通用机械厂、西岗子机械厂、印刷总厂、农机修造厂、电动工具厂和电影机械厂等企业通过试点，先后实行了承包经营、租赁经营，具备条件的单位进行了股份制试点，并加强了企业技术进步和技术改造工作力度，提高了经济效益，增强了发展后劲。当年，全市有全民所有制工业企业 47 家、集体所有制工业企业 62 家；全口径工业总产值为 4 181 万元（按 1980 年不变价），其中，全民所有制工业总产值达 3 059 万元，集体所有制工业总产值达 1 122 万元。

1984 年，按照“质量要提高、速度要加快”的要求，着手进行企业整顿工作。通过放开经营，一些面临关停困境的企业，开始有了生机。经济效益比整顿前普遍有明显好转，有的企业效益成倍增长。宋集屯煤矿被评为全国地方煤矿先进矿；啤酒厂产量比上年增长428%，实现利税比上年增长50%。产品质量普遍有了提高，其中精装都柿酒、少数民族服装被评为省优质产品。当年4月，市政府对小企业全部实行放开经营，首先在印刷厂、通用机械厂2家企业实行民主选举厂长试点，之后对企业领导班子进行了全面整顿，使企业领导班子精干有力，年龄下降，形成了梯次结构。

1984年黑河市工业企业主要指标完成情况表

表9－1

单　　位	产值（万元）	利润（万元）	工资（万元）	职工人数（人）	产量
黑河市电影机厂	27	0.7	10.6	122	—
黑河市西岗子机械厂	40	1.8	9.3	101	—
黑河市电动工具厂	113	5.8	15	202	—
黑河市啤酒厂	140	25	11.5	128	3 500吨
黑河市陶瓷厂	12.5	0.3	3.8	42	大缸1万只
黑河市通用机械厂	40	8.3	13.3	136	—
黑河市制酒厂	178	12	15.6	162	白酒600吨 果酒250吨
黑河市氧气厂	4	1.4	2.7	33	—
黑河市印刷厂	60	6.4	12.5	143	—
黑河市皮革厂	53	2.6	8.5	104	—
黑河市家具厂	37	0	6.9	78	—
黑河市电厂	77.6	5	17	195	640万千瓦时
黑河供电所	—	20	12.8	131	购3 265万千瓦时 售2 547万千瓦时
黑河市西岗子电厂	94.3	2.3	21.8	226	—
黑河市农机一厂	193.5	7.2	38.7	409	—
黑河市农机二厂	15.5	0.8	5.5	67	—
黑河市一砖厂	88	17.1	15	132	1 600万块
黑河市二砖厂	66	7.2	11.9	109	1 500万块
黑河市水泥厂	70	11.8	21.4	212	1.5万吨
黑河市西岗子煤矿	74.3	76	62	571	45 000吨
黑河市东方红煤矿	90.8	80	68.5	498	55 000吨
黑河市宋集屯煤矿	280.5	38	33.6	371	175 000吨
黑河市煤炭车队	6.6	0.3	—	51	—
黑河市火车站	—	0.5	28	289	—

1985 年黑河市工业企业总产值与劳动效率一览表

表 9－2

	企业数量（家）	工业总产值（千元）		平均人数（人）		劳动生产率（元）	
		按 1980 年不变价	按现行价格	全员	工人	全员	工人
总　计	136	77 026	92 434	11 704	10 312	6 581	7 470
一、全民所有制工业	72	62 094	77 068	8 680	7 504	7 154	8 275
中央企业	4	11 451	15 645	1 220	896	9 386	12 780
省属企业	15	11 082	15 610	1 283	1 143	8 638	9 700
地属企业	2	985	1 295	57	55	17 280	17 909
市属企业	51	38 576	44 518	6 120	5 410	6 303	7 130
第一工业局	12	8 185	9 547	1 297	1 158	6 300	7 068
第二工业局	2	965	970	165	148	5 848	6 520
电业局	3	3 249	4 981	613	530	5 300	6 130
煤炭局	3	5 261	4 700	1 425	1 278	3 692	4 117
粮食局	6	8 585	8 932	362	304	23 715	28 240
城建局	7	3 484	5 965	1 160	1 041	3 003	3 341
交通局	1	1 954	2 246	316	264	6 184	74 015
商业局	3	2 337	2 367	170	151	13 747	15 477
水利局	2	146	192	30	24	4 857	6 083
物资局	1	1 280	1 350	—	—	—	—
服务局	1	11	12	—	—	—	—
畜牧局	1	95	360	—	—	—	—
二、集体所有制企业	64	14 932	15 366	3 024	2 808	4 938	5 318
市直企业	47	11 534	11 649	2 187	2 058	5 274	5 604
1. 第二工业局	17	7 598	7 217	1 149	1 069	6 613	7 108
2. 其他部门	10	3 416	4 036	734	667	4 654	5 121
3. 农村工业	12	1 626	1 767	468	426	3 474	3 817
4. 街道办工业	2	6	7	12	12	500	500
5. 机关企业事业单位办厂	23	2 286	2 339	661	634	3 458	3 606

1988 年，工业生产克服了原材料涨价、资金短缺、电力不足等不利因素的影响，狠抓计划落实，普遍推行承包经营，并引入竞争机制，全市工业经济保持了较高的发展速度。当年市属全口径工业总产值完成 7 382 万元，比上年增长 15.6%；列入考核的 20 种主要产品产量超额完成计划；黄金、原煤、水泥、发电量、电动工具、农用薄膜、饲料加工和适销的轻工产品增长较快，取得了比较理想的经济效益。

1989 年，国家对宏观经济进行治理整顿，实行紧缩银根政策，出现了原材料大幅涨价，贷款利率提高，资金短缺，职工副食补贴增加等一系列困难。在这种情况下，黑河工业系统通过努力工作，深化企业改革，调整产品结构，狠抓双增双节和扭亏增盈，仍保持了稳定的增长势头。当年市属全口径工业总产值完成 8 328 万元，比上年增长 12.8%。在全国经济普遍滑坡、市场疲软的困境中，黑河市工业生产取得了产值、销售收入、利税总额同步增长的显著成果。啤酒厂成为利税超百万元企业。但是由于市场持续疲软、资金严重不足，造成 1990 年黑河市工业企业举步维艰。特别是前 9 个月形势相当严峻，工业生产回升缓慢，经济效益低下，9 月份以后工业生产形势开始向好的方面转化，经济效益下滑过猛的势头基本得到控制。1990 年,全市共有工业企业 156 家。实现工业总产值 18 956 万元(按 1990 年不变价),按现价实现工业总产值 19 196 万元。全市共有独立核算工业企业 140 家,其中,全民所有制企业 70 家,集体所有制企业 70 家;全年实现工业增加值 6 556 万元,其中,全民所有制企业实现工业增加值 5 546.3 万元,集体所有制企业实现工业增加值 1 009.7 万元。

1990 年黑河市独立核算工业企业工业增加值及工业净产值构成情况表

表 9 - 3　　　　单位:家、千元

	企业数量	工业增加值	其中		净产值构成				
			提取折旧	工业净产值	产品销售利润税金	工资总额	职工福利	利息支出	其他
总计	140	65 560	8 754	56 806	19 615	23 243	2 368	4 842	6 738
一、全民所有制	70	55 463	7 291	48 172	17 537	18 838	1 751	4 060	5 986
其中:中直	2	12 661	1 455	11 206	3 551	3 601	243	2 264	1 547
省直	13	6 790	468	6 322	1 637	3 778	237	68	602
地直	2	3 575	257	3 318	2 128	437	147	6	600
市直	53	32 437	5 111	27 326	10 221	11 022	1 124	1 722	3 237
1. 黑河市粮食局	6	3 809	370	3 439	1 550	724	109	662	394
2. 黑河市煤炭局	3	6 158	1 598	4 560	1 013	2 418	233	183	713
3. 黑河市电业局	3	2 997	859	2 138	318	1 383	133	-20	324
4. 黑河市城建局	6	2 789	332	2 157	366	1 477	137	146	331
5. 黑河市第一工业局	12	6 590	932	5 658	1 570	2 213	221	1 169	485
6. 黑河市水利局	1	322	20	302	162	96	5	—	39
7. 黑河市商业局	3	895	62	833	416	260	25	96	36
8. 黑河市农机局	10	2 326	230	2 096	605	811	95	403	182
9. 黑河市经委直属	2	1 924	20	1 904	2 232	696	80	-1 145	41
10. 黑河市黄金管理站	3	2 995	296	2 699	1 768	362	21	56	492
11. 黑河市第二工业局	2	1 330	305	1 025	178	448	48	160	191
12. 黑河市航运公司	1	128	11	117	23	78	2	12	2
13. 黑河市政府直属	1	174	76	98	20	56	15	—	7
二、集体所有制工业	70	10 097	1 463	8 634	2 078	4 405	617	782	752
其中:省直	2	372	60	312	40	237	4	30	1
市直	68	9 725	1 403	8 322	2 038	4 168	613	752	751
1. 黑河市第二工业局	15	4 149	489	3 660	731	1 814	229	552	334
2. 黑河市城建局	1	1 109	79	1 030	654	263	68	—	45
3. 黑河市商业局	1	24	1	23	7	14	2	—	—
4. 黑河市物资局	1	58	3	55	23	32	—	—	—
5. 黑河市水利局	2	136	17	119	15	119	11	-32	6
6. 黑河市农业局	2	390	80	310	64	220	14	—	12
7. 黑河市煤炭局	1	277	67	210	127	14	15	48	6
8. 黑河市石油公司	1	138	7	131	47	63	3	5	13
9. 黑河市乡镇企业局	28	2 069	383	1 186	49	909	177	248	303
10. 机关企事业办厂	16	1 375	277	1 098	321	720	94	-69	32

1992 年,全市工业企业继续深化改革,转换企业经营机制,拓展南联北开及国际国内两个市场,狠抓增产节约和扭亏增盈,消化各种增支因素,全市工业生产持续、稳定增长。当年,市属全口径工业总产值完成 14 089 万元。在深化改革方面,国有企业实行了进档达标责任制,在集体企业普遍实行目标管理责任制,通过贯彻《全民所有制工业企业转换经营机制条例》,电机厂、通用机械厂、薄铁社制定了试行股份制实施方案,农机一厂进行了划小核算单位的改革,使企业增强了活力。当年 3 月黑河市被国务院批准为沿边开放城市,南联北开的步伐不断加大,工业企业与全国各大专院校、科研单位、企业联营联合的生产项目有 59 项,引进资金 2 329 万元;与日、俄、韩、等国家和中国香港、台湾等地区签订的三资企业合同、协议 67 项,资金达 42 232 万元。黑河市较大的工业企业和主管局共建立边境经济贸易公司 58 个,带动了经济技术合作和三资企业发展。

1993 年 4 月撤市建区时,全区有工业企业 166 家。区属工业企业为 107 家,59 家企业上收到黑河市(地级),区属企业减少 55%;从业人员随企业调入市里,减少 64%。当年主要工业经济指标完成情况为工业产品销售率 90.7%;工业资金利用率 3.5%;工业成本费用利润率 1.1%;工业增加值率 30.9%;工业全员劳动生产率 2 721/人;劳动资金周转率 25 次;工业总产值能耗 22 吨标准煤/万元。粮食市场放开后,粮办工业减产 1 300 万元,乳品厂奶源下降减产 90 万元,加之流动资金紧缺等原因,造成全区工业生产速度下滑,全年工业总产值仅实现 6 057 万元。

1994 年开始,爱辉区工业经济跌入低谷。区委、区政府根据全区工业经济的实际情况,不断调整工业经济的发展思路,以市场为导向,不断加大资源开发、产品开发力度,特色优势工业经济体系逐步形成,在小企业上做大文章,全区工业经济逐步发展。

1993—1998 年,全区工业企业累计完成工业总产值(90 年不变价)47 094 万元。工业总产值由 1993 年的 6 057 万元上升至 1998 年的 9 379 万元,年均增长 29.5%;完成销售收入 55 144 万元,由 1993 年的 7 842 万元上升至 1998 年的 10 193 万元,年均增长 17.2%;完成税金 3 180 万元。其中,1995 年乡及乡以上全部工业企业完成工业总产值 8 708 万元(不变价),完成现价总产值 10 283 万元。当年有乡及乡以上企业 110 家。其中,轻工业 60 家,重工业 50 家;国有企业 53 家,集体企业 57 家。各系统完成情况:粮食系统完成工业总产值 1 830 万元,工业系统完成工业总产值 445 万元,水利系统完成 50 万元,农机系统完成 164 万元,物资系统完成 40 万元,农业系统完成 81 万元,二轻系统完成 60 万元。其间,企业改革进一步深化。1998 年,制定了《爱辉区产权制度改革实施意见》,完成产权制度改革企业 30 家,占总数的 67%,盘活国有企业资产存量 225 万元,化解债务 977 万元。当年,通过企业产权制度改革,食品厂实现扭亏增盈;制粉厂改造项目增加 5 个品种,提高出粉率 2 个百分点;都柿系列产品开发项目取得明显进展,打开了大连、郑州、哈尔滨等地市场;百岁乳业公司在奶粉市场竞争激烈的形势下,又在大连、秦皇岛等地建立了销售网点;西岗子机械厂、西岗子陶瓷厂、家俱厂等一批关停企业重新启动;锅炉厂实现扭亏增盈;砖厂、水利水泥制品厂等一批建材企业实现扭亏增盈或大幅度减亏。

黑乳集团兼并百岁乳业公司签约仪式　　2003 年摄

2000 年,西岗子机械厂、高层给水设备厂、四砖厂等企业完成产权制度改革,全区工业企业改革面达到 70%，项目开发取得新进展。全年完成工业总产值 9 400 万元(不变价)，同比下降 11%；完成销售收入 12 640 万元，同比下降 13%；完成利润总额 150 万元，同比增长 47%；完成流转税金 360 万元，同比下降 20%；完成工业增加值 2 700 万元，同比下降 9%。

2001 年，全区工业系统按照“三个有利于”标准进一步解放思想，扎实工作，工业经济保持平稳增长，经济效益明显提高。全区工业企业累计完成工业总产值 16 236 万元，同比增长 4.1%；完成销售收入 14 464 万元，同比增长 4.2%；完成利润总额 239 万元，同比增长 53.0%；完成流转税金 296 万元，同比下降 11.5%；完成工业增加值 3 563 万元，同比增长 0.9%；完成销售收入 8 963 万元，同比增长 17.6%；完成流转税金 148 万元，同比下降 12.4%；完成工业增加值 1 753 万元，同比增长 10.6%。列入扭亏增盈考核的 14 家国有工业企业盈亏相抵后实现利润总额 77 万元，同比增加利润 41 万元，比年度计划增加 2 万元。亏损企业亏损额为 9 万元，同比减亏 18.4 万元，比年计划减亏 16 万元，全面完成年初预期目标。

2004 年，爱辉区煤管局成立，接管了市里拨给的区内西部私营煤矿 28 家，新增的 28 户煤矿生产企业实现产值近 1 亿元，增加税收 790 万元。

2005 年，全区工业经济结构得到进一步优化，整体素质和竞争力明显增强，矿产资源开发、农副产品深加工、绿色食品等产业成为工业经济主体。2005 年全口径完成工业增加值 5 181 万元，完成计划的 104%，同比增长 35%；完成工业总产值 20 535 万元(现价比)，完成计划的 108%，同比增长 28%；完成销售收入 19 059 万元，完成计划的 109%，同比增长 32%；完成利润总额 440 万元，完成计划的 100%，同比增长 16%；完成税金 741 万元，完成计划的 135%，同比增长 106%；累计完成利税总额 1 181 万元，完成计划的 119%，同比增长 60%。规模以上工业完成工业增加值 1 782 万元，完成计划的 111%，同比增长 26%；完成工业总产值 9 138 万元，完成计划的 104%，同比增长 20%；完成销售收入 8 749 万元，完成计划的 109%，同比增长 21%；完成利润总额 140 万元，完成计划的 67%，同比下降 26%；完成流转税金 331 万元，完成计划的 150%，同比增长 79%；累计完成利税总额 471 万元，完成计划的 110%，同比增长 26%。

到 2005 年，爱辉区属 167 家国有和集体企业完成产权制度改革，基本实现了国有资本的有序退出，完成了国企下岗职工的基本生活保障向失业保险并轨工作。

1983—2005 年全区工业企业工业经济指标一览表

表 9 - 4

年份	工业总产值(千元)	企业数量(家)	职工人数(人)	劳动生产率	盈利总额(千元)	已缴利税费(千元)
1983	48 902	47	7 307	5 988	—	
1984	57 899	111	10 516	5 506	—	—
1985	77 026	136	11 704	6 581	701	551
1986	81 069	142	12 576	6 446	5 189	4 821
1987	89 898	156	13 282	6 768	6 223	4 371
1988	97 581	143	13 849	7 046	11 683	4 659
1989	108 132	150	14 247	7 576	14 680	7 520
1990	99 777	156	14 456	13 113	11 033	4 249
1991	208 576	169	16 383	12 731	10 085	5 564
1992	18 324	128	13 098	—	—	—

续表 9－4

年份	工业总产值（千元）	企业数量（家）	职工人数（人）	劳动生产率	盈利总额（千元）	已缴利税费（千元）
1993	179 400	166	15 057	—	—	—
1994	106 425	108	4 024	—	—	—
1995	87 081	110	2 896	—	—	—
1996	114 246	107	3 153	—	—	—
1997	96 505	93	3 026	—	—	—
1998	71 336	78	3 470	—	—	—
1999	73 971	65	2 556	—	—	—
2000	64 355	55	2 153	—	—	—
2001	76 929	44	2 061	—	—	—
2002	63 599	49	1 584	—	—	—
2004	166 397	43	1 960	—	—	—
2005	190 908	56	2 040	—	—	—

说明：1992 年后由于工业企业统计口径改变，利税总额及劳动生产率没有统计数字

第二节　工 业 门 类

一、机械工业

1983—1992 年，黑河市的机械工业重点企业有黑河市电动工具厂、黑河市（大华）电影机厂、黑河市西岗子机械厂、黑河市通用机械厂、黑河市农机一厂、黑河市农机二厂、黑河市电机厂、黑河市机械厂、黑河市锅炉厂、黑河市五金弹簧厂等。

1993 年黑河市撤市建爱辉区以后，区属机械工业仍保留原有基本规模。机械工业行业规模较小，均属小微企业。

截至到 2005 年，由于机械制造类产品的市场销路不畅，爱辉区工业局所属机械工业企业已全部改制转产。仍在经营的有二轻总会所属的黑河市兴华机械有限责任公司和黑河市海兰锅炉制造有限责任公司。

二、电力行业

黑河电网地处东北电网主网末端，是一个负荷稀疏的区域性、辐射型、开放式电力网络。供电地区地处北纬 47°20′～51°51′，东经 124°50′～127°39′之间，南北长 410 千米，东西宽 198 千米。

1985 年末，供电范围为黑龙江省黑河、嫩江（部分）2 个地区，11 个市县，以北安市为中心，向北安、黑河、五大连池 3 市和德都、嫩江、孙吴、逊克、克东、克山、依安、拜泉 8 个县，通北、沾河 2 个林业局，23 个国营、劳改农场及庆华工具厂等部分重要用户供电，整个供电区南起拜泉，北至黑河，西到依安、嫩江，东南抵海伦农场，东北达逊克县。1998 年供电面积 81 266 平方千米。1999 年末，供电区域为黑河地区 1 区（爱辉区）2 市（北安市、五大连池市）3 县（逊克县、嫩江县、孙吴县），齐齐哈尔地区 4 个县，26 个国营农场，13 个驻军农场，松花江林管局所属 2 个林业局及 15 家大中型企业的供电任务，

还担负着大兴安岭地区、加格达奇、塔河、漠河、呼玛县的用电规划任务。截至2005年,黑河电业局担负黑河地区6个县(市、区)(爱辉区、北安市、五大连池市、逊克县、嫩江县、孙吴县),齐齐哈尔地区4个县,26个国营农场,13个驻军农场,松花江林管局所属2个林业局及齐齐哈尔市4个县的供电任务。供电面积81 413平方千米。

1983—1992年,黑河市发电企业有热电厂、西岗子发电厂、西沟水电站和卧牛河水电站。截至2005年,黑河市爱辉区域内发电企业有热电厂、西岗子发电厂、西沟水电站、卧牛河水电站和象山水电站。

三、食品工业

1983年,黑河市食品行业有黑河市工业局所属的黑河市啤酒厂、黑河市制酒厂(白酒和果酒);二轻工业局所属的黑河市切面加工厂、黑河市酱菜厂等。1983—1992年,食品工业规模有所扩大。食品行业新增了黑河市食品厂、冰果厂、浸油厂、制粉厂。

1993年黑河市撤市建爱辉区以后,经济效益较好的啤酒厂上收到黑河市。爱辉区的食品加工企业有黑河市工业局所属的黑河市百岁乳业公司、黑河市商业局所属的黑河市食品厂、黑河市冰果厂;黑河市粮食局所属的制粉厂、制米厂、食品厂、浸油厂、饲料公司;二轻工业局所属的黑河市酿造调味品厂。

截至2005年,爱辉区食品工业企业仍有24家,其中限额以上食品工业企业为百岁乳业公司和爱乐莎娅有限责任公司。

四、煤炭工业

1983—1993年,黑河市煤炭局所辖属的煤矿有西岗子、宋集屯、东方红3个煤矿。其中,西岗子、宋集屯煤矿为露天开采,东方红煤矿为井工开采。10年间,3个煤矿共开采原煤200余万吨,其中,宋集屯煤矿开采139.23万吨,西岗子煤矿开采25.51万吨,东方红煤矿开采44.15万吨;完成露天剥离444.27万立方米,井巷掘进11 384米,完成煤炭销售186.9万吨。

1993年4月,黑河市撤市建区,西岗子、宋集屯、东方红3个煤矿划归黑河市(地级)煤炭局。

2004年爱辉区煤管局成立后,接管西部煤田28家私营煤矿企业。其中在罕达汽境内26家,均为井工开采。露天开采煤矿2家,分别为吉星煤矿,年设计生产能力7万吨;三吉屯煤矿,年设计生产能力3万吨。

2004年爱辉区煤管局所辖26家井工煤矿年设计生产能力情况表

表9-5　　　　　　　　　　　　　　　　　　　　　　　　　　单位:万吨

煤矿名称	年产能	煤矿名称	年产能
永发煤矿	2	振兴煤矿	2
兵平煤矿	3	罕达汽煤矿	4
红旗煤矿	3	多宝山煤矿	2
启明煤矿	2	四分厂煤矿	2
祥源煤矿	2	六分厂煤矿	2
坤河村煤矿	2	上马厂煤矿	2
中亚煤矿	3	宏飞煤矿	4
嫩北煤矿	2	金星煤矿	2

续表 9－5

煤矿名称	年产能	煤矿名称	年产能
金山煤矿	3	兴盛煤矿	2
东山煤矿	2	科兴煤矿	2
三丰煤矿	2	立星煤矿	6
同兴煤矿	6	鸿鹏煤矿	4
永兴煤矿	2	军金煤矿	3

至 2005 年末，兵平煤矿、金星煤矿、四分厂煤矿、东山煤矿、科兴煤矿和三吉屯煤矿 6 家煤矿因资源枯竭关闭。爱辉区煤炭局所管理的私营煤矿企业为 22 家。

五、黄金开采

中共十一届三中全会以后，黑河市和黑河地区行署先后成立黄金公司，黄金开采方式逐步由人工开采发展为半机械化、机械化生产。国家直属采金企业——黑河金矿局率先实现机械化生产，属地黄金年产量逐年攀升，1983 年境内采金总量超过 2 万两。1985 年，黑河市黄金公司在七道沟金矿建成 1 条 100 升 HB 型采金船进行机械化开采。1986 年，黑河市黄金公司在骚韃子沟、四道沟、纳金口子等矿点分别建成 1 条龙江－1 型溜槽，进行机械化生产。此后，黑河市属金矿点产量大幅度提高，因此，黑河市成为全国 33 个年生产黄金超万两的县（市）之一。1987 年，黑河地区民政局、地区友谊公司、锦河农场、黑河劳改支队等十几个单位投资在爱辉区境内或建成龙江－1 型溜槽、或建成土溜、或建成圆筒筛，分别进行采金作业。1988 年，按照国务院“保护国营、限制集体、取缔个体采金”的指示精神，黑河市成立黄金矿产清理整顿小组，对个体采金进行整顿。到 1992 年，辖区内金矿有黑河地区直属的八车力河、阿凌河，黑河市辖属的七道沟、洪业家、乌里亚、三道湾等。

黑河市一号采金船投产　　1985 年 9 月摄

1993 年 4 月，随着“两辙两建”，黑河市（县级）黄金公司与黑河地区黄金公司合并组建黑河市（地级）黄金公司。原黑河市辖属的七道沟、洪业家、乌里亚、三道湾等金矿划归黑河市（地级）黄金公司管理，爱辉区未设立黄金管理机构。

1995 年，为充分利用爱辉区黄金资源优势，爱辉区成立黄金管理站，编制由经委抽调 2 人，行使政府对黄金资源的管理职能，按国家规定收取管理费。

2005 年，爱辉区委、区政府为了加快矿产资源开发进程，加大招商引资力度，于当年 8 月引进黑龙江省地质矿产勘查开发局与福建天宝矿业集团共同出资组建黑龙江省三道湾子金矿有限公司，开发三道湾子岩金矿，其中省地勘局占 51% 的股权，天宝矿业占 49% 的股权。三道湾子岩金矿位于黑河市区西北约 50 千米、爱辉区上马厂乡三道湾子村境内，其矿山大地构造位置属大兴安岭早古生代陆源增生构造带。已探明含金 332＋333 级矿石储量 483 756 吨，黄金储量 4 321.30 千克，品位 8.93 克/吨；含银 333 级矿石 36 381 吨，白银储量 924.8 千克，品位 25.42 克/吨。三道湾子岩金矿项目计划总投资7 000万元，设计生产能力年处理矿石6.6万吨，计算服务年限6.6年，产品为国标2号金、银。金纯度大于99.95%，银纯度大于99.95%。项目签订后，三道湾子岩金矿建设项目开始了修路等前期准备工作，于2005年12月18日正式开工建设。

六、其他工业

1983—1992年，黑河市工业局所属的纺织行业有黑河毛纺厂；印刷行业有机关印刷厂、黑河印刷总厂；建材行业有水泥厂、一砖厂、二砖厂、三砖厂、水利水泥制品厂；还有陶瓷厂、制氧厂等。黑河市二工业局所属的日用化学制品工业有黑河市化工厂；皮革工业有黑河市皮革厂、黑河市革件厂；木制品加工业有黑河市木器家俱厂、黑河市木材综合加工厂、黑河市筷子厂、黑河市华光人造板厂；缝纫工业有黑河市制帽棚葦厂、黑河市北方服装厂、黑河市宏大服装厂、黑河市大众服装厂；工艺美术工业有黑河市工艺美术镜品厂、黑河市工艺美术厂、黑河市刻字厂、黑河市工艺美术木器厂；日用杂品工业有黑河市小五金修配厂、黑河市劳动保护用品厂、黑河市杂品厂、黑河市薄铁社；橡胶工业有黑河市橡胶厂等。当时，黑河市工业门类较齐全，行业较多。

1993年撤市建区以后，二轻工业局所属的皮革厂、黑河市革件厂被上划到黑河市（地级）。此后，爱辉区工业企业大部分进行改制或转产。到2005年，爱辉区经济计划局所属的其他工业企业有水利水泥制品厂、三砖厂、金昌砖厂、福利木器厂、兴边木器厂、福利纸制品厂、橡胶厂、立志小汽修厂、农机零配件厂、双环面粉厂、全乐饲料有限公司、环城修理厂、农机零配件维修中心、汇丰机械设备公司、金峰农机制造厂等。二轻委所属的其他工业企业有黑河市东胜木制品厂和黑河市洪飞橡胶厂。

第三章　主要企业　产品选介

第一节　主 要 企 业

一、黑河百岁乳业公司

龙丹乳业　　2005年12月摄

黑河百岁乳业公司是国有小型乳品加工企业，始建于1984年；属黑河市工业局下属企业，位于黑河市南郊，黑大公路右侧。拥有资产总额821万元，负债总额473万元，净资产348万元。企业在册职工91名，其中技术人员20名；离退休职工6名。全厂占地面积3万平方米，建筑面积3 300平方米，有各种设备70台（套），产品设计能力为日处理鲜奶40吨，并可加工生产赤豆沙。该厂生产的主要产品为“百岁”牌系列乳粉、酸奶及保鲜奶，有品种 12 个，年平均产量 400 ~ 500 吨乳粉，500 吨酸奶及保鲜奶，年均销售收入达 600 万元 ~ 700 万元，年均实现利税 70 万元。“百岁”牌系列产品 1988 年荣获首届中国食品博览会铜奖，1991 年被评为黑龙江省优质产品，1994 年被评为全国乳制品精品，1995 年被评为黑龙江省乳品类食品信得过产品，1997 年荣获黑龙江省首届名优商品博览会金奖。其产品 80% 销往山东、合肥等地，“百岁”在山东市场已成为名牌的标志。

1993 年 4 月国有企业改制，黑河百岁乳业公司进行股份制改革，更名为黑河百岁乳业有限责任公司，2003 年黑河百岁股份有限责任公司被黑龙江省龙丹乳业科技公司兼并，更名为黑龙江龙丹百岁乳业有限公司。

二、黑龙江省鹿源春鹿业有限公司

鹿源春鹿业有限公司　　2005 年 8 月摄

黑龙江省鹿源春鹿业有限公司始建于 1998 年，企业性质为民营股份制经济实体。位于黑河市爱辉区幸福乡红旗桥村北山，即黑哈公路 6 千米西 700 米处，占地 1 万平方米，四周均为丘陵地带，灌木丛生，无任何干扰源和污染源。2001 年已建成使用的基础设施有鹿舍 2 000 平方米，仓库 160 平方米，办公室 70 平方米，围墙 150 延长米，生产车间 560 平方米，场内供水、供电、通讯及道路俱全。到 2003 年，公司鹿场存栏东新马鹿 126 头。公司产品有酒产品、鹿产品、山产品三大系列，共计 28 个品种，其中，酒产品系列 13 个品种，鹿产品系列 11 个品种，山产品系列 4 个品种。

三、黑河市三砖厂有限责任公司

黑河市第三砖厂　　2001 年 6 月摄

黑河市三砖厂始建于 1985 年，位于黑呼公路 2 千米处，爱辉区骨干企业之一，拥有固定资产 200 余万元，占地面积 8.8 万平方米，建筑面积 3 200 平方米，有职工 200 人，其中工程技术人员 14 人。企业注册资本 49 万元，资产总额 560 万元。其中固定资产 300 万元，流动资产 260 万元、负债 120 万元，银行信用等级 AA。主要生产设备和产能为 50 型湿坯挤泥机 1 套，30 门轮窑 1 座，年产红砖 2 000 万块；JZK5045 真空挤泥机 1 套，年产空心砖 2 000 万块。主要产品是黏土实心砖，根据 GB/T 5101—1998 标准强度等级为 150#；高掺量粉煤灰承重空心砖，相当于标准砖 1.7 块，孔洞率 20%；非承重空心砖，相当于标准砖4.5块，孔洞率36%。1999年黑河市三砖厂改为股份制企业，更名为黑河市三砖厂有限责任公司。

四、黑河市东胜木制品厂

黑河市东胜木制品厂始建于1994年，原为二轻总会所属集体所有制企业。位于海兰街6号，占地面积1.2万平方米，厂房面积3 800平方米。地理位置优越、交通便利，原材料来源可以充分利用口岸优势，以大、小兴安岭和俄罗斯充足的木材为依托。主要经营1.2×2.4米多厘板、2.0×65毫米牙签、圆棒、卫生筷子、咖啡棒、常规肉串和棉球棒及各种规格的制材等。

1994年，黑河市木材综合加工厂所属的原木元棒车间与木制品厂分开，独立经营，1996年，正式更名为东胜木制品厂，为二级法人，新厂自主经营，独立核算、自负盈亏。1999年，该厂兼并黑河市木器家具厂。2000年，从徐州引进多厘板项目，年生产多厘板3万张，产值150万元。

2001年，根据《爱辉区2001年企业改制工作方案》，结合黑河市东胜木制品厂的实际情况，依据《中华人民共和国城镇集体所有制企业条例》等有关条款，经职工大会讨论通过、二轻总会同意，由爱辉区经济体制改革委员会批准，东胜木制品厂由集体所有制企业改制为股份合作制企业。

1997—2002年，工业总产值平均每年203万元，销售收入平均每年65万元，税金平均每年4万元，利润平均每年0.1万元。2003—2005年，工业总产值平均每年143万元，销售收入平均每年88万元，税金平均每年4万元。

五、黑河市映山红酿造调味品厂

黑河市映山红酿造调味品厂位于黑河市中心，兴安街203号。是主营“映山红”系列酱油、食醋、豆酱、干（水）豆腐、青红方、各种花咸菜、酸菜、酸黄瓜、各种干调料、软饮料的综合性营销企业。始建于1956年，原为爱辉县酱菜厂，1986年更名为黑河市酿造调味品厂，隶属于黑河市二轻工业局。调味品厂有职工72人，其中行政管理人员5人，工程技术人员4人。工厂有化验室及整套的精密化验仪器设备，厂区占地面积4 500平方米，厂房占地面积3 000平方米，固定资产原值842万元，下设4个科室，6个车间班组，并有1处商店、2处市场摊床3个附属机构。酱油车间年生产量达3 000吨，酱油系列有袋装、瓶装、散装、桶装9个品种；食醋系列有袋装、散装、瓶装5个品种。

1987年，企业对厂房进行改造，建成二层楼车间618平方米。建厂初期，采用传统工艺配方，手工操作。1991年，企业以糖化酶代替糖化醋为原料生产酱油，小溶池改用隧道发酵酱油新工艺；用球罐代替大木桶生产豆瓣酱，使产品生产能力和卫生标准得到提高。

1992年，在省有关高级酿造工程技术人员指导下，投资140多万元，按照国内最先进的新工艺（封闭式窖洞隧道保温发酵工艺），实现了生产自动化。2001年进行体制改革，由集体企业改制为股份合作制企业。

1993年，企业在省和地方政府支持和帮助下，投入90万元完成1 000平方米酱油车间技术改造项目，采用国内最先进技术“封闭式窖洞保温发酵”新工艺，年产酱油3 000吨，产值280万元，是过去年生产能力的2倍，同时节省能源20%，是传统酿造酱油生产工艺技术的一次变革，生产出的酱油不但满足黑河城乡居民生活需要，还销往呼玛、嘉荫、嫩江等地，当年向俄罗斯出口14吨，创汇15万元人民币，为企业增加了经济效益。同年，从天津购进酱油醋软包装机1台，软包机具有省时、省力、提高工效等特点，解决了灌瓶不卫生，销售过程易损坏，也杜绝一些不法商贩在出售酱油时掺杂使假的不法行为。当年，企业被评为黑龙江省城镇集体所有制明星企业。

1995年，该厂与百岁乳品厂合作，开发新产品百岁系列饮料，有饮料、果奶、酸奶及袋装纯奶等。到1995年，企业所生产的产品有酱油、食醋、酱菜、豆制品、百岁饮料、酸奶等23种。

2001年，该厂转变为股份制合作企业。同年9月，黑河市映山红酿造调味品厂成立，经营范围为酱油、食醋、酱及各种干调料、豆腐、豆乳、各种软(硬)包装饮料等。

1983—2001 年,该厂工业总产值平均每年 110 万元,销售收入平均每年 82 万元,税金平均每年 5 万元,利润平均每年 0.2 万元。

2002—2004 年,工业总产值平均每年 120 万元,销售收入平均每年 29 万元,税金平均每年 2 万元,利润平均每年 -0.2 万元。2005 年,实现工业总产值 87.8 万元,实现工业增加值 13.5 万元,实现利税总额 0.9 万元。实现销售收入 18.8 万元。

六、爱乐莎娅乳业有限责任公司

黑龙江省爱乐莎娅乳业有限责任公司位于黑河市锦河农场,属个体私营企业。公司始建于 1990 年,占地面积 3.5 万平方米,建筑面积 5 000 平方米。可日处理鲜奶 60 吨,主要产品为爱乐莎娅豆粉系列,年产豆粉 2 000 吨。公司具有多年从事豆、乳制品生产的专业技术人员 8 人,经验丰富的专业管理人员 10 人,市场营销人员 10 人,熟练技术工人 50 人。2005 年,公司生产豆粉 590 吨,实现工业总产值 457 万元,完成工业增加值 137 万元,上缴税金 25 万元。

七、黑河市机械厂

黑河市机械厂前身为爱辉县铁木社,建于 1954 年 3 月;1958 年 8 月过渡为地方国营农具制造厂,职工达 364 人;1962 年 7 月因经济调整该厂改为集体所有制工厂,职工压缩为 106 人;1966 年企业人员达 160 人,大批量生产摇臂收割机;在“文化大革命”中该厂曾改名为东方红农业机械厂,1978 年改为爱辉县二轻机械厂;1981 年改为黑河市机械厂,隶属于二轻工业局。该厂位于兴华街东段路北,主要产品有摇臂收割机、空气锤、钻卡头、铲运机、采金船等,产品销往黑龙江、吉林等省;摇臂收割机最远销往新疆等地。1984—1994 年共建采金船 7 条,搬建采金船 4 条。

1988 年该厂生产的 HWK 系列卫生筷子机被评为省轻工优秀产品。1989 年开发引进并研制成功“B 类升华汽车安全夹层玻璃”系列产品。1993 年生产的汽车安全夹层玻璃被黑河市科学技术委员会评为“科学技术进步奖”。1994 年按着上级产权制度改革要求,实行股份合作制,并开办了“兴华大市场”解决部分富余人员,年创收入 10 万余元。2001 年黑河市机械厂与连云港电子开发公司联营引进资金,开办防盗门厂,年产防盗门近 1 500 套,产值 90 万元。1983—2001 年,该厂工业总产值平均每年 169 万元,销售收入平均每年 160 万元,税金平均每年 6.5 万元,利润平均每年 -0.2 万元。

2001 年 10 月,黑河市机械厂由集体所有制进行股份合作制改制,与企业内部部分长年不上班的职工解除劳动关系,对非生产人员进行减员,充实一线。通过集资入股、效益工资,激发了职工生产积极性,提高了企业经济效益。同年 12 月,在原机械厂基础上黑河市兴华机械有限责任公司重新组建,成为集机械加工、承揽工程、市场经营于一体的综合股份制企业。

2004 年,兴华机械有限责任公司抽调人员,4 次向俄罗斯输出劳务 15 人/次,共计 78 个工作日,出色地完成了布市全封闭商贸大市场的钢结构房屋框架工程。

2005 年,公司完成齐齐哈尔瑞胜食品厂和齐齐哈尔纺织厂总造价 300 多万元的钢结构厂房框架工程。2002—2005 年,兴华机械有限责任公司工业总产值平均每年 120 万元,销售收入平均每年 45 万元,税金平均每年 3 万元。

八、黑河市锅炉厂

黑河锅炉厂前身是 20 世纪 50 年代前期成立的机械修理生产合作社,1958 年改名为黑河镇铁工厂,1960 年改名为爱辉县机械修理合作社(简称机修社),1975 年改名为爱辉县农具修理厂,1981 年 7 月改名为黑河锅炉厂,隶属于二轻工业局。该厂原位于黑河城区西南角,是一家专业生产节能锅炉、环保锅炉的科技型企业。主要生产项目热水锅炉、各种压力容器,并负责全市的工业性作业,另外有第三产业采金队。

1988 年,企业动迁至黑河电厂南路,厂区扩大到 1.7 万平方米,厂房面积为 3 660 平方米。1989 年,该厂为黑河小区供热生产 3 台 360 万大卡供热炉并投入使用,保证了 13 万平方米的供热面积。1990 年,企业被评为全面质量管理二级单位。1992 年,该厂完成了 PHCN 蒸汽锅炉和 WNN 常压锅炉的改造工作,并被评为黑龙江省明星企业。1993 年,该厂创工业总产值 311.6 万元,为企业历史最高纪录。1995 年,试制热风机,生产了新型 HCN2 吨热水锅炉。2000 年,加大新产品开发,引进航天技术研制的 DENO,7MW 快装热火锅炉,当年投产当年见效,并研制成功介质节能锅炉。1983—2002 年,黑河市锅炉厂工业总产值平均每年 130 万元,销售收入平均每年 112 万元,税金平均每年 7 万元,利润平均每年 3 万元。

2002 年 6 月,黑河市锅炉厂变为股份合作制企业。在改制过程中,妥善安置了职工的养老保险接续等工作。同年 8 月,黑河市锅炉厂更名为黑河海兰锅炉制造有限责任公司。

2004 年,完成了 CLSG 0.21－82/60 型、LSG 无烟尘高效节能(机械通风、自然通风)型锅炉的研制、安装、调试和技术认证工作。

2003—2005 年,黑河海兰锅炉制造有限责任公司工业总产值平均每年 93 万元,销售收入平均每年 76 万元,税金平均每年 5 万元,利润平均每年 －0.2 万元。

九、西岗子煤矿

西岗子煤矿地处黑河市爱辉区西岗子镇北,距黑河市区南 45 千米处。西岗子煤矿开采历史久远,为露天开采。1980 年产煤 5.2 万吨,1985 年产煤 4.9 万吨,1990 年产煤 1.3 万吨,1992 年产煤 5.28 万吨。1993 年撤市建区之前,该矿隶属于黑河市煤炭局管辖。到 1992 年,西岗子煤矿下设机构有武装部、劳动人事股、生产技术股、安全检查股、供应股、计财股、核算股、教育卫生股、多种经营股、机电股、调度室等。同时设有副科级建制直属单位黑河市西岗子煤矿中学;股级建制直属单位 14 家,分别为黑河市西岗子煤矿职工学校、黑河市西岗子煤矿职工子弟学校、黑河市西岗子煤矿卫生院、黑河市西岗子煤矿劳动服务公司、黑河市西岗子煤矿挖掘机队、黑河市西岗子煤矿采煤段、黑河市西岗子煤矿汽车队、黑河市西岗子煤矿机修厂、黑河市西岗子煤矿运输队、黑河市西岗子煤矿房屋维修队、黑河市西岗子煤矿采金队、黑河市西岗子煤矿农业队、黑河市西岗子煤矿副业队、黑河市西岗子煤矿砖厂。

1993 年 4 月,西岗子煤矿划归黑河市(地级)煤炭局管理。

十、东方红煤矿

东方红煤矿位于黑河市西南 25 千米处。1968 年 12 月国家投资 413 万元开始兴建东方红煤矿,试建了一对斜井;1971 年 8 月国家投资 30 万元,该矿开始试采,1975 年建成正式投产。该矿可采和局部可采煤层共 8 层,原设计生产能力 12 万吨,实际生产能力 8 吨。该矿采煤方式为井采。矿井分为主、副井,主井提运煤和土,副井通风、排水、行人。从 20 世纪 70 年代末期井下作业基本实现机械化,年产量由 2 万吨上升为 5 万多吨。1985 年东方红煤矿产煤 6.5 万吨,1990 年产煤 8 万吨,1992 年产煤 6.54 万吨。到 1992 年煤矿下设机构有武装部、劳动人事股、生产技术股、安全监察股、供应股、计财股、核算股、教育卫生股、多种经营股、机电股、调度室等。煤矿下设直属股级建制单位 13 家,分别为黑河市东方红煤矿职工学校、黑河市东方红煤矿职工子弟学校、黑河市东方红煤矿卫生院、黑河市东方红煤矿劳动服务公司、黑河市东方红煤矿掘进队、黑河市东方红煤矿采煤段、黑河市东方红煤矿整备段、黑河市东方红煤矿机电段、黑河市东方红煤矿坑木厂、黑河市东方红煤矿机修厂、黑河市东方红煤矿运输队、黑河市东方红煤矿救护队、黑河市东方红煤矿运输站等。

1993 年 4 月,东方红煤矿划归黑河市(地级)煤炭局管理。

十一、宋集屯煤矿

宋集屯煤矿位于黑河城区西南50千米处，该矿于1968年筹建，1973年改为西岗子煤矿分矿，1976年11月单独设矿。该矿为露天开采，保有储量1 172万吨，剥采比例1∶2，初期设计生产能力为15万吨/年小型机械化露天矿井 。可采层3层，煤层倾角3～5度之间。1989年改扩建为30万吨/年矿井。该矿从1975年后开始使用绞车和推土机作业，矿坑生产基本实现半机械化。1976年独立建矿后，剥离作业仍以人工为主，短距离排土使用推土机作业，长距离使用绞车牵引矿车运输。1978年和1988年，2次总计投资1 150万元进行了全面技术改造，剥、采作业改由推土机、挖掘机和翻斗汽车联合作业完成，生产实现了机械化，年采煤能力达到30万吨。1989年5月，宋集屯煤矿30万吨改扩建完成。1990年3月12日，宋集屯煤矿被确认为中型煤矿，当年产煤16.63万吨，1992年产量达到26.7万吨。到1992年，宋集屯煤矿下设机构有武装部、劳动人事股、生产技术股、安全检查股、供应股、计财股、核算股、教育卫生股、多种经营股、机电股、调度室等。同时设有股级建制直属单位10家，分别为黑河市宋集屯煤矿职工学校、黑河市宋集屯煤矿职工子弟学校、黑河市宋集屯煤矿卫生院、黑河市宋集屯煤矿劳动服务公司、黑河市宋集屯煤矿挖掘机队、黑河市宋集屯煤矿水电队、黑河市宋集屯煤矿汽车队、黑河市宋集屯煤矿机修厂、黑河市宋集屯煤矿服务队、黑河市宋集屯煤矿坑上管理队等。

1984—1992年，宋集屯煤矿曾多次获得黑龙江省先进煤矿、先进单位等荣誉称号。

1993年4月，宋集屯煤矿划归黑河市(地级)煤炭局管理。

十二、黑河制粉厂

黑河火磨　　1985年4月摄

黑河市制粉厂始建于1951年3月，原名黑河火磨，位于黑河市区西南郊环城路与兴林街交接处右侧，占地面积4 648平方米，建有三层办公楼1栋，建筑面积600平方米，生产厂房六层2 364平方米，旧火磨粉楼1座，5层1 105平方米，拥有2套制粉生产线。新主楼生产线建设于1986年，1988年投入使用；经过1986年、1989年、1997年三次技术改造，生产的产品由原来的单一生产特二粉改变为可生产特一、特二粉和颗粒粉、黑粉4个品种；产品率增加，日处理小麦100吨。

2000年5月，利用老火磨厂房新上1套25吨小磨生产线，根据市场销售量决定启用大或小生产线。2001年黑河市制粉厂改制后更名为双环粉业。2003年，由于资金少，周转困难，又面临个体小加工厂的冲击，外地面粉大量进入黑河市场，双环粉业生产的小麦面粉受小麦品质和生产成本过高的影响销售困难，加工量下降，经营困难。2004年经董事会研究决定公司对外出租。2005年企业处于停产状态。

十三、黑河制米厂

黑河制米厂成立于1947年,位于黑河市制粉厂院内。1980年在制粉主楼后新建1栋240平方米车间,在1980—1989年间,制米厂职工自主改造许多机械设备,全部实现机械化。1987年1月,振兴粮库建成投入使用,库内建成玉米生产和水稻主车间各1栋,每栋三层面积分别为695平方米和1 015平方米。黑河制米厂全建制归属振兴粮库。1989年后,外地杂粮涌入黑河市场,制米厂生产逐年萧条,开始以销定产,1995年后处于停产半停产状态,1998年8月从振兴粮库分离,自负盈亏,独立核算,由于没有成品库和备料库,分离出来后基本停产。2000年5月,企业被振兴粮库兼并。

十四、黑河饲料公司

黑河饲料公司始建于1981年,位于市区第五中学路口,1982年正式投产,生产能力为单班年产7 000吨。该厂生产的"全乐牌系列饲料"是能满足畜禽在不同生产生长时期所需要的符合GB 5916—93标准的饲料;该厂担负着黑河市城乡牲畜饲料和军秣饲料供应,是集生产、检验、销售、孵化、饲养一条龙的饲料生产企业。曾多次被评为省级先进企业,是爱辉区十大龙头企业之一。20世纪90年代末期,饲料市场受外地饲料的冲击,销售量下降,经营出现困难。2003年,按照国有企业改革工作方案及饲料公司经营亏损现状,爱辉区国有资产管理局对饲料公司进行资产评估测算后,粮食局对该公司进行改制。公司在册职工54人,有51人一次性领取补偿金,与企业解除劳动合同。改制后企业重新组建有限责任公司,实行股东大会制,返聘的职工可以将经济补偿金以股份形式入股。粮食局把饲料公司欠粮食局的资金作为国有股投入,公司按股份制企业经营管理。2005年,按照政策要求,黑河市饲料有限责任公司开始国有股退股工作,企业转为民营企业。

十五、黑河浸出油厂

黑河浸出油厂始建于1985年7月15日,1987年11月30日投产,日加工大豆50吨。是黑河地区第一座浸出油厂,1994年12月改称为第二粮库,承担粮食收储和大豆加工业务。1998年10月,按照粮食改革的要求,第二粮库把收储业务分离出去后,改回原称黑河市浸出油厂。1999年共加工大豆3.5万吨,实现利税115万元,取得了较好的经营效益。2000年加工大豆2.17万吨。利税102万元;同年,根据全区种植结构的调整,增设了菜籽油加工设备,达到日处理300吨菜籽油的能力。当年市区内20多个浸出油厂豆油销售网点销售势头良好,豆粕远销省外及俄罗斯。黑河浸出油厂于1996年和2000年2次成为黑河市十大龙头企业,所创利润达百万元。2001年后由于大豆市场放开,价格一直居高不下,黑河浸出油厂连年亏损。

2005年,按照国有企业改革工作方案和该厂生产亏损现状,粮食局依照《中华人民共和国破产法》有关规定,正在推进浸出油厂破产进程。

十六、黑河市粮油食品厂

黑河市粮油食品厂始建于1981年9月,是由一个破旧的豆腐房,28名集体职工、待业青年组建的小厂。经全厂职工努力经营,由一个设备简陋、工艺落后、手工操作、土法烤制、日产量很少的小作坊,逐步发展成为一座有切面机、豆腐机、压力机、粉碎机、化验室,远红外消毒器等先进设备的食品厂。1981—1990年,粮油食品厂的产品销路顺畅;生产的面包在市场上供不应求,粮油食品厂得到较快发展。1992年秋,粮油食品厂异地搬迁,增加了生产线和生产车间面积,当时5个车间的生产线是国内最先进的。快餐面生产线安装后,因没有销售市场,未启动,造成资源浪费;华夫饼干生产线零星生产过几次,也因无市场而闲置。其他产品如鸡蛋挂面和宽条、中条挂面也出现产品积压。到1996年,食品厂因为管理体制、经营不善和市场竞争激烈等原因陷入困境,企业停产近于倒闭。2003年,根据黑龙江省人民政府《关于深化粮食流通体制改革的意见》精神，经食品厂职工代表大会决定，实行职工工龄一次性经济补偿，自愿解除劳动关系，企业进入破产程序。

第二节　产品选介

1983年黑河市工业局所属企业工业产品种类主要有黄金、电力、原煤、红砖、白酒、果酒、啤酒、奶粉、都柿糖、豆油、豆制品、肉制品、木材、白灰、水泥、黏土瓦、锯材、大60暖气片、家具、电动工具、氧气、陶瓷制品、皮革针棉织制品、水泥预制构件、橡胶制品、工业用泵、手电钻、锅炉、电影机零件等。

1984年，产品品种增加，质量有所提高。增加了滑雪帽、前进帽、铝合金球阀、爱辉大麯酒等10种新产品。橡胶厂翻新轮胎里程磨耗试验指标在全省评为第一名；酱菜厂生产的干豆腐被评为省级优质产品；啤酒在全省质量评比会上受到好评；手提式木工电圆锯、手电钻、油槽泵、长型芟刀等产品质量在省内同类产品中名列前茅。

1987年19种主要产品被列入全市工业计划中。其中包括黄金、奶粉、毛呢、饮料、酒、电动工具、发电量、饮料加工、卫生筷子、锅炉等。新产品有民用缸、铁制小农具及肥皂。

1990年主要工业产品产量大幅提高。黄金产量达946千克、发电3 363万千瓦时、褐煤36万吨、啤酒2 315吨、白酒399吨、水泥6 700吨、红砖7 391万块、家具1.1万件、皮鞋9 000双、锯材18万立方米。其他产品有面粉、皮帽、乳粉、卫生筷子、木材、蒸汽供热量、食用植物油、饮料酒（混合）、氧气、手电钻、肥皂和日用陶瓷等。1995年，新增产品有弹簧、平板玻璃、冰果产品和地板块。2000年，新增工业新产品马铃薯颗粒全粉。

2005年，全区重点产品为原煤、乳制品及豆制品，其他新增的有木耳、山野菜、果酒及饲料等。另外，有一些地工产品出口，山珍公司出口俄罗斯木耳块4吨、出口韩国250吨鲜玉竹、三砖厂出口俄罗斯红砖800万块和爱乐莎娅出口俄罗斯50吨大豆粉。出口总额为300多万元。

二轻总会所属工业企业主要产品有汽车安全夹层玻璃、摇臂收割机、HWK系列卫生筷子机、防盗门、蒸汽锅炉、环保锅炉、空气锤、钻卡头、铲运机、采金船、酱油、食醋、酱菜、豆制品、百岁饮料、酸奶、1.2×2.4米多厘板、纤维板、2.0×65毫米牙签、圆棒、卫生筷子、咖啡棒、常规肉串和棉球棒及各种规格的制材、薄铁制品、棚靠制品等。

第四章　乡镇企业

第一节　管　　理

1983—1988年，乡镇企业管理局根据国家总体布署和要求，在乡镇企业主要推行“一包三改”（“一包”，就是对所有社队工业企业实行经营承包责任制；“三改”，就是改干部任命制为选聘制，改固定工制为合同工制，改固定工资制为浮动工资制）责任制，深化企业改革。制定了“八五”规划。在全市开展了乡镇企业标准计量工作，为全市主要产品查找标准15个，制定标准19个，修订标准3个，使标准覆盖率达到92%以上，初步改变了乡镇企业产品无标生产、粗制乱造的局面。充分利用自然资源优势，帮助企业筹建联营公司，与科研单位合作，发展横向联合，乡镇企业局积极牵头先后与东北农学院、哈尔滨食品研究所、国防工办、哈市塑料二厂、省民族学院、省中医学院、齐齐哈尔市标准计量局等单位建立了协作网，为企业聘请技术人员，吸引资金。解决了企业技术落后、管理水平低的问题。

1989年，乡镇企业管理工作重心转移到科技兴企上，在企业新产品开发、技术改造与项目可行性研究等方面开展工作。当年帮助企业完成技改项目10项。幸福砖厂通过技术、设备更新改造，使红砖的损耗率由过去的10%降到6%，每块砖耗煤由过去的0.25千克/块降至0.2千克/块，产品质量达到部颁标准。黑河果酒厂进行设备改造，改装了冷却罐过滤器、压盖机、冲瓶机、活动式糖浆机等设备，提高了生产率，增加了经济效益。在财务管理上不断建立健全财务管理制度。通过内部审计机构，加强财务监督。举办财务人员培训班，开展财务大检查，帮助基层企业建账建制，使企业在质量管理、生产管理、计量管理和安全管理方面有所加强，企业更加规范。

1992年，全市乡镇企业进入到高速发展阶段，乡企主管部门积极为基层企业服务，帮助企业介绍合作伙伴70个，寻找合作项目42个，提供经济技术91项，为企业争取省、地、市周转金20万元，农行贷款1 500万元。按照省、地要求，结合黑河市实际情况，建立了乡企项目库，成立了乡企项目审查领导小组，储备项目150项。选派懂经营、会管理、有一定开拓精神的干部到乡镇及村办企业中，建立了技术人才和管理人才档案。

1996年，乡镇企业引进资金402万元，引进设备29台(套)，引进技术2项，引进人才12名。

第二节　生产经营

黑河市乡镇企业的发展是从社队企业开始的，初始规模很小。1983年，全市有乡镇企业158家，从业人员2 735名，总产值577万元。1984年中共中央对发展乡镇企业作出重要指示，强调“疏通渠道，发展商品生产，开创乡镇企业新局面”；黑龙江省委、省政府制发《关于发展乡镇企业若干问题的规定》等文件提出放宽政策，优惠乡镇企业发展。黑河市根据上级政府有关要求，在全市推行“一包三改”，促进了政企之间在一定程度上的分离，扩大了企业自主权。同时，改革平均分配制度，调动了企业、生产经营的积极性。形成了乡镇办、村办、联办、家庭办企业“四个轮子一齐转”的局面，全市乡镇企业进入到全面发展的新阶段。到1988年，企业发展到2 287家，从业人员增加到4 928人，总产值增加到1 945万元。全市乡镇企业从“米、面、油加砖头”的小打小闹发展到以农副产品加工、建筑建材、商饮服务为主的格局。

1988年，中共第十三届三中全会提出“治理经济环境，整顿经济秩序，全面深化改革”的经济政策。乡镇企业开始了为期3年的“调整、整顿、改造、提高”历程，国家财政、银行紧缩了对乡镇企业的信贷规模，压缩基本建设规模，对一些重要生产资料恢复垄断专营，乡镇企业原材料来源受到影响。黑河市根据国家产业政策，关停并转了一批能耗大、效益差、污染重的小企业。截至1991年末，全市有乡镇企业2 395家，从业人员4 191人，产值3 205万元；与1989年同期相比，企业户数减少370个，从业人员减少759人，产值却增加近1倍。在调整、整顿时期，黑河市的乡镇企业在面临许多困难的情况下，仍保持了持续、稳定、健康的发展态势。

中共第十四次全国代表大会确立了建立社会主义市场经济体制的目标，提出了继续积极发展乡镇企业的方针。市场发展和政策导向使黑河市乡镇企业迅速发展。1992年，黑河市有乡镇企业3 822家，从业人员9 166人，年总产值9 766万元。1993年，爱辉区委、区政府把乡镇企业作为全区经济上台阶的增长点，加大投入力度，扩大乡镇企业生产规模；在争取省里周转金投放的同时，增大了市、区、乡及各有关部门对乡镇企业的资金投入；各种形式的资金投入达8 021万元，比1992年增长近2倍。新建乡村各种企业384家，改造乡村工业项目65个，新上横联项目52个，引进资金5 048万元。新组建141个乡村边贸公司，建外向型企业4个。乡镇企业实现了高速度、超常规发展，截至

1995年末,全区有乡镇企业3 417家,从业人员7 970人,总产值20 175万元。与1992年同期相比企业数和从业人员虽有小幅减小,但年总产值增加2倍。乡镇企业进入到一个高速增长时期。

20世纪90年代后期,为了转变企业经营机制,深化企业体制改革,爱辉区以“两个转变”为指针,实现乡镇企业经济体制和经济增长方式的转变。1996年,全区112家乡镇集体企业中实行股份制、股份合作制、租赁经营、委托经营、拍卖、兼并国有企业、创建企业集团等多种改革形式的有85家,占全区乡镇集体企业总数的76%。当年全区共有乡镇企业3 660家,从业人员8 763人,年总产值31 121万元。2002年,爱辉区受黄金资源匮乏、小煤矿关停、农村市场疲软和林业部门因实施“天保工程”而封山育林的影响,乡镇企业经济有所下滑。到2005年末,爱辉区共有乡镇企业608家,从业人员3 687人,实现总产值8 425万元。

1983—2005年爱辉区(黑河市)乡镇企业经济指标基本情况表

表9-6　　单位:万元

年份	总产值	总收入	利润	税金
1983	577	605	72	9
1984	974	981	103	30
1985	1 233	1 077	100	54
1986	1 331	1 295	83	32
1987	1 547	1 503	101	36
1988	1 945	1 680	111	40
1989	2 593	2 626	141	58
1990	3 205	3 081	245	80
1991	4 358	4 053	230	79
1992	9 766	14 741	1 435	897
1993	19 997	31 615	2 635	1 362
1994	30 150	47 390	3 960	1 780
1995	20 175	33 710	2 525	1 223
1996	31 121	44 915	2 584	955
1997	32 000	48 000	2 600	866
1998	7 407	6 567	263	134
1999	7 871	7 743	340	155
2000	7 875	7 802	420	185
2001	7 621	7 911	433	176
2002	8 148	7 735	445	189
2003	8 487	8 966	547	212
2004	8 890	9 486	595	304
2005	8 425	8 724	271	294

说明:1997年后各项指标按新口径计算

第三节 经营门类

爱辉区乡镇企业是由原始、简陋的农村手工业作坊和自给自足的农村副业,经过30多年的曲折发展,形成了乡镇工业企业、农业企业、运输业、建材业、批发零售、旅游与餐饮服务六大行业。特别是中共十一届三中全会以后,在推广、完善各种经济承包责任制和在城市经济体制改革的推动下,爱辉区发挥地方资源优势,推行多形式、多层次、多成份全面发展乡镇企业的方针,乡镇企业得到较快发展,产业结构日趋合理。

一、农业企业

农业企业由种植业和养殖业构成。源于农业合作化时期的副业队。1983年,黑河市有农业企业36个,从业人员1 080人,年产值129万元。农业企业以家庭农场形式发展家禽、家畜养殖和药材种植等多种经营,同时创建了亚麻加工企业。由于企业在发展过程中没有形成一定规模,效益低下,产业结构不合理,缺少龙头企业,加上市场的因素,从而抑制了农业企业的发展,特别是亚麻加工企业,由于国际、国内市场产品滞销,致使多数企业处于停产、半停产状态。到2005年末,全区乡镇农业企业仅有7家。其中有爱辉生化养殖基地、泡子沿综合养殖厂、霍尔沁养殖厂、新生特种野猪养殖厂;四嘉子天丝亚麻厂、罕达汽多金亚麻厂和金蚕亚麻厂。从业人员共计436人,年总产值1 489万元。

二、工业企业

黑河市乡镇工业包括以农副产品为原料的加工业与非农产品为原料的轻工业和采掘业、制造业构成的重工业。1983年工业企业有96个,从业人员1 335人,总产值345万元。工业企业主要有以煤炭、黄金开采为主的采掘工业;以米、面、油、都柿酒、淀粉加工、山野菜加工为主的轻工业;以小型农机具制造为主的重工业。爱辉区的乡镇工业起步较晚,基础比较弱。乡镇工业农副产品初级加工的比重偏大,高技术含量、高附加值的精深加工产品少。米、面、油的加工一直是以小磨加工为主,生产的产品数量少、品质差,市场占有率低下,多年没有太大发展。以煤炭、黄金开采为主的采掘工业,都是小型开采企业。煤炭开采存在着较大的安全隐患,到20世纪90年代末,根据国家相关政策要求,相继关、停;黄金生产企业也由于资源匮乏和污染环境而关停。截至2005年末,工业企业70家,从业人员764人,总产值604万元。

(一)黑河市果酒厂

黑河市果酒厂于1970年建成。果酒厂最初用蓝莓兑酒精生产都柿酒,由于设备简陋,工艺落后,生产后存放时间稍长便出现沉淀变质现象;后经技术人员研究,采取过滤、发酵、静化等方法解决了沉淀变质问题;同时除去了对人体有害的“奎宁”。1983年经有关单位化验鉴定,被评为省级优质产品,当年生产都柿酒104吨。1984年以后一直生产加工都柿酒,且产品销路很好,1991—1992年曾销售俄罗斯布拉戈维申斯克市100吨左右,获得较好经济效益。

(二)食品加工厂

食品加工厂于1981年引进地区工业科研所的研究成果生产出以都柿为原料的都柿糖等产品。

(三)黑河市爱辉山珍产品有限公司

爱辉山珍生产车间　　2005 年 12 月摄

黑河市爱辉山珍产品有限公司成立于 1996 年,为爱辉区乡企局直属企业,是爱辉区山野菜加工的轻工企业。公司是以当地特有的山野菜、食用植物资源为主的绿色食品加工企业,企业以压缩黑木耳为主导产品,生产的“二站”牌黑木耳块 1997 年获地方名优产品博览会金奖,1998 年获国家批准 A 级绿色食品标志使用权。企业从单一的黑木耳块发展到压缩蘑菇块、猴头块、蕨菜块、老山芹块、柳蒿芽块等 40 多个品种,并加工生产各种袋装保鲜山产品,投放市场后深受消费者欢迎。公司坐落于黑河市区内,生产厂区占地面积 1. 33 万平方米,在册职工 117 人,注册资本 214. 5 万元,企业总资产 306. 4 万元,负债 275. 8 万元(无银行贷款)。公司拥有管理人员 24 人,其中,工程师 2 人,工艺工程师 5 人,助工和技术员 4 人,经济师 1 人,会计师 1 人,技术人员占 10%。2005 年生产木耳块 13 吨,生产山野菜 3 吨。实现工业总产值 180 万元,工业增加值 40 万元,实现利税总额 9. 9 万元,实现销售收入 130. 2 万元。

(四)西峰山粉业制造有限公司

2004 年,西峰山乡人民政府引进哈尔滨市辉煌电力公司共同投资兴建西峰山粉业制造有限公司项目,计划投资 4 600 万元,建设 1 座年加工马铃薯鲜薯 2. 28 万吨、年生产马铃薯精淀粉 5 000 吨的加工厂。建设时间为 2004—2007 年,分三期建设,第一期 2004 年计划投资 1 456 万元人民币,建一条国产设备的生产线,实现年生产马铃薯精制淀粉 5 000 吨的能力;第二期 2005 年计划投资 2 144 万元人民币,引进荷兰马铃薯精制淀粉生产设备 1 套,形成一定规模的生产加工能力;第三期 2006 年计划投资 1 000 万元人民币,引进日本、韩国生产线,生产粉丝、粉皮等名牌产品。2005 年企业完成项目一期建设,投入资金 1 025 万元,建设生产厂房 800 平方米,库房、办公室 200 平方米,生产设备及附属设施(地衡等)已建设安装完毕,招收工人 70 人,进行了试生产。企业有资产 1 025 万元。

三、运输业

1984 年,爱辉区农村家庭生产责任制全面落实后,农村运输业开始由畜力车、拖拉机运输发展为汽车、客车、拖拉机、畜力车并举的局面,既有长年运输企业,又有季节性经营的个体户和运输专业户。1983—2005 年,爱辉区运输业发展较快,且个体私营企业活跃,主要是客运、货运和出租车业。到 2005 年末,全区运输企业从 1983 年的 9 家发展到 153 家,从业人员从 35 人增加到 243 人,总产值从 36 万元增加到 427 万元。分别增长 16 倍、6 倍、11 倍。

四、批发零售业

爱辉区各乡镇及农民抓住边境贸易发展的有利时机，走“以贸易为先导、贸农结合、以贸兴农”的路子，黑河市区的大黑河岛、中央街市场、东市场、西市场、俄罗斯商品一条街等商贸区在20世纪80年代末先后逐步兴起，为乡镇企业和广大农民参与市场经济的竞争提供了场所，创造了有利条件，越来越多的农民进城或在农村搞贸易、办企业，有更多的农民参与对俄贸易。1983年至2005年末，乡镇村办和农民个体所办的商贸企业数从59家发展到220家，总产值从298万元发展到635万元。分别增长2.7倍、1.1倍。

黑河市乡企供销公司始建于1987年，属于商品流通企业，有职工14人，1997年末机构改革中由自筹自支的事业单位改制为企业。主要经销的商品有胶合板、花红果、摩托车等商品。2005年根据区政府的要求，企业正在进一步改制中。

五、建 材 业

爱辉区乡镇建材业发展迅速，以红砖生产、沙石生产企业为代表。1999年末，有红砖生产企业12家，年生产销售红砖63 863万块，实现销售收入780万元。2004年，按照国家《关于进一步做好禁止使用实心粘土砖工作的意见》的政策，生产企业大幅减少了红砖产量。到2005年末，有红砖生产企业5家，年产红砖3 150万块。5家企业分别是幸福乡之路砖厂、高地营子砖厂、下二公砖厂、小黑河砖厂、幸福砖厂。沙石生产企业1家，即幸福乡长发沙厂。

黑河市建筑联营公司有正式职工22人，1986年白手起家。由开始承建小工程发展到能施工上万平方米楼房，已建工程有第二小学教学楼，三江宾馆、商检局综合大楼（其中三江宾馆和商检局综合大楼获省级银碑工程）。获地级金碑优质工程的有大黑河岛国际洽谈中心，区人大培训中心大楼，市交警办公大楼。到2005年企业晋升为二级建筑企业。

六、旅游餐饮服务业

1998年，全区首家农民投资兴办的景区点——小乌斯力旅游度假村启动运营，乡镇民办旅游业在全区兴起。1998—1999年，农民投资200余万元兴建了7家景区点。

农民依托黑龙江、小兴安岭等自然山水资源，逐步开发出以农家乐为主的系列乡村旅游产品。以“吃农家菜，赏乡村美景，体验农家风情”为主要特色，建成小黑河、黑龙山庄、卡伦山、小乌斯力、龙泽山庄等度假村22家和以食江鱼为主的餐馆数十家。旅游业发展的同时带动了相关的餐饮业、娱乐业和旅游工艺品的发展，带动了乡镇服务业的发展。服务业包括家电维修、影楼、浴池、发廊、旅馆等行业。2000—2005年，是爱辉区乡镇旅游餐饮服务业发展最快的时期，全区乡镇旅游餐饮服务业从64个增加到124个，实现年总产值993万元。

黑河市爱辉区志（1983—2005）

◎第十篇　交通　邮政　通信

第十篇 交通 邮政 通信

爱辉区的交通运输业在改革开放后得到快速发展。1984 年重建了黑河机场,先后开通了哈尔滨—黑河—哈尔滨航线、黑河—长春—大连航线、黑河—齐齐哈尔—黑河航线、黑河—俄布拉戈维申斯克航线、黑河—北京航线、黑河—哈尔滨—威海(烟台)—济南航线、黑河—俄雅库茨克临时货运包机航线、黑河—秦皇岛季节性旅游包机航线、黑河—哈尔滨—沈阳—烟台等航线。1987 年与苏联布市开通夏季水路和冬季冰上客货运输以后,1993 年引进新型气垫船,并于当年开通黑河—布拉戈维申斯克流冰期和结冰期客运航线,实现了黑龙江水上全年四季无间断运输。1986 年恢复重建北黑铁路,1989 年全线通车营运,到 2005 年已开通黑河—哈尔滨、黑河—齐齐哈尔等多条线路。至 2005 年末,全区公路总里程已达 1 479.06 千米,形成了以市区为中心的扇形辐射道路网络,实现了邻县相通、区乡相通、乡乡相通的道路格局。爱辉区已经形成公路、铁路、水路、航空立体交叉、纵横交错的交通网络。

黑河市邮政局在发展中不断更新经营服务观念,以"面向社会、服务用户"为宗旨,遵循"迅速、准确、安全、方便"八字服务方针,为繁荣经济、振兴黑河做出了不懈的努力。在实现跨越式发展的同时,不断拓展新的服务领域,赋予传统邮政业务以新的内涵,黑河市邮政局在不断优化传统的函、包、汇、集邮业务的基础上,开发了大量新型业务,主要有邮政金融、报刊图书零售、波斯特邮购、代理保险、代办电信、易通物流等。另外,对俄邮件互换站满足了黑河—布拉戈维申斯克市的国际邮件互换需求。黑河市邮政局以发展为主线,以提高效益为中心,以体制改革和机制创新为动力,以物质文明和精神文明共同提高为目标,实现了经济效益、社会效益的同步增长。

第一章 公 路

第一节 机 构

1981 年,黑河市成立,设立黑河市交通局。1983 年 6 月,爱辉县并入黑河市(县级),爱辉县交通局与黑河市交通局合并为黑河市交通局。

1993 年 4 月 1 日撤市建区,黑河市交通局更名为爱辉区交通局,正科级建制。同年 11 月 10 日,爱辉区交通局内设机构有秘书股、综合股,均为正股级建制。1996 年党政机关机构改革,根据《黑河市爱辉区编制委员会关于印发黑河市爱辉区交通局职能配置、内设机构和人员编制方案的通知》规定,重新调整设立的内设机构有办公室、人事劳资股、综合股。所属单位有黑河市爱辉区地方道路管理站(事业单位,股级建制)、黑河市爱辉区地方养路费征收稽查所(事业单位,股级建制)、黑河市第二运输公司(企业单位)。机关行政编制 10 名,实有人数 10 人,行政领导职数 1 正职 2 副职。

2001 年，爱辉区交通局领导职数为局长 1 职、副局长 2 职。编制总数 8 个，其中，机关行政编制 7 个，机关工勤人员事业编制 1 个。内设办公室和业务股 2 个职能股室，均为正股级建制。所属事业单位有爱辉区地方道路管理站、爱辉区地方养路费征收稽查所，均为正股级建制。2002 年全区体制改革时，隶属区交通局的黑河市第二运输公司由集体企业改制为股份制企业，更名为黑河市第二运输有限责任公司。

2005 年 4 月，爱辉区地方道路管理站更名为爱辉区公路管理站。

第二节　道路建设

20 世纪 80 年代，黑河市道路技术等级相对落后，但已初步形成了以城市为中心、沟通邻县、伸向农村的公路网并承担着黑河市与全国各地的客货运输、商品流通及文化往来的交通运输任务。

1984 年，黑河市的主要道路有六种类型。省级道：哈黑线（哈尔滨—黑河），全长 600 千米；黑河市管养 81 千米，自大河口经潮水、西岗子至黑河；路面结构为渣油路面 19 千米、砂石路面 62 千米，技术等级三至四级。地级道：黑嫩线（黑河—嫩江），全长 280 千米；黑河市管养 86 千米，自西岗子至大岭；路面结构为砂石路，技术等级三至四级。县级道：黑罕线（黑河—罕达汽），全长 122 千米，自红旗检查站经七二七林场至罕达汽，路面结构为砂石，技术等级为四级至等外路；黑呼线（黑河—呼玛），黑河市管养 124 千米，自黑河经上马厂、泡子沿至呼玛界，砂石路面，技术等级四级；黑坤线（黑河—坤站），全长 51 千米，自黑河经四嘉子、爱辉至坤站，砂石路面，技术等级四级；黑长线（黑河—长发屯），全长 8 千米，砂石路面，技术等级三级。乡道：黑奇线（老站—奇克），全长 175 千米，黑河市管养 39 千米，砂石路面，技术等级四级；额新线（额泥河—新生），全长 71 千米，砂石路面，技术等级四级；西宋线（西岗子—宋集屯），全长 6 千米，砂石路面，技术等级四级；大北线（大岭—北师河），全长 63 千米，砂石路面，技术等级四级至等外路；张泡线（黑呼线 49K 经张地营子—泡子沿），全长 8 千米，砂石路面、技术等级四级。专用道路：12 条，总里程 385 千米，全部为砂石路，技术等级四级至等外路。村道：56 条，总里程 287 千米。路面结构为土路或砂石，技术等级四级至等外路，个别路段达不到晴雨通车。

1985 年新建 1 条乡道，爱黄线（爱辉镇—黄金子），四级砂石路，全长 15.77 千米。1987 年新建县道 1 条，即黑河—飞机场，三级砂石路，全长 5.8 千米。

20 世纪 90 年代初，黑河市的道路建设速度逐步加快，1991 年，黑河市政府按照省交通厅实施“两个转变”（行业行为向政府行为转变，政府行为向社会行为转变）和动员全社会力量办交通的发展战略，对乡道实行“四通五化”（“四通”为屯屯通、村村通、乡乡通、县县通；“五化”为养护标准化、机械化、美化、香化、管理制度化）以奖代投的发展目标和管理办法的要求，加快升级改造乡村道路，组织动员民工出工出车和农民“以资代劳”修路的方法，先后对额新线（额泥河—新生）、黑奇线（老站—奇克）、大北线（大岭—北师河）、张泡线（黑呼线 49K 经张地营子—泡子沿）进行了路面升级改建，使 181 千米道路达到了“四通五化”标准，1992 年，黑大线（黑河—大连）出口路改建二级水泥路面 2.5 千米。

1995 年，国家和省根据爱辉区所处的边境重要地理位置和经济发展需要，对道路进行重新更名和确定等级，将哈黑线更名为黑大线（黑河—大连），由省道晋级为国道。黑嫩线更名为嫩黑线（嫩江—黑河），由地级道晋级为省级道。黑罕线更名为加黑线（加格达奇—黑河），由县道晋级为省道。西宋线（西岗子—宋集屯）由乡道晋级为县道。1997 年，黑洛线（黑河—洛古河）出口路改建二级水泥路 3 千米；同年，改建嫩黑线（嫩江—黑河）西岗子过境路二级水泥路面 1 千米。1998 年，黑嘉线（黑河—嘉荫）出口路改建二级水泥路面 5 千米。1999 年，改建黑嘉线（黑河—嘉荫）爱辉镇过境路二级水泥路1.15千米。

1998年9月,经省政府批准,将黑大线(黑河—大连)黑河—二井子243千米列入重点改建工程,建成一至二级高等级公路,12月勘察设计完毕,2000年5月正式开工建设。2000年9月经黑河市公路处批准,将县道孙二线(孙吴—二站)15.55千米划归爱辉区管养。

2003年,升级改建后的国道黑大线(黑河—大连),通过了国家验收竣工通车。该路在爱辉区境内为60千米,水泥路面,技术等级一、二级,路基最宽处达24米。缩短了黑河—哈尔滨的公路运营时间,给旅客出行带来了便利,也促进了爱辉区经济的快速发展。同年改建县道黑河—飞机场1条,二级水泥路,全长16千米。2004年改建省级公路黑嘉线(黑河—嘉荫),一至三级水泥(沥青)路面,全长71千米。2005年改建县道1条,黑河—长发屯段,二至四级水泥路,全长6.6千米。

2003年,交通部加大对农村公路建设的投资力度,提出了"修好农村路、服务城镇化,让农民兄弟走上沥青路和水泥路"的建设目标。2003—2005年,爱辉区共建设通乡、通村路294.6千米,使7个乡镇、18个村屯农民走上了水泥(沥青)路。

至2005年末,爱辉区辖区内道路总里程1 479.06千米,其中,国道1条,黑大线(黑河—大连)78千米。省道4条,黑洛线(黑河—洛古河)、嫩黑线(嫩江—黑河)、加黑线(加格达奇—黑河)、黑嘉线(黑河—嘉荫),总长450.77千米。县道6条,黑长线(黑河—长发)、黑飞线(黑河—飞机场)、西宋线(西岗子—宋集屯)、黄西线(黄旗营子—西岗子)、孙二线(孙吴—二站)、爱辉支线(爱辉—黑大公路),总长6.746千米。乡道6条,爱黄线(黑河—黄金子)、坤老线(坤河—老站)、大西线(大成—西峰山)、张泡线(张地营子—泡子沿)、大罕线(大岭—罕达汽)、额新线(额泥河—新生),总长258.049千米。村道48条,总长341.5千米。专用道路12条,总长385千米。爱辉区已形成了扇形辐射道路网络,实现了邻县相通、区乡相通、乡乡相通的公路交通格局。

第三节 桥梁建设

爱辉区的水系较丰富,北有法别拉大河、南有公别拉大河、东靠黑龙江,加之纵横交错的其他小河流构成了山水环抱的地理形态,因此,在建设公路过程中跨越的河流较多,桥梁建设尤显突出。

1984年,黑河市从事专业建桥队伍为爱辉县公路管理站。

1989年建成黑河市最大的1座桥梁——坤河大桥,坤河大桥全长215.7米,此桥的建成打通了中断交通40余年的黑嘉边防公路。20世纪90年代,爱辉区桥梁新建改建速度加快,每年平均改建桥梁2座。到2005年底,爱辉区境内桥梁总数达70座、1 931延长米,按桥梁跨径分类已建成大桥3座、489延长米,中桥10座、623.6延长米,小桥62座、998延长米;按桥梁使用年限分类,永久性桥梁57座、1 803.5延长米,半永久性桥梁4座、32.9延长米,

坤河大桥　　2003年5月摄

临时性桥梁12座、274.2延长米。2005年,从事专业建桥的队伍为黑河市公路管理站和爱辉区地方道路管理站。

2005年爱辉区境域桥梁公路情况表

表10-1

序号	路线名称	路线代码	行政级别	起迄地点	里程(千米)	路基宽度(米)	路面结构	技术等级	桥梁(米/座)
1	加黑线	S310	省道	嫩黑交界至黑河	148.628	7.5~12	砂石	二至四	458.1/19
2	黑嘉线	S311	省道	黑河至黑孙交界	71.696	8.5~24	水泥混凝土、沥青混凝土	一至三	669.5/22
3	黑长线	X176	县道	黑河至长发屯哨所	6.569	5~10	水泥混凝土	二至四	—
4	黑飞线	X177	县道	黑河至飞机场	15.363	12	水泥混凝土	二	29.8/2
5	西宋线	X178	县道	西岗子至宋集屯水库	5.6	7.5~8.5	砂石	四	6/1
6	黄西线	X179	县道	黄旗营子至西岗子	14.323	7.5	砂石	四	40.2/2
7	孙二线	X188	县道	孙黑交界至二站	15.55	7.5	砂石	四	—
8	西二线	X216	县道	西岗子加油站至二井子	30.5	7.5~8.5	砂石	三、四	292.2/6
9	爱辉支线	X231	县道	黑大公路29千米至爱辉镇	6.7	8.5	水泥混凝土	三	—
10	西岗子支线	X232	县道	黑大公路36千米至西岗子	4.7	8.5	水泥混凝土	三	31.6/1
11	爱黄线	Y001	乡道	爱辉镇至黄金子	15.773	7.5	砂石	等外	51.2/3
12	坤老线	Y002	乡道	坤河至老站	9.335	7.5	砂石	四	63.8/2
13	大罕线	Y003	乡道	大岭至罕达汽	116.362	4.5~7.5	砂石	等外	33.6/3
14	额新线	Y004	乡道	额泥河至新生	69.254	7.5	砂石	四	255/9
15	大西线	Y005	乡道	大成至西峰山	11.294	7.5	砂石	四	—
16	西泡线	Y006	乡道	西峰山至泡子沿	30	8	砂石	四	—
17	张泡线	Y007	乡道	张地营子至泡子沿	7.266	7.5	砂石	四	—

第四节 道路运输管理

爱辉区道路管理与养护工作坚持“确保质量、保障畅通、保护环境、建养并重”的方针,按照《中华人民共和国公路法》《黑龙江省公路条例》实行依法治路,使道路管理有法可依,养护有章可循。

1984年,从事道路管理和养护的部门共有4个,为黑河市公路管理站、地方道路管理站、运输管理站、道路交通监理站。1993年道路交通监理站及运输管理站分别划归省、市直管。至2005年底,从事道路管理和养护的单位为爱辉区公路管理站。

一、道路养护

（一）县级以上公路养护

1984 年，黑河市公路管理站负责黑河市境域内县级以上公路的养护管理，下设桥梁队、汽车队及 37 个道班。1985 年备料及 50% 的路面铺装已经达到了机械化。1990 年公路养护实行科学养护、全面养护、常年养护，积极推广应用新技术、新工艺、新材料，如砂石路扫浆养护等。同时加强桥涵维修养护，险路险段的改建，加高路基，扩挖标准边沟，疏通河道等项工作。开展修建文明样板路和创建文明道班活动。公路管理站的公路养护工作多次被省、地区行业部门评为公路养护先进单位。

1994 年，黑龙江省公路体制实行分级管理将县级公路下放给爱辉区地方道路管理站养护。

2000 年，爱辉区县级以上公路年均好路率达到了 68.9%，综合值 67.8。截至 2005 年底，爱辉区县级以上公路年均好路率达到了 76.88%，综合值 73.67。

（二）乡级公路养护

黑河市地方道路管理站负责 210 千米乡级公路的养护工作。

1984 年，地方道路建设和维护实行“自修、自养、自管”的“三自”方针。

1988 年，贯彻执行“民工建勤、民办公助、国家补助、地方自筹、群众投劳”政策，黑河市政府召开地方道路建设工作会议，号召全市人民积极行动起来，大力修建地方道路，并纳入了地方发展规划和目标管理，层层签订责任状。1991 年，实行国家补助与“以奖代投”相结合。1992 年黑河市人民政府被黑龙江省人民政府授予“公路先进市”称号。在全省公路系统实行“以奖代投”达标升级竞赛活动中，爱辉区地方道路管理站 1992 年获银牌奖，1993 年获金牌奖，1994 年获金牌保持奖。

1994 年，实行“两个转变”（行业行为向政府行为转变，政府行为向社会行为转变）。同年，爱辉区地方道路管理站将黑河市公路管理站下放过来的 2 条县级公路里程 193 千米与原乡级公路统一管养，爱辉区地方道路管理站管养公路总里程达到 453 千米。

1995 年，爱辉区人民政府被黑龙江省交通厅授予“地方道路建设先进区”称号。

1997 年，国家、省实行配套资金政策，每项工程国家投资约 70%，地方出资 30%，逐步向多元化投资和市场经济过渡。

截至 2005 年底，乡级公路实现了桥梁永久化、路面砂石化、线型标准化、路树全绿化。

二、路政管理

1992 年《黑龙江省公路管理条例》颁布实施，给路政管理提供了依法行政、依法治路的法律依据，从而有效地打击了盗伐行道树、损坏交通标志、破坏桥梁、偷盗砂石、履带车随意上路行驶、侵占公路用地等现象，年收缴补偿费约 5 万元，维护了公路完好畅通。

三、养路费征收

1988 年黑河市交通监理站 40% 人员划归黑河市公路养路费征收稽查所，专门负责机动车养路费的征收稽查工作。1988 年划归省直管理，更名为黑龙江省黑河市公路养路费征收稽查处。1993 年划归黑河市（地级）。

地方道路管理站从 1992 年开始，负责地方养路费的征收稽查任务。征稽人员着全省统一服装、持证上岗、挂牌服务、按章征费、文明稽查。1994 年组建专门机构，征费工作日趋规范化，征稽人员贯彻“取之于车、用之于路、回报于民”及“应征不漏、应免不征”的征费原则，经常深入乡镇主要路口进行稽查，查处了一些“偷、逃、漏”费的车辆。2000 年征费额 85 万元，2001 年征费额 81.3 万元，2002 年征费额 75.3 万元，2003 年征费额 46.7 万元，2004 年征费额 39.9 万元，2005 年征费额 46 万元。

四、交通安全管理

1984 年，黑河市交通监理站负责全市交通安全管理工作，维护交通秩序，指挥城内交通，组织安全检查，开展安全教育，组织驾驶员的技术考核，核发驾驶执照和行车牌证，处理交通事故工作。1988 年，黑河市交通监理站 60% 人员划归公安机关，更名为黑河市交警支队爱辉交警大队。

第五节　运　　输

一、客　　运

（一）国营客运

1983 年，黑河市的客运除黑龙江水运外，与内地的客运完全靠公路。因此，公路客运显得十分重要，此时，担负客运任务的是黑河公路客运站，有职工 70 人，大客车 65 辆，客运线路 12 条。主要线路和班次为黑河—北安、黑河—嫩江，每日对开 2 个班次；黑河—孙吴、黑河—德都、黑河—龙镇、黑河—呼玛，每日对开1 ~ 2 个班次。每逢节假日客流增加，各条线路需增 1 ~ 2 个班次，但客票仍很紧张，黑河—北安、黑河—嫩江需提前 2 天订票。当时，客车超员现象十分严重。发往各乡镇村屯的客车，时间安排上充分考虑农民出行的便利，实行早进城晚归乡。

黑河客运站候车厅　　2005 年 9 月摄

1985 年，第 1 台市内公交车开始营运，营运路线由客运站经中央街至第一中学往返。因效益不佳一年后停运。

1989 年，北安—黑河铁路复建通车后，给公路客运带来冲击，当年客运量减少 40%，客运站采取了优质服务，开展了创文明站、使用文明用语、便民服务等一系列活动，同时新开辟 11 条运营线路，客运效益有所好转。

1990 年，随着国企改革不断深化，客运站实行单车核算制。线路里程达到 682 千米，客运量 77.3 万人，客运周转量 7 666.6 万人千米。1993 年公路客运站划归黑河市（地级）运输管理处管理。

（二）私营客运

黑河市（县级）私营客运起步较晚，第 1 台私营客运始于 1982 年，车型为东风大客车，主营线路为黑河—龙镇。私营客运服务质量较好，效益也好。1989 年后个体私营客运逐步发展，市内的出租车已达1 200辆,起步价5元。1993年后,三轮摩托车进入私营客运市场,起步价2～3元。1993年私营客运划归黑河市(地级)运输管理处管理。

二、货 运

(一)国营货运

1984年,国营货运单位有14个,大部分是从事专业货物运输。有林业车队、粮食车队、煤炭车队、石油车队、商业车队、农机车队、金矿车队等,车辆总数达145辆。上述车队在计划经济体制的条件下为促进工农业生产、城乡物资交流做出了重要贡献。综合性货运单位有2家,分别为黑河运输公司和黑河第二运输公司,都是按计划进行各种货物运输。当时黑河市没有铁路,国营货运车队承担着整个城市各种货物的运进和运出。1989年,北黑铁路通车后,给国营公路货运带来冲击。随着市场经济的建立和完善,个体运输逐步成为货运的主体。1990年先后有4个车队解体。1995年有5个车队解体,2000年底只有黑河运输公司1家国营运输车队,实行个人承包核算制。其他国营车队全部由国营变为集体和股份制企业车队,解体的运输单位车辆全部由个人购买,职工变为个体养车户。

(二)私营货运

改革开放后,黑河市私营货运发展较快。1984年,私营货运已有7家。1990年,随着改革的深化,国营车队逐步解体或变为股份制,大部分汽车被个人购买,变为个体私营运输。个体货车已达110辆,12马力以上的拖拉机达540台。1995年以前,车型及载重吨位95%都是4吨解放和东风车型。1995年个体私营汽车达230辆,12马力以上拖拉机达1 126台。2000年中型货车逐渐被淘汰,使用的大部分是翻斗车和专用车。取而代之的是大吨位10～30吨的重型车和小型货车,重型货车的特点是载货量大、运输成本低、效益高,适宜长途运输货物。小型货车灵活便捷,适宜农村走村串户推销商品及零散运输。2000年个体私营汽车达396辆,12马力以上拖拉机达4 127台。城内建立私营空车配货站6家,私营出租场2个,汽车交易市场1处,个体修车部58家。私营货运已成为公路运输的主体,遍布城乡,货运周转量达494 929.2万吨千米,货运量达438.7万吨。

第二章 铁 路

第一节 线 路

一、北 黑 线

20世纪80年代初,北黑(北安—黑河)铁路尚未修复。改革开放后,经黑河地区行署多次请求,在国家、省有关部门的支持下,北黑铁路修复工程列入1986年国家基本建设计划;于1986年7月15日正式开工,1989年全线接轨贯通,当年12月开始临时运营。

北黑铁路南起北安,北至黑河,中间穿越五大连池、孙吴2市县,全长304千米,轨距1.435米。全线共有大、中、小桥30座2 620延长米,隧道1处260延长米,涵洞299座3 750延长米,8个车站,房屋7.2万平方米及相配套的通信、信号、电力、给排水等设施。在爱辉区境内设有额雨、潮水、西岗子、黄金子、锦河、黑河等车站。

随着北黑铁路的建设,黑河所属的厂矿、农场、石油、林业等单位把货物运输由公路转向了铁路,爱辉区境内有12家单位拥有北黑铁路专用线。

各单位使用铁路专用线详细情况表

表10－2　　单位:米

序号	车站名	编号	专用线名	专用线所属单位	轨型	专用线全长
1	西岗子	4	宋集屯煤矿专用线	黑河市煤炭局	P43	5 291
2	西岗子	19	惠富铜矿专用线	惠富铜业有限公司	P43	302
3	锦河	21	锦河农场专用线	锦河农场	40B	395
4	黑河	9	黑河综合专用线	黑河农业生产资料公司	40B	197
5	黑河	5	黑河综合专用线	黑河供销储运站	40B	143
6	黑河	6	黑河综合专用线	黑河中兴仓储公司	40B	338
7	黑河	7	黑河综合专用线	黑河粮油进出口公司	40B	300
8	黑河	3	黑河林业专用线	黑河林业储木厂	40B	873
9	黑河	2	黑河林业专用线	黑河口岸储运公司	40B	232
10	黑河	20	黑河石油专用线	黑河石油公司	40B	623
11	黑河	8	黑河二热专用线	黑河热电厂	P43	1751
12	黑河	23	黑河龙丰专用线	黑河龙丰粮库	P50	200

二、其他线路

黑河至西岗子煤矿的窄轨铁路于1951年建设,全长57千米,轨距762毫米,有桥梁4座、涵洞72个。主要承担西岗子、宋集屯、东方红3个煤矿煤炭运输任务,以保证黑河城区工业生产和人民生活用煤需要。北黑铁路复建后,该线于1988年拆除。

第二节　营　　运

黑河地方铁路于1989年12月投入运营,开通了黑河—龙镇临时货运运输。1990年10月1日,开通了龙镇—黑河的671/2次混合旅客列车。区间运行8小时,按4节硬座车厢编组,客流量大时随时加挂。主要停车站有龙镇、龙门、辰清、清溪、孙吴、额雨、西岗子、锦河、黑河。客票价格在国铁票价基础上,硬座上调20%、软座上调15%、外籍旅客票价上调20%,平均为0.048元/人千米。1991年9月1日北黑铁路北安—龙镇段开办了国地铁客货运联营,黑河—北安首列302/1次(后调为307/8次)直通

黑河火车站　　2005年7月摄

旅客列车开通。沿线停车站有二龙山、五大连池、龙镇、龙门、辰清、孙吴、西岗子、锦河等,开始了北黑线的全程运输。同时,货物运价开始实行北安—龙镇段除对粮食、木材和到达的煤炭、石油、化肥、农机具执行特价外,其余一律执行龙镇至黑河段运价。

1992 年 5 月 15 日,“黑河旅游号”(哈尔滨—黑河)特快旅客列车开通,列车于 6 月 1 日正式运行。“黑河号”由哈尔滨铁路分局旅游公司开通,单程 636 千米,行车 13 小时 30 分钟,沿途停车站有绥化、北安、龙镇、孙吴,列车编组 11 辆,分软卧、硬卧、软座三档,定员 292 人,创造了国铁特快列车进入地铁(地方铁路)的先例。“黑河号”旅游特快列车客票价格为硬座 55 元、软座 80 元、硬卧上铺 108 元、下铺 110 元、软卧上铺 126 元、下铺 135 元。同年 7 月 25 日,货运价格开始加收铁路建设基金 0.0125 元/吨千米;8 月 1 日,客票价格全部上调 20%。同年 9 月 15 日,黑河地方铁路局与全国铁路营业站开办了货物一票直通运输业务;年底又开办了零担运输业务。

1994 年 8 月 26 日,黑河地方铁路局 306 次(北安至黑河间的 307/8 次旅客列车)和哈尔滨铁路分局 305 次(哈尔滨至北安间的旅客列车)直快旅客列车分别由各自的始发站黑河和哈尔滨相对起程,实现了与哈尔滨铁路分局旅客列车对开,车种由原普快改为管内直快。列车编组共 14 辆,其中,行李车 1 辆、硬座车 9 辆、餐车 1 辆、软座车 1 辆、硬卧 2 辆(其中 1 辆代宿营车)。全程 656 千米,运行 14 小时。机车在北安站更换,国地铁间的机车互不过轨。

1995 年 10 月 1 日,在局管内黑河、孙吴站开办了 1T、5T、10T 等集装箱运输业务(北安换票)。1997 年 10 月 22 日 5 时 01 分和 6 时 01 分,齐齐哈尔铁路分局 Y234 次和黑河地方铁路局 Y233 次列车,分别由对方的始发站黑河和齐齐哈尔相对起程。1999 年 5 月 6 日,经铁道部运输局批准,黑河地方铁路局黑河中心站可直接与全国各集装箱运输站间开办 1T、5T、10T 集装箱直通运箱。2000 年 7 月 1 日黑河—齐齐哈尔间的 Y233/4 次旅客列车延伸至大庆。

第三章　航　　运

第一节　港　　口

黑河港与俄布拉戈维申斯克港隔江相望,两港界江直通航程仅 8 千米,黑河港下距结雅河口 8 千米,距黑龙江入海口 1 926 千米,自然岸线 1.18 千米。港区陆域面积 12.3 万平方米,水域面积 11.6 万平方米。黑河港由黑河港务局、黑河市口岸鸿运港航有限公司、大黑河岛港埠有限公司、黑河市振兴粮库、黑河市爱辉粮库的码头组成。港口客货兼营,客运以中俄国际旅游为主,货运以对俄进出口为主。黑河港由黑河港务局经营管理。主要经营水上客货运输、港口装卸、对外贸易、船舶修造等。至 2005 年,全港共有生产用码头泊位 16 个(其中,黑河港务局 10 个、其他企业 6 个)、码头总延长米 1 070 米,最大靠泊能力为 1 000 吨;共有仓库面积 7 520 平方米,堆场面积 107 490 平方米,港口装卸机械 34 台。

一、港口设备

1983 年时,黑河港有皮带运输机 12 台,轮胎式吊车 1 台,解放牌吊车 1 台,叉车 1 台,推土机 1 台,装载机 2 台,浮吊 1 台,港口机械化作业已达到 80% 以上。

1993 年,黑河港务局运力拥有量为 25 艘,总功率为 244 千瓦,总吨位 9 954 吨。港口总起重量有 8 个浮吊和轮胎吊。2003 年新购置 28 客位气垫船。2004 年,将龙客 205 轮油水分离船改变用途投

黑河港口　　2005 年 9 月摄

入到国际客运航线，并新增 10－001 千吨级驳船投入到轮渡运输。

至 2005 年，黑河港务局拥有各类船舶 34 艘，总功率 5 494 千瓦，9 620 载重吨位，1 073 个客位。其中，推拖轮 8 艘 2 339 千瓦；货轮 2 艘，434 千瓦，620 载重吨；客轮 4 艘，847 千瓦，941 客位；气垫船 4 艘，1 602 千瓦，132 客位；驳船 11 艘，7 000 载重吨；辅助船舶 2 艘。拥有各类港机设备 15 台，浮吊 2 艘，门座式起重机 4 台，履带式起重机 1 台，轮胎吊 4 台，装载机 4 台，总起重量为 228 吨。船舶运输采用通用的顶推方式，推拖轮按功率划分有 198 千瓦、220 千瓦、272 千瓦、368 千瓦、510 千瓦 5 种类型，可以操纵各种船队队形；驳船采用的是尖头分水式和平底雪橇式船型，具有航行阻力小、通用化等优点；对大宗货物、木材、废钢、型钢、煤炭等装卸，采用抓斗、齿抓、木材抓、电吸盘等先进的专用机械，进行流水作业。

二、码头建设

（一）黑河港货运码头

1980 年，黑河码头扩建工程全面展开，整个工程历时 10 年完成。至 1990 年，完成改建、扩建、新建码头 58 米。其中，滚装码头 40 米。货场总面积 8 万平方米，仓库 1 300 平方米。1993 年，黑河港拥有滚装泊位 1 个，千吨级货运泊位 6 个，共计 518 延长米。1993 年后为完善港口配套设施由交通部投资 1 500 万元进行了黑河港配套工程建设，增加千吨级泊位 1 个，扩展了港区面积。2005 年有千吨级泊位 7 个，自上而下依次为滚装泊位、钢铁泊位、煤炭泊位、2 个木材泊位和 3 个杂件泊位。有码头岸线 722 延长米，码头均为直立壁式码头，陆域面积 63 800 平方米，平均纵深 120 米，堆场面积 3 900 平方米，道路 1.4 万平方米，仓库 1 500 平方米，口岸货运联检大厅 450 平方米，综合业务楼 3 600 平方米，客运专用码头 1 座（位于中俄互市贸易区大黑河岛上），年设计港口吞吐能力 120 万吨，设计客运吞吐能力 50 万人次。黑河港务局有营运船舶 37 艘（其中包括 4 艘气垫船），装卸机械 18 台，工程机械 2 台。

（二）大黑河岛码头

大黑河岛码头建于 1996 年，码头总长度 98 延长米，为 2 个客运泊位，工程总投资 300 万元，大黑河岛客运码头为黑河港务局与黑河市经济合作区联合建设，码头由大黑河岛港埠有限公司负责管理经营。

1993—2005 年黑河港口吞吐量表

表 10－3　　　单位：万吨

年份	合计	内贸	外贸	年份	合计	内贸	外贸
1993	58	11.4	46.6	2000	63.9	21.2	42.7
1994	19.8	3.6	16.2	2001	68	31.8	36.2
1995	13.6	2.1	11.5	2002	61.5	39.5	22
1996	17.5	0.6	16.9	2003	39.6	15.6	24
1997	22.7	2.1	20.6	2004	55.4	14.4	41
1998	32.8	11.2	21.6	2005	59	11.9	47.1
1999	43.5	12.8	30.7				

第二节 运 输

一、客 运

20 世纪 80 年代初，黑河航运局使用东方红 10 号客轮开展旅游客运业务，1986 年，黑河—卧牛湖票价 2.5 元，黑河—上马厂票价 3.5 元，黑河—爱辉票价 5 元。

1988 年，黑河港正式开通中国黑河至苏联布拉戈维申维克“一日游”客运业务，黑河航运局龙客 208 客轮运送旅客通过黑龙江，每日早 8 时出境，晚 8 时返航。单程票价 18 元，1992 年上调到 35 元；俄方每位 6.5 美元。1992 年，黑河—布拉戈维申斯克客运航线，中方投放 4 艘客轮，计 825 个客位；俄方投放 4 艘客轮，计 450 个客位。全年中方发船 1 324 次，运送旅客 184 456 人次；俄方船只运送旅客 213 018 人次。1993 年，黑河港务局从俄罗斯引进新型气垫船，并于当年开通黑河—布拉戈维申斯克流冰期和结冰期客运航线，结束了流冰期和结冰期没有运输生产的历史。

1994 年前黑河局客运船舶主要航线为黑河—漠河、黑河—佳木斯。由于公路、铁路的发展及水上客运工具速度慢、时间长等落后因素，客运量逐年下降，甚至出现亏损，到 1994 年国内客运相继停运。

2001 年，黑河港务局已有 4 艘气垫船投入黑河—布拉戈维申维克国际旅客运输和冬季货物运输。1993—2005 年，年平均运输旅客 12.3 万人次。2005 年，受哈—黑铁路客运停运 3 个月及国家出台取消异地办照政策的双重影响，黑河国际旅游市场遭受严重打击，直接导致黑河港的客运收入严重下滑，当年，完成客运量 13.4 万人次；完成客运周转量 107 万人千米。

二、货 运

1993 年黑河港货物吞吐量 58 万吨，其中外贸货物 46.5 万吨，当年利润突破 500 万元。1994 年中俄贸易急速回落。1998—2000 年，从黑河港进口废钢材骤然增加，出口以食品、蔬菜、轻工产品、电器为主。2001 年 8 月，受俄罗斯海关禁止废钢出口等外贸政策调整的影响，致使当年外贸货源下降 30%，但由于中国的房地产开发公司进入布拉戈维申维克进行房屋建筑开发，国内出口红砖大量增加。而大兴安岭木材货源日趋减少，导致国内货运日渐萎缩。2005 年，内外贸货源较为充足，大兴安岭过火木大量下材。一度低靡的国内货运市场重现生机，从而保证了船舶运输和港口装卸的连续性。外贸进口货源仍然以废钢、木材为主，出口以红砖、轻工产品和果蔬为主。全年货运量完成 22.5 万吨；货运周转量完成 1 521 万吨千米；港口吞吐量完成 55.7 万吨；主营业务收入为 2 270 万元。年度实现利润 186 万元,外贸吞吐量实现 45 万吨;长航运输收入 190 万元;滚装运输收入 185 万元。

1984—2005 年黑河港务局客货运量及营运收入统计表

表 10－4

年份	客运量（人）	客运周转量（千人千米）	货运量（吨）	货运周转量（千吨千米）	营运收入（万元）	运输收入（万元）	实现利润（万元）
1984	93 047	8 880 283	70 532	46 198	—	—	—
1989	63 510	6 571 400	106 212	66 049	104.4	—	38.3
1991	201 801	3 062 486	115 812	68 150	122.2	—	40.4
1992	201 651	3 039 000	143 842	42 622	242.3	—	95.4
1993	239 863	2 595	166 531	13 233	843.4	54.3	501.6
1994	68 811	793	90 409	26 285	623	96.7	29
1995	67 774	542	88 129	26 744	417.6	142.2	－12.3
1996	105 644	845	97 606	31 811	1 552.2	1 257.7	0.2
1997	121 195	972	118 352	39 900	1 637.5	1 340.9	46.4
1998	159 195	1 274	174 646	45 158	1 746.5	1 361.6	1.6
1999	158 670	1 273	176 846	42 148	1 839	1 240.6	1.2
2000	219 974	1 760	283 764	23 252	2 117	1 393.7	42.2
2001	171 151	1 369	329 109	30 523	1 962.3	1 295	51.6
2002	135 219	1 081	279 082	21 634	1 662.5	1 134	17
2003	112 373	899	198 011	16 450	1 705.1	1 238.2	43.8
2004	159 182	1 273	224 505	13 287	2 093	1 380.6	88.3
2005	134 115	1 073	228 447	15 211	2 432.3	1 390.9	189.1

第四章 航　　空

第一节 机场建设

1984 年 10 月,由省民航局、林业部和黑龙江省政府共同投资 920 万元,于黑河市郊 17 千米的稗子沟南山重建黑河机场,1985 年 10 月竣工,面积 65 万平方米。新建了长 1 800 米、宽 210 米的草坪跑道,可供安－24、安－2 型飞机起降,2 个面积分别为 3 520 平方米、2 400 平方米的停机坪,6.67 千米三级砂石进场公路;机场有 19.5 米高的飞行指挥塔台综合业务楼 1 栋,警卫楼、锅炉房、车队油料办公楼、汽车库各 1 栋;新添置各种导航设备 35 部。机场等级为国家三级。但由于草坪跑道土质松软,雨天泥泞,保证不了航班正常运行。1987 年 4 月,经国家民航总局批准,由国家民航局和国家林业部、省政府、黑河行署共同投资 565 万元改建黑河机场。当年 6 月动工,次年 10 月竣工。新建长1 500米、宽 30 米水泥跑道

黑河机场　　　　2005年6月摄

1条，扩建停机坪4 600平方米，新修停车场1处、进港水泥路面200延长米，增设了夜航灯光、旅客安全检查及服务等设施。改建后的黑河机场可同时停放安－24型飞机3架，安－2型、米－8型（直升）飞机各2架，可以保证安－24型、运－7型以下机型飞机四季和昼夜正常起降。

1999年4月，黑河市政府成立机场建设指挥部，决定对黑河机场进行扩建。年底，在工程招标中，中国航空港建设总公司中标。国家批准将黑河机场扩建为4C级机场。2000年5月7日，黑河机场飞行区场道工程正式开工建设，工程总投资19 853万元，水源工程、外网供电等工程相继开工。通导工程中标单位为沈阳民航设备安装有限公司，助航灯光工程中标单位为沈阳汇通通信导航设计安装公司，供电工程中标单位为吉林民航建设安装公司。当年完成了飞行区场道、水源、外网供电等工程。建设完成工程投资7 391万元，新建跑道长2 500米、宽45米，两侧道间宽各7.5米，可满足MD82等中型客机及麦道82、波音737、图154等中型以下客机货机起降。2001年完成了飞行区结转工程、排水、围界、通信导航、助航灯光、供电、场外通信中继线路等工程建设，完成投资4 627万元，累计完成投资12 018万元。9月飞行区等单项工程竣工，交付机场使用。2002年5月，机场扩建中的供油、消防、供热、绿化、航站楼等工程相继开工建设，其中，供油、消防、供热、绿化等工程当年竣工。同年10月，黑河机场路工程破土动工。2003年10月，候机楼正式启用，可满足日高峰每小时207人的需要，同时新建的15.5千米机场路建成通车。

第二节　航　　线

1985年11月18日，进行了黑河机场重建后的首航剪彩，随后开通每周2班次的哈尔滨—黑河—哈尔滨航线，使用的飞机是苏制48座位安－24型飞机。1987年6月，因机场改建，而停止运输生产。1988年11月11日，恢复哈尔滨—黑河—哈尔滨航线，每周3班次。复航时使用的飞机仍是48座位安－24型飞机。1990年开始，逐渐使用中国西安制造的52座位运－7型飞机。

1993年2月27日，黑河—长春—大连联乘飞机开通。1995年8月11日，黑河—齐齐哈尔—黑河航线复航，同年11月9日，黑河—俄布拉戈维申斯克旅游包机开航。两国间的飞机起降只需要9分钟。2001年9月30日，黑河—北京航线首航，开通了黑河—哈尔滨—威海（烟台）—济南航线。2003年8月，海关总署批准同意黑河机场开通黑河—俄雅库茨克临时货运包机航线。9月26日，黑河—俄雅库茨克国际航线正式开通，但由于海关税上调等原因，只运营2班就被迫中断。2004年，积极与秦皇岛旅游部门洽谈协商，于7月初首次开通了黑河—秦皇岛季节性旅游包机航线，使用麦道机型，共计飞行9班。2005年，自6月1日起，由黑河—哈尔滨—大连—济南航线每周3班改为黑河—哈尔滨—沈阳—烟台航线每日1班。9月，机型由原来50客座的CRJ－200型改为70客座的CRJ－700型。7月初，恢复黑河—秦皇岛季节性旅游包机航线，每周1班，共计飞行9班。

第三节　运　　输

1985 年哈尔滨—黑河—哈尔滨航线开通后，因机场设施差，保证不了正常飞行，加之机关企事业单位严格控制乘坐飞机出差，旅客、行李、货物运量都比较小。1986 年，进出港班次各 76 次，完成客运5 526人、货运 5 807 千克、行李 20 908 千克。1987 年 6 月，因机场改建而停止运输生产。随着黑河边贸经济的发展，黑河机场客、货运量逐年增加，1991 年开始，在哈尔滨经贸洽谈会期间，每天航班由 3 班增加到 7 班，最多时达 9 班。1991 年，仅出港外宾就达 1 666 人。1992 年，黑河航站进出港航班总班次1 458次，进出港旅客总数61 762人，其中出港31 848人；进出港行李货邮262 526吨，其中出港 122 430吨。客货运总收人416. 32万元。1993 年进出港航班为 1 662 架次。

由于边境贸易和旅游的急速滑坡，1994 年开始黑河航站经济效益逐年下滑，航班起降架次每年以 60% 的速度下滑，1994 年为 640 架次，1995 年开始出现停航现象，当年航班起降 200 架次，1996 年为 96 架次，1997 年全年停航，1998 年为 180 架次。1994—1998 年，在黑龙江流冰期累计飞行 1 200 多架次，运送中外旅客近 2 万人，运送货物 50 吨。1999 年，全年保证航班 80 架次，进出港旅客 1 681 人次，进出港行李货物 4 048 千克。在春秋两季护林防火期间，保证本场护林飞行 148 架次，区域护林飞行 842 架次。保证禁毒飞行 20 架次，领导包机 2 架次。2001 年，全年共安全保障运输飞行 56 架次，进港旅客 391 人次，进港行李 1 327 千克，出港旅客 730 人次，出港行李 4 262 千克，公务包机飞行 2 架次。本场护林飞行 184 架次，外场护林飞行 951 架次，其他飞行 10 架次，与上年同比减亏 11. 64%。2002 年，共保障航班运输飞行 650 架次，本场护林飞行 212 架次，外场护林飞行 618 架次，其他飞行 26 架次，出车 1 456 台次，安全行驶 84 000 千米。2003 年，共保障航班运输飞行 124 架次，俄包机飞行 4 架次，本场护林飞行 192 架次，场外护林飞行 1 014 架次，其他飞行 44 架次。地面安全行车 125 000 千米。2004 年，共安全保障运输飞行 318 架次，进港旅客 4 994 人次，进港行李货物 36 222千克，出港旅客 5 579 人次，出港行李货物 31 686 千克，本场护林飞行 157 架次，外场护林飞行 260 架次，其他飞行 14 架次。5 月份旅游旺季到来之前，由每周 3 班增加到每周 4 班。

2005 年，全年共安全保障航班运输飞行 490 架次，护林飞行 210 架次，其他飞行 16 架次，安检旅客 8 862 人次，查出违禁品 574 件，地面安全飞行 176 100 千米，完成旅客吞吐量 17 131 人次。

第五章　邮　　政

第一节　机　　构

1998 年 10 月 28 日，黑河市邮政局正式挂牌成立。黑河市邮政局设有 7 个职能部门、7 个生产部门和第三产业部门。职能部门包括综合部、人事教育部、计划财务部、运行维护部、工会办公室、经营服务部、市场开发中心；生产部门包括国际业务科、营业科、邮购公司、快运分局、储汇科、发投科、集邮公司；第三产业为多种经营部。邮政局共有职工 278 名。其中，副处级以上干部 3 人，副科级以上干部 23 人。

1999 年，共有邮政局所 18 个，其中，自办局所 10 个，代办局所 8 个。

2000 年，黑河市邮政局共有职工 288 人。职能部门取消了市场开发中心，增设了市场开发部、审计科、保卫科、总务科;生产部门增设了汇业寻呼公司和广告公司。

2001 年,黑河市邮政局内设综合办公室、保卫科、工会办公室、人事教育部、计划财务部、审计科、运行维护部、经营服务部、营业局、发投公司、储汇局、集邮公司、电信业务局、速递公司、国际业务科、快运公司、邮购公司、广告公司和实业公司。共有职工 290 人。2002 年,黑河市邮政局增设保险业务部。共有职工 288 人。2003 年,随着业务的不断发展,成立了大客户管理中心和 185 客服中心。同时成立监察室,负责全系统纪检监察工作。2004 年 7 月 3 日,185 客户服务中心升级为 11185。并于 7 月 3 日正式切换上线投入使用。

2005 年,《国务院关于邮政体制改革方案的通知》下发,黑河局对组织机构进行了调整,1 月 6 日成立离退休管理科,2 月 3 日成立信息名址中心,3 月 29 日成立督察办,12 月 14 日成立支局管理科。黑河市邮政局下辖北安、嫩江、五大连池、孙吴、逊克 5 个县(市)邮政局。全市共有服务局所 125 处,邮政储蓄绿卡联网网点 63 处,邮政报刊图书销售点 110 处,集邮品销售点 62 处。黑河市邮政局共有职工 299 人。年底,全市从业人员为 1 596 人,其中,在岗职工 822 人,聘用工 11 人,劳务工 763 人。

第二节　邮　　路

1989 年 11 月 1 日,黑河至哈尔滨航空邮路复开,全长 615 千米。1992 年 9 月 9 日正式设立黑河国际邮件互换局(设海关局)兼交换站(8 月 18 日已开始办理业务)。封发黑龙江省寄至俄罗斯全境的水陆路函件及包裹,与俄罗斯布拉戈维申斯克市邮政局交换两局互封的水陆路邮件总包,接受并开拆处理俄方封至黑河的总包及散件,转发俄罗斯寄至中国全境的水陆路邮件。

1992 年,黑河地区内 935 个村屯通邮,黑河地区邮路总长度 4 223 千米。黑河地区有自行车 264 台,摩托车 4 辆,汽车 34 辆。1999 年邮路共 7 条,单程总长度 816 千米。其中,二级邮路 1 条,单程总长度 260 千米。市内邮路 2 条,单程总长度 130 千米。农村邮路 4 条,单程总长度 420 千米。城市投递段道 10 条,总长度 46 千米。农村投递线路 4 条,总长度 126 千米。2001 年,黑河市邮路总条数为 56 条,单程邮路总长度 4 028 千米,其中,二级邮路 4 条,单程长度 786 千米;自办汽车邮路 11 条,总长度 1 384 千米,委办汽车邮路 34 条,总长度 2 366 千米,水路邮路 1 条,总长度 15 千米,农村投递路线单程总长度 3 573 千米。为了提高邮件传递速度和质量,扩大农村投递范围,黑河市邮政局不断优化邮路网络结构、调整网络布局。

截至 2005 年末,全市邮路总条数发展为 65 条,单程邮路总长度 3 802 千米,其中,二级邮路 2 条,单程长度 417 千米;自办汽车邮路 9 条,总长度 633. 5 千米,委办汽车邮路 50 条,总长度 3 080 千米,农村投递路线单程总长度 5 900. 55 千米。

第三节　设　　备

1999 年,邮政设备为电子称 10 台,票据打印机 7 台,多媒体邮政编码查询机 1 台,包裹捆扎机 2 台,小推车 4 台,点钞机 3 台,电梯 3 部,发行微机 4 台,打印机 2 台,传真机 1 部,储蓄微机 19 台。邮政营业收寄微机 8 台,邮票公司收寄业务处理微机 1 台,点钞机 9 台,邮政管理传真机 16 部,邮政车辆 41 台,邮船 1 艘,投递自行车 17 辆,邮政业务宣传显示屏 3 块。

2005 年末黑河市邮政装备表

表 10－5

项　　目	计量单位	全市总数
全市邮政局所	处	125
其中：电子化网点	处	51
自动柜员机（ATM）	台	2
邮船	艘	1
计算机总数	台	329
微型机	台	329
其中：内部生产用微机	台	92
营业窗口用微机	台	138
综合管理用微机	台	99
计算机网络设备	—	—
综合计算机网中：网络交换机	台	19
网络服务器	台	15
大中小型	台	5
PC 服务器	台	10
网络路由器	台	26
邮储计算机网中：网络交换机	台	6
网络服务器	台	29
大中小型	台	11
PC 机服务器	台	18
网络路由器	台	17
其他计算机网中：网络服务器	台	10
大中小型	台	2
PC 机服务器	台	8
网络交换机	台	2

第四节　业　　务

一、函　　件

1988 年 10—11 月，进出口航运邮件、特快专递、邮政快件等业务相继开办，书信、文件、物品等可作为邮政快件交寄。1989 年新增有声信函业务。1992 年，函件总量为 693.2 万件。1993 年已经开办的业务有代发广告、代收货价、国际快递函件、进出口航运邮件、特快专递、邮政快件（书信、文件、物品等均可作为邮政快件交寄）、有声信函（即邮电局可将寄件人录音后的磁带传递给收件人，收件人可听到语音表达)等,黑河地区航空邮路已开通,挂号函件已经使用条码标签。1999 年,函件完成业务量 328 099 件,实现收入 48 万元。2000 年出口函件 70.85 万件,比上年同期增长 6.64%。函件收入完成 41 万元,比上年同期下降 14.41%。2001 年,完成函件业务量为 69.4 万件,比上年同期下降 2.13%。业务收入完成 62.6 万元,同比增长 53.63%。2002 年,完成函件业务量为 68.46 万件,比上年同期下降 1.16%。业务收入完成 70.05 万元,同比增长 11.85%。随着社会的进步和信息技术的发展,人与人之间的沟通方式也在发生着变化,更多的人通过电话、网络等方式进行沟通和交流,因此造成传统函件业务量、收入呈逐年下滑的趋势。

2005 年,函件业务收入有所增长,全年完成业务收入 74.41 万元,比上年增长 14.09%。

二、包 件

1985 年,恢复收取待投包裹逾期保管费。1992 年,全黑河地区包件业务量为 168 374 件,业务种类有普通包裹、特快包件、甲类保价包件和乙类保价包件 4 种。1999 年,黑河市邮政局包件完成业务量 19 218 件,实现收入 329 万元。2000 年,出口包件 4.06 万件,比上年同期增长 2.22%。包件收入完成 70 万元,比上年同期下降 5.34%。快包收入完成 355 万元,比上年同期增长 39.21%。2001 年,出口包件 4.3 万件,比上年同期增长 6.74%。包件收入完成 88 万元,同比增长 25.12%。2002 年,出口包件 4.4 万件,比上年同期增长 1.21%。包件收入完成 100 万元,同比增长 13.66%。2003 年,包件收入完成 125.42 万元,同比增长 25.37%。此后,由于货运市场的竞争,包件业务量、业务收入有所下降。

2005 年,包件业务收入累计完成 81.52 万元,比上年下降 20.89%。

三、汇 兑

20 世纪 80 年代,随着黑河对外开放的扩大,外埠民工、商人纷至沓来,汇兑业务量剧增。为适应改革开放的需要,汇兑款额从 1983 年开始增至每次 5 000 元以内,超过 5 000 元的要分笔办理。1990 年 7 月 1 日,新辟国内邮政快件汇兑业务,每件收费 0.8 元。同时,取消回执业务。到 1992 年,黑河地区内汇兑业务有普通和电汇两种。年底,出口、进口汇票分别达 456 130 张和 185 770 张。1994 年 1 月 1 日,增开国际汇兑通汇业务。1999 年,黑河市邮政局汇兑业务完成业务量 44 357 件,实现收入 71 万元。2000 年黑河市邮政局出口汇票 8.12 万件,比上年同期下降 9.49%。汇兑收入完成 75 万元,比上年同期增长 5.47%。

2005 年 5 月 19 日,全省邮政储汇两网互通工程切换上线工作结束,从当日起,全市电子汇兑网点在原有现金到现金业务的基础上,新增加了账户到现金、现金到账户、账户到账户三大类汇款业务,并且实现了储蓄与汇兑资金的有效整合。储蓄绿卡业务特别是全国通存通兑业务的同版上线,对邮政传统汇兑业务造成一定冲击。当年,汇兑业务收入累计完成 29.86 万元,比上年下降 18.37%。

四、报刊发行

1983 年,报纸发行量 140 083 份,杂志 309 522 份。1992 年,黑河邮政局同黑龙江省邮电管理局已经实现报刊要数微机联网,传统手工汇总处理方式被取代,工作效率提高 3 ~5 倍。全区报刊发行量总计达 34 266 810 份。1998 年,黑河邮政局完成报刊流转额 305 万元,人均订阅报刊款 5.42 元/季,列全省第三位。2000 年订销报纸 527 万份,比上年同期下降 3.89%,订销杂志 29.28 万份,比上年同期下降 7.39%,报刊流转额完成 409 万元,比上年同期增长 9.65%。报刊发行收入完成 131 万元,比上年同期增长 6.92%。2001 年,报刊发行业务收入累计完成 136.7 万元,比上年增长 3.8%,报刊流转额完成 355 万元。2003 年,报刊发行业务收入累计完成 128.69 万元,同比增长4.87%。

2005年8月1日起，实施畅销报刊提速，进一步满足畅销报刊市场竞争需求。为扩大零售报刊市场份额，全市新增10处报刊亭，并实行市县一体化的经营方式，增强了邮政零售市场的竞争力。报刊发行业务收入累计完成146.01万元，比上年增长2.1%。

五、投　　递

1988年10月1日，特快专递业务开办后，邮件随到随递。至1992年，黑河地区划有481个市内投递段，有投递员958人，信箱信筒529个，自行车264辆，农村报点643处，住宅楼内信报箱162个。年投递进口函件9 026 378件，给据函件800 714件，邮政快件593 361件，特快专递7 016件，报纸31 487 144份，杂志2 779 666份。1999年继续推广信报箱群的使用，投入使用的已达20处。当年城市邮政投递区共有13个，每天投递1次。全年投递给据邮件115 990件，投递平常函件9 780 300件，投递各类报纸5 029 113份，投递各类杂志291 612份，死信复活98封，行业报因地址不详投出30多户，代发广告115 380张。

2005年，市区共有邮政信报箱群189处，信报箱格口达到18 603个，满足了市区居民用邮需求。为增加农村投递深度，全市增加191处印模点；进行了投递网改造，增加33名投递员，提高了投递时限，为偏远地区群众解决了末梢投递难的问题。

六、机要通信

黑河市邮政局机要通信承担着全市党、政、军等单位的机要通信任务。在业务处理上严格执行“保密、安全第一、准确、迅速传递”的工作方针和“交接验收、勾挑核对、平衡合拢、安全携带”四项基本制度，安全妥善保管邮件，确保机要邮件传递万无一失。1999年，全年机要通信完成出口11 121件，进口10 838件，业务收入6.48万元。2005年，机要业务收入累计完成8.58万元，比上年增长6.4%。

七、邮　　资

1990年7月31日，国家提高了除新华书店邮寄的大中专和中小学课本以外的国内邮政资费。其中，函件计费标准：平信（20克及20克以内）本埠0.10元、外埠0.20元。印刷品（每重100克及100克以内）本埠0.04元、外埠0.08元。函件挂号每件0.30元。同时规定，邮件包裹资费和机要邮件资费均按原价提高15%。市属县及县城城点以外的，均按外埠资费处理。各地邮局在办理汇款和挂号函件等业务时，还自行加收地方附加费每件1元。1992年7月20日调整部分国内邮件资费标准，函件航空费每10克由0.05元调整为0.10元；国内特快专递邮件资费，起重200克以内，由8.00元调整为12.00元，续重每200克或其零数由2.00元调整为3.00元；邮政快件资费起重100克以内，每20克或其零数由0.80元调整为1.00元。1994年3月1日统一执行特快专递邮件资费标准：每件基本资费起重200克12.00元，每续重200克或其零数加收3.00元。同年9月1日调整国际及港、澳、台邮件资费标准。1999年3月1日调整国内邮政资费：（1）信函，首重100克内，每重20克（不足20克按20克计算），本埠0.60元，外埠0.80元，续重101～2 000克的每重100克（不足100克按100克计算），本埠1.20元，外埠2.00元。（2）明信片，每件0.60元。（3）印刷品，首重100克（不足100克按100克计算），本埠0.30元，外埠0.60元，续重101～5 000克每重100克（不足100克按100克计算），本埠0.15元，外埠0.30元。（4）邮件，每件本埠0.60元，外埠0.80元。（5）回音卡，每件0.60元。（6）挂号费，每件2.00元。（7）回执，每件3.00元。（8）特快专递，起重200克（不足200克按200克计算）20.00元，200克以上每续重200克（不足200克按200克计算）6.00元。（9）汇费，每汇1元（不足1元按1元计算）汇费0.01元，每笔汇款最低汇费2.00元，每笔汇款最高汇费

50.00 元。

2003 年,邮政部门在进行广泛市场调研的基础上,征得国家价格主管部门的同意,对邮政特快专递、国际函件两大业务的资费进行了结构性调整。特快专递业务由原来不分距离远近,按重量计费方式改为按照距离远近分区计费;国际函件由原来实行全球划一资费计费方式改为按照距离远近分组计费。同时适当提高了国内邮件的挂号费标准,国内邮件挂号费由原来的 1.00 元提高到 2.00 元。

八、集 邮

1983 年 4 月 5 日,黑河市邮电局成立了集邮协会。4 月 6 日,举办首届邮展。1986 年 3 月 21 日,黑河市邮票公司成立,集邮业务量逐年增加。至 1992 年,黑河地区集邮网点 7 处,售纪念和特种邮票达 137.5 万枚。1997 年以后,集邮业务呈现下滑趋势,由于前期业务发展速度过快,邮票发行量过大,集邮业务量的下滑是业务自然调整和市场调节的必然结果。1998 年,黑河市邮政局发行一套(10 枚)带有地方特色的邮资风光明信片"黑河风情",同时市邮政局配合黑龙江省巡回邮展组织了集邮展。当年集邮收入完成 162 万元。1999 年,市邮政局召开了集邮协会代表大会,成功举办了钱币、卡、邮票联展。当年,完成集邮业务收入 171 万元(其中邮票销售额 71.6 万元,邮品销售额 94.4 万元,用品销售额 5.3 万元),比上年增长 2.39%。2000 年集邮业务完成 35 万枚,比上年同期下降 62.62%。集邮业务收入 158 万元,比上年同期下降 7.59%。2000 年,先后引进了 3 版人民币、1992—1999 年年册、"六一"本票、奥运会双联张等紧俏邮品。2003 年,集邮业务收入累计完成 165.06 万元,同比下降 20.82%。

2005 年,集邮业务收入累计完成 60.08 万元,比上年下降 0.55%。

九、特快专递

1988 年 10 月 1 日,特快专递业务开办,国内特快专递物品类邮件按保价邮件收寄,每件最高保价金额为人民币 5 000 元,保价费按申报金额的 1% 收取,每件收取保价费最低为 0.30 元。特快专递邮件全程最大时限为 4 天半,超过全程最大时限,邮电部门就要承担延误责任;最小时限为 1 天半。1998 年黑河市邮政局拥有大型厢式车 10 辆,包件收寄点 2 处,全年特包快运共发运邮件 343 车次,累计行驶里程 79.6 千米,完成业务量 42.7 万件。完成特快专递收入 231 万元,其中特包快运实现业务收入 206 万元。2000 年出口特快专递 1.87 万件,比上年同期增长 17.66%。区域性包裹折合成特快专递出口 427 件,特快专递收入完成 55 万元,比上年同期增长 31.81%。速递业务开办的业务种类有特快专递、速递礼仪鲜花、速递送款、同城特快(速递司法文书等)、速递录取通知书、速递身份证、速递毕业生档案、速递送水、代收货款、旅游包车等。2003 年,速递业务收入累计完成 94.47 万元,同比增长 18.21%。

2005 年,速递业务收入累计完成 117 万元,同比增长 11.39%。

十、邮购、商品销售

1997 年,黑河开办邮购业务,1998 年 4 月邮政邮购服务中心正式成立并对外营业。1999 年黑河市邮政局先后成立邮购中心和邮购二部。1999 年黑河邮政邮购商品达 9 大类 120 多种,全年实现利润 25.7 万元。

2005 年依靠邮政的网络优势和品牌资源,邮政波斯特连锁店经营的商品有 6 大类,近 8 000 种,其中有食品类、日用品类、生鲜冷冻系列、保鲜副食类、服装类、床上用品类等。

十一、邮政柯达彩扩业务

1999 年 7 月 24 日，黑河市邮政柯达彩扩中心正式营业。邮政柯达彩扩中心店是由黑龙江省邮政局同柯达公司联合开办的柯达连锁店，归黑龙江省邮政局实业公司管理。主要经营柯达产品的销售及冲洗、彩扩照片等业务。2000 年柯达业务收入完成 13 万元。2002 年，邮政柯达彩扩中心解体。

十二、邮政汇业寻呼

1999 年黑河市邮政局成立了邮政汇业寻呼公司，当年筹备工作结束。2000 年发展汇业寻呼 2 043台，汇业寻呼业务收入完成 21 万元。随着通信业的加速发展，特别是移动电话的普及，2002 年邮政汇业寻呼逐渐被淘汰。

十三、代理联通业务

2000 年，代理联通业务收入完成 15 万元。代办电信业务可为用户办理联通移动手机的入网、交费、更名过户及其相关业务的服务；同时，代销联通 IP 卡、网通的各类电话卡（如 200 卡、300 卡、IC 卡等）及各类交费卡。截至 2005 年末，黑河市局代办电信收入完成 28.8 万元，同比增长 11.9%。全市 C 网放号 4 408 户，同比增长 77%；G 网放号 13 923 户。2005 年，代办电信业务收入累计完成 240 万元，比上年增长 3.29%。代办电信业务收入占总收入的 2.9%。

十四、广告业务

2000 年，广告公司业务收入完成 13 万元。中邮专送广告是邮政广告的品牌业务，而夹寄广告、函件类广告、邮资封、企业拜年卡的印刷与销售可为用户提供不同于其他广告媒体的服务。

十五、国际业务

2000 年国际业务收入完成 9 万元（区域包裹）。2004 年，国际业务科并入速递公司。其业务范围和职能未发生变化。

十六、快运业务

黑河市邮政局快运分局 1996 年成立。1999 年有快运包裹业务专用车辆 10 台，哈尔滨市设包裹收寄点 1 处。2000 年，配备了打包机、胶带等便民工具，对大宗用户实行免费直递。在经营方面实行单车核算、计划管理的经营责任制。当年黑河市邮政局有快运包裹业务专用车辆 14 台，平均月单车收入在 2.2 万元，处于全省领先水平。快运业务通过发展直递和固定班期，已形成规模经营，成为黑河邮政局第二大骨干支撑业务。同年末此项业务转给哈尔滨邮政。

十七、物流业务

物流业务提供的服务包括邮政易通快件业务、中邮快货业务、北方物流网业务及农资商品的分销、配送。2005 年，物流业务收入累计完成 253.13 万元，比上年增长 48.89%。

第六章　通　　信

第一节　中国网络通信有限公司黑河市分公司

一、机　　构

1998 年，黑河市电信局设有 6 个职能部门、19 个生产部门和第三产业部门。

2000 年，黑河市电信局更名为黑龙江省通信公司黑河市分公司。2004 年改制后，更名为中国网络通信有限公司黑河分公司。

2005 年，黑河通信公司职能部门包括行政综合办公室、计划财务部、人力资源部、市场经营部、运行维护部、通信建设部；生产部门包括移动电话分局、数据分局、多媒体通信分局、机械工程室、线路工程室、技术室、通信工程质量监督、交换中心、传输中心、线路中心、车队、计费管理中心、营业受理中心、装修机公司、终端维修中心、公用电话管理室、115 国际室、市场开发室、大用户服务室；第三产业为多种经营部。

二、电　　报

1986 年，开办传真电报业务。1988 年 9 月 25 日，黑河地区邮电局开办礼仪电报业务。1990 年，开办了无线寻呼业务，年末用户 141 户。1992 年，全区电报业务量 72.1 万份。其中，出口电报 68.9 万份，传真业务量 3 372 份。1993 年，黑河邮电局可办理国内、国际电报业务，传真电报业务，礼仪电报业务。区内可办天气电报、水情电报、公益电报、军务电报、新闻电报、普通电报、公共电报、汇款电报、特种电报、公务电报、加急电报等。1997 年 4 月，增开慰问礼仪电报业务，分别是玫瑰慰问卡、水仙慰问卡，市内还办理鲜花礼仪电报业务。

至 1998 年，电报量逐年减少，其原因是通信手段提高，程控电话开通，长途电路猛增，长权放开，DDN 和分组网的建立，用户可选择的通信方式多样，所以电报业务量不再统计。

三、电　　话

（一）长途电话

1987 年，首部半自动 JDD01 对端设备在黑河邮电局内装毕开通，使黑河长途通信进入了全国自动通信网。1990 年黑河电信局增设了国际直拨电话业务。1992 年，黑河地区邮电局万门程控交换机投入运行。年底，黑河地区拥有长途交换机 805 门，载波终端设备 63 架，设备容量 577 路。长途对端设备容量 266 路，载波电话有人增音机（60 路以下）合计 15 部。1993 年，黑河邮电局已有 E10B 程控全自动长途电话交换机，容量为 500 路端。共电式长途电话交换机 8 部，设备容量 80 门。可为移动通信、寻呼、DDN、分组交换、会议电视、IP、出租等提供服务。1999 年，长途交换传输数字化、大容量的通信网已经形成。

2005 年，黑河市已有 E10B、S1240、CC08、ZXJ10 等程控电话交换机，全省形成 13 大本地网，传输干线、本地传输网实现 SDH 双纤双向复用段保护环，进入以 WDM/DWDM 为基础的全光网络时代。黑河市长话业务全部通过程控电话交换机转接，实现全程全网自动接续，完全满足用户国内、国际长话业务需求。

（二）市内电话

1983 年，黑河市安装了第一部住宅电话。1984 年用户增至 1 170 户。1992 年 7 月 26 日，黑河市邮电局由法国阿尔卡特公司引进的 E10B 型万门程控自动电话交换机和 480 路数字微波系统正式开通。高容量程控交换机、数字微波、无线寻呼等现代化通信设备相继投入使用。黑河市话交换机总容量增至 19 720 门（实占 10 788 门），杆路长度和电缆长度分别为 242 杆程千米和 285.5 皮长千米，市话拥有量 18 107 户，市内电话机增至 25 766 部，其中，居民住宅电话 8 226 户。

2005 年，黑河市各局市内程控电话交换机容量已达到 174 718 门，实装 107 574 门。

（三）农村电话

1981—1985 年，省邮电局投资安装了黑河至爱辉地下电缆工程、西岗子至北师河明线线路工程；更新了黑河至罕达汽电话线路（全长 129 杆程千米）。1987 年，黑河所属各乡镇实现了自动拨号，开通环载电路 27 条。1990 年年底，黑河有农话电路 139 条，90% 的村屯实现了半自动、自动拨号。1992 年，农话交换机总容量 6 248 门，载波电话终端机 30 部，农话电话机总部数达 2 774 部。2000 年底，全市接入网设备容量达到 6 028 线，实占 2 916 线，全市用户交换机逐渐被接入网所取代，农话杆路逐年减少，逐渐被光缆所取代。全市农话光缆长度为 1 926.76 千米，只有黑河的罕达汽镇等少数地方没有敷设光缆，大多数乡镇、村屯都实现了电话数字接入，全市已通电话的乡镇 80 个，已通电话的行政村 550 个，其中电话村 176 个。

2005 年，全市交换机总容量 149 198 门，实占 119 689 门。全市接入网设备容量达到 5 336 门，实占 3 403 门。

（四）公用电话

1993 年，全市公用电话 920 部，其中，磁卡公用电话 32 部，IC 卡公用电话 365 部，普通电话 523 部。2000 年，全市公用电话 2 632 部，其中，磁卡公用电话 61 部，IC 卡公用电话 1 246 部，普通电话 1 325 部。

2005 年，全市公用电话 21 657 部，其中，磁卡公用电话 0 部，IC 卡公用电话 2 104 部，普通电话 19 553 部。

（五）小灵通

2003 年黑河开通小灵通业务。截至 2005 年底，全年新增小灵通用户 34 346 户，累计达到 10.76 万户，实现业务收入 4 749 万元，同比增长 32.88%。2005 年，小灵通短信收入达到 406.70 万元，占小灵通收入比重的 8.56%；小灵通悦铃渗透率达到 31.47%，实现悦铃收入 169.69 万元，占小灵通收入比重的 3.57%。

四、数据业务

（一）数字数据网　分组交换网

1. 数字数据网

1994 年，黑龙江省邮电管理局组建公用数字数据网—DDN。8 月在黑河电信局新装新桥 3600 型骨干节点机 2 部。全区端口总数为 144 个，实开端口 10 个，中继 18 兆。1996 年，由于用户发展很快，全省 DDN 网扩容，增加用户板，黑河电信局 3600 型节点机达到 6 部(其中本局 5 部，市工行 1 部)容量 236 个端口，实占 176 个端口。此后，又陆续在黑河电信局的西岗子、爱辉、张地营子支局各设 1 部 3630 型节点机，每部 8 个端口。扩容后，共有 3600 型骨干节点机 12 部，3630 型一般节点机 8 部，总容量 596 个端口，实占 335 个端口，IP 网注册用户达 832 户。2000 年末，端口总数达 748 个，实占 547 个，帧中继用户 14 个。

2005 年，数字数据网节点机端口 1 049 个。

2. 分组交换网

1995 年，黑龙江省邮电管理局公用分组交换网建设工程开始启动，黑河电信局设接入 PDN－100/AM 型分组交换节点机 1 部，调制解调机 1 架，装调制解调器 68 块盘。黑河电信局节点机是黑河地区分组交换中心。2000 年末，黑河电信局分组设备 8 部，总容量 465 个端口，实占 170 个端口。至此，一个以哈尔滨为中心，以各地市为分中心的全省数字数据通信网形成。

2005 年，分组交换节点机端口 424 个。

(二)一线通

1999 年末，全市各局陆续开通一线通(N－ISDN)业务。N－ISDN 又称窄带综合业务数字网，是在现有电话网上开发的一种集语言、数据和图像通信于一体的综合业务网络。一线通用户可用一条普通电话线同时得到多种电信服务。各地市局及部分县局已完成联网，可实现北京、上海、广东、南京和香港、澳门等地并通过其出口局与日本、美国、英国等地实现业务互联。至 2000 年末，已发展 N－ISDN用户 401 户。2005 年，全市已发展 N－ISDN 用户 343 户。

(三)宽　带

2001 年黑河开通宽带业务。至 2005 年，新增宽带用户 13 026 户，年底累计到达 3. 56 万户，实现业务收入 1 847 万元，同比增长 40. 81%。2005 年，宽带应用 ARPU 值达到 3. 19 元，实现业务收入 123. 91 万元，占宽带收入比重的 6. 71%。

第二节　黑河移动通信分公司

一、机　　构

黑河移动通信分公司于 1999 年 7 月 6 日组建，10 月 18 日挂牌。公司下设综合部、党群工作部、工会办公室、市场经营部、人力资源部、财务部、计划建设部、网络部、服务质量监督检查办公室。2004 年 9 月 4 日，在中国香港和美国上市，黑龙江移动通信公司黑河分公司正式改制为黑龙江移动通信有限责任公司黑河分公司，成为黑河地区通信业境外上市公司。

2005 年，公司下设综合部、财务部、人力资源部、市场经营部、计划建设部、网络部、服务质量监督检查办公室、党群工作部/工会办公室 8 个部门 。

二、业　　务

1999 年，在开办传统移动电话业务的同时，陆续开通三方通话、转移呼叫、主叫号码显示、龙江 PP 卡、移动数据/传真、本地通等新业务。“全球通”数字移动电话不仅实现全国自动漫游，还与 44 个国家和地区实现自动漫游。全年完成移动通信业务收入 7 260 万元，完成年计划的103. 71%；用户累计达到 43 505 户,完成年计划的 132.05%。两项指标均达到历史最好水平。2001 年在开办传统移动电话业务的同时,开通语音信箱、移动数据/传真、呼叫转移、神州行、本地通、全球通 IP 电话、全球通 WAP、短消息、移动秘书台、全球通手机银行等业务,与世界 172 个国家和地区实现自动漫游。2002 年业务收入 1.1 亿元,净增客户 4.5 万户,客户总数达到 15.7 万户;MOU 值达到 326.6 分钟,ARPU 值 87.8 元。先后推出 GPRS、彩信业务、VPMN 集团、12586 娱音在线、12581 手机杂志、天气预报短信业务、208 移动点歌、企业短信、IP 直通车,在黑河广电信息网建立了黑河移动通信分公司网站。建成主营业厅与合作营业厅,专营店、专卖店与普通代办相结合的多层次营销网络。全地区的营销网点达到 290 处。2003 年实现收入 1.3 亿元,放号 149 095 户,累计达 22 万户。2004 年实现收入 1.8 亿元,放号 14.7 万户,累计达 30 万户。

截至 2005 年,主营业厅达到 24 个,营业网点 391 个,新建村屯服务站 886 个,营业网点覆盖所有乡镇、村屯。2005 年完成业务收入 2.2 亿元;实现利税 10 691 万元,同比增长 37.35%。拥有移动客户 34 万户,全年净增客户 7 万户。除拥有全球通、动感地带、神州行三大品牌外,还面对消费者多层次的需求,拓展移动业务,相继推出移动梦网、集团 V 网移动秘书、WAP、信息点播、移动证券、手机杂志、随 E 行、WLAN、彩信、彩铃等业务,从最初单一的语音通话服务到 2005 年的语音、数据、图像多媒体通信服务,实现了业务多元化,移动电话从个人通信工具变成了功能齐全的控制处理终端,满足不同人群的不同消费需求。

三、网络建设

1999 年,GSM 3 期扩容工程完成,交换机容量达 7 万户,有数字基站 62 个、模拟基站 16 个、直放站 2 个。拥有 4 万余用户。已建成以数字网为骨干、数模并存、功能完善、覆盖范围广泛、满足用户多种需求的移动通信网络。2000 年 12 月 1 日,GSM 4 期扩容工程完成,新建基站 19 个,扩容基站 20 个,新建交换机 12 万门。到 2001 年底,基站达 150 座以上,交换机容量 24 万门。用户总数增加到 12 万户,收入超过 1 亿元,固定资产达 1.83 亿元。2002 年 11 月,GSM 6.1 期工程结束,当年新建基站 66 座,基站总数达到 161 个;HLR 容量由 30 万扩容到 40 万,交换机容量达到 21 万;建设光缆 1 200 皮长千米。2003 年 11 月,GSM 6.2 期扩容工程完成,新建基站 17 个,新增载波 111 个,新建铁塔 16 座,新建集成仓 12 个,扩容基站 71 个,新增载波 189 个,新建站和扩容站共新增载波 300 个,光缆建设 19.76 千米。2004 年 11 月,GSM 7 期工程结束,全年新建基站 34 个,扩容基站 59 个,基站数量达到 220 个,新增载波 381 个,载波总数达到 1 686 个,交换容量由 31.6 万扩至 43 万。敷设光缆 475 皮长千米,实现 46 个基站的光传输。

2005 年,传输八期工程建设规模 155 兆光端机 38 端,PDH 设备 10 对端,微波 3 条,共计开通 51 个站,新敷设光缆线路 585 千米;本地网二期新建光缆 1 181.834 千米,解决 58 个原有基站的传输;村通传送网敷设光缆线路全长 145.35 千米,解决 11 个村通新建站和 1 个现有基站的光缆传输。从公司组建开始到 2005 年投资 4 亿多元进行五期网络建设,基站总数达到 277 个,载波总数达 1 884 个。完成各交换机(BSC1、BSC2、MSC2、MSC1)升级,至此,各交换机均具有支持 3G 的功能。网络覆盖黑河所有乡镇、行政村屯和大部分的自然村屯,信号覆盖率达 96%。

第三节 中国联通黑河分公司

一、机 构

1999 年 6 月,中国联通黑河分公司成立,2000 年 3 月 18 日正式运营。内设综合部、人力资源部、市场部。2000 年 9 月,联通分公司与国信寻呼黑河分公司合并,将联通寻呼业务和国信寻呼业务融合，人员进行合并。下设综合部、人力资源部 、财务部、计划建设部、运行维护与互联互通部、市场经营部、寻呼事业部、黑河营销中心及5个业务处。2002年，下设综合部、计划财务部、人力资源部、服务质量监督部、运行维护与互联互通部、计划建设部、市场营销部、大客户发展中心、计费稽核中心、综合业务部、黑河营销中心。

2003—2004年，下设综合部、市场部、运维部、服务质量监督部、计划工程部、人力资源部、计划财务部、综合业务部、集团客户部、计费中心、黑河营销中心及5个县级业务处。

2005年，联通分公司内设综合部、党群工作部、财务部、人力资源部、服务质量监督部、计划建设部、网络运行维护部、市场营销部、集团客户部、数据固定业务销售部10个职能部门。

二、业　　务

2000年，网上用户数达到5.5万余户。2001年电信业务服务包括移动通信、数据通信、寻呼通信、长途通信、互联网与电子商务等基础业务和“如意通”、IP电话、短信、中文秘书台等新业务。网上用户达到8.5万余户。2003年，企业经营的主要业务有移动电话（包括GSM、CDMA）、无线寻呼、长途电话、数据通信、互联网以及电信增值业务等。

2005年实现财务收入11 429.83万元，完成计划的100.2%，同比增加1 270.8万元，增幅12.51%。全年新增用户71 771户。

三、网络建设

2000年，建设基站58个，建设光缆1 360千米，交换容量4.5万门。2001年，新建基站39个，使GSM基站总数达到97个，网络容量增加到8.5万门，新建CDMA基站39个，敷设光缆600千米，黑河地区光缆总量达到2 000千米。2002年，以扩大网络覆盖、建设精品网络为目标，完成C网一期工程建设。在C网二期工程建设中，将工程重点放在了提高公路、铁路边缘、乡镇的覆盖上。二期工程后，C网在黑河市区达到全覆盖。联通公司GSM网络、CDMA网络已覆盖黑河市区及县（市）的所有城区、乡镇、主要公路和旅游景点。

第四节　中国电信黑河市电信分公司

一、机　　构

中国电信集团公司黑龙江省黑河市电信分公司于2003年5月24日正式挂牌成立。2004年，根据中国电信北方事业部做好改制工作要求，将中国电信集团公司黑龙江省黑河市电信分公司废止，成立了中国电信集团北方电信有限公司黑河市电信分公司。

2005年，黑河市电信分公司下设综合部、市场部、网络部，下辖北安分公司、嫩江分公司2个县公司。

二、业　　务

2003年，中国电信黑河分公司开通固定电话业务、宽带上网业务、17969 IP 、17968 IP长途电话业务、190过网长途电话业务、电路出租业务。2005年实现普话用户累计达到5 437户，公话用户2 128户、网吧19家、个人宽带2 713户。

三、网络建设

2003—2005 年投入千余万元用于基础设施建设,黑河市内建成中心局,开通北安、嫩江 2 个县局的电信业务,实现出局线路 14 000 余线,配线 20 000 余线,覆盖黑河、北安和嫩江市区 80 余个小区 5 万余户。重点加大本地电话网、高速互联网和宽带的接入能力的建设力度,实现了黑河到县公司设备用三层互联方式,网络的安全性、可靠性得到提高。

第五节　中国铁通黑河分公司

一、机　　构

中国铁通黑河分公司隶属于中国铁通黑龙江分公司,组建于 2004 年 1 月。黑河分公司下设市场部、网运部、综合部、客服部 4 个经营管理部门,设维护中心、互联网中心 2 个技术维护中心。

2005 年末共有员工 99 人,其中,在岗员工 86 人,非在岗员工 13 人。生产人员 61 人,工程技术人员 27 人,各级管理人员 25 人。

二、业　　务

2004 年,中国铁通黑河分公司主要有本地电话、长途电话、公用电话、会议电话、IP 电话、商务智能电话、公共数据、网络资源出租、互联网接入服务、信息服务、专用通信、卫星通信、软件开发、技术咨询、系统集成、各种智能网增值业务、95105 呼叫中心业务、IP、VPN 业务、800 电话业务等电信业务。2005 年新增固话 7 000 户,新增 ADSL 用户 800 线。2005 年末,固定电话在网 31 687 户,ADSL 在网 1 507 线。2005 年实现经营收入 8 485 536. 55 元。

三、设　　备

通信设备主要有汇接局 1 个,模块局 4 个,远端用户单元 21 个,交换总容量 36 368 门,ADSL 总容量 3 008 线,主干光缆 270 千米,电缆运用长度 2 750 皮长千米。截至 2005 年末,拥有固定资产原值 67 431 124. 97 元,固定资产净值 55 364 045. 83 元。

第七章　无线电管理

第一节　机　　构

1993 年,黑河地区无线电管理委员会办公室更名黑河市无线电管理委员会办公室,黑河地区无线电管理监测计算站更名为黑河市无线电管理监测计算站,黑河地区无线电干部培训中心改为黑河市无线电干部培训中心。6 月 10 日,市无委办组建政府无线电寻呼台。12 月,市编委给培训中心增 10 个编制。12 月 29 日,市无委办将市政府无线电寻呼台移交黑河市无线电干部培训中心管理、经营,更名为黑河威龙无线电寻呼台。1994 年 9 月,注销黑河飞跃无线电科技开发股份有限责任公司。

1997 年 3 月 13 日，经第一届二十八次市委常委会会议议定黑河市无线电管理委员会办公室升格为副处级建制。7 月 10 日，黑河无委办内设综合科、频率台站管理 2 个科。黑河无线电培训中心更名为黑河通信技术服务中心，核定自收自支事业编制 20 个。黑河佳讯经济技术开发公司的业务、人员和财务并入黑河无线电通信技术服务中心。10 月，《关于调整无线电管理体制的通知》，地、市、县不再设无线电管理委员会，各市（地）无委办上收到省，人、财、物以省管为主，黑河无委办更名为黑龙江省无线电管理委员会办公室黑河管理处。各地（市）管理处下属监测站为科级，黑河管理处核定行政人员 5 名，工勤人员 1 名；黑河监测站核定事业编 7 个。10 月，无线电干部服务中心与佳讯公司人员和业务合并，更名为黑河市无线电通信技术服务中心。12 月 25 日，黑龙江省无线电管理委员会办公室黑河管理处及下属自收自支事业单位黑河无线电通信技术服务中心正式挂牌。

2000 年 7 月，《黑龙江省机构编制委员会关于印发黑龙江省信息产业厅职能配置内设机构和人员编制规定的通知》，将原省无线电管理委员会及其办公室的行政职能（含原实行垂直管理的各市地无线电管理处职能）划入省信息产业厅。2001 年 4 月，黑河无委办将于 1993 年组建的威龙寻呼台撤销，原用户并入联通公司。

2005 年，黑龙江省信息产业厅黑河无线电管理处为行政单位，系省信息产业厅设在黑河市的派出机构，实行由省信息产业厅与当地政府双重管理，以信息产业厅管理为主的体制，副处级建制，领导职数 2 职。编制 5 个，其中，公务员编制 4 个，工勤编制 1 个。

第二节　频率　台（站）管理

一、台（站）管理

1993 年，根据国家和省无线电管理委员会办公室的工作部署，对全市无线电台设备进行第二次普查登记。制定普查方案，历经 8 个月，对 80 多个大的设台系统及单位进行核查，彻底摸清了各类无线电台的数量、种类和使用情况。当年，审批 96 个设台单位、各类发射设备 744 部，报停、注销 133 部电台。1994 年，审批新设台单位 39 个，设备 305 部。注销电台 519 部。全市共有 485 个设台单位，各类发射设备 4 421 部（含 910 部蜂窝移动手机）。1995 年，审批新设台单位 49 个，无线电发射设备 725 部，注销设备 410 部（主要是各边贸公司的设台）。1996 年，审批新设台单位 31 个，无线电发射设备计 139 部，申请注销设备 130 部。1997 年，审批专业网电台 129 部、邮电公众 900 兆 GSM 数字蜂窝移动通信基站 9 个、900 兆模拟蜂窝基站 5 个、转发站 2 个、无线寻呼转发站 5 个、微波链路站 3 个。1998 年，审批新设专业台 40 部，注销旧电台 105 部。1999 年，审批新设电台 86 部。注销电台 41 部。2000 年，审批新设电台 40 部，其中，地球站 1 座，GSM 基站 39 个。注销电台 10 部。2001 年，对移动公司、联通公司 GSM 网络优化，调整频率、台址和技术参数进行审定。对联通公司新增 1800 兆 GSM 基站和下年将开通的 CDMA 移动通信进行设台资料审核工作。国家将 1. 8 ~ 2. 2 兆赫兹频率调整，重新规划给蜂窝移动通信。2002 年，审批 5 个设台单位的新电台网络审批。年内批准 2 个地球站。审批移动公司 104 个微波链路站建台和 5 个 GSM 扩充基站，联通公司 2 个 GSM 扩充基站。批准 150 兆段频率车载无线电话 10 台。2003 年，对黑河通信分公司填报的在建 524 个 PHS（小灵通）逐个进行审查，对爱辉区所有的 PHS 基站逐个用 GPS 测定地理坐标。截至 2004 年，审批新设台（站）260 部，备案注销台（站）17 部，核发电台执照 2 001 本。

2005 年，黑河无线电管理处受理行政许可 5 件，审批 4 件。受理新设台 17 部对讲机，注销电台 27 部（含 7 对微波、2 部卫星地球站、1 个 ETS 基站）。全年对所辖 6 个县（市）区进行台站核查，共核查82家设台单位，按照台站管理规范要求，对台站提出整改意见，并将准确的台站参数如实登记，完善频率台站数据库。

二、中俄无线电频率协调

1998年，受理省无线电管理委员办公室转国家接俄罗斯提出在阿穆尔州布拉戈维申斯克拟设无线电台协调函3件，协调使用频率11个，黑河无线电管理处认真组织监测和研究，及时行文报省无线电管理委员办公室表明我方意见。1999年11月16—24日，黑龙江省和吉林省无线电工作代表团赴俄罗斯哈巴罗夫斯克与俄罗斯远东地区无线电工作代表团举行无线电工作会谈。黑河代表与俄阿穆尔州代表就允许中国公民与俄罗斯公民携带个人通信手机相互进入对方国家进行个人通信问题进行磋商，并达成共识。1999年，全年接到省无线电管理委员办公室转俄罗斯频率协调函3件，要求协调在阿穆尔州布拉戈维申斯克市使用的新频率54条，黑河无线电管理处按时报省函复俄方。2000年11月20—24日，中国黑龙江省无线电工作代表团同俄罗斯阿穆尔州无线电工作代表团举行了无线电协调会议。双方就GSM－900兆赫兹蜂窝移动通信使用的频段相互交换拟建基站技术资料及消除黑河与布拉戈维申斯克市GSM通信之间相互干扰需采取的措施进行了协商并达成共识。双方确认距边界30千米以内的GSM基站建设前应通报资料。双方签订《关于中国黑河与俄罗斯布拉戈维申斯克市900MHzGSM蜂窝移动通信避免和消除干扰的工作协议》。双方认为如对边界上信号实际场强值有异议，双方可共同进行实地测试，对未达到协议要求的要按协议要求进行调整。当年，受理省厅转俄罗斯无线电协调函3件，提出预在阿穆尔州布拉戈维申斯克市设台要求协调的超短波频率64条，黑河无线电管理处经过监测和电磁兼容分析后及时函复意见。2001年，为落实2000年11月在俄布拉戈维申斯克市签订的《中国黑河与俄罗斯布拉戈维申斯克－900MHzGSM蜂窝移动通信避免和消除干扰的协议》，3月，黑河处、站与省处、站技术人员在黑龙江岸对俄罗斯布市GSM－900蜂窝通信基站信号越界场强进行测试，对中方场强也进行了测试，双方场强均未达到2000年双方签订的协议要求。10月22—26日，以布·阿·谢尔盖为团长的专家团到黑河，与省、市专家对俄布拉戈维申斯克市GSM－900移动通信基站辐射到中方江岸的信号场强进行联合测试，并签订第一次联合测试及会谈工作纪要。10月31日至11月5日，中方专家代表团赴布拉戈维申斯克市，与俄罗斯阿穆尔州专家代表团在阿穆尔河岸对黑河GSM－900通信基站辐射场强进行联合测试，签订第二次联合测试及会谈工作纪要。2001年查处解决5起干扰投诉，均妥善解决了无线电干扰。2003年1月18—20日，中国黑河无线电管理处与俄罗斯布市频率管理中心在黑河举行会晤，中俄双方相互介绍各自管理机构的职责和设置情况、立法情况；当前相互存在的无线电干扰情况；近期各自各类无线电台的建设规划，频率使用情况。双方讨论建立两岸工作机制。同年8月26日至9月4日，黑龙江省无线电工作代表团与俄罗斯远东频管中心无线电工作代表团，在俄罗斯哈巴罗夫斯克市和海参崴市举行中俄边境无线电协调省级工作会谈。

2004年，两岸G网信号越界场强超标辐射，造成干扰，俄方提出中方近200个频率干扰俄方，当年5月，中方监测站在黑龙江岸边对俄提出的干扰频率进行测量，为中俄干扰协调准备数据资料。按照国家和省厅要求，黑河无线电管理处将距俄边境30千米内设立的除微波以外的各类无线电台（站）使用频率、资料计102页，按照中俄数据交换格式经省厅审核后报送国家无线电管理局。

第三节　无线电监测

一、监测与检测

1993 年，全年监测 1 240 小时，发现私设电台 2 部，违章设台 5 起，查处 4 起，排除干扰 3 起，检测发射设备 245 部，进行电台频率封固 103 部。1994 年，全年监测 840 小时，监听违纪通信 7 起，处理 2 起，监听私设电台 3 起，严重的处罚 1 起，另 2 起检讨后补办理手续。1995 年，全年日常检测 1 240 小时，发现私设电台 2 起，违章设台 5 起，查处 4 起。检测各类无线电设备 245 部，对报停、注销电台进行频率封固 103 部。1996 年，全年开机监测 1 010 小时，检测各类无线电发射设备 209 部，监测违章使用电台 7 起，查处 5 起。1997 年，全年监测 1 197 小时，检测各类无线电设备 250 部。1998 年，全年监测 1 100 小时，监测出产生干扰的频率 10 个，通过协调排除干扰 2 起，责令设台单位调整设备或采取技术措施降低功率、调整频率等办法排除干扰 6 起，另 2 个频率来自俄罗斯。检测设备 200 余部。1999 年，全年监测 923 小时，在俄方使用频率中有 6 条与黑河市是同频干扰，1 条与本市产生三阶互调干扰，干扰到黑河航运导航台和防火通信。监测到 5 个未经批准建的寻呼转发台。检测各类无线电发射设备 435 部。

2000 年，全年监测 860 小时，重点监测防火、防汛期是否受到干扰。全年为台站检查无线电设备 276 部。2004 年，检测 PHS、GSM、CDMA 基站 540 个，监测时间 900 小时。2005 年，无线电管理处把航空导航、防火、防汛、铁路列调及水上导航通信作为日常监测的重点和保护对象，监测站每天常规监测不少于 2 小时，在防火、防汛期、重要会议期间及重大节日延长监测时间，确保通信畅通。

二、电磁环境测试

1994 年 4 月，黑河无线电管理处和监测站配合省监测站，对黑河电业局在北安市和黑河市设置的卫星地球站的电磁环境进行了测试并提供勘测报告。1998 年 10 月，黑河管理处与监测站受黑河联通分公司请求，对边境 GSM 无线电频率的使用情况及俄方在此频段的占用情况进行了测试，协助黑河联通公司对拟规划建设 GSM 基站站址的电磁环境进行测试。

2000 年 9 月，俄罗斯阿穆尔州布拉戈维申斯克市 MTC 公司建立 GSM－900 兆赫兹蜂窝移动公众通信网，使用大量 GSM 900 兆赫兹频率，黑龙江黑河段中俄两岸 GSM 蜂窝通信干扰严重。11 月下旬，应俄阿穆尔州邀请，黑龙江省无线电工作代表团赴阿穆尔州布拉戈维申斯克市与阿穆尔州通信监察局举行中俄地方第二次无线电频率协调。2003 年，依照《关于印发〈黑龙江省关于开展保护航空无线电专用频率专项整顿活动的方案〉的通知》，黑河无线电管理处对黑河民航机场扩建后，新建或变更的远近导航台、信标台、下滑台、远距短波通信台、机场指挥调度台、卫星地球站等电台设备和现用的无线电频率进行重新登记，无线电监测站对其电磁环境进行测试，并将民航站列为日常监测重点予以保护。2004 年，继续开展保护民用航空无线电专用频率的整顿工作，着重保护黑河机场净空环境，对民用航空专用频率全年进行重点监测，定时出动监测车对机场净空保护区的电磁环境进行测量，为新机场建设中更新的 15 种台站、18 部设备补办设台手续。

三、查处无线电干扰

1993 年，查找无线电干扰 3 起。1994 年，查找和解决了黑河市有线电视增补频道受到 150 兆通信台站的干扰，按国家规定有线电视增补频道属带外频率，应让路于带内无线电通信频率，无线电管理委员办公室责成有线电台调整频率，避开干扰。1995 年受理和查处无线电干扰 2 起。1996 年受理和查处无线电干扰7起。1997年监测查找无线电干扰3起。1998年,受理干扰投诉2起,及时进行了排查。1999年,受理干扰投诉3起,均查清解决。

2000年,受理无线电干扰投诉8起,主要是各县(市)防火投诉,防火通信严重受到寻呼发射机的杂波干扰,经过无线电管理委员办公室组织监测和到防火通信台站实地监听、调查,认定干扰来自各寻呼运营商的寻呼发射机设置不规范、技术指标不达标,功率超标、杂波大、互调干扰严重,无线电管理委员办公室召集防火指挥部、各运营商经理开现场会,并请市领导协调,通过要求各寻呼运营商对寻呼发射机加装单向器;调降发射机输出功率至100瓦以下;对寻呼机天线距离近、加装单向器作用不明显的,要调整基站位置;发射指标不达标的立即整改,达不到标准不准开机;在发生山火时如出现寻呼台干扰防火通信指挥,涉及的寻呼运营商应无条件地将寻呼发射机关闭等措施,防火通信受到的干扰得到缓解。2002年,共受理移动公司干扰投诉2起,属自身网络问题;联通公司干扰投诉5次,系居民使用有线电视增补频道扩频放大盒所致;嫩江航空护林站干扰投诉1次。

2005年,全年处理干扰投诉4起,排查无线电干扰5起,向监测站下发监测任务单10件。

黑河市爱辉区志（1983—2005）

◎第十一篇 商业 贸易 旅游

第十一篇　商业　贸易　旅游

在计划经济和社会主义市场经济过渡时期,黑河市(爱辉区)的国营(集体)商业、供销商业、粮食、物资等部门在保障本地区经济建设和人民生活方面发挥了巨大作用。改革开放以后,在社会主义市场经济体制下,私营经济和股份制、合资制等多种贸易形式迅速发展,国营商贸业逐步被以私营为主的多种经贸形式所替代。到2005年,原属国营的商贸经营企业大部分已实现民营或股份制经营;商贸行政管理部门和直属企业也正在加快转换经营机制和改革步伐,以适应社会主义市场经济运行机制的需要。

爱辉区的对外贸易是改革开放后兴起的新的商贸产业,爱辉区与俄罗斯布拉戈维申斯克市一江之隔的独特地缘优势使对外贸易迅速崛起。2005年,全区注册经营的边贸企业达60多家,当年实现进出口总额2 933万美元。1988—2005年对外贸易进出口总额实现24 539.9万美元。边境贸易的逐步兴盛促进了地方经济的全面发展,对外贸易已逐步发育成为区域经济的支柱产业。

爱辉区旅游资源丰富。境内河流纵横、湖泊棋布、峰峦交错,自然景观原始而秀美,人文景观历史久远又具现代新奇。爱辉区的旅游项目建设坚持以"多元投入、多元开发、开放开发"为原则,先后推出了古城历史游、卧牛湖休闲游、新生民俗游、胜山生态游、乡村农家游及赴俄边境游等旅游产品,有效地促进了全区旅游业的快速健康发展。至2005年末,全区已建成景区景点21家,3S级滑雪场1个(远东国际滑雪场),省级自然保护区1个(胜山自然保护区),省级风景名胜区2个(卧牛湖旅游区和瑷珲古城景区),国家级爱国主义教育基地1个(瑷珲古城景区)。

第一章　国有(集体)商业

第一节　机　　构

一、商 业 局

1981年,黑河市商业局和黑河市服务局成立。7月,爱辉县商业科向黑河市商业局移交7个专业公司,22个独立核算企业;同时移交国家职工1 067人,集体职工299人,移交固定资产原值341万元,自有流动资金246万元。爱辉县只保留油库,为县石油公司,加油站为黑河市石油公司。同时,爱辉县商业科所辖饮食服务企业也都移交给黑河市服务局,移交国营饮食服务企业8家,职工548人,固定资产原值24万元,自有流动资金19万元;移交集体企业10家,职工183人,固定资产原值0.2万元,自有流动资金0.5万元。

1983年4月,爱辉县商业科、石油公司并入黑河市商业局,6月,撤销爱辉县建制,商业局设秘书股、保卫股、业务股、计统股、财务股、劳资股、集体股、教育股、审计股,党群组织设共青团、工会、纪检。

1984 年 4 月,黑河市服务局撤销,改设服务公司;党组织隶属黑河市商业党委,行政职能独立。

1991 年 3 月,撤销黑河市服务公司,成立饮食服务管理局,为二层机构,党组织隶属商业党委,行政职能独立。

1993 年 4 月,黑河市(县级)撤销,改建为黑河市(地级)爱辉区。原黑河市商业系统大部分企业上收黑河市(地级)商业局。原黑河市商业局机关人员没有变动,更名为爱辉区商业局,爱辉区商业局成为一个没有流通企业的商业局。

1996 年 10 月,爱辉区机关机构改革,撤销了商业局。1997 年 1 月改设爱辉区贸易局,服务局并入贸易局。

2001 年 11 月,爱辉区贸易局撤销,并入爱辉区经济计划局。

二、经营部门

1983 年,黑河市的国营商业批发企业有黑河市百货公司、黑河市糖酒公司、黑河市五金公司(批发兼零售)、黑河市石油公司(批发兼零售)、黑河市食品公司、黑河市蔬菜公司、黑河市蛋禽批发部;零售企业有黑河市第二百货商店、黑河市第三百货商店、黑河市第一副食品商店、黑河市第二副食品商店、黑河市西岗子煤矿商店;商业食品加工企业有黑河市食品厂、黑河市冰果厂、黑河市肉禽加工厂;运输企业有黑河市商业车队。当年 5 月,烟草类商品经营从商业划出,设立黑河市烟草公司,黑河市烟酒公司更名为糖酒公司。同期,黑河服务局所属国营企业有黑河饭店、海兰旅社、龙江浴池、黑河照像馆、海兰摄影场。集体企业有大众饭店、龙江饭店、大旅社、黑河理发店。

1984 年,黑河市商业局在文化街设烟酒糕点商店(隶属糖酒公司)、家电商店(隶属五金公司,非独立核算企业);将回民商店中的国营职工拨离出,在一副食二楼设针纺商店。

1985 年 1 月,黑河市石油公司从商业系统划出,成为中央直属企业;同时,医药公司从商业系统划出,成为独立的专业公司。

1986 年 1 月,蛋禽批发部撤销,人员分拨到冰果厂和食品公司,固定资产移交冰果厂;肉禽加工厂并入食品公司。当年末,新建的黑河第一百货商店开业;同期,烟酒糕点商店、海兰商店、西岗子煤矿商店、针纺商店关闭。烟酒糕点商店流动资产交糖酒公司,人员交第一百货商店;海兰商店、西岗子煤矿商店流动资产、人员均交第一百货商店;针纺商店流动资产及人员并入第一副食品商店。

1989 年,设立黑河市肉联厂,专门生产肉灌制品及熟肉制品,厂址设在食品公司院内。

1990 年,设立黑河市储运公司,1991 年 1 月黑河商业车队并入储运公司。蔬菜放开经营后,蔬菜公司转向经营糖果、小食品、调味品等,1991 年并入糖酒公司。

1993 年 3 月,黑河市(县级)商业国有企业分别为黑河市百货公司、黑河市糖酒公司、黑河市五金公司、黑河市食品公司、黑河市储运公司,黑河市第一百货商店、黑河市第二百货商店、黑河市第三百货商店、黑河市第一副食品商店、黑河市第二副食品商店,黑河市食品厂、黑河市冰果厂、黑河市肉联厂。

1993 年 4 月,在“撤地区建市、撤市建区”工作中,新建的黑河市(地级)商业局把原黑河市(县级)的 9 户商业企业上收归其所属。上收的国营企业为黑河市百货公司(含建设中的商联大厦)、五金公司、糖酒公司、储运公司、第一百货商店、第二百货商店、第三百货商店、第一副食品商店、第二副食品商店。移交的上述企业固定资产原值为 1 076 万元,占原黑河市商业系统固定资产总额的 63.7%;流动资金 233 万元,占原系统的 83.2%;年经营额 8 060 万元,占原系统经营额的 88%;利润额 272 万元,占原系统利润总额的 108%;职工人数 739 人,为原系统的 62.73%。留给爱辉区的商业企业为黑河市食品公司(政策性亏损企业)、食品厂、肉联厂(微利小企业)、冰果厂(改造建设中的亏损边缘企业)、商业职工诊所(为商业企业职工服务的医疗单位)。

1994 年 10 月,爱辉区政府决定将黑河市食品公司、肉联厂一并移交给爱辉区畜牧局。

1996 年 4 月,爱辉区政府决定将黑河市食品厂、黑河市冰果厂移交给区经委,商业职工诊所移交给区卫生局。

1998 年 10 月底，瑷珲商城由区政府交贸易局所属，为财政考核独立核算企业。

1999 年 6 月，北港宾馆由区政府移交贸易局所属。

2000 年，贸易局所属商业服务企业 22 家，从业人员 329 人，年营业额 674 万元，实现利税 20.3 万元。

第二节 体制改革

20 世纪 80 年代初开始，随着国家计划经济向商品经济的不断推进和市场机制的不断变化，黑河市国营商业不断进行改革，强化管理机制、竞争机制，增强自身实力。1992 年实现商品总销售额 9 132.6万元，为 1983 年的 2 倍；实现利税 582.1 万元，为 1983 年的 24 倍；实现利润额 289.5 万元（1983 年为 -40.2 万元），百元销售利润额为 2.97 元，百元资金利润为 20.44 元，创历史最好水平。

一、人事制度改革

1984 年，对小企业实行放开经营，对干部管理权即企业领导人实行民主选举、主管部门考核任命制，企业中层干部由企业领导人聘任，企业可自行招用、辞退合同工人、临时工人，可聘用技术和专业人员。

二、经营体制改革

1985 年，在商业企业实行经理负责制和经理任期目标责任制。经理负责制的实行，放权于企业，明确了企业党、政、工的三者关系，调整了政府主管部门与企业之间的关系，确立了经理在企业中的法人代表地位，明确了经理的责任，调动了经理管理企业的积极性，变企业受政府制约经营为企业相对的自主经营，企业可以根据自身实力增加经营项目和作出经营决策。黑河市百货公司、糖酒公司、五金公司、第二百货商店、第三百货商店推行经理任期目标责任制改革，进一步确定企业法人代表的责、权、利。至 1987 年在 12 家国营商业企业推行了经理任期目标责任制。

三、经营方式改革

1985 年，推行企业横向联合，拓宽流通渠道。商业与工业部门联营，如为厂家设专柜，为厂家联销或代销，与外地商家建立联营关系，对某一类商品和某一种商品实行联营，本系统内部批发与零售企业间开展赊销、代销、联销。

1987—1990 年，对国营饮食企业实行了租赁经营。以黑河饭店为依托，将站前饭店、西兴饭店 3 户企业及花园餐厅、海兰餐厅、亚美佳餐厅 3 个网点，总体实行了租赁经营。企业实行租赁后转亏为盈，走出困境。

1987—1990 年黑河市服务企业实行租赁经营后主要经济指标完成情况表

表 11 - 1　　　　单位：万元

年份＼项目	营业收入	毛利	费用	上缴租赁费	经营利润	利润总额	已缴	上缴承包费	企业已留利润
1987	78.3	25	16.1	0.4	6.3	2.9	0.5	0.9	2
1988	196.3	58.9	37.5	1.4	14.9	9.6	2.9	—	6.9
1989	233.7	70.7	40.3	2.6	—	14.5	5.1	—	6.6
1990	162.8	50.9	34.9	2.4	7.9	1.2	1.1	—	2.5

1988 年开始，对国营商业企业实行承包经营责任制，由商业局、财政局共同确定利润指标，承包给各企业，商业局依据上述计划对所属企业履行管理职能。第一承包期从 1988—1990 年为 3 年，第二承包期从 1991—1992 年为 2 年。承包方式为“包死基数，超额全留”“递增包干，年递增 3% 或 10%”“包死还贷，超额分成”，承包主要指标为利润指标。承包经营是为了处理好国家、企业、个人三者之间的利益关系，坚持了国家增收、超额企业多留，个人努力多得的原则。为了防止承包人的短期化行为，制定了相应制约措施和考核指标，对修理费支出额、福利费支出额、库存商品适销率以及企业违法违规处罚等设量化指标。在施行承包经营的 5 年中，除第二百货商店，其他企业均收到了满意的效果。第一经营承包期，利润指标为 337. 17 万元，实现 854. 59 万元，为基数的 253. 46%，为前三年的 251. 13%；上缴利润基数 221. 32 万元，实现 429. 67 万元，为基数的 194. 14%，为前三年的 413. 34%；企业留利实现 481. 34 万元，为前三年的 198. 36%。第二轮承包经营利润基数为 275 万元，实现利润 427. 89 万元，为基数的 155. 6%；上缴利润基数 174. 2 万元，实现 271. 63 万元，为基数的 155. 93%；修理费支出指标 56 万元，实现 144. 3 万元，为基数的 256. 79%；企业留利实现 155. 26 万元，为基数的 175. 83%。商业企业承包经营达到了预期目的。

1988—1990 年黑河市商业企业第一轮承包经营合同执行情况表

表 11 -2　　　　单位:万元

项目 单位	承包租赁前一年			承包租赁合同规定			完成情况									
	实现数	上缴数		承包指标	总上缴数		企业实现数				上缴利润数					
		金额	占实现数%		金额	占合同%	小计	1988 年	1989 年	1990 年	金额	占实现数%	1988 年	1989 年	1990 年
黑河市百货公司	25. 86	14. 42	55	71. 63	43. 03	60. 1	114. 5	43. 96	45. 83	24. 71	48. 03	41. 9	13	19. 3	15. 73
第一百货商店	15	10	66. 7	46. 5	30	64. 5	88. 18	35. 18	33. 35	19. 65	53. 12	60. 2	21. 43	19. 89	11. 8
第二百货商店	8. 71	6. 12	70. 26	29. 1	20. 4	70. 1	84. 98	37. 49	39. 91	7. 58	25	29. 4	6. 8	11. 4	6. 8
第三百货商店	16. 76	13. 27	79. 17	43. 5	34. 5	79. 3	131. 22	43. 41	46. 52	41. 29	41. 02	31. 3	11. 5	17. 52	12
黑河市五金公司	20. 15	15. 89	78. 86	59	47	79. 7	263. 02	38. 32	102. 68	122. 02	208	79. 1	15. 2	86. 64	106. 14
黑河市糖酒公司	10. 71	6. 11	57	33. 84	19. 29	57	81. 02	34. 96	23. 57	22. 49	19. 29	23. 8	6	6. 42	6. 87
第一副食品商店	4. 3	1. 4	32. 6	5. 4	1. 8	33. 3	7. 7	2. 16	3. 22	2. 32	2. 49	32. 3	0. 71	1. 03	0. 75
第二副食品商店	1. 36	0. 37	27. 2	3. 9	0. 9	23. 1	8. 13	3. 1	4. 2	0. 83	1. 84	22. 6	0. 66	0. 88	0. 3
蔬菜公司	3. 12	—	—	4. 8	2. 1	43. 8	28. 39	9. 68	11. 29	7. 42	6. 82	24	2. 32	2. 64	1. 86
食品加工厂	9. 98	3. 1	31. 1	31. 5	19. 3	61. 3	33. 57	11. 16	15. 58	6. 83	19. 3	57. 5	7	8	4. 3
商业车队	3. 24	0. 98	30. 2	8	3	37. 5	13. 88	7. 13	6. 75	—	4. 76	34. 3	2. 44	2. 32	—
合计	119. 19	71. 46	59. 95	337. 17	221. 32	65. 64	854. 59	266. 65	332. 9	255. 14	429. 67	50. 28	87. 06	176. 06	166. 55

说明:五金公司 1989 年、1990 年上缴利税数分别含税前还贷 71 万元、90 万元

1991—1992年黑河市商业企业第二轮承包经营合同执行情况表

表11－3　　单位：万元

项目/单位	承包（租赁）合同规定			完成情况						
	承包指标	总上缴数		企业实现数			上缴利润数			
		金额	占合同%	小计	1991年	1992年	金额	实现数%	1991年	1992年
黑河市百货公司	50	36	72	62.28	29.17	33.11	42.14	67.66	20.08	22.06
第一百货商店	40	24	60	70.4	23.45	46.95	44.05	62.56	12	32.05
第三百货商店	68	46	67.65	107.26	48.96	58.29	61.7	57.53	28.98	32.72
黑河市五金公司	67	42	62.69	111.12	41.63	69.49	86.4	77.75	31	55.4
黑河市糖酒公司	40	24.2	60.50	52.25	25.25	27	31	59.33	14.1	16.9
第一副食品商店	5	1.0	20	14.99	4.99	10	3.99	26.66	1.24	2.75
第二副食品商店	5	1.0	20	9.58	2.6	6.98	2.34	24.47	0.5	1.85
合计	275	174.2	63.35	427.89	176.05	251.83	271.62	63.48	107.90	163.73

四、分配制度改革

1984年，在企业内部，对职工的奖惩、工资奖金分配，企业有权自行确定；对企业留利使用、财务管理等企业有权自定的十三项权力有限放权给小企业。1985年，在企业内部实行部组经营承包责任制和岗位责任制，改革职工工资分配关系，使职工工资与企业效益挂钩，各企业分别实行“百元利润工资含量”“浮动工资”“部分工资浮动及企业新增奖金捆到一起分配”等分配方法。

五、产权制度改革

1992年，黑河市商业系统借鉴重庆、牡丹江经验，在第一、第二百货商店推行经营、价格、用工、分配“四放开”试点。同年11月，第二百货商店实行国有民营改革，由职工包租柜台。1999—2000年，对黑河饭店、海兰摄影场、龙江浴池等国营服务业实行产权制度改革。具体方式为对企业的资产进行重新评估作价，剔除退休职工养老资产，量化国有资产额，企业使用国家土地作价额及享受一次性购买给予优惠20%的政策扣除额等，为最后实际出卖资产股额度及设置股份数量；各企业分别确定职工认购股份量，职工认购后剩余的股份，可由企业领导人全部购买或由董事会决定购买方法。3家企业账面资产净值361.2万元，重新评估作价为416.9万元，净资产卖出额107万元，出卖后企业性质由国有企业变为股份合作制企业。

六、商品购销制度改革

1983年以前，国家对国营商业实行计划管理，商品购销总值及74种商品的分配，均由省商业厅下达指令性计划，随着商品经济的发展，物资的丰富，计划分配商品品种逐年减少，到1989年计划分配商品只有生猪、食糖、絮棉、棉布、涤棉布、中长纤维布、胶鞋、洗衣粉、元钉、铁线等11种，计划分配商品由省各专业二级站按省厅下达的计划调拨。商品流转总值计划1987年后变成指导性计划，改由黑河行署商业局下达，黑河市商业局根据计划再向所属企业下达指导性计划。利润计划在1982年前由财政部门向商业企业审定下达，1983年国家实行第二步利改税后，仍由财政部门向商业企业下达利润计划。

七、商品价格改革

1984年，为适应商品经济的发展，先后放开了生产工艺简单、单价低、品种繁杂、花样品种多变、交易零星、时令性和选择性强、市场需求大、生产分散、流通渠道多、对人民生活影响不大的823种三类工业小商品的价格。国家只规定作价原则和办法，工商之间以互惠互利协商定价，用价值规律来调节市场需求。到1986年，除黑白电视机、自行车、中长纤维等7种商品外，对所有小商品价格全部放开。价格放开后，绝大多数商品价格比放开前有所上涨。1989年，随着国家物价改革政策的出台，本地区的商品价格也全部放开，自此物价上涨幅度超过储蓄存款利率。

第三节 商品经营

一、商品购销

1983年后，随着改革的深入，商品购销日趋活跃，对商品采购产生了很大影响。黑河商业的采购渠道逐步拓宽，由原省二级批发站发展到全国各地，从批发部门扩大到各个行业，由计划调拨到自由采购，直至直接到厂家采购，减少了流通环节，降低了商品进货价格，提高了经济效益。为了方便采购工作，一部分批发部门在外埠设置了专人，以便更好掌握商品信息，及时采购适销对路的商品。到80年代中期，随着经济热潮的逐步升温，一些外地商家及厂家采取代销、赊销等手段，把商品直接投向黑河市场。黑河商业各部门也逐渐打破旧的采购观念，改变了不顾市场需求、盲目采购的做法，采购渠道逐步多样化，灵活化。随着改革的不断深入，各企业分别采取了不同的经营方式，如租赁承包、民营化管理等经营方式，采购权下放给各部组或个人，有的采取设立厂家直销专柜，直接由厂方供货。

1985年，放开进货渠道限制，三级批发企业在原有省内二级批发企业采购商品为主的前提下，面向全国各地一、二级批发企业，扩大从厂家直线进货采购商品比例。零售商店进货实行两条腿走路，以黑河市三级站为主，不足的商品到毗邻县及省内外商家和厂家直接进货，黑河市第二、三百货商店自市外直接进货占进货总量的46%。同年取销生猪派养派购，4月份黑河市肉食放开经营，个体经营者进入市场屠宰生猪，鲜肉上市，国营肉联厂无生猪可宰，副食品商店无鲜肉可卖，仍是销售冷冻肉的局面。

到80年代中期，各零售商不只到三级批发站采购，相当一部分商品直接到外埠采购，黑河市的批发企业在市场经济的冲击下，不利于竞争的三级批发职能逐步被削弱。由于生猪派养派购的取消，肉食市场的放开，蔬菜市场的放开，农副产品采购额大幅度下降，由1983年的114.2万元下降到1990年的22.1万元，占总购进额的比例由1980年的2.8%降到1990的0.4%；国内纯购进额占总购进额的比例由1980年的19.32%上升到1990年42.8%；省内市县外调入占总购进额比例由1980年的71.4%下降到1990年的32.7%。国营商业猪肉销售量由1984年的124.61万千克，下降到1992年11.02万千克。黑河商业系统的商品采购已冲破“二、三、零”（二级批发、三级批发、零售）的原有格局，从而变得灵活多样。

1983—1990 年黑河市商业系统商品销售情况表

表 11 - 4　　单位:万元

项目＼年份	1983	1984	1985	1986	1987	1988	1989	1990
总销售	4 752	4 780.9	3 537.7	3 775.6	4 672.6	5 878.1	6 951	6 594.9
一、国内纯销售	4 061.6	4 139.9	2 967.8	3 029.8	3 777	4 695.3	5 278.4	5 407.6
二、调给省内供销社	529.2	485.4	411.3	489.6	556.7	646	662.5	466.8
三、调给省内其他国合商业	115.2	70.3	61	108.1	119	129.9	136.3	124.2
四、调给省外国合商业	0.1	—	—	—	—	10.4	—	—
五、供应出口	—	—	—	—	—	147.2	637.6	413.2
六、调给省内市县外	45.9	85.3	97.6	148.1	219.9	249.3	236.2	183.1
期末库存	59.9	1 183.9	1 082.5	1 088.4	1 238.4	1 463.2	2 017.5	2 019.9

1991—1992 年黑河市商业系统商品销售情况表

表 11 - 5　　单位:万元

项目＼年份	1991	1992
总销售	7 108.5	9 132.6
一、国内纯销售	4 797.8	6 527.8
二、售给集体商业	653.9	604.1
三、售给个体商业	393	479.7
四、售给省内供销社	404.9	407.8
五、售给省内其他国合商业	199.3	138.1
六、供应出口	59.7	264
七、对省内市县外销售	140.3	132.5
八、对市县内销售	459.6	578.6
期末库存	2 233	2 128.4

1983—1992 年黑河市国营商业经营情况表

表 11 - 6　　单位:万元

项目＼年份	1983	1984	1985	1986	1987	1988	1989	1990	1991	1992
毛利率%	1.329	1.394	1.269	1.285	1.36	1.486	1.559	1.569	1.513	1.7
费用率%	0.934	1.014	0.866	0.909	0.932	0.867	0.879	0.93	0.958	0.949
税率%	0.129	0.149	0.186	0.218	0.226	0.233	0.254	0.26	0.258	0.273
净利润	0.844	0.605	0.536	0.86	111	206.6	322.7	260.1	201.2	289.5
流动资金周转次数(次)	0.362	0.356	0.308	0.29	0.342	0.383	0.324	0.271	0.3	0.322

1997—2000 年爱辉区国有商业经营情况表

表 11－7　　　　单位:万元

项目＼年份	1997	1998	1999	2000
销售营业收入	68.9	414.7	470.6	641.9
费　　用	38.2	246.7	283	366.3
税　　金	13	25.5	29.2	38.7
利　　润	－0.3	－0.1	12.2	－0.184

二、运　　输

1983—1989 年,商品先由铁路运输至龙镇,再由商业中转站组织公路运至黑河。商品的公路运输主要由商业车队承担,随着商品购进的增长运输量也随之增长,为缓解运力的不足和下乡、下厂送货的需要,自 80 年代起各商业企业先后购置汽车,至 1991 年商业车队已有汽车 11 台,各企业有汽车 12 台。1989 年 12 月黑河地方铁路临时营运开通,整车商品可由铁路运至黑河,零担商品仍由北安、龙镇中转公路运输,1991 年 9 月地铁(地方铁路)国铁联营,整车、零担货物均可由铁路运至黑河,到年底龙镇商业中转站撤销。

三、仓　　储

从 1983 年起,黑河商业系统的仓储工作逐渐受到重视,先后迁移建设了糖酒公司、百货公司库区,扩建了五金公司库房;到 1992 年,3 个公司共有砖瓦结构标准仓库 26 栋 14 400 平方米;同时,通过四好仓库达标进级活动,3 个公司分别晋为地级、省级四好仓库。随着北黑铁路的通车及边境贸易的恢复,为了开展承担社会商品储运业务,1990 年成立黑河市储运公司,同时将商业车队并入。储运公司有场地 58 680 平方米,商品仓库 4 136 平方米,简易货棚 840 平方米,为进出口货物储存发挥了积极作用。1994 年建成的冰果厂新增冷库 450 平方米,保鲜库 450 平方米。截至 1994 年,黑河市商业系统共有砖瓦结构仓库 21 636 平方米,简易仓棚 840 平方米,其中,暖库3 100 平方米,冷藏库 1 101 平方米,保鲜库 450 平方米。黑河市商业仓储工作实现了规范化、科学化管理。

第四节　商业企业

一、批发与零售企业

(一)黑河市百货公司

黑河市百货公司是担负全市百货、针纺织商品批发业务的三级批发站。位于中央街西段,占地 1.6 万平方米。自 20 世纪 80 年代初开始进行库房建设,1983 年建成 830 平方米二层的调拨室和样品室的办公楼。1983 年,百货公司销售收入 1 035.6 万元,利润额 3.3 万元,固定资产原值 67.7 万元,国家流动资金 30.6 万元,职工 61 人,退休职工 22 人。自 1983 年转亏为盈后,百货公司的经营走向良性循环。20 世纪 80 年代中期步入了省级四好仓库行列。至 1992 年,共有标准化砖瓦结构仓库 9 栋、6 000 平方米。固定资产原值 114.4 万元,国家流动资金 27.7 万元,企业流动资金 4.6 万元,销售收入 1 395. 6 万元,利润额 33. 1 万元,缴纳销售税 21. 7 万元。职工 63 人,其中,中专以上学历 6 人,退休职工 31 人。1983—1992 年,累计实现销售额12 589. 9万元,缴纳销售税金 109. 9 万元,实现纯利润 257. 9 万元。

1993 年 4 月,在“两撤两建”中,百货公司(含建设中的商联大厦)上收黑河市(地级)商业局所属。

(二)黑河第一百货商店

黑河第一百货商店建于 1986 年,位于中央街 226 号,为砖混结构三层建筑,建筑面积 3 051 平方米,投资 110 万元,当年建设完工交付使用。营业面积 2 800 平方米,职工 140 人,经营大小百货、食品、布匹、服装、针纺织、鞋帽、文化体育用品、家电类商品等。1986 年底开业,1987 年销售收入 712. 7 万元,盈利 15 万元,上缴税金 22. 9 万元。黑河第一百货商店的建立,结束了黑河 30 余年没有第一百货商店的历史。第一百货商店不仅是黑河人购买商品和休闲的首选,还是黑河大型经贸活动的最佳场所,发挥着黑河流通领域的窗口作用。1988 年 7 月 1 日至 9 月,在第一百货商店举行了“1988 年夏季黑河商品展销经济技术合作洽谈会”。京、津、沪、粤、辽、吉、黑、内蒙古等 18 个省(自治区、直辖市)的产品布展在三层营业大厅。国内及苏联阿穆尔州经贸代表团近千名客商参加了洽谈会,是 1987 年黑河与苏阿州恢复边境贸易后,中苏边境贸易的首次大型洽谈会。1992 年 3 月 5 日,在第一百货商店举行了“黑河地区首届二・二龙节经贸洽谈会”。俄罗斯、乌克兰、乌兹别克斯坦、白俄罗斯、吉尔吉斯斯坦、哈萨克斯坦、亚美尼亚、拉脱维亚等国家及来自我国海峡两岸暨香港地区的客商 2000 余人应邀参加了洽谈会。

1992 年,黑河第一百货商店固定资产原值 138. 4 万元,国家流动资金 23. 5 万元,企业流动资金 1. 3 万元;营业额为 1 621. 8 万元,实现利润 47 万元,上缴税金 52. 2 万元。1987—1992 年共偿还基本建设贷款 93. 3 万元。职工 167 人,其中大中专以上文化程度 4 人,退休职工 6 人。

1993 年 4 月,在“两撤两建”中,黑河第一百货商店上收黑河市(地级)商业局所属。

(三)黑河第二百货商店

黑河第二百货商店建于 1949 年 10 月 1 日,当时位于现在的第一百货商店,1967 年迁建于西兴路 26 号。店内设布匹、鞋帽、服装、针棉织品、小百货、文具、杂品、食品 8 个营业组,经营 7 000 多种商品。1983 年,有职工 85 人,营业额 311 万元,纳税 9. 4 万元,全年利润 14. 1 万元。1958—1987 年,该店经营稳步增长,效益稳定,30 年共实现销售额 6 181 万元,实现利税 464. 8 万元,其中利润 277 万元。1988—1990 年第二百货商店实行承包经营,由于承包人对企业经营管理不善,1990 年虚盈实亏 23. 7 万元。1992 年 11 月,该店实行改革,职工包租柜台,也没能摆脱困境。

1993 年 4 月,在“两撤两建”中,黑河第二百货商店上收黑河市(地级)商业局所属。

(四)黑河第三百货商店

黑河第三百货商店建于 1952 年 10 月,位于中央街与邮政路交汇处西北角。1983 年末,商店共设 9 个营业组,职工 105 人,全年营业额 506 万元,上缴税金 15 万元,盈利 25 万元。第一百货商店营业后,第三百货商店营业额受到一定影响,1987 年第三百货商店销售额、利润额曾一度下降;1988 年承包经营后,销售额、利润额再上新台阶,1991 年销售额突破 1 000 万元大关;1992 年按商业局、财政局的要求,在用 30 万元资金调整库存结构的前提下,利润仍突破 50 万元大关,保持了先进企业的地位。1992 年,第三百货商店取得了最佳的经济效益,全年共完成销售 1 428 万元,实现利润 58 万元,上缴税金 46 万元,固定资产原值 31. 5 万元,国家流动资金 22. 4 万元,企业流动资金 21. 8 万元;职工 112 人,高中以上文化程度占 60% 以上,具有大中专以上文化程度 4 人。企业连续多年被评为市、地、

第三百货商店大楼

第三百货营业大厅　1988 年 10 月摄

省先进模范单位，荣获多项荣誉称号。

1993 年 4 月，在“两撤两建”中，黑河第三百货商店上收黑河市（地级）商业局所属。

（五）黑河市五金公司

黑河市五金公司建于 1953 年，为批零一体化企业，位于西兴路 54 号，占地面积 2.8 万平方米，有标准化砖瓦结构仓库 9 栋，面积 4 500 平方米。该公司经营的商品主要有建筑五金、民用五金、五金工具、电工器材、通信器材、小交通（自行车及配件）、油漆、化工原料和家用电器等商品。1983 年销售额 701.4 万元，利润额 46.6 万元，缴销售税 13.7 万元，固定资产原值 49.3 万元，国家流动资金 0.7 万元，职工 82 人，退休职工 12 人。公司下设 2 个经营网点，分别是黑河五金商店位于中央街西部，1990 年，在原址新建 3 层营业楼，建筑面积 3 771 平方米，工程造价 207 万元，1990 年 10 月 1 日开业。黑河交电商店位于文化街与迎恩路交叉处东北角，该商店 1984 年对外营业，建筑面积 618 平方米。主要经营家用电器类、电工器材类、小交通类商品。

随着家用电器商品进入市场和其他五交化商品货源的增加，加之黑河对苏边境贸易的恢复，五金公司营业额大幅度上升，经济效益增长。1988—1992 年承包经营期内，共投入 86.2 万元，用于库区改造、库区道路改造等，使库房建设达到规范化，库区布局更加合理，曾被评为省、地四好仓库。同期，五金公司共实现利润 374.1 万元，比前 5 年多实现利润 218.5 万元，增长 1.4 倍；上缴销售税金 196.5 万元，比前 5 年多交 114.8 万元，增长 1.4 倍。其中，1989—1990 年连续 2 年利润超百万元，为黑河地区首家利润超百万元商业企业。1992 年，实现销售额 1 978.2 万元，利润 69.5 元，缴纳销售税金 58.8 万元；固定资产原值 382.4 万元，国家流动资金 9.5 万元，企业流动资金 17 万元；职工 124 人，其中大中专学历 7 人，退休职工 14 人。1983—1993 年，累计实现销售额 13 150.2 万元，缴纳销售税金 378.9 万元。

1993 年 4 月，在“两撤两建”中，黑河市五金公司上收黑河市（地级）商业局所属。

五金公司

五金商店

交电商店　1994 年 9 月摄

(六)黑河市糖酒公司

黑河市糖酒公司原址在兴安街东侧,1983 年迁至西兴路 48 号,是以经营烟、酒、糖、茶、罐头等为主的批发企业。有办公楼面积 1 280 平方米,仓库 2 400 平方米。1983 年固定资产原值 49.3 万元,国家流动资金 9.5 万元,销售额 554.4 万元,利润额 23.8 万元,职工 27 人,退休职工 6 人。1983 年烟草商品划出后,1985 年利润由 20 万元下降至 9.2 万元。1988—1992 年实行承包经营,1988 年利润上升为 35 万元。1988—1992 年共实现利润 133.4 万元,比前 5 年多实现利润 50.6 万元;缴纳销售税 80.7 万元;承包期内共支出修理费 45.2 万元,比前 5 年多支出 27.7 万元,主要用于库区道路、围墙建设改造等,库区基础设施基本完善,步入先进企业行列。1992 年,销售额 975 万元,为历史最好水平;利润额 27 万元,缴销售税 21.8 万元,固定资产原值 110 万元,国家流动资金 25.4 万元,企业流动资金 27.4 万元;职工 45 人,退休职工 17 人。1983—1992 年,累计实现销售额 7 391.4 万元,缴纳销售税 100 万元,实现纯利润 217.1 万元。

1993 年 4 月,在“两撤两建”中,黑河市糖酒公司上收黑河市(地级)商业局所属。

(七)黑河市食品公司

黑河市食品公司是经营肉、禽、蛋及其制品批发企业,主要任务是地产猪收购、生猪屠宰,从省内调购活猪,从省外调购冷冻猪肉等;给黑河市民供应肉食,财政予以补贴,为社会效益型亏损企业。生猪和肉食市场放开后,市场机制尚不健全,生猪及肉食货源不丰富,食品公司仍担负着黑河市肉食市场供应职能,每年仍需从省内外调入大量猪肉供应市场,但呈逐年减少趋势,最终被个体经营者替代逐步退出市场。1983 年销售额 356.2 万元,亏损 135.2 万元,固定资产原值 52.1 万元,国家流动资金 8.4 万元,职工 36 人,退休职工 9 人。1985 年国营商业猪肉销售比 1983 年减少 50%,至 1992 年仅为 1983 年的 7.8%;1991 年财政不予补贴后,该企业生存困难。1994 年,食品公司归爱辉区畜牧局所属,时有在册职工 61 人,退休职工 26 人,固定资产原值 175.9 万元,国家流动资金 15.6 万元。1983—1992 年,累计供应居民猪肉 449.6 万千克,累计亏损 674.4 万元。

1983—1990 年黑河市食品公司生猪经营情况表

表 11－8

项目 年份	猪肉销售数量(万千克)	生猪亏损额(万元)	平均千克亏(元)
1983	142.4	130.5	0.916
1984	125.45	98.1	0.782
1985	66.7	59.6	0.894
1986	33.5	60.6	1.806
1987	24.0	53.1	2.212
1988	13.7	77.8	5.66
1989	8.8	50.7	5.76
1990	12.9	40.9	3.16

（八）黑河市蔬菜公司

蔬菜公司位于西兴路50号，1983年销售额207.3万元，亏损1.9万元，缴销售税2.9万元，固定资产原值56.8万元，国家流动资金11.8万元，职工20人，退休职工9人。蔬菜公司是按照政府计划，在幸福乡各村屯安排秋菜种植，落实种植面积、种植品种，安排市场供应。农村种植的蔬菜由公司收购，在兴安街官渡路至邮政路段、西兴路西侧，2处设置蔬菜摊位，公司设管理人员，雇佣临时工人，向居民供应春夏蔬菜。秋菜收购时公司组织安排机关、企业、部队到地里收获白菜、土豆等；各单位自备车辆运回单位分给职工；菜款由单位向蔬菜公司结算，公司再与生产队结算。生产队剩余秋菜由蔬菜公司收购入窖储存，适时上市供应市民。本地蔬菜生产如遇灾害减产，蔬菜公司从外地组织进货供应市民。蔬菜价格倒挂公司经营亏损，由政府补贴，属政策效益型政策亏损企业。蔬菜市场放开后，蔬菜公司转向经营糖果、调味品等商品。1990年销售额为176.5万元，利润额为7.4万元。有职工17人，退体职工9人。固定资产原值22.5万元，国家流动资金8.6万元。1990年12月，商业局将蔬菜公司划出一部分人员设蔬菜经销部，自主经营，自主作价，自负盈亏，独立核算；1991年8月，蔬菜经销部撤销。1991年1月蔬菜公司资产、人员并入糖酒公司。

（九）黑河市第一副食品商店

黑河市国营第一副食品商店建于1955年，1983年从文化街与迎恩路交会处迁至中央街第三百货商店西侧，二层营业楼，营业面积1 050平方米，经营烟酒、糖果、糕点、调味、肉食、水果等400多种商品，当年销售额161万元，上缴税金9万元，年利润3万元，有职工54人。1991年，二楼营业厅租给医药公司使用。1988—1992年实行承包经营，1992年营业收入238万元，上缴税金8万元，实现利润10万元，职工53人。

1993年4月，在“两撤两建”中，黑河市第一副食品商店上收黑河市（地级）商业局所属。

（十）黑河市第二副食品商店

黑河市第二副食品商店建于1958年，位于中央街现第一百货商店东侧。1983年，营业额196万元，实现利润5万元，上缴税金6万元。肉食市场放开后，占主要经营地位的肉食市场失掉，1984年起增加针纺织商品、小百货商品经营。1988年实行承包经营以后，商品销售额逐年增长。1992年，在市场经济的快速发展中，第二副食品商店的销售再次突破历史的最高水平，全年完成销售总额281万元，盈利7万元，上缴税金9万元，年末职工34人。

1993年4月，在“两撤两建”中，黑河市第二副食品商店上收黑河市（地级）商业局所属。

（十一）瑷珲商城

瑷珲商城位于中央街244号与迎恩路78号交会处，是由区政府办公楼修缮改造的，为招商商场。该楼是建于1919年的商业用房，建筑面积1 617.46平方米。1950年修复作为爱辉县委、县政府办公楼，因年久失修不能使用，1996年9月封闭。1997年，区政府决定将其改造为商业用房，首先大修改造的是砖木结构二层欧式建筑青砖大楼，是年6月末开工，9月末完工，大修费总支出65.7万元，11月2日，瑷珲商城试营业。按照区政府第二步改造计划，1998年7月9日，位于迎恩路与中央街交会处的黄楼进行维修改造，两楼贯通，建筑面积1 433.22平方米，9月10日完工，维修费总支出26万元，9月20日瑷珲商城开业。1998年10月底交贸易局管理，为财政考核企业。至2000年营业收入119.2万元，利润（含摊销修理费用，开办费）52.4万元，初见成效，达到了预期目的；时有管理人员6人。

2001年10月，瑷珲商城关业，随后该楼被拆除。

(十二)百货商场

百货商场位于中央街121号黄金地段,属集体企业。1983年,营业面积400平方米,设布匹、针织、服装、鞋帽、小百货、大百货、文具、食品等8个营业组,经营2 000多种商品,销售额133.5万元,上缴税金5.4万元,利润额3.6万元,有职工47人。1992年,因龙纺公司建设占地停业,1993年末新营业室交付使用,一、二层面积800余平方米,因工期拖长,给百货商场带来经营上的困难,造成一定损失。开业后自行经营仅1年多时间,2000—2005年均以出租场地为主,为偿还银行借款将二楼营业室及办公室抵偿给银行。2005年,收入15万元,上缴税金0.67万元,职工27人,退休职工21人。

(十三)大华食杂公司

大华食杂公司成立于1983年,设立之初企业名称食杂货站,为小型批发企业,属集体企业。经营糖果、罐头、小食品、调味品类及杂货类商品。当年在职人数7人,人员由各食杂商店抽调。企业经过经营积累了资金,公司在邮政路13号购买了门市房及库房。1993年自有流动资金15.3万元,固定资产原值48万元,销售额161.2万元,上缴税金3.8万元,净利润5.1万元,职工11人。到2005年以出租门市房维持生计。

(十四)其他小型集体零售企业

随着流通领域各种经济成分的迅猛发展,在20世纪80年代初首先崛起的个体食品杂货业,到2005年食杂店遍布市区。原在1956年的资本主义工商业改造时形成的集体经济成分的食杂店,即失去了补充国营商业网点不足、方便群众的历史作用,从80年代末至90年代初,经营每况愈下,难以维持,大多数相继停止经营,靠出租门店维持职工生活。原自有房屋的向阳一店、二店、四店、五店、食杂三、四店、西郊商店、大华公司等集体商业企业均出租门点。历史上即租用房屋营业的食杂一店、永兴食杂店、回民食杂店,只有回民食杂店开业经营,另2户也出租门点。70年代安置待业青年的烟酒商店、永新五金商店靠出租门点维持职工生活。至2000年爱辉区贸易局共有集体商业11家,在册职工35人,退休职工38人。2005年,只有向阳二店、五店、食杂三店对外出租;其余8家企业已于2002年将房产出售。

二、食品加工企业

(一)黑河市食品厂

黑河市食品厂建于1950年,位于西兴路南岗,主要生产饼干、月饼、糕点、面包和糖果等商品,该厂占地面积约6 000余平方米,有较先进的生产设备和掌握先进技术的技术人员及管理人员。1983年有职工101人,年销售收入143万元,利润11万元,上缴税金7万元,是黑河市糖果饼干和糕点的主要生产单位。1984年、1985年销售和利润连续上升,其后略有下降。1988年承包经营后,经济效益明显提高,1989年营业收入250万元,实现利润16万元,缴纳税金11万元。1992年投资在临街处建成四层综合写字楼,此后由于受个体私营经济快速发展的冲击,效益逐年下降,到1997年交经济委员会前已亏损,时有职工118名,年亏损8万元。

(二)黑河市冰果厂

黑河市冰果厂原址在南大街和官渡路交汇处,主要生产冰糕、雪糕、冰点等,厂区占地总面积3 300平方米,生产车间340平方米,冷库160平方米。1983年有职工33人,年销售收入48万元,上缴税金3万元,亏损19万元。因乳品厂投产前,先行发展第一车间,为培育奶牛生产的发展,由冰果厂承担收购鲜奶,故购大于销使企业亏损。1985 年逐步扭亏为盈,1989 年、1990 年利润持平。1992 年,因农行占地而停产。1996 年初,新厂在环城路、区劳动局东建成投产,新厂冷库 486 平方米,保鲜库 486 平方米。1996 年销售收入 26 万元,上缴税金 1.6 万元,年末职工 32 人。1997 年,该厂划归爱辉区经委所属。

(三)黑河市肉联厂

黑河市肉联厂是食品公司于 1989 年组建的商办工业企业,生产熟肉制品、肉罐制品。独立核算单位,1992 年有职工 16 人,产品销售收入 98 万元,纳税 5 万元,实现利润 4 万元。1994 年,其人员和资产一并随食品公司从商业系统划出,交爱辉区畜牧局所属。

三、储运企业

(一)黑河市储运公司

储运公司建于 1990 年,当时办公室设在黑河市商业车队,货场设在黑河食品公司院内,利用食品公司闲置的场地和房舍,并将食品公司熟食加工车间迁至冷库西侧另建,原车间(约 400 平方米)改建为暖仓库,将职工食堂和办公室调出一部分作为货场办公室和仓库。食品公司 300 吨冷库承担冷冻货物的储存。建设了 600 平方米货物储存平台 6 个,后将其中 2 个改建为库房。为解决场地不足,在南侧相邻处投资 12 万元、征用土地 2 万平方米,作为大型机械存货场,并购置安装了 10 吨电子汽车衡。黑河市海兰对外经济贸易公司从苏联进口的面积约 1 000 平方米的钢结构仓库,建设安装在食品公司院内北侧与储运公司合用。

1991 年 1 月 5 日,黑河商业车队并入储运公司。原商业车队修理车间、铝合金制品加工制作车间作为储运公司的内设部门,仍对外开展业务,原车队的汽车、吊车作为储运公司的运输力量承担货物运输业务。

储存的进出货物有化学工业品、农用化肥、轻工业品类、食品类、钢材及机械类等。储运公司边筹建边开展经营。1990 年仅经营 2 个月,营业收入为 39.4 万元,上缴税金 2 万元,实现利润 7.9 万元。至 1992 年共实现营业收入 233.7 万元,上缴税金 12.1 万元,实现净利润 43.8 万元。偿还建设借款 21.6 万元。

1992 年末,固定资产原值 163.2 万元,国家流动资金 10.2 万元,职工 56 人。

1993 年 4 月,在“两撤两建”中,黑河市储运公司上收黑河市(地级)商业局所属。

(二)黑河市商业车队

商业车队成立于解放初期,为黑河首家汽车运输队,原属于黑河地区行署商业局,1964 年黑河专署商业局将该车队移交爱辉县商业科。1981 年由爱辉县商业科移交黑河市商业局,更名为黑河市商业车队。商业车队承担了黑河商业部门的商品公路运输任务。

1983 年商业车队收入为 39.1 万元,上缴税金 1.3 万元,实现利润 1.2 万元,国家流动资金 10.4 万元,固定资产原值 36.4 万元,职工 37 人,离退休职工 18 人。

商业车队设有维修车间,为自有车辆维护和检修,在保证自有车辆维修的同时亦接受社会车辆修理。1986 年为了给新建的第一百货商店制做铝合金柜台货架,设立了铝合金制品生产车间。为第一百货商店加工制造了铝合金柜台、货架,而后又为五交化商场加工制做了铝合金柜台、货架。并向社会承担铝合金制品加工生产业务。成为黑河首家铝合金制品加工生产企业。

1990 年商业车队收入 52.5 万元,上缴税金 2 万元,利润 0.5 万元。职工 26 人,离退休职工 15 人。国家流动资金 10.4 万元,固定资产原值 70.7 万元。1991 年 1 月 5 日,黑河商业车队并入储运公司。

第五节　饮食服务企业

1983年,黑河市服务局管辖的饭店业,国营企业有黑河饭店;集体企业有大众饭店、龙江饭店、边城饭店、回民饭店。旅店业,国营企业有海兰旅社;集体企业有大旅社、工农旅店。照相业,国营企业有黑河照相馆、海兰摄影场;洗浴业,国营企业有龙江浴池;理发业,集体企业有黑河理发店。

黑河市饮食服务管理部门管辖的饮食服务企业,由于经营场所多为低档,设备、设施老旧。在几十年的计划经济时期,国家对商服企业实行的是低差价率价格政策,差价率较低的销售价格。服务价格由政府物价部门审订,企业经营以社会效益为主、经济效益为辅,企业产生不了资金积累,加之没有外来资金支持,难能改善落后的经营条件,在社会主义市场经济的环境下,在市场竞争中处于劣势。1992年开始陆续退出市场。到2005年只有股份合作制企业黑河饭店仍在经营。

一、黑河饭店

黑河饭店位于官渡路28号,主营餐饮业,兼营糕点等食品。1983年1—7月实现营业额7.68万元,亏损额1.68万元,缴销售税0.23万元,有职工27人。1983年7月翻建500平方米二层楼房,并增加了电冰箱、电烤炉、电平锅、远红外线消毒箱等先进设备,成为黑河条件最好的饭店。1987—1990年实行租赁经营,90年代后又几经扩建改造和装修,至1999年,总建筑面积为1 600平方米,固定资产原值89.8万元,自有流动资金24.1万元,大小餐厅装修档次较高,厨房设备更为先进。

黑河饭店　　1999年4月摄

1999年底,实行产权制度改革,企业账面资产净值为83万元,经重新评估作价为184.16万元。剔除企业使用国有土地作价额30.56万元,退休职工及遗属养老资产量化国有资产额80.5万元。补偿欠发原塞北餐厅职工工资10.94万元,补偿原区服务局退休干部、在职职工欠发工资3.81万元,享受一次性购买给予20%优惠政策扣除额,净资产出售额为46.72万元。2000年改为股份合作制企业。当年实现营业额224.6万元,利润1.1万元,缴纳税金13.2万元,在册职工48人,退休职工25人。2005年,企业有在职职工59人,退休职工27人,实现营业额26万元,利润0.8万元,缴纳税金1.6万元。

二、大众饭店　龙江饭店　回民饭店　边城饭店

1983年,大众饭店、龙江饭店、回民饭店、边城饭店为4家独立核算的集体企业。1992年、1993年黑河城市改造时,大众饭店、龙江饭店、回民饭店均被房产开发商开发改造。2000年经改造后的大众饭店(龙江饭店并入大众饭店)位于官渡路17号,面积750平方米,对外出租为洗浴业。回民饭店位于邮政路三江宾馆对过,面积260.87平方米,对外出租经营。1994年,大众饭店在环城路生资道

口购买1处面积88平方米平房开业自营,共计有房产1 098.87平方米,固定资产原值25.8万元。2000年营业收入5.1万元,利润额-0.16万元,缴营业税0.28万元,在职职工24人,退休职工25人。2005年由于企业严重亏损,将位于官渡路17号的房产进行出售,出售金额为79万元,其中40.6万元用于补缴在职职工统筹及退休职工工资,38.4万元用于偿还其他债务,剩余的2处房产用于经营。2005年末有在职职工12人,退休职工31人,上缴营业税0.84万元,实现利润2万元。边城饭店于90年代初并入大旅社(江滨旅馆)。

三、海兰摄影场

海兰摄影场为国有企业,始建于1948年,原名海兰照相馆,位于中央街267号;第二门市部位于西兴路43号;企业经营摄影、彩色扩印和照相器材销售。1983年商业系统有黑河、海兰2个独立核算的照相馆,共有职工45人,年营业额为10.4万元,年利润0.7万元,1990年合并为1个企业。自80年代初起,照相业打破独家经营格局,多种体制照相企业进入市场,以行署教育局的彩色扩印设备最为先进。海兰摄影场仍为黑白照相,1985年曾购置国产小型彩扩机,但印片质量差,没有竞争能力。1988年由市财政借款35万元购置1台日产901型彩扩机,扭转了被动局面,2年偿还了借款;于1991年又由财政借款32万元,购置1台901型彩扩机,海兰摄影场成为当时黑河设备先进的照相企业。2000年再次投资29.6万元,更新了富士250型更先进的彩扩机,使设备水平处于领先地位。1999年实现营业额73.2万元,利润0.3万元,缴纳营业税4万元,房屋建筑面积878平方米(其中"一部"728平方米,"二部"150平方米),固定资产原值135万元,自有流通资金7.7万元,在册职工34人,退休职工21人。1999年底实行产权制度改革,2000年起改为股份合作制企业。该企业1999年账面固定资产净值为100万元,经重新评估作价为119.25万元,剔除退休职工及遗属养老资产量化国有资产额63.5万元,补偿原区服务局退休干部、在职员工欠发工资4.91万元,享受一性购买优惠政策10.17万元,净资产出售额为40.67万元,由职工投股购买。2002年8月,二部自海兰摄影场剥离。将房屋出售,出售所得17.4万元,用于偿还企业所欠爱辉区财政局款项。2005年,海兰摄影场实现营业额30万元,利润0.8万元,上缴税金5.6万元,有在职职工25人,退休职工19人。

四、龙江浴池

龙江浴池为国有企业,位于文化街92号,1983年翻建840平方米二层楼房,为黑河唯一的洗浴业。1983年营业额为3.9万元,亏损4.5万元,由财政补贴,是一个为市民服务的社会效益型企业,也属政策性亏损企业。龙江浴池1988年墙体呈现腐蚀状况,经勘察定为危房,1989年停业。1990年省计划委员会批准百货商场建设项目;为解决市民洗澡难问题,市政府将该项目串项为龙江浴池建设项目,工程建筑面积973平方米,于8月开工,年底完工,12月27日龙江浴池

龙江浴池　　2004年9月摄

重新开业。1991 年,在多种经济成份开办洗浴业竞争激烈的情况下,仍实现营业额 13.2 万元,缴纳营业税 0.5 万元。1993 年扭亏为盈,国家不再补贴,减轻了财政负担。1995 年为减少成本,投资 6 万元打深水井 1 眼。在面对洗浴业遍布城乡情况下,龙江浴池以管理有序、卫生好、服务质量好,受到市民信赖和好评。1999 年固定资产原值 101 万元,自有流动资金 6.9 万元,在册职工 31 人,退休职工 19 人;营业额 51 万元,缴纳营业税 2.8 万元。2000 年房屋再度受损(北方寒冷地区洗浴业房屋使用寿命短),于当年 7 月停业。2000 年底实行产权制度改革,改为股份合作制企业。企业 2000 年账面固定资产净值 85.7 万元,经重新评估作价为 116 万元,剔除退休职工养老资产量化国有资产额 68 万元。企业使用国家土地作价额 23 万元,剩余净资产值为 20 万元。暂归改制后企业无偿使用。2004 年 10 月,为了彻底改变企业用出租房屋款缴纳在职职工统筹和偿还债务的现状,又一次对企业进行产权制度改革,将企业整体出售,出售后由购买者个人经营。出售前企业资产总额为 87.4 万元,企业负债为 50.5 万元,企业净资产为 36.9 万元,出售资金全部用于安置职工及偿还债务。

五、海兰旅社

海兰旅社位于兴安街 109 号,1982 年开始动工建设,1983 年末建成,为 2 100 平方米的三层楼房。1984 年 1 月,海兰旅社开业,内有 54 个房间,217 张床位,海兰旅社的建成,结束了黑河没有较为标准的国营旅店业的历史,扭转了黑河住店难的问题。从 90 年代起,黑河各种经济成分的高、中、低档旅店业迅猛发展。海兰旅社属低档旅店,硬件竞争能力差,失去市场,经营每况愈下,于 1994 年营业额下降出现亏损。1997 年进行改造装修,一楼为门市对外招商出租,二楼为客房,三楼为可容纳 600 人的餐厅;成为集餐饮、旅店、招商为一体的服务性企业。2000 年企业固定资产原值为 145.7 万元,自有流动资金 10 万元,营业额 119 万元,利润额 0.3 万元,缴纳营业税 6.5 万元,在职职工 33 人,退休职工 31 人。2002 年 5 月,企业改为股份合作制企业,有在职职工 28 人,离退休职工 33 人,遗属 10 人,资产总额为 292.05 万元,剥离出 86.3 万元划归国有局,改制资产总额为 205.7 万元,负债总额 30.6 万元,净资产为 175.1 万元。2005 年后,企业以出租房屋、收取租金为职工缴纳统筹款。

六、瑷珲宾馆

瑷珲宾馆位于西兴路与文化街交会处,建于 1974 年,原名为爱辉县第一招待所,后改为北港宾馆。是政府接待性宾馆,事业单位。1983 年,又新建一层楼房,有床位 200 张,设有大、小会议室、餐厅、高级房间。1999 年 6 月,瑷珲宾馆归贸易局所属,实行企业化管理。2000 年,有房屋建筑面积 4 296平方米,床位 190 张,固定资产原值 544 万元,年营业额 131 万元,亏损 26 万元,缴纳营业税 7.2 万元,职工 46 人,退休职工 27 人。2001 年以后交由经济计划局管理。

2001 年 8 月,改制为瑷珲宾馆有限公司。固定资产原值 400 万元,房屋面积 5 540.79 平方米,流动资产 2 万元。职工 33 人入股,股本金 24.4 万元,占总资本 6.62%,国有资本占总资本 93.38%。

七、江滨旅馆

江滨旅馆为集体企业,位于文化街与迎恩路交会处西北角。1983 年末,有大旅社和工农旅店 2 个门点,职工 49 人,年营业额 10 万元,利润 1.1 万元,上缴税金 0.4 万元。1990 年工农旅店改为职工宿舍,人员并入大旅社。同时更名为江滨旅馆。1992 年黑河行署商业局建丰辉大酒店占地,行署商业局以 1 720 平方米办公楼和 600 平方米平房兑换江滨旅馆营业楼,迁址经维修改造后开业。2000 年,有房屋 2 320 平方米,固定资产原值 52 万元,自有流动资金 0.6 万元,营业额 5.9 万元,利润 -1.8 万元,缴纳税金 1.6 万元,在册职工 21 人,退休职工 24 人。2002 年 4 月,企业进行产权制度改革,将企业房产整体出售,企业出售所得210万元,爱辉区经济计划局上收30万元,余款用于安置职工及偿还债务。

八、黑河理发店

黑河理发店为集体企业,原址在中央街与官渡路交会处西南角。1983年,营业额7万元,亏损0.3万元,年末职工人数32人。1992年龙纺公司建设占地,临时迁址兴林街黑河市人民医院对过;后又临时迁至位于兴安街中国人民银行对过,均为租用房。2000年,固定资产原值5.4万元,自有流动资金2.4万元,营业额6.8万元,缴纳税金1.2万元,职工人数13人,退休职工12人。2004年4月停业,在册职工10人,退休职工15人,职工全部放假。

到2005年该企业有2处房产,一处是中央街298号龙纺大厦一楼,建筑面积125平方米,另一处是中央街第三小学对过,节能6号楼门市房1处。2005年9月,对企业进行产权制度改革,将节能6号楼门市房由爱辉区经济计划局上收变卖。将中央街298号门市房出售,出售所得120万元。其中,爱辉区经济计划局上收18万元;在册职工一次性交付养老保险、失业保险22.1万元;职工解除与企业劳动关系,一次性补偿30.7万元;补发2005年1—10月生活费2.3万元;给退休职工补发欠发工资14.7万元;一次性补发医药费24.3万元;余款用于房产、土地过户费、改制费用等。

第二章　供销合作

第一节　机　　构

一、供销合作社联合社

1983年6月,爱辉县并入黑河市,爱辉县供销合作社更名为黑河市供销合作社联合社,是供销系统县级主管部门。黑河市供销合作社联合社内设股室为工会、秘书股、政治处、财务股、业务股、基层指导股、科教股、保卫股。下辖8家直属企业,分别为黑河市第二农业生产资料公司、黑河市土产公司、黑河市废旧物资回收公司、黑河市果品公司、黑河市供销社驻龙镇中转站、黑河市供销社工业品贸易公司(原繁荣商场)、黑河市农副商场、黑河市供销办事处。每个公社均设有供销社,共计有11个基层供销社,这11家公社级供销社下属供销部计39个。1988年驻龙镇中转站迁回黑河,并更名为黑河市供销储运公司。

1993年撤市建区时,黑河市(县级)供销合作社联合社更名为黑河市爱辉区供销合作社联合社。所设科室随着社会经济形势变化有了较大变动。政治处改称为人事监察股;随着职工教育任务的基本完成,撤销了科教股;新设了审计股。具体设置为党委办、工会(机关党支部)、业务股、财务股、审计股、基层指导股、保卫股、办公室(原秘书股)。下属企业增设了供销股份公司,直属企业总数达到9个。全区有11个乡镇供销社。

2005年,爱辉区供销合作社联合社下设科室为党办(工会)、办公室、财务股(含审计)、业务股(含基层指导股职能)、保卫股;编制28个。下辖企业为7个,因城市改造动迁注销了农副商场、黑河市供销社工业品贸易公司(繁荣商场)。下辖6家直属企业为农业生产资料公司、果品公司、土产公司、废旧物资回收公司、地毯地革商店(股份公司)、黑河市供销储运公司。

二、农村合作经济组织

2003 年,爱辉区农资公司成立了爱辉区农资(化肥、农药)协会,宗旨是维护农民利益,加强市场管理,促进农产品市场流通,增加农民收入,加快爱辉区农业经济产业化步伐。

2003—2004 年,分别成立了爱辉区农村合作经济组织协会、爱辉区农民经纪人协会。至 2005 年,各种农民专业合作社发展到 13 个,合作经营范围涉及种植养殖加工运输服务各个领域。农村合作经济组织和农民经纪人队伍的不断壮大,对爱辉区农业生产发展和农民生活质量提高起到了较大的促进作用。

第二节　经营网点

一、城区网点

爱辉区的供销社商业在城区的网点主要分为三级公司(5 家)、零售商场(2 家)和供销储运公司(1 家)。5 家三级公司分别是农业生产资料公司、果品公司、土产公司、废旧物资回收公司、贸易货栈;2 家零售商店分别是农副综合商店、繁荣商场。分别负责农业生产资料、各种干鲜果品、农副土特产品、各种废旧物资的购销调存业务,贸易货栈则经营商业、供销三级公司所不经营的商品。至 2005 年,除以经营化肥为主的第二农业生产资料公司以外,其余各家三级公司(包括贸易货栈)所经营的三级批发业务均已终结,在市场经济条件下自行开辟业务经营渠道。供销储运公司因黑河口岸对俄贸易量增加,供销储运公司经济效益较好。

(一)三级公司

1. 黑河市第二农业生产资料公司

黑河市第二农业生产资料公司的前身是爱辉县农业生产资料公司,位于黑河市区环城路,与军分区相邻,占地面积 3.4 万平方米,建筑面积为 4 500 平方米。撤市建区时原黑河地区农业生产资料公司直接变更为黑河市农业生产资料公司,该公司遂改称为黑河市第二农业生产资料公司,主营化肥、农药、农膜。

1997 年区农资公司销售化肥 1.4 万吨,创当时历年最高水平。1998 年 4 月,国务院《关于深化改革化肥流通体制的决定》下发后,以化肥为主的农资商品销售全面放开,农资市场出现了多家经营、竞争激烈的局面。全区除市、区 2 家农业生产资料公司同时经营农资商品外,还有省直公司、各乡镇政府、农村“三站”(农技站、农经站、植保站)及生产厂家、个体商贩等跻身农资市场。2005 年,第二农资公司市场占有率下降到 30%,基本失去了农资市场的主渠道作用。爱辉区全区每年化肥经营量(施用量)在 1.7 万吨左右。

2. 黑河市果品公司

黑河市果品公司成立于 20 世纪 60 年代中期,位于黑河市区文化街西侧,占地面积 5 600 平方米,建筑面积 3 350 平方米。计划经济时期主营省内外所产干鲜果品及地产各种农副土特产品(如黑木耳、白瓜子、蘑菇、榛子等)。其中黑木耳年收购量最高记录为 600 吨。20 世纪 80 年代末期市场放开经营后,该公司转向开办果品综合批发市场,吸引经营业户 49 户,年经营额在 2 000 万元以上。

3. 黑河市土产公司

黑河市土产公司成立于20世纪70年代初期。位于黑河市区东南火车站附近,占地面积1.8万平方米。在计划经济时期,土产公司主要以经营牛、马皮及地产野生动物皮张等土畜产品及蜂蜜等为主,供应当地及外省土产商品,同时负责发展当地养蜂事业。20世纪80年代末期改为以场地出租业务为主。

4. 黑河市废旧物资回收公司

1987年,在城市经济体制改革中,废旧物资回收站从土产公司分离出来单独成立,位于黑河市区西部零公里附近,占地面积2.4万平方米,建筑面积1 500平方米。以收购和销售各种废旧物资为主,主要品种为废钢铁、各种废旧有色金属及其他废旧物资(后统称为再生资源),废旧物资经营放开后,公司原有业务经营难以为继,1995年后以场地出租为主。

5. 爱辉县供销贸易货栈

爱辉县供销贸易货栈成立于1978年10月,是当时供销系统为弥补商业供销两大系统商品供应不足而成立的一家拾遗补缺性质的三级公司,名义上为拾遗补缺,实际性质为经营以自行车、手表为代表的计划外紧俏商品。1987年,伴随着商业经营政策的全面放开和边贸热的兴起,该公司解散注销。

(二)零售商场

1. 农副综合商场

农副综合商场是计划经济时期供销社系统在黑河市区的大型综合农副商场,为供销系统老字号商店,商场位于文化街与迎恩路交叉口,营业室面积近300平方米,职工21人,至1992年动迁后注销。

2. 繁荣商场

繁荣商场原为货栈商店,坐落于中央街繁华地带,于1979年成立。1986年经改造扩建为市内大型百货商场之一,同时更名为繁荣商场,营业室总面积近3 000平方米,职工300余人,2002年因黑河市城区改造动迁后注销。

(三)供销储运公司

供销储运公司原名称为爱辉县供销系统驻龙镇中转站,地址在龙镇,以货物储运、中转为主要业务。20世纪80年代末期迁至黑河,更名为黑河供销储运公司,系综合储运服务公司,拥有铁路专用线170米,占地面积1.5万平方米,各种仓库面积2 000余平方米,年储运、中转货物量10万吨左右,年业务收入30万元以上。

二、农村网点

(一)基层供销社——乡镇供销社

以乡镇为单位设立,以所属村屯分销点为下属分支单位,独立核算。20世纪80年代初期,黑河市有11个(坤河乡除外)乡镇基层供销社。计划经济时期,农村供销社为国家整个国民经济的发展做出了贡献，从解放初到20世纪80年代末期，是供销社的辉煌时期。大量的农副产品（鸡蛋、各种畜产品及其他土特产品）运往城市，供应城市居民生活；同时，供销社又肩负着向农村居民供应各种日用工业品、副食品的任务，农村日用工业品的95%由供销社供应。20世纪80年代末期，随着国家政策及经济形势的不断变化，使得基层供销社的规模、地位、作用发生了根本转变。至2005年，爱辉区除因撤乡并村而注销的1个乡级（北师河）供销社以外，其余10家基层供销社全部由个人承包经营。

（二）村屯分销店

村屯分销店是乡镇供销社在所属村屯设立的销售点。进入20世纪80年代初为历史最好时期，全区共有39个分销店。因国家政策调整，逐步取消农村商业领域的计划经济体制，村屯分销店伴随着供销社系统在日用工业品零售市场的整体萎缩大幅度减少，至2005年，锐减至15个。

另外，乡镇供销社在没有分销店的村屯设立代购代销点，为供销社代购农副产品同时代销简单日用工业品。代购代销点由农户个人经营，是供销社联系农村农户的最小单位，到2005年已全部退出。

（三）西岗子服务业

由供销系统代管的西岗子镇综合服务集体企业统称为西岗子服务业，属于集体所有制性质，由冰棍厂、理发店、饭店、旅店、洗浴等构成，各种服务项目和设施遍布西岗子全镇。随着个体经营政策的逐步放开，原有的集体经营所有制已不能调动职工的积极性，1998年夏，在爱辉区供销社工作组的主持下，西岗子服务业经全体职工表决后解体。

第三节　商品经营

一、农资供应

二十世纪八九十年代，供销社发挥着农业生产资料供应主渠道作用，供销系统直属企业——黑河市第二农业生产资料公司，专门经营农业生产所需要的化肥、农药、农膜、铁木农具等。

1993年，全区供销系统商品总销售额为4 220万元。化肥销售6 557吨，农药销售24吨，农膜销售52吨。

1997年以前，国家对化肥实行专营政策，每年11月由省农资公司按计划下达指标，直拨到县级农资公司，销售价格由物价部门统一制定。1997年区农资公司销售化肥1.4万吨，创历年最高水平。化肥销售成为供销社商品经营中的支柱品种，区农资公司连续8年获得省供销系统“六好”“百强”称号。

1998年，全区供销系统商品总销售额为4 449万元。其中，化肥销售11 269吨，农药销售38吨，农膜销售64吨。1999—2003年，累计实现商品总销售13 128万元，累计销售化肥54 300吨，农药156吨，农膜65吨，上缴利税186万元。2004年，实现商品总销售额2 385万元，化肥销售量7 056吨，农药15吨，实现利税28万元，农资销售开始走下坡路。2005年，实现商品总销售额4 122万元，销售化肥8 000吨，农药24吨；实现利税35万元。

二、日用工业品供应

计划经济时期各乡镇供销社是农村商品供应的独家渠道，主要负责当地居民及农户息息相关的日用工业品供应。从20世纪80年代初期开始，随着改革开放，经济形势的好转，原来在农村实行的按计划定量供应的部分商品(即凭票证供应)已逐步取消,变为敞开供应,极大地满足了农村消费者的物质需求。到了80年代中后期,各种形式的个体商业网点迅猛发展,供销社逐渐失去了原有的特殊地位和作用,商品供应的独家优势被逐渐取代。

1983年前后,仍有少部分日用必需品限量供应。具体办法为先由销售部门把限购的高档商品购货票证按计划分配给单位、部门,再由单位部门分配给最需要的人。限购的高档商品有自行车、手表、收音机、缝纫机等。除此之外,在春节等重大节日,鱼类、高档烟酒等也以票证方式向当地居民限量供应。当时出现一种现象"走后门",即掌管商品分配权的商业、供销系统内部的人员可以把计划以外的部分限购商品售给不持有票证的人。此种现象随着商品的敞开销售而自行消失。

三、农副产品收购

从新中国成立初期到改革开放前期,为了保证城乡居民的副食品供应,农副土特产品采购销售业务一直由供销社系统和国营商业系统按国家指令完成,直至20世纪80年代末期,这种现象得到彻底改变。

黑河市供销系统的主要收购品种为黑木耳、鲜蛋、蜂蜜等。

黑河市农副土特产品主要收购品种一览表

表11－9

品　名	单位	最高年份收购量	品　名	单位	最高年份收购量
黑木耳	千克	60 000	中药材	千克	10 000
鲜　蛋	千克	75 000	牛　皮	张	1 000
蜂　蜜	千克	100 000	马　皮	张	400
白瓜子	千克	50 000	元　皮	张	800
西　瓜	千克	125 000	榛　子	千克	10 000
蕨　菜	千克	100 000	蘑　菇	千克	5 000

说明:蘑菇为干品;中药材主要收购品种为黄芪、黄芩、贝母等

第四节　体制改革

一、经营方式改革

20世纪80年代初,供销社行业实行的是计划经济管理模式,商品购、销、调、存基本执行国家计划管理,企业无经营自主权。从80年代中期开始,供销系统经营机制改革不断在探索中进行。

1985年,实行联销计酬核算方式,由于控制不了库存规模,同时库存商品中存在着相当比例的有问题商品,经过2年实践后否定了该种经营模式。1987年,黑河市供销社对各基层社实行利润、销售额、费用大包干,定商品库存额的管理方式。1989年,黑河市联社对各企业实行目标管理,扩大了企业自主权。

20世纪90年代后,随着经济体制改革的不断深化,企业有了自主经营权,可实行小商品自主定价;取消了省内外购货渠道限制;三级批发经营方式逐渐失去作用,企业以自主经营方式维持企业生存。

1993年底,根据省供销社会议精神,爱辉区供销社首先在基层供销社的经营上引入市场机制,打

破商品经营权限制，各基层社一律实行“租壳卖瓤”的经营机制，即把库存商品按一定折价比例卖给职工，由职工交给供销社一定的租金进行租赁经营，减少了供销社的资金风险。对区供销社直属企业的管理实行目标管理责任制、集体经营责任制和经理责任制。进入21世纪后，供销商业除保留利润计划外，其余经济指标全部放开，实行企业自主经营、自负盈亏。

2001年，全系统基层社管理基本实行了无亏损经营机制，固定资产处分权收归区供销社，当时的固定资产现值约为1 000万元。至2005年，除基层供销社实行租赁经营外，爱辉区联社直属企业分别实行目标管理责任制、股份合作制、对外租赁等经营机制。

二、管理方式改革

（一）分配制度改革

在分配形式上，供销社一直套用国家规定的商业工资级别体系。20世纪80年代后期，基层社逐步实行了按劳取酬、联销计酬、承包或岗位工资；区供销社直属企业沿用商业级别工资，年末计发奖金。1991年开始，黑河市供销社下放工资管理权限，由各企业在国家规定范围内自行确定人员工资，市供销社备案。从1998年起，全区供销系统企业实行岗位工资，分配制度改革基本完成。

（二）人事制度改革

爱辉区（黑河市）供销系统用工是以国营固定工为主、集体合同工为辅、农民合同工为补充。1991年年末，职工人数达到最多，为736人。1995年，供销系统实现全员合同制，各企业职工有停薪留职的现象。1998年末，供销系统对劳动合同进行清理，共解除劳动关系350余人。2005年初，又有70余人参加了国营企业的并轨工作。1995—2005年，供销系统共解除劳动关系420人，人事制度改革基本完成。

（三）产权制度改革

2000年开始，爱辉区供销系统进行产权制度改革，主要改革内容是流动资产和固定资产产权。基层社的流动资产全部出售给个人，固定资产则按年收取租金；基层社及区直企业固定资产中的房屋产权证全部收归爱辉区供销社管理。

第五节　招 商 引 资

1992年，随着黑河市通贸兴边工作的逐渐增温，供销系统的招商引资工作逐步开展起来。当年秋季，安徽省六安行署驻黑河办事处（后更名为黑河兴鑫经贸有限公司）与黑河市供销社达成协议，双方各投资500万元，在原农副综合商店及市供销社旧址联建供销大楼，供销系统投资中土地占40%。后因双方资金出现问题，遂以三层楼（地下一层、地上二层）收尾，总面积3 000平方米。1997年建成后，由于地理位置优越，先后在此办起了新国道超级市场、绿色福量贩店（仓买）；2002年凯歌家电城（与哈尔滨黑天鹅家电联营）搬迁到此地，租期6年。到2005年仍在经营。

1993年4月，江西宜春行署经济发展中心与黑河市供销社商定，在果品公司南大门联建6层商服及办公楼，对方投入资金130万元，供销社只出让土地，产权双方各半，于1994年竣工。1999年双方解除合作关系，归属爱辉区供销社的产权楼用于行政办公用房。

1993年春，果品公司办起了黑河果品综合批发市场。2001年，该市场争取到“黑河市中俄果蔬绿色产品综合批发市场”项目，在省有关部门争取贴息资金80万元，改造了果品公司临街的门市及仓库，建起800平方米的营业大厅及精品屋，企业规模有了一定提高。至2005年已形成年购销额2 100万元的经营规模。

1996年，繁荣商场办起了繁荣轻工大市场，为供销系统找到了新的经济增长点。1997年，香港比利集团在繁荣商场成立了比利（牛仔）连锁店。1998年，繁荣商场成立了亚力达钟表眼镜商场。至2002年因城市改造动迁后注销。

第三章　粮　　油

第一节　机　　构

1983年6月，随着县市合并，爱辉县粮食科并入黑河市粮食局。黑河市粮食局为正科级建制，编制28个，内设机构10个股室，分别为党委办、秘书股、计财股、服务股、人事股、价检股、农管股、保卫股、教育股、集体企业管理办公室。

1990年5月，市编委批准，农管股下设粮油市场管理办公室及粮油稽查大队，一个机构、两块牌子，编制18个。

1991年6月，成立黑河市粮油监督检测站（事业单位），与粮食局内设的价检股合署办公，一个机构、两块牌子。

1993年4月，随着撤市建区，黑河市粮食局更名为爱辉区粮食局，正科级建制，编制50个，设党委、纪检委、工会。内设机构13个，分别为基建物资股、科教股、计调股、价检股、财务股、保卫股、劳动人事股、工业股、储运股、供应股、审计股、粮油贸易股、办公室。

1996年，区粮食局定编26个，其中，机关行政编制15个，工勤事业编制11个。行政领导职数4职，1正职3副职。内设职能股9个分别为办公室、人事（保卫、科教）股、农村股、财务股、审计股、供应股、计调股、行业指导股、工业股。

2001年11月，根据《黑河市爱辉区党政机关机构改革实施意见》及人事部门关于《黑河市爱辉区党政机关机构定岗定编实施办法》，粮食局成立了粮食局机构改革领导小组，制订了《爱辉区粮食局职能配置、内设机构和人员编制方案》，编写岗位说明书。通过竞争上岗确定各股室股长及股员名单，上报区人事局备案。2001年，区粮食局定编19个，其中机关行政编制17个，机关工勤事业编制2个。领导职数局长（兼党委书记）1职，副局长3职，党委副书记1职，纪检书记1职，工委主任1职。设7个职能股分别是办公室、计调股、行业指导股、仓储股、财务审计股、人保教育股、党委办。

到2005年，爱辉区粮食局机构和人员设置没有变化。

第二节　体制改革

一、粮食流通体制改革

1983—1984年，实行粮油统购统销政策，粮油商品由粮食部门独家经营。1985—1993年是粮食“双轨制”（平价、议价）时期，粮食部门由过去的以管理为主转向经营为主，这一时期的特点是实行了粮食流通体制改革和粮食管理体制改革，变统购为合同和国家定购，实行计划和市场相结合，市场调节部分逐步扩大，价格改革和市场体系建设有了较大发展。在价格和购销体制改革上有一个大趋势，两个新变化，就是粮食流通体制改革由计划经济向市场经营过渡的步伐加快，粮食的供求由较长时期的买方市场开始出现局部地区的卖方市场；粮食价格由长期平稳、处在低谷开始呈上涨态势。

1991 年，调整粮食销售价格。1992 年 5 月，实施购销同价；同年 11 月，实行“减购放销”，减少了定购任务，放开了销售价格和市场，把粮食加工和供应企业推向了市场。从 1994 年新粮上市起，对国家定购粮食全部实行“保量放价”，即保留定购数量，收购价格随行就市。同年省政府给予粮食部门优惠政策，并且落实了优惠政策。在实行“两条线”运行后，扶持国有粮食企业经营政策性业务实行保本缴利，商业性经营提高经济效益，发展多种经营扩大经济收益。

1998 年 5 月 10 日，国务院《关于进一步深化粮食流通体制改革的决定》发布，意见中要求，建立国家专项储备制度，实行粮食收购保护价政策，建立粮食风险基金，实行“米袋子”省长责任制。该文件实施以后，围绕落实按保护价敞开收购农民余粮，粮食企业实行顺价销售，农业发展银行收购资金封闭运行这“三项政策”和加快国有粮食企业自身改革，采取了公示制、承诺制，认真执行“十有八不准”的粮食制度，挂牌服务、便民服务，基本上按保护价敞开收购农民的余粮，不打白条、不拒收，有效地保护了农民的种粮积极性。在 2002—2004 年的 3 年中，爱辉区 17 个企业 590 名职工下岗分流，一些粮食品种实现了顺价销售，收储企业初步扭转了大量亏损的局面；制止了粮食收购资金的挤占挪用，实现了收购资金的封闭运行。

2001—2005 年，黑龙江省根据中央粮食改革精神及国务院《关于进一步深化粮食流通体制改革意见》及国家计委、国家粮食局《关于 2001 年稻谷收购价格有关问题的通知》要求，各国有粮库对风险基金实行“统筹使用，超支不补，结余留用”的原则，以保护价敞开收购农民余粮，做到不拒收、不限收、不停收，切实保护农民利益，执行国家新的粮食质量标准，进一步拉开地区间的差价；同时，开拓销售市场，解决粮食滞销积压问题。加快国家粮食购销企业改革步伐，彻底打破吃大锅饭，靠补贴的观念。

二、企业改革

1983—2000 年，企业改革是对企业存在的形式进行改革，没有改变企业对计划经济的依赖。2001—2005 年，工作重点放在全力推进全系统企业改革、加快企业经营机制转换工作上。

（一）粮办工业及附营企业改革

2001—2002 年，爱辉区粮办工业及附营企业完成 9 家企业的改制工作。其中实行股份制的企业 6 家（制粉厂、饲料公司、粮食车队、天漠海电脑公司、宏汇粮店、市场办），兼并 1 家（制米厂）；出售资产、全员解除劳动合同的 2 家（城区粮店、华兴养殖场）。2002 年，天漠海电脑公司、宏汇粮油食品商店改为民营企业。2003 年，根据黑龙江省人民政府《关于深化粮食流通体制改革的意见》和企业的经营现状，对粮贸公司、粮油食品厂和华兴养殖场等企业依照法律程序实行破产，2005 年企业破产工作结束。黑河双环粉业有限责任公司（黑河制粉厂）于 2003 年改制为股份公司，2004—2005 年公司处于停产状态。2003 年，粮食车队改制为股份制，更名为黑河市联盛运输有限公司；2004 年公司再次改制，职工和单位解除劳动关系。2005 年，黑河市饲料有限责任公司完成国有股退股工作，企业全部转为民营公司。

（二）购销企业改革

2003 年，按照省政府 2003 年 18 号文件要求，爱辉区粮食局制定了购销企业改革方案，经局党政班子研究决定，先对罕达汽粮库、振兴粮库实行改革。改革后罕达汽粮库职工全体解除劳动合同，粮

爱辉区粮食企业改革会议　　2001 年摄

库资产合并到西岗子粮库，取消法人资格，企业可根据实际情况进行人员返聘，经营附营项目。振兴粮库全员解除劳动合同。2003 年，振兴粮库、罕达汽粮库按照改革方案完成减员分流任务。全系统共解除劳动关系 540 人，超额完成 42 人。

2005 年，爱辉区 5 家购销企业 1 048 人完成改革并轨工作。职工置换身份，与企业解除劳动关系。5 家购销企业在岗职工总数 177 人，其中，没解除劳动关系的 88 人，解除劳动关系后返聘的职工 89 人。

第三节　粮食收购

一、征购包干

1983 年 3 月，黑龙江省人民政府制定《黑龙江省粮食征购、销售包干办法》。确定从 1983—1984 年粮食年度起，黑龙江省对各地市只实行征购、销售包干不实行调拨包干；在“一定五年”不变的基础上，实行征购包干一定两年不变。调整后的具体政策为生产单位完成征购包干后，留粮不受限制，余粮自行处理；对受灾较轻、一般减产单位，征购包干任务必须保证完成，遭受重灾的可以当年缓交、翌年补交；农村推行联产承包责任制后，农民已有条件自行调剂粮食余缺，国家不再拨给定购粮；鼓励各地多购粮食，省对县（市）实行超购包干分成办法，以县（市）为单位，超额完成征购包干任务的粮食，省、县按“六、四”比例分成（省分 60%，县分 40%），行署可在县分成数内适当提留一部分；地方分得的粮食可自行安排使用，也可顶抵下年征购包干任务；交售粮食的价格，征购基数以内的按统购价，超过征购基数部分，以农场和承包单位计算按混合平均价加价 50%（大豆、水稻除外）等 8 项调整。粮食政策的调整和农村经济体制改革的不断深入，充分地调动了农民生产积极性。1983 年包干任务 36 000 吨，实际完成 48 085 吨，超任务的 13.356%。其中，小麦任务 25 650 吨，完成 38 945 吨；大豆任务 9 850 吨，完成 9 000 吨；水稻任务 250 吨，完成 200 吨。

1983 年 5 月 31 日，省粮食局制定《关于粮油议购议销工作若干问题的暂行规定》。1984 年 4 月，根据上级要求，黑河市成立议购议销领导小组。成立了粮油贸易公司，负责议价粮出口，组织议转平，平价转议价业务和大宗品种余缺调剂，开展议价经营业务。为国家掌握粮源，弥补平价粮收支缺口，提高经济效益，增加农民收入，满足不同层次消费者需要，起到了重要作用。

二、合同定购

1985 年 1 月 1 日，中共中央、国务院发布《关于进一步活跃农村经济的十项政策》，决定取消粮食统购，实行合同定购。改革农产品统购制度，除 3 个品种外，国家不再向农民下达农产品派购任务，按照不同情况，分别实行合同定购和市场收购。同年4月1日，省人民政府决定，从粮食年度(4月1日)起，粮食取消统购，改为合同定购，定购以外的粮食、油料可以自由上市。4月，黑河市层层落实合同定购指标，组成了合同定购工作领导小组，由主管副市长任组长，在粮食局农管股设合同定购办公室，抽调机关干部和粮库管理人员与乡干部组成工作组，深入各村屯，协助乡镇政府开展政策宣传教育和定购合同的签订，向农村干部和农民群众宣传中央《关于进一步活跃农村经济的十项政策》精神，讲清改革粮食收购制度、实行合同定购，对调整农业结构、发展农村商品经济、增加农民收入的重大意义。消除了一些农户存在的一怕合同签订多了完不成挨罚，二怕签订少了，粮食丰收卖不出去的顾虑，从而保证合同签订工作顺利进行。

在实行合同订购的几年中，由于粮食购销新旧体制交替、合同指标定的过高和国家收购价低于市场价等原因，出现农民惜售，多方抢购，粮油市场机制不健全，管理失控的局面。1988年，省政府下达粮食收购任务为“合同定购”和“议转平”两项任务。黑河市粮食局采取分片包干的办法深入乡村宣传党的粮食政策，发放了化肥和预购粮定金，促进了备耕生产，配合了市政府的中心工作。为了确保省、地下达的征购任务指标的完成，粮食局组织局机关干部和有关企业人员60多人，下乡宣传粮食“双轨制”的意义、兑现合同的严肃性和粮食政策，动员农民向国家多卖粮。复查合同，兑现合同，对1987年完成粮食合同任务好的先进单位、村及农户进行了大张旗鼓的表彰、奖励。各粮库采取多种措施，提高服务质量，为方便广大农户卖粮延长收粮时间，为农民提供晒台、麻袋、苫布，做到随到随收，严格质价政策，做到了不压等、不压价和优质服务。同时设立4处检查站，截获外运粮车12台次、共计68吨，进行了追交和罚款处理，严肃了纪律，稳定了粮食市场，加快了收购进度。当年，很好地完成了1987年粮食合同定购兑现工作，完成定购合同7 920份。

1989年8月23日，省政府下发了《关于改善粮食经营和加强粮食管理的决定》(即“十条决定”)，省政府又对合同定购价格，合同定购品种超出部分，非合同定购品种，合同定购的品种、数量、送粮补助费办法、支付粮款政策作出明确规定，使合同定购日趋完善，合同损失率由7.8%下降到1.8%。

1991年，按着预定的计划，与农民签订定购合同36 500吨；年末与农民兑现了合同，如期完成了任务。1992年在减购放销、敞开经营的条件下，完成了全市粮食合同定购任务。1993年的粮食定购和收购工作，在减购和市场全面放开的新形势下进行，共签订定购任务通知书11 000份，实际签订粮豆任务29 821吨，其中，小麦18 960吨，大豆9 210吨，玉米1 649吨；发放预购粮定金27 155万元；至12月31日共计完成26 968吨。当年，按省政府要求对定购粮仍兑现一部分平价化肥。1993年定购粮“三挂钩”兑现办法为：(1)农民每交售50千克定购小麦、玉米，兑现平价化肥4.5标千克和平价农作物专用肥1.3标千克，同时兑现价外加价款2.24元。(2)农民每交售50千克定购水稻，兑现平价化肥4.5标千克和平价农作物专用肥1.3标千克，同时兑现价外加价款2.04元。(3)农民每交售50千克定购大豆，兑现平价化肥6.8标千克和平价农作物专用肥1.95标千克，同时兑现价外加价款2.59元。定购粮价外加价款，由粮食部门在对农民结算售粮款时一并付给；平价化肥，由农民持交售定购粮的凭证，到供销社(农资公司)化肥销售网点购买。

1994—1998年，爱辉区的粮食收购任务在2.5万~3万吨左右，除正常采取订购方式，还采取了保护价、议价等方式，以保证粮食收购任务的完成。1999年收购任务为11 136吨；2000年仅为6 390吨；均以保护价收购。2001年以后，粮食市场全面放开经营。

1983—2000 年爱辉区(黑河市)粮食收购情况表

表 11 - 10　　　　　　　　　　　　　　　　　　　　　　　　　单位:吨

年份	收购总量	其中						说　明
		小麦	水稻	大豆	玉米	谷子	杂粮	
1983	62 335.5	52 230	19	9 939	78	37	32.5	征购划转议购 925.5 吨,议转平 235 吨,支出平转议 852 吨
1984	15 690	7 653	10	8 015	9	—	3	征购议转平 685 吨,大豆支出平转议 2 757 吨
1985	7 254.5	1 324.5	43.5	5 881.5	4.5	0.5	—	支出平转议 505.5 吨
1986	14 675	7 002	4	7 654	8	7	—	国家委托收购大豆 1 000 吨
1987	16 849	4 974	1	11 820	54	—	—	议价议购 9 276 吨
1988	17 542	6 606	—	10 924	12	—	—	议价收购 6 112 吨
1989	37 522	25 137	13	12 209	163	—	—	保证金收 1 847 吨
1990	36 321	21 091	5	15 015	210	—	—	保证金收 3 060 吨
1991	40 705	29 268	100	11 300	37	—	—	议转平 3 500 吨
1992	28 978	20 261	—	7 973	744	—	—	议价收购 25 648 吨
1993	28 228	18 921	—	8 932	375	—	—	议价购进 28 752 吨
1994	26 916	11 043	—	15 873	—	—	—	议价购进 12 119 吨,销售 24 171 吨
1995	31 826	17 261	—	8 380	6 185	—	—	议价购进 28 752 吨
1996	29 126	20 261	—	8 269	596	—	—	议价购进 4 580 吨,省内调入 6 318 吨
1997	30 282	20 261	—	9 840	181	—	—	保护价 23 519 吨,议价 36 265 吨
1998	27 169	17 962	—	8 770	437	—	—	保护价收 7 691 吨
1999	10 954	8 405	15	2 497	37	—	—	保护价收 40 654 吨
2000	6 398	15	623	—	5 760	—	—	保护价收 6 401 吨,议价 2 吨

三、粮食专项储备

1990 年,国务院要求将粮食议购转为储备粮。并且要求议购转为专项储备的粮食,必须是当年农民完成定购任务后直接向国家出售中等品以上,符合国家标准的新粮。上年议价库存的陈粮和预约收购尚未入库的粮食,一律不能转为专项储备。议购转储的粮食,原则上哪里收购由哪里储备。各地转为国家专项储备的粮食,粮权属于国务院,未经批准,任何地方和单位都不得动用,做到单独统计,单独核算,单独管理。当年 9 月 16 日,国务院颁布了《关于建立国家专项粮食储备制度的决定》,以保护农民生产粮食的积极性,鼓励农民把需要出售的余粮出售。国家建立国家专项储备,增强宏观调控能力,搞好丰歉调剂,保证粮食市场供应和粮价稳定。

1990 年,黑河粮库被国家粮食储备局命名为“国家粮食储备库”。

1983—2000 年爱辉区(黑河市)代管省专项储备粮收支情况表

表 11 - 11　　　　单位:吨

年份	储备总量	其中				备　注
		小麦	水稻	大豆	玉米	
1983	3 240.5	1 039	62.5	81	2 006	—
1984	3 208.5	1 071	67.5	96	2 006	—
1985	3 196	1 028	67	95	2 006	—
1986	3 027	1 028	—	—	—	代农储
1987	3 027	1 028	—	—	—	代农储
1988	3 027	1 028	—	—	—	—
1989	46 150	1 028	—	—	—	代农储 3 027
1990	17 469	17 410	—	—	—	—
1991	17 469	24 572	—	—	1 050	收购 24 572
1992	41 504	—	—	40 454	1 050	收购 14 782
1993	41 504	8 482	—	4 600	1 700	代管收入 14 782
1994	55 438	48 910	—	4 828	1 700	代管支出 3 873
1995	7 500	7 500	—	—	—	代保 700
1996	38 537	33 713	—	4 824	—	代管调出 1 256
1997	34 150	27 519	1 787	4 824	20	代管
1998	34 098	27 493	1 779	4 807	19	代管
1999	1 101	627	8	297	17	代管
2000	34 321	27 267	1 787	472	4 795	代管

四、国家定购

1990 年,粮食合同定购改称为国家定购。作为农民应尽的义务,必须保证完成。决定规定从当年 5 月 1 日起,调整粮油统销价格,实行购销同价,销售放开,敞开经营。1991 年 1 月 12 日和 4 月 4 日,国家为解决粮食购销价格倒挂,使粮食流通走上健康发展轨道,连续发布了《国务院关于调整粮食购销政策有关问题的通知》《国务院关于调整粮油统销价格的决定》。明确规定近期粮食工作的目标,就是“稳购、压销、调价、包干”八字方针。“八字”方针的实施,给粮食形势带来巨大变化,粮食流通体制的深化改革,粮油购销价格的调整,调动了农民生产粮食和粮食经营者的积极性,粮食产量大幅度增长,国家收购量大幅度增加,财政负担补贴减轻。粮食商品率达到 90% 以上。

1992 年 4 月 1 日起,粮食定购价格提高。同年 10 月,省粮食局、省财政厅联合下发《关于减少粮食定购任务几个问题的通知》。通知中要求,为建立和适应社会主义市场经济体制,促进高产、优质、高效农业的发展,逐步把农民和粮食企业推向市场,减轻农民和财政负担,加速粮食企业经营机制的转换,省委、省政府在《关于解决当前粮食购销体制问题的通知》中对减少粮食定购任务有关问题作了规定,1992 年按 21.4% 的比例调减,1993 年调减 40%,调减后的粮食任务,继续实行“三挂钩”和定购保证金政策,对大豆继续实行保购系数的办法。在确保国家粮食定购任务的同时,全面放开粮食市场,国营、集体都可以经营议价粮油,从 1992 年 10 月起,免收粮食经营补偿费和技术改进费,议价经营取消运输上的限制,取消省界检查站。

1993 年度国家粮食定购任务稳定在 1992 年的水平不变，大豆、小麦、玉米、水稻各品种数量不作调整，但不再实行品种互顶，对应完成而未完成定购任务的地方，由省政府对各地扣收平议差价。国家定购“三挂钩”优惠政策不变。除预购粮定金适时发放外，国家从当年起，将化肥、柴油平议差价款折成现金，实行价外加价，直接补给农民。

第四节　粮食储存和调运

一、粮食储存

中共十一届三中全会以后，黑河市农业生产发展很快，粮食入库量大幅度增长，每年接收定购入库的粮食增加到 7.3 万吨。黑河市粮食部门承担了 12 个乡镇、5 个农场、2 个国营农场的粮食接收任务，同时担负非沿线粮库粮食中转外调任务；在仓库质量差、库容小的情况下，粮食仓储部门不断改进保粮技术，尽力改造增加仓容，加强仓库业务管理，完成了繁重的收粮、保粮、调粮任务，保证了储粮的安全，调运的顺畅，适应了粮食经营的需要，减少了粮食损失，节约了费用开支。

粮食储存在 20 世纪 70 年代的缺氧密闭储存的基础上，到 80 年代开始试验低氧、低药剂量的“双低”密闭储存。

2000 年，实现了电脑化管理生产。在保粮技术上采取“以防为主，防治并举”的保粮方针，全面开展了无虫、无霉、无鼠雀、无事故的“四无”粮仓活动，根据全区秋粮入库时间集中，接收量大，水分高和天气冷的特点，粮食堆放由原自然冷冻、自然风干发展到机械通风，定向通风干燥；成品粮保管由自然低温发展到制冷空调的方法储存。年末库存粮食达到 176 195 吨。其中小麦 139 061 吨，大豆 26 006吨，玉米 5 983 吨，水稻 4 948 吨，豆粕 3 吨，杂粮 194 吨。在库存中，定购粮有 67 713 吨，其中小麦 49 730 吨，水稻 45 吨，大豆 17 272 吨，玉米 666 吨；保护价粮 92 151 吨，其中小麦 83 246 吨，水稻 4 159 吨，玉米 4 746 吨；议价粮 16 331 吨，其中，小麦 6 085 吨，水稻 744 吨，大豆 8 734 吨，豆粕 3 吨，玉米 571 吨，杂粮 194 吨。2001 年粮食购销企业库存量达 186 560 吨。2001—2005 由于粮食市场放开经营，从 2002 年开始，政策性储备逐年减少，部分粮食被逐渐调出，到 2005 年，全区共有 5 个粮库，有效仓容 10 万吨，库存粮食为 81 606 吨。

1983—2005 年爱辉区（黑河市）粮食库存情况表

表 11－12

年份	粮库数量（个）	粮库面积（平方米）	库存量（吨）	库容能力（吨）
1983	4	142 000	108 019	3
1984	4	142 000	38 783	3
1985	4	142 000	89 149	3.4
1986	4	142 000	29 295	3.4
1987	4	142 000	37 334	3.4
1988	4	142 000	36 636	3.4
1989	4	142 000	53 609	3.4
1990	4	142 000	79 669	3.6
1991	5	150 000	97 905	3.6
1992	5	150 000	109 881	3.6
1993	5	150 000	124 509	4

续表 11 - 12

年份	粮库数量(个)	粮库面积(平方米)	库存量(吨)	库容能力(吨)
1994	5	150 000	121 728	4
1995	5	150 000	117 149	4.4
1996	5	150 000	94 399	4.4
1997	5	150 000	171 688	5.1
1998	5	150 000	199 475	5.1
1999	5	150 000	211 413	5.4
2000	5	150 000	176 195	5.4
2001	5	150 000	186 560	5.4
2002	5	150 000	175 359	5.4
2003	5	150 000	120 964	6.2
2004	5	150 000	109 248	6.2
2005	5	150 000	81 606	6.2

二、粮食调运

1983 年,省粮食局解除了粮食部门以外的其他部门和私人不许长途贩运粮油的禁令,改变了由上而下安排单一的纵向分配的粮油调拨管理形式。粮油调拨管理工作承担了宏观上管好,微观上管活的任务。根据国务院粮食购销政策发布会的精神和黑龙江省实行"减购放销政策",各级粮食管理部门对粮食"四统一"的管理体制进行了改革。1984 年 9 月,国务院颁发《农产品购销合同条例》,规定对平价粮油调拨实行签订《国家粮食计划调拨合同书》,即对调拨省外的粮油由省局根据国家下达的调拨计划,向地、市下达月度运输计划并签订调拨合同书;对外贸易出口的粮油,由省粮食局根据商业部、外贸部下达的季度、月份出口计划与地方外贸部门签订合同,下达到市、县由粮库、加工厂执行;对省内地市县间粮油的调出调入,按省局审批的粮油调拨计划由地市县间签订粮油调拨合同,下达到粮库、加工厂执行;市、县内移库调拨,根据市县调拨计划由粮库或加工厂签订调拨合同。执行粮油调拨合同,促进了调拨计划的按时完成。从 1992 年 11 月开始,除出口、专项储备、国家储备、定购、军粮等仍执行统一计划,进行宏观调控以外,其他的调运、销售、加工取消统一计划,实行企业自行运输、自行加工、自行销售,产、销区直接订货的市场经济体制。实行"减购放销"政策以后,粮油调运体制进行了改革,过去实行的省、地(市)、县三级调运体制改为由调入方的市、县直接向铁路部门提报要车计划,自行办理运输手续或委托省粮食局运输处代为向铁路部门提报要车计划和办理运输手续。但对出口、专项储备、国家储备、军供等项粮食,仍由国家和省进行统一调拨。1983—1989 年,黑河市主要靠公路运输粮食;1985 年爱辉粮库建成后,部分粮食由水路运出;1990 年以后,北黑铁路建成,公路运输和水路运输大幅度下降。

1983—2005 年,共计调入粮食 98 439.75 吨,调出粮食 397 524 吨。

三、粮　　库

(一)黑河粮库

黑河粮库前身为黑河粮栈,始建于解放前,位于黑龙江边码头处;1951 年改建成国家粮栈;1956 年 3 月 1 日改称为黑河粮库。

1983 年，黑河粮库属于国家储藏中转购销、沿江中型一类粮库。负责接收张地营子、上马厂、新生、西峰山等乡所属行政村、自然屯农民交售的粮食收购和城乡居民口粮的销售任务。

随着农村体制改革的深入，特别是农村家庭联产承包责任制的推行，粮食产量增加，粮库接收能力明显不足，黑河粮库先后投资扩建了仓容，改造了配套设施，成为黑河市 5 个国有粮库中经营量最大的粮库。

黑河粮库是全区建立最早的粮库，包袱重，负债较大，随着粮食流通体制的改革，特别是在粮食全面放开后，粮库的调拨销售量锐减，库存量猛增，费用开支增大，企业出现亏损局面。为了扭亏增盈，增收节支，黑河粮库最早在全区开展附营和边境贸易工作，先后办起了养殖场、运输车队、缝补车间、木器加工厂、粮油经销部和 3 个边境经营贸易公司。形成了人员分流，主副分营，以副养主的格局。随着黑河边境贸易逐渐冷却和市场经营的冲击，附营和边贸工作走向低谷。1997 年，根据上级体制改革的决定，将这些附营企业全部从黑河粮库分出，使黑河粮库成为纯粹的收储企业。

粮食市场放开后，私营粮食企业的发展对国有粮食企业造成冲击，加上政策性粮食储备减少，黑河粮库的经营难度逐年加大，到 2003 年，企业基本处于停产状态。2003 年，粮库实行改革并轨，除 1 名主任没有买断工龄外，其他职工全员买断工龄。

2005 年底，企业资产总值 16 634 万元。其中，流动资产 16 012 万元，固定资产原值 1 267 万元，净值 622 万元。有微机电控粮食测验系统 1 套，30 吨电子地中衡秤 1 台，微机 6 台，发电机组 1 台 100 瓦。有各种规格的输送机 17 台，有清粮机 1 台，提升机 3 台，装袋机 2 台，消防车 1 台，磨米机 2 台，磨粉机 1 台，粉碎机 2 台；有烘干塔 1 座，日处理潮粮 100 吨左右；有榨油设备 1 套，日处理(8 小时)大豆 20 吨的加工设备 1 套；有生产、生活用车各 1 台，席穴囤 360 个左右；库内设有变电室、检斤室、地衡房、收发室、办公楼、修理部、职工食堂及其他设施。

(二)罕达汽粮库

罕达汽粮库建于 1956 年 9 月，前身是罕达汽粮油购销站。

1983 年，罕达汽粮库承担罕达汽乡、金水农场、北师河乡及农场所属生产队 13 个自然村屯的粮食收购工作。同时负责粮食收购、入库、调运、粮食品种兑换、种子调剂、粮食销售等工作。粮库有营业室面积 195 平方米，电钻、电焊机各 1 台，12 马力拖拉机 1 台，55 型胶轮拖拉机 1 台，15 吨地量衡 1 台。

1988 年，粮库实行招标承包，支持承包人大搞多种经营，走以副养主的道路，激发了职工的积极性和主动性，使企业走上振兴之路，扭转了亏损局面。

1992 年，罕达汽粮库新建钢板仓 3 个。

1992 年以后，受市场经济的影响，失去了国家政策补贴，走上以副养主的道路。

1994 年，粮库结合山区优势，发展种植业、养殖业和小麦深加工，购置了 1 套农机具和承租土地 250 公顷，创办了小农场，当年播种大豆 50 公顷，油菜 50 公顷，养猪 20 头。秋后创利 25 万元。到 2000 年底，粮库基本实现了机械化作业，办公微机化管理，职工福利有较大提高。

2003 年，粮库实行改革并轨，除 1 名主任没有买断工龄外，其他职工全员工龄买断。2005 年末并轨工作结束。

到 2005 年底，粮库建成了 1 座有 300 公顷土地和 3 套大型农机具的希望农场；库内有水泥晒台 1 500平方米，机修车间 1 个，生活用汽车东风平头 1 台，工作用车北京 2020s 城市猎人 2 台。

（三）西岗子粮库

西岗子粮库始建于 1970 年 4 月，当时由黑河粮库承建，并把该库确定为黑河粮库分库，属报账制。1972 年 3 月，改称西岗子粮库并独立核算。

1983 年，西岗子粮库有固定资产 120 万元。营业室面积 350 平方米。板仓 2 栋。当时，西岗子粮库是黑河市粮食系统铁路沿线收购调出小库，承担西岗子 23 个生产队，坤河、北师河、二站和红色边疆农场等乡镇农场的粮食征购入库任务和粮食品种兑换、种子调剂等项业务。由于北黑铁路修复并营运，爱辉粮库的调出任务也由西岗子粮库中转，因此年经营量由建库时的 7 000 吨上升到 6 万吨，职工也由十几人增加到 1992 年的 90 人。

1991—1997 年，在完成正常粮食接收、保管任务的同时，积极开展议购议销业务。在资金紧张、农民等价销售的情况下，主动争取银行的支持，并采取引进资金的办法，采取“坐库”收和由领导带队、组织专门队伍走乡串户换品种收的措施，安排车辆数百次，发动职工分片包干，既方便了群众卖粮，又拢住了议价粮源，同时注意掌握市场销售行情、信息和销路，避免了资金和商品积压现象，议价经营走出了低谷，抵补了政策性亏损。

1991 年，粮库发展多种经营，陆续建立了小型面粉加工厂、饲料粉碎厂、饲料代销店、养猪场、小农场、小油坊和运输等副营项目，附营生产实现利润 2. 21 万元，虽然利润不高，但给企业富余分流人员找到了工作出路。1997 年，根据上级体制改革的决定，将这些附营企业全部从西岗子粮库分出，粮库成为单一的收储企业。1997 年，建成拱棚仓 2 座。1998 年建成千吨仓 2 对。

1991—2000 年，粮仓建设投入 319. 36 万元，粮仓机械投入资金 13. 63 万元。先后建成办公楼 504 平方米，以及拱型仓和砖圆仓。闭路电视转播台 1 座，罩棚 1 个，钢板仓 2 对。粮库定型为沿线粮库购销类中型二。1992 年，西岗子粮库打水泥晒台 6 400 平方米。2000 年西岗子粮库被确定为国家储备粮库。

2000 年以后，政策性粮食储备减少，西岗子粮库率先走上多种经营之路，与哈尔滨千泰有限公司联合收购大豆，实现了“两条腿”走路。

2005 年末，西岗子粮库有办公楼 2 栋、面积 1 160 平方米，库区面积 16. 5 万平方米；有输送机 8 台，扒谷机 2 台，滚桶式清粮机 2 台，移动式打包机 2 台。

（四）爱辉粮库

爱辉粮库是购、销、储沿江中型粮库。始建于 1976 年 2 月，1978 年建成投入使用。

1982 年建成二型仓 1 栋。1983 年建成钢板仓 10 个，1984 年建成二型仓 1 栋。承担爱辉公社 27 个生产队、县第二良种场和锦河农场部分连队的粮食征购入库、品种的兑换、种子调剂和粮食调运工作，年经营量 44 250 吨，营业室面积 68 平方米。1985 年建成 1 座日输送千吨粮食的栈桥式码头。水上调运上达漠河，下至佳木斯、哈尔滨、乌苏里江口直至出海口。距南 10 千米处是黑大公路与西岗子镇火车站，水运、陆运条件非常优越。

1990 年，仓容量 15 000 吨，最高储存 33 400 吨，其中，露天席穴囤 210 个，国家定购任务 7 500 吨，年收购量 15 000 吨，收购爱辉镇、坤河乡 23 个村屯生产的粮食；有职工 92 人，其中专业技术员 17 人，资产总额 5 290 万元，固定资产 604 万元，流动资产 5 286 万元。1992 年，打晒台 4 150 平方米。1994 年建成拱棚仓 1 座。1996 年，有钢板仓 13 个，罩棚 2 个，二型仓 6 个，席穴囤 165 个，警队 14 人，消防车 1 台。1997 年、1998 年各建 2 对千吨铁仓，1997 年、1999 年分别建 2 000 平方米备棚各 1 座。

2005 年,粮库机械化作业达到 92%,装载机等设备百余台。有固定资产 640 万元,流动资金 313 万元,辖 2 个乡 23 个村屯和第二良种场、锦河农场的粮食收购范围,有桑塔纳轿车 1 台,办公楼 1 070 平方米,营业室 350 平方米。

(五)振兴粮库

振兴粮库始建 1985 年冬,1991 年 5 月正式投入运营,有资产总额4 318万元。其中,固定资产 1 270 万元,流动资产 3 048 万元。有 1 座年吞吐量为 4 万吨的千吨级二驳位深水码头。位于黑河市区西北部三道亹子处,是江畔码头粮库。主要负责爱辉区所辖的幸福乡、四嘉子乡、上马厂乡、张地营子乡、新生乡、西峰山乡等 6 个乡镇的粮食收购任务,也进行大宗销售业务,主要经营的品种为大豆、玉米、水稻、小麦。是集收购、调拨、储存、销售、运输为一体,功能比较齐全的综合性周转粮库。江海联运条件便利,水路上达漠河、下至哈尔滨、佳木斯、乌苏里江至出海口。

由于粮食体制的改革,振兴粮库在主营粮食的前提下,拓宽经营门路。实行两线运行,在企业被推向市场的形势下,立足于本业,挖掘潜力,设立了多种经营领导小组,制定了多种经营发展规划。到 1996 年末,粮库发展的多种经营项目有千头猪规模的华兴养殖厂、小型农场、榨油车间、华飞公司下设商店 1 个、粮店 2 个,肉联厂、糖化饲料厂、华中公司和中集公司 10 个;安置 56 人。到 1997 年,多种经营成为粮库经济重要组成部分。

1997 年,建拱棚仓 1 座。1998 年,建平底砖砌对圆仓 2 对。

2005 年末,振兴粮库有二层办公楼 800 平方米,大会议室与车库同体楼 200 平方米,营业室 100 平方米;大客车 1 台,轿货车 1 台,手扶拖拉机 2 台,小轿车 1 台,吊车 1 台;变电所 1 个,锅炉房 1 个。

第五节　粮 油 销 售

一、粮油计划供应

1983 年至 90 年代初,黑河市对城镇居民实行以定量供应为主体、以议价购销为辅助的粮油供应与销售体制。计划供应的粮油、食品、饲料按政策核定出供应的标准和数量,按标准核发证、票,用粮单位和个人凭证、凭票到指定供应部购买。

当地使用过“七证”“九票”,是计划经济时期的管理凭证。

七证:(1)城镇居民粮油供应证(购粮证)。此证是当时城镇居民最重要的一个凭证,由粮食供应管理部门颁发。粮证登记着户主和家庭成员姓名,按人、分等、定量、凭购粮证到指定粮店,按月购买口粮。它是购粮凭证,也是吃商品粮非农业人口的证明(粮食关系)。粮食供应部门对它管理十分严格(内卡、外证、逐月复合,验证付粮,一年一换),居民住户对它使用保管非常重视,成为家庭证件管理中的重点。如有丢失不能立刻补发,先凭单位和街道证明信、户口到粮管处挂失,凭挂失单到粮店声明堵截。如没找到,6 个月后再补发(找到后作废一本),其间停止口粮供应。此证在 1993 年 1 月 1 日粮食供应功能“消失”后,只保留了城镇粮食关系证明的作用。(2)集体粮证。是厂矿企业、机关、团体、学校、托幼园食堂的粮油供应证(大粮证),与居民购粮证办理手续和性能相同。(3)军用粮油供应证。此证分两种,一种是发给居住在本城镇内需个人或在家起伙的军事人员购粮凭证;一种是军用粮油集体供应证。(4)工商行业粮油供应证。是以粮食作为原料或辅助材料的工业、手工业、酿造业、食品业、复制业、副食品业等业户采购粮油的凭证。(5)粮油分购证。为了方便在镇内临时转移起伙地点,在粮证内分出几个月粮油给伙食点统一购买,不用迁粮食关系的凭证。如孩子入托,参加临时伙食单位人员使用。起“分购证”同时起相应数量的地方粮票。购买时按品种数量一次性供应。(6)城镇牲畜饲料供应证。是饲养牲畜和其他动物养殖户在购买饲料时使用的凭证。(7)居民粮食供应关系转移证明。是在居民迁移时,转移粮食供应关系使用。2001 年 5 月 1 日,居民粮食供应关系废除。

九票:(1)全国通用粮票。是当地居民到外省(多为出差用)少量购买粮食、食品时使用的凭证,面额为成品粮,内含食油。当时黑河对全国粮票控制很紧,原因为黑河是边境地区,外来人口不多,全国粮票流入量较少,只靠省里拨来的发放,城镇居民凭单位介绍信按出差时间发放并按 1% 扣食油。农业人口凭乡级证明,用原粮到粮库兑换。(2)黑龙江省粮票(含黑龙江省定期粮票,黑龙江省地方粮票)。是城镇居民在本省购粮买食品的凭证。居民凭粮证领取,到外地按当地供应标准购粮或粮食制品。(3)黑龙江省团体粮票是由省粮食局批准,供出县参加大型公益劳动的民工、大中专学校实习生等集体单位使用的购粮凭证。(4)军用供给粮票(含马料票)由国家粮食储备局、财政部、总后勤部发放,用粮部队凭票到粮食部门领取粮食;不需付款,由后勤部与粮食部门结算。(5)军用价购粮票部队可凭此票到粮食部门用现金购买粮油。1997—2000 年,按 1997 年 1 月 5 日国家粮食储备局、财政部、总后勤部颁发的《军用粮食管理办法》实行;2000 年后,由国家粮食局颁发的军用粮票不分“供给”与“价购”。(6)黑龙江省饲料票。是城镇牲畜外出饲养户购料凭证,以原粮计算。(7)黑河市豆腐票。是居民菜豆的代用票。凭粮证领取,到市场购买豆制品,本市于 1982 年把部分菜豆指标拨给蔬菜公司,由该公司发豆腐票,并组织生产供应豆制品。于 1983 年改为凭粮证由粮店发放,但仍使用黑河市蔬菜公司制印的豆腐票。(8)工种粮票。工种补差粮票只限本县使用。(9)熟食票。当地居民凭粮证领取,只限在黑河市内购买熟食使用。

证票的设置和使用起到了计划供应、方便群众、控制销量、堵塞漏洞的作用。粮食部于 1955 年根据国务院《市镇粮食定量供应暂行办法的命令》,发布了关于《市镇粮食定量供应凭证印制使用暂行办法》的说明,明确粮票是无价证券,必须伴随货币才能买到粮食,而且只有在票面规定的数量内才有权购买。它的法定作用,仅仅是购买粮食和粮食制品的凭证,不能参与商品交换,也不能当货币使用,证票不是商品不能买卖。随着改革开放,市场商品不断充裕繁荣。首先农村联产承包制的落实,调动了农民的生产积极性,粮食产量得到大幅度提高;国家粮食政策不断调整,最后全面放开。经济计划时期使用的各种证票,在计划经济向市场经济过渡时期陆续失去作用,到 1993 年 1 月 1 日,各种证票全部作废,各种粮油和食品自由买卖。

二、军粮供应

1983—1992 年,市区没有军粮店,驻军部队凭“军用粮食供应证”持供给粮票在驻地附近粮管所定点购买粮油。1992 年,粮油市场开放以后,军粮由当地粮库调拨。1993 年 6 月,随着国家粮食流通体制的改革,全国大部分地区地方粮票停止使用,部队标准内节余的粗粮粮票,使用到 1993 年 10 月底。1994 年成立中心粮店实行军粮专卖,1995 年 11 月成立军供粮店,中心粮店改为销售居民口粮,军粮由军供粮店统一供应和管理。1998 年 6 月 11 日,军用粮票领取回收管理办法改革,军供大米、小麦粉继续实行凭票、按证供应,军用粮票仍作为结算的基本依据;为简化手续,提高效率,方便管理,军用粮票改由省粮食厅负责发放,回收保管。1999 年 3 月 5 日,省粮食厅对爱辉军粮站进行资格认定,军供站直接属于区粮食局领导,做为独立企业,负责本行政区域的军粮供应。2000 年以后,军粮不再调拨,由军粮站在市场上自行选购优质米面,供给军需。

三、粮油议价销售

1983 年,根据中共中央《关于当前农村经济政策的若干问题》精神,对议价粮油实行多渠道经营,国家、集体、个人都可以销售,市民可自由选购。同时,对国内粮食市场敞开议价销售小麦、面粉、大米和各种小杂粮。

从 1985 年 4 月起,对全市工业用粮、饮食、糕点行业以外的用粮,一律实行议价供应。随着人民生活水平的提高,议价粮油在市民生活中所占的比重越来越大。从1987年起,区粮食局粮油采购供应站主要经营议价粮油,逐步缩小平价供应比例。粮食局及所属乡镇粮管所设有分管议价粮油购销经营的部门,业务科及下属中心粮店均有分管议价粮油经营的人员。粮店在经营平价粮油的同时也兼营议价粮油,分别供应居民和宾馆、饭店,以补充平价粮油的不足。1993年1月粮食市场全面放开,取消了定量供应,粮油市场全部实行议价销售。

四、粮油市场放开

1993年国家尝试对粮食流通实行国家宏观调控下的市场调节。由定购统销和议购议销并行改为国家宏观调控下的市场调节(单轨制)。同年2月,国务院《关于加快粮食流通体制改革步伐的通知》指出向粮食商品化、经营市场化方向推进。5月,全部放开了粮食价格和经营,取消了国家低价定量供应的统销制度,实行了30多年的粮本、粮票制度随之消亡。

粮食放开不久,由于一些地区遭遇严重自然灾害,粮食减产和宏观调控不利,粮价爆涨,市场动荡,国务院于1994年5月9日发出了《关于深化粮食购销体制改革的通知》,恢复了国家定购,1996年国家再次提高40%定购价格,同时提高销售价格。1997年实行保护价敞开收购,2000年国家提出对农业和农村经济进行战略重组,黑龙江省的小麦和水稻退出保护价收购范围,实行自由收购,2001年国务院提出"放开销区、保护产区、省长负责、加强调控"的思路,黑龙江省全面开放粮食价格和购销市场。2004年5月31日,对种粮农民实行直接补贴和最低价收购政策,在规定时间内敞开收购,超过最低收购价时,由市场机制进行配制,从此完全实现了粮油市场放开。

五、粮　　店

(一)国营粮店

1983年,黑河市区设有5处粮店,分别称为一、二、三、四、五粮店,共有职工66人,担负51 200人的粮油供应任务,年经营量为902万千克。5处粮店的人事、财务和业务工作统由粮食供应管理处负责管理。当时,全市乡镇有粮管所11个,所下设店10处,共有人员51人,固定资产总额19.6万元,房屋面积2 365平方米。另外,矿区和林区均设有粮店,担负非农业人口的粮油供应。

1986年7月,按照黑河地区粮食局下达的《关于加强农村粮食购销站工作的意见》,乡镇粮管所改为粮油购销站。各所改为粮油购销站以后,担负了粮政、经营双重任务,在计划经济以及向市场经济过渡的特定历史时期发挥了重要作用。

1992年11月,国家取消口粮定量供应,粮店转为议价经营,国营粮店经营萧条。1993年粮食价格出现上涨势头,爱辉区粮管部门于1994年增加了网点建设,成立了7家企业办的国营粮店,来平抑市场粮价,与市内18家个体粮店竞争市场。1995年4月又恢复了居民口粮供应,考虑到全市人口增加,部分地区离城区较远,又新建了铁路粮店、二中粮店、新区粮店和中心粮店。1995年11月成立了军供粮店后,原中心粮店改为销售居民口粮。部队粮食供应全部统一到军供粮店购买,实行了统一管理。到1996年,全区共有国有粮店11个,担负全市区100 837人的口粮定量供应工作,其中乡镇10 513人。

(二)个体粮店

1983年粮食市场放开后,个体加工厂、粮店和粮食摊床逐渐发展起来,到1994年已有18家个体粮店和摊床,由于大多数个体粮店都是家庭式经营,规模小、周转快、品种丰富、服务到位,个体经营不断发展壮大,到1997年全区已发展到个体粮店52家,市场粮油摊床23个。

（三）产权制度改革

1994 年 12 月，根据省粮食局和区委、区政府的布署，爱辉区粮食局本着“统筹规划，分步实施，整体推进”的原则，多次征求各方面、各层次的意见和建议，制定了《爱辉区粮食企业产权制度改革方案》，并获得了区委、区政府的批准。改革主要是调整企业的组织结构、经营结构、管理结构，办法是兼并、合并。到 1995 年 1 月末，黑河粮库兼并了黑河制粉厂和市区 5 个国营粮店、东煤粮店、上马厂乡和西峰山乡粮管所；振兴粮库兼并了黑河制米厂和新生乡、张地营子乡粮管所；第二粮库兼并了黑河市浸油厂和幸福乡、四嘉子乡粮管所；西岗子粮库兼并了西岗子镇、二站乡，北师河乡粮管所和西岗子煤矿粮店；爱辉粮库兼并了爱辉镇、坤河乡粮管所；罕达汽粮库兼并了罕达汽粮管所及所属各厂矿粮店；农管处、粮管处、市场办合并成立了黑爱粮油综合批发交易市场；但批发交易市场并没有启动起来。各农村粮食管理所的营销活动没有纳入粮库的正式管理，各粮店均为自负盈亏。到 1994 年末，各城镇和农村粮店完全走上了自主经营、自负盈亏、自我约束、自我发展的四自道路。

2003 年，根据黑龙江省人民政府《关于深化粮食流通体制改革的意见》和各企业的经营现状，除军粮供应站以外，其他国营粮店均实行了全员买断，企业停产注销。

第六节　食盐经营

1982 年 8 月 31 日，黑河地区盐业站成立，负责贯彻执行盐务政策，安排用盐计划，组织食盐采购、调拨、储存、销售、食盐加碘、监督检查业务。1990 年 1 月，成立黑河市盐业公司（位于黑河市中央街 4 号零公里处），盐务工作从粮食局的储运股分出，由盐业公司具体负责用盐计划报表，组织食盐采购、调拨、储存、销售，监督检查食盐加碘等业务。盐业公司独立核算，事业单位企业管理，代表粮食局行使全市食盐的行政管理职能，负责全市食盐供应。1995 年 12 月，中盐总公司明确提出了对食盐的管理实行“五统一”（统一管理、统一计划、统一结算、统一供应、统一上缴碘盐基金）。1996 年 5 月 27 日，国务院发布了《食盐专营办法》。1997 年，加硒碘盐工程全面竣工，食盐加硒碘盐能力配套。同年，爱辉区加强盐政稽查管理，由编委批准，成立盐务管理局，与盐业公司一个机构，两块牌子，分别是具有独立法人资格的食盐专营批发企业和盐政管理机构。1997—2005 年，全区食盐调运由省盐业公司持接发调运令，由产盐地营口，大连复州湾、金湾，孝感直接发运到站。食盐到货时已加好硒碘，只需打小包装，然后批发出售。食盐是专营商品，盐业公司和盐务局认真执行国家食盐专营政策，规范管理，加大盐政执法力度，有效地打击了私商盐贩走私活动，有效地监测和控制各类突发事件所引起的盐业市场波动，保证了合格硒碘盐的市场供应。

第四章　物　资

第一节　机　构

1983 年 6 月，爱辉县并入黑河市，爱辉县物资局并入黑河市物资局。黑河市物资局是隶属黑河市人民政府的行政机关单位，正科级建制。内设机构为党委办、秘书科、综合科、财务科，均为副科级建制。下属企业有黑河市木材公司、黑河市机电设备公司、黑河市金属材料公司、黑河市轻化建材公司、黑河市燃料公司、黑河市生产资料服务公司、黑河市物资车队、黑河市物资再生利用公司,均为副科级建制。全系统职工 496 人,其中局机关 24 人。地址位于西兴路 125 号,1985 年搬迁至中央街 262 号。1989 年黑河市物资车队更名为黑河市物资贸易公司。1990 年成立黑河市申北物资贸易公司。1991 年物资局增设保卫股。1992 年成立黑河市物资协作开发公司。

1993 年 4 月撤市建区时,黑河市物资局更名为黑河市爱辉区物资局。同年 11 月 10 日,确定爱辉区物资局为行政机关单位,正科级建制。内设机构为秘书股、财务股、劳资股、审计股、保卫股、业务股,均为正股级建制。机关编制 20 个,实有人数 17 人。所属企业有黑河市爱辉区木材公司、爱辉区机电设备公司、爱辉区金属材料公司、爱辉区轻化建材公司、爱辉区燃料公司、爱辉区生产资料服务公司、爱辉区物资贸易公司、爱辉区物资再生利用公司、爱辉区申北物资贸易公司、爱辉区物资协作开发公司。1994 年成立黑河市旧机动车辆交易市场。同年生产资料服务公司破产。1995 年 12 月黑河市爱辉区物资北方商场、黑河市爱辉区木材分公司分别从轻化建材公司、木材公司分离出来,列为物资局直属企业。

1996 年全区党政机构改革,《中共黑河市爱辉区委员会、黑河市爱辉区人民政府关于黑河市爱辉区党政机构改革方案的实施意见》规定:黑河市爱辉区物资局挂牌物资总公司,由行政机关单位转为经济实体,正科级建制,具有相应的行政管理职能与权限。物资局机关内设机构无变化,所属企业无变化。1997 年物资协作开发公司解体。2000 年 7 月物资贸易公司资产整体被银行收回抵贷。同年 8 月民用爆破器材专营管理公司从轻化建材公司分离出来,列为物资总公司的直属企业。2002 年 2 月轻化建材公司改制,公司解体。同年 5 月民爆公司改制为国有控股企业,更名为黑河市宏安民用爆破器材有限责任公司。同年 8 月机电设备公司、再生利用公司改制为股份制企业,分别更名为黑河市宝利机电设备有限责任公司和黑河市兴达物资再生利用有限责任公司。同年 12 月金属材料公司资产整体出售。2003 年 5 月物资北方商场改制为股份制企业,更名为黑河市爱辉区北方物资有限责任公司。同年 6 月木材分公司解体。2004 年 7 月燃料公司资产整体出售。同年末,木材公司、机电设备公司、金属材料公司、物资贸易公司、物资再生利用公司、燃料公司、申北物资贸易公司实施并轨改制,原用人单位主体消失。企业产权制度改革和并轨改制后,物资系统所属企业只剩下宏安民爆有限责任公司、北方物资有限责任公司、旧机动车辆交易市场。

到 2005 年,爱辉区物资局内设机构有办公室、财务股、劳资股、审计股,均为正股级建制。所属企业有宏安民爆有限责任公司、北方物资有限责任公司、旧机动车辆交易市场。

第二节　物资经营

一、经营范围

20 世纪 80 年代初期,黑河市物资系统的经营范围按照国家规定进行;物资商品的少部分仍按国家指令性计划购进和供应分配,大部分商品通过指导性计划按指标统一购进。物资商品按其属性分为机电设备产品、金属材料和非金属材料三大类;按其管理权限分为统配物资、部管物资和地管物资三大类。机电设备产品包括机械产品和电工产品,机械产品有主要机械、通用机械、运输机械、动力机械、机床设备及仪表、仪器、机加工具、各种配件等;电工产品有机电、电器、电缆、电线等。金属材料包括黑色金属,如钢材、生铁等;有色金属如铜、铝、铅、锌、锡等。非金属材料包括煤炭、木材、化工、轻工、建筑材料等。统配物资即对国民经济关系重大的物资。如汽车、机床、钢材、煤炭等,由国家计委统一分配。部管物资即与国民经济某一方面关系重大的物资。如冶金设备、发电设备、纺织机械、稀有金属等,由国家各主管部门平衡分配。地管物资即一般物资。如木材、化轻材料、建筑材料等,由省市地方计划部门平衡分配。1983 年后,黑河市物资经营企业在理论上突破了生产资料不是商品的束缚；在实践上搞活流通，发展生产资料市场，把单一的物资分配调拨改为计划订购、优先订购、自由购销三种形式；经营范围不断扩大。随着国家改革开放的不断深入和经济的发展，物资商品统一分配供应销售的局面逐步消失。1994 年后物资商品经营全面走向市场，实行自由购销。

二、商品购进

1983 年，黑河市物资经营企业实行计划经济管理体制，多数物资商品分级管理，按计划分配。物资商品采购坚持“发展经济，保障供给”的方针，按照以国家指令性计划和指导性计划相结合的原则进行。一、二类物资由国家主管部门按计划统一分配，物资经营企业按指标统一进货，只有三类物资可以由物资经营企业根据市场需求选择生产单位自由进货，当年完成物资商品购进额 1 533 万元。1985 年，物资经营部门在开放搞活、振兴经济的改革方针指导下，除按国家指令性计划购进统配物资外，还按指导性计划通过协作、调剂、联营、代销等渠道组织进货，购进计划外物资，搞好市场调节，保证地方经济建设的需求，当年完成物资商品购进额 1 568 万元。1988 年后，由于黑河市的经济发展较快，建设项目多，物资商品的需求量不断增加，物资商品的购进额也逐年上升。到 1992 年，物资商品购进额上升到 2 537 万元。

三、商品销售

1983 年，黑河市物资经营企业商品销售以计划分配为主，以市场调节为辅，以满足工农业生产需要和人民生活需求为宗旨。在物资商品销售工作中认真贯彻“先重点、后一般、先计划内、后计划外”、计划调节和市场调节相结合的供应方针，按照“专料专用，按计划分配”的原则对全市的农田基本建设、水利灌溉、农机具维修与制造、轻工业生产、计划内基本建设项目所需的物资商品进行供应。物资商品销售实行计划供应、核实销售、敞开销售三种供销方式。计划供应即用货单位凭市计委下达的计划指标到物资经营部门按品种、型号、规格、数量交款结算后提货；核实销售即物资销售部门对用货单位需求情况经过核实后给予供应的销售方式；敞开销售即物资经营部门为压缩库存、加速资金周转，对货源充足的物资商品实行满足供应的销售方式。全年完成物资商品销售额 1 841 万元。1985 年，物资商品除了汽车、机床、钢材、煤炭等重点产品和主要生产原材料，仍按国家计划统一分配外，其他大部分物资商品开始实行市场调节，物资经销改变过去国家给啥就卖啥、没货不管的官商作风，开始积极开辟货源，尽量满足用户需求，促进物资商品的销售。全年完成物资商品销售额 1 872 万元。1988 年，物资经销部门为充分占领销售市场，积极开展优质服务活动。在销售方法上采取购买量大的商品送货上门，为方便用户实行玻璃割块销售。物资商品年销售额为 2 051 万元，其后销售额一直保持平稳。1992 年，完成物资商品销售额 3 259 万元，为物资经营销售额最高的一年。

1994 年后，由于流通领域里的经济体制改革和市场经营全面放开，物资商品经营已全面推向市场，物资商品的经营开始大幅度地滑坡，到 1996 年已滑到最低谷，物资系统各公司基本停业，职工纷纷下岗，企业处于留守待改状态。

第三节　企业经营管理

一、内部管理

1983 年，物资局对所属各公司实行经济责任制管理，具体做法为“责任落实，指标分解，分级考核，计分计奖”。采取确定考评核算内容，遵循的原则是反映国家对物资部门的基本要求，有主有次全面考核。准确的分解经济指标，公司对上级承担的各项经济指标逐项分解，分别下达给各有关股室。对于不能用经济指标检查的经济责任和其他工作，用规定任务和完成任务质量要求的办法落实到有关股室。有关股室再把自己承担的指标分解成若干小指标，落实到班组和岗位（个人）。考核制度化、经常化，建立了公司对股室、股室对个人坚持天天考核，月末汇总审核制度，职代会代表每半年对经理、副经理进行一次考核制度。坚持按劳分配的原则，合理分配奖金，使奖金起到鼓励先进、鞭策后进的作用。经济责任制的推行，促进了企业经营形式的平稳运行，当年实现利润45.2万元。1984年，各公司在抓好计划内分配物资经营管理的同时，加大了对计划外物资的经营管理力度，呈现出购销两旺的局面，当年实现利润113.7万元。

1985—1987年，物资局对所属各公司实行经理负责制，强化经营管理，搞活物资流通。主要做法：选贤任能优化组阁，按照四化要求选配好领导班子；实行经理任期目标责任制，明确其在任职期间应承担的责任和应实现的各项任务目标；精简机构，划小核算单位；以“包”字为核心，推行经营承包责任制；参与市场调节，保证货畅其流。经理负责制的推行，焕发了企业的生机和活力。购进额由1985年的1 568万元上升到1987年的1 643万元，销售额由1985年的1 873万元上升到1987年的2 276万元，利润由1985年的68.6万元上升到1987年的81.5万元。

1988—1990年，物资局对其所属的生产资料服务公司、金属材料公司、机电设备公司、燃料公司、轻化建材公司实行了租赁经营，由市财政局和市物资局代表市政府同上述公司签订了租赁经营合同。物资局聘请市财政局、市审计局、市税务局、市工商局于下一年的年初对各租赁企业上一年度租赁经营合同执行情况进行严格的考评验收，并按租赁合同的规定严格兑现奖惩。租赁经营的实施取得了较好的经济效益，各租赁经营企业3年累计实现利润分别为服务公司26.8万元，金属公司23.3万元，机电公司50.9万元，燃料公司19.3万元，化建公司34.7万元。

1993年，按照省、市《关于简政放权问题的实施意见》和国务院《全民所有制工业企业转换经营机制条例》等要求，将赋予企业的权利全部下放给了所属各公司，物资局只对其进行宏观管理。

二、计划管理

20世纪80年代，物资系统实行的是计划管理体制。当时，物资局所属各公司每年都要切合实际地编制出物资商品进销存计划和财务资金周转、商品流通费用、营业利润计划。各公司在编制物资申请计划时，首先搞好市场调查，摸清全市工农业生产、维修、基本建设及社会购买力情况，掌握物资资源，再根据历年的供应销售情况，科学的分析市场动态，制定出切实可靠的物资申请计划。在编制物资分配计划时，根据国民经济改革、物资分配管理办法及物资商品的特点，结合不同历史时期的生产形势，参照历年的供应销售水平，与计划部门共同协商制定物资分配计划。在编制财务计划时，根据历年的经济活动规律，分析当年的经济形势，考虑由于建设项目、职工人数变化和公路运输提价等诸多因素导致商品流通费变化的情况，制定出切实可行的财务计划。各公司在经营活动中严格按照计划组织物资商品的购进和销售，随时掌握和压缩商品库存额。每季度组织计划、合同、统计、财会等有关人员进行一次经济活动分析，总结和找出资金周转快慢、商流费用增长和降低、经济效益好坏的经验和原因，调整下步经营策略。从80年代后期到90年代初，随着流通领域商品市场的不断放开，计划管理体制逐渐失去其主导作用。1993年初，物资局放弃对各公司的计划管理。

三、仓储管理

在20世纪80年代初期，物资局所属各公司的商品仓储条件较差，管理手段不完善，管理制度不健全，多数商品不能按其性能要求储存而长期露天保管，因场地低洼，铺垫不合理，加之缺乏必要的保养措施，造成一些商品丢损、锈蚀、风化和霉变。1985年后，各公司根据各自商品的特点，对仓储管理制度进行了一系列的改革，首先是逐步完善仓储工作的规章制度，强化商品从运输、检验到入库的手续制度，建立健全账卡，经常检查，定期盘点。其次是积极改善仓储保管条件，改进露天货场设施，各公司根据各自商品不同特点采取不同的保管措施，利用现有条件对库房货区进行合理规划，根据商品的不同性质分类保管，防止自然因素对库存物资商品危害。如化学、橡胶等制品和精密仪器注意防止温度过高、防止风吹、雨淋和日晒，金属材料注意适当控制湿度，与酸碱物资分离等。再次是加强库存商品的维护保养，对易锈蚀和已锈蚀的商品及时进行除锈涂油保养，保证商品的完好。1994 年后，由于各公司基本停业，职工纷纷下岗，企业处于留守状态，各公司库存商品长期呆滞，仓储管理工作基本停顿。

第四节　物资经销企业

一、木材公司

始建于 1946 年。内设办公室、政秘股、财务股、业务股、保卫股，下设木材分公司、制材加工厂、细木加工厂、车队、船队、第一经营处、第二经营处。1995 年 12 月木材分公司分离出去，列为物资局的直属企业。2001 年企业动迁时账面总资产 1 039 万元，总负债 1 283 万元，净资产 -244 万元。2003 年末在册职工 211 人，其中在岗 34 人，离休 4 人，退休 75 人，出中心未解除劳动关系 41 人，其他离岗 57 人。2004 年末企业实施并轨改制，职工全员与企业解除劳动关系，原用人单位主体消失。

二、机电设备公司

1985 年，机电设备公司内设政秘股、财务股、业务股，下设金鑫商店。2002 年 8 月改制为股份制企业，国有资产退出，但职工均没有与企业解除劳动关系，没有享受到改制政策规定的待遇。企业改制时评估总资产为 24. 39 万元，总负债 237. 55 万元，净资产 -212. 70 万元。2003 年末在册职工 56 人，其中在岗 10 人，离休 2 人，退休 8 人，未解除劳动关系 19 人，其他离岗 17 人。2004 年末企业实施并轨改制，职工全员与企业解除劳动关系，原用人单位主体消失。

三、金属材料公司

成立于 1976 年。内设政秘股、财务股、业务股，下设金锋商店。2001 年末总资产 36. 8 万元，总负债 237 万元，净资产 -200 万元。2002 年 12 月资产整体出售，但拖欠职工工资债务问题、拖欠社保局两金问题没有得到解决。2003 年末在册职工 78 人，其中，退休 13 人，未解除劳动关系 1 人，其他离岗 64 人。2004 年末企业实施并轨改制，职工全员与企业解除劳动关系，原用人单位主体消失。

四、轻化建材公司

成立于 1976 年。内设政秘股、财务股、业务股，下设农房公司、物资北方商场。1995 年 12 月物资北方商场分离出去，列为物资局的直属企业。2000 年末在册职工 31 人，其中在岗 4 人，进入再就业服务中心 13 人，其他离岗 14 人。总资产 64. 9 万元，总负债 31. 9 万元，净资产 33 万元。2001 年 12 月资产整体出售，职工按改制政策得到一次性安置，公司解体。

五、燃料公司

始建于 1949 年。内设政秘股、财务股、业务股，下设亨利商店。2003 年末在册职工 48 人，其中在岗 8 人，退休 7 人，出中心未解除劳动关系 33 人。总资产 105 万元，总负债 93. 2 万元，净资产 11. 8 万元。2004 年 7 月资产整体出售。2004 年末企业实施并轨改制，职工全员与企业解除劳动关系，原用人单位主体消失。

六、物资贸易公司

其前身是黑河物资车队。内设政秘股、财务股、业务股，下设龙物公司、物资招待所。1994 年停业，2000 年 7 月资产全部被银行收回抵贷，企业名存实亡。2003 年末在册职工 48 人，其中退休 14 人，离岗 34 人。2004 年末企业实施并轨改制，职工全员与企业解除劳动关系，原用人单位主体消失。

七、物资再生利用公司

成立于 1983 年。内设政秘股、财务股、业务股，下设汇利商店。2002 年 8 月改制股份制企业，国有资产退出，但职工均没有与企业解除劳动关系，没有享受到改制政策规定的待遇。企业改制时评估总资产 16.8 万元，总负债 10.8 万元，净资产 6 万元。2003 年末在册职工 40 人，其中在岗 4 人，退休 2 人，未解除劳动关系 19 人。其他离岗 15 人。2004 年末企业实施并轨改制，职工全员与企业解除劳动关系，原用人单位主体消失。

八、生产资料服务公司

成立于 1976 年。内设政秘股、财务股、业务股。1993 年末总资产 44 万元，总负债 537 万元，净资产 -493 万元。在册职工 22 人，其中退休职工 2 人。1994 年被黑河市爱辉区人民法院依法裁定破产，职工分流到系统所属各公司。

九、申北物资贸易公司

成立于 1990 年，属专业边贸公司。申北公司是黑河边贸热时成立的无固定资产、无注册资本、无经营场所的空壳公司。1995 年停业，职工全部下岗。2003 年末在册职工 16 人。2004 年末企业实施并轨改制，职工全员与企业解除劳动关系，原用人单位主体消失。

十、物资协作开发公司

成立于 1992 年。属于无固定资产、无经营资金、无经营场所的空壳公司。企业职工 2 人，系统内部调剂 2 人。1997 年公司解体。

十一、旧机动车辆交易市场

成立于 1994 年，属于管理服务型企业。在册职工 6 人，其中，在岗 4 人，退休 2 人。无实收注册资本，没有经营资产和经营资金，靠收取管理服务费维持生存和运转。

十二、宏安民用爆破器材专营管理公司

成立于 1993 年，隶属于化建公司，2000 年 8 月从化建公司分离出来，列为物资总公司的直属企业。2002 年 5 月改制为国有控股企业。2005 年末在册职工 42 人，其中，在岗 25 人，离休 1 人，退休 16 人。总资产 87.5 万元，总负债 35.9 万元，净资产 51.6 万元。

十三、北方物资有限责任公司

成立于 1981 年，集体企业，隶属于化建公司。1995 年 12 月从化建公司分离出来，列为物资局的直属企业。2003 年 5 月改制为股份制企业。2005 年末在册职工 9 人，其中，在岗 3 人，退休 6 人。总资产 67.5 万元，总负债 43.2 万元，净资产 23.9 万元。

十四、木材分公司

成立于1981年,集体企业,隶属于木材公司。1995年12月从木材公司分离出来,隶属于物资局。注册资金27.1万元,其中固定资产22万元,流动资产5.1万元。2001年企业动迁时评估总资产156万元。在册职工38人,其中退休职工2人。2003年企业解体。

第五章　对外贸易

第一节　机　　构

1981年1月,黑河市政府设立黑河市对外贸易局。1984年3月,改为黑河市对外贸易公司。1990年3月,改为黑河市边境贸易管理局。1993年4月1日撤市建区时,更名为黑河市爱辉区边境贸易管理局;设行政编制11个。1996年,爱辉区边境贸易管理局转为经济实体,更名为爱辉区边贸总公司,职能不变。1998年4月,爱辉区委常委会研究决定恢复边贸管理局职能,与黑河市爱辉区边贸总公司合用一个名称,行政编制仍为11个,正科级建制,领导职数3职(1正职2副职)。2001年加挂黑河市爱辉区对外贸易经济合作局牌子,是爱辉区政府的经济实体,正科级建制,行政编制11个。至2005年没有变化。

第二节　边境贸易

一、边贸发展变化

1987年,黑河地区行政公署与苏联阿穆尔州执委会在布拉戈维申斯克就地方政府间边境贸易达成一致意见,签署了“互通有无、互为补充、互惠互利、以货易货、不动外汇、年终平衡、互不拖欠和贸易货款通过银行结算”等贸易原则。同年9月1日,双方恢复了中断20年之久的边境贸易。1990年,按照省委、省政府确定的“南联北开”全方位开放的战略,在继续进行整顿、深化改革的同时,加速对外开放步伐。对外贸易中,市委强化口岸意识,以易货贸易为突破口,拓宽贸易领域,向苏联腹地扩展。1991年3月6日,大黑河岛中苏边民互市贸易正式开通。8月9日,中苏双方正式订立“双方设市、各自管理、对等过人、对等接待”的互市贸易原则。边境贸易由单一的易货贸易向经济技术合作、劳务合作等多种形式发展。以边

大黑河岛民贸市场　　1990年3月摄

境贸易为龙头的对外贸易活动为黑河开发、建设注入了新的活力。1992 年，国务院批准黑河市为国家级首批沿边开放城市。确立了“以边境贸易合作为先导，以资源开发、经济技术合作为重点，以出口加工和第三产业为依托，积极发展外向型农业和高科技产业，带动经济和社会协调发展的多功能现代化的国际性口岸城市”发展目标。2000 年，全区外贸经济在全省位次跃升至第五位。2001 年，爱辉区提出“内建基地，外拓市场，调整结构，扩大贸易”的发展思路，积极扶持民营私营企业发展。2002 年，爱辉区提出“创新、开放、调整、提升”的总体思路和旅贸牵动的经济发展战略，进一步深化了外贸企业改革。2003 年，国家对边境贸易的新一轮扶持政策没有明确，原有的政策逐渐弱化，对一些商品的进出口等同于一般贸易管理对待，因而抵消了边境贸易的特有优势，加之俄罗斯政策多变，对废旧金属出口和原木出口增加附加政策，影响了外贸的发展。2004 年，俄方海关执行新的税收标准，对中方进出口利润有很大影响，同时双倍抵扣政策自 2004 年 7 月 1 日起被国家税务局取消，影响了外贸企业的运转。2005 年 5 月 18 日，爱辉区召开对俄旅贸科技合作战略升级工作会议，并对爱辉区 2 家外贸企业进行了表彰奖励。同年，对俄进口、出口商品贸易额较 2004 年均有提高。

二、进出口贸易

1988—1993 年，黑河市边贸企业实现进出口贸易总额为 19 536. 25 万瑞士法郎，，其中进口贸易总额 10 640. 9 万瑞士法郎，出口贸易总额 8 895. 35 万瑞士法郎。1989—1992 年，黑河市只有 1 家边境贸易公司——海兰公司。委托代理进出口经营权企业 100 多家。1993 年，爱辉区有海兰对外贸易公司、黑河市外贸公司和黑河市自用商品贸易公司 3 家对外经贸权的公司。从 1994 年开始进出口贸易额以美元计算。1994—2000 年，爱辉区边贸企业实现进出口贸易总额 5 061. 3 万美元，其中进口贸易总额 2 980. 5 万美元，出口贸易总额 2 080. 8 万美元。2000 年，全区完成进出口额 577. 8 万美元，其中进口 361 万美元，出口 216. 8 万美元。边贸企业发展到 22 家，其中 10 家具有独立对外经营权、3 家为专营商品公司，对俄蔬菜出口基地建成投产。2001 年，爱辉区有边贸企业 22 家，4 家专营公司，专营 5 个品种，包括化肥、成品钢材、废金属、橡胶，许可证配额管理商品 5 种。当年完成进出口额 581. 5 万美元，同比增长 0. 64%。其中进口 435 万美元，出口 146. 5 万美元。2004 年完成进出口额 952 万美元，同比增长 73. 1%。其中进口 712 万美元，出口 240 万美元，上缴税金 192 万元。全区边贸企业 45 家。2005 年末，爱辉区所属外经贸企业共计 66 家。2005 年度，有经营业绩的企业 23 家，比 2000 年增加 16 家，比 2004 年增加 15 家。不仅有经营业绩的企业呈逐年增多的态势，而且企业经营规模也在不断扩大。贸易额超过 500 万美元的企业 1 家，超百万美元的企业 6 家。2005 年完成进出口额 2 933 万美元，同比增长 208%，其中进口 1 674 万美元，出口 1 259 万美元，上缴税金 747 万元。2005 年与 2000 年相比，进出口商品贸易总额增长 2 355. 2 万美元，年均递增 38. 4%。

1988—2005 年爱辉区（黑河市）外经贸进出口贸易额统计表

表 11 - 13　　单位：万美元

年份	进出口总额	进口总额	出口总额	年度	进出口总额	进口总额	出口总额
1988	232. 2	15. 5	216. 7	1998	670	347	323
1989	1 860	782	1 078	1999	544. 5	329. 5	215
1990	1 297	703. 7	593. 3	2000	577. 8	361	216. 8

续表 11－13

年份	进出口总额	进口总额	出口总额	年度	进出口总额	进口总额	出口总额
1991	3 059.4	1 549.4	1 510	2001	581.5	435	146.5
1992	3 932	1 969	1 963	2002	658	313	345
1993	3 523.5	2 460.5	1 063	2003	550	290	260
1994	1 349	968	381	2004	952	712	240
1995	740	417	323	2005	2 933	1 674	1 259
1996	659	332	327	总额	24 639.9	13 884.6	10 755.3
1997	521	226	295				

三、进出口商品

（一）进口商品

1983 年后，随着中苏关系的正常化，边境贸易逐渐恢复。1987 年 9 月 1 日，黑河地区以 208.19 吨西瓜、阿穆尔州以 306 吨化肥互赠，以示中苏边境易货贸易复开。当年成交额 15 万瑞士法郎。

1988—1995 年，全区（市）边境贸易进口商品主要有大型汽车如别拉斯、卡玛斯、挖掘机、收割机、推土机等；小型汽车如拉达牌汽车、莫斯科人牌汽车等；还有型钢（工字钢、角钢、槽钢、马口铁、盘圆）、化肥、化工、铝锭等产品。1990 年，进口的钢板、化肥和木材增幅最大。当年进口钢板 4 100 吨、化肥 11 101 吨、马口铁 274 吨、联合收割机 8 台等。1991 年，进出口商品范围扩大、品种增加，进口商品达 60 多个品种，多为化肥、钢材、木材、有色金属、化工、机械等国内短缺的商品。其中，农业生产资料和原材料占进出口商品总额的 40% 以上，当年进口化肥 29 500 吨、钢材 11 740 吨、木材 1 700 立方米、拖拉机 56 台、聚氯乙烯 1 030 吨。

1995—2000 年进口商品多以废钢、旧道轨、车床、木材（原木、板材、杂木）等为主。2001 年，新增 4 项专营商品专营权，品种有化肥、成品钢材、废金属、橡胶。2003 年，由于受“非典”等因素影响，进口商品数量略有下降。2004 年，引进年过货量近千万美元的黑龙江省华润公司到爱辉区注册经营，当年进口高压聚乙烯 9 427 吨，填补了爱辉区外经贸企业进口化工产品的空白。2005 年，华润公司进口 5 966 吨高压聚乙烯。当年爱辉区又引进 4 户外经贸主体，分别为丰泰公司，主营机械；新维经贸有限公司，主营对俄出口绿色农产品和在俄进行农业技术合作开发项目；宇恒经贸有限公司，主营对俄出口山珍系列产品和进口木材、废钢等业务；祥顺经贸有限公司，主营对俄进口型材钢及废钢等业务。

截至 2005 年，爱辉区进口商品既保留了传统的废钢、道轨、钢管、木材等品种，同时又新增了聚乙烯、正丁醇、乙丁醇等化工产品。原有的进口大宗骨干商品贸易额较以往都有较大幅度增长，其中，钢材废钢完成 565 万美元，同比增加 218 万美元，增长 62%；木材完成 175 万美元，同比增加 110 万美元，增长 169%。2000—2005 年，全区进口贸易总额达3 785万美元。占进出口贸易总额的 60.54%。从俄罗斯进口的商品销往全国各地，缓解了国内企业原料紧张的问题。

（二）出口商品

1988 年，全市边境贸易出口商品品种有 90 多种。到 1991 年，进出口商品范围逐步扩大，品种增加，出口商品已达 500 多个品种，多为轻工、纺织、服装、鞋帽、建材等国内长线产品。

1992 年，国务院批准黑河市为沿边开放城市，黑河市充分利用国家、省给予的边境贸易优惠政策，使对外贸易、合作向多层次、多元化方向发展。这一时期，易货贸易的规模大，形式灵活，进出口商品结构变化明显，地产品出口比重增大，出口商品已有纺织、服装、轻工、粮油、食品、建材等14类900多个品种，白糖、粮食、酒精、裘皮大衣呈上升趋势，中低档次逐渐向高中档次转化，新增了地产白酒、塑料袋装酱油、大虾酥糖等产品。1995年之后，蔬菜、水果出口量剧增。

2001年，增加了一次性输液器专营公司，并取得一次性输液器德国认证。当年出口商品以一次性输液器、水果、蔬菜为主。2005年，出口原有的大宗骨干商品贸易额均较上年同期有较大幅度的增长，果蔬完成216万美元，同比增加53万美元。出口品种增加了彩钢板、岩棉、地面砖等建筑材料及小家电、机械设备等机电产品，同时出口大米近700吨，填补了爱辉区粮食出口的空白。出口总额已达1 259万美元。边境贸易的兴盛促进了地方经济的全面发展，通过对外出口和加工产品，加快了地方工业产业结构和产品结构的调整；通过大量出口蔬菜，促进了农业投入的增加，使农民收入有了大幅度的提高。外贸已逐步发展成为区域经济的支柱产业。

第三节　经济技术合作

1989年，海兰公司与俄布拉戈维申斯克市农工委签约劳务输出合同，派550人到布市近郊4个国营农场采摘蔬菜及后期管理，总收入124.56万元。偿还的商品为德特连轨板500套(每套84块板)。1990年，经济技术合作部派出劳务人员为俄布拉戈维申斯克市工贸局商店进行装潢。

1991年10月，黑河市第一家境内合资企业黑河友谊砖厂正式营业。同年11月，第二家合资企业黑河东方矿山机械有限公司成立。共输出劳务人员92人，其中，工程建筑劳务84人，温室蔬菜种植8人。1994年，黑河市海兰对外经济贸易公司、羽绒厂、韩国颇恩达西株式会社三方合资创建了黑河春再来制衣有限公司；海兰公司与俄罗斯因托尔克股份有限公司合资创建境外合资企业双龙合资责任有限公司；家具厂与俄罗斯滕达市创办境外合资公司魁星实业有限公司。对俄罗斯输出室内装修劳务人员45人。

1999年，海兰公司在俄罗斯彼尔姆市建立了中国商品批发市场，海参公司与俄共青城地区建立万吨蔬菜出口基地。2001年，境外农业种植2项，种植面积共计30公顷；境外投资合办餐厅1处，宾馆1处，签订境外投资合建砖厂协议1项，办养殖场1处，木材加工厂1处。2002年，引进俄罗斯眼外科专家4人，区内企业与齐齐哈尔市医学院联合开设眼科医院，俄方投资80万美元。同年，黑河市海神经贸有限责任公司与俄罗斯哈巴边区太阳区合作，在俄罗斯开发森林资源，年采伐木材10万立方米，加工5.5万立方米。2003年，黑河市海神经贸有限责任公司与哈巴边区太阳区的森林采伐和木材加工项目继续进行；黑河市裕边经贸有限责任公司与俄罗斯客商合作开展木材加工项目，购买俄罗斯原木在黑河加工木材，固定资产投资30万元人民币，流动资产70万元人民币，年加工能力2万立方米。2004年，黑河市海神经贸有限责任公司与哈巴边区太阳区的森林采伐和木材加工项目总投资已达3 178万元人民币，年采伐量15万立方米，加工量12万立方米。

2005年，对俄经济技术合作取得实质性进展，其中龙洋公司对俄森林采伐加工项目进展顺利，完成森林采伐8 000立方米，完成贸易额58万美元。亿利公司在俄境内已完成森林采伐1.5万立方米，完成贸易额117万美元。金丰公司在俄阿州白山市承租5 000公顷的土地种植项目，完成劳务输出31人，完成种植任务450公顷。

第四节　边境贸易管理

1989年,黑河市被省委确定为黑龙江省"通贸兴边"试验区,并赋予黑河市多项优惠政策和管理权限。根据边境贸易的发展,市委在全市进行了多层次、多渠道的对苏贸易和经济技术合作,并将经贸活动向苏联腹地延伸,对苏相继开展了经济技术合作、劳务输出、来件装配、来样加工、来料加工、补偿贸易"三来一补"以及交通通信、国际旅游等国际间贸易与合作。1990年,黑河市边境贸易管理局确定了提高经济效益为中心,以抓进口减少顺差为重点的工作方针。对顺差较大,近期又无力解决的停止发货,对有顺差但额度不太大,但信誉良好的视情况暂缓发货或发一进二,遏制顺差的增长。1991年,爱辉区制定促进地方经济向外向型经济发展的措施和办法,地方企业可以优先组织出口、进口,对外经济技术合作、"三来一补"、劳务输出项目优先安排地方企业。1992年,黑河边境贸易管理局深化企业内部改革,在两大直属公司内部实行了精简二线,充实一线的"统一管理、分部核算、承包到部、责任到人、自负盈亏、兑现奖惩"为内容的经营管理责任制,设立了9部1办,加强内设部的领导力量和职能。1993年,沿江乡镇与对岸俄罗斯对应的农庄进行了互访,就市场互补、劳务输出等项目进行了研讨和会谈。1995年,区委召开一届三次全体委员会(扩大)会议,提出了"六路兴区"的发展战略,其中对外贸提出了"依托黑河口岸,走扩大开放、北开南联、贸易牵动开发"的发展方略。1998年,建立花卉出口基地,走出了以商养贸,以农养贸的路子。2000年,爱辉区政府与俄布拉戈维申斯克市政府签订协议,拟定在21世纪起步之年里,双方进一步巩固、发展经济合作、农业技术合作、人民团体互访等合作与交往。2002年,6家国有边贸企业完成产权制度改革。2004年,坚持"内引外联"不断壮大外经贸主体,扩大对外经济技术合作,组织区属企业参展哈洽会、大黑河岛洽谈会、莫斯科商品博览会、阿穆尔州国际展览会,将全区经贸活动从俄罗斯逐步向加拿大、日本等国延伸,并引进过货量近千万美元的黑龙江省华润公司和金三江、行正道、祥源、禾源等多家公司。2005年,区对外贸易经济合作局与大连对外贸易经济合作局建立业务往来关系。编撰《爱辉区经贸动态》,建立商务部信息网地方之窗栏目等措施,宣传爱辉区的口岸优势,为企业提供服务。

第五节　边 贸 企 业

一、企业发展变化

1987年,黑河市开始设立首家边境贸易企业——边境贸易公司,并开展对苏的边境易货贸易。随着易货贸易的不断扩大,对苏边境贸易公司逐渐增多。1988年,中国黑龙江省黑河地区对外经济贸易集团公司成立。集团公司由黑河地区行政公署直接领导,是对苏贸易和经济技术合作的全民所有制大型企业,拥有对外谈判权和进出口经营权。集团公司下辖中国黑龙江省黑河边境贸易公司、黑河地区对外经济技术合作公司、黑河地区建设开发公司等3个公司和10余个经营部。1989年下半年,根据全国治理经济环境、整顿经济秩序的精神,对区内边贸企业进行了整顿。整顿后黑河市只保留1家边贸企业,原有的公司取消了对苏边境贸易进出口权,其进出口业务改由黑河地区边境经济贸易公司总代理。1990年,进一步明确公司委托代理关系,制定了《黑河地区对苏边境经济贸易业务实行委托代理制暂时管理办法》。根据边境贸易发展情况,经省边境贸易管理局批准,又有15家边贸企业被赋予有委托代理进出口贸易经营权。1991年,黑河市海兰对外经济贸易公司被批准享有同黑河地区边境经济贸易公司同等的对苏直接进出口贸易经营权。全区有委托代理进出口经营权的公司已增至100余家,仅乡镇、村办的对苏边贸公司就有15家。1992年3月9日,黑河市被国务院批准为沿边对外开放城市后,有关部门进一步简政放权。黑河国际经济技术合作公司被授予有直接进出口经营权,可以从事代理进出口业务,有直接进出口贸易经营权的边贸企业增至5家。全国各地客商纷至沓来。1993年,“两撤两建”,原黑河市(县级)变为爱辉区,黑河国际经济技术合作公司划归新成立的黑河市(地级)。爱辉区保留海兰对外经贸公司、黑河市外贸公司、黑河市自用商品贸易公司3家有对外经贸权的公司。

1995—2000年,对外贸易形势呈下滑趋势,外贸公司呈亏损状态。2001年,根据爱辉区边贸企业现状,实行“一企一策”的原则进行经营机制的转换,采取对外招能人,对外承包,租赁经营,转让经营权,实行股份制,加快了民营化改革的步伐。2002—2005年,对外经贸系统企业进行产权改革。2002年因所有企业均无资产,历史欠账数额较大,给企业改制带来很大困难。区政府组成改制小组,解决困难。2003年,对外贸易企业得不到资金支持,贸易品种单一,贸易额度越来越小。国营外贸企业通过改制,大部分已经不存在,只有为数不多的一两家变成股份制,逐渐弱化了与外经贸局的隶属关系。2004年,外经贸局和劳动部门对45家企业进行了一次认真测算普查,涉及职工1 812人。为妥善处理原有企业下岗职工的安置问题,区外经贸局将并轨人员的详细资料全部录入微机,积极组织13项审批资料和手续,顺利获得省并轨试点办的批复,并积极争取资金解决企业职工安置问题。解决了外贸公司的拖欠退休职工养老金以及遗属生活费问题,发放了外贸公司职工的经济补偿金。2005年,针对并轨改制工作,爱辉区国有企业的历史遗留问题基本解决完毕,如海兰公司的计算经济补偿金问题、外贸公司的拖欠退休职工养老金问题以及遗属生活费问题。同时一并将自用公司和外贸公司的并轨改制处理完毕,职工的经济补偿金发放到位。

2005年爱辉区注册经营的边贸企业已达60多家。

二、主要边贸企业

(一)黑河市海兰对外经济贸易公司

始建于1988年7月,当时为黑河市贸易总公司第五贸易部,有职工18人。1988年7月22日至8月5日,黑河市海兰公司在苏联阿穆尔州布拉戈维申斯克市召开中国商品展销会,与该市农工委签约2 962.3万瑞士法郎。其中,出口签约1 437.8万瑞士法郎,进口签约1 524.5万瑞士法郎。当年履约330.3万瑞士法郎,其中,出口履约308.4万瑞士法郎,进口履约21.9万瑞士法郎。销售额724万元,实现利润103.7万元。出口的商品有地板革10万平方米;汽车吊车4台;录像带5 000盒;计算器4 000台;电度椅1 500把;内外墙瓷砖1 600块;铜铁水嘴10 000个;录音机1 000台;陶瓷坐便5 000个;洗脸器10 000个;冷热水门220 000个;电线80 000米;大、小阀门20 000个;油漆200吨;苹果600吨;花生米100吨;西瓜100吨。进口的商品有化肥12万吨;康拜因联合收割机30台;木材5 000立方米;拉达轿车2台。

1989年,经省经贸厅批准,改为黑河市国际经济贸易公司。1992年7月,经省经贸厅批准成立黑河市海兰对外经济贸易公司,正式享有进出口经营权,公司与俄罗斯、乌克兰等6个独联体国家的12个州上百家客户建立了贸易伙伴关系,同国内29个省、市的厂家、客户建立了稳固的经济联系。1992年底,公司职工增至110人,当年进出口销售额10 586万元人民币,创利税625万元人民币。1997年,公司经营面临困难,海兰公司分为海兰、海燕、海源、海神、海进等6家公司,将人员、债权债务重新进行了分配。由于对外贸易形势呈下滑趋势,公司呈亏损状态。海兰公司在外经贸不景气的情况下,开荒种地维持企业经营,连续经营至2000年末企业解体。

（二）黑河市牧工商贸易公司

1992 年 3 月成立，是隶属于黑河市畜牧局的国有企业，注册资金 50 万元，至 2005 年，有固定资产 20 万元，流动资金 100 万元，有职工 7 人，从事边境小额贸易，以现汇贸易为主。公司以对俄出口蔬菜、水果为主营业务，累计实现贸易额 1 000 万美元。其中，2002 年实现进出口贸易总额 303 万美元；2003 年进出口贸易总额 251.69 万美元；2004 年，出口品种增加了大型机器、金属打包机等，贸易额为 235 万美元；2005 年，出口品种增加了灯具、浴房、自卸车、防盗门等，进出口总额为 376.41 万美元。至 2005 年，已与俄罗斯 5 家企业建立了稳定的供货业务联系和合作关系。

（三）黑河市海神经贸有限公司

1997 年 6 月成立，私营企业。有职工 7 人，注册资金 30 万元，主要经营建筑材料等，对俄开展边境小额贸易，以现汇贸易为主。2004 年，在俄哈巴边区进行木材加工、森林采伐。2005 年完成贸易额 459.18 万美元。

（四）黑河市爱辉区绿色农产品开发公司

成立于 1998 年 9 月，是由爱辉区政府投资兴办的外向型企业，具有对俄小额贸易经营权。基地生产的爱绿牌系列蔬菜已在国家商标局正式注册，其中，甘蓝、番茄、圆葱 3 个蔬菜品种获得国家绿色食品发展中心 A 级绿色食品标志使用权。2001 年，基地面积 21 公顷，投资 390 万元，建塑料大棚 48 栋，32 000 平方米，建日光节能温室 40 栋，面积 3 000 平方米，修配套设施 340 平方米。出口西红柿 77.5 吨，大头菜 50 吨，圆葱 50 吨。2002 年，新增草莓、水蜜桃、花卉项目。出口圆葱 500 吨。在黑河口岸申办了绿色通道，为果树产品打入俄罗斯市场奠定基础。2003 年，种植圆葱 300 亩，花卉 1 亩，草莓 10 亩。2004 年种植水蜜桃获得成功。2005 年，与黑河市园林管理处合作，利用闲置地块栽培树木。同时将部分棚室出租给农民，为当地的农民做蔬菜出口代理。在种植结构上，引导农民种植 10 万株草莓对俄出口。

（五）黑河市华润经贸有限公司

2000 年 5 月 31 日成立，私营企业。有职工 8 人，注册资金 50 万元，主要经营化工产品、建筑材料、农副产品等，对俄开展边境小额贸易，以现汇贸易为主。进出口贸易品种主要以化工原料为主。2004 年完成贸易额 1 237 万美元。创利税 149 万元人民币。2005 年，进口 5 966 吨高压聚乙烯，完成贸易额 599.06 万美元，创利税 468 万元人民币。

（六）黑河市禾源经贸有限责任公司

2004 年 4 月成立，私营公司。有职工 6 人，注册资金 30 万元，对俄开展边境小额贸易，以现汇贸易为主。进出口贸易品种以出口大米、沙发布、打包机等为主，2004 年完成贸易额 3 万美元。2005 年完成贸易额 426.75 万美元。

（七）黑河市博大经贸有限责任公司

2004 年 4 月成立，私营公司。有职工 6 人，注册资金 30 万元，主要进口钢管、机械等，对俄开展边境小额贸易，以现汇贸易为主。2004 年完成贸易额 23 万美元。2005 年完成贸易额 209.89 万美元。

（八）黑河市龙洋经贸有限责任公司

2004年5月成立，私营公司。有职工6人，注册资金30万元，主要进口木材等，对俄开展边境小额贸易，以现汇贸易为主。2005年完成贸易额59.56万美元。

（九）黑河市亿利经贸有限责任公司

2005年3月成立，私营公司。有职工7人，注册资金30万元，对俄开展边境小额贸易，以现汇贸易为主。进出口贸易品种主要以木材为主，2005年完成贸易额336.44万美元。

第六章　旅　　游

第一节　机　　构

1984年10月，黑河市旅游局成立，与外事办公室合署办公。1993年，撤市建区，黑河市旅游局更名为爱辉区旅游局，为爱辉区政府直属事业单位，正科级建制，核定编制4个，领导职数1正职1副职；实有人员7名，其中中共党员5名。到2005年，实有人员5人，领导1正职1副职，下设1个办公室。

第二节　旅游资源

一、自然旅游资源

（一）岛屿和水资源

爱辉区水资源非常丰富，境内共有大小河流60余条，自然泡沼182处，有多座大、中、小型水库。黑龙江流经爱辉区184.3千米，是爱辉区最大、最丰富的旅游资源，黑龙江两岸的自然风光和欧亚风情独特而秀美，积淀了丰厚的历史文化资源。在辖区境内，江中岛屿星罗棋布，大多数岛屿保持着原有的自然风貌，生态环境良好，充满天然野趣，岛屿景观和沿岸山林相辉映，界江两岸城市和建筑景观相点缀，生态保护和旅游开发的价值很高。

（二）森林资源

爱辉区是黑龙江省地方林业最大的国有林区，占全省地方林业的1/5，森林覆盖率达73.1%。爱辉区地处大兴安岭与小兴安岭植物区系的过渡带，山多林密，野生动植物资源极其丰富。有野生动物40余种，天然野生中草药47种，山野菜100多种，野生坚、浆果150多种，野生食用菌60多种。小兴安岭斜穿境内区域，山体连绵起伏，两侧被森林所覆盖，树木草地郁郁葱葱。

（三）冰雪资源

爱辉区冬季时间长，全年近120天左右被冰雪覆盖，境内山峦起伏，构成了独特的北国雪景。优美的冰雪景观和寒冷的气候条件，是滑雪爱好者的理想胜地，滑冰、滑雪的天然场所，为冰雪旅游提供了广阔的发展前景。

二、历史民俗旅游资源

（一）瑷珲古城

瑷珲新城遗址　　2005 年 9 月摄

爱辉区是我国北方边陲重镇，是黑河市政府所在地，经济、政治、文化、历史渊源较长，古代遗址、遗迹较多，具有较高的历史价值。据文献记载，爱辉区早在一万年前的旧石器时代就有人类活动，随着社会的发展进步，民族的变迁，爱辉也同样经历了历史的风云，自唐朝、金朝、元朝、明朝、清朝各时期在此分别建立不同的区域性政权，现存的和修缮的历史遗址和遗迹，可供游人凭吊和游览。尤其是瑷珲古城在 20 世纪 30 年代之前，一直是黑河地区的政治、文化、经济中心，已有 300 多年的历史，具有深邃的历史文化沉淀。肃穆的瑷珲历史陈列馆以极其丰富的史料和现代科技手段、全景式展示了《瑷珲条约》的签署、“庚子俄难”发生的全过程。瑷珲新城遗址是省级文物保护单位，是国家级爱国主义教育基地，国家 AAAA 级旅游景区，是爱辉区得天独厚的人文旅游资源。

（二）少数民族习俗

爱辉区是多个少数民族聚集地，特别是鄂伦春、满、达斡尔民族是爱辉区少数民族聚集比较多的民族，全区有 3 个少数民族乡、15 个少数民族村，全区少数民族达 18 500 人。新生鄂伦春民族乡是鄂伦春游牧民族的重要发祥地，鄂伦春民族长期栖息在山林之中，下山定居前过着原始社会末期的游牧生活，被称为马背上的民族。如今，鄂伦春民族一直保持着自己古朴的风俗习惯，善骑射、狩猎和歌舞，具有鲜明的民族特色，新生鄂伦春民族乡吸引大量国内外游客前来观光和考察；四嘉子满族乡是满族人聚集地，满族独特的语言民俗、宗教信仰、节庆礼仪、建筑墓葬、服饰用具、民间工艺、音乐歌舞、生活习俗、生产方式、土特产品等无不具有异域情调，是学术研究和旅游的优质文化资源。

（三）俄罗斯风情

爱辉区和俄罗斯仅一江之隔，由于边境商贸往来频繁，越来越多的俄罗斯人进入黑河口岸，在黑河市区购物、休闲和居留，俄罗斯游客在黑河具备了双重角色，既是旅游者，又成为一种特殊的人文风情旅游资源。黑河市政府给俄罗斯人优惠的边贸待遇，阿穆尔州的边民持有效证件就可进入黑河市区购物和留宿，每天都有大量的俄罗斯人进入黑河市区，大街上、商店里、饭店、江畔到处都有拎着大小包的俄罗斯人。

第三节　旅游经营

黑河—布拉戈维申斯克"一日游"开通典礼　1988 年 9 月摄

1985 年,黑河市经公安部批准为乙类对外开放区,从此开始接待国内外旅游团组,区域内旅游有了长足发展。1988 年,赴苏旅游一日游开通,随之先后开通了黑河—布拉戈维申斯克一日游、两日游、三日游,黑河—布拉戈维申斯克—哈巴罗夫斯克 5 日游,黑河—布拉戈维申斯克—哈巴罗夫斯克—海参崴 8 日游,黑河—布拉戈维申斯克—莫斯科—圣彼得堡 7、8、9 日游,黑河—布拉戈维申斯克—伊尔库茨克—贝加尔湖 5 日游,黑河—布拉戈维申斯克—克拉斯诺亚尔斯克 5 日游等,吸引中俄游客纷至沓来,成为中俄数千千米边境线上一道最亮丽的风景线。

1992 年,黑河市被国务院批准为首批沿边开放城市,并出台了相应的优惠政策,为黑河旅游业的发展带来了机遇,带动了边境旅游的蓬勃发展,也促进了区域内旅游资源的开发。

1993 年,黑河旅行社成立,为三类社,可以接待国内外旅游团组,但无赴俄旅游经营权。1994 年,瑷珲历史陈列馆被列为省级爱国主义教育基地。1995 年,为加强景区景点管理,各景区制定了发展规划。同年,卧牛湖水库被批准为省级风景名胜区,更名为卧牛湖风景名胜区,成为全区唯一一家省级风景名胜区。1996 年,爱辉镇景区被命名为全国百家爱国主义教育示范基地。1997 年,黑河爱辉国际旅行社成立,隶属于爱辉区旅游局,取得了赴俄旅游经营权;先后开通国内外十几条比较成熟的旅游线路,年接待中外游客 7 000 人左右。同年,爱辉区新生鄂伦春民俗旅游资源开发工作领导小组成立,民俗旅游资源逐步得到开发。1998 年,全区首家农民投资兴办的景区点——小乌斯力旅游度假村启动运营。1998—1999 年,农民投资 200 余万元兴建了 7 个景区点。1999 年 12 月,卧牛湖滑雪场启动运营,填补了爱辉区冬季旅游空白。

2000 年 4 月,制订了爱辉区旅游业"十五"发展规划,确定了今后 5 年的发展目标和到 2015 年的总体构想。同年,瑷珲古城旧址被列为国家级大遗址保护单位。9 月,瑷珲历史陈列馆开始改扩建。2001 年,爱辉国际旅行社被中植集团收购,爱辉区边境旅游成为空白点。2002 年,完成了黑河市卧牛湖风景区滑雪场项目可行性研究报告和黑河卧牛湖风景名胜区综合开发项目可研报告,为卧牛湖有序合理开发奠定了良好的基础。6 月,瑷珲历史陈列馆新馆落成并对外开放。同年,接待旅游人数 12.5 万人次,同比增长 5.93%,实现旅游收入 240 万元,同比增长 6.66%,实现利税 75 万元,增长 6.38%。

2003 年,爱辉国际旅行社被爱辉区政府买回,重新营业。同年,瑷珲历史陈列馆被评为全国十大陈列展览精品馆之一。当年,接待旅游人数 13.4 万人次,同比增长 6.35%,旅游总收入达 271 万元,同比增长 11.98%,利税完成 82 万元,同比增长 9.04%。

2004 年 5 月,瑷珲古城旧址被黑龙江省人民政府、黑龙江省住房与城乡建设厅确定为省级风景名胜区。6月，瑷珲宾馆晋为二星级宾馆。11月，爱辉区引进龙珠滑雪集团建立黑河龙珠远东国际滑雪场，并成功举办了第七届中国黑龙江国际滑雪节暨黑河龙珠远东国际滑雪场首滑式。11月25日，黑河龙珠远东国际滑雪场晋为3S级雪场。同年，瑷珲国家森林公园开工建设。2004年，全年接待旅游人数13.9万人次，同比增长4%，旅游总收入达325万元，同比增长19.9%，利税完成94.5万元，同比增长15%。

2005年，爱辉区完成了全区"十一五"旅游规划和卧牛湖风景区旅游总体规划编制工作，并报省计委进行审批。7月，"黑龙江知青馆"建设领导小组和建设处成立，开始筹划知青博物馆建设。12月，第八届中国黑龙江国际滑雪节初冬热身滑雪月开滑式暨黑河龙珠远东国际滑雪场首滑式成功举行。同年，胜山保护区被列为省级自然保护区；瑷珲历史陈列馆晋为国家AAA级旅游景区；中俄民族风情园开工建设。当年，接待旅游人数14万人次，同比增长1%；旅游总收入达370万元，同比增长14%；利税111万元，同比增长17%；累计完成投资3 200万元，招商引资完成2 150万元。

第四节　基础设施建设

一、道路建设

2000年，五道沟度假村投资2万元，将311省道至景区之间1 000米土路铺上沙石；同年，瑷珲森林公园新修建1条长约2 000米的通村路。2005年，投资1 130万元，修建黑河市区—卧牛湖—新生鄂伦春族乡76千米的旅游道路；投资158万元，修建卧牛湖景区环湖路，总长度11.2千米；投资526.68万元，修建新生乡民俗村道路，总长度4千米。全区旅游景区道路交通状况明显改善。

二、供排水　供电设施建设

2004年，投资20万元，分别在卧牛湖滑雪场、水上乐园、中俄民族风情园各打井1眼。投资200万元，完成卧牛湖景区和中俄民族风情园排水工程建设。投资95万元，为卧牛湖景区、中俄民族风情园安装变压器，进行供电设施改造。截至2005年，全区景区景点供排水及供电设施已逐步完善，基本能够保证景区正常运转。

三、服务设施建设

2001年，投资140万元在四嘉子乡政府所在地建设洗浴中心；北京新兴贸易公司投资100万元，在小三嘉子村建设锦绣园宾馆。2002年，新生鄂伦春族乡投资210万元，新建1 000平方米新生宾馆。2003年，爱辉区投资6万元为新生鄂伦春族乡建设1座免冲式旅游厕所。2004年，爱辉区投资60万元对瑷珲宾馆进行改造，6月，瑷珲宾馆晋为国家二星级宾馆。2005年，启动俄罗斯风情宾馆项目建设，总投资700万元，完成征地和项目前期准备及部分基础设施建设。

第五节　主 要 景 点

一、历史古城游

瑷珲古城是黑龙江沿岸的历史名城，是清康熙年间黑龙江流域的政治、经济、文化、军事中心，是清代第一任黑龙江将军衙门的驻地，是中俄《瑷珲条约》的签订地，是国家大遗址保护单位、省级风景名胜区和全国百家爱国主义教育基地之一。瑷珲历史陈列馆、瑷珲卫国英雄园、瑷珲古海关、金法寺佛教公园、十里长江公园等景点构成了瑷珲古城立体旅游网络。瑷珲历史陈列馆坐落在瑷珲新城遗址内，是国家AAA级旅游景区、全国爱国主义教育示范基地之一、国家一级博物馆、第五届全国十大陈列展览精品馆、黑龙江省爱国主义和国防教育基地，也是全国唯一一家以全面反映中俄东部关系史为基本陈列内容的专题性遗址博物馆。瑷珲卫国英雄纪念园，占地面积4 700平方米，建筑面积1 400平方米，由停车场、烽火造型园门、序堂、萨布素将军纪念堂、袁寿山将军纪念堂、珍宝岛自卫反击战实况放映堂等部分组成，是旅游精品景点。瑷珲古海关为一牌楼，青砖结构，正面临江而开，正中是用风格统一的青砖砌成的拱型大门，大门两侧各一个小的拱型门（指海关门）；门的两侧是牌楼的骨架——同样为青砖砌成的门柱，门的上端为女儿墙，檐头为波浪式造型，整个海关为对称式构建，主体突出，美观大方，为省二级保护文物。金法寺气势恢弘的大雄宝殿，金光闪闪的金身佛像，吸引八方游客前去拜谒。爱辉镇十里长江公园绿树成荫、风光秀丽，江面开阔壮观，是游客休闲观光的好去处。

二、卧牛湖休闲游

卧牛湖休闲度假旅游区是唯一座落在中俄互市贸易区内的国际性省级风景名胜区。景区一湖碧水，四面环山，是天然氧吧，更是避暑胜地。独特优美的自然资源和极富神韵的黑龙江传说，赋予了其冰雪游乐、狩猎垂钓、避暑疗养、民俗风情、生态旅游等多种功能。景区内的水上乐园及沙滩浴场、中俄民族风情园、龙珠远东国际滑雪场、度假别墅区、休闲娱乐区、中心服务区和花果林观赏区等景点各具特色、风景怡人，是生态避暑和休闲度假的好去处。

卧牛湖水上乐园　　　　2005年8月摄

三、鄂乡民俗游

鄂伦春民俗游　　　　2005年9月摄

新生鄂伦春民族乡位于小兴安岭北麓的灵秀之地，是鄂伦春族人的聚居地。全乡拥有丰富的森林资源、罕见的野生动物资源和充足的水资源。极目远眺，山脉连绵起伏。山坡上“牛羊点点悠然去、蜂蝶双双自在忙”；山坡下，良田一碧万顷，一片欣欣向荣的景象。莫日根的美丽传说、古老神奇的古伦木沓节、热烈欢快的罕拜舞，鄂乡独特的自然景观与人文景观交相辉映，令人陶醉其间。伴着“高高的兴安岭，一片大森林，森林里住着勇敢的鄂伦春……”的歌声，走进民俗风景区，感受狩猎民族的神秘和传奇,体验鄂伦春人的生产、生活和民俗风情,领略小兴安岭最原始的秀美,在原生态的文化中,让您做一个激情的舞者和英勇的猎人。

四、胜山生态游

胜山自然保护区位于大、小兴安岭的过渡地带,为省级自然保护区,总面积6万公顷。保护区生物多样性程度高,生物资源丰富,共有野生生物2 053种,其中国家二级保护植物7种,国家一级保护动物6种,国家二级保护动物43种。驼鹿和红松是胜山保护区的两大重点保护物种,其中驼鹿作为环北极代表物种,是现存鹿科动物中体型最大、世界珍稀濒危动物之一,在保护区有集中分布。胜山是我国红松分布最北部界线,因小兴安岭红松断续分布,成为林学上的奇观,具有重要科研价值。走进森林、认识自然、感受原始、体验原生态,这里是一个天然氧吧,是一本教科书,是触摸大自然的理想之地。

五、黑龙江风光游

黑龙江古称弱水、黑水,公元14世纪的《辽史》开始称之为黑龙江。黑龙江是当今世界最长的界江。黑龙江原始、纯净,自然景观壮美,没有受到污染。虽然同饮一条江水,两岸却是不同的种族、不同的文化,更有不同的建筑。黑河市与对岸的布拉戈维申斯克市,一江之隔,堪称双子城,是中国与周边国家开通一日游较早的地方。异国的风情令人向往,不用出国在黑河即可满足领略异国风光的美好愿望。在黑龙江江边乘上旅游观光船,驶入界江的中心,顺流东下,离俄罗斯岸边只有百米之距,可以清楚地看到布拉戈维申斯克的市容和具有欧洲特色的俄罗斯建筑,还可看到俄罗斯的港口和岸边的行人;一船游两国是黑龙江游的最大特点。

六、大黑河岛观光购物游

大黑河岛是黑龙江主航道中国一侧最著名的岛屿,总面积接近1平方千米。大黑河岛距黑河市区仅1千米,与俄罗斯布拉戈维申斯克市(海兰泡)直线距离不足700米。自从国务院批准黑河为边境开放城市后,大黑河岛便以其得天独厚的地缘优势,受到海内外人士的瞩目,有"北方沙头角"的美誉。大黑河岛先后举办过多次大型国际经贸洽谈会。俄罗斯、美国、日本、德国、泰国等很多国家和地区的客户曾到此观光考察。杨尚昆、乔石、胡锦涛、田纪云等党和国家领导人先后到这里视察。大黑河岛国际商贸城在大黑河岛的中部的黄金地段,南北一楼大厅分别有180个标准展位,主要作为对俄商品批发配送中心,经营家电、小五金、鞋帽、玩具、日用小商品、装饰材料、体育文化用品;有俄商品专卖店和专柜。南二楼西厅有110个标准展位,经营服装轻纺产品;南二楼东厅的标准展位以超市的形式展销来自全国各地的绿色食品;北二楼有标准展位300个;北三楼有150个标准展位;南三楼是中植旅游文化艺术馆。国贸城最多可容纳5 000~7 000人入城经营,5万人进城购物。国贸城内有休闲厅、多功能厅、冷饮厅、餐厅、娱乐厅等,金融、工商、税务、通信等服务部门一应俱全。自1998年8月18日开业以来,已经成功的举办了3次对俄商品经贸洽谈会,有4 000多家企业和商家参加洽谈。国贸城是俄罗斯人进入黑河的首选和必到之地,每天都有大批的俄罗斯人进入国贸城选购中国的轻工业产品;大批的中国商品通过大黑河岛国际商贸城交易进入俄罗斯市场。同时,大黑河岛国贸城也是来黑河旅游观光客人的必到之地。

七、黑龙江公园游

黑龙江公园位于中国第三大河——黑龙江沿岸。公园北依江水,与俄罗斯阿穆尔州首府布拉戈维申斯克市隔江相望,南靠城区,沿王肃街以黑河市区众多建筑群为背景,西起黑河市口岸委办公大楼,东至大黑河岛桥,全长3 100米,东宽西窄,最宽处200米,最窄处40米,整个地段呈带状,总面积42.5公顷。黑龙江公园的北侧是立壁式江堤，堤面高度12～18米，堤顶标高130.65米，堤顶高于公园区。整个公园划分为三大主题园区，自西向东依次为：历史文化园区、中西文化园区、科技文化园区。历史文化园区以"龙腾"广场为龙头，以"黑龙"的历史传说为主题，通过4个广场3个景点景观，突出展示了黑龙江的地域文化、历史文化和民族文化，具有浓郁的地域风情和民族特色。中西文化园位于园区的中部，包括原王肃公园，该园以对外开放与交流为主线，以和平、友谊、开放、交流和发展为内涵，体现中西方民间文化交流及黑河市国际旅游贸易城市的特点。科技文化园位于园区的东部，以科技文化为主题，通过浮雕体现人类社会的发展，体现各个历史时期科学技术的进步对人类社会发展的推动作用，通过自然现象及科技活动的展示和参与，普及科学知识，提高全民素质。

八、乡村农家游

爱辉区依托黑龙江、小兴安岭等自然山水资源，逐步开发出以农家乐为主的系列乡村旅游产品。以"吃农家菜，赏乡村美景，体验农家风情"为主要特色，沿黑龙江边建成小乌斯力、卡伦山、小黑河、黑龙山庄、龙泽山庄等度假村22家和以食江鱼为主的餐馆数10家；以其独具特色的农家美食，淳朴清新的自然风光，别具风格的乡村风情，吸引着八方来客。

九、冬季冰雪游

爱辉区冬季降雪十分丰沛，年平均气温－0.4℃，封冰期长达174天。爱辉区依托优越的自然条件，建成黑河龙珠远东国际滑雪场。滑雪场位于黑河市北15千米处的卧牛湖风景名胜区，毗邻黑呼公路，从黑河市区乘车20分钟即可到达，交通方便；是黑河乃至东北地区和俄罗斯远东地区第一家大型边境国际旅游滑雪场，为国家3S级雪场。拥有高中级雪道4条，总长度达6 000米，平均坡度在18度左右，难易程度适中；另建有儿童滑雪场、初级滑雪教练场地、冰上乐园、雪地摩托专用道等设施，并配备了双人吊椅缆车、拖牵索道、进口压雪机、大口径造雪机等，建有雪具租赁中心、中俄滑雪学校、咖啡厅等配套服务设施，可同时接待游客2 000人。

滑雪　　2005年1月摄

第六节　旅游企业

一、黑河天马商务旅行社有限公司

黑河天马商务旅行社是专门从事旅游业务及商务咨询服务的专营企业。公司主要从事国内旅游、边境旅游、特种旅游及大型会议接待、商务信息咨询、全国酒店机票预定和汽车租赁等业务。公司配有资深的专业管理团队，能够根据游客不同的需求，制定不同层次、不同内容的旅游线路，准确、及时地完成各种旅游项目。公司在全国15个省、市建立分销商。先后成功接待过上海知青寻访团、吉林省省长和吉林市市长带队的政府大型赴俄洽谈、展销团队及北京市朝阳区财政局、上海市闸北区政协、嘉定区政协、上海市徐汇区旅游局领导等商务考察团，并深受好评。

二、哈尔滨金马国际旅行社有限公司黑河分公司

公司于2000年成立，公司管理人员和业务人员由多年从事旅游事业的骨干组成，经验丰富，业务熟练，并且拥有一支语种齐全、业务规范、训练有素的导游队伍。主要从事招徕和接待国内外旅游团队、组织中国公民赴全国各地旅游观光等业务，并承办各种会议及提供相应的配套服务。

三、黑河海澜旅行社有限公司

黑河海澜旅行社有限公司是国家旅游局批准注册并具有国际旅游经营权的国际旅行社。公司主要经营国内旅游、边境旅游及商务、豪华游业务，并承办各类会议、赴俄经商考察、抵达接送及代办订房(餐)、机(车)票、签证等业务。公司配有完备的业务部门、现代化办公设备及资深管理团队。

四、黑河市康辉旅行社有限责任公司

黑河市康辉旅行社有限责任公司主要从事专业组织单位、个人国内游及入境旅游业务，承办全国各地考察交流业务，代订机票、酒店客房，代办入境签证，提供旅游、商务用车租赁服务及各种特色旅游咨询活动。

五、黑河华源商务酒店

华源商务酒店于1992年正式开业，是集住宿、餐饮、娱乐、商务服务于一体的多功能旅游涉外三星级宾馆。多次成功地接待了各级领导、国内外旅游团体、商务代表团，并多次举办过高规格的会议。酒店建筑面积4 500平方米，设有高、中档客房，百余张床位，可满足不同层次宾客的需求；客房内冰箱、空调、有线电视、电脑等设施齐全；有大、小会议室，可举办不同规模的会议。

六、易达酒店

易达酒店地处黑河市中心黄金地段，交通便利，是集客房、餐饮、写字间于一体的三星级商务酒店。酒店始建于1996年，到2005年，经数次的装修，已拥有大小会议室8间，各类客房114间，房间内设有电脑、数字电视、国际国内直拔电话等设施，2 000平方米的停车场可停放百余台车辆。酒店设有风格各异的大厅、包房，可同时容纳1 000多人就餐，被财政部定为机关出差会议定点饭店。

七、东龙宾馆

东龙宾馆位于黑河市中心，地处黑河市的繁华黄金地带，地理位置优越，交通便利，是二星级宾馆。宾馆设施齐全，拥有多种类型的客房共51套及中型宴会厅、餐饮包厢和多功能厅等。为满足宾客的多层次需求，设有购物中心、商务中心、KTV包厢、按摩保健中心、棋牌室等服务和娱乐设施，配套项目齐全，被省内外多个单位确定为出差定点宾馆。

八、爱辉国际旅行社

爱辉区办理赴俄旅游机构是黑河爱辉国际旅行社，成立于 1993 年，原名黑河旅行社，1997 年被国家旅游局批准为国际社，取得了赴俄经营权，晋升为国际社，更名为黑河爱辉国际旅行社，先后开辟了黑河—布拉戈维申斯克市、黑河—布拉戈维申斯克市—莫斯科、黑河—布拉戈维申斯克市—圣彼得堡、黑河—布拉戈维申斯克市—海参崴等多条赴俄旅游线路。爱辉国际旅行社下设出境部、外联部、接待部、民贸部、计财部，能够承办中俄多日游、中俄少年儿童交流游、经贸考察、国际交易展销会等项目，并提供食、住、行、游、购、娱等一条龙服务。2000 年底，爱辉国际旅行社被伊春市私营企业中植旅游集团收购。2003 年末，爱辉区收回爱辉国际旅行社。在中植收购的 3 年时间里，爱辉区的旅游出入境处于空白状态。2005 年，爱辉国际旅行社完成改制工作，变为私营企业。

◎第十二篇　中国共产党

第十二篇　中国共产党

中国共产党黑河市委员会1981年成立，历经“县、市合并”“撤市建区”等机构变化，机构逐步健全，党组织不断发展壮大，党员素质不断提高，组织建设、宣传教育、纪检监察、统一战线等工作有序开展。在具体实践中，充分发挥党的领导核心作用，认真贯彻执行党中央、省委、黑河市委制定的路线、方针、政策，带领全区各族人民高举邓小平理论伟大旗帜，全面贯彻“三个代表”重要思想，以经济建设为中心，不断深化各项改革，全力推进经济和社会事业的协调快速发展。

第一章　党代表大会

第一节　中国共产党黑河市第一次代表大会

1984年5月28—31日，中国共产党黑河市第一次代表大会召开。出席会议代表245人。张贵生代表中共黑河市委员会作《认真贯彻党的十二大会议精神，全面开创我市社会主义现代化建设新局面》的工作报告。张中元代表中共黑河市纪律检查委员会作《全面开创纪检工作新局面，为尽快实现我市党风的根本好转而奋斗》的工作报告。会议对上述两个工作报告作出决议。大会选举产生了由27名党员、4名候补委员组成的中共黑河市第一届委员会，选出张贵生、刘振国、李忠祥、张中元、程慧琴、贲鹤年、刘万福、郑挺秀等8人为常务委员；张贵生为书记，刘振国、李忠祥、张中元为副书记。大会还选举产生了由15人组成的中共黑河市第一届纪律检查委员会。张中元兼任书记，夏元清、卢寿绵、于宏为副书记。

中共黑河市二届二次全委（扩大）会议　1986年9月摄

第二节　中国共产党黑河市第二次代表大会

1986年9月19—25日，中国共产党黑河市第二次代表大会召开。出席会议代表259人，列席代表19人。刘振国代表中共黑河市第一届委员会作《改革创新，开放搞活，为把黑河建设成经济繁荣、精神文明的口岸城市而奋斗》的工作报告。于洪典代表中共黑河市第一届纪检委作《认清形势、明确任务，坚定不移地实现我市党风的根本转变》的报告。大会对上述两个报告作出决议。大会选举产生了由21名委员、4名候补委员组成的中共黑河市第二届委员会。选出刘振国、李忠祥、李德贵、姜延义、刘万福、赵奭心、贾振国、张英杰、刘扬9人为常务委员，刘振国为书记，李忠祥、李德贵、姜延义为副书记。大会还选举产生了由15人组成的中共黑河市第二届纪律检查委员会。于洪典为书记，夏元清、于宏为副书记。

第三节　中国共产党黑河市第三次代表大会

1989年10月9—12日，中国共产党黑河市第三次代表大会召开。出席会议代表223人，列席代表98人。李秉德代表中共黑河市第二届委员会作《坚持党的基本路线，振奋精神、艰苦创业，为振兴黑河而奋斗》的工作报告。大会选举产生了由21名委员、2名候补委员组成的中共黑河市第三届委员会。选出李秉德、徐福和、战佩山、孟庆斌、王开恕、王国生、刘云宪、王金发、贾振国、曹晓平、李颂致等为常务委员，李秉德为书记，徐福和、战佩山、孟庆斌为副书记。大会还选举产生了由13人组成的中共黑河市第三届纪律检查委员会。曹晓平为书记，王国栋、王春复为副书记。曹晓平代表黑河市第二届纪律检查委员会作《坚持从严治党，扎实地搞好新时期党风建设》的工作报告。

第四节　中国共产党黑河市第四次代表大会

1992年12月17日，中国共产党黑河市第四次代表大会召开。出席会议代表233人，列席代表106人。张文树代表中共黑河市第三届委员会作《高举十四大旗帜，为加速开放城市建设而奋斗》的工作报告，刘宽玉代表中共黑河市第三届纪律检查委员会作《严肃党的纪律，加强党风廉政建设，更好地为党的基本路线服务》的工作报告。会议选举产生了由25名委员，2名候补委员组成的中共黑河市第四届委员会。选举张文树、徐福和、战佩山、贾振国、金济滨、李春福、赉鹤年、刘万福、周境、刘宽玉、李学军、刘江、陈义为常务委员，张文树为书记，徐福和、战佩山、贾振国、金济滨为副书记。1992年12月26—28日的大会上选举产生了中国共产党黑河市第四届纪律检查委员会，刘宽玉当选为书记，李大方、尹桂芝为副书记。

第五节　中国共产党黑河市爱辉区第一次代表大会

1993年12月27—29日，中国共产党黑河市爱辉区第一次代表大会召开。本次会议是撤市建区后首次党代会，出席大会代表182人，列席代表76人。战佩山作《认真贯彻十四届三中全会精神，全面推进各项改革，为实现小康目标而努力奋斗》的工作报告。刘泽生作《深入开展反腐败斗争，切实加强党风廉政建设，保证党的各项任务的顺利完成》的报告。会议对上述两个报告作出了决议。大会选举产生了由25名委员，2名候补委员组成的中共爱辉区第一届委员会，选举战佩山、赵敬华、刘玉霞、卢寿绵、李春福、曹晓平、刘宽玉、周境、侯鸿翔、李学军、刘江、李廷栋、刘泽生等13人为常务委员，战佩山为书记，赵敬华、刘玉霞、卢寿绵为副书记。大会还选举产生了由13人组成的中共爱辉区第一届纪律检查委员会。刘泽生为书记，李大方，尹桂芝、季慎荣为副书记。

第六节　中国共产党黑河市爱辉区第二次代表大会

1999 年 8 月 21—23 日，中国共产党黑河市爱辉区第二次代表大会召开。出席大会代表共计 200 人，实际到会代表 191 人，列席代表 47 人。胡东胜代表中共爱辉区委员会作题为《解放思想、艰苦创业，为实现富民强区的战略目标而努力奋斗》的工作报告，报告明确提出了全区今后五年的工作总体思路和六项重点工作。李前进代表中共爱辉区纪律检查委员会作《继续推进党风廉政建设和反腐败工作，为实现富民强区战略目标提供服务和保证》的工作报告。会议对上述两个报告作出了决议。本次代表大会区委委员、候补委员和区纪委委员的选举，采用差额选举办法进行预选，产生候选人员名单，然后采用等额选举办法进行正式选举。大会选举产生了由 24 名委员、2 名候补委员组成的中共爱辉区第二届委员会；选举胡东胜、夏作民、高富裕、王锋、郭建华、庞学臣、何平、焦秋明、李前进、顾国仲为常务委员，胡东胜为书记，夏作民、高富裕、王锋、郭建华、庞学臣为副书记。大会还选举产生了由 13 名纪律检查委员会委员组成的中共爱辉区第二届纪律检查委员会。李前进为书记，李大方、白琢、郑宝启为副书记。

第七节　中国共产党黑河市爱辉区第三次代表大会

2004 年 4 月 25—27 日，中国共产党黑河市爱辉区第三次代表大会召开。出席大会代表共计 220 人，实际到会代表 214 人，列席代表 23 人。李洪祥代表中共爱辉区第二届委员会作题为《以全面建设小康社会为目标，进一步加快区域经济社会发展步伐》的工作报告。李前进代表中共爱辉区纪律检查委员会向中共爱辉区第三次代表大会作了工作报告。大会对两个报告作出了决议。本次代表大会区委委员、候补委员、区纪委委员和出席市第三次党代表大会代表的选举，采用差额选举办法进行预选，产生候选人名单，然后采用等额选举办法进行正式选举。大会选举产生了由 23 名委员、3 名候补委员组成的中共爱辉区第三届委员会；选举李洪祥、王喜军、王锋、郭建华、李前进、孟新、代树奇、张志国、李晓文为常务委员；李洪祥当选为区委书记，王喜军、王锋、郭建华、李前进当选为区委副书记。选举产生了由 11 名纪律检查委员会委员组成的新一届中共爱辉区纪律检查委员会，李前进当选为纪委书记，李大方、白琢、郑宝启当选为纪委副书记。大会还选举产生了 19 名出席黑河市第三次代表大会代表。

第二章　组 织 机 构

第一节　领 导 机 构

1981 年 1 月，经黑龙江省委批准，中国共产党黑河市委员会成立，隶属于中共黑河地委领导。1983 年 6 月，中共爱辉县委并入中共黑河市委。1993 年 4 月，依照国务院撤销黑河市（县级）设立黑河市爱辉区（县级）的决定，中国共产党黑河市委员会更名为中国共产党黑河市爱辉区委员会。中共黑河市爱辉区委员会属市辖区（县级）党的领导机关，隶属中共黑河市委员会（地级）领导。

1983—2005年中共爱辉区委（黑河市委）书记、副书记、常委更迭情况表

表12－1

届　别	书　记	副书记	常　委
中共黑河市第一届委员会（1984.5—1986.9）	张贵生（1981.2—1985.8） 王怀仁（1985.8—1986.5） 刘振国（1986.5—1986.9）	宫海林（1981.2—1985.8） 王国生（1983.6—1984.3） 刘振国（1984.3—1986.5） 李忠祥（1984.3—1986.9） 张中元（1984.3—1986.9） 李德贵（1986.7—1986.9） 姜延义（1985.8—1986.9）	程慧琴（1984.3—1986.9） 责鹤年（1984.3—1984.7） 刘万福（1984.3—1986.9） 郑挺秀（1984.3—1986.9） 党书亮（1984.11—1986.9） 赵奭心（1984.7—1986.9） 张英杰（1985.8—1986.9） 刘　扬（1985.8—1986.9） 贾振国（1986.7—1986.9）
中共黑河市第二届委员会（1986.9—1989.10）	刘振国（1986.9—1989.5） 李秉德（1989.5—1989.10）	李忠祥（1986.9—1987.10） 李德贵（1986.9—1989.7） 姜延义（1986.9—1987.7） 徐福和（1987.10—1989.10） 孟庆斌（1987.7—1989.10） 战佩山（1987.7—1989.10）	赵奭心（1986.9—1987.7） 贾振国（1986.9—1989.10） 刘万福（1986.9—1987.7） 张英杰（1986.9—1987.7） 刘　扬（1986.9—1987.2） 刘兵来（1987.2—1988.5） 王开恕（1987.7—1989.10） 刘云宪（1987.10—1989.10） 王国生（1987.10—1989.10） 王金发（1987.10—1989.10） 关占儒（1987.7—1989.7） 李颂致（1987.7—1989.10）
中共黑河市第三届委员会（1989.10—1992.12）	李秉德（1989.10—1990.4） 张文树（1990.4—1992.12）	徐福和（1989.10—1992.12） 孟庆斌（1989.10—1990.8） 战佩山（1989.10—1992.12） 邓　平（1990.9—1991.8） 贾振国（1991.8—1992.12）	王开恕（1989.10—1990.8） 王国生（1989.10—1991.1） 刘云宪（1989.10—1992.12） 王金发（1989.10—1991.1） 贾振国（1989.10—1991.8） 李春福（1989.11—1992.12） 曹晓平（1989.9—1992.5） 李颂致（1989.10—1989.11） 陈　义（1992.8—1992.12） 责鹤年（1991.1—1992.12） 刘万福（1991.1—1992.12） 周　境（1991.8—1992.12） 张士杰（1991.4—1992.9）
中共黑河市第四届委员会（1992.12—1993.3）	张文树（1992.12—1993.3）	徐福和（1992.12—1993.3） 战佩山（1992.12—1993.3） 贾振国（1992.12—1993.3） 金济滨（1992.12—1993.3）（省委下派）	李春福（1992.12—1993.3） 责鹤年（1992.12—1993.3） 刘万福（1992.12—1993.3） 周　境（1992.12—1993.3） 刘宽玉（1992.5—1993.3） 李学军（1992.9—1993.3） 刘　江（1992.12—1993.3） 陈　义（1990.12—1993.3）

续表 12－1

届　别	书　记	副书记	常　委
中共爱辉区第一届委员会（1993.4—1999.8）	战佩山（1993.4—1997.5） 赵洪生（1997.5—1998.12） 胡东胜（1999.1—1999.8）	赵敬华（1993.4—1995.7） 贾振国（1993.4—1993.10） 金济滨（1993.4—1993.11）（省委下派） 刘玉霞（女，1993.10—1995.12） 卢寿绵（1993.10—1996.2） 王金昌（1994.3—1996.2）（省委下派） 王圣文（1995.7—1998.12） 孙洪涛（1996.2—1998.9） 周　境（1996.2—1996.2） 张学彦（1997.5—1998.11）（省委下派） 李学军（1997.9—1998.4） 庞学臣（1998.11—1999.8） 刘泽生（1998.11—1999.8） 高富裕（1998.11—1999.8） 王　锋（1999.1—1999.8） 郭建华（女，1999.2—1999.8） 夏作民（1999.4—1999.8）	李春福（1993.4—1996.4） 曹晓平（1993.4—1993.10） 刘宽玉（1993.4—1995.12） 周　境（1993.4—1996.2） 侯鸿翔（1993.4—1998.12） 李学军（1993.4—1997.9） 刘　江（1993.4—1997.2） 李廷栋（1993.10—1997.2） 刘泽生（1993.11—1999.8） 武永庆（1996.2—1998.2） 何　平（1996.2—1999.8） 高富裕（1997.2—1999.8） 焦秋明（1997.2—1999.8） 朱家明（1998.2—1999.8）
中共爱辉区第二届委员会（1999.8—2004.4）	胡东胜（1999.8—2003.8）	王　锋（1999.8—2004.4） 庞学臣（1999.8—2001.11） 郭建华（女，1999.8—2004.4） 夏作民（1999.8—2002.8） 高富裕（1999.8—2000.9） 王喜军（2000.9—2004.4） 王大明（2001.6—2003.6） 李前进（2001.12—2004.4） 李洪祥（2002.8—2004.4）	何　平（1999.8—2000.9） 焦秋明（1999.8—2001.12） 李前进（1999.8—2001.12） 顾国仲（1999.4—2003.12） 张志国（2000.9—2004.4） 代树奇（2000.9—2004.4） 李晓文（2001.2—2004.4） 孟　新（2002.4—2004.4） 王和峰（2002.8—2004.4）
中共爱辉区第三届委员会（2004.4—）	李洪祥（2004.4—　　）	王喜军（2004.4—） 王　锋（2004.4—2004.7） 郭建华（女，2004.4—） 李前进（2004.4—2005.9） 马福森（2004.9—）	孟　新（2004.1—2004.4） 代树奇（2004.4—） 张志国（2004.4—2005.9） 周　强（2005.9—） 李晓文（2004.4—） 王振兴（2004.8—） 齐树功（2005.11—）

第二节　工作机构

1981 年 1 月，中国共产党黑河市委员会成立，设立市委办公室、组织部、宣传部、统一战线工作部、纪律检查委员会。1982 年，设立政策研究室、政法委员会、老干部办公室。1983 年，建立保密办公室、党史工作办公室、党校、农村工作部、财贸部、公交部。老干部办公室改为老干部局。1984 年 2 月，撤销财贸部、公交部。1986 年 10 月，成立国家保密工作局。

至 1987 年 10 月，市委工作机构有办公室、组织部、宣传部、统一战线工作部、政策研究室、农村工作部、老干部局、国家保密工作局、党史工作办公室、党校、政法委员会等 11 个部门。1987 年 12 月 30 日，设立黑河市老龄问题委员会。1988 年 5 月，撤销政法委员会，成立政法协调小组。同年 10 月，政法协调小组改称为政法协调办公室，黑河市委农村工作部改称黑河市农业委员会，改属政府序列。1989 年 3 月政法协调办公室改称为政法领导小组。1990 年 6 月，撤销政法领导小组，恢复政法委员

中共爱辉区委、区政府办公楼　　2005 年 9 月摄

会。同年 9 月 26 日，老龄问题委员会改称为老龄工作委员会。1992 年 5 月，成立黑河市关心下一代工作委员会。

1993 年 4 月 1 日，中国共产党黑河市委员会更名为中共黑河市爱辉区委员会，实行市领导县（区）的管理体制。中共爱辉区委设立办公室、组织部、宣传部、统战部、农业工作委员会、政法委、老干部局、党校等工作机构。1996 年 1 月，农业工作委员会更名为农业工作办公室。3 月，按照《黑河市爱辉区党政机构改革方案》，机构设置参照二类县设置，调整后，区委下设工作机构为办公室、组织部、宣传部、统战部、政法委、纪律检查委员会、直属机关工作委员会。机构改革中，政策研究室并入区委办公室，老干部局改由组织部管理，纪律检查委员会与监察局（政府序列）合署办公，政法委员会与社会治安综合治理办公室合署办公，精神文明办公室并入宣传部，区委机关党委、区政府机关党委、综合党委合并为区委直属机关工作委员会，老龄工作委员会改为副科级事业单位。

2005 年，中共爱辉区委下设工作机构为办公室、组织部、宣传部、纪检委、政法委、统战部、直属机关工作委员会；区委系列事业单位有区委党校、区广播电视局、爱辉区新闻中心。

第三节　组织建设

1984 年，中共黑河市委所属党委 36 个、党组 8 个、总支 28 个、支部 530 个。1993 年 4 月，中共黑河市委更名为中共黑河市爱辉区委，有党委 30 个、党组 7 个、总支 26 个、支部 443 个。至 2005 年，中共黑河市爱辉区委所属党委 20 个、党组 7 个、总支 25 个、支部 262 个。

1984—2005 年爱辉区（黑河市）基层党组织数量统计表

表 12－2　　单位：个

各级组织 / 年份	党委	党组	总支	支部
1984	36	8	28	530
1985	35	8	27	523
1986	32	8	32	544
1987	32	9	33	552
1988	33	9	31	556
1989	33	9	33	567
1990	33	9	35	570

续表 12－2

年份＼各级组织	党委	党组	总支	支部
1991	34	9	35	572
1992	34	9	35	572
1993	30	7	26	443
1994	29	7	26	434
1995	30	7	28	444
1996	24	7	27	428
1997	25	7	24	415
1998	25	8	22	410
1999	26	8	21	386
2000	26	9	20	412
2001	21	9	17	359
2002	23	9	16	336
2003	25	9	15	273
2004	20	8	15	277
2005	20	7	25	262

1983—1992 年黑河市党的基层组织分行业统计表

表 12－3　　单位:个

年份	各级组织＼行业	总计	工业	交通	农、林、牧、渔、水利业	财、粮、贸	文教、卫生	建筑业	机关	其他
1983	党委	45	8	2	17	5	3	3	3	4
	总支	14	2	1	4	5	1	—	1	—
	支部	524	87	15	173	65	52	20	99	13
1984	党委	36	4	2	15	4	2	2	1	6
	总支	28	8	4	2	8	3	1	2	—
	支部	530	79	26	133	72	49	18	97	56
1985	党委	35	3	1	17	4	3	1	6	—
	总支	27	9	3	2	6	1	1	4	1
	支部	523	89	22	149	62	43	22	109	27
1986	党委	32	4	1	4	4	2	1	16	—
	总支	32	9	3	2	7	1	—	10	—
	支部	544	93	21	144	72	51	13	131	19
1987	党委	32	3	1	4	4	2	1	17	—
	总支	33	10	2	4	8	2	—	7	—
	支部	552	92	18	144	74	53	13	145	13

续表 12－3

年份	各级组织＼行业	总计	工业	交通	农、林、牧、渔、水利业	财、粮、贸	文教、卫生	建筑业	机关	其他
1988	党委	33	4	1	4	4	2	1	17	—
	总支	31	9	3	4	5	2		8	—
	支部	556	93	26	145	76	55	15	135	11
1989	党委	33	4	1	16	3	2	2	5	
	总支	33	11	2	3	6	2		9	—
	支部	567	95	20	150	70	56	17	130	29
1990	党委	33	5	1	3	4	2	2	16	—
	总支	35	10	2	3	6	3	—	11	—
	支部	570	94	17	140	75	58	17	148	21
1991	党委	34	5	1	3	4	2	2	17	—
	总支	35	10	1	2	2	3	2	15	—
	支部	572	90	16	124	72	56	14	177	23
1992	党委	34	5	1	3	3	3	2	17	—
	总支	35	10	1	2	2	3	2	15	—
	支部	572	90	16	124	72	56	14	177	23

1993—1998 年爱辉区党的基层组织分行业统计表

表 12－4　　单位：个

年份	各级组织＼行业	总计	农、林、牧、渔、水利业	工业	地质普查、勘探业	建筑业	交通运输、邮电通信业	商业、公共饮食业、物资供销、仓储业	房地产管理、公用事业、居民服务和咨询服务业	卫生、体育、社会福利事业	教育、文化艺术和广播事业	科学研究和综合技术服务业	金融、保险业	国家机关政党机关社会团体	其他
1993	党委	30	3	1	—	2	—	3	—	1	1	1	—	18	—
	总支	26	4	2	—	—	—	2	1	1	—	1	—	13	2
	支部	443	129	33	—	16	5	39	5	12	24	2	—	147	31
1994	党委	29	3	1	—	1	—	3	—	1	1	1	—	18	—
	总支	26	4	2	—	—	—	3	1	1	—	1	—	14	—
	支部	434	134	33	—	2	—	39	5	12	24	2	—	148	35
1995	党委	30	4	1	—	1	—	3	—	1	1	1	—	18	—
	总支	28	6	2	—	—	—	3	1	1	—	1	—	14	—
	支部	444	140	—	33	2	—	39	5	12	24	2	—	152	35
1996	党委	24	12	1	—	—	—	1	—	—	1	—	—	9	—
	总支	27	4	1	—	1	1	3	—	1	2	—	—	13	1
	支部	428	153	27	—	6	3	39	2	12	30	2	4	136	14

续表 12-4

年份	各级组织 \ 行业	总计	农、林、牧、渔、水利业	工业	地质普查、勘探业	建筑业	交通运输、邮电通信业	商业、公共饮食业、物资供销、仓储业	房地产管理、公用事业、居民服务和咨询服务业	卫生、体育、社会福利事业	教育、文化艺术和广播事业	科学研究和综合技术服务业	金融、保险业	国家机关政党机关社会团体	其他
1997	党委	25	15	1	—	—	—	—	—	—	1	—	—	8	—
	总支	24	4	1	—	—	1	2	—	1	2	—	—	12	1
	支部	415	161	25	—	3	7	35	3	13	29	1	4	98	36
1998	党委	25	—	—	—	—	—	—	—	—	—	—	—	23	2
	总支	22	2	—	—	—	—	—	—	1	1	—	—	16	2
	支部	410	142	9	—	6	11	7	15	15	27	—	4	96	78

1999—2002 年爱辉区党的基层组织分行业统计表

表 12-5　　单位:个

年份	各级组织 \ 行业	总计	农林牧渔业	采掘业	制造业	电力、煤气及水的生产和供应业	建筑业	地质勘察业	水利管理业	交通运输业	仓储业	邮电通信业	批发和零售贸易、餐饮业	金融、保险业	房地产业	社会服务业	卫生、体育和社会福利业	教育文化艺术和广播电影电视业	科学研究和综合技术服务业	国家机关政党机关社会团体	其他
1999	党委	26	1	—	—	—	—	1	—	—	—	—	—	—	—	—	—	1	—	21	2
	总支	21	2	—	—	—	—	—	—	—	—	—	—	—	—	—	1	1	—	16	1
	支部	386	147	—	5	1	5	—	—	9	—	—	3	3	1	6	14	24	—	99	69
2000	党委	26	—	—	—	—	—	—	—	—	—	—	—	—	—	—	—	—	—	24	2
	总支	20	1	—	—	—	—	—	—	—	—	—	—	—	—	—	1	—	—	15	3
	支部	412	145	—	5	1	5	—	—	10	—	—	8	3	1	7	14	24	—	99	90
2001	党委	21	—	—	—	—	—	—	—	—	—	—	—	—	—	—	—	—	—	19	2
	总支	17	2	—	—	—	—	—	—	—	—	—	1	—	—	—	1	1	—	11	1
	支部	359	119	—	14	—	7	—	2	3	5	2	9	2	1	2	14	25	—	72	82
2002	党委	23	—	—	—	—	—	—	—	—	—	—	—	—	—	—	—	—	—	21	2
	总支	16	1	—	—	—	—	—	—	—	—	—	1	—	—	—	1	—	—	13	—
	支部	336	114	—	9	—	8	—	2	1	5	1	13	2	—	1	15	22	5	76	62

2003—2005 年爱辉区党的基层组织分行业统计表

表 12-6

年份	各级组织 \ 行业	总计	公有制经济控制的企业法人单位建立党的基层组织	非公有制经济控制的企业法人单位和个体工商户建立党的基层组织	事业和民办非企业法人单位建立党的基层组织	国家机关、政党和社会团体法人单位建立党的基层组织	街道、社区、镇、乡、建制村建立党的基层组织	国务院和地方政府工作部门法人单位建立党的基层组织
2003	党委	25	—	—	—	7	11	7
	总支	15	—	—	3	5	4	3
	支部	273	49	2	43	49	123	7

续表 12-6

年份	各级组织 \ 行业	总计	公有制经济控制的企业法人单位建立党的基层组织	非公有制经济控制的企业法人单位和个体工商户建立党的基层组织	事业和民办非企业法人单位建立党的基层组织	国家机关、政党和社会团体法人单位建立党的基层组织	街道、社区、镇、乡、建制村建立党的基层组织	国务院和地方政府工作部门法人单位建立党的基层组织
2004	党委	20	1	—	1	—	11	7
	总支	15	—	—	2	5	4	4
	支部	277	33	14	61	57	103	9
2005	党委	20	1	—	—	—	11	8
	总支	25	—	—	2	6	12	5
	支部	262	19	26	68	49	91	9

说明:由于分类口径不同,党的基层组织情况统计表分为4个表格

一、区委(市委)直属党组、党委(总支)

1981年,建立市政府党组、检察院党组、工会党组,市直机关党委、工业交通党委、煤炭局党委、城市建设党委、农林党委、畜牧党委、商业党委、粮食党委、教育党委、公安党委、武装党委。1982年,建立人大党组、法院党组、政协党组、人民银行党组;物资党委、服务党委。

1983年,建立农业银行党组,一工业党委、二工业党委、交通党委、基本建设党委、农业党委、农牧渔业党委、林业党委、供销党委、文化党委、卫生党委,水利党总支、党校党总支。撤销人民银行党组。1984年,建立公安局党组,城乡建设环境保护党委、农机党委,撤销城市建设党委、服务党委、文化党委,成立文化党总支,林业党委改为林工商联营公司党委。1985年,建立安全局党组;林工商联营公司党委改为林业党委,城乡建设环境保护党委改为建设局党委。

1986年,建立人民银行党组、市政府机关党委、街道党委、畜牧党总支、供销党总支;撤销供销党委、党校党总支。1987年,建立党校党总支。1988年,建立西沟电站党总支。1990年,撤销人民银行党组、农业银行党组、建设银行党组,建立金融党委、边贸党总支。1992年,建立合作区党委、工商联党组。

1996年,撤销街道党委,原属街道党委的花园街、兴安街、海兰街、西兴街4个总支直接隶属爱辉区委;区委机关党委、区政府机关党委、综合党委合并为区委直属机关工作委员会。1999年,设技术监督局党组、农村信用社党组。

2005年,花园街、兴安街、海兰街、西兴街4个党总支分别改建为街道办事处工作委员会。

二、乡镇(农场)党委

1984年3月,黑河市实行政社分开,建立乡政权,黑河市委将10个公社党委改建为10个乡(镇)党委。同年9月,建立坤河达斡尔族满族乡党委。1985年,建立罕达汽镇党委。

至1993年3月,全市共有12个乡(镇)党委和1个农场党委。即幸福乡党委、四嘉子乡党委、爱辉镇党委、西岗子镇党委、上马厂乡党委、张地营子乡党委、西峰山乡党委、新生鄂伦春族乡党委、罕达汽镇党委、北师河乡党委、二站乡党委、坤河达斡尔族满族乡党委;金水农场党委。1997年6月撤销金水农场党委,建立金水乡党委。全区乡(镇)党委达到13个。2001年3月,罕达汽镇党委与金水乡党委合并为罕达汽镇党委;二站乡党委与北师河乡党委合并为二站乡党委。

至2005年,爱辉区共有11个乡(镇)党委,分别为爱辉镇党委、西岗子镇党委、罕达汽镇党委、幸

福乡党委、四嘉子乡党委、坤河达斡尔族满族乡党委、上马厂乡党委、张地营子乡党委、新生鄂伦春族乡党委、西峰山乡党委、二站乡党委。

第三章　组织工作

第一节　机　　构

1981 年 2 月,黑河市委组织部成立,设组织组、干部组、干审组、科教组、秘书组、办公室;1991 年设立干部档案室、党员电化教育办公室。

1993 年 4 月,黑河市委组织部更名为中共黑河市爱辉区委组织部。同年 11 月,编委文件确定区委组织部为正科级建制,内部机构设干部组、组织组、科教组、秘书组、干部调查组,均为正股级建制。编制总数 22 个。所属事业部门为区委党员电化教育办公室,编制 2 个;区委干部档案室,编制 4 个,区委党员电化教育办公室和区委干部档案室为副科级建制。区委组织员办公室与区委组织部合属办公,编制 4 个,正科级建制。1996 年,干部组、组织组、秘书组合并为办公室,科教组更名为科教干部组,干部调查组更名为干部审查组,以上组室均为正股级建制,编制 21 个。其他机构未变。

经 2001 年爱辉区党政机构改革后,至 2005 年,区委组织部内设机构为办公室、干部组、组织组、科教组、干部监督组 4 个职能组(室),均为正股级建制,编制 17 个。所属事业部门 3 个,分别为干部档案室(副科级建制,编制 5 个);党员电化教育办公室(副科级建制,编制 3 个);区委组织员办公室(正科级建制,编制 3 个)。

1981—2005 年爱辉区(黑河市)委组织部部长更迭情况表

表 12－7

职　　务	姓　名	任职时间
中共黑河市委组织部部长	姚凤鸣	1981.2—1983.5
	孟广新	1983.6—1983.10
	贲鹤年	1984.2—1984.7
	赵奭心	1984.7—1985.8
	张英杰	1985.8—1987.8
	关占儒	1987.8—1989.7
	贾振国	1989.7—1991.8
	周　境	1991.8—1993.3
中共爱辉区委组织部部长	周　境	1993.4—1996.2
	何　平	1996.2—2000.9
	张志国	2000.9—2005.9
	周　强	2005.9—

第二节　党员队伍建设

一、党员发展

1983—1984 年，发展党员侧重吸收知识分子和各类专业技术人员，平均占发展总数的 62.5%。1987 年，按照“坚持标准，保证质量，改善结构，慎重发展”的方针发展新党员。1983—1992 年，年均吸收新党员 159 人，其中女党员占年均发展总数的 33.3%。1993 年，区委建立了三级把关制度（基层支部初审、基层党委预审、组织部门预批），当年发展新党员 109 人。2002 年，加大宏观调控力度，当年发展新党员 114 人。2004 年，开展发展党员“票决制”试行工作，在教育党委和爱辉镇党委试行“票决制”发展党员的新模式，这两个党委当年共吸收 13 名新党员入党。侧重在农村、街道社区、教育一线和私营企业中发展党员，注重发展有致富带头能力的新型农民党员，当年区委共发展党员 131 人。1993—2005 年，共发展新党员 1 820 人，其中，女党员占年均发展总数的 37.8%；生产一线党员占年均发展总数的 65%；高中以上文化程度党员占年均发展总数的 82%；35 岁以下党员占年均发展总数的 67.2%；少数民族党员占年均发展总数的 10.2%；共青团员入党的新党员占年均发展总数的 9.5%；推优入党的新党员占年均发展总数的 2%。

截至 2005 年，全区党员达到 6 969 人，占全区人口总数的 3.48%。

二、党员分布

1983 年底统计，黑河市党员总数 4 851 人，行业分布情况为工业 760 人，占党员总数的 15.67%；交通 162 人，占党员总数的 3.34%；农林牧渔 1 631 人，占党员总数的 33.62%；财粮贸 668 人，占党员总数的 13.77%；文教卫生 339 人，占党员总数的 6.99%；建筑业 181 人，占党员总数的 3.73%；机关 989 人，占党员总数的 20.39%；其他 121 人，占党员总数的 2.49%。

截至 2005 年底，爱辉区党员总数达到 6 969 人；较 1983 年增长 43.66%。其中，属于公有制经济单位的在岗的机关干部（公务员）779 人，企事业管理和技术专业人员 844 人，工人、营业员、服务员 198 人；属于非公有制经济单位的在岗的企业管理专业技术人员 29 人，工人、营业员、服务员 73 人；农牧渔民共计 1 493 人；离退休人员 2 915 人；个体劳动者 28 人；其他 610 人。

1983—2002 年爱辉区（黑河市）中共党员行业分布表

表 12－8

年份＼行业	总计	农林牧渔水利业	工 业	水利管理业	建筑业	交通运输、邮电通信业	商业公共饮食业、物资供销仓储业	房地产管理、公用事业、居民服务和咨询服务业	卫生体育社会福利业	教育文化艺术、广播电视事业	科学研究综合技术服务业	金融保险业	国家机关政党、机关社会团体	其他
1983	4 851	1 631	760	—	181	162	668	—	—	339	—	—	989	121
1984	4 844	1 278	676	—	177	259	446	—	—	355	—	—	1 174	479
1985	5 197	1 388	837	—	105	236	353	86	107	302	6	72	1 430	275
1986	5 384	1 397	872	—	108	236	395	106	116	389	7	77	1 513	168
1987	5 626	1 428	939	—	122	186	412	98	142	395	16	81	1 612	195
1988	5 599	1 402	898	—	119	252	448	110	146	370	17	90	1 600	147

续表 12－8

年份＼行业	总计	农林牧渔水利业	工业	水利管理业	建筑业	交通运输、邮电通信业	商业公共饮食业、物资供销仓储业	房地产管理、公用事业、居民服务和咨询服务业	卫生体育社会福利业	教育文化艺术、广播电视事业	科学研究综合技术服务业	金融保险业	国家机关政党、机关社会团体	其他
1989	5 723	1 402	900	—	119	205	398	86	138	342	47	106	1 550	430
1990	5 846	1 354	955	—	119	192	462	97	141	340	57	98	1 752	279
1991	5 988	1 359	1 021	—	116	219	474	89	139	348	53	116	1 764	290
1992	5 946	1 397	1 087	—	121	214	469	84	146	357	56	114	1 620	281
1993	4 627	1 358	860	—	74	161	69	73	123	287	48	27	1 352	195
1994	4 653	1 409	822	—	7	—	78	79	118	291	59	—	1 406	384
1995	4 705	1 417	818	—	9	—	84	82	123	284	62	31	1 433	362
1996	4 789	1 570	316	—	45	25	347	31	118	357	20	22	1 472	466
1997	4 863	1 704	300	—	38	60	438	27	139	368	7	32	1 330	420
1998	4 939	1 568	64	—	64	141	32	198	144	357	—	31	1 377	963
1999	5 000	1 678	79	—	51	135	32	94	159	370	—	18	1 552	832
2000	5 106	1 801	81	—	52	141	71	117	141	393	—	21	1 492	796
2001	5 335	1 790	179	31	49	49	196	24	168	473	—	16	1 444	916
2002	5 565	1 775	124	33	109	19	214	25	212	411	34	17	1 507	1 085

2003—2005 年爱辉区中共党员行业分布表

表 12－9

项目／年份	总计	在岗职工							农牧渔民	离、退休（退职）人员	其他	其他				
		合计	公有制经济单位				非公有制经济单位					合计	新社会阶层			
			小计	参照公务员管理的机关工作人员	工人（营业员、服务员）	企事业单位管理人员专业技术人员	工人（营业员、服务员）	企业和民办非企业单位管理人员、专业技术人员					民营科技企业技术人员	受聘于外资企业管理技术人员	个体劳动者	私营科技企业主
2003	5 944	1 218	1 211	—	330	881	—	7	1 410	2 001	1303	12	—	—	12	—
2004	6 466	2 072	2 002	872	291	839	48	22	1 458	2 341	588	7	—	—	7	—
2005	6 969	1 923	1 821	779	198	844	73	29	1 493	2 915	610	28	—	—	28	—

说明：由于分类口径不同，党员行业分布表分为 2 个表格

三、党员结构

1983 年底，黑河市党员中女党员 1 015 人，占党员总数的 20.92%；少数民族党员 509 人，占总数的 10.49%；25 周岁以下党员 127 人，占总数的 2.62%；大专以上文化的党员 192 人，占总数

的3.96%。

2005年底,爱辉区党员中女党员1 724人,占党员总数的24.7%;少数民族党员653人,占总数的9.3%;35周岁以下党员965人,占总数的13.8%;大专以上文化的党员2 633人,占总数的37.8%。

1983—2005年爱辉区(黑河市)中共党员结构统计表

表12-10

项目 / 年份	党员总数	性别		民族		年龄						文化程度					
		男	女	汉族	少数民族	25岁以下	26~35岁	36~45岁	46~55岁	56~60岁	61岁以上	大专以上	中专	高中	初中	小学	文盲
1983	4 851	3 836	1 015	4 342	509	127	1 352	1 419	1 225	434	294	192	316	558	1 897	1 702	186
1984	4 844	3 816	1 028	4 352	492	105	1 313	1 430	1 234	451	311	209	323	566	1 881	1 703	162
1985	5 197	4 100	1 097	4 624	573	202	1 268	1 548	1 347	459	373	348	403	719	1 931	1 630	166
1986	5 384	4 227	1 157	4 857	527	248	1 178	1 596	1 374	557	431	375	470	758	2 008	1 586	187
1987	5 626	4 430	1 196	5 056	570	348	1 180	1 658	1 364	588	488	427	553	786	2 105	1 596	159
1988	5 599	4 368	1 231	5 036	563	286	1 120	1 682	1 363	599	549	507	624	774	2 023	1 535	136
1989	5 723	4 445	1 278	5 152	571	238	1 101	1 787	1 344	627	626	549	720	780	2 053	1 487	134
1990	5 846	4 538	1 308	5 273	573	253	1 071	1 804	1 444	601	673	587	749	811	2 094	1 471	134
1991	5 988	4 626	1 362	5 425	563	264	1 100	1 823	1 460	657	684	602	778	872	2 127	1 474	135
1992	5 946	4 647	1 299	5 344	602	255	1 112	1 777	1 462	661	679	611	769	883	2 085	1 469	129
1993	4 627	3 509	1 118	4 128	499	272	953	1 319	1 188	473	422	546	593	719	1 705	952	112
1994	4 653	3 497	1 156	4 166	487	285	941	1 296	1 201	491	439	578	615	733	1 681	942	104
1995	4 705	3 535	1 170	4 183	522	163	777	1 284	1 256	469	756	632	673	745	1 658	902	95
1996	4 789	3 576	1 213	4 280	509	173	813	1 257	1 242	437	867	732	849	774	1 474	865	95
1997	4 863	3 602	1 261	4 347	516	125	876	1 256	1 221	483	902	893	915	651	1 471	850	83
1998	4 939	3 661	1 278	4 402	537	147	941	1 231	1 196	470	954	1 083	893	601	1 487	795	80
1999	5 000	3 651	1 349	4 477	523	104	854	1 228	1 254	502	1 058	1 243	886	601	1 488	713	69
2000	5 106	3 740	1 366	4 553	553	98	879	1 309	1 275	492	1 053	1 381	887	599	1 462	714	63
2001	5 335	3 845	1 490	4 767	568	970		1 387	1 250	505	1 223	1 614	872	645	2 204		
2002	5 565	4 019	1 546	4 987	578	961		1 435	1 240	582	1 347	1 838	867	705	2 155		
2003	5 944	4 325	1 619	5 330	614	965		1 470	1 341	640	1 528	1 956	964	806	2 218		
2004	6 466	4 842	1 624	5 804	662	939		1 489	1 429	720	1 889	2 435	952	834	2 245		
2005	6 969	5 245	1 724	6 316	653	965		1 610	1 383	852	2 159	2 633	1 087	934	2 315		

四、民主评议党员

1988年,进行民主评议党员工作试点,在西岗子镇12个农村支部,对170名党员进行了评议。1989年,组织部在试点的基础上,分别在12个乡镇党委、市直农业局、畜牧局、水利和市直19个党委共383个支部3 728名党员中开展了党员评议活动。经过评议,合格党员由评议前42.1%上升到54%,基本合格由评议前9.7%下降到3.6%。受到组织处理的党员占总数的5.4%,其中劝退、除名、开除党籍的为1.74%,限期改正的占2.9%,受纪律处分的占0.74%。评议后不合格党员问题基本得到解决。

1990 年，全市参加目标管理的党员 5 100 人，其中，合格党员 4 524 人，占 88.7%；基本合格党员 564 人，占 11%；基本不合格党员 11 人，占 0.2%；不合格党员 1 人，占 0.02%。

1991 年，参加评议的党员 5 922 人，占全市应参加评议党员总数的 98.7%。此后，民主评议工作逐步形成制度，每年进行一次，评议结果分为合格党员、基本合格党员，基本不合格党员、不合格党员；对不合格党员将作出开除党籍的处理。

第三节　党员干部培训

1984—2000 年，干部培训工作为适应新形势的需要，以上级党校、干校为基地先后举办后备干部、岗位资格、邓小平理论、乡镇干部等十几种短期培训班，共有 3 935 人参加培训，培训主要内容有市场经济学、领导科学、乡镇干部岗位读本等。

2001 年，制订了《爱辉区 2001—2005 年干部教育培训规划》，举办新提拔的科级干部(1999 年以后)培训班，有干部 181 人参加培训，其中正科级干部 49 人(包括党政“一把手”30 人)，副科级干部 132 人。全年共向省、市大专院校调训学员 17 人，其中省级以上培训 3 人，市级党校培训 14 人。选派科级后备干部 14 人到企业、信访、审计部门及部分乡镇挂职锻炼。

2002 年，全年依托区委党校共举办培训班 9 期，共培训 867 人。全年共向国家、省、市抽调培训人员 41 人，其中，国家级 2 人，省级 26 人，市级 13 人。

2003 年，举办了爱辉区第二期新提拔科级干部培训班和爱辉区第八期中青年干部培训班，培训干部 170 人。选派优秀中青年干部 4 人到纪检委和信访办挂职锻炼。

2004 年，全面深入贯彻《爱辉区 2001—2005 年干部教育培训规划》，全年共举办各类培训班 37 期，培训 3 742 人，选送到省级大专院校学习 21 人，市级 8 人，有 151 人分赴北京、上海、青岛、哈尔滨等各大城市进行学习深造。选派到基层挂职锻炼干部 7 人次。

2005 年，举办各类培训班 8 期，培训 1 642 人。向省级党校选送学员 28 人、市级 56 人，选派 228 人到省外先进地区学习深造。选派正、副科级后备干部 4 人到市、区信访办挂职锻炼。

第四节　干 部 管 理

1984 年，干部管理权限下放，市委集中力量抓机构改革，确定了干部管理制度改革方案，制定了《关于加强干部选拔、任用、管理工作的规定》，到 1986 年共考核干部 1 582 人。1988 年，制定了《黑河市企业干部管理暂行规定》，在部分事业单位推行了行政首长负责制。1989 年，在干部任免上增强干部任免的透明度，公开招聘科技副乡(镇)长 6 人，共考核干部 123 人，调整交流干部 101 人。

1991 年，对 209 名干部进行了交流，选派党政机关干部 20 人到村屯任职，选拔后备干部 10 人到企业挂职锻炼。1993 年撤市建区后，干部队伍逐步走向知识化、年轻化，调整干部 56 人，下派干部 4 人充实到乡镇。1994 年，后备干部队伍达到 311 人，企业家入库人员已达 77 人。

1996 年，在干部管理工作上严格执行对新提拔的副局(科)级干部实行试用期一年的制度，同时制定下发并组织实施了《爱辉区中国共产党机关参照试行〈国家公务员暂行条例〉实施方案》和《爱辉区人大、政协等机关参照试行〈国家公务员暂行条例〉实施方案》。机构改革后爱辉区机关干部人数由改革前的 1 010 人减少到 681 人。同时，加大了经济干部工作的比重，加快了机关干部革命化、知识化、年轻化进程。

1997 年,全区范围内推行了《领导干部个人推荐责任制》《干部考核责任制》《领导决策责任制》《干部岗位轮换制》做到在干部的选拔、任用上层层把关、一级对一级负责,保证了用人的质量。全年共提拔正、副科级干部 87 人,任用其他科级干部 176 人。考核试用期干部 29 人,提出转正 27 人,延长试用期 2 人。

1998 年,在干部选拔、任用上严格执行《党政领导干部任用工作暂行条例》,全年共提拔科级干部 17 人,任用其他科级干部 59 人。严格执行领导干部诫免谈话制度,共诫勉科级干部 25 人,并对 1 个领导班子实行了集体诫勉。制定了《爱辉区后备干部管理办法》,调整后的科级后备干部队伍 269 人。制定了《下派干部行为规范》,进一步规范了下派干部行为。

1999 年,首次公选了副科级领导干部 3 人,制定了《关于实行提拔任用干部公示制暂行办法》,共计公示 102 人,有 101 人顺利通过公示。制定了《爱辉区科级干部选拔任用办法(试行)》,协助区委研究 480 名干部,提拔 143 人,交流 132 人,轮岗 83 人,降免职 18 人,重新起用 6 人。

2000 年,公选副科级岗位 8 个,选拔上来的干部具有较高的专业知识水平,平均年龄 29.6 岁。开展了干部功过记实档案和干部目标管理体系试点工作。推进干部能上能下工作,有 6 名干部因工作成绩突出被破格提拔,有 6 名干部因政绩平庸被降免职,加大了年轻干部中女、少、非干部(女干部、少数民族干部、非党员干部)培养选拔力度,新提拔的 48 名科级干部中 35 岁以下的 28 人。

2001 年,按照着重选拔优秀年轻干部、高学历干部、女干部、少数民族干部和非党员干部的原则选任干部,全年共提拔科级干部 17 人,其中年龄在 35 岁以下的 10 人,第一学历是大学本科的 2 人,女干部 5 人。

2002 年,区委常委会共研究调整科级干部 9 次,以"一把手"调整为重点,调整科级班子 14 个;提拔 59 人,交流 78 人,调出 4 人。在新提拔的干部中,副科级 42 人,正科级 17 人,其中,女干部 20 人,少数民族干部 4 人,30 岁以下干部 6 人,本科学历干部 25 人。认真执行《党政领导干部选拔任用工作条例》,对《条例》颁布后提拔的 13 名干部实行了民主推荐,对一些重要岗位和专业性较强的岗位实行了差额考察。

2003 年,有针对性地加强科级领导班子建设和干部的培养选拔工作,按照"两风"建设的要求,为 1 个乡镇、3 个林场选调配齐了"一把手",为各乡镇配齐了专职防火副指挥,并由各乡镇辖区内的林场场长兼任乡镇党委副书记。对 2002 年度 146 名实行任期制的干部进行了考察。对 2002 年提拔的 42 名试用期满的副科级干部进行了考核。根据考核结果,有 22 名干部经区委常委会研究决定,被正式任用。

2004 年,从优化领导班子素质结构,形成合理的年龄梯次配备入手,选配专业强、学历高、年纪轻的干部进入主干线和重要领导岗位。全年共交流提拔班子副职 75 人次,调整配齐了 52 个科级班子的副职。加大了女、少、非和年轻干部的选拔和培养力度,全区科级班子及"一把手"平均年龄分别下降 3.3 岁和 1.7 岁;年轻干部、高学历干部和女、少、非干部所占比例分别比上年提高了 2.2%、3.6%、2.5%、1.1% 和 0.2%。同时,将 25 名不想事、不干事,为政不廉、工作作风不扎实,群众不满意、不认可的干部从领导岗位上调整下来,变为同级管理的 18 人,做免职处分的 7 人。

2005 年,采取有针对性的发放调查问卷和征求意见表的形式对个别拟提拔干部实行了差额推荐和差额考察。采取会议投票推荐和个别谈话推荐相结合的办法,考察拟提拔干部。全年共考察科级班子 13 个,共调整科级干部 260 人。其中交流 89 人次,提拔 75 人。

第五节　老干部工作

一、机　　构

1982 年,中共黑河市委设立老干部办公室;1983 年 6 月,中共爱辉县委老干部办公室并入中共黑河市委老干部办公室,并改称老干部局。1993 年 4 月,随着撤市建区,中共黑河市委老干部局更名为爱辉区委老干部局。1996 年,在全区机构改革中,老干部局改由区委组织部管理。

二、设施建设

1980 年 11 月,老干部活动室开始建立,设在文化局楼内,面积为 100 平方米,设服务人员 1 人。1983 年,县、市老干部活动室合并,活动室设施简单,活动项目较少,参加活动的老干部 40 多人,活动项目有扑克、象棋、麻将等。

1984 年 6 月,黑河市老干部局建立后新建直属机关老干部活动室,活动室使用面积 450 平方米,位于黑河市中央街 139 号,王肃电影院东侧,增加股级主任 1 人,服务人员 1 人。室内有乒乓球室、象棋室、扑克室、麻将室、牌九室、康乐棋室、练功室、跳棋、军棋室和学习室等;室外有门球场地。体育活动丰富多彩,参加活动的老干部增至 70 人。1993 年 4 月,活动室服务人员增加至 8 人;增设了台球活动项目。

1999 年 5—7 月,爱辉区财政拨款对活动室进行维修改造。更换了地面砖,粉刷了墙壁,更换了铝合金大门,重新购置了麻将桌、象棋桌、麻将、象棋等活动用品,新增设了健身室,购置了 1 台价值 3 000元的多功能健身器。

2001 年 7 月,老干部局自筹资金 5 000 元,改建了活动室的室内卫生间,更换了所有的卫生设施。

2004 年 7 月,由于城市规划占地,爱辉区委老干部局和直属机关老干部活动室迁址到文化街 86 号(原爱辉区物价局),使用面积 338 平方米。内设乒乓球室、台球室、扑克室、象棋室、学习室、2 个麻将室、微机室、健身室、会议室。迁入新址后,老干部局将活动室的窗户全部更换为塑钢窗,为台球室、乒乓球室铺上复合地板,修建了卫生间,购买了上万元的台球桌、乒乓球台等活动用品及衣柜、活动用桌、椅等活动备品,为老干部学习室征订报刊近 20 种。

三、活　　动

(一)文娱活动

1986—1990 年,春节大秧歌表演活动中,黑河市老干部局秧歌队深受好评;1990 年,黑河市老干部局代表队表演的 4 个文艺节目在全市文艺汇演中分别获得组织创作奖和优秀表演奖;同年 9 月,黑河市老干部局代表队在全市交谊舞、老年迪斯科比赛中分别获得交谊舞第二名和老年迪斯科第三名;同年春节,黑河市老干部局组织老干部同台胞、台属和侨胞举行了联欢会,会上,老干部表演的精彩文艺节目受到了与会观众的热烈欢迎。

2001 年,老干部局组织老干部参加《退休生活》杂志社举办的建党 80 周年党的知识竞赛答题活动,教委离休干部苏延玲获得一等奖;当年,近百名老干部参加了区委组织的纪念中国共产党成立 80 周年《光辉历程》歌咏大会,获纪念奖。2000—2005 年,共组织老干部艺术团成员参加文化广场演出近 20 次。2002—2005 年,爱辉区老干部合唱团和老年舞蹈队参与送文化下乡、广场演出和大型庆祝演出等活动,表演的节目受到社会各界的好评。

(二)体育活动

1983年春,爱辉区离退休老干部开始开展台球活动。1985年4月,黑河市老干部门球队获得首届黑河地区门球比赛第二名。1987年第二届黑河地区门球比赛中,黑河市2个老干部门球代表队参赛,分别获得第一名和第六名。1988年,在黑河地区老年乒乓球比赛中,黑河市老干部代表队获男子团体第三名。1989年4月,第三届黑河地区门球比赛中黑河市老干部门球队获得第三名。1990年,在第四届黑河地区门球比赛中黑河市老干部门球队获得第二名。同年,在黑河市第三届离退休干部乒乓球比赛中,黑河市老干部代表队获得男子团体第四名。

1993年6月,爱辉区老干部局老干部门球队在逊克县老年门球赛中获得第二名;同年,在全省老年门球赛中获得第五名;1994年在孙吴县门球赛中获得第四名。1994年7月,爱辉区老干部局购入新台球桌及设备后,专设了台球室。1997—1999年,爱辉区老干部连续3年获市老龄委举办的黑河市离退休职工(老年节)象棋赛第一、第二名。

1999年7月,爱辉区老干部局老干部门球队在市老龄委组织的老年门球赛中获得第五名;2004年8月,在全市老干部门球赛中获第八名。

2004年7月,爱辉区组织老干部台球队参加黑河"网通杯"老年人台球赛,获团体第三名。2005年6月,区老干部门球队获黑龙江省"黑河杯"门球锦标赛纪念奖。同年7月,爱辉区老干部台球队获黑河市老年人台球赛女子团体第一名和男子团体第二名。

(三)政治学习

2000—2005年,爱辉区老干部局组织老干部政治理论学习40余次,参加学习的老干部3 000人次,每2个月召开一次老干部例会,向老干部传达中央、省、市、区重要文件和会议精神,并利用板报进行宣传,为每位离休干部订阅一份《退休生活》杂志。每半年由区委书记、政府区长向老干部通报工作情况,逢重大会议邀请老干部代表参加,重要决策征求老同志意见。

(四)参观考察

2000—2005年,爱辉区老干部局组织老干部分别到瑷珲历史陈列馆、爱辉镇网箱养鱼场、幸福乡鹿场、坤河乡养牛基地、张地营子乡文化大院、四嘉子乡花卉蔬菜基地、上马厂乡灵芝栽培中草药实验园区、五大连池市世界地质公园、俄罗斯布拉戈维申斯克市等地参观考察。

第六节　重 要 活 动

一、"整党"运动

1983年10月11日,中共中央发出了《中共中央关于整党的决定》,基本任务是统一思想,整顿作风,加强纪律,纯洁组织。黑河市委根据中央的精神,积极开展整党运动,全市进行了调查摸底、状况分析、系统教育等基础工作。1984年4月,成立整党办公室,下设秘书组、综合组、组织处理组、检查指导组。1985年4月16日,经市委常委会议讨论决定,整党办公室由赵奭心任主任,下设4名副主任及秘书组、指导组、综合组、组织处理组、服务组等5个工作组。黑河市整党运动自上而下分期分批开展,全市参加整党的单位387个、党支部544个、党员5 165名,占党员总数的99.4%。先后共调整了115个领导班子,清理核查了"文化大革命"中的"三种人",处理了清查出来的违纪党员。基层组织中,一类支部由整党前的109个增加到281个,二类支部由整党前的362个减少到210个,三类支部由整党前21个全部上升为二类支部。1987年,整党工作结束,各级整党办自下而上在5月末撤销,市委整党办于6月中旬撤销。

二、“三讲”教育活动

按照《中共中央关于在县级以上党政领导班子、领导干部中深入开展以“讲学习、讲政治、讲正气”为主要内容的党性党风教育的意见》精神，1999年12月11日，爱辉区委成立以胡东胜为组长，夏作民、高富裕、王锋、郭建华为副组长的“三讲”教育领导小组，领导小组下设的办公室由综合组、宣传组、联络组、秘书组构成，并于12月18日正式启动。随后，成立了“三讲”教育整改工作领导小组和12个整改工作专题推进组。2000年1月3日，召开了爱辉区(处)级领导班子开展“三讲”教育活动的思想发动会议。1月5日，召开区(处)级领导班子和领导干部“三讲”教育动员大会，全面开展以“三讲”为主要内容的党性党风教育。4月初，“三讲”教育活动进入认真整改，巩固成果阶段。“三讲”教育活动中，先后召开座谈会11次，参加人员191人次，分别与260人进行单独谈话，共征求到各方面意见和建议160余条。《黑河日报》刊登消息、动态新闻等17篇，黑河电视台播发新闻、专题报道11次，黑河广播电台宣传报道1次，编发“三讲”教育简报55期。4月25日，召开总结大会，“三讲”教育活动结束。

三、“三个代表”重要思想学习教育活动

按照《中共中央办公厅关于在农村开展“三个代表”重要思想学习教育活动的意见》的要求，爱辉区开展了以“让干部受到教育，使农民得到实惠”为目标的“三个代表”重要思想学习教育活动。2001年1月5日，爱辉区委成立由胡东胜任组长，郭建华、张志国、郝忠安任副组长，由组织、纪检等10个部门组成的“三个代表”重要思想学习教育活动领导小组，领导小组下设办公室。同时成立22个检查指导组，深入各乡镇、区直各部门分阶段对学习教育活动进行督促检查和指导。2001年1月5日，召开全区副科级以上干部动员大会。1月9—15日，举办了87人参加的区直部门和乡镇党委主要领导培训班。在一年半的学习教育活动中，共有69个区直部门、8个中省市直单位、11个乡镇、55个乡镇站办所、88个村，共3 922人分三批参加了集中学习教育，经历学习培训、对照检查、整改提高三个阶段。共组织各级各类培训班66期，召开研讨会、座谈会等439次，谈心谈话4 681人次，共征求到意见和建议5 861条，3 804名干部针对自身实际写出了对照检查材料，占参学干部总数的97%。2002年8月，活动结束。

四、“两风”建设

2003年4月28日，根据省、市委的精神，爱辉区委召开加强党风廉政建设和工作作风建设工作会议，制定《爱辉区加强党风廉政建设和工作作风建设工作实施方案》，成立以胡东胜为组长，成员包括区委副书记、政府副区长及有关单位主要领导的“两风”工作领导小组，下设领导小组办公室和“两风”建设工作督查组。4月29日，召开副科级以上干部动员大会和“两风”建设办公室会议，对全区“两风”建设进行安排部署。6月14日，区委召开“两风”建设推进会议，号召全区集中开展“四承诺、三树立、两禁止”活动。月末，“两风”建设进入督促检查、全面总结阶段。7月14—18日，区委抽调相关人员组成3个检查组，对全区各乡镇，区直各部、委、办、局、群团各部门共74个单位的“两风”建设工作进行了全面的阶段性的检查验收。8月4日，制定《爱辉区深入开展“两风”建设工作方案》，成立以李洪祥、王喜军任组长的深入开展“两风”建设领导小组，领导小组下设办公室，内设协调联络等4个工作组。12月下旬，“两风”进入督促检查和全面总结阶段。

五、保持共产党员先进性教育活动

2004年11月7日，中共中央发出了《中共中央关于在全党开展以实践“三个代表”重要思想为主要内容的保持共产党员先进性教育活动的意见》。爱辉区委根据中央及省、市委的精神，积极组织开

展保持共产党员先进性教育活动,成立保持共产党员先进性教育活动领导小组,李洪祥任组长,郭建华、张志国、周强任副组长,领导小组下设办公室。根据中央要求,爱辉区保持共产党员先进性教育活动共分三批进行。2005 年 1 月,在党政机关和部分企事业单位中开展第一批先进性教育活动,共有 25 个党工委、77 个党支部、1 535 名党员参加。6 月末,第一批先进性教育活动结束。7 月初,在城市基层和乡镇机关中开展第二批先进性教育活动,共有 173 个基层党组织,146 个党支部,3 631 名党员参加。12 月初,第二批先进性教育活动结束。随后,在农村和部分党政机关中开展第三批先进性教育活动,共涉及 11 个乡镇的 89 个村级党组织,共计 1 468 名农民党员参加,主要是农村党组织和全体农民党员。2005 年底,第三批先进性教育活动尚未结束。

第四章　宣传教育

第一节　机　　构

1981 年 2 月,黑河市委设立宣传部,下设通讯组、学习室。1983 年 6 月,爱辉县委宣传部并入黑河市委宣传部。

1993 年 4 月,黑河市委宣传部更名为中共黑河市爱辉区委宣传部,正科级建制,行政编制 12 个;内设社会宣传组、党员教育组、学习室、办公室、通讯组,均为正股级建制;下设部门有区文联(正科级建制,行政编制 1 个),区对外宣传办公室(副科级建制),区社联。当年 9 月,区精神文明办公室与宣传部合署办公。1996 年,区委宣传部下设办公室、理论教育组(区国防教育办)、社会宣传组(区文学艺术界联合会)、区对外宣传办公室,区精神文明办公室并入区委宣传部,共有编制 13 个。

2001 年爱辉区党政机构改革,区委宣传部领导职数 3 职,编制 12 个;内设办公室、学习室、宣传组、文明办 4 个职能股室,均为正股级建制。

2005 年 3 月,成立黑河市爱辉区新闻中心,为宣传部所属事业单位,正科级建制,配事业编制 4 个。至 2005 年底,下设机构没有变化,实有人员 14 人。

1981—2005 年爱辉区(黑河市)委宣传部部长更迭情况表

表 12－11

职　务	姓　名	任职时间
黑河市委宣传部部长	张中元	1981.2—1984.2
	刘万福	1984.2—1987.8
	刘云宪	1987.8—1990.9
	张士杰	1991.4—1992.9
	李学军	1992.9—1993.3
爱辉区委宣传部部长	李学军	1993.4—1993.10
	李廷栋	1993.10—1997.2
	焦秋明	1997.2—2001.12
	李晓文	2001.12—

第二节　社会宣传

一、政策宣传

1983年，重点宣传中国共产党十二大和全国五届人大五次会议精神，组织干部、群众认真学习《邓小平文选》。开展“五讲（讲文明、讲礼貌、讲道德、讲卫生、讲秩序）、四美（环境美、语言美、行为美、心灵美）、三热爱（热爱共产党、热爱祖国、热爱社会主义）”活动，宣传家庭联产承包责任制政策。

1984年，宣传贯彻《中共中央关于一九八四年农村工作的通知》文件精神，稳定和完善家庭联产承包制，宣传利改税政策，作了《城市经济改革松绑、放权》的调查报告。举办“知我中华、爱我中华”读书答辩会。结合新中国成立35周年，宣传社会主义革命和建设伟大成就及党的三中全会路线、方针、政策。

1985年，以中共中央《关于城市经济体制改革的决定》的文件为指导思想，总结推广煤炭系统宋集屯、工业系统酱菜厂、工业系统黑河酒厂企业改革的典型经验。

1986年，市委、市政府组织170名干部分赴乡村宣传、贯彻中央1号文件精神，落实农业生产计划，帮助农民备春耕。全年举办4场“四有”（有理想、有道德、有文化、有纪律）教育报告会，并组织党员、干部参加省、地委“四有”教育报告会，有8 500余人直接受到教育。利用多种形式进行了革命传统、集体主义、爱国主义教育，组织干部群众观看《中国革命之歌》《咱们的退伍兵》等影片。

1987年，组织干部学习中央文件，总结宋集屯煤矿“坚持四项基本原则教育”试点经验，以指导基层工作。组织学习党的十三大文件，以宋集屯煤矿和四嘉子乡小三嘉子村为试点对群众普遍关心的热点、难点、疑点问题进行了讲解。组织乡镇各党委开展商品经济和生产力标准大讨论，开展题为“黑河市十年经济的发展和今后的任务”“深化企业改革”等形势教育专题报告会。在“四有”教育工作中，召开了职业道德报告会，树立了工商系统徐伟等4个先进典型。

1988年，深入基层进行“搞好十三大文件的学习和生产力标准的大讨论”专题辅导36次，宣传动员干部群众进一步解放思想，树立生产力标准的观念，促进企业改革。

1990—1991年，开展形势任务教育，党的基本路线教育，爱国主义、社会主义、自力更生艰苦奋斗教育，“四有新人”教育。

1992年，开展“科学技术是第一生产力”“奔小康”“树开放意识、建开放城市”宣传活动，并开展了社会主义思想教育和国防教育。在“科技是第一生产力”知识竞赛中，参赛者近5 000人，评选出省级优秀答卷1份、市级优秀答卷10份，市建委科技人员王宏伟获得省级优秀科技工作者称号。幸福乡和小三嘉子村的“奔小康”典型经验被编入省委宣传部编写的“奔小康丛书”。制定下发了《黑河市全民国防教育五年规划》《黑河市全民国防教育工作考核评比方案（试用稿）》等文件，为全民国防教育全面铺开做了准备。

1993—1994年，以爱国主义、集体主义、社会主义教育为核心，加强对人民群众，特别是对青少年的教育。组织了百部爱国主义影片的宣传收看，加强对青少年的直观教育。开展了《邓小平文选》第三卷和中共十四届三中全会的宣传与学习，重点宣传了十四届三中全会通过的《中共中央关于建立社会主义市场经济体制若干问题的决定》。

1995年，开展以爱国主义的思想道德教育。全面贯彻《爱国主义教育实施纲要》，组织召开爱辉区中、小学爱国主义教育五中现场会，会上交流经验材料13份，观摩了主题班会“心中的祖国”“我与祖国”，播放专题片《高扬爱国主义旗帜——五中爱国主义教育纪实》。在中、小学开展了“热爱祖国，做‘四有’新人”读书教育活动，有2万人参加活动；开展了“四爱”（爱祖国、爱家乡、爱学校、爱师长）、“五心”（忠心献给祖国、孝心献给父母、爱心献给社会、诚心献给他人、信心留给自己）教育活动。

1996 年，下发《爱辉区“九五”期间社会主义精神文明建设规划纲要》（征求意见稿），为贯彻落实中共十四届六中全会精神奠定了基础。在全区实施了“鱼水工程”，围绕一个活动（做学邓小平理论的表率，树讲学习的形象；做坚持中共基本路线的表率，树讲政治的形象；做勤政廉政的表率，树讲正气的形象；做为人民服务的表率，树人民公仆形象），开展三项工作（勤政廉政、扶贫解困和平安稳定）。全年举办各种类型培训班 60 多次，围绕《邓小平文选》和新党章进行了理论宣传。

1997 年，围绕香港回归祖国和中共十五大召开两件大事开展宣传工作。组织了万人签名、合唱汇演、少数民族小朋友“手拉手、迎回归”等特色迎庆活动。邓小平逝世后，全区各地开展了缅怀、纪念邓小平活动。

1998 年，区委一届七次全会确定了“艰苦创业，奋发图强，加快发展”的工作主题，宣传部成立宣传领导小组，推出“十个一工程”（撰写一篇好的理论文章、召开一次高质量的理论研讨会、提出一条好的合理化建议、推出一批好典型、召开一次有影响的报告会、推出一台好节目、树起一批标语牌、刊播一条好新闻、上报一条好消息，设计一份好答卷），收到较好效果。

1999 年，围绕“三讲”“三个代表”重要思想、“解放思想、转变观念”进行系列宣传教育工作。举办了“三讲”专题辅导班、“三个代表”重要思想理论研讨会；组建了“解放思想、转变观念”宣讲团，深入基层巡回宣讲 8 次。召开了全区思想政治工作会议，区委下发《关于思想政治工作纳入目标管理的通知》，确定思想政治工作实行目标管理。树立了一批先进典型，如粮食党委宣传委员高云凌（被评为省级思想政治工作先进个人）等，以促进全区思想政治工作。

2000 年，下发《关于学习贯彻“三个代表”的安排意见》，组织全区党员干部认真学习“三个代表”的论述。树立了 9 个先进集体和 10 个先进个人典型，促进宣传教育活动的全面开展。区委健全了思想政治工作联系会制度，基层党组织相继建立区级思想政治工作联系点。

2001 年，在全区开展“新世纪黑河人形象教育”活动。以邓小平理论和“三个代表”重要思想为指导，以“强素质、树形象”为主题，组织各行业开展了“新世纪、新黑河、新主人”系列教育活动和“解放思想见行动”教育活动。窗口单位开展了“告别不文明言行签名承诺”和创“优美环境、优良秩序、优质服务、使旅游者满意”的“三优一满意”活动。区委宣传部组织编写了《学习邓小平理论新千字经》，用于全区党员干部的宣传教育工作。

2002 年，组建区、乡两级理论宣讲团 30 个，深入基层巡回宣讲党的十五届六中全会精神、江泽民“5・31”讲话等内容共 49 场。举办了 WTO 理论研讨会，会上交流论文 25 篇。开展了解放思想大讨论活动和全力抓好“学浙闽、找差距、快发展”讨论活动并编辑出版《解放思想大讨论材料汇编》。全年共举办 5 期中共十六大精神培训班，培训党员干部 873 人次。组织区级学习十六大宣讲团，深入 11 个乡镇（村屯）、18 个党委（总支）宣讲十六大精神。

2003 年，成立中共十六大精神宣讲团和学习贯彻“三个代表”重要思想宣讲团 30 个，在基层单位及农村对中共十六大精神和《“三个代表”重要思想学习纲要》、十六届三中全会精神分专题进行辅导。为确保“非典”疫情不向城乡扩散，结合“三下乡”活动，发放防治“非典”手册 700 册、光碟 45 套、挂图 200 张、防“非典”宣传资料 5 000 份。

2004 年，下发《爱辉区开展学习贯彻中共党的十六届四中全会精神活动实施方案》及《中共爱辉区委关于学习贯彻党的十六届四中全会精神的意见》，召开全区深入学习贯彻十六届四中全会精神大会和理论骨干培训班。区委宣传部宣讲团宣讲 19 场，培训千余人次。向基层下发“三个代表”重要思想、种植业结构调整与生态环境、公民道德建设方面内容的理论小段子 15 段，用群众喜闻乐见的语言形式传播理论知识，使理论宣传更贴近群众。

2005 年，理论宣传工作坚持“三贴近”（贴近实际、贴近生活、贴近群众）原则，围绕学习“三个代表”重要思想及贯彻中共十六届五中全会精神开展宣传工作。

二、文化宣传

1983 年 2 月，《黑河日报》刊载题为《黑河市政府靠科学大力扶植以养鸡重点户为主的城市养鸡事业》的通讯。3 月，开展了“全民文明礼貌月”活动，重点是抓好共产主义思想教育，大力提高人民群众的思想觉悟；向雷锋学习，“做 80 年代雷锋”；治理“脏、乱、差”，创造优美环境、提高服务质量、建立良好秩序。

1984 年 5 月，市委、市政府邀请在黑河市内的新闻单位负责人座谈，通过新闻工作者这一舆论代言人反映广大群众的呼声和要求，听取对搞好边疆城乡建设所提出的建设性意见。10 月，《黑河日报》刊载通讯，报道了黑河市改善办学条件成效显著，连续 3 年在全省改善办学条件检查评比中获得一等奖。当年，在全市开展的文明单位竞赛中，评选出省级文明单位 1 个、地级文明单位 7 个、地级文明单位先进集体 5 个。

1986 年，完成了民间文学的普查工作，共采录民间文学作品 683 件 34.7 万字；12 月，黑河人民广播电台开始试播。当年，黑河市在全省 16 个城市文明城竞赛中获得公益事业单项奖。

1987 年 5 月，在全国少年儿童文化艺术委员会举办的长白山儿童画邀请展中，黑河市第三小学学生创作的《元宵之夜》和市群众艺术馆少儿班王莹创作的《自己事情自己做》2 幅作品获得展出奖。8 月，市委办、市政府办联合下发《关于开展精神文明稽查工作的通知》，决定在全市开展文明稽查工作，授予市级五大班子主要领导成员、精神文明建设委员会和办公室成员以及荣获精神文明建设相关荣誉人员精神文明稽查权，持稽查证件开展稽查工作。

1988 年，市委、市政府召开建设文明城动员大会，下发《建设文明城实施方案》，号召全市人民共同努力，把黑河市建成风气正、秩序好、环境美、热情礼貌、团结和谐、有吸引力的边陲文明城市。7 月，市政府与行署联合举办新闻发布会，市委副书记、市长徐福和主持会议，会议向来自东北 3 省及北京、上海、广东等省市的党政领导、客商介绍了黑河市对苏商贸以及开发建设“黑河通贸兴边试验区”的 8 项优惠政策，欢迎国内外各地客商共同开发黑河口岸。8 月，市政府对黑河人民自治军司令部旧址、马占山将军公馆旧址、瑷珲海关旧址、振边酒厂旧址、苏联红军卫戍司令部旧址、关帝庙旧址 6 处第一批市级文物保护单位悬挂保护标志。同年，录制了电视片《塞北江城》。

1989 年 2 月，黑河市青年摄影协会会员田晓东拍摄的彩色作品《东北妞》、杨凯拍摄的黑白作品《黑土梦》在全国“家乡美”摄影艺术大赛中获奖，张金声拍摄的彩色作品《走过夏天》在中国农村工作杂志举办的摄影展中获得优秀奖。7 月，市委与黑河日报社联合组织开展“三文明”口岸城市新闻杯大奖赛，下发了《关于在全市开展创“三文明”口岸城市新闻杯大赛活动方案》。大赛历时 6 个月，全市共有 40 个单位、3 万市民参加。12 月，《黑河日报》刊载通讯，介绍黑河口岸在当年 11 个月进出境车船达 20 866 台（艘）次，进出境人员 8 万多人次，贸易过货量为 18.3 万吨，分别为 1988 年同期的 9 倍、8 倍和 5 倍，黑河市已成为中国对苏边境贸易的最大口岸。当年，录制了电视片《坚实的脚印》，与黑河行署广播局共同举办了“建国 40 周年”专题节目展播。

1990 年 12 月，黑河市有线电台成立。

1991 年 8 月，哈尔滨师范大学政教系三年级的 12 名教师及 58 名学生在黑河市开展了为期 1 个月的社教活动，分别在爱辉镇、西岗子镇、坤河达斡尔族满族乡、四嘉子乡的 21 个村屯开展社会主义思想教育和社会调查。

1992 年 1 月，黑河地委、行署授予黑河市友谊邨宾馆“地级文明单位标兵”；授予黑河市税务二分局等 3 家单位为“地级文明单位”；授予四嘉子乡为“地级文明乡”，四嘉子乡小乌斯力村为“地级文明村标兵”；授予幸福乡新生活村、坤河乡兰旗村为“地级文明村”。

1994 年，瑷珲历史展览馆被省委、省政府批准为“省级爱国主义教育基地”。

1995 年,开展了全区改善经济发展环境讨论,召开了全区动员大会、讨论转段大会和总结会,先后召开企业厂长经理座谈会、个体工商户座谈会、汇报会 10 余次,同时对 50 家加工企业进行了调研。共查摆出制约全区经济发展的 7 个方面 46 个问题,制定整改措施 4 方面 35 条,印发《讨论简报》18 期。通过讨论,打破片面强调部门利益的观念,树立了经济发展、全方位开放的思想意识。全区共废止不利于经济发展的政策规定 112 件,完善各种优惠政策 30 余条,取消不合理收费 18 项。当年,完成电视风光片《塞北旅游胜地——卧牛湖》的制作。

1996 年,爱辉区连续 2 年被命名为省级文明建设先进区。全区创建省级文明单位标兵 1 个,省级文明单位 3 个,市级文明单位标兵 12 个,市级文明单位 32 个;省级文明村 4 个,市级文明乡镇标兵 3 个,市级文明村标兵 10 个,市级文明村 6 个。印刷了外宣画册《今日爱辉区》,拍摄了外宣电视片《今日爱辉区》(资源篇、开发篇),运用多种渠道宣传了爱辉区的地缘和资源优势,扩大了爱辉区的知名度。积极推进小城镇建设,坤河乡坤河村被省政府命名为"小城镇建设省级示范村"。以开展爱国教育为主旨进行的"热爱祖国、立志成材"为主题的中小学读书教育活动中,有 1 人获国家二等奖,3 人获省级奖励。

1997 年,《黑龙江经济报》以《黑河人与黑木耳》为题报道了爱辉区以产业化手段拓展国内外市场的典型业绩。当年,拍摄了电视片《中国东北山珍产品——二站牌黑木耳块》,为爱辉区外宣工作提供了有效文化载体。

1998 年,爱辉区中小学开展了"爱祖国、讲文明"为主题的读书活动,活动中有 3 人获国家级特等、一等、二等奖,另有 31 人获得省、市级奖励。

1999 年,中央电视台《中华民族》栏目介绍了新生鄂伦春族乡鄂伦春民俗,《金土地》栏目介绍了爱辉区农民自办旅游项目的情况,提高了爱辉区旅游业的知名度。当年,全区有省级文明单位 2 个、省级文明村 3 个、省级文明乡镇 1 个;市级文明系统(乡镇)2 个、市级文明村(标兵)10 个。在开展的爱国主义教育活动中,第四小学获得黑龙江省全民国防教育工作先进单位"优秀少年军校"称号。

2000 年 7 月,为满足农民读书的需要,区委宣传部与文体局联合实施"城对乡赠书"活动五年计划,以促进乡村图书馆的建设工作。第一批 9 000 册图书分别送到坤河达斡尔族满族乡、上马厂乡和西峰山乡。

2001 年,以纪念大会、《光辉历程》主题歌会、电影放映周等多种形式,开展了纪念中国共产党成立 80 周年活动。当年,制作了宣传画册《今日爱辉》。新华社出版的宣传画册《迈向二十一世纪的黑河》宣传介绍了爱辉区,提高了爱辉区的知名度。

2002 年,组织开展全区"农行杯公民道德建设知识竞赛",开展了"树新风,做文明人"万人签名活动。6 月 1 日,爱辉区"阳光助学工程"启动,区民政局等 9 个妇儿工委成员单位与 10 名贫困女童结成长期资助对子,黑河百姓商店经理王秀兰为 10 名优秀女童每人资助 1 辆自行车。在全区范围内开展了"城对乡赠书工程",共捐书 9 000 册,送往四嘉子满族乡、上马厂乡、新生鄂伦春族乡、张地营子乡文化大院,并建起村级农民图书室 6 个。

2003 年,为庆祝鄂伦春族下山定居 50 周年,举办了专场文艺演出和"难忘今宵,鄂乡之夜"篝火晚会,制作了电视专题片《游猎民族鄂伦春》《欢乐的节日》,印发了小手册《天翻地覆五十年》。当年,在《21 世纪可持续发展的中国》杂志上刊发了《爱辉区以产业化为先导实施可持续发展战略》;在《黑龙江经济报》刊发了反映爱辉区经济社会发展的专版。开展"创建文明美好新农村"活动,全区共建成文明村 66 个,其中省级文明村 7 个,市级文明村标兵 14 个,市级文明村 10 个。

2004 年 3—4 月,举办了爱辉区农村文艺骨干培训班,对全区农村文艺骨干进行声乐、器乐、美术、表演等适用广泛的科目进行系统培训。5 月,举办了首届"信合之光"农民文艺汇演。7 月 29 日至 8 月 6 日,黑龙江首届"金色田野"农民艺术节暨全省群众文化工作经验交流会在黑河召开。省委副书记刘东辉对爱辉区的群众文化工作给予高度评价,称赞张地营子乡文化大院演出达到专业水准。8月9日,82名上海知青回访爱辉区,上海知青向来自各乡镇的16名特困生捐赠了每人800元助学金。当年,制作了电视专题片《励精图治建小康》,编印对外宣传画册《对俄经贸平台——爱辉》。

2005年2月,举办爱辉区首届冰雪游园会。8月23日,召开全区精神文明建设活动先进集体命名表彰会。同日,召开全区未成年人思想道德建设现场推进会。9月中旬,以纪念抗日战争暨反法西斯战争胜利60周年为主题开展了“社区文化展演周”“电影放映周”等活动。

三、先进典型宣传

1983年3月10日,四嘉子公社小乌斯力大队民兵连长富贵春在手榴弹即将爆炸的危急时刻,舍生忘死,为救战友身负重伤。同月22日,中共爱辉县委作出决定,授予富贵春“优秀共产党”光荣称号,号召全县共产党员、共青团员和广大干部群众向富贵春学习。同月30日,黑河军分区党委决定,为富贵春记二等功。

2005年,召开了全区向曹文明(原四嘉子乡文化站站长)学习动员会,并组建事迹报告团,深入基层巡回宣讲。

第三节　理论学习

1983年,学习《三中全会以来重要文献选编》《邓小平文选》《陈云文稿选编》《社会发展史》,举办毛泽东伟大贡献报告会,学习有关著作,开展了2次形势教育。1984年,组织全市干部参加《邓小平文选》学习考试,下发《人道主义和异化问题》学习计划并做2次大会辅导。部署全市干部进行《整党文件》的学习并抽查了学习情况,举办学习班做了相关5个专题的辅导。深入调查研究并召开经济理论讨论会。学习、宣传《中共中央关于经济体制改革的决定》的文件,组织市委常委中心组学习3次,市委党校讲哲学理论课8次。

1985年,对全市在职干部分层次进行多方面教育,举办了理论教育典型现场会。1986年,组织全市干部学习《国民经济管理学》《社会主义经济理论若干问题》《中共中央关于社会主义精神文明建设指导方针》,对学习情况进行统一考试验收。

1987年,组织全市干部学习《坚持四项基本原则反对资产阶级自由化》《建设有中国特色的社会主义》,举办4次专题辅导,180人参加辅导。邀请市委书记等领导利用有线广播进行有关四项基本原则五个方面问题讲座。

1988年,组织全市干部学习《社会主义商品经济讲座》《新编历史唯物论》并进行了考核。举办了社会主义初级阶段理论研讨会,交流论文23篇,挑选14篇论文汇编成册。当年,制定了《黑河市基层党校试行条例》,新建14所基层党校,原有17所党校共举办各种培训班116期,培训党员、干部1.55万人次。

1989年,举行“五四”运动专题讨论。对《新编历史唯物论》学习检查评比,评出先进集体1个,先进个人1名。组织百名理论骨干学习《建设有中国特色的社会主义理论概论》和江泽民在国庆40周年大会上的讲话。为各党委辅导《建设有中国特色的社会主义理论概论》、做形势任务报告26次。

1990—1992年,制定下发《黑河市干部理论教育工作意见》,分层次有计划指导全市在职干部的理论教育工作,围绕江泽民在建党70周年大会上的讲话、邓小平视察南方谈话和中共十四大,分专题举办培训班进行辅导。1992年,全市27所党校举办66期学习班,培训党员3 213人次,群众1 226人次。

1995年，围绕什么是社会主义，怎样建设社会主义的主题，分专题对社会主义的本质、发展道路、发展阶段、根本任务、思想路线等问题进行学习研讨，全区共组织了不同类型的学习班、培训班、轮训班39期，直接受教育者2 821人次。

1996年，举办爱辉区加强“双文明”建设理论研讨会，交流理论研讨文章30多篇。1997年11月，区委宣传部、组织部、党校联合举办学习中共十五大精神培训班4期，采取集中授课、分组讨论、集中研讨等方式，全区理论骨干、领导干部340多人参加培训。

1998—1999年，围绕中共十五大、邓小平理论、“三讲”（讲学习、讲政治、讲正气）的主题进行了理论学习。2000年，在“三讲”集中教育过程中，采取集中与分散、专题辅导与形象教育相结合的方式，围绕8个学习专题和29个讨论参考题，反复研读46篇必读文章，并对全区在职副处级以上干部进行了专题辅导。

2001年，在全区范围内开展了“万名支部书记讲党课”活动。在全省“万名支部书记讲党课”活动中，区委书记胡东胜的《怎样当好村支部书记》被评为一等奖。

2002年，全区各党委（总支）共举办各类培训班31期，培训人数达2 793人次，做到了“四普及”（办班培训普及、内容普及、调研普及、效果普及）。

2003年，进一步健全中心组自学通知单和学习意见反馈单制度，进行档案式管理。把中共十六大精神和《“三个代表”重要思想学习纲要》的18个专题作为每月自学的主要内容，进行连续的专题学习。召开了“爱辉区全面建设小康社会理论研讨会”，经筛选，有23篇论文参加研讨。开展了“每周一题”活动，成立编写组，在农村下发顺口溜式学理论小段子10段。全年举办宣传干部培训班4期，共460人次接受培训。

2004年，组织区委中心组集中学习5次，通过中心发言、座谈等形式深入学习科学发展观、中共十六届四中全会精神等方面内容；举办了全区学习十六届四中全会精神理论骨干培训班。9月，组织召开了以“三个代表”重要思想为统领，党委中心组学习贯彻市、区三次党代会精神座谈会，全区28个党委（总支）参加座谈。

2005年，全年共组织区委中心组集中学习6次，每次确定专题、指定专人，通过中心发言、座谈、讨论等形式深入学习十六届五中全会精神、《中共中央关于在全党开展实践“三个代表“重要思想为主要内容的保持共产党员先进性教育活动的意见》等方面内容；编写了十六届五中全会百题竞赛试卷，组织全区党员参与答题。7月，举行全区理论骨干培训班，聘请市、区理论专家对全区各党（工）委的理论骨干和宣传文化系统干部进行了培训。

中共黑河市爱辉区委中心组学习会议　　2005年4月摄

第五章　纪检监察

第一节　机　　构

1981年2月,中共黑河市纪律检查委员会成立。1983年6月,中共爱辉县纪律检查委员会并入中共黑河市纪律检查委员会;由科级单位升格为副县级;设书记1职、副书记2职。内设办公室、检查室、审理室、贯彻办。1984年6月,首次中共黑河市党代会选举中共黑河市纪律检查委员会委员13名、常委7名,书记1名、副书记3名。1985年,增设教育室。1986年9月,贯彻办改称打击经济犯罪办公室。1988年,撤销打击经济犯罪办公室,成立市监察局。1989年10月,设立申控室。市纪委内设办公室、检查室、审理室、教育室、申控室。1990年,申控室改称控申室。

1993年3月,黑河市撤市建区,中共黑河市纪律检查委员会更名为中共爱辉区纪律检查委员会。同年4月,中共爱辉区纪律检查委员会与爱辉区监察局合署办公,履行党的纪律检查和政府行政监察两种职能。同年12月,中共爱辉区委第一届党代会,选举中共爱辉区纪律检查委员会委员13名、纪委常委7名,书记1名、副书记3名(含监察局局长1名)、监察局副局长2名。内设机构为办公室、检查监察室、审理室、执法监察室、信访室、宣传教育室、党风廉政建设室、干部室、调研室;代管机构为爱辉区委、区政府纠正行业不正之风办公室。设编制38个,实有34人。

1996年,爱辉区党政机构改革,区纪委、监察局领导职数没有变化,设行政编制26个,工勤人员事业编制2个。撤销调研室、干部室。2001年,爱辉区党政机构改革,区纪委监察局行政编制缩减为22个,工勤事业编制2个。2005年末,区纪委、监察局内设办公室、党风廉政建设办公室、宣传教育室、检查监察室、信访室(行政监察举报中心)、执法监察室、审理室、纠正行业不正之风办公室;区纪委、监察局有行政编制19个,工勤人员编制2个。全区有区直纪检监察组织机构17个,有专职纪检监察干部15人,兼职纪检监察干部25人;乡镇纪检监察组织机构11个,有专职纪检监察干部11人,兼职纪检监察干部22人。

1981－2005年爱辉区(黑河市)纪律检查委员会书记更迭情况表

表12－12

职　　务	姓　名	任职时间
中共黑河市纪律检查委员会书记	刘瑞元(兼)	1981.2—1983.5
	何富绵	1983.6—1984.6
	贲鹤年	1984.6—1985.8
	于洪典	1985.8—1988.8
	战佩山	1988.8—1989.9
	曹晓平	1989.9—1992.5
	刘宽玉	1992.9—1993.10
中共爱辉区纪律检查委员会书记	刘泽生	1993.11—1999.2
	李前进	1999.2—

第二节 党性党风党纪教育

1983—1989 年,通过办党校、培训班、讲党课对党员进行教育;共办班 44 期,培训党员 3 908 人次,讲党课 200 人次。1990 年,举办党课 8 次、电化教育 6 次;观看了《越轨行动》《晚秋》《钱惑》《境外来的恋人》和《共产党员的本色》等党纪教育电教片。

1991 年,市纪委、市委组织部、市委宣传部联合下发《关于在全市开展党规党法教育的通知》,市纪委和各基层纪委普遍建立了开展党规党法教育联系点,对全市党员进行系统的党规党法教育。1992 年,开展以反腐防变为主要内容的党风党纪教育工作,在全市进行爱国主义、集体主义、党的理想宗旨教育和自觉抵制资产阶级腐朽思想侵袭的教育。播放党规党法教育录像片 185 场次,党员观看人数 4 235 人次,入党积极分子观看人数 2 955 人次。

1993 年,全区共办班 155 期,培训党员 12 916 人次,讲党课 448 人次,播放党纪教育片 875 场次;举办党纪条规答题活动,有 4 300 名党员和非党积极分子参加答卷;对涉外人员进行外事纪律教育,向党员提供《涉外法规选编》和《案与纪》等教材 295 册,组织 56 个涉外单位的 102 名党员参加市、区两级纪委举办的涉外法规教育培训班,系统学习涉外法纪;把党风党纪教育纳入全区党员教育总体规划,全区党校共办有关党风党纪学习班 154 期,培训党员 1.3 万人次。

1994—1999 年,开展以"讲学习、讲政治、讲正气"为主要内容的党性党风党纪教育;围绕学习党纪条例、行政法规和领导干部廉洁自律各项规定,开展反腐倡廉和遵纪守法教育;全区举办报告会 31 场,知识竞赛 5 场,受教育 3 000 人;通过剖析典型案例,开展了以案说纪教育。全区播放党纪教育录像片 773 场,受教育党员 21 250 人次;讲党课 67 场,受教育党员 3 800 人次。发放党纪条规答题试卷 1 500 份;开展以案说纪演讲会 10 次,受教育党员 860 人次;树立党风廉政建设先进集体 14 个,先进个人 20 人。

2000—2005 年,以理想信念教育和廉政勤政教育为中心内容,坚持反腐倡廉"大宣教"工作格局,以采取政治思想教育和法纪约束教育、正反面典型教育、集中教育和日常教育、廉政勤政教育相结合的形式,组织全区党员干部深入学习各种法规制度。制发了《学习贯彻〈行政监察法实施条例〉实施意见》,发放《党员权利保障条例》和《关于建立健全教育制度监督并重的惩治和预防腐败体系实施纲要》等学习材料 1 000 份;开展正反典型示范和警示教育活动,开展了学习郑培民、梁雨润、牛玉儒、任长霞等先进事迹活动,组织开展反面教材的警示教育活动;发放警示教育资料 300 套,电教片 35 套;召开了全区警示教育动员大会,组织区处级领导干部和区直各单位领导集体观看了《王怀忠的两面人生》《高墙内的钟声》等专题片;开展了以"六个一"(召开一次动员会、学习一套文件、撰写一批理论研讨文章、举行一次知识竞答活动、开展一次专项检查、宣传一批勤廉兼优的先进典型)为主要内容的廉洁从政教育和"读报刊、促廉政"活动。区纪委主要领导为全区 400 多名副科级以上干部进行新形势下反腐倡廉的专题讲座 4 场次,各党委开展了主要领导讲一堂反腐倡廉党课活动。全区共举办讲座 48 场次,召开座谈会 32 场次,举办知识竞赛 10 场次,播放专题辅导录像片 29 场次,受教育党员、入党积极分子 5 000 人次。

第三节 纠正不正之风

1983 年,全面清理纠正三股不正之风(纠正分房建房中的不正之风;纠正招转人员中的不正之风;纠正以权谋私"卡脖子"的不正之风),共查出在"三招"(违反政策接班、违反政策招工、违反招工考试规定)、“一征”(违反政策安置农村转业兵)、“一转”(农转非)中有问题的人 337 人;清理住房问题 36 起。清理纠正乱砍滥伐森林歪风,由市委领导带队,纪委牵头,检察院、林业局等有关部门配合,组成工作组,联合地区工作组共同对全市 10 个公社、3 个农场、部分驻军等 50 个基层单位进行了调查,共发现毁林、盗伐森林案件 43 起。成立制止乱涨价、乱摊派两股不正之风领导小组及办公室,组成 9 人工作组,对 18 个重点单位进行检查,发现 9 个单位存在问题,查出“两乱”案件 14 起。

1984 年,清理三股不正之风,共清退违反政策“三招”“两转”(农转非、集体转国营)“一征”人员 152 人。1985 年,全市共清理出奖金、经济、以权谋私、“三招”“两转”、严重损失浪费等 8 个方面的问题 954 件,涉及人员 1 933 人,涉及金额 447 173 元,纠正 782 件,收回资金 317 233 元,整改 836 人。1986 年,清理出公安系统凭借办理户口签证权力搞不正之风的问题 6 件。1987 年,重点清理纠正了以权谋私、官僚主义、用公款请吃送礼和招工、建房、分房中的不正之风。清退了违反政策病退接班 424 人,纠正了请吃送礼 5 813 元,追究了因严重官僚主义造成 4 起重大事故的领导者的责任。

1988 年,对市委、市政府 74 个单位进行了廉政建设工作,受教育干部 1 000 余人,查摆出 20 个问题,全市清理整顿公司 138 户。1989—1990 年,清理纠正了用公款“一日游”问题,全市共清出用公款“一日游”的 46 人,上缴金额 7 000 元;清理整顿小汽车工作,对不符合管理规定的 11 台小汽车分别做了封存、没收处理;纠正了用公款安装住宅电话问题,对不符合规定范围安装的 34 部电话分别撤销、转自费处理;对设有“小金库”的 35 个单位进行了处理,收缴金额 123 770 元;清理出全市有 11 个单位乱拉资金购买商品楼,纪检、监察机关对违纪购房问题立案 8 起,有 7 人分别受到党纪、政纪处分。

1991 年,全市共清理出执法办案方面的问题 26 件,办证方面的问题 209 件,不符合规定农转非落户问题 36 件,并全部纠正;清理出伪劣商品问题 39 起,金额达 5 万余元;清理出以票谋私问题 11 人,违纪金额 6 100 元,均已收缴进行了罚款处理,并对这 11 人给予了政纪处理;清理出吃、拿、卡、要、报的问题 429 人,金额达 5 万多元,当年纠正 103 人,收缴金额 3 365 元;清理出“三乱”(乱收费、乱罚款、乱摊派)问题 31 项,其中包括农民不合理负担 14 项,金额 77 万元;在清“三假”(假职称、假文凭、假学历)工作中,清理出假职称 187 人,假文凭 68 人,假学历 97 人。全市立案查处具有行业不正之风特点的案件 35 起,分别给予党纪、政纪处分 32 人,移交司法机关处理 12 人,收缴赃款赃物共核款 2.4 万元。

1993 年,全区共清理不合理收费 19 项,全部取消或纠正,涉及金额 884 756 元。各级纪委配合财务税收大检查,对区内 35 个执罚单位罚没款使用情况进行了检查,查出有问题的单位 5 个,涉及金额 16.1 万元,收缴 9 万元。1994—1999 年,清理出党政机关所办经济实体 213 个,全部进行脱钩、划转和注销;取消违反规定设置的收费站、检查站 4 个,实现了无“三乱”的目标;纠正了向农民不合理收费、集资、摊派累计 78 项,减轻农民负担 1 300 万元,使全区农村村提留、乡统筹始终控制在国家规定上年人均收入的 5% 限额内;取消向企业各种收费、罚款、摊派累计 15 项,为企业挽回和避免经济损失 1 200 万元;中小学乱收费现象得到有效的清理和制止,制定 6 项防止乱收费反弹制度,取消 8 项不合收理费,纠正 2 起中小学乱收费问题;在清理预算外资金和“小金库”工作中,查出违纪单位 32 个,涉及违纪资金 220 万元,按照规定进行收缴和处理;在经济杠杆部门和对外窗口服务单位推行行政执法“公示制”和社会服务“承诺制”,普遍提高办事效率和服务质量;在全区党政机关和企事业单位普遍开展了行风评议和问卷调查活动;在全区 20 个司法和行政执法部门、经济管理和监督部门开展“为经济建设服务、树行业新风”最佳最差单位评议活动,整理对参评单位的意见和建议 70 条,涉及职能部门 45 条,并及时得到了处理,促进了全区行风状况的转变;认真纠正医药购销中的不正之风,取消无证行医的个体诊所 6 个,无证经营药品的批发点 1 个,查处违法违纪案件 7 件,涉及金额

4 000元。

2000—2005 年,坚持标本兼治、纠建并举的方针和管行业必须管行风的原则,深入开展专项治理。累计取消向企业不合理收费 88 项,减轻企业负担 8.1 万元。通过农村税费改革、乡镇行政区划调整和村屯合并,减轻农民负担;无偿下发农户涉农收费明细卡 1.2 万册,减轻农民负担 99.77 万元;治理医药购销中的不正之风,取缔非法药品经营户 7 个,全面推行了药品招投标采购制度,部分药品价格有所下降;在中小学校普遍实行学生收费卡,清退违规违纪金额 12.7 万元。

第四节　领导干部廉洁自律

1983 年,建立了党委抓党风的责任制,层层负责。1984 年,下发了《关于检查验收今年实现党风明显好转工作的通知》,按先乡镇后城区的原则,由市委副书记张中元牵头,组织部、宣传部、纪检委主要领导组成工作组,对 37 个党委的党风状况进行检查验收。1985—1987 年,对全市 12 个基本实现党风根本好转的党支部和 18 名在端正党风工作中做出突出成绩的先进个人进行表彰。市委下发了《中共黑河市委关于端正党风责任制的规定》。

1988 年,中共黑河市委做出坚决禁止党政机关干部以权谋私、行贿受贿等方面九项具体规定。清理和纠正经商办企业问题、大吃大喝问题和送礼受礼的问题。1989 年,把廉政建设纳入抓党风责任制之中,从制度上约束党政领导干部廉洁自律,要求各部门、各单位要根据省委、省政府九项要求,结合本部门、本单位的实际情况,制定具体的管理办法和监督措施,坚决制止公款旅游现象。

1990—1993 年,按照区委反腐败工作责任制的要求,各级纪委根据中央和省委做出的七条规定、"十三个不准",组织处级、科级领导干部认真进行自查自纠。区委、政府、人大、政协、纪委 2 次召开生活会进行自查,38 名处级干部进行了查摆;全区有 640 名科级干部按照有关要求开展了自查自纠,自查面达 95.7%。全区党员干部共自查出 5 个方面的问题,其中自查出党政机关经商办企业问题 144 家,7 家被撤销,26 家与原机关彻底脱钩,成为独立的经济实体,有 173 名机关干部在企业兼职,有 49 人辞去了一方的职务和工作,其中处级干部 5 人,已脱钩 3 人;科级 88 人,脱钩 33 人;一般干部 80 人,脱钩 13 人。

1994—1999 年,爱辉区各级领导班子和党员领导干部严格履行民主生活会的"四个程序",提高了领导班子民主生活会的质量。加强了对国有企业领导干部廉洁自律工作的检查和指导;专项清理纠正了党政机关违反规定超标准更换小汽车 22 台;清理纠正科级以上领导干部违反规定买房、换房或用公款装修住房问题 29 件;规范了用餐标准和接待制度,严格财经纪律,加强了预算外资金管理,用公款"吃喝玩乐"现象得到有效控制;清理纠正了党政机关及其工作人员无偿占用和拖欠企业财物折合人民币 650 万余元;出台《关于爱辉区党政机关公款安装住宅电话和配备移动电话的有关规定》,清理出违反规定用公款安装住宅电话 11 部,用公款配备移动电话 37 部,分别作了收缴、拍卖、清退和转为自费使用处理;严格会议审批程序,精简、压缩了一些会议、庆典和检查评比活动,节约经费 70 余万元。

2000—2005 年,贯彻廉洁从政准则、制止奢侈浪费和领导干部廉洁自律等有关规定。区纪委建立"581"廉政账户,规定领导干部不准收受有关单位和个人的现金、有价证券;着重开展中纪委关于领导干部廉洁自律"五项规定"(严禁领导干部违反规定收送现金、有价证券、支付凭证和收受干股等行为;落实领导干部配偶和子女从业、投资入股、到国(境)外定居等规定和有关事项报告登记制度;治理违规建房、超标准建房等问题;严禁领导干部利用和操纵招商引资项目、资产重组项目,为本人或特定关系人谋取私利;严禁领导干部相互请托,违反规定为对方的特定关系人谋取不正当利益)。落实情况的监督检查,全区 27 名副处级以上领导干部填报了领导干部廉洁自律“五项规定”自查表;对群众反映突出的公款吃喝、公款高消费娱乐健身活动、公车私用、婚丧事大操大办等问题进行了专项治理,查处违规车辆 30 台,在《黑河日报》进行了公开曝光;建立区(处)级以上领导干部廉政档案信息库;实行廉政报告、党风巡视、执行“三必谈”(对提拔任职的领导干部必须进行廉政教育谈话;发现领导干部不廉洁行为时必须进行诫勉谈话;对群众有反映的领导干部必须进行警示谈话)、“三必做”(领导干部上任时必须在本部门、本单位作出廉政承诺;党委、政府和部门的主要领导年终必须向上级党委、纪委写出抓党风廉政建设和自身廉洁自律情况的总结;领导干部个人重大事项必须及时按干部管理权限向纪委报告)制度和党政主要领导向纪委报告抓党风廉政建设和自身廉洁自律情况报告制度,对 108 名新提拔的领导干部进行了任前廉政教育谈话,22 名乡科级正职领导干部进行了述职述廉;开展清理领导干部参与小煤矿生产经营工作,成立了清查领导小组和办公室,并成立检查工作组深入全区 27 个煤矿采取召开会议、问卷调查、个别走访和签订责任书、整改通知书等形式逐一清理纠查,强化责任追究,有 16 人被追究领导责任;开展领导干部重大事项报告制度,下发《关于报送党员领导干部出国(境)回国报告的通知》,共上报回国报告单 11 人,办理出国护照报告 38 人。

第五节　案件查处

1983 年,处分犯错误党员 42 人,其中,党内警告 11 人,严重警告 21 人,留党察看 4 人,开除党籍 6 人。

1984—1989 年,共立案查处违纪案件 198 件。1984—1986 年,开展了打击经济犯罪斗争。对粮食系统进行“三查十清”和基建系统“九清九查”,打击了借改革之机,钻改革空子,不择手段地进行贪污、诈骗、勒索、受贿和非法牟取暴利的严重经济犯罪分子。全市共立经济案件 221 件。其中大要案 22 件,追缴赃款 577 540 元。受刑事处分 17 人。

1990—1993 年,各级纪委以查处领导机关、领导干部、执法执纪部门、行政管理部门、经济监督部门及其工作人员中的违法违纪案件为重点,开展案件查处工作。共立案查处违纪案件 105 起,移交司法机关 7 人。

1994—1999 年,重点查处党政机关、行政执法机关、司法机关、经济管理部门和科(局)级以上领导干部违纪违法案件,以及基层干部违纪违法、严重侵犯群众利益的案件。查处贪污、贿赂、挪用公款、徇私舞弊、贪赃枉法、失职渎职、腐化堕落等方面的案件。共立案查处违纪违法案件 135 起,其中大要案 46 起,占案件总数的 34%。处分党员干部 136 人,其中开除党籍 17 人,移交司法机关追究刑事责任 7 人,为国家挽回经济损失 191.5 万元。1999 年,纪委围绕区委中心工作解决二轮土地承包过程中因承包地引起的农民上访问题,共处理二轮土地承包中发生的问题 19 件。

2000—2005 年,贯彻从严治党方针,坚持重点查办党政领导机关、行政执法机关、司法机关、经济管理部门和科(局)级以上领导干部贪污贿赂、徇私枉法、失职渎职、腐化堕落、损害群众利益等方面的案件。共立案查处违纪违法案件 151 件,立案涉及党员 132 人,处分违纪违法人员 137 人,涉及科局级以上领导干部 35 人,一般干部 35 人,其他 59 人。其中,受党纪处分的 124 人中党内警告 63 人,党内严重警告 31 人,撤销党内职务 3 人,留党察看 15 人,开除党籍 12 人;查办大要案 52 件,占案件总数的 36.36%,挽回直接经济损失 220.03 万元。

1983—2005 年爱辉区（黑河市）纪委监察机关处分人数一览表

表 12－13　　　　单位：人次

年份	党纪处分						政纪处分						
	合计	警告	严重警告	撤销党内职务	留党察看	开除党籍	合计	警告	记过	记大过	撤职	降级	开除
1983	42	11	21	—	4	6	11	—	—	—	—	—	—
1984	3	—	—	—	—	—	12	—	—	—	—	—	—
1985	6	2	1	—	—	3	6	—	—	—	—	—	—
1986	26	15	6	—	3	2	—	—	—	—	—	—	—
1987	9	3	2	1	—	3	—	—	—	—	—	—	—
1988	1	—	—	—	—	1	2	—	—	—	—	—	—
1989	10	2	1	—	—	7	3	—	—	—	—	—	—
1990	11	5	2	—	2	2	4	—	—	—	—	—	—
1991	27	10	11	—	4	2	1	—	—	—	—	—	—
1992	11	5	2	1	1	2	—	—	—	—	—	—	—
1993	6	2	2	—	1	1	2	—	—	—	1	—	1
1994	11	3	2	2	3	1	11	1	5	—	3	2	—
1995	9	2	2	—	—	5	14	2	5	3	2	1	1
1996	11	1	5	—	2	3	13	1	5	1	5	1	—
1997	18	6	4	—	2	6	9	1	1	—	6	—	1
1998	15	7	4	—	2	2	5	2	1	1	—	1	—
1999	18	9	8	1	—	—	5	1	2	2	—	—	—
2000	23	12	4	—	6	1	2	1	1	—	—	—	—
2001	25	15	5	—	4	1	6	3	—	1	2	—	—
2002	23	17	2	1	2	1	5	—	1	—	2	1	1
2003	25	10	13	1	1	—	10	2	4	2	2	—	—
2004	23	9	6	1	2	5	3	—	—	1	1	1	—
2005	5	—	1	—	—	4	3	3	—	—	—	—	—

1983—2005 年爱辉区（黑河市）来信来访来电举报情况表

表 12－14　　　　单位：人次

<table>
<tr><th>年份</th><th>来信</th><th>来访</th><th>来电</th><th>年份</th><th>来信</th><th>来访</th><th>来电</th></tr>
<tr><td>1983</td><td>250</td><td>33</td><td>0</td><td>1995</td><td colspan="2">163</td><td>0</td></tr>
<tr><td>1984</td><td>319</td><td>42</td><td>0</td><td>1996</td><td>106</td><td>20</td><td>13</td></tr>
<tr><td>1985</td><td>128</td><td>18</td><td>0</td><td>1997</td><td colspan="3">144</td></tr>
<tr><td>1986</td><td>315</td><td>36</td><td>0</td><td>1998</td><td>61</td><td>18</td><td>7</td></tr>
<tr><td>1987</td><td colspan="2">305</td><td>0</td><td>1999</td><td>104</td><td>27</td><td>10</td></tr>
<tr><td>1988</td><td colspan="2">194</td><td>0</td><td>2000</td><td>81</td><td>17</td><td>5</td></tr>
</table>

续表 12－14

年份	来信	来访	来电	年份	来信	来访	来电
1989	164		0	2001	80	9	1
1990	362		0	2002	60	7	9
1991	274		0	2003	56	13	5
1992	101	44	0	2004	47	9	3
1993	99	18	0	2005	27	2	0
1994	188	25	6				

第六章　统一战线工作

第一节　机　　构

1981 年 2 月，中共黑河市委设立统一战线工作部（简称统战部）。1983 年 6 月，爱辉县委统战部并入黑河市委统战部。1988 年 3 月，中共黑河市委成立对台工作办公室，设在统战部，副科级建制，对外挂黑河市台湾事务办公室牌子。1993 年 4 月，黑河市委统战部更名为爱辉区委统战部，内设机构为统战组、办公室，行政编制 6 个。1996 年，爱辉区归国华侨联合会职能并入区委统战部。统战部内设机构为办公室、基层统战组、对台办公室、归侨联合会。对外保留对台办公室和侨联牌子。2001 年，爱辉区党政机构改革时确定，统战部部长由政协副主席兼任，级别为副处级。编制总数 6 个。内设办公室（股级）、台湾工作台湾事务办公室（副科级）、侨联（正科级）3 个办公室。

至 2005 年，区委统战部为正科级建制，内设侨联（科级）、台湾工作台湾事务办公室（副科级）、办公室（股级）3 个科室。部长为政协副主席兼任，编制 6 个。

1981—2005 年爱辉区（黑河市）委统战部部长更迭情况表

表 12－15

职　　务	姓　名	任职时间
中共黑河市委统战部部长	褚文成	1981.10—1982.2
	李　军	1982.2—1984.2
	杜邱顺	1984.2—1986.8
	赵奎武	1986.8—1990.8
	狄来三	1990.9—1993.10
中共爱辉区委统战部部长	武俊富	1993.10—1998.12
	徐文致	1998.12—2001.11
	关兆军	2001.11—

第二节　落实政策

1983年，重点落实统战政策，全市共有统战对象534人，需要落实政策的128件，当年全部落实。1984年，全市共有统战对象600人，当年解决了40名受株连子女的转正和就业问题；对起义投诚人员王念正、郭殿彬被打成反革命罪予以平反，恢复名誉，为其办理复职后退休手续；彻底解决了黑河清真寺和爱辉清真寺房屋被占和物品被抄问题，对在“文化大革命”中丢失的清真寺物品，一部分原物归还，查寻不到的物品折价赔偿损失；落实非党知识分子政策，下发文件明确规定了中级知识分子享受行政副科级的待遇。

1987年，共落实各类问题97件81人，其中，落实右改、中右32件，台胞、台属14件，港眷3件，归侨、侨眷27件，原国民党起义投诚人员11件，宗教、无党派、工商界4件，非党知识分子5件。

第三节　与党外人士协商合作

爱辉区统战工作充分发挥调动党外各界人士在社会主义民主政治建设中的作用，通过召开民主协商会、通报会、座谈会等形式，听取党外人士对党委和政府工作的意见和建议，向党外人士通报党委和政府的工作情况，就重大问题与各民主党派、无党派人士进行协商，形成了政治协商、民主监督、多党合作的工作局面。

1983年10月、12月市委统战部分别与市政协联合召开了有政协委员、非党知识分子、党外人士及台胞、台属等人员参加的关于严厉打击刑事犯罪活动为内容的座谈会和纪念毛泽东90周年诞辰座谈会。

1991年，黑河市制定了《党外人士交友制度》《交友联谊制度》，当年交友谈心398次，进一步发挥党外人士参政议政、民主监督的作用。

1994年，中共爱辉区委下发《中共黑河市爱辉区委会员关于印发〈爱辉区党员领导干部与党外代表人物联系制度〉的通知》，调动党外人士积极性，创造条件发挥其在政治协商和民主监督中的作用，形成团结、民主、和谐共事关系。

2000年，对全区政协委员进行了一次小的调整，辞去委员27人，应补委员28人，其中，补选中共委员16人，中共委员达到51人，占全部委员的40%；补选非中共委员12人，非中共委员达到75人，占全体委员的60%，体现了人物代表性突出、政治素质和参政议政能力较强的特点，保证了政协工作的稳定性和连续性。

2001年，与民建黑河市委配合，开展了科技支农活动，组织农业专家到小黑河村指导该村调整产业结构，传授先进技术，培训农村技术人员，以点带面，推动了全区农业生产结构调整和农村经济发展。组织市内中小学优秀教师到四嘉子、张地营子等乡镇示范教学，促进农村教学水平提高。

2002年，在区政协换届前，对全区政协委员进行了考核，最终确定了124人为政协爱辉区第三届委员，其中党内政协委员50人、党外政协委员74人，女委员40人，少数民族委员21人。推荐市政协委员14人，省政协委员1人，省人大代表2人。

2004年，根据形势变化和工作需要对第三届增补的政协委员进行了考核，调整政协委员10人。对民主党派进行了为期2周的调查，进一步掌握了各党派人士基本情况，加强了对各党派人士的培养教育提高工作。

2003—2005年，与民进爱辉区工委配合，组织区直中小学优秀教师到爱辉镇、西岗子镇、四嘉子乡中小学进行示范教学。组织各民主党派人士参加“抗击非典，送医下乡”活动，在爱辉镇、四嘉子乡义务诊治病人 150 人次。

第四节　党外干部工作

1988 年，黑河市有中、高级知识分子 226 人，初级职称 184 人，非党科级干部 61 人，县处级非党干部 4 人；其中工商经济界有非党中级以上职称人员 86 人。至 1989 年，全市各基层党委普遍建立了统战工作领导小组，由书记或副书记任组长，普遍建立了名册、重点人物档案、对话协商等制度。1990 年，各级党委更加重视党外知识分子工作，帮助解决实际问题，住房、子女安排率达 98%。

1994 年，区委下发《中共黑河市爱辉区委关于加强党外人士培养、选拔、安排、使用的工作意见》。2001 年，再次对党外人士进行全面的调查与考核，将优秀的民主党派委员 2 人、党外人士 3 人增补为政协委员。2002 年，重点培养少数民族干部，当年进入区级领导班子党外干部 4 人、少数民族干部 3 人。

2005 年，全区处级党外干部 4 人，正科级党外干部 5 人，副科级党外干部 17 人，共计 26 人，占科级以上干部总数的 5.17%；党外女干部 8 人，占全区党外干部总数的 30.77%。同年下发《加强培养选拔党外干部工作意见》，使培养选拔党外干部工作更加规范化、制度化、法制化。当年新提拔党外干部 7 人。

第五节　对 台 工 作

一、机　　构

1987 年 11 月，黑河市成立对台工作领导小组，组长由市委副书记姜延义担任。1988 年 3 月，中共黑河市委对台工作办公室成立，设在统战部，为副科级建制，编制 3 个，挂黑河市台湾事务办公室牌子。

二、政策宣传与接待台胞

1987 年，经过全面的调查摸底，全市共有台属 27 户 126 人、在台人员（台胞）61 人、起义投诚人员 11 人。1988 年，台办采取在各级党校开设统战理论课、专题报告会、统战工作知识竞赛、中秋赏月晚会等各种形式宣传党的对台政策，促进对台工作的深入开展。全市有台属 48 户 192 人，通信户数达到 11 户。1 月，对台办公室接待了第一位回黑河探亲的台胞陈寿山。陈寿山回台湾后，积极宣传黑河的建设成就，经其介绍，到黑河观光考察及与黑河亲属通信的台胞明显增多。当年共接待台胞 5 人，其中退役军官 3 人，经商 2 人。1990 年，共接待台胞 17 人，其中探亲 8 人、观光 7 人、考察 2 人。当年，全市有台属 73 户 293 人，通信户数 73 户。

为进一步增进台胞对黑河的了解，从 1991 年起，台办每年通过与重点人士书信往来，拓宽对台宣传渠道，带动招商引资。1991 年，接待台胞 17 人，其中探亲 16 人，经贸考察 1 人。当年，编辑对台宣传报道稿件 8 篇，被黑河地委统战部采纳 6 篇。2005 年 1 月 12—17 日，台湾中天电视台到爱辉区采访，采访组对爱辉古镇及新生少数民族乡村进行采访及实地拍摄。

三、台胞捐资助学

1988 年 6 月，台胞朱柳耕首次到黑河观光，黑河给其留下美好印象，决定在黑河设立奖学金。第一笔 1 600 元的奖学金在当年 7 月黑河中学结业式上颁发给品学兼优的学生，台胞在黑河市颁发奖学金尚属首次。10 月，朱柳耕再次到黑河，向黑河中学捐助第二笔奖学金 4 400 元，并与同学们座谈。

1996 年,朱柳耕奖学金改为助学金,年到位资金 4 000 元,帮扶对象为贫困山区少数民族品学兼优的贫困生。由台办到新生鄂伦春族乡、坤河达斡尔族满族乡、四嘉子满族乡、第五中学等地代表朱柳耕发放助学金,每人 200 元,学生们经常与朱柳耕通信以感谢朱柳耕的爱国重教之情。2003 年 10 月,朱柳耕到黑河回访考察,在第五中学听取关于助学金发放情况的汇报,现场发放奖学助学金 3 000 元。至 2003 年,共计发放朱柳耕奖学金、助学金 51 500 元人民币,对 371 名生活困难、品学兼优学生给予了奖学、助学。2005 年 4 月,朱柳耕汇来 1 250 美元用于资助贫困少数民族学生。

四、服务侨眷台属

统战部门每年春节、仲秋节期间对爱辉区的台胞台属进行走访慰问,送去慰问金与礼品,并帮助解决实际困难。1988 年,帮助台属离休干部陈凌山协调解决了 1 户供热楼。1999 年,帮助家住西岗子镇的台属刘某兰、侨眷叶某增贷款 5 000 元,解决了春耕生产资金问题;帮助台胞李某涛免除子女下岗的担忧。2000 年帮助侨眷刘某利解决了拖欠工资问题。2003 年,帮助侨眷黄某祥解决了特困证。2004 年,帮助侨眷李某富解决了土地纠纷问题,使其节省 1 000 元办案费。帮助生活困难的孙某林、刘某等 4 名侨眷领取到最高标准的低保金。2005 年,帮助台属王某森解决子女就业难题;为侨眷刘某荣解决住院费 1 000 元。

第六节　统战理论宣传

1983 后,统战部门深入贯彻“团结、稳定、鼓励、务实”的统战方针,采取下基层宣传、组织召开各族、各界人士座谈会、情况通报会、集中学习等形式,认真宣传并贯彻落实中央《九十年代统一战线部门工作纲要》,巩固和扩大爱国统一战线。

1999 年,编辑澳门回归知识问答题下发各党委、总支。区粮食局党委编写了统战、对台、对澳回归的知识答题下发各支部。统战部部长徐文致于 6 月末在街道干部和委主任培训班上作了”澳门是中国领土不可分割的一部分“讲座,使学员们受到爱国主义教育。2001 年,区统战部把学习、宣传、贯彻江泽民总书记在全国统战工作会议上的重要讲话精神作为宣传工作的重点,组织民主党派、民族宗教界人士、无党派人士及非公有制经济代表人士学习讨论江泽民讲话精神,并利用现代宣传媒体和手段,进行广泛地宣传。2004 年 9 月,举办全区统战干部培训班。参加培训的有各党委、总支、各民主党派负责人,工商联会长、副会长、执委,区直各中小学负责人及民族宗教界人士,共计 80 余人。培训内容为统战基础理论和当前统战工作形势,侨务政策、侨务工作知识,民族宗教政策和我国民族宗教形势等。2005 年,在世界反法西斯战争胜利和抗日战争胜利 60 周年之际,组织各民主党派、台属、侨眷和各族各界代表 60 多人参观瑷珲历史陈列馆和抗日战争图片展,进行爱国主义、社会主义教育。

第七章　党 校 教 育

第一节　机　　构

1983 年 6 月,成立中共黑河市委党校。1993 年 4 月,中共黑河市委党校更名为中共爱辉区委党校,正科级建制,编制共 28 个。内设教务处、理论教研室、文化教研室、办公室,均为副科级建制。截至2005年末,党校内设机构未变。

第二节 师资队伍

1983年6月,中共黑河市委党校有教职工11人。1987年,市委党校首次职称评审,评定高级讲师1名、讲师5名、助教7名。1993年,有高级讲师2名、讲师8名、助教1名。2000年,有高级讲师3名、讲师4名、助教4名。截至2005年末,有在职职工27名,其中,高级讲师3名、讲师5名;管理人员4名,工勤人员3名,其他专业技术人员12名。

第三节 教育教学

根据1983年中共中央《关于实现党校教育正规化的决定》的规定:"各级党校的培训班、理论班,都要进行考试、考核制度和学历制度,根据入学前的文化水平和入学后的学制、所学课程,经过考试合格者,取得同国民教育体系相当的学历和待遇"。

1985年9月,黑河市首届干部中专班正式开学,44名市直机关的业务骨干参加了为期2年的脱产学习。按照《中共中央关于实现党校教育正规化的决定》中对教学内容的规定,主要学习课程为马列主义、毛泽东思想;科学文化知识;专业知识课程。1985—1990年,学历中专班共举办6期,培训247人,经考试合格,全部取得了国家认可的中专学历。

1992年4月15—25日,举办了黑河市经贸干部岗位培训班,136名经贸干部参加了专业外贸业务学习。1994年3—6月,连续举办3期领导干部《邓小平文选》第三卷培训班,共有158名科级领导干部接受培训。1995年5月,按照区委、区政府关于对公务员进行培训的要求,对全区公务员进行了岗位培训。培训内容以公务员制度、公文写作、行政管理学、法学基础与行政法为主,以提高公务员适应职位要求,胜任本职工作的能力为主要目标。

1996年开始,每年举办1期入党积极分子培训班,培训内容以党的性质、党的纪律、党员标准、党的奋斗目标、邓小平理论、党的宗旨及怎样做一名合格的共产党员为主。1999年,举办5期乡镇干部轮训班,有421名农村基层干部参加培训;开设邓小平理论、中共十五届三中全会基本精神、党风廉政建设、坚持全心全意为人民服务、加强农业的基础地位、把农业发展纳入法制轨道、新时期党的农村的基本政策、科技进步与农业可持续发展等课程,在教学中注重理论与实践相结合,法律政策与党性教育相结合。

2000年6月,按照中共中央《关于面向二十一世纪加强和改进党校工作的决定》要求,爱辉区加大了对干部培训的力度。当年共举办各种类型培训班13期,培训1 598人次。2000—2001年,分别举办农村党支部书记和村主任培训班,对全区120多个村的党支部书记和村主任进行了系统培训。培训内容以新形势下土壤耕作、牧业生产形势及发展方向、奶牛生产技术、病虫害综合防治、绿色食品知识、农村政策法规常识、大豆栽培技术等农村实用技术为主。2003—2004年,爱辉区举办的各类培训班,均安排了"三个代表"重要思想专题讲座。2005年,《中华人民共和国公务员法》颁布,当年11月,对全区630名公务员进行培训。

1995—2005年,共培训公务员3 377人次。1996—2005年,共培训入党积极分子1 204人。

第八章　中共爱辉区机关工作委员会工作

第一节　机　　构

1981年9月,中共黑河市委员会设立中共黑河市委机关委员会。1986年6月,中共黑河市委员会设立中共黑河市政府机关委员会。

1993年4月1日撤市建区,中共黑河市委直属机关党委、黑河市政府直属机关党委、黑河市直属机关党委分别更名为中共黑河市爱辉区委直属机关党委、爱辉区政府直属机关党委、爱辉区综合直属党委,均独立开展工作。区委直属机关党委,正科级建制,编制总数5个,其中省行政编制3个,地方自定编制2个。区政府直属机关党委为正科级建制,编制总数5个,其中省行政编制3个,地方自定编制2个。1996年,三个党委合并为爱辉区委直属机关工作委员会,核定行政编制8个,正科级建制,领导职数3职,1正职2副职,股级职数3职,收回原区委机关党委、区政府机关党委、综合党委编制16个。内设办公室、组织宣传部、群团工作部,辖41个党支部,党员308人。1998年,为理顺关系,爱辉区法院、检察院、政法委、司法局4个党支部划入区政法工委;劳动局总支(下设劳动保险就业局党支部、局机关党支部),农联社的幸福信用社党支部划入区委机关党委。区委机关工委共计所辖3个党总支,38个党支部,党员总数498人。

2001年,中共爱辉区委直属机关工作委员会更名为中共黑河市爱辉区委机关工作委员会(区文体党总支的广播局党支部和农业党委的农业综合开发办党支部划归区委机关工委管理。隶属机关党委的区物价局党支部和计委党支部划归区经济计划局党委管理),区委机关工委领导职数为书记1职,副书记1职,纪检书记1职,工会主任1职。机关行政编制6个。内设党群办公室,股级建制。2002年,区国税局党支部划入区委机关工委。2003年8月,区对外经济贸易局党支部划入区委机关工委。当年,区劳动局新成立1个新希望家政服务公司党支部,隶属区委机关工委。截至2003年末,区委机关工委共管辖2个党总支,34个党支部。中共党员533人(其中在职党员371人,离退休退养和下岗党员162人)。协助区委组织部管理处级党员领导干部27人,在职正科、副科级领导干部177人(含退长当员,正、副科级管理的10人),入党积极分子71人。区委机关工委共有在职干部7人,中共党员7人,党工委工作归中共爱辉区委管理。

截至2005年,区委机关工委有在职干部6人,中共党员6人。共辖2个党总支,34个支部;共有党员535人,入党积极分子76人。

第二节　主 要 工 作

1993年至1996年11月,区委、区政府、综合机关党委均独立工作,分抓各系统的党建工作,组织党员干部学习邓小平理论,学习党的方针政策,对党员干部进行管理教育。对非党积极分子培训、发展党员、调查分析党员动态、完成区委交办的各项工作任务。1993年,各党委组织职工参加全区首届职工篮球赛,"五一""七一""十一"组织文艺演出、举办乒乓球赛、棋类等比赛,活跃了机关的文化生活。以党的基础知识为内容,举办了入党积极分子培训班。组织党员干部参加向白玉兰学习事迹报告会,并向白玉兰捐款。1994年,组织党员干部参加"邓小平理论学习研讨会",宣读论文11篇,有2

中国共产党黑河市直属机关首次代表大会 1985 年4 月摄

篇论文获区级二等奖；在“邓小平文选第三卷理论研讨会”上宣读论文 17 篇，评出优秀论文6 篇；参加了邓小平“一国两制”理论研讨会，2 篇论文获市级优秀论文奖。聘请武装部同志做专题讲座，对党员干部进行国防教育，并组织党员干部进行国防知识答卷。组织收看《日本侵华暴行》等电视录像片，对党员干部进行爱国主义教育。在文明单位创建活动中，有 5 个单位晋升区级文明标兵单位，4 个单位晋升为区级文明单位。1995 年，在党员干部中开展普法教育，主要学习国防知识、人口理论、计划生育条例，妇女权益保障法等，利用出版报、培训、电化教育等方式，使受教育面达 90% 以上。

1993—1996 年，共发展党员 75 人，每年表彰一批先进集体和优秀党员，模范党务工作者。在向社会献爱心活动中，为白某兰捐款 5 264 元，为北师河农民安某兰捐款 1 790 元，为贫困母亲捐款 8 796元，为贫困职工捐款 3 447 元，为希望工程捐款 11 000 余元，减灾扶贫捐款 12 593 元。1998 年，抗洪捐款 46 355 元，共捐衣物 1 580 余件。

1997 年，组织党员干部进行了新《中华人民共和国刑事诉讼法》专题讲座，普法知识答卷参考率达 90% 以上。在迎香港回归活动中开展了以香港回归为主的大型活动，举办知识竞赛、书法表演、歌咏比赛等活动，参加了万人签名仪式。有 3 篇论文在参加全市“一国两制”理论研讨活动中分获一、二、三等奖。

1999—2003 年，在党员干部中开展了政治理论学习、业务学习、市场经济知识的学习和培训；开展了“党员先锋岗”“三个代表”责任区和“三服务、两满意”等活动。在全区举办了迎澳门回归、新中国成立 50 周年大庆、建党 80 周年文艺会演、全区“春节”秧歌汇演、体育运动会等活动。区委机关工委多次组织机关干部参加森林扑火、抗洪抢险，受到区委、区政府的表彰和嘉奖。1999—2003 年发展入党积极分子 83 人加入党组织，表彰先进党支部 45 个次，优秀党员 138 人，优秀党务工作者 54 人。

2004—2005 年，机关工委协助区总工会为 137 名副科级以上领导干部安排了第二轮扶贫结对子，共扶持 79 户下岗职工和 46 户农村贫困户。2004 年，举办了建党 83 周年“辉煌的旗帜”演出，庆“七一”广场演出，组织了系统职工春节文艺汇演；开展了第一批保持共产党员先进性教育活动，共有 530 名党员参加了教育活动；开展了“三个代表”责任区活动，共有 341 名党员参加了责任区活动，共联系 513 名在职职工、下岗职工以及 1 143 个农户；经省、市文明办验收，区财政局被批准晋升为省级文明单位标兵，区审计局等 8 个单位晋升为市级文明单位和市级文明单位标兵；组织了第三届职工篮球赛和军民篮球友谊赛；开展献爱心各项捐助活动，组织全体党员干部职工为东南亚海啸捐款 3. 6 万元、衣物 1 800 余件，参加了“爱心永恒”助残活动、订购纪念邮册 563 本，组织义务献血 60 人次，组织参加 2 个月的支农储蓄 130 万元；协助区纪委、监察局重点查办了 5 起领导干部违纪违法案件，其中 4 起分别受到开除党籍、党内严重警告和党内警告等党纪处分。

第九章　信访工作

第一节　机　　构

1983年6月,黑河市信访办公室成立。1987年,黑河市信访办公室为正科级建制,内设信访组、综合组。1989年9月,增设办案组。1993年4月,黑河市信访办公室更名为爱辉区信访办公室,隶属于区委、区政府,为正科级建制,编制6个;内设机构为秘书调研股、来访接待股、来信受理股。2000年1月,爱辉区区长信访电话办公室开始运行。2001年,区政府精简机构,信访办内设机构为秘书调研股(区长信访电话办公室)和信访接待股,均为正股级建制,编制6个。2003年,区长信访电话办公室调整为副科级建制。至2005年区信访办机构没有变化。

第二节　信访建设

1983年,在全市范围内建立了信访工作岗位责任制和市委、市政府领导接待日制度。

1989年,在坚持市领导接待日的基础上,实行"挂牌接待",上访群众到信访办预约即可约见市长。实行了信访工作目标管理,把61个单位纳入管理范围,在年终的全面检查评比中,以百分为考评标准,90分以上22个单位,占36.7%。举办专兼职信访干部培训班,37个单位信访干部参加培训。

1990年,12个乡镇、24个局设立信访室。全市有专(兼)职信访员224人。

1995年,印发了《爱辉区各级党政领导信访工作责任制》,对各级领导信访工作的责任分工、检查落实、违反信访工作纪律责任及目标考核做出详细规定。

1997年,在全区信访工作会议上,爱辉区信访局同38个实行信访工作目标管理的单位签订目标责任状。

2000年,向社会开通了爱辉区人民政府区长信访电话。当年,办理信访电话案件40件,其中市交办21件、省交办12件;并在全区逐步建立行政首长信访电话工作网络。坚持党政领导信访接待日制度,每月第一周和第三周周二上午区委、区政府领导亲自接待群众来访、亲自督办,受理后召开信访工作领导小组会议或组成联合调查组研究处理。

2001年,爱辉区在全区开展推进依法治访工作,对信访工作及群众的信访行为进行规范,提出"五个依法"(依法行政、依法分流、依法协调、依法处理、依法规范)的要求。把依法治访活动与"四五"普法教育活动相结合,开展《信访条例》及相关法规的学习宣传。建立依法分流机制,按照群众逐级上访制度和信访案件"分级负责,归口办理""谁主管,谁负责"的原则,对信访案件依法进行分流疏导。制定了《涉法信访案件移送制度》《律师参与涉法问题处理制度》,聘请律师参与涉法信访案件的接待处理。依法规范信访秩序,对无理缠访、以上访为由扰乱社会秩序的违法行为坚决依法处理。

2002年,为信访工作质量年,以提高办案效率和工作质量为重点,落实信访工作目标责任制,在接待处理群众信访问题的各工作环节建立了具体明确的质量标准。领导信访接待日由原每月2次改为每周1次。

2003年,爱辉区强化了信访工作制度建设,制定下发了《党政领导接待日制度》《信访领导包案制度》《信访矛盾排查制度》《信访工作首问责任制》《重点管理和诫勉谈话制度》等32项信访工作制度;修订了区长信访电话工作制度。制定了《爱辉区乡镇农村经济与社会协调发展信访工作目标管理考核实施方案》,对乡镇信访工作的考核内容、评分标准及奖惩办法进行了细化落实。重要信访问题实行逐级上报制度和领导包案制度,增强了各部门之间的横向联系,加大了下访力度和协调督办力度。

2004年,建立了全区集中处理信访突出问题及群体性事件联席会议制度,联席会议办公室设在区信访办公室。在全区推行小事不出村、大事不出乡镇、重大问题不出党政一把手的“三不出”做法;同时抓好跟踪处理和预警反馈。根据《黑河市“调访一体化”工作实施意见》精神,在全区范围内推行“调访一体化”工作机制,将人民调解工作和人民群众来信来访工作整合为统一领导、统一工作机构、统一受案及统一调查处理的工作机制。区直各部门、乡镇成立相应组织,配备专兼职人员。乡镇、街道信访办统一设在司法所,形成区、乡(主管局)、村(社区、企业)一级对一级负责的三级信访工作网络。全年举办基层信访工作人员培训班3次,培训党政干部210余人。区委、区政府制发了《关于加强办理人民群众来信工作的实施意见》,对处理群众来信的交办、催办、督办、检查通报等环节进行规范和指导。

2005年,国务院颁布实施新的《信访条例》,为了在实施过程中各项工作准确衔接,举办了全区信访业务知识培训班,对50名专兼职信访干部进行培训。转发《黑龙江省信访事项终结的指导意见(试行)》和《黑龙江省信访情况分析工作规则(试行)》文件,依法规范信访程序。强化责任追究,对信访工作不力的单位实行重点管理,对重点管理单位的党政一把手及有关人员诫勉谈话;对信访工作不力造成严重损失和影响的相关责任人实行“一票否决”。利用互联网开辟了电子信箱办案渠道,开展人民建议征集工作。

第三节 信 访 办 理

1983年,以处理老户上访问题为重点,采取分级负责、归口办案的方法,实行深入基层自行办案、联合办案与抽调人员集中办案相结合,对信访案件实行“三定一包”(定领导、定包案人、定结案时间、一包到底),解决老户上访问题27件。

1988年,集体上访较多,比1987年上升61%。西岗子煤矿职工要求解决拖欠工资问题、热力公司工人因下岗造成生活困难问题,知青配偶及子女落实城镇户口问题等大部分合理的上访问题基本得到解决。1989年,宋集屯村农民因煤矿占地,要求招工而集体进京上访,经市领导协调,落实了26名农民的招工问题;解决了西岗子煤矿304名退休工人发放物价补贴问题,避免了大规模集体上访;解决了140名学生家长要求子女就近上学等集体上访问题。

1993年,群众上访主要集中在地市两级机构“两撤两建”,部分企事业单位合并、机构人员变化,涉及到群众切身利益或思想不通而上访;黑河城市规划和建设中涉及到动迁、用水、供热等群众生产生活的问题;西岗子镇轻工市场29户个体户要求解决经营场地问题。区委、区政府主要领导亲自批示处理意见,带领工作组深入实际调查了解,协调处理问题,解决了西岗子镇轻工市场上访群众的经营场所问题。

1994年,信访工作以提高自立案件结案率为重点,对上年结转遗留的案件逐一清理,对32件自立案件逐件逐人落实,结案30件。

1998—1999年,群众集体访问题突出,规模大、重访多、突发性多、持续时间较长,异常上访现象严重。反映的热点难点问题是拖欠工资和养老保险金、下岗再就业安置、新一轮土地承包和征地补偿遗留问题、农民负担重和基层干部违纪问题及城市动迁引发的问题等,上述问题占信访总量的75%。爱辉区成立了由区委办、政府办、劳动局、民政局、信访办等多个单位和部门参加的联合办公小组,先后从各部门抽调91名有群众工作经验的干部组成14个工作组,深入有群众上访的村屯和企业单位,接待了11个系统、58个单位、2 500人次的上访群众,形成了稳妥的处理意见。至1999年底,基本控制了越级上访,维护了社会稳定和正常的信访秩序。

2000 年 7—9 月，爱辉区集中开展处理群体矛盾和集体上访问题活动，集中处理解决市政府交办的幸福乡新生活村、之路村村民反映占地补偿、农机一厂下岗职工反映最低生活保障、农机公司及贸易公司退休职工反映拖欠退休费等越级到市政府集体访问题；经过多方研究协调，将原爱辉区政府所属事业单位北港宾馆按照企业纳入社保统筹，解决了退休职工老有所养问题。

2002 年，解决了街道委主任的岗位补贴、果品公司改制职工补偿、爱辉镇松树沟村农民农业税费等集体访问题。

2003 年，共排查出不稳定因素 75 件，立案 27 件，办结 26 件，海兰公司企业改制、罕达汽镇金农采金、农机公司企业破产等问题都得到妥善解决。在全区开展无进京上访、无集体到省上访、无信访积案为主要内容的“三无”活动，及时就地解决群众信访问题。当年，9 个乡镇达到了考核方案规定的“三无”标准。

2004 年，协调解决了繁荣商场等供销系统职工上访问题、幸福乡河南屯村民反映村干部经济问题、小黑河坝外搬迁上访问题、泡子沿村民反映村干部办事不公等上访问题。

1983—2005 年爱辉区（黑河市）信访数量统计表

表 12－16　　单位：件

年份＼项目	信访总量	来访	来信	电话	网上信访
1983	450	239	211	—	—
1984	714	—	—	—	—
1985	616	367	249	—	—
1986	800	524	276	—	—
1987	489	265	224	—	—
1988	1 032	886	146	—	—
1989	—	—	117	—	—
1990	362	239	123	—	—
1991	183	126	57	—	—
1992	198	148	50	—	—
1993	250	180	70	—	—
1994	569	398	171	—	—
1995	418	339	79	—	—
1996	398	305	93	—	—
1997	573	483	90	—	—
1998	2 169	2 120	49	—	—
1999	3 606	3 554	52	—	—
2000	3 736	3 657	39	40	—
2001	1 404	1 334	25	45	—
2002	1 839	1 767	41	31	—
2003	1 635	1 550	33	52	—
2004	1 529	1 430	40	59	—
2005	2 231	2 134	34	61	2

◎第十三篇　人民代表大会

第十三篇　人民代表大会

爱辉区(黑河市)人民代表大会及其常委会按照宪法和法律赋予的职权,在宣传和贯彻执行党的路线、方针、政策与国家法律、法规,审议决定全区重大事项和监督“一府两院”工作等方面做了大量工作,使人大常委会权力机关的作用得以进一步发挥。

第一章　人大代表

1980年11月15日,经国务院批准,从原爱辉县分建黑河市;随之设立黑河市人大常委会。1983年6月1日,经国务院批准,爱辉县并入黑河市;经请示省人大常委会批准,原爱辉县第八届人大常委会并入黑河市首届人大常委会,原爱辉县第八届人民代表大会代表转为黑河市首届人民代表大会代表。

第一节　爱辉区(黑河市)人大代表

爱辉区(黑河市)人大代表包括全区(市)各界人士,尤其是女代表和少数民族代表的比例不断上升。黑河市首届历次代表大会的女代表比例为20.66%,到爱辉区三届历次代表大会女代表比例上升为23.24%;少数民族代表的比例由首届历次的13.23%上升为爱辉区三届历次的21.78%。

1982—1993年黑河市人民代表大会女代表和少数民族代表人数统计表

表13-1　　单位:人

年份	届　次	代表人数	其　中			
			女代表	比例	少数民族代表	比例
1982	首届一次	109	25	23%	14	12.8%
1983	首届二次	108	25	23.1%	14	13%
	首届三次	307	49	15.9%	39	12.7%
1984	二届一次	195	39	20%	31	16%
1985	二届二次	193	39	20.2%	31	16%
1986	二届三次	189	37	19.6%	30	15.9%

续表 13－1

年份	届　次	代表人数	其　中			
			女代表	比例	少数民族代表	比例
1987	二届四次	188	37	19.7%	30	16%
	三届一次	138	30	21.7%	16	11.5%
1988	三届二次	138	30	21.7%	16	11.5%
1989	三届三次	138	30	21.7%	16	11.5%
1990	三届四次	137	30	21.9%	16	11.6%
1991	四届一次	170	35	20.6%	32	18.8%
1992	四届二次	171	35	20.5%	33	19.3%
	四届三次	170	35	20.6%	33	19.4%

1993—2005 年爱辉区人民代表大会女代表和少数民族代表人数统计表

表 13－2　　单位:人

年份	届　次	代表人数	其　中			
			女代表	比例	少数民族代表	比例
1993	爱辉区人代会	170	35	20.5%	33	19.4%
1994	一届一次	161	33	20.5%	30	18.6%
1995	一届二次	160	32	20%	29	18.1%
1996	一届三次	164	33	20.1%	30	18.2%
1997	一届四次	163	34	20.8%	30	18.4%
	二届一次	158	35	22.2%	34	21.5%
1998	二届二次	158	35	22.2%	34	21.5%
1999	二届三次	155	36	23.2%	32	20.6%
2000	二届四次	155	39	25.1%	31	20%
2001	二届五次	154	38	24.6%	31	20.1%
2002	二届六次	153	37	24.1%	32	20.9%
	三届一次	156	38	24.4%	34	21.8%
2003	三届二次	158	37	23.4%	34	21.5%
2004	三届三次	154	37	24%	34	22%
	三届四次	158	35	22.2%	33	20.8%
2005	三届五次	158	35	22.2%	33	20.8%

第二节　出席省、地(市)人民代表大会代表

1983 年 3 月 25 日,黑河市首届人民代表大会第二次会议选举安文、何清波、金胜录(朝鲜族)、陈

国祥、孟德寿（鄂伦春族）、宫海林、洪祥泽为黑龙江省第六届人民代表大会代表。

1987 年 10 月 28 日，黑河市第三届人民代表大会选举王国生、吕志贤、安文、杜扣花（女、达斡尔族）、张雪艳（女）、谭方之为黑龙江省第七届人民代表大会代表。

1992 年 11 月 18 日，黑河市第四届人民代表大会第三次会议选出王丽娜（女、达斡尔族）、孙洪志、孟宪礼、赍鹤年、徐福和为黑龙江省第八届人民代表大会代表。

1993 年 7 月 22 日，黑河市爱辉区人民代表大会选举于宏、于洪智（女）、王莉（女）、王龙江、王凤玲（女）、王丽芳（女）、王瑛成、汉丁、冯学敏、包国清（女、蒙古族）、宁振稳（满族）、孙成、孙启智、刘天钩、刘湘云（女）、关贵荣（满族）、张铁、张月琴（女）、张福成、何根友（满族）、李广成、李成良、李连才、李喜庆、吴良君、吴海柱（鄂伦春族）、沙广辉（女、回族）、沙福和、陈兆铭、单同昌、和德祥、姜义男、姜长琐、姜延义、姜惠君（女）、俞光华（女）、赵敬华、赍鹤年、徐美茹（女）、徐福和（满族）、郭树绵（达斡尔族）、贾振国、曹力（女）、黄人伶、黄鸿雁、常贵有、蒋荣利、韩富英、颜佩岚共 49 人为黑河市第一届人民代表大会代表。

1997 年 10 月 29 日，黑河市爱辉区第二届人民代表大会第一次会议选举于华、于洪智（女）、于涛、王圣文、王明芹（女、回族）、王钦礼、王莉（女）、尹占科、叶东民、宁秀菊（女、满族）、宁振稳（满族）、刘天钩、刘永强、刘克东、刘雨亭、刘寄海、刘瑞凤（女）、关月霞（女、满族）、关永贵（满族）、李连才、李秉德、吴占清（达斡尔族）、吴海柱（鄂伦春族）、张秀贤（女）、张砚清、张福成、武振伟（达斡尔族）、孟德彬、郝忠安、赵永力（女）、赵洪生、洪祥泽、姜长琐、贾振国、倪忠义、徐福和（满族）、曹力（女）、曹虹、蒋景强、焦在禄共 40 人为黑河市第二届人民代表大会代表。

2002 年 10 月 24 日，黑河市爱辉区第三届人民代表大会第一次会议选举于龙健、于涛、王秀杰（女、达斡尔族）、王英芝（女）、王钦礼、王留玉、王慧霞（女）、叶春凯、宁秀菊（女、满族）、吕殿富、曲明龙、刘万春、刘君、刘学飞、刘振国、关永贵（满族）、杜建国、李洪祥、李霞（女）、肖秋艳（女）、吴丽芬（女、满族）、何伟（满族）、沙德祥（回族）、张竹云（女）、张秀贤（女）、武振伟（达斡尔族）、林满成、孟德彬、胡东胜、胡晓丹（女）、赵才、赵学礼、莫少华（鄂伦春族）、徐文致、高俊阳、陶凤梅（女、达斡尔族）、阎生慧（女）、彭海涛、程广学、富瑞军（满族）、靳伟共 41 人为黑河市第三届人民代表大会代表。

1983—2005 年爱辉区（黑河市）出席省、地（市）人民代表大会代表人数统计表

表 13 - 3　　　　　　　　　　　　　　　　　　　　　　　　　单位：名

年份	省级						市级					
	届次	人数	其中，女代表		其中，少数民族		届次	人数	其中，女代表		其中，少数民族	
			人数	比例	人数	比例			人数	比例	人数	比例
1983	六	2	—	—	1	50%	—	—	—	—	—	—
1984		2	—	—	1	50%	—	—	—	—	—	—
1985		2	—	—	1	50%	—	—	—	—	—	—
1986		2	—	—	1	50%	—	—	—	—	—	—
1987	七	2	1	50%	1	50%	—	—	—	—	—	—
1988		2	1	50%	1	50%	—	—	—	—	—	—
1989		2	1	50%	1	50%	—	—	—	—	—	—
1990		2	1	50%	1	50%	—	—	—	—	—	—
1991		2	1	50%	1	50%	—	—	—	—	—	—

续表 13－3

<table>
<tr><th rowspan="3">年份</th><th colspan="6">省　　级</th><th colspan="6">市　　级</th></tr>
<tr><th rowspan="2">届次</th><th rowspan="2">人数</th><th colspan="2">其中，女代表</th><th colspan="2">其中，少数民族</th><th rowspan="2">届次</th><th rowspan="2">人数</th><th colspan="2">其中，女代表</th><th colspan="2">其中，少数民族</th></tr>
<tr><th>人数</th><th>比例</th><th>人数</th><th>比例</th><th>人数</th><th>比例</th><th>人数</th><th>比例</th></tr>
<tr><td>1992</td><td rowspan="5">八</td><td>3</td><td>1</td><td>33%</td><td>1</td><td>33%</td><td>—</td><td>—</td><td>—</td><td>—</td><td>—</td><td>—</td></tr>
<tr><td>1993</td><td>3</td><td>1</td><td>33%</td><td>1</td><td>33%</td><td rowspan="4">一</td><td>33</td><td>8</td><td>24%</td><td>6</td><td>18%</td></tr>
<tr><td>1994</td><td>3</td><td>1</td><td>33%</td><td>2</td><td>66%</td><td>33</td><td>8</td><td>24%</td><td>6</td><td>18%</td></tr>
<tr><td>1995</td><td>3</td><td>1</td><td>33%</td><td>2</td><td>66%</td><td>33</td><td>8</td><td>24%</td><td>6</td><td>18%</td></tr>
<tr><td>1996</td><td>3</td><td>1</td><td>33%</td><td>2</td><td>66%</td><td>33</td><td>8</td><td>24%</td><td>6</td><td>18%</td></tr>
<tr><td>1997</td><td rowspan="5">九</td><td>3</td><td>1</td><td>33.3%</td><td>2</td><td>66%</td><td rowspan="5">二</td><td>40</td><td>9</td><td>22.5%</td><td>8</td><td>20%</td></tr>
<tr><td>1998</td><td>3</td><td>1</td><td>33.3%</td><td>2</td><td>66%</td><td>40</td><td>9</td><td>22.5%</td><td>8</td><td>20%</td></tr>
<tr><td>1999</td><td>3</td><td>1</td><td>33.3%</td><td>2</td><td>66%</td><td>40</td><td>9</td><td>22.5%</td><td>8</td><td>20%</td></tr>
<tr><td>2000</td><td>3</td><td>1</td><td>33.3%</td><td>2</td><td>66%</td><td>40</td><td>9</td><td>22.5%</td><td>8</td><td>20%</td></tr>
<tr><td>2001</td><td>3</td><td>1</td><td>33.3%</td><td>2</td><td>66%</td><td>40</td><td>9</td><td>22.5%</td><td>8</td><td>20%</td></tr>
<tr><td>2002</td><td rowspan="4">十</td><td>2</td><td>—</td><td>—</td><td>1</td><td>50%</td><td rowspan="4">三</td><td>41</td><td>10</td><td>24.4%</td><td>8</td><td>19.5%</td></tr>
<tr><td>2003</td><td>2</td><td>—</td><td>—</td><td>1</td><td>50%</td><td>41</td><td>10</td><td>24.4%</td><td>8</td><td>19.5%</td></tr>
<tr><td>2004</td><td>1</td><td>—</td><td>—</td><td>1</td><td>100%</td><td>41</td><td>10</td><td>24.4%</td><td>8</td><td>19.5%</td></tr>
<tr><td>2005</td><td>1</td><td>—</td><td>—</td><td>1</td><td>100%</td><td>41</td><td>10</td><td>24.4%</td><td>8</td><td>19.5%</td></tr>
</table>

第二章　历届人民代表大会

第一节　黑河市首届人民代表大会

第一次会议于 1982 年 1 月7—10日召开。应到代表 109 名，出席会议代表 101 名，列席人员 49 名。会议听取和审议了市人民政府、市人民法院、市人民检察院工作报告，并作了相应的决议；听取和审议了黑河市城市建设总体规划说明的报告，并作了相应的决议。会议选举产生了黑河市首届人大常委会组成人员 18 名，选举张贵生（市委书记兼）为主任，高连生、何富绵、程延春、张善卿为副主任，方洪有、齐广才、刘玉明、刘德斌、朱书章、杨玉仁、张仲铭、李舫珍、周长礼、赵云俊、姚富义、蒋丽君、褚文成为委员。依法选举宫海林为市长，薛之琦、程慧琴、关万芳、王金发、徐福轩、沈国莹为副市长，葛成林为市人民法院院长，薛德斌为市人民检察院检察长。

第二次会议于 1983 年 3 月 23—25 日召开。应到代表 109 名，出席会议代表 96 名，列席人员 58 名。会议听取和审议了市人大常委会、市人民政府、市人民法院、市人民检察院工作报告，并作了相应的决议。会议依法选举出席省六届人大代表 7 名：安文（中共黑河地委书记）、何清波、金胜录（朝鲜族、黑河地区医院院长）、陈国祥（黑河师范学校讲师、印尼归侨）、孟德寿（鄂伦春族、黑河地区民委副主任）、宫海林（黑河市政府市长）、洪祥泽（黑河行署副专员）。

第三次会议于 1983 年 7 月 12—13 日召开。市、县合并后共有应到代表 307 名，出席会议代表

275名,列席人员15名。会议主要任务是根据国务院1983年5月30日批准爱辉县并入黑河市、爱辉县建制相继撤销的决定,调整国家权力机关工作人员。会议依法选举产生新的黑河市首届人大常委会组成人员,主任刘瑞元,副主任高连生、武松鹤、王金发、孟德寿、杨虹、刘其全、张善卿(民主人士)。原爱辉县人大常委会委员王贵仁、王艳芳、李佐锋、吴良奇、张辅仁、张国志、徐文巨、刘多奎、夏永茂为黑河市首届人大常委会委员,加上原黑河市首届人大常委会委员方洪有、齐广才、刘玉明、刘德斌、朱书章、杨玉仁、张仲铭、李舫珍、周长礼、赵云俊、姚富义、蒋丽君、褚文成共有首届人大常委会组成人员29人。会议依法免去张贵生市人大常委会主任职务,何富绵市人大常委会副主任职务;免去薛之琦、王金发、沈国荣市人民政府副市长职务;免去薛德斌市人民检察院检察长职务。补选李忠祥、王恩久为市人民政府副市长;补选郭常纲为市人民检察院检察长。

黑河市首届人民代表大会第一次会议
1982年1月摄

第二节　黑河市第二届人民代表大会

第一次会议于1984年6月13—16日召开。此次会议为人大换届会议,应到代表195名,出席会议代表183名,列席人员42名。会议传达了省六届人大二次会议精神,听取和审议市人大常委会、市人民政府、市人民法院、市人民检察院的工作报告、审查批准国民经济和社会发展计划、财政预算决算报告,并作了相应的决议;选举了地方国家权力机关领导班子。会议选举产生了市二届人大常委会组成人员21名,主任刘瑞元;副主任王金发、武松鹤、杨虹、刘其全、李佐锋(民主人士);委员马玉林、马焕勇、王占成、王龙江、王艳芳、叶占发、刘凤智、李德欣、杨玉仁、张铁、张桂芝、夏永茂、韩建生、褚成文、潘忠林。选举刘振国为市长,程慧琴、徐福轩、王开恕、孙维俊为副市长;选举初旭东为市人民法院院长;选举葛成林为市人民检察院检察长。

黑河市第二届人民代表大会第二次会议开幕式
1985年3月摄

第二次会议于1985年3月28—30日召开。应到代表171名,出席会议代表149名,列席人员42名。会议听取和审议了市人大常委会、市人民政府、市人民法院、市人民检察院工作报告,审查批准国民经济和社会发展计划、财政预决算报告,并作了相应的决议。

第三次会议于1986年6月4—7日召开。应到代表168名,出席会议代表143名,列席人员64名。会议传达了省六届人大四次会议精神;听取和审议市人大常委会、市人民政府、市人民法院、市人民检察院工作报告，审查批准了国民经济和社会发展计划、财政预决算报告，并作了相应的决议；会议通过接受市人大常委会副主任杨虹、市长刘振国辞职请求的决议；依法补选贲鹤年、何根友为市人大常委会副主任，李文仪为市人大常委会委员；补选李忠祥为市长、张显盛为副市长。

第四次会议于 1987 年 4 月 1—3 日召开。应到代表 165 名，出席会议代表 142 名，列席人员 76 名。会议传达了省六届人大五次会议精神；听取和审议市人大常委会、市人民政府、市人民法院、市人民检察院工作报告，审查批准了国民经济和社会发展计划、财政预决算报告，并作了相应的决议。

第三节　黑河市第三届人民代表大会

第一次会议于 1987 年 10 月 27—28 日召开。应到代表 125 名，出席会议代表 112 名，列席人员 100 名。会议听取和审议了《黑河市及乡镇人大代表换届选举工作报告》；选举产生了市三届人大常委会组成人员，主任王国生，副主任贲鹤年、何根友、李文仪、李凤琴，委员王龙江、王喜春、王增繁、田桂芝、孙相南、杨玉仁、徐茂林、夏润泽、焦玉山、蔡国卿；选举徐福和为市长，王开恕、张宝双、王天喜、张显盛为副市长；选举初旭东为市人民法院院长；选举吴文志为市人民检察院检察长；选举王国生、吕志贤、安文、杜扣花、张雪艳、谭方之为黑龙江省七届人大代表。

第二次会议于 1988 年 3 月 22—24 日召开。应到代表 113 名，出席会议代表 88 名，列席人员 67 名。会议传达了省七届人大一次会议精神；听取和审议市人大常委会、市人民政府、市人民法院、市人民检察院工作报告，审查批准国民经济和社会发展计划、财政预决算报告，并作了相应的决议；会议补选狄春三为市三届人大常委会委员。

第三次会议于 1989 年 5 月 25—27 日召开。应到代表 115 名，缺席代表 22 名，列席人员 80 名。会议传达了省七届人大二次会议精神；听取和审议市人大常委会、市人民政府、市人民法院、市人民检察院工作报告，审查批准国民经济和社会发展计划、财政预决算报告，并作了相应的决议。

第四次会议于 1990 年 3 月 27—29 日召开。应到代表 118 名，出席会议代表 99 名，列席人员 92 名。会议传达了省七届人大三次会议精神；听取和审议市人大常委会、市人民政府、市人民法院、市人民检察院工作报告，审查批准国民经济和社会发展计划、财政预决算报告，并作了相应的决议。

黑河市第三届人民代表大会第四次会议开幕式
1990 年 3 月摄

第四节　黑河市第四届人民代表大会

第一次会议于 1991 年 1 月 16—19 日召开。应到代表 163 名，出席会议代表 156 名，列席人员 90 名。会议听取和审议了市人大常委会、市人民政府、市人民法院、市人民检察院工作报告，审查批准了国民经济和社会发展计划、财政预决算报告，并作了相应的决议。选举产生了市四届人大常委会组成人员，主任贲鹤年，副主任何根友、王龙江、刘天钧、李永德，委员王万良、王增繁、田桂芝、孙相南、狄春

三、张铁、张秋桂、范宝元、和德祥、赵奎武、赵德林、贾永先、韩富英；选举徐福和为市长，卢寿绵、孙长春、刘玉霞、陈义、金在来为副市长；选举常伟民为市人民法院院长；选举刘宽玉为市人民检察院检察长。

黑河市第四届人民代表大会第一次会议
1991年1月摄

第二次会议于1992年4月23—25日召开。应到代表187名，缺席代表10名，列席人员99名。会议听取和审议了市人大常委会、市人民政府、市人民法院、市人民检察院工作报告，审查批准国民经济和社会发展计划、财政预决算报告，并作了相应的决议。

第三次会议于1992年11月18日召开。应到代表165名，出席会议代表162名，列席人员80名。会议选举产生了王丽娜、孙洪志、孟宪礼、贲鹤年、徐福和为省八届人大代表；免去刘宽玉黑河市人民检察院检察长职务。

第五节　爱辉区人民代表大会

1993年7月22日召开。应到代表161名，出席会议代表161名，列席人员70名。大会根据国务院关于撤销黑河地区，设立黑河市（地级）；撤销黑河市（县级），设立黑河市爱辉区（县级）的决定选举产生了黑河市爱辉区第一届人民代表大会代表；选举赵敬华为爱辉区人民政府区长，徐志斌为区人民检察院检察长。贲鹤年当选为爱辉区人大常委会主任，何根友、王龙江、刘天钧、李永德当选为副主任。

第六节　爱辉区第一届人民代表大会

第一次会议于1994年1月25—28日召开。应到代表161名，出席会议代表158名，列席人员55名。会议听取和审议批准了区人大常委会、区人民政府、区人民法院、区人民检察院工作报告及1993年财政预决算、1994年国民经济和社会发展计划草案的说明。选举贾振国为区人大常委会主任，王龙江、刘天均、何根友、曹力为副主任；选举马双斌、王承贵、田桂芝、宁振稳、刘友谦、刘克东、刘湘云、孙相南、李广成、张庆元、吴国斌、和德祥、赵奎武、徐文致、贾永先、韩富英为委员；选举赵敬华为区人民政府区长，关万铭、刘宽玉、刘德斌、李凤琴、李学军、汪雪帆为副区长；选举车连生为区人民法院院长；选举徐志斌为区人民检察院检察长。

第二次会议于1995年3月23—25日召开。应到代表200名，出席会议代表189名，列席人员75名。会议听取和审议批准了区人大常委会、区人民政府、区人民法院、区人民检察院工作报告及1994年国民经济和社会发展计划执行情况、1995年国民经济和社会发展计划草案的报告；补选刘宝玉、梁杰为爱辉区一届人大常委会委员。

第三次会议于1996年3月19—21日召开。出席会议代表164名，列席人员78名。会议听取和审议批准了区人大常委会、区人民政府、区人民法院、区人民检察院工作报告及1995年国民经济和社会发展计划执行情况、1996年国民经济和社会发展计划草案，1995年财政预算执行情况和1996年财政预算草案的报告。会议补选刘德斌为爱辉区第一届人民代表大会常务委员会副主任，补选宁艳君、陈超、李久垣为爱辉区第一届人民代表大会常务委员会委员；补选王圣文为爱辉区人民政府区长，补选田永志为爱辉区人民法院院长；补选冯国华为爱辉区人民检察院检察长。

第四次会议于 1997 年 3 月 11—13 日召开。出席会议代表 163 名，列席人员 84 名。会议听取和审议批准了区人大常委会、区人民政府、区人民法院、区人民检察院工作报告及 1996 年国民经济和社会发展计划草案、1996 年财政预算执行情况和 1997 年财政预算草案的报告。会议补选李春福为爱辉区第一届人民代表大会常务委员会副主任，补选车华、王彦杰、王春鸣、刘国刚为爱辉区第一届人民代表大会常务委员会委员；补选郭建华、高富裕为爱辉区人民政府副区长。

第七节　爱辉区第二届人民代表大会

第一次会议于 1997 年 10 月 28—29 日召开。出席会议代表 158 名，列席人员 59 名。会议贯彻了省委关于换届选举工作的方针政策和省、市人大常委会的有关决定，依据新修改的《中华人民共和国选举法》和《中华人民共和国地方各级人民代表大会和地方各级人民政府组织法》研究部署了 1997 年爱辉区的换届选举工作，确定换届要在 10 月末完成。会议选举产生了爱辉区第二届人民代表大会常务委员会组成人员 20 名，主任贾振国，副主任李春福、王龙江、刘天钧、曹力，委员王钦礼、王春鸣、王彦杰、车华、宁艳君、宁振稳、刘克东、刘学飞、刘国刚、李久恒、李连才、胡本忠、赵奎武、贾永先、梁杰；选举王圣文为爱辉区人民政府区长，高富裕、武永庆、关万铭、孟新、郭建华为爱辉区人民政府副区长；选举田永志为爱辉区人民法院院长；选举冯国华为爱辉区人民检察院检察长。

爱辉区第二届人民代表大会第一次会议
1997 年 10 月摄

第二次会议于 1998 年 2 月 22—24 日召开。应到代表 148 名，出席会议代表 145 名，列席人员 61 名。会议听取和审议、批准了区人大常委会、区人民政府、区人民法院、区人民检察院工作报告，1997 年国民经济和社会发展计划执行情况，1997 年财政预算执行情况和 1998 年财政预算的报告。

爱辉区第二届人民代表大会第三次会议
1999 年 4 月摄

第三次会议于 1999 年 4 月 16—18 日召开。应到代表 155 名，出席会议代表 154 名，列席人员 69 名。会议听取和审议批准了区人大常委会、区人民政府、区人民法院、区人民检察院工作报告，1998 年国民经济和社会发展计划执行情况报告，1998 年财政预算执行情况和 1999 年财政预算的报告；补选胡东胜、王锋、郭建华、武俊富为爱辉区第二届人民代表大会代表，补选夏作民为爱辉区人民政府区长，补选郝忠安为爱辉区人民政府副区长。

第四次会议于 2000 年 5 月 16—18 日召开。出席会议代表 155 名，列席人员 86 名。会议听取并审议了区人大常委会工作报告，区人民政府工作报告，爱辉区 1999 年国民经济和社会发展计划执行情况及 2000 年国民经济和社会发展计划（草案）的报告，爱辉区 1999 年财政预算执行情况和 2000 年财政预算（草案）的报告，爱辉区人民法院工作报告，爱辉区人民检察院工作报告，并作了相应的决议。会议补选王丽敏、王彦伟、孟敏、侯承琪、黄世伟为爱辉区第二届人民代表大会常务委员会委员。

第五次会议于 2001 年 3 月 14—16 日召开。出席会议代表 154 名，列席人员 92 名。会议听取并审议了区人大常委会工作报告，区人民政府工作报告，爱辉区 2000 年国民经济和社会发展计划执行情况及 2001 年国民经济和社会发展计划（草案）的报告，爱辉区国民经济和社会发展第十个五年计划纲要（草案），关于制定黑河市爱辉区国民经济和社会发展第十个五年计划纲要（草案）的说明，爱辉区 2000 年财政预算执行情况和 2001 年财政预算（草案）的报告，爱辉区人民法院工作报告，爱辉区人民检察院工作报告，并作了相应的决议。会议补选顾宏斌为黑河市爱辉区第二届人民代表大会常务委员会委员。

第六次会议于 2002 年 3 月 12—14 日召开。出席会议代表 153 名，列席人员 92 名。会议听取并审议了区人大常委会工作报告，区人民政府工作报告，爱辉区 2001 年国民经济和社会发展计划执行情况及 2002 年国民经济和社会发展计划（草案）的报告，爱辉区 2001 年财政预算执行情况和 2002 年财政预算（草案）的报告，爱辉区人民法院工作报告，爱辉区人民检察院工作报告，并作了相应的决议。会议选举徐文致、莫少华为爱辉区第二届人民代表大会常务委员会副主任；选举王彦杰为爱辉区人民政府副区长，邱胜林为爱辉区人民法院院长，李铁军为爱辉区人民检察院检察长。

第八节　爱辉区第三届人民代表大会

第一次会议于 2002 年 10 月 22—24 日召开。出席会议代表 156 名，列席人员 38 名。会议选举产生了爱辉区第三届人民代表大会常务委员会组成人员计 21 名，选举胡东胜为主任，选举王慧霞、徐文致、莫少华、于龙健为副主任，选举王丽敏、王钦礼、王彦伟、叶晓明、刘万春、刘学飞、关振国、杜合家、杜建国、杨少纯、张省琦、金瑞善、侯承琪、顾宏斌、梁杰、曾慧等 16 人为委员；选举李洪祥为爱辉区人民政府区长，选举王喜军、孟新、郝忠安、王彦杰、刘洪法、刘运江为爱辉区人民政府副区长；选举邱胜林为爱辉区人民法院院长，选举李铁军为爱辉区人民检察院检察长。选举于龙健、于涛、王秀杰、王英芝、王钦礼、王留玉、王慧霞、叶春凯、宁秀菊、吕殿富、曲明龙、刘万春、刘君、刘学飞、刘振国、关永贵、杜建国、李洪祥、李霞、肖秋艳、吴丽芬、何伟、沙德祥、张竹云、张秀贤、武振伟、林满成、孟德斌、胡东胜、胡晓丹、赵才、赵学礼、莫少华、徐文致、高俊阳、陶凤梅、阎生慧、彭海涛、程广学、富瑞军、靳伟为黑河市第三届人民代表大会代表。

第二次会议于 2003 年 2 月 26—28 日召开，出席会议代表 158 名，列席人员 61 名。会议听取并审议了区人大常委会工作报告，政府工作报告，爱辉区 2002 年国民经济和社会发展计划完成情况及 2003 年国民经济和社会发展计划（草案）的报告，爱辉区 2002 年财政预算执行情况和 2003 年财政预算（草案）的报告，爱辉区人民法院工作报告，爱辉区人民检察院工作报告，并作了相应的决议。

第三次会议于 2004 年 3 月 16—18 日召开，出席会议代表 154 名，列席人员 68 名。会议听取并审议了区人大常委会工作报告，区政府工作报告，爱辉区 2003 年国民经济和社会发展计划执行情况及 2004 年国民经济和社会发展计划（草案）的报告，爱辉区 2003 年财政预算执行情况和 2004 年财政预算（草案）的报告，爱辉区人民法院工作报告，爱辉区人民检察院工作报告，并作了相应的决议。

第四次会议于 2004 年 4 月 20—21 日召开，出席会议代表 158 名，列席人员 62 名。会议选举李洪祥为爱辉区第三届人民代表大会常务委员会主任，会议补选王振林、宁建国、郭文荣为爱辉区第三届人民代表大会常务委员会委员；选举王喜军为爱辉区人民政府区长。

第五次会议于2005年3月8—10日召开，出席会议代表158名，列席人员62名。会议听取并审议了区人大常委会工作报告，区政府工作报告，爱辉区2004年国民经济和社会发展计划执行情况及2005年国民经济和社会发展计划（草案）的报告，爱辉区2004年财政预算执行情况和2005年财政预算（草案）的报告，爱辉区人民法院工作报告，爱辉区人民检察院工作报告，并作了相应的决议。会议补选孟冬梅、赵申超、窦清祥为爱辉区第三届人民代表大会常务委员会委员。

第三章　人民代表大会常务委员会

第一节　机　　构

一、领导机构

1980年11月15日，经国务院批准，从爱辉县分建黑河市。1982年1月7—10日召开黑河市首届人民代表大会选举产生了黑河市首届人大常委会。1983年6月1日，经国务院批准，县市合并成立新的黑河市。在1983年7月12—13日召开的黑河市首届人民代表大会第三次会议上依法选举产生新的黑河市首届人大常委会。1993年4月1日，随着黑河市（县级）改为黑河市爱辉区，原黑河市人大常委会改称爱辉区人大常委会。

1982—2005年爱辉区（黑河市）人大常委会主任、副主任更迭情况表

表13－4

届　别	主　任	副主任
黑河市首届人大常委会（1982.1—1984.6）	张贵生（1982.1—1983.7） 刘瑞元（1983.7—1984.6）	高连生（1982.1—1984.2） 何富绵（1982.1—1983.7） 程延春（1982.1—1983.7） 张善卿（1982.1—1984.6） 孟德寿（鄂伦春族，1983.3—1984.6） 武松鹤（1983.7—1984.6） 王金发（1983.7—1984.6） 杨　虹（1983.7—1984.6） 刘其全（1983.7—1984.6）
黑河市第二届人大常委会（1984.6—1987.10）	刘瑞元（1984.6—1987.10）	王金发（1984.6—1987.10） 武松鹤（1984.6—1987.10） 杨　虹（1984.6—1986.6） 刘其全（1984.6—1987.10） 李佐峰（1984.6—1987.10） 贲鹤年（1986.6—1987.10） 何根友（1986.6—1987.10）
黑河市第三届人大常委会（1987.10—1991.1）	王国生（1987.10—1991.1）	贲鹤年（1987.10—1991.1） 何根友（1987.10—1991.1） 李文仪（1987.10—1991.1） 李凤琴（1987.10—1991.1） 王龙江（1990.8—1991.1） 刘天钧（1990.8—1991.1） 李永德（1990.8—1991.1）

续表 13－4

届　别	主　任	副主任
黑河市第四届人大常委会（1991.1—1993.3）	赉鹤年（1991.1—1993.3）	何根友（1991.1—1993.3） 王龙江（1991.1—1993.3） 刘天钧（1991.1—1993.3） 李永德（1991.1—1993.3）
爱辉区人大常委会（1993.7—1994.1）	赉鹤年（1993.7—1994.1）	何根友（1993.7—1994.1） 王龙江（1993.7—1994.1） 刘天钧（1993.7—1994.1） 李永德（1993.7—1994.1）
爱辉区第一届人大常委会（1994.1—1997.10）	贾振国（1994.1—1997.10）	王龙江（1994.1—1997.10） 刘天钧（1994.1—1997.10） 何根友（1994.1—1996.3） 曹　力（女，1994.1—1997.10） 刘德彬（1996.3—1997.10） 李春福（1997.3—1997.10）
爱辉区第二届人大常委会（1997.10—2002.10）	贾振国（1997.10—2002.10）	李春福（1997.10—2002.3） 王龙江（1997.10—2002.10） 刘天钧（1997.10—2002.2） 曹　力（女，1997.10—2002.10） 莫少华（鄂伦春族，2002.3—2002.10） 徐文致（2002.3—2002.10）
爱辉区第三届人大常委会（2002.10—）	胡东胜（2002.10—2004.4） 李洪祥（2004.4—　　）	王慧霞（女，2002.10—） 徐文致（2002.10—） 莫少华（鄂伦春族，2002.10—　　） 于龙健（2002.10—　　）

二、工作机构

1982 年，黑河市人大常委会设人大办公室。1983 年，增设法制办公室、人事办公室、民族外事侨务办公室、文教卫生科技办公室、财政经济办公室。1990 年，增设来信来访办公室。1993 年 4 月 1 日撤市建区，黑河市人大常委会更名为爱辉区人大常委会。爱辉区人大常委会为正处级建制，编制总数 26 个，内部机构设置办公室、法制办公室、财经办公室、文教卫生科技办公室、人事办公室、来信来访办公室，均为正科级建制。1996 年机构改革后，人大常委会下设办公室、人事选举工作办公室、法制信访办公室、财经教科文卫办公室；编制 21 个，其中行政编制 18 个、工勤事业编制 3 个。2000 年，人大常委会各科室重新进行整合，整合后人大常委会下设人大办公室、人事科教办公室、财政经济办公室、法制办公室、信访办公室。至 2005 年，人大常委会下设办公室、人事科教办公室、法制信访办公室、财政经济办公室；编制 19 个，其中行政编制 16 个、工勤事业编制 3 个。

第二节　人大常委会会议

一、黑河市首届人大常委会

黑河市（县级）首届人大常委会自 1982 年 1 月 7 日设立至 1984 年 6 月 15 日换届为止，共举行 15 次常委会议。为加强市人大常委会自身建设，先后制定了市人大常委会委员和人民代表联系制度、组织代表活动意见、人事任免办法等制度。在举行的 15 次会议中，听取和审议重大事项 22 项。听取和审议了首届人大常委会同委员和人民代表联系制度；组织人民代表活动意见；黑河市 1982 年国民经济计划纲要；《黑河市城市规划原区域内土地管理及建设用地征用、动迁的暂行规定》;关于认真组织全市人民学习、讨论、修改《中华人民共和国宪法修正草案》的决议;首届人大常委会《关于办理人民代表提案工作的试行办法》;《关于学习、宣传、执行、维护宪法的决议》;《关于进一步整顿社会治安的决议》;计划生育工作汇报;《关于依法从重从快打击严重刑事犯罪活动的决议》;《关于进一步加强安全生产工作的决议》;《关于认真贯彻〈中华人民共和国食品卫生法〉的决议》;首届人大常委会《关于依法任免干部试行办法》;坚持四项基本原则清除精神污染情况汇报;《关于认真执行省人大常委会〈关于保护妇女儿童合法权益若干问题的规定〉的决议》;关于保护妇女儿童合法权益情况的汇报;市政府直属机关机构改革方案的汇报;黑河市及乡镇两级人大代表换届选举时间的决定;关于设立市选举委员会的决定;市人民代表换届选举情况汇报;市二届人大一次会议筹备工作情况汇报;市人大常委会设立代表资格审查委员会的决定。

二、黑河市二届人大常委会

黑河市二届人大常委会从1984年6月16日至1987年10月26日换届为止,共举行23次常委会议。制定了《市人大常委会联系代表和代表工作方法》《人民代表和人民群众来信来访办法》《人民代表议案办理办法》《市人大常委会同市人民政府、市人民法院、市人民检察院联系办法等制度》,使常委会的工作有法可依、有章可循,有则可守,逐步形成制度化、规范化和程序化。在举行的23次会议中,听取和审议重大事项42项。听取和审议关于动员全市人民积极参加抗灾自救的活动;《关于加强精神文明建设,深入开展创建文明村文明单位活动的决定》;国营工业企业放开经营情况汇报;市人大常委会工作细则;抗灾自救情况汇报;市场物价管理情况汇报;严厉打击严重刑事犯罪活动及治安情况汇报;《关于贯彻执行〈中华人民共和国食品卫生法〉情况》汇报;《关于贯彻执行〈黑龙江省食品商贩和城乡集市贸易食品卫生管理条例〉的决议》;关于贯彻落实《黑龙江省农作物种子管理条例》情况汇报并作出决议;中小学教育改革情况汇报;关于贯彻执行《黑龙江省保护农村专业户合法权益若干问题的决定》的决议;黑河市城乡建设情况汇报;经济体制改革形势和综合改革方案汇报;关于五年普及法律常识教育安排意见汇报并作出决议;关于贯彻《中华人民共和国经济合同法》情况汇报并作出决议;关于审计监督工作情况汇报并作出决议;关于"双扶"救灾工作情况汇报;关于贯彻执行《中华人民共和国统计法》情况汇报并作出决议;关于计划生育工作情况汇报并作出决议;关于《中华人民共和国药品管理法》情况汇报并作出决议;关于打击严重经济犯罪斗争情况汇报;关于贯彻执行《中华人民共和国森林法》情况汇报并作出决议;关于当前农业生产情况汇报;关于贯彻执行《中华人民共和国义务教育法》情况汇报并作出决议;关于贯彻执行《中华人民共和国计量法》情况汇报;关于扶贫项目落实情况汇报;关于民族工作情况汇报;关于城市经济体制改革进展情况汇报;灾情和扶贫情况汇报;关于经济审判工作情况汇报;关于人民群众来信来访办法;关于贯彻执行《中华人民共和国草原法》和《黑龙江省家畜、家禽防疫条例》情况汇报;市乡镇换届选举时间决定和设立市选举委员会决定;关于乡镇企业发展情况汇报;关于春耕生产情况汇报;关于贯彻执行《中华人民共和国土地管理法》情况汇报;关于西沟水电站建设工程进展情况汇报;关于复建北黑铁路工程进展情况汇报;关于小麦收购和粮油市场购销计划安排情况;关于市二届人大代表换届选举情况汇报。

三、黑河市三届人大常委会

黑河市三届人大常委会从1987年10月27日至1991年1月15日换届为止,共举行20次常委会议。修改完善了《黑河市人大常委会联系代表和代表工作方法》《人民代表和人民群众来信来访办法》《人民代表议案办理办法》《黑河市人大常委会同市人民政府、市人民法院、市人民检察院联系办法等制度》。在举行的20次会议中,听取和审议重大事项35项。听取和审议市1989年恢复发展农业生产情况汇报;计划生育工作汇报;农业自然灾害和扶贫工作情况汇报;《森林防火条例》执行情况汇报;市内中小学生遵纪守法教育情况汇报;《中华人民共和国食品卫生法》执行情况汇报;关于贯彻执行《中华人民共和国治安管理处罚条例》和《逮捕条例》情况汇报;关于贯彻执行《中华人民共和国环境保护法》情况汇报;关于贯彻执行《民法通则》情况汇报；关于贯彻执行《中华人民共和国全民所有制工业企业法》情况汇报；关于贯彻执行《中华人民共和国婚姻法》情况汇报；1989年农村深化改革和农业生产安排情况汇报；批准黑河市数字微波通信干线建设资金集资办法并作出决议；关于打击经济犯罪基本情况汇报；农村普法情况汇报；城市建设和管理情况汇报；关于进一步贯彻《中华人民共和国食品卫生法》情况汇报；当前社会治安情况汇报；整顿批发资格和查处偷税漏税工作情况汇报；关于贯彻执行《中华人民共和国文物保护法》情况汇报；关于市啤酒厂违法建立"绿色山庄"调查情况汇报；关于贯彻执行《中华人民共和国标准化法》情况汇报；关于进一步贯彻执行《中华人民共和国义务教育法》情况汇报；《关于坚决严惩腐败、解决群众关心的十个问题》的汇报；关于切实抓好科技兴农大力发展粮食生产情况汇报；审议批准黑河市建立人民教育基金会实施办法；《关于整治社会治安总体作战情况》汇报；关于工业交通生产情况汇报；西沟水电站结尾工程建设情况汇报；关于市乡镇两级人大代表换届选举安排意见汇报；关于《中华人民共和国行政诉讼法》实施前各项工作准备情况汇报；关于反贪污、受贿工作情况汇报；关于贯彻执行《中华人民共和国传染病防治法》情况汇报；关于黑河市数字微波通信干线集资办法执行情况汇报。

四、黑河市四届人大常委会

黑河市四届人大常委会从1991年1月16日至1993年3月21日换届为止，共举行了14次常委会议，听取和审议重大事项20项。听取和审议黑河市1991年农业生产安排意见的汇报；通过认真实施第二个五年普法教育和依法治区规划的决议；听取和审议关于人民教育基金集资办法贯彻执行情况、黑河市1991年1—8月份国民经济和社会发展计划及下步意见、《黑龙江省计划生育条例》贯彻执行情况、1991年1—8月份财政预算执行、黑河市社会治安综合治理工作、《黑河市科技兴市总体实施方案》执行情况、学习宣传贯彻《中华人民共和国档案法》情况、市1992年农业生产安排意见、"二五"普法情况、1991年1—4月份全市工业生产情况和贯彻工业企业法情况、市社会治安综合工作情况、边境城市建设进展工作情况、贯彻执行《黑龙江省计划生育条例》情况、1992年1—8月国民经济和社会发展计划执行情况及下步工作意见、1992年1—8月份财政预算执行情况、经济合作区管理委员会工作情况、贯彻实施义务教育法情况、市城市建设动迁安置管理实施办法的汇报。

五、爱辉区人大常委会

爱辉区人大常委会从1993年7月22日至1994年1月24日，共举行5次常委会议。听取和审议关于1993年农业生产安排意见、乡镇企业工作情况、区文明村建设工作情况、区、乡人民代表大会换届选举时间和设立区选举委员会的说明、爱辉区经济体制改革进展情况和下一步工作设想的汇报。

六、爱辉区第一届人大常委会

爱辉区第一届人大常委会从1994年1月25日至1997年10月26日换届为止，共举行27次常委会议，听取和审议重大事项36项。审议通过了爱辉区人大常委会联系代表和人民代表工作办法；听取和审议了《中华人民共和国农业法》学习贯彻情况、发展"两高一优"农业和当前农业生产任务、实施《中华人民共和国义务教育法》与国务院《教育工作条例》情况、"二五"普法工作进展情况、企业产权制度改革进展情况、1994年上半年国民经济和社会发展计划执行情况及下步工作安排、1994年上半年财政预算执行情况、区乡镇企业1—8月份基本情况及下步工作情况、审理刑事案件情况、反贪污贿赂工作情况、社会治安综合治理工作情况、贯彻《黑龙江省计划生育条例》情况、建设"两高一优"农业促进社会主义市场农业发展、普及九年义务教育和扫除青壮年文盲工作情况、1995年上半年国民经济和社会发展计划执行情况及下步工作安排、上半年财政预算执行情况、区国民经济和社会发展及2010年规划和"九五"计划纲要、国有工业企业产权制度改革后生产情况、审理经济犯罪案件情况、刑事检察工作情况、"二五"普法工作、区乡镇工业小区建设情况、《中华人民共和国教育法》贯彻实施情况、全区1996年上半年财政预算执行情况、上半年国民经济和社会发展计划执行情况及下步工作安排、1995年财政预算执行情况审计工作、区人大代表团赴布市访问情况、区国有工业企业产权制度改革后国有资产状况、审理经济合同纠纷案件情况、对公安机关刑事案件依法监督情况、贯彻《中华人民共和国农业技术推广法》的情况、贯彻执行《黑龙江省计划生育条例》工作情况、区农科教统筹结合情况、区1996年度本级财政预算执行情况和其他财政收支的审计工作的汇报。

七、爱辉区二届人大常委会

爱辉区二届人大常委会从1997年10月27日至2002年10月21日换届为止，共举行33次常委会议。听取和审议“一府两院”工作报告84项，做出决议、决定52项。审议通过了爱辉区国民经济和社会发展第十个五年计划纲要；听取和审议了各年度国民经济和社会发展计划及财政预算报告；听取和审议了各年度财政预算执行情况和其他财政收支情况的审计工作报告；审查批准了各年度的财政决算报告。听取和审议了关于农村经济结构战略性调整、科技产业项目落实、招商引资、北药开发和绿色食品基地建设等重点工作的情况报告。先后对《中华人民共和国环境保护法》《中华人民共和国食品卫生法》《中华人民共和国乡镇企业法》《中华人民共和国药品管理法》《中华人民共和国治安管理处罚条例》《黑龙江省民族乡条例》等46部法律、法规贯彻实施情况进行了重点检查。听取了区政府关于“四五”普法工作安排情况的报告。

八、爱辉区三届人大常委会

爱辉区三届人大常委会从2002年10月22日至2005年12月30日，共举行27次常委会议。审议各项议题72项，听取和审议“一府两院”工作报告30项，做出决议、决定69项，提出审议意见和建议106条。听取和审议了区政府各年度财政预算执行情况和其他财政收支情况的审计工作报告；审查批准了各年度的财政决算报告。常委会先后审议了全区畜牧业发展情况、乡镇中小学辍学情况、预防“非典”工作情况报告、区法院关于贯彻执行《中华人民共和国刑法》《中华人民共和国刑事诉讼法》工作情况的报告、区检察院关于刑事检察工作情况的报告、关于个体私营经济发展情况的报告、关于贯彻执行《中华人民共和国传染病防治法》工作情况的报告、关于贯彻执行《黑河市市、区城市居民最低生活保障办法》工作情况的报告、区法院关于立案工作情况的报告、关于“四五”普法工作情况的报告、区法院执行工作情况的报告和区检察院关于民事行政检察工作情况的书面报告、“一府两院”部分部门的人大常委会任命干部的述职报告。审议通过了《爱辉区人大常委会关于加强自身建设的规定》《爱辉区人大常委会人事任免办法》《爱辉区人大常委会关于进一步提高常委会审议议事质量的规定》《爱辉区人大常委会关于区政府提请人大常委会讨论决定的重大事项和向人大常委会报告重要情况的规定》《爱辉区人大常委会对司法机关个案实施监督的规定》。听取了区政府关于企业改制工作情况的报告、区政府对代表提出的建议、批评和意见办理情况的报告、区检察院关于反贪污、贿赂工作情况的报告。

第四章　履行职责

第一节　法制宣传教育

1983年5月为“宪法宣传月”，市人大组织展出照片200余幅，出板（墙）报100余期，放映幻灯片20余场次，印刷宣传提纲500余份，散发宣传单2万余张；共举办各种宣讲会129场次，培训骨干宣讲员210人，群众受教育面90%以上。1987—1990年，共组织63个工作组，深入824个市直、乡镇、村屯、厂矿和企事业单位进行法制宣传教育。

第二节　提 案 办 理

1983 年,收到提案 206 件,经过分类合并为 165 件,及时转交市人民政府及有关部门办理。1984—1986 年,收到代表提案和建议、批评、意见共 462 件,立案 376 件,全部办结。1987—1990 年,共办理代表提出的建议、批评和意见 564 件。1991—1993 年,共受理代表提出的建议、批评和意见 259 件。1994—1996 年,共受理代表提出的建议、批评和意见 178 件。1997—2002 年,人代会共收集 188 件代表建议、批评和意见,听取了区政府及有关部门办理情况的专题报告。2002—2005 年,共收集代表建议、批评和意见 55 件。

第三节　调查　检查　视察

1984—1986 年,市人大常委会组织委员和市人民代表共进行调查、检查、视察 43 次,对贯彻实施《农作物种子管理条例》情况、地方企业放开经营情况、贯彻《中华人民共和国食品卫生法》情况、中学教育改革情况及公、检、法三机关办案期限情况、《中华人民共和国森林法》《中华人民共和国统计法》《中华人民共和国经济合同法》《审计工作暂行规定》贯彻执行情况、全市城市经济体制改革情况、"双扶"工作情况、全市城乡部分单位知识分子工作情况,全市贯彻实施《草原法》《家畜家禽防疫条例》情况,扶贫救灾情况,农村卫生所状况等进行视察、调查或检查。1984 年,市二届人大常委会第二次会议讨论通过《黑河市人民代表大会常务委员会联系代表和人民代表工作若干办法》。根据规定,全市 195 名市人民代表编为 30 个代表小组。其中,锦河农场代表小组搜集选民对分场职工子女到场部读书难的意见,得到农场党委重视,采取住宿给予补助的办法解决分场职工子女到场部读书的难题。1985 年,幸福乡政府听取市人民代表提出的关于农民负担过重,干部脱产过多的意见,把原 128 名脱产干部精减为 43 名。同年 10 月,滕某某因生活用地纠纷案 2 年未决而上访,市人大调查后督促市法院尽快结案,市法院于 11 月 19 日作出判决。锦河农场农工唐某因对其行政拘留不服提出申诉,常委会在听取市检察院和市公安局对此案的调查汇报后,认定是一起错案,责成市公安局进行严肃处理。1986 年,西岗子镇坤站村部分村民私自砍伐林木,毁坏风景林,长达一年未作处理。在人大常委会的监督下,市公安局和林业局作了详细调查,依法做出处理。

1987—1990 年,共进行 83 次视察、检查和调查活动。在对贯彻《中华人民共和国食品卫生法》实施情况中,检查城乡 94 个国营、集体和个体食品生产经销单位。对全市 8 个乡镇 16 个村屯的计划生育工作进行检查。对全市 8 个乡镇、4 个村屯、20 个乡镇企业进行发展状况调查。组织 3 个大型检查团对《中华人民共和国食品卫生法》及其相关的法律法规执行情况进行检查。组成 3 个检查组,对《关于开展法制宣传教育,在五年内普及法律常识的决议》执行情况进行检查。

1991—1993 年,组织 53 次视察、调查和检查活动。组成调查组,对 3 个沿江乡镇和 2 个山区乡镇农业生产情况进行调查。对全市国营公交企业生产情况、第一轮承包经营和第二轮承包经营方案落实情况、"质量、效益年"活动开展情况、国民经济和社会发展计划执行情况、预算执行情况、热电厂工程建设进展情况进行调查。

1994—1996 年,组织 45 次视察、调查和检查活动。对《中华人民共和国义务教育法》《计划生育条例》《全民所有制工业企业转换经营机制条例》《家畜家禽卫生防疫条例》《中华人民共和国妇女权益保障法》《中华人民共和国农业法》《边境管理条例》等法律法规贯彻实施情况、农业生产进展情况、畜牧业发展情况、乡企发展情况进行三查(察)。人大代表反映的爱辉镇、罕达汽镇交通不畅、西峰山乡邮件到达不及时等问题得到妥善解决。1995 年,开展评议公安工作,全区共有 542 名人大代表参加评议活动，对全区340名在岗公安干警进行评议。召开各种评议座谈会162次，听取有关部门汇报5次。1994—1996年，开展专项调查11次，专案查证核实30件。

1997—2002年，常委会组织委员和代表开展"三查(察)"活动65次，组织各代表小组对区沿边旅游经济发展、重点招商引资项目和有关基地建设等方面工作开展"三查(察)"活动118次。组织全区省、市、区人大代表603人开展评议工作，分成155个代表小组深入城乡开展"三查(察)"活动，召开各种不同类型座谈会112次，发出征求意见函2 000件，走访群众近万人，收集到8个方面的意见和建议399条。

2002—2005年，常委会组织委员和代表开展"三查(察)"活动65次。先后组织省、市、区三级人大代表对爱辉区贯彻实施《中华人民共和国环保法》情况，对区政府贯彻执行《黑龙江省边境管理条例》工作情况，《中华人民共和国工会法》《中华人民共和国农业技术推广法》情况，对区政府预防"非典"工作情况，对全区粮食收购、就业和再就业、农村医疗卫生状况，对农村水电电气化建设项目、黑河龙珠远东滑雪场建设情况，对爱辉镇幸福乡2个基层法庭及对《中华人民共和国人口与计划生育法》《黑龙江省边境管理条例》《中华人民共和国建筑法》《中华人民共和国会计法》《中华人民共和国水法》《中华人民共和国药品管理法》《中华人民共和国红十字会法》《中华人民共和国律师法》等法规执行情况进行视察和执法检查；对爱辉区林产经济发展情况、二站乡、三站林场、大岭林场的林产品经济发展情况进行了检查，对全区水资源保护、工业污染现状及重点排污企业进行全面了解和实地查看。

第四节 人事任免

1984—1986年，共任免干部111名，其中任76名，免35名。1987—1990年，共任免干部236名。从市二届人大常委会第19次会议开始，干部的任免方式由举手表决改为无记名投票表决。1991—1993年，依法任免干部212名，其中任150名，免62名。1994—1996年，依法任免干部167名。1997—2002年，依法选举干部42人、依法任命干部148职、免90职；依法选举产生156名区人大代表和478名乡镇人大代表、33名市级人大代表；选举产生人大常委会组成人员；区政府领导班子，区法院院长和检察院检察长；选举产生乡镇人大主席团和政府领导班子，完成区、乡两级人大换届选举工作。2002—2005年，依法任免干部64职；依法选举产生156名区人大代表和478名乡镇人大代表，41名市级人大代表；选举产生人大常委会组成人员，区政府领导班子，区法院院长和检察院检察长；选举产生乡镇人大主席团和政府领导班子；完成区、乡两级人大换届选举工作。

第五节 信访办理

1987—1990年，接待群众来信来访342人次和受理申诉案件227件。1991—1993年，共接待和处理来信来访132件，235人次。1994—1996年，接待来访24件28人、来信34件。1994—1996年，共受理代表和群众来访216件。1997—2002年，受理人民群众来信来访案件1 622件。2002—2005年，受理人民群众来信来访案件791件次、集体访20批200人次。

第六节 对外交往

1994—1996年，接待俄罗斯布拉戈维申斯克市杜马访问团52人次，组团出访俄罗斯布拉戈维申斯克市杜马48人次；接待来自全国各地考察团组40多个。2002—2005年，接待俄罗斯布拉戈维申斯克市杜马访问团52人次，组团出访俄罗斯布拉戈维申斯克市杜马48人次；接待来自全国各地考察团组20多个。

◎第十四篇　人民政府

第十四篇 人民政府

爱辉区(黑河市)人民政府以强区富民为目标,全面深化改革,大力推进对外开放,同步协调推进经济建设、政治建设、文化建设、社会建设以及生态文明建设;不断完善基础设施;以开放带开发,稳定发展农业,大力发展工业,积极发展第三产业,放手发展非国有经济,全面实施可持续发展战略,加快和谐爱辉建设。

1983—2005 年,在外事交往方面,爱辉区先后派出人大、政府、农业、教育、卫生、个体私营经济等数十个代表团组出访俄罗斯阿穆尔州布拉戈维申斯克市,同时接待俄罗斯布拉戈维申斯克市相对应来访的代表团组和美国、日本、法国、加拿大、英国、德国、澳大利亚等国家和中国香港、澳门地区的各类来访代表团,发展爱辉区同俄罗斯布拉戈维申斯克市及日本等国家和地区的友好关系,促进爱辉区与这些国家和地区经贸等各领域合作。在边境管理和设施建设方面,爱辉区以实现"减少一般涉外事件、避免大的涉外问题发生"为目标,强化边民教育,加强基础设施建设,实现了边境安宁稳定,促进了地方经济的发展。在侨务工作方面,为归侨和侨眷落实了国家相关政策,生活困难及受灾的归侨侨眷得到了较好的帮扶,积极调动华侨和归侨侨眷建设家乡的积极性。

第一章 机 构

第一节 领导机构

1980 年 11 月 15 日,国务院批准设立黑河市。黑河市人民政府于 1981 年 1 月 1 日正式成立,至 1993 年 3 月 31 日,黑河市共历经四届人民政府。1993 年 4 月 1 日,经国务院批准撤销原黑河市(县级),成立黑河市(地级)爱辉区(县级)人民政府。至 2005 年,为爱辉区第三届人民政府在任。

1983—2005 年爱辉区(黑河市)人民政府区长(市长)、副区长(副市长)更迭情况表

表 14－1

届 别	区(市)长	副区(市)长
黑河市第一届人民政府 (1982.1—1984.6)	宫海林(1982.1—1984.2) 刘振国(1984.2—1984.6)	薛之琦(1981.2—1983.5) 程慧琴(女,1981.2—1984.6) 王金发(1981.10—1983.5) 关万芳(满族,1981.10—1983.5) 徐福轩(1981.10—1984.6) 沈国荣(1981.2—1983.5) 李忠祥(1983.6—1984.2) 王恩久(1983.6—1984.2) 王开恕(1984.2—1984.6) 孙维俊(1984.2—1984.6) 王天喜(1984.2—1984.6)

续表 14－1

届　别	区(市)长	副区(市)长
黑河市第二届人民政府 (1984.6—1987.10)	刘振国(1984.6—1986.6) 李忠祥(1986.6—1987.10)	程慧琴(女,1984.6—1985.8) 徐福轩(1984.6—1985.8) 王开恕(1984.6—1987.10) 孙维俊(1984.6—1987.7) 王天喜(1984.6—1987.10) 何根友(1984.12—1986.1) 赵奭心(1985.8—1987.7) 张显盛(1986.6—1987.10) 张宝双(1987.7—1987.10) 刘殿栋(1987.7—1987.10)
黑河市第三届人民政府 (1987.10—1991.1)	徐福和(1987.10—1991.1)	王开恕(1987.10—1990.8) 王天喜(1987.10—1989.4) 张宝双(1987.10—1990.8) 张显盛(1987.10—1989.4) 王洪玉(1988.5—1990.8) 孙长春(1989.4—1991.1) 刘玉霞(女,1989.5—1991.1) 施伟方(1989.9—1989.9) 陈　义(1990.8—1991.1) 卢寿绵(1990.9—1991.1) 李凤琴(女,1990.8—1991.1)
黑河市第四届人民政府 (1991.1—1993.3)	徐福和(1991.1—1993.3)	孙长春(1991.1—1993.3) 刘玉霞(女,1991.1—1993.3) 陈　义(1991.1—1993.3) 卢寿绵(1991.1—1993.3) 李凤琴(女,1991.1—1993.3) 金再来(回族,1991.1—1993.3) 冯清祥(1991.2—1993.3) 谢鸿淳(1991.3—1993.3,省下派) 刘玉田(1991.3—1992.3) 曹晓平(1992.5—1993.3)
爱辉区第一届人民政府 (1993.4—1997.10)	赵敬华(代区长,1993.4—1993.7) 赵敬华(1993.7—1995.7) 王圣文(代区长,1995.7—1996.3) 王圣文(1996.3—1997.10)	曹晓平(1993.4—1993.10) 卢寿绵(1993.4—1993.10) 李凤琴(女,1993.4—1996.3) 刘玉霞(女,1993.4—1993.10) 金再来(回族,1993.4—1993.10) 谢洪淳(1993.4—1993.10,省下派) 冯清祥(1993.4—1993.10) 刘宽玉(1993.10—1996.1) 刘　江(1996.3—1997.2) 刘德彬(1993.10—1996.3) 武永庆(1996.3—1997.10) 李学军(1993.10—1997.9) 关万铭(满族,1993.10—1997.10) 汪雪帆(1993.10—1995.5) 杨柏森(1994.5—1997.6) 高富裕(1997.2—1997.10) 郭建华(女,1997.2—1997.10) 孟　新(1995.7—1997.10)

续表 14－1

届 别	区(市)长	副区(市)长
爱辉区第二届人民政府 (1997.10—2002.10)	王圣文(1997.10—1999.2) 夏作民(代区长,1999.2—1999.4) 夏作民(1999.4—2002.9) 李洪祥(代区长,2002.9—2002.10)	武永庆(1997.10—1998.12) 关万铭(满族,1997.10—1998.10) 孟 新(1997.10—2002.10) 高富裕(1997.10—2000.9) 郭建华(女,1997.10—1998.4) 廉丽华(女,1997.12—1998.12,省下派) 朱家明(1998.2—2000.3) 刁卫东(1999.1—2002.8) 郝忠安(1999.4—2002.10) 王培俊(1999.3—2002.8) 王喜军(2000.9—2002.10) 王彦杰(女,2002.2—2002.10) 刘洪法(2002.8—2002.10) 刘运江(2002.8—2002.10)
爱辉区第三届人民政府 (2002.10—)	李洪祥(2002.10—2004.4) 王喜军(2004.4—)	孟 新(2002.10—2005.9) 郝忠安(2002.10—) 王喜军(2002.10—2004.4) 王彦杰(女,2002.10—) 刘洪法(2002.10—) 刘运江(2002.10—) 高 福(2003.1—) 李前进(2005.9—) 代树奇(2004.4—)

说明:部分人员任职时间前延至1981年

第二节 工作机构

1981年1月,黑河市政府成立并正式开始办公,当年,先后成立了政府办公室、防空办公室、人事监察局、劳动局、科学技术委员会、计划委员会、统计局、物价局、经济委员会、标准计量管理局、工商管理局、工业局、二工业局、交通局、煤炭工业管理局、电业局、基本建设委员会、城市建设局、规划办公室、环境保护局、物资局、农林办公室、农业局、畜牧局、税务局、人民银行、建设银行、商业局、服务局、粮食局、供销社、外贸局、文化局、教育局、体育运动委员会、卫生局、计划生育办公室、民政局、司法局、公安局、外事办公室。

1982年,设房地产管理局,计划生育办公室改为计划生育委员会。

1983年6月,爱辉县政府与黑河市政府合并成立新的黑河市政府,原市、县下设的同类机构随之合并。新设立街道工作委员会、档案局、审计局、工交办公室、财贸办公室、气象局、农业银行、广播电视局、水产局、民族事务委员会、侨务办公室,物价局改为物价委员会。1984年,物价委员会改为物价局,工业局改为工业公司,基本建设委员会、城建局、房地产管理局、环境保护局、规划办公室合并成立城乡建设环境保护局,农业局、畜牧局、农业机械局、水产局合并成立农牧渔业局,社队企业管理局改为乡镇企业管理局。设立经济技术合作委员会、农机总站、畜牧总站、工商银行、安全局、煤炭管理局,撤销工交办公室、财贸办公室、农林办公室。防空办公室、标准计量管理局改为政府办二层机构。1985年,设立经济体制改革委员会、经济技术协作办公室。设立城市管理局,后并入城乡建设环境保护局。1986年,撤销城乡建设环境保护局,设立基本建设委员会、农业机械局、畜牧局、旅游局(与外

黑河市政府办公楼　　　　1985 年 3 月摄

事办合署办公）、水产局、财贸办。经济技术协作办公室改为经济技术合作委员会。1987 年，设立土地管理局、集体经济办公室、信访办公室、监察局，撤销二工业局。1988 年，增设环境保护局、地震办，旅游局独立办公。1989 年，增设农工委、矿产资源管理局、文明办、老龄办、精神文明建设活动办公室、法制办公室（副科级）、政权办公室、地名办公室（副科级）。标准计量局改称技术监督局。1990 年，增设国有资产管理局、农业开发办公室、饮食服务管理局、手工业联社、边贸局，法制办公室改设法制局。1991 年，增设口岸办、爱卫办，地方志办公室。

1992 年，增设编委办（与人事局合署办公）、招商局、考评办、财贸办、旅游局、规划局、建工局、房地产管理局、建筑材料工业局、建设管理局、花园街道办事处、兴安街道办事处、海兰街道办事处、西兴街道办事处、双拥办公室（副科级），教育局改为教育委员会，工农教育办并入教委。电业局划归省电力工业局。

至 1992 年末，黑河市政府行政机构由 1987 年的 45 个增至 64 个。

1993 年撤市建区后，爱辉区人民政府内设机构 62 个。综合部门有政府办公室、安全委员会办公室、侨务办公室、信访办公室、边防委员会办公室、区接待办公室、外事办公室、体制改革委员会、街道工作委员会、人事局、编制委员会、劳动局、统计局、计划生育委员会、民政局、档案局、民族事务委员会、老龄工作委员会、精神文明建设办公室。经济部门有经济合作委员会、边贸局、计划委员会、物价局、物资局、交通局、财政局、国有资产管理局、商业局、农牧渔业局、房产局、水利局、文化局、旅游局、乡镇企业管理局、畜牧局、饮食服务局、建材工业局、农业机械管理局、财贸办、经济技术合作委员会、招商局、农业开发办、二轻工业局、粮食局、水产局、建设委员会、农业委员会、林业局、土地局、供销社。科教文卫部门有科学技术委员会、教育委员会、体育运动委员会、广播电视局、卫生局、气象局。司法监督部门有审计局、技术监督局、司法局、环保局、法制局、监察局。

1995 年，乡镇企业管理局改为乡镇企业管理委员会。

1996 年，爱辉区进行了机构改革。政府机构有办公室、档案局、经济与计划委员会、教育与科学技术委员会、公安分局、监察局、民政局、人事与劳动局、交通局、农业局、卫生局、计划生育委员会、审计局、统计局、乡镇企业管理局、建设局、水利局、粮食局、土地局、环保局、林业局、外事办、畜牧局、财政局、贸易局。撤销的部门有财贸办公室、街道工作委员会、建设委员会。档案馆与档案局实行局馆合一，党史研究室和地方志办公室并入档案局。文化局和体育运动委员会合并为文化体育局。民族事务委员会、区接待办公室划归区政府办公室。安全委员会办公室并入劳动局。侨务办公室、边防委员会办公室并入外事办公室。老龄工作委员会并入民政局。精神文明建设办公室并入区党委。招商局与经济技术合作委员会合署办公。二轻工业局改为二轻总会，广播电视局改为广播电视事业局，为区直属事业单位。物资局、边贸局转为经济实体，改为总公司。经济合作委员会也转为经济实体。建材工业局改为建材工业总公司，房产管理局改为房产管理站，成为建设委员会下设部门。农牧渔业局改为农业局，农机局、水产局分别改为农机总站、水产总站，成为农业局所属的事业单位。撤销乡镇企业管理委员会，恢复乡镇企业管理局。商业局改为贸易局，饮食服务管理局改为贸易局内设机构。国有资产管理局改为财政局所属单位。

1997年,恢复街道工作委员会。

2001年,爱辉区再次进行机构改革。政府机构有办公室(加挂民族宗教局牌子)、经济计划局、教育局(挂文化体育局牌子)、科学技术与信息产业局(不占机构限额)、公安局、统计局、民政局、财政局、人事局(与编委办合署办公)、劳动和社会保障局、交通局、农业委员会、卫生局、计划生育局、审计局、国土资源环境保护局、司法局、监察局(与纪律检查委员会合署办公)、水务局、粮食局、林业局、畜牧局、外事口岸办公室(不占机构限额)、档案局、旅游局、经济技术合作委员会、二轻总会、供销社。调整的机构包括计划委员会、经济委员会合并,组建经济计划局。贸易局、建设局并入经济计划局,安全委员会办公室由劳动局划归经济计划局管理,财贸办、建材总公司、物价局的职能划入经济计划局。国有资产管理局并入财政局(加挂国有资产管理委员会办公室牌子)。农业局、农业工作办公室、乡镇企业管理局合并,组建农业委员会。水利局改为水务局。计划生育委员会更名为计划生育局。教育与科学技术委员会调整为教育局、科学技术与信息产业局。文化体育局并入教育局。撤销人事与劳动局,组建人事局、劳动和社会保障局。机构编制委员会办公室与人事局合署办公。环境保护局与土地管理局合并,组建国土资源环境保护局。在外事办公室的基础上组建外事口岸办公室。

2004年,成立煤炭局。

2005年,撤销国土资源环境保护局,设立环境保护局,国土资源管理职能上划至新设立的黑河市国土资源局爱辉分局。成立安全生产监督管理局(前身为经济计划局下设的安生生产委员会办公室)。原农业局所属单位水产总站改为水产局。原农业局所属单位农业机械管理总站改为农业机械管理局。

第二章　施政纪略

第一节　黑河市第一届人民政府

1983年6月至1984年6月,黑河市第一届人民政府按照党的十二大的要求,在农村深入贯彻中央1号文件精神,全面深入推行家庭联产承包责任制;积极落实中央《关于经济体制改革的决定》,对企业实行放开经营,推行了各种形式的经济承包责任制。工业生产扭亏增盈取得显著效果,全市先后建成乳品厂、刺绣厂、木制炊事用具厂、卫生筷子厂;增加了手提电圆锯、出口罐头、精装都柿酒等40多种新产品。大力促进科学技术和文化教育事业进一步发展,逐年增加教育投资,市区内有7所学校实现了暖气化,农村学校基本实现砖瓦化。医疗卫生保健事业取得了新的成就,大力开展了群众性的爱国卫生运动,连续3年被评为全省卫生先进市。

1983年6月,爱辉县并入黑河市,新组建的黑河市政府根据中共十二大精神,认真贯彻落实中央1号文件精神,宣传并开始落实家庭联产承包责任制;围绕提高经济效益,对企业进行了全面整顿并将改革贯穿于整顿的全过程,实行了层层包干责任制,开展了群众性的增产增收、增盈节支活动,帮助亏损企业打开了减亏增盈的新局面。在精神文明建设方面,广泛开展了创建"文明村""文明店""文明校"和"五好家庭""三八红旗手""新长征突击手"及"文明礼貌月""学雷锋""树新风"等活动。

1984年,黑河市加强体制改革和政权建设,对全市农村各公社普遍实行政社分开,建立了乡(镇)人民政府和村民委员会,完成了基层政权建设任务。

第二节　黑河市第二届人民政府

1984 年，黑河市政府根据《中共中央关于一九八四年农村工作的通知》文件和《中共中央关于经济体制改革的决定》精神，特别是胡耀邦总书记到黑河视察时做出的一系列重要指示，积极推进城乡经济体制改革进程，全面推进家庭联产承包责任制，到年末全市已落实 98.6%。在工业企业中，对国营小企业实行放开经营，推行了以经营承包为核心的多种形式的经济责任制。全市工业总产值实现 3 827 万元，预算内工交企业利润实现 10.2 万元，扭转了建市以来亏损的局面。教育、卫生、体育、科技取得优异成绩，全市中小学入学率、巩固率、毕业率、普及率已达到国家标准，提前 2 年完成了普及初等教育任务，被评为全省第一批普教验收合格单位。

1985 年，黑河市全面贯彻《中共中央关于经济体制改革的决定》，把“增强企业活力，扩大企业自主权，所有权与经营权分离”作为城市经济体制改革的重点，在全市 93 个国营企业、54 个集体企业实行了厂长（经理）负责制，完善了各种经营承包责任制。根据国务院颁布的《关于进一步活跃农村经济的十项政策》，在农村进行了第二步改革，积极引导农民进入流通领域，全面开放了农贸市场，全市城乡集体和个体兴办的商业服务网点达 1 723 个，从业人员达 2 500 多人。1985 年是全市全面推行家庭联产承包的第一年，虽然遭受干旱、低温、风雹等多种自然灾害，仍实现粮食总产 6.5 万吨，增长 48.5%。全年实现工业总产值 5 597 万元，盈利企业盈利额 269 万元，亏损企业亏损额 172 万元，实现利润 97 万元，增长 2.7 倍，产值、利润创历史最高。开发了小型机械采金设备、膨化珍珠岩、人参都柿酒、亚格达酒等 8 种新产品；兴办了毛纺厂，年产毛呢 4 万米。对外开放、横向经济联系有了新成果，有 44 家单位与外地开展了经济技术协作，签订实质性协议 50 多项。合作资金 1 969.6 万元，其中引进资金 1 154.6 万元，当年交付使用 1 011.6 万元。

1986 年，市政府制定《黑河市搞活国营商业企业若干问题的暂行规定》，扩大了经营自主权；工业生产变被动为主动，经济效益不断提高。市政府狠抓扭亏增盈和提质降耗，开展增产节约、提质降耗活动；全年共实现工业总产值 5 914 万元，增长 13.6%。农业生产遭受到低温、干旱、冰雹等多种自然灾害，全年仅完成播种面积 65.58 万亩，粮食总产下降了 2 889.9 万千克，但大豆亩产增加了 15 千克，总产增加了 213.5 万千克。全市粮豆薯总产 3 906.5 万千克，上交商品粮 1 700 万千克，按时完成了省核减后的粮豆收购任务。各项社会事业稳步发展，全市共创省级文明单位 1 个、地区级文明单位 7 个、地区级文明集体 5 个，在全省 16 城市文明城竞赛中获公益事业单项奖。市政府第 4 次获全省改善办学条件评比第一名。

1987 年，市政府按照“农业抓恢复和发展，工业抓扩展和提高，财贸抓疏通和搞活，城建抓改造和配套”的新思路，有计划、有步骤地推进了以城市为重点的经济体制改革。相继制定下发《关于大力发展粮食生产的决定》《关于鼓励山区农民积极发展粮食生产的十条办法》《关于转让土地和荒芜土地问题的若干规定》《关于加快发展乡镇企业的决定》等文件，以此推动农业的恢复和发展，促进了粮食增产增收。全年实现工农业总产值 11 638 万元，增长 16.5%，其中工业总产值 6 664 万元，增长 12.7%；农业总产值 4 974 万元，增长 22%。社会商品零售额 11 021 万元，增长 11.1%。当年完成城市建设项目 105 项，建筑面积 11.54 万平方米。在市中心区重点改造 3 片小区，其中危房改造 8 400 平方米。建筑工程质量在县区杯赛中获全省第一名。投资 45 万元，对水处理厂进行了技术改造。城市环境进一步美化，连续 3 年获省“市容市貌先进市”称号。

第三节　黑河市第三届人民政府

1987年10月至1991年1月，黑河市第三届人民政府认真贯彻中共十一届三中全体会议以来的路线、方针、政策，以经济建设为中心，坚持四项基本原则，坚持改革开放，推进治理整顿，紧紧抓住“南联北开”这一历史机遇，充分发挥地缘和资源优势，以开放促开发，以开发促发展，全市经济持续稳定增长。

1988年，在全市各领域开展了“治理、整顿、改革”，重点进行了稳定物价和人心、清理在建项目、压缩投资规模、治理整顿经济秩序等项工作。进一步完善了农村统分结合的双层经营体制，建立健全了农村服务体系，合理调整农村产业结构，积极兴办以农副产品加工为主的乡镇企业。加强对苏贸易并取得重大进展，进出口商品增加到165个品种，边境贸易总额达3 046万瑞士法郎。城市建设取得重大成效，改造和建设了成片小区2个，完成了3条断头路路面升级工程，被省政府评为“城市建设先进市”。

1989年，黑河市被省委、省政府确定为黑龙江省“通边兴贸”实验区，并赋予黑河市多项优惠政策和管理权限。据此，全市开展了多层次、多渠道的对苏贸易和经济技术合作，并加强了与内地的横向联系，分别与全国800多家客户建立了经贸联系。全年签订进出口合同65份6 695万瑞士法郎，完成合同金额2 646万瑞士法郎，实现利润744.3万元人民币。

1988—1990年，农村经济全面发展，粮食产量累计达22.6万吨，比1985—1987年增长53.4%，累计上交商品粮132 335吨，比1985—1987年增加近2倍；乡镇企业总产值累计实现7 781万元，实现利润421万元；累计实现工业总产值23 546万元，比1985—1987年增长36.5%，年均增长12.2%。自1988年8月恢复边贸后，共结识苏方贸易伙伴28家，同苏联的3个加盟共和国、7个州、10个城市建立了经济联系；贸易形式逐步向经济技术合作、劳务合作方面发展，贸易领域向苏联腹地延伸；共与苏方签订易货贸易合同100项，劳务输出合同4项，经济技术意向性协议22项。贸易签约额达11 400万瑞士法郎，履约额达5 404.7万瑞士法郎，履约率为47.4%，实现利润1 043.2万元，上缴税金765万元。接待全国各地来访团组3 000个，来访人员近5万人次，通过联合共引进资金和以物代资1 386.6万元，引进先进技术7项；缔结友好市县(区)33个，已有14个省、56个市县(区)的130个单位到本市设立办事处、代办处，与国内200多个大厂家、大专院校、经营单位建立了贸易协作关系，打开了一条利用外地资金、技术优势发展地方经济的新路子。试验区建设初见成效，市政府制定了《黑河市通贸兴边试验区实施方案》并进行了分步实施。

1990年，黑河市继续深化改革和治理整顿，同时加速对外开放步伐，“兴边通贸”实验区建设已初具规模。在全市广泛开展了以建设文明口岸为目标的群众性精神文明建设活动，当年黑河市被省委、省政府授予“省级文明卫生城市”称号。粮食总产达91 876吨，单产达132千克；农业总产值、粮豆薯总产、粮豆单产、上交商品粮、农业总收入、农村人均收入六项指标都突破历史最好水平，首次被省政府授予农业生产先进单位称号。在全国工业生产普遍下滑的形势下，工业产值仍达7 832万元，比1987年增长17.5%，提前实现了比1980年翻一番的目标；全市社会总产值达66 166万元，比1987年增长41.77%，平均年递增12.34%；工农业总产值实现15 932万元，比1987年增长36.9%，平均年递增11%；国民收入达28 481万元，比1987年增长44.88%，平均年递增13.15%；地方财政收入2 830万元，比1987年增长94.8%；年平均递增24.9%，连续3年保持了财政收支平衡。

第四节　黑河市第四届人民政府

1991 年 1 月至 1993 年底，黑河市第四届人民政府按照黑河地委和行署提出的“强农、兴工、建区扩贸、依科重教”的发展战略，以经济建设为中心，继续深化城市改革与整顿工作，扩大对苏贸易；全市改革开放取得重大突破，区域经济高速发展，各项社会事业全面进步。1991 年，全市贸工农一体化的基本框架初步形成；大黑河岛边民互市贸易市场正式开通，“俄罗斯商品一条街”商品交易火爆；市区已建成 7 个大型规范化集贸市场及 3 个镇兴办的农贸大集，全市初步形成以经贸为主导的发展格局。1992 年，国务院批准黑河市为国家首批沿边开放城市并辟建了边境经济合作区，黑河市的对外开放进入了新的发展期；黑河市政府以此为契机，以邓小平南方视察谈话精神为指导，确立了“以边境贸易合作为先导，以资源开发、经济技术合作为重点，以出口加工和第三产业为依托，积极发展外向型农业和高科技产业，带动经济和社会协调发展的多功能现代化的国际性口岸城市”的发展目标。当年全市外向型经济发展模式基本形成，沿江 7 个乡镇与俄罗斯 13 个农庄结成了贸易经济技术合作伙伴，全市登记的 1 260 家贸易公司分别与独联体 9 个国家 36 个州区的 900 多家企业建立了稳定的合作关系，与独联体国家签订进出口贸易合同额 36 亿元，为 1991 年的 5. 6 倍，完成进出口 4 亿元；全市工商税收突破亿元大关，成为全省 5 个工商税收超亿元县（市）之一；全市农业生产总值达 2 亿元，跨入了全国农村经济综合实力百强县行列。1993 年，进一步巩固和完善家庭联产承包责任制，积极实施粮牧企业、农科教、贸工农和城乡四个一体化的发展战略，推动了全市经济的稳步发展。当年国民生产总值实现 33 000 万元，国民收入完成 19 000 万元，工农业总产值实现 24 000 万元；粮豆薯总产达 10. 4 万吨；全市农业总产值实现 17 829 万元，比上年增长 4. 8%；农业总收入 1. 08 亿元，比上年增长 5%。实施“丰收杯”计划连续 3 年获省政府嘉奖，“铁牛杯”竞赛 2 次获省金杯奖，1 次获国家优胜奖。1991—1993 年，全市农业生产连年获得大丰收，粮食生产迈上新台阶，粮食总产连续 3 年稳定在 1 亿千克以上，农村人均收入突破 2 000 元；牵动全区经济发展的国家和省重点建设项目——西沟水电站、热电厂相继建成投产，万门程控电话等通信设施先后交付使用，直通哈尔滨的旅游快车，飞往哈尔滨、齐齐哈尔的民航航线陆续开通，使全市的能源、通信、交通状况大为改善；城市基本建设超常规发展，3 年基本建设规模超过新中国成立以来的总和，城区内的道路、给排水、供电等基础设施全面改善，城市面貌焕然一新；卫生文明城建设进入省先进行列，计划生育工作成绩突出，被推荐为全国计划生育先进集体。

第五节　爱辉区第一届人民政府

1994 年 1 月至 1997 年 10 月，爱辉区第一届人民政府以邓小平理论和中共十五大精神为指针，积极推进改革开放，克服了建区后诸多困难和自然灾害等不利因素的影响，保持了国民经济的平稳运行和各项事业的协调发展。1994 年，区政府在中央《关于建立社会主义市场经济体制若干问题的决定》精神指引下，本着“抓住机遇、深化改革、扩大开放、促进发展、保持稳定”的工作方针，开展了全区经济、社会各项工作。当年实现国内生产总值21 500万元，增长 4. 7%；社会商品零售总额达15 300万元，增长 7. 5%；完成工农业总产值 25 153 万元，增长 5. 5%；财政收入完成 1 158 万元，下降 9%；农村人均收入达 2 335 元，增长 15. 6%。粮食总产量达 98 127 吨，与大丰收的 1993 年基本持平。工业全年实现产值 6 305 万元，增长 4. 1%；完成产权制度改革的企业 34 户；乡镇企业产值达 30 105 万元，增长 0. 7%；总收入达 47 390 万元，增长 50%；完成利润 3 960 万元，增长 30. 7%。全区个体私营工商户发展到3 798户,增长11.6%;从业人员5 413人,增长26.9%;实现产值12 700万元,增长54.7%。与外地签订实质性协议9项,引进资金1 878万元,接待128个团组1 045人次,承办驻黑办事机构9个。文明村、文明单位建设和军警民“五共”活动深入开展,爱辉区荣获省委、省政府授予的“文明城区建设标兵”和“文明村建设先进区”称号。1995年,区政府根据建立社会主义市场经济体制的要求,本着“解放思想、深化改革、依托口岸、立足资源、强工兴企、增粮抓钱、多轮驱动、多元发展”的经济发展思路,按照产权明晰、责权明确、政企分开、管理科学的现代企业管理制度,对区属企业全面进行了清产核资和产权改造工作,并开展了乡镇企业兼并国有企业的改革;按照明确所有权、稳定承包权、搞活使用权的“三权分离”的原则,逐步健全农村土地流转机制,允许农民在承包期内把土地使用权有偿转让、租赁、抵押、入股,形成了市场经济条件下国土资源有效合理利用的新模式。同时加强了各类市场建设,初步形成了以粮油、蔬菜、畜产品、山产品为主的市场网络。当年全区实现国内生产总值22 100万元,下降3%;完成工农业总产值21 925万元,下降11.3%;社会商品零售额18 012万元,增长17.1%。全区粮豆薯总产87 183吨,下降10.2%;农业总收入22 450万元,减少5%;农村人均收入2 300元,与1994年持平。乡镇企业保持了上升势头,全年完成总产值23 200万元,增长23.7%;总收入31 469万元,增长30.7%;实现利润2 139万元,增长12.5%,税金925万元,增长1.5%。工业生产各项指标稳步回升,全年完成总产值6 824万元,增长8.2%;销售收入7 051万元,增长8.1%;利润20.2万元,减亏43.5万元。个体工商户发展到4 449户,增长53.6%,创造产值1 318万元,增长73.87%。进一步推进经济体制改革,对区属企业全面进行了清产核资和产权改造,在全区112户企业中,有90%的企业进行了各种形式的产权改革。1996年,区政府进一步推进改革开放,继续巩固和完善家庭联产承包责任制和统分结合的双层经营体制,逐步深入进行工业企业产权制度改革。全年经济建设稳步发展,国内生产总值完成22 800万元,增长18.7%;社会商品零售总额实现17 900万元,增长7.1%。粮食总产达到123 847吨,增长42.1%,创历史最好水平;农业总产值达到17 100万元,增长13.5%;农田水利建设和农业机械化工程分别获全省“黑龙杯”竞赛银杯奖和节本增效优胜奖。全区工业总产值完成8 727万元,增长27.9%;销售收入完成11 464万元,增长27.4%;实现利润47万元,增长132.7%。新建了新生乡刺尔滨河桥,开通了黑齐省道与富地营子、兰旗至坤河2段公路,连续3年被省政府授予“地方道路建设先进区”光荣称号。以乡镇企业为重点的非国有经济发展步伐加快,启动和改造了以生产黑木耳块为主的山珍产品开发集团、新生兴安淀粉厂、爱辉古酒厂、程达木制工艺品厂等龙头企业,全年乡企总产值完成29 422万元,增长8%,总收入完成42 545万元,增长35.2%。个体工商户发展到5 409户,增长20%;从业人员16 188人,增长43%。工业企业产权制度改革逐步深入,全区又有25家企业进行股份制和股份合作制改造;进行企业“三项制度”改革的企业达95家,占总数的85%。社会主义精神文明建设取得新成果,建成区级以上文明单位318个,文明村覆盖面达70%以上,荣获全省“文明村镇建设先进区”称号。1997年,爱辉区确立了“强区、富民、升位”的战略,以科教兴农战略优化种植业结构,加大农业综合开发力度,增强对农业的投入,加快农村奔小康的步伐。当年粮食生产再获丰收。粮豆薯总产实现14.6万吨,增长17.9%,创历史最好水平,农业总产值达到19 930万元,增长16.3%。工业总产值完成9 802万元,同比增长12%;销售收入完成12 593万元,增长10%;利润总额实现108万元,增长120%;税金完成441万元,增长16%。乡镇企业实现总产值32 000万元,实现利润2 600万元,税金866万元;新建和扩建了一批资源加工型企业,改善了乡企产业和产品结构。全年共引进资金2 675.5万元,增长56.7%;签订合资合作协议145项,增长16.9%。爱辉区农民到俄罗斯布拉戈维申斯克市种植蔬菜为开展多层次对外经济合作开辟了一条新路。全区个体工商业户发展到6 339户,从业20 070人,注册资金10 135万元,分别增长17.5%、18%、20.5%;个体私营经济纳税额占全区税收总额的40%以上;城乡集贸市场农副产品上市量和总成交额均增长30%以上;旅游基础设施建设、赴俄旅游取得较大突破,实现旅游业总收入360万元,增长110%,利税82万元,增长110%。人民生活水平和生活质量进一步提高,全区职工人均工资收入 4 000 元,农民人均收入 2 755 元,分别比上年增加 200 元和 157 元。

第六节　爱辉区第二届人民政府

1997 年 10 月至 2002 年 10 月,爱辉区第二届人民政府高举邓小平理论伟大旗帜,全面贯彻“三个代表”重要思想,认真落实省、市委制定的战略方针,牢牢把握加快发展的主题,不断深化农村、国企和党政机关三项改革,全面实施“粮转畜”、重点项目建设、发展民营经济和旅贸牵动四大战略,重点建设豆、薯、麻、药、奶、肉、山珍和蔬菜八大产业,以龙头建设为重点的产业化格局初步形成,开创了经济社会全面发展的新局面。1998 年,爱辉区积极落实中央扩大国内需求的重大措施,全力推进粮豆、畜禽、林产品产业化,采取了稳豆压麦、增加经济作物,扩大畜牧业经营规模、加强基地建设和专业化生产等措施;全面推进各个领域的改革工作,制定了《爱辉区产权制度改革实施意见》,成立了产权改革领导机构;对区属国有企业采取了股份合作、整体出售、兼并、产权租赁、破产等方式,进行了企业产权制度改革。当年全区国内生产总值实现 21 280 万元,下降 4. 9%;社会商品零售额达 19 873 万元,增长 7. 5%。农业总产值完成 19 962 万元,粮豆薯总产 12. 68 万吨,农民人均收入 2 645 元,为历史上第二个丰收年。全区农村第二轮土地承包工作进入全面实施阶段。畜牧业产值实现 2 964 万元,乡镇企业产值实现 4 815 万元。全口径工业总产值实现 9 399 万元。边贸进出口签约额实现 3 860万美元,增长 32. 3%,进出口履约额实现 670 万美元,增长 29%。旅游业实现总收入 443. 4 万元,利税 113. 5 万元,接待游客 103 939 人次,分别增长 34. 4%、37. 9% 和 12. 8%。个体私营业户发展到 7 268 户,注册资金 12 475 万元,产值 2 322 万元,营业额 15 283 万元,分别增长 22%、24. 6% 和 26%。各项社会事业取得优异成绩,连续 3 年被省政府授予文明城市建设先进区;被授予省级社会治安综合治理先进区称号;被评为全国“普九”先进县;被评为全省文化建设先进县;被评为全国地方病防治先进区、全国牙防先进区。1999 年,区政府进一步调整和优化农村经济结构、推动质量效益型农业发展。在遭受春冻秋涝灾害的情况下,农业总产值完成 17 987 万元,粮豆薯总产 11. 45 万吨。种植业实现“两压四增”结构调整目标,小麦和大豆种植面积比上年分别下降 7. 2% 和 8. 1%;水稻、玉米、经济作物及杂粮种植面积分别增长 23%、15%、7% 和 240%。万吨蔬菜生产出口基地规模不断扩大,已建成 50 栋蔬菜大棚共 50 亩、15 栋温室共 3 000 平方米,出口果蔬 240 吨。畜牧业产值实现 1 605万元,乡镇企业产值实现 5 116 万元。加大了植树造林和森林防火工作力度,被评为全省护林防火先进区。工业总产值实现 8 517 万元,增长 19. 4%;列入市考核的国有及销售收入 500 万元以上的工业企业实现产值 5 264 万元,增长 35%。全年边贸进出口履约额完成 544. 5 万美元,旅游业实现总收入 588. 5 万元,利税 103. 2 万元,接待游客 11 万人次,分别增长 32. 7%、下降 9% 和增长 7. 7%。通过国家教育“两基”“普九”复检,被省政府授予“两基”先进区称号。

2000 年,爱辉区进一步推进“科教兴区”战略,加快结构调整,努力推进项目建设,拉动区域经济增长,改善经济发展环境,扩大招商引资成果,制定了《爱辉区招商引资优惠政策》,成立了环改办和“一站式”服务办公室。全年各项社会事业协调发展,国民经济平稳运行;全区国内生产总值完成 31 200万元,完成农业总产值 18 283 万元;完成乡镇企业总产值 7 875 万元;完成工业总产值 14 795 万元,完成工业增加值 3 755 万元;社会商品零售总额完成 17 615. 7 万元;对外贸易进出口总额完成 577. 8 万美元;边境旅游接待游客 11. 8 万人次,实现收入 653. 9 万元;畜牧业的支柱产业地位不断增加,初具产业化规模;乡镇企业发展到 303 户,其中,金水煤矿、之路砖厂等 6 家企业营业收入超百万元;国有企业民营化、私营化发展进程加快,又有西岗子机械厂、高层给水设备厂、四砖厂等企业完成产权制度改革,全区工业企业改制面达 70%。

2001 年,爱辉区政府确立了由农业大区向农业强区跨越和“富民强区”的战略目标,制定了“压劣增优、降本增效、绿色开发、特色发展”的工作目标,克服了连续 4 年自然灾害的影响,各业发展实现了经济效益最大化,农村经济得到恢复性的增长,农民收入下滑趋势得到抑制。加强了工业结构调整力度,工业企业在改革调整中保持平稳增长。全区国内生产总值完成 33 505 万元,增长 2.1%;完成农业总产值 20 620 万元,增长 12.8%;完成乡企产值 7 621 万元,下降 3.2%。完成工业总产值 16 236 万元、增加值 3 563 万元,分别增长 4.1% 和 0.9%。社会商品零售总额完成 18 557 万元,增长 5.3%。完成对外贸易进出口总额 581.5 万美元,增长 0.6%。旅游业接待游客 11.8 万人次,实现收入 225 万元,上缴利税 70.5 万元,分别增长 8.3%、10.5% 和 14.3%。个体私营经济上缴税金 784.8 万元,占工商税收的 48.7%。积极稳妥推进各项改革,区直党政机关由 43 个减少到 27 个,行政审批事项由 608 项削减到 345 项;乡镇由 13 个撤并为 11 个,行政村由 115 个撤并为 89 个。

2002 年,爱辉区政府根据中共十六大提出的全面建设小康社会的发展目标,确定了“创新、开放、调整、提升”的总体工作思路,全面推进各项事业快速持续发展。当年全区国内生产总值完成 36 107 万元,一、二、三产业比例更趋合理,由 1997 年的 43∶21.2∶35.8 调整为 33.2∶13.9∶52.9。农业生产粮豆薯总产达到 11.1 万吨,增长 22.2%;完成农业增加值 11 998 万元,增长 22.2%。畜牧业通过深入实施“粮转畜”战略,实现大牲畜存栏 14 138 头(匹)、增加值 1 138 万元,分别增长 29.5% 和 12.1%。全区市级考核工业企业完成增加值 1 013 万元、利税 101 万元,分别增长 4.8% 和 9.9%。全年完成项目投资 14 814 万元。对外贸易完成额 658 万美元,增长 13.2%。旅游业实现收入 242 万元、利税 75.2 万元,分别增长 7.6% 和 6.7%。招商引资落实项目 28 项,到位资金 4 175 万元。民营经济业户发展到 6 003 户,完成税金 915 万元,增长 14.3%。

第七节 爱辉区第三届人民政府

2002 年 10 月至 2005 年 12 月,爱辉区第三届人民政府高举邓小平理论伟大旗帜,全面贯彻“三个代表”重要思想,以科学发展观统领全局工作,认真落实省、市委制定的战略方针,根据《中共中央关于完善社会主义市场经济体制若干问题的决定》精神,继续深化改革,国民经济和社会事业取得全面发展和进步,人民生活水平继续提高,全面完成“第十个五年计划”各项主要指标。

2003 年,爱辉区政府积极应对“非典”疫情和多种历史罕见的严重自然灾害,全力开展全民防治“非典”工作,防止了“非典”疫情的传入,实现了“力争不发生、确保不扩散”的目标;并积极开展了“防非典、革陋习、树新风,创建文明健康新生活”活动和“整治城乡卫生环境、巩固防治非典成果”等活动。区政府带领全区人民群众努力克服了“非典”及自然灾害带来的损失和不利影响,全区国民经济在大灾之年仍然保持了良好的运行态势,人民生活水平继续提高,各项社会事业稳步推进。全区生产总值完成 37 147 万元,增长 3.1%。农业增加值完成 10 189 万元,下降 13.8%。乡镇企业完成增加值 2 315 万元,增长 16.3%。全口径工业增加值完成 3 581 万元,增长 7.1%。社会商品零售总额完成 14 356 万元,可比口径增长 4.9%。外贸进出口总额实现 550 万美元。旅游业实现收入 271 万元,利税 82 万元,分别增长 12% 和 9%。民营经济上缴税金 942 万元,增长 12.9%,占全区工商税收的 51.3%。在岗职工年平均工资收入达到 10 938 元,扣除物价因素增长 6%。城镇居民人均可支配收入达到 5 539 元,增长 4.6%。重点项目建设累计完成投资 15 084 万元,占投资计划的 78.77%。进一步深化各项改革和扩大开放,对 39 家国有企业实施了产权改革,其中 11 家企业全面完成改制。

2004 年,区政府积极推进外向型农业和林业经济的快速发展,落实了“一免两补”等国家多项惠农政策,坚持“内引外联”不断扩大对外经济技术合作,保持了经济社会健康、协调发展。全区生产总值完成 42 687 万元,增长 10.9%,为 1997 年以来首次实现两位数增长。城镇固定资产投资完成

4 923万元，增长45.4%。财政总收入和一般预算收入分别完成20 364万元和1 467万元，增长17.7%和18.9%。招商引资到位资金7 314万元，增长50%。第一产业实现增加值16 310万元，增长29.9%，其中，农业实现增加值15 566万元，增长25.4%；粮豆薯总产实现13.97万吨，增长344.2%，为1998年以来粮食总产最高的一年。林业、畜牧、水产分别实现增加值2 351万元、1 920万元和210万元，增长16.2%、10.4%和1.2%。乡镇企业完成增加值2 346万元，上缴税金304万元，分别增长1.3%和43.4%。第二产业实现增加值6 718万元，增长5.9%，其中地方工业全口径工业增加值实现4 012万元，利税完成818万元，分别增长7.2%和15%。规模以上工业实现增加值1 414万元，完成利税375万元，分别增长11%和9%。第三产业实现增加值19 659万元，增长0.6%。旅游业接待游客13.9万人次，实现收入325万元、利税94.5万元，分别增长4%、19.9%和15.2%。建成黑河龙珠远东国际滑雪场，填补了黑河冰雪旅游的空白。全年累计完成项目投资11 381.36万元。各项改革全面推进，在对农民全部免征农业税的基础上，发放粮食补贴资金1 165万元、良种补贴资金92万元。国企改革继续深化，纳入社保并轨试点人员2 553人。乡镇行政编制2次分别精简15%和10%，事业编制精简30%，减少机构29个、减少人员173人。街道社区由33个合并为12个，减少64%。建立了街道、社区、保洁公司三位一体的环卫保洁监督、管理机制。教育"两基"工作顺利通过省政府教育督导评估，并在省内获优秀的7个市县区中名列首位。民族工作实现新突破，兴边富民行动由国家试点县转为重点县。

2005年，爱辉区政府按照中共十六大提出的全面协调可持续的科学发展观，以科学发展观统领经济社会发展全局，不断推进"强区升位"战略目标进程。全区生产总值完成49 014万元，增长12.6%。城镇固定资产投资完成25 868万元，增长174.5%。一、二、三产业协调发展，三次产业比例达到36.4∶21.2∶42.4；第一产业增加值完成17 847万元，增长8%；第二产业增加值完成10 384万元，增长46.6%，其中全口径工业增加值完成5 181万元，增长35.5%。建筑业完成增加值5 203万元，增长92%；第三产业完成增加值20 783万元，增长5%。粮豆薯总产达14.86万吨，增长6.4%；畜牧业实现产值5 693万元，增长17.9%；林业经济完成产值4 319万元，增长14.5%。工业经济结构得到进一步优化，矿产资源开发、农副产品深加工、绿色食品等产业成为工业经济主体。全口径工业企业利税完成1 180万元，增长29.2%。规模以上工业企业完成增加值1 782万元，增长26%；区属167户国有和集体企业完成产权制度改革，实现了国有资本的有序退出。外贸旅游再创新高，外贸产业发展空间除俄罗斯外，拓展到日本、韩国、美国、加拿大等国家，全年完成进出口贸易额2 933万美元，增长208%，上缴税金747万元，增长216%。全区接待游客14万人次，实现旅游收入370万元，上缴税金111万元，分别增长2.8%、14%和17%。成功承办了第八届中国黑龙江国际滑雪节开滑式。招商引资和项目建设成效显著，全区协议引进项目29项，协议总金额37 301万元，实际落实项目28项，引进到位资金12 200万元，增长66.8%；实现利用外资70.1万美元，增长567.6%。10个重点建设项目和16个重点推进项目建设取得重大进展，完成项目总投资18 506万元。发展环境不断优化，全区交通状况明显改善，被省政府授予省级农村建设先进区称号，在全省公路养护评比中获银牌。财政总收入完成27 595万元，增长34.3%，地方财政一般预算支出完成27 390万元，增长36.6%。兑现了机关事业单位调资政策，提前完成"拉平"市区工资差的奋斗目标。落实"两免一补"资金19.49万元。全年共投入资金301.3万元，新建、改建、扩建校舍7 295平方米。城乡文化生活日趋活跃，100%的乡镇建起了农村文化大院。民族宗教工作成绩突出，被国务院授予全国民族团结进步先进集体称号。人民生活明显改善，城镇居民人均可支配收入7 648.5元，增长25.1%，为全市最高水平；农民人均纯收入3 237元，增长10.2%。创建"平安爱辉"工作成绩显著，获得"省级平安爱辉"荣誉称号。

第三章 法制工作

第一节 机 构

1989年,成立黑河市政府法制办,副科级单位,编制3个;1993年撤市建区更名爱辉区人民政府法制办。1996年全区机构改革,法制办更名为法制局,副科级单位,编制4个。2001年机构改革,法制局更名为法制办,并入爱辉区政府办公室,隶属政府办为二层机构,副科级单位,编制2个。2005年11月9日,爱辉区政府成立信访事项复查委员会,并下设办公室,办公室设在法制办;委员会主任由区政府常务副区长担任,副主任由区政府办公室主任担任;办公室主任由区政府办公室主任兼任,办公室副主任由区法制办主任和区信访办主任兼任。信访事项复查委员会办公室和法制办一个机构,两块牌子。到2005年,区政府法制办为副科级单位,编制2个。

第二节 规范性文件审核备案及清理

1989—2004年,以区政府、区直部门制定发布并且备案的规范性文件仅为10件。2004年5月爱辉区人民政府法制办对2004年以前以区政府、区直部门名义制定发布的规范性文件进行了一次全面清理,接到部门报送清理规范性文件共52件,经过认真审核汇总,其中规范性文件10件,清理后拟定需要保留的规范性文件5件,拟定废止5件。

1997—2005年爱辉区政府及部门发布的规范性文件明细表

表14-2

年份	文 号	规范性文件名称
1997	爱区政办字〔1997〕31号	爱辉区人民政府办公室转发区畜牧兽医局关于爱辉区乡镇畜牧兽医综合服务站管理办法和爱辉区村级兽医防疫人员管理办法的通知
1998	爱区交字〔1998〕3号	关于爱辉区地方养路费征收管理办法的通知
2002	爱区交字〔2002〕1号	关于进一步加强2002年地方养路费征收工作的通知
	爱区交字〔2002〕33号	关于进一步加强2003年地方养路费征收工作的通知
2004	爱区交字〔2004〕1号	关于进一步加强2004年地方养路费征收工作的通知
	爱区交字〔2004〕7号	关于下达2004年地方养路费征收计划任务和进一步加强地方养路费征收工作的通知
2005	爱区交字〔2005〕1号	关于下达2005年地方养路费征收计划任务和进一步加强地方养路费征收工作的通知

第三节　行政执法监督

1989—2005年，法制办按照每年初制定的《爱辉区政府对各乡、镇政府和区直各行政执法部门的行政执法责任制考核目标》进行行政执法责任制执行情况检查和考评，加强依法行政。至2005年未接到因执法人员违法执法而引起的群众投诉，保护了公民的合法权益。

第四节　行政执法证件管理

行政执法证件、行政执法监督证件由省政府统一印制，各级法制部门负责发放，共分两个版本，分别为1995版、2003版。《黑龙江省规范行政执法条例》和《黑龙江省持证执法和监督规定》实施后1995年版行政执法证件和行政执法监督检查证件自2002年12月31日废止，2003年1月1日起启用2003版执法、监督证件。

针对行政执法人员流动性较大的特殊情况，为便于管理，爱辉区法制办采取发证前行政执法人员必须参加相关法律法规的培训及考核，合格后予以发证，不合格坚决不予发证，并对每名持证人员分别建档以便管理，对于调离执法岗位的行政执法人员，收回其所持证件进行统一销毁。

第五节　行政执法队伍建设

1989—2002年，全区共有行政执法人员、行政执法监督人员252人；2003年换发新版执法、监督证件后，经过培训考试合格并且领证人员共计138人。到2005年，行政执法队伍和层级监督队伍建设得到进一步加强，全区行政执法队伍总人数达336人。每年至少组织一次全区范围内行政执法人员的综合法律知识培训。

第六节　行政复议案件处理

1989—2005年，法制办共接到行政复议申请25件，形成复议决定17件，不予受理8件；代表政府行政应诉案件1件；办理国家赔偿案件1件。通过推进行政复议工作，有效保障和监督了行政机关依法行使职权，保护了公民、法人和其他组织的合法权益，化解了纠纷矛盾，维护了社会稳定。

第七节　信访复查案件处理

2005年5月1日，国务院新的《信访条例》正式试行。按新的《信访条例》规定，对信访案件的处理实行复查、复核制度。同年11月9日，区政府成立信访事项复查委员会，下设办公室负责具体复查工作，并决定将办公室设在区政府法制办。截至12月底，信访事项复查委员会办公室共接到信访复查申请20件，形成复查决定14件，协调处理3件，不予受理2件，不再受理1件，共接待来访人员500余人次。

第四章　外事　侨务

第一节　外　　事

一、机　　构

1983 年 5 月，黑河市人民政府外事办公室与爱辉县人民政府外事办公室合并为黑河市（县级）外事办公室。1985 年 5 月，随着旅游事业的发展组建了黑河市旅游局，与黑河市外事办公室合署办公，编制 11 个。

1993 年 4 月 1 日，黑河市人民政府外事办公室更名为爱辉区人民政府外事办公室。

1996 年 10 月 3 日，爱辉区党政机构改革，根据关于《黑河市爱辉区党政群机关机构改革方案》的实施意见，撤销区侨务工作办公室，其职能、人员并入区外事办公室，对外称爱辉区外事办公室。内设办公室（文秘股）、外事股（区对外友好协会办公室）、边境股（区边防委员会办公室）、侨政股（区侨务工作办公室）。行政编制 8 个，工勤人员事业编制 1 个。领导职数主任 1 职，副主任 2 职，股级职数 4 职。下设爱辉区外事航运管理工作站，事业单位，地方自定编制 4 个。

2001 年 11 月 10 日，根据《关于印发爱辉区外事口岸办公室职能配置、内设机构和人员编制规定的通知》的规定，爱辉区外事办公室更名为外事口岸办公室，口岸协调工作划入外事口岸办公室职能。爱辉区外事口岸办公室为区政府组成部门，负责全区边境管理、外事口岸及侨务工作；编制总数 7 个，其中机关行政编制 6 个，机关工勤人员事业编制 1 个；领导职数主任 1 职、副主任 2 职；内设边境外事口岸股（区对外友好协会办公室）和侨政股 2 个职能股室，均为正股级建制。

到 2005 年，爱辉区外事口岸办公室机构设置和人员编制无变动。

二、对外友好交往

1984 年，中苏国境河流航行例会在黑河市举行。经外交部同意，中方代表团邀请苏方代表团在元宵节参观黑河冰灯展览、观看秧歌表演，邀请代表团参观坤河达斡尔族村。1985 年，黑龙江省对外友好协会分会邀请日本北海道学术经济组中国一行 7 人来到黑河市，在黑河期间广泛了解了黑河历史、风土人情、经济建设、边境贸易、少数民族和学校师生生活等情况。他们回国后播放的录像在日本国内引起极大影响。1985—1987 年，苏联阿穆尔州布拉戈维申斯克市苏中友好协会访问团每年春节应邀到黑河市访问。在访问活动中，参观工厂、学校、商店，到

黑河市庆祝中华人民共和国成立 35 周年大会苏联布拉戈维申斯克市代表团出席黑河大会　　1984 年 10 月摄

远离市区的少数民族鄂伦春族乡参观。通过参观访问，苏方代表团了解了中国共产党十一届三中全体会议以后黑河市改革开放所发生的巨大变化。1988 年，黑河市被列为对外开放城市。开展了黑河——布拉戈维申斯克市互市贸易，开通了对苏一日游、多日游活动。

1990 年年初，组织了黑河中学与苏联布拉戈维申斯克市第十四中学学生友好往来活动，举办了双方首次学生作业展；黑河市评剧团与布拉戈维申斯克市艺术团体演出；体育团组的友谊赛等一系列活动。黑河市外事部门全年共接待美国、日本、法国、加拿大、英国、西德、澳大利亚、苏联等各类团组 16 个，共计 500 多人次。全年出境边贸团组 50 个，共计 180 人次；友协团组 2 个，共计 3 人次。1990 年以后，黑河市每年都派政府代表团与布拉戈维申斯克市政府举行工作会谈，并签署友好交往协议，每年交换政府团组 3 ~4 个。黑河市先后派出市人大、老干部、经贸、农业、儿童、教育、卫生、妇女、体育、工商业联合会、企业家等 30 多个代表团。苏联布拉戈维申斯克市政府也派出相应的代表团访问黑河市。

1991 年 8 月 9 日至 10 月 30 日，中国、苏联双方出入境人数分别为中方 9 213 人，苏方 9 147 人。1992—1993 年，黑河口岸出境边贸团组中方 484 个，共计 1 936 人次；俄方入境边贸团组 402 个，共计 1 140 人次。

1993 年，黑河与俄罗斯布拉戈维申斯克市政府高层互访团大幅度增加。出访团组 10 个，共计 60 人次。接待俄方团组 11 个，共计 73 人次。黑河市沿江 6 个乡镇全部与俄罗斯对应建立了经济合作伙伴关系。黑河市实现了对外全方位开放格局。

爱辉区人大与布拉戈维申斯克市杜马举行会谈

1998 年 8 月摄

1997 年，经双方政府协调，爱辉区在俄罗斯农村联合经营蔬菜种植，开始了农业方面的经济合作。1998 年以后，对俄交往不断扩大。除加强同布拉戈维申斯克市政府的友好往来又扩大到与俄罗斯坦博夫和马尔科沃的友好往来。

2001 年初，爱辉区人民政府与俄罗斯布拉戈维申斯克市政府签署了“双方友好交往互换团组协议”。按照协议规定，2001 年爱辉区先后派出了儿童代表团、妇女代表团、人大代表团访问了俄罗斯布拉戈维申斯克市。俄罗斯布拉戈维申斯克市政府先后派出了儿童代表团、老战士代表团、杜马代表团、妇女代表团访问了爱辉区。双方就各领域的合作进行了广泛的洽谈和交流，并对双方的市政建设、文化、卫生、教育等方面进行了考察。2002 年，爱辉区人民政府与俄罗斯布拉戈维申斯克市政府签署双方互换团组 4 个，卫生团组、人大团组、工商业联合会团组相继访问了布拉戈维申斯克市。俄罗斯杜马团组、工商业联合会团组访问了爱辉区，双方就各领域的广泛合作进行了洽谈和交流，并对双方市政建设、文化、教育、卫生、经贸等方面进行了考察。

2003 年，爱辉区派出了以区委副书记、副区长王喜军率领的政府代表团与俄罗斯布拉戈维申斯克市政府签署了爱辉区政府与布拉戈维申斯克市政府“双方友好交往协议”，并邀请俄罗斯布拉戈维申斯克市政府代表团参加了爱辉区鄂伦春民族下山定居 50 周年庆典活动。当年 8 月，爱辉区人大代表团访问了布拉戈维申斯克市。布拉戈维申斯克市政府邀请爱辉区政府代表团参加市庆活动，布拉戈维申斯克市杜马代表团于 10 月份访问了爱辉区。2004 年 4 月，爱辉区政府与俄罗斯布拉戈维申斯克市政府签署了“双方友好交往协议”,6—9 月,分别派出区人大、区政府、区企业家代表团访问布拉戈维申斯克市,参加了俄罗斯阿穆尔州经贸商品展销会、俄罗斯布拉戈维申斯克市 145 周年市庆、俄罗斯“阿穆尔之秋”电影节等活动。俄罗斯布拉戈维申斯克市于当年 4 月、7 月、9 月、11 月派出了政府、杜马、老战士、运动员代表团到爱辉区进行友好访问,并应邀参加了爱辉区龙珠远东国际滑雪场首滑式活动。

2005 年 7 月,爱辉区委副书记马福森、爱辉区人民政府副区长孟新应布拉戈维申斯克市政府的邀请,率爱辉区政府代表团参加了布拉戈维申斯克市 146 周年市庆活动。当年 8 月末,爱辉区人民政府区长王喜军应俄罗斯布拉戈维申斯克市市长米古利亚的邀请,前往布拉戈维申斯克市进行了友好会谈,双方签署了“关于巩固和发展双方友好关系的协议”。9 月初,爱辉区人大委员会应布拉戈维申斯克市杜马的邀请前往俄罗斯布拉戈维申斯克市和自由城参观访问,双方签署了“爱辉区人大委员会与俄罗斯布拉戈维申斯克市杜马间合作会谈纪要”。应爱辉区人民政府和区人大委员会的邀请,俄罗斯布拉戈维申斯克市政府和杜马于 2005 年 9 月中旬和 10 月初,分别对爱辉区进行了友好访问。当年 10 月 10 日爱辉区邀请了俄罗斯阿穆尔州、布拉戈维申斯克市的领导及旅游界人士参加了第八届中国黑龙江国际滑雪节初冬滑雪月开滑式暨黑河龙珠远东国际滑雪场首滑式。

三、边境管理

(一)边境基本情况

爱辉区与俄罗斯阿穆尔州布拉戈维申斯克市隔江相望,辖区边境线长 184.3 千米,上至张地营子乡南大沟口与呼玛县接壤,下至红色边疆农场一架山套子口与孙吴县相邻。沿江一线分布 6 个乡(镇)、1 个国营农场,共有 33 个自然村屯;界江上中方岛屿 39 个岛组、77 个单岛,总面积 28.63 平方千米,有 16 个岛屿共开垦耕地 731 公顷。

(二)边境政策法规宣传

1981 年,按照黑河市委边防外事领导小组(由公安、边防、外事部门组成)的要求,黑河市外事部门编写了《加强边防工作,搞好边境管理的宣传教育提纲》。提纲发至地、市、县直属各党委、支部及公社各生产队。为了防止走过场、提高宣传质量,在联席会议上共同研究宣传方法,采取一年两次,即开江、封江期有组织有领导地进行较大的宣传教育。在宣传教育方法上采取分片包干,即机关、企事业单位由宣传部和外事办负责;街道居民、特业单位由公安边防科负责;公社、生产队由公社和边防部队负责。

1991—2005 年,加强了对边境政策法规的宣传工作,确定每年 4 月为边境政策法规宣传月。在每年 4 月宣传月期间,以宣传《黑龙江省边境管理条例》为重点;在沿江各乡、镇、场,通过广播、标语、过街红、散发宣传单等形式,对边民广泛开展边境法规的宣传教育。爱辉区边防委员会每年在市区中央街举行一次大规模的边境法规宣传活动,并在黑龙江公园设立宣传站。边民受教育面达 95% 以上,界江生产作业人员受教育面达 100% 。

(三)界江生产管理

根据黑龙江省政府“关于开发和利用界江岛屿资源搞好用(开发利用)、管(经营管理)、建(长远建设)、保(保卫边疆)的四结合责任制,进行实地踏查,充分利用界江岛屿资源”的精神要求,1984 年,黑河市外事部门对岛屿资源进行了勘察,制定了发展规划。1985 年,对界江可利用的岛屿进行了勘察定向。黑河市界江生产打破了过去不准单人单船、夫妻船下江作业的老框框,采取了多种形式的联产承包责任制。包到个人,包到组,或由村委会统一管理,下江作业人员和船只有了明显增加。1986 年,进一步制定了具体开发规划,首先在二道卡岛、下马厂大通岛进行了试点。对明水期界江生产制定了新规定,对船只管理实行"六定一建"(定船、定人、定作业区域、定停泊点、定出船时间、定专人看管和建立出船日记)。

1991 年,边防外事领导小组取消,成立了爱辉区边防委员会,沿江各乡、镇、场均成立了边防委员会,并设 1 名外事秘书负责边境管理工作。

1991—2005 年,根据《黑龙江省边境管理条例》要求,爱辉区实行了爱辉区边防委员会办公室各职能部门每月例会制度,每年年初召开一次全区边境管理工作会议,总结上一年的边境管理工作,对工作突出的单位和个人进行表彰,并对当年的工作进行整体部署。每年的 4 月中旬,爱辉区组织边防二营、公安边防爱辉大队以及水产、渔政、交通、安全监督等部门,深入 7 个沿江乡、镇、场举办界江生产人员学习班,对不参加培训班的人员,一律不准下江作业。完善了界江生产船只和人员的审批制度,每年各边管职能部门对冬、夏界江生产作业的项目、船员和人员、作业点进行联合审查。每年审查界江生产作业船只 300 余条,作业人员 1 000 余人次。建立健全《界江生产人员审批制度》《界江生产人员管理制度》《船员管理制度》《看船员管理制度》《外事人员管理制度》《呆傻精神病人监护制度》等各项制度。每年区、乡、村三级分别签订边境管理工作责任状;各边防派出所与界江生产人员、水上治安员、看船员及养殖户、智障人员的监护人签订责任状。建立船只人员档案,各乡、镇、场船只统一着色,定点停放,用后收浆加锁,规定了出收船时间。为保证船只不被偷盗,全区设立了 28 个作业点,建设了 28 个看船房,雇佣了 28 名看船员,集中停放、集中看管船只。2003 年前看船员工资由各边防派出所向渔民收取看船费。2003 年为了减轻渔民负担,按照上级要求,由政府出资,每月发给看船员工资 300 元人民币。每年外事部门采取各部门有分有合的方法,加大对边境的检查力度,通过检查处理了一批违规人员,没收了一批"黑船"和非法网具。区边防委对禁捕期的管理提出明确要求,捕渔船只全部上岸,网具全部进仓。

(四)涉外事件

1990 年 8 月 3—6 日,坤河达斡尔族满族乡黄旗营子村村民 26 人,先后出动机器船 16 只,利用夜间偷越国境去苏岸,砍开木排,盗窃苏方原木 146 棵,近 80 立方米,苏方提出交涉。案发后黑河市边防外事领导小组和政法委领导小组分别召开会议,决定按法律程序从重处理;黑河市政府有关职能部门依照《中华人民共和国刑法》《中华人民共和国治安管理条例》和根据黑河市人民政府 1987 年第 50 号文件《关于界江生产管理暂行规定》分别对当事人予以逮捕法办、收容审查、行政拘留和罚款以及取消界江生产资格等处理。

1994 年 6 月 21 日,坤河达斡尔族满族乡黄旗营子村渔民王某某在黑龙江中游 949 千米处越界捕鱼,俄罗斯边防军鸣枪,王某某在混乱中弃船跳水、淹死在俄方水域中。6 月 23 日俄方将王某某尸体交回。

(五)边防基础设施建设

1998—2005 年,省边防委下达给爱辉区边防基础设施建设任务是:边防巡逻路 120.4 千米,投资 992.87 万元;警示牌 113 块,投资 35.22 万元;铁栅栏 1.4 千米,投资 28 万元;工程总投资 1 056.09 万元。区边防委成立了专门的工程指挥组织机构,加强施工监理,严把质量关,严格财务管理与审计监督。整个工程建设做到周密安排,认真规划,坚持标准,严格把关,经省、市边防委的检查验收全部合格。

1998—2005 年爱辉区边防基础设施建设一览表

表 14－3

年份	工程项目	建设规模	投资额
1998	边防巡逻路	14.5 千米	108 万元
	1. 白石砬子段	6.2 千米	—
	2. 双灯照段	6.8 千米	—
	3. 车地营子段	1 千米	—
	4. 八连哨所段	0.3 千米	—
	5. 花园哨所段	0.2 千米	
2000	边防巡逻路	11 千米	82.4 万元
	1. 霍尔沁段	3 千米	—
	2. 孟地营子段	4 千米	—
	3. 黄旗营子段	4 千米	—
	警示牌	5 块	1.4 万元
2001	边防巡逻路	10 千米	80 万元
	1. 小黑河段	5 千米	—
	2. 长发屯段	5 千米	—
	警示牌	10 块	3.2 万元
2002	边防巡逻路	28.5 千米	219.75 万元
	1. 张地营子段	9.5 千米	—
	2. 法别拉段	11 千米	—
	3. 下马厂段	8 千米	—
	警示牌	18 块	6.12 万元
	铁栅栏	1.4 千米	28 万元
2003	边防巡逻路	27.2 千米	248.4 万元
	1. 大新屯段	10 千米	—
	2. 达音山段	2 千米	—
	3. 东四嘉子段	7.2 千米	—
	4. 爱辉段	8 千米	—
	警示牌	30 块	10.5 万元
2004	边防巡逻路	8 千米	72 万元
	小乌斯力段	8 千米	—
	警示牌	25 块	7 万元
2005	边防巡逻路	21.2 千米	182.32 万元
	1. 边防九连段	7.7 千米	—
	2. 望江楼	2.2 千米	—
	3. 富拉尔基段	6.8 千米	—
	4. 下马厂段	4.5 千米	—
	警示牌	25 块	7 万元

(六)勘 界

1992—1995 年,第五勘界组进行了为期4年的勘界工作,在爱辉区辖区内共设立18个界标。

爱辉区辖区界标情况表

表14-4

界标编号	界标位置	界标至国界距离(米)	高程H(米)	界标编号	界标位置	界标至国界距离(米)	高程H(米)
182(1)	黑龙江上游105千米	475.1	148.1	191(1)	黑龙江上游11千米	165.0	132.2
183(1)	黑龙江上游92千米	381.0	145.7	192(1)	黑龙江中游996千米	721.6	129.2
184(1)	黑龙江上游82.5千米	646.6	143.6	193(1)	黑龙江中游487千米	2215.8 7276.0	127.1
185(1)	黑龙江上游72.5千米	353.0	139.8	194(1)	黑龙江中游981千米	1572.0	127.6
186(1)	黑龙江上游55.7千米	332.0	140.7	195(1)	黑龙江中游968千米	440.9	128.6
187(1)	黑龙江上游49千米	820.0	137.2	196(1)	黑龙江中游955千米	548.9	124.9
188(1)	黑龙江上游39千米	580.2	140.7	197(1)	黑龙江中游947千米	891.6	119.8
189(1)	黑龙江上游28千米	375.5	135.1	198(1)	黑龙江中游935.5千米	281.0	119.9
190(1)	黑龙江上游23千米	426.0	131.5	199(1)	黑龙江中游926千米	540.9	123.1

第二节 侨务及港澳眷属工作

一、机 构

1983年前,根据黑龙江省民政厅的通知精神,侨务工作归属各级民政局。黑河市民政局侨务工作由1名副局长兼管,配备专职侨务干部1人。1983年2月,正式组建了由7人组成的黑河市侨联小组,同时在基层侨眷中成立了3个活动小组。1984年机构改革,市侨务工作从市民政局划入市政府办公室,配备干部2人。根据国务院文件精神,11月成立了黑河市侨务办公室,划为市政府序列,配备干部3人,同时成立了党支部,各系统先后配备了兼职侨务干部47人。

1985年5月17日,召开了黑河市首届归侨侨眷代表大会。代表41人,会议历时2天。选举产生了由6人组成的黑河市侨联委员会,设兼职主席1人、副主席2人、委员3人;以街道和系统为基础划分了13个活动小组。黑河市侨联委员会成立后和黑河市侨务办公室合署办公,侨联配备专职干部1人。

1993年4月,黑河市侨务办公室更名为爱辉区侨务办公室,编制6个,内设主任1人,侨政秘书1人,外联秘书1人,办公室秘书1人,侨联秘书1人。1996年10月,中共黑河市爱辉区委下发了关于《黑河市爱辉区党政群机关机构改革方案》的实施意见,撤销爱辉区侨务工作办公室,职能、人员并入爱辉区外事办公室,对外称爱辉区外事办公室;爱辉区侨联同时划入爱辉区委统战部,编制1个。

至2005年,爱辉区外事口岸办公室配置兼职副主任1人和专职侨务干部1人负责侨务工作。

二、归侨、侨眷、港眷身份认定

1983—2005 年，爱辉区侨务工作办公室（外事口岸办公室）依法开展了归侨、侨眷及港眷身份认定工作。经多次普查，截至 2005 年 12 月末统计，全区共有归侨侨眷 1 799 人，其中，归侨 45 人，侨眷 906 人，港眷 152 人。其中，贫困归侨、侨眷 252 人，居住在农村的归侨、侨眷 255 人。归侨、侨眷海外亲属最多的是居住在俄罗斯，共 871 人；其次是美国 423 人；日本 211 人；中国香港特别行政区 273 人。在国外的爱辉区籍华侨、华人共有 210 人，分布在 22 个国家和地区。其中定居在俄罗斯的有 50 人，占 23. 8%；美国 41 人，占 19. 5%，其次是日本，有 39 人定居，这些人绝大多数在国外经商、开餐馆、留学或与外国人组成家庭。改革开放后，出境的华侨、华人，主要居住在俄罗斯、日本、美国、澳大利亚及加拿大，共 75 人。由于爱辉区毗邻俄罗斯布拉戈维斯克市，这些人中的 70% 是到布拉戈维申斯克经商或留学后定居国外的。

2004 年，侨务部门建立了归侨侨眷电子档案，把全区归侨侨眷的姓名、海外亲属姓名及旅居地、身份属别、文化程度等数据全部录入电脑，方便了对归侨侨眷档案的查找利用。

1983—2005 年爱辉区（黑河市）归侨、侨眷及港澳眷属一览表

表 14 – 5

年份	人数（人）	其中										重点人		分布国家（人）
		归侨		归侨子女		侨眷		华人亲属		港澳眷属		国内（人）	国外（人）	
		户数（户）	人数（人）	户数（户）	人数（人）	户数（户）	人数（人）	户数（户）	人数（人）	户数（户）	人数（人）			
1983—1988	1 022	—	67	—	222	—	173	—	400	—	160	31	13	17
1989	1 088	65	68	—	214	52	153	137	484	49	169	33	20	—
1990	1 108	63	67	—	211	49	155	152	511	48	164	—	—	—
1991	1 891	—	—	—	—	—	—	—	—	—	—	—	—	—
1993	1 558	—	67	—	737	—	754	—	—	—	—	—	—	24
2005	1 799	—	45	—	696	—	906	—	—	—	152	—	—	22

三、落实侨务政策

（一）解决历史遗留问题

1984 年，根据中央组织部、公安部、安全部、国务院侨办联合下发的关于清理归侨侨眷档案工作的通知精神，黑河市侨务部门先后 2 次在全市 44 个单位清查了归侨、侨眷及港眷档案。共对 334 人（副科级以上 5 人，知识分子 79 人，工人 160 人，农民 10 人，家属 22 人；属别为归侨 22 人，侨眷 185 人，归侨子女 28 人，港眷 59 人）的档案进行了清查，重点清查了“文化大革命”中的冤、假、错案，因海外关系所受株连的历史遗留问题和落实知识分子政策。共清查出有各种问题档案 18 件，共剔出档案 60 余件。

1986 年，根据中共中央办公厅、国务院办公厅转发《关于加快落实华侨私房政策的意见》的通知精神，黑河市侨务部门会同有关部门落实了华侨私房政策。全市涉及侨眷私房 4 件全部落实。清退了在“文化大革命”中被没收的美国侨眷毕某先的私房；对美国侨眷陈某邦在“文化大革命”期间被抄

家、没收楼房等申诉的15个问题给予全部落实；对苏联归侨刘某福在私改中被改造的私房全部退还了产权；对美国侨眷陈某邦为其姐夫李某佩代管房已决定退还变卖款。同年，为归侨、侨眷落实了知识分子政策，全市归侨、侨眷中有中专以上知识分子47人，其中有12人晋升了职称，为16户解决了住房，安排就业4人。为20世纪60年代因海外关系被精减下放的人员落实了安置、转制、农转非等政策。1987年在招工工作中，一次性为归侨、侨眷及其子女解决国营职工指标127人。

（二）落实现行政策

1983—2005年，爱辉区政府及侨务部门积极宣传党和政府对归侨和侨眷的各项政策，对各项政策进行了全面贯彻和落实。按照适当照顾、从宽从优和高看一眼的精神，对归侨侨眷、港眷中出现生活困难的给予解决。

1983—2005年爱辉区（黑河市）落实侨务政策情况表

表14－6

年份	工资（人）	住房（人）	农转非（人）	就业（人）	转制（人）	转干（人）	复学（人）	调转工作（人）	落户（人）	分配工作（人）	升学介绍信（人）	慰问贫困归侨归眷户/款（元）	做好事（件）
1983—1988	2	12	6	64	14	2	3	—	6	—	30	—	210
1989	—	5	—	7	—	—	—	6	—	—	31	—	—
1990	—	6	2	10	—	—	—	4	—	—	42	—	—
1991	—	—	—	8	—	—	—	—	—	—	47	6/350	—
1992	—	6	3	2	—	—	—	—	—	—	59	6/300	—
1993	—	8	—	3	—	—	—	—	—	—	77	—	—
1994	—	—	—	4	—	—	—	—	—	—	48	—	—
1995	—	2	—	—	—	—	—	—	—	1	36	—	110
1996	—	—	—	—	—	—	—	—	—	—	—	18/6 900	—
1997—2000	—	—	—	—	—	—	—	—	—	—	165	63/11 400	147
2001—2005	3	—	—	9	—	—	—	—	—	—	210	90/59 000	220

（三）安排侨眷子女就业

1985年，黑河市侨务办公室成立侨蕾幼儿园，安排侨眷子女2人。

1987年，黑河市侨务办公室与农机商场联营，成立黑河市侨龙商店，安排侨眷子女4人。

1988年，黑河市侨务办公室分别与哈尔滨市中兴公司和哈尔滨市华侨商场联营，成立华侨股份有限公司和华侨商场，共安排侨眷子女16人。

四、国内外联络工作

（一）归侨、侨眷联络

1983—1988年，为做好归侨、侨眷的国内的联络工作，采取发联络信、邮寄介绍黑河情况的资料、接待旅游团组、为厂家联络边境贸易伙伴、发动归侨侨眷给国外亲属写信等多种形式，开展联络活动，建立起了联络网。共联络各省市90次，走访侨户228户，开展联络活动12次，共收到来信30 839人次,共接待来访 1 898 人次。1989 年,共联络各省市 14 次,共计 79 人;走访侨户 59 户,开展联络活动 13 次。1990 年,共开展联络活动 3 次,共接待来信来访 42 人次。1991 年,走访侨户 58 户,发放宣传资料 500 份,开展联络活动 2 次。1992 年,开展联络各省市活动 45 次,接待国内外访团组 17 个。1993 年,开展联络各省市活动 19 次,接待国内外访团组 17 个,走访侨户 54 户,接待来信来访 68 人次。1994 年,接待国内外访团组 11 个,36 人次;走访侨户 11 户,开展联络活动 4 次,接待来信来访 255 人次。1995 年,开展联络各省市活动 52 次,共接待来信来访 230 人次。1997—2000 年,共接待来信来访 297 人次。2001—2005 年,共走访侨户 90 户,发放宣传资料 5 000 份,共接待来信来访 159 人次。

1983—2005 年,爱辉区开展多种形式的归侨侨眷联谊活动,联络全区广大归侨侨眷。组织归侨侨眷参加国庆家庆亲属同庆联谊会、"我爱中华,更爱妈妈"联谊会、黑龙江畔家庭赏月会、爱辉古城一日游等活动。

(二)华人、华侨、港澳同胞联络

1983—1988 年,共接待华人、华侨、港眷回爱辉探亲 26 户 59 人,邮寄贺卡 200 张,寄全家福 57 张,安排出国探亲 3 户 10 人。由于接待工作热情,迎送安排周密细致,回爱辉探亲的华人、华侨和港眷深受感动。其中美籍华人、医学教授俞绍基委托其侄女俞光华带回《现代医学诊断与治疗》《医学案头参考工具书》《大学读物》《当代各种演讲文集》等 4 本书送至市图书馆。

1987 年,完善华人、华侨、港眷接待工作。俄罗斯侨眷王德福是机械设计师,来黑河探亲期间,组织农机系统的专业人员进行了农业机械方面的交流。香港美容大师于国利来黑河探亲期间,城建和市妇联组织了美容讲座并进行了纹眉现场演示。1989 年,共接待华人、华侨、港眷回爱辉探亲 16 户 54 人。1990 年,共接待华人、华侨、港眷回爱辉 15 户 44 人,邮寄贺卡 80 张,办理一日游 50 人次。俄罗斯华侨王青山先后带来 7 个俄罗斯贸易团体,包括 11 个单位,共 31 人与内地企业、厂家建立了贸易关系。

1991 年,共接待华人、华侨、港眷回爱辉探亲 14 户 21 人。邀请了 9 位旅俄华侨、华人为黑河有关单位担任贸易代表,引来贸易伙伴和洽谈团组。旅俄华侨陈多良为黑河电机厂联系 2 家俄罗斯贸易伙伴,签约 3 笔、约 50 万瑞士法郎的贸易合同。俄罗斯藉华人徐某先为黑河地区边贸公司搭桥,签约了 260 万瑞士法郎的贸易合同。1992 年,共接待华人、华侨、港眷回爱辉探亲 11 户 23 人,邮寄贺卡 90 张。1993 年,共接待华人、华侨、港眷回爱辉探亲 5 户 8 人,邮寄贺卡 39 张。同年 7 月,与爱辉区侨办始终保持联系的日本华人冯某子回黑河探亲,与黑河市科委签订了合资办厂协议,与黑河市园林处签订了开办游乐场意向协议。1995 年,共接待华人、华侨、港眷回爱辉探亲 1 户 3 人。同年,冯某子投资 100 万元人民币,与黑河市园林处合资,兴建了黑河海兰游乐园,于 6 月 1 日正式开业。

2002 年 8 月,争取到日本"草根计划"之一,无偿向黑河市第二医院提供价值 71 944 美元的医疗设备的项目。2003 年 2 月 25 日,爱辉区人民政府副区长王彦杰赴沈阳总领事馆参加了日本对黑龙江省无偿小额援助捐赠签字仪式。捐赠的医疗设备于 2003 年 3 月末送达黑河市第二人民医院。香港应善良福利基金会为爱辉区西岗子镇中心学校捐资人民币 29.4 万元兴建了 1 所希望小学。该项目于 2004 年 9 月按照基金会的要求高标准高质量的竣工,投入使用。2004 年 10 月 17 日香港应善良福利基金会的代表何志祥、潘家纯检查验收了新落成的教学楼。2004 年,争取到美国欣欣教育基金会捐资 1 万美金,帮助爱辉区西峰山乡中心小学维修校舍;引进日本静冈县中日友好协会捐资 30 万日元,为西峰山乡中心小学学生购买学习用品。

2005 年 3 月 23 日,黑龙江省外侨办侨政处副处长丁宏佳代表香港振泰基金会到爱辉区考察,基金会决定在爱辉区张地营子乡张地营子学校捐资约人民币 40 万元兴建 1 所希望小学。

五、归侨、侨眷脱贫致富

1987—1989 年，对农村 18 户归侨、侨眷逐户进行了摸底调查。根据困难程度确定 8 户为扶贫对象。而 8 户中又侧重把国外华人华侨重点人在国内的亲属贫困户列为重点。俄罗斯华侨王德福系农业机械师，被列为重点人，其弟弟王德才在法国任教授，兄弟 2 人在国内的亲属有 7 户共 28 人，有 4 户列为重点扶贫对象。经黑河市畜牧局研究、市政府批准，俄罗斯侨眷徐千增为全市养牛专业户，扶助资金近万元，用以发展养牛。俄罗斯侨眷徐月兰年迈多病，身边有一个残疾儿子，侨务部门经与市公安局、市民政局多次商量，为其办理了农转非落户，免费送其住进敬老院。俄罗斯侨眷徐千顺家 4 口人，父子 3 人均有大骨节病，行走困难，其妻有病需人照料，住着破旧的土房，外边下大雨，房内下小雨，侨务部门集中力量，协调各方，有钱出钱，有车出车，有物出物，有力出力，市政协、市民政局出车运砖，物资公司免费运水，行署侨办出扶贫资金，三道湾子村负责出劳动力盖房子，经过 2 天的努力盖起了 2 间 80 平方米的砖瓦房。侨务部门与市畜牧局协商，为侨眷徐千成办理了无息贷款 5 000 元购买奶牛，将其定为养牛专业户。1987—1989 年，共为 8 户扶贫对象解决贷款 4 万元。1987 年脱贫 2 户，1988 年脱贫 4 户，1989 年全部脱贫。

对城内的贫困户除进行临时性救济外，对特别困难户采取政策扶持和扶贫项目引进等方法解决。日本侨眷芦风芹及其女儿芦燕平是救济户，芦燕平的招工指标多年得不到落实，黑河市毛纺厂用人需带 3 500 元的资金又无法解决。主管副市长主持召开了专门会议，经协商落实了资金，市民政局出 600 元、红十字会出 500 元、侨办、侨联各出 300 元，共 1 700 元；芦燕平再从工资中分月扣一点，使芦家母女二人有了生活保证。1987 年 11 月，市侨办经和齐齐哈尔市侨办联系从甘南购进 10 组 30 只獭兔，由人事局免费出车运回，扶持了 5 户侨眷贫困户饲养獭兔。

对临时发生困难的归侨、侨眷，采取及时发给救济款及动员侨眷接济等方式进行扶持。经与工商、税务等有关部门协商，给困难归侨、侨眷发放“贫困优惠证”44 本，经商的享受免税待遇。1988—2000 年，对 47 户临时困难户发放救济款 1. 29 万元。动员归侨侨眷献爱心，捐粮票 452. 5 千克，资金 750 元，冬夏衣 110 件。

2001—2005 年，共向上争取侨务扶贫资金 5. 9 万元，共扶持慰问了 90 多户生活比较困难及受灾的归侨侨眷。2004 年 10 月 16 日，香港应善良基金会驻上海办事处代表到爱辉区，将华侨沈炳麟捐赠的棉服送到了贫困及受灾的归侨侨眷手中。

爱辉区依据黑龙江省归侨、侨眷 6 项优惠政策，大力提倡归侨侨眷自力更生、自谋职业，发展第三产业，引导归侨侨眷走上致富道路。1983—1988 年，据不完全统计，黑河市区归侨侨眷开办的第三产业有 6 个项目、31 个点。其中，被服加工 2 处、自行车修理 3 处、食杂店 5 处、切面加工 1 处、蔬菜店 19 处、采金 1 处。有 37 人就业，人年均收入可达 9 万余元；工商免管理费近 1 100 元，税务免税 890 余元。1992 年以后又增加了木材加工、卫生所、美容美发、摄影、文化娱乐、饭店、水暖建材经销等经营项目。1998 年 4 月，爱辉区第三产业的调查显示，有 2 户侨眷个体经营户得到国外亲属资助资金 6 万元。

六、归侨、侨眷参政议政

截至 2005 年，爱辉区归侨侨眷中有中共党员 173 人，其中归侨 16 人，侨眷 157 人。其中，市政协常委 1 人，市人大代表 1 人，市政协委员 3 人，区人大代表 2 人，区政协委员 5 人。

爱辉区归侨侨眷中，没有民主党派人士。

1986—2005 年爱辉区（黑河市）归侨、侨眷参政议政情况统计表

表 14－7　　　　单位：人

中国共产党爱辉区（黑河市）委员会

时　间	届　次	归侨侨眷常委人数	归侨侨眷委员人数	归侨侨眷代表人数
1986.1	黑河市第三届	—	1	3
1991.1	黑河市第四届	—	—	3
1994.10	爱辉区第一届	—	—	2
1997.10	爱辉区第二届	2	2	2
2002.10—2005.10	爱辉区第三届	1	1	3

爱辉区（黑河市）人民代表大会

时　间	届　次	归侨侨眷常委人数	归侨侨眷代表人数
1986.1	黑河市第三届	2	3
1991.1	黑河市第四届	1	2
1994.10	爱辉区第一届	1	3
1997.10	爱辉区第二届	1	4
2002.10—2005.10	爱辉区第三届	1	3

爱辉区（黑河市）人民政府

时　间	市、区政府领导人	职能部门领导	
	归侨侨眷任副市长、副区长人数	归侨侨眷任局长人数	归侨侨眷任副局长人数
1986—1990 年	1	16	12
1991—1995 年	—	10	11
1996—2000 年	2	3	4
2001—2005 年	1	4	7

爱辉区（黑河市）政治协商会议

时　间	届　次	归侨侨眷副主席人数	归侨侨眷委员人数
1986.1	黑河市第三届	—	3
1991.1	黑河市第四届	—	2
1994.10	爱辉区第一届	—	3
1997.10	爱辉区第二届	—	4
2002.10—2005.10	爱辉区第三届	1	6

七、编写华侨史

1987年，黑河市侨务办公室组织、抽调侨眷徐树秋、归侨薛永胜和芷永江3人，进行旅俄华人史料的搜集、整理、编辑工作。

编辑人员用3年时间走访了35个单位、近百人了解情况，行程上至漠河，下至嘉荫、哈尔滨，共计5000余千米。搜集了大量的史料素材，归纳整理出20余万字的历史资料。经过编辑加工，1991年8月，由黑河市政协出版了10万余字的《旅俄华人史料选》一书。填补了华侨史的空白，为深入研究旅俄华人提供了重要依据。

《旅俄华人史料选》的出版，引起了美国有关学术界的重视。1992年11月下旬，薛永胜、徐树秋受邀赴美国参加了题为"落地生根"的学术研究活动，与13个国家的华人学者进行学术交流活动。

黑河市爱辉区志（1983—2005）

◎第十五篇　政治协商会议

第十五篇　政治协商会议

政协爱辉区(黑河市)委员会加强政协自身建设,充分发挥民主党派和无党派人士在人民政协中的作用;加强相互沟通与合作,充分发挥政协组织的界别特点和优势,完善界别活动机制;为委员履行职责创造条件,使委员的主体作用得以充分发挥,为全面建设小康爱辉、和谐爱辉做出了重要贡献。

第一章　全委会议

第一节　历届全委会议

根据政协《章程》规定,爱辉区政协设常务委员会,常务委员会由主席、副主席和常务委员组成,其成员由参加政协的各党派、团体、各民族和各界代表人士协商提名,经全体会议选举产生。每届政协委员会的参加单位、委员会名额和人选,由上届常务委员会协商并决定,每届任期5年,如届中需要增补常务委员的要经过全体委员会议选举产生,如届中需要免去政协常务委员,只需经过常务委员会审议通过即可生效。

政协爱辉县首届第一次全体会议于1980年11月4—9日召开,共有73名委员出席会议。会议选举产生了政协爱辉县首届委员会主席、副主席、秘书长和常务委员共计20人组成的常务委员会。刘瑞元当选为主席,孙静纯、朱成、张英、姚淑兰、郭连山当选为副主席,杨逢魁当选为秘书长。

政协黑河市首届委员会第二次会议

1982年3月摄

政协爱辉县首届第二次全体会议于1982年3月10—14日召开,共有61名委员出席会议。会议增补于会珍为政协副主席,增补常务委员4名、委员28名。

政协爱辉县首届第三次全体会议于1983年3月16—21日召开,共有59名委员出席会议。

政协黑河市首届第一次全体会议于1982年1月6—11日召开,共有61名委员参加会议。会议选举产生政协黑河市首届委员会主席、副主席、秘书长和常务委员共计17人组成的常务委员会。刘瑞元当选为主席,李军、姚淑兰、郭德纲、耿延令当选为副主席,张玉先当选为秘书长。

政协黑河市首届第二次全体会议于

1983年3月22—26日召开,共有64名委员参加会议。会议补选委员2名。

政协黑河市首届第三次全体会议于1983年7月11—13日召开,共有102名委员出席会议,本次会议是爱辉县并入黑河市之后召开的。会议补选姜德春为政协主席,关万芳为政协副主席。

政协黑河市第二届第一次全体会议于1984年6月14—16日召开,共有99名委员出席会议。会议选举产生政协黑河市第二届委员会主席、副主席、秘书长和常务委员共计25人组成的常务委员会。姜德春当选为主席,杜邱顺、耿延令、于会珍、张善卿、吕庄当选为副主席,张庆贤当选为秘书长。

政协黑河市第二届第二次全体会议于1985年3月28—30日召开,共有98名委员出席会议。

政协黑河市第二届第三次全体会议于1986年6月3—6日召开,共有93名委员出席会议。会议补选了梁鹤先为副主席,增补常委8名。

政协黑河市第二届第四次全体会议于1987年3月30日对4月3日召开,共有98名委员出席。

政协黑河市第三届第一次全体会议于1987年10月7—9日召开,共有114名委员参加,会议选举产生政协黑河市第三届委员会主席、副主席、秘书长和常务委员共计24人组成的常务委员会。王金发当选为主席,刘万福、杜邱顺、梁鹤先、马焕勇、李永德当选为副主席,张庆贤当选为秘书长。

政协黑河市第三届委员会第一次会议
1987年10月摄

政协黑河市第三届第二次全体会议于1988年3月21—24日召开,共有委员108名参加。

政协黑河市第三届第三次全体会议于1989年5月24—27日召开,出席会议的委员112名。会议增补张显盛为副主席,李伯元为秘书长。

政协黑河市第三届第四次全体会议于1990年3月26—29日召开,出席会议的委员105名。

政协黑河市第四届第一次全体会议于1991年1月15—18日召开,共有109名委员参加。会议选举产生了市政协第四届委员会的主席、副主席、秘书长和常务委员共计27名成员组成的常务委员会。刘万福当选为主席,刘云宪、梁鹤先、张显盛、马焕勇、狄来三当选为副主席,李伯元为秘书长。

政协黑河市第四届第二次全体会议于1992年4月22—24日召开,共有委员122人、常委27人参加。

政协爱辉区第一届委员会第三次会议
1996年3月摄

政协爱辉区首届第一次全体会议于1994年1月22—24日召开,共有115名委员参加。会议选举产生了政协黑河市爱辉区第一届委员会主席、副主席、秘书长和常务委员共计25名成员组成的常务委员会。刘万福当选为主席,狄来三、武俊富、张铁、姜成在、李世英为副主席。李伯元当选为秘书长。

政协爱辉区首届第二次全体会议于1995年4月27—28日召开,共有102名委员参加。会议补选狄来三为主席,补选常务委员4名。

政协爱辉区首届第三次全体会议于1996年3月13—15日召开,共有104名委员参加。会议增补徐典章为副主席,补选常委2名。

政协爱辉区首届第四次全体会议于1997年3月10—12日召开,共有100名委员参加。会议增补王慧霞为副主席,补选常委2名。

政协爱辉区第二届第一次全体会议于1997年10月30—31日召开。共有115名委员参加,会议选举产生了政协爱辉区第二届委员会主席、副主席和常务委员共计25名成员组成的常务委员会。孙洪涛当选为主席,武俊富、姜成在、李世英、王慧霞当选为副主席。

政协爱辉区第二届第二次全体会议于1998年2月22—23日召开,共有92名委员、25名常委参加。

政协爱辉区第二届第三次全体会议于1999年4月15—17日召开。共有105名委员、25名常委参加。会议接受了孙洪涛辞去政协二届委员会主席职务的呈请,同时选举武俊富为二届政协主席,增补徐文致为第二届政协副主席,二届政协委员会副主席为姜成在、李世英、王慧霞、徐文致。补选常委1名。

政协爱辉区第二届第四次全体会议于2000年5月15—17日召开。共有112名委员、25名常委参加。补选常委6名。

政协爱辉区第二届第五次全体会议于2000年9月30日召开。共有115名委员、25名常委参加。会议补选何平为二届政协新一任主席。

政协爱辉区第二届第六次全体会议于2001年3月13—15日召开。共有121名委员、25名常委参加。

政协爱辉区第二届第七次全体会议于2002年3月11—13日召开。共有110名委员、25名常委参加。会议接受了何平辞去政协爱辉区委员会主席职务的呈请,同时补选朱家明为政协爱辉区第二届委员会主席。接受姜成在、徐文致辞去政协副主席职务,增补刘克东、关兆军为政协副主席。区政协二届委员会副主席为李世英、王慧霞、刘克东、关兆军。

政协爱辉区第三届第一次全体会议于2002年10月21—22日召开。会议共有118名委员参加,选举产生了包括主席、副主席在内的常务委员25名,朱家明当选为政协第三届委员会主席,副主席为王培俊、刘克东、关兆军第、李医恩。接受了王慧霞、李世英辞去政协副主席职务的呈请。

政协爱辉区第三届第二次全体会议于2003年3月25—27日召开。共有115名委员、25名常委参加。会议补选王振林为政协三届委员会常务委员。

政协爱辉区第三届第三次全体会议于2004年3月16—17日召开。共有112名委员、25名常委参加。

政协爱辉区第三届第四次全体会议于2004年4月20日召开。共有114名委员、25名常委参加。会前召开的三届九次常委会上接受了朱家明辞去政协三届委员会主席职务的呈请。会议选举王锋为主席。

政协爱辉区第三届第五次全体会议于2004年8月25日召开。共有119名委员、25名常委参加。会议接受王锋辞去政协三届委员会主席职务的呈请,选举郭建华为主席。

政协爱辉区第三届第六次全体会议于2005年3月8—9日召开。共有128名委员、24名常委参加。

第二节　机　　构

1982年1月政协黑河市委员会成立,正处级建制,隶属于中共黑河市委领导。

1983年6月,政协爱辉县委员会并入政协黑河市委员会;内部机构设办公室、文史资料委员会,均为科级建制;编制5个;仍为正处级建制。1987年,内设机构为行政办公室、学习文史办公室、经济技术办公室、文教法制办公室,编制共21个。1989年,增设行政综合办公室。

1993年4月,政协黑河市委员会改称政协爱辉区委员会,正处级建制,隶属于中共爱辉区委领导。内部机构设综合办公室、经济科技办公室、文教法制办公室、学习文史办公室,均为正科级建制。编制总数21个。1996年,政协爱辉区委员会下设综合行政办公室、经济科技委员会、教文卫法制委员会、提案学习文史委员会、社会民族宗教祖国统一委员会,均为正科级建制。编制15个,其中机关工勤人员事业编制2个；领导职数4职，设政协主席1职、副主席3职。2002年，区政协领导职数5职，其中主席1职、副主席4职。编制总数14个，其中机关行政编制12个，工勤人员事业编制2个。至2005年，爱辉区政协机关为处级建制，设主席1职、副主席3职。工作机构、人员编制没有变化。

1982—2005年政协爱辉区（黑河市）委员会主席、副主席更迭情况表

表15－1

届　别	主　席	副主席
政协黑河市第一届委员会 （1982.1—1984.6）	刘瑞元（兼、1982.1—1983.7） 姜德春（1983.7—1984.6）	李　军（1982.1—1984.2、不驻会） 姚淑兰（女、1982.1—1983.7、不驻会） 郭德纲（1982.1—1983.7、不驻会） 耿延令（1982.1—1984.6、不驻会） 关万芳（1983.7—1984.6） 于会珍（1983.7—1984.6） 杜邱顺（达斡尔族、1984.2—1984.6） 张善卿（1984.2—1984.6）
政协黑河市第二届委员会 （1984.6—1987.10）	姜德春（1984.6—1987.10）	杜邱顺（达斡尔族、1984.6—1987.10） 耿延令（1984.6—1985.8、不驻会） 于会珍（1984.6—1987.10） 张善卿（1984.6—1984.7） 吕　庄（1984.6—1987.10、不驻会） 徐福轩（1985.8—1985.10） 梁鹤先（1985.8—1987.10）
政协黑河市第三届委员会 （1987.10—1991.1）	王金发（1987.10—1991.1）	杜邱顺（达斡尔族、1987.10—1990.8） 梁鹤先（1987.10—1991.1、不驻会） 刘万福（1987.10—1991.1） 马焕勇（1987.10—1991.1、不驻会） 李永德（1987.10—1990.8、不驻会） 张显盛（1989.4—1991.1）
政协黑河市第四届委员会 （1991.1—1993.3）	刘万福（1991.1—1993.3）	梁鹤先（1991.1—1993.3、不驻会） 马焕勇（1991.1—1993.3、不驻会） 张显盛（1991.1—1993.3） 刘云宪（1991.1—1992.3） 狄来三（1991.1—1993.3、不驻会）
政协爱辉区第一届委员会 （1994.1—1997.10）	刘万福（1994.1—1995.4） 狄来三（1995.4—1997.10）	狄来三（1994.1—1995.4） 武俊富（1994.1—1997.10、不驻会） 张　铁（1994.1—1997.3、不驻会） 姜成在（1994.1—1997.10、不驻会） 李世英（1994.1—1997.10） 徐典章（1996.3—1997.10） 王慧霞（女、1997.3—1997.10）
政协爱辉区第二届委员会 （1997.10—2002.10）	孙洪涛（1997.10—1999.4） 武俊富（1999.4—2000.9） 何　平（2000.9—2002.3） 朱家明（2002.3—2002.10）	武俊富（1997.10—1999.4） 姜成在（1997.10—2002.3、不驻会） 李世英（1997.10—2002.10） 王慧霞（女、1997.10—2002.10） 徐文致（1999.4—2002.3） 刘克东（俄罗斯族、2002.3—2002.10） 关兆军（满族、2002.3—2002.10）
政协爱辉区第三届委员会 （2002.10—）	朱家明（2002.10—2004.4） 王　锋（2004.4—2004.8） 郭建华（女、2004.8—）	刘克东（俄罗斯族、2002.10—、不驻会） 关兆军（满族、2002.10—、不驻会） 王培俊（2002.10—2004.10） 李医恩（2002.10—）

第二章　工作纪略

第一节　协商监督

历届政协委员会通过举行全体委员会议、常务委员会议、专门委员会议以及专题座谈、调查研究、考察、视察等形式，对政府工作报告、国民经济和社会发展计划及执行情况、财政决算、经济发展和城乡建设重大项目，重要的体制改革方案和区委提出的重要人事安排，以及群众生活中的大事等重要问题，进行政治协商并通过提出建议和批评，发挥民主监督作用。

1984—1987 年，政协黑河市第二届委员会期间，委员们共提出意见、建议 75 条，其中建设性意见 38 条。1986 年 6 月，全体委员列席市二届三次人民代表大会后，委员们围绕全市两个文明建设提出 9 条建议，部分被市委、市政府采纳。政协召开了城市建设与管理问题会议，主管城建工作的副市长王天喜参加会议，委员们就工程质量、供热管理、地下排水、市内环境卫生等方面提出了 21 项建议。

1987—1990 年，政协黑河市第三届委员会期间，通过召开全委会议、政协常委会、专题会议进行协商监督，其中专题协商会议召开 15 次，就城市建设总体规划、科技兴农、农业经济发展、经济体制改革、医药卫生、中小学教育以及待业青年安置等问题进行了协商，共提出意见和建议 200 多条。

1991—1993 年，政协黑河市第四届委员会期间，共组织召开政协全委会议 2 次，常委会议 10 次，主席会议 18 次，委员们就如何搞好工业、农业、乡镇企业、市政建设和社会治安综合治理等重大问题提出意见和建议 40 多条。召开“发展山区农业生产”“促进工业发展”“科技兴市”3 次专题协商会，委员们就如何落实市委、市政府制定的“稳住平原，向山区倾斜”的战略思想提出 15 条建议，就如何促进全市工业迅速发展提出 12 条良策。市委、市政府对委员的建议非常重视，为发展全区经济，制定了发放购买农业机械补助 40. 5 万元、选派 20 名青年干部到山区村屯任职锻炼等政策。

1994—1997 年，政协爱辉区首届委员会期间，共组织召开政协全委会议 4 次，常委会议 22 次，专题协商会议 12 次。认真协商讨论了年度政府工作报告和其他有关报告，对全区工业、农业、文化教育、个体私营经济、社会治安、民族宗教、两个文明建设等方面共提出具有参考价值的意见和建议 127 条，建议案 22 项，为区委、区政府领导科学决策提供了依据。

1998—2002 年，政协爱辉区第二届委员会期间，主要通过政协全委会议，对年度政府工作报告、国民经济和社会发展计划报告、财政预算报告、法检两院报告等工作进行协商讨论。会后经过归纳整理，形成《委员所提意见和建议的综合情况反映》，报送区委、区政府及有关部门。同时，政协召开专题协商会议 9 次，共提出 69 条建议，充分发挥了政协协商议政的作用。

2003—2005 年，政协全委会议对年度的区政府工作报告及国民经济和社会发展计划、财政预算、法检两院等报告进行认真的协商讨论，提出合理化意见和建议形成材料报送区委、区政府。共召开 6 次专题协商会议，就加快发展区域经济，加快全区饲草经济发展，招商引资，重点项目建设等进行了专题协商，共提出意见和建议 57 条，多条意见和建议被区委、区政府采纳。

第二节　提案办理

委员提案由提案审查委员会在全体会议期间整理分类，向全体会议作出审查报告；并经审议通过作出决议。会后根据提案内容，认真研究；然后转送人民政府和各有关部门研究处理，由提案委员会负责催办。承办单位将处理结果通报政协提案委员会，并转交提案者本人。

1984—1987 年，黑河市第二届全委会共收到委员提案 306 件。提案涉及工业、农业、医疗、教育、环境卫生、科学技术等各个方面，反映了各界群众的意愿和要求。1985 年，市政府对委员李名跃《关于黑河市市政建设统一规划问题》的提案予以采纳，针对提出的问题，责成城建局和环卫处购买吸粪车用于清理污水；规定黑河市重点改造区，一律实行统一规划，统一管理，不准再建平房。

1988—1991 年，黑河市第三届委员会共收到委员提案 243 件。提案涉及工业建设（对全市玛瑙石资源应进行普查、勘探及开发）、农林建设（关于恢复各乡、村拖拉机站、机械队的建议）、文教卫生（加强生产劳动技术课的教学，创办职业教育中心；建立人民教育基金制度）等方面提出了建议和意见。1990 年，市政府对委员王实敏的提案《关于加强城市绿化的建议》予以采纳，规定凡已建成的楼房，按照总体规划当年竣工翌年绿化。此后市政府及规划部门在审查图纸时将严格把关。市园林处在市内多栽植吸收二氧化碳的树种，以利于改善城市环境。

1992 年，黑河市林业局就委员葛长云的《发展山区少数民族经济人工培植木耳的建议》作出答复，决定在新生乡年度造林计划面积中，采用小面积带块状方式，解决一部分木耳段材料，满足部分鄂伦春族用户的需要。

1994—1997 年，政协黑河市爱辉区第一届委员会共收到委员提案 147 件，提案内容涉及工交城乡建设、森林资源的保护与管理、财贸、农村基础文化教育、党群政法建设、贯彻落实民族宗教政策、加强社会公益建设、完善社会养老保险事业等方面都提出中肯的意见和建议。1996 年，区政府就委员徐德庆的《关于对草原护河植被加强管理的建议》提案，责成有关部门采取以下措施：对私自开荒种地的农民进行依法处理，按草原承包形式办理手续；清查土地，把部分地头开荒扩种的新耕地纳入村里统一管理，按统一标准纳农业税、交提留；对已破坏的堤岸或新开荒的河堤岸边退耕还堤等。有效地保护了草原和河套堤岸。1997 年，爱辉区委对爱辉区政协提案学习文史委员会关于《学习政协理论增强统战观念为爱辉区经济建设服务》的建议作出答复，确定要根据形势的需要不定期的同统战部举行理论研讨会，在宣传理论培训班时聘请政协工作和统战部门的领导讲课，提高基层干部对统战政策工作的认识，使各级干部，特别是领导干部了解政协、统战工作的内容，自觉地树立统战意识和民主监督意识。

1998—2000 年，政协黑河市爱辉区第二届委员会第二次、第三次、第四次会议期间共收到委员提案 147 件。提案主要围绕全区经济工作总体思路，为调整农业产业结构、调整种植业结构、实现富民强区的战略目标献计献策。提案内容涉及到工业企业发展、农村土地承包、加强环境保护、城市卫生管理、教育体制改革、公费医疗制度改革、下岗职工再就业和一些热点、难点问题。1998 年，区政府对委员张耀忠提出的《关于第二中学校园内规划建设的建议》及时做出处理，针对校园内存在的居民住宅影响学生活动的问题，由财政、房产、民政、教委、二中 5 家单位共同出资 8.6 万元，动迁了此户居民，问题得到了解决。2000 年，区政府对政协委员王冲云《关于把第六小学教学楼后垃圾场和废品收购站扩建为校园的建议》中针对第六小学教学楼后垃圾成丘废品成山的问题作出及时处理，责成爱卫办、街工委、建委、环保局等相关部门联合进行调查，通过近 2 个月的努力，使废品收购站顺利搬迁，还给孩子们一片清洁的绿地。

2001—2002 年，政协黑河市爱辉区第二届委员会第六次、第七次会议期间共收到委员提案 60 件。提案内容涉及到精神文明建设，调整农业产业结构，畜牧业发展，加强农村基层组织建设，发展文化、教育、卫生事业，环境保护，完善社会保障制度等方面。针对委员赵根生提出的《关于加快发展绿色食品，推动我区农业和农村经济结构调整的建议》提案，区政府制定了以建设 8 个绿色食品龙头企业和 8 个绿色食品基地为主的发展规划。对山珍产品开发总公司的隶属关系和领导班子进行了调整，加大了绿色食品开发的领导力度。委员尹明杰提出的《关于加快我区畜牧业发展步伐的几点建议》提案，区政府部门高度重视，制定出台了《扶持畜牧业发展优惠政策》，协调金融部门改变了 10 年来畜牧业贷款为零的局面，投放专项贷款702万元，有力地推动了全区畜牧业的发展。区政府对委员方琼星提出的《关于加大对薄弱中学投资的建议》非常重视，给予黑河五中多项优惠政策，黑河五中筹资100万元，保证了2 500平方米的教学实验楼于2002年开工。

2003—2005年，政协黑河市爱辉区第三届委员会第二次会议至第六次会议期间共收到委员提案140件。提案的内容涉及政治、经济、文化、教育、卫生、社会生活等诸多方面，比较集中反映了广大人民群众的愿望和要求。区委责成区政法委对委员何研提出的《关注预防未成年人犯罪刻不容缓的建议》进行落实；政法委结合“四五”普法，积极开展法制进校园活动，在全区中小学校中普遍开设了法制教育课，聘请了校园法制副校长，加大了对校园周边环境整治力度，逐步形成了学校、家庭、社会齐抓共管的良好局面。区政府对委员卢永昭提出的《关于加强乡镇卫生院建设的建议》高度重视，决定把各乡镇卫生院上划到区卫生局统一管理，进一步提升各乡镇卫生院的管理水平和服务水平。决定安排资金用于乡镇卫生院房屋维修，购置必要的医疗设备。选送乡镇卫生技术人员到省、市、区医疗单位、大专院校进行学习培训。针对委员许敬廷提出的《加强爱辉区农村水利基本建设的建议》，区政府决定，在加大自筹资金投入力度的同时，进一步加大向上对口争取资金力度。继续做好对中小河流堤防进行维修加固，大力推进小流域综合治理；抓好示范项目建设，发展旱田节水灌溉。区政协经济科技委员会提出了《关于加强爱辉区畜牧服务体系建设的几点建议》的提案，区政府积极采纳落实。加强了畜牧工作人员队伍建设；加大宣传和技术指导力度，畜牧局成立了由业务副局长任组长，6名业务骨干组成的畜牧科技服务小组，定期到各乡镇、村屯，直接与养殖户见面，宣传畜牧标准化饲养技术和品种改良、防疫、青贮等方面知识；扩建了各乡镇畜牧服务站，配备了必要的仪器和设备。

第三节　调 研 视 察

1985—1987年，进行了2次视察。组织委员对城市公共卫生、交通管理和建设工作进行了视察，向市委作了书面报告，提出了7个方面的建议。其中有：研究制定和完善市政管理的各项具体规定和实施办法、奖惩办法，建立道路两侧以户或院的包干责任制，解决低洼地段的排水，加快城市危房的改造，建立城市公厕清淘责任制等，这些建议对促进城市管理机制的进一步完善起到了促进作用。组织政协常委及委员共25人对北黑铁路复建工程的重点区黑河火车站、锦河路段、西岗子铁路桥等工地进行了视察。在此期间，共进行2次调查。教育工作组在黑河市第四小学进行了一次“关于小学生智力状况”的专题调查活动，围绕儿童智力发展状况、影响儿童智力发展的因素、关于开发小学生智力工作等方面进行，根据存在的问题提出了7条建议。商业工作组和医药卫生工作组深入新生和坤河2个民族乡，进行发展多种经营生产的专题调查，向市委提出了《关于对少数民族地区发展生产、繁荣经济的考察报告》，提出了具体办法和措施，被2个乡政府所采纳。

1988—1991年，共进行4次视察。政协常委们对黑河市西沟电站工程进行了参观考察，就工程质量、安全生产、工人卫生保健等方面提出6条建议。民族宗教工作委员会赴新生乡参观考察，参观了淀粉厂、鹿场、展览馆等，走访了2户鄂伦春族居民。文化新闻工委、华侨外事工委2次视察了市内文化娱乐场所，查出非法出版物13种175册。此期间共进行6项调查。由市政协牵头，会同商业局、粮食局对小三嘉子2个养猪场进行调查，形成调查报告，呈请市委、市政府之后得到了市委、市政府的重视，对调查中提出的问题予以解决。对废旧物品的回收公司进行调查，在调查中发现5个问题，向市政府领导汇报后，问题得到解决。

1994—1998年，共开展6次视察。区政协教文委组织民盟、民进委员对卫生局、第二医院、防疫站医疗卫生现状及深化改革情况进行了视察，并提出了建议：应进一步协调市、区医疗服务的关系；应对区现有医疗部门有所侧重，向专业医院发展努力；做好医疗部门向市场经济过渡的准备；医疗保健部门要做好与制药企业衔接工作,正确处理好彼此之间的矛盾。祖国统一社会民族宗教委员会对全区社会主义精神文明建设情况进行了视察。共进行20项调查。经济科学委员会对爱辉区工业产权制度改革、农村剩余劳动力市场以及全区乡镇企业发展状况进行了实地调查,并写出2份调查报告,对全区乡镇企业发展状况提出了6条建议。1994—1995年,区政协在对全区进行劳动力普遍调查后,又对爱辉镇的城关村进行了调查,形成专题调查报告;参加了全国政协召开的农村剩余劳动力转移和劳动力市场调查研讨会,被评为调研先进单位。工交委员会对氧气厂、机械厂、拖修厂3个企业的产权制度改革情况进行了调查,提出了6个方面的建议,促进了企业的改革与发展。政协主席、副主席及政协委员中的农业科技人员共同在四嘉子乡、幸福乡、张地营子乡、上马厂乡进行了深入调查,并指导推广玉米大垄双行地膜覆盖技术和水稻旱育种植技术。配合全国政协经济科技委员会、国务院发展研究中心、中国农村劳动力资源开发研究会进行了"农村剩余劳动力转移和劳动力市场的跟踪调查",完成了问卷及调查报告,提出了3条重要建议:加强流出地与流入地政府间的宏观管理,积极发展多元化的中介组织,以减少农民工的盲目流动,使劳动力市场由自发向有组织转变;流出地应提高劳动者的素质,搞好流动前的培训,以增强自我应变的能力,使外流人员由"体力型"向"智力型"转变;流出流入地都要重视流动人员的管理,建立必要的流出流入制度,特别是解决好计划生育管理,社会治安管理,子女就学等困扰流动人口的一些限制性因素,强化户籍管理,改善民工的生活,保护民工的合法权益,使"民工潮"向规范化、有序发展。对全区国有工业企业改革进行调查,形成了《关于爱辉区国有工业企业改革情况的调查报告》,分析了全区国有工业企业改革进展情况,提出6条建议。根据区委发展特色经济的部署,区政协组织委员和农业专家,对6个山区乡镇及部分村屯的油菜种植情况进行了认真的调查,并提出《关于爱辉区油菜生产的状况及发展问题的建议》。

1999—2000年,共进行18次视察。对少数民族乡普及九年义务教育、"兴边富民"活动的推进、农村合作医疗发展、中小学"控辍"情况、农村文化市场建设、全区宗教情况、特色山产品基地情况、市区《归侨侨眷权益保护法》贯彻落实情况、"三五普法"依法治区工作等方面进行了视察。共进行16项调查,对全区国有企业下岗职工生活保障和再就业工作情况进行了调查;就增加全区农民收入问题,对全区5个乡镇、3个村18户农户以及其他的典型示范户进行了调查,形成了《关于增加农民收入调查与思考》的调查报告,得到了区委、区政府的高度重视,区长夏作民签署意见,要求各位领导认真进行阅读;围绕全区农业和农村经济结构调整,新生乡贯彻执行《黑龙江省少数民族条例》情况、畜牧业的发展情况等进行了调查,提出有参考价值的意见和建议14条,报送区委、区政府。

2001—2002年,共进行调查视察活动16次。以调查报告、社情民意、政协简报等形式提出建议、反映信息80条,组成了由主席、副主席带队的2个调查组,历时1个月先后深入到8个乡镇,以发展绿色农业为目标,以农业增效、农民增收为目的,为区政府领导提出了5点合理化建议。按照全国政协经济委员会的要求,由经科委牵头,开展了第三次农村剩余劳动力转移与劳动力市场调查,并撰写了调查报告。对全区社会保障工作情况、民营企业发展情况、全区土地流转情况进行了调查。同时围绕"粮转畜"战略实施情况、全区中小学控辍情况、重点提案落实情况等进行了调查视察。

2003年,对马铃薯颗粒全粉加工、亚麻加工、龙丹百岁乳业、绿芳生态园等重点项目建设进行重点视察,对预防青少年犯罪、清真肉类摊床及饮食业管理、防治"非典"等17个专题开展了专项调查视察工作,提出意见和建议51条。

2004年,就促进农民增收、全区宗教活动、结核病防治、基层法庭建设、旅游发展环境、工业企业改制、优质大豆基地建设等16个专题开展了调查视察工作,提出意见和建议82条。围绕增加农民收入,与市政协组成联合调查组,深入部分乡镇、村屯的40个农户和龙头企业进行专题调研,撰写了《关于大力发展农村经济促进农民增收的调查报告》。针对全区农村农民医疗保障弱化,部分农民因病致贫、因病返贫等实际情况,对全区农村医疗保障情况进行了调研,撰写了调研报告,提出4点建议。

2005年,就加强社区建设、煤矿安全生产、节水灌溉示范园区建设、招商引资和重点项目建设、农业产业龙头企业发展、旅游产业发展、农村小学集中办学、中小学“一费制”执行情况等8个专题进行了调研和视察，提出了33条意见和建议。区委书记李洪祥、区长王喜军分别就委员提出的意见和建议作了重要批示，促进了相关问题的解决，使政协所提意见和建议及时转化为工作成果，推进了区域经济社会的健康发展。

第四节　社会服务

1984—1987年政协黑河市第二届委员会期间，教育工作组常年对第四小学和新生乡中心校采取上辅导课、举行师德报告会和大练基本功等方法改进提高教学工作；对清真饭店等3个企业开展经济咨询服务，为其选聘领导和技术骨干，改善经营管理，解决生产经营中的难题等。组织咨询服务组深入到边远山区举办中草药培训班4次，200多人初步掌握了采集野生中草药技能。1984年市政协从铁力县引进平贝籽种50千克，在新生、坤河2个乡进行了试种，帮助农民解决了技术困难，并帮助其签订了收购合同。农林水牧工作组深入到北师河乡，举办多次农业技术培训班，为农民讲解山区作物轮作等科学技术知识。帮助农民制定增产技术措施、调整种植比例、串换优良品种、解决农药和喷药器械等实际问题。组织有名望的老中医张秀峰、贺耀庭等人组成医疗服务组，到坤河乡、西岗子镇为教师和农民群众免费看病治疗，有53名患者得到诊治。

1987—1990年政协黑河市第三届委员会期间，市政协重点对贫困村屯幸福乡高地营子村进行农业咨询服务，帮助制定农业发展规划，协调修整道路，传授农业技术，治理易涝地块，兴办村企业；委员们为村民提供优良、早熟品种，传授大豆小麦的栽培技术，指导村民发展庭院经济以及家畜家禽的饲养与管理技术。组织8名工业方面专家到卧牛河珍珠岩矿进行工业咨询服务，就生产流程、粉尘及电控等关键性问题进行技术指导。1988年，政协教育工作组部分委员在第四小学进行的“愉快地教育、和谐地发展”实验取得成效，学生的观察能力、思维能力、想象能力明显增强。政协医疗服务组深入到坤河乡和罕达汽金矿开展医疗咨询服务，免费为200多名农民、工人医治疾病，向乡(矿)卫生院传授常见病、多发病的防治技术。

1991—1993年政协黑河市第四届委员会期间，开展咨询服务27次，参与委员145人，项目12个。8次组织农林界委员深入上马厂乡纳金口子村，为村民传授科学种田技术，帮助村民调剂优良种子约5000千克，帮助村里修复1台链轨拖拉机，节约0.6万元的大修费。从东北农科院赵光试验基地引进早熟“东农303”马铃薯新品种，不仅提前1个月上市，亩产亦达1 000千克，比当地品种亩产提高250千克。为市种畜场的40多户农民讲解科学种田，养牛、养羊、养猪知识，为农民调剂部分优良种子，解决了紧缺的灭草农药；种畜场聘请了5位政协委员为农业、畜牧、水利技术顾问。组织工业界委员深入到连年亏损的氧气厂进行科技咨询，帮助氧气厂引进新的机械装置，使该厂生产的灭火器质量有了飞跃，并帮助其研究氧气蔬菜保鲜技术，使氧气厂扭亏为盈。组织教育界的委员到新生鄂伦春族乡和坤河达斡尔族满族乡中小学进行教育咨询，为新生鄂伦春族乡中小学办特色化学校解决1 000元资金，用于改造植物园。

1994—1997年政协爱辉区首届委员会期间，共进行医疗义诊、教育咨询、科技服务等活动30多次。1994年，根据爱辉区大豆面积过大、重茬严重、小麦高产质低的实际情况，区政协提出建议，配合有关部门，引进科技含量高的90-51优良种麦215千克，确定爱辉区第一良种场、爱辉区第二良种场、爱辉镇西三家子村为繁殖点，进行高倍繁殖。共收获种子11 450千克，繁殖倍数43.2倍。优质小麦“高倍”繁殖实验获得成功，为爱辉区“两高一优”农业提供了后备种源。政协教育工作委员会和区教委组织城区的教师到北师河乡、二站乡等边远山区中心校听课、讲课。文化工作委员会在坤河达斡尔族满族乡恢复了图书分馆，送书1 100多册。1995年，卫生工作委员会的委员深入到四嘉子乡小三嘉子村和新生鄂伦春族乡进行医疗咨询服务，为中小学生牙病检诊142人，五官科检诊98人，其他科检诊27人，使患者得到及时确诊和治疗。1996年，卫生医疗界委员深入到二站林场、三站林场、大岭林场、七二七林场及爱辉镇义诊714人次。教育界委员积极开展“联谊校”活动，使区内小学与山区小学结成“一帮一”联谊对子，帮助山区小学进行观模教学、提高教学质量。

1998—2002年政协爱辉区第二届委员会期间，政协组织优秀教师、委员中的部分专家学者深入到全区各乡镇和部分村屯，先后开展了送课下乡、送文化下乡、送科技下乡、送义诊下乡等咨询服务活动。参加听课教师、学生800多人次；送去科普图书千余册；诊治患者近600人。1998年配合市政协组织6名卫生专家，为遭受洪灾的张地营子乡灾民送去价值3 000元的药品，并进行了义诊，受到当地群众的热烈欢迎。在“访千人进百户”和“一帮一”扶贫解困、包扶辍学学生、抗洪救灾捐款等活动中共捐款1.25万元，捐衣物43件，用爱心密切了与人民群众的联系。

2003—2005年，区政协积极组织政协委员开展“三下乡”活动，共送课送书下乡、送文化下乡、送医送药下乡8次，受益群众近万人。委员们为贫困群众捐款2万余元，解决了部分群众的燃眉之急。

第五节　文史编辑

政协黑河市委员会下设提案学习文史委员会，负责文史编撰工作。1984—1992年，共编辑出版发行9辑《黑河文史资料》。

第一辑计14篇共7万字，主要记述了1945年前后，第一任黑河军分区司令员、地委书记王肃领导广大人民群众在黑河进行建党、建政、建军的光辉历程和在黑河从事革命工作的烈士薛志侠、付振林、陈庆山及回族爱国人士韩子和等人的事迹。此辑还记述了黑河地区鄂伦春族下山定居前后的内容。

第二辑计13篇共7万字，以记述马占山史料和东北沦陷时期史料为重点，同时征集了其他史料4万余字。以“抢救”史料为原则，拍摄了有保存价值的59处历史遗址。

第三辑主要内容有记马占山在黑河的前前后后、爱辉县立初级中学简史、黑河兆麟联立中学、海兰电影院、福有舞台、黑河报纸，黑河私营商店、医院、客货、印刷业、酒厂，鄂伦春民族风俗、宗教，瑷珲条约纪念碑，伪满军事大臣等。

第四辑主要内容有东北抗联活动片断、黑龙江沿岸兵变纪事、马占山抗战失败以后、忆瑷珲女师、伪满黑河省立黑河国民高等学校、伪满黑河特务机关内幕等。

第五辑的主要内容有黑河市各民族的由来与发展、鄂伦春人的风土民情、生活习俗、鄂伦春族妇女楷模等。编辑第五集期间，为省政协出版少数民族史料专辑提供了39篇共22万字的资料。

第六辑为《金色的年轮》共计22篇16万字。主要撰写了王肃烈士生前的生平业绩和林一心、岳林、赵天野、王玉等革命先辈的革命历程、戎马生涯。

第七辑是《爱辉县土地改革专辑》，共计16篇10万字。通过当年在爱辉县土地改革运动中的老党员、党支部书记和农会主席的亲口叙述和补充，从不同角度、不同侧面真实地反映了1947—1948年爱辉县土地改革运动这一重大历史事件。

第八辑《旅俄华人》共计25篇10万字。此辑是旅俄华侨史，分别记叙了从1858年至1931年“九一八”事变时期、东北沦陷后到1945年东北解放时期、从东北解放到新中国成立后的60年代初(1962年)这三个时期，中国人出走俄国(苏联)，侨居国外所形成的旅俄华侨、苏籍华人史料。此辑《旅俄华人》以大量的资料和史实记述了旅俄华侨的血泪、甘苦、沉浮和发展的历史，从不同侧面对旅俄华人的生产、生活及华人并肩战斗的史实做了充分的反映。

第九辑《古城瑷珲》于1992年出版发行，此辑记载了瑷珲古城的历史，其中主要有《瑷珲条约》的签订，魁星楼复建，清代瑷珲水师营、清朝时期瑷珲籍的9位将军，窦尔敦与窦集屯等史实24篇11万字。

黑河市爱辉区志（1983—2005）

◎ 第十六篇　民主党派　群众团体

第十六篇　民主党派　群众团体

爱辉区(黑河市)民主党派发挥参政议政、民主监督的职能。围绕爱辉区的中心工作,积极开展各项工作。

1983—2005年,爱辉区群众团体组织不断发展壮大。工会、共青团(含少先队)、妇联、科协、工商联、残联等群众团体的各级组织在中共爱辉区委、区政府和各级党委的领导下,充分发挥各自职能,踊跃开展各项活动,在社会各方面发挥了积极作用。

第一章　民主党派

第一节　中国民主建国会爱辉区支部委员会

一、组　　织

1989年5月,黑龙江民建省委组织处批准吸收由黑河市委统战部推荐的7名工商经济界人士为中国民主建国会会员,黑河市民建会员小组随即成立。7月,成立民建黑河支部筹备组,由毕泽民任组长,许文彬、李树林为领导小组委员。9月23日,民建黑河市支部成立,毕泽民为支部主任,许文彬为组织委员,李树林为宣传委员,何锋为专职驻会干部。当年,吸收会员25人。1990年7月,支部主任毕泽民离任。经选举,马焕勇任主任,张双雁任副主任。1992年,有会员21人。9月,在支部换届选举大会上,马焕勇当选为民建支部主任,张双雁当选为副主任,赵金录、刘志欣、张汝长为委员。1993年4月,民建组织划归黑河市(地级)直接领导,爱辉区有民建会员16人。1994年8月,爱辉区民建支部委员会成立,王鹏飞任支部主任,吕忠英、王长安任支部委员。截至2005年,爱辉区有民建支部1个、会员13人。

二、社会服务

1990年,民建支部与65951部队联合创办了1处军地两地人才家用电器培训学校。经市工农教育办考核,51名官兵获得了家电维修结业证书;学员中有14名复员军人复员后成为家电修理个体户或乡镇企业电工。黑河电视台、《黑河日报》做了专题报道;《解放军报》也做了报道,国家中华职教社发表专载《军地两地人才培训把学校办到了军营里》。5月,中国长城经济科技情报编辑部在黑河市设立办事处,聘请支委许文彬、驻会干部何锋为兼职办事处主任。寒假期间,创办了黑河市第一家少年寒假冬令营,进行音乐、美术、舞蹈、折纸、健美操、智力游戏和趣味比赛等多方面素质教育和娱乐活动。1991年,支部开展了有偿和无偿咨询服务;与俄罗斯做成伏尔加轿车总承生意,获利1.7万元。

当年,支部引进高效节能生产加工专利项目,转介给市科委后创建节能灯具企业,先后招收安置女青年 80 人。

1992 年,民建支部继续开展经济技术咨询服务工作,筹建了打字社;与沈阳军区后勤部经贸局直属哈尔滨长城公司合作开办黑河市金城经济贸易联营公司,当年实现利润 230 万元;自办黑河市南阳经济贸易公司。

2001 年,开展了科技支农活动,与农业专家一起到小黑河村指导产业结构调整,传授先进技术,培训农村技术人员。2005 年 5 月,开展医疗小组下乡活动,深入到坤河达斡尔族满族乡坤河村、四嘉子满族乡小乌斯力村等地,开展送医下乡及非典型肺炎防治的宣传活动。

第二节　中国民主促进会爱辉区工作委员会

一、组　　织

1987 年,黑河市第一个民进支部成立,时有会员 9 人。1989 年 5 月 30 日,中国民主促进会黑河市委员会正式成立,梁鹤先任主委,孔治中、李明忠任副主委。当年,有会员 47 人。1990 年,有会员 63 人。1992 年 5 月,民进黑河市委进行换届选举,梁鹤先继续担任民进黑河市委主任,副主任由孔治中、李明忠继续担任。1993 年 4 月,爱辉区成立之后,民进黑河市委归属黑河市(地级)领导,爱辉区保留 5 个支部,会员 32 人。1995 年 6 月 20 日,民进爱辉区工作委员会成立。1998 年新增会员 2 人。截至 2005 年,有支部 5 个,会员 25 人。

中国民主促进会省委直属黑河市支部成立大会

1987 年 4 月摄

二、社会服务

1989 年,民进黑河市委员会成立后,发动会员办起了 6 个学习班,包括应届初中毕业生补习班、应届高中毕业生补习班、少年俄语讲习班、商业旅游用语、中学俄语讲习班、少年武术预备班。1990 年 10 月 31 日,第五中学民进支部在地市统战部联合召开的民主党派工作经验交流会上介绍工作经验。当年,办学、讲学 48 期,培训 1 080 人,开展咨询服务活动收到经济效益 25 521 元。民进会员、文化局干部张晓芳为使鄂伦春民族舞蹈能够流传下来,在统战部的资助下共拍摄舞蹈资料照片 150 余幅,录制录音带 3 盒,记录采访笔记 4 本,当年被省文化厅授予先进文化工作者称号。1997 年 5 月,民进市委主任梁鹤先为爱辉区各界代表人士传达全国政协会议精神;10 月,民进工委分别到四嘉子满族乡、坤河达斡尔族满族乡、爱辉镇举行“智力支教教学观摩”活动和“智力支教”现场会。1999 年 3 月、10 月,民进工委分别到新生鄂伦春族乡、西岗子镇开展智力支教、义诊活动,为上百位教师讲授课程,为 200 多人义诊治病。2003 年 4 月,民进工委与爱辉区统战部、区政协联合组织区直中小学教师到爱辉镇进行观摩教学。2004—2005年,民进工委与区委统战部、区教委、教师进修学校联合组织城镇优秀中小学教师深入西峰山乡、上马厂乡、四嘉子满族乡、坤河达斡尔族满族乡、张地营子乡等乡镇中小学进行教学教改教研活动,送去了先进教学方法。

第二章　工商业联合会

第一节　组织机构

1986年,黑河市工商业联合会正式恢复成立。同年5月31日,黑河市第一届工商业联合会会员代表大会召开,会议选举产生工商联第一届执行委员15名,其中常委7名、副主委4名(主委空缺),设编制5个,时有会员84名;同年从全市1 700多名个体户中吸收新会员31名,并建立了董事会。1987年,在西岗子镇发展新会员6名,建立了西岗子镇工商联联络组。

1990年8月,经市委常委第五次会议批准,恢复成立黑河市商会,与工商联实行一个机构,两块牌子。1992年,成立工商联党组,由市委统战部副部长兼任党组书记,成员由副主委、秘书长组成。1993年,在换届选举中,选举出驻会主委1名、非驻会副主委6名、秘书长1名、执委27名,建立3个分会。工商联编制2个。1996年,成立"光彩事业"推动委员会。1997年2月,召开爱辉区工商业联合会首届会员代表大会,选举产生新一届领导班子,选举会长1名、副会长兼秘书长1名和执委27名;有会员68名。同年,成立互助发展基金会。1999年4月,工商联召开一届二次执委会议,选举会长兼党组书记1名、副会长1名。同年,指导各乡镇组建7个分会。

2000年,工商联共有会员152名,其中个体工商户123名。非公有制经济人士担任市人大代表2名,担任区人大常委会委员1名,担任市政协委员4名,担任区政协常委2名,担任区政协委员1名。2001年11月,召开第二届工商联换届大会,选举会长兼党组书记1名,副会长兼秘书长1名,选举产生了执委42名、非驻会副会长6名。当年,共有会员79名。其中,担任市人大代表2名,担任市政协委员4名,担任区人大代表3名,担任区政协委员15名。2005年,工商联设编制2个,有会员98名。

第二节　内引外联与服务会员企业

黑河市工商联恢复成立后,同全国110多个省、市、自治区、县(区)的工商联组织取得了联系,与40多个省、市、县工商联互通信息。1987年,经黑河市政府批准从齐齐哈尔市玉器三厂引进技术,创办了玛瑙石工艺加工厂,集资、贷款计3万元,招收女工17人,年产值达25万元。1988年,开设了玛瑙工艺经销部,并将产品销往国外。当年接待24个省市的工商联和其他组织共200多人(次),收发各种信息600多份。

1990年,加强了同港澳台和国外工商团体、工商界人士的联谊工作,接待全国40多个工商组织共300多人次。1991年,与哈尔滨市5家企事业单位联营开办了黑河市商会工贸有限公司,安排待业青年80余人。1992年6月,召开对俄商品展销会,利用开通对俄贸易的有利时机,帮助企业打开产品销路和融通资金。1993年,吸引外地客商到黑河兴办边贸公司5家,接待旅游团4个。

1995年,以爱辉区政协为主,会同个体劳动者协会对个体私营经济进行调查走访,编写了《依照新思路,创造新环境,发展爱辉区第二产业的报告》并形成政协议案,向市、区党委、政府提出了促进发展个体私营经济建设的意见。1996年,建立了爱辉区部分非公有制经济代表人士档案。1997年,联合市工商联在俄阿穆尔州举办了中国名、优、特产品产销会,全国有20多家企业参展。同年,将个体户中闲散资金集中起来,扶持8个小企业重新生产,安置了再就业人员100余人。1998年,筹措资金28万元,为20多户会员企业解决了资金困难的问题。

2002年6月,区工商联与区司法局共同成立爱辉区私营企业合法权益维护中心。组织律师为会员传授法律知识,指导会员企业依法经营;协调中国银行黑河分行营业部组织召开银企恳谈会,将管理规范、效益良好、资信程度高、有发展前途的会员企业推荐给银行作为信誉用户,推荐12户会员企业与银行结成联系对子,推进银企合作;当年,帮助桦林食品有限公司、润龙家电等公司解决贷款105万元。同年,组织12名会员企业负责人到俄罗斯阿穆尔州布拉戈维申斯克市进行考察。2003年5月,黑河市电视台《百姓广场》栏目连续播出7期宣传会员企业的宣传片,其中包括三毛制衣行、润龙家电、爱辉区村镇房屋开发公司等。同年,针对中国加入世贸组织新形势,工商联召开了解放思想、推进非公有制经济发展动员大会,邀请市委党校领导举办了WTO知识讲座。2004年,工商联帮助爱辉区村镇房屋开发公司办理工程项目和土地审批手续。2005年春,因雨水过大将新世纪饮水有限公司通往市区的道路桥梁冲毁,导致产品无法运出,每天损失近万元,工商联协调相关部门及时维修好桥梁,为会员企业解决了难题。

第三节　光彩事业

1996—2000年,工商联积极组织会员为灾区捐款捐物,弘扬扶贫济困传统。工商联会员共捐款4.3万元。2001年,工商联副会长、双凤服装厂经理栾凤娥为下岗职工再就业举办缝纫技术培训班,共培训学员130余人。润龙家电经理葛金臣为新生乡小学捐款6 000元;四功能防爆清洗剂厂经理杜志宏坚持为下岗职工、转业军人、"两劳"人员培训防爆新技术,为再就业拓宽门路。2002年,亨得利表店经理祖丽君为黑龙江公园世纪广场捐献1台价值1.2万元的巨型电子钟。2003年,润龙家电、鹿源春鹿业公司、三毛制衣行、兴华机械厂、素艺空间花店、兴边木器加工厂、新华水暖商店、水利水泥制品厂、四达复印社为遭受水灾的上马厂乡纳金口子村捐款捐物2万余元;富绅工贸有限责任公司为逊克县宝山乡捐款3 600元;新世纪饮水有限责任公司、润龙家电捐资助学及体育事业达3.2万元;四功能防爆清洗剂厂、二轻机械厂捐资助残1.5万元;润龙家电商场为黑龙江公园建设捐资5万元。

第四节　参政议政

1996—2000年,工商联坚持深入基层,深入会员企业当中深入调研,了解非公有制经济现状、存在的问题,并提出意见和建议。共撰写提案议案8篇,其中,《拓展工商联职能,做好非公有制经济代表人士思想政治工作的几点浅见》荣获黑河市社会科学界联合会优秀论文奖。2001年,工商联撰写的《关于我区"十五"期间超常发展个体和私营经济的建议》受到政协爱辉区二届六次会议的重视,会议期间专门进行了研究,并责成有关部门尽快落实。2002年,工商联撰写的《关于加快我区个体私营经济发展的几点建议》受到政府主要领导的关注。2003年,工商联副会长白殿军撰写的《关于改善我区私营经济发展环境的建议》。2004年工商联执委王宝珊撰写的《关于建立牲畜交易大市场的几点建议》,2005 年工商联撰写的《爱辉镇前欢洞村改建通村公路》的提案都受到各有关部门的高度重视,多数提案得到落实。

第五节　文明单位评比活动

2003 年,爱辉区在非公有制企业中开展了文明单位评比活动,制定了《非公有制经济文明单位标准》及评比程序,通过走访会员企业调查各企业的纳税、诚信经营、环境卫生、扶贫济困等情况,根据会员企业单位申请,由区委宣传部、统战部、工商联共同进行考核。爱辉区文明单位评审委员会评选,鹿源春酒业公司、三毛制衣行、润龙家电商场被评为区级文明单位标兵;富绅工贸有限责任公司、黑河电机厂、四达复印社、素艺空间花店、亨得利表店被评为区级文明单位。2005 年,黑河电机厂、四达复印社、素艺空间花店、亨得利表店 4 家企业被评为区级文明单位。

第三章　工　　会

第一节　组 织 机 构

一、机　　构

1983 年 6 月,黑河市总工会与爱辉县总工会合并为黑河市总工会,下设组织部、宣传部、生产部、生活部、财务部和办公室;工人文化官、职工业余学校、退休职工管理委员会、职工义务监督站和技术协作办公室。设主席 1 名、副主席 3 名、正副部长 8 名。1985 年 6 月,黑河市总工会设法律工作部。

1993 年 4 月,黑河市总工会更名为爱辉区总工会,黑河市(县级)管辖的大部分企业上收黑河市(地级)。爱辉区总工会下设机构为组宣部、经济保障部、财务资产部、办公室。2001 年,全区机构改革,爱辉区总工会下设机构为财务资产部、组宣部、综合办公室;设主席 1 名、副主席 2 名;行政编制 6 个,工勤编制 1 个。

二、组　　织

1983 年,黑河市工会有系统工委 29 个,基层工会 169 个,工会会员 8 969 名。1994 年,爱辉区总工会重点在乡镇企业中发展工会组织,在幸福乡、四嘉子乡、爱辉镇等所属企业中组建了 12 个工会组织。2003 年,爱辉区总工会组建了 3 个街道工会联合会。

截至 2005 年,爱辉区总工会辖系统工委 18 个,基层工会组织 176 个,其中,国有企业 15 个,集体企业 19 个,股份合作制企业 3 个,事业单位 35 个,机关单位 35 个,私营企业 69 个;共有会员 7 904 名,其中私企会员 1 807 名。

人

1983—2005 年爱辉区(黑河市)总工会主席更迭情况表

表 16－1

职　务	姓　名	任职时间	级　别
黑河市总工会主席	王龙江	1983.1—1990.8	正科级
	赵奎武	1990.8—1993.4	副处级
爱辉区总工会主席	赵奎武	1993.4—2000.12	副处级
	金瑞善	2001.10—2005.12	正科级

第二节　代表大会

一、黑河市工会第二次代表大会

1986 年 10 月 28—30 日，黑河市工会第二次代表大会召开。出席会议的有工会干部代表 315 名、工会积极分子代表 42 名、知识分子代表 37 名、劳动模范代表 11 名、退休工人代表 4 名、其他会员代表 28 名。其中女代表 114 名，占总数的 36%；少数民族代表 15 名，占总数的 5%。副主席李庆发致开幕词，工会主席王龙江代表第一届委员会作《发扬工人阶级主人翁精神为实现“七五”计划而努力奋斗》的报告，宋会部长作了财务工作报告，市委副书记姜延义、地工委副主任张永喜到会并讲话。

本次代表大会破除了由组织委派工会主席的制度，改由大会选举产生。大会选举王龙江为黑河市工会第二届委员会主席，周秋萍、李庆发为副主席，委员 35 名，常委由 11 名委员组成。选举产生了黑河市工会第二届经费审查委员会，主任刘广朗，副主任王立成，委员 7 名。

二、黑河市工会第三次代表大会

1989 年 12 月 19—22 日，黑河市工会第三次代表大会召开。出席会议代表 150 名。大会由副主席于立荣致开幕词，工会主席王龙江作《加强工会自身建设，在治理整顿和深化改革中更好地发挥工会的重要作用》的报告。宋会作财务工作报告，刘广朗作经费审查工作报告。市委书记李秉德在大会上作讲话。

大会选举王龙江为黑河市第三届工会委员会主席，李庆发、于立荣为工会副主席，选举出委员 35 名。选举刘广朗为经费审查委员会主任，选举出委员 5 名。

爱辉区工会第一次代表大会　　1998 年 7 月摄

三、爱辉区工会首届代表大会

1998 年 7 月 29—31 日，爱辉区总工会第一次代表大会召开，此次会议是撤市建区后第一次代表大会。出席会议代表 70 名，大会由副主席于立荣致开幕词，主席赵奎武作《突出维护职能，坚持以法治会、团结动员全区职工为加速实现富民强区战略目标而努力奋斗》的报告。副主席乔山作了经费审查工作报告，区委副书记孙洪涛、黑河市总工会主席马玉林分别在大会上作讲话。

大会选举产生爱辉区工会第一届委员会委员13名，选举了工会主席、副主席；选举产生经费审查委员会委员5名，选举产生了经费审查委员主任、副主任。

第三节 劳动竞赛

1984年，黑河市在商业系统、服务系统和交通建筑系统分别开展了技术比赛，有18人获得技术能手称号。1987年，开展了“双增双节”（增产节约、增收节支）活动，全市各行业节能、增收371.92万元；同时开展了“班组达标”“创先”竞赛活动。1988年，在全市企业中开展了“奔百万、争一万、减亏百元上台阶”厂际竞赛。在“奔百万”竞赛中有5个单位上缴利税超额完成48.74万元；在“争万元”竞赛中有4个单位超额完成5.5万元；在亏损企业中开展的“为企业做贡献，减亏一百元”的竞赛活动中有4个单位减亏10万元，人均减亏68.36元。当年，在地工委首届生产运动会上，黑河市有12名职工获单项第一名，黑河市工会被授予先进集体称号，马力、刘国华等获得晋升一级工资的奖励。1990年，在“双增双节”活动中，全市各单位增产节约370万元。在合理化建议活动中，全市职工共提合理化建议968条，采纳587条，实施项目277项，创经济价值52.2万元。1992年，在全省第四届职工生产技术运动会上，黑河石油公司化验员张万获全省第二名。1995年，全区共提合理化建议401条，实施217条，创效益18万元。技术革新40余项，节省资金63万元，企业增产节约15万元。1997年，开展以“优质生产，优质服务”为内容的劳动竞赛活动，评选出先进个人19人、先进班组12个、先进单位13个。2000年，全区共提合理化建议165条，采纳87条，实施64条，创价值50.85万元。2001年，组织参加全省“创新杯”“安康杯”竞赛活动，在活动中黑河市振兴粮库获省级优秀奖，爱辉区总工会获省级优秀组织奖。2002年，在“创新杯”竞赛活动中，妇幼保健院被评为省级“创新杯”竞赛优胜单位，该院副院长吴丽萍被评为省级创新能手称号；在“安康杯”竞赛活动中浸油厂被评为省级“安康杯”竞赛活动优胜单位。2005年，全区职工提合理化建议76条，采纳38条，实施29条，创经济价值5万元。

第四节 文体活动

1983年，组织劳模、退休老工人120余人参加游江及参观爱辉历史陈列馆等活动。1988年，举办庆“五一”劳动节以“优质服务”为内容的演讲报告会和“我为改革增光辉”的征文活动，近千名职工参加，并推选出优秀作品16份参加地工委举办的全地区征文活动。1990年，开展了“我为工人阶级增光辉”的演讲活动，共演讲60多场次，有500多人参加活动。1991年，组织职工观看电视教育片160场次，受教育职工1万人；举办“爱我社会主义”演讲会110场；组织职工开展“三想三看”大讨论300场次，撰写“我为开放城市做贡献”征文1 050份。1992年春节，黑河市总工会在工人文化宫举办了一场大型文艺演出，得到广大职工的好评。2001年，在省总工会举办的“党在我心中”演讲和歌咏比赛中，爱辉区选派的选手分别获二、三等奖；在省总工会组织的党的知识竞赛答题活动中，爱辉区总工会获优秀组织奖。

第五节　培训和思想教育

1983年，黑河市、爱辉县工会各举办1期工会干部综合性业务训练班，269人参加。1987年，为加强工会自身建设，各级工会组织采取不同形式培训职工代表3 320人次，达到职工代表总数的98%；培训工会干部1 256人次，培训率100%。1988年，结合“改革开放、搞活经济”，各级工会组织开展了十三大知识竞赛活动，全市22个系统代表队74人参加了知识竞赛，黑河市电业、煤炭等代表队获得前三名；6月，举办工会财务理论研讨会，工会干部和工会财务干部500人参加；9月，举办《中华人民共和国企业法》培训班，各企业的厂长（经理）、书记、工会主席280人参加学习。1992年，举办了工会干部岗位培训、民主管理、安全监督检查等学习班，培训工会干部1 700人次。1995年，会同劳动局、体改委共同举办《中华人民共和国劳动法》学习班，有企业领导、基层工会主席、企业主管局长及系统工委主任300人参加；组织《中华人民共和国劳动法》电视巡回讲座50多场次，下发《中华人民共和国劳动法》学习材料450册，组织1 400人参加全区职工《中华人民共和国劳动法》答卷活动。1998—1999年，组织工会干部和职工学习中共十五大报告及邓小平理论，举办报告会270场，制作宣传板报710期，职工写学习心得体会4 100篇。2001年，开展“三个代表”重要思想学习教育活动，全区工会制作宣传板报321期，宣传标语280幅，职工答卷2 600份。2002年，在全区开展的职工自学成才活动中，区妇幼保健院韩福义被评为省自学成才先进个人。

第六节　企业民主管理

1983年，黑河市建立职工代表会的单位有148个，组建率为99%。各基层工会组织通过职工代表会开展民主评议选举干部，发挥职代会的职权。1988年，市总工会加大基层职代会工作的指导力度，在黑河市邮电局召开现场会，各系统、直属工会干部81人现场观摩了邮电局领导与工会主席签订“双保”合同；对全市211个职工之家进行复查验收，推选出省级先进职工之家20个、模范职工之家1个；选出省级优秀工作人员8人、地级优秀工作人员4人、省级先进工会小组4个。1992年，黑河市在基层工会建立起一支280人的安全监督检查员队伍。检查员经专门培训，考试合格，获发证书，负责本系统、本单位的安全检查工作。全年查出各种隐患156项，各企业整改隐患投资58万元。1995年，爱辉区在“建家”和“创先争优”活动中，农机公司被评为省级先进“职工之家”。2000年，开展“查隐患、促整改、保安全”群众监督检查活动，共发放宣传单2万份，宣传标语100条，出板报50块；深入到基层开展安全大检查，查出隐患70多处，下发整改通知书15份，当场整改10处。2002年，组织全区职工800多人观看了工会法宣传片，印发工会法手册500份、出板报22块、发放宣传单2 500份。当年，在省政府组织召开的全省厂务公开理论研讨会上，爱辉区选送的文章被评为一等奖。当年，全区职代会召开率100%，工会主席直选率100%。2003年，在“爱企业的优秀职工和爱职工的优秀经理”的“双评双爱”活动中，表彰先进个人35人。7月，市总工会授予黑河市实验小学工会等16家单位为市先进职工之家称号。同年，区地方道路管理站郭军被评为省级企业民主管理工作先进个人。

第七节 权益维护

1983年,黑河市组建劳动保护组织41个,设劳动保护检查员82人,劳动保护专职干部9人,兼职干部85人。1988年,在各基层工会成立法律顾问领导小组和劳动争议调解委员会117个,业务培训147人。工会组织接待职工来信来访47件,来访人员64人次,结案46件,结案率98%。1993年,全市工会组织成立劳动争议调解委员会135个。2003年,爱辉区工会组织接待来信2封,来访4起,处理煤矿伤人事件3起。

第八节 帮扶解困

1983年,在职工排忧解难活动中,西岗子电厂为职工修建了宿舍和活动室、图书室,安装了自来水,修建了浴池,配备了厂医,扩建了子弟学校,开办了育红班,整修了家属区街道,为发电车间配备了电风扇等。当年,市医药公司工会主席马焕勇、汽车修配厂工会主席刘文歧、市酱菜厂工会委员赵春荣,被授予全国总工会优秀工会积极分子称号。1998年,在"送温暖"工程中,爱辉区职工为困难群众捐款6.8万元;全区由党、政、工领导560人参加的240个走访慰问组,对900户困难职工进行走访,发慰问款22万元。1999年,在"送温暖"工程中,为820户困难职工送生活物品、慰问款13.4万元;其中有27名副处级以上干部,153名科级干部与81户特困职工结成对子,进行常年帮扶;全区职工为煤矿困难职工捐款20.5万元。2000年,在"访千人,进百户""走进千万家"扶贫送温暖活动中,对475户困难家庭进行走访并发放困难补助金6.2万元,走访困难企业5家,发慰问金5 000元。2001年,全区92个春节慰问小组对421户困难家庭发放面粉12 500千克、大米22 500千克、豆油450千克、猪肉150千克。当年,在城市"一帮一"扶贫解困工程中,全区536名副科级以上领导干部、300多名村干部与358户贫困户结成帮扶对子,实现了帮扶解困全覆盖。为帮扶对象送去米、面、油、衣物等,价值8万多元,解决住房、就业、奶牛养殖等较大困难50多件,走访慰问近2 600人次。2002年,对285户困难户、遗属和部分劳动模范进行了走访,发放补助款10.8万元;为使困难职工进入市场走自我发展之路,共为377人办理了特困证;为2户特困职工家庭解决子女上学资金万余元。2003年,走访慰问278户困难户、遗属和部分劳动模范,发放粮油和补助款10万元。当年末,再次启动爱辉区城市"一帮一"扶贫解困工程,确定开发式项目扶贫45人,救济式帮扶120人。为帮扶对象送去米、面、油、衣物和帮扶资金合计20多万元,走访慰问近4 100人次。区总工会推荐的论文在省"一帮一"扶贫解困工程研讨会上获三等奖。2004年,全区100个慰问小组对困难企业、困难职工和遗属、劳模进行了走访,发放实物与现金补助计10万元。为进一步推进困难职工帮扶工作,成立了爱辉区困难职工帮扶中心。2005年,在城市"一帮一"扶贫解困工程中,实施了小吃部、小烘炉、食杂店、幼儿园等安置就业开发项目45个,投入资金16.2万元。帮扶干部为困难职工送粮、油、现金等计2万元,帮助解决实际困难30多件。

第九节　女职工工作

1983年,全市有女工7 900多人,约占职工总数的40%。各基层单位都建立了女工委员会,加强了对女职工的“三期”(孕期、产期、哺乳期)保护。1992年1月,对全市女职工组织情况进行调查,全市有女职工10 758人,占职工总数的47%;有专兼职女职工主任204人,占女职工总数的1.9%;有女职工委员会委员390人,占女职工总数的3.6%;女职工初中文化程度占37.5%,高中、中专文化程度占50.7%,大学、大专文化程度占11.8%。同年6月20日,根据国务院下达的《关于女职工劳动保护规定》的要求,黑河市开展了女职工健康体检,对全市女职工进行体检,至9月20日,已普查9个系统4个直属单位的女职工共2 100余人,查出有病症的130人分别对其进行治疗,主要病症体现为肿瘤、盆腔炎、乳房小叶增生等。1995年,全区有女职工5 704人,占职工总数的48.9%。截至2005年,全区141家私营企业有85%的企业成立了女职工委员会。爱辉区各级工会中有66家企业签订女职工特殊权益专项集体合同。开展了巾帼文明示范岗、岗位大练兵活动,教育和卫生等业务部门开展了综合技能竞赛、教师基本功等大赛,展示了女职工风采,并对取得优异成绩的女职工进行表彰和奖励。2005年,表彰自主创业先进个人10人,其中,下岗女职工6人、科研技术人员4人;表彰区级文明家庭63个,区级先进女工作者26人,市级女劳模2人。区总工会建立了单亲特困女职工档案,实行随访制和动态管理,每年的春节、“三八”妇女节期间开展走访慰问女职工活动。2004—2005年,区总工会筹措资金6万元,帮助困难女职工116人次,其中农民工28人,培训下岗女职工596人,女职工实现再就业216人次;筹措助学资金1.6万元。

第十节　劳模工作

1983年,根据上级工会下达的劳模休养指标,市工会组织27名省级以上劳模分批到北戴河、五大连池、兴城、千山等旅游胜地进行疗养和旅游。1995年5月,爱辉区召开全国劳动模范事迹报告会,全区机关干部、企业领导、基层工会主席、职工群众代表近500人参加。2002年,区总工会与区政府召开联席会议,解决了省以上劳模荣誉津贴的待遇问题。2004年,爱辉区在工人文化宫举办劳模事迹报告会,有1 000余人参加。

第四章　共产主义青年团

第一节　组织机构

一、机　　构

1983年6月,共青团爱辉县委员会并入共青团黑河市委员会。1993年4月,黑河“两撤两建”,共青团黑河市委员会更名共青团黑河市爱辉区委员会。截至2005年,共青团爱辉区委员会下设组织部、宣传部、统战部、学少部、工农青年部、办公室。

二、基层组织

1995 年 3 月，在市区各小学少先队组织中建立团组织；2004 年 9 月 28 日，在凯歌家电有限责任公司、万达家电有限责任公司、富绅糖酒有限责任公司 3 个非公有制企业中建立团支部。

截至 2005 年，爱辉区有基层团委 30 个，其中乡镇团委 11 个，区直团委 19 个；有团支部 242 个，其中农村团支部 110 个，学校团支部 74 个，机关团支部 18 个，其他企事业团支部 40 个；全区有 14—35 周岁青年 24 560 人，其中 28 周岁以下青年 15 280 人；有团员 3 637 人。

三、干部培训

1983 年 8 月，举办黑河市第三期团干部训练班。1988 年 1 月，开始实行基层团委实际例会制度。1990 年 7 月，举办乡镇团委书记理论培训班。1996 年 7 月，举办农村“三位一体”团支部书记培训班。1999 年 7 月，举办基层团干部及大队辅导员业务培训班。

第二节　代表大会

1983 年 1 月 25—26 日，共青团爱辉县第十三次代表大会在黑河召开。县委书记吴隆洲、副书记王国生出席大会，王国生代表县委讲话。大会听取并通过仲晓光作的题为《团结全县青年，为全面开创边疆社会主义现代化建设的新局面贡献青春》的工作报告。大会选举产生共青团爱辉县第十三届委员会委员 29 人，常委 9 人，仲晓光当选为书记，王莹为副书记。

1986 年 9 月 12—13 日，共青团黑河市第二次代表大会在黑河召开。市委副书记姜延义、团地委组织部部长马力在会上讲话，会议听取并通过张守豪受共青团黑河市第一届委员会所托作的题为《建功立业，培育新人，为振兴黑河、繁荣边疆而奋斗》的工作报告。会议选举产生共青团黑河市第二届委员会，张守豪当选为书记，郝桂林、孟秀云为副书记。

共青团黑河市爱辉区第一次代表大会　1999 年 11 月摄

1999 年 11 月 14—15 日，共青团黑河市爱辉区第一次代表大会在黑河召开。出席会议代表 120 人，代表中各级团干部 80 人，各条战线专业技术人员 32 人，各条战线先进模范人物 30 人，女代表 59 人，少数民族代表 15 人。代表平均年龄 24.8 岁，大专以上文化程度 62 人，占 52%。爱辉区区委书记胡东胜、爱辉区人大常委会主任贾振国、爱辉区政协主席武俊富、爱辉区区委副书记郭建华、爱辉区纪检委书记李前进、爱辉区政府副区长郝忠安、共青团黑河市委书记秦晓健、共青团黑河市委工农青年部部长刘阳等领导出席大会。爱辉区区委副书记郭建华在会上讲话，黄世伟向大会作题为《抓住机遇，开拓进取，团结带领青年为实现富民强区的战略目标建功立业》的工作报告。大会选举产生共青团爱辉区第一届委员会，其中委员 20 人，候补委员 4 人；黄世伟当选为书记，何妍为副书记。

第三节 主题活动

1984年3月15日，共青团黑河市委召开团干部工作会议，会议提出“五最”（抓住党和政府最关心、人民群众最需要、广大青年最欢迎、团组织最能使上劲、社会影响最大的活动）的工作新目标。1990年6月，在团组织中开展以“学理论、学雷锋、学文化、争做四有新人”为内容的主题系列教育活动。2002年，共青团黑河市委开展团员青年“讲道德、倡新风、做表率”主题系列活动：推行《青少年网络文明公约》，提倡“文明上网，上文明网”，联合有关部门开展“创建青少年安全放心网吧”活动，规范青少年的网上行为；在中小学生中开展“做文明学生，树社会新风”活动；在企业青工中开展“岗位闪光”号手活动；在农村青年中开展“破旧俗、倡新风、展形象”主题活动；在青年志愿者中开展“爱心献社会，真情助他人”活动。2005年3月3日，为纪念毛泽东“向雷锋同志学习”题词42周年，举办了“弘扬雷锋精神知真情、争做时代楷模见行动”主题报告会。4月20日，举行了以中小学生为主要教育对象的“六讲六做”（讲礼貌、做言行文明的青少年，讲友善、做关爱他人的青少年，讲诚信、做表里如一的青少年，讲卫生、做身心健康的青少年，讲自立、做自强上进的青少年，讲正直、做是非分明的青少年）、“六尊”（尊敬国旗、尊敬国徽、尊敬国歌、尊重父母、尊重老师、尊重老人）活动启动仪式。

第四节 竞赛活动

1986年6—11月，共青团黑河市委在农村团组织和团员中开展扶贫竞赛活动。1990年11月26日，召开“青年爱龙江，奉献在冬运”主题系列活动动员大会。1991年4月，开展“学赖宁、争做时代少年”赖宁杯竞赛活动；1993年5月，开展“五四”青年科技竞赛。1994年1月，举办爱辉区首届“青春杯”台球赛。9月，全区开展“创建青年文明号”活动。2005年12月9日，纪念“一二·九”运动70周年，团区委与黑河日报社、黑河第五中学联合举办“弘扬创业精神，构建和谐社会”主题演讲比赛。

第五节 志愿者活动

1996年4月，在企业团组织中开展“维护社会安定，净化社会风气，服务青年成材”青年志愿者活动。1998年1月，在春节期间组织青年志愿者、青年文明号集体为困难群众，特别是为下岗职工服务。2000年4月，开展“一助一”扶贫救助活动；开展“爱辉区青年五服务”活动；12月，开展“扶贫解困献爱心，尊老爱幼送温暖”活动。2003年，以开展“牵手扶贫帮困工程”为主题，组织青年文明号及青年文明号创建单位青年志愿者走访慰问了贫困家庭、贫困学生、下岗职工。同年，开展了“真情助困行动”，爱辉区政法系统、教育系统、民营企业的30多个单位的团员青年志愿者，为十几个贫困家庭和学生捐助了总额6 000多元的米、面、油、学习用品、衣物和现金。当年，重点实施了“帮助青年创业计划”，为农村青年提供信息、技术服务。2004年9月1日，在西兴街兴粮社区建立了青年志愿者服务区。

第六节　希望工程捐助活动

1992 年 9 月，实施希望工程，在全市共青团员中开展收缴特殊团费活动，共计收缴 695 元；10 月，实施救助贫困失学少年重返校园希望工程，团员青年共捐赠 750 元，救助 8 名失学少年重返校园。1998 年 5 月，开展爱心献社会，情系失学儿童希望工程捐赠活动，共募集善款 1 850 元，救助了 11 名失学少年重返校园。2000 年 9 月，经区团委推荐申报，新生乡希望小学，第三希望小学和四嘉子乡希望小学获省青少年发展基金会“龙福杯”模范希望小学称号。

第七节　夏令营活动

1983 年 7 月，举办了黑河市首届夏令营。1995 年 7 月，组织少先队员参加“手拉手、心连心”希望之光夏令营。1997 年 7 月，举办了爱辉区首届少先队综合训练夏令营，共有 87 名少先队员参加了此项活动。

1998—2005 年，考虑学生的安全问题，未组织夏令营活动。

第五章　妇女联合会

第一节　组 织 机 构

一、机　　构

1983 年 6 月 1 日，爱辉县妇女联合会并入黑河市妇女联合会，内设机构为组织宣传部、生产福利部、法律顾问处、儿童工作部；编制 6 个，设主任 1 职、副主任 3 职。1993 年 4 月 1 日，黑河市妇女联合会更名为黑河市爱辉区妇女联合会。内设机构为权益部（儿童工作部）、组织宣传部（妇女儿童工作委员会办公室）、生产部。行政编制 5 个，设主席 1 职、副主席 1 职。截至 2005 年，机构及编制无变化。

二、基层组织

1983 年，黑河市对全市妇联基层妇代会进行了整顿，全市有公社一级妇联 22 个，妇代会 197 个，其中，一类妇代会 91 个占 46%、二类妇代会 91 个占 46%、三类妇代会 15 个占 8%。2005 年，全区共有乡镇妇联组织 11 个，街道妇联组织 4 个，社区妇联组织 12 个，村妇代会 89 个。

第二节　妇女代表大会

1985 年 3 月 1—2 日，黑河市首届妇女代表大会在黑河召开，出席会议代表 200 名。会议听取了刘杨做的工作报告。市委副书记张中元和地区妇联主任王世翠到会并讲话。选举产生了黑河市首届妇女联合会执行委员会 33 人，常委 11 人；选举刘杨为主任，田桂芝、赵静敏为副主任。

1999 年 11 月 18—19 日，爱辉区首届妇女代表大会在黑河召开，146 名代表参加会议。区委副书记郭建华到会并作重要讲话，孟敏作了题为《发扬“四有”“四自”精神，为开创爱辉区妇女运动新局面推进区域经济发展而努力奋斗》的工作报告，报告提出了今后 5 年的工作目标和任务。大会选举产生了由 31 人组成的执行委员会；选举孟敏为爱辉区妇女联合会第一届执行委员会主席，吕桂艳为副主席。

第三节　生 产 劳 动

1985 年，全市有劳动能力妇女 9 982 人。当年，全市有农村女致富能手、城镇女科技工作者、革新能手、服务标兵 123 人，有产粮能手 13 人、有庭院经济能手 14 人、有饲养能手 25 人获得表彰。1990 年，在“龙江女子支援爱国储蓄”活动中，市妇联人均储蓄 938 元，乡镇妇联干部人均储蓄 539 元，市内女职工参储面达 99% 以上。1993 年，爱辉镇外三道沟村朱金花和幸福乡之路村谭淑英获省级先进女能手称号。1994 年，张地营子乡王岑枝、幸福乡下二公村李秀焕、爱辉镇松树沟村白玉珍获省级先进女能手称号。1997 年，在“双学双比”（学文化、学技术、比成绩、比贡献）活动中，有 98 名妇女获得了“绿色农民技术员”证书。同年，在“手拉手”扶贫活动中，全区有 155 名妇女干部与贫困妇女结成对子。1999 年，引导农村妇女依托地缘优势发展特色农业和外向型农业，幸福乡小黑河村妇女把育花做为新的经济增长点，并成功的嫁接了多色杜鹃；全区 13 个乡镇、116 个村屯妇女义务植树 2.6 万株，绿化、美化“三八”街 118 条。1999 年，区供销社曾慧获省级“三八”红旗手荣誉称号。2001 年，坤河达斡尔族满族乡黄旗营子村获省“三八”绿色优质工程称号。2003 年，爱辉区开展“四进农家”系列活动，发挥妇女养殖优势，以“两牛”“两羊”为重点，发展养殖业，形成了“一户带四邻，四邻带全屯”的局面。爱辉区坤河达斡尔族满族乡黄旗营子村马桂花被评为省级农村妇女“双学双比”女能手；爱辉区幸福乡小黑河村赵桂兰受到省“畜牧兴家”“百家养殖大户”的表彰；赵桂兰成立小黑河村蛋鸡养殖协会，带领 30 户农户养蛋鸡致富，已形成品牌产业。2005 年，全区向省内外输出妇女劳动力 980 人，就地转移 2 300 人，被哈尔滨市妇联确定为进城妇女务工就业输送地。同年，爱辉区三毛制衣行经理韩淑玉被评为省级“三八”红旗手。

第四节　学习文化技术

1988 年 8 月，黑河市举办首届妇女干部培训班。1990 年 2 月，举办了乡、村级妇女干部和致富能手等 100 余人参加的学习班，请专家讲授了“科学快速养猪法”“大豆 5 号、889 号种植技术”。当年，全市共办班 74 次，培训妇女 6 570 人，现场教学 372 次，现场咨询 431 人次，编发技术资料 1 782 份。1991 年，黑河市妇联深入到 13 个乡镇对妇女干部进行全面培训，共为基层妇女干部讲课 14 场。爱辉区幸福乡河南屯刘大茹，发展庭院经济致富后，将万元存款借给本村贫困姐妹发展生产，并收到成效。1995 年，在四嘉子乡组织各村妇女骨干举办了养鹅培训班，聘请养鹅大户刘昌介绍养鹅经验。爱辉区妇联 3 次到外地考察鹅业生产，并与平原乡镇签订了养鹅合同。2000 年，举办了全区首届妇女干部培训班，参加培训人员 117 人。当年，在“科普之冬”活动中，聘请农业专家进行科技讲座，共办培训班 115 期，有 5 556 名农村妇女参加培训，举办科普知识图片展 6 次，发放《农村妇女实用技术手册》300 册，提供市场信息 1 000 余条。2002 年，全区以“女性素质工程”为载体开展读书活动，向基层妇女干部发放《妇女干部素质丛书》50 套，《农村妇女实用技术丛书》1 000 套。2004 年，是爱辉区妇联组织建设试点年，当年，共成立农村妇女科技培训学校68所。同年9月，召开了各乡镇妇女干部组织建设总结交流会，学习西岗子镇妇联的基层组织建设的经验和做法。2005年，全区妇联干部有9人参加了区委党校举办的培训班，有230多人次参加岗位培训。

第五节　参政议政

1994年，全区有33名妇女代表当选为爱辉区第一届人民代表大会代表，占代表总数的20.1%。1997年，有35名妇女当选为人民代表，占代表总数的22.2%。区委中有4个领导班子配备了女领导干部，13个乡镇中9个乡镇班子已配齐女干部，11个应配女干部单位中有9个单位配上女干部。在新党员中，女党员占34%。2002年第三届人民代表大会妇女代表达到38人，所占比例达24.4%。爱辉区妇女参政议政的人数不断增加，比例呈逐年上升趋势。2005年，爱辉区完善了女性人才库建设，储备副处级女后备干部3名，正科级女后备干部27名，副科级女后备干部85名。新提拔正科级女干部5名，副科级女干部17名，均为女性人才库储备的干部。至年底，全区有县(处)级女干部3名，占总数的12.5%。

第六节　宣传工作

1983年，在全市开展的争创"五好家庭"创建活动中，有2 777户获得"五好"家庭称号，占总户数的10%。1984年，在全市"三八"妇女节表彰大会上，有200个"五好家庭"、120名"三八"红旗手、30个"三八"红旗集体受到表彰。1990年，在全市"五好文明家庭"创建活动中，有1 800余户获得"五好文明家庭"称号。1997年，对全区妇女进行"四有"(有理想、有道德、有文化、有纪律)、"四自"(自尊、自信、自立、自强)教育，激发妇女学文化、学科学、学技术的热情。1999年，区妇联与黑河电视台、黑河有线台联合拍摄了展示妇女先进代表业绩的录像片，共有8篇作品在黑河电视台和《黑河日报》上发表。2002年，有15个基层妇联、12个基层妇委会的358名妇女参加了《公民道德建设实施纲要》答题活动。2005年，各乡镇成立了"廉内助"协会、"巾帼建功"联谊会。在全区开展了"送文明理念、送法律知识、送致富信息、送就业岗位、送脱贫项目"为内容的"五送"活动。当年，全区共有农村文化大院25个，秧歌队50个，推动了全区精神文明建设。

第七节　维权工作

1983年，黑河市妇联协同有关部门解决妇女维权案件22起，为9户家庭解决了纠纷。1985年，共接待来访147人，来信128件。1990年，实施信访工作目标管理，建立三级信访网，全市共建立187个妇女信访组织，有信访员597人。2001年，以宣传贯彻《中华人民共和国婚姻法》《中华人民共和国妇女权益保障法》和切实维护广大妇女、儿童合法权益为工作重点，举办法律知识讲座，培训3 000人次，发放宣传单5 000张，接受法律咨询解答相关问题60人次。2004年，区妇联举办了新"婚姻法""平安家庭""廉洁家庭"知识竞赛及答题活动，区直12个党委及乡镇参加活动。2005年，区妇联向基层妇委会及妇女发放220本《妇女实用法律手册》。2000—2005年，共接待上访310人次，结案率100%。

第八节　儿少工作

1983年,黑河市共有托儿组织147处,其中,托儿所45处,幼儿园102处,入托入园儿童5 705人,占0~7岁儿童的45.1%。1984年,在六一儿童节“双先”庆祝表彰大会上,有25个少年儿童工作先进集体、50名先进个人和150名好孩子受到表彰。1985年,全市成立家长学校学习小组110个,校外辅导站30处。当年,全市共有幼儿园所200处,城镇97处,农村103处,其中个体园所70处,比上年增加59处,全市入托率58.7%。1991年,为提高家长科学育儿水平,加强广播家长学校的管理,并纳入“八五”儿少工作计划。全市共有1 064名家长报名参加了广播家长学校,订阅教材5 412册,出科学育儿板报167期,举办家教师资培训班8期,培训师资100余人。1999年,爱辉区有幼儿园112所,其中城区67所,农村45所,1所为公办幼儿园(黑河市幼儿园),其余为民办;在园幼儿5 189人;城区入园率85%以上,农村学前1年教育入园率60%以上;在园幼师296人,专业达标率70%。2002年,对妇儿工作委员会成员单位进行了调整,调整后的单位由原14个增至26个,制定下发《妇女发展规划》《儿童发展规划》,举办了培训班对妇儿工委成员及妇儿工作者进行培训。同年,启动了阳光助学工程,黑河百姓商店经理王秀兰为10名优秀“春蕾”女童每人资助1辆自行车。2004年,全区资助贫困女童155人,促成长期互助对子54对,向爱辉中心小学30名贫困女童各捐赠了1件雪中飞牌羽绒服。2005年8月,举办了儿童交通与安全培训班,有小学及幼儿园教师50人参加培训。当年,组织同俄罗斯青少年互访活动,两岸共互访学生612人。同区委宣传部、团区委、教育局、文化局联合举办了首届“万达”杯青少年绘画比赛。截至2005年,全区共有幼儿园106所,其中,城区64所,农村42所,1所为公办幼儿园(黑河市幼儿园),其余为民办幼儿园。城区学前3年教育入园率95%以上,农村学前2年教育入园率80%以上,全区在园教师280人,专业达标率95%,在园幼儿4 900人。

第六章　科学技术协会

第一节　组织机构

一、机　　构

黑河市科学技术学会成立于1982年3月,与科学技术委员会合署办公,业务受黑河地区科学技术协会领导;1983年6月,与科学技术委员会分开,独立开展活动。黑河市科学技术学会配备领导职数2职,事业编制3个,下设普及部、学会部。1988年,成立青少年科技活动中心。1993年4月,黑河市科学技术协会更名为爱辉区科学技术协会,正科级建制。2004年,领导职数增至3职,设主席1人、副主席2人,专职干部5人,编制8个。下设普及部、学会部、青少年科技活动中心。2005年,科协所属学会12个,有农业学会(成立于1994年,挂靠在区农业局,学会会员20人);医学会(成立于1994年,挂靠在区卫生局,学会会员15人);林业学会(成立于1994年,挂靠在区林业局,学会会员26人);工业学会(成立于1996年,挂靠在区工业局,学会会员10人);水利学会(成立于1996年,挂靠在区水务局,学会会员8人);教育学会(成立于1996年,挂靠在区教育局,学会会员53人);计量学会(成立于1996年,挂靠在黑河市技术监督局,学会会员5人);畜牧学会(成立于1996年,挂靠在区畜牧局，学会会员 6 人）；珠算学会（成立于 1997 年，挂靠在区财政局，学会会员 2 人）；农机学会（成立于 1997 年，挂靠在区农机局，学会会员 3 人）；农经学会（成立于 1997 年，挂靠在区农经总站，学会会员 6 人）；气象学会（成立于 1997 年，挂靠在区气象局，学会会员 4 人）。爱辉区所辖 11 个乡镇均建立了科协，由乡镇党委副书记兼任乡科协主席。

二、基层科协组织

1983 年 8 月，黑河市委召开首届农村科普工作会议，11 个公社全部组建公社科普协会，并召开了首届会员大会，选举公社党群书记或管委会副主任担任公社科协主席、副主席职务；选举公社科协委员 151 人。当年，建立公社专业学会 99 个，大队科普小组 121 个，全市发展科普会员 864 人。1985 年起，黑河市组建了大田作物种植、庭院、棚室蔬菜种植、禽畜养殖及药材、花卉栽培农民技术研究会（后改称农技协）。1985 年，幸福乡科协被评为省级科普培训工作先进单位；幸福乡农民孙宏江被评为全国优秀农村科普宣传员。1988 年末，黑河市科协对全市 12 个乡镇农业、农机、畜牧、农经 4 个专业的 337 名农民进行了技术职称评定工作，其中，评出技师 41 人、助理技师 137 人、技术员 159 人，推广新技术 50 多项。至 2005 年末，全区共建农技协 126 个，发展会员 18 680 人，有 58 个自然村被命名为区级科普村。

第二节　科 学 普 及

一、科学致富

1983—1987 年，黑河市科协、科委、广播局联合举办“科学致富节目”科普广播活动。由 54 名专业技术人员组成的通迅员队伍，共播出稿件 600 多套、1 106 份，每套 15 分钟，累计播出 300 多个小时。1984 年，黑河市科协牵头，由黑河市农牧渔业局、黑河市畜牧局、黑河市水产局 4 个单位联合举办了黑河市农村“科学致富创高产竞赛”活动。1985 年，爱辉镇拉腰子村农民刘丛彬被评为省级养猪大王（第三名）。截至 2005 年，共评出市（区）级高产大王 213 人；地（市）级高产大王 14 人；省级高产大王 2 人。

二、科普之冬

1988 年 12 月，黑河市科协开展首届“科普之冬”活动。利用冬闲时间从每年的 10 月份至次年 4 月份，对农村党员干部及主要劳动力进行农村实用技术培训工作。截至 2005 年末，爱辉区共开展 17 届“科普之冬”活动，共有 25 万人次参加活动；共举办培训班 2 326 期，展出科普挂图 89 场次；放映科普电影、录像 386 场次，印发科普资料 19 万份，印发《科普之冬简报》300 余期、共 2.2 万份，举办科普报告会、科普讲座、现场答疑、科技竞赛 421 场次；科技人员下基层服务 5 320 人次；举办科普文艺活动 46 场次，参加人数 6 万人次；引进新品种 374 种；科技人员提出合理化建议 126 条。

三、科技下乡

1984 年开始，每年的 1—4 月，聘请农业、畜牧业、农机、气象等方面的专家和技术人员组成“科技流动课堂”，到各乡镇的科技示范户、专业户及广大农户中举办专题讲座、现场答疑等科技培训，围绕科技促进农业生产的主题，突出重点，把农民养殖户急需的致富技术、信息、资料、项目送到农民手中；同时走访慰问贫困农户，送去种植（养殖）科普手册等，并积极帮助脱贫致富。1988 年，开展“科技大集”活动。区科协联合市口腔医院、市气象局、区畜牧局、区农机局、区农业技术推广中心等单位，在西岗子镇、爱辉镇每月逢 5、10 日举办的大集上，开展“科技三下乡”活动。口腔医院的医生现场为农民义诊，气象局、畜牧局、农机局、农业技术推广中心的专家为农民现场答疑，发放科技科普资料，并提出合理化建议。1990—2005 年，爱辉区科协与乡镇常年举办“科普之冬”种植业、养殖业培训班。

四、科普进社区

2000 年开始，在全区社区中开展“科普进社区”活动。2000—2005 年，共举办科普报告会 6 场，内容贴近社区、贴近生活、贴近家庭。第一人民医院内科副主任、主治医师谢文明等医生为社区居民讲解心脑血管疾病的预防和治疗、高血压病和糖尿病的发病原因以及在饮食及其生活方面的注意事项等内容；妇幼保健院具有 40 年临床经验的邵云改等 4 位医生为社区妇女讲解“妇女的‘五期’保健”“孕期营养套餐”等专科知识。2005 年 9 月 15 日，全国科普日前夕，区科协组织市医学会、中医学会、预防医学会、气象学会、口腔医院科协及爱辉区 8 所中小学的科技工作者、科普志愿者，在中央步行街开展了以“树立科学发展观，共建和谐社会——科学普及你我共参与”为主题的大型科普宣传活动，活动设展区、义诊区、学会和企业科协活动区。展区展出艾滋病防治知识展板 50 块、科普宣传版 11 块，群众近万人观看了科普宣传图板；义诊区设立内科、中医科、口腔科和防疫咨询台，现场为近 300 人义诊、答疑解惑；学会和企业科协活动区开展了科技咨询、散发科普宣传单等形式的宣传活动，共散发科普读物、宣传单 1 000 余份。9 月 19—30 日，区科协聘请市疾控中心医生在区辖 6 所小学和 2 所中学巡回讲课，并展出预防艾滋病知识的展板。

截至 2005 年，爱辉区共举办社区科普骨干培训班 16 期，举办大型科普知识讲座 8 次、科普知识大赛 5 场，创建社区科普阵地 2 个。

第三节　学术交流

1983 年开始，黑河市科协每 2 年征集和评选一次优秀学术论文。1983 年，黑河市科协召开以“山区种植业”为题的学术研讨会，全市农业技术人员对山区农业生产提出了 12 条建议，有 8 条被采纳。1986 年，黑河市科协以“在新形势下农机具如何能发挥最大作用，提高经济效益”为题进行专题研讨，写出 12 篇研讨报告，其中有 2 篇被推荐到省科协交流。1987 年，医学会刘安太的论文《怎样有效防治肺结核》在省科协获奖，并推荐到中国科协参评；医学会李炳慧的论文《针灸治疗妙法》参加东北三省的论文交流；医学会何佩珍的论文《如何治疗眼科疾病》被联合国眼科学术交流会采用。1987—2005 年，共举办各种专题讲座 35 期，专题研讨会 21 场，研讨报告 36 篇。截至 2005 年末，共征集学术论文 686 篇，其中获省级以上奖励 27 篇；获地（市）级奖励 123 篇；获区（市）级奖励 262 篇。

第四节　科技培训与服务

一、科技培训

1983—2005 年，共派出 304 人次外出学习考察，聘请国家、省级专家到黑河进行讲座 143 场次。

二、金桥工程

1993 年 11 月，区科协开展实施“金桥工程”（“金桥工程”是 1993 年由中国科协发起并组织实施的以经济建设为中心、推动科技成果转化、促进科技与经济相结合的科技服务活动）。区科协了解到方塔窑烧砖技术与黑河市的传统方框子窑相比省工、省燃料，有劳动强度低、作业环境好、出砖快、成本低，一次点火连续出窖等优点后，与山东荷泽市科协联合把技术引进到张地营子乡。1995 年，区科协为上马厂乡面粉加工厂聘请了粮食系统专业技术人员现场指导设备技术改造。

第五节　青少年科技活动

1988 年，黑河市争取到联合国儿童基金会的合作项目，联合国儿童基金会拨给价值 2 万美元的科技活动物资支援，当年 9 月，黑河市青少年科技中心成立。1993 年，区青少年科技活动中心被评为“中国科协与联合国儿童基金会第四合作周期先进项目县青少年科技活动中心”。

一、小 发 明

1984 年 4 月至 1985 年 6 月，黑河市科协分别举办 2 次全市“小发明、小论文”竞赛，其中市第二小学郝钢、于彬发明的“定时倒水器”、王岩发明的“拣铅球器”、曹玲发明的“切蛋器”获省小发明三等奖。1986—2005 年，共有 460 多名学生的作品参加全省展评，其中，荣获省级一等奖 10 人、二等奖 46 人、三等奖 50 人、优秀奖 14 人。

二、微机竞赛

1986 年，举办了黑河市首届微机知识培训班，当年 7 月，黑河市举办的全省第三届微机夏令营活动中，黑河中学金英获高中组微机竞赛第二名。1989 年，全省青少年微机竞赛中，黑河职业高中姜战勤获二等奖。1990 年，在全国青少年微机通迅赛中，黑河二中的赵立涛、华山获黑龙江赛区三等奖。1992—1993 年，孟晔连续获得两届省级微机竞赛二等奖。1992 年，黑河一中张翼获省三等奖。2001—2005 年，共有 40 余人参加了全国青少年信息（计算机）奥林匹克竞赛分区联赛，共选拔出 13 人参加省里统一举行的复赛，2001 年，黑河五中的姜若溪获省级二等奖，其他 12 名学生获得省级三等奖。

三、环保知识竞赛

1987 年，黑河市举办了首届环保知识系列活动。9 岁的小学生张晶晶、张苹苹的绘画作品“噪声与安静”“无处躲避”参加省级比赛并获得优秀奖，作品在《小天鹅》电视栏目中播出。截至 2005 年，共有 22 名科技辅导员和 35 名学生获得省级奖项。

四、“生物百项”活动

1995 年，黑河二中叶子政的作品被评为全国“生物百项”活动（“生物百项”活动主要以生物和环境为内容，以青少年为主体的科技教育活动，包括优秀科学报告和优秀科学普及活动两大项）“优秀项目”二等奖，并代表爱辉区赴湖南长沙参加了全国“生物百项”答辩会；黑河一小教师康丽娜的作品获全国“优秀项目探索奖”；黑河二小刘北虹、刘经江 2 位教师获全国优秀辅导员奖；有 9 名学生和 7 名科技辅导员在省科协评选中获得奖项。1999 年，爱辉区青少年科技活动中心在全国第二届青少年“生物百项”活动中，被评为省级组织奖，并获全国第二届“生物百项”科技活动奖。

五、“科技夏令营”活动

1986—2005 年，共举办 15 届青少年科技夏令营活动。内容有科技竞赛、智力竞赛、航模比赛、环保知识竞赛、拓朴游戏、采集标本、文艺节目表演、营火晚会，参观了水库、水电站、地震台、气象台、瑷珲历史陈列馆，五大连池火山奇观等，共有 420 余名学生参加。

六、科技示范校(村)

1997—2005 年,爱辉区四嘉子中学、上马厂小学、新生中学、幸福中心校、爱辉中心校、西四嘉子村等 20 多个校(村)先后被区科协命名为科技示范校(村)。2005 年,黑河第二小学、第五中学被评为全省“青少年科技活动示范校”。

第七章　残疾人联合会

第一节　机　　构

1990 年 12 月 22 日,黑河市召开第一届残疾人代表大会,成立了黑河市残疾人联合会,编制 7 个。1993 年 3 月,黑河市(县级)残疾人联合会并入黑河市(地级)残疾人联合会。1999 年 8 月 12 日,恢复成立爱辉区残疾人联合会,科级建制。编制 3 个,实有 4 人。2000 年 2 月 2 日,区残联成立残疾人劳动就业服务管理所,股级建制,编制由残联内部调剂。

第二节　残疾人康复

2000—2005 年,共有 438 名残疾人得到不同程度的康复。其中,肢体残疾人系统康复训练 35 人;安装假肢 15 例。完成智力残疾儿童康复训练 21 人。在视力残疾康复工作中,开展了“视觉第一中国行动”白内障复明手术,共完成白内障复明手术 310 例,完成低视力少年儿童配用助视器并指导训练 35 人,并进行建卡登记造册,完成家长培训 10 人。在聋儿康复工作中,对全市 0 ~ 14 岁聋儿进行全面调查摸底,对有残余听力的聋儿进行登记建卡,培训聋儿 22 人、聋儿家长 15 人。2002 年,爱辉区被国家列为精神病防治康复试点区,开展了贫困精神病患者救助工作,对 100 名贫困精神病人进行国家彩票公益金救助,每人每年救助 360 元的药品,连续救助 3 年,救助药品已发到患者手中。2003 年,残疾人康复指导中心在黑河市第二人民医院成立。2004 年,在兴安街金融社区、海兰街鹿源春社区分别成立了社区残疾人康复指导站。2005 年,在光明眼镜店设立了残疾人定点眼镜店。

截至 2005 年,全区共有残疾人 2 933 人,其中,农村 1 692 人,城镇 1 241 人,占全区人口的 1.5%。

第三节　扶 残 助 困

2001—2005 年,爱辉区把符合条件的贫困残疾人优先纳入最低生活保障和五保供养范围,全区共有 428 户残疾人贫困户、520 名残疾人享受最低生活保障。在城乡开展了包扶残疾人贫困户工作,在帮扶过程中为残疾人解决物品折合人民币 7.5 万元,在农村对残疾人贫困户开展小额扶贫贷款 60 万元。爱辉区开展了“一助一”扶残助残活动,全区共包扶残疾人 410 户,脱贫 330 人,对 150 户贫困残疾人进行了慰问，送去面粉300袋，豆油250千克，慰问金2万元，钱物共折合人民币10.5万元，对1户残疾人贫困户的危房进行了改造。

第四节　残疾人就业

全区实行按比例安排残疾人就业工作，加大了分散安置残疾人就业和残疾人就业保障金的收缴力度。2000年，爱辉区残联成立了残疾人劳动就业服务管理所，强化了残疾人劳动就业培训和劳动就业保障金的收取及管理，确保残疾人就业工作的顺利进行。2002年，经普查符合就业条件的城镇残疾人340人，全区福利企业安排残疾人就业180人。

2000—2005年，区残联依托培训部门进行了计算机、汽车、摩托车修理培训和保健按摩培训，270人参加培训。30%的残疾人可就业。

第五节　残疾人信访维权

2002年，区残联成立法律服务所和法律援助中心，办公室设在司法局，聘请1名律师为残联法律顾问，免费为残疾人提供法律咨询，该法律服务所被省残联授予全省残疾人维权示范岗。爱辉区把最容易造成残疾人上访的问题提前解决，使残疾人来信来访大量减少；同时认真处理每一件来信来访，做到每件上访案件有回声、有结果。2000—2005年，区残联连续获得市残联信访目标管理考核工作优胜单位。

第八章　红十字会

第一节　组织机构

1987年9月，省红十字会派专人帮助恢复组建黑河市红十字会。9月7日，召开黑河市红十字会第二届理事会第一次会议，选举会长1人，副会长4人，常务理事10人。

1988年3月，黑河市成立市红十字会办公室，办公地点设在黑河市卫生局，配备2名专职人员。在基层组织中，开展百分评比竞赛活动，评选出先进集体、先进会员和先进红十字会青少年，促进了基层组织建设。

1989年重新调整黑河市红十字会理事会，推选出市长徐福和担任会长，副市长刘玉霞、王洪玉等8人为副会长，理事会成员43人，由各系统领导担任理事会成员。年底有会员7 900余人。

1990年，黑河市红十字会以组织建设为重点，在原有的中小学和卫生系统建会的基础上，发展了黑河师专和第五小学入会，增加会员800多人，使会员达到8 700多人。

1992年底，黑河市红十字会工作以组织发展为重点，共有基层组织35个，红十字会员达10 363人。

1995年4月27日，爱辉区区长办公会研究同意，将黑河市红十字会改为爱辉区红十字会；并召开理事工作会议，调整了理事会成员、名誉会长、会长、副会长。名誉会长由区长赵敬华担任，会长由副区长关万铭担任；副会长6人、理事会成员13人均由爱辉区各系统领导担任。此后，爱辉区红十字会以发展农村乡镇红十字组织为重点，动员乡镇卫生院集体入会。到1995年底，11个乡镇卫生院已有8个乡镇卫生院建立了红十字会组织，开展红十字会工作。

1997年以后，爱辉区红十字会本着巩固城镇，扩大农村组织建设的原则，开展基层组织建设，深入基层督促检查组织建设情况，全区红十字会基层组织建设得到进一步巩固和加强。

2005年，根据有关单位领导工作变动，经区政府领导研究同意调整爱辉区红十字会理事成员和名誉会长、会长、副会长。名誉会长由区长王喜军担任，会长由副区长王彦杰担任；副会长6人、理事会成员17人均由爱辉区各系统领导担任。至年底，爱辉区红十字会有基层组织25个，会员发展到8 410人。

第二节　急救培训和红十字精神宣传

1988—1990年，黑河市红十字会遵循救死扶伤、实行人道主义的宗旨，先后举办5次以心肺复苏和外伤急救为内容的卫生救护训练班，共培训公安、交警、保安、消防和交通司乘人员200余人。1989年，在市内4个街道办事处建立了红十字卫生救护站，配备了急救箱，由市内个体诊所承担卫生救护工作，其主要任务是向居民宣传卫生救护知识，进行意外伤害现场急救，为孤老病残人员送医送药。

1991—1996年，爱辉区红十字会开展以心肺复苏和意外伤害急救为主要内容，以公安、交警、消防、保安、驾驶员、乘务员以及施工作业人员为培训对象，先后举办了5次、有700多人参加的自救互救训练班，请市二院经验丰富的内外科副主任医师讲课，利用先进的教学模拟人进行实际操作，使受训人员基本掌握初级现场急救知识，并发给卫生救护训练结业证书。

1997—2000年，爱辉区红十字会利用“5·8”世界红十字日每年组织街头义诊活动，分别从市二院、保健院、卫生防疫的红十字会组织中抽调20～30名医务人员参加义诊活动，向群众宣传《中华人民共和国红十字会法》（以下简称《红十字法》）《中华人民共和国红十字标志使用办法》《中华人民共和国献血法》（以下简称《献血法》），发放宣传单2万多份、图书2 726册，出黑板报60余块、墙报20余块，收到了很好的宣传效果。

2003年5月8日，是国际红十字会运动创建140周年纪念日。爱辉区红十字会通过北京红十字报社订购3 500份为纪念红十字会运动创立140周年发行的专刊下发基层组织。“5·8”世界红十字日，在街头设立宣传站4处、咨询处2处，出黑板报4块，挂过街红4条，发放宣传单5 000多份，向过往群众宣传“非典”防治知识、捐献造血干细胞知识、红十字会法和人道、博爱、奉献的红十字精神。

2005年，爱辉区红十字会结合“四五”普法工作，开展了宣传《红十字会法》和《献血法》活动，营造有利于红十字事业发展的社会氛围。

第三节　青少年工作

1988年，黑河市红十字会在“88国际体育募捐”活动中，组织红十字青少年走上街头，开展群众性募捐活动。在中、小学中组织2 000多人参加长跑竞赛活动。利用“5·8”世界红十字日的机会，红十字青少年开展了绿化一条街、清扫公共场所卫生、敬老助残活动。

1990 年 9 月 18—19 日，中苏双方各组织 80 名红十字青少年以一日游的形式，开展了友好夏令营互访活动。中国红十字青少年部副部长黄向东、省红十字会办公室主任齐福利对本次活动给予了具体指导和支持。通过国际间夏令营活动，加强了中苏红十字青少年之间的了解和友谊。利用“5·8”世界红十字日之机开展了学雷锋、讲奉献活动，在红十字会广大青少年中开展为孤儿陶某伟、陶某军的募捐活动，保证了其医疗费和部分营养费，延长了陶某伟的生命。

1997 年，爱辉区红十字会以纪念“5·8”世界红十字日为契机，以“集善款，做善事，博爱助人”为主题，开展了“手拉手献爱心”活动。5 月 11—25 日，以学校为单位开展捐助活动，共收到捐款 30 223.4元、衣物 11 776 件，本、文具、图书 5 255 件。这些款物一部分帮助本校特困生，大部分款物用于捐助各校的联谊校。第五中学为本校一位做心脏手术的教师捐款 8 800 多元，第六小学为联谊校和本校特困生捐款 6 766 元，第一小学为联谊校捐款捐物之外捐音响设备 1 套。第三小学成立了“爱心助学基金会”，对特困生进行长期捐助。

2000 年，市内各中小学校结合“5·8”世界红十字日开展为特困学生和贫困地区募捐活动，共捐衣物 1 993 件，文具用品 2 269 件，图书 2 726 册，现金 14 253 元。第四小学红十字会组织 40 多名青少年到敬老院慰问孤寡老人，送去纪念品，帮助洗衣服，剪指甲，为老人表演文艺节目等。红十字青少年帮助盲人过马路，为残疾人做好人好事，仅第二小学就做好事 1 191 件，收到表扬信 13 封。

2003 年，“非典”时期，各学校组织学生在校内学习红十字法，以手抄报和黑板报、观看《享利、杜南的故事》等形式，开展了纪念“5. 8”世界红十字日活动。学生进一步了解了红十字组织性质和什么是人道主义精神，结合我国面临的“非典”疫情，向学生宣讲有关防治“非典”知识。

2004 年，为庆祝中国红十字会诞生 100 周年，开展了丰富多彩的庆祝活动。市内各中小学分别召开庆祝大会，以文艺演出会等形式开展庆祝活动。各学校红十字会组织广大青少年学习《中华人民共和国红十字会法》，区红十字会组织开展《中华人民共和国红十字会法》知识竞赛活动，以各小学为代表队、每队 30 人，通过竞赛丰富青少年的知识，表彰奖励了取得前三名的代表队，为其他代表队发了纪念奖。

2005 年，学校红十字会工作主要以落实教育部《学校红十字会规划》为内容，把红十字会“人道、博爱、奉献”的精神纳入学校的德育教育之中，开展了丰富多彩的学校红十字活动。

第四节　社 会 服 务

1988 年，结合“5·8”世界红十字日开展活动，黑河市妇幼保健站组织红十字会员免费为 500 名儿童和社会福利厂 15 名残疾人体检；黑河市红十字会医疗卫生单位到学校宣讲卫生防疫知识；各中小学红十字会到影剧院等公共场所打扫卫生，为社会做贡献。黑河市红十字会先后开展了“88 国际体育募捐”“为挽救儿童生命募捐”等活动，共计捐款 6 万余元、粮票 4 万千克、衣物 2 340 件。这些款物大部分分期分批寄往上级红十字会和嫩江灾区，其中为挽救儿童生命送去 1. 3 万元。

1990 年，黑河市红十字会从实际出发，组织离、退休医务人员发挥余热，兴办福利事业。于 8 月初建立了黑河市红十字会门诊部，到年底共治疗痔疮、前列腺炎、肩周炎、骨质增生患者 150 人。

1992 年，黑河市红十字会开展敬老助残活动，组织会员和青少年到敬老院、军烈家属、孤寡老人、五保户家帮助劈柴、洗衣服、擦玻璃、打扫卫生等。各中小学红十字会均有学雷锋小组，定人、定点、定期开展敬老助残活动，好人好事层出不穷。医疗单位的红十字会员急病人之所急，对生活特别困难的患者，既治病又捐款捐物。“5 · 8”前夕，红十字会组织了 6 人的慰问团到 4 名曾在四大战役中参战立功的二等乙级残废军人家中慰问，送去慰问品。组织医疗小分队为日本孤儿及养父母免费体检。

1996年，结合八一建军节，配合民政部门开展拥军爱民活动，爱辉区红十字会的有关领导深入街道慰问军烈家属，走访城乡敬老院，探望孤寡老人。各街道办事处红十字会坚持为五保户买粮，劈柴，收拾室内外卫生，使老人安度晚年。开展了为嫩江灾区捐款、为挽救患巨大肿瘤的农民女儿赵丽荣捐款、为孤儿陶利伟募捐住院费、为患儿曹丽募捐等活动。

1998年7—8月，长江和嫩江流域发生特大洪水，爱辉区红十字会积极主动参与抗洪救灾活动，动员社会各界群众为抗洪救灾做贡献。组织人力于8月19—21日利用3天时间，在市内繁华地段设立募捐站、点，为灾区捐款1 500多元，衣物90多件。同时组织机关、企事业单位进行捐款，为灾区人民献上一份爱心。

2000年，第二小学红十字会组织8个班500多名青少年到兴林街和西兴路清扫垃圾。幸福中学红十字会组织全校师生到黑龙江公园和王肃公园捡垃圾、浮着物、清扫台阶道路，受到群众好评。

2002年，结合“5·8”世界红十字日纪念活动，响应省红十字会号召，爱辉区红十字会发起“为筹建中华骨髓库黑龙江分库捐款活动”，号召全区广大群众“捐一元钱、献一份爱心”，为尽早建立中华骨髓库黑龙江分库，为拯救人类生命做出贡献。所得捐款全部上缴红十字会。

2003年春节期间，爱辉区红十字会为爱辉区4个街道的17名特困户送去大米、面粉、油、大衣等生活用品，使困难户安心过好年。

2004年，爱辉区利用博爱送万家活动，开展了对弱势群体的救助工作。在省红十字会的大力支持下，为爱辉区农村特困户送去大米、面粉10吨。区红十字会自筹资金1 000多元，在城区内救助特困户20余户。送去党的关怀，政府的温暖，体现了红十字会博爱、奉献、人道主义的精神。同年，爱辉区4个乡镇出现了不同程度的涝灾、冻灾、旱灾和冰雹灾害，给部分农民群众造成很大经济损失。爱辉区红十字会根据实际情况制定《“捐善款，为民解难”募捐活动方案》下发到各机关、企事业单位，号召职工干部为受灾农民捐款。至12月募得捐款4 000多元。

2005年4月，第三小学学生贾某淳因先天性心脏病发病生命危急，家庭生活非常困难，红十字会向社会各界募捐，共计捐款11 384元。后经市红十字会向省红十字请求帮助，哈医大二院为贾某淳减免手术费用，手术非常成功，贾某淳得以健康成长。印度洋海啸发生后，爱辉区红十字会积极为印度洋海啸地区组织募捐活动，共计捐款17 077多元，上交市红十字会。10月，为第一小学患心脏病的学生冯某捐款112 979元。春节前夕，开展了博爱送万家活动，共有60多个单位捐款4 922元，分别为27户社区特困户送去面粉54袋和部分捐款。

第九章　计划生育协会

第一节　组　　织

1988年，爱辉镇窦集屯村率先在全市建立了村级计划生育协会。1990年黑河市计划生育协会建立。1992年黑河市计划生育协会设立专职秘书长。当年，全区成立基层协会12个，团体会员108个，会员之家53个，会员联系户57个。1997年，区、乡、村三级建立协会133个，会员总数达17 009人，占总人口的10%。1997—1998年，区委和区政府下发《关于贯彻落实“中办6号”“省办11号”文件精神，进一步加强计划生育协会的通知》。根据国家、省、市计生协会关于加强村(居民委)协会建设的工作要求,制定了村(居)级协会整建工作方案。在四嘉子满族乡小三嘉子村进行了计生协会整建试点工作,取得经验后,召开了全区村(居)计生协会整建现场会并进行推广。2002 年,计划生育协会进行了换届选举,基层计划生育协会得到完善和充实,健全了组织机构,协会整建工作达到"五个一"(有一个好的会长、一个能议事决策的理事会、一支能发挥作用的骨干会员队伍、一套能保证经常开展活动的制度、一个能上下贯通相联系的群众工作网络)要求。2005 年,协会组织建设进一步加强。全区参加协会组织 155 人,一类协会 112 人,二类协会 35 人,三类协会 8 人,分别占协会总数的72.26%、22.58%和 5.16%。全区共有协会会员 20 065 人,占全区总人口的 10.40%;实行了规范化管理,落实了"五有"(有协会之家、会员小组、协会章程、会员证、记实册)规范化管理模式。

第二节　活　　动

爱辉区计划生育协会利用"5·29"协会成立纪念日,进行协会性质、任务为主题的宣传活动;开展实施幸福工程救助贫困母亲家庭活动。各乡镇计生协会以不同形式进行广泛宣传,全区为幸福工程捐款 7 900 元。在每年的"5·29"宣传活动中,各级协会采取设立咨询台、挂过街红、贴标语、出板报墙报宣传板、广播电视播放、印发宣传品等形式开展宣传活动。1999 年,"5·29"是中国计生协会开展的第一个全国会员集中活动日,全区举办了各乡镇、街道办事处等 16 个单位参加的婚育新风进万家人口与计划生育基础知识竞赛,兴安街道办事处、坤河达斡尔族满族乡计生协会组织了知识竞赛。在世界 60 亿人口日纪念活动中,爱辉区计生协会、计生委举办了由各乡镇、街道办事处和黑河铁路局参加的文艺汇演。按照国家创先争优工作的要求,在全区开展了创建合格村(居)活动。至 1999 年末,全区合格村(居)协会总数达 37 个,占村(居)协会总数的 30%。2002 年,开展帮扶活动,按"五项职能"(带头、宣传、服务、监督、交流)开展工作。

第三节　服　　务

1993 年,爱辉区计生协会配合民政和保险公司,在农村和城市开展了个人养老保险和独生子女两全保险。1997 年,开展儿童两全保险工作,全区投保 488 人,投保金额 14 640 元。爱辉区依托协会组织创办各种类型经济实体 30 个。2005 年,开展了计划生育家庭系列保险,投保人数达 860 人,金额 3.11 万元。

第四节　计划生育群众自我管理试验区

1988 年,黑河市首先在四嘉子乡小三嘉子村进行计划生育群众自我管理试验区(以下简称试验区)试点,经过半年运作,初步确定试验区的基本工作模式是依托计划生育协会组织,实行自我管理;坚持封闭运行,促进实验区发展。计划生育协会是试验区的组织承担者,其显著特点是群众自我选择避孕措施。

2000 年,爱辉区在坤河达斡尔族满族乡富拉尔基村召开了全区群众自我管理试验区现场会,爱辉区坤河达斡尔族满族乡率先在全市开展“群众自我管理试验区”，被誉为全市“三自主”（群众自主按政策规范生育行为、群众自主按自身情况选择避孕节育措施、群众自主按需求参加计生活动）第一乡。2002 年，为加快实现计划生育“两个转变”和“村民自治”的步伐，还人民群众主人翁地位，在原有的 4 个试验区基础上，按照六好标准，积极稳妥地扩大试验区规模，规范和完善了试验区运行模式。当年，有 6 个乡、23 个村被辟建为试验区。试验区人口出生率和自然增长率分别比全区农村平均水平低 1.89 和 4.22 个千分点。

2005 年，全区已有 7 个乡镇被辟建为“三自主”乡镇，49 个村成为“三自主村”，占全区总村数的 56%；总人口为 30 451 人，占全区农村人口的 53.35%。

◎第十七篇　人事　劳动　民政

第十七篇 人事 劳动 民政

1983—2005 年,爱辉区的人事和编制管理、劳动和社会保障、民政及社会事务管理工作与时俱进,深化改革,为全区的经济建设和社会管理、民生福利等多方面提供了优质服务。

在人事和编制管理方面,多次进行了机构改革和人员精简,实现了干部的选任制、聘用制和公务员的“凡进必考”制度,逐步建立起科学化、法制化的人事管理机制和人才市场、人才信息储备体系;开展了专业技术职称评定和干部考核工作,提升了干部整体素质,实现了人事工作为经济建设服务的目标。

在劳动管理方面,劳动制度实行全面改革,企业用工制度不断改进,取消了职工子女接班就业的旧用工方式,一律实行用工合同制和双向选择;劳动工资打破“铁饭碗、大锅饭”的旧格局,实现多种灵活的分配形式,搞活企业内部分配形式,促进了企业和社会经济发展;实现多渠道就业方式,建立劳动力市场,以街道、社区为服务平台的劳动就业体系不断完善,给下岗工人以免费培训和优惠政策,为下岗工人创造了更多的就业机会。

民政工作在基层政权建设、优抚安置、行政区划、救灾救济、社会福利、婚姻登记、殡葬改革、收容遣送自流人口等社会事务中,创新务实,开拓进取,坚持以人为本、以经济建设为中心,做到了“福利社会化、低保正规化、双拥经常化、安置法制化、救灾常规化”;实现了“上为政府分忧,下为百姓解愁”的目标,为全区经济发展、社会稳定和谐和国防建设提供了有力的保障。

第一章 人 事

第一节 机 构

1981 年 1 月,黑河市设立黑河市人事监察局。1983 年 6 月,爱辉县人事监察局并入黑河市人事监察局。黑河市人事监察局正科级建制,编制总数 15 个;内设政秘股、监察股、工资股、福利股、干部股、职称管理股、军转办公室。事业单位有黑河市考评委员会办公室,副科级建制,地方自定编 3 个。

1985 年 5 月,黑河市人事监察局设置事业单位黑河市人才交流服务处,副科级建制,财政全额拨款事业单位。

1988 年 3 月 28 日,根据政府机构改革意见,黑河市人事监察局将人事行政监察职能移交黑河市监察局,黑河市人事监察局更名为黑河市人事局。

1993 年 4 月,撤销黑河市(县级),组建黑河市爱辉区,黑河市人事局更名为爱辉区人事局,正科级建制,编制总数 17 个,均为省级编制,内设政秘股、工资股、福利股、干部股、职称管理股、综合计划股、军转办公室。设置事业单位有爱辉区人才交流中心(副科级),地方自定编制 3 个;爱辉区考评委员会办公室(副科级),地方自定编制3个。设置合属办公单位爱辉区编制委员会办公室(正科级),省级行政编5个。同年9月15日,成立爱辉区机关事业单位社会保险办公室,正股级建制,为爱辉区人事局所属事业单位。1995年3月,改建为机关事业社会保险局。

1995年3月28日,成立爱辉区目标责任制工作委员会办公室。

1999年8月,根据国务院对社会保险体制改革的要求,爱辉区机关事业社会保险局移交给爱辉区劳动局。

2001年,爱辉区人事局进行了机构改革,削减编制2个,编制总数15个,其中工勤编制1个,内设股室和职能不变。所属事业单位爱辉区人才交流中心增加编制1个,增加后编制总数4个,其职能不变。合属办公单位爱辉区机构编制委员会办公室增加编制2个,增加后编制总数7个,其职能不变。

2005年,爱辉区人事局编制总数15个,其中工勤编制1个;内设政秘股、工资股、福利股、干部股、职称管理股、综合计划股、军转办公室。事业单位有爱辉区人才交流中心(副科级),编制4个;爱辉区考评委员会办公室(副科级),地方自定编制3个。合属办公单位爱辉区编制委员会办公室(正科级),省级行政编制7个。

第二节 机构设置 编制管理

1983年6月,依据中央、省编委和县市合并方案,爱辉县与黑河市合并成立黑河市(县级)。为加强对市直机构设置编制管理,编委办严格落实上级指示和要求,多次会同组织部及有关部门召开协调会。在机构编制管理上提出了“结构优化、定岗定编”的总体思路,撤销名存实亡单位,合并业务相近单位,增加新的工作部门。

1984年,黑河市市直机构进行改革,改革后职工人数为5 845人。

1984年黑河市直属部门机构设置和编制情况表

表17-1　　编制:个

	部　门	级　别	编制		部　门	级　别	编制
市委工作部门	市委办	正科级	26	市委工作部门	政法委	正科级	6
	保密办	副科级	2		纪检委	正科级	16
	档案局	正科级	2		直属机关党委	正科级	6
	组织部	正科级	16		党校	正科级	5
	老干部局	正科级	4	党群部门	团委	正科级	6
	宣传部	正科级	13		总工会	正科级	17
	文联	副科级	1		妇联	正科级	6
	广播局	正科级	30		科协	正科级	3
	统战部	正科级	6	政府部门	政府办	正科级	37
	农业工作部	正科级	7		侨务办公室	正科级	—
	政策室	正科级	5		人防办	正科级	2

续表 17－1

	部　门	级　别	编制
政府部门	信访办	正科级	3
	街工委	正科级	3
	一街	正科级	12
	二街	正科级	12
	三街	正科级	12
	四街	正科级	12
	人事监察局	正科级	13
	编委办	正科级	3
	农村经济区划办公室	副科级	5
	水产事业管理站	副科级	—
	土地管理办公室	副科级	—
	农村合作经济经营管理总站	副科级	—
	农业技术管理总站	副科级	—
	畜牧兽医总站	副科级	—
	农业机械管理总站	副科级	—
	水利局	正科级	11
	林业局	正科级	—
	文化局	正科级	6
	卫生局	正科级	11
	爱卫办	正科级	2
	计生局	正科级	5
	教育局	正科级	11
	工农教委办	正科级	2
	体委	正科级	4
	民政局	正科级	11
	司法局	正科级	—
	公安局	正科级	—
	外事办	正科级	5
	干部学校	正科级	—
	计划生育委员会	正科级	17
	社会企业局	正科级	—
	物价委员会	正科级	8
	劳动局	正科级	14
	统计局	正科级	13
	物资局	正科级	5
	经济计划委员会	正科级	18
政府部门	计量局	正科级	—
	手工业联社	正科级	—
	工业公司	正科级	—
	电业局	正科级	—
	煤炭局	正科级	—
	交通局	正科级	7
	城乡建设环境保护局	正科级	22
	环境保护办	副科级	2
	城乡建设规划办公室	副科级	2
	房产管理处	副科级	—
	财政局	正科级	14
	税务局	正科级	—
	商业局	正科级	5
	服务公司	副科级	—
	工商局	正科级	8
	审计局	正科级	8
	粮食局	正科级	—
	对外贸易公司	正科级	—
	供销社	正科级	30
	农牧渔业局	正科级	21
	多种经济办公室	副科级	—
镇乡	西岗子镇	正科级	30
	爱辉镇	正科级	28
	四嘉子乡	正科级	21
	幸福乡	正科级	23
	上马厂乡	正科级	21
	张地营子乡	正科级	21
	罕达汽乡	正科级	19
	西峰山乡	正科级	19
	北师河乡	正科级	19
	二站乡	正科级	19
	新生乡	正科级	18
按章程设置	人大(内设:办公室、法制办、经济办、人事办、文教科技办)	—	26
	检察院(根据中央、省要求设置)	—	22
	法院(根据中央、省要求设置)	—	20
	政协(内设:办公室)	—	10

1989 年,黑河市对各级各类事业单位的机构设置和人员编制进行清理整顿。撤销了一些名存实亡单位,合并了一些业务相近单位,清理整顿了行政事业编制互相挤占、管理混乱单位,促使一些事业单位实行企业化管理。

1993 年 4 月,在“两撤两建”工作中,黑河市(县级)改建为黑河市爱辉区;原黑河市(县级)所属的部分机关、事业单位整建制或部分上划黑河市(地级)管理。人事局和编委多次会同组织部、体改委及有关部门召开协调会,基本做到化转单位、化转人员和接收单位“三满意”,顺利完成了这些部门和单位的划转工作。同年 11 月 10 日,经爱辉区第一次编委会研究决定,将撤市建区后党政群机关事业单位机构及编制情况进行重新理顺调整;公布了对全区党政群机关及所属事业单位机构设置及人员编制的规定。

1993 年爱辉区党政群机关及所属事业单位机构设置情况表

表 17－2　　　　编制:个

	单　位	建　制	编制	省行政编	地方自定编制		单　位	建　制	编制	省行政编	地方自定编制
区委工作部门	区委办	正科级	29	26	3	政府部门	政府办	正科级	42	37	5
	政策研究室	正科级	6	4	2		安全办	正科级	3	—	3
	党史研究室	正科级	3	—	3		侨务办	正科级	4	2	2
	保密办	正科级	2	2	—		信访办	正科级	6	3	3
	老龄委	正科级	4	2	2		史志办(事业)	正科级	3	—	3
	政法委	正科级	15	9	6		接待处(事业)	正科级	3	—	3
	组织部	正科级	22	15	7		民政局	正科级	13	7	6
	宣传部	正科级	12	12	—		旅游局	正科级	4	—	4
乡镇党委政府工作部门	爱辉镇党委政府	正科级	32	32	—		档案局	正科级	5	2	3
	西岗子镇党委政府	正科级	32	32	—		外事办	正科级	21	5	16
	罕达汽镇党委政府	正科级	23	23	—		街工委	正科级	14	5	9
	幸福乡党委政府	正科级	29	29	—		人事局	正科级	17	17	—
	四嘉子乡党委政府	正科级	25	25	—		编委办	正科级	5	5	—
	上马厂乡党委政府	正科级	25	25	—		科学技术委员会	正科级	10	7	3
	张地营子乡党委政府	正科级	25	25	—		经济委员会	正科级	14	12	2
	二站乡党委政府	正科级	23	23	—		计划委员会	正科级	20	15	5
	西峰山乡党委政府	正科级	23	23	—		边贸局	正科级	11	—	11
	坤河乡党委政府	正科级	22	22	—		教育委员会	正科级	34	—	—
	北师河乡党委政府	正科级	23	23	—		乡企局	正科级	20	4	16
	新生乡党委政府	正科级	22	22	—		畜牧局	正科级	19	3	16

续表 17－2

	单位	建制	编制	省行政编	地方自定编制
按章程设置部门	总工会	正科级	16	15	1
	科学技术协会	正科级	8	3	5
	工商业联合会	正科级	3	3	—
	归国华侨联合会	正科级	2	—	2
	妇联	正科级	10	6	4
	团委	正科级	8	6	2
	统战部	—	—	—	—
	人民代表大会常务委员会	正处级	26	26	—
	人民政治协商会议常务委员会	正处级	21	10	11
	纪律检查委员会	副处级	21	15	6
	监察局	正科级	13	7	6
	人民武装部	副处级	17	17	—
	人民法院	正科级	64	64	—
	人民检察院	正科级	47	47	—
	区委直属机关党委	正科级	5	3	2
	政府直属机关党委	正科级	5	3	2
政府工作部门	法制局	副科级	3	—	3
	综合党委	正科级	6	—	6
	计生委	正科级	10	7	3
	林业局	正科级	91	—	91
	土地局	正科级	16	—	16
	供销社	正科级	32	—	32
	爱卫办	正科级	8	3	5
	财贸办	正科级	5	—	5
	民族委员会	正科级	6	2	3
	工业局	正科级	16	4	12
	环保局	正科级	20	3	17

	单位	建制	编制	省行政编	地方自定编制
政府工作部门	物价局	正科级	8	8	—
	劳动局	正科级	16	10	6
	物资局	正科级	30	5	20
	交通局	正科级	15	2	13
	财政局	正科级	63	28	35
	国有资产管理局	副科级	14	2	12
	统计局	正科级	17	15	2
	商业局	正科级	35	5	30
	农机局	正科级	28	—	—
	体委	正科级	7	4	3
	广播局	正科级	9	9	—
	经济技术合作委员会	正科级	7	4	3
	招商局	正科级	3	—	3
	技术监督局	正科级	13	3	10
	卫生局	正科级	22	5	17
	司法局	正科级	18	18	—
	审计局	正科级	16	11	5
	农牧渔业局	正科级	20	13	7
	水利局	正科级	23	6	17
	文化局	正科级	18	2	16
	手工业联合社	正科级	20	—	20
	粮食局	正科级	50	—	50
	水产局	正科级	4	—	4
	建设委员会	正科级	10	4	6
	老年活动中心	正股级	10	—	10
	饮食服务局	副科级	14	—	14
	农村工作委员会	—	13	10	3
	精神文明办	—	2	2	—

1996 年，进一步加强机构编制管理，对全区机关事业单位机构编制情况进行了规范。此次区直党政机构改革共设置 43 个机构，其中，区委 12 个、政府 31 个，精减了 17.5%。区直机关行政编制精简了 19%。区直各党政工作部门内设机构由原有的 250 个减少为 217 个，精简了 13%。分流人员 79 人。

2001 年 4 月 6 日，召开了全区乡镇机构改革动员大会，同时下发了《爱辉区乡镇机构改革方案》《爱辉区乡镇机构改革人员定编定岗及人员分流安排实施办法》《关于严明纪律、保证机构改革工作顺利进行的通知》等一系列文件。此次改革，全区乡镇政府按照精简、统一、效能的原则，内设机构统一调整为2个综合性办公室（党委办、政府办），乡镇领导职数统一核定为5职，机关行政编制由388个精简为310个，精简了20%，分流人员61人，重新调整界定了乡镇政府的行政职能。乡镇事业单位按照综合设置的原则，由96个调整为51个，精减47%，编制由301个精简为239个，精简了20%，分流人员63人。同年10月30日，召开了区直党政机构改革动员大会。出台了《爱辉区党政机构改革方案》。此次区直党政机构改革共设置27个机构，其中区委7个、政府20个，与原有的43个机构相比减少了16个，精简了37%。区直机关行政编制由原有的573个减少为441个，精简了24%。政法专项编由原有的18个减少为14个，精简了10%（2个编制上缴市司法局）。区直各党政工作部门内设机构由原有的217个减少为166个，精简了24%。分流人员269人。

2002年4月，黑河市对爱辉区机构改革工作进行了验收，对爱辉区机构改革工作给予了高度评价。同年，完成了爱辉区法、检两院机关机构改革。改革后法院内设机构11个，检察院内设机构10个。法院编制由70个减少到63个，精简了10%；检察院编制由47个减少到42，精简了11%。同时亦完成了人大及政协的机构改革。人大内设1室3办，行政编制16个。政协内设4个专门委员会，行政编制12个。

2003年6月，11个乡镇卫生院由各乡镇分散管理变为由卫生局集中管理。33个乡镇中小学上划由教育局统一管理。

2004年4月，根据省、市编办《关于乡镇机关行政编制精简的意见》的通知，乡镇行政编制由310个精简为263个，减少47个，精简了15%。分流人员28人。同年，再次对乡镇机构进行精简。乡镇机关设2个综合性办公室（党委办、政府办），事业单位设3个服务中心（农业服务中心、畜牧推广中心、计划生育服务中心）。事业单位由62个减为33个，减少29个，精简比例为47%。同时按照精简10%的要求，乡镇行政编制由263个减为237个，减少26个。事业各服务中心按30%精简，由253个减为178个，减少75个。

2005年，进一步加快事业单位改革步伐。完成了全区66所中小学人事制度改革工作。制定了《爱辉区教育人事制度改革工作实施方案》，对人员分流途径及相关政策做出了明确规定，分流教职工284人。完成水务局所属事业单位转企工作，按照《黑龙江省水利工程管理体制改革实施方案》的要求，稳步推进了水务系统所属事业单位改革。爱辉区卧牛湖水库管理处不再保留事业单位性质，改为企业，宋集屯水库管理站实行事企分离。

2005年爱辉区党政群机关及所属事业单位机构设置情况表

表17－3　　　　单位：个

	单　位	建　制	编制	省行政编	地方自定编制		单　位	建　制	编制	省行政编	地方自定编制
区委工作部门	区委办	正科级	29	26	3	乡镇党委政府工作部门	爱辉镇党委政府	正科级	21	21	—
	政策研究室	正科级	6	4	2		西岗子镇党委政府	正科级	21	21	—
	党史研究室	正科级	3	—	3		罕达汽镇党委政府	正科级	20	20	—
	保密办	正科级	2	2	—		幸福乡党委政府	正科级	24	24	—
	老龄委	正科级	4	2	2		四嘉子乡党委政府	正科级	18	18	—
	政法委	正科级	15	9	6		上马厂乡党委政府	正科级	17	17	—
	组织部	正科级	22	15	7		张地营子乡党委政府	正科级	25	25	—
	宣传部	正科级	12	12	—		二站乡党委政府	正科级	20	20	—

续表 17－3

	单　位	建　制	编制	省行政编	地方自定编制
乡镇党委政府工作部门	西峰山乡党委政府	正科级	16	16	—
	坤河乡党委政府	正科级	17	17	—
	新生乡党委政府	正科级	16	16	—
政府部门	政府办	正科级	42	37	5
	安全办	正科级	3	—	3
	侨务办	正科级	4	2	2
	信访办	正科级	6	3	3
	史志办(事业)	正科级	3	—	3
	接待处(事业)	正科级	3	—	3
	民政局	正科级	13	7	6
	旅游局	正科级	4	—	4
	档案局	正科级	5	2	3
	外事办	正科级	21	5	16
	街工委	正科级	14	5	9
	人事局	正科级	17	17	
	编委办	正科级	5	5	
	科学技术委员会	正科级	10	7	3
	经济委员会	正科级	14	12	2
	计划委员会	正科级	20	15	5
	边贸局	正科级	11	—	11
	教委	正科级	34	—	
按章程设置部门	总工会	正科级	16	15	1
	科学技术协会	正科级	8	3	5
	工商业联合会	正科级	3	3	—
	归国华侨联合会	正科级	2	—	2
	妇女联合会	正科级	10	6	4
	团委	正科级	8	6	2
	统战部	—	—	—	—
	人民代表大会常务委员会	正处级	26	26	—
	人民政治协商会议常务委员会	正处级	21	10	11
	纪律检查委员会	副处级	21	15	6
	监察局	正科级	13	7	6
	人民武装部	副处级	17	17	—
	人民法院	正科级	64	64	—
按章程设置部门	人民检察院	正科级	47	47	—
	区委直属机关党委	正科级	5	3	2
	政府直属机关党委	正科级	5	3	2
政府工作部门	乡企局	正科级	20	4	16
	畜牧局	正科级	19	3	16
	法制局	副科级	3	—	3
	综合党委	正科级	6	—	6
	计生委	正科级	10	7	3
	林业局	正科级	91	—	91
	土地局	正科级	16	—	16
	供销社	正科级	32	—	32
	爱卫办	正科级	8	3	5
	财贸办	正科级	5	—	5
	民委	正科级	6	2	4
	工业局	正科级	16	4	12
	环保局	正科级	20	3	17
	物价局	正科级	8	8	—
	劳动局	正科级	16	10	6
	物资局	正科级	30	5	20
	交通局	正科级	15	2	13
	财政局	正科级	63	28	35
	国有资产管理局	副科级	14	2	12
	统计局	正科级	17	15	2
	商业局	正科级	35	5	30
	农机局	正科级	28	—	—
	体委	正科级	7	4	3
	广播局	正科级	9	9	—
	经济技术合作委员会	正科级	7	4	3
	招商局	正科级	3	—	3
	技术监督局	正科级	13	3	10
	卫生局	正科级	22	5	17
	司法局	正科级	18	18	—
	审计局	正科级	16	11	5
	农牧渔业局	正科级	20	13	7

续表 17－3

	单　位	建　制	编制	省行政编	地方自定编制		单　位	建　制	编制	省行政编	地方自定编制
政府工作部门	水利局	正科级	23	6	17	政府工作部门	建设委员会	正科级	10	4	6
	文化局	正科级	18	2	16		老年活动中心	正股级	10	—	10
	手工业联合社	正科级	20	—	20		饮食服务局	副科级	14	—	14
	粮食局	正科级	50	—	50		农村工作委员会	—	13	10	3
	水产局	正科级	4	—	4		精神文明办	—	2	2	

第三节　干部管理

1983 年，为加强干部队伍管理，在全区机关事业单位干部队伍中开展“明职责、守纪律、做贡献”系列教育活动。通过教育，全区干部队伍进一步明确了自身职责，纪律意识进一步增强。

1987 年，根据中组部、劳动人事部《关于补充乡镇干部实行选任制和聘任制暂行规定》的要求，改革和完善乡镇干部的管理办法和任用制度，在各乡镇机关实行了干部的选任制和聘任制，对不合格的给与了缓聘或解聘。同年，制定了《干部任免工作程序和股级干部协审原则》，对乡镇和企业单位的股级干部从宽掌握，使基层有更多的用人权力。

1988 年，为了完善乡镇政府的整体功能，进行了”三权“下放，将设在乡镇的分支机构农技站、畜牧站等共 11 个部门的人权下放给乡镇政府管理，共下放 1 149 人(其中干部 835 人)。

1991 年，对“三兴”(科技兴农、兴工、兴贸)工作实行倾斜政策，给 15 名在农业科技事业单位连续工作满 30 年以上的科技人员颁发了荣誉证书。为了使“三兴”工作顺利进行，出台《黑河市引进人才优惠待遇若干规定》，起草《黑河市科技兴工实施方案》《加速乡镇企业发展若干政策规定》。

1992 年，在全市干部队伍中开展了“学经济、抓经济”学习活动，广大干部通过学习，较好地提高了自身经济业务知识。

1997 年 1 月 29 日，区政府下发《爱辉区国家公务员制度实施方案》，在全区乡镇政府、区政府工作部门、区政府直属事业单位和区政府机关所属事业单位范围内开始实施国家公务员制度。公务员制度实施工作按照准备阶段、实施阶段和验收阶段三个步骤进行。本次列入实施过渡范围内的行政序列局 21 个、乡镇 13 个、街道 4 个、总人数 818 人。改革后设置科级职位 46 个，副科级职位 110 个，一般工作人员(科员、办事员)386 个。过渡后职级相符的副处级以上干部 10 人，科级 44 人，尚未过渡干部 10 人，暂缓过渡人员 5 人，分流人员 30 人。同年，首次开展了爱辉区公务员录用工作，为 2 个区直机关和 6 个乡镇政府机关招考 13 个职位。

2000 年 3 月，全区开展清理、清退乡镇超编、编外人员和村干部工作，对全区乡镇 13 个党政机关、130 个事业站、119 所中小学校，共计 1 670 个编制进行了重新核定，共完成清理、清退超编、编外人员 355 人。其中清理 200 人、清退 155 人。针对乡镇“两清”中反映出来的长期病休人员过多的问题，人事局制定下发了《乡镇部分工作人员病退、退职暂行办法》。对返聘人员进行考试，并为其重新办理聘用手续。

2001 年 4 月和 11 月，分别在 11 个乡镇政府和区直党政机关推行公务员竞争上岗和岗位轮换。通过机关定员定岗，对机关内设机构的工作岗位全部实行同职级人员公开竞争、择优上岗，进一步增强了公务员队伍的活力。

2002 年 2 月，在全区机关事业单位中开展清理长期在编不在岗工作，共清理出长期在编不在岗职工40人，并根据有关政策规定进行分类处理。同时由人事局、组织部、纪检委、监察局、财政局5个部门联合下发《关于进一步严肃干部人事纪律加强机关和事业单位人员考核管理的通知》。

2003年，在全区实行公务员“凡进必考”制度。在全额事业单位具有大专以上学历人员中公开考试，为7个部门招录公务员和机关工作人员19人。并首次全面推行年度考核“备案卡”制度，将考评结果与公务员提职、晋级、奖励相结合。在事业单位中实行“新人新办法”，即新进人员全部实行聘用制，个人档案由人才中心进行统一代保管。

2004年，为优化教师资源结构，通过面向社会公开考试的方式，招聘29名教师，有效地缓解了全区师资不平衡的矛盾。同年，按照省、市统一要求，制发了《关于对各级党政机关执行考试录用制度情况进行检查和对违规进人问题进行清理工作实施方案》，对全区46个党政机关、11个乡镇、33个事业单位考试录用制度执行情况和违规进人情况进行了全面清理。

2005年，为教育系统招聘43名教师，为5名公务员办理了录用手续。为配合《中华人民共和国公务员法》的实施，对全区24个政府序列局(办)、11个乡镇政府、4个街道办事处、4个机关事业编制单位、26个参照公务员法管理事业单位及10个整建制划转单位的900多人的有关资料进行了全面细致的调查。

第四节　人 才 工 作

1987年，人才中心从外地引进各类人才16人，接收大、中专毕业生档案90份。

1988年，对毕业生分配原则实行了改革，采取“供需见面、双向选择”的原则，接收大、中专毕业生档案98份(不含教育)。

1989年，创办首届人才市场，有88名毕业生进入人才市场。同年，从全国各地引进各类人才34人，与12个省的43个市县人才交流部门建立横向联系。

1990年，共接收大、中专毕业生档案70份。

按照国家和省确定实施跨世纪人才工程工作要求，全区跨世纪学术、技术带头人梯队建设工作从1994年4月全面启动；共成立梯队28个，其中市级8个，区级20个；确定梯队带头人32人，后备带头人21人，第三梯队17人。

1995年，全区接收大中专毕业生档案7份。1996年，全区接收大中专毕业生档案4份。1997年，全区接收大中专毕业生档案24份。1998年，全区接收大中专毕业生档案114份。1999年，全区接收大中专毕业生档案82份。

1999年，为了加快人才市场建设步伐，发挥好市场配置作用，进一步完善爱辉区人才信息库。其中毕业生人才入库291人，经营管理人才入库69人，企业专业技术人才入库381人，乡土人才入库246人，离退休专业技术人才入库67人，流动人才入库67人，为实现各类人才信息的微机化管理奠定了基础。

2000年，全区接收大中专毕业生档案121份。2001年，全区接收大中专毕业生档案45份。2002年，全区接收大中专毕业生档案55份。2003年，全区接收大中专毕业生档案95份。

2004年，全区接收大中专毕业生档案103份。同年，采取“走出去，引进来”的方式，于3月赴哈尔滨参加“全省春季人才交流会”，成功地为市第二医院、妇幼保健院引进临床医疗、影像、妇产等6个专业本科医学毕业生14人，及时满足了全区医疗事业发展对紧缺专业人才的需求；面向社会和毕业生公开招聘教师29人；按照“专业对口，学以致用”原则，采取指令性分配方式，为6名本科生、4名鄂伦春族中专生安置了就业岗位。

2005 年，全区接收大中专毕业生档案 94 份。同年，为太平洋保险公司招聘计算机专业毕业生 2 人；为吉斯达物流公司招聘财会专业毕业生 2 人；为第二医院及乡镇卫生院引进临床医疗专业毕业生 8 人；面向社会和毕业生公开招聘教师 43 人。

第五节 考核 培训

1983 年，根据黑河市委要求，组织部、人事局将机关事业单位干部职工考核培训工作纳入重要日程。3 月、6 月、11 月，分三个批次对全市机关事业单位干部职工进行培训，累计培训 2 654 人。

1984 年，对黑河市机关事业单位干部职工分 4 个批次进行考核培训，累计培训 2 456 人。

1993 年，为进一步加强干部队伍建设，提升全区机关事业单位人员整体素质，3 月下发了《爱辉区机关事业单位干部职工考核培训实施方案》，对全区干部职工考核培训提出具体要求。按照“思想提高、素质提高、能力提高”的总要求，对全区机关事业单位干部职工进行培训，全年举办培训班 4 期，累计培训干部职工 2 123 人。

1995 年 6 月，对全区机关事业单位干部进行了”市场经济“专题培训。邀请黑河市委党校、黑河师专等知名经济学专家教授做报告，累计培训 1 250 人。

2000 年，为提高全区公务员和事业单位专业技术人员整体素质，使之掌握科技发展趋势，培养提高创新能力，继续对公务员和专业技术人员开展培训教育。购买了由著名专家学者主讲的录像带配合开展教学，用以解决师资力量相对薄弱的问题。全年共举办公务员“知识经济读本”培训班 3 期，培训 500 余人；为专业技术人员举办“创造学与创造性经营”培训班 4 期，培训 428 人。组织机关和企事业单位参加计算机知识培训，普及微机知识，培训微机操作人员 59 人。

2002 年，对公务员和专业技术人员开展培训教育，全年共举办培训班 2 期，培训 560 人。2003 年 7 月，为提高全区干部队伍整体素质，依托爱辉区委党校继续对公务员和专业技术人员开展培训教育，培训 400 余人。

2004 年 11 月，对全区机关事业单位干部职工进行了年度考核培训，并将考核结果与奖惩挂钩。

2005 年，继续加大干部培训考核力度。全年举办培训班 4 期，培训 650 人。11 月，对全区干部和专业技术人员进行年度考核。

第六节 工资管理

1983 年，对教育、卫生、体育系统职工调整工资，将中小学和卫生技术人员工资标准中低于相应机关行政人员工资标准等级的，对应机关行政工资进行了调整。对工作在第一线的公安干警，继续执行人民警察工资标准。

1984 年 4 月 1 日，黑河市编委办与黑河市财政局、中国农业银行黑河支行、中国人民银行黑河支行联合下发文件，要求市直各单位从即日起施行《职工调动工作增减工资指标结算单》的管理办法。

1985 年，黑河市根据国家统一部署进行了工资制度改革。此次改革，机关、事业单位与企业分别进行，实行两种不同的工资制度。(1)机关事业单位改为实行以职务工资为主要内容的结构工资制。按工资的不同职能，分为基础工资、职务工资、工龄津贴、奖励工资 4 个组成部分。基础工资以大体维持工作人员本人的基本生活费计算，现行六类工资区定为 40 元；职务(含技术职务)工资按工作人员的职务高低、责任大小、工作繁简和业务技术水平确定；工龄津贴按照工作人员的工作年限逐年增长，每工作一年每月 0.5 元，但最多不得超过 20 元；奖励工资用于奖励工作中做出突出贡献和成绩的工作人员,并规定奖励工资不得平均发放,要拉开档次。(2)机关事业单位的工人,实行以岗位(技术)工资为主要内容的结构工资制。(3)为了鼓励中小学、中等专业学校、技工学校教师和护士长期从事本职工作,除按规定发给工龄津贴外,另加发教龄和护龄津贴,同时工资标准提高10%。(4)改革的执行时间,中小学、幼儿园从1985年1月1日起执行,国家机关、其他事业单位从1985年7月1日起执行。

1986年3月28日,省机关事业工资制度改革办公室下发文件规定,归教育部门管辖、属于教育事业编制,经费从教育经费项目下开支的少年宫、少年之家的专职教师(辅导员),可以按规定从1982年1月1日起实行教龄津贴。教龄津贴标准:教龄满五年不满十年的,每月3元;满十年不满十五年的,每月5元;满十五年不满二十年的,每月7元;满二十年以上的,每月10元。

1989年,制定《黑河市机关事业单位评定职工百分之一升级指标的实施方案》,当年有166名符合条件的人员办理了升级手续。

1993年,全区进行了工资制度改革。机关公务员实行职级工资制:(1)职务工资。职务工资按工作人员的职务高低、责任轻重和工作易难程度确定,是职级工资制中体现按劳分配的主要部分,在职务工资标准中,每一职务层次设置若干工资档次,工作人员按担任的职务确定相应的职务工作,并随着职务的变化而变动。(2)级别工资。机关工作人员的级别共分十五级,每一职务对应若干级别,级别对应关系7~10级为正处级,8~11级为副处级,9~12级为正科级,9~13级为副科级,9~14级为科员,10~15级为办事员。(3)基础工资。基础工资是按工作人员维持基本生活费为确定的。各职人员均执行相同的基础工资90元。(4)工龄工资。工作年限每增加一年,工龄工资增加1元。事业单位工资制度:第一类是教育、科研、卫生等事业单位;第二类是地质、测绘和交通、海洋、水产等事业单位;第三类是文化艺术表演团体;第四类是体育运动员;第五类是金融单位。当年全区机关事业单位科技人员津贴标准由每月15元提高到每月45元,执行时间为1994年1月。

2000年7月,机关事业单位工作人员的工资由财政部门统一发放。2001年,同财政部门相互配合,对全区1995年以来机关事业单位拖欠工资情况进行调查和审核,确保了清欠和补发工作的顺利进行。

2005年,按照省市文件规定,及时兑现机关事业单位人员工资待遇,积极稳妥地完成各项增资工作。其中,调整工资标准5 628人,办理滚动升级456人。完成4 381人机关事业单位工作人员年终一次性奖金的审批工作。

第七节 职工离退休

1983年,依据黑龙江省人事监察厅下发的职能范围,机关和事业单位的离退休干部由人事监察局管理,当年办理离退休人员手续62人。1993年,爱辉区机关事业单位全年累计办理离退休人员手续96人。1995年,爱辉区机关事业单位全年累计办理离退休人员手续76人。1996年,爱辉区机关事业单位全年累计办理离退休人员手续142人。

2000年7月,机关事业单位工作人员的工资及离退休人员的离退休费实行由财政部门统一发放。

2001年,同财政部门相互配合,对全区1995年以来机关事业单位拖欠工资和离退休费情况进行调查和审核,确保了清欠和补发工作的顺利进行。

2002年,为96名提前退休人员办理了手续、为70人办理了退休(病退)手续。为加强离退休人员的管理及“银色”人才开发,在全市率先建立了机关事业单位离退休人员信息数据管理库,取得了良好的社会效益。

2003 年，为 95 名事业单位人员和 4 名机关公务员办理了退休手续。2004 年，为 73 人办理了退休手续。

2005 年，采取填报、查档、审批“一站式”方式，及时方便快捷地为 65 人办理了退休(病退)手续。同年，解决离休干部离休费市区同步发放问题。为 110 名机关事业单位离休干部办理离休费补差审批手续，从年初起每年拨付 26 万元用于解决市区离休费四项补贴差额的部分，确保了全区离休干部离休费按市标发放。

第八节　职称工作

1983 年 5 月，黑河市成立了职称工作领导小组，负责对全市职称工作的领导、组织评聘等工作的落实。

1984 年 11 月底前，完成了对全市 1 234 人已获各种专业技术职称人员的摸底调查，并进行了认真分类。

1986 年，成立职称改革办公室，对 21 个序列的在岗技术人员进行摸底调查，组建各序列主管部门职称改革领导小组、办公室及序列评审委员会。同年 10 月 30 日，黑河市职称改革工作领导小组办公室组织成立了黑河市工程专业技术职务评审委员会。

1987 年 1 月 24 日，市职改办批准高凌起等 16 名专业技术人员的中级任职资格。同年，出台了黑河市 1987 年职称改革工作方案。

1988 年 6 月 4 日，市职改办批准叶晓明等 339 位教师小学一、二、三级教师职务任职资格。同年 12 月实行了政策公开、工作程序公开、纪律公开的职称改革工作公开化制度。

1989 年 9 月 10 日，市职改办批准刘爱群等 131 人初级专业技术职务任职资格。1990 年 7 月 17 日，市职改办批准了孙淑贤等 41 位专业技术人员高级职务任职资格。1991 年 12 月 30 日，市职改办批准了李晓龙等 92 人的初级职务任职资格。1992 年 3 月 10 日，市职改办批准了王新华等 303 人的任职资格。1993 年 11 月 9 日，爱辉区人事局批准了张明华等 167 人初级职务任职资格。1993 年 11 月 30 日，爱辉区人事局批准了宁胜利等 176 人初级职务任职资格。

1994 年 9 月 9 日，爱辉区人事局下发文件，批准陈玲等 115 人中级职务任职资格。同年 11 月 18 日，爱辉区人事局下发文件，对经济专业技术资格考试做了说明，经济专业中级资格考试分甲、乙两种。甲种考试为该资格应具备的专业水平和业务能力的考试；乙种考试为经济基础理论和专业知识的考试，凡不具备规定学历的人员，必须取得乙种考试合格证书，方能参加甲种考试。

1995 年 8 月 8 日，爱辉区人事局下发文件，批准了吕仁国等 155 人初级职务任职资格。同年 9 月，农民技术职称(即“绿色证书”)评定工作由科委移交人事局负责。

1996 年 10 月 16 日，爱辉区人事局批准陈英林等 121 人初级职务任职资格。同日，下发文件，批准付英等 55 人初级任职资格。

1997 年 9 月 8 日，爱辉区人事局下发文件，批准孙丹等 181 人初级任职资格。9 月 10 日，爱辉区人事局下发文件，批准史焕军等 217 人企业内部技术职务任职资格。9 月 30 日，批准了范希忠等 168 人的中级职务任职资格。

1999 年 3 月 6 日，进行专业技术人员计算机知识考试。全区专业技术人员参加考试范围为工程、农业、自然科学研究、高教(理工科)、经济、会计、统计、审计等系列和专业晋升中、高级(含正高级)专业技术职务人员。同年 9 月 20 日，爱辉区人事局批准狄娟等 210 人初级职务任职资格。

2000 年 4 月 15 日，进行全区职称外语等级考试，各专业技术人员 415 人参加了统一考试。同年 11 月 3 日，爱辉区人事局下发文件，批准了李明等 69 人企业内部技术资格。

2002 年 2 月 5 日，黑河市人事局核定爱辉区中小学校专业技术职务聘任岗位，副高级 99 个，中级 618 个，初级 633 个。

2004 年 4 月 11 日，爱辉区专业技术人员参加了全国职称外语等级考试。考试的语种有英语、日语、俄语、德语、法语、西班牙语，级别是 A、B、C。英语分为综合类、卫生类、理工类 3 个类别，其他语种不分专业类别。

截至 2005 年，全区中级以上专业技术人才共计 954 人。其中，中级 726 人（教育 87 人，医疗卫生 71 人，畜牧 62 人，经济 67 人，农技 61 人，林业 79 人，文博图 56 人，水利 49 人，工程 58 人，会计 43 人，粮食 67 人，其他 26 人）；高级 228 人（教育 43 人，医疗卫生 38 人，畜牧 28 人，经济 11 人，农技 29 人，林业 34 人，文博图 9 人，水利 8 人，工程 13 人，会计 7 人，粮食 8 人）。

第二章　劳　　动

第一节　机　　构

一、管理机构

1983 年 6 月，爱辉县并入黑河市，新的黑河市劳动局成立，正科级建制，机关行政编制 25 个。

1993 年 4 月，经国务院批准撤销原黑河市，成立爱辉区，黑河市劳动局更名为爱辉区劳动局，同时将矿山安全监察、锅炉压力容器安全监察等工作职能归属黑河市（地级）劳动局，工作人员随机构划走。

1996 年 11 月，机构改革，区机构编制委员会重新核定劳动局机关行政编制 12 个、机关工勤人员事业编制 1 个，行政领导职数为局长 1 职、副局长 2 职，股长 5 职。劳动局内设办公室、工资福利股、劳动关系与监察股、安全监察股、仲裁办公室。劳动局下属单位有劳动就业局、社会保险事业管理局。

2001 年 11 月 10 日，全区机关事业单位机构改革，爱辉区劳动局更名为爱辉区劳动和社会保障局，正科级建制。机构编制 13 个，其中行政编制 8 个，机关工勤人员事业编 1 个，其余为事业编制；行政领导职数 1 正职 3 副职，正股级职数 4 职；内设文秘股、就业培训股、工资福利股、信访仲裁股、劳动监察和社会保险股，均为正股级建制。至 2005 年末没有变化。2005 年爱辉区劳动和社会保障局所属单位有就业局、社会保险事业管理局、劳动监察大队。

二、所属机构

（一）劳动就业局

事业单位，副科级建制，成立于 1982 年，原名为黑河市劳动服务公司；1993 年 4 月 1 日，更名为爱辉区劳动服务公司，地方自定编制 11 个；1999 年 11 月，经区机构编制委员会同意将爱辉区劳动服务公司更名为爱辉区劳动就业局。2005 年，爱辉区就业局为事业单位，副科级建制，机构编制 11 个，均为事业编制，领导职数 1 职，内设企业指导股、就业股、职业介绍所、办公室，均为正股级建制，股级职数 4 职。

（二）社会保险事业管理局

原名为社会保险公司，与劳动服务公司合署办公，劳动服务公司内设社会保险股，成立于1986年9月，1992年8月更名为黑河市社会保险事业管理局，为劳动局二层机构，事业单位，副科级建制。1993年4月1日，随着撤市建区，将机构和业务，包括人员上收黑河市（地级）劳动局，留2名工作人员负责为黑河市保险部门代缴社会养老统筹费业务。1994年1月，根据爱辉区实际需要，经黑河市劳动局同意，开始重新组建爱辉区社会保险机构，工作人员从劳动局内部调剂解决，相继开办有关业务。1999年5月，根据中央十四届三中全会和全国人大九届一次会议精神，在全国相继组建了社会保险机构的情况下，经市编委同意和区政府第三次区长办公会议决定，区机构编制委员会决定：撤销隶属区劳动局的社会保险事业管理局、隶属区人事局的机关事业社会保险局、隶属区卫生局的医疗保险办公室、隶属区民政局的农村社会养老保险服务中心、隶属区劳动就业局的失业就业股，组建新的爱辉区社会保险事业管理局，隶属区劳动局，正科级建制，事业单位，核定事业编制28个，内设秘书股、养老保险股、医疗保险股、失业保险股、社会化管理服务股、基金管理股、稽审股，领导职数1正职3副职，股级职数9职。1999年6月，爱辉区社会保险事业管理局完成机构配置和职能划分，正常开展工作。2005年，爱辉区社会保险事业管理局为事业单位，正科级建制，机构编制40个，均为事业编，领导职数5职，内设企业养老保险股、机关事业保险股、失业保险股、工伤保险股、农村养老保险股、医疗保险股、基金管理股、社会发放服务股、秘书股、稽审股、信息数据股，均为正股级建制。

（三）劳动监察大队

2005年，劳动监察大队副科级建制，机构编制4个，领导职数1职，人员编制均为事业编，与劳动和社会保障局调剂使用。

第二节　劳 动 关 系

1983年4月始，为有计划、有组织、有秩序地管理劳动力资源，充分利用劳动条件，合理调配社会劳动力，实行“一级管理、两级调配”办法（由劳动部门统一管理，各街道劳动服务公司配合调配）来管理调配劳动力。各街道劳动服务公司设立了兼职调度，协助市劳动局调配站做好基层业务工作。

1984年始，为了充分利用有限的劳动条件、有限的编制定员和有限的劳动工资计划指标，经市政府同意，对全民固定工人调配管理工作采取了以下措施：一是认真执行《黑龙江省工人调配试行办法》，调配管理全民固定工人必须根据生产和工作的需要，缺员调动从本系统和单位内部调剂，老企业和多余劳力的单位要支援新建扩建和需要增人的单位，严格控制直接生产人员调入非生产岗位；二是严格执行《黑龙江省工人调配试行办法》规定的“八调、七不调”原则，对学徒工、试用人员、无两地生活问题、无特殊理由、有问题无结论、“四场”（农、林、牧、渔业）自然增长的工人等一律不准调入；三是坚持先调出、后调入的原则，没有调出空额不准调入；四是占用增人、自然减员指标调入的，必须有当年指标，并持有市长办公会议批件，才能办理相关手续；五是占编调入省内外工人，必须占用计委、编委下达的编制定员、劳动工资计划指标；六是市直全民固定工人调转，实行对调原则，调一进一，不足一方由劳动部门统一协商解决；七是农村户口社员转为全民固定工人（含“四场”及大集体工人），因生产或特殊情况需要调入农村户口的社员，必须经市长办公会议审批，并报请省政府批准后方准调入；八是不准农村户口劳力及其城镇集体单位职工在全民企业、事业单位顶岗、占编、混账。

1986 年开始，劳动制度实行改革，在国营企业开始实行劳动合同制。根据《国务院关于发布改革劳动制度四个暂行规定的通知》中的《国营企业实行劳动合同制暂行规定》，为了全面加强劳动力的管理，对全民企业招用的合同制工人签订了《劳动合同》。但是，在其他单位招用的全民合同制工人、临时工、季节工，基本没有履行合同手续。至 1989 年以后，随着劳动制度改革的不断深入，劳动合同开始全面推行，认真贯彻执行了国家有关规定，即“企业在国家劳动工资计划指标内招用常年性工作岗位上的工人，除了国家另有特别规定者外，统一实行劳动合同制。用工形式由企业根据生产、工作的特点及需要确定。可以招用五年以上的长期工、一年至五年的短期工和定期轮换工。不论采取哪种用工形式，都应按照本规定签订劳动合同。企业招用一年以内的临时工、季节工，也应当签订劳动合同。”同时，劳动局做出了具体规定，今后各单位招用工人，无论采用何种用工形式，都必须签订合同。全民合同制工人，不签合同、不交养老金者，劳动部门不承认其身份；过去招用的全民合同制工人，未签订合同的统一补办合同，合同不完善的进行统一修订；合同制工人合同期满继续留用的，必须办理续订合同手续，否则劳动主管部门不预审批工资；全民合同制工人改变身份，到非全民单位工作，必须向劳动主管部门报告，并办理与原单位解除劳动合同的手续，否则不预免交养老金；各类企业、事业单位、机关人员、人民团体，自实行劳动制度改革以来招（雇）用的工人的劳动合同，都要到劳动仲裁机构依据国家有关规定和政策进行审批鉴证，以维护劳动合同的合法性和双方的合法权益。

1990 年以后，随着改革的深入，在企业中调整生产结构，逐步落实了不同形式的承包租赁制。企业内部在搞活用工制度中按不同情况进行优化劳动组合、定编定员和清理计划外用工，基本实现了最佳配置，调动了广大职工的生产积极性，提高了经济效益。1991 年开始，随着劳动制度改革的深化，逐步向企业全员合同化管理迈进，在用工制度上进一步打破“大锅饭”，改变了全民所有制固定工人与全民所有制劳动合同制工人并存的劳动用工形式，打破了企业干部与工人的界限，实行企业职工制度，层层签订劳动合同。1986 年劳动制度改革初始，黑河市只有劳动合同制工人 169 人，到 1991 年发展为 4 774 人，占职工总数的 16.2%。从 1991 年始，为搞好宏观调控，促进劳动力的合理流动，搞活企业用工制度，把市内固定职工的调转工作放权给了企业主管部门。凡是企业职工调转，在保证不突破年度工资计划指标的前提下，可以调出、调入企业。

1992 年，为了深化劳动制度综合配套改革，转换企业经营机制，增强企业活力，提高经济效益，开展了劳动制度改革试点工作。市政府专门成立了企业劳动人事制度改革领导小组，抽调有关部门主要领导和骨干组成若干工作组，分别在市印刷厂、羽绒厂、木材公司、薄铁社进行了改革试点。通过试点，扩大了 1990 以来改革成果，在企业内部根据各个岗位的不同情况，制定上岗条件，职工根据上岗条件对号入座，申请岗位，经批准后上岗工作。凡具备上岗条件的可以一步到位，不具备条件的可以逐步到位，不搞一刀切。对组合下来的职工，采取待业技能培训，开拓新的就业门路，发展第三产业，妥善安置。到 1995 年，在试点工作的影响下，已有 39 家国有企业、51 家集体企业实行了不同形式的劳动人事制度改革，占应参加改革企业数的 92.8%。

2000 年，国有企业经济体制改革不断深化，随着《黑龙江省国有企业处理下岗分流职工劳动关系暂行办法》出台，部分职工下岗分流，劳动部门严格审核解除劳动关系手续，监督企业向分流人员支付经济补偿金，清理债权债务，全力保护劳动者合法权益。2001 年全区下岗失业人员 244 人，其中国有企业 133 人，集体企业 111 人；到 2002 年全区企业与职工解除劳动关系 402 人，按照“保老、扶中、推青”的原则，距离退休年龄不足 5 年的，原则上不准许企业与其解除劳动关系，积极扶持“40、50”人员（女 40 岁，男 50 岁的大龄下岗失业人员）再就业，通过对青年人的再就业培训帮助其实现二次就业。2003 年，与企业解除劳动关系职工 585 人。2004 年初，省劳动保障厅下达完善城镇社会保障体系试点工作具体实施方案，旨在促进东北老工业基地振兴，深化国有企业改革，解决国有企业冗员问题，使国有企业下岗职工基本生活保障向失业保险并轨。参加“并轨”的企业条件是：国有企业（含国有控股企业），具有筹集并轨和偿还拖欠职工债务所需资金能力，改制和裁员方案经职工代表大会通过（职工个人同意），并报有关部门同意。并轨人员：国有企业（含国有控股企业）再就业服务中心内的下岗职工、已出中心尚未与企业解除劳动关系的下岗职工、其他离岗人员和当年新裁减人员。通过调查，本着先易后难的原则，全区首批参加“并轨”的企业27家，涉及职工1 438人。完成了职工档案材料整理、测算、申报、审批等工作。争取上级补助资金857.19万元。2005年9月将全区所有符合条件国有改制企业全部纳入并轨，下岗职工经济补偿金全部发到失业人员手中，至此“并轨”工作全面完成。参加“并轨”人员全部与企业解除劳动关系，债权债务偿还清楚，以多种形式灵活就业，养老保险关系接续，企业改制工作顺利进行，以新的面貌投入再生产。

到2005年，劳动调配工作已经全面放开，在爱辉区辖区内职工可以通过劳动合同的终止和建立确认劳动关系，劳动保障的工作重点逐渐转移到就业和再就业工作中。

第三节　就业安置

1983年，黑河市劳动就业工作困难增多，政府压力加大。基本情况是，尚有纯待业青年1 500人；国营企业富余人员600余人；集体企业富余人员810人；整顿企业劳动组织，从大集体、小集体混岗撤出部分富余人员，又新增1 000余人，大部分挤占城市劳动资源；外埠6省17县21个施工队1 259人、市辖内农村22个施工队569人占据了劳动力市场。针对上述问题，黑河市采取了以下措施：一是坚决贯彻中央的“三结合”劳动就业方针，坚持全民、集体、个体多种经济形式和多种经营方式长期并存的原则，不搞统包、统配，不搞统负盈亏。集体所有制、个体户有了营业执照，均属于就业。积极进行用工制度改革，推行全民的、集体的、季节性用工的合同制，打破“铁饭碗”。进行工资制度改革，推行浮动工资制、经济承包制等合理的分配形式。打破“左”的束缚，解放思想，放宽政策，大力发展集体经济，鼓励待业青年和富余人员走自谋职业的道路。充分利用各种方式的劳动条件，为待业青年和富余人员就业创造广阔的条件。二是继续坚定地实行劳动就业工作各系统、单位、街道、公社包干负责到底、扶上马送一程的原则。各系统、单位应主管本单位的返城、留城已婚待业青年和30岁以下未婚待业青年的就业安置工作。各街道主管纯居民待业知青和30岁以下已婚待业知青及30岁以上社会待业人员的就业安置工作。各公社主管社直非农业人口待业人员的就业安置工作。三是积极抓好劳动就业的组织落实。企业可以单独或联合创办劳动服务公司，从事社会需要的生产或劳动服务。劳动服务公司为企业附属的集体所有制单位，可以为本单位服务，也可以为社会服务，但必须独立经营，独立核算，自负盈亏。凡招用全民的、集体的、季节性临时工等各种固定工、合同工、临时工指标，均下达到各劳动服务公司，统归公司办理，不组建劳动服务公司者，不给指标，视为无就业问题的单位。

1983年以来，继续实行分配招工名额、政审、文化考试、公布招工简章等办法，进行招用职工。

随着经济结构的变化，单一的就业结构也发生了改变，实行了多渠道就业，把城镇就业的着重点及时转向了发展城镇集体经济和个体经济，广开就业门路，扩大了安置成果。截至1986年末，共安置待业人员13 796人，占待业人员总数的90.52%。

1987年开始，加大了处理历史遗留问题力度。市政府成立了处理遗留问题7人领导小组，审核并办理历史上久未解决的部分人员子女招工手续。当年招工352人，其中照顾死亡职工子女就业6人，困难户子女就业98人，外派人员子女就业3人，下乡干部子女就业10人，外侨、侨眷子女就业6

人，省级劳动模范子女就业5人，科技人员子女就业12人，3个以上多子女家庭子女就业159人，恢复国营身份和工作需要各1人，照顾病退职工子女就业38人。

1988年，为适应劳动就业工作的需要，经过研究，并借鉴外地的经验，建立了劳动市场并制定了管理办法；同时确定劳务市场有劳动力管理、职业介绍、培训、技术工人交流、劳务监察等职能。劳务市场开办仅1个月，就为40名求职人员登记、介绍职业20人次。为了改变过去劳动力实行二级管理二级调配的不利因素。采取了供需双方直接见面相互选择的一级管理一级调配的办法，使企业有了选择用工的自由，求职者有了选择职业的自由，供需双方均较满意。当年，中、省、地、市计划部门下达用工计划指标22 812人次、计划外指标2 401人次，实际安排13 613人次。

从1989年开始，根据省劳动厅等五部门《关于解决我省及外地城镇下乡知青子女返城落户和就业问题意见的通知》精神，开展了相关落实政策工作。凡由本省市县以上知青部门统一组织、动员到省内外插队、插场，目前还在农村或农场工作的知青，可允许其一名未婚、未就业子女回原动员城镇落户；知青本人已回城镇落户的，但其子女仍在农场和农村的，也允许一名未婚、未就业子女到父母原在城镇落户；对外省下乡知青现已在本省城镇工作的，但其子女仍在农村、农场的，在政策上应同本省下乡知青同样对待。1990年，城镇青年就业又处于一个高峰阶段。由于受市场疲软、产品滞销的冲击，黑河市的一些企业严重开工不足，给就业工作带来了很大的困难，到年末仍有2 384人没有得到安置。

1990年后，劳务市场为了适应经济建设的需要，在介绍就业方面，一改过去统包统配的模式，把就业安置引入到市场竞争之中。为了充分发挥劳务市场调解劳动力余缺的作用，本着优先安排待业青年和城镇社会待业人员临时就业的原则，通过采取劳动力资源登记、“劳务证”审查、工资审批、务工许可证制度等，加强了管理。当年，到劳务市场求职登记人员达9 906人次，安置7 315人就业，就业率为73.8%。到1992年，就业状况得到改善，城镇青年待业率从1990年的3.72%下降为1.77%，缓解了就业压力。

1992年，根据省、地就业工作会议精神，坚持从转换职能、简化办事手续入手，彻底改变了单纯依靠行政命令向企业硬性安排以及“内招”“顶替”旧的劳动就业体制，形成了提高素质、自主用工、自主择业、双向选择多扇门一齐开的新格局。当年安置各类待业人员2 533人，比上年度增长81个百分点。此后，企业用工全面放开，实现了双向选择，劳动局职能向宏观调控方向转移。

1995年，劳动力市场机制建设进一步加快，完善了“一条龙”综合服务措施，加强了社会劳动力管理。取消了企业临时工计划；打破了原有企业招用临时工的工资标准；搞活企业招用临时工的形式。全年共审批招用临时工48个单位，招用临时工22 242人次。至1998年，劳动力市场进一步完善和规范，重点对用人单位开展了监督检查，纠正了不规范的用工行为，严格控制外埠和农村劳动力盲目流入现象，对经批准进入爱辉区的外埠和农村劳动力一律实行“证卡合一”制度，为企业下岗职工创造了良好的就业环境。

1998年，全区企业下岗职工总数为1 070人，占职工总数的15.4%，其中国营企业有下岗职工644人，占职工总数17.2%；集体企业有下岗职工426人，占职工总数的13%。按照《黑龙江省人民政府关于深入实施再就业工程意见的通知》和《黑龙江省企业下岗职工再就业的规定》，采取有效措施和手段，为下岗职工提供良好的就业服务。一是规范劳动力市场，严格控制外埠和农村劳动力盲目流入，为企业下岗职工再就业创造条件；二是辟建再就业基地，确定区妇联组织的绒绣地毯加工项目、第一机械厂、东胜木制品厂、西岗子机械厂、木器家具厂为再就业服务基地，在扩大生产的周转金有偿借贷上给予倾斜；三是发挥职业介绍所在安置就业和实施再就业工程中的作用，1998年就有299人到职业介绍所求职，向49个单位和4个家庭推荐用工并就业184人，发布信息25条，举办用工洽谈45次，进行职业指导56人次；四是组建再就业服务中心。

1999 年，贯彻《中共中央、国务院关于切实做好国有企业下岗职工基本生活保障和再就业工作的通知》精神，全区建立企业再就业服务中心 23 个，托管人员 493 人，再就业服务中心足额发放基本生活费。全年共发放生活费和代缴社会保险费 111.5 万元。同年，职业介绍功能得到了发挥，共接待求职人员 1 200 余人，为其提供了就业信息、职业指导、政策咨询等服务。其中办理求职登记 892 人，为劳动力市场贮备了大量的劳动力资源。共与 156 个用人单位建立了业务联系，及时发布用工信息 12 次，组织供需洽谈 17 次，通过中介服务实现 140 余人就业，经过职业指导有 500 多人实现了自谋职业就业。

2001 年，全区国有企业 43 家全部建立了再就业服务中心，“中心”内签订托管协议的下岗职工 493 人，未签协议的 439 人，为确保下岗职工基本生活费按时足额发放，按照“三三制”（财政匹配三分之一，社会筹集三分之一，企业自筹三分之一）原则，共为“中心”内下岗职工筹集资金 152.9 万元，发放基本生活费 104.6 万元，代缴社会保险费 48.3 万元。到 2002 年再就业服务中心的下岗职工减少到 352 人，部分职工因合同期满或达到退休年龄已出中心。全年筹集再就业资金 122 万元，全部用于下岗职工基本生活费的发放和代缴保险费，没有发生当期拖欠。2003 年以后，再就业服务中心内职工托管合同期满，陆续出“中心”。

2003 年，为有效促进就业与再就业工作，在区委、区政府的大力扶持下，建成了占地约 300 平方米的劳动力交易大厅。形成了预测、培训、鉴定、选择匹配、社区服务、中介等一体化的工作网络，为求职者和用人单位提供优质的“一站式”服务。通过先进的电子信息网络，建立了劳动力市场信息网络数据库、劳动用工和失业人员档案库，初步实现科学的管理和快速地传递用工信息。根据省劳动保障厅《关于建立劳动保障工作平台的实施意见》的总体要求，在全区 11 个乡镇，4 个街道办事处，33 个社区建立劳动保障事务所及工作站。配置相应的硬件设施，统一工作规程。工作人员由街道劳服人员及社区委主任兼职。市、区就业局协调解决工作经费。劳动保障事务所（工作站）的建立，为及时掌握下岗职工动态，加强退休人员社会化管理以及促进再就业工作起到了积极的作用。同年 2 月起，按照《黑龙江省〈再就业优惠证〉发放使用管理办法的通知》精神，向符合条件的下岗失业人员发“再就业优惠证”，以帮扶和扶持失业人员再就业。劳动保障部门积极与工商、税务、物价等部门协调，落实再就业优惠政策，使“再就业优惠证”持有者真正享受到税、费减免政策。“再就业优惠证”自发证之日起，三年内有效，全区 6 000 余人享受到了优惠政策，累计减免税费 80 余万元。2003 年 11 月，为进一步扶持下岗失业人员二次创业，在区政府和财政部门的支持下，劳动保障部门向下岗失业人员开展小额贷款发放业务，“再就业优惠证”持有者经过资格审核，可以领取到为期二年的 8 000 ~ 10 000 元的无息小额贷款，作为二次创业扶持金。

2004 年，劳动保障部门加大了再就业培训工作力度，针对不同年龄、不同求职愿望的下岗失业人员和新成长劳动力进行不同类型的培训，尤其对“40、50”（女 40 岁，男 50 岁的大龄下岗失业人员）下岗失业人员进行家政以及机电维修等技能方面的免费培训，对新成长的劳动力则以微机操作、美容、美发、烹饪等技能为主，联合办班 30 多期，培训人员达 1 000 人以上。为拓宽就业门路，劳动保障部门千方百计开发就业岗位，鼓励下岗失业人员创办小饭桌、小工艺、小维修、小区保安、保洁、保绿以及家政服务等一批社区服务项目，开发公益性岗位。到 2005 年，全区新增就业人数 3 480 人，开发公益性岗位 265 个，安置“40、50”人员 400 余人，城镇登记失业率 4.7%，向俄罗斯及内地发达城市输送外出务工人员 9 000 余人，有效缓解了爱辉区就业压力。

1984—1992年黑河市就业情况表

表17－4　　单位:人

年份	待业人数	安置计划	实际安置和就业去向				
			合计	全民	集体	个体	其他
1984	4 236	1 600	1 905	427	1 319	159	—
1985	3 381	1 400	1 400	252	971	177	—
1986	2 981	1 400	1 540	453	970	117	—
1987	2 141	1 650	1 658	874	669	115	—
1988	2 738	1 502	1 517	597	821	99	—
1990	3 609	1 500	1 175	310	533	4	328
1991	—	1 400	1 456	—	—	—	—
1992	—	1 400	2 533	1 756	371	301	105

第四节 工 资 管 理

1983年,黑河市开展了大范围的企业职工调整工资工作。全民企业列入调资范围107个单位,职工8 089人,符合调资范围5 865人,实际升级(浮动)5 767人,月增加工资总额5.7万元。集体企业列入调资范围110个单位,职工5 260人,已升级2 715人,月增加工资总额267 113元。1985年,开展了偏低标准靠通用级工资改革。全民企业91个单位,职工2 033人,基本工资总额107 533元。集体企业24个单位,职工572人,基本工资总额29 281元。

1986年,根据经济体制改革的要求,对全市企业进行工资制度改革。参加改革的全民企业117个单位,职工7 899人,月增加工资额137 781元。集体企业127个单位,职工5 593人,月增加工资额87 419元。其中,定级人员4 082人,月增加工资额43 024元;套改工资7 844人,月增加工资额34 090元;靠级4 627人,月增加工资额17 165元;理顺工资1 870人,月增加工资额13 377元;升级10 783人,月增加工资额为109 235元。同年始,企业按完成利税和经济效益情况实行了奖励工资和3%奖励晋级。

1987年,对全市全民、集体企业进行了调查,提出了解决工资问题的方案,报经市长办公会议决定后组织了实施。审批全民企业129个单位,升级2 928人,升级面35.7%。审批集体企业119个单位,升级1 505人,升级面26.7%。

至1987年,企业内部工资分配形式主要有以下几种:定额工资;计件工资;浮动工资加奖金;承包工资;百元含量工资。从1988年始,进行了多种形式的搞活企业内部工资分配制度改革。各企业认真制定了搞活方案,一部分企业利用定额工资、计件工资、承包工资等不同形式进行改革,打破了按工资级别计酬的制度,拉开档次,调动了职工生产积极性,经济效益明显增长。截至当年末,全市搞活企业内部分配形式达10种,人数为5 240人,占职工总数的61%。其中,实行计件工资的1 227人;实行定额工资的1 697人;实行提成工资的305人;实行承包工资的112人;实行浮动工资的244人;实行联销计酬的584人;实行联产计酬的24人;实行百元产价含工资量的97人;实行计件超额的187人;实行计时加奖的703人。

1988年,对市航运公司船员进行了岗位工资套改升级,有23人升级,月人均增加工资20.84元;当年,完成了企业中小学、幼儿园教师增加10%工资性补贴工作,全市在职企业教师118人,调整工资 102 人，月增加工资基金 924.24 元，人均增资 9.11 元。

1989 年，为了更好地开展工资总额同经济效益挂钩工作，根据国家有关政策，对企业 3% 奖励工资进行了改革，打破了过去在奖励中平均分配的不合理现象，变为系统内部按企业经济效益，奖励面在 1% ~6% 之间分配使用，体现了奖励工资与经济效益挂钩。

1990 年，进行 2 次企业职工工资调整工作。开展了企业职工增资和提高离退休人员待遇工作，对全市 1.7 万余人进行了增资审查，为 1.6 万余人办理了增资手续。按省政府 1990 年第 19 次常务会议精神和地区劳动局文件的规定，参加调资的企业 241 个，其中全民企业 108 个、集体企业 133 个，符合调资条件的职工 13 112 人，其中全民企业职工 8 484 人、集体企业职工 4 628 人。调资后月增加标准工资 97 302 元，全年增加工资总额 152 万元，其中全民企业增加 99.3 万元、集体企业增加 50.7 万元。

1991 年，对部分离退休职工增加工资改革补贴，共为离退休职工 1 218 人办理了增加补贴手续。同年，为鼓励先进企业、促进经济发展，对获得国家二级企业称号的宋集屯煤矿、国家优质服务三连冠称号的农机公司，获得省先进企业的市航运公司、百货批发站、第三百货商店的职工进行了工资晋级；确定晋级指标 362 个，实际晋级共计 646 人，其中晋一级的 77 人、晋半级的 569 人。

从 1992 年始，逐步实行了工效挂钩工资。此项工资形式开始于 1989 年，当时重点为试点工作，由于种种原因，特别是企业不认可，未能立即实行。1991 年，通过对水利水泥制品厂的试点，取得了成效，才被大多数企业认可，得到快速发展，到 1992 年末已发展到 12 个系统 39 家企业，工效挂钩人员达6 683人，占全市企业职工总数的 45.2%。工效挂钩有五种形式：(1)工资与实现税利挂钩；(2)工资与实现利润挂钩；(3)工资与减亏挂钩；(4)工资与上缴税金挂钩；(5)工资含量与百元产值挂钩。

1995 年，工资制度改革进一步深化，加强了工资分配的宏观调控。把过去企业工资计划的绝对量控制变为了相对量控制；同时加强了工资基金管理，严格执行企业工资总额手册管理制度。企业内部的分配制度进一步搞活，全面落实了企业分配自主权，国家工资管理政策不断放宽。

1996 年，再次进行企业调资工作。参加调整工资结构和标准的国有企业 51 户、职工 1 890 人，集体企业 55 户、职工 1 552 人，月增加工资额 389 742 元。

2000 年，贯彻国家关于《企业工资分配试行“两低于”宏观调控管理意见》《按劳分配与按生产要素分配相结合的指导意见》等文件精神，积极推行工资分配制度改革，加强企业工资宏观调控；主要通过工效挂钩，“两低于”以及最低工资保障制度等办法，调控企业工资总量，并辅之以《工资总额使用手册》审批措施，以及工资内外收入监督检查等手段，保证了国家宏观调控的有效性。为搞活企业内部分配制度，建立正常的工资增长机制，按照黑龙江省劳动厅《关于企业职工工资调整的具体指导意见》，企业处理好生产一线与办公室、后勤、一般岗位和苦、脏、累、险岗位之间的关系，使工资收入不仅向艰苦岗位倾斜，而且向企业经营者、管理人员倾斜。当年，全区 57 家企业 1 240 名职工参加了普调升级，月增资总量 92 742 元，有 12 家企业兑现了调资额；同时为 27 家企业、职工 119 人晋升了效益工资，职工 17 人晋升了 3% 奖励工资。按照黑河市劳动保障局《关于进一步加强企业职工退休工作的通知》要求，加强企业职工退休审批的管理力度，逐月对全区符合退休条件的企业职工进行退休审批，当年退休人员 300 多人。

2003 年，工资分配宏观调控继续加强，积极推行劳动力市场工资指导价位制度，提高工资分配市场基础，以国有企业内部分配制度改革为契机，逐步落实竞争上岗，以岗定薪，岗多薪多；逐步建立人员能进能出、岗位能上能下、工资能增能减的机制。加大对关键岗位及高素质短缺人才的激励力度，使收入水平与岗位职责和贡献紧密挂钩，最大限度地调动职工积极性。2005 年按照《关于调整离休干部护理费标准的通知》精神，为企业 27 名离休人员调整护理费，月增加养老金 575 元。

第五节　劳动监察

1995 年 1 月,组建了劳动行政执法监察机构,对企业不符合国家有关法规、政策的错误和违法行为开展执法监察,有力地保护了企业和职工双方的合法权益。1999 年 6 月,正式成立了劳动监察中队,工作职能得到有效发挥。全年共监察国有、集体用人单位 70 余户,检查个体和私营企业 500 余家,清理非法用工 275 人次,清理非法职业中介机构 11 个,纠正个体私营企业违法问题 207 项。

2000 年后,为规范劳动力市场,根据《中华人民共和国劳动法》《黑龙江省国有企业处理下岗分流职工劳动关系暂行办法》等规定,对全区 165 户用人单位进行巡查,涉及劳动者 2 000 余人,向用人单位下达整改指令书 147 份,清退非法用工 37 人,规范劳动关系 271 人,有效保护了劳动者合法权益。到 2003 年,每年一季度对全区 100 多个企、事业单位以及个体工商户进行劳动用工、劳动工资、劳动合同、社会保险等方面的登记检查,涉及劳动者 2 000 多人,年检覆盖率达到 96% 以上。

2003 年,全年平均每个监察员巡视 50 个用人单位,责令补签劳动合同 200 余份,纠正违法合同 100 余份,监督劳动合同签订率达到 95% 以上,责令补缴社会保险费 10 万余元。2004 年,全省加大了对建筑工地的管理力度,保障农民工合法权益。按照《全省建筑施工企业劳动用工情况执法检查百日攻坚战活动实施方案》的要求,加强宣传、现场办公,发放宣传资料 1 000 余份,接受政策咨询 500 余人次。对辖区内建筑工地进行检查,责令用人单位对没有签订劳动合同的 200 多名农民工补签劳动合同,使建筑工地的用工秩序明显好转,保障了农民工的合法权益。

2005 年,国家出台了农民工工资保障制度,按照《黑龙江省农民工工资保障规定》,对爱辉区辖区内建筑工地进行执法检查,对 364 名农民工的用工情况进行调查,督促用人单位建立完整的考勤制度、工资报名制度,向开发商收取农民工工资保障金 15.2 万元,收缴率达 98%,有效控制拖欠农民工工资现象发生。

第三章　民　　政

第一节　机　　构

1983 年,爱辉县并入黑河市,成立新的黑河市民政局,内设社会救济股、优抚安置股、民政股、秘书股、收容遣送站、残疾人联合会等 6 个机构。1988 年 9 月 1 日成立双扶服务站(事业单位企业管理、股级建制)。1989 年 1 月增设农村社会养老保险办公室和地名办。1992 年 4 月增设双拥办公室(副科级建制)。

1993 年 4 月 1 日撤市建区,黑河市民政局更名为黑河市爱辉区民政局,正科级建制,内设优抚安置股、社会救济福利股、秘书股、民政股,均为正股级建制。

2001 年 11 月,根据《黑河市爱辉区党政机关机构改革方案的通知》要求,对爱辉区民政局职能配置、内设机构和人员编制进行了调整和规定。内设办公室、优抚股(退伍军人安置办)、救灾救济股、社会事业股。对工作职能进行了调整,将农村社会养老保险职能划给区劳动和社会保险局;增加了全区民办非企业登记管理工作、城乡居民最低生活保障工作和社区建设工作职能。

2005年，共有11个乡镇和4个街道办事处，均设有专职民政助理1人，负责城乡低保工作的日常管理、救灾救济款物的发放、双拥优抚的政策落实、民政专项资金的管理。

第二节　社会福利

一、无保户、孤寡老人供养

改革开放以后，黑河市大力扶持乡镇敬老院发展。1984年下拨1.5万元，乡镇自筹资金2.5万元，翻建房屋200平方米，率先在爱辉镇、西岗子镇建立了敬老院，主要以收养乡村中“三无”（无生活来源、无劳动能力、无法定抚养义务人）对象老人为主，也包括少数孤儿和无人照顾的残疾人，当年收养315人。1985年后，相继建立上马厂乡、张地营子乡、四嘉子乡敬老院。到2000年，全区已有5所乡镇级敬老院，收养62人；敬老院居住条件得到改善，全部实现砖瓦化，伙食结构实现细粮化，做到了合理搭配，科学建院。敬老院自身开展养殖业、加工业、农副业等，走以副养院的路子，创收金额全部用于提高院民生活，年人均供养标准从建院初期的600元提高到1 500元。

二、社会福利企业

在国家政策扶持下，全区社会福利生产发展迅速，有效解决了有劳动能力的残疾人就业。1986年，市民政局扶持4个街道办事处兴办福利网点，当年安置残疾人87人就业，创年产值20万元，利润2万元。1988年，福利企业发展到11处，从业人员131人，其中残疾人77人，占58.8%，投资总额达138.7万元。其中固定资产80.6万元，机械56台（件），厂房面积1 470平方米，流动资金58.1万元，当年创产值89.3万元，比上年增长4倍，利润6万元，比上年增长4.2倍。1992年，福利企业充分利用黑河市边贸口岸优势，大力发展外向型经济，成立了民福经济贸易公司，开展对俄贸易，与俄方3家公司结成贸易伙伴，签订了意向性协议。在“一业为主、多业兼营”的方针指导下，采取多种经营形式。福利木器厂增加了福利餐厅和汽车修理；福利玩具厂与齐齐哈尔市联营生产涂料，还增加了工艺美术项目；福利纸制品厂更新造纸设备，生产黄纸、卫生纸，产品销往外市县。经过整顿合并，到2005年底，全区有规范化福利企业3家，有一定劳动能力的残疾人就业率已达70%以上。

三、居民最低生活保障

（一）城镇居民最低生活保障

从1998年6月1日起，爱辉区对城镇居民实行最低生活保障制度。资金来源由市、区两级财政各承担50%。第一批有489人享受低保，低保标准为每月每人100元。1999年对全区城镇低保进行了提标，低保标准由100元/月/人，提高到130元/月/人。2004年城镇低保由130元/月/人，提高到150元/月/人。

为城镇低保人群落实了各项优惠政策，从2004年开始，为每户低保户按月增加2.58元的电费补贴，协调房管部门对享受城镇居民最低生活保障待遇人员在房屋动迁时，由拆迁人给予在原住房面积的基础上增加3平方米的照顾，实施特殊困难人员低保金加发制度，对75岁以上老人、义务教育学生、“三无”对象、重病重残人员给予加发15%或20%的保障金，保证了最困难群众的基本生活，促进了社会稳定。截止到2005年，全区城镇低保保障人数10 486人，占非农业人口的7.8%，年发放低保金1 040万元，低保户共享受电费补贴9万元；共有29户低保户享受房屋拆迁补贴5万元。

(二)农村居民最低生活保障

2000 年,在四嘉子乡进行了农村居民最低生活保障试点工作,同时制定爱辉区《农村居民最低生活保障暂行办法》和《实施细则》。2003 年,爱辉区政府决定在全区农村实施最低生活保障,标准为年人均 700 元,当年保障农村低保户 846 户、2 525 人。到 2005 年增至 1 149 户、3 850 人。2005 年,根据省农村税费改革领导小组及财政厅、卫生厅、民政厅的文件精神,结合爱辉区实际,制定《爱辉区农村医疗救助办法》,并对农村医疗救助对象进行了调查摸底,确定医疗救助对象 547 人,年需救助资金 218 万元,为实施农村医疗救助工作做好了准备。

四、城市社区服务

1998 年 12 月 3 日,成立爱辉区首个城市社区服务中心。在政府指导下,依托街道、社区,通过动员社会各方面力量和组织群众互助,为社区居民特别是有困难的居民提供社会福利和社会服务。至 2000 年底,全区已建立老年公寓 1 所,托老所 4 所,老人健身点 5 处;为社区居民提供心理咨询、职业介绍、家政服务等服务项目,以街道和社区组织为依托,开设了修理、饮食、托儿、托老、便民医疗网点设施 86 个。在经营中把有偿服务和无偿服务结合起来,以小到大滚动发展,既安排了人员就业,又弥补了福利设施的不足,方便了居民生活。老年活动中心设有专门为老年人活动的舞厅、排练厅、乒乓球室、台球室、象棋室、扑克室、麻将室等。2003 年,根据省民政厅《黑龙江省"社区老年福利服务星光计划"实施方案》的要求。投入 30 余万元资金对老年活动中心进行了修缮和基础设施改造,完善了各种服务条件与设施,使老年活动中心逐步成为爱辉区设施最全、服务功能和条件最好的老年活动场所。到2005 年,全区以社区服务中心为依托,面向社会开展为老、助老、便民利民服务。根据《黑河市发展社区服务的若干规定》要求,成立了爱辉区社区"星光老年之家"。同时,以街道和社区组织为依托,大力发展具有社会福利性质的居民服务业。按照拾遗补缺的原则,在 4 个街道及独立的工矿企业周围有针对性的开设了修理、饮食、托儿、托老、便民医疗点等服务网点 86 个。

第三节　救灾救助

一、救灾扶困

1984 年发生了历史罕见的自然灾害,全市 107 个村屯不同程度遭受风、雹、水、旱、涝侵袭,有 5 个乡 34 个村屯为重灾村,直接经济损失 5 000 万元,粮食减产 3 100 万千克,农民收入减少 1 400 万元,下拨自然灾害救济款 53. 5 万元。

1996—1998 年,全区多次遭受春涝、早霜、洪涝、冰雹、风灾、虫灾等自然灾害,全区农田大面积受灾,农作物绝产。面对各种灾害,民政部门及时深入灾区,准确掌握灾情,慰问灾民,研究补救措施,投入救灾款 60. 34 万元,并将省拨救灾款 140 万元、社会各界及友好市县的捐款 56. 8 万元,各种捐赠物品 2. 3 万余件及面粉等及时下拨到灾区,使灾民基本生活得到保障。

2000 年春季,全区遭受历史上罕见的旱灾,同时部分乡镇又遭受虫灾和雹灾。受灾面积 83 万亩,占总播种面积的 98%,成灾面积 57 万亩,其中绝产面积 22 万亩,农业直接经济损失 4 379 万元。灾情发生后,向上争取救灾资金 179 万元,发放救灾口粮 187 吨。2001 年,向乡镇下拨救灾资金 187 万元,为灾民发放救灾口粮 260 吨,衣物 3 000 余件。2002 年,向上争取救灾资金 625. 25 万元,较好地解决了灾民的生产生活问题,下拨救灾口粮 300 吨,下拨救济金 109. 4 万元,下拨衣物 1. 4 万余件。

2003 年由于气候异常,致使爱辉区先后遭受了冻灾、旱灾、洪涝灾、风雹灾和病虫灾。灾害种类多、区域广、时间长、损失大。全区农作物受灾面积达 50 978 公顷,占播种面积的 95%;成灾面积达

48 390 公顷，占播种面积的67%；受灾人口为45 880 人，成灾人口44 780 人；各种灾害造成的直接经济损失为13 513 万元，造成12 145 人缺口粮。为了解决灾民生产生活问题，下拨救灾粮171 吨，救灾款152.1 万元，下拨衣物25 122 万件，妥善解决了灾民的生产生活问题。2004 年下拨救灾款44 万元，救济粮120 吨，救灾衣被5 200 余件。2005 年下拨救灾款70 万元，救济粮200 吨，救灾衣被3 000 余件，解决了灾民的生产和生活问题。

二、救济扶贫

1983—2002 年，全区投入救济款67.6 万元，临时救济1.9 万余人次。

从2003 年开始，爱辉区加大对城镇特困群众、破产企业困难职工、农村受灾群众的救济力度，及时发放救济款、救济粮、衣被、燃煤等物资。通过连续开展“扶贫济困送温暖”活动，2003—2005 年，有6 552 户、15 892 人得到社会救助，解决了困难群众的衣、食、住、行等生活问题。

2004 年，积极探索新型救助方式，在市民政局和福彩中心的支持下，在市区内建立了1 处“慈善爱心超市”，并配有1 名专职人员负责“超市”的日常管理工作。截至2005 年12 月底，全区共有60 家单位为“超市”捐款、捐物，捐物总数9 890 件，捐赠人数4 793 人。

三、流浪乞讨人员救助

收容遣送站与公安部门密切配合，严格加强自流人口的管理。对于以找活挣钱为目的，流出自住地后又无生活着落的人员，帮助找到亲属和家庭住址，做耐心的思想教育工作，动员其返回原藉。使各种流入人员都得到妥善安置，维护了社会治安，防止了边境涉外事件的发生。1988—1992 年，收容各类人员1 704 人次。1993 年撤市建区，自流人口收容遣送站上收黑河市（地级）。

第四节　拥军优属　优抚　安置

一、拥军优属

1983 年6 月，黑河市召开了拥军优属工作会议，对先进集体和先进个人予以表彰，在全市的165 个生产大队（村）和居委会中，有126 个实现了拥军优属“制度化、社会化、经常化”标准。1986 年，黑河市成立了军地两用人才开发使用领导小组，建立了服务机构，在81687 部队召开了军民共育经验交流会，与农村入伍的战士签订了安置合同。

1990 年，在黑河市开展了向老英雄李玉安学习活动。同年11 月10 日，召开了由地、市主要领导参加的纪念抗美援朝50 周年座谈会，对入朝参战人员进行了慰问。1991 年，全市各单位开展了军民共建精神文明单位活动，落实地委、行署提出的“军民共建、共守、共训、共劳、共管”的要求。1993 年初，黑河市被评为省级“军民共建双拥模范城”。1993 年4 月撤市建区后，爱辉区继续深入开展创建双拥模范城活动，到1994 年全区已有116 个共建单位。街道办事处开展老妈妈们为部队战士洗衣、缝被、包饺子等拥军活动。在共建活动中，爱辉区努力探索物资拥军、智力拥军、科技拥军、政策拥军等多种有效形式。

1997 年，全区双拥服务网络已遍及城乡，有双拥服务组织126 个。

1998 年，爱辉区结合抗洪救灾中涌现的解放军指战员的英雄事迹，宣传双拥工作的重要意义，举办抗洪救灾展览、利用宣传媒体大力宣传指战员们的英雄事迹。同年，对下岗军嫂和无工作军嫂调查摸底，以部队为主体启动再就业工程，对部队家属兴办的企业和从事个体经营的，在经营地点、办证件等方面给予照顾；在区直全员劳动合同制企业工作的，给予不低于一年的适用期，以便学习技术熟悉工作。

2000年，制定了《爱辉区拥军优属拥政爱民模范乡（镇）、街道考评细则》，使全区双拥工作适应新的发展形势，推动双拥工作走向规范化。

2005年，双拥工作不断深化，爱辉区军地双方涌现出许多拥军优属、拥政爱民典范，如被誉为"火海神兵"的森警大队、"北疆卫士"的65951部队等连续多年被评为"省级拥政爱民先进单位"；逸夫小学连续多年被评为"科技拥军典范"并荣获"省级拥军优属先进集体"；幸福乡民政助理刘志杰被评为"省级拥军优属先进个人"。2002年，黑龙江省委、省政府授予黑河市为"省级双拥模范城"称号；授予爱辉区民政局局长范铁发为"省级双拥模范先进个人"；授予65935部队、黑河森林支队、59196部队"省级拥政爱民先进单位"。

二、优待抚恤

1983年，由于当时国家一些制度的变化，民政部门及时调整优抚政策，做到合理计算优待量，发证到户，经常检查，保证兑现。民政部门对孤老军属和老复员退伍军人的住房、治病、生活各方面实际困难认真予以解决。

从1994年起，实行农村义务兵家属优待金制度，由于各乡镇经济发展程度不同，享受的标准亦不同，最高的坤河乡年人均1 200元，贫困山区乡镇年人均200元，一般乡镇为500～700元不等。1999年底，根据全区实际情况，兑现了1995—1997年城镇义务兵家属优待金。2000年，在区财力紧张的情况下，对在乡镇老复员军人的定期补助标准提高到国家规定的新标准1 500元。到年末，对拖欠的优待金全部兑现。

2005年，全区共有重点优抚对象379人。其中城镇优抚对象111人，农村优抚对象268人。各类人员中，革命伤残人员126人（革命伤残军人115人，伤残国家机关工作人员7人，伤残人民警察2人，伤残民兵民工2人），"三属"23人（烈属12人，因公牺牲军人遗属1人，病故军人遗属10人），在乡镇老复员军人194人，带病回乡退伍军人36人。根据《军人抚恤优待条例》和《黑龙江省义务兵优待金筹集发放管理办法》的规定，对在乡镇老复员军人、烈属、残疾军人，定期定量发给补助金、抚恤金，按照新标准足额兑现。对二等乙级以上革命伤残军人，烈属、因公牺牲军人遗属、病故军人遗属，以及带病回乡复员军人按有关文件规定落实了各项医疗优惠政策。家居农村的义务兵优待金，从2004年按每人每年2 076元标准兑现，城镇义务兵优待金按80元/月兑现，到2005年共兑现城镇优待金38人，兑现金额74 496元。全区城镇重点优抚对象全部纳入最低生活保障，实行了双重保障。

三、退伍军人安置

1983—1992年，黑河市不仅负责本市的，还要负责包括中、省、地直的复员退伍兵的安置。主管部门认真贯彻执行国家安置政策，对城镇退伍兵采取"按系统分配任务，包干安置"的办法；对农村和回乡士兵按照"从哪里来，回哪里去"的原则妥善安置；对有专业知识和技能的，按照专业对口的原则择优选用。10年间共接收安置2 488人，其中城镇1 882人，农村和回乡606人。1993年后，只负责安置家长单位在爱辉区的城镇退伍军人。1993—2000年，共接收安置2 408人，其中城镇684人，农村和回乡1 724人。2001—2005年，共安置城镇退役士兵226人，安置率为100%。

第五节　社会事务管理

一、婚姻登记管理

1983年，民政局认真贯彻《中华人民共和国婚姻法》和《婚姻登记管理条例》，经常深入基层宣传贯彻《中华人民共和国婚姻法》，配合人大进行《中华人民共和国婚姻法》和婚姻登记工作的检查。在办理结婚登记过程中，严格审查，杜绝违法婚姻的发生，以保护当事人合法权益，维护法律尊严。1988年，查处了罕达汽镇小沟村拐卖陕西省华阴县少女案，解救出受害人。

1983年至2003年9月30日，婚姻登记在民政局、街道、乡镇政府均可办理。2003年10月1日起婚姻登记权限收归爱辉区民政局婚姻登记处管理，同时收回各乡镇婚姻登记档案，由于部分档案缺失，经整理归档，可查档案资料从1986年开始。

1986—2005年爱辉区（黑河市）婚姻登记情况表

表17－5　　　　单位：对

年份	合计	结婚登记	离婚登记	年份	合计	结婚登记	离婚登记
1986	1 491	1 425	66	1996	1 327	1 077	250
1987	1 641	1 570	71	1997	1 373	1 173	200
1988	1 132	1 067	65	1998	1 505	1 105	400
1989	1 670	1 601	69	1999	1 222	874	348
1990	1 268	1 217	51	2000	1 696	1 376	320
1991	1 161	1 099	62	2001	1 257	959	298
1992	1 033	958	75	2002	1 297	933	364
1993	880	810	70	2003	1 850	1 385	465
1994	1 755	1 581	174	2004	1 875	1 325	550
1995	1 401	1 173	228	2005	2 056	1 450	606

二、殡葬管理

黑河市区实行殡葬改革较早，20世纪70年代建起火化场开始实行火葬。当时把黑河镇和幸福公社规定为火化区，1983年把3个煤矿、四嘉子公社及火化场30千米以内的村屯也划为火化区域。当年，规定的火化区内的火化率达到97%。此后，继续深入贯彻全国殡葬改革和国务院、省政府有关文件精神，依靠群众、逐步推行火葬、改革土葬，破除旧的丧葬习俗。1984年，对11个乡镇79个村屯进行了移坟深葬宣传，印发950份宣传材料和移坟深葬布告。

1985年，火化场更名为殡仪馆。1991年，宣传中央27位老干部从简办丧事的倡议。同年，殡仪馆新建了砖围墙，新大门和祭悼室，开展了为遗体美容等项目。1992年为殡仪馆投资5万元，修整路500延长米，新建骨灰寄存楼1幢。1993年撤市建区，殡仪馆上收黑河市（地级）。

三、民间组织管理

1990年，民政局设立社团登记办公室，当年登记社团28个。1999年，对全区民间组织、社会团体进行了全面清理和整顿，配合市有关部门联合检查取缔了非法组织9个。2000年，对民办非企业单位调查摸底登记，同时配合组织部门加强了对社会团体、民间组织的党建工作。截至2005年全区登记成立民办非企业单位18个，其中体育类2个、教育类16个，安排就业人员30余人。2005年，开展了“社区民间组织服务中心”的创建工作，8月在西兴街道办事处先行试点。

四、老龄工作

1989年，黑河市老龄工作委员会成立，1993年更名为爱辉区老龄工作委员会。1996年机构改革，区老龄委合并到区民政局，由民政局代管。1997年，13个乡镇中有12个乡镇建立了老年协会。1999年，处理老年人合法权益案件17起；处理和调解不赡养老人事件14起；在有关部门协助下调解老年人纠纷154次；对老年人法律援助14起，解答涉老法律咨询500余件。

2000年，制定了老龄工作的目标及实施方案，市、区两级人大对全区执行《中华人民共和国老年人权益保障法》和《保护老年人合法权益条例》工作进行了综合检查，依法保障了老年人的权益。2004—2005年，爱辉区逐步加大老年维权工作，全区4个街道、11个乡镇分别建立起老年人维权工作站，平均每年帮助老年人协调解决困难20余件次。

第六节　基层民主政治建设

一、村民委员会

1987年，完成了第一届换届选举工作，对12个乡镇109个村民委员会进行换届。

1990年，完成了第二届12个乡镇109个村民委员会的换届选举工作。同年，在爱辉镇召开了“以党支部为核心、村级基层组织建设”现场会，推动了全市基层组织建设。

1993年，完成了第三届12个乡镇108个村民委员会的换届选举工作，村委会成员的素质比上届明显提高，文化程度亦有提高，高中占28.7%、初中占60.8%。

1996年，完成第四届13个乡镇115个村委会换届选举工作，村委会成员平均年龄33.3岁。

1999年，完成了第五届13个乡镇115个村民委员会的换届选举工作，参选率达90.4%，选举成功率较高。

2005年完成了第七届11个乡镇89个行政村的换届选举工作，共选出村委会成员373人，村民参选率达95.6%。

二、居民委员会

1988年，完成了58个居民委员会的换届选举工作。1991年，调整了居委会成员，新增设6个居委会。1997年完成70个居委会换届选举工作，居委会成员平均年龄51.9岁。2002年由73个居委会整合为33个社区。2004年，为整合社区资源，爱辉区将原有33个社区居委会整合为12个社区居委会，合并后社区干部保留120名，整合后的社区居委会，结构更加优化，便于社区功能的发挥。2005年，完成第一届社区居民委员会换届选举工作，共选出主任12名，副主任24名，居民选出了自己信任、拥护的社区居民委员会领导班子。

三、村民自治

1996年，开展了村民自治模范村的评选工作，通过乡镇推荐和评比，爱辉镇的松树沟村被评为“省级村民自治模范村”，另有48个村被评为“市级村民自治模范村”。1998年，依据《中华人民共和国村民委员会组织法》和《黑龙江省实施〈中华人民共和国村民委员会组织法〉办法》的精神，全区各村屯结合村民自治活动，推行村务公开，实行民主管理。以群众最关心与群众利益密切相关的问题为重点，有计划、有组织地推进农村政务、财务和社会事务公开，逐步实现村民自我管理、自我教育、自我服务，提高了全区农村基层组织建设的整体水平。1999年，全区13个乡镇、115个行政村全部实行村务公开,公开面达100%,达到规范化标准99个村,占86%。2001年,全区11个乡镇88个行政村,乡镇政务公开率已达100%,达到规范化建设乡镇10个,占总数的99%;88个村全部达到了上级要求的规范化标准,村务公开面达100%,实行民主管理的村达到100%。2005年,全区89个行政村全部成立了村务公开工作领导小组,统一设置了公开栏,加强了制度建设,强化了监督,促进了全区村务公开内容的规范化、工作的制度化,确保了村务公开的顺利实施。

◎第十八篇　法治　军事

第十八篇　法治　军事

1983—2005年，中共爱辉区委、区政府重视社会主义法制建设，大力加强政法机关建设。公安、检察、法院、司法行政等部门在区委政法委的协调和指导下，各司其职，独立行使国家赋予的司法权和行政执法权，有效地发挥了惩治犯罪、保护人民的作用，保障了本地社会的稳定和谐，为边境地区的经济快速发展创建了良好的法制环境。

爱辉区（黑河市）人民武装部担负辖区征兵、组织民兵训练和开展国防教育宣传，增强人民群众战备的工作职责任务。驻军部队在维护地方治安和经济建设方面做出了突出贡献。

第一章　政法工作

第一节　机　构

1982年4月，黑河市委政法办公室成立。1983年6月，黑河市委政法办公室与爱辉县委政法办公室合并，称为黑河市委政法办公室。1984年3月，成立黑河市政法委员会，编制6个，正科级建制。1987年3月，增加编制3个。1988年5月，撤销黑河市政法委员会，成立黑河市政法协调小组，设在市委办公室，编制3个。1989年，撤销市政法协调小组办公室，成立黑河市政法领导小组办公室，与市政府社会治安综合治理办公室合署办公，下设综合治理组和秘书组，编制6个。1990年，恢复成立黑河市委政法委员会，下设办公室、调研科、综合治理科，编制11个。

1993年4月，黑河市委政法委员会更名为爱辉区委政法委员会。1994年，增加编制3个。1996年11月，区委政法委下设3个职能科室为办公室、法制建设室、综治办，行政编制9个，工勤编制1个，与区司法局合署办公。1999年，成立政法工委，增设政治处为内设机构，法制建设室更名为执法检查室。

至2005年，爱辉区政法委设政治处、办公室、执法检查室、综合治理办公室等处室。行政编制12个，工勤编制1个，事业编制2个。

1983—2005年爱辉区（黑河市）政法委（小组）领导更迭表

表18－1

职　务	姓　名	任职时间
黑河市委政法办公室主任	刘其全（兼）	1982.9—1983.5
黑河市委政法委员会书记	王孝良	1984.3—1988.5

续表 18－1

职　　务	姓　名	任职时间
黑河市政法协调小组组长	孟庆斌	1988.10—1989.4
黑河市政法领导小组组长	孟庆斌	1989.4—1990.5
黑河市委政法委员会书记	孟庆斌	1990.5—1990.8
	邓　平	1990.8—1991.11
	战佩山	1991.11—1993.3
爱辉区委政法委员会书记	刘玉霞	1993.10—1996.2
	孙洪涛	1996.2—1998.9
	王　峰	1998.11—2004.9
	马福森	2004.10—

第二节　社会治安综合治理

1982—1987 年，黑河市委政法委联合各相关部门组织 3 次大规模的“严厉打击刑事犯罪”战役，坚持“从重从快”的打击政策，运用“宽严相济”分化犯罪分子的策略，破获了大量刑事犯罪案件，逮捕犯罪分子 500 余人，大量犯罪分子投案自首，主动坦白交待问题，并检举揭发其他犯罪分子，全市社会治安实现好转。同期集中开展了“经打”斗争的总体战，打击了走私贩私、贪污受贿、投机倒把、诈骗、盗窃公共财物等严重经济犯罪，共受理案件 80 余起，为国家挽回经济损失 50 余万元。

政法各部门把打击犯罪同预防、减少犯罪和加强基层基础建设结合起来，推动了社会治安综合治理各项措施的落实。市委及各级党委都成立综治领导小组，定期研究部署工作。至 1989 年，全市机关、学校、街道、企业、农村 95% 以上公民都受到法律知识教育，人们的法制观念和依法办事的自觉性增强。在城乡积极推行了治安承包责任制，全市大部分乡镇、村屯、农林场设有专兼职治安员，形成了民调组织网。城镇企事业单位落实了安全、保卫承包责任制，建立了逐级、专业承包相结合的保卫体系；在街道加强了治安防范网建设，各街道都建立了治安联防小组，配备了治安联防员。

20 世纪 90 年代，爱辉区在农村开展了“154”工程建设，制定了《爱辉区农村 154 工程实施方案》，加强农村专职治安员队伍建设和村民义务联防体系建设，建立起民警快速反应体系。至 1999 年，农村专职治安员有 127 人。各乡镇成立了法律服务所，各村屯设立了“148”法律服务点，加强民事纠纷调解。各村屯普遍设立了治安岗亭和报警电话、开通了“148”法律服务电话。爱辉区委、区政府与辖区内的 85 个中、省、市、区直单位签订综治责任状，形成责任制网络，落实了目标责任抵押金制度，严格执行“一票否决制”，对没有完成目标的单位进行否决，并通过纪检部门进行严肃查处。加强了安全单位、安全小区、安全村建设，推进楼道亮化工程，强化机关企事业单位的内保工作，居民区和机企内部发案数明显下降。公安部门加强了对流动人口、文化市场、特种行业、枪支、爆炸物品和缉毒工作的管理，对重点地区进行重点治理。

2004 年，区委、区政府决定实施创建“平安爱辉”活动，成立了领导小组，办公室设在区综治办，把创安工作纳入领导干部政绩考核之中。要求各乡镇、街道由 1 名副书记主抓综治工作并兼任综治办主任，各派出所所长兼任副主任，配备 1 名专职综治干部负责社会治安综合治理和创建“平安爱辉”工作。落实了三级签状责任制。区委、区政府与 74 个中、省、市、区直单位和乡镇、街道签订《社会治安综合治理责任状》(以下简称责任状);各乡镇、街道办事处同区委、区政府签状单位以外的150个机企单位签订责任状;各系统与所属基层单位和特殊工种作业人员签订责任状。对有重大责任事故的实行一票否决制。爱辉公安分局以“打黑除恶”和侦破命案为重点,开展打击“两抢一盗”“打击和防范侵害俄罗斯人犯罪活动”等一系列专项行动。公安机关实施了“警灯闪烁工程”,扩大防范的覆盖率和百姓见警率,全区刑事发案率逐渐下降,社会治安状况明显好转。到2005年,市区共有治安联防员194人、义务联防员195人,12个社区建立了警务室,达到了一区一室多警,平均每个社区有警力6人。全区各村屯成立了治安联防队伍,实行规范化管理;全区农村有专职治安员127人,义务联防组446个,义务联防员1 760人。公安机关在各乡镇、村屯成立警民联防工作站39个,治安联防中队98个,治安联防小队291个,农村治安形势明显好转,刑事发案呈下降趋势。2005年6月,爱辉区被省委、省政府命名为首批省级“平安区”。

第三节　创建优良经济发展法治环境

2004年,根据省委政法委开展创建优良经济发展法治环境先进县(市)区活动的部署,爱辉区成立了法治区建设工作领导小组,设立办公室,在全区上下形成“一把手”亲自抓、主管领导具体抓、有关领导配合抓、全体干警积极参与的网络化工作格局。区委、区政府明确提出了创建优良经济发展环境的11条保护措施,对于触犯保护措施的干部进行严格的责任追究。

政法各部门以增强主动服务意识为主线,努力营造亲商、扶商、安商、富商的社会环境。爱辉公安分局出台《优化服务环境六项制度》《便民利民18项措施》《改善管理完善服务13项措施》以及基层单位服务承诺,突出抓好“事前”服务管理,平等保护各类经济主体的合法权益。为落地企业开辟绿色通道,帮助企业办理急需的各种手续,制定出台一系列保护投资者及外来务工人员利益的政策措施,制定对严重危害企业安全生产的合同诈骗等案件必须及时查处、对影响经济发展的治安问题必须及时治理、对能促进全区经济发展的事情必须及时办理的“三及时”措施。区法院制定《为经济建设服务16条意见》,做到“三个一样”,即民营企业和国有企业一样,外地企业和本地企业一样、小企业和大企业一样。设立了立案大厅,减少环节方便诉讼,在立案收费等方面实行“一条龙”服务。对区重点企业和招商引资企业实行就地立案、就地开庭、就地审理、就地执行的“四就地”便民措施。区检察院制定了《首问责任制》《服务承诺制》等6项制度和《信访接待制度》《联席答复制度》等23项工作机制。严格执行不轻易查封、冻结企业账目、账户制度。区司法局将法律服务与市、区重点工程项目实现有效对接,统一编排年度对接责任表,实行项目到所、责任到人,为重点项目担当法律顾问,在项目立项、洽谈、审批等环节依法把关,提出法律建议,最大限度地维护了投资者的权益。

2005年,爱辉区被命名为全省首批“优良经济发展法治环境先进区”。

第二章　公　　安

第一节　机　　构

1983年初,爱辉县公安局设局长1职、政治教导员1职、副局长3职、有人民警察311人,其中,国家行政编制警察77名、武装警察223名、地方企业警察11名。公安局下设机构13个,包括政工科、秘书科、行政管理科、政保科、反修侦察科、治安科、刑事侦察科、预审科、边防科(现役)、防火科、看守所、行政拘留所、收容所。其中边防科为武装警察编制,对外称中国人民武装警察部队爱辉大队,内设边防科机关、11 个公安边防派出所、2 个边防检查站和 1 个武警中队。边防派出所包括四嘉子公安边防派出所、爱辉公安边防派出所、西岗子公安边防派出所、二站公安边防派出所、上马厂公安边防派出所、张地营子公安边防派出所、新生边防派出所、西峰山边防派出所、罕达汽公安边防派出所、金水边防派出所、北师河公安边防派出所。边防检查站包括八里桥公安边防检查站、金水公安边防检查站。中国人民武装警察部队爱辉大队爱辉中队的任务是负责对爱辉县看守所在押人犯的看押和警卫工作。另外,爱辉县公安局还设有 3 个地方企业编制公安机构,即罕达汽金矿公安派出所、五道沟金矿公安派出所、七二七林场公安派出所。同年 6 月,根据国务院关于"撤销爱辉县建制,将其并入黑河市"的批复,原爱辉县公安局人员和机构全部并入黑河市公安局,与原黑河市公安局合称黑河市公安局。至 1983 年 12 月,黑河市公安局有 16 个下设机构,原政工科改称政治处、原政保科改称政保一科、原反修侦察科改称政保二科,设立技术科、自行车管理站、治安民警队。共有 14 个公安边防派出所,增设黑河市公安局花园公安边防派出所、西兴公安边防派出所、幸福公安边防派出所 3 个公安边防派出所;共有 3 个公安边防检查站,增设黑河边防检查站;共有 6 个企业公安派出所,增设东方红煤矿公安派出所、西岗子煤矿公安派出所、宋集屯煤矿公安派出所。有 1 个武警中队,即黑河市武装警察中队。新增 1 个消防中队,即黑河市公安消防中队。

1984 年 1 月,黑河市公安局有 17 个下设机构,其中政保一科改回政保科,防火科转为现役,成立纪检组,从刑侦科分出刑警大队,原反修侦察科全科 11 人划给黑河市国家安全局。共有 15 个公安边防派出所和 3 个公安边防检查站,增设黑河市公安局坤河公安边防派出所;共有 6 个企业公安派出所,新增林业公安派出所,撤销七二七林场公安派出所。

1985 年 1 月,黑河市公安局有 14 个下设机构,将技术科和刑侦科合并到刑警大队,纪检组合并到政治处,政保科分为保卫科和外事警卫科,自行车管理站合并到治安科。共有 17 个公安边防派出所和 2 个公安边防检查站。增设兴安公安边防派出所和海兰公安边防派出所,撤销了金水边防检查站。共有 6 个企业公安派出所和 2 个治安派出所,增设水利治安派出所和交通治安派出所。

1986 年 2 月,黑河市公安局有 18 个下设机构,恢复了纪检组、刑侦科、技术科、自行车管理站,原防火科改为消防科。

1987 年 3 月,黑河市公安局有 20 个下设机构,刑侦科合并到刑警大队,成立经济侦察科、黄金缉私队和交通管理科,交通管理科对外称黑河市公安交通警察大队。有 8 个企业公安派出所和 2 个治安派出所,增设黑河市公安局八车力河黄金公安派出所、市场治安民警队。当年,实行武警、边防、消防三警分开,武警划给中国人民武装警察部队黑河支队领导。

1988 年,撤销自行车管理站,成立法制科。

1989 年,黑河市公安局有 22 个下设机构,恢复自行车管理站和政保科,保卫科改为内保科,成立了户政科,成立了巡警队并与治安民警队合并。有 8 个企业公安派出所和 6 个治安派出所,增设税务治安派出所、阿尔滨河黄金治安派出所、阿凌河黄金治安派出所、红叶家金矿治安派出所。

1990 年,黑河市公安局有 24 个下设机构,成立了黑河市公安局防暴大队和大黑河岛公安分局。有 8 个企业公安派出所,6 个治安派出所,1 个治安值勤室。撤销红叶家金矿治安派出所,成立黄金治安派出所,增设邮电治安值勤室。

1991 年,黑河市公安局有 27 个下设机构,恢复了刑侦科,成立信访办公室、警卫科,撤销黑河公安边防检查站和八里桥公安边防检查站。

1992 年,黑河市公安局有 31 个下设机构,成立站前治安派出所、口岸治安派出所、俄罗斯商品一条街治安派出所。

1993 年 4 月,撤销原黑河市公安局,成立黑河市公安局爱辉分局。业务工作由黑河市公安局垂直管理,党建工作由中共爱辉区委员会管理。黑河市公安局爱辉分局下设机构为20个。撤销了原黑河市公安局警卫科,被新成立的黑河市公安局收回的有原黑河市公安局外事科、黄金缉私队、防暴大队、巡警队、看守所、收审所、行政拘留所、交通警察大队、消防中队,移交给黑河市公安局经济合作区公安分局的有大黑河岛公安分局、站前治安派出所。

1994年,黑河市公安局爱辉分局有23个下设机构,黑河市公安局防暴大队、收审所、行政拘留所重新划归爱辉分局领导,治安科改为治安大队。

1995年,黑河市公安局爱辉分局有22个下设机构,防暴大队被黑河市公安局再次收回。

1996年,黑河市公安局爱辉分局有23个下设机构,成立卧牛湖旅游治安派出所和110指挥室,撤销收审所。

1997年8月,根据黑河市公安局的部署,爱辉分局进行了机构改革。各科所队室民警实行竞争上岗聘任制。改革后,黑河市公安局爱辉分局有16个下设机构,政治处改为政工科,纪检组、信访办公室合并到政工科,秘书科和行政管理科合并为办公室。政保科和内保科合并为政治经济保卫科。户政科、自行车管理站合并到治安大队。刑侦科、技术科合并到刑警大队,经济侦察科改为经济侦察大队,预审科改为预审大队,边防科改为边防大队。同年11月,口岸联检大厅搬迁至大黑河岛新址,分局口岸治安派出所全体人员转为中俄商品一条街治安派出所。

1998年,黑河市公安局爱辉分局有16个下设机构,大岛派出所划归爱辉分局,称黑河市公安局爱辉分局大黑河岛治安派出所。

1999年,黑河市公安局爱辉分局有15个下设机构,撤销110指挥室。

2000年8月,黑河市公安局爱辉分局有17个科、所、队,恢复110指挥室,成立了巡警大队。

2001年,黑河市公安局爱辉分局有16个下设机构,撤销大岛派出所,成立大岛公安分局,划归市公安局领导。撤销15个企事业派出所,包括东方红煤矿公安派出所、西岗子煤矿公安派出所、宋集屯煤矿公安派出所、罕达汽黄金公安派出所、五道沟黄金公安派出所、八车力河黄金公安派出所、黄金治安派出所、阿尔滨河黄金治安派出所、阿凌河黄金公安派出所、林业公安派出所、水利治安派出所、交通治安派出所、税务治安派出所、邮电治安值勤室、市场治安派出所。同年起,爱辉分局人员编制改为由国家行政和武装警察两种编制组成。

2002年,黑河市公安局爱辉分局进行机构改革。改革后,有22个下设机构,其中,正科级单位有8个,包括纪检委、政工科、经济犯罪侦察大队、巡警大队、刑警大队、110指挥室、治安大队、法制科;副科级单位有7个,包括办公室、国内安全保卫大队、经济保卫大队、公园治安派出所、红旗治安派出所、卧牛湖治安派出所、口岸治安派出所;分局又内设7个副科级单位,包括督察大队、外事科、秘书科、装备财务科、保安公司、技术科、户政科。另外,有15个边防派出所和消防科等业务直管机构。分局领导职数为6职,其中局长1职、政委1职、副局长4职。行政编制总数为240个,其中,政法专项编制191个,监狱编制49个;现役编制131个。

2005年,黑河市公安局爱辉分局行政编制为233个,现役编制123个;其中,行政编制实有人员211名,包括国家政法专项编184名,省定政法编(黑河监狱编)49名;现役编制实有人员125名。领导职数为5职,其中局长1职、政委1职、副局长3职。内设机构有督察纪检大队、政工科、经侦大队、交巡警大队、刑警大队、治安大队、110指挥室、法制科(正科级)、经保大队、国保大队、装财科、户政科、技术科、秘书科、外事科(内设副科级)、消防科;派出机构包括公园所、红旗所(副科级)、花园所、兴安所、海兰所、爱辉所、坤河所、张地营子所、西岗子所、西兴所、上马厂所、四嘉子所、幸福所、新生所、西峰山所、二站所、罕达汽所(业务指导)。

1983—2005 年黑河市公安局爱辉分局主要领导更迭表

表 18－2

职　务	姓　名	任职时间
局　长	谷守仁	1983.1—1983.12
	卢富刚	1984.1—1988.5
	刘文友	1988.5—1995.11
	吕忠彪	1995.11—1997.7
	魏景新	1997.7—1999.3
	岳　强	1999.3—2005.12
政治教导员	卢富刚	1983.6—1984.1
	王果刚	1984.1—1986.2
政治委员	吴良顺	1986.2—1988.7
	王孝良	1988.7—1992.10
	闫起祥	1992.10—1997.3
	岳　强	1997.3—1999.3
	郭柏华	1999.3—2005.12

第二节　军　警　衔

1988 年，中国人民武装警察部队黑河公安边防大队有 134 名干部和 110 名警士被首次批准授予军衔。在全体授衔干部中，授予中校 2 名、授予少校 9 名、授予上尉 31 名、授予中尉 49 名、授予少尉 43 名。

1992 年 9 月，黑河市公安局在国家编制定额以内任职的 221 名人民警察，有 214 名首批被授予警衔。其中，一级警督 5 人、二级警督 21 人、三级警督 28 人，一级警司 37 人、二级警司 70 人、三级警司 37 人，一级警员 4 人、二级警员 12 人。

第三节　治 安 管 理

一、机　　构

（一）治安大队

1994 年，爱辉公安分局在原治安科的基础上组建治安大队，干警由原来的 11 人增至 18 人。到 2005 年，治安大队共有 3 个中队，其中 1 个特业中队，2 个案件中队，民警为 29 人。

（二）治安民警队

治安民警队又称治安小分队，组建于 1981 年，人员从有关单位临时抽调组成，担负公共文化娱乐场所和社会治安案件查处，主要打击流氓滋扰、酗酒闹事等扰乱社会治安秩序的违法犯罪行为。1983

年市县公安机关合并,2支治安民警队合并,警力增加。当年,治安民警队处理案件108起,处罚274人,其中逮捕24人、劳动教养14人、行政拘留146人、治安罚款128人,罚没款2 025元,收缴凶器124件。1989年治安民警队与巡警队合并,职责范围发生变化,由过去的机动作战改变为定岗、定责,以巡逻为主的方式工作。当年,巡警队巡逻176次,查处各类案件262件445人,收缴自行车13辆,罚款4 600元,收缴火药枪、管制刀具16件。

(三)口岸治安派出所

1992年5月成立,正科级建制,办公地点设在当时的黑河市口岸委。主要任务是维护黑河口岸及相关地区的治安秩序,打击各种违法犯罪活动,确保出入境人员的人身、财产安全,以及为联检部门创造良好的工作环境。1992年,经口岸出入境中外人员为591 796人次,1993年为741 863人次,1994年为306 161人次,1995年为376 773人次,1996年为409 410人次,1997年为505 093人次。1997年,口岸联检大厅迁至大黑河岛,根据属地管理原则,大岛派出所负责联检大厅的治安管理工作,口岸派出所于1997年11月1日撤销。

(四)林业治安派出所

经省公安厅批准组建,编制15个。按边远林区分散的特点,均分配到各管区工作,共6个户管区,一般每个管区配3人,承担着全林区所属23个基层单位、8 000多人口的治安及户政管理工作,所辖林区面积143万公顷,年均发案率150起。1983—2001年,共破获林业刑事案件260起,查处治安案件730余起。

(五)巡警大队

为建设“打、防、控”一体化治安管理工作体系,2000年9月18日,黑河市公安局爱辉分局巡警大队成立。巡警大队为正科级建制,有民警68人,当时有党员18人,团员11人,复转军人18人,其中,大专学历的占总人数的85%,平均年龄为32岁。巡警大队下设4个中队,担负市区的巡逻执勤、受理报警、先期处理刑事和治安案件、调解群众纠纷、制止违法犯罪、抓获在逃违法犯罪嫌疑人等职责,行使对犯罪嫌疑人采取强制措施、协助交警处罚违章等职权。巡警大队坚持“严格执法、热情服务、出警迅速、处置果断”的工作要求,在预防打击违法犯罪、服务群众等工作中发挥了积极作用。2000—2005年,巡警大队共接处警情22 000起,其中,刑事案件3 630起,治安案件9 610起,公民求助8 330起,其他警情430余起。

(六)看守所

1983年前,爱辉县看守所建在黑河皮革厂和城隍庙之间,监舍面积280平方米,砖木结构平房,设11个监号可容纳80人,每年羁押人员约150人。时设正副所长各1人、看守员4人、炊事员1人;警戒任务由黑河地区武警支队爱辉中队26名武装警察担负。1983年6月,市县公安机关合并,爱辉县看守所改称黑河市看守所,工作人员增加会计1人,看守1人。武警中队为连级建制,编制31个,其中干部3人、战士增加为28人。同年11月,由省公安厅拨款80万元建成黑河市看守所,地址在南大街54号,占地48 625平方米,建筑面积为1 500平方米,设监号17个417平方米,监舍为砖木结构;办公楼为两层楼房,面积513平方米;武警中队办公楼为二层楼房,面积398平方米,监号可容纳170人,在押人数最多时达160人,月平均在押人数120～140人。时设看守员12人。为加强安全、科学管理,1986年,省公安厅投资8万元,在监舍内安装了黑白摄像头4个,闭路电视监视系统1套。1993年4月1日,原黑河市撤市建爱辉区,原黑河市看守所移交新黑河市(地级)公安局管理。

（七）收容所与行政拘留所

由于收审与行政拘留业务相近，则共同使用一个场所，人员为一个机构、两块牌子。收审与行政拘留分监看押。收审、拘留所位于城南，占地 4 000 平方米，围墙 280 延长米，房舍为 650 平方米，其中监舍 10 个，最多同时看押 100 人；办公室 8 间。设所长 1 人、教导员 1 人、副所长 1 人、管教员 7 人。

1982—1996 年，共收拘各类人员 8 228 人，其中，收容审查 5 423 人，执行行政拘留 2 805 人。收审人数最少的年份为 1983 年 75 人；收审人数较多的年份为 1989 年 501 人、1992 年 438 人、1993 年 562 人。行政拘留人数较多的年份为 1985 年 500 人、1986 年 334 人、1987 年 336 人；最少的一年是 1992 年 5 人。1986 年，收拘所利用广播给在押人员讲法制课 135 次，在押人员受教育后，觉悟提高，揭发、交待余罪，当年提供线索破案 16 件、收缴赃物 4 000 余元；破获盗割马尾巴案 3 件；制止自杀 5 起，自残 3 起。1997 年，取消了收审所，行政拘留所成为单一的行政拘留人员关押地点。1997—2005 年，行政拘留所共拘留 607 人。

二、治安案件管理

1983—2005 年，黑河市公安局爱辉公安分局共受理治安案件 6 581 起，查处 4 621 起，查处率 70.2%，查处违法人员 7 357 人，其中，警告 637 人，罚款 3 521 人，行政拘留 3 311 人。

2000—2005 年黑河市公安局爱辉分局受理查处治安案件情况统计表

表 18－3

年份	受理案件（件）	查处（件）	扰乱公共秩序（件）	危害公共安全（件）	侵犯公私财物（件）	妨害社会管理秩序（件）	违反身份证管理（件）	侵犯人身权利（件）	其他（件）	处罚（人）								罚款（万元）
										合计	移交	劳教少教	治安处罚				其他	
													警告	罚款	拘留	小计		
2000	312	204	18	8	32	3	—	251	—	213	—	—	11	142	38	191	22	1.54
2001	296	150	20	3	23	4	—	246	—	193	—	2	6	141	43	190	1	1.64
2002	333	224	4	10	35	4	—	280	—	293	22	—	22	161	33	216	55	2.11
2003	213	188	6	4	6	2	—	191	4	203	29	1	17	88	23	128	45	1.12
2004	150	127	9	5	9	4	—	118	5	150	—	—	7	88	29	124	26	1.34
2005	262	227	11	16	44	11	2	178	—	271	—	—	11	152	101	264	7	6.98

三、特种行业管理

黑河市（爱辉区）公安机关按照国家法律、法规规定，对全市特种行业实行特种行业许可制度、从业人员上岗培训制度、年度审验制度、内部安全防范制度、违法犯罪情况通报制度、强化安全检查和技术防范设施、适时进行整顿等方法。其中的特种行业许可制度，即特种行业应当经业务主管部门审查同意，向所在地县级人民政府公安机关申请核发特种行业许可证，并向同级工商行政管理部门申请登记，领取特种行业许可证和营业执照后方准开业。

1983 年，黑河市有各类特种行业场所 178 个。1986 年有 167 家旅店，2 982 张床位，1992 年发展为 510 个旅店 11 068 张床位。1993 年特种行业场所发展到 964 个。原黑河市公安局（县级）管辖的大部分特业场所交由黑河市（地级）公安局管辖。随着对外开放的不断深入，2000 年后，爱辉区特种行业场所逐年增多。2000 年 62 家,2001 年 73 家,2002 年 69 家,2003 年 78 家,2004 年 72 家,2005 年 63 家。2005 年初,互市贸易区扩大延伸到爱辉区城区,外籍人员入境增多,特种行业场所不断增多,管理难度逐渐加大。爱辉公安分局创新管理方式,建立健全行业场所的动态管理模式,坚持管理与服务并重,按照"依法管理、规范管理、加强服务"的工作要求,实现了管理工作重点从"事前审查"向"事后管理",从"重审批"向"重管理、重服务"转变。

四、自行车管理

为规范自行车管理,严厉打击盗窃自行车违法犯罪行为,爱辉县公安局于 1983 年成立自行车管理站,负责自行车案件侦破、自行车查验和年检以及公共场所自行车看护管理等工作任务。涉及自行车盗窃的案件主要由辖区派出所受理。1983—2003 年,爱辉区年均登记自行车数 52 625 辆,自行车失窃率从 1988 年的 0.72% 降至 2003 年的 0.35%(最低),年均自行车收缴 145 辆,返还 128 辆,返还率为 88%。

五、危险物品管理

爱辉公安分局按照危险物品的管理要求,严格审批、登记和发证制度,进行经常性的安全检查,审查、考核和培训从业人员,收缴散失在社会上的危险物品,及时查处事故和违反危险物品管理的行为,广泛进行安全防范宣传教育。在枪支管理中,公安机关对专用和公用枪支进行登记造卡,建立档案,并对公用枪支进行集中保管。在爆炸物品管理中,主要是对使用爆炸物品的单位进行全面检查和整顿,完善各项规章制度,保证储存、销售、使用、运输等环节的安全。经常对爆破工程技术人员和爆破员、安全员、保管员和押运员(简称"四大员")进行教育、培训、考核,实行持证上岗制度。在历次"严打"整治斗争中,爱辉公安分局多次开展"治爆缉枪"专项行动、打击"黄赌毒"等丑恶现象的专项行动以及其他加强治安管理的专项行动,都取得重大战果,收缴了社会上的非法抢支和危爆物品,有效地清除了一批治安隐患,减少了涉枪涉爆案件的发生。治安部门民警在管理中,严格管理危爆物品的购买、运输、存贮、使用、管理等各个环节,强化对从业人员培训,每年举办 2 批培训活动。由于制度完善、措施严密,截至 2005 年底,分局连续多年没有发生涉爆涉危险品的事故。1983—2005 年,爱辉区年均消耗民用爆炸物品 60 吨,烟花爆竹 80 万只。收缴各类非法枪支 9 553 支,收缴炸药 15 623 千克,雷管 23 231 枚,导火索 9 629 米,炮弹 4 862 枚,子弹 23 120 发,手榴弹 310 枚,烟花爆竹 12.9 万头。

六、边境管理

爱辉区边境线长 184.3 千米,沿黑龙江有张地营子、上马厂、幸福、四嘉子、爱辉、坤河等 7 个乡和市区居民区,与俄罗斯布拉戈维申斯克市隔江相对。1983—1993 年,边防大队组织巡逻、查边 4 052 次。为了加强外来人员和暂住人口管理,公安边防部门在宣传教育的基础上,同用工单位、外地施工队负责人签定包防责任书,使措施落实到每个人员。累计签订包防责任书 14 664 份。公安边防部门常年派人潜伏和巡逻,出班 246 组次 738 人次,巡逻 149 组次 894 人次。公安边防检查站共查出无证人员 401 人、人证不符人员 511 人,异地开证的 42 人,冒名顶替的 39 人,卖假药的 1 人,捕获特务 1 人。共办理一次出境通行证 2 200 份,全国通行证 1 700 件。共打掉 4 个偷渡团伙,抓获偷渡分子 63 人。

七、外籍及中国港澳台人员管理

1993 年,原黑河市(县级)公安局外事(警卫)科并入黑河市(地级)公安局外事科。黑河市公安局爱辉分局不再承担外事警卫任务。2002 年 3 月,爱辉分局重新设立外事科,主要负责外国人及中国港澳台人员在华居留管理工作，不再承担常住中国的外国人、外侨、无国籍外国人的户口管理以及因私出入境人员的审批和临时来华的外国人及到爱辉的我国港澳台人员的管理等工作。1982—1992年，外事部门接受出境申请220份300余人，批准100余人。2002—2005年，外国人入境17.2万人次，外事部门管理登记居留外国人210人，查处涉外案件29起。

八、警卫工作

1986—1991年，警卫部门完成警卫任务105次，警卫对象349人，出动警车2 015次。1982—1992年，国家领导人胡耀邦、乔石、赵紫阳、杨尚昆、费孝通、司马义·艾买提、洪学智、李贵鲜、杨成武、吕正操、张震等曾到黑河视察，外事警卫人员圆满完成了驻地警卫、随行警卫及大型会议警卫等任务。

第四节 户政管理

一、户籍管理

爱辉分局下辖的边境（防）、治安派出所和企业公安派出所均承担户籍管理工作。户口登记由户籍内勤即户籍员负责，主要对城镇人口实行常住、暂住、出生、死亡、迁出、迁入、变更更正等七项登记，对农村人口实行常住人口登记和出生、死亡、迁出、迁入等四项变动登记。城市户籍员每人负责600～800户居民，乡镇户籍员负责400～600户居民。1982—1988年，由治安科负责户政工作。1988年，设立户政科，专管户政工作。1997年，户政科变为治安大队内设机构，称治安大队户政中队，工作职能不变。2002年，重新成立户政科。从当年起，户政管理工作中实行“宅容户”人口管理工程，实施以房管人的人口管理模式，变静态管理为动态管理，户政管理水平得到较大提升。到2005年，爱辉区共登记常住户52 754户，常住人口151 404人，年均出生1 521.3人、死亡688.4人，年均迁出4 465.7人、迁入5 628.7人。

二、居民身份证管理

1985年3月，黑河市公安局向财政部门申请颁发居民身份证工作经费，购置翻拍机、冲洗机、电冰箱、卡片柜、档案柜等设备和办公用品，为全面实施居民身份证制度做了充分准备，1986年开始居民身份证印制、颁发和管理工作。具体流程是从常住人口登记开始，照相、核签、打卡、贴照片、抄底卡，这些工序在市里进行，翻拍、扩印到行署制证分中心完成，最后到省里套色塑封。2005年，爱辉区居民办理居民身份证工作的流程是本人携带户口本及户籍所在地派出所出具的“居民身份证申领审批表”到市公安局办证大厅办理。“审批表”字迹要清晰，本人要对姓名、民族等户籍信息核对无误后在“申办人确认签字”栏签字确认，首次申领照片栏使用的照片应为一寸免冠近照。办理加急证的，7个工作日（一周5个工作日）内由邮局邮寄到本人填写的收件地址。办理普通证的，30个工作日后办证人凭领取凭证到市局办证大厅领取证件。需办理临时证的，在大厅申办后，于次日15点前到爱辉分局户政科办理。

三、流动人口管理

1994年3月，黑河市公安局爱辉分局流动人口管理站成立，为独立核算的副科级事业单位，经费自收自支，编制22个。下设花园边防派出所、兴安边防派出所、海兰边防派出所、西兴边防派出所和幸福派出所5个站，工作人员称“户口协管员”，具体负责暂住证申领，外来人口的登记、发证和日常管理工作。流动人口管理站的收费种类包括流动人口治安管理费、出租房屋治安管理费及办证工本费。1997年7月，流动人口管理站并入治安大队，成为户政中队的下设机构。2001年末，根据《黑龙江省物价局黑龙江省财政厅转发〈国家计委、财政部关于全面清理整顿外来或外出务工人员收费的通知〉的通知》要求，自2001年12月25日起停止征收暂住人口治安管理费。停止收费后协管员无经费来源，全站30名协管员暂时放假。2002年，流动人口管理站成为户政科下设中队。2005年6月，流动人口管理站由事业单位转为企业，参加并轨。协管员自2005年6月30日起解除劳动关系，流动人口管理站撤销。1994—2005年流动人口管理站年均登记管理流动人口7 715人，年均办证5 865人、办证率为76%，年均登记出租房1 044户、办证率为66.9%。

1994—2005年爱辉区流动人口管理情况统计表

表18－4

年份	流动人口总数（人）	应办证人数（人）	已办证人数（人）	办证率%	出租房屋总数（户）	办证数（户）	签联保责任书（份）	办证率%	建立重点人口档案（册）	查处治安案件（件）	破获刑事案件（件）
1994	11 382	10 611	9 461	89	368	354	354	96	13	—	—
1995	9 209	8 689	8 042	93	307	267	87	30	12	17	—
1996	7 669	6 739	5 235	78	73	73	100	13	9	26	—
1997	6 262	5 207	4 888	94	1 212	1 015	1 015	84	25	19	16
1998	6 927	6 550	6 352	97	1 330	1 154	1 154	87	31	10	11
1999	6 027	5 624	5 522	98	896	884	884	98	26	4	2
2000	6 079	5 930	5 897	99	960	912	902	95	29	13	17
2001	9 081	6 314	5 998	95	1 120	1 050	1 050	93	4	5	21
2002	8 715	6 340	6 087	96	1 676	580	1 415	35	10	58	37
2003	5 666	5 063	4 810	95	1 494	—	1 494	—	14	31	21
2004	5 896	3 957	3 759	95	1 336	—	1 336	—	16	38	34
2005	9 670	4 512	4 331	96	1 762	—	1 762	—	27	61	28

第五节　交通管理

一、机　　构

根据国务院《关于改革道路交通管理体制机构问题的通知》和省政府文件精神，1987年3月20日，城市道路交通管理由交通部门移交公安部门管理；黑河市交通局交通监理所23名工作人员移交给黑河市公安局。撤销黑河市交通监理所，成立了黑河市公安局交通管理科，对外称黑河市公安交通警察大队。大队为副科级建制，下设秘书股、宣传股、交通管理股、道路管理股和城市交通警察中队。

1988年，黑河市公安局交警大队负责爱辉区和市区803千米城乡路面上交通安全管理工作，负责5 000辆机动车及5 000多名驾驶员的管理考核工作。有交警23人，另录用合同制交警17人。1989年秘书股改为综合股。1992年，成立西岗子中队和直属一中队2个中队，配员共16人。1993年，录用合同制交警13人。1993年4月，“两撤两建”，原黑河市交警大队被市公安局收回，成为市交警支队的直属大队，业务上不再归爱辉分局领导。当时设事故管理股、综合股、宣传股、道路股及西岗子中队、公路巡警中队、一中队、二中队。

2002年4月，根据市公安局机构改革的部署，实施交警、巡警合署办公，爱辉分局成立交巡警大队，将爱辉交警大队与分局巡警大队合并为交巡警大队。交巡警大队为正科级建制，设领导职数7职，设办公室、处罚室、交管股、业务股，4个公路巡警中队及6个市区中队，共有民警96人，负责1.4万平方千米5条主干道路1 059延长千米和1.1万辆机动车的道路交通管理和事故处理任务，以及原巡警治安巡逻、110接处警等职责。2005年末，交巡警大队机构无变化，共有民警93人。

二、道路交通秩序管理

20世纪80年代后，随着交通运输业的发展，城市的人口和车辆增加，个体运输业日益增多，但道路修建、拓宽跟不上运输业的发展需要，交通设施落后，道路交通事故总体上处于上升趋势。2004年10月，《中华人民共和国道路交通安全法》颁布，交巡警大队组织开展了交通安全宣传"五进"活动，以多种形式进农村、进社区、进企业、进学校、进家庭，在全区范围内确定了50个公路沿线村屯、17所中小学校、9个社区、23家大中型企业和17个事业单位做为重点宣传对象，深入宣传《道路交通安全法》及其配套法律法规，取得了良好的宣传效果。2005年，深入推进实施"畅通"工程和创建"平安大道"工作，先后开展了整治超载、超速违规等7次交通秩序综合整治行动，有效地改善了爱辉区的道路交通环境，没有发生特大交通事故和群死群伤恶性交通事故。当年，全区交通事故共立案39起，死亡7人，伤66人，财产损失13.31万元，交通事故发案同比下降15%，死亡同比下降22%，财产损失同比上升19%。对交通事故的处理，秉承公开、公正、便民、效率的原则，进行事故现场勘查、交通事故责任认定、对交通事故责任者处罚、交通事故损害赔偿。

1987—2005年部分年份爱辉区(黑河市)交通事故一览表

表18-5

年份	事故(起)	死亡(人)	伤人(人)	直接经济损失(万元)
1987	16	20	8	3.0
1988	16	12	7	1.5
1989	18	14	5	4.3
1990	18	14	16	5.4
1991	20	15	10	2.3
1992	20	14	6	7.0
2000	70	13	69	56.8
2001	85	10	75	54.9
2002	66	9	70	51.2
2003	81	12	78	50.3
2004	60	13	47	44.9
2005	39	7	66	13.3

第六节 刑事侦查

一、机 构

(一)刑事侦查大队

1994年初,根据爱辉区打击犯罪和维护社会治安的实际需要,爱辉公安分局刑警大队成立。由原刑侦科和刑侦队合并后成立的刑警大队编制50个,干警44人,下设6个刑警小队和1个资料室,干警均由全局干警中骨干力量组成。各刑警小队以派出所辖区为作战区域,由大队统一管理。到2005年,刑警大队共有民警42人,大队长1人,副大队长2人;下设8个中队,分别为一中队、二中队、三中队、四中队、五中队、六中队、案审中队、阵控中队。

(二)刑事技术科

1983年爱辉县公安局并入黑河市公安局后,技术室改为技术科,设11间办公室,分别是物证存放室、痕检室、暗室、法医检验室、法医物证室,法鉴所及技术员办公室。有现场勘查员5人,有6台日本理光DF135照相机及全套的痕检及法医检验设备。1993年,增设了法医鉴定和物证检验2个项目。刑事技术基础建设基本完善,设施已达到公安部要求的标准。刑事技术人员达到12人,其中,正副科长各1人,内勤1人,法医2人,技术员8人。至2005年,刑事技术科具体负责全区各类案件的现场勘查及痕迹物证检验鉴定工作;承担全区的司法医学鉴定工作;按上级要求建设标准化技术点;负责技术器材装备的使用、保管、养护及情报资料的收集、储存、应用等工作。共有民警9人,其中科长1人,中队长2人,内勤1人,下设信息中队和现场中队。

二、惩治刑事犯罪

1983年,按照中央提出的“三年为期,三个战役”的要求,黑河市公安局进行了为期三年的严厉惩治各种刑事犯罪活动的斗争,重点惩治带黑社会性质的流氓团伙和“票霸”“丐帮”等各种霸头;劫夺枪支、持枪杀人,抢劫行凶,爆炸、放火、绑架人质,劫持飞机等暴力案件;混杂在流动人口中的流窜犯;盗窃、诈骗、赌博;制造、贩卖假药、毒品吸毒;斗殴等丑恶现象。严打期间共抓获犯罪嫌疑人480人,破案468件,收缴火药枪、匕首等违禁品1 000余件,缴获赃款赃物折款20余万元。

1996年,根据公安部和省厅、市政法委、市公安局的部署,爱辉公安分局于4月开展了为期5个月的严打斗争。严打战役共惩治团伙15个、抓获团伙成员49人;破获刑事案件39件,抓获犯罪嫌疑人97人,抓获省督在逃人员3人,其他在逃人员16人;收缴黑枪647支,查处卖淫嫖娼案件2起9人,处罚吸毒品人员3人,有力地震慑了各种违法犯罪活动。同年12月起爱辉公安分局开展了为期3个月以“破大案、抓逃犯、打团伙、除‘黄、赌、毒’”为内容的冬季严打战役。其间,共破获刑事案件36件,其中特大案件5件、重大案件13件、一般案件18件。抓获犯罪嫌疑人31人;惩治团伙5个;抓获在逃人员5人;收缴黑枪112支;查处犯罪嫌疑人48人;为国家、集体、个人挽回经济损失26.5万元。查处卖淫嫖娼案3件,拘留2人,罚款3人;取缔麻将赌博机赌博场所1处,对业主做治安处罚,罚款2 000元。

2001年4月,爱辉分局开展了为期2年的严打整治斗争,战役围绕“打黑除恶”“治爆缉枪”“整顿市场经济秩序”三条主线开展。其间,2001年6月在全区开展了“流动人口出租房屋”50天会战,7—9月开展了“打抢反盗”专项斗争,10—11月开展了“追逃”统一行动;2002年1—2月开展“天蝎”行动,3—5月为“春季严打攻势”,6—7月为“夏季严打攻势”,8—11月开展打击“两抢一盗”等多发侵财专项斗争。2002 年 12 月至 2003 年 3 月,开展了“冬季严打会战”。在持续“严打”期间,全区共发案 1 171 起,破案 953 起。共抓获在逃人员 131 人,其中网上逃犯 93 人。省督捕和市督捕各 3 名逃犯全部被抓获。收缴各类非法枪支 6 191 支、子弹 2 131 发、炸药 3 956 千克、雷管 5 339 枚、导火索 3 365 米、俄式炮弹 1 051 枚、手榴弹 15 枚。

1983—2005 年,全区共发生刑事案件 8 872 起,共破获现行案件 5 507 起,年平均综合破案率为 62. 1% ,共破获案件绝对数为 8 045 起。

第七节　内 保 工 作

1983—1993 年,黑河市加强保卫干部队伍培训工作,共办班 25 期、培训 819 人。机关企事业单位内部安全保卫工作不断加强,安全事故日益减少,案件大幅度下降,确保了机关企业工作、科研、生产、教学的顺利开展。建立健全《更夫警卫人员守则》《保卫科岗位责任制》等规章制度,撰写《黑河市机企内部安全防范工作条例》,经市人大审核批准后发布实施。

1994 年,全区有列管单位 162 个。当年发生刑事案件 7 件,职工涉嫌违法的 11 人,职工涉嫌犯罪的 1 人。1995 年,全区有列管单位 162 个,当年发生刑事案件 3 件,职工涉嫌违法的 10 人,涉嫌犯罪的 3 人。当年,各单位均安装了无线电子防盗报警器,提高了与盗窃斗争的科技含量,起到良好效果。新组建公安值勤室 2 个,保卫科 5 个。举办企业民警、经警学习班 3 次,169 人参加。1996 年,全区有列管单位 162 个,当年发生刑事案件 5 件,有 4 名职工涉嫌违法,5 名职工涉嫌犯罪。全年对各单位进行安全检查 108 次,夜间检查 23 次。有保卫科 42 个,保卫股 8 个,当年新组建 7 个。1997 年,全区列管单位 162 个,当年发生刑事案件 6 件,职工涉嫌违法 8 人,职工涉嫌犯罪的 2 人。进行安全检查 110 次;夜间检查 29 次。有保卫科 44 个,保卫股 6 个。1998 年,重新对列管单位进行了划分,共有 92 个列管单位,当年发生刑事案件 13 件,治安处罚案件 1 件,内部职工涉嫌违法 16 人,涉嫌犯罪的 12 人。进行安全检查 51 次,出机动车 61 台次,参加人员 314 人次,发现隐患整改 36 件,下发限期整改通知书 2 份。夜间检查进行 16 次,共检查 253 个单位,发现问题隐患 308 件,整改 283 件,下发限期整改通知书 11 份。办理经济案件 13 件,其中立案的 4 件、破案 3 件,刑拘 2 人、取保候审 8 人;指导、协助金融、工商、计量、矿产、林业等单位办案 25 件。当年举办业务培训班 3 期、军事训练 6 次。有保卫科 33 个,保卫股 7 个,经警队 11 个。1999 年,列管单位 92 个,当年发生刑事案件 2 件、经济案件 2 件,刑拘 2 人、取保候审 1 人,职工涉嫌犯罪 5 人。下设保卫科(股)、经警队不变,有保卫干部 105 人。进行安全检查 97 次,出动车辆 60 台次,参加人员 456 人次。发现隐患 323 处,要求立即整改 279 次、下发限期整改通知书 29 份。进行夜查 23 次,共检查 359 个单位,发现隐患 281 处,要求立即整改 261 处,下发限期整改通知书 3 份。举办更夫(警卫)培训班 8 次,受训人员 380 人,清退不合格更夫(警卫)16 人。

2000 年,全区列管单位 92 个,进行安全检查 62 次,出动车辆 67 台次、人员 382 人次,发现隐患、漏洞 38 处,整改 31 处,下发整改通知书 32 份。进行夜查 25 次,检查 371 个单位,发现隐患 207 处,整改 198 处,下发整改通知书 12 份。举办更夫(警卫)培训班 8 次,受训人员 420 人,办证 420 个,清理不合格人员 14 人。2002 年,爱辉区公安机关将列管单位重新划分为 84 家,开展检查指导 184 家次,下发整改通知 64 份,整改率 98. 5% ,通报批评 4 个单位,处理、更换更夫(警卫)14 人。举办培训班 3 次,培训人员 200 余人。开展运钞车整顿 4 次,整顿率达到 100% 。排查稳控企事业单位内部不稳定情况 36 件、450 人次。2005 年,全区有列管单位 92 家,开展专项安全检查 360 余次,下发整改通知 120 份,处理更夫 21 人,开办安全指导培训班 4 期,培训人员 300 余人。

第八节　经济侦察　黄金缉私

一、经济侦察

1987年,黑河市公安局组建了经济侦察科。同年8月,爱辉分局经济侦察科改为经济侦察大队。1994年,办理诈骗案10起、走私案1起,追缴涉案金额91.78万元。1996年,办理诈骗案5起、盗伐林木案1起、假币案2起,追缴涉案金额12万元,收缴假币42万元。1998年,办理诈骗案10起,侵占财物案3起、走私案1起,追缴涉案金额38万元。2000年,办理经济案件22件,较有影响的案件有宋某27万元银行贷款诈骗案、张某1.3万元假币案、刘某等诈骗团伙案、姜某27.8万元特大职务侵占案等,共追缴涉案金额192.5万元,收缴假币1.68万元,铲锄罂粟12亩10万株。1988—2005年,经济侦察部门共受理立案经济案件420起,审结373起,挽回经济损失1 523万元。

二、黄金缉私

黑河市公安局黄金缉私部门是公安机关为打击走私、盗窃、藏匿、私自交易黄金等违法犯罪在黄金主产区成立的专业队伍。由于其工作职责与经济侦察部分交叉,所以一直是经侦部门的二层机构。1988年,破案58起,缴获黄金3 420.5克。1989年,破案8起,罚没112.4万元,缴回黄金6 003.3克。1991年,破案22件,处理涉案人员76人,罚没21.1万元,缴回黄金948.6克。1993年4月,黑河市撤市建区,黑河市公安局全建制收回原黑河市公安局黄金缉私队。

第九节　消防监督管理

一、机　　构

(一)消防科

1983年爱辉县公安局设有防火科。1984年1月,防火科机构和人员转为现役机构和现役编制。1986年2月,防火科改为消防科。消防科的主要职能是对辖区单位和居民住宅进行防火检查,将关系国计民生的重要目标列为消防安全重点单位,加强监督检查,消除火灾隐患,确保消防安全,担负着13个乡镇1.4万平方千米15万人口的消防安全保卫任务。2005年消防科共有民警5人。

(二)市消防中队

黑河市消防中队为正连级单位,主要承担灭火救援任务。1983年,有干部3人、志愿兵4人、战士23人,拥有消防车4台,有营房1 100平方米,营区占地6 000平方米。1993年有营房1 500平方米,营区占地1万平方米。据不完全统计,1983—1993年,消防中队共出警1 500余次,其中需要扑救的近1 000件占65%以上,达到立案标准的115件。1993年,原黑河市消防中队被黑河市公安局收回,归消防支队管理,为直属中队。

二、火灾预防

黑河市(爱辉区)公安消防部门按照“预防为主,防消结合”的消防工作方针,从社会全局出发,着眼于火灾预防,根据保卫经济社会建设的客观要求和消防工作特点,将在国民经济中占有重要地位和容易发生火灾的部门、单位,确定为消防重点。同时,各级人民政府设有消防委员会,从经费、人员、设施、装备上保证消防重点单位的安全。根据消防法律、法规以及消防工作长期实践经验，火灾预防的重点是化工、能源、商业、粮食系统，新建、扩建工程，易燃易爆化学危险物品生产、使用、储存、销售、运输企业，车站、码头、机场，文化娱乐场所、古建筑群和其他重点文物保护单位，以及对国民经济、社会生活有影响的单位。火灾预防采取的主要措施是必须符合法定的消防安全布局，必须符合法定的国家工程建筑消防技术标准，消防重点单位必须将消防工作纳入建设总体规划之中，根据消防法律、法规建立专职消防队和义务消防队，建立防火档案、确定消防安全重点部位，组织消防检查，开展消防安全宣传教育，制定灭火和应急疏散预案，定期组织消防演练等。截至2005年，爱辉区共有消防重点单位110家。

三、火灾事故

1983年12月29日，黑河市木材公司制材车间设置的棉帐棚起火造成重大火灾，烧毁厂房1 808平方米、木材成材15立方米、水泥13吨以及电缆、电线、配电箱等物资，经济损失5.6万元。

1984年10月7日，黑河市第四小学发生火灾，烧毁教室13间，面积800多平方米，烧毁桌椅200余套，殃及西市场部分菜床和售货店，造成经济损失7万余元。同年10月11日，黑河市桦皮窑林场胶合板车间由于用电不当，发生火灾，死1人，伤4人，烧毁厂房和部分机械设备，经济损失12万元。

1993年12月23日，爱辉区兴安街居民仓房发生火灾，烧毁仓房9间，共100平方米，烧毁摩托车、自行车12台，直接经济损失2.3万元。

1983—2005年，共发生火灾297起，造成18人死亡，34人受伤，经济损失共495.3万元。

第十节　预审工作

1983—1998年，共受理案件1 012件，办理刑事拘留513人，提请逮捕876人，其中，批准逮捕707人，移送审查起诉852人。1998年12月，根据省、市有关刑侦体制改革的有关要求，撤销预审大队，刑侦、预审合并，扩充刑警大队，建立侦查、移送起诉一体化格局。自此，预审工作由刑侦的案审中队和法制科承担，黑河市公安局爱辉分局不再单设预审机构。

第十一节　公安法制工作

黑河市公安局法制科成立于1990年3月，在本级公安机关的领导和上级法制部门的指导和监督下履行职责。1990—2005年，法制科累计开展执法检查80次；审核刑事案件卷宗2 223本，刑拘2 147人，取保候审958人，检察院批准逮捕1 269人，直诉91人，劳教326人；审核治安行政案件2 905起，其中治安拘留647人，罚款2 040人；审核行政复议案件22起。

第三章 检 察

第一节 机 构

1983年，黑河市检察院设有审查批捕科（含监所检察）、审查起诉科、经济检察科，法纪检察科、办公室（含控告申诉），编制29个。1985年5月，设监所检察科。1988年5月，设控告申诉检察科。当年，编制36个。1990年4月，经济检察科更名为反贪污贿赂检察科。1992年10月，反贪污贿赂检察科改称反贪污贿赂工作局；同月，设检察技术科。当年编制45个。

1993年4月，黑河市检察院更名爱辉区检察院，时设8个科室：办公室、控告申诉检察科（与举报中心合署办公）、法纪检察科、反贪污贿赂工作局、监所检察科、审查批捕科、审查起诉科、检察技术科。1994年8月，设民事行政检察科。当年，有编制47个，其中干部44人，工人3人，大专以上学历（含检察专业证书获得者）28人，占59.6%。1996年3月，设政工科。

1998年3月，法纪检察科改名为渎职侵权检察局，撤销监所检察科，设立法律政策研究室，时设机构10个分别为审查批捕科、审查起诉科、反贪污贿赂工作局、反渎职侵权检察局、民事行政检察科、控告申诉检察科（与刑事赔偿办公室、举报中心合署办公）、办公室、政工科（含纪检监察）、法律政策研究室、检察技术科。

2000年，有编制44个，其中干部42人，工人2人，大专以上学历（含检察专业证书获得者）43人，达97.9%。爱辉区检察院内设机构10个，分别是侦查监督科、公诉科、反贪污贿赂工作局、反渎职侵权局、民事行政检察科、控告申诉检察科（与刑事赔偿办公室、举报中心合署办公）、政工科（含纪检监察）、办公室、法律政策研究室、检察技术科。2004年4月，成立职务犯罪预防科，撤销检察技术科。

2005年，爱辉区检察院内设机构10个，分别是侦查监督科、公诉科、反贪污贿赂工作局、反渎职侵权局、民事行政检察科、控告申诉检察科（与刑事赔偿办公室、举报中心合署办公）、政工科、办公室、法律政策研究室、职务犯罪预防科。

1982—2005年爱辉区（黑河市）人民检察院检察长更迭情况表

表18-6

职　务	姓　名	任职时间
黑河市人民检察院检察长	薛德斌	1982.3—1983.6
黑河市人民检察院检察长	郭常纲	1983.7—1984.6
黑河市人民检察院检察长	葛成林	1984.6—1986.12
黑河市人民检察院代理检察长	勾万彬	1986.12—1987.10
黑河市人民检察院检察长	吴文志	1987.10—1990.8
黑河市人民检察院检察长	刘宽玉	1990.8—1992.9
爱辉区人民检察院代理检察长	徐志斌	1992.9—1993.4
爱辉区人民检察院检察长		1994.3—1995.11

续表 18－6

职　务	姓　名	任职时间
爱辉区人民检察院代理检察长	冯国华	1995.11—1996.3
爱辉区人民检察院检察长		1996.3—2001.12
爱辉区人民检察院代理检察长	李铁军	2001.12—2002.3
爱辉区人民检察院检察长		2002.3—

第二节　刑事检察

一、审查批捕

1984年，审查批捕部门严格贯彻“从重从快，一网打尽”的工作方针，当年受案96件151人，其中批准逮捕75件87人，不批捕和退补侦查21件64人。1985—1987年，采取“一主动、二及时、三优先”的做法，3年共受理呈捕案件168件232人，其中批捕137件190人，不批捕和退补侦查共31件42人。审查批捕部门严抓办案质量，防止了错案漏罪。1986年，检察机关对黑河航运公安分局呈捕的张某强奸未遂案作出批捕决定后，航运公安分局又提出被告无罪，以原刑法第94条之规定要求撤销案件。检察机关对此案再次进行认真审查，确认此案事实清楚、证据充分，坚持对被告批准逮捕的决定，避免了一起错案。

1988—1990年，检察机关积极参加整治社会治安总体战役，重点打击了杀人、抢劫、强奸、重大盗窃、流氓滋扰等犯罪行为。3年受案220件295人，其中批捕192件253人，不批捕和退补侦查28件42人。1991—1993年，共受案257件347人，其中批捕213件285人，不捕和退补侦查44件62人。1994—1996年，共受案254件357人，其中批捕198件255人，不捕和退补侦查56件102人。1995年，依法开展立案监督工作，对辖区内4个公安分局处理的368件治安案进行了一次全面复查，发现有案不立以罚代刑6件6人。

1997—1999年，审查批捕部门坚持从重从快的“严打”方针。对重特大案件提前介入率达90%以上，加快了办案速度，为案件的迅速查办奠定基础。3年共受理案件326件436人，批捕288件381人，不捕36件53人。1998年，检察机关干警提前介入1·15肖某等5人报复伤害致死案，案发后5人虽订立攻守同盟，但干警们奋战4昼夜终于查清事实真相。公安机关将5名犯罪嫌疑人报捕后，检察机关于次日即作出批准逮捕的决定。

1997—1999年，新《中华人民共和国刑事诉讼法》《中华人民共和国刑法》相继实施，按照《中华人民共和国刑事诉讼法》第87条，区检察机关加强了立案监督，其间成案有结果22件23人。

2000—2005年，共受案849件1 146人，批捕747件992人，不予批捕99件151人。2005年，以“规范执法行为，促进执法公正”专项整改活动为契机，依法严厉惩治各类刑事犯罪，开展一系列以提高办案质量为主线的监督活动，捕后起诉率达到100%。

二、审查起诉

1984年，受案93件127人，起诉到法院81件96人，占受案的87%；免予起诉6件18人，占受案的6.4%；不起诉2件2人，占受案数的2.1%。审查起诉部门深入开展惩治刑事犯罪斗争，认真贯彻依法“从重从快，一网打尽”的方针，对共同犯罪的成员，做到不枉不纵。在陈某破坏航标案和高某盗窃自行车案中，公安机关对参与共同犯罪的鲁某和刘某均未起诉，检察机关在审查起诉时认为构成共犯,具有共同故意。因此,对鲁某以构成破坏交通设备罪与被告陈某同时起诉;对刘某作出免予起诉决定。

1985—1987 年,共受案 199 件 265 人,起诉到法院 166 件 199 人;免诉 9 件 17 人;不起诉 4 件 10 人;抗诉 2 件 5 人,上级法院改判 1 件 4 人,维持原判 1 件 1 人;追漏犯罪 2 人。1987 年,在栾某、张某投机倒把案中,公安机关以免予起诉意见移送检察院,经检察机关审查认为,犯罪嫌疑人给国家造成 4 万余元的损失,个人所得 2.2 万余元。检察机关决定对 2 名犯罪嫌疑人依法进行起诉,同时追漏 1 名同案犯栾某,对其作出免予起诉的决定。在办理刑事案件工作中,审查起诉部门根据刑事案件反映出发案单位存在的问题,采取提出检察意见的形式帮助发案单位解决问题,共向发案单位提出口头建议 32 次,书面建议 12 份,收到了良好的社会效果。

1988—1990 年,共受案 309 件 352 人,起诉到法院 208 件 233 人;免予起诉 36 件 37 人;不予起诉的 9 件 9 人;追漏人犯 5 人。在打击严重刑事犯罪活动中,检察机关严格执行办案制度,坚持提前介入制度;开展法制宣传,实行综合治理。检察机关在市浸油厂建立了综合治理联系点,根据该厂职工队伍、职工素质和"两劳""两放"人员的情况,检察机关通过同"两劳""两放"人员个别谈心,提高其法律意识,使其放下思想包袱,杜绝劣迹行为,其中一部分人成为该厂生产骨干,收到了良好社会效果,亦探索出检察机关在企业单位开展综合治理工作的新路。

1991—1993 年,共受理案件 321 件 425 人。其中起诉到法院 215 件 275 人;免予起诉 43 件 64 人;不予起诉 12 件 14 人;追漏罪 3 件 6 人。起诉到法院的案件,法院均作出有罪判决。这一时期,在办案中提前介入的范围扩大到经济案件。同时建立了被免诉人员帮教档案,实行跟踪教育,被免诉人的亲属和其所在单位负责人共同签订帮教合同,检察机关实行定期回访,随时掌握帮教对象的基本情况,形成了家庭、单位、社会三位一体的帮教网络,收到了良好社会效果。对退补案件实行跟踪监督,对退补经过催办仍无结果的案件,及时向办案单位发检察建议。1994—1997 年,共受案 540 件 733 人,起诉到法院 352 件 463 人;免诉 51 件 69 人;不予起诉 4 件 7 人;追漏人犯 27 人;抗诉 1 件 1 人。1998—2000 年,共受案 294 件 404 人,起诉到法院 238 件 328 人;相对不诉 6 件 6 人。

2000—2005 年,共受案 1 129 件 1 562 人,经审查提起公诉 987 件 1 348 人,所提起的公诉案件法院均作出有罪判决,无错案,无超期羁押。

第三节　经济检察

1984 年,经济检察部门突出查办盗伐滥伐林木案,查处一批林业内部的犯罪案件,全年受理各类案件 44 件,立案 28 件,结案 27 件。其中起诉 10 件,免予起诉 16 件,撤销案件 1 件。所立 28 件经济案件中盗伐滥伐林木案件为 19 件,占 68%。

1985—1987 年,经济检察部门侧重打击贪污受贿、走私、诈骗、哄抬物价、偷税漏税、侵吞国家集体财产、侵犯专业户和经济联合体合法权益的经济犯罪。坚持"一要坚决,二要慎重、务必搞准"的工作方针,共受理各类经济案件 31 件,立案 16 件,结案 15 件。起诉 7 件,免诉 4 件,撤案 4 件。

1988—1990 年,经济检察部门重点打击化肥经销过程中的犯罪活动及偷税、抗税、假冒商标、挪用公款以及"官倒"等经济犯罪。共受理各类经济案件 155 件,立案 42 件,结案 39 件,起诉 14 件,免诉 22 件,撤案 3 件。1989 年,查办了葛某受贿案,葛某利用职务之便,收受贿赂 3.1 万元,违规为他人批化肥 570 吨、批纸浆材 276 立方米。案发后,赃款全部收缴。鉴于葛某案发后主动坦白全部罪行,积极退赃,被黑河市人民法院从轻判处有期徒刑 3 年、缓刑 4 年。

1994—1997 年,反贪污贿赂工作局通过发动群众举报积极挖掘案源,以"三机关一部门"的反贪工作为重点,严格执行错案责任追究制度。共受案 126 件,立案 71 件,结案 64 件,起诉 37 件,免诉 19

件，撤案2件，转出8件。1995年，查办了崔某挪用公款案，崔某于1993年4月受黑河龙港公司的委托赴广西南宁办理订购白糖业务时挪用公款7.3万元。案发后，挪用公款全部被收缴。爱辉区人民法院对其判处有期徒刑7年。

1998—2000年，反贪污贿赂工作局受案32件，立案18件，结案18件，起诉17件，不起诉1件。1999年，查办了黑河市地方养路费征稽办公室出纳员王某贪污案。王某于1998年9月从经手管理的国有资金账户中贪污20.2万元，并携款潜逃。王某于1999年1月到海南省海口市检察院投案自首，赃款全部被其挥霍，无能力偿还；黑河市中级人民法院对其判处10年以上有期徒刑。

2000—2005年，反贪污贿赂工作局共受案89件，立案75件。其中贪污案件51件，占立案数的68%；大案21件，占立案数的28%，为国家挽回经济损失500余万元。

第四节　法纪检察

1984年，受案25件，立案5件。当年，在全市各有关单位组建了30人的法纪检察联络员队伍。1985—1987年，共受案59件，立案18件。

1989—1990年，受案49件，立案8件。1991—1993年，突出查处侵权、渎职、重大责任事故案件，共受案86件，立案22件。1992年，法纪检察部门编辑了《重大责任事故反思录》录像和图片展览；与市劳动局联合举办建筑施工安全教育学习班，旨在减少安全事故发生。

1994—1997年，按高检院要求，把查办司法人员、行政执法人员、徇私舞弊案件和其他三类（非法拘禁、刑讯逼供、玩忽职守）重点案件的大要案作为工作重点，共受案110件，立案49件。1997年10月1日新刑法实施，重大责任事故案划归公安机关管辖，玩忽职守案犯罪主体由国家工作人员改为国家机关工作人员，因此，法纪犯罪案件相对减少。

1998—1999年共受案33件，立案3件，其中1998年受案12件，立案2件（失职致使在押人员脱逃案）；1999年受案21件，控申部门初查18件，立案1件（刑讯逼供案）。1998年3月法纪检察科改为反渎职侵权侦查局。2000—2005年，共受理各类渎职侵权案件38件，立案13件。

第五节　民事行政检察

1994年8月，设立民事行政检察科，配科长1人、书记员1人。1997年3月，增加1名副科长。

1994—1999年，共受理民事申诉案件139件、立案审查70件，提请抗诉43件，由黑河市人民检察院向黑河市中级人民法院提出抗诉28件，有20件获改判。其中，1994年受案23件，立案8件，提请抗诉1件，市检察院提出抗诉1件。1995年受案36件，立案11件，提请抗诉11件，市检察院提出抗诉7件。1996年受案34件，立案20件，提请抗诉5件，市检察院提出抗诉2件。1997年受案16件，立案11件，提请抗诉8件，市检察院提出抗诉6件。1998年受案18件，立案11件，提请抗诉10件，市检察院提出抗诉10件。1999年受案12件，立案9件，提请抗诉8件，市检察院提出抗诉2件。

2000—2005年，民事行政检察科共受案81件，立案60件，提请抗诉33件，由黑河市人民检察院向黑河市中级人民法院提出抗诉27件，有17件获改判。

第六节　控告申诉检察

1988年，成立控告申诉检察科，编制2个。1988—1990年，共接待群众来信来访222件，其中来信141件、来访81件、自行查办78件。此阶段群众来信来访的特点是信多访少。1991—1993年，共接待群众来信来访143件，其中来信15件、来访104件。此阶段群众来信来访的特点是访多信少。1993年爱辉区检察院举报中心成立，由控告申诉检察科科长兼任主任。1994—1997年，共受理群众来信来访248件，其中来信88件、来访75件；举报经济犯罪86件，自行办理的72件。此时期举报经济犯罪的案件线索逐渐增多，主要反映农村干部违法犯罪，利用职权进行贪污、挪用；同时，集体上访明显增多，1996—1997年，受理集体上访28件，主要原因是各企业经济不景气，职工生活困难。

1998—1999年，共接待群众来信来访218件，其中来信86件、来访132件，初查63件；检察长亲自接待105件，集体上访28件。自1998年起，来信来访件数逐渐上升，坚持检察长接待日制度，每位检察长每月接待2次。控申科配备了1间专用接待室，设立举报电话，设专职接待员，挂牌接待。积极开展检务公开宣传，2年间共开展大规模宣传12次，每次近20名干警参加。

2000—2005年，共接待群众来信来访273件，其中来信113件，来访152件，来电8件。2004年3月，对来访者实行自主选择接访人的新举措，方便群众来访。

第七节　检察技术

1997年1月，成立检察技术科，设科长1人、司法会计1人。当年，办理司法会计鉴定案8件。1998年，调入1名法医；检察技术门类达到4个，即司法会计鉴定、法医检验、文证审查及视听资料。当年，办理各类检验鉴定及制作视听资料71件，包括法医检验11件、现场勘查1件、文证审查7件、司法会计鉴定2件、视听资料50件；发表省、市级技术业务调研文章7篇。1999年，办理司法会计鉴定5件、法医检验3件、文证审查7件，制作视听资料27件，发表国家级业务调研文章2篇。至1999年，司法会计及法医均已获司法鉴定权。2004年4月，技术科被撤销。

第四章　法　　院

第一节　机　　构

1983年6月，爱辉县并入黑河市，爱辉县人民法院更名为黑河市人民法院。当年，增设经济审判庭、信访接待室。1986年，设立西岗子人民法庭，负责西岗子镇、二站乡、坤河乡辖区内的民事、经济、自诉的轻微刑事案件的审判及民事、经济案件的执行工作。1987年，设立行政审判庭，审理行政诉讼案件。1989年，设立幸福人民法庭，负责幸福乡、四嘉子乡、爱辉镇、良种场辖区内民事、经济、自诉的轻微刑事案件的审判及其民事、经济案件的执行工作。当年，撤销信访接待室，成立告诉申诉庭。受理有关告诉的来信来访，负责有关申诉案件的转办催办和检查，办理非来信来访；成立执行庭，负责民事、经济、刑事附带民事、仲裁中止等具有法律约束的裁判文书的执行工作。

1991 年 1 月，成立黑河市街道人民法庭，承办原民事审判庭管辖的城区内的民事案件。1993 年，黑河市撤市建区，黑河市人民法院更名为爱辉区人民法院。1998 年 4 月，设立纪检监督室、研究室，撤销告诉申诉庭，分别设立立案庭和审判监督庭。当年，爱辉区法院评定法官 36 人，其中高四级法官 5 人，一级法官 6 人，二级法官 8 人，三级法官 6 人，四级法官 9 人，五级法官 2 人。

2000 年 6 月，成立执行局，撤销街道人民法庭，成立民事审判一庭和民事审判二庭。同年西岗子人民法庭更名为爱辉法庭并迁址爱辉镇。至 2005 年末，爱辉区人民法院内设机构已增至 13 个，即刑事审判庭、民事审判一庭、民事审判二庭、幸福人民法庭、爱辉人民法庭、行政审判庭、审判监督庭、执行局（下设执行一庭、执行二庭）、立案庭、研究室、政工科、办公室、纪检监察室。编制 66 个，共有干警 59 人，其中副处级 1 人，科级 10 人，副科级 11 人；有党员 36 人，拥有本科以上学历 52 人，占 88%；有专业证书 23 人，占 39%。

1982—2005 年爱辉区（黑河市）人民法院领导更迭表

表 18－7

职　　务	姓　名	任职时间
黑河市人民法院院长　党组书记	葛成林	1982.1—1984.7
	初旭东	1984.6—1990.8
	常伟民	1990.8—1993.3
爱辉区人民法院院长　党组书记	车连生	1993.9—1995.11
	田永志	1995.11—2001.10
	邱胜林	2001.10—2004.9
	史东江	2005.9—

第二节　刑　事　审　判

1984—2005 年，爱辉区（黑河市）人民法院共审理一审刑事案件 2 497 件。

一、严重刑事犯罪案件审判

中共十一届三中全会以后，随着《中华人民共和国刑法》《中华人民共和国刑事诉讼法》的颁布实施，刑事审判工作逐步走上有法可依的轨道。1983 年 8 月，中共中央作出了《关于严厉打击严重刑事犯罪活动的决定》，全国人大常委会也作出了《关于严惩严重危害社会治安的犯罪分子的决定》。遵照中央“从重从快、一网打尽”和“三年为期，三大战役”的方针和统一部署，全市重点惩治严重刑事犯罪。

1984—1986 年，黑河市法院共审结刑事案件 269 件。全市“严打”斗争效果明显，1985 年的刑事犯罪案件比 1984 年减少 36 件，下降率为 12.4%；严重刑事犯罪大幅下降，1985 年为 22 件，比 1984 年下降 47.6%。

1990 年以后，针对罪犯流窜作案的特点，对流窜犯罪进行专项惩治，1993 年审理流窜抢劫案件 5 件，依法从重从快判处 10 名罪犯，刑期均 5 年以上，最高刑期达 14 年。

2003 年，对于严重危害社会治安和破坏社会秩序的罪犯，从重从快予以严惩。对罗某某造成泉山重大森林火灾案予以严惩，判处有期徒刑 7 年。在抗“非典”时期，对爱辉区幸福乡稗子沟村 5 名村民阻止设立“非典”隔离医院，打伤警察并造成恶劣影响及经济损失的犯罪嫌疑人予以严惩，并公开宣判，分别判处有期徒刑三年六个月和有期徒刑一年六个月。

1984—2005 年，爱辉区（黑河市）法院共审结杀人案 37 件，判处故意杀人罪 37 人；审结抢劫案 174 件，判处抢劫罪 259 人；审结放火案件 14 件，判处放火罪 14 人；审结强奸案 138 件，判处强奸罪 151 人；审结流氓案 76 件，判处流氓罪 91 人。上述五类刑事犯罪案件共计 439 件，占刑事犯罪案件总数的 18.62%。

二、盗窃案件审判

盗窃案件发案率高，占各类刑事案件较大比重。20 世纪 80 年代，盗窃案件大幅度上升，盗窃手段多样化。法院主要从对社会危害的大小、主观恶性程度、盗窃财产数额的大小来决定从重从轻处罚，并注意区分罪与非罪，惯盗与一般盗窃罪，盗窃团伙的主犯和从犯的界限。1992 年，集中惩治了盗窃犯罪，当年共审判盗窃案件 27 件，占当年结案总数的 33.77%。2003 年，严厉打击了盗窃大牲畜犯罪活动，公开审理盗马案，对 2 被告同时处以有期徒刑两年并处罚金 2 000 元。

1984—2005 年，共审结盗窃案件 616 件，占刑事结案总数的 26.73%，判处盗窃犯 794 人。

三、贪污 贿赂案件审判

1984—2005 年，共审结贪污、贿赂案件 80 件。在审理此类案件时，法院坚持“一要坚决、二要慎重、务必搞准”的原则，把握罪与非罪的界限，正确界定犯罪主体，掌握贪污、贿赂的特点。在处理上，按照“数额较大”“巨大”“特别巨大”标准，结合犯罪的手段、情节、退赃及悔罪、立功等表现，正确量刑。原黑河联海经贸有限责任公司经理杨某某利用职务便利，非法收受回扣 1 万元，贪污公款合计 7.3 万元人民币。2003 年 1 月，爱辉区法院一审判决被告人杨某某犯贪污罪，判处有期徒刑 3 年，并处没收财产人民币 3 000 元；犯受贿罪，判处有期徒刑一年，缓刑四年，并处没收财产人民币 3 000 元；决定执行有期徒刑三年，缓刑四年，并处没收财产人民币 3 000 元。原中国石油天然气黑龙江黑河销售分公司油库计量股股长王某某、原中国石油天然气黑龙江黑河销售分公司油库维修工凌某某、原中国石油天然气黑龙江黑河销售分公司油库更夫刘某某，3 人共同参与作案 2 起，贪污涉案金额 35 370 元。2004 年 11 月，爱辉区法院一审判决 3 名被告人犯贪污罪，王某某与凌某某被判处有期徒刑三年，缓刑四年，刘某某被判处有期徒刑两年六个月，缓刑三年。

四、审判方式改革

1986 年，对于典型的有代表性的各类犯罪案件，除法律有规定不许公开审理的，其他一律公开审理，并到案发地进行宣判。1987 年，蔡某某诈骗案和与此关联的彩电案轰动全市。检察机关起诉后，经审查证据不足，退回补充侦查，会同工商、检察等有关部门多次研究，强调事实和证据，最后确认被告人无罪从而避免了错案的发生。召开震慑违法行为的公判大会，在审理刘某某偷税案件时，市人民法院邀请全市 200 多个个体企业和集体、国营企业代表参加，宣判后，一些企业立即补交了税款。1989 年，对事实不清、证据不足、漏罪、无罪的 9 件案件及时退回检察院重新认定。1991 年，针对青少年犯罪，法院采取“教育、感化、挽救”相结合的方法，组成少年犯合议庭进行审理，并利用适当的形式进行宣传，扩大了对青少年的法制教育。2000 年后，爱辉区人民法院在刑事审判中进行了刑事审判方式改革，从“纠问式”向“质辩式”转变，在维护受害人的合法权益的同时保证犯罪嫌疑人的合法权利。对未成年人犯罪本着宽严相济的原则，以挽救教育为主。2002 年，改革庭审方式，推出普通案件简便审判模式，并进行当场观摩，缩小了庭审时间，提高了办案效率。2003 年时，案件平均审限 23 天。

1984—2005 年爱辉区（黑河市）刑事案件审判情况表

表 18 – 8

年份	收案（件）	结案（件）	结案率（%）	判处罪犯（人）	公开宣判（次）	宣判刑事案件（件）	宣判刑事案犯（人）	旁听群众（万人）
1984	111	110	99	122	3	—	13	2
1985	74	74	100	74	—	—	—	—
1986	84	84	100	109	2	75	98	0.2
1987	78	78	100	95	3	77	80	0.3
1988	62	61	98	89	16	45	58	0.6
1989	102	102	100	146	26	100	132	0.8
1990	78	78	100	103	20	77	—	0.8
1991	112	112	100	118	20	—	—	2.0
1992	77	77	100	93	3	77	76	0.3
1993	78	78	100	78	4	23	—	3
1994	95	95	100	117	4	95	90	0.4
1995	133	133	100	159	4	103	110	0.4
1996	109	109	100	127	4	109	111	0.4
1997	91	91	100	125	2	91	100	0.2
1998	132	132	100	182	4	132	146	0.4
1999	134	134	100	203	3	134	151	0.3
2000	102	102	100	146	1	102	116	0.1
2001	154	153	99	175	5	154	222	0.1
2002	180	180	100	203	1	179	227	0.1
2003	202	202	100	203	1	202	252	0.1
2004	170	170	100	229	1	149	202	0.1
2005	142	142	100	201	1	142	201	0.1
合计	2 500	2 497	99.9	3 097	128	—	—	—

1984—2005 年爱辉区（黑河市）人民法院刑事审判一览表

表 18 – 9　　单位：件

年份	合计	故意（过失）杀人	抢劫（夺）	放火	爆炸	强奸	流氓	盗窃	故意（过失）伤害	赌博	贪污	诈骗	重婚	虐待	行贿受贿	偷税漏税	投机倒把	重大责任事故	盗伐滥伐森林	脱逃	其他
1984	93	1	2	1	—	20	20	17	6	—	1	5	—	2	—	—	—	2	7	—	—
1985	60	—	2	—	—	8	7	11	13	—	1	1	—	—	—	—	1	1	3	3	—
1986	74	2	3	—	—	11	12	17	4	—	4	3	—	—	3	—	2	—	—	3	—

续表 18－9

年份	合计	故意(过失)杀人	抢劫(夺)	放火	爆炸	强奸	流氓	盗窃	故意(过失)伤害	赌博	贪污	诈骗	重婚	虐待	行贿受贿	偷税漏税	投机倒把	重大责任事故	盗伐滥伐森林	脱逃	其他
1987	66	3	2	—	—	7	4	19	16	—	1	1	2	—	—	1	—	—	—	2	—
1988	52	3	4	—	—	3	5	14	15	—	—	—	—	2	—	—	—	—	—	—	—
1989	90	—	3	—	—	3	7	34	16	—	2	—	—	—	3	—	1	1	1	5	—
1990	66	5	2	2	—	10	3	22	5	—	—	1	—	—	4	—	—	1	—	3	—
1991	80	2	4	—	—	3	4	38	16	—	3	1	—	—	—	—	—	1	—	3	—
1992	61	1	1	—	—	6	3	27	14	1	2	1	—	—	—	—	—	—	—	3	—
1993	65	1	5	—	—	8	2	21	13	—	1	—	—	—	1	—	—	2	—	4	—
1994	95	—	8	—	—	6	3	29	18	—	—	3	—	—	5	—	—	—	—	3	—
1995	131	1	8	—	—	6	3	31	23	—	3	3	—	—	8	—	—	—	—	5	—
1996	108	1	2	—	—	6	—	40	21	—	3	—	—	—	2	—	—	—	—	5	—
1997	91	2	9	3	—	6	2	30	20	—	1	2	—	—	3	—	—	—	—	—	—
1998	110	2	12	1	—	9	1	29	36	—	—	2	—	—	1	—	—	3	3	3	—
1999	134	—	19	1	—	6	—	27	36	—	—	3	—	—	2	—	—	—	1	2	—
2000	102	2	12	1	—	3	—	19	30	—	—	8	—	1	1	—	—	—	—	—	—
2001	154	3	20	—	1	1	—	40	42	—	2	2	—	—	—	2	—	1	4	—	—
2002	179	—	21	—	—	5	—	41	52	—	1	7	—	—	2	—	—	—	5	1	—
2003	202	4	12	2	—	2	—	38	63	—	6	13	—	—	4	—	—	1	4	—	—
2004	149	1	13	1	—	3	—	38	41	—	6	8	—	—		1	—	1	8	—	—
2005	142	3	10	2	—	6	—	34	32	—	3	2	—	—	1	1	—	—	14	—	—

第三节　民(商)事审判

1984 年后，爱辉区(黑河市)法院依照“依靠群众，调查研究，着重调解，就地办案”的民事审判工作方针和有利于团结、有利于生产、生活和正确处理人民内部矛盾及“两便”原则(便于当事人诉讼，便于法院依法独立、公正和高效行使审判权的原则)，处理了大量的民事纠纷。1984—2005 年，共审结各类民事案件 20 330 件。通过民事审判活动，调整了平等民事主体之间的财产关系和人身关系，保护了国家、集体的利益和公民的合法权益，维护了社会主义经济秩序，加强了人民群众之间的内部团结，促进了社会的安定。

一、婚姻案件审判

在民事案件中，婚姻案件占居第一位，是民事审判工作的重点。爱辉区(黑河市)人民法院在审理婚姻案件中，严格执行《中华人民共和国婚姻法》的规定，以夫妻感情是否破裂作为准予或不准予离婚的原则界限。着重调查研究，查清当事人婚姻基础、婚后感情、离婚原因、夫妻关系现状、发生纠纷的是非责任、有无和好的可能等方面的情况，进行全面分析判断，从而确认夫妻感情是否已破裂。在审判实践中，既保障离婚自由，又反对轻率离婚，并且把调解作为审理离婚案件的必经程序。对有可能和好的，夫妻感情尚未破裂的，尽可能调解和好，判决不准离婚；对夫妻感情确已破裂，无和好可能，经调解又达不成离婚协议的则及时判决准予离婚。因第三者插足而诉讼离婚的，除给予第三者和有过错方批评教育直至建议行政处分外，仍按上述原则审理。在判决准予离婚的案件，对夫妻共同财产、子女抚养等问题，严格按照《中华人民共和国婚姻法》的规定，本着保护妇女、未成年子女的合法权益，照顾无过错一方等原则，一并作出妥善处理。1983—2005 年，法院共审结离婚案件 6 394 件，占民事案件收案总数的 30. 58% 。受理离婚案件数量最多的是 2001 年，审结 403 件，占当年民事案件总数的 22. 31% 。大量婚姻案件的妥善处理，促进了家庭的和睦，有效地保护了妇女、儿童的合法权益。

二、债务案件审判

1983—2005 年，法院共审结债务案件 2 231 件，占民事案件 10. 97% ，居民事案件的第二位。在审理债务纠纷案件时，人民法院严格依照法律规定，坚持保护合法的借贷关系，根据债务案件的不同类型，区别不同情况，在分清是非责任的基础上，按照互通有无，有借有还，扶持当地发展生产的原则，依法合情合理地处理。因买卖而形成的债务纠纷，首先查明买卖关系是否合法有效，如买卖关系成立，则根据双方有无过错及过错责任的大小来处理。对一方有过错的，视其偿还能力的大小，责令其一次或分期偿还；对双方都有过错的，各自承担相应的责任。合法的借贷关系予以保护，对出借人明知借款人是为了进行非法活动而借款的，其借贷关系不予保护。

三、损害赔偿案件审判

1983—2005 年底，法院共审结损害赔偿案件 1 827 件，占民事案件的第三位。2003 年，损害赔偿案件呈剧增趋势，当年审结 136 件。在损害赔偿案件中，打架斗殴造成人身伤害赔偿的占多数，毁物等损害赔偿的较少。对此类案件的审判，法院坚持查明事实、分清是非、明确责任、加强教育、着重调解的原则，同时正确掌握侵权损害赔偿责任的 4 个构成要件，即损害事实、违法行为、因果关系和主观过错，根据构成民事赔偿责任和损害的后果，按照过错责任原则，酌情确定赔偿数额，妥善处理纠纷，以增进人民群众之间的团结。针对此类案件的审判存在的“取证难”的问题，采取及时立案，及时查证，快审快结等做法。

2003 年，供热合同纠纷、劳动争议纠纷和赔偿纠纷呈现剧增趋势，均为系列案件，是民事审判工作的特点和难点，特别是劳动争议纠纷系列案，类型新、难度大、难于处理。办理此类案件时注重调查取证，正确适用证据规则，努力做到法律效果与社会效果相统一，依法保护弱势群体的合法权益。

四、改进审判工作方法

1985 年，在结案的 337 件案件中，有 217 件是巡回办案完成的，占结案总数的 64% ，黑河市法院将工作做到百姓身边，方便群众诉讼，指导基层调委会工作，扩大办案效果。1990—1991 年，黑河市法院抓住债务案件中经营性借贷多、资金大、利率高的特点，依法取缔高利贷，制裁违法行为，保护了正常的借贷关系。1992 年，树立了主动服务新观念，变“自然”服务为“主动”服务，克服了孤立办案，就案办案的习惯作法，建立和逐步完善了超前服务、主动服务、全方位一体化服务的措施。主动为乡镇及其村屯清收陈欠，全年回收陈欠 20 余万元，有力地支持了农业生产。1997 年，组织了 8 个小型民事示范庭和 3 个小型经济示范庭。全年有 80% 以上的民事、经济案件是按照新的审判方式和程序进行审理的——一步到庭，简化庭审程序，要求双方当事人在开庭前交齐证据，力争在庭审中一次性解决纠纷，扩大简易程序审理案件，区法院规定了简易程序和普通程序的审限各缩减一半，并且对当庭宣判率指标做了要求。完善院长接待日制度、案件催办制度及案件检查和报告制度。1999 年，设立民事、经济合议庭，实行审判长负责制，城区法庭设立了分别负责审理婚姻家庭、房屋及赔偿类型案件的合议庭。2001 年，爱辉区人民法院制定《爱辉区法院为经济建设服务目标管理方案》和《关于为推进全区“二次创业”服务创造良好法制环境的若干意见》，将为经济建设服务的重点放在司法环境的有序、公正、透明上。2002 年，修改、完善《爱辉区人民法院为全区经济社会更好更快发展提供有力司法保障和优质法律服务的若干意见》，对危困企业、招商企业实行就地立案、就地审理、就地执行的“三就地”措施。2003 年，民（商）事案件简易程序平均审限 26 天，比 2002 年下降 19%；普通程序审限 76 天，比 2002 年下降 32%。2004—2005 年，区法院把便民诉讼作为基层建设的重要内容，推行文明接待、诉讼指导、风险提示、排期开庭、审限跟踪等措施，基层法庭采取了速裁、巡回办案等方式，对城市低保人员及农民工等经济确有困难的当事人减缓免收诉讼费 81.4 万元。

1983—2005 年爱辉区（黑河市）人民法院民（商）事案件数量情况表

表 18－10

年　份	收　案（件）	结　案（件）	结案率%
1983	245	243	99.18
1984	302	286	99.70
1985	352	337	99.50
1986	491	488	99.40
1987	551	548	99.46
1988	606	603	99.67
1989	477	476	99.78
1990	504	502	99.60
1991	651	647	99.50
1992	746	740	99.20
1993	690	682	98.84
1994	701	682	97.29
1995	856	849	99.18
1996	905	901	99.56
1997	1 000	997	99.70
1998	1 105	1 072	97.01
1999	1 253	1 247	99.52
2000	1 697	1 603	94.46
2001	1 900	1 806	95.05
2002	1 581	1 510	95.51
2003	1 348	1 266	90.32
2004	1 411	1 384	98.09
2005	1 542	1 461	94.75

1983—2005 年爱辉区(黑河市)人民法院民事案件类型情况表

表 18－11　　单位:件

年 份	合计	婚姻案件	债务案件	损害赔偿案件	赡养、抚养、扶养案件	房屋纠纷案件	继承案件	宅基地案件
1983	243	153	19	17	18	11	5	13
1984	286	156	39	15	13	2	11	5
1985	337	163	75	24	32	7	4	4
1986	488	230	113	27	51	6	9	8
1987	548	217	74	41	44	21	3	18
1988	603	313	89	52	67	9	6	8
1989	476	266	66	34	57	7	6	11
1990	502	292	99	32	57	14	4	7
1991	647	337	136	34	68	18	7	2
1992	740	367	109	51	76	38	1	11
1993	682	311	100	42	68	63	3	11
1994	682	260	136	58	54	53	2	10
1995	849	336	116	64	96	63	2	21
1996	901	337	92	78	47	49	4	15
1997	997	349	58	88	74	52	5	19
1998	1 072	356	89	122	65	44	4	11
1999	1 247	301	121	136	70	46	7	17
2000	1 603	382	164	187	92	67	5	12
2001	1 806	403	159	249	98	53	8	10
2002	1 510	335	148	158	83	30	4	8
2003	1 266	300	123	136	69	49	3	7
2004	1 384	302	117	154	68	78	3	4
2005	1 461	230	106	182	57	87	3	0

第四节　行 政 审 判

1987 年之前,黑河市人民法院未设立行政审判庭,有关行政诉讼方面的案件,由民事审判庭受理。1987 年,黑河市人民法院设立行政审判庭。在审理行政案件时,人民法院坚持以事实为根据、以法律为准绳,认真细致地审查行政机关认定的事实是否清楚,证据是否充分,处罚是否适当。重点对具体行政行为的合法性进行审查,并在作出裁决前,广泛听取诉讼当事人的陈述意见,特别是依法应当撤销的行政处罚或处理决定的案件都主动到行政机关交谈,说明法院作出撤销原行政处罚或处理决定的理由和该行政处罚或处理决定的错误及不当之处,使作为被告的行政机关能诚服地接受人民法院的裁判,使每一个案件的处理既利于维护法律的尊严,又保护公民和法人的合法权益。

1987—2005 年爱辉区(黑河市)法院共审结一审行政案件 458 件。

一、治安行政案件审判

爱辉区（黑河市）人民法院依照最高人民法院关于《人民法院审理治安行政案件具体应用法律的若干问题的暂行规定》严格依法办理，做到在查清事实、分清责任的基础上准确适用《中华人民共和国治安管理处罚条例》。爱辉区（黑河市）法院对公安机关裁决事实清楚、证据充分、适用法律法规正确、符合法定程序的案件，裁定予以维持；对公安机关裁决在认定事实和适用法律上没有根本错误，只是在一般程序上或处理方法上存在一些问题，或在法定幅度内给当事人处罚有所浮动的案件，人民法院一般裁定予以维持，对存在的问题用司法建议的形式促使其纠正；对公安机关裁决事实不清，或适用法律存在根本错误的案件，裁定予以撤销；对主要事实不清、证据不足、责任不明确的案件，裁定予以撤销。

1987—2005 年，共审结治安行政案件 81 件，占全部行政案件的 17.69%。

二、山林（土地）行政案件审判

1987—2005 年，共审结山林（土地）行政案件 42 件，占全部行政案件的 9.17%。人民法院按照《中华人民共和国土地管理法》等有关规定，审查土地管理部门或人民政府作出的行政处理决定是否正确。

1987—2005 年爱辉区（黑河市）人民法院行政一审案件审结一览表

表 18－12　　　　单位：件

年份	公安	工商	土地	林业	城建	交通运输	技术监督	其他	合计
1987	1	1	—	—	—	—	—	—	2
1988	3	—	2	—	—	—	—	—	5
1989	4	—	2	—	—	—	—	2	8
1990	2	—	—	—	—	1	—	1	4
1991	3	—	1	—	3	1	—	2	10
1992	1	—	—	—	—	—	1	1	3
1993	2	—	—	—	1	1	—	—	4
1994	3	—	—	1	—	—	—	3	7
1995	5	—	—	—	—	—	—	2	7
1996	6	1	2	—	—	—	—	3	12
1997	3	1	—	3	1	—	—	4	12
1998	8	—	1	—	—	—	—	4	13
1999	5	—	—	—	—	1	—	1	7
2000	3	5	7	—	31	2	2	8	58
2001	10	16	—	1	—	3	1	13	44
2002	5	3	2	—	10	3	2	10	35
2003	7	1	11	—	10	1	1	53	84
2004	4	2	7	—	—	3	1	28	45
2005	5	1	2	—	15	1	3	70	97
合计	80	31	37	5	71	17	11	205	457

第五节　审判监督

自1998年审判监督庭设立以来,对刑事、民事、经济和行政案件进行了审判监督。到2005年,共审结刑事再审案件21件,已发生法律效力的刑事判决、裁定因主要事实不清、证据不足申请再审(抗诉)的案件5件,占全部刑事再审案件的23.8%,因暂予监外执行或收监执行而申请再审的案件16件,占全部刑事、再审案的76.2%。共审结民事、经济再审案件131件,其中因事实不清、证据不足而再审的案件87件,占全部民事、经济再审案件的66.4%,因适用法律错误而提起再审案件26件,占全部民事、经济再审案件19.8%,因违反法定程序提起再审的18件,占全部民事、经济再审案件的13.7%。

1998—2005年爱辉区人民法院审判监督案件审理情况表

表18-13　　　　单位:件

年份	刑事			民事		
	收案	结案	结案率%	收案	结案	结案率%
1998	1	1	100	18	18	100
1999	1	1	100	24	24	100
2000	1	1	100	11	11	100
2001	6	6	100	27	25	92.59
2002	4	4	100	14	12	85.71
2003	5	5	100	16	14	87.50
2004	1	1	100	11	9	81.82
2005	2	2	100	18	18	100

第六节　执行工作

爱辉区法院成立执行局之前,对民事、经济案件的执行,实行"审执合一"制度,即审判员自己承办的案件仍由自己负责执行。实行"审执合一"制度,弊多利少,不利于审判工作的顺利开展,有的审判人员只管审判,不管执行;有的审判人员因案件多,无力顾及执行;有的案件难以执行,便拖着不办,致使结案率低,积案突出,当事人的合法权益得不到及时的保护。2000年,爱辉区法院成立执行局后,配备了较强的执行人员,从而使审执工作彻底分离,保护了审执工作的顺利进行。

爱辉区法院坚持审执并重,审理之中考虑执行,努力为执行创造条件;执行之中认真从实体和程度上审查案件,以促进审判。坚持经常执行与集中执行相结合,做到一般案件审结后即执行,尽量缩短办案期限,不增加当事人讼累。对重大复杂的案件则集中执行,坚持对症下药,注意工作方法,注重社会效果。

1999—2005 年爱辉区人民法院执行案件情况表

表 18－14

年份	收案(件)	结案(件)	执行率%	未结案(件)	执行标的额(万元)
1999	615	331	88	284	612.8
2000	550	362	66	188	3 500
2001	638	578	70	248	2 780
2002	583	402	69	181	1 560
2003	553	675	88	59	4 230
2004	605	479	79	126	4 533
2005	610	380	62.3	239	1 200

第五章　司法行政

第一节　机　　构

1980 年,爱辉县政府设立爱辉县司法科。1981 年 1 月,黑河市政府设立黑河市司法局。1983 年 6 月爱辉县司法科并入黑河市司法局,下设机构为办公室、调解股、宣传股、公证处、律师所。1986 年,设立黑河市普法办公室;同年,成立黑河市依法治理办公室,两个办公室人员为相互兼职。1992 年,成立黑河市第二律师事务所。

1993 年 4 月,撤市建区,黑河市司法局更名黑河市爱辉区司法局;同年,第二律师事务所改名为黑河市明鉴律师事务所。1994 年 8 月,增设劳改劳教股(“两劳”工作站)、政秘股。1996 年,机构改革,黑河市爱辉区司法局为正科级建制。编制总数 18 个,内设宣传股、基层工作股、“两劳”工作站、政秘股。1999 年,成立爱辉区法律援助中心,与清平律师事务所合属办公。2001 年,爱辉区法律援助中心独立办公,事业编制 4 个,正股级建制;原下设副科级建制的国资性质的清平律师事务所改制为合伙制律师事务所;黑河市公证处上划到黑河市司法局。当年,区司法局编制 18 个,内设基层“两劳”工作站、法制宣传股、律管股、政秘股。2003 年,区司法局将 11 个乡镇、4 个街道 26 名司法行政专项编上划到区司法局管理,司法所作为区司法局派出机构,实行区司法局和各乡镇街道办事处双重管理,以区司法局管理为主。2004 年 7 月,“两劳”工作站从基层“两劳”工作站分出为独立股室,原基层“两劳”工作站更名为基层股。至 2005 年,区司法局下设基层股、“两劳”工作站、法制宣传股、律管股、政秘股,编制 18 个。

第二节　普　　法

1986 年,根据中共中央和国务院转发的中宣部、司法部《关于向全体公民基本普及法律常识的五年规划》和六届全国人大常委会第十五次会议通过的《全国人大常委会关于在公民中基本普及法律常识的决议》,黑河市制定印发《关于向全市公民基本普及法律常识的五年规划》,即“一五”规划,

“一五”普法的对象是工人、农民、知识分子、干部、学生、军人以及其他劳动者和城镇居民中有接受教育能力的公民。在城乡群众中深入开展《中华人民共和国宪法》《中华人民共和国刑法》《中华人民共和国刑事诉讼法》《中华人民共和国民事诉讼法(试行)》《中华人民共和国婚姻法》《中华人民共和国继承法》《中华人民共和国经济合同法》《中华人民共和国兵役法》《中华人民共和国民法通则》《中华人民共和国民族区域自治法》和《中华人民共和国治安管理处罚条例》为主要内容的“十法一条例”的宣传教育,普及法律知识,树立法律意识。通过5年的普法教育,“十法一条例”等基本法律专业知识,在广大干部群众中得到广泛宣传,初步填补了法律知识方面的空白,完成了一次全民性的法律知识启蒙教育。

1991年,黑河市《关于在公民中开展法制宣传教育的第二个五年规划》启动实施。“二五”普法对象重点是各级领导干部,特别是党政军高级干部;执法人员,包括司法人员和行政执法人员;青少年,特别是大中学校的在校学生。主要内容以宪法为核心并以专业法为重点。此次普法重点是领导干部学法、用法,运用法律武器打好决策的基础,其次执法人员列为重点学习对象,强调执法人员首先要懂法、遵守法律,才能更好地执行法律。同时在城乡、学校等开展依法治理的试点工作。“二五”普法规划在1995年顺利完成。通过了省、市的检查验收,为维护社会稳定和区域经济发展起到了积极推动作用。

1996年,“三五”普法规划制定实施,“三五”普法的重点对象是县处级以上领导干部、司法人员、行政执法人员、企业管理者和青少年。主要学习宪法与公民工作生活密切相关的基本法律和社会主义市场经济法律知识,做到有针对性开展普法教育活动。一是把爱辉区各级领导干部特别是副科级以上领导干部作为普法工作重点。组织学习《邓小平民主法制建设理论》《中华人民共和国宪法》《中华人民共和国国家赔偿法》《中华人民共和国行政处罚法》《中华人民共和国行政诉讼法》《国家公务员条例》等法律法规;制定区级领导干部中心组学习法律知识规划,并对科级干部、中青年干部、后备干部有计划培训,提高各级领导的依法决策和依法行政水平。二是司法和行政执法人员专业法律知识学习。采取早会、学习日、法律讲座、观摩庭审和集中培训等方式组织公、检、法、司各机关工作人员学习法律业务知识,使广大干警的法律知识水平和执法水平明显提高。三是青少年法制教育,在全区各中小学进行了《中华人民共和国预防未成年人犯罪法》和《中华人民共和国义务教育法》的宣传活动。2000年,爱辉区的“三五”普法工作通过上级检查验收,通过“三五”普法,广大人民群众的法律意识明显提高和增强,在学法、用法上取得了突破性进展。

2001年,“四五”普法展开,主要以领导干部和六类普法对象为主,以学法、用法为重点,主要学习《中华人民共和国宪法》《中华人民共和国人口与计划生育法》《中华人民共和国婚姻法》《中华人民共和国行政许可法》《中华人民共和国经济合同法》《税法》等。有计划培训中青年干部、科级与后备干部。结合新修正法知识讲座,举办全区机关、街道干部参加骨干培训班50班次,受训800人次,各党委举办“四五”普法培训班25班次,受训2 500人次。全区征订普法教材1 874册。区司法局制定了各阶层学习法律的计划,首先,制定区委中心组学法规划,全区28个党委每周1次学习日,以干部读本为教材,学法96次。重点有计划地组织各学校学习相关法律,有《中华人民共和国义务教育法》《中华人民共和国教师法》《中华人民共和国未成年人保护法》《教育行政处罚办法》《教师职业道德规范》《关于体罚和变相体罚的处理意见》《师德八不准》等法律法规,达到依法治校、依法治教的目的。农村普法配合组织部门和各基层调解组织,学习法律,向村干部和各级调解员讲解民法、合同法、婚姻法修正条款,现场解答农民提出的法律咨询问题。组织送法下乡、送法进社区、儿童画展、征文、宣传图片等活动,扩大了普法覆盖面。2005年4月,区委预防职务犯罪工作领导小组办公室、区委依法治区工作领导小组办公室与区司法局联合组织全区副科级以上领导干部进行了《黑龙江省预防职务犯罪工作条例》考试。25名副处级领导和456名副科级领导参加考试,及格率100%。同年10月,“四五”普法通过了省、市的检查验收。通过“四五”普法,使广大人民群众懂得了用法律武器维护自身合法权益,全面推进了社会主义法治国家的建设进程。

第三节　法制宣传

1983—1985 年，法制宣传工作以发放报纸、宣讲会等为主要宣传形式，共主办法制宣传报 16 期，发放宣传单 6 200 份，各级报社刊发投稿 29 份，召开宣讲会 97 次，制作法制宣传栏 8 期，落实“三员一网”人员 325 人。

1986—1995 年，紧密配合“严打”和“普法”工作需要，以专业法为宣传重点，针对社会不同层次群众进行不同内容的法制宣传。共出动宣传车 147 台次，举办罪犯图片展 11 次，下发各种法制宣传材料 2 600 份、宣传单 6 000 张，悬挂横幅 19 幅，制作法制宣传栏 12 期、简报 36 期，向各级报社媒体投稿 58 篇，在城镇播放法制宣传录音 17 次，宣讲法制课 30 场次，受教育面达 90% 以上。

1996—2000 年，全区积极推进依法治理工作，制定了依法治乡、治村、治企、治校、治理行业的标准，建立了西兴街、海兰街法律服务所，4 个街道成立了司法调解中心，加大法律服务力度，形成街道、辖区单位居民共同参与的群众性依法治理活动新局面。

2001—2005 年，爱辉区继续推进全区社会法治化管理工作，制订《爱辉区社会法治化管理实施方案》，在 7 个试点单位首先开展创建活动。试点社区聘请劳动就业局工作人员、律师、法律服务工作者现场为居民解答问题，采取现场办公、党员与法见面、党员与居民座谈等形式学习法律，建成文明小区 7 个、文明单元楼 22 个。各乡村实行了“八大公开”制度，并严格了村民代表大会、代表议事会和村民理财小组工作制度及程序。各学校将法制教育纳入学生必修课，做到大纲、教师、教材、课时四落实。

至 2005 年，法制化管理示范单位的创建活动在爱辉区全面铺开，23 个基层单位被依法治区工作领导小组确定为达标创建单位，其中市级民主法治示范单位 17 个，省级民主法治示范单位 4 个。

第四节　人民调解

1983 年，黑河市司法局设调解股，此后，积极开展基层组织建设，加强培训，提高调解人员的业务能力。1986 年，调解纠纷 957 件，是同期人民法院收案数的 4.5 倍。1984—1992 年，共调解纠纷 6 305件，成功率为 95% 以上，避免经济损失 11.5 万元，挽回经济损失 15.28 万元，回收陈欠 15 万元，索回欠款 2.18 万元。

1993—1998 年，全区民调组织共协办公证 1 418 件，诉讼代理 18 件，民事代理 502 件，非诉讼代理 1 912 件，代写法律文书 570 份，法律咨询 931 人次，宣讲法律 900 场，受教育群众达 6 万人次，回收陈欠 18 万元，挽回经济损失 113 万元，避免经济损失 15 万元，调解纠纷 1 534 件，成功率 96% 以上，业务收费 4 万元。1994 年，调解股改为基层工作股，全区有调解组织 240 个，调解人员 904 人，标准化调委会 130 个。随着黑河市变为开放城市和人民群众法律意识的日趋增加，基层工作加大了法律服务和法律宣传力度，1998 年，有 30 家乡镇政府企业聘请法律工作者担当法律顾问。

1999—2000 年，全区共代理各类案件 1 284 件，协办公证 650 件，见证 40 件，代写法律文书 391 件，解答法律咨询 634 人次，挽回经济损失 82.5 万元，调解纠纷 594 起，调解成功率 96%。1999 年，全区已建立法律服务所 8 个，司法所 4 个，启动了“148”法律服务专线，并专门抽调素质高、能力强的律师负责服务专线，部分村屯设立了法律服务信箱。至 2000 年，有 32 家乡镇政府企业聘请法律工作者担当法律顾问。

2001—2005 年，全区共调解各类纠纷 1 419 件，解答法律咨询 2 942 人次，代写法律文书 576 份，为30家乡镇政府企业担当法律顾问，为当事人挽回经济损失416.5万元。2002年，全区对基层司法所进行了规范化建设，把原15个乡镇街道司法调解中心统一规范为人民调解委员会，并统一了规划图版及各类薄册、刻制制作了印章标志牌。2004年，区司法局贯彻落实全国人民调解工作会议精神，区委、区政府下发《爱辉区人民法院、爱辉区司法局关于进一步加强新时期人民调解工作的实施意见》，组织调解员现场观摩庭内审理和庭内调解，组织各种类型培训10余次，下发法律知识答卷600多份，受训面达100%，建立了纠纷登记、矛盾排查八项工作制度，统一使用省厅制作的调解文书卷宗。

至2005年，全区有11个乡镇司法所、88个村级调委会、12个社区调委会。幸福乡、爱辉镇、西岗子镇先后投入21.6万元建成标准化司法所，其中幸福乡、西岗子镇司法所已达到省级标准化司法所，乡镇司法所均有独立的办公场所，村级调委会中有48个与村委会合一的办公室，社区调委会均有社区合一的办公室。

第五节　律师　公证

一、律　　师

1984—1991年，黑河市律师所共代理各类案件1 603件，接待法律咨询2 633人次，为10家单位担任法律顾问，为聘请单位办理经济法律事务200件，代写法律文书1 143份，避免经济损失186.7万元，承办非诉讼法律案件207件。

1992年后，黑河市逐步开放搞活，律师工作社会效益及经济效益愈加明显。1992—1998年，共承办刑事、民事、经济、行政案件1 126件，承办非诉讼案件409件，解答法律咨询1 265人次，法律援助2件，业务收费176.7万元。1999年，共承办各类案件256件，为24家单位担当法律顾问，代写法律文书25份，收费19.5万元，法律援助6件。

2000年，清平、明鉴律师事务所全面推行公示制、承诺制，主动到企事业单位开展法律服务，当年为企业提供司法建议100余条，为企业和当事人挽回经济损失500余万元，解答法律咨询540人次，代理各类案件50件，代写文书44件，办理法律援助案件5件，为26家单位担当法律顾问，业务收费19.9万元，完成省级调研文章1篇，市级调研文章5篇。

2001—2005年，共代理各类案件1 775件，为33家单位担当法律顾问，代写法律文书160件，解答法律咨询1 650人次，办理法律援助案件16件，为企业提供司法建议100多条，实现业务收费120.96万元。

二、公　　证

1983年，黑河市公证处成立。1984—1995年，共办理国内外各类公证3 474件，避免经济损失500万元，收费9万余元。随着改革开放的深入，公民办理公证数逐步增多，1994年猛增至1 000件，收费2万元；1995年接待群众来访达1.5万人次。1996年，公证工作严把办证质量关，当年拒办不符合公证条件的民事公证32件，经济公证73件，避免经济损失1 004万元。1997年办证337件，收费2万元。1998年办证810件，收费1.8万元。1999年，深入各乡镇宣传公证工作，为农民提供法律咨询，当年办理各种公证事项801件，收费2万元。

2000年4月，爱辉区公证处业务及编制均上划到黑河市公证处，归黑河市司法局管理。2002年，黑河市公证处在爱辉镇司法所设立黑河市公证处爱辉协办公证室。

第六节　安置帮教

爱辉区司法局从1990年开展“两劳”工作，1990—1991年，共有回归释解人员419人。1994年，司法局设立劳改劳教股(“两劳”工作站)，1996年在全区4个街道、13个乡镇建立了“两劳”工作分站。区司法局对基层“两劳”组织多次进行全员培训。基层“两劳”组织工作人员热情为回归释解人员服务，主动带领释解人员办理减免税等事项，与回归人员的原单位协商，落实安置措施，定期回访；为释解人员办理落户口、办三轮车牌照、解决住房、最低生活保障等实际生活困难。1998年，爱辉区综治办刑事解教人员安置帮教工作委员会成立，各“两劳”工作分站实行挂牌服务。2003年，爱辉区“两劳”工作站对回归社会的释解人员档案实行微机化管理。

2000—2005年，回归释解人员共计213人。“两劳”工作站坚持“以人为本、因人制宜、社会扶持、各界重视”的原则，对有经济基础的回归人员鼓励扶持办经济实体，5年间释解人员创办实体有10多家，经营项目有饭店、商店、加工厂等；对“三无”回归人员落实最低生活保障金，5年间为36人办理了低保；利用“两劳”工作站的社会职能，帮助释解人员解决了落户、养老等实际困难，区“两劳”工作站为3年未能落上户口的“三无”回归人员办理了落户手续；张地营子“两劳”分站带领青年志愿者为体弱多病的释解人员维修了破旧的住房；花园街“两劳”分站把年老体弱无家可归的回归人员送到养老院。

第七节　法律援助

爱辉区法律援助中心负责为经济困难群体和特殊案件当事人提供法律服务。1999—2002年，法援中心共受理法律援助申请76件，决定给予法律援助35件，义务解答各类咨询210人次。2003—2005年，法援中心共受理法律援助申请201件，决定给予法律援助96件，其中民事法律援助28件，刑事法律援助59件，其他案件9件；义务解答法律咨询400人次。法援中心主动与区信访办联系，将每月2次的“律师参与区主要领导信访接待日”工作全部由法援中心律师承担，在向领导提供司法意见的同时也为群众提供了法律援助，收到了良好效果。

第六章　军　　事

第一节　机　　构

一、中共爱辉区人民武装委员会

爱辉区人民武装委员会(简称武委会)是爱辉区武装工作的权力机关，主任由区委书记兼任，副主任由区长及区武装部部长、政委兼任。主要任务是贯彻落实中共中央、国务院、中央军委有关国防后备力量建设各项方针政策，并根据本区实际制定实施方案，根据区委、区政府和上级军事机关指示，决策人民武装建设重大问题；组织制定战时动员计划和战时动员兵力、物力、财力有关工作；协调政府有关部门审批乡、镇人民武装部的机构设置，人员编制、审计年度征兵、退伍、安置等有关政策性问题。

二、爱辉区(黑河市)人民武装部

1983 年 6 月,随着爱辉县与黑河市的合并,上级机关撤销了爱辉县人民武装部,其人员合并到黑河市人武部。1986 年 5 月,按照党中央、中央军委“县(市、区)人武部由军队改归地方建制,机构由正团改为副县级”的指示,黑河市人武部由军队改归地方建制,级别由正团级改为副县级。1993 年经国务院批准,黑河地区撤地建市(地级)、黑河市撤市建区(县级),黑河市人民武装部改为黑河市爱辉区人民武装部。1996 年 4 月,为适应新形势需要,人武部由地方序列收归军队建制,机构由副县级改为正团级。

1983—2005 年爱辉区(黑河市)武装部历任领导更迭表

表 18－15

职　务	姓　名	任职时间
部　长	郭振远	1981.3—1985.3
	谷凤鸣	1985.3—1986.4
	李凤桐	1986.5—1992.7
	李春福	1992.7—1996.4
	李文涛	1996.4—2004.2
	麻德林	2004.2—
政委	阳伟照	1981.3—1984.3
	党书亮	1984.3—1986.5
	贾振国	1986.5—1989.8
	李春福	1989.8—1992.7
	侯鸿翔	1992.7—1999.1
	顾国仲	1999.1—2005.1
	齐树功	2005.2—

1986 年以前,人民武装部第一政委由地方党委书记兼任。从 1986 年开始,由地方党委书记兼人民武装部党委书记,1996 年 4 月改称第一书记。

1983—2005 年地方党委领导兼任武装部第一政委、党委书记一览表

表 18－16

地方职务	武装部职务	姓　名	任职时间
市委书记	第一政委	张贵生	1983.1—1985.1
市委书记	第一政委	王怀仁	1985.6—1986.3
市委书记	党委书记	刘振国	1986.5—1989.5
市委书记	党委书记	李秉德	1989.5—1990.4

续表 18－16

地方职务	武装部职务	姓　名	任职时间
市委书记	党委书记	张文树	1990.5—1993.1
区委书记	党委书记	战佩山	1993.1—1996.4
区委书记	第一书记	战佩山	1996.4—1997.1
区委书记	第一书记	赵洪生	1997.1—1999.1
区委书记	第一书记	胡东胜	1999.1—2003.4
区委书记	第一书记	李洪祥	2004.2—

三、基层武装部

基层武装部是设立在乡镇、街道、企事业单位负责武装工作和兵役工作的部门，受区人武部和所在单位党委双重领导。到2005年底，全区共有基层武装部34个，配专、兼职武装干部36人。

第二节　驻　　军

至2005年，爱辉区辖境驻军有黑河军分区、中国人民解放军65935部队和65951部队；驻武警部队有黑河市森警支队爱辉大队、黑河市消防支队爱辉大队、黑河边防公安支队爱辉大队等。

第三节　民兵工作

一、民兵组织

1981年，爱辉县和黑河市按照军分区布署，对民兵组织进行较大调整。一是缩小范围，除了党政机关、大专院校、科研单位和街道不建民兵组织外，对一些高度分散、人员较少和组建不够30人基干民兵排的单位，不赋予组建任务；二是简化层次，由原来的普通、基干、武装基干民兵三种组织形式，改为普通和基干民兵两种形式；三是压缩年龄，男民兵由原来年满16周岁到45周岁改为18至35周岁，其中基干民兵为年满18至28周岁。1986年民兵整组，农村以乡镇编为基干民兵连，村编基干民兵排。

1995年，根据省军区、军分区指示，爱辉区人武部在第二热电厂、铁路局、市直武装部组建民兵应急分队连，在沿江乡镇组建了6个应急分队排，担负维护地方正常秩序应付突发事件的任务。1998年，爱辉区人武部在城区组建了民兵应急分队营，下辖3个连。同年，根据上级关于抓好专业技术对口分队工作的指示，爱辉区分别在港务局组建了水上运输连、船舶修理连，在交通局组建了工程抢修连，在民航组建了航空保障连，在师范专科学校组建了2个住处翻译连，在广电局组建了电子对抗连。1999年在西岗子镇组建了12·7高射机枪连。

自80年代以来，全区基干民兵相继进行了多次调整改革，至2005年，全区基干民兵、普通民兵人数相应缩减，基本上适应了现代战争需要。

二、民兵军事训练

对民兵实施军事训练，提高民兵军事素质是增强民兵战斗力的重要手段，也是培养储备强大后备兵员的重要途径。爱辉区的民兵军事训练在上级军事机关指导帮助下，不断发展，由简单的军事常识教育发展到比较正规的技术战术训练，由单一的步枪、手枪训练发展到多种技术兵训练，逐步走向正规化、制度化、规范化的轨道。

2000 年以来，在全区各沿江乡镇编有民兵应急排，在城区编有 1 个应急分队连，主要进行共同科目、边防勤务、动员演练等内容。2 年为一个周期，训练时，沿江乡镇各应急分队排针对边防特点，主要采取到边防连队驻营训练，同部队指战员同吃、同住、同训练、同执勤，达到了统一作息时间、统一训练科目、统一考核制度，统一评比验收。重点训练边防勤务，如观察、巡逻、潜伏、搜捕、追踪等，提高了民兵边防执勤能力。城区主要采取由基层单位组织，人武部派教员指导训练的方式进行，有效的提高了应急分队应付突发事件的能力。

2003 年 8 月，黑河市城市民兵改革现场观摩会在爱辉区召开，市委副书记韩伟，市军分区领导参加了会议，会上区人武部部长李文涛汇报了爱辉区城市民兵改革情况；会后市第二热电厂民兵应急分队专门进行了汇报表演。此后，根据民兵组织改革要求，爱辉区建立了民兵“三队一网”（民兵应急分队、专业对口分队、专业技术分队和民兵信息网），每年分批分期进行全员训练。2000—2005 年，全区共训练基干民兵 2 480 人次。

三、民兵训练基地建设

民兵训练基地始建于 1980 年，面积 427 平方米，并建有教室和食堂。1992 年，人武部拟与其他单位共同进行房地产开发，变办公室为办公楼，将办公室和民兵训练基地拆除，搬至中大公司七楼，由于经济滑坡，办公楼未盖成。1996 年，黑河市委为爱辉区人武部解决二层楼办公室 1 处，由于面积少没有民兵训练基地，爱辉区政府在爱辉区农机校二楼划出 6 个房间作为爱辉区人武部民兵训练基地，至 2005 年未有变化。20 世纪 80 年代武装部在稗子沟建设了 1 处石砌靶沟、可进行 300 米距离射击的靶场。1996 年军分区对该靶场重新进行修建，使其更加规范标准。

第四节　预　备　役

1980 年 8 月 25 日，国务院、中央军委转发总参谋部《关于退伍军人预备役登记统计暂行规定》后，爱辉县根据军分区的部署，进行退伍军人预备役登记统计工作。进入 90 年代，为了适应国内国际形势需要，根据中共中央关于服从国家经济建设大局，适应国内国际形势需要和“控制数量，提高质量，抓好重点，打好基础”的新时期民兵预备役工作的指导思想，黑河市人武部于 1992 年 1 月开始对转业军官进行预备役登记统计。

第五节　征 兵 工 作

一、组织机构

按兵役法规定，爱辉区每年的征兵任务由上级以命令形式下达，由区人民武装部负责实施征集。每届征兵，区政府和武装部组成征兵领导机构，由武装部负责征兵的业务领导，制定征兵实施方案，组织体检等项工作，区政府抽调公安局、教育局、卫生局等有关部门人员参与征兵工作。由区政府主要领导任征兵办公室主任，武装部首长任副主任。

二、征兵程序

爱辉区（黑河市）征兵工作大致分为四个步骤：(1)组织准备；(2)宣传报名；(3)目测体检；(4)审批送兵。

三、兵役制度（义务制）

1990 年征兵时根据公安部，中国人民解放军总参谋部、总政治部有关文件精神，对征兵政策在 6 个方面作出新规定。一是文化程度；二是城乡征集比例明确，规定征集城镇非农业户口青年不得超过征集任务数的 25%；三是对边防、海岛军队干部子女和烈士子女参军给予照顾；四是更加严格新兵政审条件，对信教、入教青年及纹身和国外、境外关系青年的征集，要求从严掌握；五是把性病、艾滋病列入了征兵体检项目，视力检查全部使用国际《标准对数视力表》；六是改进部分征兵表格。

在 1998 年 12 月 29 日九届全国人大常务委员会通过修改的《中华人民共和国兵役法》中，义务兵服役期限为二年。规定中华人民共和国实行义务兵与志愿兵相结合、民兵与预备役相结合的兵役制度，体现了中国兵役特色，适应了新时期军队建设发展需要。

2000—2005 年，爱辉区大批优秀青年积极踊跃参军。

第六节　拥政爱民

1983 年以来，黑河市人武部紧紧围绕“强边固防、兴边强区”的总体目标，不断加大对双拥工作的组织领导力度，全社会形成了“人人关心双拥、人人参与双拥”的良好氛围。充分利用部队的有利条件，动员和组织各方面的力量，主动为地方政府和人民群众办实事，做好事，用实际行动为地方经济的发展做贡献。

2000—2005 年，爱辉区人武部按照《黑河市拥军优属、拥政爱民工作“十五”规划》和“同呼吸、共命运、心连心”的总体要求，牢固树立“地方的困难就是部队的困难、地方的难处就是官兵的难处”的思想，积极帮助地方政府和群众解决实际问题。在支援地方经济建设、植树造林、扑救山火、抗旱救灾、扶贫帮困、捐资助学和处置突发事件等方面，做到当先锋、打头阵，发挥了突击队的作用。共出动民兵近上万人次，支援和参加地方经济建设和公益项目 1 130 多个。特别是教育和引导广大民兵立足岗位做贡献，积极支持企业改革，带头进行农村经济结构调整，带头发展第三产业，用实实在在的行动，促进地方经济发展。在精神文明建设中，爱辉区人武部以思想道德建设和文化建设为主要内容，以提高城乡群众文明素质为目的，采取联系一个乡村、一所学校、一户企业、帮助机关搞好军训等不同形式，在驻地群众特别是民兵和中小学生中广泛开展国防教育，增强国防意识。开展了爱国主义教育，强化爱国就要爱军的意识，把部队的光荣传统和优良作风传送给广大群众，用人民军队的良好精神风貌推动文明城市、文明村镇、文明行业创建活动的开展。截至 2005 年，已在全区范围内建立共建对子 283 个，共建双方经常开展活动，每逢春节、中秋节、“八一”建军节等传统节日及纪念日来临，各共建单位都开展联谊联欢活动，并深入贫困地区进行走访慰问。把帮助优抚对象“致富奔小康”作为拥政爱民工作的重要内容，努力做到为优抚对象献一份爱心。通过深入走访调查，确定了 90 户重点优抚对象。在市民政部门的帮助下，在市区范围内建立帮扶对子，落实了帮扶单位和帮扶个人。人武部领导与区委、区政府及各帮扶单位通过采取政策上倾斜、经济上资助、技术上指导、信息上服务、生活上关心等措施，积极为优抚对象找门路、上项目、搞服务，努力改善其生活条件，解决生产、生活中遇到的具体问题，把“光荣之家”早日变成“小康之家”。经过几年的帮扶，90 户重点帮扶户全部实现了脱贫，脱贫面达到了 100%；有 51 户生活达到了小康水平，占帮扶总数的 57%。协调 160 多名驻地军官兵担任学校的校外辅导员和法制副校长，涌现了百名优秀校外辅导员，90% 的人立功或受到嘉奖。黑河市逸夫小学与驻军 65951 部队共同创建“水兵少年军校”，自建立以来先后有近千名学生接受过集训，对于增强学生的国防观念、树立良好的道德和行为习惯，起到了重要作用。

黑河市爱辉区志（1983—2005）

◎第十九篇　精神文明建设

第十九篇　精神文明建设

20世纪80年代初，黑河市开展了“五讲四美、三热爱”（讲文明、讲礼貌、讲卫生、讲秩序、讲道德；心灵美、语言美、环境美、行为美；热爱祖国、热爱社会主义、热爱中国共产党）活动，收到良好成效。1996年《中共中央关于加强社会主义精神文明建设若干重要问题的决议》发布后，按照上级部署，爱辉区广泛持续地开展了“三大创建”〔创建文明城（镇）、创建文明村、创建文明单位〕活动，说文明话、办文明事、做文明人“讲文明，树新风”活动，农村“十星级文明户”创建活动，军警民共建共育活动等群众性精神文明创建活动，提高了全区干部群众文明程度，改善了全区城乡环境，为全区改革、发展、稳定提供了有力的智力支持、精神动力和思想保证，为创建和谐社会发挥了重要作用。

第一章　文明建设活动

第一节　文明城（镇）建设

1986年，全省开展了16个城市100个县镇的文明城建设竞赛活动，黑河市被列为参赛单位。按照参赛要求，按照“人民城市人民建，人民城市人民管”的原则，黑河市专门成立了由四大班子主要领导和有关部门领导成员组成的精神文明建设委员会，下设办公室和文明城建设指挥部，市长担任总指挥；制定文明城建设实施方案，颁布《城市规划、交通管理、卫生管理》等规章制度；召开全市文明城建设动员大会，利用一切宣传工具广泛宣传文明城建设的重要意义，使广大干部群众自觉地投入到文明城建设活动中，形成党、政、军、民、学共建文明城的局面。全市从治理脏、乱、差，美化绿化城市入手，全面清理整顿公共文化娱乐场所秩序，对城市配套公用基础设施进行改造和完善。各行业各部门采取专群结合落实“门前三包”责任区、签订责任状、集中力量打歼灭战等办法，对城市卫生进行综合治理，使城市市容市貌有了很大改观，有力地推动了文明城镇建设。1986年，黑河市获得地级“公益事业建设先进集体”单项奖。1987年，在全省16个城市卫生检查评比中，黑河市荣获省卫生先进市称号。

1989年，在全市范围内开展了“三文明”（说文明话、办文明事、做文明人）口岸新闻杯竞赛活动。有40多个单位、系统近万名群众参加活动。1990年6月，经过评选，40个单位荣获“三文明”金杯奖，300人获奖章和荣誉证书，通过活动的开展，提高了人民群众的文明素质。

1990年末，“满意在黑河”争创“四个一流”（一流的服务、一流的优惠政策、一流的办事效率、一流的安定环境）竞赛活动拉开序幕。组委会经过多次检查、抽查，于1991年12月召开了“满意在黑河”总结表彰大会，评选出先进系统2个，先进单位20个。通过此项活动的开展，社会服务质量逐年提高，为黑河的繁荣和发展提供了良好的社会环境。在1989—1991年文明城镇评比活动中，黑河市连续三届被省委、省政府命名为文明城镇建设先进市。1992年被国家授予卫生先进城市。

1996—1998年，全区深入贯彻学习党的十四届六中全会做出的《关于加强社会主义精神文明建设若干重要问题的决议》（简称《决议》），各党委将贯彻学习《决议》作为加强思想道德教育的重点，利用不同形式进行贯彻落实。1996年，在城区开展了“一个理论”（邓小平理论）、“四个三”（三德、三观、三个主义、三大精神）的教育。采取分级分口调查和集中综合调查相结合的方式，在农村、城区的粮食、教育、林业、公安4个系统召开了160人参加的5个座谈会，对全区精神文明建设进行调查研究。形成了内容详实、论据充分的《关于爱辉区精神文明建设情况的调查报告》。制定了《爱辉区“九五”期间社会主义精神文明建设规划纲要》及《实施意见》的讨论稿，为全区精神文明建设工作提供了理论依据和行动指南。制定了《爱辉区村民公约》。转发了幸福乡小黑河村制定的《环境建设制度》和《文明村建设奖惩制度》，促进了农村精神文明建设活动的开展。当年，全区农村修路897 600延长米，铺砂石料2 660立方米，植路旁绿化树26 200株，清理边沟1 795 200延长米，新建及维修杖墙118 500延长米。9月，为迎接中共十四届六中全会的召开，区委、区政府在坤河达斡尔族满族乡新民村召开了全区精神文明建设及小城镇建设现场会。通过现场参观和6个典型单位经验介绍使与会人员形成共识，明确了今后创建目标，促进了全区精神文明建设的健康发展。1997年，在全区范围内开展了以“讲文明、树新风”，建设文明城市为宗旨的多种创建活动。成立了市民文明学校。评选出“五好家庭”7 891户，在4个街道均设有安全小区典型，小区的创建活动健康有序发展。在开展创建文明行业活动中，以“窗口”和“服务行业”为龙头，推行了优质服务的“承诺制”，办事公开的“公示制”，“让群众满意放心”系列活动。涌现出许多好典型。振兴粮库完善了服务措施，想群众之所想，急群众之所急，帮群众之所需，为交粮的农民准备桌椅、茶水及休息场所，无偿提供晾晒场地，向农民承诺不压价、不压级，不索要财物，不打白条，全天候为农民服务，受到农民群众的好评。元旦、春节期间，爱辉区举办了大秧歌、花灯、冰雕等活动，丰富了市民的文化生活，陶冶了情操。同年12月16日，省八届人大常委会第三十一次会议颁布了《黑龙江省人大常委会关于修改〈黑龙江省文明单位建设条例〉的决定》。该条例颁布后，爱辉区下发了学习贯彻《黑龙江省文明单位建设条例》的通知，组织学习《黑龙江省文明单位建设条例》知识答卷，收回答卷2 664份，涉及239个单位、村。截至1998年，爱辉区建成安全小区121个。爱辉区于1994年、1996年、1998年连续三届荣获省级文明城市建设先进区荣誉称号。

1999年初，市区开展了创建文明城活动。为落实黑河市提出的“亮起来、洁起来、绿起来”工程，在兴安街、花园街进行了工程试点，在居民楼道内安装了1 000多盏声控节能灯。结合创建活动，向市民广泛宣传了《市民行为规范八不准》（不准乱扔垃圾、乱泼污水，不准随地吐痰、便溺，不准在公共场所吸烟、喧哗，不准说粗话、脏话，不准在街头建筑物上乱涂写、乱张贴，不准损坏公共设施，不准践踏、攀折花草树木，不准噪音扰民）及《违反八不准处罚公告》。当年7月，区政府筹资20多万元兴建了由专业部门设计的绿化小区，受到市民赞扬。

2000年，制定了《爱辉区文明小区、文明社区管理实施方案》，继续开展讲文明树新风活动，重点开展倡导文明新风、共建美好家园活动，吸引和动员人民群众积极参与社区精神文明建设，努力提高社区文明素质和生活质量。开展了以创建文明社区为重点，进一步带动创建文明城活动，在兴安街进行了试点。兴安街利用各种纪念日，在社区开展义演活动，占领社区文化阵地，投入20万元修建了全民健身房、购买了健身器材。黑河电视台和黑河日报先后进行了报道，得到了市、区领导的高度评价，为文明社区的建设提供了宝贵经验。1997—2000年底，共创建文明小区18个。

2001年，中共中央颁发了《公民道德建设实施纲要》（简称《纲要》），爱辉区及时组织广大干部群众认真学习，各单位组织召开学习《纲要》座谈会，在中央街举办了万名市民签字共表心声活动。2002年，为进一步贯彻落实《公民道德建设实施纲要》，爱辉区下发通知并购买了《纲要》学习导读发至各单位；举办了全区“农行杯公民道德建设知识竞赛”，选出3名优秀选手参加全市“电力杯公民道德知识竞赛”；组织了文明建设知识答卷活动，收回答卷3 000多份，受教育面达95%；4月28日在“周末大舞台”举办了公民道德建设启动仪式，开展了“树新风、做文明人”万人签名活动；4个街道办事处分别在居民楼区开展“爱国守信、明礼诚信、团结友善、勤俭自强、敬业奉献”20字公民基本道德规范的宣传活动，增强了居民文明意识，规范了市民的文明言行；在市区中小学组建了公民道德建设小分队，在黑河市实验小学开展了“红领巾文明宣传台”，在黑河市第二小学、黑河市第六小学和黑河市第二中学开展了“小手拉大手、倡导文明新风、促文明言行”等活动。当年，以创建文明社区、改善市容市貌、规范街区秩序为重点，区文明办与市文明办共同在3个街道11个小区中确定了海关、市人大、保险公司等12幢居民楼区为试点，开展“千条楼道洁起来”活动，在居民楼内安装了声控灯，粉刷了楼道内墙壁，制作了《市民文明公约》《文明家庭公约》《楼道组织网络》悬挂在楼道内，得到了广大市民的认可。

2003年，以防御“非典”为重点，区文明办与宣传部、文体局及有关部门组成宣传组，通过发放宣传单、制作宣传板以及挂过街横幅等多种有效形式向广大城乡居民宣传科学的“非典”防治知识，居民掌握“非典”防治知识面达100%。

2004年，爱辉区广泛开展“千条楼道洁起来”活动。6月15日，黑河市在兴安街建安社区召开“千条楼道洁起来”现场会，总结了建安社区的工作经验，进行了观摩学习，推进了“千条楼道洁起来”活动的开展。当年，粉刷楼道458个；全区有3个社区建立了图书室，宏志社区的图书室藏书4 000余册，还配备了1台微机；社区文体活动逐步普及，建安社区投资4万元购置健身器材，重新铺装场地；宏志社区举办鲜花节，将居民家养花搬到室外进行展览和交流。为改善棚户区居住环境，在爱国卫生月活动中，组织25 000人次参加劳动，出动车辆6 700台次，清除垃圾、脏水积雪330处，在秋季环境卫生治理中，修整街道40条，清理场院23个，改变了以往“秋季堆积，春季清理”的陋习。

2005年，“千条楼道洁起来”活动成效显著。4月26日在邮政社区召开了全区“千条楼道洁起来”现场会，总结了工作经验，推动了工作深入开展。当年粉刷楼道358条。2003—2005年，累计治理的脏、差楼道达到楼道总数的80%；部分楼道喷绘了彩色图案，制作了图版，张贴了宣传画，摆放了鲜花，挂上了书法作品。

第二节　文明村建设

1983年，在第一个全民文明礼貌月活动的推动下，黑河市根据全国农村文明村镇建设座谈会议精神，开展了以中共十二大和十二届二中全会精神为指针，以共产主义思想教育为核心，以“六抓、六治、六变”（抓生产发展，治穷变富；抓思想道德、治旧变新；抓文化科学，治愚变智；抓社会秩序、治乱变安；抓环境建设，治脏变美；抓服务质量，治差变优）为主要内容的文明村建设活动，取得较为显著的成果。1984年，坤河乡坤河村被命名为黑河地区第一个省级文明村。

1986年9月，中共十二届六中全会通过《中共中央关于社会主义精神文明指导方针的决议》以后，黑河市文明村建设活动摆上了乡镇党委、政府重要的工作日程，与农业工作一同规划、一同部署、一同检查、一同落实，文明村建设工作步入了有组织、有领导、有计划的轨道。黑河市文明村建设工作在借鉴和吸收外地经验的同时，注重本地实际，以坤河村典型引路，推动了全市文明村创建。12月20日，黑河地委、行署下发《关于军警民共建边境文明村（镇）的意见》，确定了以“科教兴村、依法治村，文明建村”为文明村建设工作重点，各乡镇扎实开展了创建活动。全市采取了“三校一室”（乡办党校、农民科技学校、妇女家长学校，文化活动室）和各种学习班、讲演会、报告会、读书活动等多种形式，对广大农民进行“四有（有理想、有道德、有文化、有纪律）、五爱（爱祖国、爱人民、爱劳动、爱科学、爱社会主义）”教育，使农民改变了陈旧思想，胸怀大目标，增强了创建意识。少数民族乡村根据自己的特点，利用当地的自然资源优势，积极发展多种经营，兴办乡村企业。1990 年，坤河达斡尔族满族乡饲养奶牛 480 头，兰旗村户均 1.5 头；新生鄂伦春族乡人工培育木耳达 5.7 万段，户均 1 500 段；四嘉子乡小乌斯力满族村渔业稳步发展，每年为黑河市场提供万斤鲜鱼。西岗子镇盘肠沟村、坤河达斡尔族满族乡富拉尔基村，1987 年时人均收入不到 300 元，到 1990 年全部脱贫，人均收入超千元。通过“科教兴村、依法治村，文明建村”文明村建设活动的开展，促进了少数民族乡农、林、牧、企“四位一体”经济的发展。四嘉子乡小三嘉子村实行专业承包，建起了红小豆全粉厂、千头猪厂和贸易公司，初步形成了贸、工、农一体化的格局。被市委、市政府命名为市级文明村标兵。1992 年被命名为省级文明村。

1990 年 8 月，黑河市在坤河达斡尔族满族乡召开了全市文明村建设现场会，介绍了坤河村统一规划、因地制宜、房屋砖瓦化、院墙整齐的做法。1992 年，按照地区文明委的部署，借鉴嫩江农村综合教育的成功经验，在 10 个村开展了“十星级文明户”（即爱国爱党、科技致富、尊师重教、遵纪守法、移风易俗、优生优育、家和邻睦、勤俭持家、助人为乐、讲究卫生）评定挂牌试点工作。

1993 年 4 月，在爱辉镇召开了全区文明村建设会，推广了爱辉镇在文明村建设中领导重视、决心大、行动快、抓得实、效果好的做法和四嘉子乡依法治村的成功经验。会议表彰奖励了四嘉子乡、二站乡、爱辉镇、罕达汽镇 4 个乡镇为文明机关，对全区文明村建设工作起到了推动促进作用。1995 年，全区文明村建设工作以抓典型、以点带面开展环境建设。本着穷则穷办、富则富办、不能不办、办则办好的要求，下大气力，花真功夫抓环境建设，把改善村容村貌作为文明村建设的重点和突破口。在西岗子镇托力木村召开了全区文明村建设现场会，新民村、托力木村做了典型发言。通过现场会在全区范围内掀起了治理环境的高潮。幸福乡小黑河村 3 年投入 9.7 万元修路。上马厂乡组织各村书记、村长 40 余人，到坤河达斡尔族满族乡、爱辉镇现场参观学习。西峰山乡结合农业大检查召开了全乡文明村现场会。四嘉子乡到各村现场办公研究解决文明村建设中的问题。通过各种活动的开展，调动了全区干部群众创建文明村的积极性。1996 年，中共中央发布了《中共中央关于加强社会主义精神文明建设若干重要问题的决议》，爱辉区文明村建设工作以科技兴农、文化娱乐活动建设为重点迅速开展工作，在乡村两级定期办起科技知识培训班，建起文化活动室，成立了业余文艺演出队伍。坤河达斡尔族满族乡建起了 120 平方米全省唯一设在农村的省图书馆坤河分馆，有图书 6 000 余册。文化娱乐活动更加丰富多彩，鄂伦春族的赛马，达斡尔族的敖包会，爱辉镇“八一”军民篝火晚会，春节的大秧歌，农民自家办起的歌舞厅免费为村民服务，这些活动的开展，引导了文明村的健康发展。1997 年，为使评选“十星级文明户”活动深入持久的发展，重新修订了评比办法，全区评选出星级文明户 10 938 户，其中“十星户”5 231 户，分别占农村总户数的 79.82% 和星级户数的 47.82%。文明村的创建质量和整体档次逐年提高，精神文明建设的成绩与乡镇领导班子政绩考核挂钩，与评选先优模挂钩，与村干部工资奖金挂钩，体现了“两手抓，两手硬”文明建设方针。1998 年 3 月，随着《黑龙江省文明村镇建设管理办法》的实施，文明村建设步入了规范化、制度化轨道。全区文明村建设基本达到了路平、沟直、杖墙齐，有树、有花、街路洁，并做到了无乱堆放，彻底改变了乡村环境脏、乱、差的局面。1998 年，坤河达斡尔族满族乡被省委、省政府命名为省级村标兵，被国家建委授予村屯建设先进村。1998—1999 年，农民建砖瓦房的发展速度较快，全区农村砖房率达到 50%，沿江乡镇达到 85% 以上，沿江村全部开通了程控电话，安装了有线电视。通过文明村建设活动的开展，全区涌现出一大批先进典型，到 1999 年底，全区建成省级文明村 6 个（含标兵村 1 个）、市级文明村 23 个（含标兵村 15 个）、区级文明村 60 个（含标兵村 15 个）、市级文明乡镇标兵 4 个、区级文明乡镇 4 个（标兵 1 个）。

2000—2003 年，全区文明村建设工作深入贯彻落实《黑龙江省文明村镇管理办法》，围绕发展社会主义市场经济，实现农村“二次创业、富民强区”战略目标，引导农民讲文明、讲礼貌、讲信誉、见义勇为、助人为乐、移风易俗，逐步形成和谐的人际关系、良好的社会秩序和健康的社会风气。在环境建设方面，房、林、路、垛、沟、树建设都有新突破和新发展，每个乡镇创建出20%的示范村，着力抓了中央示范一条街建设。2002年，以环境建设为突破口，开展村容村貌治理活动，按照以点带面的思路，着重抓了文明示范村、示范路建设。

2004年，爱辉区提出在农村开展“花园农家”细胞工程创建活动，年初对创建活动进行具体安排部署，对各村内的路、杖墙、边沟及花草的种植做了详细安排。全区农村有50多条主要街道进行了美化绿化，4 800余户农民在墙外和庭院中种植了鲜花。全区评选出省级文明村6个、市级（标兵）30个、区级（标兵）27个。2005年8月，区文明办组织各乡镇党群书记、宣传委员到上马厂乡、张地营子乡进行参观学习；在爱辉镇召开了“花园农家”创建活动推进会。按照省、市文明办要求，爱辉区开展了“文明边境线”和“三线一园”建设活动，对沿江的村屯环境建设加大了工作力度。部分村屯主要街道配合公路建设，修建了白色路面，黑大、黑呼、黑逊公路沿线的村屯环境有了较大改观，爱辉公园建设完成并投入使用。2005年，爱辉镇被中央文明委命名为全国创建文明村镇工作先进村镇。

第三节　文明单位建设

1984年，黑河市贯彻落实中共中央关于开展“五讲四美、三热爱”活动意见和黑河行署召开的文明单位建设经验交流会精神；从实际出发，把为群众办实事、办好事、谋福利作为创建文明单位的根本宗旨；采取以上带下、以点带面，抓机关带系统、条块结合、齐抓共管的方式，在全市范围内开展创建文明单位活动。当年，黑河市实验小学获得省级文明单位称号。

1985年，遵照黑河行署的部署，黑河市各级党委政府把两个文明建设摆上日程，定期研究，统一部署，统一规划，统一检查评比，一起表彰奖励。制定了《黑河市文明单位建设的总体规划》和试行标准，在全市开展了文明单位建设活动。实施的具体做法是自上而下，坚持有形无形一起抓，有形的抓实，无形的抓深，规划落实，人员落实，时间落实，标准落实，措施落实。创建文明单位活动从党政机关到企事业单位、从街道到学校逐次开展起来，文明单位质量不断提高，文明系统不断增多。1986年，黑河市农机公司荣获省级文明单位。1988年，黑河饭店被省委省政府授予省级文明单位称号。

1990年，按照《黑龙江省文明单位建设暂行规定》的要求，黑河市文明办建立了一整套申报、检查、验收、审批、命名工作制度，文明单位建设步入规范化、法制化、制度化、科学化管理体系，涌现许多好的典型。黑河市友谊邨宾馆本着“旅客第一，服务第一、信誉第一”的原则，将争创一流服务作为宾馆的中心任务，对职工思想道德素质和业务素质常抓不懈，在宾馆拾金不昧的事屡见不鲜，好人好事层出不穷，经常收到表扬信，受到国内外宾客的一致好评。宾馆文明单位建设3年迈了三大步，1991年获得省级文明单位称号。1991年，根据省、地文明办的精神，在全市范围内以党委、系统为单位，开展了从业人员《职业道德规范》培训，采用分散学习、集中考试的办法，提高从业人员的道德素质，1993年，结业合格人员达到18 295人，占应培训人数的85%以上。1994年2月，《黑龙江省文明单位建设条例》（以下简称《条例》）颁布，爱辉区先后举办2期骨干培训班，培训180多人，《条例》的学习普及率达到80%以上，增强了依法创建意识，文明单位得以健康发展。

1995年9月22日，黑河市在中兴边贸基地召开了全区党委书记、宣传委员等人员参加的文明单位建设观摩现场会。参观了爱辉区法院、黑河市浸油厂、中兴边贸基地3个单位。爱辉区机关党委与典型单位在会上交流了经验，参观了文明单位档案建设规范化的做法。这些单位的主要经验是，领导重视，措施得力，较好地解决了一手软、一手硬的问题，取得了显著成果，为全区文明单位建设起到了典型示范作用。1997年，在全区范围内，举办了中共十四届六中全会精神和《黑龙江省文明单位建设条例》知识答卷活动。有239个单位(村)参加。加深了对中共十四届六中全会精神的理解,普遍提高了文明单位的创建意识和创建质量。1999年,黑河市实验小学、黑河市第二小学、黑河饭店、爱辉区法院、宋集屯水库5个单位被授予省级文明单位。被命名为市级文明单位标兵26个,市级文明单位42个,区级文明单位标兵104个,区级文明单位138个。

2000年,爱辉区认真贯彻落实《黑龙江省文明单位建设条例》,拓展文明单位"六大建设"(思想道德建设、科技文化建设、民主法制建设、公益事业建设、环境建设、经济—业务建设)内容。从软硬件两方面抓了文明单位创建。针对当时文明单位创建存在的"关门搞创建,重硬件轻软件"现象,采取了到先进单位现场观摩、经验介绍、组织培训等形式,增强创建意识,提高创建成果。2002年4月,组织全区各单位党群书记、宣传委员200余人,以会代训的形式,培训了创建文明单位的意义基本要求及文字档案的整理、分类、装订。区财政局、国税局、审计局、老干部局在文明单位创建过程中,文字档案内容丰富,分类规范。按"六大建设"的内容要求达到标准化、规范化,并组织参加创建的单位去参观学习,使创建文明单位的质量更加提高。2004年,是文明单位创建年(文明单位双年命名),组织开展了"真达标,常达标"活动,纠正一些单位"命名时重要,平时不重要"的错误做法,使"文明单位"称号名副其实。

2005年8月23日,召开了全区精神文明建设先进集体命名表彰大会,推动了创建工作不断晋档升级。截至2005年,全区有6个单位获得省级文明单位(标兵)称号,45个单位获得市(地)级文明单位(标兵)称号,39个单位获区级文明单位(标兵)称号。

第四节 军警民"共建共育"活动

1982年初,黑河市第四小学与驻军某部训练队结成共建对子,发挥各自的优势,把共建的重点放在培育"四有"(有理想、有道德、有文化、有纪律)新人上。1986年"八一"建军节前夕,在81687部队召开现场座谈会,部队由帮助地方搞环境建设单一形式,向思想教育、开展多种活动发展。部队与地方几个部门结成共建网络。黑河中学、黑河边防局、友谊宾馆3个单位已经把警民共建发展成警民联建。3个单位互相学习,互相促进,互通有无共同发展,为军警民共建活动开创了一个新局面。1988年,在全省共建共育经验交流会上,黑河中学被授予军警民共建先进集体。友谊宾馆的关月华、黑河中学的杜广军被黑河市授予军警民共建先进个人称号。

第四小学师生亲手缝制的鞋垫送到官兵的手中　1984年3月摄

1992年,在黑河市第四小学校召开了共建共育10周年大会,表彰了一批在共建共育工作中表现突出的单位和人员。1993年12月,黑河市第四小学成立了"少年水兵学校",使少先队员们有了学习锻炼的军营学校,建立健全了组织机构和规章制度,开展共建共育活动。黑河市第四小学十几年来始终把“四变、四不变”（领导变动，抓共建共育的责任不变；骨干变动，校外辅导的任务不变；共建共育工作的内容、时间有变，培养人的目标不变；工作环境条件有变，抓共建共育的信心不变）作为遵守的信条，在双方努力下，学校少先队多次被评为全国红旗大队，3 名学生参加了全国和省少代会。军方共派出校外辅导员 211 人，有 112 名辅导员光荣入党，60 人提干，90% 以上的人立功受奖。学校先后被评为省创建文明单位先进集体，省共建共育先进集体标兵，市级文明单位标兵，市军警民“五共”活动先进单位标兵，市拥军优属先进单位，市国防教育先进单位。训练队被评为共建共育先进集体标兵，市尊师重教先进单位和省军区学雷锋先进集体等荣誉称号。

第四小学水兵少年军校命名大会　1995 年 5 月摄

1995 年，爱辉区军警民“共建共育”活动，在黑河市第四小学、兴安街十四委的带动下，部队与地方普遍开展了共建活动，先后结成共建对子 58 对，部队官兵把黑河当成自己的家，把文明城建设作为部队官兵义不容辞的责任，与共建单位一同参战。当年全区 13 个乡镇的农村派出所与就近村结成共建对子。1998，全区军警民共建活动深入学习贯彻落实《黑龙江军警民共建共育工作暂行规定》和《关于在全区开展军警民“五共”活动的决定》，全区共建共育工作中，坚持从部队和地方两个文明建设实际出发，以发展地方生产力，提高部队战斗力为目的，全面深入地开展活动。

2000 年，区文明办对全区军警民共建共育工作进行了重新调查摸底，建立起注册登记制度，为全区 51 对共建对子进行了详细的登记。2004 年，在第四小学召开了军警民共建共育座谈会，第四小学介绍了几年来“水兵学校”的工作经验。

截至 2005 年底，全区有共建对子 73 对。共建共育活动更加规范化、制度化、经常化，共建成果更加显著；共建共育活动以增强军民团结、促进经济社会全面发展、提高部队的战斗力和地方单位发展生产力为根本目标，坚持“优势互补、资源共享、互惠互利、共建共育”的原则，互相提出各自的创建目标，围绕创建目标互相支持，共同促进活动深入开展。“八一”建军节来临之际，共建对子的军地双方用不同的形式开展庆祝活动，使共建共育工作更加扎实有效。

第五节　未成年人思想道德建设

2004 年，根据中央及省、市文明委的安排和部署，爱辉区成立未成年人思想道德建设领导小组，下发《关于加强和改进青少年思想道德教育工作的实施意见》，召开全区未成年人思想道德建设工作会议,形成了“区委全面抓,学校集中抓,社会辅助抓,家长重点抓”的工作思路。精心设计了学校教育、社区教育、家庭教育、环境教育、爱国主义教育等不同特点的教育形式。

2005年9月,区文明办组织中小学生开展“祖国在我心中”“先进文化伴我行”“做文明青少年”等主题教育活动。9月18日举行了成人宣誓仪式,共有500名年满18岁的中学生向国旗宣誓,激发了青年学生勿忘国耻、振兴中华的热情。爱辉区在学生中开展了“三个一”活动,要求学生每周清扫一次家庭所在的楼道,每天帮家长做一件小事,每周到室外拣一次白色垃圾,注重良好习惯养成。开展了“世纪对话”活动,组织老党员、老工人、老干部代表和学生家长深入中小学校,开展“世纪对话——忘年交大手牵小手”主题教育活动,三代人共同围绕加强和改进未成年人思想道德建设这个中心相互问答,进行面对面的平等的对话,实现了三代人心灵的沟通,收到较好的教育效果。全区参与未成年人教育的老同志近千人,经常参与的100多人,监督网吧守法经营,担任校外辅导员。为发挥家长思想道德教育第一人的作用,区文明办把家长培训班和家长会结合起来,邀请专家授课,培训家长4 300余人。

第六节　西部开发助学工程

从2002年起,中宣部、中央文明办、教育部开办了“西部开发助学工程”,对品学兼优、家庭困难、无力完成高中学业的初中应届毕业生和高中毕业生进行资助。在“西部开发助学工程”的组织推荐工作中,爱辉区按照“西部开发助学工程”的要求,成立了领导小组,确定专人负责此项工作。建立了“一把手”负总责的责任机制,完善了助学工程的组织实施、审批程序、管理监督等项工作的审核机制,坚持了在学校和当地新闻媒体上公示的社会监督机制。坚持“公平、公正、公开”和逐级申报制的原则,由区委宣传部、区教育局、区文明办领导带队组成考核组,深入到各学生家庭,逐一进行考核,真正做到把家庭贫困、品学兼优的高中毕业生送进大学校园。

截至2005年,经过严格考核,全区已有12名大学生和6名高中生被推荐为“西部开发助学工程”受助对象。

第二章　社会新风

第一节　雷锋精神

一、发挥余热

孙书权生于1932年,曾任爱辉区粮食局局长,家住爱辉区西兴街福龙社区十委七组,1995年退休。退休后的孙书权老人闲下来,就想让自己的晚年生活过的更有意义,于是有时间就对十委七组的环境卫生进行清理。夏天打扫公厕,冬天清刨公厕内的粪便,还对其他垃圾进行及时清理。孙书权老人就这样无论刮风下雨、不管严寒酷暑,不计较个人名利得失,忙碌在社区环卫一线,成为一名义务环卫工人。

二、照顾孤寡老人

刘九顺是爱辉区西兴街福龙社区十一委居民、退休工人。刘九顺、吴月芝夫妇10多年无微不至地照顾85岁的邻居吴秀芝老人,感人事迹被居民们传为佳话。吴秀芝老伴10年前去逝,留下吴秀芝

1个人生活。吴秀芝没有退休金，加上有哮喘、子宫下垂等疾病，走路直不起腰，年纪大，没有经济来源，生活十分贫困。邻居刘九顺和妻子吴月芝了解情况后，开始在生活上无微不至的帮助吴秀芝。帮吴秀芝买粮，买煤、劈柴，为吴秀芝送衣服送药，带其上医院看病等。2004年吴月芝帮助吴秀芝申请办理了最低生活保障金和廉租房补贴，缓解了吴秀芝生活上的困难。无论吴秀芝生活上的大小事，刘九顺夫妇都热心帮忙解决。刘九顺与吴月芝夫妇已年近70岁，有些事做起来力不从心，在这种情况下，吴月芝就让女儿来帮吴秀芝老人处理生活上的困难。吴秀芝老人与吴月芝没有血缘关系但相处得就像一家人。为帮老人修理电视，吴月芝连跑3趟修理部，才把电视修好。刘九顺夫妇的善举感动了很多人。

三、奉献爱心

40多年来，雷锋精神始终在黑河市第二小学不断地发扬光大。每逢3月5日毛泽东主席题词“向雷锋同志学习”纪念日这一天，全校同学都会把自己的零用钱捐到学校的“爱心基金”。在校领导和班主任的带领下，全校师生累计捐款3万余元，为400多名特困生发放了助学金，为贫困小伙伴解决了学习、生活中的实际困难。多年来，雷锋精神已经在少先队员的心里生根、发芽，每个班级都组织学雷锋做好事雏鹰假日小队，深入社区、街道、公共场所开展学雷锋活动。同学们来到抗美援朝老英雄的家里，送去贺卡、水果等慰问品；来到黑河市福利院，为老人带来欢歌笑语和水果、礼品，奉献出自己的一片爱心；来到家有病人的退休老教师和贫困生家，送去米面等生活用品。学校收到来自社区、街道、个人的表扬信上百封、感谢信50多封，感谢表扬学校培养出的好少年。

四、拾金不昧

20世纪90年代中期，黑河第五中学初一(三)班同学刘思迪，在当时的中央街(俄罗斯商品街)拾到1个钱包，内有人民币1 000多元，经过查验包内材料，发现失主的联系方式，在其家长的帮助下，将钱包完好地交还了失主。失主到学校表示感谢，校方才了解到这一情况。学校及时向《黑河日报》投稿，进行了宣传报道。

第二节　家庭美德

一、和谐家庭

爱辉区花园街博文社区十一委十组周富红家四代同堂，9口之家挤在不到60平方米的小平房里，老老少少相处融洽，兄弟姐妹团结一心，姑嫂之间亲如姐妹，生活虽然艰辛但从不抱怨，生活贫穷却能乐观面对，与家人与邻里和睦相处，其乐融融，幸福的生活着。好媳妇周富红已过60岁，几十年如一日孝敬婆婆，邻里皆知。2003年，婆婆张桂兰摔断了右腿，周富红无微不至地照料，四处求医求药给婆婆治腿。在老人卧床的半年时间里，周富宏洗洗涮涮，缝缝补补，给老人按摩腿，常常是深夜才能入睡，人瘦了一大圈。婆婆是小脚，不洗不舒服，周富红每天晚上给老人用热水烫脚洗脚，几十年如一日。周富红不但孝敬老人，对孙辈也关怀备至，每天凌晨5点钟起来给孙子做饭，伺候孙子上学。和谐家庭中成长起来的小辈们耳濡目染着前辈们的美德，“我将来也要和爷爷奶奶爸爸妈妈一样，孝敬祖奶奶。”小孙童的真语，道出全部孝亲理。

二、贤孝儿媳

1996年，泰来县的任丽娟与张地营子村22岁的盖祥冬结为夫妻，任丽娟十几年如一日勤恳操劳为家庭、孝敬公婆的事迹在张地营子村一直被人传诵。任丽娟的娘家还算富有，家里十几年前就住了砖房，但丈夫家比较贫穷，由于承包经营没有分到好地，低产低收结婚前一直有外债在身。分家后，盖祥冬分到万余元的外债，结婚又借了 1 万多元，刚成家，家里就有 2 万多元的外债，丈夫对丽娟很歉疚，丽娟表示穷不可怕，只要咱俩同心协力日子就会好起来的。2005 年，63 岁的公公因病去世，正值冬天，祥冬和弟弟都在外地打工，回不来，丽娟作为长儿媳在亲属的帮助下，发送了老人。婆母没有人照顾，她毫不犹豫的把婆婆接到自己家中。然后又把公公看病欠下的 2 万元外债独自承担下来，身边的亲人被感动的流下眼泪，村民们对丽娟赞不绝口。婆婆接到家里后，丽娟有什么活总是抢着干，地里的活一点也不让婆婆碰，婆媳俩抢着干家务活，相处得特别融洽。经过十几年的拼搏，凭着小两口勤劳能干，攒钱买了 80 多平方米的砖房。任丽娟坚忍不拔的意志、勇于承担责任、勤劳肯干的品质成为人们学习的榜样。

三、孝星模范

夏春燕是黑河市实验小学一名普通的人民教师，夏春燕明礼重孝、孝老爱亲，用柔弱的双肩担负起更多的家庭责任，用责任与坚忍，奉献着亲情与爱，做好家中顶梁之柱，被授予黑河市“孝星”模范称号。自从 2000 年婆婆患了脑溢血后，夏春燕就一直精心伺候婆婆，起初婆婆什么都不吃，不是把饭碗打翻在地，就是大骂不止。夏春燕讲一些开心的事让老人家听，哄着婆婆把饭吃下。有时婆婆故意把饭菜打翻，夏春燕就不声不响地收拾起烂碗碎盘，然后再重新给婆婆做。每天比家人提前 2 小时起床，做好饭后服侍婆婆起床，为婆婆换洗衣服和尿布，把饭一口一口地喂下去，收拾完毕才去上班。中午，她又要急忙赶回家为家人做饭，给婆婆喂饭、换洗尿布。到了晚上，给婆婆用药水洗脚。每天都要为婆婆喂药，端屎端尿。婆婆夜里离不开人，夏春燕和爱人轮班照顾，每夜夏春燕都要起来几次为婆婆按摩疼腿。后来，婆婆病情恶化，说话不清楚，咀嚼和吞咽功能也丧失了一部分，喂一顿饭至少需要 1 个半小时，夏春燕通常是一边喂着饭，一边讲解如何吞咽的要领，或做动作演示。为婆婆着想，夏春燕变着花样做容易消化、有营养又便于吞咽的饭菜，一口一口地喂老人吃。为给婆婆增加营养，买了榨汁机，把鱼、肉、菜等做成汁液，再熬成粥，用炸汁机给婆婆做果汁喝。在夏春燕细心照料下，婆婆没有被病痛吓倒，始终顽强地与病魔抗争，乐观地面对生活。

四、孝敬公婆

杜秀莹在爱辉区长海社区工作，爱人关利在山区乡镇担任党委书记，女儿读高中，家有患病多年的公公婆婆。杜秀莹和关利夫妇恩恩爱爱，相敬如宾，尊老爱幼，悉心经营着这个 5 口之家。20 年来杜秀莹精心侍奉着病卧多年的公公婆婆，多次被妇联组织评为“五好文明家庭”。1996 年，因单位解体，杜秀莹成了下岗工人，恰在这时，公公突发脑血栓住进了城里医院。当时，公公婆婆刚给小叔、小姑操办完婚事，已无力支付医药费，杜秀莹二话没说拿出积蓄为老人支付了医疗费并在病床前喂药喂饭，端屎倒尿。由于治疗及时，护理精心，2 个月后公公出院。杜秀莹看婆婆 1 个人照料因脑血栓后遗症而半身不遂的公公太辛苦，就把公公婆婆接到自己家中共同生活。为了让日子过得好一些，杜秀莹一边起早贪黑地料理公公婆婆的农活，一边上山采集山野菜、木耳、榛子等，还喂养 300 只鸡，副业收入让家里的日子过得很舒心。公公虽然言语不清，但脸上总是挂着感激的笑容。婆婆病了，杜秀莹买药、煎药，看着婆婆吃下药才放心。婆媳间有说不完的话，不是母女胜似母女。2002 年春节前，杜秀莹带着 2 位老人搬到黑河市里居住。搬进新居，杜秀莹把采光最好、最宽敞的房间给公公婆婆居住，在老人的房间安置了闭路电视。面对 2 个生活不能自理的病人，杜秀莹没有半句怨言和不耐烦。她用爱心与老人真诚相处。床前床后，笑脸相伴，象对待亲生父母一般。天热时，为公公婆婆擦身子、赶蚊子、陪聊天；天冷时，给公公婆婆添被子、加衣物。婆婆患有气管炎，几次浓痰堵在喉咙里十分危险，每次都是杜秀莹帮婆婆把痰吸出来。公公因年龄大消化不良，常常出现便秘，杜秀莹就熬些通便汤药。公公婆婆有病，有时脾气不好，但杜秀莹从不生气，笑呵呵地该做什么还做什么。每天晚上都要起来好几次照顾公公婆婆的大小便。杜秀莹自学了护理知识，每天定时给公公婆婆吃药、热敷、按摩，每周定时洗澡，体贴入微；公公婆婆的房间、衣服、被褥多年来一直干干净净、清清爽爽。在杜秀莹的精心照料下，2004 年公公婆婆都能下床活动了。街道领导了解了杜秀莹的事迹后都深受感动，为了增加其收入，把杜秀莹安排到社区工作。杜秀莹严格要求自己，干一行，爱一行，多次被社区评为先进工作者。每次下班回家，杜秀莹第一件事就是先进公公婆婆房间，侍弄干净后再做其他家务。在杜秀莹的关心和支持下，爱人关利全身心的投入工作，多次被评为“基层先进个人”和“优秀党委书记”等光荣称号。女儿读高中，学习刻苦，在学校一直是优秀团干部，知道妈妈很辛苦，很早就能做家务，给患病的爷爷、奶奶洗脚、捶背。大家相互尊重、相互信任，家庭充满着快乐。

第三节　城 市 新 风

一、义务献血

1996 年，黑河市开始推行无偿献血机制，在无偿献血方面走在了其他城市的前面。1998 年 10 月 1 日开始实施《中华人民共和国献血法》，从此，确定了以无偿献血保证临床用血的基本制度。爱辉区的一些先进分子开始接受“无偿献血”的理念并勇敢地付诸行动，组成了自愿无偿献血的队伍。10 年间全区共有 3 万余人次参加无偿献血，平均每年有数千人参与献血，全市区医疗临床用血量 100% 来自自愿无偿献血。

义务献血　　2000 年 5 月摄

黑河中心血站与黑河学院、黑河军分区、武警、森警、边防、消防、边检 7 家单位建成了无偿献血应急队伍，这支队伍发挥了良好的作用。其中黑河学院献血人数达 1 000 多人次，献血 30 多万毫升；多次在关键时刻伸出援手，有力保障了市区临床用血及人民生命安全。黑河学院从上到下热情参与义务献血并积极宣传献血，举办无偿献血专题讲座，宣传“献血有益健康，救人功德无量”的理念。在浩大的献血队伍中，有着许许多多的感人故事。主管血站的卫生局副局长詹宇伟已累计无偿献血 3 400 毫升；市中心血站采血车司机张国臣捐献全血 11 次，成分血 12 次，累计 12 800 毫升，是黑河市的首位无偿献血金奖获得者。稀有血型预备队员时晓兰接到血站通知后，毅然放下生意，拖着劳累的身体到血站献出了 400 毫升稀有的阴性血液，同时把自己的姐姐也介绍加入到稀有血型的献血队伍中。

为了宣传献血和吸纳广大市民献血，中心血站不定期把献血车开到中央街，此时会有群众上车献血或咨询，每次都有数十人经严格检验而献上爱心。每周四上午是中心血站定点献血日，仅仅半天时间就有 30 ~ 40 人前来献血。凡成功献血者，中心血站发给无偿献血者“无偿献血证”和纪念品。献血者按黑龙江献血条例规定享受以下待遇：自初次献血 30 日起，可凭本人居民身份证和“无偿献血证”按下列规定免费用血:5 年内,可享用献血量 3 倍的血量;5 年后,可享用献血量等量的血量;5 年内献血量累计满 600 毫升以上的,10 年内免费享用所需血量;5 年内献血量累计满 800 毫升以上的,15 年内免费享用所需血量;5 年内献血量累计满 1 000 毫升以上的,终身免费享用所需血量。无偿献血者的配偶或直系亲属临床需要用血时,可以享受与献血者献血量等量的免费用血。无偿献血者及配偶或直系亲属免费用血时,先交付用血费用,凭“无偿献血证”、用血结算单及有效身份证件到原采供血机构报销。无偿献血的高尚行为在爱辉区已得到全社会的广泛尊重并渐成风气,无偿献血的队伍正在不断扩大。

二、热心指路人

黑河这座边境旅游城市,不但以其独特秀丽的自然风光让来此的游客流连忘返,这里人们的热心也给外来人留下美好的印象。初来乍到者必是摸不着头脑,走在大街上就要问这问那,黑河人是有问必答,答而详明。在黑河市区,一些初次来的俄罗斯人会拿着名片问当地人:信誉饺子馆、伊甸园旅馆等等地方怎么走,如果碰上会讲俄语的当地人会很容易地交流,不会俄语的当地人也会不厌其烦地用手语比划着方向和方位,经常是送客人走过一个甚至几个街口再指明方位。使得俄罗斯旅游者一个劲地“斯巴细巴”(谢谢)。

三、共青团志愿者服务队

黑河市区有一支共青团志愿者服务队,始终发扬着“奉献、友爱、互助、进步”的志愿者精神,志愿者们换了一茬又一茬,可青年志愿者良好的风气却一天没丢下。志愿者带着浓厚的感情为福利院老人诚心诚意办实事、尽心竭力解难事,坚持不懈做好事;市福利院的老人们说,他(她)们就像自己的孩子一样。每年春秋两季志愿者来到市福利院,有的向老人嘘寒问暖,有的给卧床的老人端茶倒水,有的打扫卫生,有的给老人们表演精彩节目。卫生局团委的志愿者,用精湛的医术、高尚的医德,为老人们送医送药,传播科学知识和健康的生活方式;来自市职教中心团委的志愿者,给老人们洗头理发等等。志愿者的行动给市福利院的老人们带来了欢声笑语,也为自己留下了奉献后的快乐。

◎第二十篇　教育　科学技术

第二十篇　教育　科学技术

1983—2005年，爱辉区教育事业全面发展。幼儿园、中小学校办学条件逐年改善，基础教育教学改革全面开展，教学质量不断提升；少数民族教育和特殊教育得到国家相关政策的扶持，均有长足进步。到2005年，全区幼儿教育已建成省级示范园1所、区级一类园4所、二类园25所、三类园18所，初步形成了高、中、低档次与大、中、小规模相结合的格局。义务教育经过"六五"至"九五"期间的巩固、改革、调整、发展，"十五"期间全区累计投入基本建设资金4 508万元，新建校舍3.7万平方米；通过布局调整，全区11个乡镇有10个乡镇实现集中办学，中小学校从2001年的131所合并到2005年的23所；在校生共计17 319人，其中小学11 224人，初中6 095人；小学毕业生合格率98.2%，初中毕业生合格率提高到96.3%。区属高级中学虽然只有1所，但得到足够重视，教学环境和质量连年提高，得到社会认可。全区有教职工1 401人，专任教师1 318人；专任教师学历达标率分别为小学100%、初中97%、普通高中96%、职业高中89%。

全区科学技术事业不断发展，相继实施推广了星火计划、丰收计划、重大项目攻关计划、科技兴农(粮)计划、农业技术推广、科技示范园区、绿色农产品和山珍产品开发、北药开发等专项重点科研项目和科研成果；同时连续开展了"科普之冬"、科技大集、送科技下乡等多项科普活动，利用多种形式为农民开展科技培训和服务，现代科学知识和先进的实用技术在全区广大农村得到广泛宣传和落实。至2005年，全区有各级各类科技人员2 623人。其中，正高级专业技术职务资格36人，副高级443人，中级、初级2 144人；各行业科技成果研发工作得到足够重视并取得骄人业绩，在农业、农机、工业、畜牧、林业、卫生等战线共有45项科技成果分别获得市级(地区)一、二、三等奖；科学技术的全面进步和广泛普及，有力地促进了全区经济发展。

1983—2005年，爱辉区(黑河市)气象局相继开展了地面观测、农业气象观测、天气预报信息服务、农业气象服务、气候资料服务、人工影响天气、防灾减灾等服务。各种报文和数据从最初的手工处理发展到全部微机处理，并通过气象网络与省局、国家局相连。气象服务质量不断提高，科技防灾手段不断完善，为地方国民经济的发展做出了贡献。

第一章　教　育

第一节　机　构

1983年6月，爱辉县并入黑河市，市、县教育局(科)合并。内设机构9个，即秘书股、工农教育办、小教股、初教股、工会、党委办、招生办、人事股、计审股。1984年3月，进行机构改革。1985年机构改革结束,内设机构9个,设小教股、工会、招生办、党委办、计审股、人事股,原秘书股改为办公室,原工农教育办改为社会力量办学股,原初教股改为中教股;编制26个。1990年,黑河市教育局设立了教育督导机构。1991年,黑河市教育局更名为黑河市教育委员会,撤销成人教育二层机构。1996年,爱辉区机关机构改革,人员分流,4名党政领导分流到基层学校,小教股与中教股合并为基础教育股。2001年机构改革,将爱辉区教育委员会与区文体局合并后更名为爱辉区教育局。文体局为教育局的二层机构,单独行使相应职责。2005年经区编委批准设立基建股,批准文号为黑市爱区编字〔2005〕23号;内设机构6个,即办公室、基础教育股、人事股、审计股、职成教育股、基建股。内设机构领导职数8职,行政编制17个,工勤人员编制2个,科级领导职数为局长1职,副局长2职,纪检组长1职。所辖学校27所。其中,市区12所:黑河市爱辉区教师进修学校,黑河市爱辉区职业技术学校,黑河市第二中学,黑河市第五中学(含高中),黑河市实验小学,黑河市第二小学,黑河市第三小学,黑河市第四小学,黑河市第五小学,黑河市第六小学,黑河市幼儿园,黑河市爱辉区青少年活动中心;乡镇学校15所。

第二节　普通教育改革

一、农村教育体制改革

1984年12月,黑河市在四嘉子乡进行农村教育管理体制改革试点。1985年上半年完成了幸福、爱辉、西岗子、上马厂、张地营子、坤河等6个乡镇教育体制改革任务。各乡镇实行分级办学、分级负责、分级管理的新体制。同年,全市教育局办的12个乡镇中小学全部下放给乡镇管理。1987年省教委在黑河市召开了全省农村初中学制改革现场研讨会。1988年,进一步完善了农村教育管理体制,把乡镇中小学教育经费,人员管理权下放给乡镇。1997年选派城里小学优秀教师到山区学校支教。1999年,区教委出台了《爱辉区乡镇政府教育工作评优方案》。2002年,农村学校实行"以县为主"管理体制,出台了《爱辉区落实以县为主,区、乡、村职责划分意见》,实行以县为主,区、乡、村各负其责的管理体制,教师工资全部上划到区,校长选拨任用、教师管理权上收到区。农村中心校与中心小学合并为中心学校,行使原中心校职能。到2005年,爱辉区农村教育管理体制没有新的变化。

二、城市教育体制改革

1984年,地区教育局与市教育局工作组在黑河中学和实验小学进行了以校长负责制为核心的城市学校管理体制改革试点工作。同年,教育局与农牧渔业局创办了农业技术高中,结束了黑河市没有职业技术教育的历史。1986年开始,有计划地安排小学、初中由"六三"学制向"五四"学制过渡。1991年,教育局更名为教育委员会,撤销了成人教育二层机构,实行普教、职教、成教一体化管理体制。同年,在小学附设了特殊教育班,适龄残疾儿童就近入学,随班就读。1992年,改教育经费由国家统拨的办法为征收教育附加费和人民教育基金,鼓励企事业单位、机关团体、社会力量捐资助学,开辟勤工俭学等筹资途径。1993年,中小学学制过渡结束。1996年,在全区初中实行初二分流教育,对部分初二学生提前进行职业教育。1998年,改革了传统的中小学生学业成绩及操行评语的评定方法。2000年,改革教育系统人事制度,在公正、公平、公开的原则下,在社会上招聘音、体、美、英语、计算机教师,促进了人才的合理流动。2005年,市内中小学成立了社区教育委员会,动员社会力量参与学校管理,创造尊师重教的社会大环境。

三、规范化与特色学校建设

1989年,全省开展小学、初中规范化与有特色学校建设活动。黑河地区教育局下发《黑河地区规范化学校建设规划》《黑河地区办有特色学校工作条例》,黑河市教育局制定《黑河市小学(初中)规范化学校建设规划(1991—2000)》与《黑河市办有特色小学(初中)建设规划(1991—1995)》。1989年,全市普通初中13所,小学108所。当年建成合格小学13所。1990年,建成合格小学5所,合格初中3所。1991年,建成标准小学2所,合格小学10所,合格初中1所。1992年,建成合格小学5所,基本合格小学5所,基本合格初中2所。1994年,建成标准小学2所,合格小学41所,基本合格小学50所,合格初中7所,基本合格初中4所。1995年,建成标准小学3所,重点初中1所。截至1997年末,全市建成标准小学5所,占4.6%;合格小学40所,占37%;基本合格小学44所,占41%;基本合格以上小学89所,占82.9%。建成示范初中1所,占7.7%;合格初中8所,占61.5%;基本合格初中2所,占15.4%;基本合格以上初中11所,占84.6%;建成省标准幼儿园1所。经过3年建设,全区薄弱校上档率由1999年的88.1%上升到2000年的92.4%。各乡镇积极创办"双全"(全面贯彻教育方针、全面提高教育质量)学校,到2002年,幸福中学、西岗子中学、爱辉中学和张地营子中学通过市督导室评估验收,被批准为市级"双全"学校。2003年,实验小学在全市首批晋升为省级一类学校。2004—2005年,城乡14所中小学晋升为市级一类学校。2005年底,第五小学、第六小学晋升为省级一类学校。各学校在不断发展的过程中,逐步形成了自己的办学特色,张地营子中学的职业技术教育、实验小学和之路小学的俄语特色、第二小学的围棋、第三小学的书法、第四小学的军民共建活动、第六小学的冰上运动项目和新生中学的中草药种植等,都取得了显著成果。

第三节　幼儿教育

一、概　　况

1983年6月,黑河市少儿工作委员会成立,下设办公室。当年,市少儿工作委员会办公室参照《幼儿园工作条例》,制定《幼儿园岗位责任制》《托儿所、幼儿园保健制度》《幼儿守则》,在城区幼儿园贯彻实施。此后,幼儿教育不断壮大,走上健康发展的道路。据1983年统计,城区4~7岁幼儿6 458人,入园(班)4 968人(其中城内1 741人,农村3 227人),入园(班)率为76.93%;开办幼儿园112所,其中国家办2所、企业办15所、民办9所、生产队办86所;拥有保教人员447人,其中保育员214人(国家14人、机关44人、事业36人、企业92人、民办28人),幼儿教师221人(国家27人、机关11人、事业15人、企业43人、民办22人、生产队103人),保健人员12人(医生、护士3人,专兼职保健员9人)。1995年,幼儿园所发展为158所,幼儿教师229人,4~6周岁幼儿入园率92.8%。"六五"至"九五"期间,政府在教育事业发展规划中把发展幼儿教育工作放在重要位置,采取切实可行的措施,推进幼儿教育事业全面发展。经过4个五年计划的发展,全区幼儿教育逐步普及,教育成果不断提高。到1999年,社会力量办幼儿教育发展迅速,全区开办幼儿园105所,其中城区60所,乡镇45所,除1所公办幼儿园外,其余均为社会力量办园。全区在园幼儿5 189人。城区幼儿入园率达85%以上,农村保证了学前一年教育,幼儿入园率达60%以上。全区在园幼师296人,专业达标率70%。到2005年,幼儿教育进一步发展,全区开办幼儿园106所,其中城区64所,乡镇42所,除1所公办幼儿园外,其余均为社会力量办园。全区在园幼儿4 900人。幼儿教育水平在城区实现了学前三年教育,幼儿入园率达95%以上,农村保证了学前二年教育,幼儿入园率达80%以上。全区在园幼师280人,专业达标率95%。

二、管　　理

1989年之前,黑河市幼儿教育由妇联部门主管。1989年国家颁布《幼儿园教程》和《幼儿园管理条例》后,幼儿教育由教育部门统一领导与管理。为加强对幼儿教育的领导与管理,1989年5月,市教育局在四嘉子乡召开全市幼儿教育现场会,推广四嘉子村幼儿园、小乌斯力村幼儿园的管理经验。

1990 年，黑河市教育局、卫生局、财政局联合对市内幼儿园（所）、学前班进行检查，实施按质划类，按类收费的管理措施，强化幼儿教育管理，促进了幼儿教育事业的发展。1997 年，区教育委员会（以下简称“教委”）对全区城乡幼儿园（所）、学前班进行调研与检查指导，对已办幼儿园（班）重新划类，对开班、办班和教育管理等工作提出具体要求。同年 3 月，区教委对全区 70 所学前班与幼儿园进行检查评估，实行量化打分，对 4～7 周岁幼儿登记造册，建档立卡。各幼儿园提出了“一切为了孩子，为了一切孩子”的口号。实行“六条承诺”与“八条服务措施”，幼儿教育管理更加规范。1998 年，要求教师必须持“双证”（幼师毕业证和幼师资格证）上岗。1999 年，下发《关于对城区幼儿园进行检查评估的通知》。分春秋两季，对城区内所有幼儿园进行评估检查。2001 年开始对幼儿园实行挂牌公示制。在评估中采取灵活机动的管理模式，对于办学条件改善较快的幼儿园，经过检查评估，予以升级；相反，对于办学条件不改善，环境差的幼儿园则降级降类，待其管理整治后经过评估重新定类。促使个体幼儿园积极创造条件，提高办园水平。到 2005 年，城区已建成省级示范园 1 所，区级一类园 3 所、二类园 19 所、三类园 20 所。2005 年，成立爱辉区幼儿教育协会，开展“手拉手共创规范幼儿园”活动，有效杜绝了幼儿教育小学化的倾向。

三、教学与科研

幼儿园教学一般开设数学、语言、常识、音乐、美术、体育六门课程，以游戏为主要活动形式，融教育于活动之中，培养幼儿运用音乐、舞蹈、绘画、手工、故事、儿歌等各种手法，表达自己对周围事物的认识和情感。1986 年，全市幼儿教学使用省编六科幼儿教材，黑河市积极开展教研活动，举办教材辅导班，发放“幼儿游戏方法”资料和玩具制作图板，进行幼儿教育操作实践，扭转了幼儿教育小学化倾向。之后，在幼儿园、学前班进行了培养幼儿个性、特长的教学改革尝试。第四小学学前班开设了音乐、美术、体育（武术）、思维、语言训练、生活常识、儿童英语等课程，对幼儿进行综合能力开发实验。整个教学活动在游戏中进行，达到寓教于乐的目的，培养了幼儿的基本技能和良好的生活习惯。

1989 年，黑河市开展了“幼儿观察能力的培养”“幼儿自尊心的培养”“离异家庭对子女的影响及教育”“高寒地带儿童营养研究”等科研项目，取得预期效果。1999 年，市幼儿园参加省教育学会组织的“幼儿右脑开发”实验，取得阶段性成果。

2001 年，《幼儿园教育指导纲要》（以下简称《纲要》）颁布实施，全区幼教系统加强对《纲要》的学习与宣传，对幼儿教师进行基本功考试及新课改培训。2002 年，黑河市幼儿园参加课改论坛 14 人。2003 年，黑河市幼儿园 1 人参加省电教综合赛课获二等奖。2004 年，全区 13 名幼儿教师参加黑河市举办的新《纲要》教育活动展示，其中 1 人获特等奖、2 人获一等奖、10 人获二等奖，教师进修学校获组织奖。同年 7 月，1 名教师参加全省新《纲要》活动展示，获一等奖。9 月，爱辉区举办贯彻新《纲要》活动展示，4 所幼儿园 8 人参加展示，评出一等奖 4 人，二等奖 4 人，36 名教师参加听课，15 人进行评课、议课。2005 年 10 月，参加黑河市组织的“师幼集体舞”比赛，5 所幼儿园 64 人参加，2 所幼儿园获一等奖，3 所幼儿园获二等奖，教师进修学校获组织奖；11 月，教师进修学校组织幼师举行主题辩论赛，4 所幼儿园 20 名教师参加比赛，评出一等奖 2 队，二等奖 2 队。当年送课下乡 2 次，10 人参加。教改促进了教研活动的开展，教改和教研提升了教学质量。

四、教师培训

1985 年以后，黑河市教育局每年举办幼师培训班，讲授《幼儿教育学》《幼儿心理学》及六科教材教学法。到 1990 年末，全市共有幼师 86 人，共举办 12 期培训班，培训幼儿教师 560 人。在幼儿教师理论水平和教学业务能力普遍提高的基础上，1991 年转向幼儿教师教学基本功训练。5 年中，先后举办了舞蹈、乐理、语法、美工、玩具制作等培训班，开展了全市幼儿教师最优课评选活动。组织教师分期分批到北京、上海等地参观，派青年教师到国家实验幼儿园顶岗实习。1998 年，全区共有幼师 280

人，举办2期"教师资格证"培训班，对无证幼师进行6个月集中培训，大部分幼师通过培训考试取得幼师资格。1999年，举办9期培训班，共培训267人，使幼师持证上岗率和幼师达标率均达96%以上；开办了幼儿园法人培训班。2000年5月，举办园长资格证书培训班，64名园长集中7天时间学习《幼儿园管理》《幼教政策》《幼儿园保育教育》等教材，通过培训提高了园长的理论水平。2001年，有幼师240人，开办"键盘、舞蹈、绘画"3个培训班。《纲要》实施后，2002年3月对40名园长进行了"参与式"培训。2003年4月，按照省教委"不培训，不上岗"的要求，于7月对全区170名教师进行了培训。2004年，实行"园长例会制"。2000—2005年，先后举办8期"幼师资格证"培训班，培训256人，培养骨干教师62人（市幼儿园22人、民办园40人）。

五、幼儿园建设

从第七个"五年"计划开始，幼儿园办园条件逐年改善。1989年，新建黑河市幼儿园大楼，面积2 700平方米。成立了少儿活动中心。1994年，黑河市教育幼儿园与春芽幼儿园合并，更名为黑河实验幼儿园，园区建筑面积4 670平方米，可供1 200名幼儿教学、饮食和开展活动。1995—1996年，黑河市幼儿园和黑河实验幼儿园先后被评为省级标准幼儿园。2001年，幼儿教育发展迅速，有省级示范园1所，区级一类园4所、二类园18所、三类园23所。2005年省级示范园1所，区级一类园4所、二类园25所、三类园18所，初步形成了高、中、低档次与大、中、小规模相互结合的良好格局。

随着环境的改善，幼儿卫生保健工作得到足够重视，各园从实际出发，逐年逐项落实幼儿保健措施。市幼儿园实施幼儿先体检、后入园制度，并建立健全了幼儿卫生保健档案管理制度、防病治病制度、幼儿安全制度和幼儿饮水进食制度、厨房卫生制度。以制度规范领导、教师、保育员的思想行为，规范各项管理工作，使幼儿卫生保健工作收到明显成效。

六、黑河市幼儿园简介

黑河市幼儿园　　2004年3月摄

黑河市幼儿园始建于1953年，原址位于海兰街西部，为爱辉县直属公办幼儿园。20世纪80年代以前，园内只有几间平房，5个教学班。1987年幼儿园迁址，由政府投资在王肃街17号新建园所，占地面积4 300平方米，建筑面积3 957平方米，各项设施均按省级示范性幼儿园标准配备。1997年，黑河市幼儿园被黑龙江省教育委员会认定为省级示范性幼儿园。幼儿园遵循"给幼儿健康快乐童年，为幼儿终身发展奠基"的办园理念，以一流的保教质量，为幼儿打造温馨家园、快乐学园、成长乐园。以培养幼儿"健康且活泼、文明能合作、聪颖善思考、自主能创造"为目标，促进幼儿、教师、幼儿园共同和谐发展。至2005年，先后获得省"以园为本教研制度建设基地园"、省贯彻"3～6岁儿童学习与发展指南"实验园、省学前教育科研科普先进单位、省级家园合作先进实验园、市学前教育研究基地、市优质园、市绿色幼儿园等荣誉。

2005年，幼儿园共有11个教学班，在册幼儿360人，幼儿教师51人；教师学历达标率100%，其中中学高级职称3人，小学高级职称18人，大专以上学历32人，省、市、区级骨干教师15人，市级教学能手12人。

第四节　义务教育

一、概　　况

1984年，黑河市教育局办城乡小学107所，在校生12 916人，学生入学率、巩固率、普及率、毕业率均达到普及初等教育的要求。普通中学15所，初中在校生7 817人，128个教学班，教学质量较低，初中毕业生及格率仅为51.7%。经过“六五”至“九五”期间的巩固、改革、调整、发展，“十五”期间全区累计投入基本建设资金4 508万元，新建校舍3.7万平方米。通过布局调整，爱辉区11个乡镇已有10个乡镇实现集中办学，全区中小学校从2001年的131所合并到2005年的23所。其中小学11所〔城区有实验小学(第一小学)、第二小学、第三小学、第四小学、第五小学、第六小学，乡镇有爱辉中心学校、西岗子中心学校、四嘉子中心学校、幸福中心学校、上马厂中心学校〕，普通初中6所(黑河市第二中学、幸福乡中学、西岗子镇中学、爱辉镇中学、四嘉子乡中学、上马厂乡中学)，九年一贯制学校6所(二站乡学校、新生鄂伦春民族乡学校、坤河乡民族学校、罕达汽镇学校、张地营子乡学校、西峰山乡学校)，完全中学1所(第五中学)。到2005年，全区中小学在校生共计17 319人，其中小学生11 224人，初中生6 095人。教育教学质量明显提高，小学毕业生合格率98.2%，初中毕业生合格率96.3%。

二、课　　程

1984年8月，黑河市中小学使用全国统编教材，小学开设语文、数学、思想品德、自然常识、农业常识、地理常识、历史常识、体育、美术、音乐等课程；初中开设政治、语文、数学、外语、历史、地理、物理、化学、动物、植物、生理、音乐、体育、美术等课程。1993年，省教委提出向“五四”学制过渡的基本要求，开始执行“五四”制课程计划。小学减少了自然常识、农业常识课程，增设了外语、物理、化学、生物等课程。2002年基础教育课程改革，小学设置综合课程，1～2年级设品德与生活课，3～6年级设品德与社会课、科学课。增设综合实践活动，包括信息技术教育、研究性学习、社区服务与社会实践及劳动与技术教育等。同时各校开设校本课。2004年5月，全市课程改革现场会在爱辉区召开，全区课程改革进一步向纵深发展。

三、教学与改革

1983年，黑河市教学改革开始起步，实验小学进行“注音识字、提前读写”省级语文教改实验。1984年，第二小学在低年级增加游戏课，在高年级增设智力课；实验小学取消期中考试，实行单元测验；第二中学初中语文课进行“六课型单元教学法”，将教材分成若干教学单元，每单元均按“自学课→启发课→复习课→作业课→改错课→小结课”六种前后紧密联系的课型进行教学。1985年，黑河市教育局下发《关于在中小学开展教学、教研、科研成果综合检查评比方案的通知》，奖励在教育改革中献计献策有功人员，评选教育教学改革能手15人。1987年，教学改革由单科、单项、局部改革转向综合、全面、整体改革，应用系统论、信息论、控制论指导教改实践，电化教学手段普遍被采用；探讨的课题集中在第一课堂与第二渠道的关系，开发智力与发展特长的途径。张地营子中心小学通过第二渠道培养了一支小学生文艺宣传队，在城乡演出，受到好评。1989年教改的主攻方向是减轻学生过重课业负担，积极克服片面追求升学率的倾向，逐步把升学教育转向素质教育。1990年，小学“注音识字，提前读写”语文教学在市内小学全面推开，由上年的17个班增加到32个班；在第四小学进行小学数学“三算”（口算、听算、视算）教改实验；开展魏书生教育思想与教学艺术研讨活动。1993 年，全区小学毕业生及格率为 88.7%，比上年提高 7.4%；初中毕业生及格率 70.5%，比上年提高 1%。1994 年，按照省下发的普及九年义务教育评估验收标准，初中、小学在校生道德行为规范合格率分别达到 97% 与 99%，小学毕业生全科合格率 97.9%，初中毕业生统考合格率 74.7%；达到“普九”（普及九年义务教育）要求的学校为小学 8 所、中学 8 所。1995 年，爱辉区先后 4 次接受省“两基”（基本实施九年义务教育、基本扫除青壮年文盲）、“实普”（中小学普及实验教学）标准小学和“双全”（全面贯彻教育方针、全面提高教育质量）学校的评估验收，均以高标准、优质量通过评估验收。实验小学被省教委、省语委确定为“注音识字，提前读写”教研中心。1996 年，强化小学自然课、活动课和中小学劳动技术课的常规教学，推广中学快速作文教学法，研究改进中小学生物、自然学科的实验教学；黑河市教委在爱辉区召开了小学活动课现场会。1997 年 1 月，区教委下发《爱辉区实施素质教育方案》。1998—2000 年，开展了素质教育研究，总结推广了素质教育经验。2002 年，爱辉区被省教育厅确立为省级课改实验区，义务教育阶段课程改革启动。爱辉区政府做出 5 年投入资金 100 万元的课改计划，迅速建立健全了课改工作领导机制、教师培训机制、教育科研机制、专项督导检查机制和评价机制。全区设立课改课题 133 项，做到全区校校有课题，教师人人参与课题研究。2005 年，通过课程改革，基础教育发生较大变化，先进的教育思想、鲜明的办学特色已初步形成。中小学课程结构、招生考试制度、教学模式及教学手段发生巨大变化。打破了单一的学科课程结构体系，构建起包括学科课程、活动课程、必修课和选修课并存的多样化结构体系，对中小学的一些学科进行整合，启动乡土教材，突出地方特色。取消了小学升学考试，实行小学毕业生就近对口直接升入初中。城区小学考试成绩取消百分制，实行“等级 + 特长 + 评语”的评价方式，在中小学使用素质教育评价手册，改革操行评语，用正面鼓励的评语激励学生进步。教学模式不断推陈出新，为课堂教学带来新的活力。

四、思想品德教育

1983—1985 年，在中小学以弘扬雷锋精神为主题，先后开展了“学雷锋、树新风、创三好”活动、“五讲四美”“三热爱”和文明礼貌月活动；全市中小学成立学雷锋送温暖小组 1 384 个，年平均做好事 5 000 余件，收到大量来自社会各界的表扬信。1985 年，以贯彻《黑河地区中小学政治工作安排意见》为重点，从教育局到基层学校层层建立德育领导机构，健全规章制度，更新教育内容，建立工作队伍，改革教育方法。改变了思想政治教育单一化、规格化、“一刀切”的现状。1986 年，在中学试行《黑龙江省中学生文明礼貌细则》，广泛开展争创文明学校活动。1987 年，教育党委对市内 12 所中小学校精神文明建设情况进行考核评比，7 所学校达到文明学校标准，其中，实验小学被命名为省级文明单位，第四小学被评为军民共建省级先进单位，第六小学被评为地级文明单位，第二小学少先队大队部被评为全国少先队工作优秀大队。从 1988 年开始，深入贯彻落实《中（小）学思想政治道德教育大纲》，突出爱国主义教育，在学校活动和教学领域加强“两史一情”（中国近代史、中国现代史，中国基本国情）教育，高扬爱国主义旋律。到 1992 年，全市德育基地发展到 25 处。城乡学校普遍开展了军训活动，第四小学与 65951 部队成立了少年水兵学校。1994 年，区教委对全区中小学德育工作进行全面检查，全区中小学生行为规范合格率分别达到 99.7% 与 99.9%。1995 年，区教委与区委宣传部在全区青少年中开展“爱我中华，做四有新人”大型读书活动。1996 年，继续突出爱国主义教育主旋律，在青少年中开展“弘扬爱国主义精神，读《诗话三字经》，争做小主人”知识与技能竞赛活动。2001 年《公民道德建设实施纲要》颁布，学校积极贯彻《纲要》精神，把《小学生守则》和《小学生日常行为规范》同《公民道德建设实施纲要》紧密结合起来，以“爱国守法，明礼诚信，团结友善，勤俭自强，尊老爱幼，吃苦耐劳，坚强奋发，刻苦学习”为内容，通过多种途径、多种形式开展系列教育活动，着力培养学生自律、守法、诚实、守信、谦虚、礼貌等良好品格。2002 年，加强法制教育力度，从各边防派出所聘请 30 名优秀干警分别担任城乡学校兼职法制副校长,负责协助、指导学校开展学校治安综合治理法制教育工作。中小学校德育工作初步形成管理规范化、内容系列化、方法科学化、途径多样化的新格局。2003 年,全区加强了师德教育工作,教育系统开展了"千名教师访万家"活动,教师放下电话走进学生家庭,随时与学生家庭保持沟通与联系,进一步密切了学校与家庭的合作。2004 年,开展了以"十佳师德标兵"事迹为主题的大型演讲会,全区 1 000 余名教师参加演讲会。2005 年,开展"青年教师红烛标兵"评选活动,评选出 10 名 35 岁以下优秀青年教师,极大地调动了广大青年教师爱岗敬业、无私奉献的工作积极性。第六小学获"黑龙江省德育工作教育先进学校"荣誉称号。

五、体育教育

1983 年开始,中小学体育课增加了国家体育运动委员会颁发的《体育锻炼标准》内容。1984 年,全市中小学体育达标率超过省规定的市内 60%、农村 40% 的指标。1983—1988 年,全市中小学各年级每周 2 节体育课,每天上早操或间操。1989 年,各学校加强体育课教学研究,试行男女分组教学,引进韵律操。室内体育课教学达标率为市内高中 90%、初中 85%、小学 98%,农村高中 80%、初中 75%、小学 60%。1991 年,开展"百万青少年上冰雪"活动。1993 年,全区中小学锻炼标准达标率中学为 92.3%,小学为 90%。

1994 年召开爱辉区首届中小学田径运动会,此后,每 2 年举办一届全区中小学田径运动会。1994—1995 年,全区中小学体育达标率分别为 95.54% 和 97.87%。1996 年体育达标率中学为 95.62%,小学为 98.40%。随着体育运动的开展,各中小学成立了运动队,开展田径、冰上、围棋等体育项目;每年春秋两季中小学校组织学生进行环城赛,每年举办一次田径运动会。

2004 年,区教育局为部分学校配备了体育教学器材,投入 7 万元购置了智能型《学生体质健康标准》检测器材。至 2005 年,全区有 80% 的学校体育器材达标,部分学校达到国家一类标准。全区有专职体育教师 48 人,为体育工作开展奠定了坚实基础。各学校实施《学生体质健康标准》,按照《标准》进行检测工作,将测试数据记录留档。扎实开展课间操活动,积极推动学校"体育乐园"建设,确保学生每天 1 小时的体育活动时间,为学生形成终身体育的良好意识与习惯奠定了基础。

六、卫生教育

市内各中小学配有专职校医或保健教师,负责学校日常卫生管理和学生卫生保健工作。校医室或卫生保健室备有常用医疗器材,满足日常开展工作需要。各学校开展经常性的近视、沙眼、龋齿、蛔虫等常见病防治工作。从 1984 年开始,对小学、初中学生进行身体检查,记入学生健康档案。1988—1990 年,市卫生局、教育局举办 3 期城乡校医(保健教师)培训班。从 1991 年开始,在小学、初中组织学生统一服硒,防治大骨节病。1992 年,在中小学开设健康教育课。同年,地区和省学校卫生检查团先后检查黑河市学校卫生工作,共检查城乡 8 所中小学,全市平均得分 79.85 分,达到全国农村卫生试点县要求。1993 年 5 月,省卫生检查团在检查黑河市区卫生工作中,检查了城乡部分中小学,检查团对教育系统的卫生工作给予较高评价。1994 年,在中小学推广服用智力碘片,防治碘缺乏病。1995 年,倡导中小学生使用含氟牙膏,保健牙刷,防治龋齿。2000—2005 年,全区相继投入 118 万元用于改善学校食堂环境,为每个食堂购置冰柜、消毒柜,修建冲水池,接通自来水,保障了学生的饮食卫生。各学校按照国家规定开展健康教育课,开课率达 100%,确保学生健康知识知晓率达 90% 以上,学生健康行为形成率达 85% 以上。强化农村寄宿制学校领导的责任意识,确立单位一把手为学校食品卫生安全第一责任人,按照《学校卫生工作条例》《学校食堂与学生集体用餐卫生管理规定》,认真实施"食品放心工程",确保校园食品卫生安全。各校相继建立了学生档案卡,认真做好一年一度的学生健康体检及数据统计分析工作,依照统计结果,有针对性地加大保健宣传工作,有效控制学校传染病的流行,降低学生常见病发病率,全面提高学生的健康水平。2005 年,全区有专职健康教师

16 人,中小学生近视率控制在 1.6%,沙眼控制在 0.82%,营养不良学生为 18.6%,龋齿发病率下降 2.4 个百分点。

七、艺术教育

1983 年,小学各年级每周音乐课、美术课各 2 节,初中各 1 节。1985 年,第五小学总结出把音乐、舞蹈和趣味游戏融于体育课教学之中的经验。1989 年,第四小学、第六小学音乐录像课被评为黑河地区优秀课,第四小学美术录像课获黑河地区优秀奖,并代表黑河地区送省参加评奖。同年,第六小学在省教委举办的全省中小学合唱录音比赛中获小学组一等奖。1991 年,小学音乐课开始了新的探索,口琴、竖笛进入课堂。1993 年 11 月,全区举办小学音乐课观摩教学。1997 年,区教委进一步强调"要加强音、体、美教学,农村中小学要逐步配齐音、体、美教师"。1998 年 4 月,教育党委、教育局举办爱辉区首届中小学生艺术素质大奖赛。此后每 2 年举办一届全区中小学生艺术素质大赛,主要以声乐、器乐、舞蹈、书法、素描、色彩、水粉为主。爱辉区中小学在 1999 年、2000 年黑河市举办的两届艺术节中参赛节目全部获奖。2005 年,全区有专职艺术教师 34 人。城区各中小学校成立了红领巾艺术团、小水滴艺术团等艺术团体,全面吸收艺术人才,培养特长学生。艺术团在教师节文艺会演、周末大舞台等各类演出中表现出较高的演艺水平。

八、劳动技术教育与社会实践活动

1982 年开始,劳动技术课作为一门独立学科纳入教学计划,小学称劳动课,中学称劳动技术课,根据教学大纲要求与本地实际自编教材。1984 年,小学三年级以上增设劳动课。1988 年,初中、高中毕业年级没有劳动技术课成绩,不发毕业证书。1990 年,城乡中小学克服师资、教材、基地等方面的困难,积极创造条件开课,并把劳动技术课列入课程表。小学普遍开设自我服务劳动课,进行趣味劳动比赛。幸福中学初一开设针织课,初二开设蔬菜栽培课,农忙季节组织学生集中到农田实践。张地营子乡 9 所小学有劳动基地 42 公顷,每年组织学生进行种子田、丰产田、实验田等小区实验。1991 年秋季,教育局召开中小学校长会议,总结与落实劳动教育问题。1998 年,加强劳动教育和"三田一园"(实验田、种子田、高产田,植物园)建设。2000 年,出台《爱辉区教委关于加强中小学劳动技术教育实施方案》,按照教育大纲和新课时计划要求,建立健全了劳动(劳动技术)课规章制度,保证中小学每周上好一节劳动(劳动技术)课,组织有经验的教师和农业专家编写乡土教材,对劳技课教师进行培训。2002 年,取消劳动技术课,开设综合实践课程。小学设置品德与生活课、品德与社会课、科学课。中学设置信息技术、通用技术课,组织学生进社区、进劳动基地进行综合实践活动。2005 年,各种综合实践活动开展得有声有色。

九、升学考试与教学质量

从 1981 年开始,小学升学考试由黑河地区教育局组织全区统考,各县(市)进行评卷录取工作。1984 年,初中实行全省统考。1995 年,小学升学考试下放到各县(市、区)。1996 年,爱辉区改革了小学毕业升学考试制度。城区小学由学校自行组织命题考试,并实行三好学生、特长生保送制度。1997 年初中升学考试增加了体育理论与体育术科考试,理论部分由地区教育局命题,术科考试由省统一规定考试项目,县(市、区)教育局组织实施。1985 年、1990 年、1995 年、1998 年,小学毕业升学考试及格率分别为 92%、99.1%、92.4%、96%;初中全省统考及格率分别为 40.6%、64%、74.19%、84.8%。2001 年,小学毕业生合格率达 98.8%,初中毕业生合格率达 100%。2001 年,第二中学考入黑河一中 76 人,当年黑河市第五中学没有初中毕业生,西岗子中学考入黑河一中 15 人,二站、西峰山学校实现零的突破。全区有 164 人进入黑河中学计划内分数段,其中乡镇中学考生 54 人。2005 年中考成绩再创新高,第二中学升入黑河一中 120 人,其中 5 人在全市中考前十名行列。乡镇中学中考成绩大幅度提升，四嘉子中学、爱辉中学、西岗子中学升入黑河一中比例分别达到61.5%、56.9%和48.3%，爱辉中学1名考生以652分的优异成绩夺得中考状元。

十、城区区属中小学简介

（一）黑河市实验小学

黑河市实验小学又称第一小学，始建于1946年，位于黑河市邮政路南大街129号。1978年被定为爱辉县重点小学，1980年被重新定为地区重点小学，同时被定为黑龙江省重点小学之一。1981年6月，学校移交给黑河市教育局领导后，更名为黑河市实验小学。经多年建设，到2005年，校园占地面积22 599平方米，建筑面积7 560平方米；有教学班29个，在校生1 700多人，教职工81人；有国家级骨干教师2人，省级骨干教师6人，地市级骨干教师、优秀教师34人。2002—2005年，学校加大对教学设备的投入力量，达到各室齐全，拥有计算机教室、语音室、电教室、实验室、图书室、阅览室、体育室、音乐室、舞蹈室、劳技室等10多个专用教室。学校办学特色凸显，课程改革逐步深化。学校先后获得省级一类学校、省教育科研先进单位、省创新教育实验学校、省“注提”（注音识字，提前读写）教改先进集体、省教育现代化先进集体、省义务教育课程改革先进集体等荣誉称号，是黑河市城区第一所通过省级督导评估的一类小学。

实验小学校园　　1991年11月摄

（二）黑河市第二小学

黑河市第二小学始建于1950年，位于兴林街40号，占地面积7 140平方米，建筑面积4 900平方米。学校以“为每一个学生终身发展服务”为办学理念，以“培养良好习惯、健全师生人格，打造读书特色、构建阳光校园，实现持续发展、争创一流学校”为办学目标，形成了“以书为友、伴书成长”的校园特色；以“今天二小以我为荣，明天我以二小为荣”为校训，形成“尊重、关爱”的校风，提倡“求实效、重引导”的教风与“爱读书、勤思考”的学风，走出一条特色办学之路。在教学工作中，坚持以教育科研为先导，实施“领导带头—骨干示范—全员参与”的管理模式。“十五”期间，承担国家级子课题1项，省级课题4项、市级课题3项，通过课题的研究，全方位带动了学校教育教学的发展。学校教学楼设备齐全，设有多功能教室、微机室、电子备课室、实验室、图书室、卫生室、体育室、少先队活动室等。建成了校园多媒体综

第二小学教学楼　　1988年6月摄

合教学网，实现了教育教学信息、设备由主控室集中管理和各教学单位共享交互使用的有机结合，教师可进行电子备课、网上浏览，完全满足了教学的需要。教学仪器配备率100%，图书1.5万册。学生微机室拥有微机60台，为学生学习使用计算机及上网浏览提供了条件。2005年，有教学班24个，学生1 385人，教师65人，教师学历达标100%，有中学高级教师2人，小学高级教师40人。具有国家级骨干教师1人，省级教学能手2人，省级骨干教师1人，市级骨干教师8人，市级教学能手10人，市级十杰青年1人。学校已建设成为省级标准化小学，省级双全学校，省级一类学校，省改善办学条件先进学校，省先进家长学校，省青少年科技活动示范学校，省创新教育实验先进学校。获得全国优秀少先大队荣誉、省精神文明单位等荣誉称号；涌现出国家级骨干教师、省级中青年骨干校长、省级教学能手等；培养出全国少代会代表、全国五星雏鹰奖章获得者、省级四星雏鹰奖章、省级"十佳"少年等少年英才，为上级学校输送了数万名合格毕业生。

（三）黑河市第三小学

第三小学教学楼　　2004年5月摄

黑河市第三小学位于黑河市中央街79号，始建于1960年。学校全面贯彻执行教育方针和相关的教育法律法规，坚持依法治校、依法执教的原则；确立了"快乐成长，为明天奠基"的办学理念和"基础扎实、素质全面、特色鲜明、教有特点、学有特长"的办学目标；形成了"文明、勤奋、健美、朴实"的校风；"知疑、好问、乐学、善思"的学风和"敬业、爱生、严谨、求实、创新"的教风。至2005年，学校占地面积6 084平方米，校舍建筑面积4 539平方米；拥有18个教学班，在校学生866人；在职教职工55人。具有省、市、区级学科带头人、教科研骨干、教学能手16人，区进修校首批兼职教研员第三小学占数学、音乐、体育、劳技四个学科；教师中具有高级职称3人、中级职称29人，中高级职称教师占教师总数的58%。学校先后获得省级一类学校、全省手拉手互助活动先进集体、省级冰上活动基点校、省级三育人先进集体、省级改善办学条件先进集体等项省级荣誉。

第四小学校园　　2001年7月摄

（四）黑河市第四小学

黑河市第四小学始建于1938年，是黑河建校较早的一所学校，原址位于兴林街与迎恩路路口道北。1999年，香港企业家邵逸夫投资50万元为学校接建一层教学楼，故校名改称逸夫小学。学校践行"关爱生命，个性成长"的办学理念，让学生从改变自身做起，从小树立做人的自信，做最好的自己；以"国防教育"为德育教育重点，以小班额教学为办学特色，张扬学生个性，让每个孩子茁壮成长。形成

“创设成长情景、开发情景课程、实现持续发展”的教学特色。至2005年，学校先后被确立为国家级“三算”实验校、省级创新教育实验校、省级心理健康教育实验校、省级家校合作实验校；荣获全国共建共育活动标兵、全国红旗大队、省级国防教育先进学校、省级助残康复先进集体、省级先进家长学校等荣誉称号。2005年，学校占地面积6 300平方米，建筑面积3 200平方米；设有15个教学班（1个聋儿语训班），学生600余人，教职工48人。

(五)黑河市第五小学

第五小学教学楼　　2005年4月摄

黑河市第五小学始建于1967年，原址位于王肃公园附近（今市幼儿园）。2002年易地重建，位于龙滨路210号，总占地面积17 823平方米，建筑面积5 940平方米。投入50余万元资金，安装了校园电话网，配齐了教学设备，建设了200米标准的体育运动场，科学规划出排球、篮球、羽毛球、足球场地，各种体育设施齐备。学校设有多功能厅、微机房、语音室、图书阅览室、实验室、劳技室、美术室、音乐舞蹈室、卫生室、荣誉室、档案室、大队活动室、体育活动室等。以实施“赏识教育、和谐教育”为办学特色，贯彻“德育首位，教学中心，育人为本，和谐发展”的办学思想；确立了“博爱、和谐、求实、奋进”的校风，“乐教、会教、善教、精教”的教风和“乐学、会学、善学、博学”的学风。学校树立以研促教，以科研兴校的主导思想，紧紧围绕课堂教学这一中心，积极进行教改实验，完成了“目标导学法”课堂教学模式的实验与研究。此研究成果在全区推广。2004年9月，第五小学与俄罗斯布拉戈维申斯克市第十四中学建立了友好关系，成为联谊学校，举办了2期“汉语”短期培训班并2次代表黑河市接待俄罗斯“六一”儿童互访团。2005年，全校有30个教学班，学生1 756人，教职员工86人，其中中学高级教师占教师总数的4.7%，小学高级教师占教师总数的80%以上，省级教学骨干、教学能手7人，市级教学骨干、教学能手20人，区级教学骨干、教学能手多人。学校晋升为省级一类校。学校先后被确定为国家级科普教育基地、国家级西部教育顾问单位、省级传统项目篮球基点校；先后被评为中国教育学会现代联盟学校、省心理健康教育先进集体、省校园文化建设先进集体、省网络教研先进校、省德育工作先进集体、省电化教育达标单位、省健康教育先进集体等数十项荣誉。

(六)黑河市第六小学

黑河市第六小学始建于1959年，原址位于今东市场附近，1993年迁入公园路75号新址，占地1万平方米，建筑面积4 500平方米。学校紧紧围绕“回归孩子天性，搭建成长平台”的办学新理念，实践“校园书香、思维活跃”的校风，发扬“教在心灵、润物无声”的教风和“善问会学、其乐融融”的学风，努力构建生态课堂。至2005年，学校共有24个教学班，教师76人，学生1 560人。学校注重学生综合素质的培养，开设英语、书画、合唱、舞蹈、乒乓球等兴趣小组，成立了“童星艺术团”；通过严谨、创新的课堂教学，活泼、新颖的童话特色，对学生进行潜移默化的教育、洗礼和熏陶，为学生搭建展示才能、走向成功的平台。先后有600多名学生在国家及省、市、区级书法、绘画、作文、英语、钢琴、演唱等大赛中获奖。学校师资力量雄厚，有特级教师1人，中学高级教师3人，省级骨干教师、教学能手7

人，市区级骨干教师、教学能手28人；教师学历达标率100%，有47人取得本科学历，占教师总人数的60%。学校建有体育室、音乐室、多媒体教室、图书室等现代化教育设施，率先在全市建立了纯数字校园网，设立了网站，实现了班班通。学校先后获得省级标准小学、省级一类学校、省级德育先进集体、省级标兵红旗大队等荣誉称号。

（七）黑河第二中学

第二中学　　2005年8月摄

黑河第二中学是爱辉区城区唯一一所省级示范初中，于1960年建校。1997年9月15日，时任副省长周铁农（1998年任全国政协副主席）视察黑河二中并题词："务实创新，培育英才，献身教育，功在千秋"。同年10月，学校以高标准通过国家"普九""实普"验收。

2005年，有教学班31个，在校生1 961人，其中毕业班438人；教职工110人，学历达标率为98.7%，本科学历达41%，中学高级教师31人。2005年中考成绩优异，考入黑河一中150人，14人分获语文、化学、政治、俄语4科全市单科第一。校园占地3.7万平方米，建有绿化景区、雕塑喷泉、文化长廊、农学试验田、体育运动区，实验楼内各室齐备，教学设施齐全，建有闭路电视双向控制教学系统和远程教育网，基本实现了教学手段现代化。2005年投资12万元将教学楼木质门窗换成塑钢窗，铺设了大理石窗台；投资5.2万元维修水泥篮球场，加垫层2 100平方米；更换4副地埋圆管式单柱篮球架；修复7个室外水泥乒乓球台；铺设150米石粉子路面。学校全面贯彻以德育为首，以教学为中心，科研为先导，以培养学生的创新精神和实践能力为重点，全力实施素质教育全面贯彻教育方针。逐步树立起"严谨、求实、勤奋、创新"的校风，"敬业、务实、善诱、进取"的教风，"刻苦、勤思、钻研、奋进"的学风；建立了"目标—制度—运行—量化"管理的新模式，强化教师队伍建设，深化课程改革和课堂教学方法改革，促进了教育教学质量的迅速提高。毕业生及格率达98.3%，学生入学巩固率达99.5%。学校中考成绩连年为市、区学校榜首。先后获省推行《国家体育锻炼标准》先进校、省"教育科研先进集体"、省"创新教育"实验先进学校、省"心理健康教育"先进学校、省"教育现代化理论与实践研究"先进集体、"学校心理卫生与心理保健实验"先进学校、省"中小学德育工作"先进单位等荣誉。

第五节 高 中 教 育

一、概　　况

1983年，黑河市的完全中学由"文化大革命"期间的10所调整为3所，即第五中学、爱辉中学、西岗子中学，共有17个教学班，在校生739人。1995年1月，因缺乏生源，爱辉中学、西岗子中学的高中部停办，爱辉区只剩1所高中——黑河第五中学。

黑河第五中学于1981年建校，当时为1座二层楼房。1984年建艺术楼第一层，因缺少资金，1985年续建二楼；1987年在锅炉房的顶楼上建财务室；1989年，新建通勤车车库1座。1996年爱辉区党校的旧楼划归黑河五中，黑河五中对已成危楼的主楼和食堂进行了彻底维修，改做学生宿舍和食堂。1998 年，为解决校舍之不足，在原教学楼上接建第三层，当年完工。

自 2002 年，黑河五中连续 3 年扩大高中招生数额，3 年增长比例分别为 15%、36%、62%。为适应高中扩招需求，爱辉区政府对第五中学进行了重点建设，2002 年建成 1 栋 2 500 平方米实验楼，2004 年区政府投入资金 160 万元、学校自筹 240 万元，新建教学楼 2 800 平方米和食堂、宿舍 1 500 平方米，维修扩建了体育室，增添了 20 万元的体育器材。2005 年，学校自筹资金 283 万元用于加强学校内部建设。

1983—2005 年爱辉区（黑河市）高中基本情况表

表 20 - 1　　　　单位：人

年份	学校名称	在校生数	班级数（个）	毕业生数	招生数	教师			
						总数	本科	专科	高中及以下
1983	黑河五中高中	470	10	140	206	30	5	13	12
	爱辉高中	125	3	16	45	10	0	6	4
	西岗子高中	144	4	49	52	10	0	5	5
1984	黑河五中高中	536	10	0	104	31	5	13	13
	爱辉高中	113	3	0	47	10	0	6	4
	西岗子高中	208	4	0	60	14	0	7	7
1985	黑河五中高中	553	10	200	198	29	3	17	9
	爱辉高中	142	3	13	50	13	0	8	5
	西岗子高中	168	4	81	50	15	1	8	6
1986	黑河五中高中	701	12	213	317	37	6	20	11
	爱辉高中	125	3	47	37	14	0	11	3
	西岗子高中	169	5	58	50	16	2	12	2
1987	黑河五中高中	645	14	125	180	46	9	28	9
	爱辉高中	129	3	48	53	12	0	6	6
	西岗子高中	151	4	42	42	13	2	8	3
1988	黑河五中高中	564	12	209	191	43	12	25	6
	爱辉高中	91	3	35	27	16	0	5	11
	西岗子高中	134	4	41	45	11	1	8	2
1989	黑河五中高中	480	10	242	180	40	9	25	6
	爱辉高中	50	3	28	11	10	1	8	1
	西岗子高中	121	5	39	50	13	1	10	2
1990	黑河五中高中	595	10	146	182	42	15	25	2
	爱辉高中	43	3	16	19	12	2	10	0
	西岗子高中	100	4	40	40	14	2	11	1

续表 20－1

年份	学校名称	在校生数	班级数（个）	毕业生数	招生数	教师			
						总数	本科	专科	高中及以下
1991	黑河五中高中	543	11	134	190	38	21	15	2
	爱辉高中	58	3	18	33	11	2	7	2
	西岗子高中	109	3	28	49	14	2	11	1
1992	黑河五中高中	527	12	135	195	40	21	18	1
	爱辉高中	80	3	12	38	10	4	6	0
	西岗子高中	59	3	32	27	10	1	8	1
1993	黑河五中高中	407	10	170	120	34	19	15	0
	爱辉高中	76	3	7	34	10	5	5	0
	西岗子高中	69	3	17	35	10	1	9	0
1994	黑河五中高中	400	8	150	153	29	18	11	0
	爱辉高中	80	3	26	30	10	5	4	1
	西岗子高中	55	3	12	20	10	1	9	0
1995	黑河五中高中	358	8	139	134	30	21	9	0
1996	黑河五中高中	331	7	87	77	31	21	10	0
1997	黑河五中高中	210	5	126	56	28	16	12	0
1998	黑河五中高中	395	8	93	217	25	15	10	0
1999	黑河五中高中	576	12	89	231	32	21	11	0
2000	黑河五中高中	520	11	92	375	32	27	5	0
2001	黑河五中高中	567	12	120	215	42	39	3	0
2002	黑河五中高中	670	15	188	303	40	32	8	0
2003	黑河五中高中	782	16	161	323	51	42	9	0
2004	黑河五中高中	1 013	18	231	404	62	49	13	0
2005	黑河五中高中	1 045	20	324	294	76	68	8	0

二、学制与课程

1983 年，黑河市高中学制由原来的二年制改为三年制，课程由单一的学科课程组成。1990 年 3 月，高中课程结构由学科课程和活动课程两部分组成。学科课开设政治、语文、数学、外语、物理、化学、生物、历史、地理、体育和劳动技术，活动课分文活课和体活课两类。2003 年 3 月，课程设置做了较大调整，普通高中课程由学习领域、科目、模块三个层次构成。

学习领域。高中课程设置语言与文学、数学、人文与社会、科学、技术、艺术、体育与健康和综合实践活动 8 个学习领域。设置学习领域有利于在学习领域的视野下研制各科课程标准；有利于整体规划课程内容，提高学生的综合素养，体现对高中学生全面发展的要求；同时，要求学生每一学年在所有学习领域都获得一定学分，以防止学生过早偏科，有利于学生全面发展。

科目。每一领域由课程价值相近的若干科目组成。8 个学习领域共包括语文、数学、外语（英语、日语、俄语等）、思想政治、历史、地理、物理、化学、生物、艺术（或音乐、美术）、体育与健康、技术等

12～13 个科目。其中技术、艺术是新增设科目，艺术与音乐、美术并行设置。

模块。每一科目由若干模块组成。模块之间既相互独立，又反映学科内容的逻辑联系。每一模块都有明确的教育目标，并围绕某一特定内容，整合学生经验和相关内容，构成相对完整的学习单元；每一模块都对教师教学行为和学生学习方式提出要求与建议。

高中新课程设置一览表

表 20－2

<table>
<tr><th>学习领域</th><th>科　目</th><th>必修学分（共 116 学分）</th><th>选修学分Ⅰ</th><th>选修学分Ⅱ</th></tr>
<tr><td rowspan="2">语言与文学</td><td>语文</td><td>10</td><td rowspan="17">根据社会对人才多样化的需求，适应学生不同潜能和发展的需要，在共同必修的基础上，各科课程标准分类别、分层次设置若干选修模块，供学生选择</td><td rowspan="17">学校根据当地社会、经济、科技、文化发展的需要和学生的兴趣，开设若干选修模块，供学生选择</td></tr>
<tr><td>外语</td><td>10</td></tr>
<tr><td>数学</td><td>数学</td><td>10</td></tr>
<tr><td rowspan="2">人文与社会</td><td>思想政治</td><td>8</td></tr>
<tr><td>历史</td><td>6</td></tr>
<tr><td rowspan="4">科学</td><td>地理</td><td>6</td></tr>
<tr><td>物理</td><td>6</td></tr>
<tr><td>化学</td><td>6</td></tr>
<tr><td>生物</td><td>6</td></tr>
<tr><td>技术</td><td>技术（含信息技术和通用技术）</td><td>8</td></tr>
<tr><td>艺术</td><td>艺术或音乐、美术</td><td>6</td></tr>
<tr><td>体育与健康</td><td>体育与健康</td><td>11</td></tr>
<tr><td rowspan="3">综合实践活动</td><td>研究性学习活动</td><td>15</td></tr>
<tr><td>社区服务</td><td>2</td></tr>
<tr><td>社会实践</td><td>6</td></tr>
</table>

说明：(1)每学年 52 周，其中教学时间 40 周，社会实践 1 周，假期（包括寒暑假、节假日和农忙假）11 周

(2)每学期分两段安排课程，每段 10 周，其中 9 周授课，1 周复习考试。每个模块通常为 36 学时，一般按周 4 学时安排，可在一个学段内完成

(3)学生学习一个模块并通过考核，可获得 2 学分（其中体育与健康、艺术、音乐、美术每个模块原则上为 18 学时，相当于 1 学分），学分由学校认定。技术的 8 个必修学分中，信息技术和通用技术各 4 学分

(4)研究性学习活动是每个学生的必修课程，三年共计 15 学分。设置研究性学习活动旨在引导学生关注社会、经济、科技和生活中的问题，通过自主探究、亲身实践的过程综合地运用已有知识和经验解决问题，学会学习，培养学生的人文精神和科学素养

此外，学生每学年必须参加 1 周的社会实践，获得 2 学分。三年中学生必须参加不少于 10 个工作日的社区服务，获得 2 学分

(5)学生毕业的学分要求：学生每学年在每个学习领域都必须获得一定学分，三年中获得 116 个必修学分（包括研究性学习活动 15 学分，社区服务 2 学分，社会实践 6 学分），在选修Ⅰ中至少获得 22 学分，在选修Ⅱ中至少获得 6 学分，总学分达到 144 学分方可毕业

三、思想品德教育

黑河五中的思想品德教育以系列化教育方式体现于常规活动中，如升国旗、主题班会、团会，艺术节活动，科技周活动，读书活动等。1981—1985 年学校创办初期，学生参与学校劳动，假期参加社会

实践,勤工俭学,助人为乐,争做好事,既锻炼了体质,磨炼吃苦耐劳、以苦为乐的意志品质,更培养了纯净美好的心灵。1984 年暑假,学校团支部组织学生为黑河羊毛厂洗羊毛 1 000 千克,1988 年组织学生为社会架电线等,通过社会实践活动,为学校创造了财富,也让学生增长了社会知识和才干,为学生认识社会、走向社会打下良好基础。

20 世纪 90 年代,学校开展法制教育以预防青少年犯罪,组织高一年级观看全市"公审会",观后,学生写感想,召开主题班会。学校多次邀请西兴街派出所和法院干警为师生作法制报告,组织全校开展主题班会讨论。学生会组织开展《青少年要不要知法》的专题辩论会。印发《青少年道德规范养成 36 条》,发放致家长一封信,使每个学生和家庭都行动起来,从根源——品质教育入手,共同预防青少年犯罪。

从 2001 年 3 月开始,逐步建立起学校、家庭、社会相结合的德育网络,学校以召开家长会的方式保证双方教育的一致性和连续性,家长会成为家长、老师之间相互交流沟通的平台。家长通过观看、学习学校推荐的书籍或电视节目,不断提高自身素质,提高教育孩子的水平。2002 年,各年级成立了家长学校,用教育理论武装家长,帮助家长走出教育的误区。班主任通过每月的"家校沟通驿站",针对学生个性差异,指导家长科学教育子女。使家庭教育与学校教育紧密结合,孩子健康地成长。

2003 年 5 月,黑河五中组织学生参观"预防青少年犯罪展"活动,学生触动颇深,写出深刻的心得体会和观后感。2004 年,以《高举光辉旗帜誓作时代新人》为主要内容开展读书活动,对学生进行优秀品质的培养,以班会、队会为主要活动形式,开展形式多样的系列活动。寒、暑假期,学生通过系列读书活动,写读书笔记,开学学校检查评比,记入班级活动总分;学校结合青少年道德养成教育 36 条,开展青少年道德养成教育。2005 年,对学生重点进行人生观、价值观教育,组织高中学生参观稗子沟劳教所,同学们上了一堂贴近现实生活、有血有肉的法制教育课。

四、教学与改革

1994 年,黑河五中为了拓宽办学路子,增加学校经费,适应社会发展,为学生就业创造出路,在爱辉区教育局支持下,与农业职业技术高中一起首次在中考考生中招办了黑河五中第一个电算会计中专班。电算班的管理与学校其他班的管理同步,学制两年,合格学生可同时获得高中毕业证和电算会计中专毕业证。1994 年后,黑河五中又招办四届电算班,1999 年停招。

1994 年 3 月高中开设微机课。主要以五笔打字、DOS 系统操作及程序设计为主要教学内容。由于当时学生多,电脑数量少,学生 2 人用 1 台电脑,相互协作学习。因为班级多,学校实行每周一个班级开设一节微机课。2003 年,黑河五中实验楼建成并投入使用,微机室搬迁至新落成的实验楼二楼右侧,设立微机室(1)和微机室(2)2 个机房。微机室(1)依旧沿用原机房的电脑,由 1 台 NT 服务器带 45 台无盘工作站。微机室(2)是学校自筹资金 13 万元组建而成。当时电脑配置为赛扬 900、硬盘 20G、内存 128 兆;每台电脑带有光驱、软驱;显示器为 15 英寸。学生机 55 台、教师机 1 台。

2002 年 9 月,黑河五中开设了由信息技术教育、校本课程开发、高中研究性学习三个部分组成的综合实践课。校本课程开发由教师自行编制一套教材,高一年级的外贸俄语实践课,由任教的俄语教师自主设计实践方案,学生真正走出校园体验社会,培养了实践能力,也使本区的资源优势得以开发和利用。高三年级的研究性学习课程,由实验教师将课堂教学与课外研究有机结合,指导学生进行一系列的小课题研究,学生均有收获。

2003 年 9 月开展了将信息技术与社会实践活动有机融合的新尝试。

2002—2005 年的新一轮课改中,学校遵循教育科研"面向实际、站在前沿、重在应用"的思路,有计划地开展课题研究。"十五"期间,学校承担了 1 个省级重点科研课题《高中课程改革新模式的构建实验研究》,3 个省级科研课题《教师疏导心理素质的构建实验研究》《研究体验式创新教学法实验研究》《研究性学习组织模式和评价模式》;2 个市级课题和 4 个区级课题研究。"十五"后期,由校长牵头开展的省重点课题《高中课程改革新模式的构建实验研究》和省级一般课题《教师疏导心理素质构建实验研究》顺利结题，并获得一等奖；其他科研课题先后结题，分获奖励，校长被黑龙江省评为先进实验工作者。

新课程打造多元评价方式。传统的单纯由教师根据每个学生的学业成绩进行评价的方式得以改变，评价主体不再是唯一的教师，学生可以自评、互评，学生家长也可参与评价；评价内容更全面，有知识、能力、情感、态度、行为、习惯等；评价方法多样化，平时表现、课堂发言、笔试、能画一幅好画、唱一首好歌，或认真完成一次值日就能得到表扬或奖励。为学生建立"成长记录袋"，记录学生一个学期的成长和进步过程，使学生成为评价的主人，逐渐养成在学习中反思的习惯，提高学习兴趣和自信心，体验到成功的喜悦。加强了教师、学生和家长三者之间的联系，有利于家长了解孩子在学校的表现、学习等情况，也有利于教师了解学生在课外的学习情况。

五、招生与高考成绩

（一）招　生

1981 年 9 月黑河五中建校时，其高中部师生是由原黑河四中高中部的全体师生调配到五中高中部。1982 年 9 月开始，全市初中毕业生由全市统考后，按照成绩由黑河一中高中优先录取考生，然后其余初中毕业生按考生分数和填报的志愿录取到黑河五中。黑河第五中学、职业技术高中招收城内考生，西岗子中学、爱辉中学招收农村考生。1984 年，黑河五中开始招收农村考生。

1983—1990 年，全省高中毕业实行统一考试，由学校发放高中毕业证书。1991 年后，全省高中实行会考制度，由省统一发放高中毕业证。

1995—1997 年期间，学校在生源上面临困难。招生人数和在校学生人数下滑。1995 年高一只招收了 3 个班，2 个理科班、1 个文科班。到高三时只剩下 1 个文科班和 1 个理科班。1996 年 9 月高中只招收到 2 个班，一文一理。1997 年 9 月高一新招只有 1 个班。这 3 年新生班级的班额只有 40 人左右，分开文理班人数更少。造成此种状况的原因是当时兴起的"文凭热"，很多大中专院校扩大招生，一些初中毕业生觉得在五中读高中考上大学的希望小，选择了中专院校。面对生源危机，第五中学加大内部体制改革和教育教学管理力度，努力提高教育教学质量。1998 年扭转了局面，当年招生人数由上一年的 56 人增至 217 人。

2002 年，高中招生实行定校配额制度的改革，限于黑河市三中和 11 个乡镇中学自初一入学至初中毕业一直在本校就读的应届在籍的学生。以学校为单位按定校配额分配名额和考生报考志愿，以升学考试总成绩，由高到低依次录取。

（二）高考成绩

20 世纪 80 年代，黑河市高中毕业生人数比较稳定，包括农村考生每年在 300 人左右；至 90 年代初，农村考生不足 50 人，1995 年 1 月农村高中停办。到了 21 世纪，黑河五中毕业生逐年增加，由 2000 年的 89 人增加到 2005 年的 336 人。高考成绩呈上升态势，普本录取率由 2000 年的 2.5% 上升到 2005 年的 23.8%，提升了 21.3 个百分点。一般本科由 2000 年的 2 人提升到 2005 年的 80 人，高考录取率由 2000 年的 58.4% 上升为 2005 年的 93.2%。2005 年黑河五中有 9 名考生考入重点本科，创建校以来最好成绩。

1997—2005 年黑河第五中学高考升学统计表

表 20－3　　　　单位:人

年份	参考人数	专科以上	录取率%	重本	重本率%	普本	普本率%
1997	120	34	28.3%	0	0	3	2.5%
1998	89	19	21.4%	0	0	0	0
1999	54	33	61.1%	0	0	0	0
2000	89	52	58.4%	0	0	2	2.5%
2001	92	60	65.2%	1	1.1%	3	3.3%
2002	197	130	65.9%	0	0	2	1%
2003	189	149	78.8%	1	0.5%	4	2.1%
2004	231	223	96.5%	4	1.7%	40	17.3%
2005	336	313	93.2%	9	2.68%	80	23.8%

六、城区区属学校简介

黑河第五中学运动会　　1997 年 5 月摄

黑河第五中学始建于 1979 年,1981 年 9 月建成投入使用,是一所市重点完全中学,省级体育、艺术基点校。校园占地面积 85 013平方米,校舍建筑面积 14 900平方米。校园分教学区、运动区、生活区三个管理区,其中教学区占地约 4 万平方米,建筑面积 1 万多平方米。至 2005 年底,学校有高中教学楼、初中教学楼、综合楼、实验楼各 1 栋,并配有 3 个多功能厅、双套理化生实验室、2 个计算机教室、1 个图书馆、1 个语音室、1 个档案室、3 个音乐专用教室、3 个美术专用教室、4 个体育专用教室;运动区占地 2 万多平方米,有 1 个标准的 400 米运动场,1 个足球场地、5 个篮球场地、2 个排球场地、4 个羽毛球场地、14 个室外乒乓球台、1 个室外体育器械区;生活区占地约 2 万平方米,建筑面积 3 000 余平方米,建有男生公寓楼、女生公寓楼、学生公寓服务中心(食堂、餐厅、超市、浴房、洗衣房等)。有在校生 2 101 人,其中高中生 1 045 人,初中生 1 056 人,住宿生约 400 人。在职教职员工 153 人,其中高级职称占 21%,中级职称占 49%,大学本科以上学历占 85.6%。经多年实践,学校确立了“弘扬个性、开发潜能、脚踏实地、争创一流”的办学理念,“办学务实、育人求真、科研致用”的教育思想和“办一流学校、育一流人才、创一流业绩”的办学目标;确立了“团结、奉献、勤奋、创新”的校风,“厚德、尚学、创新、实践”的教风,“勤思乐学、奋发进取、全面发展、培养特长”的学风。从体育与艺术教育入手,办体育、艺术特长教育特色学校;从民族教育入手,办民族教育特色学校;从信息教育技术入手,办远程教育特色学校。努力实现教育思想现代化,教育管理现代化,教学体系现代化,教育发展水平现代化,师资队伍现代化。学校不断转变教育观念,深化课程改革,与时俱进,全面推进素质教育,注重创新和实践能力的培养,教育教学质量不断提高。高中毕业生由2000年的89人到2005年增至336人;普本录取率由2000年的2.5%到2005年增长到23.8%,提升了21.3个百分点;考入重点本科2003年为1人,2004年4人,2005年达到9人;一般本科由2000年的2人提升到2005年的80人;高考录取率2000年为58.4%,到2005年高考录取率为93.2%。学校先后获得"黑龙江体育艺术基点校""十五期间心理健康教育研究先进实验学校""黑龙江省创新教育先进实验学校"等荣誉称号。

第六节　企业办学

由于历史原因,当地和全省一样形成了政府与中直、省直企业"条块分割"局面,在办教育方面的具体体现是有些企业自办学校。

一、地方国营农场办学

(一)金水农场学校

1985年,金水农场有中学1所,2个教学班,在校生24人,教职工8人,校舍面积290平方米,设有综合实验室1个。有小学2所,生产队办小学5处,18个教学班,在校生172人,教职工19人,校舍面积830平方米,中小学占地面积14 200平方米。1995年,金水农场有初中1所,教学班3个,在校生62人,教职工12人。小学7所,24个教学班,在校生158人,教职工27人。1997年8月,金水农场并入金水乡,金水农场中心校改为金水乡中心校。

(二)种畜场小学

1985年,黑河市所辖种畜场有小学2所,8个教学班,在校生74人,教职工8人,校舍面积320平方米,学校占地面积8 200平方米。1995年,有小学1所,教学班3个,在校生35人,教师4人。1997年,有小学1所,教学班3个,在校生33人,教师3人;当年末,交由西岗子镇中心校主管。

(三)种牛场小学

种牛场位于黑河西郊6千米处,1985年有3个教学班,在校生34人,教师2人,校舍面积300平方米,占地面积1 200平方米。1995年有教学班3个,在校生55人,教师2人。1997年,有教学班3个,在校生50人,教师2人。1997年末,交由幸福乡中心校主管。

(四)第二良种场子弟小学

第二良种繁殖场于20世纪80年代初办起小学,行政和业务由爱辉中心校代管。1985年学校有教学班3个,学生28人,教职工3人。1997年有教学班2个,在校生13人,教师1人。校园面积120平方米,校舍面积43平方米。1997年末交由爱辉镇中心校主管。

二、煤炭系统办学

(一)西岗子煤矿子弟学校

1981年,全校有高中、初中、小学3部,24个教学班,在校生1 180人,教职工70余人,占地面积1万平方米,校舍面积2 848平方米,设有生物、化学、物理实验室和图书阅览室。1983年7月,西岗子煤矿将职业高中改为普通高中。1987 年高中停止招生;1989 年撤销高中部,改为小学、初中的九年一贯制学校。2000 年,学校有在校生 15 人,教师 7 人;当年与宋集屯煤矿小学合并。

(二)宋集屯煤矿子弟学校

1982 年设初中班。1985 年,宋集屯煤矿子第学校有中学 3 个班,在校生 92 人,小学 10 个班,在校生 228 人,教职工 28 人。1988 年,宋集屯煤矿为学校建教学楼,占地面积 1 万余平方米,校舍 1 300 平方米,设有实验室、图书室、体育室,有小学和初中阶段的实验教学和实验全部教学仪器和设备。1998 年,宋集屯煤矿子弟小学交由西岗子中心校主管。

三、金矿系统办学

1982 年,黑河金矿局技工学校由呼玛县宽河搬迁至黑河东郊。1983 年,改为黑河金矿职业高中。1984 年,改为普通中学,校名为黑河金矿局中学。从 1984 年暑期开始招收普通高中生。1985 年,金矿系统有高级中学 1 所,3 个教学班,在校生 110 人,教职工 15 人;初级中学 3 所,9 个教学班,在校生 194 人,教职工 58 人,校舍面积 3 965 平方米;小学 3 所,19 个教学班,在校生 428 人,教职工 27 人,校舍面积 1 060 平方米。1990 年,各矿中学全部集中到黑河,金矿中学为完全中学,有 7 个教学班,在校生 183 人。其中高中 2 个班,在校生 49 人;初中 5 个班,在校生 134 人,教职工 52 人,学校占地面积 19 343 平方米,校舍面积 3 415 平方米,设有生物、理化实验室、图书阅览室、电教室、体育室、音乐室,有初中学习阶段的实验的仪器和设备。学生全部实行住校制。1993 年 8 月,黑河金矿局中学高中部学生并入黑河中学,初中部回到原矿办学。1997 年,金矿系统有九年一贯制学校 3 所,初中 8 个教学班,在校生 110 人,小学 14 个教学班,在校生 223 人,教职工 67 人。占地面积 32 000 平方米,校室面积 2 400 平方米。2000 年,有九年一贯制学校 3 所,中学为 6 个教学班,在校生 47 人,教职工 24 人;小学 14 个教学班,在校生 135 人,教职工 25 人。2001 年 7—9 月,金矿系统所属各学校全部停止办学,学生就近转入地方学校就学。

四、林业系统办学

1985 年,林业系统有完全中学 1 所,七年制子弟学校 7 所,高中有 5 个教学班,在校生 164 人。初中班 9 个、在校生 194 人,教职工 54 人,校舍面积 2 070 平方米。小学 43 个班,在校生 460 人,教职工 32 人,校舍面积 2 320 平方米。1987 年全市调整教育结构,滨南林场和七二七林场 2 所学校辙销了高中班,只保留二站林场子弟学校的高中,其他 7 所子弟学校只办到初二。同年,黑河林业局在黑河市内建设完全中学——黑河市林业中学,占地面积 1 万多平方米,校舍面积 360 平方米。设高中一年级,在校生 21 人,教师 5 人。1995 年林业系统有完全中学 1 所,高中班 1 个,在校生 23 人,初中班 4 个,在校生 124 人,教职工 47 人,学校占地面积 1 万平方米,校舍面积 2 070 平方米。小学 7 所,32 个教学班,在校生 326 人,教职工 45 人,学校占地面积 20 820 平方米,校舍面积 2 469 平方米。1998 年,撤销林业中学,林业中学高中学生并入市第五中学,初中学生就近到各乡镇中学就读。2000 年,林业系统有小学 7 所,23 个教学班,在校生 183 人,教职工 35 人,学校占地面积 14 080 平方米,校舍面积 1 675平方米。2002 年,林业系统所属学校全部停止办学,学生就近转入地方学校就学。

五、工厂办学

(一)西岗子电厂子弟小学

1985 年,全校有 6 个年级,6 个教学班,在校生 101 人,教职工 11 人,学校占地面积 5 000 平方米,校舍面积 400 平方米。1990 年有 6 个教学班,在校生 77 人,教职工 12 人。1995 年有 5 个教学班,在校生 75 人，教职工 8 人。1997 年有 8 个年级，8 个教学班，在校生 74 人，教职工 8 人。1998 年 8 月，西岗子电厂子弟小学交由西岗子镇中心校管理。

（二）砖厂子弟小学

1980 年，有 5 个教学班，在校生 112 人，教职工 8 人。1984 年，只有 1 个五年级毕业班，在校生 15 人，教师 3 人。1985 年 7 月，学校停办，教师分配到市内小学。

1985 年黑河市企业办学一览表

表 20－4

项目 企业单位	小学				初中				高中				一贯制学校			
	校数（个）	班数（个）	学生数（人）	教师数（人）	校数（个）	班数（个）	学生数（人）	教师数（人）	校数（个）	班数（个）	学生数（人）	教师数（人）	校数（个）	班数（个）	学生数（人）	教师数（人）
金水农场	7	18	172	—	1	2	24	8	—	—	—	—	—	—	—	—
种畜场	2	8	74	8	—	—	—	—	—	—	—	—	—	—	—	—
种牛场	1	3	34	2	—	—	—	—	—	—	—	—	—	—	—	—
良种场	1	3	28	3	—	—	—	—	—	—	—	—	—	—	—	—
林业系统	7	43	460	32	7	9	194	54	1	5	164	—	—	—	—	—
煤炭系统	—	—	—	—	—	—	—	—	—	—	—	—	2	37	1 500	98
工厂办学	2	7	116	14	—	—	—	—	—	—	—	—	—	—	—	—

第七节　少数民族教育

一、概　　况

爱辉区是一个多民族居住的地区，有汉族、蒙古族、回族、满族、朝鲜族、达斡尔族、鄂伦春族等 26 个民族，辖新生鄂伦春族乡、坤河达斡尔族满族乡、四嘉子满族乡 3 个少数民族乡。

1984 年 8 月坤河达斡尔族满族乡成立，1985 年设立坤河中学。1985 年全市有少数民族学生 2 314人，占全市学生总数的 10.9%，其中中学生 698 人。1990 年，全市有少数民族学生 2 096 人，占全市学生总数的 11.4%，其中中学生 811 人。1986 年一些学校转建为达斡尔族、满族等少数民族单设校。1991 年黄旗营子小学建为满族单设校。1992 年，新民屯小学、蓝旗屯小学建为满族单设校。1994 年，四嘉子乡变更为四嘉子满族乡，四嘉子中学建为满族单设校；小乌斯力小学、卡伦山小学、五道沟小学为满族单设校。1995 年，全区有少数民族学生 2 491 人，占全市学生总数的 12%，其中中学生 955 人。2000 年，全区有少数民族单设校小学 9 所，中学 3 所。全区城乡有少数民族学生 3 412 人，占全区学生总数的 18%。其中小学生 1 560 人，初中生 1 643 人，高中生 209 人。1984—2005 年，全市少数民族学生有 141 人考入大学本科，189 人考入大专，251 人考入中专，192 人考入师范学校。

二、鄂伦春族教育

1979 年建立新生中心校。1985 年普及了初等教育。1986 年秋，新生中心校分设为新生中学和新生中心小学。新生中学有 3 个教学班，教职工 7 人，在校生 62 人，其中鄂伦春族学生 26 人。校舍面积 412 平方米，为少数民族单设校。新生中心小学有 6 个教学班，教职工 8 人，在校生 95 人，其中鄂伦春族学生38人,校舍面积400平方米。

1990年,新生中学有3个教学班,教职工11人,在校生52人,其中鄂伦春族学生14人;学校占地面积6 980平方米,校舍面积652平方米,设有综合实验室1个。新生中心小学有6个教学班,教职工10人,在校生92人,其中鄂伦春族学生32人;占地面积4 600平方米,设有综合实验室、卫生室。1991年,新生中学获省首届青少年科技生物竞赛一等奖,1993年获省第二届青少年科技百科竞赛一等奖、国家青少年活动三等奖,并被评为省科技活动先进校。同年,新生中学被黑河市命名为特色化学校。1994年新生中学被黑河市批准为合格初中。1995年,新生中学有3个教学班,教职工11人,在校生65人,其中鄂伦春族学生17人;学校占地面积10 659平方米,校舍面积792平方米。新生中心小学有5个教学班,教职工9人,在校生97人,其中鄂伦春族学生32人。被评为黑河市双全学校。

1996年,爱辉区教育局下发《关于加强新生鄂族教育的决定》,确定第二中学与第六小学为鄂伦春民族学校的联谊校,担负起全方位的帮扶任务。在第二中学与第六小学的积极协助下,新生鄂伦春学校在各个方面都有了较大起色。同年,区教育局取消了鄂伦春民族学校的代课教师,对学历不达标的教师调离岗位,同时在当年优秀毕业生中择优分配到新生学校任教,使教师学历水平再上一个新台阶。

1998年秋,新生中小学再度合并为九年一贯制学校。同年,省、市、区、乡共投资95万元建教学楼1 122平方米,达到省示范初中标准。在省"实普"验收中,新生鄂伦春民族学校购进中学理化生及小学自然、数学仪器342种,总计1 254件,完全达到国家教委1993年配备标准。之后的3年间,又在山区学校中率先配置微机16台,购进图书4 350册,建起花坛、球场、植物园,铺设甬道,学校面貌焕然一新,达到省级合格学校标准。

虽然教育经费的投入不再由乡、村负责,但是新生乡党委、政府不断地对教育进行投入,以改善办学条件。2000年8月的暑期,龙卷风突袭校园,造成教学楼和平房铁瓦盖全部被刮掉,乡政府迅速调集人员及资金进行维修,直接投入资金5.35万元,保证了9月份的正常开学。2000年,全区有鄂伦春族学生83人,其中中学生47人,小学生36人。新生鄂伦春族乡学校有9个教学班,在校生161人。其中中学4个班,在校生80人,鄂伦春族学生22人。小学5个教学班,在校生81人,其中鄂伦春族学生13人。教职工34人,其中鄂伦春族教师10人。

2003年,新生乡政府争取资金44万元,改造学生宿舍700平方米,修水泥路500多平方米,铺彩砖400多平方米,新建了厕所和旗杆座。当年被省规划办评为省级优秀实验校。2004年新生村共投入2 500元用于学校平整操场。同年新生鄂伦春族乡学校被省政府命名为民族教育先进集体。

2005年,新生乡政府投入1万元为学生购置校服,更换教师办公桌椅。新生鄂伦春族乡学校有9个教学班、在校生119人,其中鄂伦春族学生32人,占学生总数的27%;中小学入学率全部达到100%;15周岁完成初等教育率为100%;17周岁初级中等教育完成率为100%;中小学毕业生及格率为100%;中小学多年无辍学生。学校有教职工25人,其中鄂伦春族教师8人,全校教师学历达标率为100%。学校占地面积1.8万平方米,校舍面积2 300平方米,设有综合实验室、图书阅览室、体育室、音乐室、劳技室、卫生室,学校藏书6 224册,办学条件明显改善。被市教育局评估为中小学市级一类学校和黑河市信息技术教育合格学校,同时被评为区级农村九年一贯制学校一等学校。

鄂伦春族教育事业始终得到党和政府的高度重视,国家民委、国家教委以及省委、省政府的主要领导都曾到新生乡中、小学视察,对鄂伦春族教育提出宝贵意见。黑河市委、市政府,爱辉区委、区政府领导经常深入到新生乡中、小学检查指导工作。从1981年开始对鄂伦春族学生的助学金进行调整,中学由每年100元提高到140元,小学由50元提高到100元。到2005年仍在执行此标准。爱辉区曾先后派出2批共8名教师到新生乡进行为期2年的支教工作。党和政府为了鼓励鄂伦春族学生考入高中、中专、大学,采取了保送、降低分数段、办大学预科班等优惠政策。在党的民族政策的照顾下,从恢复高考至2005年,有10人考入大学本科,7人考入大专,8人考入中专,14人考入师范。刘翠兰、刘晓春、刘晓军大学毕业后考上了博士或硕士研究生。

三、达斡尔族教育

1983年,坤河中学有3个教学班,在校生68人,教师8人。1984年8月,经省政府批准成立坤河达斡尔族满族乡。乡政府成立以后,组建了坤河乡中心校,坤河乡中心校分管7所学校。1985年,全市有达斡尔族中学生153人,小学生229人。坤河中学有3个教学班,在校生85人,其中达斡尔族学生41人;教职工13人。坤河乡6所小学,有19个教学班,在校生341人,其中达斡尔族学生87人,教职工16人。1986年,坤河中学被批准为达斡尔族满族单设校。1990年全市有达斡尔族中学生202人,小学生340人。1990年6月,坤河中学教学楼竣工,面积为1 074平方米,校舍总面积1 388平方米,占地面积22 000平方米。1995年全区有达斡尔族小学生398人,中学生245人。坤河中学有7个教学班,在校生175人,其中达斡尔族学生为53人,教职工17人。坤河乡6所小学有25个教学班,在校生276人,其中达斡尔族学生99人,教职工18人。坤河中学被黑河市批准为合格初中,6所小学全部为合格小学。1999年10月,坤河乡中学与坤河乡中心小学合并,为九年一贯制学校,校名为坤河达斡尔族满族乡民族学校。2000年,全区有达斡尔族学生659人;其中,中学生338人,小学生321人。坤河达斡尔族满族乡民族学校有10个教学班,在校生223人。其中,中学5个教学班,在校生176人,达斡尔族学生80人。小学5个教学班,在校生47人,达斡尔族学生30人。学校占地面积16 700平方米,校舍面积1 684平方米,设有物理、化学、生物实验室、微机室、图书阅览室、活动室、卫生室。所属新民、红旗、兰旗、黄旗营子、富拉尔基5所小学,有15个教学班,在校生160人,其中达斡尔族学生41人,教师14人。5所小学占地面积27 800平方米,校舍面积1 750平方米,设有小学综合实验室5个,图书阅览室4个。2003年8月新增生活住房496平方米,维修寝室384平方米;当年9月合并了所属的新民、红旗、兰旗、黄旗营子、富拉尔基5所小学。到2005年,全校初中4个教学班,在校生138人,其中达斡尔族学生75人,教师22人;小学5个教学班,在校生156人,其中达斡尔族学生78人,教师20人;学校占地面积7 800平方米,校舍面积2 464平方米。

达斡尔族教育得到各级党委和政府的重视,国家民委、国家教委、省委、省政府的领导先后到学校视察工作。市、区、乡党委和政府对发展达斡尔族教育采取了特殊的优惠政策,实行达斡尔族单办校,在经费、设备、教师配备等给予优先和照顾。在学生入学、就学、升学都给予照顾,通过降低分数线,单独下达招生计划等优惠政策,鼓励达斡尔族学生升学。从恢复高考到2005年,达斡尔族学生有24人考入大学本科,有的本科毕业后考上硕士研究生。有29人考入大学专科,54人考入中专,40人考入师范。

第八节　特殊教育

据1990年调查,全市有盲、聋、哑儿童8人,市内1人,其余散居于农村。弱智儿童112人(8～15周岁),多数已就近入学,一年级36人(市内35人),二年级17人(市内10人),三年级16人(市内12人),四年级17人(市内12人),五年级16人(市内13人),六年级10人(市内9人),其余11人散居于农村没有入学,多为盲、聋、哑儿童。

1990年6月,黑河市教育局制订《黑河市特殊教育事业发展规划》,确定了特殊教育的发展方针、培养目标和发展规模;10月,开始筹办第四小学特教班。1991年5月,特教班正式开班授课;有学生7人,专职教师3人。其他残疾适龄儿童就近入学,随班就读。1992年,全市残疾儿童入学率92.86%。1993年特教班改为聋儿语训部,3名教师全是特师毕业。爱辉区的特殊教育受到国务院残疾人协调委员会、中国残疾人联合会、民政部和国家教委联合通报表彰。当年全区残疾儿童入学率94.12%。1999年,全区有残疾适龄儿童103人,其中89名弱智儿童随班就读,9名听残儿童在第四小学聋儿语训班学习。经有关部门鉴定,聋儿语训班中的7名聋儿通过了国家四级听力语言康复评估标准,得到省教委、省残联的表彰。2001年聋儿语训部被省残工委评为先进集体;2002年被评为全国助残康复先进集体。

2005年,爱辉区有残疾儿童74人,其中9人失去学习能力,实有适龄残疾儿童65人,已经入学62人,残疾儿童入学率95.38%;在校62名残疾儿童中,智力残疾35人,躯体残疾10人,视力残疾3人,听力残疾14人;有55名残疾儿童在普通中小学就近随班就读,有7名听力残疾儿童在普通小学特设班(逸夫小学聋儿语训部)进行听力训练与学习。

截至2005年末,聋儿语训部已相继招收了16名智力障碍儿童;连同其他各校随班就读的共有38名各类残疾儿童毕业。聋儿语训部作为爱辉区特殊教育的主要基地,注意向社会、向家庭宣传残疾人保障法和九年义务教育法,让残疾儿童的家长懂得送子女上学的重要性与必要性。同时经常协助有关部门开展社区聋儿康复教育指导工作,并为残疾儿童入学提供方便条件,允许残疾儿童自由择校,并免收杂费,对不能入学的残疾儿童实行教师送课到家。

第九节 职业教育

一、概 况

"七五""八五"期间,黑河市制订并实施《职业教育发展规划》,职业教育在改革开放中得到长足发展。20世纪80年代初,黑河市先后建立了职业技术高中与农业技术高中。1985年职业技术高中与农业技术高中在校生466人,职业高中与普通高中在校生之间的比例为29.7%。同年,倡导在普通中小学教学中引进职教因素,并在农村办起3所四年制初中,增加了专业课教学。1990年,职业技术高中与农业技术高中在校生643人;职业高中与普通高中在校生之间的比例为43.3%。1991年,社会团体创办了中华职业学校,招收初、高中毕业生与社会青年。1995年,职业技术高中与农业技术高中在校生791人;职业高中与普通高中在校生之间的比例为58.98%。1996年开始在初中二年级或三年级实行分流,部分学生提早进入职业学校接受专业教育。2000年,制定出台《关于职普融通的实施意见》,采取分流、联办、共享三种模式在基础教育中全面引进职教因素,并为分流学生制定优惠政策,有效地扩大了职业学校的生源,为职业教育的逐步发展壮大奠定了基础。2005年,爱辉区职业学校在校生334人,分8个专业;同时在初级中学开展初二、初三分流工作,初中学生可以在职业学校挂"双学籍",接受职业教育。

职业学校开展面向农村的劳动力培训工作,加大为"三农"的服务力度,为新农村建设服务。每年组织农学专业教师开展送科技下乡活动,深入到田间地头,指导农民播种、施肥、治虫害,并在农闲期间为农民上农业技术推广课,年平均培训4 000多人次。2000年以来,在全区各村屯累计推广玉米、小麦、大豆等新品种30万亩,农民年增加纯收入1 200万元。

二、职业学校

(一)职业技术高中

1985年,黑河市职业技术高中招生200人,学制3年,开设了铁路线路、旅游、服装、电力等专业,为北黑铁路、西沟电站、对俄旅游培养专业人才。同年5月,在省服装专业研究中心举办的职业中学学生服装裁剪"希望杯"比赛中,黑河市职业技术高中获乙组团体总分第三名。11月,在省电子专业研究中心举办的职业中学学生电子理论考核与实践操作“天鹅杯”比赛中，职业技术高中荣获乙组团体亚军。12 月，在黑河地区服装专业教研中心举办的职业中学学生“萌芽杯”比赛中，荣获高三组第一名，高二组第二名，捧回首届“萌芽杯”。1986 年，在省职业高中联合检查中获得 993 分，被省教委确立为黑龙江省重点甲级校。1987 年，学校进行了文化课与专业课教学相结合的探讨实践，在全省财会、幼师、缝纫专业对口比赛中榜上有名。1988 年，154 名毕业生上岗就业，占毕业生总数 77%。1990 年，移地新建 4 400 平方米教学楼，占地 2 万平方米。教学楼内除办公室和教室外，设有语音室、微机室、专业实习室等，基本上满足了教学和实习的需要。到 1992 年，黑河市职业高中共招生 2 020 人，毕业生 7 届共计 1 300 人。1993 年 3 月，在“两撤两建”中，黑河市职业技术高中划归黑河市（地级）管理。

（二）农业技术高中

1984 年，市教育局与市农牧渔业局在市农业技术推广中心创办了黑河市农业技术高中。1985 年，市政府拨款 10 万元，在幸福乡小黑河村建设了建筑面积为 800 多平方米的农业技术高中。招收畜牧专业班学生 50 人。1986 年政府拨款 16 万元改善办学条件。2 年中，学校领导、教师先后 5 次到农村调查，走访了 5 个乡镇，17 个自然村及 32 名学生家长，了解农村土地承包后的经济形势与家长的愿望。根据了解的情况，1987 年，学校把 84 级农学专业改为农学兼蔬菜专业，并在第二课堂增设了裁剪、缝纫、家电维修等辅助专业。1990 年 6 月，市五大班子及市直属部、委、办、局的主要领导视察了农业技术高中。市委书记张文树指出，教育工作要向职业教育倾斜。市委常委会制定了发展职业技术教育的倾斜政策及具体措施，决定农技高中学生吃平价粮油，政府每月给每生补助 15 元助学金。1991 年，与北安农校联合办学，有在校生 119 人，4 个教学班，开设农学、园艺 2 个专业，一、二年级按北安农校教学计划授课、实习、考核和发证。当年，进一步完善联合办学机制，上挂北安农业学校，横联龙江县农技高中，办学走出了低谷。同年，破土动工兴建 2 000 平方米的教学楼。教学实习基地由 2 亩增加到 255 亩，办起了农场，建温室 2 个，塑料大棚 2 栋，保护地面积 1 064 平方米。1992 年，教学楼交付使用，设立了植物标本、语音、微机等学习室，为采用现代化教学手段准备了条件，开设了财会、旅游、服务、外贸俄语、计算机应用等专业，为对俄贸易、旅游、劳务输出培养了人才。同时，扩展了教学实习基地服务项目，成立了植物诊所、卫生室，开办了实习饭店。在市区成立了分校，设立了业务咨询服务机构，推广良种，出售农药，传递信息。1995 年，爱辉区以农业技术高中为龙头，实施“燎原计划”“丰收计划”，推动“两高一优”农业的发展和区域性经济的振兴，在学校开设了电算会计、农村多种经营等专业。农场和校办企业在北疆农业科研所的指导下，培育了大豆、小麦优良品种，成立了面向农民的咨询服务公司。当年，为农民提供小表优良品种 50 吨。1996 年，经省教委批准，学校成立了爱辉区成人中专，上挂黑龙江大学、东北农学院，横联北京昌平农技高中，并与市农业技术推广中心、畜牧局、农

爱辉区农业技术高中　　1995 年 5 月摄

委、科委、劳动等部门协作,全方位联合办学,在校生达800多人。同时发展校办企业,参与市场经济,与上海、苏州等地客商结成贸易伙伴,为学校发展积累资金。改革学校管理体制,实行学校、分校、农场三位一体和责、权、利目标管理办法。当年,引进推广玉米优良品种13吨,为全区推广玉米大双覆项目作出了贡献。学校与北疆科研所被黑河市政府授予"科教兴市"先进单位。1997年,学校与省经济干部管理学院、省教育学院、爱辉区武装部联合办学,开办了经济管理和现役军人预备班。为了加强农技高中的内部建设,学校3次到省内外兄弟学校学习考察学校内部管理与基地建设、经营管理的经验。学校投资35.8万元,扩建了教育教学实验实习基地。农技高中成为爱辉区人才培训、科技示范、良种培育、技术推广、信息服务、业务咨询的服务中心和全区农业会议现场。2000年,筹资10万元建起了土肥实验室、组织培养室,为农民测土壤性质,配方施肥。同年,从海兰边境贸易公司引资80万元,建起24栋塑料大棚和3栋温室蔬菜大棚,带动农民向外向型经济发展。

2002年9月,爱辉区农业广播学校、爱辉区农机校并入农技高中。2003年被区编委批准加挂爱辉区农民科技培训中心牌子。2004年5月,农技高中更名为爱辉区职业技术学校;同年,被省教育厅、区政府确定为农村劳动力转移培训基地。2004年学校进行转移劳动力培训3 070人,其中技能性培训1 170人,引导性培训1 900人(黑河市引导性培训500人,爱辉区引导性培训1 400人)。2005年,爱辉区职业技术学校被区政府批准为贫困劳动力转移培训中心。当年进行转移劳动力培训1 500人,其中技能性培训500人,引导性培训1 000人。贫困劳动力转移培训645人,转移275人。学校拥有资产560万元,占地面积1.2万平方米,建筑面积4 230平方米,开设计算机应用、养殖、种植、汽车修理、幼师、美术装璜、服装设计与工艺8个专业高中、中专班。与省经济管理干部学院、黑龙江大学、东北农业大学、省教育学院、哈尔滨幼儿师范学校、哈尔滨机械工程学校、黑龙江生物科技学院、区委组织部、区人事局、区劳动局联合办学,开办了餐饮家政服务、财会、法律、中文、计算机、经济管理、农业教育、幼儿教育等7个专业本科、专科、中专等各类学历及技能培训班。短班每年短训达3 600余人次。学校有一支教学经验丰富,在其专业领域享有较高声望的师资队伍。中级职称以上教师44人,其中高级教师28人,中级教师16人。具备开设餐饮服务、家政服务、数控技术、外语翻译、旅游服务、市场营销、保安、物业管理、电子操作、汽车驾驶与维修、幼儿教育、美术装潢、服装设计与制作工艺、计算机应用、焊接技术等15个专业的师资力量。学校创立了"学校+农户+学生+公司+客商"的一体化的带动产业经济模式。其精髓是用教育普及科学技术知识,推广优秀农业科学研究成果,促进地方经济的发展,再向农业高新技术园区过渡。在高纬高寒地区走出了一条全年种植作物与设施农业相结合的新路。有关的经验在2001年3月20日的《黑龙江日报》、2001年4月2日的《中国教育报》上进行了介绍;2001年被确定为全国"十五"规划课题,2002年代表黑龙江省参加了全国职教成果展。

针对全区种植作物单一,生产水平较低,机械化水平不高,农民生产技术水平和综合素质不高的实际情况,自2000年以来,学校坚持开展"科普之冬"送科技下乡活动,结合各乡镇、村屯实际,培养一批觉悟高、懂科技、善经营的新型农民,共培训农民1.5万余人次,每次培训,在教学时间、授课内容、师资配置及培训对象都作以详细安排。并在有代表性的村(屯)设立农业试验、示范区,以学校农科所为依托,以项目为载体,有针对性地实施培训,加速了新产品、新技术的推广速度,每年可增加农民收入1 600万元。

学校积极实施农业良种化工程。自2000年以来承担了黑龙江省第四积温带大豆品种区域试验和生产试验,先后协助审定黑河27号高油大豆、合丰42号高油大豆、黑河30号大豆新品种,累计推广面积近10万亩,年增纯收入400万元。实现了开展一个项目、应用一种技术、形成一种模式、致富一方农民的思路。

第十节　成人教育

一、农民教育

1983年，爱辉县有农业人口45 658人，其中青壮年农民11 685人，文盲、半文盲791人，小学文化程度3 868人，初中文化程度5 006人，高中文化程度2 020人。当年6月，市、县合并，调整了黑河市工农教育委员会，主任李忠祥（市委副书记、市长），副主任程慧琴（市委常委、副市长），下设办公室。市政府与各乡镇政府领导签订合同，市工农教育办与乡镇专职干部签订承包合同，对农民教育实行目标管理。12月6—8日，行署教育局在黑河市召开农民教育现场会，推行岗位责任制经验。截止当年末，全市乡镇办学面为100%，村办学面为65%，青壮年农民入学率达65%。1984年10月，市委市政府调整充实市工农教育委员会，主任张中元（市委副书记），副主任程慧琴（常委、副市长），孙维俊、关万芳（副市长），张存玉（市教育局局长）。同年12月15—16日，市政府召开农民教育工作会议，表彰奖励了幸福、四嘉子、北师河等乡镇。1985年，乡镇办学面100%，村办学面为69%。办扫盲班23个，学员136人；办小学班25个，学员512人；办中学班17个，学员357人。市、乡、村三级农民文化技术学校办各类技术培训班231期，培训10 848人次，占应学习的77.2%。幸福、四嘉子、爱辉、西峰山、上马厂等乡镇受到市工农教育委员会的表彰和奖励。1986年，乡、村办各类学习班180期。河南屯村韭菜专业户谭金亭办韭菜栽培技术培训班，全村110户有105户参加学习。1988年8月，市委、市政府下发《黑河市扫除文盲规划》。1989年，全市各乡镇政府认真落实《黑河市扫除文盲规划》，均办起农民实体校，配备校长、教师和教学设备，对一部分青壮年农民进行常年的文化、技术培训。全市有101个村办起了民校，占村屯总数的96%，年内扫除文盲122人。同时组织253名脱盲学员进入小学班学习，183人结业。市科委、科协、妇联、共青团、人武部、农技推广中心、农业局、农机局、社企局等办各类农业技术培训班173期，培训16 693人次。当年，乡、村办各类技术培训班129期，培训人数达12 992人次。在1990年国际扫盲年，市委、市政府在爱辉镇召开扫盲工作现场会。城乡张贴扫盲标语3 000多份，散发国务院颁发的《扫除文盲工作条例》1 500多份，形成了浓厚的扫盲氛围。市工农教育办下发了《黑河市农民教育专职干部岗位责任制》《黑河市农村成人教育目标管理责任》《黑河市1990—1991年成人教育目标管理方案》。11月27—28日，市委、市政府召开扫盲工作会议。在国际扫盲年的推动下，乡镇办学达100%。全市办扫盲班49个，有专兼职教师183人，学员385人。有164人脱盲，并转入小学班学习，文盲率下降到2%。市、乡镇、村举办各种农业技术、多种经营、蔬菜等各类培训班298期，培训10 125人次，占青壮年的52%。其中知识青年为7 180人，占知识青年总数的78%。

1991年1月，全市开始实施《“八五”期间成人教育发展规划》。8月，黑河市工农教育办下发了《关于扫除青壮年文盲的十条规定》。年内，市工农教育办和乡镇分别举办成人教育、农民教育培训班，对校长、农教专职干部、骨干教师进行政治、业务培训。在扫盲教学工作中，推广了爱辉镇扫盲教师张霞的教学法。市、乡、村办学面为100%，扫盲班58个，学员402人，有140人脱盲。办小学班42个，281名学员参加学习。全市举办各类农业技术和农林实用技术培训班312期，培训10 894人次，其中乡、村两级办班216期，培训7 321人次。西岗子、四嘉子、上马厂、张地营子等乡镇的农民实体校获市甲级校称号。1992年2月，市委、市政府召开了农科教结合和扫除青壮年文盲工作会议，并成立了以市委常委、副市长卢寿绵为组长的黑河市农、科、教统筹结合领导小组。3月，市工农教育办下发了《文盲普查制度》等7项扫盲制度，将扫盲工作纳入制度化的轨道，做到文盲、法盲、科盲一起扫。全市办扫盲班73个，学员336人；办小学班15个，学员118人；有104名文盲脱盲，适时转入小学班学习。全市共办各类技术培训班284期，培训10 019人次，其中村办183期，培训8 120人次。1993

年，爱辉区政府下发了《关于认真贯彻国务院修改后的扫除文盲工作条例》的通知。全年办扫盲班、组55个，学员为324人，办脱盲后小学班17个，学员为189人，有102人脱盲。新生鄂伦春族乡在庆祝定居40周年前夕，扫除了全乡所有文盲，率先在全区实现无盲乡。当年全区举办各类培训班218期，培训21 284人次，其中乡镇办班121期，培训11 104人次，村办班87期，培训5 854人次。1994年1月，区政府召开爱辉区扫盲工作会议和“两基”工作会议。2月，215名扫盲工作人员深入到全区各工厂、农林牧场和乡镇、村屯，进行文化普查，对15～40岁的青壮年文盲、半文盲进行逐户逐人的登记落实。经普查，全区共有青壮年文盲、半文盲818人，参加学习人数为780人，占文盲总数的98%。3月，省教委副主任王文良检查爱辉区扫盲迎检准备情况。7月，爱辉区对城乡扫盲工作进行全面检查验收，全区共扫除青壮年文盲124人，青壮年文盲率降低到0.86%，脱盲人员的巩固率为100%。8月末，省政府代表国务院对爱辉区扫盲工作进行检查验收，颁发了“扫除青壮年文盲先进单位”奖牌。1995年，全区办扫盲班30个，学员412人，扫除文盲94人，使青壮年文盲率下降到0.73%。办脱盲巩固班和小学班74个，学员达356人，结业320人。全区办各类技术培训班237期，培训14 596人次。1996年，区、乡、村举办各类农业技术和农村常用技术培训班238期，培训18 325人次。举办各种扫盲班29个，学员352人，有89人脱盲，文盲率下降到0.61%。办小学班21个，学员279人。1997年2月，区委、区政府召开了农民教育工作会议，下发了《爱辉区关于深化农村教育改革实施方案》。年内，全区办各类培训班282期，培训16 938人次。办扫盲班19个，学员351人，扫除文盲122人，文盲率下降到0.34%。办乡镇农民实体校12所，办学面为100%。乡甲级校8所，占67%，村甲级校31所，占30%。1998年2月，区政府调整爱辉区成人教育领导小组，副区长郭建华任组长。全年扫除青壮年文盲57人，举办各种农业技术、农村实用技术培训班539期，培训37 813人次。1999年6月，副区长朱家明为爱辉区成人教育领导小组组长。全年扫除青壮年文盲47人，举办各种农业技术、农村实用技术培训班520期，培训34 570人次。2000年，扫除青壮年文盲19人，举办农业技术、农村实用技术培训班517期，培训32 427人次。

2001—2005年，随着人事制度改革，一批年轻的专职干部进入乡镇成人教育队伍，区教育局对成人教育专职人员举办2次培训班，提高了成人专职人员的政治和业务素质。为加强乡、村两级成人文化技术学校建设，区教育局加大了投入力度，在教育经费紧缺的情况下，为成人文化技术学校增添了桌椅等设备设施，民校建设得到加强，民校利用率达100%。各民校扎实有效地开展了各种培训活动，结合“燎原之冬”和送科技下乡活动，各乡镇结合本地实际、利用冬春农闲时机，开展行之有效的培训活动，农民培训率达92%以上。农民掌握了先进的科学技术，种植大户、养殖大户不断增多，农民收入不断堤高。各民校加大了扫盲工作的力度，较好地完成了扫盲工作任务，堵住了新文盲的产生。同时连续开展了“燎原之冬”活动，平均每年开办各类培训班400多期，年培训青壮年农民3万多人次，组织广播讲座50余次，听讲人数1.5万人次，培训率达到95%以上。农村成人文化技术学校得到加强，全区建有88所成人文化技术学校，已有2所达到了市级示范校水平。

二、职工教育

1981年，按照中共中央、国务院《关于加强职工教育工作的决定》的指示精神，爱辉县和黑河市开展职工文化补习和技术培训工作。到1983年，在全市15 984名职工中属文化补习对象的为6 751人，技术补课对象为4 205人。在市属党委23个系统中有9个系统成立了职工教育科(股)，占总数的45%，有11个系统配备了职工教育专兼职干部，占总数的55%，办学面达到100%。全市有专职干部36人，专职教师26人，兼职教师48人。经市工农教育办统一考试，全年有1 653人合格，合格人数占41%。当年9月，市工农教育办开办职工高中班，吸收双补(青壮年职工文化、技术补课)合格的人继续学习，学员360人。1985年8月26日，市委、市政府召开了全市职工教育工作会议。1984—1986年，市工农教育办组织“双补”职工进行11次结业考试，有3 725人合格，获“双补”合格证。“双补”

合格率达到96.3%。1986年末,经黑河地区职工教育联合验收小组检查验收,"双补"合格率为83%,超过省规定3%。1987年,对1970—1980年"双补"合格的职工,进行职工高中教育。1988—1990年,各系统及单位办各类岗位技术培训班196个,培训职工9 829人,占"七五"期间应培训的85.6%,其中中级培训2 296人,占总数的36.4%,送省学习2 950人,职工高中教育有300人毕业。1991年,办各类岗位培训班22个,培训1 990人,职工高中教育毕业287人。从1992年5月开始,在全市职工中开展扫除文盲工作,当年办各类岗位培训班52个,培训4 400人,职工高中教育毕业120人。1993年,办各类岗位培训班81个,培训4 803人,职工高中教育307人毕业。1994年,办各类岗位培训班91个,培训5 140人,职工高中教育430人毕业。到1994年末,共扫除青壮年职工文盲、半文盲62人,顺利通过"两基"验收。1995年,办各类岗位培训班77个,培训3 767人。1996年,办各类岗位培训班51个,培训3 100人。1997年,办各类岗位培训班30个,培训4 100人。1998年,办各类岗位培训班118期,培训2 440人。1999年,举办各类岗位培训班112期,培训职工2 568人。2000—2005年,举办各类岗位培训班325期,培训职工5 670人。

三、社会办学

20世纪80年代,开始逐步兴起社会力量办学。1990年,全市社会团体办学单位有24个,私人办学5个,共举办各类培训班91期,参加学习5 007人,结业4 757人,开设专业有俄语、书法、音乐、幼儿教育、美术、服装裁剪、财会、高中补习和大中专考前辅导等。1992年3月,黑河市被国务院辟为沿边开放城市,中俄双方边贸进一步发展。黑龙江大学俄语系在黑河开办俄语学习班,培训了一批个体经商者,对边贸发展起到积极促进作用。1995年社会团体办学39个,私人办学16个,举办各类培训班217期,培训10 911人。开设的专业有俄语基础、俄语商业用语、珠算、书法、美术、音乐、刺绣、服装裁剪、高中补习、大中专考前辅导、幼儿教育等。1998—2000年,全区社会力量办学开设的专业有计算机、服装裁剪、英语培训、美术绘画、音乐舞蹈、幼儿教育,其中以幼儿教育居多。1998年,社会力量办学单位57个,培训1 040人。1999年,社会力量办学单位68个,培训1 587人。2000年,社会力量办学单位91个,培训2 447人。

2001—2005年,民办教育发展迅速,同时呈现出办学主体多元化、办学门类多样化、办学专业多层次的特点。办学单位各具特色,为社会培养了大批人才,满足了社会对不同教育的需求,为地方经济建设起到了推动作用。这一时期,全区各层次民办教育有教职工500余人,学员近7 000人,教师多为专职聘任制,师资队伍相对稳定,整体水平较高,部分办学单位为教职工办理了医疗养老保险。从2004年开始,民办教育教师同公办教师在教师节受到区政府的同等奖励。到2005年,登记注册的民办教育机构达到94家,其中民办幼儿园36所,外语培训班、服装培训班、书画班、舞蹈班、琴类班、作文辅导等其他班58个。初步形成了高、中、低档次同在,大、中、小规模并存的格局。

第十一节 教 师

一、思想政治建设

1997年,全区教育系统开展了"讲文明、树新风"活动,重塑师表形象,建设文明校风,创造讲文明的学校小气候和社会大氛围。2000年,爱辉区出台了《关于加强教师职业道德建设实施方案》。2002年开展"修师德、树师风、铸师魂"活动,各学校制定了内容详细的师德标准。在教师节评选出10名十佳师德标兵,在全区树立了一批师德榜样,形成了良好的教育风气。

"十五"期间,爱辉区以基础教育课程改革为前提,围绕素质教育与师德师风建设开展各层次的教师业务素质培训,使广大教师的综合业务能力普遍提高。通过考试、考核、民主评议、竞聘等形式,选拔了一批优秀中青年教师担任中小学领导工作,使各校领导班子实现了科学化、年轻化、制度化。评比出省、市、区级师德标兵校长、教师 35 人次。教育系统发展党员 52 人,中青年教师占绝大多数。教育党委、各基层党支部积极培养青年教师,组织青年教师参加区委举办的后备干部培训班,入党积极分子培训班。广大教师的思想觉悟有了进一步提高,更新了教育观念,转变了教育思想,增强了探索精神与科研能力。涌现出国家级骨干教师 3 人,省级骨干教师 19 人,市级骨干老师 89 人,区级骨干教师 169 人,形成了一支教研、科研骨干队伍。

二、教师学历

20 世纪 80 年代,全市中小学教师通过各级教师进修部门的学历教育,学历达标率逐年提高,部分小学、初中教师已取得大学专科和本科学历。并且经过系统严格的业务培训和教育改革实践的锻炼,课堂教学与课外辅导的综合业务能力普遍提高,实现了由知识型向业务型的转变和由业务型向科研型转变。从 1990 年开始,补充新教师一律为师范院校和其他院校适合担任教师工作的毕业生。1993 年以后,教师队伍开始稳定,骨干教师不再外流。1998 年,全区小学教师专科学历达 20%,初中教师本科学历达 18%。1999—2000 年,中小学教师超标达标率继续上升。2000 年,爱辉区提出小学教师要逐步达到专科学历,初中教师要逐步达到本科学历,高中教师要有研究生学历,并向教育专家方向努力的长远目标。“十五”期末,全区专任教师学历达标率分别为小学 100%,初中 97%、普通高中 96%、职业高中 89%。其中,小学教师专科以上学历占 70%,初中教师本科学历占 65%。

三、教师来源

教师主要来源于师范类院校毕业生的分配,在 20 世纪 80 年代,由于师范类毕业生相对紧缺,农村学校仍有部分代课教师。20 世纪 80 年代以后,农业技术高中师资主要由省内各农业院校毕业生补充。1995 年前,农村山区中小学有代课教师 130 多人,城内及郊区中小学教师超编,农村山区中小学合格教师严重缺乏。1998 年后,师范学校毕业生增多,逐步辞退了原有代课教师,改由师范毕业生顶岗。1998 年实行毕业生与用人学校双向选择制度,逐步取消了毕业生包分配政策。此后,师范类毕业生过剩,待业毕业生逐年增加,就业压力较大。“十五”期间,根据全区中小学教师需求情况,先后安置和面向社会招聘大中专毕业生 190 人。其中,2000 年招聘 57 人,2002 年招聘英语专业毕业生 16 人,2004 年招聘 22 人,2005 年招聘 42 人,先后安置大中专毕业生 53 人。新招聘的毕业生补充到中小学后缓解了教师紧缺的问题,提高了教师队伍的素质,收到良好效果。2004 年末,爱辉区教育系统进行了人事制度改革,在本次改革中,全区聘任教职工 1 401 人,其中校长 76 人、教师 1 246 人、工勤人员 79 人;全区分流教职工 391 人,其中提前退休 24 人、提前退养 344 人、病退 23 人。到 2005 年末,全区共有教职工 1 401 人,专任教师 1 318 人,其中小学教师 750 人,初中教师 442 人,普通高中教师 78 人,职业高中教师 48 人,教师平均年龄 33 岁。

四、教师培训

(一)培训机构

1983 年,爱辉县教师进修学校与黑河市教育学校合并为黑河市教育学校,有教职员工 31 人。其中,进修处 5 人,教研处 9 人,干训处 2 人,电化教研馆 4 人,资料室 2 人,办公室 2 人。各处设主任 1 人,年支经费 5 万余元。1988 年黑河市教育学校更名为黑河市教师进修学校,隶属于黑河市教育局。

黑河市教师进修学校担负着全市教师培训任务,随着业务范围的扩大,教师进修学校陆续设置了中小学教研室、中函部、干训部、师训部、电教部、教师自考办、高中会考办等培训机构。1990 年,教师进修学校设立了卫星电视地面接收站,录制中央台播发的教育教学节目,供教师培训使用。2004 年师训部与干训部合并,改称培训部。到2005年,进修学校有教职工29人,专任教师21人,培训部2人、中教部7人、小教部3人、电教信息艺体部5人、幼教部1人、科研所3人。学校年支经费7万余元,更换了数字卫星接收天线和数字接收机,购置了佳能A95数码相机,索尼DCR－HC1000E摄像机,把"小实体,多功能,大服务"作为学校发展和工作的目标,为全区教育提供教研、科研、培训服务。

(二)学历培训与继续教育

1983年,招收中师函授预备班2期,每期62人,学期半年。当年建立了市、乡、校三级教师进修网,有中师函授学员49人,有学员157人编入中师函授预备班。当时全市有小学教师514人,教材过关占97.08%。1984年,招收84级2个中函班,学员90人;招收中师函授预备班2期,学员118人;80级首批中函班学员毕业44人。1985年,招收85级中函学员105人,并在农村中心校设立6个函授点。制订《黑河市教育行政干部五年培训规划》。1986年,招收86级中函学员87人。举办了教材教法讲习班,170人参加学习。1987年,为配合中小学教师专业合格证书考试,举办了2期文化业务辅导班及有关讲座,成立了教师考核办公室。1988年,中函学员毕业60人,招收88级中函学员18人。1989年,85级中函学员结业63人。1990年,小学教师学历培训基本结束,开始继续教育准备工作。进行小学教师队伍现状调整与岗位培训现状调查,制订继续教育规划,开展学校管理业务讲座,召开德育工作年会。1991年,首批小学教师中级职务培训试点班开班,招收学员52人。同时开展了小学教师5项教学基本功全员训练,举办了首届小学校长岗位培训班。1992年,举办了第二期小学校长岗位培训班;88级中函学员毕业17人。1993年,按照省的要求,提前一年完成了小学校长岗位培训任务。1994年,参加黑河市教育学院组织的全市小学教育"五项基本功"大赛,爱辉区3名选手获团体总分第一名,个人全能第一、第二名。1995年,与市教育学院合办中学校长、中学骨干教师培训班;进行了全员"六项教学技能"训练,举办培训班1期;举办了"普九"学习班、教辅人员培训班。1996年,举办新教师培训班,转干与代课教师培训班各1期;素质教育培训班1期;举办小学班主任教师培训班5期;组织了班主任素质大赛与校长职能现场赛。1997年,举办小学教师"教学技能大赛",参赛选手61人;开展了中学教师全员"四项教学基本功"训练;举办了教育行政干部岗位培训班。1998年,教育党委与教师进修学校联合举办了3期小学校长、后备干部、组织干部培训班,71人参加培训;深入城乡中小学检查了小学"五项教学基本功""六项教学技能"与中学"四项教学基本功"训练情况;举办了新教师培训班。教师进修校一直鼓励中小学教师在职进行高学历进修和参加各级各种形式的培训班,并将文化知识在教学实践中转化为业务能力。到2000年,爱辉区小学教师具有专科学历的占58.7%,初中教师具有本科学历的占35.6%;小学专任教师学历达标率为99.8%,中学专任教师学历达标率为92.2%。2001年,干训部按照省市关于"十五"培训的文件精神制定下发了《爱辉区中小学校长全员培训工程方案》《爱辉区教育干部"十五"培训规划》,重新组建校长培训指挥系统,强化职能作用,开始"十五"培训;同年举办了"十五"首届小学校长提高培训班,培训学员65人。2002年暑期教育工作会议上,出台了《爱辉区教育股级干部暂行管理条例》,进一步完善了"持证上岗"制度;同年干训工作顺利通过省教育厅和市教育局评估检查,获市级优秀培训基地称号,并挂牌"黑龙江省中小学校长培训县(区)级培训基地"。2003年,举办教师任职资格培训班,培训70人;同年,组织全区中小学校长申报省市区骨干校长培养对象,经笔试、面试确定省级骨干校长培养对象5人、市级8人、区级25人,开始骨干校长的培养工作;同年,在上马厂中心学校举办了1期小学教师应急培训班,确定幸福中心学校作为乡镇学校校本培训试点校。2002—2003年,按照省教育厅及市、区两级教育局的文件精神,开展了教师计算机培训工作,共举办培训班24期,共计培训866人。其中846人参加了黑龙江省信息技术第一轮计算机初级考试的验证工作,顺利获得了省信息技术初级A档合格证书。截至2003年末,全区教师获信息初级合格证书共1 073人。2004年1月,组织参加省第二轮信息技术初级考试的培训,为期5天,培训41人;当年,组织了爱辉区中、小学音美教师专业素质提高培训工作，提升了音美教师的专业水平。同年暑期，举办 1 期中小学新教师岗前培训班，培训新教师 56 人。2004—2005 年，建立起全区国家省市区级骨干教师队伍，通过培养培训，发挥了辐射带动作用，促使全区师训工作步入繁荣时期。2005 年举办了区级小学骨干教师培训班，培训 78 人，其余省市区级骨干教师全员参加了国家及省、市培训，完成率 100%。同年，干训部代表黑河市迎省“十五”干训检查、调研，省检查团先后参观了省、市、区骨干校长所在学校黑河第二中学、黑河市第三小学、爱辉中学，并组织相关人员座谈、访谈，爱辉区的干训工作得到检查团的充分肯定。

五、教师职称及资格认定

（一）教师职称评聘

1987 年，黑河市教育系统首次开展专业技术职务评聘工作。截至 1988 年底，黑河市教育系统在现行岗位的高级教师 4 人、中级教师 183 人、初级教师 268 人，分别占在职专业教师的 0.3%、14.8%、23.1%。1990 年，有高级教师 19 人、中级教师 292 人、初级教师 574 人，分别占在职专业教师的 1.38%、21.22%、41.72%。1995 年末，有高级教师 40 人、中级教师 537 人、初级教师 784 人，分别占在职教师的 2.73%、36.68%、53.55%。2000 年，有高级教师 72 人、中级教师 734 人、初级教师 570 人，分别占教职工总数的 4.8%、49%、38%。“十五”期末，全区具有高级职称教师 92 人、占 6.9%，中级职称教师 634 人、占 47%，初级职称教师 483 人、占 36%。

（二）教师资格认定

2001 年爱辉区首次开展教师资格认定工作，截至 2002 年，认定初级中学教师资格 651 人，小学教师资格 382 人，幼儿园教师资格 31 人。“十五”期间，爱辉区在中小学全面推行了教师资格准入制度。教育局认真履行了教师资格认定职能。“十五”期间，共认定幼儿园教师资格 115 人，小学教师资格 1 172 人，初级中学教师资格 1 665 人。

六、教师待遇

爱辉区委（黑河市委）、区政府（市政府）坚持为教师办实事，优先为教师解决住房问题，为教师免费体检，优先安置教师子女就业，在全社会积极倡导和开展尊师重教活动。1984—1985 年，市政府投资 70 万元，解决农村教师住房 130 户，安置农村教师、家属“农转非”户口 398 人。1993 年，区政府投入 50 万元，教委发动教师集资 50 万元，建设 1 栋 4 300 平方米教师住宅楼。通过建新楼，串旧房等共为 114 户教师解决了住房。“十五”期间区政府安置了 16 名师范类毕业生教师子女就业。区委、区政府在教师节期间每年表彰一次优秀教育工作者，对教龄满 30 年以上的优秀教师授予荣誉称号，对在山区工作的教师工资向上浮动一级，作为岗位津贴，教龄满 30 年的教师退休后发全薪。2002 年，区政府将农村教师工资上划区财政拨款并与城区教师工资同等发放。“十五”期间全区教职工工资全额发放，到“十五”期末与市直工资持平，高于当地公务员工资水平；特级教师每月享受 80 元工资补贴，班主任每月享受 14 元班主任津贴。

七、离退休教师

1985 年，黑河市离退休教师为 87 人，1990 年为 99 人，到 2002 年增到 340 人，其中离休教师 11 人。“十五”期末，全区共有离退休教职工 766 人，其中，离休 10 人，退休 513 人，退职 7 人，离岗休养 236 人。在离退人员中，干部身份 691 人，工人身份 75 人，男 239 人，女 527 人。离退休人员中部分教师发挥余热，参加一些力所能及的社会工作或被学校聘用讲课等。多数老教师每天到老干部活动中心参加体育、文艺活动。

第十二节　教育科研

一、教学研究

1983年，在各校普遍开展观摩教学的基础上，黑河市教育局组织了全市中小学“最佳一节课”调讲会。1984年，举办首次小学生自然科学智力竞赛，30名学生参赛；第二中学进行了语文“六课型单元教学法”实验；实验小学和第二小学分别进行了“减少知识课，增加活动课，开发学生智力”的实验；教研室组织了中小学教师开展教案设计、写字、板书、珠算、外语口语比赛活动，召开了全市中小学“教改实验课”汇报会。1985年，召开农村复式教学现场经验交流会，12个乡镇的领导和教师30多人参加，在四嘉子、坤河、西岗子等乡镇巡回现场听课、交流复式教学经验。首次评选中小学教学改革能手，评出市级教改能手11人，优秀录像课10节，选拔地区教改能手5人，选送录像课4节，在黑河地区教改录像课评比中获一、二等奖。当年开展了三位一体教学活动，由教研室牵头，科研所、电教馆协助，深入农村学校开展教研活动，研究教材教法，组织观摩教学，举办专题讲座。寒假期间，举办了山区5个乡镇教师学习班和市内中学语文教师学习班。1986年，举办了中小学教师教学基本功比赛。1987年上半年举办了全市中小学部分学科教改成果交流会；12月召开了中小学教改成果汇报会，中小学13个学科31节录像课与现场课在大会上做了汇报，评出二等奖4人，三等奖9人，四等奖18人。1988年，组织中小学教改公开课、观摩课30次；进行了全市理、化、生实验教学大检查，检查城乡25所中小学，测试学生300余人次。1989年，组织了中小学大型教改公开课，听课教师800人次；组织了小学教师“春蚕奖”教学活动。1992年，分层次召开4次中小学主管业务校长会议，研究提高教学质量问题，实施了高中“两项改革”。1993年，举办了九年义务教育新大纲、新教材培训班，参加教师350人，占应培训教师80%以上；在中小学进行了新大纲、新教材实施实验；11月，举办了中小学使用新大纲、新教材观摩课。同年，教研员与一线教师共同撰写教学论文8篇，在《黑龙江教育》《黑河教育》上发表，并获省、市有关部门奖励。1994年，进修学校共组织市区中小学调讲课10次，参加教师89人，听课教师200多人。1995年，开展送课下乡活动。选拔优秀教师组成巡回讲课团，深入6个乡镇巡回讲课。1996年，召开“学习方法指导”研讨会，在中学教师中开展说课活动，教研工作由升学教育向素质教学转轨。1997年，在中学普遍开展说课活动，爱辉区在全省说课比赛中，获一等奖9人，二等奖7人，三等奖2人。1998年，在中学9个学科中开展并推广“素质教育优化课教学”活动，并于6月中旬进行了现场示范表演。在全区各小学开展了系列达标课活动，评选出爱辉区第二届小学各学科及幼儿教育最佳教师和优秀教师。当年全区评出省级中学骨干教师8人、小学骨干教师12人，市级中学骨干教师43人、小学骨干教师49人，区级中学骨干教师78人、小学骨干教师98人。1999年，说课在城乡中小学校广泛开展，有4名教师参加了黑河市说课大赛，1人获高中组一等奖，2人获初中组一等奖，1人获初中组二等奖。第二中学“同级复式分层递进教学”模式，第六小学“三四五”教学模式和“三三三”教学要求，实验小学的“四四五”教学法在实践中取得了初步成效。

2000年，小学教研部举办语文、数学和音乐学科新大纲培训，参加培训教师182人；组织教研活动9次，讲座14次。举办小学语文区级市内小学赛课6节，数学学科区级赛课4节，音乐学科区级赛课8节；小学各学科评选出市级教学能手25人，区级教学能手57人，市级最佳教师18人；音乐学科参加省级音乐教师基本功比赛，获得全能比赛一、二、三等奖各1人；思想品德学科刘北虹老师的优秀课在省教研会上展示，送课下乡1次。同年，中学教研部举办农村中学课改赛课，参赛教师35人，其中获一等奖8人，二等奖12人，三等奖15人；组织教研活动13次，专题讲座16次。举办了中学数学、物理、化学，英语各学科学生竞赛，有16人参加省级复赛，获一等奖8人。在参加省、市级录像课、说课及赛课活动中，各学科共有15人获一等奖。语文学科开展普通话培训，培训312人次。

2001 年,中学教研部举办各学科通识培训 1 次,参加教师 345 人;组织教研活动 16 次,专题讲座 15 次。小学语文、数学举办区级乡镇小学赛课 18 节,数学学科参加市级赛课 4 节,音乐学科区级赛课 8 节;小学各学科评选省级教学能手 10 人,省级最佳教师 2 人;音乐学科参加省级录象课比赛,获得一、二、”三等奖各 1 人;送课下乡 3 次。中学数学、物理、化学,英语各学科学生竞赛,有 21 人参加省级复赛,获一等奖 12 人;各学科组织开展教师基本功大赛,参赛教师 33 人,有 10 人获一等奖;送课下乡 3 次,其中教研员送课 4 节。语文学科开展普通话测试,测试人数达 200 人次。

2002 年,小学教研部举办语文、数学和音乐学科课标培训,参加教师 215 人,教材培训参加教师 154 人;组织教研活动 16 次,讲座 14 次;小学语文、数学举办区级赛课 11 节,音乐学科区级赛课 5 节;小学数学参加市级赛课 3 节,均获得一等奖;参加省级赛课 2 节,获得一等奖;小学音乐学科评选区级教学能手 5 人,市级教学能手 3 人,省级教学能手 1 人,区级最佳教师 2 人,市级最佳教师 1 人;送课下乡 2 次;小学教研部获得省级“注提”实验先进教研集体。中学教研部各学科进行课标培训,参加教师 346 人,组织教研活动 19 次,讲座 14 次;中学数学、物理、化学,英语各学科学生竞赛,有 35 人参加省级复赛,获一等奖 16 人;送课下乡 2 次,其中教研员送课 3 节;语文学科开展普通话测试,测试人数 15 人次。

2003 年,举办小学语文、数学、思品、科学、音乐学科教材培训共 6 次,参加教师 418 人;小学教研部组织教研活动 21 次,讲座 14 次;小学数学举办区级赛课 12 节,音乐学科区级赛课 6 节;小学语文参加省级赛课 1 节,获得一等奖;音乐学科评选小学区级教学能手 6 人,市级教学能手 2 人,省级教学能手 1 人,区级最佳教师 3 人,市级最佳教师 1 人;组织区级说课 1 次,10 人参加,20 人参加市级录像课比赛;思想品德学科 1 名教师参加省级说课比赛获得一等奖;送课下乡 2 次。举办中学各学科教材培训共 6 次,参加教师 513 人次;组织教研活动 21 次,讲座 14 次;举办各种形式的研讨课、观摩课、校际交流课、示范课等各类展示课 32 节;举办区级赛课 18 节,8 节获得一等奖;组织评选中学区级教学能手 18 人,市级教学能手 10 人,省级教学能手 2 人;送课下乡 3 次,教研员送课 2 节。举办中学数学、物理、化学,英语各学科学生竞赛,有 19 人参加省级复赛,获一等奖 12 人。信息技术学科与市教育学院共同组织了一次中学信息技术优质课评选活动,爱辉区 4 位参赛教师被推荐到省里参赛。

2004 年,小学数学、语文、音乐、科学、思品等学科开展教材培训,参加教师 277 人;小学教研部组织教研活动 24 次,讲座 15 次;小学语文组织区级赛课 5 节,区级说课 95 人,市级说课 49 人,参加省级赛课 1 人,获得二等奖;数学组织区级赛课 7 节,组织区级说课比赛,参加教师 89 人,参加市级说课比赛 22 人,参加省级说课比赛 1 人,获得一等奖;音乐学科区级赛课 5 节;小学数学参加市级赛课 2 次,共 5 节;参加国家级赛课 1 节,获得优秀奖;音乐学科评选小学区级教学能手 7 人,市级教学能手 3 人,省级教学能手 1 人,区级最佳教师 5 人,市级最佳教师 3 人,省级最佳教师 1 人;3 人参加市级基本功比赛,参加省级录像课比赛,获得 1 个一等奖;小学科学参加省级教学展示课获得二等奖;送课下乡 2 次。当年 9 月,信息技术学科组织了爱辉区中小学教师课件评比活动;组织了 1 次城区 8 所学校学生参加的电脑作品制作大赛,比赛分初中组和小学组,参赛学生 54 人,评出一等奖 18 人;12 月初组织开展爱辉区首届信息技术与课程整合赛课活动。举办中学政治学科新课标培训,参加教师 35 人,举办各种形式的研讨课、示范课 12 节;举办区级赛课 32 节,15 节获得一等奖;送课下乡 4 次,教研员送课 5 节。中学数学、物理、化学,英语各学科学生竞赛,有 28 人参加省级复赛,获一等奖 16 人。

2005 年,小学数学、语文、音乐、科学、思品等学科组织教材培训 6 次,参加人数 444 人;小学教研部组织教研活动 21 次,讲座 16 次;小学各学科召开了年会,展示优质课 10 节,评选优秀教学设计 160 篇,论文 114 篇,课堂教学能手 52 人;数学参加省级“说—讲—评”课比赛获得一等奖;参加国家级赛课 1 节,获得一等奖;音乐学科评选小学区级教学能手 8 人,市级教学能手 3 人,省级教学能手 3 人,区级最佳教师 5 人,市级最佳教师 3 人,省级最佳教师 1 人;30 人参加市级说课、基本功比赛,参加省级合唱比赛,获得一、二等奖各 1 名;小学科学参加省级教学展示课获得二等奖;科学学科组织区级说课1次,参加教师15人,评选区级教学能手2人,参加市级“说—讲—评”比赛获得一等奖,获得市级教研课团体总分第一名,9人参加省级比赛;综合实践活动课评选区级教学能手48人,市级教学能手53人;送课下乡2次。中学各学科召开了年会,97名教师参加赛课,展示优质课16节,评选优秀教学设计201篇,论文265篇。政治学科开展新教材培训,培训教师34人。各学科评选中学区级教学能手18人,市级教学能手10人,省级教学能手5人,送课下乡3次,教研员送课3节。举办了中学数学、物理、化学,英语各学科学生竞赛,有20人参加省级复赛,获一等奖12人;教师参加省市级比赛,获一等奖10人。

二、科研活动

1983年2月,黑河市教育科学研究所成立,主要从事教育科研活动。当年评出优秀教学论文95篇,其中邹长海等人撰写的《教学反馈信息定性与定量分析》一文,在全国第三次控制论文南宁会议上介绍,受到好评。1984年,提出“向教改要质量,向科研要质量”的口号;黑河中学设立了教育科研处,制定科研成果奖励办法,在全省属首创。教育学会组织教师撰写教学论文300余篇,评出市级优秀论文72篇,推荐24篇参加地区评选。1985年,教科所加强了科研项目的认定和指导工作。教育学会出版了《优秀论文集》,创办了不定期刊物《教育信息》。1986年,制订《黑河市“七五”期间教育科研规划》,落实重点科研项目92项;3月召开科研规划会议,成立教育科研规划领导小组与科研成果审定委员会;7月召开教育、教学、科研经验交流会,评出佳作以上论文39篇,编印了黑河市1986年《优秀教学论文集》;第四中学、第二中学、幸福中学、爱辉中学、第三小学、第六小学、第五中学和黄旗营子小学等8个单位获科研先进集体称号,9名先进个人和5名优秀通讯员受到表彰奖励。1987年,评出市级优秀论文60篇。教育学会召开了第四届年会。1988年,省教委在实验小学进行了德育途径整体优化研究实验。1989—1990年,市教育学会召开了教学评估研讨会,制定了小学数学教育目标管理体系,对市内各小学的一年级新生1 330人进行了智力测试;市教育学会被评为省先进教育学会;举办了教育评价学习班,各校主抓科研工作的领导60多人参加学习;举办“家庭教育”“智力测试”“教师心理素质”“教育科研设计、实验方法及实验报告撰写”等内容的讲座17场次;召开了美育、教育评价报告会,开展“教育评价”实验,撰写的论文在全国教育评价研讨会上进行了交流,编印了《优秀教学论文集》与《普教德育集刊》。1991年,评选优秀教学成果,征集优秀教学成果160多项。1992年,开展科普讲座和学术交流活动;在第四中学进行班级管理实验;在实验小学进行“儿帮儿”实验。1993年,围绕“经验总结法”“实验法”等4个专题举办科普讲座123场次,深入到西峰山、新生等边远山区学校开展了业务活动;当年,评审110篇论文,获三等奖以上39篇;向市教育学会推荐优秀论文30篇,向省教育学会推荐10项科研成果,有18篇论文在国家及省、市学科会议上交流;第二小学、第六小学、第二中学、第五中学被评为科研先进集体。1994年,组织优秀科研成果报告团到基层宣讲,举办科普讲座20场;第二小学被省家庭教育研究会评为“先进家长学校”。1995年,召开全区中小学爱国主义教育经验交流会,收到论文67篇,大会交流11篇;召开“学习方法交流会”,评出的一、二、三等奖论文作了交流;在全区推广了“和谐教育”工作方式。1996年,在全区教改科研论文评审中共征集论文242篇,向省教育学会推荐56篇,申报“九五”科研课题322个;郭兴华立项的《爱辉区实施素质教育实验》课题,被省教育学会批准为省重点课题;区教育学会被省教育学会评为“八五”期间学会工作先进单位;实验小学、黑河市第二小学、黑河二中、爱辉小学等6所学校被省教委、省规划办评为教育科研先进单位;李桂荣、宋晓慧等6人被评为先进个人。1997年9月17日,召开了全区素质教育研讨会,制订《爱辉区实施素质教育方案》,在基层中小学全面进行素质教育科研实践;推广魏书生教育经验,为基层各校录制录音、录像资料125盒。1998年,全区共评审区级论文237篇,评审出区级优秀科研成果9项。2000年,全区共评审区级论文101篇;出台《爱辉区教育科研项目及论文证书管理办法》;举办第一届教育科研骨干培训班,参培教师44人。2001年10月16日,区教育局和进修学校联合召开全区教育科研工作会议，要求各校科研工作单独建档；征集“四小创新作品”（小发明、小制作、小论文、小课题）；全区共评审区级论文79篇；爱辉区共报21篇成果参加省“刘行杯”科研成果大赛，共获一等奖3篇，二等奖14篇。2002年，全区共评审区级论文433篇；3月成立了省课改实验爱辉区课题指导组，城乡共设实验点校22所，课题133项，子课题70余项。2003年4月15日省创新教育课题组到爱辉区检查，听取了区科研所的课题研究汇报和2所学校的实验课。2004年4月3日，爱辉区中小学儿童心理健康教育专业委员会成立大会及心育课题结题培训会召开，公布了《心育专业委员会条例》；4月16日，召开区科研工作会议，传达市科研所长和学会秘书长会议精神和《关于黑河市加强科研证书管理的若干规定》，并公布《区“十五”评选科研骨干的条件》，共评选出区级科研骨干60人；10月，举办了“课改与科研比翼齐飞”教师论坛活动。

2005年，“十五”课题进入结题阶段，共结题省规划课题6项，市学会课题6项，市规划课题22项，中国教育学会子课题8项，区级重点课题27项；爱辉区代表黑河市接受了省规划办的现场检查，并4次为市课题实验现场会提供现场。“十五”期间，共评出省级科研骨干2人，市级科研骨干39人，区级科研骨干100人；区科研所获省科研先进集体称号。

三、电化教育

1985年，电教馆、教学仪器供应站开展“大篷车”巡回送课下乡活动，放映教学录像片，把理、化、生3科实验仪器带到实验有困难的学校，指导教师分组实验，并举办实验员培训班。1988年，电教馆荣获省电化教育先进单位。1989年，更新电教设备，安装了卫星地面接收设备；加强中小学实验室建设，教师进修学校制片室、录像室、资料室达到了地区先进水平，黑河中学、实验小学、第二小学实验室达到省级标准；黄旗营子村小学实验室管理与使用受到省、地领导好评。1992年，电教馆制定了《市内小学电化教育评选方案》。1994年，爱辉区建立了53个标准实验室。1995年爱辉区通过“普九”验收；电教馆被推荐为省先进集体，黑河市第二小学、黑河市第六小学各1人被推荐为省先进个人。1996年，开始接收卫星电视教育节目；举办“电化教育基础理论”讲座；为第二中学省级示范初中的验收提供了价值3万余元的教学仪器；大乌斯力、四嘉子中心学校分别建设了实验室。1997年爱辉中心学校安装调试卫星地面接收天线，完成了基于FOX教学仪器数据库管理软件系统设计；实验小学、第二中学参加黑龙江省电化教育实验校学校科研课题落实会议，接受了省教学设备管理中心对爱辉区部分小学“实普”工作的复检，并顺利通过；新生乡中学实验室安装了电路及上下水。1999年，黑河市教师进修学校电教馆对全区133所中小学的教学仪器情况进行了摸底，并按国家教委93配备标准为每校按类别制订教学仪器订购计划，所需金额60余万元；实际收取、验收、分发教学仪器金额达50万元。对待检学校的37名专兼职实验员进行了实验教学管理的培训与指导；49所学校实验室档案进行了相关内容的填写与充实；张地营子中学的理化实验室安装了上下水及电路。组织编写了初中物理、化学、生物学科的实验目录。投入资金4万元购进投影器70余台，乡级以上中小学及建有实验室的村小学投影教学的普及率达100%。1999年10月，省、市“实普”（普及中小学实验教学）复查组对爱辉区21所中小学的实验教学普及及巩固提高工作进行了复查评估；有94.1%的学校演示开课率达到标准，94%的学校分组实验开课率达到标准，两项指标均超过省复查的标准要求。2000年，评选、推荐3名教师代表黑河市参加黑龙江省中小学电教说课竞赛，并获得团体三等奖、个人三等奖；召开首次爱辉区中小学计算机教师教研会议；城乡中小学购进投影仪30台；参加了黑龙江省教学设备管理中心召开的2000年教学仪器计划会议，在大会上作了题为《加大“实普”工作力度，扎扎实实做好“实普”工作》的发言；制定了黑河市爱辉区中小学“普实”工作新的评估方案；爱辉区教育局副局长关宝存联系上海复旦大学捐赠给爱辉区各学校92台光学显微镜。2002年，黑河市教育局及教育教学研究室对全市4所学校（黑河中学、北安一中、黑河二中、黑河实验小学）开展省级现代教育技术实验学校的检查评估工作；黑龙江省电教检查团检查了第二中学、实验小学；省教学设备管理中心为爱辉区第二中学争取了一套免费的调频语音播放系统(价值万余元);黑河市第四小学祝欣老师的数学课录像带通过省级评选,并参加了在江西庐山由中央教科所召开的全国小学数学观摩课大会;完成2002年秋季中学数学学具的征订及发放工作,征订了11所中学的1 600多件,价值8.8万余元;复制小学学具使用VCD片8套约480小时,验收并分发了由省教学设备管理中心补供的价值6 000元的中小学教学仪器。2003年,爱辉区13名教师分别获省、市级先进工作者、优秀电教员、电教能手等称号;在中小学校开展了分组实验优质录像课评选活动,征集了21节录像课;为黑河市教师进修学院电教部征集教学课件及教学设计共计25件;参加了省第八届电化教育专业委员会年会,当选为理事;根据黑龙江省教育厅办公室《关于成立黑龙江省中小学素质教育中多种教学媒体综合运用实验研究课题组的通知》文件精神,成立了爱辉区相应的课题领导小组及课题研究小组;订购实验用化学试剂金额7 000多元;罕达汽中学2003年新建了教学楼,理化实验室设计了内部配置,将金水中学的价值万元的仪器发放到了罕达汽中学。2004年,召开市区中小学校电教员工作会议,制作了电教馆的网页,编辑制作了黑河市课改宣传汇报演出连唱用歌曲音乐VCD和录音伴奏曲;征订了2004年秋季小学数学学具,价值6万元;第五小学制订价值3万余元的小学自然数学教学仪器购置计划;召开《多种教学媒体综合应用》课题组负责人的有关会议,对课题研究进行了初步的研究工作部署。同年10月,更新电教馆的电教设备,改造更新了卫星电视接收设备,购置了卫星天线、接收机,可以清晰的接收到20多套电视节目。

2005年,电教馆利用卫星接收天线接收“国家级课改实验区的课堂实录”50多节,为各学校复制光盘约300张。编制视频光盘60余次,编辑汇报专题片1部。检查了爱辉区除罕达汽中小学、新生中小学之外的9个乡镇的中小学校的教育装备情况。编辑制作了教师和学生舞蹈大赛VCD影片2部,共复制VCD光盘125盘。对农村11个乡镇的16所学校的实验室管理和装备以及电教室、微机室的管理进行了常规检查;统计了全区2005年的教育装备情况。在黑河市教育局信息中心组织的全市5个市县区中小学学科资源库的建设中,爱辉区有5所小学、2所中学承担小学四年级语文、数学、思想品德,中学九年级语文、物理、历史、英语,七年级地理共计八个学科资源库建设。当年11月5日,爱辉区“多种教学媒体在教学中的运用与提高课堂教学效率的研究”课题组在第五小学召开“多种教育媒体综合运用”的课题研究段经验交流会议。

第十三节　教育行政

一、行政管理

1984年,黑河市全面落实邓小平提出的“教育要面向现代化、面向世界、面向未来”的指示,在基层学校成立教改领导小组;黑河地区教育局与黑河市教育局工作组在黑河中学和实验小学进行以校长负责制为核心的城市学校管理体制改革试点工作;当年12月,四嘉子乡被确立为农村教育管理体制改革试点。1985年上半年完成幸福、爱辉、西岗子、上马厂、张地营子、坤河等6个乡镇教育体制改革任务。各乡镇实行分级办学、分级负责、分级管理的新体制。同年,全市教育局办的12个乡镇中小学全部下放给乡镇管理。

1986年,国务院颁发《中华人民共和国义务教育法》后,黑河市教育局制订《黑河市“七五”教育事业发展规划》和《黑河市普及九年义务教育实施方案》,确定了分类指导、分批推进的原则。第一步,在普及初等教育的基础上普及初等义务教育,市区为一类,1988年完成;沿江平原乡镇为二类,1990年完成;山区、少数民族乡镇为三类,1992年完成。第二步,再用2~3年的时间完成全市“普九”任务。在此期间,以“五抓”“三管”(抓教育思想大讨论,抓巩固提高普及初等教育成果,抓普及九年义务教育,抓教育教学改革与教育科研,抓师资队伍建设;加强以社会主义精神文明建设为中心的思想政治工作管理,以中学达标、评选先进中心校为中心的教育教学管理,以落实人事管理方案、改善办学条件为中心的人事、计财、审计、后勤管理)为核心开展工作,向管理要质量。加快普及教育理论进程,以理论为指导进行教改,向科学要质量,提出了“减负”、开设劳动技术课与社会实践课要求,不断提高教育质量,由升学教育向素质教育转轨。

1988 年,进一步完善农村教育管理体制,把乡镇中小学教育经费、人员管理权下放给乡镇。

1990 年,召开黑河市教育工作会议,落实优先发展教育的战略思想。市、乡镇两级政府增加教育投入,改善办学条件。1992 年底,全市城乡 125 所中小学校舍实现了砖瓦化,并建起了省标准小学和“双全”小学。在此期间,教育局充分发挥领导、指导、监督、检查的作用,下发《爱辉区实施素质教育方案》,指导基层教学实践,开展素质教育研究,总结推广素质教育经验。选派城里小学优秀教师到山区学校支教,各中小学在提高教育教学质量上下功夫,全区教育教学质量不断提升。

1995 年 6 月 5—8 日,由张作桓带队的省政府“两基”评估验收组对爱辉区“两基”工作进行评估验收。评估验收组认为爱辉区以“普九”为主要内容的“两基”工作扎实,数据可靠,各项指标均已达到验收标准,在全省第二批、在黑河市率先普及了九年义务教育。1998 年 9 月 25—28 日,省“两基”检查组对爱辉区 4 个乡镇 13 所中小学和城区 5 所中小学进行全面复检,各项指标均达标,被省政府授予“两基”先进区称号。

2000 年,教育系统改革人事制度,在公正、公平、公开的原则下,首次在社会上招聘音、体、美、英语、计算机教师,促进了人才的合理流动。

2001—2002 年,在全区幼教领域开展对《幼儿教育指导纲要》的学习与宣传,对幼儿教师进行基本功考试及新课改培训。从 2001 年开始每年举办幼儿文艺会演,每两年举办一届幼儿运动会。到 2002 年,城区已建成省级示范园 1 所,区级一类园 3 所、二类园 19 所、三类园 20 所。2002 年开始,从各边防派出所聘请 30 名优秀干警分别担任城乡学校的兼职法制副校长,负责协助、指导学校开展学校治安综合治理法制教育工作。2002 年,爱辉区被确立为省级课改实验区,义务教育阶段课程改革全面启动,提出了“以课改促发展,向课改要质量,全面提升素质教育整体水平”奋斗目标;成立由区政府领导牵头的课改工作领导小组,做出了 5 年投入资金 100 万元的课改计划,建立健全了课改工作领导机制、教师培训机制、教科研机制、专项督导检查机制和评价机制。中小学校德育工作已初步形成管理规范化、内容系列化、方法科学化、途径多样化的新格局。同年,爱辉区把落实“以县为主”体制纳入到政府重要议事日程,层层推进,在全区“以县为主”管理体制得到全面落实。主要标志是:教师工资全部上划到区,由区设立资金专户,统一发放;校长选拔任用、教师管理权上收到区,做到管人治学相结合,事权人权相统一;区、乡、村的主要职责明确,履行职责保障机制建设到位;确保了教师工资和教育投入,教育经费基本实现了“三个增长”。新的体制实行后,撤销乡镇中心校,将乡镇中心小学更名为中心学校,行使原中心校管理乡镇小学的职能;乡镇中学设置不变,但与乡镇中心学校相对独立。以“名师工程”“十佳师德标兵”的评选为先导,以转变教师思想观念、掌握当代教育理念为前提,以师德建设为核心,以师能培养为基础,建设“德高、业精、绩优、务实、进取”的教师队伍。在教师节评选出 10 名十佳师德标兵,在全区树立了一批师德榜样,形成了良好的教育风气。

2001—2003 年,全区 12 所学校危房得到改造,总计改建面积 4 710 平方米,新建面积 7 755 平方米,建教学楼 5 栋,全区农村学校由砖瓦化基本实现了楼房化。在危房改造过程中,统筹兼顾了网点布局调整工作,全区农村学校总数由原来的 112 所减少到 59 所,共合并 53 所,有 5 个乡镇实现了全乡集中办学。2003 年,围绕落实《关于加强教师职业道德建设实施方案》《跨世纪园丁工程方案》,开展“自强、自立、自尊、自爱”的“四好园丁”评比活动;以“三爱”为中心,开展“三满意、六不准”(让学生满意,让家长满意,让教师满意;不准体罚学生,不准侮辱学生,不准收学生家长馈赠,不准歧视后进生,不准乱办班,不准乱收费)活动;以“铸师魂、展师风、重师能、树形象”为主题,开展了系列教育活动。从这一年起,开展了“千名教师访万家”活动,教师放下电话走进学生家庭,随时与家庭保持沟通与联系,密切了学校与家庭的合作,对学生的健康成长起到了积极作用。

2004—2005年,全面加强德育教育,建立了学校、家庭、社会三位一体的德育网络,落实博物馆、瑷珲历史陈列馆等德育基地9个,边防支队、森警支队、好八连等国防教育基地6个。有针对性地开展养成教育、道德素质教育、心理教育、法制教育以及爱国主义和传统教育,实现了德育工作制度化、内容系列化、形式多样化、方法科学化的“四化”目标。2004年,中小学校办学条件在各级政府的重视下得到大力改善,网点布局调整与危房改造工程基本进入尾声,农村学校大部分建起了教学楼,平房校舍多数进行了翻新改造。实行集中办学的学校全部建起了食堂、宿舍,配备了专职生活教师。投资744万元,新建校舍7 452平方米,维修8 735平方米,为西岗子中心学校建起了新教学楼,西岗子、西峰山实现了集中办学。同年4月,全市推进义务教育课程改革现场会在爱辉区召开;7月在全省课改实验推进会议上,爱辉区的经验材料《以课堂教学为中心,全面构建科学有序的课改运行机制》作为典型经验在大会上交流和推广,教育局、实验小学、第五小学被评为省义务教育课程改革先进集体。爱辉区政府在省教育督导室对县市区教育工作的评估中获第一名,教育局分别荣获省级课改工作先进集体和市先进教育局称号。2005年,投入资金916.8万元,新建校舍9 875平方米,维修旧教室4 250平方米,建成了张地营子学校、爱辉中学、黑河市第四小学、黑河市第五中学教学楼和五中宿舍楼共5栋,四嘉子、张地营子实现了集中办学。到2005年10月,全区11个乡镇已有9个乡镇实现集中办学,6个乡镇建成九年一贯制学校,有效地促进了教育资源的合理利用。在此期间,全面实行教师聘任制。全区中小学、农技高中、市幼儿园在编在岗人员打破身份界限,一律参加竞聘,聘用期为5年,聘用期满重新竞聘。中小学教师实行持证上岗。全面实行校长聘任制,区教育局对全区所辖中小学校行政岗位的设置和领导职数重新进行了严格核定,制定任职条件,经考试、考核合格,按干部管理权限任用,教育局与被任用的行政领导依法签订聘任合同,下发聘任文件和聘书。同时加强对校长履行岗位职责及任期目标完成情况的考核,并将考核结果与任用、奖惩挂钩,进一步完善了学校管理体制。在学校领导干部配备上,加大竞争上岗和公开选拔力度,大胆选拔任用年轻干部,2005年通过竞选提拔中层干部18人。加大了教师队伍的继续教育力度,全区建成教师培训基地6所、教研培训基地10所,区、乡、校三级培训网络日益完善;相继举办了教师基本功、课改理论与实践、信息技术等多方面的培训,全区教师基本功合格率达94%,中小学校教师全部参加了课改培训,有92%的教师通过培训取得了初等信息技术等级水平证书。同年5月,省课程改革检查评估组到爱辉区检查课程改革工作进展情况,对爱辉区课改工作给予了高度评价。爱辉区教育局大力整顿行业风气,加强对教育乱收费、乱办班等热点问题的治理。按照“一费制”有关规定,加强学校收费管理,规范会计行为,对学校进行定期和不定期的专项审计,2年中,共实施审计项目67个,严格控制发生违纪违规现象。同时,进一步加大了收费公示力度,制作了统一的收费公示表、收费通知单;改革了收费方式,通过召开家长会将收费通知单发放到家长手中,家长按通知单内容分清必交和选交项目,按所交项目签字后交费;强化了监督机制。在各学校普遍成立了群众监督委员会,建立了校长信箱,公布了举报电话,畅通了家长与学校沟通的渠道,增强了学校收费的透明度。教育局与纪检、物价、财政等部门每年都组成专项检查组对全区城乡各校收费工作进行检查。在推行“一费制”的同时,爱辉区下发了《全区中小学实行“一费制”收费及借读费、住宿费和服务性代收费财务管理及记账办法》,规范了资金用途、发票使用及管理,实行了“一费制”收费和服务性代收费的记账办法。对乱办班、乱补课的行为,多次进行了治理,每学期开学都通过家长调查信反馈学生补课情况,对个别私自收费补课的教师进行严肃的批评教育。

二、教育经费

（一）公用经费

1981—1986 年，黑河市财政局拨款为高中每年每生 26 元，初中每年每生 20 元，小学每年每生 6 元。1987—1993 年，市财政局对教育公用经费拨款是高中每年每生 31 元，初中每年每生 26 元，小学每年每生 8 元。1988—1989 年，市委、市政府为了贯彻全国教育工作会议精神，实行分级办学、分级管理，将农村中、小学的三权（人权、财权、物权）下放给乡镇政府管理，市财政仍负责农村教师的工资，农村中、小学的公务费由各乡镇政府负责，按国家规定，农村统筹费 50% 用于农村教育经费。1990 年，经黑河市人大常委会批准，在全市城乡实行人民教育基金制度，城乡干部、职工、农民和专业户按收入的百分比缴纳人民教育基金，期限为 3 年。1990—1992 年，全市共缴纳人民教育基金 456 万元，其中市内为 209 万元，农村为 247 万元。1993 年以后，教育经费减少，学校办公经费来源主要为学杂费收入和勤工俭学。1996—1998 年经爱辉区人大常委会批准，在爱辉区继续实行人民教育基金制度，市区内 3 年共收 41 万元。

1999—2005 年，政府预算内没有安排学校办公经费，市区供暖的学校供热费由财政负责结算，学校基本建设、维修由政府负责，学校自用的办公经费主要来源为学杂费收入、勤工俭学收入、争取企业赞助、其他收入。经费使用始终坚持“收、支”两条线的原则，7 年里学校累计公用经费收入为 4 286 万元，基本能够满足正常的教育教学需求，保证了教学活动的顺利开展。

（二）学杂费收入

各学校按省、市教育、物价、财政部门规定的标准和管理办法的规定，收缴学杂费。1988 年，学杂费标准是城镇和县小学每年每生 12 元，普通中学每年每生 20 元，普通高中、农技高中每年每生 24 元，农村普通中学每年每生 14 元，农村小学每年每生 7 元。1990 年，杂费标准为城市和县镇小学每生每学期 6 元、初中 10 元、高中 12 元，农村小学每生每学期 3.5 元，农村中学每生每学期 7 元；学费标准为高中、职业高中每生每学期 15 元。1992 年，对中、小学学杂费进一步调整，杂费标准为城市和县镇小学每生每学期 12 元、中学每生每学期 20 元、普通高中每生每学期 24 元，乡、村中的小学每生每学期 7 元、普通中学每生每学期 14 元；学费标准为普通高中每生每学期 30 元。1995 年，杂费标准是城市小学每生每学期 20 元，初中每生每学期 30 元；农村小学每生每学期 18 元，农村中学每生每学期 28 元；普通高中每生每学期 30 元，重点高中每生每学期 50 元。学费标准是普通高中每生每学期 40 元，重点高中每生每学期 50 元。1997 年，杂费标准为市内小学每生每学期 40 元，市内初中每生每学期 60 元；农村小学每生每学期 38 元，农村初中每生每学期 58 元。学费标准为普通高中每生每学期 150 元，市、县重点高中每生每学期 250 元，省重点高中每生每学期 300 元。从 2001 年开始至 2004 年，爱辉区中小学收取的学杂费标准为市内中学每生每学期 60 元，农村中学每生每学期 55 元，市内小学每生每学期 40 元，农村小学每生每学期 35 元，高中每生每学期 250 元。2001 年，全区学杂费收入 173 万元，2002 年学杂费收入 149 万元，2003 年学杂费收入 200 万元。从 2004 年 9 月开始，根据省教育厅、物价局、财政厅《关于黑龙江省义务教育阶段中小学推行“一费制”收费管理办法的实施意见》的文件规定，爱辉区所有中小学推行一费制，一费制的收费项目有杂费、课本费、作业本费，收费标准为市内小学杂费每生每学期 100 元，市内初中每生每学期杂费 120 元；幸福中学每生每学期杂费 110 元，幸福小学每生每学期杂费 90 元；其他农村中学每生每学期杂费 45 元，小学每生每学期杂费 30 元；课本费、作业本费农村与城市标准一致，小学一、二年级课本费 50 元，三年级课本费 55 元，四、五年级课本费 60 元，六年级课本费 65 元，初中一年级课本费 95 元，二年级课本费 100 元，三年级课本费 125 元，四年级课本费 85 元；作业本费小学一、二年级 10 元，三、四年级 16 元，五、六年级 20 元，初中一、二年级25元,三、四年级28元。执行一费制之后,规范了学校的收费管理,有效地遏制了教育乱收费行为。2004年全区学杂费收入240万元,2005年学杂费收入276万元。

(三)经费管理

1. 教育经费及学生学杂费

1987年初,黑河市教育局设立审计股,负责全市中小学教育经费的审计工作。1988—1989年,黑河地区行政公署实行教育体制改革,黑河市12个乡镇的教育经费由各乡镇政府管理,市教育局只管市内中小学、幼儿园、教师进修学校的教育经费。1996年机构改革,撤销了审计股,审计股的工作职能交计财股承担。2001年机构改革,计财股更名计审股。2002年以县主管体制实施后,计审股主要负责农村中小学公用经费的拨付。2003年,小学生生均教育事业费2 253元,年生均事业费中公用经费484元,年生均公用经费实际支出640元;初中年生均教育事业费2 507元,年生均教育事业费中公用经费520元,年生均公用经费实际支出692元;高中年生均教育事业费3 491元,年生均事业费中公用经费586元,年生均公用经费实际支出783元。2004年,小学年生均教育事业费2 206元,年生均事业费中公用经费493元,生均公用经费实际支出507元;初中年生均教育事业费2 516元,年生均事业费中公用经费531元,生均公用经费实际支出694元;高中年生均教育事业费3 509元,年生均事业费中公用经费591元,年生均公用经费实际支出788元。2005年,小学年生均教育费2 287元,年生均事业费中公用经费501元,生均公用经费实际支出518元;初中年生均教育事业费2 579元,年生均事业费中公用经费546元,生均公用经费实际支出702元;高中年生均教育事业费3 532元,年生均事业费中公用经费599元,生均公用经费实际支出792元。2001—2005年实现了教育经费的逐年增长,教育费附加收缴工作顺利,城市教育附加费2001年收取19万元,2002年收取24万元,2003年收取23万元,2004年收取27万元,2005年收取28万元。

2. 教职工工资

教职工年平均工资和工资总额逐年增长,2001年全区教职工年平均工资12 924元,教职工年工资总额3 034万元。从2002年7月农村中小学教师工资同爱辉区城内中小学教师工资拉平,由区财政统一发放。2002年全区教职工年平均工资14 830元,教职工年工资总额3 077万元;2003年全区教职工年平均工资15 394元,教职工年工资总额3 734万元;2004年教职工年平均工资17 570元,教职职工工资总额4 106万元。2005年,爱辉区所有中小学教师工资同黑河市市直各学校拉平,当年教职工年平均工资17 632元,教职工年工资总额4 157万元。

第十四节　教育督导

一、机　构

1989年之前,黑河市教育局没有单设督导机构,由各职能股股长兼任教育督导视导员。1984—1989年间,中教股股长兼任中教视导员,初教股股长兼任初教视导员,职教股股长兼任职教视导员,行使教育督导职能。1989年11月,正式建立了黑河市人民政府教育督学室,编制4个,正科级建制,机构设置为督学室主任1人,助理督学3人。1989年11月至1998年8月,督学室实有专职人员2人,其中主任1人,助理督学1人。1998年8月始,爱辉区督学室实有专职人员3人,其中主任1人,助理督学2人。2000年6月,依据《黑龙江教育督导条例》,爱辉区人民政府教育督学室更名为爱辉区人民政府教育督导室。

2003年9月成立了爱辉区教育督导学会。2005年5月，爱辉区人民政府教育督导室聘请人大、政协、关工委、教育局、学校、乡镇政府等部门的17名工作人员任兼职督学。成立有专兼职督学参加的中小学督导评估专业委员会，负责全区省、市、区级一类学校的督导评估初评工作。至2005年底，爱辉区督学室实有专职人员3人，其中主任1人，助理督学2人。

二、督导工作

1990年4月，督学室举办了各乡镇主管教育乡镇长、企业办学领导参加的教育法规学习班；同年7月，制订了黑河市乡镇政府、中心校、中小学教育评估方案，对2个平原乡镇、2个山区乡镇和市内中小学进行了督导检查。1992年初，对黑河市教育工作进行了全面调查；6—7月，对城乡中小学校执行德育法规情况进行了检查。1993年，对爱辉区的教育工作进行了全面检查评估；对13个乡镇政府的教育工作进行了评估，表彰奖励了张地营子乡、幸福乡、爱辉镇、二站乡。组织召开全区主管教育乡镇长及城乡中小学校长会议，总结1992年开展“双全”（全面贯彻教育方针、全面提高教育质量）先进学校建设情况，布置1993年市级“双全”先进学校的评选工作。进行了市级“双全”先进学校的推荐选拔工作，经市督学室检查验收，第六小学、实验小学、第三小学、爱辉镇中心小学被评为市级“双全”先进学校。幸福乡之路小学、四嘉子乡小乌斯力小学被评为区级“双全”学校。

1994年，为推动全区“两基”工作的深入开展，成立爱辉区“两基”工作领导小组，由区长赵敬华任组长、副区长关万铭任副组长。把扫盲工作纳入全区经济和社会发展整体规划之中，实施了基本扫除青壮年文盲单位标准和奖罚制度。督学室与教委举办了3期乡镇长“两基”验收与教育普法培训班，并组织乡镇长到部分乡镇现场参观，现场实践扫盲工作。1995年6月，爱辉区“两基”工作通过了省“两基”评估验收。1996年，对各乡镇、各中小学的“两基”工作进行复查，通过全面督导评估，爱辉区获市综合督导评估一等奖；第二中学经省验收晋升为省级示范初中；区幼儿园达到市级标准化幼儿园标准。

1997年，区教育督学室与区教委重点加强了少数民族“普九”工作；多方筹集资金为鄂伦春族新生乡学校新建了教学楼。1998年，爱辉区政府接受省政府“两基”巩固提高综合评估。1999年，爱辉区政府荣获全省“两基”工作先进区，得奖励资金10万元。2000年，依据《黑龙江省教育督导条例》和黑河市《中小学督导评估方案》，制定出台了《爱辉区学校教育督导评估方案》，并坚持每年对全区所辖学校进行一次督导评估，评估结果做为教育局年终表彰奖励的依据。积极开展了对乡镇政府教育工作的督导评估，在全市率先出台了督政评估方案，每年对乡镇政府评估一次，评选出全区尊师重教优秀乡镇党委书记、乡镇长、村委会主任，在全区庆祝教师节大会上表彰奖励，对乡镇政府的评估经验得到市教育督导室的肯定并在全市推广。

2001—2002年，区督导室重点主抓“控辍”工作，每年与乡镇政府和学校签订控辍责任状，督促乡镇政府和学校履行“控辍”职责，召开全区党政干部包扶贫困学生结对子动员大会，召开上马厂乡控辍工作现场会，出台《爱辉区控辍工作方案》，建立目标责任制，使全区辍学率控制在3%以内。继续加大“双全”学校的检查、评比力度，不断规范学校的办学行为，全区评选出黑河第五中学、张地营子中学、幸福中学、爱辉中学、西岗子中学市级“双全”学校。开展对农村教育费附加工作的专项督导，使农村教育费附加征收率达75%以上。开展对学校安全工作的专项督导，深入农村进行税费改革专项调研。

2003年，按照省政府教育督导室、省教育厅《黑龙江省中小学督导评估工作方案》精神，制订《爱辉区中小学督导评估三年规划》。在确定实验小学为中小学督导评估试点校的基础上，黑河市政府教育督导室于11月在爱辉区召开了全市督导评估现场会。省政府教育督导室副主任张心锋出席会议并讲话，并对爱辉区教育督导工作给予肯定，区督导室在会上介绍了督导评估经验；爱辉区教育督导经验在《黑龙江省教育督导》2004年第一期发表，为全省开展中小学督导评估提供了经验。同年7

月全省教育督导学会年会在爱辉区召开，全省160多人参加会议。

2004年，对城内第二小学、第五小学、第六小学、第三小学进行全面细致的督导评估。5月，区教育督导室马连绂主任代表爱辉区参加全省中、小学督导评估经验交流会，并做了经验介绍。11月9—11日，以省政府教育督导室副主任张心锋为组长的教育督导组对爱辉区人民政府教育工作进行评估，爱辉区获全省县、市、区政府教育工作评估第一名的殊荣，获奖励资金10万元。12月，实验小学顺利通过省、市一类校复检，被省教育厅、省教育督导室命名为全市唯一一所省级一类小学。

2005年，爱辉区教育督导室、爱辉区教育局在省、市督导评估方案的框架内，结合爱辉区教育工作的实际制定《爱辉区中小学督导评估工作方案》，该方案包括对职业教育、幼儿教育、教师进修学校、城区中小学校、农村中小学校、农村九年一贯制学校的评估；并于年底对全区各级各类学校进行了评估，评估突出导向性、可操作性、激励性的原则，评估结果做为区教育局、区委、区政府表彰奖励的重要依据；该方案在2005年全市教育工作会议期间以黑河市政府教育督导室的文件转发，推广爱辉区政府教育督导评估经验。当年全面启动对农村学校的评估，完成对市区第二中学、逸夫小学的评估，开展了对西岗子中学、四嘉子中学、坤河学校、爱辉中心学校、罕达汽学校、新生学校、幸福中学、幸福中心学校的督导评估；区督导室共计完成了对城乡18所学校的督评，全区所有学校均开展了自评，乡镇中心学校开展了对村级学校的评估。到年底，全区有3所学校晋升为省级一类学校，12所学校晋升为黑河市级一类学校。

第十五节　学校建设与管理

一、改善办学条件

1983年，黑河市有中小学125所，砖瓦结构校舍113所，占90.6%。新建校舍总造价184万元，其中社队自筹52.9万元，占28.75%。1984年，全市中小学实现了中央提出的“一无两有”（无危房、有教室、有桌椅）的要求，沿江乡镇中学和部分小学安装了暖气设备；上马厂实现了全乡校舍砖瓦化，纳金口子小学校园达到了绿化、美化、香化的要求；幸福乡政府投资6万元，改善了中学的办公条件。在省财政厅、教育厅联合组织的全省改善办学条件评比中，黑河市受检学校7所，其中黑河市实验小学、第二中学和上马厂乡西山后小学被评为全省改善办学条件先进单位。1985年，部分乡镇集资24万元，翻新校舍1 000平方米，购置桌椅、卷柜、实验仪器、体育器材等教学设备。幸福乡一次性集资66万元，改善了全乡学校的面貌。1986年，省改善办学条件检查评比总分500分，黑河市获497分，评出省先进学校10所，先进个人3人，得奖金33 060元。当年全市共建校舍4 350平方米，投资2 552万元。在全省改善办学条件检查评比中，黑河市连续4年获一等奖。1987年，全市用于改善办学条件资金50万元，新建教师进修学校2 000平方米。获全省改善办学条件二等奖。1988年，全市学校新建面积7 057平方米，总投资3 246万元。1989年，市政府拨款10万元，改造了黑河中学物理、化学、生物实验室；地区行署投资39万元，为黑河中学建了1 280平方米体育馆和食堂餐厅；市政府投资200万元，学校自筹127万元，建成职业高中教学楼；市政府投资285万元，新建第二小学2 980平方米教学楼和幼儿园、少儿活动中心大楼；爱辉镇政府筹资20万元，扩建了中学校舍。1991年，全市城乡校舍砖瓦化率达到99.4%。1992年，黑河市被评为全省学校校舍无土房危房先进市。1993年，爱辉区政府与哈尔滨市一家建筑公司签定合同，易地新建第六小学教学楼4 400平方米，造价近500万元。实验小学、第三小学、第二小学、爱辉中心小学被评为市“双全”（全面贯彻党的教育方针，全面提高教育教学质量）小学。1994年，市、区政府投资200万元，为第二中学接建楼房2 364平方米。1995年，第三小学被省教委批准为省标准小学；实验小学、第二小学被批准为省标准小学、“双全”小学。1996年，第二中学被批准为省示范初中，市幼儿园被批准为省标准幼儿园。1998年，第五中学扩建教学楼1 000平方米；第二小学、第六小学增添微机，每校达66台；西岗子中学新建微机室、电教室、音乐室和体育室。2001年，城区新建第五小学，校园占地面积17 823平方米，校舍建筑面积6 000平方米。2000年，区教委筹资，用于调整农村中小学网点布局和城乡中小学基建。至2003年，18所危房学校有12所得到改造，改建面积共4 710平方米，新建面积7 755平方米，建教学楼5幢，全区农村学校由砖瓦化基本实现了楼房化。3年中累计投入资金585万元，其中中央专款106万元，省级配套资金188万元，区级投入168万元，乡、村投工投料折合人民币123万元。

2004年，西岗子小学新建教学楼2 003平方米，维修802平方米，投资155万元；西峰山乡学校新建500平方米教学用房，维修1 439平方米，投资50万元；张地营子乡中学维修650平方米，投资8.8万元；张地营子乡小学维修560平方米，投资4.2万元；罕达汽学校新建餐厅250平方米，维修140平方米，投资12万元；爱辉镇中心学校新建宿舍559平方米，投资25万元；爱辉镇中学维修2 846平方米，投资13万元；坤河学校维修1 850平方米，投资15万元；第二中学新建体育活动室及厕所300平方米，投资25万元；第五中学新建教学楼4 000平方米，投资430万元。

2005年，四嘉子小学新建食堂、宿舍616平方米，维修1 050平方米，投资50万元；张地营子乡学校新建教学楼1 369平方米，维修1 850平方米，投资140万元；爱辉镇中学新建教学楼1 050平方米，投资90万元；第四小学新建教学楼6 000平方米，投资600万元。

二、中小学布局调整

按照农村税费改革、乡镇政府区划调整的要求和“十五”期间全省经济社会发展对农村教育改革和发展的需要，爱辉区进一步科学规划和调整农村中小学布局，扩大学校办学规模，优化教师队伍，合理配置教育资源，全面提高农村学校整体规模效益和教育教学质量，促进了全区农村教育事业健康发展。

爱辉区中小学布局调整从2001年开始，当年撤并学校7所。其中，二站乡4所：门鲁河小学、孟德河小学、大沙河小学、北师河小学合并到二站乡中心小学；新生乡3所：新青小学、新茂小学、新发小学合并到新生中心小学。

2002年，撤并学校14所。其中，幸福乡1所：之路小学并入市第五小学；西岗子镇5所：盘肠沟小学、杨树小学、梁集屯小学、育红小学、老青屯小学合并到西岗子镇中心小学；爱辉镇2所：二道泉小学、二良小学合并到爱辉镇中心小学；二站乡4所：北师河中学合并到二站中学，青龙山小学、青松山小学、卧东河小学合并到二站乡中心小学；罕达汽镇2所：老公司小学、燎原小学合并到罕达汽镇中心小学。

2003年，撤并学校24所。其中，幸福乡1所：新生活小学合并到第五小学；四嘉子乡1所：五道沟小学合并到四嘉子中心小学；爱辉镇12所：外二道沟小学、新村小学、西三家子小学、外四道沟小学、里二道沟小学、北三家子小学、后欢洞小学、拉腰子小学、窦集屯小学、外三道沟小学、三好小学、松树沟小学合并到爱辉镇中心小学；坤河乡5所：黄旗营子小学、新民小学、富拉尔基小学、红旗小学、兰旗小学合并到坤河乡民族学校；西岗子镇1所：西沟小学合并到西岗子中心小学；二站乡1所：额雨小学合并到二站乡中心小学；罕达汽镇1所：桦树小学合并到罕达汽中心小学；张地营子乡2所：达音山小学合并到泡子沿小学、小北屯小学合并到霍尔沁小学。

2004年，撤并学校20所。其中，四嘉子乡3所：卡伦山小学、大乌斯力小学、小三嘉子小学合并到四嘉子中心小学；西岗子镇3所：曹集屯小学、种畜场小学、宋集屯小学合并到西岗子中心小学；二站乡2所：东山小学、卫星小学合并到二站中心小学；罕达汽镇9所：河西小学、清水河小学、猪肚河小学、小沟小学、五道沟小学、南大河小学、九道沟小学、小里河小学、裸河小学合并到罕达汽中心小学；西峰山乡3所：新西小学、新峰小学、新山小学合并到西峰山中心小学。

2005年，撤并学校12所。上马厂乡7所：纳金口子小学、三道湾子小学、三间房小学、南窑地小学合并到达音炉小学，新曙光小学、法别拉小学合并到上马厂中心小学，新发屯小学合并到西山后小学；张地营子乡 5 所：泡子沿小学、霍尔沁小学、大新屯小学、小新屯小学、白石砬子小学合并到张地营子中心小学。

通过调整，促进了农村城镇化进程，集中办学将引导农民集中居住。强化了规范化学校建设，消除了薄弱学校，彻底解决了学校危房问题。推动了农村税费改革进程，有利于利用教育税。优化了教育资源配置，学校形成规模后，不但教育经费可以集中使用，更有利于学校配套设施建设。优化了教师队伍，教师数量上减少了，素质上有了质的飞跃。

三、学校管理

1985 年，实验小学总结出“领导象个领导样，教师象个教师样，学生象个学生样，学校象个学校样”的“四象样”学校管理经验，并在黑河地区推广。1986 年，重点加强了校园环境建设，对校园进行了绿化、美化和香化。1987—1988 年，各中小学校强化学校内涵管理，强调人事、计财、总务后勤管理，有 7 所学校达到了文明校标准，占总数的 58%。实验小学被命名为省级文明校，第四小学被评为省级文明单位。1989 年，要求规模较大的学校实现“三园四区五配套”，即把学校办成学园、乐园和花园，教学区、生活区、实验区和运动区；学校要实现校门、围墙、校舍、桌椅、实验设备和体育设备五配套。1990 年，学校管理制度不断完善，实验小学规定了《课堂教学八不准》，第五中学建立了班级教学日记，第二小学实行了学习管理奖励制度，第四小学实行教学开放日。各校普遍强化了教学反馈系统，实行组长会、级长会、家长会、学生代表会等例会制度，从多条渠道反馈教学情况。1991 年，突出常规教育，各中小学认真贯彻《中小学生守则》和《中小学生日常行为规范》，开展争创文明班级、文明学生活动。1992 年初，在实验小学举办了农村中小学校长参加的学校管理学习班，全面学习实验小学科学管理学校的经验。当年，常规教育形成制度化、系统化，实验小学制定了《校内常规细则》及教师定岗、定量、定奖管理，第三小学制定了《规范十不准》，幸福中学实施了《德育工作量化管理 50 条》，第五中学开展学生评价教师活动，第四中学制定了《课堂教学评价表》，四嘉子中学实施了《教学常规量化管理办法》，第五小学制定了《班主任教师十条要求》，第六小学制定了《教师工作考核细则》。实验小学撰写的论文《教师评价与评价教师》在全国普通教育研讨会上获论文三等奖。1997 年，在实施素质教育的过程中，各中小学重视课堂教学的重要作用，学校管理从课堂教学的常规管理、目标管理向科学管理方向迈进。2003 年，城区各学校列入“正行风、促发展”民主评议重点单位，加强了对教育内部乱收费、乱办班等热点问题的治理。相继制定了《爱辉区治理乱收费工作方案》《关于开展“正行风、促发展”民主评议行风活动的若干规定》，区治理乱收费领导小组组织教育、纪检、物价等部门对教育的各项收费逐一进行了核查，重新确立收费标准，对没有文件规定的违章收费坚决取缔。2005 年，各校加大对校园周边环境的综合治理力度，关工委、综治委、公安、法院、城建、工商、文化等部门积极为学校保驾护航，为部分学校修路、安装路灯，组织开展关爱青少年活动，关闭校园周围 200 米范围内网吧 13 家，聘请了一批优秀干警担任学校兼职法制副校长，协助学校开展法制教育和治理周边环境，为学校创建了平安的教学环境。

四、勤工俭学

1983 年，黑河市勤工俭学主要内容为校办工厂、校田地和“四捡一挖”（捡拾粮食、废品、烧柴、农家肥和挖药材）。当时第五中学油毡纸厂生产的“海兰牌”油毡纸在市场上畅销，北师河中小学师生采都柿收入 4 300 余元。1986 年勤工俭学收入 29 万元。1990 年勤工俭学收入 45.3 万元。市内中小学靠出租房屋和校办企业创收；农村中小学靠“三田一园”（种子田、试验田、高产田和植物园）创收，勤工俭学收入达到中学生均 26 元，小学生均 20 元。1991 年，勤工俭学收入 51 万元，中小学生人均 26 元。1992 年，黑河教育系统引进资金技术、提供场地，办起了食品厂、汽车修理厂、豆制品厂、鞋厂等10家,边贸公司15家,服务行业有招待所2家、饭店15家,学农基地89处,土地150公顷。全年校办企业创产值187万元,勤工俭学总收入115万元。补助教育经费84.27万元(用于改善办学条件35万元),用于集体和个人福利28万元。1993年,校办企业创产值318万元,勤工俭学纯收入107万元,补助教育经费78万元,用于改善办公条件48万元,用于集体和个人福利28万元;新增饭店1家、商店2个、植物诊所1个、卫生所1个,新建门市房2 240平方米。1994年,校办企业创产值457万元,勤工俭学纯收入114.69万元,补助教育经费83.14万元,用于改善办学条件50.27万元,生均57.86元。1995年,勤工俭学创产值658.3万元,纯收入100万元,补助教育经费60万元,生均51元。1996年,勤工俭学创产值740万元,纯收入130.5万元,生均60元,补助教育经费60.88万元。1997年,校办工业10家,校办企业17家,校田地2 040亩。全年创产值865万元,纯收入141万元,生均70元,补助教育经费84万元。

1998年,全区中、初等学校勤工俭学开展面为90%,利用勤工俭学基地开展劳动教育的普及率达到95%以上,全年勤工俭学收入143万元,补助教育经费73万元。1999年,进一步落实国家教委关于《进一步加快中初等学校校办产业的发展的若干意见》精神,扩大校办产业规模。全区累计勤工俭学收入158万元,补助教育经费80万元。2000年,勤工俭学开展面高达99%,学生劳动普及率达到100%。全区有校办产业7家,主要有印刷厂、冰果厂、纸箱厂等,年产值80万元,利润10多万元;第三产业主要经营办公用品、小食品、学生用品、农药、兽药等,年销售额90万元,利润20万元;拥有校田地2 040亩,主要种植大豆、土豆、小麦、药材,年产值20万元,利润6万元;勤工俭学市内学生人均收入100元,农村生均收入12元,全年累计勤工俭学收入176万元,用于补助教育经费93万元。勤工俭学为全区教育教学的改革和办学条件的改善奠定了基础。2001年随着国家宏观调控力度的加大,校办企业的发展步入低迷。在勤工俭学工作中,爱辉区教育局积极调整思路,加强对学校商店的管理,要求各校的教育文化用品商店由学校参加管理和经营,严禁学校以勤工俭学的名义收钱收物。2001—2005年,辖区各校勤工俭学净收入840万元,学生人数累计92 052人,年生均91元。农村中小学勤工俭学工作主要依靠"四捡一挖""三田一园"来展开,新生学校成功进行了山野菜人工移植;张地营子学校大豆良种繁育基地、西峰山学校马铃薯育种繁育基地建设进展顺利;农职高中良种繁育基地、四嘉子中学林木基地均已形成规模。城区内的学校勤工俭学工作主要依靠办学前班、小饭桌、商店、场租、校办企业等项目来开展,第五中学引进资金新建了学生公寓、餐厅,改善了学生住宿、用餐的条件,学校收入逐年递增;第一小学多方筹措资金,新建学生公寓、餐厅,解决了住宿生生活问题,学校收入显著增长。

第十六节　对俄交流

20世纪80年代后期,中苏两国关系实现了正常化,特别是中国的改革开放,促进了两国政府和人民的友好交往并不断扩大,黑龙江两岸地方政府间及民间的友好往来不断增加。1989年"六一"国际儿童节,黑河市与俄罗斯布拉戈维申斯克市共同举办了首届中俄"六一"国际儿童节少年儿童互访活动,中俄双方各派出160人的少年儿童旅游团进行了互访。1990年6月9日,黑河市第五届田径运动会在市体育场举行,苏联阿穆尔州少年田径代表队应邀参会,并与黑河少年体校田径运动队进行了800米、1 500米、5 000米、4×400米接力对抗赛,布拉戈维申斯克市执委会主席利亚什科参加开幕式并观看了比赛。

1991年9月24日,以黑河市教育局局长张玉书为团长、黑河中学校长于华为副团长的中国黑河教育代表团一行6人,对俄罗斯布拉戈维申斯克市教育局进行友好访问,双方就加强互相交流与合作达成意向性协议。10月9日,以俄罗斯布拉戈维申斯克市教育局长瓦·阿·扎列斯卡娅为团长、布拉

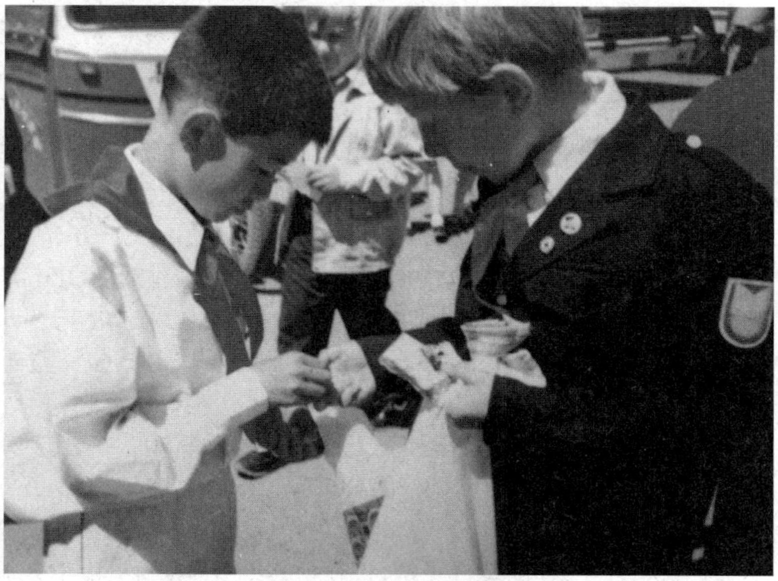
实验小学学生和来访的俄罗斯小朋友互换礼物
1989 年 6 月摄

戈维申斯克市列宁区民政教育科科长奥·耶·丘普洛娃为副团长的俄罗斯布拉戈维申斯克市教育代表团一行3人回访了中国黑河市教育局，双方就交流普通教育工作经验，教育行政部门的教师、学生互访和发展边境贸易达成协议。根据《中、俄文教师实习合同》的规定，1992 年 11 月 25 日至 1993 年 6 月，俄罗斯布拉戈维申斯克市十四中先后派叶莲娜、亚力山德拉、斯维尔牧兰娜到黑河中学、黑河市职业高中教授俄语；黑河中学教师李桂洁、黑河市职业高中教师马凤珍、吴玲芝到俄罗斯布拉戈维申斯克市十四中教授汉语。1993 年 3 月 15 日，中国黑河市少儿艺术团在黑河市教委副主任何长林和黑河市少儿中心主任陈淑珍的率领下，一行 40 人到俄罗斯布拉戈维申斯克市进行回访演出。1994 年 10 月 18 日，以爱辉区教委副主任何长林、柴若愚为团长的爱辉区教育代表团一行 21 人，对俄罗斯布拉戈维申斯克市进行为期 2 天的友好访问。1995 年 8 月 30 日，以爱辉区教育党委书记孙立贵为团长的黑河市中学生代表团一行 40 人，对俄罗斯布拉戈维申斯克市十四中进行友好访问，参加联谊活动。同年 9 月 1 日，俄罗斯布拉戈维申斯克市学生代表团一行 40 人对黑河进行了回访，同第二中学师生同台演出并进行联谊活动。1996 年 3—12 月，俄罗斯布拉戈维申斯克市十四中先后派丽达和依琳娜到黑河中学教授俄语，中国黑河市第二中学派教师吕淑华到俄罗斯布拉戈维申斯克市第十四中教授中文。通过互授，提高了双方教师的中文和俄文的教学水平，加深了两国教师间的了解。1997 年 1 月 15—17 日，以俄罗斯布拉戈维申斯克市副市长拉普诺娃为团长、布拉戈维申斯克市教育局局长扎列斯卡娅为副团长的俄罗斯布拉戈维申斯克市教育代表团一行 12 人，对中国黑河市爱辉区进行友好访问，代表团参观了黑河市第二中学、黑河市实验小学、黑河市第六小学、黑河市幼儿园，并留下深刻印象。同年 3 月 4—7 日，以爱辉区委副书记孙洪涛为团长，爱辉区教委主任张玉书为副团长的爱辉区教育代表团一行 12 人对俄罗斯布拉戈维申斯克市进行了回访，代表团参观了布拉戈维申斯克市新区幼儿园、布拉戈维申斯克市十四中学、布拉戈维申斯克市第二十五中学。同年 6 月 15—16 日，以幸福中心校校长张永坤为团长的黑河市爱辉区幸福乡教育代表团访问俄罗斯布拉戈维申斯克

中俄儿童文化交流　　2005 年 6 月摄

市，代表团参观了布拉戈维申斯克市第十四中学、布拉戈维申斯克市第二十五中学。6月17—19日，俄罗斯布拉戈维申斯克市学生代表团一行41人到黑河进行友好访问，同黑河市第二中学师生进行联欢。7月19—21日，以黑河市第二中学教导主任宋晓慧为团长的黑河市中学生代表团一行41人对俄罗斯布拉戈维申斯克市进行回访。9月9—11日，应黑河市爱辉区的邀请，以俄罗斯布拉戈维申斯克市副市长拉普诺娃为团长，布拉戈维申斯克市教育局局长扎列斯卡娅为副团长的俄罗斯布拉戈维申斯克市教育代表团访问爱辉区，参加了爱辉区庆祝教师节的活动。

2000年7月初，由爱辉区教育局组织城区学校教师24人赴布拉戈维申斯克市进行了为期5天的学习访问，随后布拉戈维申斯克市学校组织教师32人来黑河市区学校进行参观学习。2001年6月中旬，爱辉区组织教师18人到布拉戈维申斯克市，布拉戈维申斯克市组织教师22人到爱辉区中小学，两地教师进行了互访学习。同年，实验小学选派优秀学生185人赴俄罗斯布拉戈维申斯克市参观，并接待了200名俄罗斯小学生组成的参观团体。第六小学60余名师生由校长带队参加了团市委组织的中俄“六一”少年儿童互访活动。第三小学由教师连瑜带领学生12人赴俄罗斯进行了参观交流。2002年9月中旬，爱辉区组织教师25人赴布拉戈维申斯克市，布拉戈维申斯克市组织教师30人到爱辉区，就教育管理及教学模式进行了互访学习。实验小学由180名学生组成的参观团赴俄布拉戈维申斯克市进行了参观及文化交流，同时接待了210名的俄布拉戈维申斯克市学生代表团来访；第六小学70余名学生在“六一”期间由大队辅导员带队，赴俄罗斯布拉戈维申斯克市参加互访活动；第三小学由教师张红带领学生10人赴俄布拉戈维申斯克市进行了参观交流。2003年，因非典型性肺炎的原因，两岸经协商暂停了选派学生互访活动。

2005年，爱辉区与俄布拉戈维申斯克市教育行政部门恢复了师生互访。

第二章　科学技术

第一节　机　　构

1983年，黑河市科学技术委员会下设工业、农业、计划、科技情报股，编制12个，为行政单位。1984年，下设机构调整为科技干部股、工农业科技股、科技情报室。1988年8月，成立黑河市地震办，办公室设在科委，为副科级建制，编制2个。1989年9月，增设政秘股。同年成立“科技兴市”领导小组，办公室设在科委。

1990年，成立黑河市技术市场办公室、科技管理股，编制3个。1991年，成立黑河市科技开发交流中心，编制5个，经费自收自支。1992年，政秘股改为办公室，科技情报室改为黑河市科技情报研究所，为科委下设的事业单位，人员编制2个。

1993年4月，黑河市科学技术委员会更名为爱辉区科学技术委员会，科级建制，人员编制10个，其中行政编制7个，地方自定编制3个；下设办公室、科技股、技术市场管理办公室、工农业计划股；下设事业部门为爱辉区科学技术开发中心，股级建制。原黑河市地震办并入黑河市（地级）地震办。1996年，爱辉区科委下设办公室、规划计划股、科研指导股，撤销区科学技术开发中心，收回5个自定事业编制。

2001年，爱辉区机构改革，科学技术委员会改建为科学技术与信息产业局，主管全区科技和信息产业工作，下设科技管理办公室、信息产业与知识产权管理办公室；新增加了负责对全区电子信息产品制造业和软件业的管理、知识产权保护和管理、推进国民经济和社会服务信息化工作等职能；科级建制，编制6个，其中行政编制5个，工勤人员事业编制1个。领导职数为局长1职、副局长2职、股级职数2职。至2005年,科学技术与信息产业局下设机构及编制数未变,在职6人,离岗休养2人,退休7人。

第二节　科技队伍

1985年,全市共有各类专业技术干部3 112人,其中,工程技术人员409人,农业技术人员155人,卫生技术人员409人,中小学教师1 247人,中等专业学校教师11人,科学研究院10人,会计人员377人,统计人员113人,经济人员61人,新闻人员4人,播音员1人,工艺美术人员5人,体育教练3人,图书、档案人员18人,文艺人员83人,其他人员206人。2000年,全区有各级各类科技人员2 849人。其中,正高级专业技术职务资格2人,副高级107人,中级、初级1 596人。工作岗位的分布为从事农业工作的科技人员194人,从事工业工作的科技人员285人,其余大部分科技人员从事教育和卫生工作。在所辖13个乡镇中共有科技人员472人,其中62%从事教育工作,31%从事卫生工作,从事科技管理和科技推广的科技人员占0.09%。至2005年,爱辉区有各级各类科技人员2 623人。其中,正高级专业技术职务资格36人,副高级443人,中级、初级2 144人。

第三节　科学普及

1984年,黑河市科委为各厂矿提供科普宣传资料、书籍1 152份,为机关干部和科技人员作微机讲座和新技术革命讲座2次,印发《新技术革命讲座》14期。根据奶牛专业户因缺乏技术指导而造成奶牛产奶量低、病死率高的情况,印发了《奶牛饲养技术》《奶牛饲养知识问答》《饲养奶牛一百问》等书籍1 200册,及时提供给奶牛饲养专业户。

1985—1986年,倡导农户进行养羊、养猪、养鸡、种植木耳等多种经营生产,为农民进行技术咨询服务14次,聘请技术顾问24次,采用板面宣传、口头讲演等形式,发布种植业、养殖业、农产品加工、工业新技术、新产品等方面的科技信息371条,举办科技讲座60次。

1987年,在市街道工作委员会、水利局、乡企局、四嘉子乡等有关部门发布了有针对性的适用科技信息90多条。全年进行科技咨询活动20人次,举办科技讲座31次。

1988年,在上马厂乡和西山后村多次举办致富信息发布会,有500多人参加活动。在市区展出科技画廊3期,宣传《中华人民共和国技术合同法》和《中华人民共和国计量法》。全年开展技术咨询服务活动20人次,主要为农机修造厂塑料制品、木塑复合制品开发,幸福乡饲料加工、废塑料利用、大豆深加工、油角利用,小乌斯力村和新生活村食用菌栽培,东四嘉子村和河南屯麝鼠饲养,拉腰子村、卡伦山林场及小三嘉子村养鹅拔毛,之路村内外墙装饰涂料、小径木综合利用,西岗子野鸡饲养,上马厂乡绒山羊饲养等项目提供了详细资料和咨询服务工作。

1989年,开展科技干部在职培训和星火计划人才培训工作。组织200多名科技人员参加全省科技英语讲座学习,其中171人参加毕业考试,有151人及格。

1990年,24名大中专毕业生到各乡镇农业技术推广站工作;12个乡镇共配备42名技术员,其中爱辉镇、西岗子镇和幸福乡达到5~6人。全市有87个村屯配备了农业技术人员,树立438个科技示范户,共带动4 525家农户。全年市、乡镇、村三级共举办152次技术培训班,有12 726人次参加培训。全年发放咨询资料15 810份,做电视教学37场。各乡镇创建了21个农业科技服务站,其中农业3个、畜牧7个、农机11个,占农业三站总数的52.5%;其中西岗子综合服务站当年共为农民提供良种54吨,新型化肥、新型农药、除草剂16种7吨,地膜2吨。

1991 年,利用各种形式开展科技培训和科技服务,举办各种农业技术学习班 129 次,培训人员 13 862人次;发放各种技术资料 12 205 份,广播 22 次,放录像 36 场,技术咨询服务台 11 267 人次。提高了农民科技意识、科技素质和科技种田水平。

1992 年,建立严格的岗位责任制,省、地、市、乡四级领导干部 87 人、科技人员 77 人从备耕到秋收实地指导,共举办 152 期科技培训班,共有 15 333 人次参加培训,农村干部和农民素质得到提高。尽管受到“两旱一涝一冻”等自然灾害,集团承包的小麦平均亩产达到 190. 1 千克,比达标值提高 14. 1 千克,大豆平均亩产达到 130. 3 千克,比达标值提高 7. 6 千克。

1993 年,举办科技培训班 75 期,村级以上干部和技术员 683 人次参加,1 万人次收看科技录像。

1994 年,农科教办公室(“科技兴区”办事机构、设在农委)对 8 个乡镇农科教职工进行统筹管理,积极开展检查、指导和科技培训,共举办学习班 64 期,共培训 5 635 人次。

1995 年,利用各种形式开展科技培训和科技服务,深入基层为农民举办种植、养殖业培训班 120 次,培训人员 8 972 人次,发放各种技术资料 1 万余份,放录像 25 场,提供技术咨询服务 3 256 人次,提高了农民科学种田本领。

1996 年,为实施“九五”科普工作计划,结合少数民族的实际情况,在坤河达斡尔族满族乡、四嘉子满族乡、新生鄂伦春族乡 3 个少数民族乡重点开展科普宣传活动 9 次;对 3 个少数民族乡的机关干部、村干部、农户进行科普知识培训。

1997 年,主要开展以少数民族乡为重点的科技普及科技培训工作,由科委副主任带队的由高级农艺师、畜牧师等人员组成的科普宣传队 3 次深入坤河、四嘉子少数民族乡的有关村屯进行培训和咨询工作,听课人数达 200 人次,发放有关科技图书 350 余份。在“六一”前夕,科委组织由全区 50 名优秀中学生参加的“跨国科技夏令营”活动,学生们到俄布拉戈维申斯克市著名景点参观、游览,了解到许多科技、历史知识。

1998 年,为实施“九五”科普工作计划,加快爱辉区少数民族乡科学技术普及的步伐,提高少数民族的科学文化素质,年初科委制定了《一九九八年爱辉区少数民族乡科普工作实施方案》;由副区长廉丽华带队,由市科委、区科委、区科协等部门 21 名工作人员和市、区科技战线大豆、小麦、玉米、土肥、活化剂、农机等 9 位知名专家共同组成的工作组到爱辉镇、四嘉子乡、坤河乡、新生乡现场为农民讲授、指导、服务,共接受 1 镇 3 乡 6 个村屯近 200 位农民朋友的咨询,送去适合当地种植特点的科技资料 2 000 份,科技图书 40 套,录像带 3 盒。

1999 年,市农科研、区农业技术推广中心、市口腔医院等单位 32 位有关专家到上马厂乡、张地营子乡、西岗子镇为农民讲授农业科技知识和医疗科技知识,发放科技资料 2 800 份、科技图书 260 册,共培训农民近 500 人;同时下摆新型叶面喷施药液“丰农宝”12 箱,“迦姆”丰收营养液 10 盒,农用叶面喷施设备 4 套,折合人民币 8 200 元。

科普宣传活动　　2005 年 11 月摄

2000 年,根据农民需求,在西岗子镇、爱辉镇、幸福乡、上马厂乡等乡镇举办 6 期培训班,700 余人参加了培训;组织科普大集 2 次,发放科普宣传书籍 310 本,散发科普宣传材料 3 000 份,传播致富信息50条。围绕调整种植业结构，积极发展棚室蔬菜生产，科委聘请东北农大、省园艺所教授、省绿色食品蔬菜综合配套技术项目负责人先后2次到爱辉区传播日光节能温室和特种蔬菜栽培技术，为引进夏菜冬种、南菜北种、新菜特种技术奠定了良好基础。为发展特种养殖，举办了养蝎技术培训班，有60人参加培训，促进了爱辉区特种养殖业的发展。

2001年，加强了科技法规宣传，利用新闻媒体、科技大集、科技活动周等形式送科技下乡，开展《中华人民共和国科学技术进步法》《中华人民共和国促进科技成果转化法》《中华人民共和国技术合同法》《黑龙江省技术市场管理条例》《黑龙江省民营科技企业管理条例》等法律法规的宣传活动，为科技成果转化、技术市场建设、民营科技企业稳步健康发展，营造了较为宽松的社会环境。全年共发放科技法规、科普图书500余份，下发32个农作物新品种、品系简介200余份，展示新肥、新药20余种。参加科普活动的农民每次达上千人，达到了较好的宣传效果。

2002年，举办科技大集4次，共有近万人次的农民参加了科技大集，展示科技信息50余条，新技术、新成果100余项，举办科技专题讲座60期，参加培训人员3 600人次。5月18—24日，举办了科技活动周系列活动，进行了街头宣传和科技、文化、卫生“三下乡”活动。出动宣传车2辆，散发宣传单8 000余份，街头义诊100余人次，法律咨询200余人次。

2003年，围绕农业产业结构调整和城乡防治“非典”等项重点工作，以宣传科学技术知识、弘扬科学精神、倡导健康文明生活方式为主要内容，通过科普之冬、科技大集、送科技下乡、“依靠科学、战胜非典”主题科技活动周等形式，先后在中央街繁华地段和爱辉镇、西岗子镇、坤河达斡尔族满族乡、幸福乡、四嘉子满族乡、新生鄂伦春族乡开展了科普宣传活动，为全区11个乡镇89个村提供《农村科学防治非典型肺炎宣传手册》650本，“依靠科学、战胜非典”广播小品光碟46套，散发防治“非典”科普宣传单5 000份，发放科技项目和科技成果资料1 500份。

2004年，开展了农村技术经纪人骨干、经济作物生产和绿色食品开发培训。在爱辉镇、西岗子镇举办科技大集2次，参加大集农民1 500余人，展示科技信息50余条、新技术新成果100余项，发放图书100册、科技宣传单2 000份。举办各级科技班3期、专题讲座7场，参加培训143人，发放科技图书300册，散发科技宣传单1 300份。在举办“科普活动周”“科技活动周”“科技三下乡”系列活动中，出动宣传车辆4台次，发放科技资料200册，散发宣传单500余份，在街头提供科技咨询120人次，法律咨询78人次。

2005年5月18日，开展了以“科技以人为本、全面建设小康”为主题的科技活动周宣传活动，散发《中华人民共和国科学技术普及法》220册、科普知识宣传资料600余份。

第四节　项目研发与管理

1984年，市政府下达给科委科研计划21项，当年完成18项，其中一批项目取得很好的经济效益。科委利用冰果厂和食品公司的空闲冷库生产8个品种的速冻菜3万千克，每千克纯利润0.2元，共获利润2.4万元，速冻菜上市后受到广大群众的好评；特酿都柿酒被列为省优质产品；具有补脾健身作用的黄芪啤酒初试成功；农业科研项目取得很好效果，大豆万亩攻关亩产达140千克，3年平均亩产128.2千克，超过地区指标25千克；水稻工厂化育秧项目亩产可达475千克，比生产田增产88.5千克；山区大豆开发、豆紊子收集器、新型除草剂拿扑净的试验都取得显著效果。

1985年，市政府共下达重点科研项目20项，其中农业9项，均完成；工业11项，除2项调研项目没有进行外其他均完成。为使黑河人吃上自己生产的大米，市科委与农牧渔业局、农机研究所等单位配合，与东岗子村30户农民签订合同搞机械插秧，公顷年产达3 650千克，比直播稻田增产1倍多；在西瓜生产栽培上采用地膜覆盖加小棚的办法进行合理密植，喷施生长激素和增甜剂，使西瓜能提前定植、坐果率高、提早15～20天成熟；推广使用拿扑净灭草面积达3 502亩、禾草灵灭草245亩，灭草效果好，受到农民的欢迎；在引进龙江一号溜槽的基础上设计制造了适应本地砂金点的溜槽，为黄金开采实现机械化提供了成型样机；抛光机、砂光机的样机均组装成功，各种参数均达到设计要求。

1986年，上年研制的黑河一型采金溜槽有13台投入生产，使黄金生产量大幅提高，该项目被列入国家"星火计划"；为促进企业技术改造，引进微机控制车床先进技术，提高了劳动生产率；支持镜品厂从承德引进真空镀铝技术和设备，改变了多年来一直靠手工制镜的方法。在西岗子镇重点推广了西瓜新品种和栽培新技术，促进传统农业向现代农业的转化。四嘉子乡小三嘉子村同哈尔滨工业食品研究所签订了技术转让合同后很快投产，使黑河市全粉厂成为全国第一家生产马铃薯全粉的厂家。9月，市科委从省农牧渔业厅农业工程研究所引进农牧综合棚10栋，可养牛20头或鸡2 000只，同时还可种菜140平方米，棚内采用通风换气、浇水、地膜覆盖、中耕和滴灌等方法来调节温度，以保证畜禽的正常生长。此项目得到省科委科技贷款6万元。

1988年，市政府下达科研项目11项。其中结转的5项，新增的6项；计划外项目2项，列入国家计划1项，省级2项，地区1项，市里自定5项。完成5项，未完成1项，转下年5项。计划外项目引进瘦肉型猪、野鸡饲养、人工牛黄的培植等均完成当年预定目标。东北细毛羊引进示范推广项目：为了发展市养羊业、为毛纺厂提供优质原料、改良品种，从齐齐哈尔引进东北细毛羊45只，其中小公羊17只，小母羊17只，种公羊1只，基础母羊10只，共投资6 000元，在托力木村确定一家有经验、饲养条件好的专业户进行试验繁殖，经精心饲养，长势很好。玉米地膜覆盖实验试范项目：当年落实3个试点，引入11个新品种，面积2.5亩，亩产600千克，比当地八趟品种增产120%。草莓引种栽培项目：从吉林引进特大草莓索非亚、戈雷拉品种，在曹集屯进行试栽和越冬试验，成活率达到80%以上。

1989年，全市列入科技计划项目的有26项，重点项目10项，推广项目16项，其中重点项目中结转的3项，新增的7项。当年科委规定：新增项目需严格审查，列入计划的项目必须做到四有"有资源，当地有资金，产品有销路，有承担项目的科技人员"。列入省、地星火项目的共5项，列入地市重点科研项目的6项，实施率100%；列入地区推广项目10项，实施9项，实施率为90%；列入市里推广的项目16项，实施14项，实施率87.5%。从山东泰安引进了"空分输氮式果蔬气调库"技术与设备，当年8月投产后，共贮存蔬菜、水果15万千克，可贮存苹果100～150天，西瓜、尖椒、豆角等60天，西红柿30天，保持原形、色、味不变，全年共创产值27万元；市农机二厂从哈尔滨市新香坊化工厂引进油漆生产技术与设备，生产的飞鸿牌油漆达到规定标准并出口苏联；当年组装YC系列电容起动异动机700台，产值达13万元。当年小麦采用良种高肥，5 500亩小麦平均亩产超过200千克；当年实行技术承包的44 525亩大豆经受住早霜考验，平均亩产达到163.39千克。

1990年，以"科技兴粮"为重点开展工作。科技承包方面：110 317亩小麦平均亩产达到223.79千克，比全市小麦平均亩产提高73.43千克；100 883亩大豆平均亩产达到155.5千克；5 000亩玉米亩产达到353.5千克；实行科技承包的土地共计216 200亩，占粮豆薯耕种总面积的31.15%，共生产粮豆4 166万千克，占总产的45.4%，增产粮豆1 512万千克，新增产值1 218万元。推广小麦深施肥、大豆"垄三栽培"等15项农业新技术，按大豆垄三栽培技术操作规程进行的大豆亩产都在150千克以上，比用B6播种机（指一次能播6条垄的播种机）播种的增产12.7%～35.6%。与地区林科所合作，在滨南林场3.7万亩林地推广了"兴安落叶松中幼林抚育模式"。以四嘉子乡小三嘉子村"千头猪场"为重点的生猪直线育肥项目，当年共养猪360头，平均每头猪效益为75元。市水产站姚路承包的104.5亩养鱼塘采用小水面精养鱼高产技术，亩产达到200.75千克。

1991年，推广新技术8项，实施"星火计划"3项、科技成果推广计划15项。全年共投入1 031万元（含企业自筹资金）进行技术改造项目，帮助6户省地市扶持预算内企业解决资金215万元，全面推进了工业企业的科技进步。当年完成3项科技攻关项目，即ZIE－110云室切割机、PZ28化油器、干啤器。

1992年，科技成果推广计划42项，其中种植业31项，养殖业7项，林业3项，水利1项。当年全市共销售生根粉7千克,施用面积17.5万亩,平均增产8.9%～26.5%;全市使用大豆微复肥面积达20万亩,增产10.4%～19.5%。

1993年,科技计划项目20项,其中攻关项目9项、星火项目7项、开发项目4项。列入政府计划的科技推广26项,其中种植业20项、养殖业6项。试种了4个种类26个品种的名优特蔬菜,其中有8个品种适应本区的高寒气候,而且品质佳,早熟性强,市场效益好,产量高,可推广应用。优质小麦品种87－7439、ABT生根粉、腐殖酸多元微肥、防止大豆重迎茬种子包衣技术剂、温流水养鱼、珍禽养殖等项目推广都取得较好效益。当年区直工业完成总产值5 700万元,预算内工业企业实现销售收入800万元,比上年增长37.3%。

1994年,科技计划项目48项,其中,科技攻关6项,星火计划7项,科技开发计划10项,重点科技成果推广计划25项。1995年,科技计划项目38项,其中科技攻关12项、星火项目8项、科技开发项目18项。工业项目落实中高光冷瓷涂偶产品、CJ型储能硅胶电池产品、乳品厂生产的"智康宝消毒奶"均深受用户好评。

1996年,科技计划项目共38项,其中科技攻关项目6项、星火计划项目5项、科技开发项目7项、科技成果推广项目20项。爱辉古酒公司生产的爱辉优质酒至当年11月末已生产23吨,产值70万元,上缴税金7.4万元。爱辉古酒的开发,结束了爱辉区多年来只能生产低档酒的历史。北海榨油机械厂1995—1996年度共组装生产榨油机14台,产值44.5万元,利税4.1万元。该项目的实施带动了乡镇、家庭小油坊的发展。CJ型储能硅胶电池当年灌胶27块,产值4万元。

1997年,科技计划项目28项,其中科技攻关7项、星火项目3项、科技开发项目2项、农业科技成果推广16项。第二粮库试制的"浓缩磷脂"产品经检测符合国家标准;西岗子机械厂生产的"锅炉除尘器"和"超导传热炉"产品样机,经有关部门检测鉴定后可投入批量生产;水产局年初在额泥河水库和宋集屯水库投放大银鱼鱼卵545万粒;振兴粮库负责的省级星火项目"万头猪场综合立体开发"年末可出栏生猪1 500头。当年签订技术合同13个,实现技术交易额703.6万元。

1998年,科技计划项目36项,其中科技攻关13项、星火项目4项、新品种开发4项、科技推广15项,当年计划实施率达到90%以上。

1999年,科技计划项目24项,其中科技攻关7项、星火项目6项、农业科技技术推广4项、重点科技开发7项。其中争取省级项目3项,市级项目5项。"桦树汁研究开发"项目通过了省科委专家论证进入实验阶段;在农职高中基地建起1栋集气肥、滴灌、地热等新技术为一体的东农98－1型高效日光节能温室,造价15万元;在北药基地的带动下,农户自发种植北药16个品种面积达1 600余亩。

2000年,科技计划项目22项,其中科技攻关5项、星火项目4项、农业技术推广项目6项、新产品开发项目7项。5月,区科委邀请省中医药大学、省商学院和市药检所的专家解决了桦树汁采集及保鲜的技术难题,区食品厂与深圳一家公司合作加工生产出试产品桦树汁听装饮料40箱,在黑龙江省商学院进行了产品稳定性试验和保健机能试验,并在黑龙江省卫生防疫和黑龙江技术监督局食品检测站进行了产品质量指标和卫生指标检验;区科委与市科委联合投资17万元建起1栋98－1型高效日光节能温室,重点推广了温室塑料管滴灌技术、二氧化碳气体施肥技术、地热技术、机械卷帘技术及结构建造技术。利用此技术,农户建成温室10栋、面积达1万平方米,带动农户建起塑料大棚40栋。此技术解决了市区反季节蔬菜生产及温室育苗问题。当年,蔬菜出口基地生产西红柿7万千克,实现对俄出口5万千克;当年,全区种植北药品种18个,种植面积达17 130.5亩。爱辉区被认定为省级北药种植基地,获得省专项资金100万元。

2002年,科技规划项目24项,其中攻关项目4项、星火项目1项、重点科技开发项目5项、推广项目14项。黑河市爱辉绿色农产品开发公司申报的"寒地设施园艺外向型综合开发利用"项目获得省级科技攻关项目资金支持19万元,该企业生产的爱绿牌蔬菜已有3个品种(洋葱、甘蓝、西红柿)获得中国绿色食品发展中心A级绿色食品标识。当年蔬菜出口8 000吨。与哈尔滨市特产动物研究所合作为黑河东新马鹿种鹿场申报实施了省星火计划项目“东新马鹿品种繁育与鹿产品开发”，获得国家星火项目贴息贷款150万元，争取到星火专项发展基金10万元，企业自投45万元，开发了新产品鹿源春牌系列酒，开创了爱辉区地方酒的特色品牌，经过科学繁育马鹿种群已扩繁到60只。与省中药大学、省商学院和市药检所合作，为黑河桦林食品有限责任公司申报并实施了省级科技攻关项目“桦树汁保鲜技术与产品开发”；桦林食品有限公司已开发生产了4款桦树汁系列碳酸饮料：桦林可乐、桦林甜橙、桦林菠萝和白桦液。其听装饮料与大连远东食品有限公司、上海昆山虹口外贸公司及哈尔滨嘉进食品销售公司签订了长期销售合同。

2003年，科技计划项目19项，其中上年结转13项，新增6项。攻关项目2项，重点科技开发项目2项，产业化项目3项，试验示范项目2项，推广项目10项。当年1月，获得北药开发建设基金50万元；“外向型无公害蔬菜工厂化生产”项目总投资260万元；“爱辉区境外农技业综合科技示范园区”项目总投资2 180万元，实施年限3年，此项目旨在促进中俄科技合作，引进俄罗斯新品种、新技术。

2004年，科技计划项目20项，其中科技攻关计划项目5项、产业化计划项目4项、农业科技推广计划项目10项、试验示范计划项目1项。全年争取省级项目到位资金103万元。爱辉绿色农产品开发公司承担的省级重大攻关项目“高寒地区外向型蔬菜开发及产业化”项目实施重点东农20－1型日光节能温室主体工程即将结束；北药基地承担的省级“黄芪、高山红景天规范化种植基地建设”项目，实现了北药种植面积862亩，其中，高山红景天200亩、黄芪300亩、防风150亩、平贝2亩、穿地龙10亩，并投资36万元完善了基地建设。当年，山珍集团与省林副特产研究所建立了技术协作关系，双方共同编制完成了“山珍即食品蔬菜加工产业化”和“绿色食品山珍系列产品开发”项目可行性研究报告；温馨山产品公司编制了“从野生都柿中提取强氧化剂的研究”项目的可行性研究报告；黑河市荷华伦良种牛发展有限公司编制“应用胚胎移植技术培育良种牛产业化”项目可研报告；省级区域重大科技攻关项目“马铃薯颗粒全粉加工”“东新马鹿品种繁育与鹿产品产业化”顺利通过省级发展高新技术产业化专项资金的实地考察。

2005年，科技计划项目17项，其中攻关技术3项，星火计划1项，产业化6项，推广计划7项。黑河市汇丰机械设备有限公司申报“俄罗斯无刷免维护汽车交流发电机技术引进及产业化”项目、黑河市东胜木制品厂申报“超长型单板层积材应用技术开发及产业化”项目、黑河山珍产品有限责任公司申报“山珍系列即食品开发产业化”项目、黑河温馨酒业有限公司申报“企业信息化管理系统工程”项目、黑河市天丝亚麻有限公司申报“中俄合作优质高产黑亚15号繁育及产业化”项目。其中“中俄合作优质高产黑亚15号繁育及产业化”项目得到省级科技发展高新技术产业专项资金20万元。

第五节　科 技 成 果

一、科技进步奖

1984—2005年，全区各行业科技成果研发工作取得突出业绩，在农业、农机、工业、畜牧、林业、卫生等战线共有45项科技成果分别获得市级（地区）一、二、三等奖。

1984—2005年爱辉区（黑河市）科技成果获奖情况表

表20－5

获奖年限	获奖等级	项目名称	完成人	完成单位	所属行业
1984	一等奖	黑河地区万亩大豆丰收技术试验	王广元等	黑河市农业推广中心	农业
1984	二等奖	涌泉牌都柿酒	杨玉书等	黑河制酒厂	工业

续表 20－5

获奖年限	获奖等级	项目名称	完成人	完成单位	所属行业
1984	三等奖	黑河牌都柿饴糖	刘盘堂等	黑河市食品厂	工业
1984	三等奖	E512 水泵	谭彦卜等	黑河市农机修造厂	农机
1984	四等奖	流行性出血热、泪液免疫球蛋白补体 C3 测定及其临床意义的探讨	何佩珍	黑河市人民医院	卫生
1985	四等奖	临床应用“古荷”树脂材料进行口腔牙齿修复	郝骥等	黑河市牙病防治院	卫生
1985—1986	三等奖	水稻工厂化育秧机插秧	吕　庄　吕志强　王世栋等	黑河市农牧渔业局、市农业科技研究所	农业
1985—1986	三等奖	HKM 系列卫生筷子机	梅长山　郑瑞庭　徐兆瑞	黑河市机械厂	工业
1985—1986	三等奖	速冻蔬菜技术引进与推广	车连奇　阎化云	黑河市科委、黑河市冰果厂	工业
1985—1986	三等奖	黑河地区鄂伦春族血缘婚配情况调查	刘安泰	黑河市人民医院	卫生
1985—1986	四等奖	蔬菜地膜覆盖技术引进与推广	孙洪江　李洪彬　齐广才等	黑河市幸福乡农技推广站、黑河市科委	农业
1985—1986	四等奖	IIK 型卫生筷子机信息情报调研	郭玉民　王立业　李迎新等 4 人	黑河市农机修造厂	农机
1985—1986	四等奖	大豆种下深施肥播种部件	阎照香　郭福康　刘桂新等 6 人	黑河市农机研究所	农机
1987	二等奖	沙金采选工装设备及采选工艺技术开发	潘振东等	黑河市科委、黑河市农机二厂、黑河市南二龙金矿	农机
1987	三等奖	蔬菜无公害生产	苏恩涛等	黑河市农业技术推广中心	农业
1987	三等奖	施肥西瓜综合高产栽培技术推广	宋长江等	黑河地区农业推广站、省农科院黑河所、市科委、各县农业技术推广站	农业
1987	四等奖	双乐牌蛋鸡一号配合饲料	郭世印等	黑河市饲料公司	畜牧
1987	四等奖	垦布罗鸡引进饲料观察试验及推广	孟宪光等	黑河市畜牧局、黑河市科技情报站	畜牧
1989—1990	二等奖	黑河高寒地区大豆技术开发研究	张　铁　宋贵庆　齐广才	黑河市科委	农业
1989—1990	三等奖	HK 系列制筷机地方标准	王瑞云　李迎新	黑河市第一机械厂	农机
1989—1990	三等奖	DHN907/95/70/H、DHN 120－/95/70/H	王艳芳　刘佳民　吕克友	黑河锅炉厂	工业
1989—1990	四等奖	营造推广混交林	张树勋　陈本顺　花圣民　刘凤秀等	黑河市林业局	林业
1991	一等奖	大豆农艺规程技术推广	王荣祥　白常吉　臧石柱	黑河市农牧渔业局、农业中心、科委	农业
1991	三等奖	黑河市宋集屯煤矿企业标准（技术标准、管理标准、工作标准）	杨忠华　张树清　王会智	黑河市宋集屯煤矿	工业

续表 20－5

获奖年限	获奖等级	项目名称	完成人	完成单位	所属行业
1991	四等奖	黑河市野生花灌木普查报告	许　风　高　云 范圣民　孙广波 周东开	黑河市林业局	林业
1991	四等奖	YC单项电容起动异步机电动机	王长江　刘凤智 王振才　高金陵 刘庆章　邓怡怡	黑河大华电机制造厂联营公司	工业
1992	二等奖	YHCB1000/5型圆弧齿轮油泵	阎边生等4人	黑河市通用机械厂	工业
1992	三等奖	SHW4、2－0、7/0、5/7、O/H热水锅炉	刘长江等5人	黑河锅炉厂、省工业锅炉技术开发中心	工业
1992	三等奖	复合组织瓣修复骶部褥疮	和德祥等7人	黑河市人民医院外科	卫生
1992	四等奖	高纬寒地推广水稻旱育稀植技术	吕恩亮等20人	黑河市农业科技推广中心	农业
1992	四等奖	流行性出血热中晚期病人免疫法研究	李永德等	黑河市人民医院	卫生
1993	三等奖	显微现代晶体囊外摘除及后房型人工晶体植入	尚颖平　刘　华等	黑河市第二人民医院	卫生
1993	四等奖	封闭式窖洞隧道保温发酵酱油	徐文杰　王佩兰 郭玉民	黑河市酿造调味品厂、黑河市农机局	工业
1993	四等奖	关于不典型阑尾炎诊断方法的研究	李艺辉　和德祥等	黑河市第二人民医院	卫生
1994	四等奖	显微支撑喉镜声带息肉切除技术	吴文库等	黑河市第二人民医院	卫生
1994	四等奖	单侧多功能骨外固定器的临床应用	刘书发	黑河市第二人民医院	卫生
1998	三等奖	雏鸡异刺线虫病继发李氏杆菌病的诊断治疗	白桂梅等	爱辉区兽医卫生防疫站	畜牧
1998	四等奖	硬膜外腔置管前向患侧注入试验量阻滞效果的临床研究	王钦礼	黑河市第二人民医院	卫生
1998	四等奖	利用药物诱导本地产品停产母鸭提前产蛋的研究	白桂梅等	爱辉区兽医卫生防疫站	畜牧
1999	二等奖	食道心房调博技术在窦房结功能检测中的应用	李洪顺	黑河市第二人民医院	卫生
1999	三等奖	带锁髓内钉远端瞄准器的研制	何存良等	黑河市第二人民医院	卫生
2001	四等奖	左旋18甲基炔骶诺酮长效避孕皮下埋植剂的临床应用及反映处理	周春霞等	黑河市爱辉区妇幼保健院、计划生育技术指导中心	卫生
2003	二等奖	柴胡及炮制品有效成分比较与现代化临床合理性运用研究	尹传明	黑河市爱辉区妇幼保健院	卫生
2004	二等奖	自制负压旋切针CT导向经皮肺活检术在肺占位性病变中应用	江　涛等	黑河市第二人民医院	卫生
2004	三等奖	发声面罩	王钦礼	黑河市第二人民医院	卫生

说明：奖项1984—1992年由黑河地区行政公署颁发，1993—2005年由黑河市颁发

二、专利情况

1985—2005 年市直及爱辉区专利统计表

表 20－6

年度	市直及爱辉区公开专利统计				市直及爱辉区专利授权统计				
	发明	实用新型	外观设计	合计	年份	发明	实用新型	外观设计	合计
1985	—	—	—	0	1985	—	—	—	0
1986	—	4	—	4	1986	—	—	—	0
1987	—	1	—	1	1987	—	4	—	4
1988	—	3	—	3	1988	—	1	—	1
1989	—	5	1	6	1989	—	2	—	2
1990	—	3	—	3	1990	—	4	—	4
1991	1	7	—	8	1991	—	3	—	3
1992	—	1	—	1	1992	—	6	—	6
1993	1	2	—	3	1993	—	2	—	2
1994	—	1	—	1	1994	—	1	—	1
1995	—	1	1	2	1995	1	—	1	2
1996	2	5	—	7	1996	—	5	—	5
1997	3	6	—	9	1997	—	6	—	6
1998	5	5	—	10	1998	—	5	—	5
1999	2	6	—	8	1999	—	6	—	6
2000	3	13	1	17	2000	3	13	1	17
2001	6	5	1	12	2001	—	5	1	6
2002	2	6	—	8	2002	—	6	—	6
2003	5	10	—	15	2003	—	12	—	12
2004	15	12	1	28	2004	1	8	1	10
2005	2	8	8	18	2005	2	8	8	18
合计	47	104	13	164	合计	7	97	12	116

第六节　科 技 情 报

1984 年，黑河市科学技术委员会情报室为各厂矿提供科技情报、资料书籍 1 152 份，举办新技术革命讲座 14 期。1985 年 8 月 6 日，黑河市首次科技情报工作会议召开，会上建立了由 77 个单位 170 余人组成的情报网络，使情报信息能够及时准确地传递到各厂矿、专业户。当年召开的科技信息发布会共发布种植业、养殖业、农副产品加工、工业区新技术、新产品、省内外各种培训信息等 196 条，收到反馈信息 9 条。1986 年，成立了由 27 个情报站 128 人组成的情报网络。召开信息发布会，使情报资料直接与用户见面。当年编印科技动态25期，发布科技信息100多条，落实30多条，举办科技致富广播节目140套，科技讲座34次，进行咨询服务30多人次，借阅各种科技杂志100多人次；各情报站举办各种新技术学习班62次，受训人员达3 000人次。1987年，科技情报人员先后在市区街道委员会、水利局、四嘉子乡等有关部门召开的会议上发布有针对性的科技信息90多条，进行科技咨询20余人次，举办科技讲座31次。1988年，黑河市情报工作的重点转变为为乡镇企业和农村专业户服务，在上马厂乡和西山后村多次举办致富信息发布会，共有500余人参加，从全国各地报刊上筛选可靠适用信息310条，编印科技信息期刊3期，发放350册。当年3月，赴吉林省红星种养场、中国科学院庄稼特产资源研究所对山鸡、麝鼠、草莓、东北细毛羊的适应性、经济效益，主要饲养、栽培方法及销路问题进行了详细考察，并写出了详细的调研报告。7月，组织了夏季出口科技产品展销会，达成意向协议97项，成交额134万元。

1991年，全市有情报网点42个、情报人员138人，其中县、乡、村三级情报网27个、情报人员61人，12个乡镇建立了情报站。当年共筛选信息和使用技术信息65条，实施科技信息8项；印发《科技动态》10期，为领导提供决策信息2次22条。1995年，科技情报工作转向乡镇企业，每月发行《科技动态》《新产品 新技术》6期，收集信息400余条，发放到各有关企业及乡镇政府。1996年，印发《科技动态》12期，收集信息215条，接待各行各业咨询人员38人次，为企业提供6项有价值、有针对性的信息。当年10月，实现与省科技信息中心联网。1997年，印发《科技动态》12期。1999年，多次为西峰山乡等北药基地乡镇及时准确地提供北药种植品种和市场行情。

2000年，为农户传播致富信息50余条。2001年，下发32个大豆新品种、品系简介150余份。2002年，在发展和强化中介服务机构方面，注重完善配套服务功能，促进科技成果转化。与东北农业大学、哈尔滨工业大学、黑龙江中俄科技合作及产业化中心等单位建立了更加紧密的协作关系，黑河市爱辉绿色农产品开发公司与哈尔滨工业大学建立了协作关系。2003年，科信局成立了爱辉区生产力促进中心，支持科技中介服务机构的发展。着力构建和完善科技信息网络，培育和发展技术市场，引导其向网络化方向发展，为全区中小型企业和农业生产单位提供技术、管理、信息、人才及法律方面的专业化服务，并加强对俄官方的科技交流与合作。当年10月，市、区科信局联合组团赴俄罗斯哈巴罗夫斯克市进行科技工作对接，双方对开展技术合作达成了合作意向，将在工业、农业和社会事业发展领域方面开展广泛的科技合作。2004年，编印《科技工作简报》11期、《信息化工作简报》8期。2005年，区情报所围绕中小企业和民营企业技术创新需求，为企业提供咨询、中介、项目对接、人才培训等系列服务活动。深入温馨食品有限公司等企业，了解和掌握企业技术创新状况，确定提供服务内容，帮助企业制定和实施知识产权策略，提高企业技术创新能力。利用科技信息网优势，向企业提供科技查新服务，为企业知识产权保护和专利申报创造条件。

第七节　北 药 开 发

1998年初，黑河市北药开发领导小组成立，由科委主抓具体工作，11个成员单位配合，办公室设在科委，成立了种植组、项目组、销售加工组。当年，制定下发《爱辉区北药开发推进方案》《爱辉区北药开发实施方案》《爱辉区北药开发1998—2000年的基地建设规划》《爱辉区北药开发田间管理目标责任制》等文件。当年，北药基地种植面积142亩，其中黄芪29亩，桔梗113亩。试验基地设在7乡1校（上马厂乡、幸福乡、四嘉子乡、坤河乡、西峰山乡、新生乡、二站乡及爱辉区农技高中）。科委2次聘请黑龙江省中医学院、佳木斯中医学院的教授授课，对上马厂乡、幸福乡、四嘉子乡的部分农民和农技高中及各乡镇中小学的教师共进行4次培训，对黄芪、防风、黄芩、桔梗、赤芍、五味子6个品种的药材进行种植技术的介绍，受训人员达到200人次，印制发放技术资料400份，录制培训技术资料录音带8盒。利用《科技动态》《爱辉信息》等信息平台，大力宣传北药的前景，鼓励广大农民种植。通过对试验、示范基地进行抽样调查，当年桔梗出苗率达80%，黄芪出苗率为30%。

1999年4月，北药办公室对河北安国等3个中药材市场进行了市场调查，为领导决策提供了依据。组织技术人员到坤河、上马厂等乡镇及农技高中的试验、示范基地进行技术指导，与黑龙江省自然科学研究所、安徽省天马药业集团公司建立了合作关系，在技术、信息等方面得到更多帮助。当年，在北药基地的带动下，农户自发种植药材1 600亩，种植品种16个。

2000年，爱辉区被确认为省级北药种植基地，获得省专项资金100万元。当年，在幸福乡高地营子村新建了北药开发基地。北药种植面积达1 730.5亩，种植品种18个。

2001年，种植栽培高山红景天45亩、黄芪600亩、甘草60亩。2002年12月，北药基地建设项目获得黑龙江省发展高新技术产业化专项资金50万元。当年，北药种植新增柴胡、防风、水飞蓟、大力子等品种。全区共种植北药1 500亩，仅黄芪种植一项就达到600亩，当年获得经济效益50万元。

2003年，改造中低产田300亩，种植高山红景天75亩、引种新品种穿地龙30亩。全区北药种植总面积达2 300亩。依托黑河药厂、黑龙江省中医药大学久久药业集团、哈尔滨北药中药服务中心进行产品销售，同时不断加强和完善市场流通体系建设，扩大营销组织，拓展市场空间，促进产品销售。建立中药材的粗加工企业，形成龙头企业+基地+农户的方式，把产、加、销三者利益有机地结合起来，使北药开发成为爱辉区财源建设新的增长点。

2004年，随着人工种植北药的兴起，广大农民和林区职工把种植北药当作致富的一种重要手段，先后野生驯化了黄芪、甘草、板兰根、龙胆草、月筧草、高山红景天、平贝等20多个品种。栽培面积较大的有黄芪、甘草、高山红景天、大果沙棘等。当年全区北药种植面积近2 500亩。野生药材年均采集等干品50吨，鲜品300吨。

2005年，爱辉区北药开发带逐渐形成，又先后在西峰山乡、新生乡、二站乡等山区乡镇壮大了北药开发队伍。至年末，全区北药种植面积达2 620亩，种植品种20余个，年产值达到7 400万元，促进了全区农业产业结构调整，实现了农民增收。

第八节　技术市场

一、技术市场建设与科技培训

1990年6月，黑河市技术市场管理办公室成立，股级建制，编制2个。

1991年，制订《黑河市技术市场管理规定》，当年登记技术合同13份、审批技术项目31项、审批技术经营机构2个。1992年，制定了《黑河市技术市场暂行规定(试行)》，审批35个技术机构，其中国营企业3家，集体企业2家，从业人员39人，其中，高级技术职称7人，中级技术职称7人，初级技术职称10人，其他15人，总注册资金120万元。当年技术合同认定6项，技术转让合同52项，技术咨询合同1项。技术引进中外合资项目6项，其中与俄罗斯合资企业3项，国内引进技术3项。

1993—1995年，爱辉区技术市场完善区级2镇1乡的技术市场管理机构，达到爱辉区有3个中心，乡镇有科技综合服务站，村有科技服务室。审批1户技术服务体系，共签订技术服务合同9个，实现技术交易额1 536万元。至1995年，全区从事技术交易活动人员35人，其中高级技术职称4人，中级技术职称1人，初级技术职称16人；同年末，技术市场服务机构与省、市科技信息服务中心联网。

1996年，爱辉区技术市场经营机构在6户的基础上，又审批西岗子镇、爱辉镇、西峰山乡、四嘉子乡农技综合服务站及西岗子镇农牧科技器材商店等5户技术服务机构。当年，从事科技交易活动49人，其中高级技术职称4人，中级技术职称5人，初级技术职称20人，其他20人；全年签订技术合同10个，技术交易经营额18万元。1997年，技术合同的种类向多元化方向发展，技术服务体系继续扩大，技术经营服务机构发展到19户，当年签订技术合同16个，其中技术开发合同3个、技术转让合同1个、技术服务合同12个，合同金额93万元，实现金额65.5万元。1998年，充分发挥农村技术市场作用，促进科技成果转化。区科委积极向省科委技术市场办申请爱辉区农村技术市场先进试点县（区），辟建示范园区，起草了《爱辉区农村技术市场示范园区建设方案》《爱辉区1998—2001年农村技术市场示范园区建设规划》。将农村常设技术市场试点设在西岗子镇农技推广站，示范园区基地设在坤站村西路北，面积50亩，有具体技术操作规程指示牌。爱辉区被确定为省级农村常设技术市场试点县（区）之一。当年签订技术合同13个，实现技术交易额703.6万元。1999年，制订《爱辉区农村技术市场示范园区1999年规划》，建立了区、乡、村三级组织领导机构，充分发挥乡镇三站和各类农民协会的主体作用。在西岗子镇的东岗子村、托力木村、杨树村继续扩大基地面积，试验基地面积扩大到550亩。区科委2次专程赴省科委，争取到省科委匹配的新型高效"丰农宝"叶面营养液肥50箱，"迦姆丰"营养液7箱，叶面喷施设备和15种蔬菜籽种，总价值近4万元。在园区内重点实施推广"三色革命"（即通过地膜覆盖，改善农作物生态环境，提高产量的"白色革命"；通过采用新品种和更新品种来增产的"绿色革命"和以土壤基本耕作、地力培肥为主要内容的"黑色革命"）、大豆栽培技术、测土配施肥、畜牧五项综合技术、棚室蔬菜技术、棚室机械化等新技术，成为省科学院自然科学研究所绿工牌高效营养液肥示范推广基地。砖厂针对资源不足的情况研制了"予应力空心楼板"新产品，投入建筑市场，填补了市场空白。全年签订技术合同11个，合同金额190.32万元，实现金额90.35万元。

2000年，开展农村技术示范、推广活动，举办了经纪人培训班，传播科技信息上千条。当年，建设园区项目达18项，引进农作物品种36个，推广新技术13项。2001年，签订技术合同12个，其中技术开发合同7个，技术转让合同3个，技术服务合同2个，合同金额167.4万元，实现金额100.27万元。2002年，把推广14项农业先进技术和农业科技示范园区建设结合起来，全面采用综合技术集成组装，广泛推广高产模式栽培、平衡施肥、种子包衣、病虫草鼠害综合防治等技术，加大大豆种子包衣技术、优质麦应用技术、深松耙茬技术、脱毒马铃薯高产栽培技术等项目的示范推广力度，推广面积达到200.19万亩；与东北农大、黑龙江中医药大学、黑河农科所密切配合，培育技术市场，开展了农村技术示范、推广活动。在技术市场示范园区开展了18个项目的试验、示范，引进农作物新品种36个，推广技术13项。通过典型带动的作用，落实示范面积5 000亩，辐射推广215万亩。重点建设和扶持爱辉镇、西岗子镇、幸福乡等5个示范小区和爱辉区绿色农产品开发公司等一批龙头企业，建立了西岗子优质大豆生产基地、高地营子北药基地、万吨蔬菜花卉生产基地、亚麻生产基地、马铃薯脱毒繁育基地等5个产业示范基地，运用信息技术改造传统农业取得初步成效。有效利用省技术贸易协作网、省龙网、省农业信息网等信息资源，为全区农业生产、加工、销售提供服务。2003年，开展了农村技术市场示范园区建设及农村技术示范、推广活动，大力培育技术市场，全区基本形成了小核心、大辐射、以点带面的示范模式。举办各类科技人员培训班3期，培训人员240人次。当年10月，市、区科信局联合组团赴俄罗斯哈巴罗夫斯克市进行科技工作对接，经过友好洽谈达成了科技合作意向，双方同意在工业、农业和社会事业发展领域开展广泛的科技合作，并通过互联网开展科技信息交流工作。同年，参加了省政府举办的2003年哈尔滨海外学人归国创业洽谈会，积极宣传了爱辉区地缘资源和优惠政策，为企业技术人才引进牵线搭桥，与加拿大新永安集团有限公司董事长路光明就山野菜加工、贸易相关事宜达成协议，为瑷珲山珍集团寻找到新的合作伙伴。

2004—2005年，根据爱辉区的区位特点和市场走向，与大专科研院校建立合作关系。为加强全区技术经纪人队伍建设，与省技术市场办公室、省科技成果转化中心联合举办了全省农村技术经纪人骨干培训班，授课专家来自东北农大畜牧专家、省科学院自然所、微生物所，学员主要来自本区奶牛肉牛协会、蔬菜种植协会、畜牧、农技推广部门的技术人员40余人。学习内容包括《技术市场管理条例》《中华人民共和国技术合同法》、奶牛肉牛养殖技术及市场预测等。到2005年，经过资格审核，有

32名农民技术人员成为全省农村技术贸易网络会员，西岗子镇农技推广站的马占飞等5人成为省技术市场办公室农村科技成果代理人。

二、科技兴市(区)

“科技兴农”计划从1991年开始实施，市科委增编3个，增拨“科技三项费用”(财政支持科技事业发展而设立的新产品试制费、中间试验费和重大科研项目补助费)7万元。1992年，市财政全年拨“科技三项费用”12.5万元，市内25户预算内企业有17户已按销售额的1%提取科技开发资金，各乡镇均建立科技发展基金。全市12个乡镇中有11个乡镇配科技副乡镇长，10个乡镇配科技助理，108个村屯有科技副村长，20个企业设有技术室，配备了科技副厂长(经理)。在中央8条、省55条优惠政策的基础上，市科委制定了8个方面95条优惠政策。市科委与组织部、人事局共同制定《关于引进人才和放活科技人员的暂行规定》，共12条。1993年6月，研究、讨论“科教兴区”中期规划和“八五”后三年科技计划会议召开，各部门领导对本部门的科技规划进行了修改、完善。当年，全区农业实播面积76万亩，落实农业生产资金4 697万元，比上年增长51.5%；农业、农机、科委等部门紧密配合实施全区30万亩大豆丰收计划集团承包项目，使大豆灾年仍获得好收成，大豆亩产平均达到152.35千克。突出科技兴工，推广乡镇企业发展，新上乡企项目45项，总产值18.8万元，比上年增长84.8%，实现利润2.56万元。1994年，调整了“科教兴区”领导小组成员，区长任组长，分管科技、农业、工业的副区长担任副组长，“科教兴区”领导小组办公室配1名主任，1名副主任。9月，科技兴区大会召开，会上传达了省、市科技工作会议及民营科技企业会议精神，区长赵敬华做了题为《抓住机遇、发挥优势，依靠科技振兴爱辉区经济》的工作报告，会议颁发了1989—1993年科技进步奖，表彰奖励了22名区先进科技工作者。当年，爱辉区科教兴区标志性工程华辉气调保鲜库做到当年立项、当年施工，当年投入使用。1995年，开展科技兴农，改造中低产田2万亩，引进26个名优新特蔬菜品种进行示范推广。1996年，全区开展了科技成果的征集及统计申报工作，进行现行科技成果推广体系情况调查工作，形成了《关于爱辉区九五重点产业的总体布局的调查报告》及《关于爱辉区项目、科技情况的调查》，并遴选一批科技典型一并上报市科委。科技成果参展项目(样品)包括木耳块、爱辉古酒、赤豆粉、精制淀粉、木刻工艺版画(图片)、巨佳一号茄子、振兴粮库养猪场等。1997年，区科委与有关部门落实的农业科技计划项目包括大豆、小麦高产攻关项目各5万亩，以及水稻、玉米、马铃薯的高产攻关等科技攻关和综合栽培技术推广项目。当年，区委、区政府开展包扶乡镇工作，及时将先进的科技信息、农作物优良品种、先进作物栽培技术推广到千家万户。科委将黑河第一机械厂已停产2年的铸造分厂做为重点扶持对象，帮助其利用企业的设备技术优势广揽活源，在科委的帮助下，企业研制生产了开沟犁、扬场机、小型大豆收割机等机器设备。1998年3月，根据爱辉区科技发展战略，科委会同有关部门起草了爱辉区四大科技系统工程规划:《现代化农业科技工程》《跨世纪人才工程》《传统产业技术改造工程》《社会发展科技工程》。根据本区所辖13个乡镇、2个良种场的地域特点及人力、物力、财力情况，确定集中优势力量实施现代化农业科技工程，成立了现代化农业科技工程领导小组，召开了协调会。1999年，起草了《爱辉区科教兴区发展战略》。科委对部分重点企业技术状况进行了调查，对企业所需信息、技术进行了收集、分类整理，建立完善了工业企业技术档案。在全区工业企业中开展“普及科技成果百、千、万技术帮扶”解困活动，对全区科教兴工起到了推动作用。

2000年，重点推进科技示范园区建设，以促进科技成果快速转化，推动“科技兴农”计划进一步实施。在园区内开展四大作物无公害绿色蔬菜食品品种、品系的试验示范项目18项，引进作物新品种38个，推广四大作物模式化栽培技术，实施农业技术、绿色牌植物生物调节技术、那氏778植物诱导等新技术12项。经过园区试验选择推广了以小麦94-470、大豆黑交93-2262、黑交94-1202、玉米边3－22为主要品种、品系，进行大面积繁育推广。2001年，全区11个乡镇和区农职高中共建农业科技综合园区12个，单项园区40项，园区规模已达到2 350亩，开展试验项目21项，引进推广作物新品种90多个，推广新技术成果12项。经过各级农业科技人员的共同努力，为农民科学种田提供了样板。2003年，重点推进科技成果转化与推广，大豆种子包衣技术项目推广面积30万亩，优质麦应用技术项目推广面积6万亩，深松耙茬技术项目推广面积10万亩，脱毒马铃薯高产栽培技术项目推广面积2万亩，无公害蔬菜瓜果生产技术推广面积0.5万亩，主要病虫鼠害高效低残留综合防治技术推广面积50万亩，大豆窄行密植栽培技术推广面积20万亩，生物有机肥应用技术推广面积20万亩，大豆应用复合肥生产技术推广面积20万亩，这些项目的推广对爱辉区的农业结构调整和农村经济发展起到了较大的技术支撑作用。

2004—2005年，以科技园区建设为工作重点，全区11个乡镇科技示范园区已辐射108个村屯，带动了1.5万农户。在开展的“指导百户、联系十户”活动中，科技人员向农户直接传授先进适用的新技术，广大农民科技致富意识和本领得到进一步增强。

三、信息产业化

2003年，爱辉区信息化领导小组成立，李洪祥区长兼任组长，办公室设在区科学技术与信息产业局，具体负责信息化领导小组的日常工作。当年，对全区重点领域开展了信息化调研工作，全面了解和掌握了全区信息化发展的实际现状；区政府信息化网络建设项目投资15万元；5月，区政府局域网工程建设完成，并与市政府局域网联网。11月，区政府网络管理中心正式成立，网管中心隶属于区政府，编制4个，为全额事业单位。当年，区科学技术与信息产业局与黑河市科技局主办的局域网、黑河市科技情报所主办的远东科技网联网完成联接。2004年，全区村镇电话普及率、主线普及率和移动普及率均有很大程度提高。至2005年末，全区89个行政村，其中17个村可通无线电话，68个村可通有线电话，49个村接入宽带，三级农业信息网络平台建成并投入使用。

第九节　地震监测

1988年9月，黑河市地震办成立，副科级建制，办公室设在科委，编制2个。1989年，成立了防震体系小组，积极宣传地震、防震、抗震知识。建立了二站乡马兆奇养蜂专业户蜂群异常观测点、宋集屯水库鱼群（水位）观测点、黑河市中心养殖厂动物异常观测站3处观测点，并协助地区地震办进行黑河地震台的建设。

1990年，建立起黑河市四级联络网，确立各种宏观观测专业户21个，调查分析本市地震走向。深入有关单位、街道及广大农村开展有关地震知识的宣传，共下乡100余次，包括9个乡镇、26个自然村。当年印发《黑河市地震情况反映》6期200余份。

1991年，完成了黑河市抗震、防震四级联络网挂图的制作及《黑河市抗震、防震预案》（草案）；调整、巩固了全市乡、村、户三级联络网，对爱辉镇、西岗子镇、张地营子乡、上马厂乡、四嘉子乡的宏观观测专业户进行调整，由原来21个专业户减少到6个动物观察骨干宏观观测点。1992年，编印了30余份、计3 000余字的地震知识问答资料发送到各骨干网点，普及地震知识。

1993年撤市建区，黑河市（县级）地震办公室撤销，人员及办公室并入黑河市（地级）。

第十节　气　　象

一、机　　构

爱辉区气象局前身为黑河地区气象局观测站，始建于1958年9月，观测场位于爱辉区东北部，地理位置北纬50°15′，东经127°27′，海拔高度为166.4米。1977年变更为爱辉县气象科，1983年6月随着县市合并，爱辉县气象科更名为黑河市(县级)气象局；定编15个，内设测报股、气象科技股。1986年5月，增设人工影响天气办公室。1987年科技服务项目扩大，增设了产业股(以庆典服务为主)。

1993年4月，黑河市(县级)改建为爱辉区，黑河市气象局更名为爱辉区气象局；人员编制15个，内设业务股、综合服务股。

2001年3月，随着气象服务领域扩展，机构设置有所调整，内设测报股、人工影响天气办公室、农业气象股、庆典服务部。

2005年，依据业务体制调整方案，被定为气象观测一级站，编制15个，内设测报股、农业气象服务股、人工影响天气办公室、庆典服务中心。全局有职工16人，平均年龄39岁。其中党员7人，本科生2人、专科生11人、中专生3人，工程师5人、助理工程师8人。

二、气象业务

(一)气象观测

爱辉区气象站为国家基本气候站，区站号为50468，每天承担4次定时和4次补充地面观测任务，拍发8次地面天气报和补充绘图报、气象旬(月)报，同时承担预约航、危报发报任务。观测项目有：云、能、天、压、温、湿、风、雨量、地面温度、浅层地温、深层地温、小型蒸发、雪深、冻土、日照、太阳辐射等，部分观测资料参加全球交换。1984年根据省局建标准气象观测场要求，将原观测场向南移动20米，向东移动10米，扩建至875平方米。从建站至1985年地面编报采用手工编报专用电话传输方式。1986—1991年，采用pc－1500计算机编发气象电报。随着气象事业的不断发展，观测项目逐渐增加。1991年日射观测由人工观测、计算改为自动观测和传输数据。1992起使用安徽地面测报程序编发气象报和制作地面气象记录报表。2003年9月开始安装地面自动站观测仪器。2004年1月1日地面遥测自动站观测与人工观测并轨运行，7月增加紫外线辐射观测。2005年6月安装闪电定位仪，开展闪电定位观测。

(二)气象信息网络

1983—1998年，气象通信以专用电话传输方式为主；1999年改为专用线路分组数据交换网传输。2004年分组交换被2M数字光纤所代替，实现了专线点对点的信息传送，同时用ADSL和电话拨号作为备份。2005年Lotus Notes网用于信息传输，初步实现了办公自动化。

(三)农业气象

1982年，爱辉气象站被定为省级农业气象站，增加农业气象观测项目。农业气象观测主要包括土壤水分观测、作物观测和自然物候观测。土壤水分观测分为固定观测地段和作物观测地段，每月逢8取土测墒，记录土壤含水量情况；作物观测主要观测作物为大豆和小麦，记录作物从播种到收获不同生育期的生长情况；自然物候观测分植物物候期观测、动物物候期观测和气象水文现象观测。每年4—10月定期编发农业气象情报，为农业生产提供气象信息服务。

三、气象服务

爱辉区气象局由于与黑河气象局同在一地，因此不开展天气预报业务，对外服务使用市气象局预报产品。

从20世纪80年代初期，黑河市开展了农村气象服务。1986—1987年政府投资在10个乡镇建立了雨情网、在8个林场建立了气象哨，进行温度、湿度、雨量等要素的观测，为爱辉区农业气候资源开发积累了资料。

（一）公众气象服务

公众服务以转发黑河市气象局预报产品为主，主要采取邮寄信函和互联网传输方式定期将中长期预报、旬月天气预报等气象信息分发给各个乡镇、村屯，使农民掌握气象信息，指导科学种田。

（二）决策气象服务

爱辉区气象局重视决策气象服务工作，决策服务内容不断充实，逐渐形成了集旬月气象预报、年景分析、土壤墒情及雨情、苗情与灾情调查、产量预报、汛期天气条件分析、森林火险预报及灾害性天气预报预警等全程、全方位的决策气象服务，决策气象服务被各级领导重视。

2003年8月，黑河市暨爱辉区政府为鄂伦春族下山定居50周年举行大型庆祝活动。当时正值雨季，爱辉区气象局为庆祝活动提供了准确的气象服务，受到了活动组委会及有关部门的高度赞扬，并获得了2003年度黑河市气象局颁发的优秀天气预报服务奖。

2005年夏季，爱辉区出现50年一遇的夏伏连旱，7月降雨量为历史最少年份。爱辉局组织业务人员进行加密土墒测定、制作旱情分析和后期天气预测等专题服务材料，提供给有关部门；同时积极开展人工增雨作业。为区领导科学部署抗旱工作发挥参谋作用，为夺取全区抗旱工作做出了贡献。

（三）专业与专项气象服务

1986年5月，黑河市气象局成立了人工降雨办公室并拥有“三七”高炮1门，始开展人工增雨防雹作业。随着气象灾害逐年增多，市政府加大对人工影响天气设备的投入力度，1992年投资购买3门双管“三七”高炮。1992年夏季，桦皮窑等5个林场发生火灾，直接威胁整个黑河市林区生态资源。应黑河市森林防火指挥部要求，省气象局抽调3门高炮增援，实施增雨扑火作业15次，累计降雨量50多毫米，为扑灭山火做出了贡献。2005年，爱辉区发生了严重的夏伏连旱，120万亩耕地全部受旱。为缓解旱情，爱辉区气象局抓住有利时机在重点乡镇作业49次，发射火箭弹67枚，高炮炮弹453发，受益面积6 800平方千米，经济效益达797万元。

人工增雨作业　　2005年6月摄

(四)气象科技服务与技术开发

1989年,全市建立气象警报服务网,各乡镇均安装了气象警报接收机。1992年以后气象警报服务网从乡镇逐渐向村屯发展,53个村屯安装了气象警报接收机,签定气象服务合同103份,服务面达70%。

1996年,爱辉区气象局开展了多项农业技术开发和试验项目。与区农业中心合作,开展"玉米大双覆"试验,为推广此项技术提供气象依据。1999年,随着通信设备的改善,取消了警报接收机,与电信局合作,在沿江乡镇及村屯设BP机气象群呼网,共布设BP机53部,解决了用户只能在固定地点收听天气预报的难题。

2004—2005年,与区农业开发办联合开展大豆覆膜栽培技术试验,重点解决旱作农业和大豆重迎茬问题。

(五)科普宣传

爱辉区气象局重视气象科普宣传工作,围绕全球气候变化、气象法律法规、倡导节约能源资源、保护生态环境等方面开展了多种形式的宣传活动。每年利用"世界气象日""科技周活动"、防灾减灾日、科普之冬、科技下乡等节点,组织职工走上街头、下到村屯,进行气象科普知识和气象法律法规的宣传。设立台站开放日,接待公众和中小学生参观。

爱辉区气象局向中小学生普及气象知识　2005年8月摄

◎第二十一篇 文化 体育

第二十一篇　文化　体育

1983—2005年，爱辉区文化事业得到发展和繁荣，群众文体活动丰富多彩，文学艺术创作成果丰硕，文化市场得到有序管理，边疆厚重的历史文物得到有效保护。广播电视、档案管理和地方志编纂等事业不断发展。体育事业广泛普及，把增强人民的体质，提高全民的健康水平作为根本任务。为国家培养输送了大批体育人才并有多人成为国家级竞技运动员，在全国和国际比赛中取得较好名次，为家乡和祖国争得了荣誉。

第一章　文　　化

第一节　机　　构

1983年6月，爱辉县文化科并入黑河市文化局。黑河市文化局内设机构为人秘股、文化股、计财股、社会文化市场管理办公室。所属事业单位有图书馆、文化馆、文物管理所、爱辉展览馆、新华书店、评剧院、电影公司、电影院、戏剧工作室、各乡镇文化站（12个）。1992年，爱辉历史陈列馆（展览馆）划归爱辉镇政府领导。

1993年4月，黑河市文化局更名为黑河市爱辉区文化局。爱辉区文化局正科级建制，编制总数18个，其中省行政编制6个，地方自定编制12个；内设机构为文化股、人秘股、计财股、审计股、戏剧创作评议室。所属事业单位有爱辉区评剧团，副科级建制，省事业编制70个；爱辉区文化馆（群众艺术馆），正股级建制，编制总数25个；爱辉区电影发行放映公司，副科级建制，地方自定编制20个；爱辉区图书馆，正股级建制，编制19个，其中省事业编制7个，地方自定编制12个；爱辉区新华书店，正股级建制，事业单位企业管理，地方自定编制17个；爱辉区王肃电影院，正股级建制，地方自定编制21个；爱辉区影剧院，正股级建制，自收自支单位，地方自定编制21个；爱辉区文物管理所，正股级建制，地方自定编制3个。1994年11月，黑河市评剧团上收划归黑河市民族歌舞团，爱辉区影剧院一并上收。

1996年，全区机构改革，爱辉区文化局和体育运动委员会合并为爱辉区文化体育局。为正科级建制，领导职数1正职2副职，编制14个，内设办公室、文化股、文物文化市场管理股、体育股。当年，爱辉区新华书店并入黑河市新华书店。

2001年，爱辉区机构改革，爱辉区文体局并入爱辉区教育委员会，为区教育局的二层机构，副科级建制。领导职数为局长1职，副局长2职。编制总数12个，其中行政编制11个，机关工勤人员事业编制1个。内设体育股、文化股、文物文化市场管理股3个职能股室。所属事业单位6个，有区群众艺术馆（股级）、黑河图书馆（股级）、区青少年业余体校（股级）、区文物管理所（股级）、区电影发行放映公司(副科级)、区老年体育活动中心(股级)。所属国有企业王肃电影院(正股级)。2003 年 3 月,区老年体育活动中心划归区民政局管理。

截至 2005 年,爱辉区文化体育局仍隶属于爱辉区教育局,副科级建制。领导职数为局长 1 职,副局长 3 职。编制总数为 12 个,其中行政编 11 个,机关工勤人员编制 1 个。文体局内设体育股、文化股、文物文化市场管理股 3 个职能股室。所属事业单位 5 个,有区群众艺术馆(股级)、黑河图书馆(股级)、区青少年业余体校(股级)、区文物管理所(股级)、区电影发行放映公司(副科级)。2005 年末,所属国有企业王肃电影院(正股级)进行改制,房屋整体出售,给予职工一定经济补偿,职工与原单位解除劳动关系。

第二节　群 众 文 化

一、活　　动

(一)市区群众文化活动

20 世纪 90 年代,随着人民群众物质生活水平的提高,精神生活不断丰富,群众自发的文体活动逐步开展起来。居民群众利用黑龙江公园、龙滨公园、居民小区休闲广场等场地开展了群众大秧歌、健身舞、交谊舞、歌咏大家唱等丰富多彩的文体活动,每项活动有数十人至数百人参加。夏季在黑龙江公园的世纪广场有组织的开展“周末大舞台”文艺演出。黑龙江公园群众文体活动中有业余京剧戏迷活动和二人转表演,参与者与观众较多。

1. 群众大秧歌

改革开放前,只在春节、元宵节等特别喜庆的日子有组织的举办秧歌表演。改革开放后,群众生活水平日益提高,扭秧歌成为城乡群众日常开展的娱乐健身活动。每日清晨和傍晚,在江畔、广场、操场乃至街边空地,几十人或上百人为一队,锣鼓声声,红绸彩扇上下舞动,舞者和观众各得其乐。市区人数较多的秧歌队有夕阳红秧歌队 110 人左右,江畔秧歌队 100 人左右,保健秧歌队 100 人左右,爱辉区老年体协秧歌队 100 余人,装饰协会秧歌队百余人,商贸大厦秧歌队 60 人,花园街昌平社区秧歌队 70 人。至 2005 年,在每年春节、元宵节、国庆节期间,有组织的举办秧歌会演活动,每次有数千人参演,数万人观赏,增加了节日的欢快气氛,丰富了群众的文化生活。

群众大秧歌　　2005 年 8 月摄

2. 周末大舞台

周末大舞台创办于1999年，由黑河市委宣传部、市文化局主办、市群众艺术馆承办；同年5月1日，首场文艺演出在世纪广场拉开帷幕。此后，从“五一”到“十一”期间每周六、周日16—18时都有演出，地点多在世纪广场进行；组织演出单位主要是黑河市、爱辉区的机关、社区、学校、企事业单位和社会团体等，节目表现形式丰富多彩，群众喜闻乐见。自创办到2005年共计演出200余场。

周末大舞台 2005年8月摄

3. 歌咏大家唱

歌咏大家唱 2005年8月摄

歌咏大家唱是中老年群众感兴趣和积极参与的活动之一，在黑龙江公园有3处以上的活动场地，每处有固定观众百余人。参加者以中老年人居多，歌唱形式以独唱为主，也有重唱、合唱；歌曲主要是流行于七八十年代的革命歌曲和歌颂时代的颂歌。歌咏大家唱已成为许多中老年人精神生活的重要组成部分。

4. 广场交谊舞

夏季的傍晚，黑河江畔凉爽湿润，气候宜人，花香草绿，环境优美，广场交际舞爱好者聚集在黑龙江公园伴随着美妙的音乐翩翩起舞。广场交谊舞是广大群众喜欢的活动之一，黑龙江公园有3处广场交际舞场地，每个场地有数百名爱好者直接进场跳舞，有近千人观看。

5. 广场健身舞

黑河江畔参与健身舞有数百人之多，分为4个场地，参与者多为中老年人，围观者颇多。伴随着欢快的节奏和优美的旋律，广场健身舞爱好者翩翩起舞。健身舞是将现代舞和韵律操等形式结合为一体的集体性健身活动形式，编排新颖，动作简单，易于普及。

(二)农村文化活动

20世纪80年代,黑河市农村文化生活比较单一,文体活动开展较少。从90年代初开始,农村兴起了一种独特的群众文化活动形式——农村文化大院,90年代末初步形成规模,农村文化大院的兴起,建起了一支土生土长、属于农民自己的文艺演出队伍,开创了一条农民群众自发的、自娱自乐的新型文化娱乐活动之路,成为能够满足农民精神需求,并与农民生活贴近、最能反映农村生活的文艺组织形式。

1998年,四嘉子乡卡伦山村农民关奎湖等自费1.8万元购买了架子鼓、萨克斯等10多件乐器,组成了小乐队。1999年冬,全市第一个文化大院——卡伦山村文化大院挂牌成立。爱辉区文化主管部门对这一典型给予积极引导并大力支持,及时总结经验,在全区进行推广。四嘉子乡小乌斯力村文化大院的满族秧歌扭到了乡里、市里。卡伦山村的文化大院多次送戏进城。利用节庆日,四嘉子乡组织文化大院编排精品节目,到驻地边防部队、哨所演出,增进了与子弟兵的感情和联系。爱辉区文化大院有较健全的组织,设有院长、艺术总监、艺术顾问,分设舞台监制、节目主持人、音响、撰稿等;下设舞蹈、器乐、说唱等几个组,参与文化大院的演职人员多达百人。演出的节目形式多样,有戏剧、歌曲、曲艺、器乐曲等,深受广大农民的欢迎。张地营子乡张地营子村文化大院是黑河市文化大院的典型代表,所辖的"春之声"艺术团、"夕阳红"活动组、中青年活动组、半边天乐园、少儿天地等5个文艺团体,涵盖了老中青幼四个层次。2004年8月,省委副书记刘东辉、省文化厅长白亚光等亲临张地营子村文化大院观看演出并给予文化大院高度评价。张地营子村文化大院2005年末被文化部授予国家级优秀农村文化大院,张地营子乡文化站站长张志忠被文化部授予全国群众文化工作先进个人。截至2005年,全区有60%的村屯建立了以自娱自乐为主的农村文化大院,基本形成了"一村一品"的格局。

(三)文化下乡活动

1997年,爱辉区开展了送戏下乡、送书下乡、送电影下乡活动,截至2005年,共深入乡镇、村屯演出近百场,送科技图书近万册,到村屯放映电影数百场,每场有数百名或近千名观众。

爱辉区在开展文化下乡活动中,利用农闲时间,举办文艺骨干学习班,以学习班形式帮助乡镇文化站及文化大院提高文艺知识和演出水平。学习班由区文化馆专业人员授课,培训班结束后进行汇报演出。同时组织文化大院参加广场文化演出活动和农民文艺演会演。截至2005年,培训辅导农村文艺骨干600余人次,组织演出50余场。

二、馆　　站

(一)群众艺术馆

群众艺术馆始建于1952年7月,面积580平方米,1979年5月省文化厅拨款10.8万元,爱辉县财政拨款6万元,对文化馆房舍进行维修。楼上增设了436个固定座席和放映室、档片室、服装室,楼下增加了展览馆和电视放映厅,馆舍面积由580平方米增加到1 080平方米。1991年,重新翻建,大部分面积改为老年活动中心。文化馆面积为368平方米,1个排练厅,1个服装室,5个办公室。2005年有职工24人,馆长1人,副馆长2人。具体担负农村11个乡镇、89个行政村以及企事业单位和驻军及文艺爱好者开展文艺活动,辅导群众进行多样化文艺活动,举办各种辅导班,开展农村文艺辅导、建立农村文化大院,开展老年文艺活动、开展军营文化活动,建立各种文艺班进行常年辅导,参加各种文艺演出活动。

爱辉区文化馆帮助和辅导的经常参加演出活动的业余文艺团体有黑河船厂艺术团,40人,1984年成立;黑河师范学校军乐团,50人,1987年成立;口腔医院演出队,10人,1989年成立;电信电声乐

农村文化大院、社区文艺骨干培训班　　2005 年 3 月摄

队,50 人,1993 年成立;黑河军分区船队军乐团,50 人,1993 年成立;老干部合唱团,160 人,1997 年成立;黑河师范专科学校军乐队,400 人,1998 年成立;地方铁路军乐团,36 人,1998 年成立;第一中学乐团,40 人,2000 年成立;65935 部队乐团,2003 年成立。

1983 年,成立了少儿艺术团,在区文化馆的直接辅导下,多次参加市、区重大演出活动并获奖;同时在对俄文化交流活动中,曾多次代表黑河市及爱辉区参加中俄联欢演出。同年 8 月,在黑河国际饭店为国家主席李先念夫人林佳楣等演出并获得好评。截至 2005 年,少儿艺术团有 30 多名团员考入专业文艺团体。1985 年,成立了电子琴学习班,共有 800 多名学生参加学习,其中大部分学生考到 8 ~ 9 级。黑河粮食系统业余创作组有成员 20 余人,在区文化馆的帮助下自创了大量作品,举办了企业职工"艺术节"演出自创节目近百个;同时开展了企业职工摄影、书画、美术展赛等活动。从 1989 年开始,爱辉区群艺馆协助黑河军分区举办"雪浪杯、浪花杯和戍边杯"等一年一度的大型演出活动,繁荣了地方军营文化,到 2005 年已坚持 24 年。1996 年 9 月,爱辉区文化馆编辑的《鄂伦春音乐史》由中国民族艺术研究所出版,填补了中国少数民族鄂伦春音乐史的空白。

（二）文化站

1983 年,根据省文化厅文件精神,黑河市在乡镇和街道建立起文化站,由省下达 32 个事业编制。除金水农场外 12 个乡镇均建立了文化站,编制为 1 ~ 3 人,采取民办公助的形式招录乡镇文化站工作人员,共招录 22 人,每个站经费为 500 元,担负起本乡镇群众文化活动的组织工作。1984 年 4 月,从黑河市评剧团抽借 10 名文艺专业人员(人事关系和工资仍保留在评剧团)分配到 4 个街道办事处,花园街道 2 人,兴安街道 3 人,海兰街道 3 人,西兴街道 2 人,负责筹建文化站,同时开展群众文化工作。1986 年 11 月,4 个街道文化站由于没有固定场所和经费保障,街道文化站人员全部回到原单位,街道文化站解散。1989 年末,乡镇文化站管理权下放到乡镇。1992 年,省文化厅下达给黑河市乡镇文化站干部指标,乡镇文化站人员的身份转变为事业单位工作人员。2004 年,乡镇机构改革,文化站职能并入乡镇政府办,人员编制撤销,各乡镇文化站人员为兼职工作。

第三节　文艺团体

黑河市评剧团于 1953 年成立,是黑龙江省最早建立的 8 个国营剧团之一。

1983 年,评剧团有演职人员 63 人;1984 年 8 月黑河艺校首届毕业生 27 人进团,实有人数达 90 人。内设艺术室、乐队、舞台、美术队、演员队,有 1 座 1 000 多平方米的剧场。1989 年,剧团进行改革,组成戏曲、歌舞 2 个队。1993 年 4 月,黑河市评剧团更名爱辉区评剧团,市政府决定将影剧院与剧团合并,由剧团班子统一管理,事、企各立账户;同时明确影剧院创收节余部分款项补充事业经费开支。1994 年 11 月,评剧团上收划归黑河市民族歌舞团。

1983—1988 年,黑河市评剧团除演出《秦香莲》《春草闯堂》《花打朝》《小女婿》《盗仙草》等一些传统剧目外,配合计划生育、预防青少年犯罪和反腐倡廉等中心工作,先后排演了《功与罪》《祸》《5·19火案》《少女杀人案》《闺女大了》《心连心》《警钟》等现代评剧。上演了《梁山伯与祝英台》《唐知县审诰命》《皇亲国戚》《借妻》《牡丹仙子》等新编历史剧。其中,1984 年评剧团创作编排的以瑷珲城寿山将军为代表的抗俄大型评剧《壮士行》参加了黑河地区文艺调演,获第六届"黑河之春"优秀剧目奖、导演奖,主要演员获塞北杜鹃奖,全体演职人员荣获集体表演奖。1986 年,创作的剧目《大漠悲歌》除参加黑河地区创作剧目调演外,1987 年参加了在齐齐哈尔市举行的黑龙江省西北地区首届艺术节。1988 年,创作的《戏迷与歌星》《一月一》《变通》等戏曲、小品参加黑河地区文艺调演,获创作、导演、表演一、二、三等奖。

1989—1991 年,评剧团演出了传统剧目《花打朝》,现代戏《雷锋的童年》《江姐》等,年演出约 100 场。1992 年后,戏曲观众锐减,大型剧目演出很少,演出节目以通俗歌曲、舞蹈、小品为主。

至 1993 年,黑河市评剧团先后为市农村工作会议、市企业家联谊会、对苏经济洽谈会、中苏边防纪念活动、全国农机现场会等活动演出。

1984—1993 年黑河市评剧团演出情况表

表 21 - 1

年度	演出形式	获得奖项	节 目 名 称	演出场次(场)	收入(万元)	观众人数(万人)
1984	评剧	集体表演奖 塞北杜鹃奖	《壮士行》	—	—	
1985	评剧		《姑娘大了》《心连心》《盗仙草》	—	—	
1987	评剧		《大漠悲歌》《五一九火案》《少女杀人案》《警钟》	100 余场	—	
1989	评剧		—	101 场	1	1
1990	评剧		第十一届《黑河之春》文艺调演、《田连长回来了》《抢妈》;话剧小品《教子成龙》《家风》《戏迷与歌星》	—	—	
1991	评剧		—	76	—	4. 8
1992	评剧		—	53	2	4. 5
1993	评剧		—	—	8	6

第四节 文学艺术创作

一、小说 诗歌 散文

小说主要代表作品:高云凌的长篇历史小说《鄂伦春山神》、武侠历史长篇小说《依兰枭雄》、民俗神话长篇小说《那嘎里的额娘》(又名《乌夷王朝》)、长篇纪实小说《那年冬天》《小河沿儿》《瑷珲流人杨瑄》、抗日武侠中篇小说《土匪与侠客》《老少爷们上擂台》《红枪会血染马显忠大桥》《李杜 1932 年》等,小说《鄂伦春山神》获 2005 年黑龙江省首届少数民族文学作品奖优秀奖和 2005 年中国作家世纪论坛年会一等奖。陈淑文的长篇小说《冬去春又来》《飘逝的岁月》《战火中的达子香》、中篇小说《黑河往事》等。吕艳茹在《当代护士》等刊物连续发表的连载小说《青春无语》《云在天边》《挣扎》

《心海无岸》等,在《威海日报》发表的短小说《特殊考试》被《读者》2003 年第 5 期转载,后被多种中学生阅读考试练习册所用。

诗歌主要代表作品:王成武的诗集《平仄人生》(1992 年由香港出版社出版,并被英国伦敦图书馆收藏)、《百年情缘》及与他人合著的诗集《北方合唱》。刘嘉瑞的《农民心中的放歌》《我们擎着太阳升腾》,《党旗下的神圣》获 2001 年 6 月省委宣传部与省文艺界联合会举办的"庆祝建党八十周年"征文比赛三等奖。陈乐增的《歌颂祖国》分别在 2004 年第四届和 2005 年第五届中华人民共和国"新世纪之声"征文比赛中获(诗词类)二等奖。

散文主要代表作品:高云凌的散文集《回眸芳草地》《北方玄武》等,《回眸芳草地》获 2005 年黑龙江省首届少数民族文学作品奖二等奖。刘嘉瑞的《一座不屈的小城》获共和国征文二等奖、《足迹》获黑龙江省农村报"哈拖杯"我看家乡有奖征文二等奖。王平在卫生部机关报《健康报》发表的《感谢"王阿姨"》《抡大锤的日子》和在《黑龙江农村报》发表的《人生与快乐》等。

二、戏曲 歌舞

戏剧主要代表作品:高云凌的话剧文学本《风过白桦林》、歌剧《王肃》、话剧《让我们记住那个年代》、朗诵剧《红雨伞红飘带》、舞剧文学本《红雨伞红飘带》、知青戏《承诺的重量》《还情》、故事剧《红军草》《桃花的守望》、与他人合作的电影电视剧文学本《风过白桦林》《东北老爷们》《边关雪飘飘》《孙广庭》等。刘邦厚编剧的四幕歌舞剧《逃婚》,1986 年获省首届西北地区艺术节优秀作曲奖。张振东作词、王丽坤作曲的电视音乐专题片《戍边曲》1987 年在省、地电台展播,此剧由《时刻准备上战场》《北疆巡逻兵》《我们是新一代边防军》三部分组成。黑河市评剧团在 80 年代创作编排的大型剧目有《壮士行》《大漠悲歌》等,在齐齐哈尔市举行的黑龙江省西北地区首届艺术节上获奖。电影剧本有陈淑文的《高高的兴安岭》等。

曲艺主要代表作品:黑河市评剧团 1988 年创作的《戏迷与歌星》《一月一》《变通》等曲艺、小品节目。关力发在《农村天地》《农村报》等报刊发表的快板书等 10 余篇。爱辉区群艺馆盖学强创作的快板《赞黑河》获黑龙江省"普法杯"创作二等奖。

歌曲主要代表作品:王丽坤作曲、于学忠作词的《密林里的歌声》获省第三届西北艺术节二等奖;王丽坤作词作曲的《小星星》1991 年获省教委、省广播电台、省音协校园歌曲大赛一等奖,由董向华作词、王丽坤作曲的《我们住在桦树林》获三等奖;由孟宪钧作词、王丽坤作曲的《北极星赞歌》1991 年获省文化厅、省少儿艺术委员会少年儿童歌曲二等奖;由王丽坤作词作曲的《雪花飘飘》1992 年获省文化艺术节一等奖;索久林作词、王丽坤作曲的《八百里小兴安》1994 年获省文化厅群星奖二等奖;王丽坤作词作曲的《让晚霞更灿烂》1998 年获省第六届黑土地杯征文评奖二等奖;谢庆安作词的《相牵世纪》、薛锡祥作词的《跨世纪的远航》,分别获 1999 年省第七届黑土地杯征文评奖二等奖。由省电视台展播的电视音乐风光片《黑河人的歌》之中有 7 首歌曲由王丽坤谱曲,词作者分别为《春到冻土地》胡小石、董向华,《天边有颗明亮的星》《边城有条多彩的河》《大黑河岛之歌》孟宪钧,《黑龙江两岸姊妹城》倪笑春,《小港你好》王一浩,《八百里小兴安》索久林;《请到黑河来》由蔡英俊作曲,蔡欣、孟宪钧作词。

舞蹈主要代表作品:阎志英创作的《鹿场早晨》1983 年获黑龙江省少数民族文艺会演优秀创作奖;《祖国歌甜花香》2003 年获黑龙江省第三届西钢杯一等奖;《洗衣歌》2005 年获黑龙江省第四届舞蹈大赛一等奖;《冰河达紫香》《北疆颂》获黑龙江省西北地区首届艺术节创作一等奖。

三、美术 摄影

美术主要代表作品有莫鸿苇 1998 年 8 月在黑龙江省民族博物馆举办了莫拉呼尔鸿苇桦皮镶嵌画艺术展,展出作品 70 余幅,有 2 幅被省民族博物馆收藏;2000 年 11 月在香港出版了莫拉呼尔鸿苇(鄂伦春族)画集;2001 年,国家级刊物《中国民族团结》刊登了其作品《渴求》,同年 4 月参加了上海、黑龙江民间民俗精品博览会,6月《桦皮画组画》入选“庆祝中国共产党成立80周年黑龙江省美术回顾展”,7月,应内蒙古自治区鄂伦春自治旗委、旗政府及宣传部文化局的邀请参加了内蒙古鄂伦春旗建旗50周年大庆艺术作品展,展出作品《渴求》《猪人》《走出桦林》《天问》《往事》各1幅,《五姓由来》5幅共10幅作品被鄂伦春旗博物馆收藏;《猎神》2003年2月获首届黑龙江文化艺术之冬民间美术大赛精品展金奖;桦皮画《组画》2004年8月在哈尔滨第五届民间民俗艺术博览会中展出,莫鸿苇被评审委员会评定为“十佳艺人”;2005年8月应香港鄂伦春旗基金会的邀请参加了在香港举办的鄂伦春画家作品展,展出作品有《猎神》《神鼓祈祥》《高高的兴安岭》《祭天》《母亲河》《树葬》等。孙庆军的水彩画《黑河码头》《小新屯风景》2003年入选中国文联出版社出版的《色彩》一书;2003年其多幅作品入选参加《春之约——2003年中俄艺术家作品联展》;大型水彩画人物画《兴安猎神》《鄂家儿女》被上海昆山企业家收藏;雪雕作品被省电视台制作成节目在《请您欣赏》栏目中播出。李玉麟的黑白版画《牧女与鹿》1986年入选全省第二届青年美术书法作品展;国画作品1996年参加文化部、上海市文化局主办的“中国书画艺术作品大展”并荣获优秀作品奖;《鹿鸣山谷》1998年获中国文联主办的“魏都云岗中国书画大展赛”银奖;国画《雪漫山林》1999年入选中国美术家协会主办的“纪念孔子2550年诞辰”全国美展;国画《鹿鸣山谷》编入《二十世纪中国著名书画家》一书。陶丹丹的桦皮画《天水》2003年参加黑龙江文化艺术之冬民间美术大赛精品展获银奖;桦皮画《桦树皮船》2003年获黑龙江省民间文艺大赛银奖。

摄影主要代表作品有:田晓冬的《东北小妞》1988年12月入选《家乡美》全国风情摄影艺术大奖赛;《长门长子》《昔日北大荒》1990年11月获黑龙江省第三届艺术馆、文化馆干部美术、书法、摄影作品展二等奖;《盼》《学海无涯》1991年10月入选黑龙江省美术、书法、摄影创作群体优秀作品晋京展览;《白桦与白杨》1992年9月获黑龙江省西北地区第四届艺术节一等奖;《腾飞的遐想》1994年11月获黑龙江省第四届地强杯群星美术、书法、摄影作品展览银奖;《路在脚下》1998年7月获黑龙江第五届群星奖美术、书法、摄影大展铜奖;《猎手》1999年12月获黑龙江省庆祝建国50周年暨澳门回归祖国美术、书法、摄影大展一等奖。

第五节　电　　影

一、电影公司

1993年撤市建区黑河市电影发行放映公司更名为爱辉区电影发行放映公司,副科级建制事业单位,隶属于爱辉区文化局。主要负责全区电影发行放映及管理工作。

从20世纪80年代始,由于电视的冲击,电影发行放映工作走向低谷,拷贝发行数量少,发行放映收入急剧下降,1983年仅完成地区公司下达的13万元任务的82%。1984年,公司实行承包责任制,有奖有罚,调整电影放映网点,以保证正常放映。1985年,恢复已经停用的放映网点75%以上,1987年,在45个放映网点的基础上,又恢复5个。1988年,按照省电影公司《关于改革电影管理体制实行办法实施细则》文件的要求,放映35毫米影片,工作重心转移到农村。1990年,由市文化局和市电影公司组成工作组对全市12个乡镇,2个农场,1个煤矿的电影放映工作进行调查研究,落实电影放映计划,恢复了大部分停演的放映队,全年使70个以上村屯恢复了电影放映;同年,公司利用自己原有的看片室,开办了录像厅;与哈尔滨电影机制造厂联营开办彩色扩印部。1992年,利用自有办公室与武警部队及其他单位联营开设了商店、招待所。1999年,电影公司成立放映队,深入到各个乡镇村屯放映电影。2000年,停滞8年的电影放映二次启动。2001年,国家广电总局、文化部、国家计委、财政部联合下发文件,开展“农村电影2131工程”。2002年,爱辉区电影发行放映公司组成3个放映队,放映行程万余千米,走遍爱辉区80多个村屯。2002—2005年,爱辉区电影发行放映公司放映工作突出,国家广电总局先后奖励16毫米电影机3台,数码相机1台,并授予“先进单位”荣誉称号。到2005年,电影公司有在职职工5人,退休职工15人。

1983—2005 年爱辉区(黑河市)电影公司影片放映情况表

表 21 - 2

年度	放映场次(场)	收入(万元)	观众人数(万人)
1983 年	—	10.66	—
1984 年	—	—	—
1985 年	—	收支平衡	—
1986 年	4 571	—	—
1987 年	—	—	7
1988 年	—	1.7	—
1989 年	1 000	1.73	30
1990 年	—	发行收入 1.6 万元　录像厅收入 3 万元	—
1991 年	1100	农村发行收入 0.16 万元 录像厅收入 1.8 万元	20
1992 年	—	商店、招待所等收入 4 万元	—
1993 年	—	0.6	1.2
1994 年	30	—	—
1995 年	为学校放映 45 场	—	—
1996 年	为学校放映 58 部	—	—
1997 年	为学校放映 40 余场	—	—
1998 年	为学校放映 50 余场	—	—
1999 年	270	—	—
2000 年	—	—	—
2001 年	320	—	—
2002 年	386	2	5
2003 年	380	1.4	—
2004 年	260	0.8	—
2005 年	270	0.9	—

王肃电影院　　2005 年 5 月摄

二、王肃电影院

1983 年,王肃电影院为全民国有事业单位,电影院的放映收入除去片租剩余的全部上缴地方财政,王肃电影院在全省放映单位中上缴的片租名列前茅。电影院职工的工资和所需费用由财政下拨。1983—1990 年,王肃电影院每年上映场次 1 300 余场,放映收入 15.8 万元,观众 44.3 万人次,每年上缴财政纯利润 10 万元左右,最少年份为 6 万元。20 世纪 90 年代电影的票房收入急剧下滑,王肃电影院的经营举步维艰,职工工资变成了档案工资，每月的放映收入只能发放职工的生活费。

1999年末，王肃电影院由事业单位转变为企业单位。

至2005年，王肃电影院进行过3次重大改造，第一次是全省县级放映单位有10家电影院由普通音响改造成为环绕立体声甲级电影院；第二次改造是浙商陈关海投资100余万元把原来的电影放映厅改建成二层，一层为“百乐门”舞厅，二层为电影放映厅；第三次改造是省文化厅照顾边境地区为王肃电影院拨款20万元，改造扩建了舞台和灯光等设备。王肃电影院进行了分离经营，成立了电影厅，自己筹款，自愿参加与电影院分开经营。电影院房租收入为离退休职工发工资。2005年，王肃电影院进行企业改制，在职的20名职工与王肃电影院解除了劳动关系。

第六节 图 书

一、书 店

（一）新华书店

黑河市国营新华书店于1948年成立，有经理1人，营业员3人，负责城区的图书发行和零售。1983年，新建的三层903平方米的营业综合楼投入使用。1988年推行承包经营责任制，实行经理责任制，按照“包死基数，确保上缴，超收多留，欠收自补”的原则，进行全面经营承包。当年，将冷书库改造为暖库并新盖一砖瓦结构的仓库，为方便给基层送书购置1台小型客货汽车。1993年，黑河市新华书店更名为爱辉区新华书店。书店为独立法人，归属爱辉区文化局管理。当年，新建楼房687.58平方米，三层营业办公库房综合楼全部投入使用。1996年10月，爱辉区新华书店归属黑河市。

新华书店 2005年5月摄

1983—1996年爱辉区（黑河市）新华书店图书销售情况表

表21-3 单位：元

年 份	销售额	利 润	年 份	销售额	利 润
1983	451 709	35 811	1990	1 465 285	35 242
1984	434 779	13 445	1991	1 560 000	4 000
1985	490 400	26 400	1992	1 800 000	42 000
1986	579 264	20 000	1993	2 300 000	20 000
1987	660 139	12 485	1994	2 553 452	27 703
1988	837 388	29 158	1995	2 812 031	14 353
1989	1 160 000	30 000	1996	3 800 000	40 000

（二）邮政书店

黑河市邮政书店成立于1995年，隶属于黑河市邮政局。有营业大厅1处，为邮政报刊零售部，以经营报纸杂志为主。2002年，营业网点扩大为4处，分别称一部、二部、三部、四部。此后，经营范围有所扩大，以经营报刊杂志为主，其次销售学生辅助教材、少儿读物、生活常识、文学、历史等类书刊。2003年，邮政报刊零售部改建为邮政书店。

（三）私营书店

20世纪80年代末，黑河市区开始出现私营书店，经过不断发展，2000年市区有私营书店近10家。截至2005年，市区共有私营书店12家。私营书店主要以经营教辅教材为主，经营规模较小。

二、图　书　馆

爱辉区图书馆是黑河市区内唯一的公共图书馆。图书馆始终坚持“读者至上，服务第一”的宗旨，全年为读者开放。从馆内服务项目的确立到服务设施的改善，均从方便读者、服务读者出发。主要服务项目有书刊借阅、参考咨询、网络服务、公益讲座、专题展览、教育培训、视听服务等。

（一）馆舍建设

1983年6月，爱辉县图书馆更名为黑河市图书馆。1993年4月，黑河市图书馆更名为爱辉区图书馆。

1998年，爱辉区图书馆因动迁临时搬迁至黑河市南大街66号楼一楼，有阅览室面积100平方米。1999年，图书馆购买下王肃街204号蓝星宾馆，经过认真勘察设计后，进行全面改造。2001年7月，图书馆迁入新址（改建的原蓝星宾馆），馆舍面积1 420平方米。内设14个部门，有10个对外服务窗口。其中成人报刊阅览室110平方米，自助外借室110平方米，科技外借室40平方米，社科外借室110平方米，参考咨询室20平方米，资料库120平方米，工具书库80平方米，儿童阅览室80平方米，少儿外借室20平方米，地方文献阅览室20平方米，跟题服务部和辅导部各20平方米，电子阅览室80平方米。有书架138个、期刊架30个、复印机2台、电脑3台、传真机1部，书库总面积530平方米，阅览室总面积210平方米。10月15日图书馆正式开馆，市长赵学礼为爱辉区图书馆题名——黑河图书馆。

黑河图书馆　　　　2005年8月摄

2004年，市委、市政府决定把黑河市口岸委办公楼与图书馆对换，经过1年多的改建、维修。黑河图书馆于2005年5月迁入新址黑河市王肃街11号。新馆面积4 380平方米，内设成人报刊阅览大厅、少儿读物阅览室、成人外借处、少儿外借处、盲人语音室，阅览室总面积1 100平方米，书库500平方米。馆内设置中文采编部、外文采编部、业务辅导部、跟题服务部、编辑设计宣传部、参考咨询部、二次文献部、电子阅览室、资料室、档案室,另设有全国文化信息资源共享工程中心。馆内藏书 10 万余册,各种期刊 80 多种,报纸 30 余种,电子阅读存储各类图书 20 余册,工作人员 31 人。

2005 年 7 月 5 日,图书馆正式开馆。爱辉区图书馆有馆舍面积 4 380 平方米,工作人员 24 人,馆藏图书 10 万余册,年开馆时间 350 天。内设采编部、辅导部、跟题服务部、参考咨询部、地方文献、成人阅览、儿童阅览、成人外借、儿童外借等 10 多个对外服务窗口。

（二）书刊订购

1983—2005 年黑河图书馆书刊订购一览表

表 21 - 4

年度	购书费（元）	图书		期刊		报纸	
		种	册	种	册	种	册
1983	7 480.00	1 356	3 685	58	1762	5	520
1984	10 911.00	1 962	4 568	49	1 534	5	438
1985	5 842.00	1 206	3 519	37	1 286	5	297
1986	7 897.00	1 589	5 967	61	1 883	6	625
1987	14 419.00	1 799	5 564	86	1 958	6	685
1988	11 805.00	702	2 443	373	2 151	34	1 039
1989	11 233.00	635	1 440	252	2 047	32	1 016
1990	8 500.00	—	3 000	68	816	12	144
1991	7 300.00	—	2 400	57	684	14	168
1992	2 800.00	—	510	60	720	13	156
1993	13 000.00	—	1 043	64	768	15	170
1994	20 000.00	—	2 151	68	816	13	156
1995	14 150.00	—	1 365	43	516	14	168
1996	2 000.00	—	150	52	624	17	204
1997	15 000.00	—	593	51	612	14	168
1998	7 700.00	—	1 100	54	648	15	170
1999	13 000.00	—	1 000	35	420	15	180
2000	5 000.00	—	3 000	—	—	—	—
2001	34 000.00	450	1 900	42	464	12	256
2002	20 000.00	90	200	60	700	20	337
2003	10 000.00	396	984	50	600	19	228
2004	20 000.00	—	—	78	936	20	240
2005	22 000.00	—	—	65	856	22	257

(三)书刊借阅

1. 办 证

1983—1989 年,读者办理借书证需持单位介绍信或相关证件方可办理。1990 年以后读者办理借书证不受限制,只需到图书馆内登记(姓名、职业、工作单位、家庭住址、联系电话)。借阅证种类分为:借书证、阅览证、儿童借书证、集体借书证。

1983—1997 年,办证 3 100 人,其中工人 980 人、农民 109 人、军人 87 人、科技人员 82 人、干部 520 人、学生 460 人、教师 78 人,集体证 35 人,其他 749 人。1998—2005 年,办证 1 200 人,其中工人 320 人、农民 40 人、军人 28 人、科技人员 60 人、干部 440 人、学生 210 人、教师 70 人,其他 32 人。

2. 借 阅

阅览:1983—1989 年,实行闭架阅览;1990 年后实行开架阅览,一改过去凭证阅览的方式,方便了读者。每年下架的期刊、报纸需要保存的入资料室。

外借:1983—1990 年,实行闭架借阅;1991 年开始实行全部开架借阅。

因为读者文化程度不同,所需资料亦不同,社会科学借阅的读者大多数属消遣型读者,自然科学借阅的读者大多数是学生及科研工作者。到馆的读者主要以消遣类为主,阅读倾向为文学、科普类读物。

1986—2005 年黑河图书馆书刊流通统计表

表 21－5

项目 年份	总流通		外借		阅览		少儿	
	人次	册次	人次	册次	人次	册次	人次	册次
1986	46 244	259 938	10 403	17 053	14 840	143 525	19 628	97 987
1987	48 599	270 097	10 914	17 875	15 901	143 203	200 280	107 554
1988	41 609	267 617	11 562	44 934	22 752	117 767	11 944	105 565
1989	41 703	200 845	14 755	59 794	23 102	42 136	1 947	58 036
1990	40 695	157 814	14 555	57 940	24 004	41 984	2 136	57 890
1991	47 792	254 107	18 750	59 455	26 945	133 865	2 097	60 787
1992	50 697	90 012	18 052	21 500	26 645	56 465	5 400	11 047
1993	41 888	60 268	6 220	9 380	32 938	40 404	5 260	10 484
1994	18 520	39 381	5 384	10 498	10 006	24 572	1 790	2 971
1995	20 893	47 623	9 848	21 855	5 000	11 000	1 200	13 080
1996	16 160	36 537	10 000	21 461	2 400	6 540	2 600	14 800
1997	12 500	28 000	6 000	19 000	2 500	—	2 500	6 000
1998	17 200	50 714	8 000	30 000	4 500	—	3 000	10 000
1999	1 000	1 700	—	—	800	1 200	—	—
2000	800	1 500	—	—	620	1 000	—	—

续表 21－5

年份＼项目	总流通		外借		阅览		少儿	
	人次	册次	人次	册次	人次	册次	人次	册次
2001	7 800	42 600	1 800	3 600	4 500	36 000	1 500	3 000
2002	21 902	60 004	3 600	7 200	14 000	42 000	4 302	10 804
2003	17 000	—	7 000	34 000	—	—	—	—
2004	—	—	3 800	76 000	—	—	1 400	3 000
2005	12 400	38 450	4 200	8 400	7 200	28 000	1 020	2 050

（四）咨询服务

1996—2000 年，爱辉区图书馆积极为地方建设提供服务，解答读者咨询 1 200 条。爱辉区图书馆先后与黑河市塑料二厂、爱辉区小三嘉子养猪厂、小黑河蔬菜种植户、奶牛场等十几户企业和农户建立了良好的服务关系，提供技术和经营信息。黑河电视台和中国气象报等对爱辉区图书馆为企业和农户提供咨询服务的做法进行了报道；在北方庭院经济经验交流会上，爱辉区图书馆作了重点发言。

1983—1998 年黑河图书馆书刊流通、咨询服务统计表

表 21－6

年份＼内容	流动站		课题服务				参考咨询	
	数量（个）	流通书刊（个）	项目数（个）	提供资料（篇）	取得成果（项）	经济效益（元）	咨询（次）	解答（次）
1986	21	1 373	6	97	4	—	146	70
1987	21	1 465	3	104	4	10 453	123	85
1988	21	1 432	15	390	2	580	134	120
1989	12	4 700	9	300	7	12 500	154	123
1991	7	7 000	18	—	—	—	48	35
1992	7	3 495	8	—	5	70 000	41	28
1993	6	2 305	—	—	—	—	58	37
1994	7	1 000	5	57	—	10 000	67	49
1995	5	1 200	5	60	—	10 000	50	38
1996	5	850	—	—	—	—	—	248
1997	5	850	—	—	—	—	—	140
1998	5	850	—	—	—	—	—	140

（五）主题活动

1984—2005年黑河图书馆活动情况表

表21－7

时间	参加人数（人）	方式	内 容 效 果
1984.6.1	68	表演赛	“庆祝六一儿童节读书报告会、诗歌朗诵会、讲故事比赛大会”。聘请了6个小学校的辅导员老师和有专长的少年儿童到馆进行表演，市教育局领导参加赛会
1986.7.25至8.1	560	小读者活动	纪念中国人民解放军建军69周年，缅怀英雄们的丰功伟绩。1986年7月25日至8月1日，黑河市图书馆在少儿活动室举办“八一”专题连环画册阅读活动。此次阅读活动向小读者提供了一批反映英雄们为祖国勇于献身的革命斗争故事的书籍
1991.1.12	30	故事会	《雷锋的故事》《勇敢的小哨兵》，由王树林主讲
1991.4.5	200	演讲会	《继承先辈遗志、弘扬雷锋精神》主题演讲会
1991.5.1	53	观看录像片	在黑河图书馆少儿阅览室组织小读者观看《五四运动》《新中国诞生》《法制系列教育》等电教系列片
1991.5.4	300	联谊会	在黑河市影剧院举办“五四”青年读者联谊会。参加者有地区行署秘书长刘佩勋、地区文管会主任姜文斗、张鹏、市文化局长李庆发、党总支书记汪贵喜、副局长王秀岩及青年读者。联谊会的内容在《黑河日报》上发表，题为《图书馆连着我和你》
1991.5.29	300	联谊会	黑河市图书馆、市妇联联合举办庆“六一”启蒙者联欢会。参加者：市委副书记战佩山、市政协主席张显胜，市人大副主任刘天均等领导及各小学校教师、幼儿教师。内容：文艺节目、舞会。地点：博物馆
1991.5.31	34	听讲座	在黑河市图书馆成人阅览室举行，由牡丹江市图书馆副研究员杨挺主讲《当今图书馆事业及其科研状况》
1991.6.22	30	座谈会	图书馆副馆长张竹云讲话、读者自由发言，通过与读者座谈，了解了读者的需求及读者对图书馆提出的好的建议
1991.8.10	800	夏令营	参观历史博物馆、读书朗诵会、故事会、猜谜语、找宝。地点：黑河王肃公园
1991.8	32	读者座谈会	1. 征求读者对图书馆外借工作的意见和要求 2. 讲解读者目录的作用
1991.8	450	画展	主题为“美的行为”，从450幅画中评选出50幅优秀作品在黑河市第三小学展出，画展活动促进了学生创造美、欣赏美的能力，活跃了学生的美感思维，促进了学生的健康发展
1991.10.12	24	座谈会	重点读者座谈会，散发重点读者须知、广泛征求重点读者的建议。地点：黑河图书馆阅览室
1991.12.9	780	读者活动	黑河市图书馆、师范学校联合举办“美的天使”活动，主要演出作品：小品《悟》、舞蹈《让我们荡起双浆》、男女声二重唱《太阳、月亮》。地点：黑河师范学校礼堂
1991.12.24	21	当代诗歌研究会	关于当代诗歌的讨论。参加者：读者
1992.6.1	500	—	“六一”儿童节期间走上街头，为儿童进行阅览服务工作。从早晨8点到下午3时，共接待儿童读者500人
1992.7	—	夏令营	小学的暑假期间，儿童阅览室与第二小学、第三小学联合开展夏令营读书活动

续表 21－7

时间	参加人数（人）	方式	内　容　效　果
1992.10	100	征文	“十一”开展了歌颂祖国征文有奖活动，共收集征文70多篇，评出了一、二、三等奖
1993.6.30	50	美术班	市图书馆、市少儿活动中心联合举办少儿美术班。地点：黑河少儿活动中心
1993.7.22至8.23	47	少儿书法班	市图书馆、市少儿活动中心联合举办少儿书法班。地点：黑河市少儿活动中心
1994.6.1至6.19		宣传周	图书馆服务宣传周活动，利用宣传车播放录音和散发传单，利用电视、报纸和气象部门的有线广播进行宣传报道，宣传面遍及黑河市7个市县城乡的广大群众
1994.6.1	100	书画展	黑河市图书馆、少儿活动中心举办“爱祖国、爱黑河”书画展
1994.9.24	60	座谈会	工具书应用座谈会。参加单位有市政府办、机关党委、文管会、电视台、报社等单位领导和黑河市各界科研人员及部分拔尖人才。内容：如何更好地利用工具书
2002.8	50	画展	黑河图书馆举办，黑河市委宣传部部长赵洪生、副部长夏重伟等领导参加，图书馆收藏绘画、摄影作品30幅
2003.6	50	读者活动	黑河图书馆儿童阅览室组织黑河市幼儿园小朋友开展读书活动
2003.12	550	征文	黑河市图书馆在全区开展了小学生读书征文活动，参赛作品近600篇，其中评选出优秀作品100篇。活动在黑河电视台新闻节目中播出
2004.3	100	图书宣传周	在图书宣传周期间，100多幅作品参加展出，图书馆组织评委评选出优秀作品为收藏品。活动在黑河电视台新闻节目中播出
2005.7.5	—	图书馆工作经验交流会	各县区的文化局局长、图书馆馆长等相关人员参加了全市图书馆工作经验交流会，

（六）对外交流

2003年11月5日，俄罗斯阿穆尔州图书馆馆长、副馆长到黑河图书馆访问，并赠送了书刊画册。这是黑河图书馆首次与国外图书馆进行的交流活动。

2004年10月4日，应俄阿穆尔州图书馆馆长的邀请，黑河图书馆馆长张竹云、副馆长孟艳华赴俄阿州图书馆参加了为期3天的俄远东地区文化信息交流活动。张竹云馆长的论文《公共图书馆应对读者进行信息素质教育》在俄远东地区文化信息交流刊物上发表，并参观了布拉戈维申斯克市图书馆和儿童图书馆。

黑河图书馆与俄罗斯阿穆尔州远东地区图书馆进行学术交流
2005年9月摄

2005年9月，俄远东地区部分州的图书馆及各大学图书馆的馆长20余人到黑河图书馆参观访问，对黑河图书馆的建筑风格和内部业务管理给予赞扬，并摄影留念。

三、图书馆协会

1979 年，根据省图书馆的要求，为更好的为四个现代化建设服务，充分发挥黑河城区范围内各机关、学校、企事业单位的图书馆（室）所藏图书的作用，加强各馆（室）之间的业务联系，开展馆际互借、交流业务经验，开展图书馆业务研究活动，促进图书馆事业的不断发展，成立了爱辉县图书馆协会。

1979 年 8 月 31 日上午 9 时，在黑河地区科委会议室召开了图书馆协会成立大会。图书馆协会由爱辉县图书馆担任主任馆，地区工会、地区科委、地区医院、黑河中学 4 个图书馆担任副主任馆，并由这 5 个单位组成图书馆协会委员会，聘请地委党校于忠富和爱辉县图书馆魏秀珊为顾问，协会成员由黑河镇内 30 多个单位的图书馆（室）组成。2002 年 5 月，图书馆协会划归黑河市文物管理委员会管理。

第七节　文化市场管理

20 世纪 80 年代初期，黑河市区只有 1 家电影院、2 处剧场和 1 座工人文化宫，文化娱乐形式比较单一。随着改革开放的不断深入，人民群众经济收入增加，原有的文艺演出和娱乐形式已不能满足广大群众多层次、多方面的文化生活的需求，1987 年开始，陆续出现了录像放映厅、台球室、舞厅、电子游艺厅等新的文化娱乐项目及其场所。

1989 年，为适应文化市场管理需要，黑河市设立社会文化管理委员会，主任由副市长兼任，由宣传部、文化局、公安局、广播电视局、工商局等 9 个部门组成。委员会办公室设在文化局，主任由区文化局副局长兼任。1993 年，黑河市社会文化管理委员会更名为黑河市爱辉区社会文化管理委员会。其办公地址在中央街王肃电影院西侧，2004 年迁至兴安街 81 号。

1989 年，黑河市社会文化管理委员会依据《黑龙江省文化市场管理条例》，对全市城乡 9 个书店（摊）、12 个录像放映厅、25 个电子游艺室、6 个台球场进行了清理整顿；共检查 46 组次、计 120 余人次，清缴应销毁书刊 46 种、1 427 册，封存 35 种、647 册。收缴无准放证录像带 8 种 20 盘、录音磁带 9 种 122 盒。

1990 年，黑河市区文化市场的发展已初具规模，有电子游艺厅 20 家、舞厅 10 家、卡拉 OK 厅 8 家、音乐餐厅 10 家。城市文化市场迅速发展的同时，农村文化市场不断兴起。1993 年，西岗子、爱辉、罕达汽等地陆续开办了录像放映、台球、音乐餐厅、舞厅和图书租赁等项目。1994 年，张地营子乡有 3 家舞厅开业。

1995 年以后，随着农村文化市场逐渐发展壮大，根据农村文化市场实际，爱辉区制定了一系列宽松政策，坚持以扶植为主，主动上门办照，鼓励农民向文化投资，并建立健全了与农村文化市场相适应的各项规章制度。每年对乡镇文化市场进行 10 余次指导性检查，促进了农村文化市场的健康有序发展。2000 年，全区乡镇有歌厅 15 家、录像放映厅 7 家、台球厅 11 家、音乐餐厅 28 家、游艺厅 16 家、音像制品出租 12 家。同年，随着互联网的发展，网吧业开始兴起，当时国家还没有对网吧业实施行政许可，没有法律法规界定网吧经营行为，经营状况是小、多、乱。当年黑河城区网吧经营有 5 家。

2005 年，文化市场管理部门按照《互联网上网服务营业场所管理条例》规定，对原有 20 家领有证照的网吧重新审核登记，对符合审批条件的城乡 19 家网吧颁发了《网络文化经营许可证》；对不符合条件的网吧，以公告的形式予以取缔关闭。截至年底，辖区内共有歌舞厅 3 家、台球厅 7 家、电子游戏厅 3 家、网吧 24 家、音像社 4 家。

第八节　文物保护与管理

一、机　　构

1987 年以前，辖区内文物工作由图书馆负责。

1987 年 6 月，经黑河市编制委员会批准，成立黑河市文物管理所，隶属于文化局，事业单位，股级建制，编制 3 个。2005 年末，爱辉区文物管理所共有 3 人，其中本科学历 1 人、大专学历 2 人，中级职称 3 人。

二、遗迹遗址

通过考古调查发掘和文物普查，在爱辉区辖区内共发现各类文化遗迹 80 余处。

1982 年，爱辉县政府公布了第一批县级文物保护单位。1987 年黑河市文物管理所成立，按照"保护为主、抢救第一、加强管理、合理利用"的方针，1989 年公布了第一批市级文物保护单位。截至 2005 年，辖区内有国家重点文物保护单位 1 处，省级文物保护单位 2 处，市县级文物保护单位 20 处。

（一）国家重点文物保护单位

瑷珲新城遗址

位于黑河市区南 35 千米的爱辉镇内。该城址东临黑龙江与俄罗斯隔江相望，南北长约 6 千米，东西宽约 2 千米。1674 年清朝康熙皇帝为驱逐沙俄入侵者，在精奇里江与黑龙江汇流处的瑷珲河畔明代忽里平寨旧址建立瑷珲城，于 1683—1684 年间建成。1685 年又将瑷珲城迁于现址，称为瑷珲新城。在 1685—1686 年的雅克萨战争和 1689 年签订中俄《尼布楚条约》的过程中，瑷珲是我重要的后方基地。1858 年，中俄《瑷珲条约》在此签订，沙俄割占了中国黑龙江以北 60 万平方千米的领土。在 1900 年"庚子俄难"中，瑷珲爱国军民在这里曾给沙俄侵略者以沉重的打击。瑷珲是满族始祖起源地之一，是中国各族人民在清代共同开发黑龙江流域的历史见证，瑷珲新城遗址现存清朝遗迹多处。1981 年 1 月 27 日，黑龙江省人民政府公布该遗址为省级文物保护单位。1982 年 6 月，省人民政府在此竖立了"黑龙江将军驻地瑷珲新城遗址"石碑。2001 年，国务院公布瑷珲新城遗址为全国重点文物保护单位。

瑷珲新城遗址　　2005 年 7 月摄

（二）省级文物保护单位

1. 黑河清真寺

位于黑河市区中央街 395 号，始建于清光绪三十四年（1908），1920 年扩建。到 2005 年，清真寺保存下来的主体建筑为木刻楞大殿、北讲堂和南讲堂 3 处殿堂。木刻楞大殿位于寺院内西南，坐西朝东,由三部分组成,前为卷棚,中为殿堂,后部为三层塔楼;该建筑用约 120 根 50 厘米粗的厚木码垛而成,俗称“木头垛”或“木克楞”;大殿门上有 3 块匾额,左边写“弘扬主道”,中间写“亘古清真”,右边写“首建宏功”。北讲堂西侧有一棵年代久远的松树。南讲堂至今已有百年历史。该寺庭院是黑河市回族群众恭仰圣拜的地方,是回族群众欢度节日、婚丧嫁娶、沐浴的重要场所。寺院北距中央街 80 米,西距公园路 70 米,南距第六小学 70 米,占地面积约 900 平方米。1990 年,黑龙江省人民政府公布黑河清真寺为省级文物保护单位。黑河清真寺建筑风格结构的大殿在全国的清真寺中仅此 1 处,具有文物保护价值。

2. 黑河振边酒厂

黑河振边酒厂 1999 年 9 月摄

位于黑河市区西郊、黑呼公路 4 千米处的五道豁洛。酒厂建于 1921—1924 年,到 2005 年为黑河港务局使用。该建筑坐南朝北,厂区占地 3.5 万平方米,建筑面积 8 000 多平方米,四周有高大围墙及炮楼,似欧洲中世纪古城堡。院内原有的酒库、化验室、机器室、蒸馏室、糖化室、试验室等建筑已遭破坏,四周围墙、炮楼保存较完好。酒厂建筑具有特色,曾是黑龙江沿岸最大的民族工业基地,也是当时中国先进的酒精厂。所有建筑物均用当地烧制的大块红砖、以白灰勾缝砌筑而成,非常坚固,具有代表性。一些影视作品在此拍摄,该建筑宏伟,具有很高的观赏、旅游价值和文物保护价值。1993 年,黑河市人民政府公布为市级文物保护单位。2005 年,黑龙江省人民政府公布该遗址为省级文物保护单位。

(三)市级文物保护单位

1. 黑河人民自治军司令部旧址

位于黑河市区南侧的幸福乡上二公村,占地面积 133 平方米,青砖平房。司令部旧址面阔 14.5 米,进深 9 米。房屋东侧墙正中开有 1 扇房门,宽约 0.8 米,在门左右的墙上各开有 2 扇窗户,窗外设有木质遮光。房内中间为一处过堂,两侧各有 1 个房间。此房是原上二公村一富户 1919 年间的住宅,1945 年,侵华日军投降后,以王肃为首的共产党干部到黑河开辟工作,并在此建立了黑河人民自治军司令部,发展了建政后的第一批共产党员。1993 年,黑河市人民政府公布该遗址为市级文物保护单位。2002 年,爱辉区人民政府投入 1.5 万元对此建筑进行了维修,2005 年,该遗址无人使用。黑河人民自治军司令部旧址是进行爱国主义教育的参观场所。

黑河人民自治军司令部旧址 2000 年 9 月摄

2. 稗子沟侵华日军军事阵地遗址

位于黑河市区南偏西10千米、幸福乡稗子沟村西北3.5千米，黑龙江人民广播电台810转播电台后山。现存遗迹在地面的部分有战壕、碉堡、野炮基础等，地下建筑有山洞、水池、隐蔽部等永久性设施。军事阵地最西侧为一条反坦克壕，反坦克壕南侧为现存遗址的主体部分。整个阵地被战壕环绕，在战壕正中心处为一处地下隐蔽部。隐蔽部保存状况良好，钢筋水泥结构，平面形状大体呈刀型。自入口处起，修建有较长的通道连接地下隐蔽部。隐蔽部出口处有一条道路可以直通810电台。隐蔽部东北侧为一处封江炮台。在环绕地下隐蔽部和封江炮台的战壕外侧，修建有数处碉堡，应为拱卫地下隐蔽部的防御性设施。此阵地于1936年6月开始构筑，是侵华日军"北部正面"的"第7国境阵地"的一部分。该遗址被810转播台辟为进行爱国主义教育的参观场所。1993年，黑河市人民政府公布该遗址为市级文物保护单位。

3. 卡伦山墓葬遗址

位于四嘉子满族乡卡伦山村北2千米，爱辉镇至黑河公路旁的一片开阔平坦的树林中，整个墓区2万多平方米。由于村民在此取沙，墓葬遭到破坏。1985—1987年，黑龙江省文物考古研究所和黑河市文物管理委员会合作进行2次抢救性发掘。总计清理被破坏的墓葬24座，墓葬多是2次葬，坑内多有火烧的痕迹。墓葬所在地由于土中含沙量大的缘故，墓葬地没有树木、荆棘生长，只有稀疏的荒草。出土铜器、铁器、银器、骨器、陶器等文物200余件，收藏于瑷珲历史陈列馆和黑河市文管会库房。现残存墓葬约60余座，其文化性质初步断定为辽代五国部文化。1993年被黑河市人民政府公布为市级文物保护单位。该墓葬的发现对于研究辽代时代的文化提供了可靠依据。

4. 卡伦山抗俄战迹地遗址

位于黑河市区南17.5千米的四嘉子乡卡伦山村，整个遗址所处地势是黑河至爱辉间唯一的丘陵。遗址南侧紧邻黑龙江，北侧为卡伦山山坡，遗址所在地位于山坡与黑龙江之间一段相对开阔的二级台地上，北高南低，遗址占地面积大约46万平方米。整个遗址被卡伦山村叠压，整个村子位于遗址之中。1900年8月3日，侵华俄军在此遭到清军的猛烈阻击，战斗中清军炮手单世俊引爆火药箱与敌人同归于尽，是这场反侵略斗争可歌可泣的事件之一，也是瑷珲各族人民为保卫国家抗击沙俄的真实写照。1981年，爱辉县人民政府在卡伦山的松林中竖立了"卡伦山抗俄遗址"木制标牌。1993年，黑河市人民政府公布该遗址为市级文物保护单位。截至2005年，该遗址仍可见部分战壕、炮垒，在文物调查工作中曾找到当年丢弃的弹壳、被毁的大刀等物。

5. 大岭抗俄战迹地遗址

位于黑河与嫩江交界二站乡大岭林场黑嫩公路北侧山上，南邻黑嫩公路，西邻大岭至北师河公路，整个遗址位于山坡南侧，地势北高南低，遗址占地面积大约96万平方米。清光绪二十六年(1900年)八月十日，侵华俄军在此受到清军伏击，伤亡惨重。8月16日，俄再次进攻，阵地失陷。此役是侵华俄军与清军之间规模最大的一场战斗，是瑷珲地区各族人民抗击沙俄的真实写照。该遗址目前仍可见部分战壕、掩体等遗迹，在文物调查中曾在该遗址采集到带有"吉林"字样的子弹壳多个，经专家鉴定为一级文物，收藏于瑷珲历史陈列馆。1993年，黑河市人民政府公布该遗址为市级文物保护单位。

三、文物调查和考古发掘

为了使文物得到更好地保护，爱辉区独立或参与了黑河辖区内的文物调查和考古发掘工作，避免了大量文物被破坏。

1985—2005年爱辉区(黑河市)文物管理所调查考古发掘一览表

表21－8

时间	参加单位	内　　容
1985	黑龙江省考古研究所、黑河地区文管站	卡伦山辽代墓葬进行抢救性发掘,共清理墓葬19座,出土随葬铜、铁、陶器等150余件
1988—1989	黑龙江省考古研究所(于志生参加)	对黑龙江淹没区进行调查,本区沿江淹没地带全部调查
1997.10	黑龙江省考古所黑河分所及区文物管理所	对瑷珲将军墓被盗进行清理挖掘,共清理被盗墓葬4座,出土金、银、铜、玉翠等97件
1999.9	区文物管理所	对富地营子水库淹没区进行文物调查
2000.6	区文物管理所	对爱辉历史陈列馆扩建馆舍进行打探文物调查
2000.6	由黑龙江省考古所谭英杰带队	对瑷珲新城遗址城墙进行解剖探查结构
2000.9	爱辉区文物管理所、黑龙江考古所黑河分所	202国道爱辉支线施工中发现墓葬,对发现墓葬进行抢救性发掘,共发掘9座墓葬,出土金、银、铜铁器117件
2002.9	爱辉区文物管理所、黑龙江省考古所黑河分所	对在爱辉镇北大庙复垦工程中发现墓葬进行清理挖掘,挖掘面积600平方米,共11座墓葬
2003—2004	爱辉区文物管理所	参加尼尔基水库嫩江段淹没区的考古发掘工作
2004.4	省考古所、爱辉区文物管理所	对黑河黑龙江大桥桥址封闭区进行文物调查

四、文物管理

1987—2005年,爱辉区文物管理所在辖区内开展了文物普查、采集标本、发掘、收集、追缴等项工作,收集文物1 000余件。代表性藏品有翠扳指、玉牌、马镫、刀、金簪、银簪和钱币等。由于爱辉区没有文物专用库房,安全无法保障,所以全部文物暂时存放于市文物管理委员会和瑷珲历史陈列馆展览。

五、文物保护

1989年12月,黑河市人民政府公布了《黑河市文物保护管理暂行办法》和《黑河市第一批文物保护单位保护范围》的通知。同年,黑河市文物管理所逐级上报了《关于黑河啤酒厂"绿色山庄工程"违反文物保护法情况调查处理意见》。

1990年,黑河市人民政府下发了《关于对黑河航运局劳动服务公司破坏性使用市级文物保护单位"振边酒厂"问题处理决定》的通报。

1994年10月,爱辉区文物管理所对辖区内文物遗址现状进行调查并写出了调查报告,上报区政府和市文物管理委员会;爱辉区政府转发了《关于进一步加强文物保护工作的报告》的通知,并下发到各相关部门及文物保护单位。

1995年,爱辉区人民政府召开了全区文物工作会议,爱辉区文物管理所同文物保护单位使用者签订了保护协议书,全区文物保护工作得到有力加强。

1998年6月,爱辉区文物管理所针对在市级文物保护单位"卡伦山古墓群"采运沙子一事同四嘉子乡政府共同发出通告,并张贴于各村屯,同时对采运沙子的村民进行文物保护宣传教育,文物保护地采运沙子现象被制止。

2002年,爱辉区依据《黑龙江省文物调查勘探管理规定》和省7个职能部门联合下发的《关于加强基本建设中文物保护工作联合通知》,并结合爱辉区实际情况,联合相关职能部门下发了《关于加强基本建设中文物保护工作的联合通知》。1997—2002 年，对在施工中发生的出土文物被抢私分事件区文物管理所同公安部门共同进行追缴，共计追缴回文物 400 余件。

第二章　广播　电视

第一节　机　　构

1983 年 6 月，黑河市政府设立黑河市广播事业局，科级建制，领导职数 3 职。同年 10 月，广播事业局改为广播电视局；内设政秘股、技术事业股。1984 年 2 月，划归为中共黑河市委宣传部二层机构。1993 年 4 月撤市建区，更名为黑河市爱辉区广播电视局。科级建制，领导职数 3 职，行政编制 9 个。内设机构为人事股、编辑股、技术事业股。所属单位有爱辉区有线广播电视台、区广播电视服务部，均为股级建制，事业单位企业管理，地方自定编制 6 个。1996 年，爱辉区广播电视局由行政机关改为事业单位，并更名为黑河市爱辉区广播电视事业局。2005 年 8 月，成立黑河市爱辉区新闻中心，隶属爱辉区委宣传部，正科级建制，编制 4 个（广播局调剂 2 个、区政府机关调剂 2 个），设主任 1 职、副主任 1 职；实有人员 10 名（参照公务员法管理）。同年 11 月，取消行政收费项目（包括广播电视部门有线电视台站审验费、接收卫星节目审验费、有线电视工程设计审验费、有线电视工程质量检验费）。爱辉区广播电视事业局无收费项目，只行使行政管理职能。

2005 年末，爱辉区广播电视事业局正科级事业单位；内设编辑股、人事股、技术事业股；核定编制 7 个，实有职工 8 名；设局长 1 职、副局长 2 职。

第二节　广　　播

1983 年，更新乡镇至村屯广播电线 12 千米，更新村屯内用户线 30 千米；到年末全市新增广播喇叭 145 只，全市入户喇叭达到 5 346 只，入户率由年初的 62% 提高到 64.5%。1984 年出现调频广播和有线广播相结合的传输方式，黑河市率先改为调频广播，喇叭入户率又有增加。1986 年，建立了黑河市调频广播电台，呼号为“黑河人民广播电台”，当年 10 月 18 日调机，12 月 12 日开始试播。安装了 1 千瓦调频广播发射机。每天播音 7 小时，设有“黑河新闻”“一周要闻”“农村节目”“生活小常识”“您的一刻钟”“评书连播”“改革之声”“法制窗口”“多彩年华”等专栏。

1993 年 4 月撤地建市后，撤销黑河（县级）人民广播电台机构，设备及部分采编播人员并入黑河（地级）人民广播电台（原黑河地区有线广播电台），电台呼号移交黑河（地级）人民广播电台。1994 年，爱辉镇建起全省第一个乡镇级调频广播站。截至 2005 年，全区通过市九一三电台，利用调频调幅收听广播节目，广播覆盖农村各乡镇村屯，全区广播覆盖率达 100%。沿江乡镇村屯可以收听到包括中央台一套、省台一套在内的 4 套广播节目；山区乡镇村屯可以收听到中央台一套和省台一套、二套广播节目。

第三节　电　　视

1986年9月，成立了黑河市潮水微波站，为科级建制，编制15个。1991年，开始筹建黑河市有线电视台。1992年，黑河市财政拨款17万元成立有线电视台；有线电视台位于黑河市东兴路和海兰街交叉口。1993年4月，成立爱辉区后，爱辉区广播电视局由原来管理全市城乡广播、电视、微波全套功能转为单纯管理农村有线广播电视工作。同年8月，新生乡建起全区第一个乡镇级有线电视转播站。1995年，在爱辉镇、西岗子镇建立起有线电视转播站；此后，相继有四嘉子乡、上马厂乡、张地营子乡、罕达汽镇建立起村屯有线电视转播站。1997年，黑河市广播电视局授予爱辉区广播电视局卫星地面接收设施管理权限。1999年10月1日，黑河—幸福乡—四嘉子乡—爱辉镇—坤河乡—西岗子镇等110千米光纤环网建设破土动工，小乌斯力、外三道沟、宋集屯煤矿等5个村（矿）的610户入网，居民看上有线电视节目。

1995—2000年，全区各乡镇村屯逐步安装地面卫星接收天线，建立小片有线电视网。通过政府扶持、村集体投入、农户集资等筹资方式安装有线电视，使农户收看到8～10套电视节目。2000年，全区建立有线电视村屯达80%以上。截至2003年末，爱辉区共建设农村有线电视二级干线200千米，爱辉、坤河、西岗子、四嘉子、幸福5个乡镇的村屯覆盖率达到100%。

2001—2005年，沿江乡镇村屯有线电视实施改造小片网加入市级网建设，坤河乡、幸福乡、爱辉镇、四嘉子乡、西岗子镇、上马厂乡、张地营子乡的大部分村屯加入了市级网，使农户收看到数量更多、效果更好的电视节目。2004年，对山区乡镇加快了有线电视小片网建设，区政府投资10万元，补助山区村屯建小片网。对村型小、户数少的村屯采取安装地面卫星接收天线的方式解决村民看电视难的问题。2005年，有7个村屯的用户陆续安装了地面卫星接收天线。

截至2005年末，爱辉区建小片网村35个、自然屯5个；入网乡镇7个、行政村51个、自然屯12个。全区20户以上的村屯均实现了有线电视“村村通”，有线电视入户率达90%以上，达到“8＋4”标准（即收看8套以上电视节目和4套广播节目）。

第三章　档　　案

第一节　机　　构

1983年6月，爱辉县档案科与黑河市委办公室档案室合并成立黑河市档案局，正科级建制。黑河市档案馆为文化科学事业部门，副科级建制，归属黑河市档案局管理。1987年5月27日，市长办公会议决定档案局与档案馆设置为一套机构，挂两块牌子。1989年9月，编委批准档案局（馆）内设机构为政秘股、文书档案指导股、科技档案指导股、档案管理股，均为股级建制。1990年5月增设编研股。1993年4月，黑河市档案局更名为爱辉区档案局；黑河市档案馆更名为爱辉区档案馆。根据《关于明确党政群机关所属事业单位机构编制现状的通知》，档案局为正科级建制，编制20个，内设机构有文书档案指导股、科技档案指导股、办公室，均为正股级建制；所属事业单位档案馆为副科级建制，内设机构档案管理股、编研股、办公室，均为正股级建制。1996年3月，全区机构改革，按照《黑河市机构编制委员会关于爱辉区党政机构改革方案的通知》中规定，爱辉区档案局、档案馆实行局、馆合一,挂两块牌子,为区委直属事业单位;中共爱辉区党史研究办公室、爱辉区地方志办公室并入档案局。2002 年,文书档案指导股更名为执法股。2005 年,增设现行文件查阅室,股级建制。

截至 2005 年底,档案局(馆)内设机构有办公室、业务指导股、执法股、管理股、编研股、技术保护股、党史办公室、地方志办公室、现行文件查阅室。全局人员编制总数 26 个,实有 27 人。其中,正科级 2 名,副科级 4 名,副科级管理 2 名,正股级 4 名,副股级 1 名;副高级职称 5 名,中级职称 2 名,初级职称 13 名;干部 26 名,工勤人员 1 名。

第二节 档案收集与整理

一、档案接收

1986 年,黑河市档案局(馆)开始实行每 5 年集中接收档案进馆方式,接收前向各部门、各单位下达接收档案通知,然后集中接收。当年接收机关文书档案 518 卷,1987 年接收 639 卷,1991 年接收 238 卷,1992 年接收 1 024 卷,1993 年接收 1 484 卷,1995 年接收 1 634 卷,1996 年接收 24 个单位的档案目录,共计 1 833 卷 3 666 份。2000 年接收档案目录 4 404 份。2001 年根据《关于在机构改革期间加强区直机关撤并单位档案管理工作的通知》,接收撤并乡北师河乡和金水乡档案,共接收 645 卷。同时接收实物档案公章 4 枚、证书 5 本、奖状 2 本、责任状 1 本,许可证 6 本,后勤物资登记簿 1 本。同年,接收机关 1990—1998 年文书档案 4 647 卷。其中,1990—1993 年黑河市 77 个单位 2 225 卷,1994—1998 年爱辉区 62 个单位 2 422 卷。2005 年接收 1999—2000 年 51 个单位文书档案 764 卷,接收照片档案 3 盒 400 张(2003 年)。1986—2005 年,共接收文书档案 12 246卷。

二、档案征集

1986 年,征集第二次全国人口普查档案 11 卷,工业普查档案 29 卷。1988 年,征集接收死亡干部档案 65 卷,征集接收县志办永久档案 38 卷(《爱辉县志》手稿)。1993 年征集干部死亡档案 17 卷。1994 年征集接收专业档案 3 类 7 种共 616 卷。1998 年,征集接收并整理科技、人口普查、死亡干部、人物、诉讼档案等 10 余种 664 卷。2001 年,征集死亡干部档案 104 卷。黑河市部分单位公章 17 枚。“三讲”档案 9 盒,其中简报 55 期、领导讲话 28 篇、文件 19 份、活动方案 19 份、整改方案 16 份、音像资料 2 本、大事记 1 本。2002 年,征集专业档案 40 卷。2003 年征集防治“非典”档案 12 盒 322 件。2005 年征集死亡干部档案 528 卷,双套文件 26 盒。1986—2005 年,共征集各类档案 2 448 卷、44 盒。

三、资料收集

1986 年,黑河市档案局有图书、资料 652 册。1988 年购进《中国年鉴》《二十四史》《鲁迅全集》等书籍和资料 1 942 册。1990 年,增加图书 59 册。1994 年,共有图书、资料 2 653 册。1995 年,与省、市(地)交换、购买志书、图书、资料共 587 册。馆藏图书共有 19 个类别。2000 年,馆藏图书、资料共3 240册。2002 年、2003 年分别接收吴氏、张氏家谱各 1 本。2004 年,收集“省暨黑河市庆祝鄂伦春族下山定居 50 周年大会实况”光盘 1 张。2005 年,爱辉区档案局(馆)馆藏图书、资料 3 600 册。

1986—2005 年爱辉区(黑河市)档案馆征集档案资料一览表

表 21 -9

征集时间	内　　容	所属年代	数量
1989.5.10	国家领导人胡耀邦来黑河市视察题词	1984.8	1
1989	爱辉县志办公室等单位印章(实物)	1985	20
1994.11.5	黑河市地名录	1984	1
1994	地名普查成果表	1984	1
1994	黑河市地图	1984	1
1994	赵洪德个人档案书集材料	1984	51
1994	白常祥个人档案书集材料	1953—1984	12
1995	徐氏家族谱	—	2
1996.6	爱辉县商业系统商流财务指标完成情况	1986—1995	2
1996.6	爱辉县黑河市国营商业经营情况汇编	1974—1992	1
1998.3.10	黑河大写意	1998	1
2000	黑河烟草志	2000	1
2002	吴氏家族谱	—	1
2003	张氏家族谱	—	1
2004	黑龙江省暨黑河市庆祝鄂伦春族下山定居 50 周年大会实况光盘	2004	1

四、档案整理

1986—1991 年,黑河市档案局(馆)重点整理了历史档案。重新划分全宗和类别,将原来的 5 个全宗调整为 4 个全宗。整理历史档案(明、清、民国时期)18 754 卷。1987 年,档案馆新楼建成投入使用,保管在金水后库的档案和分散保存的档案集中搬入进馆后,对馆藏 3 万多卷档案全部进行清点。1988 年,对馆藏档案调整了案卷排列顺序。将 1979—1985 年的双套文件进行了清点整理、编写出文件目录。1990—1991 年,黑河市档案 15 个全宗按一级机构调整为 85 个小全宗,编制案卷目录、全引目录共 157 册;同时将零散的一部分革命历史档案、民国时期档案、社教档案、“文化大革命”时期档案和后接收的档案整理装订 750 卷。

2002 年初,对 80 个全宗 5 719 卷档案重新整理、排列上架。2005 年,重新整理黑河市、爱辉区长期档案。整理遗留爱辉县时期组织部的档案 94 卷。整理撤并乡金水乡、北师河乡文书档案 454 卷。

五、档案著录

1995 年,档案馆开展了现行档案文件级著录标引工作,当年完成 1 500 条,1996 年完成 3 511 条,1997 年完成 1 349 条。1998 年,根据省档案局的工作要求,开展了馆藏革命历史档案文件级目录采集报送工作,当年完成 1 300 条,1999 年末全部完成革命历史档案著录任务,共 3 900 条。2001 年,现行档案著录输入微机 1 320 条。2002 年 7 月,按照黑龙江省民国档案案卷级目录采集工作会议精神,爱辉区启动了对民国档案的著录工作。2002 年,完成 4 500 条,录入微机 2 000 条;2003 年完成 4 600 条,录入微机 5 000 条;2004 年 11 月,完成 6 963 条,录入微机 9 063 条。共计完成录入 16 063 条,于 2005 年 6 月上报省局。同时现行档案著录工作共计完成 5 000 条。

六、短期卷鉴定销毁

1986年，对爱辉县1、2号全宗的短期卷1 620卷进行了鉴定，抄写出销毁清册54册。1992年对馆藏现行档案短期卷进行鉴定和清理，共清点案卷2 680卷，鉴定1号全宗档案169卷，抄写销毁案卷目录358页。1993年鉴定完成1号全宗685卷，抄写2号全宗销毁案卷目录521页，1994年抄写出销毁短期卷730卷的目录并整理出全部销毁案卷的目录。

第三节 档案资料开发利用

一、资料利用

1983—1990年，主要为编写党史资料、组织史资料，编写《爱辉县志》，落实政策，核查安排子女就业，招工，转干，调资，平反冤假错案，解决上访问题，清理法规性文件，进行历史传统教育等方面提供档案资料共计3 314卷，接待利用735人次。1987年，为市交通局提供1978年“三案”（冤假错案）平反材料，使33名上访职工受到的影响和福利待遇等方面的问题得到妥善解决。在建设西沟水电站时，档案室为工程设计主动提供1978年东北勘测设计院的《坝址区和引水隧洞工作地质测绘勘探资料》，避免了重复劳动，节约资金24万元，而且使工程提前开工。同年，黑龙江发生洪水，堤岸受到破坏，水利局科技档案室提供损毁堤段原始设计资料，使修复工作减少了重新测绘和绘制新图环节，缩短了修复时间，为国家节省资金6 000余元。1988年1月，黑河市卧牛河水库进水塔工作桥在冰力作用下发生移位不能使用，水利局档案室及时提供原设计资料，查出原因是基础受力移动及钢架断裂造成下沉，使问题很快得到解决。为市林业局提供省林业厅《关于机械更新办法的通知》文件，使各林场解决了机械更新换代问题。1989年在法别拉河、托泥河进行库区设计规划时，水利局档案室提供1971年地质勘测、库区地形图等资料，节省勘测费20余万元。1991年春，为果酒厂提供档案资料，使其解决了建家属宿舍土地权属问题，为果酒厂节省资金20万元。1991—2000年，提供档案资料主要体现在晋升职称，建编制档案，编史修志，征用土地，土地纠纷，调资，房屋改革，人员上访，瑷珲历史陈列馆博物馆筹建，领导决策，机关办公，知青下乡工龄，退休年限，工资等级等方面，共提供档案资料26 987卷，接待利用1 144人次。2001年，提供利用档案1 200卷，286人次。利用率较高的档案是落实政策方面：机构编制、个人待遇；政治方面：治安管理、控诉申诉、法律条文认定、法人更换遗留问题；经济方面：土地审批利用开发、房屋产权改革、商品粮基地建设、旅游景点勘测图表等。2002年提供利用档案203卷，71人次。为全区86个续写区志单位提供了大量翔实基础材料，为农机公司改制、海兰职工待遇、撤市建区机构设置等事项提供了原始依据和法律依据。2003年提供利用档案269卷，96人次。为区委区政府提供了1996年全区机构改革人员分流问题的文件，为吉林省、呼玛县档案局、呼玛县地志办提供了民国时期档案。2004年提供利用档案523卷，156人次。为边防八连建立历史陈列馆查找1969年战备期间防空、军民联防等方面的照片；为解决农民负担过重、土地归属、股分制合作、企业兼并、工人下岗分流等事项提供了相关证明、证据；为区爱国主义教育基地、65935部队国防教育提供了珍贵的原始档案材料；为《马占山风火十四年》提供了原始档案素材。2005年提供利用档案900卷，150人次。

1986—2005 年爱辉区(黑河市)档案馆、档案室档案利用情况表

表 21-10

档案馆				档案室	
年代	人次	卷次	备注	人次	卷次
1986	198	764	—	105	305
1987	184	892	—	106	298
1988	133	609	—	127	301
1989	112	616	—	259	602
1990	108	433	—	246	532
1991	70	5 724	—	353	635
1992	50	1 941	资料 80 册	612	807
1993	59	459	—	314	501
1994	189	1 550	—	905	1 150
1995	132	619	—	615	801
1996	79	575	—	528	586
1997	104	600	历史卷 84 卷	348	469
1998	112	980	—	236	397
1999	244	13 979	资料 51 册、历史 13 356 卷	526	1 084
2000	105	560	资料、图书 15 册	662	1 237
2001	286	1 200	—	320	562
2002	71	203	—	380	620
2003	96	269	—	342	534
2004	156	523	不含现行文件利用数量	351	612
2005	150	900		280	463
合计	2 638	33 396	—	7 615	12 496

二、现行公开文件利用

2003 年,档案局设立现行公开文件查阅处,并于 2004 年 1 月 1 日正式向社会开放,免费提供利用。2003 年征集了 44 个单位 1996—2003 年已公开文件材料 1 436 件 2 872 份。到 2004 年末,共接收区直机关 60 个单位的 1996—2004 年的文件、资料、法规汇编等 1 860 件、3 720 份,并订阅《黑龙江政报》提供利用。2004 年接待利用者 456 人次,提供现行文件、资料 892 件(册),接待电话咨询者百余人。2005 年,接收文件资料 900 件、1 800 份;接待利用者 153 人次,提供资料 374 件(册)。提供利用的法律法规包括养老保险、企业改制、买断工龄、下岗及特困人员再就业优惠待遇、工伤保险,土地承包、房改、房屋动迁、工资、医疗、供热等方面。

三、档案资料编研

1992 年,编写了《黑河市大事记》(1981—1990 年),约 8 万字,印刷 130 册,内部分发。1992—1993 年,编写完成《黑河市会议简介汇编》约 6 万字,包括党代会、人代会、政协会议、工代会、妇代会、

团代会。1995 年,完成《黑河市 1980—1987 年文件汇编》约 14 万字。2003—2005 年完成了《爱辉区档案志》(1986—2005 年)。

第四节　基层档案工作

一、文书档案

(一)建档归档

1990 年,按照国家及省关于文书档案案卷格式立卷标准的有关要求,对文书档案立卷规范实行改革,全面执行新的立卷标准,即国档发《文书档案案卷格式》。2 月,开展了新旧立卷标准的讨论和实际操作等活动。年内归档 1 505 卷。1991 年归档 1 613 卷,1992 年归档 1 660 卷。1993 年,在撤市建区机构调整中,贯彻《黑龙江省档案局做好在机构改革中撤并转单位的档案管理和移交的通知》及《关于做好新经济领域档案工作的通知》,档案管理人员学习了立卷工作的相关知识,使在撤市建区中新组建、调整、上收的单位顺利进行了档案的移交及归档工作,年内归档 1 511 卷。1994 年归档 1 393卷,1995 年归档 1 140 卷,1996 年归档 1 714 卷,1997 年归档 1 350 卷,1998 年归档 1 360 卷,1999 年归档 1 351 卷,2000 年归档 1 218 卷。2001 年文书立卷方式进行改革,执行中华人民共和国行业标准 DA|T22 - 2000《归档文件整理规则》,推行文件级管理,年内 55 个单位完成归档整理计 2 400卷(含撤乡并镇档案 645 卷)。2002 年归档 6 982 件,2003 年归档 7 120 件,2004 年归档7 650 件,2005 年归档 7 132 件。

2005 年,根据国家、省电子公文归档管理暂行办法的要求,在全区开展了电子文件归档工作,对 2003 年以后形成的电子文件使用统一软件进行了归档、刻录光盘,完成率达 98%。

(二)档案管理

1989 年,全区机关开展了机关文书档案管理升级工作,贯彻执行《黑龙江省机关文书、档案管理升级暂行规定》,在 9 月 10 日机关文书档案管理升级工作现场会上,政府办,水利局作为试点单位介绍了经验。1990 年 19 个单位达标,晋升省一级 17 个单位,省二级 1 个单位,省三级 1 个单位。1991 年 14 个单位达标晋升省一级。1992 年 8 个单位达标。1993 年 1 个单位达标。1994 年晋升省一级 1 个单位。1995 年晋升省一级 1 个单位,省三级 1 个单位。1996 年晋升省一级 1 个单位,晋升省三级 1 个单位。1997 年,区内有一、二级机关单位 110 个(含乡镇),已有 71 个单位档案管理晋级。当年 1 个单位晋升省级标兵,1 个单位晋升省级优秀,4 个单位晋升为省级达标单位。1998 年 3 个单位晋升省级标兵,2 个单位晋升省级优秀,2 个单位晋升省级达标。1999 年 2 个单位晋升省级标兵,5 个单位晋升省级优秀,8 个晋升为省级达标单位。2000 年 5 个单位晋升省级标兵,3 个单位晋升省级优秀,2 个晋升省级达标单位。2000 年末有 103 个单位(含二级机构)档案管理晋级达标。2001 年 6 个单位(学校)档案管理分别晋升为省级标兵、省级优秀和达标。截至 2001 年全区有 31 所中小学校档案管理达到省级标兵和省级优秀。2002 年 3 个单位档案管理晋升为省级优秀。2003 年 2 个单位分别晋升为省级标兵和省级优秀。2004 年有 3 个单位分别晋升为省级标兵、省级优秀。到 2005 年,全区有 117 个单位(含二级机构)档案管理晋级达标。

(三)档案室建设

1988 年,全市建立了 68 个文书综合档案室。1993 年 91 个单位有 78 个综合档案室,其中 20 个专室。专兼职档案员 91 人,其中专职 16 人。1994 年达到 91 个综合档案室,建档率达百分之百。到

2005 年，全区有 55 个机关综合档案室，总面积 980 平方米；设有专兼职档案员 55 人。

二、社区档案

2003 年，按照省档案局关于开展城市社区档案管理的要求，确定花园街恒达社区为试点单位，社区档案工作人员接受了文书、财会、声像、科技等档案业务知识培训。2004 年社区档案工作全面铺开，全部建立了档案室并设有兼职档案员。到 2005 年，12 个社区建档率达 100%，存档总数达到 1 620件。

三、科技档案

1986 年，全市有 4 个单位建立了科技档案室，面积为 68 平方米，有 4 名兼职档案员，有案卷 625 卷。1988 年有 51 个单位建立了科技档案室，整理保管科技档案 5 187 卷（册），档案室面积达 276 平方米，卷柜 309 节，专兼职档案员 51 人。

1989 年 2 月，黑河市组织召开了科技档案工作会议，以会代训，学习了《档案法》《科学技术档案工作条例》《科学技术档案案卷构成的一般要求》《黑龙江省科学技术事业单位档案管理升级办法》《黑龙江省企业档案管理升级试行办法》等法律法规，讲解了科技档案操作规范。当年 6 月中旬档案局组织召开了有 9 个企业档案升级单位参加的档案管理升级研讨会，布置了升级工作具体方案。10 月经地区企业档案管理升级联合考评小组验收，全市有 2 户企业档案管理评为国家二级，6 户企业档案管理评为省级先进；全年归档 425 卷。1990 年 12 户企业被确定为档案管理升级单位，当年 11 月经地区考评组验收有 9 户企业档案管理达到省级先进，年归档 561 卷。1991 年初通过调研确定 8 户企业为档案管理升级单位，经检查验收档案管理均达到省级先进。同年，召开了全市农业科技档案工作会议。农业技术推广中心农业科技档案立卷归档 987 卷，经地区验收组考评达到省级标准，成为黑河地区首家科技事业单位档案管理达标升级单位。1992 年，黑河市人民医院、种子公司经地区考评组检查验收达到省级标准。1995 年，科技档案工作进入企业，爱辉镇粮库、西岗子粮库的档案管理工作达到省部级标准。1997 年，振兴粮库、饲料公司档案管理达到省部级标准。1998 年，罕达汽粮库、盐业公司档案管理达到省部级标准。1999 年，有 3 户企业档案管理达到省部级标准。黑河市第二人民医院经省、市考评组检查验收档案管理达到国家二级标准，成为黑河市首家科技事业单位档案管理达到国家二级标准的单位。

2001 年，全区有科技事业单位档案室 6 个，文化事业单位档案室 30 个，企业档案室 15 个，均为综合档案室，档案员为兼职。国营企业档案室随着企业改制而撤销。截至 2005 年，全区有 6 个科技事业单位、30 个文化事业单位设有综合档案室，有兼职档案员。

四、专业档案

（一）会计档案

1986 年，按照省《关于做好清理会计档案检查验收工作的通知》的要求，在全市范围内对各机关、企事业单位的会计材料开展清理工作；召开了由各单位领导和财会人员参加的清理会计档案工作动员大会。1987 年 12 月，在全市 273 户国营单位中（其中 2 户为新建）共清理 271 户，共清理 101 903 卷。其中归档 85 625 卷，销毁 16 278 卷。2005 年，各单位档案室存会计档案约 6 万卷。

（二）公安档案

1999 年，按照国家《关于公安派出所档案管理办法》，完成了公安局 1949—1999 年计 50 年，1. 5 万卷档案的分类、整理、装订工作；编制了全引、案卷目录等检索工具。召开了派出所所长及档案员工作会议,完善了各派出所档案管理规章制度,按照省局、省公安厅派出所档案管理目标管理考核标准,全区85%的派出所档案管理达到省级优秀、省级达标标准。到2005年,全区公安、派出所档案室存档案约3万卷。

五、乡(镇)村档案

1986年,黑河市13个乡镇有11个乡镇建立了综合档案室,档案室存文书档案237卷、会计档案159卷,还有统计档案、科技档案等。1987年,召开了全区乡镇文书立卷归档工作会议,采取以会代训的方式,推进了乡镇档案工作的开展。会后,坤河乡、北师河乡相继建起了综合档案室,整理了共32个年度的档案(其中永久卷140卷,短期卷80卷)。至此,13个乡镇均建起综合档案室。1995年,档案工作重点转移到村屯,13个乡镇共计115个村屯,存有1986年文书和会计档案共673卷。采取以典型示范,推动村级档案工作的开展,档案局工作人员多次深入到村屯指导辅助立卷,整理出1949—1995年档案共305卷,其中文书档案105卷,财会档案180卷,企业档案20卷,整理出录音带、录像带、照片等档案,并制定出相关的档案管理规章制度。同年9月,在小三嘉子村召开了村级档案管理工作小三嘉子村现场会,到会110人,有村长、村书记和会计。会后,黑河市档案局制定了《村级档案管理办法》,使全市村级档案工作有章可循。

1997年,以爱辉镇西三家子村档案管理工作为试点,带动了其他21个村的档案工作。在镇政府举办了22个村档案工作人员培训班。西三家子村整理出1952—1996年的档案共321卷,按照村级档案管理办法分别排列上架,编制检索工具。带动了其他乡村的档案工作。

到2005年,全区11个乡镇均设有综合档案室,有兼职档案员11人,档案室面积120平方米;档案装具有铁皮柜、木柜共96组。

2005年爱辉区乡镇档案室保存档案数量统计表

表21－11

单位	纸质档案		其中					
	卷数	件数	文书档案		会计	劳动力转移	土地档案	其他
			卷数	件数				
西岗子镇	201	446	157	446	30	2	10	2科技
罕达汽镇	132	111	106	111	20	2	4	—
幸福乡	215	218	156	218	45	2	12	—
坤河乡	183	273	110	273	28	2	12	31人事
爱辉镇	170	156	132	156	20	2	12	4科档
四嘉子乡	386	707	332	707	42	2	10	—
上马厂乡	578	24	391	24	179	2	6	—
西峰山乡	431	344	377	344	48	2	4	—
张地营子	683	165	383	165	292	2	6	59统计
新生乡	638	32	336	32	276	2	12	12科技
二站乡	188	30	162	30	20	2	4	—
合计	3 805	2 506	—	—	—	—	—	—

第五节 执法监督

1983—1988 年,黑河市档案局利用每年的指导立卷工作的同时进行档案执法监督检查,区直 83 个单位中,平均每年有 10 个左右的单位不能及时完成立卷归档工作,而且档案资料收集不齐全,2 个单位 1986 年前的档案没有归档,没有移交。检查人员采取口头警告,限期整改。1989 年开始开展档案工作目标管理考评升级工作,以档案升级工作为契机,全面进行执法检查,对管理水平下降的单位,责成受检单位限期改正,到期仍不合格的,降低其等级并吊销证书。1994 年,在检查中以《黑龙江省执法监督检查工作暂行办法》为依据,执法监督更规范。当年由于体制的转变有机构撤并情况,有 6 个单位档案管理混乱,没有及时整理合并后的档案,检查人员对其提出整改措施并口头批评,要求限期整改,经过复查档案管理达到了规范要求。1995—2000 年,档案执法监督工作扩大到乡镇企业、开发小区、公检法等系统。检查中发现公安局的档案管理不够规范,检查人员讲解了档案的重要性和整改要求,爱辉区公安局重新维修了档案室,购置铁皮卷柜,业务指导工作人员帮助全面整理,按标准分类,分保管期限,排列上架共 1.5 万卷,使之达到规范化管理标准。

2001 年,爱辉区档案局设立执法股,制定了《爱辉区档案管理暂行办法》《档案业务人员培训工作制度》。在执法检查中对立卷归档工作提出新的要求,对不按时立卷归档单位提出处罚规定。2002 年,爱辉区档案局下发了《关于对城区机关事业档案目标管理晋级单位进行复查的通知》,对 1997 年以来晋级的 27 个单位依照《黑龙江省机关档案工作目标管理考评标准》进行复查,对出现问题的单位限期整改。对 8 个单位下达了限期整改通知书。对 10 个归档工作不及时的单位给予了口头警告。2003 年,经检查在 63 个单位一级机构中,有 6 个单位不合格,给予了口头警告。2004 年,执法检查了机关、企事业及乡镇 85 个单位,检查结果 97% 的单位按照档案法规管理档案,对不合格的单位限期整改。2005 年,共检查了 78 个单位(含机关、乡镇、中小学校),出现的问题有归档文件目录不规范,会计档案“三册”不全,装具不符合要求等。对不合格单位进行通报批评,同时下发整改通知书,限期整改。

第六节 档案保护

一、馆库建设

(一)库房建设

1986 年前,黑河市档案局(馆)与市委同楼办公,办公室和库房面积总计 60 平方米,其中 2 个库房面积为 24 平方米。档案后库设在离城区中心 150 千米的金水农场(战备原因搬迁),库房面积 240 平方米,砖瓦结构,有 2 名工作人员专门负责管理。1986 年,新馆建设纳入到政府基建计划内,省政府在边补资金中拨款 10 万元,区财政拨款 14 万元,共计投资 24 万元,在黑河市区东郊建起面积为 730 平方米两层楼房的档案馆。设有永久档案库、长期档案库、定期档案库、历史档案库,资料库,检索室,阅文室,档案管理室,编研室,复印打字室,声像档案室。其中库房面积 198 平方米。1987 年 8 月,新建档案馆正式投入使用,档案后库从金水农场迁到新楼房内,结束了 17 年档案在金水库房保存的历史。2001 年,区委区政府为档案局解决了新的办公场所,将区委区政府院内西侧三层楼房(二、三层)划给档案局使用,并投资进行了改造。总建筑面积 1 400 平方米,档案库房面积 480 平方米。11 月 30 日投入使用。内设有档案库房、资料室、检索室、目录中心、爱国主义教育基地、会议室和 10

个办公室。2002 年 5 月,重新安装暖气设备 12 组。2004 年在一楼建成现行文件查阅处。

（二）档案装具

1986 年,档案馆装具不足,仅有铁皮卷柜 24 套,木制卷柜 13 套。1988 年购置铁皮卷柜 34 套,资料柜 15 个。1991 年购置铁皮卷柜 14 套。1994 年购置铁皮卷柜 20 套,木制卷柜 22 套。1998 年购置铁皮卷柜 28 套,木制卷柜 31 套。2000 年,档案馆共有铁皮卷柜 120 套,木制卷柜 66 套,资料柜 15 个。2001 年 11 月,新的档案库房投入使用,安装了 8.5 列密集架。有铁皮卷柜 120 组。2003 年 6 月,安装了 10 列密集架,有铁皮卷柜 60 组。2005 年 10 月安装 6 组密集架。到 2005 年末,档案库房共有密集架 24.5 列,铁皮卷柜 30 组。

档案库房　　2005 年 5 月摄

（三）库房设备

1987 年 8 月,档案馆搬迁到新楼内,为库房增加了设备。有复印机、彩色电视机、照像机、吸尘器各 1 台,温湿度计 2 个。1988 年为了保障档案的安全,购进 1 套红外线报警设备。由于库房新建成,室内温度过低,湿度超标,购置了 1 台去湿机和 4 个温湿度计。购置灭火器 10 个,库房安装了铁栅栏、铁皮门,防盗设备较齐全。1990 年购买 10 个灭火器,2 个消火栓。2002 年购置 2 台彩色电视机,1 部 VCD 机。2003 年,库房安装了 2 部空调,新购置 14 个灭火器,调配来 1 台电脑和打印机及 1 部多功能五合一全能型电脑。2005 年购置刻录机、录像机、电脑、打印机各 1 台(部)。

二、安全防护

1986 年,档案馆库房在金水农场,为了防火在库房周围开辟了一条长 170 米、宽 20 米松土地带,由于库房建筑简易,其他防护措施无法进行。1987 年新馆落成,加强了对档案库房的安全防护工作,警卫人员 24 小时坚守岗位,坚持记录库房的温湿度,适时通风、吸尘,定期放置虫药鼠药。2001 年末,新的档案馆舍投入使用。安装了防盗门、塑钢窗、百叶窗帘和 2 部空调;更换灭火器 10 个,配有专人负责档案保护。

三、历史档案整理抢救

1985 年 12 月,开始了历史档案抢救工作,并制定了初步计划方案。整理抢救历史档案按计划方案分三个阶段进行:(1)准备阶段:1985 年 12 月至 1986 年 3 月;(2)整理、抢救阶段:1986 年 6 月至 1987 年 12 月,主要除尘、平整、裱糊修整,确定标题,著录装订并排列上架;(3)总结验收阶段:1988 年 1—12 月。

为更好地完成整理抢救历史档案任务,档案局租用了 3 个教室,并聘用 8 名技术人员,其中 4 名为懂历史和古文翻译、楷书好、有较高文化修养的老同志,4 名为有一定技术能力的女同志。经过培训学习,抢救整理历史档案工作从 1986 年 6 月正式开始,到当年 12 月已平整裱糊完成黑河府、瑷珲直隶厅、黑河商会 3 个全宗的案卷,共计 5 000 卷,登记整理完成黑河府一个全宗的案卷 2 100 卷。在实践工作中工作人员初步掌握了专业技术,积累了经验。1987 年整理裱糊完成 7 280 卷,登记 5 110 卷。1988 年平整裱糊完成 4 000 卷,登记卷内目录 5 000 卷,全引目录 300 卷。1989 年裱糊档案 14 822米,登记卷内目录 1.4 万卷,编制完成 300 卷的全引目录。1990 年裱糊档案 16 800 米,抄写编制卷内目录 1 600 卷,计 22 523 件,调整案卷 675 卷。到 1991 年,抢救历史档案工作全部结束。原来 5 个全宗调整为 4 个全宗,共整理出历史档案 18 754 卷,并抄写了卷内目录。

第四章　党　　史

第一节　机　　构

1983 年 6 月,爱辉县委党史工作办公室并入黑河市党史工作办公室。1991 年,更名为中共黑河市委党史研究室。1993 年 3 月,中共黑河市委党史研究室更名为中共爱辉区委党史研究室。1996 年末,区委党史研究室并入爱辉区档案局。

第二节　党史编研

1987 年 3 月,黑河市党史工作办公室开始编纂《组织史资料》(第一卷)。共查阅 1945 年 9 月至 1987 年 10 月的历史档案 766 卷,黑河报 21 本,外出走访 152 人次,长途电话联系 5 人次,发出函调信 27 封。1988 年 7 月,编纂完成《中国共产党黑龙江省黑河市组织史资料》(约为 10 万字)和《黑龙江省黑河市政权、军事、统战、群团系统组织史资料》(15 万字)各一册;1989 年 5 月出版,印数各为 250 套,为 16 开本。《中国共产党黑龙江省黑河市组织史资料》记述了黑河市(爱辉县)自 1945 年建立共产党组织至 1987 年 10 月期间,党的组织沿革、党的领导人更迭以及历年党员、干部统计等内容。《黑龙江省黑河市政权、军事、统战、群团系统组织史资料》系统地分时期记述了自 1945 年 11 月建立人民政权至 1987 年 10 月 42 年间,黑河市(爱辉县)的政权系统的组织沿革、政府领导更迭以及地方军事系统、统战群团系统的组织沿革和领导更迭。

1999 年 4 月出版了《中共黑龙江省黑河市组织史资料》(第二卷)。印数 270 册,为大 32 开本,11.5 万字。该书记述了 1987 年 11 月至 1993 年 3 月,黑河市党、政、军、统、群的组织沿革、领导更迭及党员干部基本情况等内容。全书分上、下编两部分,上编是中共黑龙江省黑河市委组织史资料,下编是黑龙江省黑河市政权、军事、统战、群团组织史资料。

1999 年 8 月开始编纂《中国共产党黑河市爱辉区组织史资料》(第三卷),2001 年 6 月出版,印数 200 册,为大 32 开本,39 万字。上限时间起于 1993 年 4 月 1 日,下限时间截止于 1998 年 12 月 31 日。此卷组织史资料概述部分从自然地理、历史沿革、经济发展、党的建设和精神文明建设等五个方面介绍了本区的全貌,既反映了 1993 年"撤市建区"和 1996 年全区机构演变、党组织和党员队伍的变化情况,也反映了全区二次创业、富民强区发展战略的实施进程。本卷组织史资料采用上、下篇编排方法辑成,上篇为中共黑河市爱辉区组织史资料,下篇为政权、军事、统战、群团组织和企、事业组织史资料。

2004 年 6 月开始编纂《中国共产党黑河市爱辉区组织史资料》(第四卷),2005 年 4 月完成初稿,同年 6 月出版,印数 150 册,开本大 32 开,36 万字。此卷《组织史资料》的上限时间起于 1999 年 1 月

1日，下限时间截止于2003年12月31日，个别单位稍有延伸。此卷《组织史资料》翔实记载了2001年全区乡镇和区直党和行政组织设立、撤销、合并以及升降格等变化情况。本卷《组织史资料》分正编部分、附编部分，收录的范围主要包括党、政、军、统、群5个系统。

第五章　地　方　志

第一节　机　　构

1980年春，中共爱辉县委按照中共黑龙江省委关于开展编写地方志工作的要求，决定成立《爱辉县志》编审委员会，下设办公室。当年4月，县志办人员陆续报到，先后在县志办工作的有10人，坚持始终工作的有3人。1986年10月《爱辉县志》编纂出版，县志办随之撤销。

1990年，成立黑河市地方志办公室，隶属于档案局。同年黑河市地方志办公室级别为科级建制，人员编制3个，隶属于市政府。1993年4月，黑河市地方志办公室改称爱辉区史志办公室，正科级建制，事业单位，地方自定编制3个。1996年史志办并入档案局，为副科级建制。到2005年，史志办实有2人，主任1名，工作人员1名。

第二节　志书编纂

一、县（区）志

（一）爱辉县志

1980年3月按照中共黑龙江省委精神，成立《爱辉县志》编审委员会，下设办公室。当年4月县志办人员陆续到位，开展工作。为了保证县志的编纂质量，通过学习借鉴其他市、县修志工作的经验，拟定了《爱辉县志》资料收集提纲，同年6月县志办人员先后到吉林、辽宁、北京、天津等地的档案馆、图书馆查阅收集资料，同时县志办人员到有关各地走访了曾在爱辉县工作过的老同志，通过复印、照相、录音、笔录等收集资料1 000万字。县直各部门报送了新中国成立后的材料40余万字。

1981年初，《爱辉县志》进入初稿编纂阶段，全志分为地理、历史沿革、农林、工交等13部分志，1982年10月，13个分志除人物、大事记外，其余11个分志全部编纂完成，下发有关部门和单位征求意见。1983年5月，按照黑龙江省地方志办公室领导提出的修改意见，县志办对初稿的体例、内容进行了较大的调整和修改。截至1984年初第二稿编纂完成。省志办领导再次提出修改意见，将地理改为自然，历史沿革改为建置，政治运动改为政治，各分志压缩了历史部分，增加了现代部分，对失实内容再次调查修订，资料缺乏的进行增补。

1984年6月20日，中共黑河市委召集党、政、军主要负责人和在爱辉县任过主要领导的同志，集中审议了《爱辉县志》第三稿，提出了近500条修改意见。同年7月16日，全国北片13省、市县志稿评议会在黑河市召开，重点评议了《爱辉县志》稿。会议对志稿给予了充分肯定，同时也提出了存在的问题和修改意见。会后，制定了《爱辉县志稿修改方案》。按照修改方案调整了篇目设置，明确了具体写作要求，建立了主编、责任编辑岗位责任制，聘请了写作能力强、熟悉专业业务的人员为特邀编辑，负责有关章、节修改。1985年5月第四稿完成修改。

1985年6月,省志办在北戴河召开了《爱辉县志》稿审定会。本次会议原则上同意《爱辉县志》出版,但要对“概述”“工业”编作较大的修改,其他主要是文字上的加工。同年9月中旬《爱辉县志》第五稿修改完成,经市、地和省三级审定,于1986年10月印制成书。《爱辉县志》共设21编85章计110余万字。不划统一上限,下限止于1983年。

1988年,《爱辉县志》获黑龙江省第三次社会科学优秀成果奖。1989年,获黑龙江省地方志优秀成果荣誉奖。

(二)黑河市爱辉区志

1998年,按照省地方志编纂委员会的要求和部署,爱辉区开展了《黑河市爱辉区志》编纂的准备工作。制定了《爱辉区续志工作方案》,要求各承编单位落实专兼职修志人员。2001年初,拟定了《黑河市爱辉区志》篇目框架,为33篇,时间断限为1983—2000年。2001年8月举办2期以会代训培训班,邀请黑河市地方志办公室专家讲解了区志材料的编纂要求,共有200余人参加培训学习。截至2002年末,有近60%的单位完成了材料的编纂和上报工作。收集资料100余万字。46个单位没有完成材料的编纂和报送。

2005年初,爱辉区地方志办公室按照省地方志办公室的部署和要求,调整了《黑河市爱辉区志》编纂时限,时限确定为1983—2005年。经过多次修改完善了《黑河市爱辉区志》的篇目框架,修改后的篇目为25篇。突出了地方特色和时代特点。在各承编单位材料编写工作中,实施了“谁主管,谁负责”,“系统抓,抓系统”的工作机制,各单位落实了政治素质高,责任心强,文字综合能力强的人员负责编写。11月中旬召开由各单位主管领导和编纂人员参加的专题会议。会议对《黑河市爱辉区志》材料的报送做了安排和部署,明确了工作任务。11月末先后3次举办了全区各承编单位编纂人员培训班,邀请了黑河市地方志办公室专家讲课,并对部分材料进行了评议。区地方志办人员到承编单位进行个别指导和评议。2005年末,全区有65%的部门单位完成了材料的编纂。

二、乡 村 志

到2005年底,全区先后编写了《小三嘉子村志》《新生鄂伦春族乡志》《爱辉区教育志》《爱辉区粮食志》《爱辉区档案志》等乡村部门志。

(一)小三嘉子村志

中共十一届三中全会以来,四嘉子乡小三嘉子村调整种植结构,发展畜牧业,发展乡镇企业,开辟俄罗斯市场,村经济有了长足发展。1995年全村生产总值达1 000万元,创利税180万元,人均收入2 600元;被评为省级文明村。为了记述该村在改革开放中所取得的成就和发生的巨大变化,爱辉区档案局和小三嘉子村委会于1994年下半年开展了《小三嘉子村志》的编写工作,到1996年上半年完成全志编纂工作。全书设自然地理、建置、农业林业、村屯建设教育卫生档案人口民兵征兵军民共建知识青年、党政群团、腾飞、人物等7篇15章35节,共计8万余字。《小三嘉子村志》于1996年8月印刷出版。

(二)新生鄂伦春族乡志

1998年10月,为了迎接鄂伦春族下山定居50周年,爱辉区新生鄂伦春族乡启动了《新生鄂伦春族乡志》的编写工作。全志设建置、村屯概况、自然地理、人口、鄂伦春族、生活、人才、人物、狩猎、农业、林业、乡村企业、旅游、畜牧、副业、交通、邮电、交换、财税、政党、政权、群众团体、军事、公安司法、民政、教育、文化、卫生、体育、精神文明建设、艺文等31篇106章353节共计60万字。《新生鄂伦春族乡志》记述了鄂伦春族的发展变化，为了解鄂伦春族的历史提供了真实资料。该书于2003年4月出版发行。

第三节　年鉴编纂

2005年7月，爱辉区地方志办公室开始准备《黑河市爱辉区年鉴》编纂工作，通过学习借鉴其他市、县年鉴编纂的经验，经过反复研究拟定了《黑河市爱辉区年鉴》篇目，设计为17篇。10月，向主管区长汇报了编纂《黑河市爱辉区年鉴》准备工作情况，主管区长要求把地方志工作作为一项议题向区长办公会议作详细汇报。年末，完成《黑河市爱辉区年鉴》篇目设计工作。

第四节　方志馆建设

2003年，爱辉区地方志办公室开始筹建爱辉区地方志馆，开展了广泛的图书资料的搜集工作，从爱辉区档案局资料室收集到资料图书300余册。2005年，从省、市和其他市、县地方志办公室收集、交换志书、年鉴等有关图书300余册。到2005年末，爱辉区地方志馆收藏图书资料800余册；有馆舍面积16平方米，设备有电脑、打印机各1台和卷柜、书架8套。

第五节　用志服务

爱辉区地方志办公室把"修志为用，服务当代"作为地方志工作的宗旨，主动为社会各界提供服务。1983—2005年，方志办多次为区委、区政府解决群众上访问题提供历史材料依据。为黑龙江边防巡逻路线及乡镇、村屯划界提供可靠依据。在区委、区政府招商引资过程中，方志办主动提供多方面的地情资料，为客商提供服务。为党史研究、乡镇部门志、家谱史料的编写提供依据。对青少年进行爱国主义教育提供翔实的资料。发挥了地方志资料的资政、教化、存史的功能和作用。

第六章　体　育

第一节　机　构

1984年，黑河市体育运动委员会升格为政府一级机构。到1993年撤市建区之前，内设机构为群体股、竞赛股、财会股；下属事业单位有青少年业余体校、老年体育活动中心。1993年4月，黑河市体育运动委员会更名为爱辉区体育运动委员会。正科级建制，编制7个，其中省行政编制4个，地方自定编制3个；下辖爱辉区少儿体校和老年体育活动中心。

1996年，全区机构改革中，爱辉区文化局、体育运动委员会合并为爱辉区文化体育局。文化体育局设体育股。2001年机构改革文化体育局与教育局合并，为教育局的二层机构，仍设体育股。2003

年，老年体育活动中心的隶属关系由文化体育局转到民政局。到2005年，文化体育局仍为教育局的二层机构，仍设体育股。

第二节　基础设施

一、公共体育设施

1992年，建成室内老年体育活动中心，面积996平方米。设有室内篮球场地，可开展篮球、排球、台球、乒乓球等活动，为当时全市最大的县级老年体育活动场所。

1998年，建成花园街道办事处社区体育活动中心，设有篮球场3个，全民健身路径1条。2000年，建成兴安街全民健身标准化工程（含室外健身路径1条、室内健身室1处）。2002年，建成海兰街全民健身标准化工程（含室外健身路径1条、室内健身室1处）；建成花园街全民健身路径工程1条。2003年，建成花园街全民健身路径工程1条。

到2005年，市区已建成运动场20多个。其中，400米标准田径场地4处、330米田径场地2处，篮球场115个，健身路径9处，乒乓球室13处，篮球馆4座，足球场11个，健身房4个，门球场地2处，游泳馆1处，露天游泳场1处，小运动场10个，保龄球馆1处。为广大市民健身提供了一定的场所。

（一）黑河体育场

位于黑河城区东北王肃公园道南，始建于1956年，场内设有8条400米田径跑道，备有跳高、跳远沙坑，铅球、铁饼、标枪投掷场和自然草坪的足球场。从建场开始，每年冬天该体育场浇筑滑冰场，免费开放。1958年，在体育场南侧修建了一座木制主席台。70年代在体育场北侧修建了1座砖石水泥结构、带有凉棚的主席台。1974年，在体育场西侧修建了1座面积为2 100平方米并建有土石结构看台的标准冰球场地，场地周围建有木制围墙并安装有1万千瓦的灯光设备，冬季可供冰球队训练和比赛，夏季可做篮球场。此冰球场于1999年改建为3 600平方米的篮球场，向市民免费开放。2001年因城市拓宽道路需要，体育场北侧的主席台拆除。2003年，在体育场西侧、体育馆北侧建成开放式健身苑，安装健身设备108件，供居民娱乐健身。黑河体育场自建成后是市区人民健身锻炼的最佳场所，全市运动会、区运动会和市区学校、单位较大型的运动会均在此召开。黑河体育场也是黑河市区举行大型集会的主要场所。

（二）黑河体育馆

位于黑河市区公园路6号，面积3 050平方米，始建于1972年，1980年竣工。黑河市体育馆一楼设有篮球场、羽毛球场、办公室、休息室和运动员更衣室；篮球场、羽毛球场四周设有主席台和1 050个坐席的观众看台。二楼开设了乒乓球俱乐部，三楼开设了跆拳道俱乐部。黑河市体育馆是黑河市大型体育赛事、文艺表演、集会的重要场所和开展全民健身竞赛活动的基地。黑河体育馆多次承办黑河市与俄罗斯阿穆尔州两国地方间的体育比赛。2001年以来，平均每年承办大型活动20余场次。

黑河体育馆　　1989年7月摄

二、基层体育设施

随着全民健身热情的不断提高，各单位十分重视体育设施的建设，根据自身实际状况，一些单位添置了乒乓球台、篮球场、排球场、台球台和全民健身路径等体育健身设施，这些体育设施主要集中在城区、乡镇政府所在地和学校校园内，校园内的体育设施比较齐全，校园以外以篮球场、乒乓球台为主。2004 年 9 月，爱辉镇政府投资 2 万元，在爱辉镇黑龙江江边公园建设了 2 条全民健身路径工程。

三、学校体育设施

（一）城区中学体育设施

城区内爱辉区共有第二中学和第五中学 2 所中学。2 所学校有大小运动场各 1 个，有标准篮球场 4 个、一定数量的室外乒乓球台和多种校园健身路径。第五中学有 1 处排球场以及室外体育设施。2 校均有室内训练室、健身房和乒乓球室等。2004 年，第五中学投资 10 万元对原有的 400 米田径场地进行扩建，建成一座永久性主席台，对场地进行修缮，新建 2 处水泥标准羽毛球场地。2 个学校的体育设施比较齐全，能够满足学校体育活动的正常开展。

（二）城区小学体育设施

城区内共有小学 6 所，分布在城区的不同地域。第一小学和第五小学有 200 米跑道的小运动场各 1 处。第一小学、第三小学、第五小学和第六小学有标准的水泥篮球场地；第二小学和第四小学有半个篮球场地。第一小学和第五小学有室外乒乓球台、室内乒乓球室和训练房，健身路径功能比较齐全。第二小学、第三小学、第四小学和第六小学校园健身路径较少，功能比较单一。

第三节　学 校 体 育

一、体育教学

各中小学校以体育教学大纲为基础，贯彻落实学校《体育工作条例》和《体育锻炼标准》，每周安排 2 节体育课的教学内容，每天大课间开展体育活动。每天学生体育锻炼时间达到 2 小时左右，体育锻炼标准的合格率达到 90% 左右。每个学校都有专职体育教师，城区大部分学校有体育教师 2 ~ 4 名，农村学校为 1 ~ 2 名，每节体育课 45 分钟，按照不同季节体育课的内容也不相同。主要内容有田径（中长跑、短跑、跳远、投掷等）、篮球、足球、速度滑冰及其他一些适合不同年龄段的趣味性体育活动等。1977 年开始，根据省里的统一部署，每年开展“百万青少年上冰雪”活动。

2005 年开始试行《学生体质健康测试标准》（简称《标准》），《标准》规定学生每天参加体育活动的时间不得低于 1 小时。夏季学生的体育活动以小型多样为原则，开展健康向上、学生喜闻乐见的各项体育活动，主要有田径、篮球、乒乓球、排球等。冬季根据气候特点主要开展速滑、雪地足球、跳绳、踢毽子等项活动。

二、学校运动会

各中小学校每年都举办田径运动会，运动会举办时间一般在 5—6 月，为期 2 天，所设比赛项目比较适合不同年龄段的学生。爱辉区教育局组织的全区中小学生田径运动会，每 2 年举办一次，全区各中小学校组织代表队参加比赛，比赛时间一般为 3 天。1983—2005 年共举办八届。2005 年，举办了爱辉区第三届中小学校田径运动会，邀请了市属的黑河中学、逸夫中学和黑河三中参加，是爱辉区成立以来参加运动会学校最多的一次。

三、校办单项体育比赛

（一）乒乓球比赛

自1997年开始每年举办一届全区中小学生乒乓球比赛，到2005年已经连续举办了九届，比赛共分中学男、女组；小学男、女甲组和乙组，每届参加比赛的运动员人数都在80人左右。

（二）棋类比赛

每年举办一次中小学棋类比赛，设围棋和中国象棋2个项目。

（三）环城赛

每年各学校均举办春季环城赛，赛程各学校不相同，小学在2千米以上，中学在3千米以上，一般以班级为单位参加比赛，采用每个班级所有规定参加人员的名次相加，得分少的班级排名在前的方法确定名次。

（四）速滑赛

从1977年开始，根据省里的统一部署，中小学每年开展百万青少年上冰雪活动，以冰雪为阵地广泛开展冬季体育活动，在校学生达到人手一件户外活动工具，如冰刀、足球、滑板、跳绳、毽子等。黑河第六小学和黑河第四小学将4~6年级每周的2节体育课合并为一节，统一组织学生到体育场开展冰上课教学。

速滑赛　　2005年1月摄

（五）篮球　足球赛

各中学不定期举办中学生篮球赛和足球赛。

第四节　群众体育

一、农村体育

农村体育活动以各乡镇为主，开展适合农民特点的体育项目。各乡镇充分利用农闲时节开展小型多样、内容丰富、积极健康向上的体育活动，主要有田径运动会、篮球赛、棋类比赛、趣味运动会等。少数民族乡还开展一些具有民族特色的体育活动，坤河达斡尔族满族乡以敖包会形式开展具有民族特色的颈力比赛、3人骑马对抗赛和火球比赛等；新生鄂伦春族乡以鄂伦春民族为主开展骑马比赛和射击比赛等。2004年，按照“生活奔小康，身体要健康”的宗旨，爱辉区开展了体育“三下乡”工作，为坤河乡送去了篮球、足球、乒乓球台、跳绳、羽毛球拍和体操垫子等体育器材，鼓励广大农民参加体育锻炼。爱辉镇在黑龙江江边公园建设了2条全民健身路径工程。

二、城区体育

城区内的群众体育活动，主要以晨练为主，大部分群众利用早晨的时间进行锻炼身体，锻炼的形式有打乒乓球、跑步、打篮球、踢足球、打排球、打羽毛球、跳绳以及做各种健身剑、拳操等。

到1983年，城区体育已经形成了规范化、制度化，每年固定的比赛为2月20日为中、小学速度滑冰比赛；5月1日为全市环城赛跑；5月4日为全市棋类比赛；8月为全市乒乓球比赛；10月1日为全市“庆祝杯”篮球赛。

1983—1993年，城区的重要体育比赛由1年一届改为2年一届，系统性大众自行开展的体育活动不断增多。各类体育组织不断增加，相继成立了老年体育协会、围棋协会、中国象棋协会、乒乓球协会、武术协会；建立了回春功辅导站、剑术辅导站、拳术辅导站、围棋辅导站、中国象棋辅导站等业余辅导站。

1983—1992年，共举办了六届全市田径运动会。1999年举办了爱辉区首届田径运动会，并确定以后每2年举办一届。由于受“非典”影响，第三届田径运动会没有按期举行。

1998年开始，市区建设了多处全民健身体育设施，利用这些器械进行身体锻炼的人数较多，从早到晚始终都有群众利用器械进行健身活动。全区部分企事业单位根据自己的实际情况，开展了形式不同的体育活动，主要有篮球、排球、足球、乒乓球和棋类等项目，职工参与的积极性比较高，有效地推动了全区群众体育工作的开展。

1999—2005年，爱辉区共举办了三届田径运动会。截至2005年，爱辉区共有二级各类裁判员30余人，三级裁判员近百人。主要分布在田径、篮球、足球、排球、乒乓球、羽毛球、门球、速度滑冰、围棋和中国象棋等项目。

三、老年体育

（一）老年体育协会

1990年，市区老年人自行发起成立了爱辉区老年体育协会。协会设有理事会和常务理事会，常务理事会设主席1人，副主席4人，秘书长1人；设有体育组、文艺组、游艺组、卫生组。各组年初制定全年的工作计划，上交体协领导班子进行审查后实施。老年体育协会从最初的十几人不断发展壮大，到2005年有会员760多人。

老年体育协会坚持常年开展活动，活动主要内容为乒乓球、台球、麻将、第八套广播体操、二十四式太极拳、交谊舞、健身球、大秧歌、剑术、长春迪斯科和木兰扇等。每年坚持在协会活动的人数在500人以上，丰富了老年人的业余文体生活。

老年体育协会每年举办一届田径运动会，分3个组别，项目设有60米、100米、4×100米接力、跳远、铅球和托球跑、钓鱼、拔河3个游艺项目。每年举办一次春游活动，活动内容有寻宝、钓鱼、套圈、钓瓶、投球、观赏野生动植物和欣赏文艺演出等。每逢“三八”“五一”“七一”“十一”春节等重大节假日配合有关部门进行庆祝活动。

爱辉区老年体育协会于1992年和1998年两次被评为全国体育先进集体。

（二）老年体育活动中心

1991年，黑河市政府投入资金80万元，在黑河市文化街原文化馆位置建设了室内面积2 677平方米的四层楼房和室外820平方米水磨石场地的老年体育活动中心，活动场所面积1 200平方米，

1992 年投入使用。老年活动中心设有室内篮球场地，可供开展篮球、排球、台球、乒乓球等活动；另设有音乐演唱厅、舞厅和多个棋牌室。1993 年，根据爱辉区编委会《爱辉区党政群机关及所属事业单位机构设置、编制使用情况》精神，爱辉区老年体育活动中心为爱辉区体育运动委员会下属事业单位，正股级建制，地方自定事业编制 10 个，自收自支。

2003 年，根据爱辉区编委会《关于爱辉区老年活动中心更名的通知》，更名为爱辉区社区老年活动中心，划归民政局管理，机构性质、人员编制、经费渠道不变。

第五节　人 才 培 训

一、青少年业余体校

（一）校　舍

1983 年，黑河市体委与爱辉县体委合并为黑河市体委，体校随之合并，校址在环城路、林业中学东北侧，校舍是与体委合用的总面积为 336 平方米的平房建筑，体校宿舍、食堂和训练房的面积约为 200 平万米。

1988 年，体校随市体委搬迁至王肃街 222 号（黑河人民广场），与黑河地区体校合用一栋办公楼，该楼共 4 层，1 ~ 2 层 646 平方米为黑河市体委和体校，市体校拥有训练房、食堂、宿舍、卫生间、洗漱间、教练员办公室和库房等，总面积为 500 平方米。

（二）训练科目

1983 年，黑河市青少年业余体校设有速度滑冰重点班、普通班和小班，1984 年 3 月增加田径跳高和短道速度滑冰重点班，1988 年增加田径中长跑和投掷班，1992 年增加围棋班，1993 年由于经费原因重点班被取消。

到 2005 年，体校设有速度滑冰、短道速度滑冰、田径跳高、田径中长跑和围棋训练班，在训运动员 62 人。由于没有重点班，训练主要在每周周三下午和周六、周日进行。运动员主要是小学 1 ~ 6 年级学生。2005 年，体校共有高级教练员 1 人，一级教练 4 人 ，助理教练 1 人。

1983—2005 年，爱辉区青少年业余体校为国家培养输送了许多优秀运动员，其中培训输送了 3 名国际运动健将、6 名国家运动健将。梁力、张树武、戴登文、莫野、梁洪涛、王光强、王玲、艾政瑞等速滑和短道速滑运动员曾在全国比赛中获得冠军；戴登文参加了日本长野冬奥会；莫野在世界大学生短道速滑比赛中获得铜牌，3 000 米超世界纪录。

（三）教学科研

1990 年，速滑教练孙斌在《黑河教育》1990 年增刊上发表《少年儿童速滑运动的起跑与训练》的文章。1999 年田径教练陈英梅在《黑河教育》1999 年第 3 期上发表《注重心理训练，提高运动成绩》的文章。2001 年田径教练孙晓东在《黑河教育》2001 年第 4 期上发表《浅谈少年儿童短跑》的文章；速滑教练孙斌撰写的《速度滑冰起跑与训练》文章，被评为全国优秀论文二等奖。2002 年速滑教练孙斌在中国滑冰协会主办的国家级学术杂志《冰雪运动》2002 年第 1 期、第 3 期上发表了《少年儿童速滑弯道技术的基础训练》和《试论速滑运动员的高原训练》2 篇文章。2003 年速滑教练孙斌在 2003 年第 3 期《黑龙江省教育学院学报》上发表了《浅谈我国速滑后备力量培养的重要性》的文章。

1983—2005 年爱辉区（黑河市）业余体校为国家输送体育人才情况表

表 21－12

时　间	姓　名	项　　目	去　　向
1984	梁　力	速度滑冰	黑河地区体工队
1985	窦春杰		
1987	孙　辉	速度滑冰	黑龙江省体校黑河分校
	张志秋		
1988	陈英梅	田径跳高	哈尔滨体育学院
	郭学宇	速度滑冰	黑龙江省体校
	徐学政		
	鲁建军		
	姜桂玲		
	陈广义		
	张树武		
	勾　舒	田径跳高	辽宁省本溪市竞技体校
1989	戴登文	速度滑冰	黑龙江省体校黑河分校
	杨玉华		
	全春玉		
	常志英	田　径	
	陈岳峰		
	曹雪梅		
1990	祝　艳	田　径	黑龙江省体校黑河分校
	李　辉		
	郭延庆		
	郭　涛		
1991	丁　宁	田　径	黑龙江省体校黑河分校
	宋秀丽		
	王　龙		
	黄丽红	速度滑冰	
	宛宪娣		
	张海英		
1994	王占字	速度滑冰	中国人民解放军八一速度滑冰队
	王　玲	速度滑冰	黑龙江省体校黑河分校
	梁洪涛		
	王光强		
	徐　坤		
	莫　野	短道速度滑冰	

续表 21－12

时　间	姓　名	项　　目	去　　向
1995	王志刚	田　径	黑龙江省体校黑河分校
	陈　娟		
1996	侯作辉	田　径	黑龙江省体校黑河分校
1997	陈永会	田　径	黑龙江省体校黑河分校
	佟玉茹		
	邹　阳	速度滑冰	
1998	徐　爽	田　径	黑龙江省体校黑河分校
	康广明		
1999	车　萍	田　径	黑龙江省体校黑河分校
	丛　晶		
2000	刘　丹	速度滑冰	黑龙江省体校黑河分校
	刘丽娜	田　径	
	袁永智		
2001	侯　瑞	短道速滑	黑龙江省体校黑河分校
	郭　鑫		
	刘　涛	田　径	
	卢志明		
	刘　尧		
	梁艳艳		
2002	窦建飞	田　径	黑龙江省体校黑河分校
	袁　辉		
	王立金		
	佟亚男		
2003	张连泽	短道速滑	黑龙江省体校黑河分校
	董　臣		
	勾肖鑫	田　径	
	邵　波		
	张秋爽	越野滑雪	
2004	王松涛	越野滑雪	解放军八一滑雪队
	徐　辉	田　径	黑龙江省体校黑河分校
2005	徐　超	速度滑冰	
	邢吉东	越野滑雪	
	叶　柳	田　径	
	张瑞松		

二、体育传统项目学校

截至2005年，爱辉区有省级速度滑冰传统项目学校1所为第六小学。每年冬季4～6年级在校学生坚持在市中心冰场开展冰上课教学，为便于教学将每周2节体育课合并成一节大课。1983年和1987年第六小学孙江被评为“全国体育传统项目学校”先进个人。1986年第三小学徐荣伟被评为“黑龙江省优秀体育教师”。1988年黑河第六小学被评为“黑龙江省体育传统项目学校”先进集体。1991年第六小学孙江被评为“全国优秀体育教师”。

第六节 竞技体育

一、爱辉区（黑河市）运动会

自1982年开始，黑河市每两年举办一届田径运动会，截至2005年，共举办九届田径运动会。

黑河市第二届田径运动会

1984年6月摄

黑河市第五届田径运动会

1990年6月摄

1982—2005年爱辉区（黑河市）历届田径运动会举办情况表

表21－13

赛会名称	时间	地点
黑河市第一届田径运动会	1982.6	黑河市人民体育场
黑河市第二届田径运动会	1984.6	黑河市人民体育场
黑河市第三届田径运动会	1986.6	黑河市人民体育场
黑河市第四届田径运动会	1988.6	黑河市人民体育场
黑河市第五届田径运动会	1990.6	黑河市人民体育场
黑河市第六届田径运动会	1992.6	黑河市人民体育场
爱辉区首届田径运动会	1999.6	黑河市人民体育场
爱辉区第二届田径运动会	2001.6	黑河市人民体育场
爱辉区第三届田径运动会	2005.6	黑河市人民体育场

1982—2005 年爱辉区(黑河市)小学组田径最高成绩表

表 21－14

项 目	性别	姓 名	成 绩	单 位	赛会名称	时 间
100 米	男	井长清	12″92	西岗子	区三届	2005.6
	女	邓丽君	14″21	一小	区首届	1999.6
200 米	男	陈岳峰	26″60	二小	市达标赛	1985.6
	女	丁 宁	28″50	六小	市五届	1990.6
	女	丁 宁	1′03″50	六小	市五届	1990.6
	女	丁 宁	2′26″60	六小	市五届	1990.6
1 500 米	男	陈广义	4′48″10	三小	市首届单项赛	1987.6
	女	曹 丽	5′06″90	三小	市四届	1988.6
3 000 米	男	陈广义	10′24″60	三小	市五届	1990.6
	女	曹雪梅	10′54″40	二小	市四届	1988.6
4×100 米	男	一小组	53″30	—	市五届	1990.6
	女	一小组	58″60	—	市五届	1990.6
4×400 米	男	郭涛组	4′16″70	二小	市四届	1988.6
	女	六小组	4′31″70	—	市五届	1990.6
三千米竞走	男	王 龙	15′14″20	二小	地中小学	1989.6
	女	赵 欣	15′02″90	二小	地中小学	1989.6
跳 高	男	张 奇	1.45 米	六小	市中小学	1991.6
	女	勾 舒	1.51 米	三小	市四届	1988.6
跳 远	男	陈岳峰	5.21 米	二小	达标赛	1985.6
	女	黄丽波	4.36 米	二小	达标赛	1985.6
铅 球	男	徐文龙	11.54 米	二小	地中小学	1991.6
	女	刘玉芳	9.11 米	一小	市五届	1990.6
铁 饼	男	周广全	41.10 米	一小	地中小学	1989.6
	女	邵 波	28.50 米	六小	区首届	1999.6

1982—2005 年爱辉区(黑河市)中学生初中组田径最高成绩表

表 21－15

项 目	性别	姓 名	成 绩	单 位	赛会名称	时 间
100 米	男	邵海峰	11″90	黑河中学	市四届	1988.6
	女	丁 宁	13″70	二中	市中小学	1991.6
200 米	男	袁永志	24″80	张地营子	区二届	2001.6
	女	丁 宁	28″40	二中	市中小学	1991.6
400 米	男	袁永志	56″10	张地营子	区二届	2001.6
	女	曹雪梅	1′02″90	二中	地中小学	1989.6

续表 21－15

项　目	性别	姓　名	成　绩	单　位	赛会名称	时　间
800 米	男	林宪用	2′07″80	幸福中学	市中小学	1991.6
	女	曹雪梅	2′21″00	二中	省中小学	1989.7
1 500 米	男	林宪用	4′31″50	幸福中学	市中小学	1991.6
	女	曹雪梅	4′47″00	二中	省分龄赛	1989.6
3 000 米	男	贾　锐	9′52″80	五中	市六届	1992.6
	女	阴　威	11′02″60	四中	市中小学	1991.6
5 000 米	男	贾　锐	17′33″60	五中	市六届	1992.6
4×100 米	男	—	49″80	二中	市五届	1990.6
	女	—	56″40	二中	市中小学	1991.6
4×400 米	男	—	3′51″90	黑河中学	市六届	1992.6
	女	—	4′25″40	二中	市中小学	1991.6
三千米竞走	女	张　琼	15′40″40	四中	市中小学	1991.6
跳　高	男	唐建军	1.71 米	二中	市中小学	1991.6
	女	勾　舒	1.61 米	二中	省中小学	1989.7
跳　远	男	卞　江	5.97 米	四中	市四届	1988.6
	女	韩志红	4.61 米	二中	市中小学	1991.6
铅　球	男	张文彬	12.03 米	黑河中学	市中小学	1991.6
	女	王　霞	8.55 米	黑河中学	市中小学	1991.6
铁　饼	男	蒋荣光	44.60 米	黑河中学	地中小学	1989.6
	女	刘　瑶	27.08 米	二中	市六届	1992.6
标　枪	男	蒋荣光	49.26 米	黑河中学	市中小学	1991.6
	女	王　霞	26.98 米	黑河中学	市中小学	1991.6
三级跳远	男	李　博	12.22 米	二中	区首届	1999.6
	女	葛　魏	8.18 米	五中	区二届	2001.6
三项全能	女	常志英	1645 分	二中	市四届	1988.6
五项全能	男	王洋洋	2077 分	二中	区三届	2005.6

1982—2005 年爱辉区(黑河市)中学生高中组田径最高成绩表

表 21－16

项　目	性别	姓　名	成　绩	单　位	赛会名称	时　间
5 000 米	男	李洪军	16′10″10	农中	地区单项赛	1987.9
4×100 米	男	—	47″30	黑河中学	市中小学	1991.6
4×400 米	男	张志强组	3′47″80	五中	市二届	1984.6
三千米竞走	女	宛宪惠	16′49″60	黑河中学	市首届单项赛	1987.6
五千米竞走	男	祁树发	24′09″90	黑河中学	省中小学	1989.7
跳　高	男	康建军	1.78 米	黑河中学	市六届	1992.6

续表 21－16

项　目	性别	姓　名	成　绩	单　位	赛会名称	时　间
跳　远	男	徐　辉	6.14 米	五中	市首届	1982.6
铅　球	男	徐文超	11.12 米	黑河中学	市五届	1990.6
	女	关敏杰	9.07 米	黑河中学	市四届	1988.6
铁　饼	男	边　境	35.48 米	职中	市五届	1990.6
	女	王　霞	28.92 米	职中	市六届	1992.6
标　枪	男	吴东明	36.96 米	黑河中学	市六届	1992.6
	女	刘国英	26.96 米	二中	市二届	1984.6
三级跳远	男	赵立国	12.96 米	职中	地区中学生	1987.5
	女	葛　微	8.59 米	五中	区三届	2005.6
三项全能	女	王加林	1550 分	二中	县 18 届	1977.6

1982—2005 年爱辉区（黑河市）中年组田径最高成绩表

表 21－17

项　目	性别	姓　名	成　绩	单　位	赛会名称	时　间
100 米	男	刘寄海	12″90	市教育	市三届	1986.6
	女	姜　波	15″30	公安	市六届	1992.6
200 米	女	张竹云	30″20	文化	市三届	1986.6
400 米	男	刘寄海	59″90	市教育	市三届	1986.6
	女	姜　波	1′19″30	公安	市六届	1992.6
1 500 米	男	仲继国	4′45″80	煤炭	市六届	1992.6
	女	武明文	6′12″70	商业	市六届	1992.6
5 000 米	男	仲继国	17′40″80	煤炭	市六届	1992.6
1 500 米异程男女混合	—	—	4′30″90	农机	市六届	1992.6
4×100 米	男	徐文群组	53″83	教育	区二届	2001.6
	女	陈英梅组	1′05″64	教育	区三届	2005.6
4×400 米	男	—	4′18″70	市教育	市六届	1992.6
	女	—	5′41″25	教育	区三届	2005.6
跳　高	男	杨志书	1.46 米	交通	市六届	1992.6
	女	陈英梅	1.31 米	教育	区三届	2005.6
跳　远	男	李宝山	5.33 米	市政府	市四届	1988.6
	女	徐静艳	3.82 米	经贸	区首届	1999.6
铅　球	男	戚军华	10.12 米	经济	区三届	2005.6
	女	魏连荣	8.58 米	区粮食	区首届	1999.6
铁　饼	男	高国龙	26.26 米	机关	区二届	2001.6
	女	王　玲	25.78 米	文化	市六届	1992.6

续表 21－17

项　目	性别	姓　名	成　绩	单　位	赛会名称	时　间
标　枪	男	戚军华	34.65 米	经贸	区二届	2001.6
	女	严秀琴	19.11 米	二轻	区二届	2001.6
三级跳远	男	张志红	10.46 米	街道	区二届	2001.6

1982—2005 年爱辉区(黑河市)老年组田径最高成绩表

表 21－18

项　目	性别	姓　名	成　绩	单　位	赛会名称	时　间
60 米	男	李宝山	8″30	文体	区二届	2001.6
	女	阎作华	9″60	市建设	市二届	1984.6
100 米	男	吴化民	14″00	市教育	市五届	1990.6
	女	邵月繁	17″25	机关	区三届	2005.6
200 米	男	孙洪年	31″10	地体委	市首届	1982.6
	女	蒋淑兰	36″70	地教育	市三届	1986.6
400 米	男	尹　义	1′07″50	市建设	市三届	1986.6
	女	姜玉明	1′27″60	市教育	市六届	1992.6
1 500 米	男	卢占江	5′18″40	市机关	市三届	1986.6
	女	张雪芳	6′49″40	经贸	区二届	2001.6
3 000 米	男	卢占江	11′35″90	市行	市二届	1984.6
5 000 米	男	卢占江	20′09″60	市行	市二届	1984.6
1 500 米 异程男女混合	—	田再发组	5′03″40	经贸	区二届	2001.6
4×100 米	男	—	57″90	市教育	市五届	1990.6
	女	—	1′12″40	市教育	市五届	1990.6
4×400 米	男	—	4′53″70	市教育	市五届	1990.6
	女	—	6′23″40	市教育	市五届	1990.6
跳　远	男	刘树勋	4.60 米	市教育	市二届	1984.6
	女	任秀云	3.20 米	市教育	市二届	1984.6
铅　球	男	王海欧	8.81 米	经济	区三届	2005.6
	女	姚　琳	7.52 米	机关	区二届	2001.6
三级跳远	男	李宝山	9.18 米	文体	区首届	1999.6

1974—2005 年爱辉区(黑河市)田径最高成绩表

表 21－19

项　目	性别	姓　名	成　绩	单　位	赛会名称	时　间
200 米	男	李　帅	23″50	电信	区二届	2001.6
	女	于桂芬	27″20	师范	省四届	1979.7

续表 21－19

项　目	性别	姓　名	成　绩	单　位	赛会名称	时　间
400 米	男	关　生	54″30	四中	县十六届	1974.6
	女	刘淑杰	1′01″80	师范	省三届	1974.8
800 米	男	徐荣彬	2′01″40	教育	省三届	1974.8
	女	曹雪梅	2′21″00	五中	省分龄赛	1989.7
1 500 米	男	徐荣彬	4′09″80	教育	省三届	1974.8
	女	曹雪梅	4′49″20	五中	地中小学	1989.7
3 000 米	男	王立成	8′50″60	师范	县十九届	1979.6
	女	曹雪梅	10′54″40	五中	市四届	1988.6
5 000 米	男	王立成	15′25″60	师范	县十九届	1979.6
10 000 米	男	王立成	31′56″60	师范	县十九届	1979.6
4×100 米	男	万友善组	46″90	地教育	市二届	1984.6
	女	滕建华组	54″00	师范	地五届	1979.6
4×200 米	男	关生组	1′41″10	四中	县十六届	1974.6
	女	滕建华组	1′56″80	师范	县十九届	1979.6
4×400 米	男	张志强组	3′47″80	五中	市二届	1984.6
	女	徐桂范组	4′29″00	四中	县十八届	1977.6
三千米竞走	女	宛宪惠	16′49″60	黑河中学	市首届单项赛	1987.6
五千米竞走	男	祁树发	24′09″90	黑河中学	省中小学	1989.7
十千米竞走	男	马平信	49′07″50	地教育	市三届	1986.6
跳　高	男	李卫兵	1.79 米	农机	市四届	1988.6
	女	陈英华	1.61 米	师范	县十九届	1979.6
跳　远	男	姜兴弟	6.49 米	地体委	市五届	1990.6
	女	—	5.25 米	地直	省四届	1979.7
铅　球	男	潘文寿	11.69 米	公安	区首届	1999.6
	女	李秀华	9.69 米	地教育	市五届	1990.6
铁　饼	男	边　境	35.48 米	职中	市五届	1990.6
	女	刘国英	29.10 米	五中	地七届	1985.6
标　枪	男	润生芳	47.50 米	地直	市首届	1982.6
	女	孙桂荣	31.54 米	师范	地五届	1979.6
三级跳远	男	姜兴弟	14.29 米	地体委	市五届	1990.6
	女	李　敏	9.07 米	教育	区三届	2005.6
三项全能	女	陈英华	2177 分	师范	县测赛	1978.6
五项全能	男	张春生	2391 分	黑河中学	县十六届	1974.6

1982—1990 年黑河市小学生甲组速度滑冰最高成绩表
（250 米场地）

表 21－20

项　目	性别	姓　名	成　绩	单　位	赛会名称	时　间
500 米	男	戴登文	51″41	三小	地区少年赛	1982. 2
	女	全春玉	52″70	六小	地区少年赛	1982. 2
1 000 米	男	戴登文	1′44″42	三小	地区少年赛	1982. 2
	女	王　玲	1′43″50	六小	地区少年赛	1990. 2
1 500 米	男	戴登文	2′40″50	三小	地区少年赛	1982. 2
	女	王　玲	2′50″70	六小	市中学生	1990. 2

1988—1990 年黑河市小学生乙组速度滑冰最高成绩表
（250 米场地）

表 21－21

项　目	性别	姓　名	成　绩	单　位	赛会名称	时　间
500 米	男	梁洪涛	55″41	六小	地区少年赛	1988. 2
	女	王　玲	58″11	六小	地区少年赛	1988. 2
1 000 米	男	梁洪涛	2′03″14	六小	地区少年赛	1988. 2
	女	王　玲	1′59″65	六小	地区少年赛	1990. 2
250 米	男	梁洪涛	31″50	六小	地区少年赛	1988. 2
	女	桑　宇	33″48	三小	市中小学	1990. 2

1985—1993 年黑河市初中学生组速度滑冰最高成绩表

表 21－22

项　目	性别	姓　名	成　绩	单　位	赛会名称	时　间
500 米	男	梁洪涛	42″96	一中	市速滑赛	1993. 2
	女	王　玲	49″14	一中	地区少年赛	1993. 2
1 000 米	男	孟常伟	1′32″50	四中	市中小学	1985. 2
	女	姜桂玲	1′40″65	二中	地区冰运会	1988. 2
1 500 米	男	窦春杰	2′24″08	一中	地区少年赛	1985. 2
	女	王　玲	2′40″36	一中	省重点县	1991. 1
3 000 米	男	窦春杰	4′57″50	一中	地区冰运会	1985. 2
	女	张志秋	5′43″20	二中	市中小学	1986. 12
全能总分	男	孟常伟	192. 816	四中	市速滑赛	1985. 2
	女	姜桂玲	218. 929	二中	地区达标赛	1987. 12

1982—1988 年黑河市高中学生组速度滑冰最高成绩表

表 21－23

项　目	性别	姓　名	成　绩	单　位	赛会名称	时　间
500 米	男	徐学政	44″39	五中	省少年赛	1988.1
	女	李卫星	53″83	职中	市少年赛	1986.12
1 000 米	女	王　军	1′59″90	五中	—	1982.2
1 500 米	男	张立杰	2′22″80	五中	—	—
	女	王　军	3′05″10	五中	市速滑赛	1983.2
3 000 米	男	张立杰	5′00″20	五中	地区少年赛	1983.2
	女	王　军	6′32″60	五中	地区少年赛	—
5 000 米	男	徐学政	8′56″86	五中	省少年赛	1988.1
全能总分	男	张立杰	197.953	五中	地区少年赛	1983.2
	女	王　军	246.116	五中	市速滑赛	1982.2

二、爱辉区（黑河市）籍运动员参加国际、国家及省级比赛成绩

爱辉区（黑河市）具有较强的专业运动员队伍，并且注重后备人才的培养。1983—2005 年，爱辉区（黑河市）籍运动员在全省、全国和国际比赛中都取得了较好的成绩，为国家及省、市、区争得了荣誉。

1983—2005 年爱辉区（黑河市）籍运动员参加国际级比赛情况表

表 21－24

姓　名	性别	时间	赛　会　名　称	项　目	名次
关　波	男	1988.6	“大连杯”国际马拉松赛	半程	六
戴登文	男	1998	世界短距离速滑锦标赛中、日、韩、加拿大世界杯速滑 1～4 站系列赛　四国邀请赛	1 000 米	冠军
			第十八届冬季奥运会		二十九名
莫　野	男	1999	世界大学生短道速滑比赛	3 000 米接力	三

1983—2005 年爱辉区（黑河市）籍运动员参加国家级比赛情况表

表 21－25

姓　名	性别	时间	赛　会　名　称	项目组别	名次
窦春杰	男	1985.3	全国速度滑冰冠军赛	5 000 米青年	六
窦春杰	男	1988	全国速度滑冰冠军赛	10 000 米	三
张树武	男	1989	全国“攀登杯”短道速滑赛	3 000 米	冠军
陈广义	男	1989	全国“攀登杯”短道速滑赛	500 米	四
窦春杰	男	1989	全国速度滑冰锦标赛	20 000 米集体滑	亚军
蒋世勇	男	1993.5	全国青年田径锦标赛	链球	六

续表 21 - 25

姓　名	性别	时间	赛　会　名　称	项目组别	名次
蒋世勇	男	1994.5	全国青年田径锦标赛	链球	八
王　玲	女	1994	全国少年速滑锦标赛	1 000 米	冠军
				1 500 米	
				3 000 米	
				全能	
梁洪涛	男	1994	全国少年速滑赛	乙组总成绩	六
蒋世勇	男	1995.5	全国田径锦标赛暨第 26 届奥运会选拔赛	链球	四
		1995.11	第三届全国城市运动会	链球	四
梁洪涛	男	1996.1	全国少年速滑赛	500 米乙组	亚军
梁洪超	男	1996	全国少年田径分龄赛	1 500 米 13 岁组	冠军
				3 000 米 13 岁组	冠军
莫　野	男	1996	全国短道速滑赛	3 000 米青年组	冠军
		1997	全国速滑冠军赛	1 500 米	亚军
戴登文	男	1997	全国速滑冠军赛	500 米	三
				1 000 米	亚军
梁洪涛	男	1997	全国青少年速滑赛	500 米	冠军
梁洪超	男	1997	全国少年田径分龄赛	1 500 米 14 岁组	冠军
				3 000 米 14 岁组	冠军
郭春喜	男	1997	全国第八届运动会	五千米竞走	四
戴登文	男	1998	全国速滑冠军赛	500 米	亚军
				1 000 米	亚军
				全能	亚军
莫　野	男	1998	全国速滑冠军赛	1 500 米	四
梁洪涛	男	1998	全国速滑锦标赛	500 米	冠军
王光强	男	1998	全国少年速滑锦标赛	500 米	冠军
梁洪超	男	1998	全国少年田径分龄赛	1 500 米 15 岁组	亚军
				3 000 米 15 岁组	冠军
陈永会	男	1998	全国少年田径分龄赛	800 米 15 岁组	三
				400 米	四
莫　野	男	1999	全国短道速滑赛	3 000 米	冠军
梁洪涛	男	1999	全国七冬会速滑短距离赛	1 000 米	六
			全国速滑冠军赛	500 米	亚军
梁洪超	男	1999	全国少年田径锦标赛	2 000 米障碍	四
徐　爽	男	1999	全国少年田径锦标赛	1 500 米 13 ~ 15 岁	三

续表 21－25

姓　名	性别	时间	赛　会　名　称	项目组别	名次
陈永会	男	1999	全国少年田径锦标赛	800 米	三
			全国第七届中学生运动会	800 米	亚军
				4×400 米接力	亚军
蒋世勇	男	1999	全国大学生田径运动会	链球	三
陈永会	男	2000	全国少年田径锦标赛	800 米	六
		2002.10	亚运会选拔赛		三
		2003	全国田径冠军赛		一
		2004.2	全国室内田径锦标赛		一
戴登文	男	2003	全国第十届冬运会男子速滑比赛	1 000 米	八
梁洪涛	男	2003	全国第十届冬会男子速滑比赛	1 000 米	八
				短距离全能	
勾肖鑫	男	2004	全国少年田径锦标赛	男子 15 岁组竞走	一
袁　辉	男	2004	全国少年田径锦标赛	男子 15 岁组 400 米栏	三
王松涛	男	2005	全国越野滑雪比赛	男子 15 千米	三
勾肖鑫	男	2005	全国竞走一万米比赛		二

1983—2005 年爱辉区（黑河市）籍运动员参加省级比赛情况表

表 21－26

姓　名	性别	时间	赛　会　名　称	项目组别	名次
宁万吉	男	1984.2	省少年短道速度滑冰比赛	500 米	六
孟宪红	男	1984.2	省少年短道速度滑冰比赛	500 米	五
				1 000 米	六
窦春杰	男	1984.12	省少年速度滑冰比赛	3 000 米甲组	亚军
				5 000 米甲组	亚军
				全能甲组	五
张志花	女	1985	省速度滑冰比达标赛	500 米甲组	亚军
				1 500 米甲组	亚军
				1 000 米甲组	五
				全能甲组	三
陈英梅	女	1985	省第六届运动会	跳高　少年	四
陈英华	女	1985	省第六届运动会	跳高　成年	三
马平信	男	1985	省第六届运动会	十千米竞走成年	六
邱少华	女	1985	省第六届运动会	五千米竞走成年	三
张　威	女	1985	省第六届运动会	跳高	五

续表 21－26

姓　名	性别	时间	赛　会　名　称	项目组别	名次
张志秋	女	1988	省少年速度滑冰比赛	500 米甲组	六
孙　辉	男	1988	省少年速度滑冰比赛	3 000 米集体滑甲组	五
徐学政	男	1988	省少年速度滑冰比赛	3 000 米集体滑甲组	五
勾　舒	女	1988	省中小学生田径运动会	跳高中学	冠军
鲁建军	男	1989.3	省少年速度滑冰比赛	1 000 米乙组	四
姜桂玲	女	1989.3	省少年速度滑冰比赛	1 000 米甲组	六
蒋志勇	男	1991	省第二届青少年田径运动会	链球	亚军
王　玲	女	1992.1	省重点县速度滑冰比赛	1 000 米	六
				1 500 米	三
梁洪涛	男	1992.1	省重点县速度滑冰比赛	500 米	七
				1 000 米	八
梁洪涛	男	1992.1	省少年速度滑冰比赛	3 000 米集体滑	四
王占宇					
王成宇					
王光强					
王　玲	女	1992.1	省少年速度滑冰比赛	3 000 米集体滑	五
盖　丽					
徐　坤					
桑　宇					
盖　丽	女	1992	省传统校速度滑冰比赛	500 米	亚军
				1 000 米	亚军
蒋志勇	男	1992	省第七届运动会	链球少年	三
常志英	女	1993	省少年田径分龄赛	跳高	亚军
梁洪涛	男	1994.3	省业余体校速度滑冰比赛	500 米中专	八
王　玲	女	1995	省业余体校速度滑冰比赛	500 米中专	冠军
				1 000 米中专	冠军
				3 000 米中专	冠军
				全能中专	三
勾忠民	男	1995.7	省第六届中学生田径运动会	铁饼　地市	三
梁洪涛	男	1996.3	省第八届运动会(速度滑冰)	500 米少甲	三
戴登文	男	1996.3	省第八届运动会(速度滑冰)	500 米短距离	四
				1 000 米短距离	亚军
				全能短距离	三
陈永会	男	1996.8	省第八届运动会(田径)	4×100 米少年	六
蒋志勇	男	1996.8	省第八届运动会(田径)	链球成年	亚军
蒋志勇	男	1998	省大学生运动会	链球	冠军

续表 21－26

姓　名	性别	时间	赛　会　名　称	项目组别	名次
陈永会	男	1998	省中学生田径运动会	800 米地市组	冠军
				400 米地市组	七
梁洪超	男	1998	省中学生田径运动会	1 500 米地市组	冠军
				800 米地市组	六
陈永会	男	1998.6	省少年田径分龄赛	800 米 15 岁组	亚军
陈永会	男	1999.1	省室内田径锦标赛	800 米	冠军
徐　爽	男	1999.7	省少年田径分龄赛	1 500 米 15 岁组	冠军
				3 000 米 15 岁组	冠军
陈永会	男	1999.9	省田径锦标赛	800 米少年组	冠军
梁洪超	男	1999.9	省田径锦标赛	1 500 米	冠军
徐　爽	男	1999.9	省田径锦标赛	1 500 米	亚军
				5 000 米	冠军
徐　爽	男	2000	省九运会田径预选赛	1 500 米少年组	亚军
				5 000 米少年组	冠军
梁洪超	男	2000	省九运会田径预选赛	1 500 米少年组	冠军
蒋志勇	男	2000	省九运会(田径)	链球成年	亚军
陈永会	男	2000	省九运会(田径)	800 米少年组	四
				1 500 米少年组	六
勾忠民	男	2000	省九运会(田径)	链球成年	六
梁洪涛	男	2002	省第十届运动会速滑比赛	男子 500 米	亚军
梁洪超	男	2002	省第十届运动会田径比赛	男子 3 000 米障碍	亚军
徐　爽	男	2002	省室内田径比赛	男子 3 000 米	亚军
袁永智	男	2002	省少年田径分龄赛	14 岁组 1 500 米	冠军
				男子 200 米	亚军
				男子 400 米	亚军
刘　远	女	2002	参加大连市围棋比赛(获业余五段)	少年女子组	亚军
张秋爽	女	2005	省越野滑雪比赛	4×5 千米接力	亚军
邢吉东	男	2005	省越野滑雪比赛	男子 5 千米	三
张连泽	男	2005	省少年短道速滑赛	3 000 米接力	三
候瑞瑞	男				
董　臣	男	2005	省少年短道速滑赛	8 圈集体滑	三
张瑞松	男	2005	省少年田径分龄赛	全能	四

三、爱辉区（黑河市）代表队参加上级体育比赛成绩

1983—2005 年爱辉区（黑河市）代表队参加上级比赛成绩表

表 21－27

时间	赛会名称	代表队	项　目	名次	领队	教练员	人数
1987	全国“春芽杯”速滑赛	黑河市	团体总分	四	蒋淑兰	何桂瑶　陈万昌	
1983.2	黑河地区少年速滑赛	爱辉县	团体总分	三	龚子文	王书堂　付万军	16
		黑河市	丙组总分	三	郭伯勋	孙　斌	15
1983.11	黑河地区少年速滑赛	黑河市	团体总分	三	郭伯勋	李宝山　王书堂	18
1984.2	黑河地区少年速滑赛	黑河市	团体总分	四	李宝山	王书堂	12
1985.2	黑河地区少年速滑赛	黑河市	团体总分	一	李宝山	孙　斌	12
			甲组总分				
			乙组总分				
			丙组总分				
	黑河地区传统校速滑赛	六　小	团体总分	一	孙云贵	孙　江	
		三　小	团体总分	二	石文华	徐荣伟	
1985.6	地区第七届田径运动会	黑河市	团体总分	二	王书堂	孟秀云　吴龙海	
1986.2	黑河地区少年速滑赛	黑河市	甲组总分	一	李宝山	王书堂　刘滨海	14
	黑河地区传统校速滑赛	六　小	团体总分	一	孙云贵	孙　江	6
1987.2	黑河地区少年速滑赛	黑河市	团体总分	一	王书堂	孙　斌　刘滨海 何桂瑶	11
1988.2	黑河地区少年速滑赛	黑河市	团体总分	一	王书堂	孙　斌　刘滨海 何桂瑶	15
	黑河地区传统校速滑赛	六　小	团体总分	一	孙云贵	孙　江	6
1989.2	黑河地区少年速滑赛	黑河市	团体总分	一	王书堂	孙　斌　刘滨海	
1990.2	黑河地区少年速滑赛	黑河市	团体总分	一	王书堂	孙　斌　刘滨海	9
1991	地区八运会速滑、短道速滑赛	黑河市	团体总分	二	王书堂	孙　斌　刘滨海 何桂瑶	22
	地区八运会田径比赛		团体总分	三	王书堂	孙晓东　李广斌	
	地区八运会围棋比赛		团体	一			
1992.1	地区速滑、短道速滑赛	黑河市	团体总分	二	孙　斌	刘滨海	16
	黑河地区传统校速滑赛	六　小	团体总分	二	孙　江		5
1993	市速滑、短道速滑赛	爱辉区	团体总分	三	王书堂	孙　斌　李爱斌	12
	市越野滑雪赛	爱辉区			孙　斌	孙晓东	11
1994	市少年速滑赛	爱辉区	团体总分	三	王书堂	孙　斌	8
	市少年田径分龄赛	爱辉区	团体总分	六	王书堂	孙晓东	4
1995	市少年速滑赛	爱辉区			孙　斌		5
1996	市少年速滑赛	爱辉区			孙　斌		2

续表 21－27

时间	赛会名称	代表队	项　目	名次	领队	教练员	人数
1997	市少年速滑赛	爱辉区			孙　斌		2
	市少年田径分龄赛	爱辉区			关　生		
	黑河市篮球赛	爱辉区		四	关　生	李爱斌	
1999	市"北圳杯"足球赛	爱辉区	体育道德风尚奖				
2000	市少年速滑赛	爱辉区	团体总分	三	关　生	孙　斌	10
	市二届田径运动会	爱辉区	团体总分	二	关　生	陈英梅　孙晓东 关　波等	
2001	市少年短道速滑比赛	爱辉区	团体总分	一	孙　斌	刘滨海	
	市传统校速滑比赛	六　小	团体总分	一	雷志宽		
	市"国检杯"篮球赛	爱辉区		四	刁卫东	关　生　李爱斌	
2003	市中国象棋比赛	爱辉区		二	孙　斌	刘滨海	
2004	市第三届田径运动会	爱辉区	团体总分	三	李爱斌	孙晓东　陈英梅	

四、爱辉区（黑河市）代表队参加上级比赛破市级记录情况

1983—2005 年爱辉区（黑河市）籍运动员参加上级比赛破市记录情况表

表 21－28

姓　名	性别	时间	赛　会　名　称	项目组别
窦春杰	男	1984	黑河地区速度滑冰比赛	3 000 米甲组
刘国英	女	1985.6	黑河地区第七届运动会	标枪甲组
张志秋	女	1987	黑河地区速滑达标赛	全能甲组
勾　舒	女	1989.7	省第四届中学生运动会	跳高甲组
曹雪梅	女	1990.6	中苏田径对抗赛	800 米甲组
				1 500 米甲组
王　玲	女	1991	黑河地区速度滑冰比赛	500 米丙组
				1 000 米丙组
鲁建军	男	1991	黑河地区速度滑冰比赛	500 米甲组
常志英	女	1991.6	黑河地区第八届运动会	跳高乙组
				跳远　乙组
王占宇	男	1992	黑河地区速度滑冰比赛	500 米丙组
盖　丽	女	1992	黑河地区速度滑冰比赛	500 米丙组
张志秋	女	1992	黑河地区速度滑冰比赛	全能甲组
郭春喜	男	1992.7	省第七届运动会	10 千米竞走甲组
佟玉茹	女	1992.7	省田径冠军赛	800 米
				1 500 米

续表 21－28

姓　名	性别	时间	赛　会　名　称	项目组别
陈永会	男	1998.8	全国少年田径分龄赛	100 米乙组
				400 米乙组
梁洪超	男	1999.5	全国少年田径赛	2 000 米障碍甲组
刘黎娜	女	1999.6	省少年田径分龄赛	铅球乙组
梁洪超	男	1999.8	全国田径对抗赛	3 000 米障碍
佟玉茹	女	1999.9	省田径锦标赛	5 000 米乙组
陈永会	男	1999.9	省田径锦标赛	800 米
梁洪超	男	1999.9	省田径锦标赛	1 500 米
徐　爽	男	1999.9	省田径锦标赛	5 000 米
陈永会	男	2000	黑河市第二届田径运动会	4×100 米甲组
梁洪超				
侯作辉				
徐　爽				

黑河市爱辉区志（1983—2005）

◎第二十二篇　卫　生

第二十二篇 卫 生

1984 年,全市医疗单位有黑河市人民医院、黑河市妇幼保健站、黑河市卫生防疫站、黑河市区卫生院、黑河市商业职工医院,11 个乡镇卫生院,有村卫生所 86 个。城区个体诊所 26 个。

1989 年,按照上级要求,乡镇卫生院"三权"(人事、财政、管理)归各乡镇管理。因乡政府没有足够财力对管辖的卫生院给予支持,致使乡镇卫生院的工作走入低谷,村卫生所工作滑坡。2003 年 6 月,11 个乡镇卫生院"三权"上收归属区卫生局管理。

到 2005 年,爱辉区卫生事业形成了以黑河市第二人民医院为核心的医疗体系,以爱辉区妇幼保健院为主的妇幼保健体系,以爱辉区农村疾病控制中心为主体的农村防病控制网络;全区医疗、预防保健网点布局较为合理、各项功能完善、人才结构合理、医疗技术水平不断提高,形成具有一定规模,集医疗、疾病控制、预防保健,教学科研为一体的卫生医疗服务体系。全区医疗卫生机构有黑河市第二人民医院、爱辉区妇幼保健院、爱辉区农村疾病控制中心、中央街门诊部(原商业职工医院)、11 个乡镇卫生院,113 个村卫生所,28 个社区卫生服务站,18 个个体诊所。全区城乡卫生系统有专业人员 483 名。有主任医师 6 名、副主任医师 38 名,其中女副主任医师 9 名。有主治医师 167 名,其中女主治医师 138 名。有初级职称 118 名,其中女医师 103 名。乡镇卫生院有专业技术人员 158 名,其中,主治医师 60 名,医师 98 名。

第一章 管 理

第一节 机 构

1983 年,黑河市卫生局与爱辉县卫生科并存。1984 年 6 月爱辉县撤销并入黑河市,爱辉县卫生科随之并入黑河市卫生局,办公地址位于黑河市兴华街 75 号。卫生局内设政秘股、医政股、防治股、计财股和黑河市公费医疗办公室、黑河市爱国卫生运动委员会办公室、黑河市地方病领导小组办公室。

1987 年 9 月,恢复黑河市红十字会办公室,与卫生局合署办公。

1990 年初,按市编委通知,市爱卫办隶属于市政府,独立办公,经费单列,办公室设于黑河市卫生防疫站 4 楼。

1993 年 4 月,撤销黑河市(县级),成立爱辉区,黑河市卫生局更名为爱辉区卫生局。内设政秘股、防治股、医政股、计财股,信访办公室;所属事业单位有爱辉区地方病防治办公室、爱辉区合作医疗办公室、爱辉区公费医疗办公室、爱辉区红十字会办公室、爱辉区医学会、爱辉区卫生职工学校。爱辉区药品监督检验所与卫生局合署办公。

1996 年机构改革后，爱辉区卫生局内设办公室、计财审计股、医政药政股、防保股、爱卫办；所属事业单位没变。

1999 年，爱辉区公费医疗办公室更名为爱辉区医疗保险办公室，划归社会劳动保险局。

2001 年机构改革后，爱辉区卫生局职能范围有所缩小，药政、药检职能划归市药监局。2004 年，卫生监督职能上划市卫生局。2005 年，爱辉区卫生局内设办公室、医政股、疾控股、法规监督股，爱国卫生运动办公室；合署办公事业单位有爱辉区农村合作医疗办公室、爱辉区医学会、爱辉区红十字会办公室、爱辉区地方病办，爱辉区卫生职工学校。

第二节　医政管理

1983—1988 年，黑河市积极贯彻执行国家有关医疗卫生方面的政策、法律法规，全市医疗卫生工作得以有序进行，卫生事业不断发展进步。

1989 年，黑河市将乡镇卫生院三权（人事、财务、管理）下放给乡镇政府管理。黑河市卫生局只有业务工作指导权。

1997 年，制定了爱辉区区域医疗机构设置规划，清理整顿医疗市场方案，开展医疗市场的清理整顿工作，对条件较差的医疗机构限期整改，对非法行医者予以取缔。经过整顿，共给 142 家医疗单位发放了“医疗机构执业许可证”，其中，区直医疗机构 5 家，乡镇 13 家，农、林、场、矿 31 家，村卫生所 79 家、个体开业医 14 家。整顿后，接受了省卫生厅专家组对医疗机构清理整顿情况的检查，受到专家组好评。同年，爱辉区卫生局落实省卫生厅农村卫生工作三项建议，制定了 1997 年全区装备计划和人员培训计划。在 1996 年装备 8 个乡镇的基础上，当年又装备 4 个乡镇卫生院，完成了爱辉区乡镇卫生院装备任务，先后争取省设备投资 50 万元，其中，一类乡 4 个，二类 6 个，三类 2 个。房屋建设投资 44 万元，其中，西岗子卫生院 19 万元，张地营子卫生院 10 万元，爱辉卫生院 5 万元，保健院 10 万元。同年 7 月举办了乡村医生培训班，共有 80 余名乡村医生参加了临床医学、预防医学、急救、结核、妇幼保健等内容的培训。

1999 年，全区继续开展清理整顿医疗市场工作，先后 4 次召开清理整顿工作会议，卫生局工作人员 5 次深入个体诊所、社会办医单位、医疗单位的分支机构，依据标准重新对医疗机构名称、诊疗科目、人员设备、执业活动等进行了检查审查，对存在的问题及时予以纠正，取缔流串游医、无照黑医 7 起 12 人次；对辖区内各类医疗机构进行重新注册登记，换发“执业许可证”142 家；根据《护士管理办法》对首次注册满 2 年的护士进行重新注册，注册人员达 130 人；组织符合条例的执业医师资格考试报名工作，有 25 人参加了实践技能考试和执业医师全国统一考试。

2000 年，认真落实《中华人民共和国执业医师法》，按照《爱辉区清理整顿医疗市场方案》要求，先后 2 次召开个体医生会议，以会代训，进行了《医疗机构管理条例》《中华人民共和国药品管理法》为主要内容的培训。6 月中旬，根据省卫生厅关于开展整顿医疗市场紧急通知精神，对辖区内社会办医、无证行医开展清理整顿工作，4 次深入市区、城乡集中进行清理无证行医。全年共处理无证行医案 6 起，摘除非法广告牌 7 块，处理擅自开展静脉点滴 6 人，净化了医疗市场。7 月开展了医务人员任职资格认定工作，对全区 70 个医疗单位 370 余人进行了医师资格认定。根据执业《执业医师法》《护士管理办法》，年内组织了医师执业考试及护士执业考试工作。继续实施 1995 年以来进行的乡村医生系统化、正规化教育培训工作，全区当年完成中专水平教育达 85% 以上的预定目标，有效地提高了乡村医生的整体素质和专业技术水平，顺利通过省检查团的验收。

2001 年，按照省卫生厅《关于医疗机构分类管理登记工作的若干问题的通知》精神，将医疗机构分类管理与医疗机构执业许可证校验工作相结合，以个体开业医及社会办医和医疗机构单位的分支机构为重点,进一步规范医疗机构的管理,先后2次召开会议,传达省、市卫生工作会议精神,反复强调医疗机构执业标准,规范医疗机构。4月,组织个体医生及外聘人员参加了市卫生局统一安排的“执业医师许可证”第二次考试。开展了病人选择医生和便民服务工作,市二院、保健院在进一步完善门诊病人选择医生的基础上,开展住院病人选择医疗组和护理组。同时开展三联处方制度及单病种最高限价制度,最大限度地满足就诊病人的需求,真正体现优质便民服务。组织了11个乡镇、92名乡村医生的培训,系统的讲解了流行性出血热的诊断与防治、计划免疫操作规程、妇幼保健、艾滋病防治知识及常见病与多发病的诊断及治疗,讲述了目前国际、国内较为先进的医学动态和进展。通过培训,乡村医生普遍受到教育,提高了医疗水平。

2002年,按照市卫生局对县级以上医疗机构医务人员实行简捷式量化管理的指示,爱辉区卫生局2002年1月1日起,首先在市第二医院、保健院实行医务人员简捷式量化管理。为开展此项工作,市二院成立了以院长为组长的量化考核领导小组,层层分解指标,落实责任;医疗技术方面由医务科负责考核科主任,科主任考核医生;护理工作由院护理部负责考核;医德医风、工作纪律由工会、院办公室负责考核。经过一年的试行,取得了较好的效果。市第二医院的医务人员简捷式量化管理经验,被市卫生局采纳向全市推广。根据市卫生局创建五星级医院活动方案要求,区卫生局成立了五星级医院创建领导小组。市第二医院、保健院相应成立了领导小组,并且制定了创建方案,成立了办公室,具体负责五星级医院创建工作。通过五星级医院创建活动的开展,给医院带来了经济效益和社会效益。在年底市卫生局组织的五星级医院创建活动检查中,市第二医院、保健院分别取得第一名的好成绩。同年,按照省卫生厅《2002年打击非法行医工作计划》,爱辉区卫生局分别于1月和11月联合爱辉公安分局开展打击非法行医、整顿医疗市场和美容市场工作。由主管局长带队,以城乡结合部为重点,对辖区内各街道进行拉网式检查。2次共检查卫生所、个体诊所51家,美容院27家;取缔无证行医16家,取消擅自增设诊疗科目的3家;收缴药品100多种,价值5 000多元;对美容院下达限期整改6家。经过整顿,改善了医疗、美容市场秩序,保护了广大群众利益。同年,爱辉区开展了科技、文化、卫生三下乡工作。区卫生局根据中宣部、卫生部等十一部委联合下发《进一步做好科技、文化、卫生三下乡的通知》精神,制定了《爱辉区二〇〇二年卫生支农工作方案》并下发到基层单位。市第二医院着重开展了巡回医疗工作,先后7次到爱辉镇、西岗子镇、罕达汽镇、坤河达斡尔族满族乡、二站乡等地,为4 000余名农民患者在家门口诊治疾病。为农民减免医疗费、检验费、处置费、药费7 000多元。保健院根据本单位的特点多次深入到乡镇村屯,为育龄妇女免费体检,宣传有关妇幼卫生保健知识。通过支农工作的开展,极大地方便了广大农民,提升了医院在农民心中的地位,加深了医患关系,体现了党对广大农民的关怀。年末,根据上级要求,区卫生局先后对个体诊所、厂(矿)事业单位的卫生所、乡镇卫生院分类进行核定,确定15家个体诊所、红十字会、事业单位的卫生所5家为营利性诊所,确定福利院、乡镇卫生院等20家医疗单位为非营利性医疗机构,换发了新的医疗机构执业许可证。

2003年6月,根据区委的要求,区卫生局协同财政局、人事局、审计局等有关单位历时15天,将乡镇卫生院的人、财、物全部上收归区卫生局管理。全区卫生系统继续落实中宣部、卫生部等十一个部委联合下发《进一步做好科技、文化、卫生三下乡的通知》精神,市第二医院与西岗子镇中心卫生院、妇幼保健院与爱辉镇中心卫生院结成对口支援对子;市二院还支援新生乡、罕达汽镇中心卫生院,保健院支援二站乡卫生院、西岗子镇中心卫生院。全年共8次深入乡村为472位农民进行治疗,开展手术4例;免费治疗患者282人次,免手术费4人;向乡镇卫生院赠送药品价值3 527元,赠送医疗设备价值1万元,赠送其他物品价值2 340元,捐款1 036元。市第二医院、保健院共接收乡镇卫生院进修人员24人,减免培训费3 760元;培训乡镇村屯卫生人员169人,其中乡镇卫生院117人,村屯医生52人。

2004年,爱辉区按照创建五星级医院要求,坚持以“病人为中心”的服务宗旨,市第二医院加强病房管理，在病房设置中心供氧系统和自动呼吸系统，配置了送水员、卫生员和护理员，给患者营造安静舒适的诊疗休息环境。5月28—29日，市五星级创建活动检查组通过听汇报、查看资料、实践技能操作、模拟查房和暗访等形式，对市第二医院创建五星级医院工作进行全面考核，市二院获得了全市创建五星级医院第二名的好成绩。区卫生局先后5次深入到农村、城乡结合部清理整顿医疗市场、检查非法行医，取缔非法行医5家；对有问题的3家诊所进行罚款处理，共罚款3 000元。全年举办乡村医生培训班3期，讲解了流行性出血热的防治、结核病的普查以及常见病的防治，参加培训的乡村医生达210人；组织执业医师103人、执业护师21人参加考试，合格者给予发证。同年，全区卫生系统继续落实科技、文化、卫生三下乡支农工作。市二院先后7次组织由内、外、妇、儿、中医、B超及眼科中心的俄罗斯眼科专家组成的支农医疗队，到西岗子镇、罕达汽镇、西峰山乡、张地营子乡、爱辉镇等村屯，开展送医送药活动，共诊治病人420余人，赠送药品4 180元，赠送其他物品2 510元，捐款980元。保健院先后6次深入到各乡镇，开展妇女病普查、普治工作，诊治病人210人，减免费用2 000元。市第二医院、保健院通过扶贫门诊和农民患者就医绿色通道，接收农民患者310人，减免医疗费14 600元。市第二医院无偿帮助新生乡、西岗子镇卫生院配制化验试剂，并把闲置的病床、床头柜等物品赠送西岗子卫生院。

2005年，积极开展医疗预防保健工作，根据市卫生局目标管理责任制的要求，区卫生局对全区的农村卫生工作进行了目标管理。年初卫生局与乡镇卫生院签订了工作目标管理责任状，半年进行了推进检查工作，年终对实施目标管理责任制的单位进行了考评。张地营子乡卫生院、四嘉子乡卫生院、幸福乡卫生院、新生乡卫生院获目标管理优胜单位。

第三节　药政管理

1985年9月，黑河市药品检验所从黑河市人民医院（现市第二医院）分出单设，与卫生局合署办公。时有所长1人，药检人员2人，可以开展一般药品的检验工作。

1993年，黑河市（县级）药品检验所改称为爱辉区药检所，同区卫生局医政股合署办公。

1997年，爱辉区药检所以直属医疗单位及5个乡镇卫生院为重点，对毒麻药品管理情况进行检查，对发现的问题及时进行了整改。上半年打击游医药贩3起，没收药品价值2 000元。对乡卫生院、村卫生所、15家个体开业医及医疗单位分门诊的药品共检查58次，对查出的问题进行认真的整改。

1998年，爱辉区贯彻落实《药品监督管理条例》，经区政府批准，5月成立了以卫生局长为组长，由卫生、公安、工商、医药等部门组成的爱辉区药品稽查小组，加大对药品市场的检查力度，深入到西岗子镇、爱辉镇、上马厂乡、坤河乡等6个卫生院、12家医院和门诊部、72家村卫生所、8家个体诊所进行稽查，共检查300多个品种，查出假、劣药品百余种，不正常渠道进药37家，没收药品折合人民币4 000元，罚款1 527.40元。

1999—2000年，药政、药检工作积极贯彻全市医政、药政监督管理工作会议精神，加大药品质量的监督检查力度，大力宣传《中华人民共和国药品管理法》和《中华人民共和国药品管理法实施办法》，落实药品法规。1999年共检查11个乡镇卫生院和个体诊所、医疗机构分门诊、村卫生所、林场卫生所等43家，发现假劣药品合计人民币1 700元，处理各类违法案件12起，下达行政处罚通知单12份。处理无证经营药品案4起，没收全部药品并罚款200元；处理使用假劣药品案8起，罚款673元。2000年对辖区医疗机构检查2次，共检查37个医疗单位、3个乡保健品商店，查出487支过期失效药品，没收销毁12个品种的假劣药品。11月22日下发了《爱辉区卫生局关于立即停止使用和销售含丙醇胺成分的制剂的通知》，组成检查组，深入医疗单位进行检查，有6家单位共存康泰克79盒，暂时封存待处理。取缔无证经营药品 4 家,净化了药品市场,保证了全区人民的用药安全。

2001 年 8 月,爱辉区药品监督检验所上收黑河市食品药品监督管理局,上收人员 3 人,业务工作随之上交。爱辉区不再有药品监督检验职责。

第二章　医　　疗

第一节　机　　构

一、黑河市第二人民医院

1983 年 6 月撤县建市后为黑河市(县级)人民医院。地址位于兴林街 16 号。

1987 年 10 月,黑河市人民医院新建 2 400 平方米住院大楼竣工投入使用,设有内科、外科、妇科、儿科、五官科、中医科、传染科、手术室、药局、检验室、X 光室,有床位 150 张。1990 年,黑河市人民医院原传染科改为内Ⅱ科病房,门诊增设公费医疗科,激光室、理疗室;时有医疗科室 9 个,辅助科室 8 个,行政及后勤科室 6 个。同年 4 月,医院同幸福乡卫生院建立联合关系。

1993 年 4 月,成立爱辉区,黑河市(县级)人民医院改为黑河市(地级)第二人民医院(简称市二院)。1994 年,市二院首先在黑河市区内建立 CT 室。在市区火车站附近和西郊零千米处设立门诊部。1996 年,市二院住院床位达到 200 张,12 月 9 日晋升为二级甲等医院。1997 年,市二院妇产科分设病区,创建爱婴医院通过省级评估。

2000 年,市二院作为爱辉区三级医疗网的技术中心,已经成为全区医疗、预防保健、医学教育科研及医疗服务的综合性医院。医院管理科室有院办公室、医务科、总务科、财务科、核算科、保卫科和护理部;临床科室有急诊科、内Ⅰ科、内Ⅱ科、外Ⅰ科、外Ⅱ科、妇产科(计划生育科)、儿科、眼科、耳鼻喉科、口腔科、皮肤科、预防保健科、家庭病床科、中医科、美容科、麻醉科、手术室;医技辅助科室有放射线科、检验科、病理科、CT 室、彩超室、腔镜室、心电图室、中药局、西药局,消毒供应室、器械科等。有床位 200 张。

黑河市第二人民医院　　　　2005 年 11 月摄

2003 年 10 月 20 日市二院门诊大楼竣工。新建 7 344 平方米,同时维修 3 900 平方米。竣工后医院占地面积10 000平方米,建筑面积12 700平方米,医疗用房11 400平方米,工程总投资 1 200 万元。黑河市第二人民医院已成为集预防保健、医学教育及医疗服务的综合性二级甲等医院。医院管理科有院办公室、医务科、护理部、总务科、核算科、保卫科、财务科等。临床科室有急诊科、内Ⅰ科，内Ⅱ科、外Ⅰ科、外Ⅱ科、妇产科、计划生育科、儿科、眼科、耳鼻喉科、口腔科、皮肤科、预防保健科、家庭病床科、中医科、美容科、麻醉科、手术室。医技及辅助科室有放射线科、检验科、病理科、CT室、彩超室、腔镜室、心电图室、中、西药局、消毒供应室、器械科。

2004年5月，黑河市第二人民医院与俄罗斯阿穆尔州州立医院合作，在市二院建立眼科中心，聘请俄罗斯眼科著名专家到黑河出诊，做手术和讲学。眼科中心的建立扩大了黑河市二院的知名度，使市二院眼科技术实现了一次飞跃。

到2005年，市二院占地面积达到1万平方米，房屋建筑面积12 700平方米，医疗用房11 400平方米。医院管理科室有院办公室、医务科、总务科、财务科、核算科、保卫科和护理部；临床科室有急诊科、内Ⅰ科、内Ⅱ科、外Ⅰ科、外Ⅱ科、妇产科（计划生育科）、儿科、眼科、耳鼻喉科、口腔科、皮肤科、预防保健科、家庭病床科、中医科、美容科、麻醉科、手术室；医技辅助科室有放射线科、检验科、病理科、CT室、彩超室、腔镜室、心电图室、中药局、西药局、住院药局、消毒供应室、医疗器械科。黑河市第二人民医院成为环境优雅、设备比较齐全先进，医疗技术水平不断提高，集预防保健、医学教育与科研、医疗服务为一体的综合性二级甲等医院。医院有主任医师5人，副主任医师24人，主治医师115人，医师70人。门诊总量为48 836人，日平均210人次。危重病人抢救成功率98%，临床初步诊断与确定诊断符合率99%，手术932例，切口甲级愈合率100%。

二、黑河市中医院

1985年7月，经省卫生厅、省编委批准，成立黑河市（县级）中医院，地址位于文化街93号，暂与黑河市区卫生院合署办公，开设门诊部。

1989年3月，新建的黑河市中医院大楼投入使用，建筑面积2 200平方米，地址兴林街26号。内设中医内科、中医外科、中医儿科、中医妇科、骨伤科、肛肠科、针灸科、检验科、X光室、心电图室、手术室、中西药局，处置室、门诊注射室、供应室，住院床位50张。管理科室有院办公室、医务科、护理部、财务室，是黑河市区唯一的中医专科医院。1992年上收黑河地区行政公署，为黑河市中医院。

三、黑河市口腔医院

1985年7月由黑河市区卫生院分出，成立黑河市区牙病防治院，设有口腔内科，口腔外科、口腔矫形镶装室。1989年，组建黑河市口腔医院，增设粘膜病科、牙病防治科、三叉神经颞额关节科、牙周病科、美容科、牙列畸形矫治科。

1990年，黑河市财政投资60余万元，在海兰街168号与中北公司联建大楼，市口腔医院建筑面积870平方米，成为本市牙病防治技术指导中心。1991年，黑河市口腔医院集体所有制17人转为全民所有制。1993年，上收黑河市，为黑河市口腔医院。

四、中央街门诊部

1952年4月14日，黑河地区贸易公司职工诊所成立（负责人曾桂明）；1956年改为黑河商业职工诊所；1974年改为爱辉县商业职工医院；1981年改为黑河市商业职工医院。地址中央街147号，为集体所有制。

1993年“两撤两建”后，上收黑河市，为黑河市商业职工医院归属市商业局管理。1994年，经黑河市政府批准，黑河市商业职工医院交爱辉区，归属区商业局管理。2001年，机构改革，爱辉区商业局划归爱辉区经济计划局，爱辉区商业职工医院归属爱辉区卫生局管理。2002年，更名为爱辉区中西医结合门诊部。2005年，由于爱辉区中西医结合门诊部效益不好，改名为爱辉区中央街门诊部。

五、乡镇卫生院

1983 年前，为爱辉县各人民公社卫生院。1984 年 9 月恢复乡建制，黑河市有西岗子镇中心卫生院、爱辉镇中心卫生院、罕达汽镇中心卫生院，西峰山、张地营子、上马厂、新生、幸福、四嘉子、二站、北师河乡卫生院，隶属卫生局管理。1985 年 12 月，经省政府批准黑河市建立坤河达斡尔族满族乡，同时建立坤河乡卫生院。1989 年 6 月，黑河市 12 个乡镇卫生院“三权”（人事权、财政权、管理权）交乡镇政府管理。卫生局有业务指导权。同年 3 月，经黑河市编委批准，西岗子镇中心卫生院改为黑河市第二人民医院，副科级建制。1990 年 12 月，经黑河市编委批准黑河市第二人民医院为黑河市卫生局直属单位。2000 年 5 月，经爱辉区政府批准，黑河市第二人民医院改为西岗子镇中心卫生院，隶属西岗子镇政府管理。

2003 年 6 月，经爱辉区政府同意，将张地营子乡中心卫生院、罕达汽镇中心卫生院、爱辉镇中心卫生院、西岗子镇中心卫生院、二站乡卫生院、坤河乡卫生院、四嘉子乡卫生院、幸福乡卫生院、上马厂乡卫生院、西峰山乡卫生院、新生乡卫生院 11 个乡镇卫生院的“三权”上收，归爱辉区卫生局管理。上收后的乡镇卫生院在人员管理、业务工作、房屋设备以及工资等方面都得到改善。从 2004 年开始，爱辉区卫生局对乡镇卫生院的人员配置、设备利用、房屋维修以及开展业务工作等方面加强管理，着手解决乡镇卫生院存在的困难问题，当年有 60% 的卫生院开始赢利。

2005 年，全区 11 个乡镇卫生院共有床位 45 张、医务人员 170 人，其中卫生技术人员 142 人，有中医 14 人，西医 90 人。

六、村卫生所

1984 年前，爱辉县村卫生所由生产队集体办所。黑河市农村实行家庭联产承包责任制后，村卫生所集体办所率有所下降，农村卫生工作出现滑坡。

1990 年，全市 117 个村屯，集体办所 60 个。1998 年后，爱辉区农村卫生所集体办所很少，普遍被个人承包。2000 年，爱辉区 117 个村屯有卫生所 98 个，19 个村没有卫生所。

2004 年，合并村后，爱辉区有行政村 89 个，有 113 个村卫生所。各村卫生所均有经过卫生局考试和培训、持有乡村医生资格证书、达到中专水平的乡村医生，承担着全区农村妇幼卫生、医疗保健和治疗工作，为本区农村经济发展提供医疗保障。

2005 年，全区农村有村卫生所 114 个、人员 134 人，经过卫生局培训全部达到中专水平。

七、城镇个体诊所

1984—1986 年，黑河市城区有个体诊所 5 所，主要为牙科、牙科镶装、中医内科。1991 年，黑河市城区有个体诊所 8 所，主要为牙科、牙科镶复、中医科、中医按摩诊所。

1996 年，爱辉区城乡有个体诊所 12 所，有牙科、牙科镶复、中医科、中医按摩、中医正骨、眼科。1997—2000 年，爱辉区城乡共有个体诊所 22 所，主要有中医科、西医科、中医按摩、妇科、牙科、牙科镶复、眼科、激光理疗科。2004 年，经过清理整顿，爱辉区城乡有个体诊所 13 个。13 个诊所均达到规范化标准，持有执业资格证书，开设中医科、西医科、中医按摩科、妇科、牙科、镶复科、激光理疗科等。

2005 年，爱辉区有个体诊所 18 个。开设中医科、西医科、中医按摩科、妇科、牙科、激光理疗科等，成为城乡卫生行业的补充部分。

八、城区卫生服务站

2004 年，爱辉区城镇管理体制发生变革，由原来的街道办事处下设的居民委组变为社区。卫生工作开始深入到社区。

2005 年,爱辉区社区卫生服务站覆盖所有社区。社区卫生服务站有医生、护士,负责城区居民的预防保健、中老年人健康体检以及常见病的治疗工作,成为市区卫生防站工作的重要组成部分。

九、黑河市区卫生院

黑河市市区卫生院原为黑河镇卫生院。1981 年建黑河市时,撤销黑河镇建制,改为黑河市区卫生院。1985 年 7 月前,市区卫生院分为市区卫生院(黑河市中医院前身)和市区牙病防治所(黑河市口腔医院前身)。1985 年 7 月黑河市中医院和黑河市口腔医院相继成立,市区卫生院自行取消。

第二节　医疗技术

1983—1987 年,黑河市人民医院外科能够进行胸部、骨外、普外手术。妇产科能做妇产手术、宫外孕手术、葡萄胎刮宫术。眼科开展眼垂矫正术。内科治疗常见病多发病,对高寒地区心脑血管病人的治疗有了较大的提高。辅助科室可开展输卵管碘油造影,静脉肾盂造影,胆囊造影、胸部倾斜位分层,肺部病造分层新技术。1984 年增设了脑血流图仪、超声波心动机、纤维胃镜。血沉黏度计,心脏监护仪开展临床应用。1986 年 12 月购进了 B 超诊断仪,应用于临床诊断。

1988—1993 年,黑河市人民医院对心脑血管疾病、神经内科、糖尿病、红斑狼疮等疾病的治疗诊断有了大幅度的提高。1989 年内科治愈率为 62%,好转率为 30.5%,临床初步诊断与确定诊断符合率为 98.5%。1990 年治愈率达 66.8%,好转率为 25.73%,病死率降到 1.75%。传染病的治疗主要是在流行性出热病方面取得了成功的经验,获得重大突破,治愈率达到 98% 以上。副主任医师李永德撰写的《联合抗过敏疗法治疗流行性出血热》论文,获省科技进步二等奖。外科开展胃癌根治术,乳腺癌根治术,外科治愈率 84.71%,好转率为 14.93%,死亡率为 0.36%。儿科在中西医结合治疗小儿常见病及儿科疑难病的治疗方面取得可喜成绩,抢救危重患儿 40 例,均获成功。

1994—2000 年,黑河市第二人民医院加强梯队建设,实施重点专业重点人员、重点培养的继续教育,选送人员到北京、上海、哈尔滨等地进修学习,提高医疗技术水平。先后派出长期进修班 19 人次,短期班 34 人次,引进和带回了许多新技术,除完成二级甲等医院要求的项目外,完成三级医院项目 62 项。如骨科引进带锁髓内钉、空心钉治疗股骨颈和长骨骨折,2 项技术获得市级科技进步奖。检验科的"室间质评"四项全优全省名列第三。流行性出血热免疫疗法、病理学技术诊断,阴式子宫全切技术、横切口腹外子宫下段剖宫产术,胃大部切除术空肠置营养管早期营养促进胃肠道功能恢复,心脏穿透性刀伤的救治、CT 立体定位介入治疗等项目填补了黑河市的空白。疑难重症抢救成功率高,影响大的病例在区域内也有较高声誉,如外科胸部贯穿性枪伤肺损伤的救治成功,重症胸腹联合多脏器损伤失血性休克的救治,内外脑出血、碎吸术、心内科大面积心梗伴随休克的救治,成人呼吸窘迫综合症的救治等。

2001 年,市二院选派骨科、儿科、检验科、急诊科、眼科等 12 名青年业务骨干赴北京、上海、哈尔滨等大医院进修学习,在肝、胆、胰疾病的手术治疗、腰间盘脱出的手术治疗、内眼手术、晶体植入、恶性肿瘤的系统化疗、儿科心血管治疗、血液检验等方面带回了国内高新技术。当年,各科室开展二级甲等医院技术项目 84 项,三级甲等技术项目 58 项。其中内科副主任医师李洪顺成功开展的球囊临时心脏起博器的植入,是黑河市采取介入手段治疗心脏病的开端。骨外科副主任医师何存良开展的断腕再植术填补了黑河市医学界的空白。同年,市二院引进法国全自动血球仪、美国 CA－50 血球仪,进一步提高了检验质量和效率。4 月初,市二院捧回了 2000 年临床室间质评比四项全优金牌,成为黑河市唯一获此项奖的医院。

2002 年,市二院开展二级甲等医院技术项目 11 项,三级甲等技术项目 5 项。李洪顺完成的全市首例巨大肝囊肿 B 超引导下经皮肝脏穿刺介入治疗，开创了黑河市采取介入手段治疗肝脏疾病的先河。姜涛、于海龙、谢爱君协作完成黑河市首例肾囊肿 B 超引导下介入穿刺，填补了黑河市医学界的空白，标志着黑河市二院在 B 超监视下介入治疗技术达到了市内领先水平。同年 8 月 15 日，市二院眼科医生李玲、胡杰合作完成了全市第一例羊膜移植手术，喜获成功。购入了沈阳东软 NAX500/1000R/F 数字遥控 X 线机，提高了影像检查质量和效率。

2004 年初，市二院投入 26.8 万元，引进国际最先进的保全子宫的医疗设备自凝刀，在 3 月和 6 月 2 次聘请北京市著名妇科专家佟宁波教授到市二院主持开展了子宫肌瘤射频手术，效果非常好。此项技术具有不开刀，不损伤正常组织，无需麻醉、无需住院、痛苦小、费用低、一次性治愈等优点。5 月，与俄方合作建立眼科中心，聘请俄罗斯著名眼科专家，俄一级眼科医生奥列格、科斯佳及高级眼外科医生溜达到市二院出诊、手术和讲学。开展接触和手术矫正近视、远视、散光及激光手术、起乳手术，利用 alloplant 术式治疗视网膜静脉阻塞，视网膜血管炎，糖尿病性视网膜病变，缺血性视神经病变，视网膜色素变性，葡萄膜炎和玻璃体积血等眼底疾病。此种技术获得 50 多项独联体专利证书。8 月初，市二院投入 170 多万元购进美国 GE 公司生产的 V730 专家版数字实施四维彩色超声诊断系统，大大简化了诊断程序，进一步提高了诊断效率和准确率。10 月底，市二院引进腹腔镜，眼底激光治疗仪，多功能射频治疗仪，环氧乙烷灭菌柜等。

2005 年 3 月 6 日，俄罗斯阿穆尔州州立医院院长瓦西里一行到黑河市第二人民医院考察，双方就进一步扩大医疗技术交流与合作达成共识，在眼科、外科、耳鼻喉科、神经科、肿瘤科等互派专家达成协议，实现了合作医疗的跨越式发展。同年 9 月，黑河市第二人民医院邀请黑龙江省医院呼吸、心血管、神经、消化、普外、骨科、儿科、耳鼻喉、口腔、超声科等 10 个专业、13 名医学专家，在省医院副院长全政锡教授带领下到市二院出诊、手术，讲学 2 天，为疑难病例会诊 4 人次、手术 10 例，受到社会各界好评。

第三节 医疗设备

一、乡镇医疗设备

1985 年后，黑河市各乡镇卫生院普遍配有 30～50MAX 光机、小型高压灭菌锅、手术包、手术床、常规检验设备、听诊器、血压计、无影灯，产床等设备。

1989 年，黑河市乡镇卫生院“三权”交乡镇政府管理，到 2003 年 6 月，各乡镇卫生院没有增添设备，X 光机只有 1～2 个卫生院在使用，大部分不能用，医疗设备较简单，只有常规检验仪器如：手术包、高压灭菌锅、听诊器、血压计、产床等，只有 1～2 个卫生院能做阑尾炎手术。

2005 年，国家开始装备乡镇卫生院，但爱辉区不在序列县内，国家暂不装备。

二、城区医疗设备

城区疾病治疗以黑河市第二人民医院为主，主要设备集中在黑河市第二人民医院。

1985—1991 年黑河市人民医院设备明细表

表 22－1

序号	名 称	数量（台）	序号	名 称	数量（台）
1	血疗仪	1	4	双目手术显微镜	1
2	生命体征监护仪	1	5	手术监视仪	1
3	心脏除颤器	1	6	胎儿监护仪	1

续表 22－1

序号	名　称	数量(台)	序号	名　称	数量(台)
7	三笔血流仪	1	15	心脏监护监视器	1
8	二氧化碳激光治疗仪	1	16	激光血疗仪	1
9	脑电机	1	17	尿液分析仪	1
10	GE6511 心电机	3	18	半自动生化仪	1
11	心脏监护仪	1	19	血流变分析仪	1
12	500mAX 光机	1	20	高频电刀	1
13	全身麻醉机	1	21	光离子治疗仪	1
14	B 超机	1			

1992—1997 年黑河市第二人民医院设备购进表

表 22－2

序号	名　称	数量(台)	序号	名　称	数量(台)
1	心功能测量仪	1	6	生物显微镜	1
2	GE8800CT 机	1	7	心脏电生理刺激机	1
3	挪威彩超	1	8	颅脑立体定位仪	1
4	综合治疗仪	1	9	离子分析仪	1
5	彩超机	1			

1998—2000 年黑河市第二人民医院设备购进表

表 22－3

序号	名　称	数量(台)	序号	名　称	数量(台)
1	动态心电分析仪	1	12	微波耳鼻喉治疗仪	1
2	心电机	1	13	除颤器 M1723＋SAD2	1
3	三维脑电图仪	1	14	体外临时起搏器	1
4	微波手术治疗仪	1	15	JB－9107 监护仪	1
5	婴儿培养箱	1	16	理拜胎儿监护仪	1
6	心电图机	1	17	动态分析仪	1
7	泰利特 100 尿 10A 机	1	18	DD－2 电刀	1
8	子母无影灯 12 孔机	1	19	B 超 SSD－1100	1
9	麻醉机 710	1	20	动态分析系统	1
10	运动平板机	1	21	胃结肠镜	1
11	GE 螺旋 CT 机	1			

1998—2005 年黑河市第二人民医院设备购进表

表 22－4

序号	名　　称	数量(台)	购入时间	金额(万元)
1	超声波诊断仪	1	1998 年	29.8
2	GE 螺旋 CT 机	1	1999 年	320
3	运动平板机	1	2000 年	26.15
4	动态分析系统	1	2000 年	14
5	血球计数仪	1	2001 年	29.5
6	纤维胃镜	1	2002 年	12
7	纤维结肠镜	1	2002 年	12.6
8	诊断用 X 光机	1	2002 年	95
9	血气分析仪	1	2003 年	20
10	多功能麻醉机	1	2003 年	29
11	四维彩色超声仪	1	2004 年	170
12	多功能辐射治疗仪	1	2004 年	26.8
13	移动 X 光机	1	2005 年	25
14	高频 50KW－X 光机摄影系统	1	2005 年	25
15	全自动生化分析仪	1	2005 年	83
16	彩色超声诊断仪	1	2005 年	108

说明:表中为 10 万元以上设备

第三章　卫生防疫

第一节　机　　构

1983 年 6 月,爱辉县并入黑河市,爱辉县卫生防疫站更名为黑河市(县级)卫生防疫站。

1985 年,黑河市结核病防治所(内称防痨科)成立,对外挂牌,与黑河市卫生防疫站合署办公。

1986 年 11 月,黑河市卫生防疫站搬迁到新楼兴安街 87 号,建筑面积 1 370 平方米。设有食品科、环境科、地病科、防痨科、卫生科、检验科、计划免疫科、宣教科、流病科、肝炎办、门诊部、财务室、办公室;全员 51 人。

1993 年,黑河市卫生防疫站更名为爱辉区卫生防疫站。设有食品卫生科、环境卫生监测科、计划免疫科、流行病科、卫生科、地方病科、检验科、宣教科、健康体检门诊、防痨科、办公室。有在职人员 63 人。其中,副高级职称 2 人,中级职称 31 人,初级职称 17 人,防疫员 6 人,其他人员 7 人。

2004年8月,爱辉区卫生防疫站的食品卫生科、环境卫生科、学校卫生科、公共卫生科4个科室职能上收市卫生监督所,4个科室的19名工作人员同时上调市卫生监督所。10月,根据爱辉区编委文件,爱辉区卫生防疫站改称为爱辉区农村疾病控制中心,只在农村开展工作。

2005年,爱辉区农村疾病控制中心42人(其中结核病防治所10人),其中,高级职称2人,中级职称23人,初级职称8人,工勤人员9人。下设办公室、计划免疫科、流行病科、检验科、宣教科、结防所,门诊科。

爱辉区卫生防疫站有固定资产11.8万元,办公大楼1 370平方米,车库160平方米。世界银行结核项目装备防疫奔驰救护车1台。主要设备有分光光度计、分析天秤、原子吸收及配套设备、冰箱、冰柜、摄像机、录放机、照相机、200MAX光机、二氧化碳测定仪、噪声测定仪、大气采样器、辐射测定仪、微机及打字机。

第二节　传染病防治

一、疫情报告制度

1983年至1989年8月30日,传染病报告实行逐级上报。由乡镇卫生院上报到县卫生防疫站,卫生防疫站调查后上报到地区,由地区再报告省卫生防疫站,并设立专人报告制度。

1989年9月1日,《中华人民共和国传染病防治法》颁布实施,传染病管理工作纳入了法制管理的轨道。黑河市卫生防疫站按照《中华人民共和国传染病防治法》的要求,落实疫情报告制度。

传染病疫情报告制度:责任疫情报告人发现甲类传染病和乙类传染病中的艾滋病、肺炭疽的病人、病源携带者和疑似传染病人时,城镇于6小时之内,农村于12小时之内,以最快的通信方式向卫生防疫站报告,并报告传染病报告卡。责任疫情报告人发现乙类传染病人,病原携带者和疑似传染病人时,城镇于12小时,农村于24小时内向卫生防疫站报出传染病报告卡。

旬报:流行性出血热高发期实行疫情旬报。

月报:黑河市直属各医疗单位、卫生院、村卫生所每月向卫生防疫站做出疫情报告,防疫站根据各医疗单位的疫情报告进行分析整理,每月向上级部门报出疫情报告。

年报:黑河市防疫站将全年发生的疫情汇总后,向上级部门和行政部门各报一份。

黑河市卫生防疫站对市直医院每月检查一次疫情,对乡镇、场矿医院每半年检查一次疫情,对沿江乡卫生院每季检查一次疫情。

2004年10月,爱辉区卫生防疫站更名为爱辉区农村疾病控制中心。2005年,爱辉区农村疾病控制中心只在农村开展工作,但疫情报告工作仍按《中华人民共和国传染病防治法》的要求执行。

二、病情与防治

1987年,黑河市发生乙类传染病373例,发病率为269.49/10万。其中,肝炎117例,发病率为84.53/10万;痢疾103例,发病率为74.42/10万;出血热137例,发病率98.98/10万;猩红热9例,发病率为6.5/10万;麻疹4例,发病率为2.89/10万;流行性脑炎2例,发病率为1.45/10万;百日咳1例,发病率为0.72/10万。市卫生防疫站及时进行流行病学调查,及时对发病人员实行对症治疗并进行消毒、隔离、注射疫苗处理,同时入户指导隔离预防工作。

1988年,黑河市发生乙类传染病418例,发病率为297.58/10万。其中,肝炎156例,发病率为111.07/10万;痢疾77例,发病率为54.82/10万;出血热163例,发病率为116.05/10万;猩红热18例,发病率为12.80/10万;麻疹1例,发病率为0.71/10万;伤寒1例,发病率为0.71/10万;流行性脑炎2例,发病率为1.42/10万。

1987—1990年,黑河市传染病的防治主要以流行性出血热和病毒性肝炎为重点,带动其他传染病的防治工作,防治流行性出血热主要是在城乡开展大面积的灭鼠工作。肝炎防治主要抓了医源性传播,全市医疗部门坚持一人一针一管,医疗器械一用一消毒,对患者实行隔离治疗工作。1989年9月1日,《中华人民共和国传染病防治法》(以下简称《传染病防治法》)颁布实施,传染病管理工作纳入了法制管理的轨道。黑河市卫生防疫工作严格执行传染病防治法中提出的各项要求,加强预防工作、控制工作和疫情报告制度;加强对医疗、保健机构的管理,严格执行消毒隔离制度,防止医院内感染和医源性感染。是时,甲类传染病早已灭绝,主要对发生的乙类、丙类传染病实行现场指导和开展控制,宣传教育群众开展消毒、隔离、预防治疗方法,使发生的乙类、丙类传染病在最短的时间内得到控制,防止爆发流行。当年,黑河市发生乙类传染病620例,发病率为432.30/10万。其中,肝炎312例,发病率为217.54/10万;痢疾61例,发病率为42.53/10万;出血热153例,发病率为106.68/10万;猩红热93例,发病率为64.84/10万;伤寒1例,发病率为0.71/10万。1990年,黑河市发生乙类传染病431例,发病率为294.56/10万。其中,肝炎258例,发病率为176.29/10万;痢疾71例,发病率为48.57/10万;出血热84例,发病率为57.40/10万;猩红热13例,发病率为8.88/10万;伤寒2例,发病率为1.37/10万;流行性脑炎2例,发病率为1.37/10万;麻疹1例,发病率为0.68/10万。

1994年,爱辉区发生乙类传染病五种220例,发病率为136.96/10万。其中,肝炎162例,发病率为100.35/10万;出血热35例,发病率为21.79/10万;菌痢14例,发病率为8.72/10万;猩红热5例,发病率为3.11/10万;淋病4例,发病率为2.49/10万。是年5月,四嘉子乡卡伦山村肝炎暴发,卫生防疫站及时处理,进行流行病学调查。实施消毒、隔离、注射疫苗等,对症治疗,使该村肝炎暴发得到有效控制,没有续发病例发生。

1996年,爱辉区全年发生乙类传染病185例(死亡3例),发病率为108.91/10万。其中肝炎发生119例,发病率为70.05/10万;出血热发生41例,发病率为24.14/10万;菌莉18例,发病率为10.60/10万;淋病发生3例,猩红热1例。全年共检查门诊及住院病志29 845例,查出传染病192例,报告190例。对黑河市第二人民医院进行2次监测,空气监测合格率为80%,护士手、物体表面合格率为90%,紫外线灯合格率为98%。1998年,爱辉区全年共发生乙类传染病340例,无死亡,发病率为191.62/10万。其中肝炎发生94例,菌痢54例,伤寒2例,淋病31例,梅毒17例,麻疹5例,猩红热26例,肺结核94例,出血热17例。呼吸道传染病与梅毒呈上升趋势。年内对区直医疗单位进行了清查,在摸清底数的基础上补建了《疫情档案》,加强了监督检查力度,完成城区医疗单位监督监测10次,乡镇卫生院60%的单位监督监测任务。在监督监测中认真贯彻执行《传染病防治法》,对发现的迟报、漏报、门诊日志不健全,私自购销生物制品等问题,依法下达“限期改进通知书”6份、“行政处罚通知书”1份。每月出版1期《疫情反映》以指导全区防疫工作。根据传染病流行特点,及时开展了流行病学调查工作,对麻诊、伤寒等少发病例及时进行疫点处理,控制了疫情蔓延。

2000年,爱辉区卫生局按照《中华人民共和国传染病防治法》开展传染病报告监督检查工作,对黑河市第一、第二人民医院、中医院进行了全面检查;对乡镇卫生院开展了监督检查。对在城区内5所小学相继发生小范围的流行性腮腺炎进行流行病学调查,并做出应急措施:(1)隔离治疗患病学生;(2)学校教室通风,消毒,进行晨检;(3)口服板兰根冲剂;(4)注射疫苗。经过应急措施的实施,有效地控制了腮腺炎的继发蔓延。当年爱辉区发生乙类传染病386例,无死亡病例,总发病率为215.97/10万。其中,肝炎134例,淋病48例,梅毒53例,出血热30例,肺结核102例,伤寒1例,猩红热3例。

2003年,爱辉区共发生乙类传染病9种471例,发病率为245.52/10万,死亡2例。其中,肝炎发生293例,梅毒发生27例,痢疾、出血热、淋病有下降趋势。流动人口传染病明显高于往年。2月末开始,国内个别城市发现非典型肺炎(简称“非典”)病例,并有爆发流行趋势。爱辉区根据中共中央办公厅、国务院办公厅《关于加强防治非典型肺炎工作的通知》和全国非典型肺炎防治工作会议精神,积极主动采取措施开展防治“非典”工作。成立了以主管区长为组长的防治非典工作领导小组。组建防治非典工作应急小分队7个,建立了24小时值班报告制度、报告登记制度。培训城乡医生80人次,培训社区干部、幼儿教师140人次,培训中小学生2 100人次,接待热线电话及咨询600余次。专门成立了信息组,负责每天收集、汇总整理上报各类有关信息,流行高峰期每天向上级部门报告24种信息。认真开展疑似接触者的流行病学调查工作。疾控中心自4月中旬至8月中旬取消了节假日、双休日,如有可疑情况随时奔赴现场。先后对三砖厂、五砖厂、曹集屯、四嘉子、202国道工地等集中居住地点的可疑者进行流行病学调查与处理,对从疫区返乡的人员进行流行病学调查处理,先后直接处理107人,指导基层参与处理1 080人次。组织医务人员对各类场所进行预防性消毒。在职教中心、六千米、小新屯、七分场、火车站、客运站等地设“非典”留验站,有防疫人员24小时值班,严格把关,严防“非典”侵入爱辉区境内。截至10月底,爱辉区防治“非典”工作按照上级的部署,采取有效措施,没有使“非典”病毒侵入爱辉区境内。

2004年,爱辉区发生法定传染病8种702例,死亡1例。其中,乙类传染病701例,丙类1例。总发病率为361.95/10万,总死亡率为0.52/10万。主要发病情况为肝炎510例,发病率为262.96/10万;出血热24例,发病率为12.37/10万;肺结核111例,发病率57.23/10万;淋病18例,发病率9.28/10万;梅毒35例,发病率18.05/10万;其他有细菌性痢疾2例,猩红热1例,丙类流行性腹泻1例。

2005年,爱辉区农村共报告发生法定乙类传染病2例,为布氏杆菌病和流行性出血热。开展了传染病报告调查,从11个乡镇卫生院门诊及住院病例9 156例中查出传染病2例。按照上级的要求部署,特别加大了人间禽流感防治力度。区政府制定下发了《爱辉区人间禽流感防治工作预案》《各部门工作协调机制及职责》,调整了领导小组,启动了技术指导组。利用各种形式深入乡村养殖户进行人间禽流感防治知识宣传,组织传染病防治人员深入医疗机构检查指导工作,对卫生技术人员进行培训。坚持日报告制度,实行24小时值班制度。积极组织医疗救护组、防疫指导组进行应急模拟演练工作,收到了良好的效果,当年爱辉区没有发生1例禽流感病例。

三、计划免疫

1984年,黑河市各医院、卫生院、卫生所建立接种站33处,有专兼职医生负责计划免疫工作。当年对0~7周岁儿童建卡13 850张,建卡率为80%;发放接种证4 118个。

1987年,黑河市进一步加强儿童计划免疫管理,采取新生儿如不接种卡介苗,公安局不予落户口、粮食局不予办理粮食关系等方法,全年为新生儿建卡2 419份,建卡率为99.1%。与黑河地区卫生防疫站协作,对163名儿童进行麻疹抗体水平测定,免疫成功率1∶2以上的占100%。

1990年,黑河市为实现省卫生防疫站提出的以县为单位“四苗”(卡介苗、麻疹疫苗、脊髓灰质炎疫苗、百白破三联疫苗)覆盖率达到85%的目标要求,全年召开3次卫生防疫医生、院、站长工作会议,布署任务并多次下乡检查。11月中旬,地区卫生防疫站、市卫生防疫站组织检查,随机抽样30个点,共检查210名0~7岁儿童,建证率达100%,卡介苗接种率为99%,百白破三联疫苗接种率为99%,麻疹疫苗接种率为99%,四苗覆盖率为96.6%。全年入保0~7岁儿童10 877人,入保率为88.87%。城区、爱辉镇、西岗子镇、幸福乡、宋集屯煤矿等实行了儿童保偿一保七年制,其他乡实行了一保一年制。全区城乡全部实行了计划免疫保偿制。

1991—2000年,爱辉区继续实施计划免疫第二、第三个85%以上的目标,加强计划免疫工作。区卫生局对乡镇的基础免疫接种率、卡证符合率、报表及时率等情况进行监督检查。基础免疫接种单苗接种率达98%,四苗覆盖率达95%。按上级防疫部门要求,对全区0~15岁儿童普遍开展了麻诊疫苗接种。2000年,对新出生的1 020名婴儿进行了卡介苗接种,接种率达100%。2002年,爱辉区为消灭脊髓灰质炎,开展2次查漏补种工作,2次共查漏补种服苗儿童2 460人,占应服人数的98%以上。强化接种率在98%以上。新生儿出生1 190人,全部接种卡介苗,接种率100%。2004年,为消灭脊髓灰质炎,展开2次查漏补种工作,2次查漏补种服苗人数分别为2 460人和2 498人,分别占应服苗人数的98.91%和99.36%。

2005年,为消灭脊髓灰质炎,全区开展了2次查漏补种工作,2次服苗分别为2 071人和1 941人,服苗率为98.1%和97.43%。当年开展了麻疹疫苗、风疹疫苗及麻风二联的强化接种工作,共计接种麻疹疫苗129人,风疹疫苗91人,麻风二联1 674人。接种出血热疫苗1 070人。巩固了常规免疫接种工作,卡介苗、脊灰疫苗、百白破三联、麻疹、乙肝疫苗接种率均在99%以上。同时,开展麻疹监测工作,将麻疹监测工作纳入AFP监测系统,实行零病例旬报制度。

四、结核病防治

1983年,爱辉县卫生防疫站举办防疫学习班2期,参加112人。普查农村人口4万人,发现结核病人Ⅲ型45人,Ⅱ型结核病人271人,患病率为7.9%,菌阳患病率1.125%,对全部结核病人给予了治疗。

1984—1986年,黑河市对城乡96 200人进行结核病普查,查出Ⅰ型病人11人,Ⅱ型260人,患病率为0.28%,菌阳者为0.11%。以痰检为主,配合X光片筛选调查2 541人,发现新患病人69人,其中,Ⅰ型3人,Ⅱ型39人,Ⅲ型27人。复查335人,确定结核病人232人,其中Ⅰ型6人,Ⅱ型114人,Ⅲ型112人。1986年底登记管理的结核病人为368人,患病率为2.74%,其中Ⅰ型6人,Ⅱ型362人,取消登记60人,并进行分型管理,合理治疗。当年国家颁布了《结核病防治管理办法》,把结核病防治工作由政令性管理转变为法制管理。市政府拨款5 000元,用于农村贫困户结核患者的医药费,使贫困户患者得到有效治疗,服药病人为368人,治疗好转率为94.7%。

1998年,爱辉区开展了结核病控制项目县工作。利用世界结核病日上街宣传《中华人民共和国传染病防治法》《黑龙江省结核病防治条例》,发放宣传单3 000余份。年内举办卫生院长、防病医生培训班2次,讲解了结核病的预防、发现、管理治疗等有关规定,提高了结核病防治医生的自身素质和管理水平。早发现新涂阳病人46例,复阳病人11例,新发空洞与血播病人10例,初阳病人40例,总发病人为107例,较上年提高3%。对初、复治涂阳病人强化期治疗加服肺宁丸,使初阳两个月阴转率达到95%,治愈率达95%,复阳两个月阴转率达87.5%,治愈率87.5%。本周期结核病控制项目工作,经市结防所检查,达到了标准要求。

2000年,爱辉区对结核病防治工作加强管理和宣传力度,配合黑河市结核病防治所完成第四次全国结核病流行病学调查工作,查明爱辉区患病率为9.47/10万,为国家结核病控制项目安排提供依据。全年门诊接待病人166人,发现浮动性结核病人116人。对全区内所有结核病人均按结核病项目落实了治疗方案及管理工作。预期阳转率调查,城市在90%以上,农村在80%以上。2002年,全区结核病初诊病人242人,查痰372人,发现涂阳初治病人44例,复治涂阳病人4例。初治涂阳治愈56例,治愈率98%。复治涂阳愈9例,治愈率100%。新发空洞及血播病人9例,完成治疗100%。12周阳转PD试验548例,阳转499例,阳转率91%。

2004年,为完成"全国规划"和"全球基金"项目指标,加强了结核病防治工作力度。按人口比例给各乡镇卫生院分配发现病人指标,要求各乡镇卫生院及时提供发现结核病人可疑者,同时强化了综合医院、个体诊所转诊报告制度。对铁路职工等流动人口中的重点人群开展结核病普查工作,完成了"全国规划"和"全球基金"的发现病人的任务指标。全年初诊病人332人,胸透311人,查痰634人次。发现初治涂阳病人89例,复治涂阳24例。发现传染源病人113例,重症涂阳15例。二月末痰菌阴转率98%,满疗程治愈率100%。在对综合医院加强监督的前提下,依照省卫生厅文件要求成立了结核病网络直报工作小组,明确了工作职责和工作程序,提高了转诊到位率。按规划要求,加强对基层网络培训工作,举办乡村医生培训班1期,101人参加;举办乡级卫生院长、防疫医生培训班1

期,22 人参加。广泛宣传结核病防治知识,利用 3 月 24 日“世界防治结核病”宣传日,通过报纸上刊登结核病防治条例、悬挂过街红、宣传义诊车、咨询、电视广告播放、印发宣传单等方式,大张旗鼓地向群众宣传结核病防治知识。

2005 年,全区完成初阳病人 72 人,完成率 90%;复阳病人 8 人;重症涂阳 14 例,完成率 87.5%;新发涂阳病人治愈 88.8%,新发涂阳病人二月末阴转率 94.8%,复治涂阳病人二月末阴转率 100%。利用结核病宣传日,开展结核病防治知识的宣传活动,共发放宣传单 3 万余份,上街宣传 17 次,出宣传栏 15 期,张贴标语 90 幅,制作信息广告 8.8 万份,制作灯箱 1 块,刷墙体广告 1 面,广播电台播稿 3 次,“健康教育资源库”内容播出 5 次,周末大舞台宣传 1 次。举办培训班 10 期 230 人参加,培训内容为痰检、卡介苗报表、乡村医生结核病防治日志使用、结核病防治条例、督导防治与督导管理、卡介苗与 PPD 接种技术等各方面结核病防治知识。

第三节　地方病防治

一、大骨节病防治

1985 年,黑河市开始进行大骨节病防治攻关试点,即连续三年(1985—1987 年)普遍服用亚硒酸钠,将大骨节病的发病率降到国家要求的控制标准。经过连续三年的试点攻关,取得了可喜成绩。为确保取得的成果,1988 年继续巩固一年。

1989 年 11 月,黑河市卫生防疫站对全市城乡 23 所中学、12 所小学、103 个托幼园进行检查,检查结果为应服亚硒酸钠 28 799 人,实际服用 28 501 人,服硒率为 98.9%;临床普查 1 ~ 3 年级在校生 5 680 人,早期患病者 82 人,Ⅰ°患者 35 人,患病率为 2.1%;拍手片 440 份,X 线片诊断改变 56 人,其中干骺端世间 1/354 人,占 0.28%,骨端 55/354 人,占 1.5%。达到了国家要求的控制标准。

1990 年 6 月 28—30 日,黑龙江省地方病防治领导小组组织省专家组对黑河市大骨节攻关试点效果进行复查,在重病区的上马厂乡达音炉村、爱辉镇的松树沟村、张地营子乡张地营子村和泡子沿村进行现场 X 线检查、基础材料审核。查 7 ~ 16 岁人群 476 人,检出Ⅰ°患者 19 人,Ⅱ°患者 2 人,现患率为 4.41%。专家组确认,黑河市达到了国家制定的大骨节病控制标准。在三年攻关的同时,全市农村改水工作取得了突破性进展,农村 50% 的人口用上了自来水,这也是防治大骨节病的综合防治措施之一。从此,爱辉区不再是大骨节病重病区。

黑河市大骨节病监测统计表

表 22 - 5

年份	村数(个)	被监测人数(人)	被查出患病人数(人)	各度患病人数(人)			患病率
				早期	Ⅰ°	Ⅱ°	
1983	45	2 633	899	709	167	23	34.10%
1985	40	2 248	176	83	91	2	7.8%
1987	107	6 802	127	0	127	0	1.86%

黑河市防治大骨节病服硒统计表

表 22－6　　单位:人

年份	应用人数	实服人数	服硒率%
1983	32 148	30 739	95.6
1985	33 161	32 129	96.9
1987	35 875	34 955	97.4
1989	28 799	28 501	98.9

二、碘缺乏病防治

1985 年,黑河市卫生防疫站在全市监测点检查 1 095 人,查出甲状腺生理性肿大 108 人, Ⅰ°19 人,肿大率为 9.86%。

1990 年,黑河市通过省、地区联评及监测,全市学生甲状腺肿大平均低于国家规定的控制标准。

1994 年,黑龙江省根据我国政府在联合国承诺中国 2000 年消除碘缺乏病的目标,决定黑龙江省 1996 年消除碘缺乏病。要求全省重病区、重点病人加服碘油丸,碘油丸覆盖率要达到 85% 以上,同时贯彻国务院颁布的《食盐加碘消除碘缺乏病危害管理条例》,使食用合格硒碘盐覆盖面达到 90% 以上。根据省市的要求,爱辉区在重点人群(新婚育龄妇女、孕产妇、0～14 岁儿童)加服碘油丸人数达到 2 万人以上。1995 年,爱辉区防治碘缺乏病工作通过市政府专家组评估验收。1996 年,爱辉区防治碘缺乏病工作通过省政府专家组评估验收。同时加强对硒碘盐的监测,食用硒碘盐合格率在 96% 以上。

1998 年 11 月 5 日,黑龙江省政府碘缺乏病专家组代表国家对爱辉区碘缺乏病防治效果进行评估验收。专家组对市第二小学 8～10 岁儿童甲状腺肿大进行现场检查,临床检查肿大率为 3.3%,B 超测定为 3.3%;学生尿碘测定、居民家中的硒碘盐测定均达到国家要求的标准。经过 4 天的全面检查验收后,专家组认为爱辉区达到了在 1998 年消除碘缺乏病的标准,第一批达到了全省消除碘缺乏病的目标,成为全省、黑河市唯一的一次性通过的区县。

2000 年,爱辉区贯彻《中华人民共和国食盐加碘消除碘缺乏病危害管理条例》和黑龙江省实现消除碘缺乏病阶段目标总结暨再动员会议精神,严管盐业市场,打击非法盐商,全区食用硒碘盐人口达到 98.7%。2000 年以后,爱辉区继续实行食用硒碘盐防治大骨节病、碘缺乏病、克山病即“食一盐防三病”的防治措施,全区大骨节病没有新发病人。此后,全区大面积的防治地方病工作宣告结束。2001 年机构改革中,爱辉区地方病防治领导小组办公室取消,爱辉区农村疾病控制中心将地方病科取消,不再设专科,将检测工作归属流行病科。

第四节　人均寿命与疾病死亡原因

一、人均寿命

1985 年,黑河市人均寿命为 71.06 岁,男性平均为 69.34 岁,女性平均为 73.68 岁。

2005 年,爱辉区农村人口平均寿命为 76.78 岁,男性平均为 74.02 岁,女性平均为 80.02 岁。

二、疾病死亡原因

1985 年黑河市因病死亡 679 人,死亡因素排列为:(1)循环系统疾病 322 例,占死亡人数的 47.42%。(2)恶性肿瘤 139 例,占死亡人数的 20.47%。(3)呼吸系统疾病 94 例,占死亡人数的

13.84%。(4)损伤与中毒51例,占死亡人数的7.51%。(5)消化系统疾病18例,占死亡人数的2.65%。(6)传染病14例,占死亡人数的2.06%。(7)神经系统疾病12例,占死亡人数的1.77%。(8)泌尿系统疾病12例,占死亡人数的1.77%。(9)内分泌系统疾病11例,占死亡人数的1.62%。(10)其他疾病3例,占死亡人数的0.44%。(11)精神系统疾病2例,占死亡人数的0.29%。(12)先天性疾病1例,占死亡人数的0.15%。

1986年黑河市因病死亡600人,死亡因素排列为:(1)循环系统疾病197例,占死亡人数的32.83%。(2)脑血管疾病98例,占死亡人数的16.33%。(3)肿瘤疾病78例,占死亡人数的13%。(4)肺心病58例,占死亡人数的9.67%。(5)冠心病29例,占死亡人数的4.83%。(6)肺癌22例,占死亡人数的3.67%。(7)胃癌21例,占死亡人数的3.5%。(8)呼吸系统疾病20例,占死亡人数的3.33%。(9)肝癌13例,占死亡人数的2.17%。(10)消化系统疾病9例,占死亡人数的1.50%。(11)肝硬化9例,占死亡人数的1.50%。(12)其他肿瘤8例,占死亡人数的1.33%。(13)食道癌7例,占死亡人数的1.17%。(14)新生儿及产后死亡6例,占死亡人数的1.0%。(15)早产儿死亡5例,占死亡人数的0.83%。(16)风湿性心脏病4例,占死亡人数的0.67%。(17)肺炎4例,占死亡人数的0.67%。(18)肠癌3例,占死亡人数的0.5%。(19)泌尿系统、肾炎、宫颈癌各2例,各占死亡人数的0.33%。(20)其他心脏病、产后病、乳腺癌各1例,各占死亡人数的0.17%。

1999年爱辉区因病死亡682人,死亡因素排列为:(1)循环系统疾病311例,占死亡人数的45.60%。(2)恶性肿瘤168例,占死亡人数的24.63%。(3)呼吸系统疾病85例,占死亡人数的12.46%。(4)损伤与中毒50例,占死亡人数的7.33%。(5)消化系统疾病15例,占死亡人数的2.20%。(6)内分泌营养代谢疾病15例,占死亡人数的2.20%。(7)传染病13例,占死亡人数的1.91%。(8)泌尿系统疾病9例,占死亡人数的1.32%。(9)神经系统疾病7例,占死亡人数的1.03%。(10)新生儿疾病5例,占死亡人数的0.73%。(11)妊娠与分娩2例,占死亡人数的0.29%。(12)先天性疾病2例,占死亡人数的0.29%。

2000年爱辉区因病死亡835人,死亡因素排列为:(1)循环系统疾病395例,占死亡人数的47.30%。(2)恶性肿瘤169例,占死亡人数的20.23%。(3)呼吸系统疾病111例,占死亡人数的13.29%。(4)损伤与中毒62例,占死亡人数的7.43%。(5)泌尿系统疾病23例,占死亡人数的2.75%。(6)消化系统疾病17例,占死亡人数的2.04%。(7)神经系统疾病17例,占死亡人数的2.04%。(8)传染病15例,占死亡人数的1.80%。(9)内分泌营养代谢疾病15例,占死亡人数的1.80%。(10)新生儿疾病4例,占死亡人数的0.48%。(11)血液病3例,占死亡人数的0.36%。(12)先天性疾病2例,占死亡人数的0.24%。(13)肌肉骨骼疾病1例,占死亡人数的0.12%。(14)其他疾病1例,占死亡人数的0.12%。

第五节　公共卫生

一、环境卫生

1984—1987年,黑河市对城区13个服务行业人员进行了健康体检,检出乙肝及其他传染病人员及时调离岗位;对理发店、招待所、浴池、旅店等每月监督检查1次,规定茶具、餐具消毒,被褥、床单每周更换1次;对影剧院、体育场馆进行空气监测,室内卫生进行监督管理。举办卫生知识培训班,提高从业人员卫生知识水平。

1988—1990年,黑河市根据《公共场所卫生管理条例》规定,卫生监督管理范围扩大到7大类28种。开展的监测项目有二氧化碳、噪声、照度、空气细菌总数、室内风速、湿度等项目。1990年,城区内有9家大宾馆设立了消毒间,旅店、招待所、理发店等普遍设立了消毒设备,在这些服务场所推广使用过氧乙酸、PPD 消毒净、除臭消毒剂等消毒药品。较大的百货商店、影剧院安装了通风设施。对五金交化商场、龙江浴池等公共场所的设计图纸进行了卫生学审查，提出了改进措施。根据《黑龙江省化妆品卫生监督管理规定》，对市内经营化妆品的 2 家批发部、7 家商店的化妆品卫生许可证、检验报告单、索证情况进行了检查，共检查了 319 种化妆品，有证 88 种，有证率为 27.6%，有检验报告单 56 种占 17.6%。

1991 年，黑河市加强监督措施，确保《公共卫生管理条例》的贯彻实施，243 家各类公共场所建立、完善了卫生管理档案，建档率达 100%。新发放卫生许可证 104 家，新开业发证率达 100%。对 1 286名作业人员进行健康检查，推广使用消毒药品和器具，各单位制定和完善了各项卫生规章制度，促进了生产场地和环境卫生的改观。对 17 家公共场所进行二氧化碳、微小气候、噪声、细菌总数等监测，共监测 388 次，其中合格 293 项，合格率为 75.5%；对自来水厂出厂水进行监测 138 项次，合格 122 项次，合格率 88.4%；对末稍水监测 116 次，合格 82 项次，合格率 70.7%；对化妆品行业进行抽查，抽查 159 种样品，合格 148 种，有证率达 93.1%。

1998 年，爱辉区除对公共场所进行监督、监测、管理以外，主要加强了市内二次供水管理，建立二次供水档案 23 户，监测二次水样 53 个，合格 45 个样品，合格率为 84.9%。

2000 年，爱辉区公共场所卫生许可证全年审核发放 134 户，其中游戏厅 6 户、理发店 87 户、旅店 29 户、浴池 9 户、歌厅 3 户。年检复查公共卫生许可证 90 户，其中理发店 66 户、旅店 20 户、游戏厅 4 户。公共场所从业人员体检 231 人。对辖区内各类行业进行卫生监督覆盖率达 90% 以上，监督合格率达 100%，年检复查率达 91%，年检复查合格率达 100%。公共场所监测 122 家，98% 合格。

2002 年，爱辉区公共场所卫生许可证全年审核发放 91 户，其中理发店 52 户，旅店 13 户，浴池 8 户，歌厅、酒吧 18 户；复检 69 户；从业人员体检 154 人。对辖区内各类行业进行卫生监督，对违法者进行处理，处理没收消毁过期食品价值 1 260 元，罚款 3 090 元。对从业人员健康检查发现 1 人患病，及时调离了工作岗位，取缔无证经营饭店 2 家。2003 年，爱辉区公共场所卫生许可证全年审核发放 101 户，其中理发美容店 72 户，旅店 26 户，浴池 3 户；复检 30 户，从业人员体检 213 人。环境卫生监测 36 户，合格率 100%；公共场所采样 35 户，合格率 95%。

2004 年，爱辉区环境卫生许可证发放 25 户，环境卫生从业人员体检 65 人。同年 8 月，黑河市卫生监督所成立，将公共卫生科、环境卫生科收到黑河市卫生监督所；爱辉区农村疾病控制中心对城镇公共卫生不再有监督权。

二、食品卫生

1984—1986 年，黑河市食品卫生管理主要要求做到“四防一消”（防虫、防蝇、防鼠、防腐、消毒），食品经营部门、店、点、摊床实行工具售货。饮食业实行“二化一到顶”（餐具消毒远红外化，防腐冰箱化，灶房瓷砖到顶），餐具实行一洗、二涮、三冲、四消毒，顾客坚持使用一次性卫生筷子。1985 年，黑河市屠宰厂在东门外郊区重新建厂，设屠宰车间、熟食加工车间，冷库等。肉食品加工与哈尔滨市肉联厂联营，生产 30 个品种的肉食品，其中，香肠生产为黑河市食品生产填补了空白。1986 年，黑河市饮食行业已有 119 家，实现了“二化一到顶”的要求。

1987—1990 年，黑河市以贯彻《中华人民共和国食品卫生法》（以下简称《食品卫生法》）为主，每年开展食品卫生工作大检查。对违反《食品卫生法》的单位或个人给予经济处罚或取缔。在黑河地区食品卫生现场会上，黑河市介绍了“二化一到顶”的经验。在全省组织的 16 城市卫生对口检查中，黑河市食品行业取得联评第一名的好成绩。学习推广了哈尔滨市太平区食品卫生网络化管理的经验，全市 12 个乡镇、市内 4 个街道办事处建立了食品卫生公共检查站，培训检查员 80 人，报告员 200 人，形成了食品卫生监督管理网络。1990 年，全市有食品经营企业 966 个，经审核后发放了卫生许可证，建档率达 100%。地产品监督检查 5 373 次，在检查中发现问题给予警告和限期改进 142 户，停业整顿 146 户，罚款 95 户，共罚款 1.4 万元。

1994 年，爱辉区食品卫生工作仍以贯彻《食品卫生法》为主，加强从业人员管理。审核发放卫生许可证 1 359 户，从业人员健康体检 2 906 人，从业人员体检率达 100%，检出乙型肝炎表面阳性直接从事食品生产者 9 人，全部调离工作岗位。对违反《食品卫生法》情节较严重的生产经营者，依法进行处罚，共罚 78 家，罚款 4 780 元。

1998—2000 年，爱辉区食品卫生工作贯彻《食品卫生法》《黑龙江省食品卫生管理条例》《黑龙江省饮食卫生管理办法》等法规，开展卫生知识宣传教育和法规教育，加强监督、检测工作。1998 年，举办培训班 4 次，防疫医生、食品从业人员 100 多人参加培训。走上街头、到生产经营户或企业宣传食品卫生法律法规，印发食品卫生宣传单 2 000 份、卫生知识教材 115 本。结合迎接国家卫生城检查工作，加强监督和执法力度，取缔无证经营商贩 15 户，对达不到卫生要求标准的 96 户要求限期改进。对违反《食品卫生法》有关规定的 29 户给予罚款处理，共罚款 2 400 元，对 7 户经销禁止出售的食品没收销毁 32 千克。全年审核发放卫生许可证 580 户，复检卫生许可证 769 户，从业人员体检2 126 人，其中发现患传染病的患者及带菌者 5 人，全部调离原岗位。共监督 2 619 次，监督覆盖率达 98% 以上，检测饮食餐具 683 件，合格 460 件，合格率为 67.3%。2000 年，共审核发放食品卫生许可证 838 户，其中，饭店 237 户、食杂店 295 户、食品加工 38 户、食品摊床 223 户、食堂 28 户、粮油店 17 户。全年复检卫生许可证 643 户。从业人员健康体检 1 371 人，新开业户建档率 100%。卫生监督覆盖率 90% 以上，监督合格率 100%，年检复查率 91%，年检复查合格率达 100%。处理各类违法案件 7 例，责令改进 43 户，罚款 140 元，取缔违法户 3 户，没收销毁食品 13 个品种 114 件。

2002 年，共审核发放食品卫生许可证 615 户，其中，饭店 122 户，食杂、粮油店 270 户，食品加工 44 户，各类摊床 179 户。复检食品卫生许可证 454 户，其中，饭店 157 户、食杂粮油店 275 户、加工业 22 户。食品从业人员体检 1 486 人，发现患传染病 1 人，及时调离，取缔无证经营饭店 2 家。对各类食品行业进行卫生监督，对违法业户进行处罚，销毁过期食品价值 1 260 元，罚款 3 090 元。食品餐具检验 360 户 785 次，合格率 71%，农村餐检 65 户 104 次，合格率 59%。

2003 年，爱辉区审核发放食品卫生许可证 848 户，其中，饭店 135 户，摊床 268 户。复检食品卫生许可证 201 户，其中饭店 104 户、食杂粮油店 81 户、加工业 16 户。食品从业人员体检 1 872 人。食品企业建立档案 100%，饮食业、旅店业、托幼机构、学校食堂消毒监督工作覆盖面达 100%。对违反食品卫生法的业户进行处罚 7 户，警告 6 户，罚款 1 户，没收销毁过期食品 53 件。市内餐检 126 户，合格率 83%，农村餐检 56 户，合格率 65%，熟食采样 44 户，合格率 100%。2004 年，年初审核发放食品卫生许可证 258 户，从业人员体检 397 人。同年 8 月市卫生监督所成立，将食品卫生科上收，爱辉区农村疾病控制中心对城镇食品卫生工作不再有监督权。

三、学校卫生

1985 年，黑河市各中小学校建立了校医务室，配齐了专职校医或保健医，开展学校卫生方面的各项工作。

1990 年 4 月，国务院发布《学校卫生工作条例》，学校卫生工作由行政部门管理走上了法制管理的轨道。8 月黑河市政府成立了学校卫生领导小组，组长由主管教育卫生工作的副市长担任。当年，全市 12 个乡镇已有 8 个乡镇中心校和中学配有保健教师，占应配保健教师的 66.7%；市内 7 所中学、6 所小学全部配齐了专职校医，开展卫生教育、预防疾病课程的教学和指导学校卫生工作。市卫生防疫站举办 1 期由中、小学校医、保健教师参加的培训班。市卫生防疫站对学生进行健康检查，对学校的教室采光、照度、空气以及环境进行监测，指导学校全面开展卫生工作。

2000 年，爱辉区各中心校、市内各中、小学校认真贯彻《学校卫生工作条例》，积极开展健康教育，预防学生疾病，学校卫生工作进一步完善和法制化。区防疫站对辖区中、小学校的学生进行健康体检，对市内中、小学校的食品卫生、公共卫生、教室采光、空气等进行监测，对5所小学一年级学生进行了百白破、麻疹、流脑疫苗的接种。

2004年，爱辉区对学校的食品卫生进行监督检查，监督各学校对饮水机进行消毒。对上马厂小学8～10岁儿童进行碘缺乏病监测检查29人，检测出甲状腺生理性肿大3人，肿大率为10.34%。

2005年，爱辉区对学校的食堂卫生进行监督检查，监督各学校对饮水机进行消毒。对爱辉镇小学和上马厂乡小学进行大骨节病和碘缺乏病监测共监测191人，未发现大骨节病，检出甲状腺生理性肿大14人，生理性肿大率7.33%。

第四章　妇幼保健

第一节　机　　构

一、妇幼保健院

1983年，爱辉县妇幼保健站配员13人，分为妇保和儿保2个组，主要开展家庭接生、计划生育、托幼园所的卫生保健指导和儿童门诊。

1984年，爱辉县妇幼保健站将组改为科，设有妇保科、儿保科、计划生育指导科、办公室。主要完成省卫生厅妇幼处要求的三大任务，即妇女保健、儿童保健、计划生育技术工作。爱辉县妇幼保健站随市县合并更名为黑河市妇幼保健站。

1986年，黑河市妇幼保健站有22人。1990年，黑河市妇幼保健站扩建，搬迁至文化街84号（4层楼、1 087平方米）。

1991年，黑河市妇幼保健站人员增加至53人。

1993年4月，随撤市建区，黑河市妇幼保健站更名为爱辉区妇幼保健站。10月，被省卫生厅命名为“爱婴医院”。1994年，爱辉区妇幼保健站有人员57人，设科室有妇保科、儿保科、妇产科门诊、病房、化验室、B超室、X光室、药局、办公室。

1996年，按省卫生厅妇幼处要求，妇幼保健站改为妇幼保健院，8月，爱辉区妇幼保健院正式挂牌。科室增加到12个。

2000年，爱辉区妇幼保健院有职工97人，其中，副主任医师6人，主治医师39人。

爱辉区妇幼保健院　　2005年11月摄

设有科室 11 个，有妇女保健科、儿童保健科、生殖健康科、妇科、产科、儿科、计划生育指导科、健康教育科、眼科、口腔科、信息资料科。辅助科室 8 个，有药剂科、检验科、影像科、麻醉科、器械科、手术室、供应室、心电室；行政科室 3 个，有办公室、财务科、后勤科。能够开展妇女、儿童保健，高危孕产妇和新生儿筛查、婚姻保健、健康咨询、计划生育指导、妇科、儿童疾病治疗和各项手术、不孕症、更年期综合症治疗、性病防治、儿童保健，眼斜视、弱视防治、口腔保健、小儿健康营养检查、智能发育测试等，并能指导基层妇幼医生、计划生育专业人员的工作，是一所集保健、医疗、科研和教学为一体的专科医院。

截至 2005 年，爱辉区妇幼保健院有主任医师 1 名、副主任医师 9 名，临床科室 11 个，有妇保科、儿保科、生殖健康科、妇科、产科、儿科、计划生育科、健康教育科、眼科、口腔科、信息资料科；医技科室 8 个，有药剂科、检验科、影像科、手术室、麻醉科、消毒供应室、器械科、心电室；行政科室 3 个，有办公室、财务科、后勤科。

二、妇幼保健网

黑河市从 1984 年开始建立全市农村三级妇幼保健网，即以市县保健站（县级）、乡镇卫生院、村屯妇幼卫生人员三级共同组成的妇幼保健管理体系。1986 年以后，黑河市妇幼保健站每年举办 1 期乡级妇幼医生班和 2 期村级妇幼医生、接生员学习班，提高业务水平。1986 年，全市有村卫生所 89 个，乡村妇幼医生 56 人，接生员 65 人。1988 年，全市 108 个村屯，村村有接生员，12 个乡镇均配有专兼职妇幼医生。

1989 年，遵照省卫生厅的要求，在农村提倡科学接生和住院分娩。黑河市加强了农村妇女保健和儿童保健系统的管理，保健站开始对农村的妇幼卫生人员提出新的要求，培训农村医生掌握围产期保健的新技术，进行高危孕妇和高危新生儿筛查；保健站人员下乡到各村开展妇幼保健工作，加强农村妇幼保健，提高新法接生率和住院分娩率。

1993 年，黑河市妇幼保健站更名为爱辉区妇幼保健站，仍然以建立农村妇幼保健网为主，逐年提高住院分娩率。

1996 年，按照省卫生厅的要求，爱辉区妇幼保健站改建为妇幼保健院。主要工作仍为防治与保健相结合，进一步建立和完善农村保健网，提高住院分娩率。全年住院分娩1 500人，住院分娩率达到 96%。2000 年，全区农村“三级妇幼保健网”建成。妇幼保健制度进一步完善，各项妇幼保健工作均在保健院医务人员的指导下开展。农民对住院分娩的认识不断提高，农村孕妇住院分娩率达到 100%。到 2005 年，爱辉区农村妇幼保健网更加完备健全，妇幼卫生医疗工作开展顺利，全区农村孕妇住院分娩率保持 100%。

第二节　设　　备

1986 年，黑河市妇幼保健站建立了化验室，有显微镜、721 光电比色计等检验设备，1991 年，购买了万能手术床、无影灯、X 光机、B 超机、冰箱、恒温箱、婴儿保温箱、病床等。1995 年，爱辉区妇幼保健站医疗设备有彩色 B 超、黑白色 B 超、胎心监护仪、多媒体红外线乳腺诊断仪、万能手术床、麻醉机、高频电刀、X 光机、无痛分娩仪、红外线新生儿抢救仪、半自动生化分析仪、自动血球分析仪、血凝仪，尿十项检验仪等。1996 年，在省卫生厅的支持下，爱辉区被批准为妇幼卫生项目县，是全省 4 家之一，获得世界卫生组织、联合国儿童基金会援助的总价为 8 万美元的车辆和设备 20 件，扩大了妇幼保健服务项目和服务领域。

2001 年，医疗设备主要有 200MAX 光机、儿童营养微机、智商测验仪、305 型 B 超、心电机、红外线乳腺诊断仪、乳腺病治疗仪、万能手术床、麻醉机、高频电刀、胎儿监护仪、无痛分娩仪、催生按摩仪、红外线新生儿抢救台、多功能产床、波姆光机、YAG 激光机、二氧化碳激光机、半自动化分析仪、分光光度计、溶出仪、床边监护仪、多普勒监护仪、自动血凝分析仪、美国彩色 B 超、微量输液泵等设备。

2002 年,爱辉区委将办公大楼调给保健院,在此基础上新建 1 400 平方米、改建 2 300 平方米,使保健院再次扩大了业务用房,达到了 3 700 多平方米,总投资 250 多万元。做检验平台 7 个,新建了药房和焚烧炉,改善了医疗环境。争取到香港万志仁基金 63 万元。设备有 200mAX 光机、儿童营养微机、智商检测仪、305 型 B 超、心电机、红外线乳腺诊断仪、乳腺治疗仪、万能手术床、麻醉机、高频电刀、胎儿监护仪、无痛分娩仪、催生按摩仪、红外线新生儿抢救仪、多功能产床、波姆光仪、YAG 激光仪、二氧化碳激光仪、半自动生化分析仪、分光光度计、溶出仪、床边监护仪、多普勒监护仪、自动血球分析仪、美国彩色 B 超仪、微量输液泵、美国产大型 B 超机,高压灭菌锅等。

到 2005 年末,爱辉区妇幼保健院拥有固定资产 500 多万元,有病床 50 张。

第三节　妇 女 保 健

1984 年,按照国务院颁发的女职工保护条例,黑河市妇幼保健站深入到西岗子电厂、黑河电厂、针织厂开展女工保健试点工作,要求工厂企业设女工室,向女工定期发放妇女卫生保健津贴。

1988 年,在市政府的支持下,按上级要求,开展婚姻保健体检工作,开始了保健保偿工作,与产妇签订保偿合同。黑河市妇幼保健站深入到黑河中学为 14 岁以上女学生讲解生理卫生知识。

1994 年,爱辉区妇幼保健站遵照省卫生厅妇幼处指示精神,开始执行孕产妇保健保偿制和儿童基金制。保证了妇女保健、儿童保健的系统管理质量,提高了系统管理率。通过孕妇产前、产时、产后的一系列保健措施和儿童 0 ~ 7 岁期间的系列保健等措施及有偿服务和无偿服务相结合的落实,使孕产妇死亡率连续 3 年为 0,妇女保健系统管理率为 86%,儿童保健系统管理率为 80%。1995 年,主要为农村和市区内广大妇女讲授妇女保健常识和妇女常见病、多发病的防治,听课人数达 3 000 人。

1997 年,为了提高女工保健水平,爱辉区妇幼保健院与市保险公司合作,对市区内厂矿企事业单位女工入保,由各级工会负责,让女职工每年到保健站做一次体检,普查治疗妇女病,让其中的育龄妇女和孕妇到妇幼保健站住院分娩和做系列保健检查,确保妇女和儿童的健康和安全,并由保险公司受保。

2001 年,爱辉区妇幼保健院全年妇保门诊 6 100 人次。孕产妇的系统管理中,全年建卡 920 人,系统管理达到 88. 5%,查出高危孕妇 30 人,并对高危孕妇进行系统的管理跟踪随访。产后访视3 240 人次,访视率 89%,全年婚检 920 对,婚检率 98%,婚前教育课参加人数 1 580 人。卫生部和省卫生厅联合对爱辉区婚检情况进行抽查,经过 3 天的检查,得到了卫生部和省卫生厅领导的好评。2002 年,妇保门诊 7 000 人次,孕产妇系统管理 800 人,管理率为 89%,筛出高危孕妇 150 人,妇女病体检 960 人。孕产妇死亡率为零。全年婚检 861 对,婚检率达 98%,查出各种疾病 154 人,疾病检出率为 7. 28%。暂缓结婚 5 对,占婚检的 1. 14%,并对查出的疾病进行治疗和跟踪随访。

2003 年,为提高各级妇幼医生的业务水平,保健院举办了培训班,有 60 余名妇幼医生参加,孕产妇系统管理率 87%,生殖保健体检 378 人,疾病检查率为 5. 6%。全年婚检 570 对,婚检率为 65%,检出各种疾病 30 人,针对不同患者给予了相应的治疗。2004 年,认真贯彻《中华人民共和国母婴保健法》,严把婚检质量关。全年妇保门诊 5 000 人,婚检 32 对。

2005 年,全年门诊量为 2 000 人次,妇女病普查 2 370 人次,占全区应查人口的 10% 以上,查出疾病 680 人,占普查人数 25%。住院 906 人,住院分娩 346 人。

第四节　儿 童 保 健

1981 年,世界卫生组织为儿童保健提出了四大革命,即母乳喂养、生长发育监测、预防接种、ORS 补液疗法。为实现上述任务,必须进行小儿四病(肺炎、腹泻、佝偻病、贫血)的防治工作,为此,爱辉县保健站开展了儿童四病普查工作。

1981—1983 年,由黑河地区医院儿科主任于凤芝牵头,哈医大教授关庆润、马贤才指导,以爱辉县保健站为主的城乡小儿佝偻病防治研究工作在爱辉县展开。1984 年以后,黑河市保健站儿保科与哈医大公共卫生系秦慧生教授在黑河市区内托幼园中开展了对小儿贫血防治的研究课题,通过调查结果表明,黑河地区小儿缺铁性贫血发病率为 46.5%。通过食用谷豆型儿童营养食品,使儿童缺铁性贫血发病率下降到 14.8%。并获省科技进步二等奖和四等奖,受到省内外专家一致好评。到 1991 年,经过几年大面积投药预防及治疗,抽样调查小儿佝偻病的患病率从 1983 年的 76.1% 下降到 1991 年的 11.1%。

1985—1992 年,农村托幼园所得到迅速发展,各乡村均有育红班,并有教学与保障相结合的办园方针和原则。1992 年,全市共有托幼园所 59 个,全部配备了专兼职保健医,100 名儿童以上的 5 所幼儿园设立了保健室和隔离室。保健工作较突出的有行署幼儿园、市教育幼儿园、邮电幼儿园、机关幼儿园。

1993—1998 年,爱辉区妇幼保健院对集居儿童健康检查率达 90% 以上,对散居儿童健康检查率达 80% 以上,各种疾病矫治率在 98% 以上。2001 年,爱辉区妇幼保健院加强对散居儿童系统管理,管理率达 85% 以上。宣传早期教育,对出生后有窒息颅内出血、吸入性肺炎等病史的儿童积极进行早期干预。3 月,召开托幼园所长、保健医会议,学习了《托、幼园所卫生保健制度》,要求做好儿童保健、膳食制定和膳食调查。加强了免疫接种工作,对在爱辉区妇幼保健院出生的新生儿做到 24 小时内接种乙肝疫苗、卡介苗,接种率达 95%;当年 627 人接种卡介苗,无一例差错事故发生。全年共检查了 53 个托、幼园所,儿童体检2 174人,保健人员体检 118 人。通过体检检出 316 人患有包茎,79 人患弱视症。同年,0 ~7 岁儿童系统管理率达 89%,体检 5 468 人,儿童体检率 91%,婴儿死亡率在 11.14‰以下。

2002 年,爱辉区妇幼保健院全年儿保科门诊 7 000 人次,对托幼园所儿童体检 2 058 人,散居儿童体检 692 人次,幼师体检 211 人次,其中查出有肥胖儿倾向 146 人,佝偻病儿童 383 人,斜视弱视 163 人,龋齿 773 人,并进行保健指导。儿童系统管理率为 89%,婴儿死亡率在 10‰以下。对院内新生儿 24 小时内接种乙肝、卡介苗 711 人,接种率达 95% 以上。2003 年,爱辉区妇幼保健院计划免疫接种 700 人次,儿童保健保偿 400 人次,全年门诊 5 000 人次,开出出生证明 1 050 人,儿童体检 2 500 人次。2004 年,爱辉区妇幼保健院儿保科全年门诊量 4 000 人次,对托幼园所体检 2 229 人次,儿童计划免疫 460 人次,新生儿诊查 600 人次。开展了新生儿游泳项目。

2005 年,爱辉区妇幼保健院儿童保健科门诊量为 3 000 人次,托幼园所体检 2 000 人次,儿童保偿 450 余人,为幼师体检 150 余人,对院内新生儿 100% 做到 24 小时内接种乙肝疫苗、卡介苗。

第五节　计划生育指导

1983 年,计划生育技术指导工作、计划生育手术、计划生育组织管理、计划生育年终考核工作由爱辉县卫生科负责完成。当年爱辉县保健站举办 2 期节育技术人员进修班,参加人员为各乡镇卫生院、厂矿妇科医生共20人,时间为半年。

1984年,以保健站为牵头单位,抽调妇产科医生组成节育技术鉴定小组,对从事节育工作的49名医生进行考核、考试。

1985年,黑河市妇幼保健站对11名节育技术人员进行了考核,考核全部合格,发给了证书。

1997年10月,妇幼保健院与计划生育指导中心合并,实行一个机构、两块牌子,统一管理,统一领导。

2001年,爱辉区计划生育指导中心制定了全年考核细则及质量管理标准,完善了生殖保健卡的内容,在规定检查项目上统一诊断标准,按时填写术后随访记录,切实体现生殖保健卡的动态管理。在全区城乡开展了生殖健康普查工作,全区共普查39 407人次,普查率86.81%,患病人数21 067人,患病率为53.5%,治疗人数8 164人,治疗率38.7%,治愈人数3 857人。

2002年,爱辉区计划生育指导中心对孕产妇系统管理达800人,系统管理率89%,筛出高危孕妇150人,生殖普查960人,孕产妇死亡率为零。

2004年,爱辉区计划生育指导中心为育龄妇女提供生殖健康服务,定期开展生殖保健体检。购进用于计划生育技术服务的微机及打印机,并对药具进行微机管理。优化婚、孕、产、节育和保健全程服务,对新婚夫妇进行"优生、优育、优教"的宣传教育。对各乡镇医生举办各类培训班,开展以"知情选择"为重点的避孕节育措施,组织育龄妇女进行孕情普查和妇女病体检,对查出的病人进行治疗,并跟踪随访。

2005年,爱辉区计划生育指导中心免费接收5名乡镇卫生技术人员进修B超、化验、妇科疾病检查及治疗的学习。计划生育指导中心的医生多次深入村屯普及计划生育知识,向广大农村育龄妇女讲解宣传育儿知识,使已婚育龄妇女懂得更多的生殖健康知识和避孕知识;育龄妇女避孕知识接受率达81.6%以上。当年培训计生人员、计生干部280人次。

第五章 爱国卫生运动

第一节 城区爱国卫生运动

1984年,黑河市完成引江工程,解决了城区水源不足和水源污染问题,新建水塔1处。当年增加垃圾运输车、吸粪车、洒水车各1台,扩大了清扫保洁队伍,保持了市区优美整洁的环境。在3月14日全省13个城市的检查中,黑河市获得爱国卫生运动先进市称号。

1985年,黑河市新建16 500延长米地下排水管道工程,解决了城市污水排放问题。城市主要街道开始实行定点倒垃圾,垃圾点设置垃圾胶皮盆,实现垃圾不落地,日产日清,垃圾清运、管理、清扫一条龙。9月18日,省政府卫生文明单位检查团一行5人对黑河市20个单位进行检查,并授予省级卫生文明单位。

1986—1987年,黑河市委、市政府提出创建卫生文明城活动,加强了城市环境基础设施建设,新建水泥路面3 356延长米,清修涵洞12道、110延长米,修巷道144条、13 400延长米;对171个公厕进行全面维修,翻建5个亭阁式厕所,新建4个砖厕所;增加300个胶皮垃圾盆、50个垃圾屏风、1台吸粪车、1台绿化浇水车、1台垃圾车、24个蛙式铸铁果皮箱、100个信筒式果皮箱。创建省级卫生文明单位31个。在全省16个城市卫生评比检查中黑河市被评为卫生先进市。

1988年,黑河市城市环境卫生实现垃圾不落地、日产日清,日清理垃圾点500多个,街路卫生达到三清(墙根清、道牙根清、路面清)。市政府召开了创建卫生文明城市动员大会,市五大班子领导分别组成检查团,对全市公共场所、食品行业、服务行业、街道居民委、机关、学校等各行业,按卫生文明城的标准进行大检查,对没有达标的单位停业整改。经过3个多月的努力,按卫生文明城的标准,各行业、各单位达标率达95%以上。在全省卫生文明城市评比中,单位合格率为93%,总平均为97.57分。7项卫生文明城市指标达到要求,被省政府授予卫生文明城市。1989年全市创建省级卫生文明单位9个,春秋两季召开了无鼠害城市动员大会,争取在2年内实现无鼠害城市目标。

1990年,市政府认真落实国务院《关于加强爱国卫生工作的决定》和省政府《关于加强全省爱国卫生工作的意见》精神,将爱卫会办公室由5人增加至8人,经费单列,搬迁至黑河市卫生防疫站4楼办公,成立消毒站,改善了办公条件,并配备1台工作用车。黑河市政府投资1.5万元,新建公厕4个、水冲式公厕2个、翻建公厕5个;新建水泥路12 660延长米,增加垃圾盆800个,果皮箱50个,吸粪车2台,清扫手推车10台,加强了城市治本建设。当年创建省级卫生文明单位8个、街路3条。为迎接全国434个城市卫生检查评比工作,市委书记张文树主持召开各部门一把手会议,部署各项迎检任务。市委、市政府召开"创建卫生城,迎国检"动员大会,抽调各部门116名干部组成检查团,深入各行各业检查指导工作。在全国434个城市卫生评比检查中,黑河市获黑龙江省第四名的好成绩,同时被省评为灭鼠先进市。同年,在黑河市召开了东北三省七市区卫生城市建设工作经验交流会,会上黑河市作了经验交流发言。

1991年,开展了美化净化环境,整顿市容市貌活动。4月,清运垃圾、脏冰3 200吨,补栽树木24万株;5月,修巷道2万延长米,挖边沟4万延长米;粉刷楼房1.5万平方米;新建绿化大院15个、花坛20个,增加盆花2 000多个,市内主要街路的窗口单位门前都摆放了盆花,80%以上的窗口单位设了专兼职卫生监督员。市政府拨专款加强城市基础设施治本建设,拨款200万元,对中央街西段和海兰街西段进行路面升级,对130个厕所进行维修,更新改造7个厕所,对王肃公园进行扩建。在全省对1983年以来创建的爱国卫生先进单位全面复查中和创建卫生文明城市复检中,黑河市受到省检查团的2次好评。

1992年,是开展爱国卫生运动40周年,也是黑河市被批准为沿边开放城市的第一年,又是全国第二次卫生城市大检的一年。黑河市政府加大城市治本的投资力度,投资800万元,修建水泥硬质通江大道4 000多延长米,新建水冲式公厕1个,翻建公厕6个,维修厕所56个,购置垃圾装载机1台,叉车2台,增加100个封闭式铁垃圾箱,结束了黑河市区使用垃圾胶皮盆的历史。加强了城市道路建设、公厕建设和管理,城市环境卫生大为改进。全年清理浮着物2 574处,清理出垃圾8 389吨,种花草8 000平方米,铺草坪6 000平方米,植树13 418株,老城区绿化覆盖率达到13.8%。创建省级卫生文明单位6个,获全国中小城市卫生检查评比先进市第三名的好成绩。

1993年,黑河市"两撤两建",黑河市(县级)变为黑河市爱辉区,环卫处、城建处上收黑河市(地级市)管理,市区城市建设爱国卫生工作,以黑河市(地级)管理为主。

1994年,黑河市开展以"我爱黑河,满意在黑河"为主题、整治城市环境和城市秩序为重点的卫生文明城市建设工作。爱辉区整修巷道2 600延长米,清除垃圾死角30余处,建绿化大院,美化环境,创建省级先进单位2个。

1995年,迎接全国城市卫生第三次大检查。爱辉区委、区政府成立了领导小组,制定了迎检方案,主要领导亲自抓落实。在检查中,四害密度均低于国家标准,单位和居民卫生管理规范化、制度化、美化绿化好,受到检查团的好评。

1996年是《黑龙江省爱国卫生条例》实施宣传年,爱辉区利用宣传月、宣传周、宣传大会,采取发放宣传单、宣传标语等形式,使条例深入人心。同时,按省爱卫会统一部署,对1983年以来的147个省级卫生先进单位(村)、84个地市卫生先进单位(村)进行全面复查,合格率为76%。春季清理垃圾1 500多吨,疏通沟渠8 600延长米,维修厕所1 000余个。

1998年,是全国第四次卫生城市大检查评比年。爱辉区按照新的检查评比标准,从3月开始清理脏冰、积雪、垃圾,共清除5 210吨、死角121处,修巷道17条。深入71个居民委、76个机关单位进行检查指导落实迎检工作。响应黑河市委提出的城市文明三大会战即“亮起来、洁起来、欢乐起来”和“讲文明,树新风”为内容的号召,积极行动起来,促进了城市卫生工作的开展,收到了良好效果。

1999年,按照省委、省政府下发的文件精神,爱辉区开展了以除“四害”,单位和居民区卫生工作为重点的创建卫生城市,迎接全国大检活动。通过环境治理卫生面貌得到改观。共清除垃圾20 483吨,投入车辆4 982台次,疏通沟渠3 256延长米,清除死角156处。修整巷道16条,绿化美化居民委大院26个,接受了第四次全国城市卫生大检查,在检查中受到好评。

2003年3月,爱辉区召开全区春季爱国卫生动员会,区委、区政府主要领导精心部署,现场指挥,共同参与全区爱国卫生月活动和参加义务劳动,推动了全区城乡环境卫生综合治理。4月,中共中央办公厅、国务院办公厅下发《关于进一步做好非典型肺炎防治工作的通知》,按通知要求,爱辉区向全区发出《在全区范围内进一步开展爱国卫生活动月的紧急通知》《抗击非典型肺炎,掀起新一轮爱国卫生运动的通知》《开展防治非典及农村爱国卫生运动工作方案》《开展整治城乡环境卫生,巩固防治“非典”成果活动实施方案》,把阻断“非典”传播途径作为爱国卫生运动的一项重要任务,全区出动干部、职工8万多人次,共清除垃圾、污物41 860吨,出动车辆90余台次,清理卫生死角150多处,清除乱贴广告画400余处。全区发放灭鼠药2吨,灭蟑螂药1吨,城乡除害灭病工作取得显著成效。爱辉区“整洁城乡环境卫生,巩固防治非典成果活动”工作得到了省、市检查组的好评。

2004年,爱辉区委、区政府把开展爱国卫生活动月做为实践“三个代表”重要思想,为人民群众办好事办实事的重要内容,召开了全区爱国卫生活动月动员大会,区委副书记、区长王喜军作动员报告,要求全区党政干部要站在建设口岸旅游城市的高度,立即行动起来,以清刨清运居民区垃圾、脏冰积雪为重点,全面开展爱国卫生月活动。3月23日,区委、区政府机关干部200多人到兴安街边城社区开展公益劳动,当天清除垃圾、脏冰积雪500多吨。截至4月末,全区共有68个单位参加了春季爱国卫生义务劳动,出动人员2 500多人,出动车辆270多台次,清除垃圾、脏冰积雪330余处,清除脏冰积雪垃圾16 000余吨,有效地改善了市区环境卫生。

2005年,全区人民积极行动,人人参与爱国卫生活动。4月12日上午,爱辉区召开第17个爱国卫生月活动动员大会。各部、委、办、局、街道、中、省、市直等110个单位参加了会议。下午13点30分,由各单位领导带队到指定地点参加义务劳动,6 000余人参加,共清垃圾污物1 200吨,清除垃圾死角236处,消除街面集中的乱贴乱画570多处。

第二节　农村爱国卫生运动

1984年5月,黑河市四嘉子乡五道沟村在村委会的组织下,村民自愿投资,盖水房铺管道,在全市农村第一个用上了自来水。9月,市政府在五道沟村召开了全市农村自来水建设现场会,推广五道沟典型。从此,拉开了全市农村自来水建设的序幕。到1985年初,全市农村又有一些村屯用上了自来水,受益人口达到15 319人,占农村人口的33.3%。

1986年10月,市政府拨款5万元,资助一部分乡镇村屯安接自来水,到年底已有5个乡镇20多个村屯用上自来水。受益人口由上一年的33.3%上升到50%,自来水受益人口达23 050人,农村自来水建设工作步入省要求的第二档次。同年,全市开展了春秋两次以农村为主的大面积灭鼠工作,共投鼠药1 738千克,投药率达到100%,黑河市被省评为灭鼠先进市。当年,创建省级文明村1个。

1988年,农村主要进行自来水水源地的防护和管理工作,使之达到长期使用,水井100%实现了封闭,80%的村屯在水井周围设置院墙或栅栏。开展了春秋两季灭鼠工作,召开灭鼠动员大会,市五大班子领导深入12个乡镇检查灭鼠情况。

1990年,黑河市贯彻国务院《关于加强爱国卫生工作的决定》,本着“缩小目标,讲究实效”的原则,使农村卫生面貌有明显改观的要求,制定了《农村环境卫生工作要点16条》。特别强调农村户厕统一标准、统一定点,粪坑采用石头砌水泥钩缝或水泥抹面,做到不渗不漏,出粪口加盖。加强水源地管理,提高农村饮用安全卫生水的百分率,水井半径50米内无污染源,修建围墙或栅栏,种水源防护林6行以上。大口井达到“五有”(有棚、盖、裙、公用水桶和排水沟)。坤河村成为典型模范村。截至年底,全市农村已建成自来水井37处,受益人口达24 478人,占全市农村人口的53.1%。全市成立732个灭鼠小组,5次办培训班,培训300人次,全年投鼠药2.5吨,投药率达98.5%,到位率100%,诱饵保留率90%,鼠密度由灭前的1.36%下降到0.96%,为实现无鼠害城市的目标奠定了基础,黑河市被评为省灭鼠先进市。当年建成省级文明村4个。

1991年,全市农村新增自来水用户250余户、816人,占农村人口的1.79%,使自来水受益人口达25 678人,占农村人口的55.7%。全市农村饮用自来水和改良水井的人口达到45 871人,占农村人口的99.5%。“七五”期间获省农村自来水建设先进市称号。当年,新建公厕7座,户厕达到5 100个;举办灭鼠学习班5期,培训800人;投鼠药2.3吨,投药覆盖率达98%;鼠密度由灭前的1.33%,下降到0.89%。

1992年,黑河市委、市政府专门召开了由各乡镇主管领导参加的农村卫生文明村建设工作会议,研究部署改水、改厕任务。各乡镇自筹资金50余万元,打深水机井10眼,新增自来水受益人数1 480人,自来水总受益人口达27 158人,占农村人口的60.68%。各乡共新建公厕20座,新建户厕1 500个,使农村卫生面貌有了新的起色。市政府2次下发灭鼠通知,共投鼠药2.3吨,鼠密度由灭前的1.53%下降到0.80%;同时,在特殊行业、出血热重病区加大投放灭鼠药量,延长投药时间,使全市灭鼠工作走向经常化和制度化。1995年,爱辉区又增加自来水受益人口150人,自来水受益人口29 643人,自来水普及率达64.3%。改厕工作按照“谁受益、谁出钱”的原则,发动村民修建卫生厕所55个,普及率达50.6%。培训了一批业务精通的灭鼠员,全年投药3吨,送药上门,达到不漏村、不漏户,鼠密度控制在1%以下,使出血热发病率得到有效控制。1997年,西岗子镇西岗子村新建自来水1处,受益人口770人,使自来水建设在1996年下降的情况下有所回升,受益人口达28 237余人,自来水受益率达61.25%。新建厕所270个,投灭鼠药2吨,鼠密度控制在1%以内。

1998年,爱辉区对全区8个乡镇50个自然村屯的自来水建设进行全面自查,当年自来水受益人口达到28 911人,自来水普及率62.71%。爱辉区代表黑河市接受省检查验收时,在水源保护、水源管理、水质监测、水质标准方面均超过标准平均分数,得到检查组的肯定。当年新建农村卫生户厕540个,培训专兼职灭鼠员205人,在受灾乡和出血热高发山区村屯设立了固定监测点,向灾区义务下发灭鼠药1吨。全年投药3吨,鼠密度控制在3%以内。对市区8家鼠药销售摊床进行整顿,没收急性剧毒鼠药120袋。

1999年,爱辉区自来水受益人口达到29 658人,自来水普及率达64.33%。新建卫生户厕500余个。全年投灭鼠药1.5吨,投药到位率为98%以上,鼠密度控制在1%以内。2000年,爱辉区自来水受益人口达到30 377人,自来水普及率达65.89%。卫生户厕普及率为48.44%。投鼠药1吨,覆盖率达90%,鼠密度控制在2%以内。2002年,爱辉区积极开展农村改水、改厕工作,在乡镇开展除“四害”工作,投放鼠药3吨,鼠密度在9.8%。创建省级卫生先进单位2个,市级卫生先进单位4个,区级卫生先进单位6个。2003年,在全区乡镇发放鼠药2吨,灭蟑螂药1吨,城乡除害灭病工作取得显著成效。在农村11个乡镇、88个行政村,整修道路37 000延长米,挖边沟22 850延长米,植树52 000多株,安装铁栅栏8 660延长米,修换板杖21 700延长米。彻底解决了河南屯多年来水源污染问题。有效地改善了农村环境卫生面貌,大部分村屯基本上达到了路平、沟直、杖齐、街道整洁,初步治理了村屯的脏、乱、差的问题。

2004 年,爱辉区在春、秋两季开展了爱国卫生运动。春季在 11 个乡镇的 88 个村屯清挖边沟 21 870延长米,整修道路35 500 延长米,植树 1.6 万株,修建卫生厕所107 个,清理垃圾51 500 多立方米,安装铁栅栏 7 100 延长米,修换板杖 17 300 延长米,使村屯的卫生面貌大为改观。根据爱辉区农业大丰收和暖冬的气候条件,鼠密度可能增高的趋势,由主管区长主持召开了全区各乡镇、街道主要负责人参加的全区统一灭鼠工作会议,布署全区统一灭鼠工作,全区投放鼠药 5 吨。爱卫办狠抓工作落实,深入 11 个乡镇、12 个林场检查督促灭鼠工作。在省、市爱卫会检查爱辉区的爱国卫生工作和灭鼠工作时,接受检查的 30 多个单位(10 个行业),受到省、市检查组的好评。

2005 年,爱辉区在农村开展了春秋两次爱国卫生运动,使农户达到院落整洁干净,道路平整,家禽圈养,修建卫生户厕。开展了秋季灭鼠、灭蟑螂工作。共投鼠药 2 吨、灭蟑螂药 0.5 吨,投药后鼠密度大幅度下降,由灭前的 22% 下降到灭后的 3%,基本上达到了上级部门要求的标准。9 月,区政府拨款和村镇筹措资金 78 750 元,国家和省匹配资金 33 750 元,以爱辉镇北兴村、腰屯村为试点,在 1 个多月的时间共建卫生户厕 150 所,提前完成了全年的农村改厕任务。

第六章　医学教育

第一节　爱辉区(黑河市)医学会

1978 年,中华医学会爱辉县分会成立。根据《中国科学技术学会自然科学会组织通则》精神,推选出主任委员、副主任委员各 1 人,委员 18 人;设各学术科组 14 个。当年即开展医学技术交流活动,撰写学术论文 8 篇,召开学术会 3 次,开展了“休克 Pic 阶段的抢救”“小儿输液疗法”及各种抗菌素应用学术讲座。

1984 年,爱辉县并入黑河市,黑河市中华医学会分会成立。重新推选出理事长 1 人、副理事长 4 人,推选黑河市商业职工医院曾桂明院长为黑河地区医学分会理事。当年 9 月 15 日,黑河地区中华医学会分会召开第四届医学分会会员代表大会,黑河市在大会上宣读学术论文 6 篇,在小组会上交流论文 20 篇。黑河市医学会分会召开学术讲座 2 次,参加人员 166 人次,由副主任医师夏永茂、主治医师袁尚弟分别讲授了心脏复苏和急救知识。

1985 年,经省中华医学分会批准,黑河市 63 名医师以上职称的医务人员为全国中华医学会会员,黑河市中华医学分会会员发展到 325 人。同年,黑河市中华医学分会配合黑河市科协收集学术论文 27 篇,并在黑河市科协刊物上发表。

1986 年,黑河市中华医学分会召开 4 次学术讲座,聘请省骨外、口腔、护理、放射线专家讲学,210 人参加。黑河市医院儿科主任刘安太撰写的论文《黑河地区鄂伦春民族血缘婚配状况调查》,在省八届儿科学术年和省少数民族妇幼卫生工作会议上宣读,并编入儿科年会选编。

1993 年,随着撤市建区,爱辉区医学会成立。重新推选出理事长 1 人、副理事长 5 人、理事成员 14 人;会员 321 人。同年请省医学专家到黑河做讲座,进行学术交流。当年 10 月 12 日,举办了防治流行性出血热讲座学习班。黑河市第二人民医院副主任医师李永德的《联合抗过敏疗法治疗流行性出血热》论文,获得科技进步二等奖。

1994—2000 年,爱辉区医学会注重市二院的医疗队伍梯队建设,加强重点培养和继续教育工作,选送 19 名医务人员到北京、上海、哈尔滨等地进修学习,选送 34 人参加省内外短期学习班,引进和带回了先进技术。引进了带锁髓内钉和空心钉治疗股骨颈和长骨骨折、流行性出血热免疫疗法、病理学技术诊断、阴式子宫全切技术、横切口腹外子宫下段剖宫产术、胃大部切除术空肠营养早期功能恢复、心脏穿透性刀伤的救治、CT立体定位介入治疗等项目，填补了黑河市的空白。

2001年2月，调整了爱辉区医学会理事会；推选出会长1人、副会长2人，理事会成员13人。

2001—2005年，爱辉区医学会理事会把学术交流、促进医疗技术发展和应用作为中心工作，同时加强学会自身建设和发挥基层组织作用。积极组织会员征订国家级医疗刊物，了解医学动态；在会员中征集医学论文383篇，积极向国家级、省级学术团体推荐，其中，市二院李洪顺撰写的《关于急性心肌梗塞急性期死亡预后因素分析》、张仪撰写的《关于流行性出血热顽性呃逆与低蛋白血的关系》等74篇学术论文被评为国家级论文，在国家医学杂志上发表。保健院韩福义的《关于孕产妇死亡监测研究》、防疫站滕盘琪的《关于生活饮用水水质和疾病调查》论文，被卫生部授予科技进步二等奖。市二院李洪顺等人研究的《食道心房调博技术在窦房结功能检测中应用》和骨科的《带锁髓内钉远端瞄准器的应用》等14项科研成果通过市级专家鉴定，分别获市级科研成果二、三、四等奖。爱辉区妇幼保健院连续聘请哈医大二院博士生导师哲增科教授到保健院讲学、带教。同时，加强学会自身建设，市内各医疗卫生单位和乡镇卫生院都成立了医学分会，积极发展会员，建立各项规章制度，积极开展医学会工作。到2005年底，爱辉区医学会会员达475人。

第二节　黑河市卫生职工学校

1982年6月，爱辉县卫生进修学校改为爱辉县卫生职工学校，设教研组、后勤组。校址从爱辉县妇幼保健站迁到爱辉县卫生科，校舍面积224平方米；有教室1个、办公室2个、教职工5人；县卫生科长兼校长，专职副校长1人。1983年，爱辉县卫生职工学校举办乡村医士班1期，学员50人，学制2年。

1984年6月，爱辉县卫生职工学校更名为黑河市卫生职工学校。1985年，黑河市卫生职工学校举办医士班1期，有学员42人，学制2年。有专职教师1人，兼职教师13人。1987—1990年，黑河市卫生职工学校每年举办短期进修班1～2期，培训乡镇卫生院医生和乡村医生，时间为2个月至4个月。有教师1人，专职副校长1人。

1991年以后，黑河市卫生职工学校停办。

黑河市爱辉区志（1983—2005）

◎第二十三篇　社会生活

第二十三篇　社会生活

“十五”期间，爱辉区人民生活质量有较大提高，基本公共服务逐渐完善，物价总水平基本稳定，城乡居民收入不断增加。城镇居民人均收入年均增长10%，农村人均纯收入年均增长20.24%。到2005年，城镇居民人均住宅使用面积增加到18.63平方米，农村人均住房面积达18.75平方米。全区有线电视入户率达到98.8%。城市医疗卫生服务水平和农村医疗服务设施继续改善，人民健康水平进一步提高。城乡文化、体育设施增加，覆盖面扩大，文化生活更加丰富。社会风气和社会秩序持续好转，全区人民安居乐业，幸福指数不断提高，人们幸福感不断增强。

1983—2005年，爱辉区全面落实民族政策，争取各类资金扶助民族区域经济和社会事业发展，民族乡村经济和基础建设得到较快发展，少数民族群众生活富裕、和谐、安定。2005年，爱辉区有满族、蒙古族、回族、达斡尔族、鄂伦春族、鄂温克族等25个少数民族，少数民族人口共计1.85万人，占全区总人口的9.3%。党的宗教政策在爱辉区得到有效落实，正常的宗教活动在主管部门的指导下健康、有序开展。

第一章　人　　口

第一节　总量与分布

一、人口总量

1983年，黑河市总人口为131 370人。由于实行计划生育，人口增长平缓，到1985年总人口为132 380人，增长1 010人。20世纪90年代初，随着黑河改革开放，城区内流动人口逐渐增多，第三次人口生育高峰到来，1991年末，全市人口总数达143 401人，比1989年增长5 666人，人口增长速度是前期的2倍多。1993年总人口为151 521人，比1991年增长8 120人。2000—2005年，全区人口增长13 655人，其中自然增长5 027人，平均年增长2 731人，平均年出生1 527人。全区人口出生率、人口自然增长率年平均为7.97‰和3.98‰，生育符合政策率年平均为97.18%，全区人口发展进入低速增长期，低生育水平进一步稳定。2005年末，爱辉区总人口为197 240人，人口增长平缓稳定。

1983—2005 年人口变动情况表

表 23 - 1

年份	总人口（人）	出生人数（人）	死亡人数（人）	人口自然增长率‰	人口出生率‰	人口死亡率‰	生育符合政策率%
1983	131 370	1 791	661	8.46	13.42	4.96	88.44
1984	133 408	1 522	627	6.71	11.40	4.70	93.17
1985	132 380	1 565	609	7.19	11.78	4.59	86.96
1986	133 262	1 981	598	10.39	14.88	4.49	93.29
1987	135 086	2 335	652	12.54	17.40	4.86	97.82
1988	135 583	2 056	563	11.03	15.19	4.16	97.96
1989	137 735	1 892	547	9.84	13.84	4.00	96.04
1990	141 709	1 942	683	9.01	13.90	4.89	97.99
1991	143 401	1 587	625	6.75	11.13	4.38	99.05
1992	147 614	1 704	656	7.10	11.54	4.36	99.59
1993	151 521	2 004	623	9.24	13.41	4.17	89.82
1994	149 495	2 410	656	11.62	16.01	4.39	89.25
1995	152 559	2 225	666	10.32	14.73	4.41	92.76
1996	157 775	2 369	601	10.35	15.27	4.92	94.63
1997	170 092	2 058	681	8.40	12.55	4.15	95.34
1998	174 245	2 115	639	8.59	12.31	3.72	96.60
1999	179 023	1 785	679	6.26	10.11	3.84	97.14
2000	183 585	1 934	716	6.72	10.67	3.95	96.74
2001	187 987	1 560	726	4.49	8.40	3.91	96.99
2002	188 084	1 479	769	3.77	7.87	4.09	97.09
2003	191 010	1 368	859	2.69	7.22	4.53	97.66
2004	193 901	1 645	764	4.54	8.55	3.97	97.45
2005	197 240	1 582	707	4.47	8.09	3.62	96.97

二、人口分布

1983 年，黑河市总人口 131 370 人，其中城市人口 51 495 人，占人口总数的 39.2%；农村人口 56 546人，占总人口的 43.0%；农、林、场、矿人口 23 329 人，占总人口的 17.76%。有 16 696 人分布在山区，占总人口的 12.7%，全市人口主要分布在城市中心及沿江乡镇，山区人口稀少。

1990 年，黑河市总人口突破 14 万人，为 141 709 人。其中，城市人口 63 381 人，占总人口的 44.73%；农村人口 55 525 人，占总人口的 39.18%；农、林、场、矿人口 22 803 人，占总人口的 16.09%。其中山区人口 12 364 人，占总人口的 8.72%。人口的分布变化是城市人口逐渐增加，农村人口特别是山区人口逐渐减少，原因是山区常年气温偏低，农作物收成不好，很多人外出谋生。

1993 年爱辉区人口已超过 15 万，为 151 521 人，由于改革开放，对俄边贸的发展，流动人口大量涌入。当年城市人口已达 69 667 人，占总人口的 45.98%；农村人口 59 533 人，占总人口的 39.29%；农、林、场、矿人口 22 321 人，占总人口的 14.73%；其中山区人口 12 841 人，占总人口的 8.5%。1998

年全区总人口 174 245 人。其中城市人口为 92 417 人，占人口总数的 53.04%；农村人口 63 026 人，占总人口的 36.17%；农、林、场、矿人口 18 802 人，占总人口的 10.79%。其中山区人口 16 001 人，占总人口的 9.2%。

2000 年末，全区人口总数为 183 585 人，其中城市人口已接近 10 万人，为 98 002 人，占总人口的 53.38%；农村人口 67 837 人，占总人口的 36.95%；锦河农场、煤炭、西岗子电厂、金矿人口为 17 746 人，占人口总数的 9.67%。其中山区人口 15 958 人，占总人口的 8.69%。

由于经济的发展，农业机械化程度提高，农村出现剩余劳动力，剩余劳动力进入城市，人口城市化进程加快，城市人口 2005 年比 2000 年增长 25 927 人、增长 9.45 个百分点。而农村人口有序的向城区内移动，农村人口特别是山区乡镇人口比重逐渐减少，2005 年比 2000 年下降 6.44 个百分点。全区平均每平方千米 14 人。全区人口分布于城区、乡镇、农林场矿。

1983—2005 年人口分布情况统计表

表 23 - 2　　　　单位：人

年份	总人口	城市人口	占人口总数 %	农村人口	占人口总数 %	林业煤矿锦河农场人口	占人口总数 %
1983	131 370	51 495	39.2	56 546	43.04	23 329	17.76
1984	133 408	52 352	39.24	56 134	42.08	24 922	18.68
1985	132 380	52 987	40.02	55 914	42.24	23 479	17.74
1986	133 262	53 929	40.47	56 071	42.07	23 262	17.46
1987	135 086	57 802	42.79	55 088	40.78	22 196	16.43
1988	135 583	58 844	43.40	54 762	40.39	21 977	16.21
1989	137 735	60 172	43.69	54 714	39.72	22 849	16.59
1990	141 709	63 381	44.73	55 525	39.18	22 803	16.09
1991	143 401	65 219	45.48	55 656	38.81	22 526	15.71
1992	147 614	68 414	46.35	56 416	38.21	22 784	15.44
1993	151 521	69 667	45.98	59 533	39.29	22 321	14.73
1994	149 495	68 548	45.85	59 731	39.96	21 216	14.19
1995	152 559	74 337	48.73	57 256	37.53	20 966	13.74
1996	157 775	78 330	49.64	58 432	37.04	21 013	13.32
1997	170 092	89 372	52.54	62 549	36.77	18 171	10.68
1998	174 245	92 417	53.04	63 026	36.17	18 802	10.79
1999	179 023	95 720	53.47	65 182	36.41	18 121	10.12
2000	183 585	98 002	53.38	67 837	36.95	17 746	9.67
2001	187 987	105 173	55.95	65 310	34.74	17 504	9.31
2002	188 084	105 952	56.33	65 096	34.61	17 036	9.06
2003	191 010	110 294	57.74	67 027	35.09	13 689	7.17
2004	193 901	113 007	58.28	67 442	34.78	13 452	6.94
2005	197 240	123 929	62.83	60 184	30.51	13 127	6.6

第二节　人口构成

一、民　　族

1982年,第三次全国人口普查结果显示,黑河市共有18个民族,汉族人口为121 901人,占总人口的89.12%,各少数民族人口为14 880人,占总人口的10.88%。其中超过千人以上的民族有:满族10 737人,占总人口的7.85%;达斡尔族1 903人,占总人口的1.39%;回族1 298人,占总人口的0.95%。

1990年,第四次全国人口普查结果,黑河市主要有满族、达斡尔族、回族、蒙古族、鄂伦春族、朝鲜族等少数民族;汉族占全区总人口的89.47%;其次为满族,占总人口的6.73%;再次为达斡尔族,占总人口的1.81%,其他少数民族占总人口的1.99%。

2000年,第五次全国人口普查时,爱辉区共有26个民族。除汉族外,主要有满族、达斡尔族、回族、蒙古族、鄂伦春族、朝鲜族等少数民族。汉族占全区总人口的90.67%;其次为满族,占总人口的5.72%;再次为达斡尔族,占总人口的1.67%,其他少数民族占总人口的1.94%。

1990年、2000年各民族人口状况表

表23-3　　单位:人

民族	1990年普查总数			民族	2000年普查总数		
	合计	其中			合计	其中	
		男	女			男	女
合计	145 616	74 466	71 150	合计	192 764	97 488	95 276
汉族	130 278	66 639	63 639	汉族	174 777	88 283	86 494
蒙古族	648	329	319	蒙古族	1 127	567	560
回族	1 419	704	715	回族	1 547	774	773
鄂伦春族	386	196	190	藏族	5	—	5
维吾尔族	12	3	9	维吾尔族	16	3	13
苗族	8	3	5	苗族	15	6	9
彝族	3	2	1	彝族	13	5	8
壮族	4	3	1	壮族	9	4	5
鄂温克族	14	9	5	布依族	3	1	2
朝鲜族	350	174	176	朝鲜族	460	224	236
白族	1	—	1	满族	11 027	5 775	5 252
土家族	11	6	5	侗族	6	3	3
满族	9 794	5 069	4 725	瑶族	3	1	2
黎族	4	3	1	白族	1	—	1
柯尔克孜族	2	1	1	土家族	16	8	8
侗族	5	2	3	哈尼族	1		1
达斡尔族	2 640	1 303	1 337	畲族	7	5	2

续表 23－3

民族	1990 年普查总数			民族	2000 年普查总数		
	合计	其中			合计	其中	
		男	女			男	女
瑶族	4	2	2	柯尔克孜族	11	5	6
锡伯族	17	11	6	土族	4	2	2
俄罗斯族	10	5	5	达斡尔族	3 215	1 554	1 661
外国人加入中国籍	6	2	4	仡佬族	2	1	1
—	—	—	—	锡伯族	47	29	18
—	—	—	—	俄罗斯族	12	10	2
—	—	—	—	鄂温克族	22	10	12
—	—	—	—	鄂伦春族	413	215	198
—	—	—	—	赫哲族	2	2	—
—	—	—	—	其他未识别的民族	3	1	2

二、性别　年龄

1990 年第四次全国人口普查结果，黑河市 0～9 岁儿童占总人口的 15.40%，10～19 岁学生占总人口的 18.80%，20～34 岁青年人口占总人口的 31.65%，35～59 岁中年人口占总人口的 27.64%，60 岁以上的老年人占总人口的 6.50%。根据调查结果分析，青年人口居多，其次为中年人口。百岁以上老人为零。全市总人口为 145 616 人，男性人口 74 466 人，占总人口的 51.14%；女性人口 71 150 人，占总人口的 48.86%。

1990 年人口年龄性别结构比重情况表

表 23－4

年龄别	1990 年第四次全国人口普查数据						
	人口数（人）			占总人口数的百分比%			性别比（女＝100）
	合计	男	女	合计	男	女	
总计	145 616	74 466	71 150	100.00	51.14	48.86	104.66
0～4	11 685	5 979	5 706	8.02	4.11	3.92	104.78
5～9	10 741	5 542	5 199	7.38	3.81	3.57	106.60
10～14	11 699	6 000	5 699	8.03	4.12	3.91	105.28
15～19	15 684	7 969	7 715	10.77	5.47	5.30	103.29
20～24	16 261	8 231	8 030	11.17	5.65	5.51	102.50
25～29	16 038	8 246	7 792	11.01	5.66	5.35	105.83
30～34	13 792	7 057	6 735	9.47	4.85	4.63	104.78
35～39	12 940	6 598	6 342	8.86	4.53	4.36	104.04
40～44	8 980	4 271	4 709	6.17	2.93	3.23	90.70
45～49	7 143	3 550	3 593	4.91	2.44	2.47	98.80

续表 23－4

年龄别	1990 年第四次全国人口普查数据						
	人口数(人)			占总人口数的百分比%			性别比（女=100）
	合计	男	女	合计	男	女	
50～54	6 181	3 281	2 900	4.24	2.25	1.99	113.14
55－59	5 009	2 700	2 309	3.44	1.85	1.59	116.93
60～64	3 806	2 082	1 724	2.61	1.43	1.18	120.77
65～69	2 420	1 267	1 153	1.66	0.87	0.79	109.89
70～74	1 576	844	732	1.08	0.58	0.50	115.30
75～79	1 027	536	491	0.71	0.37	0.34	109.16
80～84	474	246	228	0.33	0.17	0.16	107.89
85～89	136	61	75	0.09	0.04	0.05	81.33
90～94	21	5	16	0.01	0.00	0.01	31.25
95～99	3	1	2	0.00	0.00	0.00	50.00

2000 年，全国人口普查爱辉区人口 0～9 岁儿童占总人口的 10.60%，10～19 岁学生占总人口的 15.29%，20～34 岁青年人口占总人口的 29.94%，35～59 岁中年人口占总人口的 35.72%，60 岁以上的老年人占总人口的 8.44%。中年人口居多，其次为青年人口。百岁以上老人为零。全区总人口为 192 764 人，男性人口为 97 488 人，占总人口的 50.57%；女性人口为 95 276 人，占总人口的占 49.43%。

2000 年人口年龄性别结构比重情况表

表 23－5

年龄别(岁)	2000 年第五次全国人口普查数据						
	人口数(人)			占总人口数的百分比%			性别比（女=100）
	合计	男	女	合计	男	女	
总计	192 764	97 488	95 276	100.00	50.57	49.43	102.32
0～4	8 664	4 431	4 233	4.49	2.30	2.20	104.68
5～9	11 773	6 008	5 765	6.11	3.12	2.99	104.22
10～14	15 449	7 952	7 497	8.01	4.13	3.89	106.07
15～19	14 031	6 993	7 038	7.28	3.63	3.65	99.36
20～24	14 443	7 259	7 184	7.49	3.77	3.73	101.04
25～29	21 304	10 647	10 657	11.05	5.52	5.53	99.91
30～34	21 966	11 210	10 756	11.40	5.82	5.58	104.22
35～39	20 281	10 402	9 879	10.52	5.40	5.12	105.29
40～44	16 176	8 324	7 852	8.39	4.32	4.07	106.01
45～49	14 806	7 553	7 253	7.68	3.92	3.76	104.14
50～54	10 143	4 839	5 304	5.26	2.51	2.75	91.23
55～59	7 450	3 533	3 917	3.86	1.83	2.03	90.20
60～64	6 336	3 312	3 024	3.29	1.72	1.57	109.52

续表 23－5

年龄别(岁)	2000 年第五次全国人口普查数据						
	人口数(人)			占总人口数的百分比%			性别比(女＝100)
	合计	男	女	合计	男	女	
65～69	4 455	2 292	2 163	2.31	1.19	1.12	105.96
70～74	3 090	1 581	1 509	1.60	0.82	0.78	104.77
75～79	1 392	696	696	0.72	0.36	0.36	100.00
80～84	675	318	357	0.35	0.16	0.19	89.08
85～89	249	105	144	0.13	0.05	0.07	72.92
90～94	66	29	37	0.03	0.02	0.02	78.38
95～99	15	4	11	—	—	—	36.36

2005 年,死亡人口、年龄显示:全区人口平均寿命为 62 岁。城镇、农村女性均比男性多生存 4 年。林、矿、场男性比女性多生存 9 年。

三、文化程度

1990 年第四次全国人口普查结果,黑河市有大学(专科、本科)文化程度人口 5 604 人,占总人口的 3.85%,比 1982 年第三次人口普查时增长 252.0%;高中(含中专)文化程度为 26 596 人,占总人口的 18.26%,比 1982 年人口普查时增长 45.51%;初中文化程度为 43 724 人,占总人口的 30.03%,比 1982 年增长 21.27%;小学文化程度人口为 40 200 人。

1990 年 6 岁以上人口学业完成情况一览表

表 23－6　　单位:人

学业完成情况	合计			小学			初中			高中		
	合计	男	女	小计	男	女	小计	男	女	小计	男	女
总计	116 124	61 901	54 223	40 200	20 977	19 223	43 724	24 331	19 393	19 447	10 021	9 426
在校	26 479	13 147	13 332	14 868	7 737	7 131	6 355	3 134	3 221	2 203	1 033	1 170
毕业	81 459	44 202	37 257	21 267	11 112	10 155	33 798	19 092	14 706	16 819	8 744	8 075
肄业	8 072	4 497	3 575	4 055	2 125	1 930	3 556	2 096	1 460	415	240	175
辍学	—	—	—	—	—	—	—	—	—	—	—	—
其他	114	55	59	10	3	7	15	9	6	10	4	6

学业完成情况	中专			大学专科			大学本科			研究生		
	小计	男	女	小计	男	女	小计	男	女	小计	男	女
总计	7 149	3 284	3 865	4 551	2 521	2 030	1 053	767	286	—	—	—
在校	1 914	739	1 175	1 136	503	633	3	1	2	—	—	—
毕业	5 187	2 517	2 670	3 350	1 979	1 371	1 038	758	280	—	—	—
肄业	19	14	5	22	18	4	5	4	1	—	—	—
辍学	—	—	—	—	—	—	—	—	—	—	—	—
其他	29	14	15	43	21	22	7	4	3	—	—	—

据2000年第五次全国人口普查结果显示，全区6岁及6岁以上人口数中，具有研究生文化程度的96人，占总人口的0.5‰；具有大学本科文化程度的4 100人，占总人口的21.3‰；具有大学专科文化程度的15 416人，占总人口的80‰；具有中专文化程度的13 125人，占总人口的68.1‰；具有高中文化程度的26 029人，占总人口的135.0‰；具有初中文化程度的占总人口的231.7‰。受教育总人口数量有了明显增多，且受教育程度越来越高。

1990年、2000年6岁及6岁以上人口分性别受教育程度一览表

表23－7　　单位：人

文化程度	1990年第四次人口普查			2000年第五次人口普查		
	小计	男	女	小计	男	女
合　　计	131 943	67 453	64 490	181 675	91 848	89 827
文盲、半文盲	15 819	5 552	10 267	11 640	3 609	8 031
小　　学	40 200	20 977	19 223	44 665	22 017	22 648
初　　中	43 724	24 331	19 393	66 604	36 010	30 594
高　　中	19 447	10 021	9 426	26 029	13 857	12 172
中　　专	7 149	3 284	3 865	13 125	5 985	7 140
大学专科	4 551	2 521	2 030	15 416	7 924	7 492
大学本科	1 053	767	286	4 100	2 377	1 723
研 究 生	—	—	—	96	69	27

2000年第五次全国人口普查15岁及15岁以上人口分性别受成人学历教育一览表

表23－8　　单位：人

文化程度	小计	男	女
合　　计	1 730	907	823
高　　中	214	121	93
中　　专	451	232	219
大学专科	845	439	406
大学本科	220	115	105

四、职　　业

1990年第四次全国人口普查结果，黑河市农林牧渔水利生产人员居多，占各职业人员的36.45%，其次为生产、运输设备操作人员及有关人员，占各职业人员的26.04%，再次为专业技术人员，占各职业的13.44%，办事人员和有关人员较少，只占各职业人员的5.69%。

2000年，根据第五次全国人口普查调查结果表明，农林牧渔水利生产人员居多，占各职业人员的36.1%，其次为生产、运输设备操作人员及有关人员，占各职业人员的19.76%，再次为商业、服务人员，占各职业的17.26%，办事人员和有关人员较少，只占各职业人员的8.67%。

1990 年第四次人口普查分性别各职业人口一览表

表 23－9　　单位:人

职　　业	小计	男	女
合　　计	74 241	43 949	30 292
国家机关、党群组织、企业、事业单位负责人	5 403	4 406	997
专业技术人员	9 978	3 900	6 078
办事人员和有关人员	4 223	3 077	1 146
商业工作人员	3 384	1 102	2 282
农林牧渔劳动者	27 063	16 309	10 754
生产工人、运输工人和有关人员	19 332	13 042	6 290
服务性工作人员	4 529	1 984	2 545
不便分类的其他从业人员	329	129	200

1990 年第四次人口普查分性别各行业人口一览表

表 23－10　　单位:人

序号	行　　业	小计	男	女
合计		74 241	43 949	30 292
1	农、林、牧、渔、水利业	30 570	18 891	11 679
2	工业	13 615	7 852	5 763
3	地质普查和勘探业	153	109	44
4	建筑业	2 393	1 559	834
5	交通运输、邮电通信业	4 323	3 356	967
6	商业、公共饮食业、物资供销和仓储业	5 970	2 506	3 464
7	房地产管理、公用事业、居民服务和咨询服务业	2 276	1 047	1 229
8	卫生、体育和社会福利事业	1 796	591	1 205
9	教育、文化艺术和广播电视事业	3 947	1 656	2 291
10	科学研究和综合技术服务事业	394	257	137
11	金融、保险业	1 008	549	459
12	国家机关、政党机关和社会团体	7 796	5 576	2 220
13	其他行业	0	0	0

2000 年第五次人口普查(10% 抽样)分性别各职业人口一览表

表 23－11　　单位:人

职　　业	小计	男	女
合　　计	9 318	5 508	3 810
国家机关、党群组织、企业、事业单位负责人	497	380	117
专业技术人员	1 196	445	751
办事人员和有关人员	808	511	297

续表 23－11

职　　业	小计	男	女
商业、服务人员	1 608	733	875
农林牧渔水利生产人员	3 361	1 938	1 423
生产、运输设备操作人员及有关人员	1 841	1 497	344
不便分类的其他从业人员	7	4	3

2000 年第五次人口普查(10%抽样)分性别各行业人口一览表

表 23－12　　单位:人

序号	行　　业	小计	男	女
合　　计		9 318	5 508	3 810
1	农、林、牧、渔业	3 449	2 000	1 449
2	采掘业	293	239	54
3	制造业	588	373	215
4	电力煤气及水的生产和供应业	210	147	63
5	建筑业	145	117	28
6	地质勘查业、水利管理业	41	26	15
7	交通运输、仓储及邮电通信业	821	599	222
8	批发和零售贸易、餐饮业	1 364	637	727
9	金融、保险业	211	108	103
10	房地产业	36	26	10
11	社会服务业	699	449	250
12	卫生、体育和社会福利业	192	77	115
13	教育、文化艺术及广播电影电视业	450	178	272
14	科学研究和综合技术服务业	29	16	13
15	国家机关和社会团体	774	502	272
16	其他行业	16	14	2

2000 年第五次人口普查结果表明:农、林、牧、渔业人口居多,占各行业人口的 37.01%,其次为批发和零售贸易、餐饮业人口占各行业人口的 14.64%,科学研究和综合技术服务业人口较少只占各行业人口的 0.31%。

第三节　婚姻　家庭

一、婚　　姻

1982 年,全国第三次人口普查资料统计,全市 15 岁以上人口为 93 914 人,占全市总人口的 68.66%。在 93 914 人中,未婚 26 882 人(男性 14 974 人,女性 11 908 人),占 28.62%;已婚有配偶的人数为 61 643 人(男性 30 992 人,女性 30 651 人),占 65.64%;丧偶人数为 4 906 人(男性 1 935 人,女性2 971 人),占5.22%;离婚人数为483 人(男性317 人,女性166 人),占0.52%。全市1982 年平均初婚年龄为23.8 岁,其中男性为24.48 岁,女性为23.05 岁。

1990 年,全国第四次人口普查资料统计,全市15 岁以上人口为111 491 人(男性56 945 人,女性54 546 人)。未婚27 866 人(男性15 739 人,女性12 127 人),占24.99%;有配偶77 485人(男性38 827人,女性38 658 人),占69.50%;丧偶5 025 人(男性1 697 人,女性3 328 人),占4.51%;离婚1 115人(男性682 人,女性433 人),占1.00%。

2000 年,全国第五次人口普查,按照国家规定的办法,从各普查区中抽取10%的样本进行全区婚姻状况抽查,共抽查总户数6 054 户、总人口18 572 人,其中15 岁及15 岁以上人口为15 076 人(男性7 468 人,女性7 608 人)。未婚2 697 人(男1 499 人,女1 198 人),占17.89%;有配偶11 490人(男5 701 人,女5 789 人),占76.21%;离婚259 人(男128 人,女131 人),占1.72%;丧偶630 人(男140 人,女490 人),占4.18%。

二、家　　庭

1982 年,第三次人口普查统计,全市总户数为32 183 户,136 781 人,其中,家庭户为32 071 户、132 553 人,集体户112 户、4 228 人。总户数比1953 年第一次人口普查时增加20 520 户,全市家庭户的户均人口数为4.13 人,比第一次人口普查时的3.81 人增加0.32 人。户均人口数从城乡构成看,市区家庭户11 521 户、46 636 人,户均人口为4.05 人;农村家庭户20 550 户、85 917 人,户均人口为4.18 人;户均人口数市区比农村少0.13 人,家庭户的规模市区小于农村。家庭户中,3 ~5 人户所占比重最高,为62.55%,其中市区占39.1%,农村占60.9%;6 人以上的家庭户,全市为20.7%,其中市区占29.4%,农村占70.6%。

1990 年第四次人口普查,全市总户数38 787 户,其中家庭户38 568 户,集体户219 户,其中,家庭户总人口139 788 人,集体户总人口6 128 人。家庭户平均每户人数3.62 人。

2000 年第五次人口普查全区共有62 762 户,其中,家庭户61 675 户,集体户1 087 户。家庭户平均每户人口数为3.02 人。一代户15 724 户,二代户39 104 户,三代户6 749 户,四代户98 户。

1982 年、1990 年、2000 年三次人口普查全区家庭户规模情况一览表

表23 -13

年份	合计	1 人户	2 人户	3 人户	4 人户	5 人户	6 人户	7 人户	8 人以上户
1982	32 071	2 386	2 984	6 457	7 413	6 189	3 888	1 737	1 017
1990	38 568	1 520	4 737	13 230	10 975	5 221	1 940	608	337
2000	61 675	4 323	14 060	26 810	11 016	4 043	1 013	257	153

第四节　计 划 生 育

一、机　　构

1983 年8 月8 日,黑河市计划生育办公室更名为黑河市计划生育委员会,隶属于市政府,职能、机构、建制不变。同时成立计划生育宣传技术指导站,股级建制,为计生委直属事业机构,编制4 个。同年11 月16 日,黑河市编制委员会将市计划生育宣传技术指导站改称为黑河市计划生育宣传指导站,与市计划生育委员会合署办公,编制7 个,对外挂两个牌子。1984 年3 月23 日,经市编委批准黑河市计划生育委员会内设机构政秘股、业务股2个股室，直属机构黑河市计划生育宣传指导站，事业编制7个，股级建制。1989年10月15日，成立黑河市计划生育技术指导站，事业编制，编制9个。

1993年11月10日，爱辉区编制委员会《关于明确爱辉区党政群机关及所属事业单位机构编制现状的通知》规定，爱辉区计划生育委员会，正科级建制，编制总数10个，其中，省行政编制7个，地方自定编制3个；内设机构秘书股、业务股、政策法规股，均为正股级建制。所属爱辉区计划生育宣传站，正股级建制，省事业编制3个；爱辉区计划生育技术指导站，副科级建制，省事业编制5个。爱辉区各乡镇计划生育服务站，编制总数13个，均为省事业编制。1996年11月26日，爱辉区机构编制委员会批准爱辉区计划生育委员会内设机构3个为办公室、法规股、业务股，行政编制9个，机关工勤人员事业编制1个；领导职数为主任1职、副主任2职，股级职数3职。

1997年11月7日，计划生育技术指导站改挂爱辉区计划生育技术指导中心牌子，更名后的技术指导中心机构改设在区妇幼保健院，人员、机构、职能随机构一并划转。2001年12月，爱辉区计划生育委员会更名为爱辉区计划生育局。爱辉区计划生育局内设3个机构为办公室、政策法规股、规划统计股。行政编制9个，工勤人员编制1个。科级领导职数为局长1职、副局长2职；股级领导职数为股长3职。至2005年未有变化。

二、宣传教育

1983年8月8日，成立黑河市计划生育宣传技术指导站（宣传、技术、药具三站合一）。1986年5月3日，成立黑河市计划生育宣传教育技术指导站。1987年6月，市计划生育技术指导站与宣传站正式分开，宣传站专职负责计划生育宣传教育，当年开展了“五期”（青春期、婚孕期、哺乳期、育儿期、更年期）基础教育。在黑河体育馆召开了全区首届独生子女运动会。当年，制定了《全区宣传教育活动方案》，制发《全党动手，全民动员，为全面深化改革创造良好的人口环境》宣传题纲1万份，开展了计划生育宣传一条街活动，全区开展大型宣传活动5次。

1991年5月12日，《中共中央国务院关于加强计划生育工作严格控制人口增长的决定》颁布。黑河市开展了人口与计划生育教育普及活动，黑河市委下发《关于开展人口与计划生育基础知识教育的若干意见》。1998年，全区开展了以“婚育新风进万家”为主题的计划生育宣传活动，宣传新型生育文化，深入开展了国情国策、避孕节育、优生优育、生殖健康等知识普及教育工作。

2000年，《黑龙江省人口与计划生育条例》实施，3月2日中共中央、国务院颁发《关于加强人口与计划生育工作稳定低生育水平的决定》。全区开展了“婚育新风进万家，千村万户树新风”活动，加强国情、区情和计划生育政策法规、晚婚晚育、优生优育、生殖健康等为主要内容的宣传教育。各乡村利用人口学校、育龄群众之家、中心户长家等小阵地，开创了“四小活动”（小展板、小教员、小阵地、小活动），使群众易于接受、喜闻乐见。利用小教员开展了“四个阶梯”（超前、婚前、生育、育后阶梯）教育，超前阶梯在小学开展了国情教育，开展“考爸爸，问妈妈，让爷爷奶奶都知道”活动；在婚前阶梯利用团支书、青年积极分子等小教员在青年中进行青春期教育、国策婚姻法的宣传，开展做“晚婚晚育模范”活动；婚育阶梯利用医生、村服务室主任、中心户长等小教员进行生殖保健、避孕节育知情选择、政策法规、科技致富教育，开展做“计划生育明白人”活动，引导群众少生优生、勤劳致富奔小康；育后阶梯利用“五老”（老党员、老干部、老模范、老专家、老农民）进行家庭理论、生殖保健教育，开展“做明智公婆”活动。全区农村推迟和放弃生育指标达4 229人，占农村一孩户总数的75.67%。其中领取独生子女证977人，农村独生子女领证率达17.48%。

2002年，全区利用节假日和纪念日开展了有影响、有声势的社会宣传活动。科学、文明、进步婚育观念逐渐形成。坚持开展创建新型生育文化，以开展婚育新风进万家活动为载体，在农村利用“四小活动”，在城市利用“四项活动”（建立生育文化宣传活动志愿者队伍，建立楼道、庭院生育文化阵地，开展社会宣传活动，发挥宣传栏、小展板作用），开展经常性的宣传教育活动。全区共培育小教员

604 人,建立小阵地 374 个,制作小展板 366 块,建立宣传队伍 154 个,开展各种活动 400 余次。培育了四嘉子满族乡、花园街 2 个示范点。积极优化计划生育宣传环境,按照温馨优雅的原则建立了规范化、标准化的宣传标语、壁画、彩色喷绘,各乡镇在原有的基础上购置了彩喷,不仅烘托了浓厚的新型计划生育文化氛围,还美化了环境。

截至 2005 年,全区已有计划生育宣传固定标语牌 288 块,壁画 26 幅,生育文化一条街 120 个,彩喷 24 块。婚育新风蔚然成风,全区农村共有 3 579 对育龄群众放弃了生育二孩指标,农村领取独生子女证数占一孩总数的 36.48%。宣传品入户率达 85%,育龄群众计划生育知识知晓率达 85%。

三、避孕药具管理

药具发放网络为区、乡、村三级,乡级以乡镇服务站为主,村级由村服务室计生员发放,区级由药具管理站负责发放。每级药具网点根据每季度统计的需用药具人数留有一定数量的库存。做到药具存放不断档、不积压,保证群众用药具方便及时。

1983 年,避孕措施为农村和街道社区均有药具发放点。药具供应从 1989 年开始实行双轨制,市区以 4 个街道为主发放,在市区内设有 2 个零售点;农村以各乡镇服务站为主要发放点;为方便流动人口用药,增设了药具发放零售点。

1993 年避孕药具供应点达到 7 处,基本做到"只要需要,就能得到"。全区 108 个村做到群众领取药具不出村,能够定期发放,定期随访,保证需要,全区药具发放率 100%,使用率 100%,有效率 99.3%,随访率 95%,达到了上级要求。各乡村设有药具柜,摆放药具样品,并将有偿药具和无偿药具分开摆放,掌握药具保管期限,做到不发放过期药具。2001 年,继续实行"双轨制",免费、零售药具分开摆放,区、乡、村三级网络建设有所加强。各乡镇、街道等单位每季度向区站报送药具使用情况表、临时使用情况表、半年报购调存表、年需求计划表,区站根据下级报表向各报表单位调拨药具,保证发放率达 100%。2003 年,开始提倡避孕节育措施知情选择,育龄群众可根据自身状况自主选择避孕措施。药具新品种不断增多,市区药具商店取消,"双轨制"停止。药具管理工作继续按照"免费发放、满足需求、减少浪费、方便群众"的基本原则,要求村级药具员熟悉掌握"三清、三懂、三会、三到户"。避孕套实行入户发放和按需索取。街道社区均有药具发放点,实行送、领结合,各医疗机构及药店均设药具发放点。使用药具的妇女可以凭"北疆卡"到社区领取药具,实行"一卡在手、社区通取"。2004 年,启用省级药具软件系统,药具管理与发放向科学化、规范化、系统化迈进。

2005 年 9 月末统计,全区使用药具 2 678 人,药具供应及时率达 100%、随访率达 99.5%、有效率达 98.4%,育龄妇女对药具知识的知晓率达 95%,女用避孕(药)针使用对象体检表建档率达 100%。为方便城区使用药具人员获得药具,实行了"一卡在手、全市通取"。乡镇级药具品种达 5 ~7 种、村级达 3 ~5 种。药具工作进入规范化管理。2005 年爱辉区药具站被确定为省药具改革试点单位。

四、综合管理

(一)人口信息管理

1984 年,经省、地区检查,黑河市综合统计误差率在地区下达的 10% 以内。1994 年,爱辉区落实人口计划,城乡统一更换了台账,健全了管理工作制度,全区达到了台账管理档案化,报表制度化。按《黑龙江省准生证管理办法》制定了审批制度,全区城乡统一实行了计生委、民政部门对婚姻登记、孕情检测、准生证发放联合办公制度,减少了未婚先孕和早婚现象的发生。计划生育工作连续 7 年全面兑现黑河市政府一档责任状。加强对乡村、街道社区、厂矿等基层单位的检查指导,坚持实行人口计划生育指标“三公开”和5人联审出生验讫制度,将统计误差减少到最低限度,达到了规范化标准。为提高统计科学化管理水平,建立起规范化统计台账,实行四联审,三跟踪,二报告制度。1998年,爱辉区开始逐步实行微机化管理,在爱辉镇开展了统计信息微机化管理试点,四嘉子满族乡和西岗子镇也进行探索。为迎接第五次全国人口普查,爱辉区对1990年以来的人口与计划生育情况进行清查。全区共查出1990—1998年出生错误漏报人口314人。通过清查清理,完善了市区内四联审、三跟踪、二报告制度和农村5人联审报表制度,使统计质量明显提高。2000年,加强了业务培训和岗位练兵,提升了业务能力和管理水平。13个乡镇全部配备了微机,11个乡镇陆续完成数据录入工作,逐步进入运行阶段,统计信息管理系统全面推开,并开始利用统计信息管理系统提取服务单指导基层工作人员开展服务工作。

到2005年,建立起了家庭户卡,乡村两级各建一套,实现了目标管理责任制。全区人口统计账卡统一、各项底数清楚,建成了全乡计生工作网络。

(二)计划生育政策落实

1983年,《黑龙江省计划生育若干规定》颁布实施,黑河市计划生育工作按省规定严格执行。1984年,根据中央文件精神,为进一步完善全省的计划生育政策,制定人口发展计划,经省政府批准,确定黑河市等11个县市进行完善计生政策型调查。通过调查,农村有条件的实行间隔二胎生育政策是切实可行的。1986年,黑龙江省出台了《边境十八个县(市)完善生育政策试点实施细则》,黑河市制定了《黑河市完善生育政策试点方案》及实施细则,计划生育政策开始放宽(称“开小口”),此生育政策在农村实施,国家干部、职工、城镇居民和少数民族仍执行原有规定。农村实行以行政村为单位,全村达到一年无计划外生育,农民夫妇只有一个孩子的并已满6周岁,要求再生育的,允许生二胎。为贯彻落实中央七号文件和省《计划生育若干规定的补充规定》,黑河市召开了由全市党群书记、计生主任、计生专兼职干部参加的计生工作会议,对农村符合生二胎的12种情况和城镇符合生二胎的8种情况分别进行了调查,将全市划分为城市、沿江、山区、半山区四类,分别进行了人口测算,并进行了分类指导、科学管理。

(三)流动人口计划生育管理

1985年,省公安厅转发了《公安部关于城镇暂住人口管理的暂行规定》,对居住城镇3个月以上的人口发给“暂住证”进行统一管理。1994年,全省统一使用流动人口计划生育证明。爱辉区计生委下发了关于使用《黑龙江省流动人口计划生育证明》的通知,要求有关单位根据黑河市计生委的统一部署,在当年4月末前完成换证工作。1995年借鉴全市流动人口现场会的经验,逐步健全了对流动人口计划生育管理发证、验证制度。对流出人口做到婚育情况清,实事求是地核发“流动人口计划生育证”。爱辉区政府与相关部门定期召开协调会,听取各协管单位的汇报,针对存在的问题制定具体方案。1999年,结合《流动人口计划生育管理办法》的宣传,对全区流动人口进行了清查摸底,并建立了管理台账,确定了重点管理对象,发挥相关部门和街道居民委的作用,确保流动人口工作落到实处。

2005年,爱辉区流动人口达到1.1万人,全区对流动人口的计划生育加强管理和服务,坚持以现居住地为主的管理服务体系,落实社区、企事业单位的计划生育责任,开展了对流动人口计划生育执法检查工作。

五、独生子女证办理

1983—2005 年独生子女证办理人数一览表

表 23－14

年度	领证人数	领证率%	年度	领证人数	领证率%
1983	6 753	—	1995	13 926	71. 49
1984	7 409	—	1996	15 239	71. 27
1985	7 210	—	1997	15 594	62. 66
1986	6 143	60. 68	1998	16 000	61. 06
1987	7 294	80	1999	16 227	58. 18
1988	7 624	70. 76	2000	16 388	57. 38
1989	8 167	68. 61	2001	16 414	53. 53
1990	9 439	69. 61	2002	15 434	49. 06
1991	10 167	72. 88	2003	16 840	52. 57
1992	11 013	72. 21	2004	17 451	53. 63
1993	11 285	68. 38	2005	17 232	55. 32
1994	12 752	70. 57			

第二章　人民生活

第一节　居民收入

一、城镇居民收入

1983 年，黑河市城镇居民人均收入为 1 066 元。

2003 年，在岗职工年平均工资收入达到 10 938 元，扣除物价因素增长 6%。城镇居民人均可支配收入达到 5 539 元，增长 4. 6%。

到 2005 年城镇居民人均收入 8 047 元，“十五”期间增加 3 059 元，年均增长 10. 0%。其中，人均工薪收入 4 767 元，“十五”期间增加 1 691 元，年均增长 9. 2%；人均经营收入 1 167 元，“十五”期间增加 404 元，年均增长 8. 9%；人均转移性收入 2 111 元，“十五”期间增加 960 元，年均增长 12. 9%。

2005 年，爱辉区城镇居民生活明显改善，人均可支配收入达 7 648. 5 元，“十五”期间增加2 690. 5 元，增长 25. 1%，年均增长 9. 1%，为黑河市最高水平。全部在岗职工平均工资12 743元，“十五”期间增加5 871元，年均增长 13. 1%。其中，企业在岗职工平均工资 7 314 元，“十五”期间增加2 145元，年均增长 7. 2%；事业单位在岗职工平均工资13 356元，“十五”期间增加6 137元，年均增长 13. 1%；机关在岗职工平均工资 16 972 元，“十五”期间增加 4 378 元，年均增长 12. 8%。

二、农村居民收入

中共十一届三中全会以后，黑河市国民经济得到快速发展，由于城乡之间发展不平衡，农民人均纯收入增长缓慢，城乡居民收入存在差距，1983 年黑河市农村人均收入为 649 元。2004 年 1 月，《中共中央国务院关于促进农民增加收入若干政策的意见》下发，全区农村广大干部群众贯彻落实文件及省、市、区农业和农村工作会议精神，促进农业和农村经济发展，实现粮食增产、农业增效、农民增收的目标。农民人均纯收入 2 760. 2 元，同比增长 54%。2005 年全区农民人均纯收入 3 537 元，同比增长 28%。

第二节　居民消费

一、城镇居民消费

1983 年，随着社会主义市场经济不断发展，市场商品越来越丰富，职工收入不断增加，居民购买力不断增强。全市非农业人口 72 905 人，社会商品零售总额 8 216. 1 万元，其中，居民消费品零售额达到 5 231. 2 万元，占社会商品零售总额的 63. 7% 。

1990 年，全市非农业人口87 783人。非农业居民消费总额10 977万元，其中，商品性消费9 889万元，文化生活服务消费 648 万元，住房及水电消费 440 万元。1995 年，非农业人口83 109人，非农业居民消费 7 188 万元，其中，商品性消费 4 828 万元，文化生活服务消费 1 912 万元，住房及水电消费 447 万元。2000 年，城镇居民人口 117 422 人，城镇居民消费总额 9 810 万元，其中，商品性消费6 764万元，文化生活服务消费 2 202 万元，住房及水电消费 844 万元。

2005 年，城镇居民 123 929 人，城镇居民消费总额 12 127 万元，其中，食品消费支出3 643万元，衣着类支出 1 320 万元，居住类支出 992 万元，家庭设备、用品及服务类支出 276 万元，医疗保健类支出 1 473 万元，公共医疗消费类支出 494 万元，交通和通信类支出 770 万元，文教娱乐用品及服务类支出 1 720万元，金融中介服务虚拟支出 80 万元，自有住房消费服务虚拟支出 1 019 万元，实物消费支出 38 万元，其他商品和服务类支出 320 万元。当年，每百户城镇居民拥有自行车 138 辆、摩托车 6 辆、助力车 4 辆、洗衣机 100 台、电风扇 60 台、电冰箱 86 台、冰柜 6 台、彩色电视机 124 台、影碟机 58 台、录音机 50 台、录放像机 24 台、组合音响 20 套、摄像机 4 架、照相机 28 架、微波炉 20 台、电炊具 202 台、淋浴热水器 28 台、排抽油烟机 86 台、饮水机 22 台、吸尘器 28 台。据区统计局城调队对居民家庭住户抽样调查，每百户拥有家用电脑 26 台、高档乐器 8 件、手机 158 部、成套家具 76 套。

二、农村居民消费

1983 年，全市农村居民人口 56 546 人，黑河市统计局开始对农村居民年人均消费情况进行抽样调查，调查户数 60 户，常住人口 275 人，60 户总收入 204 838 元，全年总支出 133 479 元。当年，全市农村居民年人均生活费支出 360. 57 元，其中，食品消费支出 173. 29 元，衣着消费支出 60. 59 元，家庭设备和用品支出 34. 30 元，医疗保健消费支出 5. 6 元，交通、邮电消费支出 9. 23 元，文化娱乐与教育支出 21. 64 元，居住消费支出 46. 10 元，其他商品购置支出 12. 94 元。

1990 年，农村居民消费额 2 942 万元，其中，自给性消费 953 万元，商品性消费 1 751 万元，文化生活服务消费 67 万元，住房及水电消费 171 万元。农村居民年人均消费支出 655 元。1995 年，农村居民消费额 9 196 万元，其中，自给性消费 2 645 万元，商品性消费 5 271 万元，文化生活服务消费 1 020 万元，住房及水电消费 260 万元。2000 年，农村居民消费额 6 565 万元，其中，自给性消费 1 695 万元，商品性消费 3 140 万元，文化生活服务消费 1 187 万元，住房及水电消费 542 万元。

2005 年,全市农村人口 57 573 人,农村居民消费支出总额 6 520 万元,其中,食品消费支出 1 815 万元,衣着消费支出 518 万元,家庭设备和用品及服务类支出 200 万元,医疗保健类支出 571 万元,交通通信类消费支出 592 万元,文教娱乐用品及服务类支出 842 万元,居住消费支出 624 万元,其他商品和服务支出 196 万元。据爱辉区统计局农村调查队调查,2005 年户均生产性房屋及建筑物 50.3 平方米,比 2000 年增加 13.6 平方米,年均增长 6.5%;人均居住面积 18.75 平方米,"十五"期间增加 3.24 平方米。每百户农村户拥有大型家具 164 件、洗衣机 79 台、电风扇 18 台、电冰箱 61 台、抽油烟机 4 台、吸尘器 1 台、微波炉 2 台、热水器 1 台、自行车 102 辆、摩托车 51 台、生活用汽车 8 台、固定电话 76 部、移动电话 109 部、彩色电视机 111 台、黑白电视机 4 台、录放像机 1 台、摄像机 1 台、影碟机 64 台、组合音响 12 套、收录机 13 台、照相机 3 台、家用计算机 3 台。"十五"期间年均分别增长:大型家具 7.0%、洗衣机 4.3%、电风扇 24.6%、电冰箱 25.0%、自行车 5.2%、摩托车 38.5%、生活用汽车 51.6%、固定电话 6.3%、移动电话 85.2%、彩色电视机 7.0%、影碟机 32.0%、家用计算机 26.6%。每百户农村户拥有大中型拖拉机 31 台、小型拖拉机 81 台、收割机 4 台、水泵 10 台。

第三章　社会保险

第一节　机　　构

1999 年 5 月,原隶属于爱辉区劳动局的社会保险事业管理局、隶属于爱辉区人事局的机关事业社会保险局、隶属于爱辉区卫生局的医疗保险办公室、隶属于爱辉区民政局的农村社会养老保险服务中心、隶属于爱辉区就业局的事业救济股 5 家社会保险机构合并组建爱辉区社会保险事业管理局,隶属于爱辉区劳动局,机构为正科级建制,为财政全额拨款事业单位。内设秘书股、养老保险股、医疗保险股(含工伤、生育保险业务)、失业保险股、社会化管理服务股、基金管理股、稽审股等 7 个股室。

2000 年 11 月,社会保险局撤销养老保险股;增设企业养老保险股、机关事业养老保险股、农村养老保险股、信息数据管理股。

2001 年 11 月,社会保险局增设工伤保险股。

2002 年,爱辉区社会保险局核定机构人员编制 28 个。其中,干部身份 18 人,工人身份 10 人。科级干部 3 人,股级干部 14 人;大专以上学历 24 人,中专 3 人,高中 1 人。全局在职职工平均年龄 35.7 岁。

2005 年,爱辉区社会保险局全员编制 40 个,机构为正科级建制,领导职数为 1 正职 3 副职。在职职工 44 人,干部身份 33 人,工人身份 11 人;科级干部 4 人,股级干部 4 人。内设机构为企业养老保险股、机关事业养老保险股、农村养老保险股、失业保险股、医疗保险股、工伤生育保险股、社会化管理服务股、稽审股、基金管理股、信息数据管理股、秘书股。

第二节　养老保险

一、企业养老保险

1987 年,合同制职工养老基金实行社会保险。当年有 30 个单位 210 人签订了养老基金合同,收缴养老基金 38 798 元,为应缴数的 100%。养老基金采取双比例提取的办法,即从退休费中提取

50%，其余50%从职工工资总额中提取。

从1988年1月起，开始给企业拨款，实行退休费社会统筹。统筹项目：(1)离休、退休、退职人员生活费；(2)离休、退休人员生活补贴费；(3)退休人员退休费补贴；(4)因工残废人员护理费；(5)各种补贴，包括副食品价格补贴、物价补贴、肉价补贴、洗理费、冬季取暖补贴、菜金补贴、医疗费、丧葬补助费。到1998年，除金融企业经市政府批准暂缓参加统筹外，全市198家全民企业全部参加了统筹，职工14 953人，当年筹集基金465.13万元，为2 879各离退休人员拨付退休金432.92万元，基金收缴率和退休金拨付率均为100%。到1990年，合同制工人参加养老保险1 220人，全年收缴养老保险费236 665元，达到全额收缴。

1998年始，开办个体养老保险业务，吸纳私营企业和个体工商户参加养老保险；根据中央和省委有关养老金发放政策规定，由差额拨付改为全额拨付，并从6月起足额发放退休金。1999年，根据《中共中央国务院关于转发〈国家发展计划委员会关于当前经济形势和对策建议〉的通知》和省政府办公厅转发省劳动厅、民政厅、财政厅《关于做好提高三条社会保障线水平等有关工作的意见》，开展了提高企业退休人员养老金水平、提高失业保险金水平和补发拖欠养老金工作。

2000年，全区社会保险工作以实现“两个确保”（确保离退休人员基本养老金按时足额发放，确保国有企业下岗职工的基本生活）为目标，努力缩小养老保险经费收支逆差，加大对参保单位清理回收陈欠基金的收缴力度，努力提高养老保险金社会化发放幅度，社会化发放率为92%。

2001年，为加大养老保险金征缴力度，根据省市总体部署，养老保险费的征缴工作由税务部门代为征收，提高了基金征缴力度，基本做到了应收尽收。

2001年以后，养老保险金社会发放率达到100%。

随着企业产权制度改革不断深入，企业参保职工出现逐年递减的趋势，给养老金收缴带来困难，在基金收缴工作中，爱辉区劳动局抓住国家2004年以来实施东北老工业基地振兴战略的历史机遇，密切配合地税部门，加大基金征收力度，扩大养老保险覆盖面，利用税务部门的制约手段，逐步建立企业先参保后纳税的工作机制，加强基金征收力度。2004年下半年，为规范离退休人员管理，提高社会化管理水平，开展了离退休人员指纹识别验证的采集工作，将全区离退休人员纳入社会化管理，社保局建立了退休人员动态数据台账，将变化情况输入数据库、跟踪记录、动态管理，保证了退休人员数据资料的真实可靠。

2005年初，黑河市社保局给爱辉区社保局下达的养老保险费征缴任务为当期收缴357万元，清理回收陈欠基金240万元。截至年末，全区收缴养老保险费357万元，完成市局下达征缴计划指标的100%，清理回收陈欠基金432万元，完成上级下达任务指标的180%。

截至2005年末，全区已有参保企业91户，参保总人数4 463人，其中，国营企业职工1 332人，集体企业职工426人，接续保险和个体劳动者参保2 705人，参保率达到100%。其中，实际缴费人数为3 687人，占总参保人数的83%。全区新增参保职工710人，完成上级下达指标的110%。全区共有企业离退休人员2 470人（其中国营企业1 328人，集体企业940人，个体工商户202人）。新增退休人员273人，离退休人员死亡52人，月发放养老金约137万元，养老金社会发放100%。12月末发放养老金1 662万元。

二、机关事业单位养老保险

1993年9月15日，成立了爱辉区机关事业单位社会保险办公室，正股级建制，为爱辉区人事局所属事业单位。爱辉区机关事业单位养老保险工作随之展开，当时由于缺乏国家、省政府相关政策的指导，加之这项工作起步之初遇上全区经济滑坡，财力不足，致使机关事业单位养老保险工作开展面很窄，难度很大。1994年，全区应参保职工693人，实际参保职工477人，参保率仅为69%。全年收缴养老保险基金376 405元，占应收缴521 959元的72%，年末基金累计结余328 141元。1995年，机关事业单位社会养老保险工作取得一定进展，完成了养老保险台账建册工作和统筹基金的扣缴、支付工作。

1997 年 9 月 26 日，黑河市爱辉区人事局下发《关于印发〈爱辉区机关事业单位养老保险管理细则〉的通知》，对本区机关事业单位养老保险的参保对象、养老保险基金的筹集等做了更为具体的规定，对全区机关事业单位社会保险制度改革起到了一定的推动作用。

2000 年 12 月 15 日，爱辉区社会保险事业管理局下发《关于参加社会统筹保险机关事业单位办理退休审批协审的意见》，规定了参保单位的职工达到退休条件时，要由社保局审核后，再由人事部门审批。此文件的出台，解决了因社保局由原来不参与退休审核，对参保单位不缴纳养老保险费制约不力而造成大批参保单位拖欠养老保险费的问题。

截至 2005 年末，继续巩固了 100% 的投保面。全区有机关事业参保单位 86 户，其中，全额事业单位 41 户，差额事业单位 24 户，自收自支事业单位 21 户。参保职工 2 421 人，其中，固定职工 1 419 人，合同制职工 1 002 人。离退休人员 911 人，实际缴费人数为 2 237 人。2005 年，全区机关事业单位养老保险基金收缴为 1 449 万元，占应收缴基金 1 457 万元的 99%，完成市局下达全年指标（535 万元）的 271%；到 12 月末共发放离退休人员离退休费 1 369 万元，发放率 100%；与上年同期支出 937 万元相比增加 432 万元。

三、农村社会养老保险

1992 年，爱辉区按照国家民政部出台的《县级农村社会养老保险基本方案（试行）》，在全区农村开展养老保险工作。同年，民政部农村社会养老保险办公室下发《农村社会养老保险管理服务费提取使用办法（试行）》，民政部下发了《县级农村社会养老保险基本方案》《农村社会养老保险缴费、领取计算表》，依照上述文件要求开始了全区农村社会养老保险工作。

截至 2000 年 12 月末，全区有 142 人领取养老金，发放养老金总额 9.85 万元，办理退保 224 人，发放退保费金额 4.7 万元。

2001 年，根据省厅和市局的要求，为更好地落实上级规范整顿农村社会养老保险工作会议的精神，黑河市爱辉区人民政府办公室下发了《关于加强农村社会养老保险工作的通知》，成立了爱辉区农保清理整顿工作领导小组。同时，保险局成立了调查摸底、清查核对组织，分 3 个工作组，分赴各乡镇、村屯，对辖区 12 个开展农保工作的乡镇进行全面的整顿规范。经过 2 个月的认真工作，全面彻底地摸清了全区 12 个乡镇的参保情况，准确地掌握了各类投保人数的缴费数额并核对查实了上缴的基金底数。具体包括：（1）投保情况为全区 13 个乡镇，已开展农保工作 12 个乡镇；全区 110 个村屯，已开展农保工作 78 个村屯；全区农业人口 4.2 万人，参加保险人数 6 384 人，占农村人口的 15%，其中常规保险 3 200 人，子女保险 461 人，成人一次性保险 87 人，婚龄保险 2 270 人。（2）缴费情况从 1992 年至 2000 年 12 月末全区收缴保险费总额 174 万元，个人缴纳 162.69 万元，集体补助 11.31 万元，其中，常规保险缴费 131.39 万元，子女保险缴费 11.35 万元，成人一次性保险缴费 13.85 万元，婚龄保险缴费 12.88 万元。（3）基金底数情况为收缴保费 174 万元，兑现退保费、养老金坐支 4.4 万元，管理费坐支 0.13 万元，上缴省厅 169.47 万元，基金运营增值 54.98 万元，基金累计总额 224.45 万元。（4）查明全区无挤占挪用、违规基金的情况发生，也无集体垫付无法落实的情况。在检查中发现个别乡镇存在账目混乱和无账情况，检查人员做了全面的梳理核实，使缴费额与档案相符，保持一致。同时对参保人的各种档案进行了核对和完善，达到了区、乡参保人的各种档案准确无误，全区农保档案全部建立健全。

2004 年 12 月，根据省、市社保局的要求，为了更好的落实上级整顿和规范农村养老保险工作精神，遵照“不停不扩、清理整顿、稳定队伍、调查研究”的指导方针，组成工作组继续深入乡镇、村屯调查落实农村养老保险情况，先后对各乡镇参保情况进行了逐项逐人的清查核对，严格规范了工作程序。全区已有11个乡镇开展了农保业务，有84个村屯参保，共有参保人数6 032人，占农业总人口5.1万人的11.8%，其中，常规保险3 142人，子女保险418人，婚龄保险2 472人。当年全区收缴保费8万元，发放2003年养老金及退保费共计3.4万元；续领养老金人数229人，新启领49人，退保及死亡24人。

到2005年末，全区11个乡镇的农村养老保险工作由乡镇民政部门代办业务，全区已有84个村屯5 835人参加了农村养老保险，其中，常规保险3 046人，子女保险453人，婚姻保险2 336人。续领取养老金194人，领取金额19 561元；新启领养老金49人，领取金额2 106元；终领35人，领取金额12 094元，全年收取农村养老保险费96 624元。

第三节　医疗保险

1983年市县合并后，黑河市公费医疗管理委员会成立，办公室设在卫生局。1984年4月下发了《关于修订公费医疗暂行管理办法的通知》。1985年2月24日，黑河市卫生局下发了《关于修改黑河市国家机关、事业单位享受公费医疗人员住院手续及结算办法的通知》《关于外购药品报销问题、自费药品范围的规定和贵重药品管理的通知》；随后黑河市卫生局和财政局又联合下发了《享受公费医疗、劳保医疗人员自费药品范围的规定》的补充通知。开启了黑河市公费医疗改革。

1994年7月1日，爱辉区人民政府下发了《黑河市爱辉区机关事业单位职工医疗保险制度改革实施方案及实施细则的通知》，该方案中改革内容包括医疗保险范围、统筹医疗保险基金、医疗保险金的缴纳管理、使用与结算办法、医疗管理等。爱辉区成立了医疗保险制度改革领导小组，下设办公室（区公费医疗办公室）具体负责日常工作。经编委会研究同意，爱辉区公费医疗保险委员会内设医疗保险股、资金统筹股、财务股。

1999年5月，经区编委同意和区政府第3次区长办公会议决定，撤销原隶属于区卫生局的医疗保险办公室。新组建黑河市爱辉区社会保险事业管理局，下设医疗保险股，负责医疗保险的各项工作。

2000年1月，根据国务院下发的《国务院关于建立城镇职工基本医疗保险制度的决定》和黑河市人民政府下发的《黑河市建立城镇职工基本医疗保险制度实施方案》《黑河市区内城镇职工基本医疗保险制度实施办法》，该实施细则内容包括实施对象、基本医疗保险基金筹集和管理、基本医疗保险个人账户、基本医疗保险统筹基金、医疗费用结算、有关人员医疗待遇、基本医疗服务管理、奖惩等。本实施细则从2000年1月1日起施行，此前发生的医疗费用，按原规定处理。本实施细则实施后，黑河市过去制定的有关医疗保险政策自行废止。

2001年2月，爱辉区医疗保险制度改革领导小组下发了《关于印发黑河市爱辉区城镇职工基本医疗保险服务设施范围和支付标准的意见的通知》。当年7月，根据《黑河市爱辉区城镇职工基本医疗保险实施细则》，爱辉区医疗保险制度改革领导小组下发了《关于印发黑河市爱辉区城镇职工基本医疗保险用药范围管理暂行规定的通知》《关于印发黑河市爱辉区城镇职工基本医疗保险诊疗项目管理暂行规定的通知》《关于印发黑河市爱辉区城镇职工基本医疗保险转诊转院、出差探亲的管理暂行规定的通知》《关于印发黑河市爱辉区城镇职工基本医疗保险家庭病床管理暂行规定的通知》《关于印发黑河市爱辉区离休人员医疗管理暂行办法的通知》《关于印发黑河市爱辉区城镇职工基本医疗保险药品目录的通知》。上述文件对爱辉区城镇职工基本医疗保险各项内容作了详细明确的规定，成为医疗保险改革工作实际操作的依据。

2002年10月，黑河市劳动和社会保障局下发了关于印发《黑河市城镇基本医疗保险参保人员大额医疗费用补助暂行办法》的通知，对大额医疗费用补助的使用和限额作出明确规定。

2003 年 9 月，黑河市劳动和社会保障局下发了关于印发《黑河市困难企业职工基本医疗保险暂行办法》的通知，提出对困难企业职工和退休人员给予基本医疗需求。11 月，黑河市劳动和社会保障局下发了关于印发《黑河市城镇灵活就业人员参加基本医疗保险暂行办法》的通知，保证以灵活就业方式实现再就业人员的基本医疗需求。

2004 年 11 月，中华人民共和国民政部和中国人民解放军总后勤部联合下发了《关于印发军人新旧残疾等级套改办法的通知》。按此规定，实现了新旧残疾等级合理衔接，保障了残疾军人的基本权益。

到 2005 年末，全区有 129 户企业和事业单位参加医疗保险，参保人数为 8 509 人，其中，退休职工 2 149 人、在职职工 6 360 人，特殊人群（含离休、鄂伦春族、带病回乡军人、二等乙级以上革命伤残军人等）547 人。

2005 年，基本医疗保险统筹基金收入 229 万元，医疗保险个人账户基金收入 192 万元。离休人员医疗保险基金收入 125 万元。鄂伦春族及回乡军人医疗保障基金收入 36 万元。补充医疗保险基金收入 38 万元。当年医疗保险基金总支出 675 万元，基本医疗统筹基金支出 280 万元，其中在职职工医疗保险待遇支出 152 万元，退休人员医疗保险待遇支出 128 万元；医疗保险个人账户基金支出 196 万元。

第四节　失 业 保 险

1986 年 10 月，黑河市劳动局下属部门劳动服务公司组建失业保险股，配员 1 人，开始调查摸底工作。

1988 年，开始收缴失业保险费，缴费比例为工资总额的 1%。1992 年 1 月开始为下岗职工发放待业保险金。

1993 年 3 月，失业保险划到市里，至 1994 年 3 月又划回到爱辉区劳动服务公司。

1996 年 11 月 6 日，爱辉区劳动服务公司更名为劳动就业局。当年参保单位 136 户。

1999 年 7 月三险合一，失业保险划到爱辉区社保局。参保单位 137 户。2001 年，参保单位 104 户，参保职工 2 420 人。2002 年，参保单位 109 户，参保职工 2 261 人。2003 年，参保单位 111 户，参保职工 2 211 人。2004 年参保单位 104 户，参保职工 1 766 人。

截至 2005 年末，全区共有参保企事业单位 106 户，参保职工 2 651 人。其中，国营企业 54 户、636 人；集体企业 36 户、369 人；事业单位 16 户、1 646 人。2005 年应收缴失业金 85 万元，截至 12 月末，已收缴基金 64 万元。其中当期收缴 61 万元，收回陈欠 3 万元，占应收数的 75%。当年全区领取失业金 903 人；失业金总支出 93 万元。

第五节　工 伤 保 险

2002 年，爱辉区社保局开展工伤保险业务。工伤保险为保障因工作遭受事故伤害或者患职业病的职工获得医疗救治和经济补偿，促进工伤预防和职业康复，分散用人单位的工伤风险而制定。工伤保险自 2002 年 5 月 1 日起执行《工伤保险条例》。2002 年参保单位 62 户，参保1 936人。

2004 年，为了维护农民工的工伤保险权益，改善农民工的就业环境，劳动社会保障部下发了《关于农民工参加工伤保险有关问题的通知》，使农民工的权益得到很好的保障。

到 2005 年末，全区参加工伤保险的企业共 59 户，1 451 人，应收缴工伤保险基金 5 万元，实际收缴 3 万元，收缴率为 60%，享受工伤待遇者 5 人，其中，享受职业病待遇者 1 人。共拨付工伤保险费 3 万元。

第六节　生育保险

为了维护企业女职工的合法权益，保障女职工在生育期间得到必要的经济补偿和医疗保健，均衡企业间生育保险费用的负担，同时为配合《劳动法》的贯彻实施，黑河市社保局于 1995 年增设了生育保险科室，执行《企业职工生育保险试行办法》。

1999 年，黑河市社保局将爱辉区的生育保险交由爱辉区社保局管理，参保单位共有 92 户，参保人数 2 826 人。

2003 年 1 月 1 日，爱辉区劳动和社会保障局下发《爱辉区实施〈黑龙江省企业职工生育保险暂行办法细则〉，规定生育保险按属地原则组织，爱辉区城区内各类企业及其职工均应参加生育保险。区劳动和社会保障局负责企业职工生育保险综合管理工作；区社保局全权负责生育保险基金的筹集、支付和管理工作。生育保险实行单项保险费率，根据“以支定收，收支基本平衡”的原则筹集。爱辉区暂按企业上年度全部职工工资总额的 0.6% 征收。根据劳动和社会保障部下发的《关于妥善解决城镇职工计划生育手术费用问题的通知》和黑河市《关于将计划生育手术费用纳入生育保险基金支付范围的通知》，爱辉区劳动和社会保障局出台并实施了《关于将计划生育手术费用纳入生育保险基金支付范围的通知》。

截至 2005 年末，全区参加生育保险的企业共 59 户、1 157 人，应收缴生育保险金 5 万元，实际收缴 2 万元，收缴率为 40%。享受生育保险待遇 6 人，共拨付生育医疗费、生育津贴、计划生育手术费用 0.8 万元。

第七节　社保基金

2002—2005 年爱辉区各险种基金收缴情况表

表 23－15

险　种	2002 年			2003 年			2004 年			2005 年		
	参保企业（户）	参保人数（人）	收缴金额（万元）	参保企业（户）	参保人数（人）	收缴金额（万元）	参保企业（户）	参保人数（人）	收缴金额（万元）	参保企业（户）	参保人数（人）	收缴金额（万元）
基本养老保险	125	3 479	758	121	3 375	558	114	4 027	560	81	4 281	794
机关事业养老保险	94	2 495	713	93	2 495	1 151	93	2 526	802	88	2 433	1 322
失业保险	173	4 791	55	133	3 050	74	130	3 223	67	109	2 746	69
医疗保险	158	6 092	81	158	6 702	82	158	815	92	129	8 509	97
工伤保险	63	1 869	4.7	59	1 528	2.7	59	1 637	47	59	1 376	2
农村养老保险	—	—	—	—	6 488	累计收缴 174	—	6 029	8	—	5 835	9.6

2002—2005 年爱辉区保险基金发放情况表

表 23 - 16　　　　单位:万元

险　　种	2002 年	2003 年	2004 年	2005 年
基本养老保险	1 029	1 125	1 430	1 737
机关事业养老保险	796	899	870	1 300
失业保险	108	148	89	132
医疗保险	160	317	201	496
工伤保险	—	0.3	2	1
农村养老保险	—	累计发放 12	—	1.2

第四章　民族　宗教

第一节　民 族 事 务

一、机　　构

1983 年 6 月,黑河市民族事务委员会(以下简称民委)成立,配置主任、副主任各 1 职。1984 年 3 月,市民委与统战部合署办公。1986 年 9 月,统战部、民委编制 10 个,其中,省行政编制 6 个、地方自定编制 4 个,实有 11 人。1987 年 1 月,市民委与统战部分开独立办公,市民委为正科级建制。编制 4 个,实有 5 人。1989 年 9 月,民委内设机构设民族股、宗教股,均为股级建制。1993 年 4 月 1 日,随着撤市建区,黑河市民族事务委员会更名为爱辉区民族事务委员会,正科级建制,编制总数 6 个,其中省行政编制 2 个,地方自定编制 4 个;内设机构为民族股、宗教股,宗教局与民委合署办公。1996 年 11 月 26 日,爱辉区民族事务委员会划归爱辉区政府办,对内是区政府的一个组,即民族宗教组,行政编制 4 个,其中领导 2 职,行政人员 2 名。2001 年 11 月全区党政机关改革,爱辉区民族事务委员会与爱辉区宗教局合并更名为爱辉区民族宗教局,隶属爱辉区人民政府办公室,仍为正科级建制。对内是区政府办的一个组,即民族宗教组,对外挂民族宗教局牌子,负责民族宗教工作。到 2005 年,爱辉区民族宗教局仍隶属爱辉区人民政府办公室,为正科级建制;行政编制 4 个,领导职数 2 职,局长、副局长各 1 职。

二、少数民族概况

截至 2005 年,爱辉区有满族、蒙古族、回族、达斡尔族、鄂伦春族、俄罗斯族等 25 个少数民族,少数民族人口 1.85 万人,占全区总人口的 9.3%。辖区内有新生鄂伦春族乡、四嘉子满族乡、坤河达斡尔族满族乡 3 个民族乡,12 个民族村(鄂伦春族村 1 个、达斡尔族村 4 个、满族村 7 个)。

(一)满　族

2005 年,全区有满族人口 1.1 万人,主要居住在市区内及四嘉子满族乡、坤河达斡尔族满族乡、爱辉镇等地。在满族聚集的乡村,保留着传统的民族文化、服饰、餐饮等习俗。满族乡村群众现主要从事农业种植、畜牧业养殖等农业生产劳动。2005 年满族农民人均纯收入超过 3 135 元,比 2000 年增长 147.6%。满族文化、教育和卫生事业发展迅速,爱辉区有满族民族学校 3 所,有教师 65 人,其中，高级职称教师1人，中级职称教师40人，教师资格认证全部达标，适龄儿童入学率达到100%，民族中学学生辍学率控制在3%以下。2个满族乡均建有卫生院，配备专业医生8人和专业护士4人。民族乡建有文化广播服务中心，配备专业人员指导乡村文体活动，民族乡文化大院经常开展丰富多彩的文体活动，丰富了民族乡群众业余文化生活，涌现出曹文明等一批文化大院积极分子，四嘉子满族乡文化大院多次受到省、市、区领导好评。2004年四嘉子满族乡建乡10周年、坤河达斡尔族满族乡建乡20周年分别举办了大型乡庆活动。

（二）达斡尔族

2005年，全区有达斡尔族人口3 200余人，主要居住在市区内及坤河达斡尔族满族乡。达斡尔族有本民族语言，但没有文字。达斡尔族群众现主要从事农业种植、畜牧业养殖等农业生产劳动，生活水平提高较快，2005年农民人均纯收入超过3 450元，比2000年增长190%。在坤河达斡尔族满族乡建有民族学校1所，有教师20人，在籍学生213人，适龄儿童入学率、毕业率均达到100%。在乡政府所在地建有卫生院1所，配备专业医生3人和专业护士2人，基本上能满足民族乡村群众就医的基本需求。坤河达斡尔族满族乡6个行政村全部用上了自来水，解决了人畜饮水问题。

（三）鄂伦春族

2005年，全区有鄂伦春族人口413人，主要居住在市区内及新生鄂伦春族乡，鄂伦春民族有本民族语言，但没有文字。“鄂伦春”是本民族自称，意为居住在山岭上的人。在新生鄂伦春民族乡仍保留着传统的狩猎习俗，狩猎收入占农民总收入的40%以上。鄂伦春族群众下山定居以来，主要从事农业种植、畜牧业养殖等农业生产劳动，生活水平显著提高，2005年农民人均纯收入达到2 631元，比2000年增长143 %。新生鄂伦春族乡建有民族学校1所，有教师21人，在籍学生85人，适龄儿童入学率、毕业率均达到100%。建有卫生院1所，配有专业医生2人和专业护士3人，基本上能满足当地群众就医的基本需求。

（四）回　族

2005年，全区有回族人口1 547人，主要居住在市区内。回族有本民族语言，也有文字。信奉伊斯兰教，在市区内建有清真寺1所，为回族群众提供正常的宗教活动。回族群众除公职人员外，主要从事个体经营和与回族群众生活相关的个体劳动，生活较富裕。

（五）其他民族

爱辉区还有蒙古族、锡伯族、朝鲜族、鄂温克族族等21个少数民族，人口共计2 300余人，分布在全区各地，与其他民族群众和谐生活。

三、少数民族乡村经济

（一）资金争取及兴边富民行动

1984年，为民族乡村争取到各类资金6.5万元。其中，有偿投入3万元，扶持盘肠沟和西沟村达斡尔族专业户用于购买实验设备和用品。拨给黑河市回民饭店维修费1万元主要用于购买电冰箱和红外线消毒柜各1台，并初步解决了回民吃肉难的问题；生产补助2万元。1985年，全市11个民族村解决发展资金和基本建设资金6.7万元，当年全市少数民族人均收入为310元。1986年，共为全市民族乡争取各类资金9.3万元。1987年，共为民族乡争取各类资金11.1万元。其中，有偿资金1万元，无偿资金10.1万元。当年，省民委投资5万元，帮助新生鄂伦春族乡兴建1座小木加工厂，使鄂伦春族在生产转型中迈出了第一步。加工厂安排劳动力 17 人，当年生产刀把 20 万根，产值 6.6 万元。全市少数民族农业人口人均收入提高到 450 元，沿江少数民族农业人口人均收入提高到 500 元。当年少数民族有贫困户 210 户，年底脱贫 65 户，占贫困户总数的 25%。同年，新生鄂伦春族乡建起玛瑙工艺品厂。

1988 年，为民族乡争取各类资金 21.7 万元，其中，有偿 16.8 万元，无偿 4.9 万元。新生鄂伦春族乡建成黑河市第一家精制淀粉加工厂——新生淀粉厂，建厂投资 67 万元，厂房建筑面积 815 平方米，日加工土豆 80 吨，当年生产精制淀粉 36.5 吨。淀粉厂实现当年论证、当年集资、当年建厂房、当年投入生产，成为新生乡龙头企业。33 名鄂伦春族村民进厂工作。

1989 年，市政府在新生、坤河 2 个民族乡分别召开 3 次现场办公会，帮助解决生产、生活中所需资金 30 万元。为新生乡淀粉厂解决农业贷款 14 万元，为坤河乡解决贷款 58 万元，其他村屯 40 万元，合计贷款 112 万元。当年，全市少数民族人均收入 700 元。新生鄂伦春族乡 36 户鄂伦春族农民人均 850 元，全市少数民族脱贫户占贫困户的 80%，65% 的民族村住房实现砖瓦化，80% 的民族村吃上自来水。黑河市少数民族乡村兴办的民贸企业 11 个，年总产值 150 万元，利税 33 万元。同年，为少数民族乡村共申请各类资金 10 万元。其中，有偿资金 2 万元，无偿资金 8 万元。

1990 年，为民族乡村申请各类资金 8 万元。其中，有偿资金 5 万元，无偿资金 3 万元。当年，少数民族乡村所办的民贸企业发展到 17 家，新疆等地的少数民族也到黑河经商。

1991 年，申请各类资金 10.3 万元，全部为无偿资金。帮助小乌斯力满族村兴建家庭种鸡、种猪繁殖厂，筹建了该村小木加工厂。为发展盘肠沟达斡尔族村的多种经营生产，建了养鱼池，并为该村复建 1 座木桥。

1992 年，为民族乡村争取各类资金 8 万元，扶持民族乡村企业和多种经营生产，通过调查论证，提出发展项目 15 个，协调有关部门争取各方面资金百万元，帮助小乌斯力村兴建养禽场并初具规模，继续帮助盘肠沟兴建养鱼池。

1993 年，为民族乡村争取到各类资金 13.6 万元。帮助四嘉子乡五道沟满族村兴建了砖厂，继续扶持小乌斯力满族村养禽厂、盘肠沟达斡尔族村养鱼池。积极扶持发展城市、乡村民族贸易企业，兴办边贸公司。全区 2 个民族乡 13 个民族村都成立了边贸公司，部分公司有明显经济效益。

1994 年，为民族乡村解决各类资金 84.8 万元。确定四嘉子满族乡为边境贸易"窗口"单位，帮助其制定边贸"窗口"规划并逐步实施。帮扶坤河达斡尔族满族乡"跨跃工程"计划的实施，在稳定农业的基础上发展畜牧业，坤河达斡尔族满族乡千头牛场初具规模。全年共引资 100 万元，帮助坤河达斡尔族满族乡争取周转金 80 万元建养殖基地。

1995 年初，对 3 个民族乡进行了项目考察、论证。主要考察了四嘉子满族乡千头猪场、新生鄂伦春族乡重建刺尔滨河大桥、坤河达斡尔族满族乡和四嘉子满族乡安装光缆电话等项目，根据调查情况积极向省、市民委作了汇报请示。考察论证了四嘉子满族乡全粉厂项目，3 月向国家民委汇报并申请了此项目，国家民委同意投 60 万元发展资金。当年为少数民族乡村争取到发展资金 20.6 万元。

1996 年，指导民族乡制定了"九五"计划和 2010 年远景目标。全年共引资金 79 万元，其中为四嘉子全粉厂扩大建设项目拨周转资金 60 万元，小三嘉子养猪厂 10 万元，为其他民族乡村发展经济投资 9 万元。8 月 12 日，新生刺尔滨河大桥落成交付使用。当年，经考核全区有 48 个村达到小康村标准，其中有 8 个民族村，坤河达斡尔族满族乡被命名为小康乡。

1997 年，为民族乡争取到资金 12 万元，招商引资 72 万元。针对 1996 年四嘉子满族乡全粉厂建设项目申请的 60 万元周转金，区政府召集有关部门召开 4 次会议进行研究，决定建 1 处木珠厂。全区民族乡村经济连年稳步发展，人均收入达到 3 100 元，在建设农村小康村活动中，4 个民族村达到小康村。

1998 年，为民族乡村争取到资金 65 万元，帮扶发展民族乡的特色经济。其中有坤河达斡尔族满族乡畜牧基地、四嘉子满族乡蔬菜基地、新生鄂伦春族乡民俗旅游基地等。

1999 年，为民族乡村争取资金 61 万元。解决了鄂伦春族群众护林费、四嘉子乡自来水工程缺少资金等问题,当年35%的少数民族农户吃上自来水。

2000年12月9日,国家民委将爱辉区列入“兴边富民行动”国家级试点县。2004年4月,国家民委、财政部进一步把爱辉区确定为全国“兴边富民行动”重点县。此后,爱辉区把“兴边富民行动”与民族乡项目建设结合起来,加大工作推进力度,全区少数民族经济发展进入新阶段。

2001年,区政府研究制定了《黑河市爱辉区“兴边富民行动”总体规划》。共争取少数民族发展资金200万元,补助费20万元。帮助新生鄂伦春族乡引进技术及资金40万元,建成鹿茸饮片厂并投产。2002年,争取少数民族发展资金207万元。2003年,争取少数民族发展资金160万元,补助费13万元,扶贫资金94万元。2004年,争取少数民族发展资金210万元。

2005年,爱辉区共争取资金390万元,其中,“兴边富民行动”资金240万元,人口较少民族发展资金150万元,确定了7个建设项目。全区3个民族乡人均收入达到3 312元,较全区农民人均收入3 237元高出75元。

(二)产业结构调整

2004年,新生鄂伦春族乡新生鄂伦春族村、坤河达斡尔族满族乡兰旗满族村被列入全省100个农业综合开发村级经济示范点。

1. 种植结构调整

爱辉区以市场牵动、政策引导和典型示范等方式,优先在民族乡村推广好的种植品种、先进的种植技术,鼓励民族乡村发挥生态环境和资源优势,引导农民优化粮食与经济作物的比例,积极推进绿色食品开发,扩大高油大豆、亚麻、芸豆、马铃薯和专用麦的种植面积,促进了少数民族乡村种植业结构的调整。四嘉子满族乡成为大豆、小麦、玉米、蔬菜花卉生产基地和马铃薯、蘑茑等经济作物生产基地;坤河达斡尔族满族乡成为大豆、小麦生产基地;新生鄂伦春族乡成为大豆、芸豆生产基地。先后投资185万元,分别在四嘉子乡、坤河乡建起了高效节能温室共计13 670平方米,使四嘉子满族乡成为黑河重点蔬菜出口基地;新生乡经过数次考察研究和实践,选择了适合当地农业生产条件且经济价值高的芸豆作为该乡的主要种植作物大力推广。新生乡新发村已发展成为芸豆生产专业村,其余2个村作为芸豆试范村。2005年,新生鄂伦春族乡播种芸豆4 900亩,占播种总面种的12%,总产量实现807吨,销售收入165万元,人均增收1 539元。新生乡成功掌握了老山芹等山野菜大地种植栽培技术,迈出了发展绿色、特色农业的一步。

2. 畜牧业和特色养殖业

爱辉区在少数民族乡村实施“粮转畜”战略,发展民族乡村的畜牧、水产及特色养殖业,增加民族乡村收入。1991—1994年,投资帮助小乌斯力村兴建了种鸡、种猪繁殖场,帮助盘肠沟兴建了千亩养鱼池,帮助四嘉子乡建设了千头养牛场。截至2005年,先后在3个民族乡投资210万元,分别建成奶牛、黄牛、绒山羊养殖繁育基地。2005年,新生乡野猪存栏150余头、黑熊13头;引进养殖户在四嘉子满族乡养殖肉鸽、火鸡、乌鸡等特色家禽类。投资10万元在爱辉镇南砖窑满族村和坤河达斡尔族满族乡富拉尔基达斡尔族村建立黑龙江网箱养鱼2处。

3. 民族乡村企业

20世纪80年代,在少数民族发展资金的投入和帮扶下,新生鄂伦春族乡建起了小木加工厂、玛瑙工艺品厂和马铃薯淀粉厂等乡村企业。2001年,帮助新生鄂伦春族乡引进技术及资金40万元,建成鹿茸饮片厂。2000年之后,爱辉区针对少数民族乡的实际情况,制定了优惠的政策,加大招商引资的力度,吸引外地客商到民族乡村投资办厂,在实践中探索一条适合民族乡发展的新途径。2005年,为民族乡共引资 1 500 余万元，在四嘉子满族乡兴办了试车厂、文化娱乐活动中心和亚麻厂；在新生乡通过招商引资成立了生生鹿茸饮片厂和野生动物养殖厂，引进养殖大户 9 户，其中 1 户已发展成为黄牛专业户，肉牛存栏达 300 余头，形成了龙头规模，带动了本地农户的养殖积极性。

4. 民族旅游产业

爱辉区民族乡村旅游资源丰富，新生鄂伦春族民俗游、四嘉子满族民俗游等景区、景点远近闻名。爱辉区注重少数民族区域资源民族特色优势的开发，依托黑河旅贸大通道，开发以少数民族人文资源和黑龙江风光为主的民俗旅游业。从 1994 年开始，新生鄂伦春族乡率先投资兴办了民族特色旅游产业，开发了狩猎、钓鱼，野炊、篝火晚会、歌舞等民族特色旅游项目，吸引了俄罗斯、日本、韩国等国内外游客前来观光旅游。以旅游带动相关产业发展，开发了桦树皮工艺品、动物标本制作等具有民族特色的旅游纪念品等。积极扩建民俗展览馆，展示了鄂伦春族的历史变迁和风俗文化。爱辉区不断加大对鄂伦春族旅游业的扶持力度，除办好已有的旅游项目外，还将体现其民族风俗文化的射击、篝火、野炊、民族歌舞等特色项目向游人推出。旅游观光人员逐年增加，美国、澳大利亚等国家和我国香港、澳门、台湾等地区的游客也慕名而来。到 2005 年，建立了新生鄂伦春族民俗游、四嘉子满族民俗游等多处景区（点），开设了雪撬、骑马、狩猎、篝火等旅游项目，每年接待游客 15 万人次以上，收入达 280 万元。

5. 劳务输出

爱辉区引导和组织民族村的农民到大中城市、沿海发达地区及赴俄劳务输出，积极为其搭建信息平台，促进农村富余劳动力向非农转移，提高劳务收入占农民收入中的比重，促进了土地流转，调动种植户的积极性，使土地渐渐集中到了少数民族种田能手的手中，促进了农业向规模化、集约化、机械化的发展。到 2005 年，全区 3 个民族乡转移劳动力 800 人，实现收入 400 余万元，为少数民族区域经济发展注入了活力。

四、民族乡村基础设施建设

2000—2005 年，区、乡政府充分把握国家、省水利行业的投资取向，争取上级的水利资金对民族乡村的投入。先后投入民族乡村水利设施建设资金 284. 7 万元。提高了农业生产能力和水利工程的防护能力。

截至 2005 年底，民族乡村共完成喷灌水源井 43 眼，配套喷灌设备 41 台（套）。民族乡村完成深水机电井 9 眼，完成投资 178. 7 万元，受益人口 4 359 人；已建设自来水工程 8 处，受益人口 3 897 人。爱辉区有通往民族乡村的省级公路 2 条 197 千米；县级公路 1 条 19. 81 千米；乡级公路 4 条 147. 045 千米；村级公路 15 条 79. 825 千米。坤河达斡尔族满族乡距市区 44 千米为柏油路面，坤河乡各村距乡政府共 13 千米为沙石路面；四嘉子满族乡距爱辉区 8 千米为水泥路面，四嘉子乡各村距乡政府共 13 千米为水泥路面；新生鄂伦春族乡距市区 72 千米，路面升级改造为白色水泥路面工作正在进行，总投资 9 043 万元，其中地方匹配 5 443 万元，工程结束后，将缩短通行时间 1 小时以上，新生乡 2 个村距乡政府共 60 千米为沙石路面。全区 12 个民族村住房砖瓦化率达 75%，全部通电，有 8 个民族村通自来水，10 个村通公共汽车。

五、少数民族社会事业

（一）教　　育

1988—1989 年，市财政为坤河中学连续投资 13 万元，建起 1 100 米的三层教学楼，成为全市乡镇教学环境较好的学校。1991 年，省民族干部学院召收畜牧、财会学生，黑河市有 35 名少数民族考生参加考试，占黑河地区的95%，录取率达100%。1995年，爱辉区在全市率先通过了省“两基”验收。1996年，四嘉子满族乡希望小学建成，省民委投入资金1万元。同年，为改善新生鄂伦春族乡中学的办学环境，经民委与区教委共同向上申请，省财政厅决定为新生乡中学建1栋教学楼。将新生乡中学确定为黑河第二中学分校，将区内管理水平较高的第二中学校长任新生学校的名誉校长，直接参与民族学校的管理和教研活动，将新生乡小学与黑河市第六小学联谊，由第六小直接指导新生乡小学的管理和教学。

1998年5月1日，爱辉区出台了《爱辉区贯彻实施〈黑龙江省民族教育条例〉的意见》。1999年，爱辉区代表黑河市通过省“两基”“实普”复检。同年，投资35万元，为坤河达斡尔族满族乡中学在原三层教学楼的基础上续建了509平方米校舍。2000年2月29日，区委常委会决定，为加快鄂伦春族后备人才的培养，当年开始凡是国家正式录取的鄂伦春族中专以上毕业生，区里包分配工作。2000年，出台了《爱辉区人民政府关于进一步加强我区少数民族人才培养工作的意见》。在干部的选拔培养方面，特别是教育部门干部的培养工作纳入了党委工作目标；少数民族考生在考重点高中和普通高中时降段录入，每年教委制定降分标准；在高考中，鄂伦春族、达斡尔族、蒙古族等6个少数民族的考生各加20分，满族等其他少数民族考生加5分；鄂伦春族、鄂温克族、达斡尔族、赫哲族、柯尔克孜族5个人数较少民族学生义务教育期间免收学杂费，鄂伦春族学生还享受助学金待遇，鄂伦春族小学生每年100元，鄂伦春族中学生每年为140元，同时还规定鄂伦春族学生在市区内学校就读免收寄读费；在评定少数民族教师晋升职称时，在不违背原则的情况下，标准适当降低，指标适当放宽；在职业教育方面，职业技术学校对少数民族学生不受指标限制，实行免费入学的优惠政策。同年3月，省民委为新生鄂伦春民族乡学校购置了348套、价值1万元的图书。2004年12月，解决了5名鄂伦春族大专以上在校学生的学费补助款共计1万元。2005年，落实鄂伦春族中专以上毕业生分配政策，安排了4名鄂伦春族中专以上毕业生参加工作；解决了黑河艺校招收19名鄂伦春族歌舞班学员的培训费15万元。

截至2005年，爱辉区有民族学校5所，其中有九年一贯制民族学校2所（即新生民族学校和坤河民族学校），民族中学1所（四嘉子满族乡中学），民族小学2所（四嘉子满族乡希望小学、小乌斯力满族村小学）。3所民族中学（2所一贯制中学，1所四嘉子中学）共有教师49人，其中少数民族教师4人，4所民族小学（2所一贯制小学，2所四嘉子乡满族小学）共有教师74人，其中少数民族教师30人。教师工资实行财政统发，教师全部为公办教师，取消了代课教师，教师学历均已达标，最高学历为大学本科，获学士学位，最低学历为中专，合格率达100%。全区民族中学有在校生433人，其中，少数民族学生133人，民族小学有在校生556人，其中少数民族学生169人。民族乡适龄儿童入学率100%，升学率100%，巩固率100%，初中入学率98.93%，升学率97%，巩固率98.57%，小学与初中毕业生的合格率均达到100%。3个民族乡学校中设有学前班，少数民族女童同样接受教育。校舍实现了砖瓦化，无危房，3所民族中学均有教学楼，校舍面积达到6 690平方米。全区民族学校共有微机96台。2所九年一贯制民族学校有寄宿生230人。16名符合政策的鄂伦春族毕业生全部给予了安置。

（二）医疗卫生

截至2005年，爱辉区有3所民族乡卫生院，有医务人员19人，其中少数民族医务工作者9人。医务人员中包括主治医师5人、医师4人，护士8人，后勤2人，中级职称以上的7人。3所卫生院总建筑面积为770平方米，观察床10张；卫生院设有门诊、药局、观察室、X光室；年就诊人数达8 300人次。12个民族村有卫生所11个，医护人员13人，月平均就诊人数为270人。爱辉区民族乡卫生院可以开展内、外、妇、儿科常见病多发病的诊断及治疗，民族乡儿童全部实行计划免疫，鄂伦春族群众全部享受免费医疗，爱辉区每年支付鄂伦春族医药费达20万元。鄂伦春族人均寿命由定居前的30岁提高到58岁，婴儿死亡率由解放前的70%下降到12‰；肺结核发病率由1953年的24%到2005年已被全部消灭。在医疗体制改革上，四嘉子满族乡卫生院实行了村卫生机构一体化管理，以乡镇卫生院为核心，对辖区内所属村级卫生资源进行重新配置、合理布局，在行政和业务上实行统一管理，统一规范了医疗卫生业务行为；巩固和发展了乡村两级医疗预防保健网，提高了乡村卫生机构的管理水平和技术队伍的整体素质，规范了郊区药品流通和医疗行为，推进并落实了综合性医疗预防保健服务。

（三）文　化

少数民族村文化大院每周演出节目，有戏剧、歌曲、曲艺、器乐曲等各种形式，深受广大农民的欢迎。1997 年，四嘉子满族乡被省政府授予“文化先进乡”荣誉称号，四嘉子乡文化站被授予省级“一级文化站”。2001—2005 年，坤河达斡尔族满族乡文化大院每年演出 80 余场。2004 年参加了黑河“信合之光”文艺汇演。2004 年 8 月 20 日，举办了建乡 20 周年庆典暨第三届敖包会，共有 1.2 万人参加庆典活动。2005 年 8 月，组织了黑河周末大舞台“金色田野”专场演出，演出的节目展现出浓厚的民族风采。

坤河达斡尔族满族乡首届敖包会　1994 年 8 月摄

至 2005 年，3 个民族乡均设有文化站，在职人员总数 8 人，其中少数民族 4 人。新生鄂伦春族乡拥有 1 座 800 平方米剧场，1 座 200 平方米岭上人展览馆，1 栋 971 平方米科技文化培训中心，1 处 2 000平方米的文化活动广场。岭上人图书馆正在筹建中。坤河达斡尔族满族乡有 1 座 160 平方米的剧场，并建有黑龙江省图书馆坤河分馆。四嘉子满族乡文化站有 2 间 30 平方米的办公室，民族村成立了文化大院。全区大部分民族乡村都成立了文化大院，少数民族群众能歌善舞，积极参与文化活动，促进了民族文化的发展。

六、鄂伦春族下山定居庆祝活动

1953 年 9 月，新生乡开始举办鄂伦春族下山定居庆典活动，每逢 10 周年举行大型庆祝活动。

鄂伦春族下山定居 30 周年庆祝活动

1983 年 8 月摄

（一）30 周年庆祝活动

1983 年 8 月 20—21 日，新生公社隆重召开庆祝鄂伦春族下山定居 30 周年大会。省委书记李立安参加盛会并作讲话。国家民委代表团团长李鸿范、省代表团黑河分团团长李敏、地委书记王海彦、市委书记张贵生分别发表讲话，祝贺鄂伦春族定居 30 周年。大兴安岭、嫩江等地、黑河市代表团向大会赠送了锦旗和礼品。

（二）40 周年庆祝活动

1993 年 8 月 22 日，爱辉区鄂伦春族下山定居 40 周年庆祝大会在爱辉区新生鄂伦春族乡隆重举行。上午 9 时许，以国

鄂伦春族下山定居40周年庆祝活动

1993年8月摄

家民委副主任李晋有为团长的国家民委代表团，以省委副书记单荣范为团长的黑龙江省代表团第一分团，市领导曹震、赵培星等，以及各地各界嘉宾抵达新生鄂伦春族乡参加庆祝活动。隆重热烈的迎宾仪式过后，庆祝大会于10时隆重召开，大兴安岭地区、齐齐哈尔市、杜尔伯特蒙古族自治旗、黑河市委、市政府、内蒙古呼伦贝尔盟鄂伦春族自治旗、莫力达瓦达斡尔族自治旗派出代表团前来祝贺。以市长列亚什克为首的俄罗斯布拉戈维申斯克市代表团参加庆祝活动。下午，各界嘉宾参观了新生鄂伦春族乡村容村貌，观看了精彩的富有鄂伦春民族特色的文体表演。晚19时，篝火晚会开始，身着节日盛装的鄂伦春族群众与各级领导、来宾围着篝火跳起舞蹈，鄂伦春族群众争先献艺，将晚会推向高潮。晚9时许，燃放焰火，庆祝活动圆满结束。

(三)50周年庆祝活动

2003年8月18日，黑龙江省暨黑河市鄂伦春族下山定居50周年庆祝大会在爱辉区新生鄂伦春族乡隆重举行。第一个活动主题是金秋情浓，欢聚鄂乡。第二个活动主题是隆重典礼，共庆辉煌。第三个活动主题是兴安高歌，桦林新曲。庆典大会结束后中央民族歌舞团的10名演员与黑河市歌舞剧院的演员同台演出了精彩的文艺节目。第四个活动主题是回眸历史，领略民族风情。午后观看了鄂伦春族射击、赛马表演。第五个活动主题是难忘今宵，鄂乡之夜。随着50发信号弹的腾空而起，5堆篝火被点燃，身着民族服装的鄂伦春族群众与各级领导、来宾围着篝火跳起舞蹈，鄂伦春族歌手争先献艺，将晚会推向高潮。晚9时，燃放焰火，整个庆祝活动圆满结束。

鄂伦春族下山定居50周年庆祝活动

2003年8月摄

第二节　宗　　教

截至2005年，爱辉区有佛教、道教、伊斯兰教、天主教、基督教5种宗教；有教职人员8人，正式活动场所4处，信教群众近万人。各宗教在爱辉区宗教主管部门的指导下，坚持“爱国爱教，独立自办”的原则依法活动，全区宗教形势稳定。

一、佛　　教

金法寺　　2005 年 9 月摄

佛教是黑河民间流传较广、影响较大的一种宗教,信徒分布在全区各地。黑河市区建有佛教正式活动场所 1 处——金法寺,位于大黑河岛上。1997 年 6 月 22 日奠基破土动工,当年 9 月末,前期工程即东西配殿、念佛堂、斋堂、地藏殿、办公室、寮房、客堂、方丈室、流通处、简易锅炉房等竣工,全部占地 3 000 多平方米。砖瓦院墙,在红漆门 40 米处,迎门庄严矗立汉白玉雕观音菩萨圣像,像高 8.3 米。

1997 年 10 月 8 日,黑河市宗教局聘请释济忠(也称"释济众")法师为金法寺住持(济忠法师是北京广济寺正果志和尚弟子)。金法寺时有教职人员 1 人、居士 35 人,男教徒 29 人、女教徒 67 人。

1998 年 7 月 18 日,金法寺为佛像落成举行开光仪式,由济忠法师主持,1 000 多人参加。济忠法师于年底离开寺院,1999 年 9 月经省佛协同意免去其金法寺住持一职。

1998 年 11 月 1 日,从上海玉佛寺聘请到释悟智法师到金法寺负责日常工作。1999 年 12 月 12 日,黑河市宗教局报请省宗教局批准释悟智为金法寺住持。2000 年 1 月 18 日,省佛教协会批准释悟智法师为金法寺正式住持,负责住持寺内一切活动,为法人代表。寺内有和尚 6 人;时有信徒 452 人、居士 237 人。

2005 年,金法寺有教职人员 1 人,僧人 4 人。全区有佛教徒约为 1 500 人,其中居士 569 人。

二、道　　教

道教在清末和民国年间在黑河流传较广,先后建有关帝庙和城隍庙。

黑河市区关帝庙原名武庙,位于黑河武庙屯(现商贸宾馆路南、通江路东),俗称"东大庙"。1921 年,全真龙门派道士何理金由辽宁省千山无量观到黑河办教建庙,关帝庙占地 1 公顷,由正殿(也称"武君庙")和两个配殿组成。配殿前分别建有钟楼和鼓楼,为当时东北较大的一处道教活动场所。土地改革期间,关帝庙被当作封建迷信活动场所取缔。黑河市城隍庙,由道教信众筹资建于 1938 年,作为黑河市关帝庙的下院,建成后由关帝庙派道士谢从华主持城隍庙事务。1948 年黑河土地改革,取缔城隍庙,城隍庙与关帝庙一同收归国有。"文化大革命"期间,城隍庙由黑河市第一建筑公司使用,至 2005 年无正常宗教活动。

2002 年 6 月,刘传贤由北安道教活动场所来到黑河市五道豁洛岛黑龙观开展道教活动,2003 年 9 月迁移到位于黑河市通江路百年废墟的老关帝庙旧址。2004 年,对庙宇进行大修并定造神像,5 月 16 日举行了七尊神像落座庆典。

截至 2005 年,爱辉区有道士 2 人,道教信徒约 200 人。

三、伊斯兰教

伊斯兰教传入黑河,是随信仰伊斯兰教的民族人口迁徙而来,黑河信仰伊斯兰教民族人口主要是回族群众。到 2005 年,黑河市区有 1 处伊斯兰教正式活动场所——清真寺,位于黑河市区中央街 395 号。

黑河清真寺是黑河市区穆斯林群众举行庆祝"开斋节"等民族节日活动和进行宗教活动的重要

清真寺　　2000年9月摄

场所，始建于1908年，改建于1920年。占地面积5 000余平方米，建筑面积843平方米（不含寺产民房）。整个寺院由大殿、南讲堂（大礼堂、伙房）、北讲堂（小殿、教长室、沐浴室等）、寺管委会办公室和车库等组成。位于寺院西侧中央位置上的礼拜大殿，为中国宫殿式和阿拉伯式相结合的“木克楞”建筑，在全省尚属唯一，全国亦为罕见。1989年，黑河清真寺被批准为市级文物保护单位。1990年，黑龙江省人民政府批准黑河清真寺为省级文物保护单位。1999年8月28日，黑河市区首届回民代表大会召开，选举出第一届清真寺管理委员会，设管理委员会主任1人、副主任2人、成员4人；负责清真寺日常管理工作。时任阿訇杨成全，四师傅佟殿春。

截至2005年，全区共有伊斯兰教信众约1 600人。

四、天 主 教

黑河市区有1处天主教临时活动场所，位于下二公村，负责人王培龙、李向俊。经常参加宗教活动的固定教徒有10余人。夏天外来务工、经商人员中信此教者有时参加聚会。截至2005年，爱辉区天主教尚无教职人员和正式活动场所。

五、基 督 教

1931年，黑河市区就有黑河中华基督教会，由从齐齐哈尔到黑河的郑少余负责。1935年从北安请来韩秀忱牧师到黑河担任教会牧师。1940年由信众筹资建基督教堂1座，信徒多时约有200人。“文化大革命”开始后宗教活动中断。

1989年秋，4名老基督徒在已故牧师韩秀忱女儿韩荣春的带领下，开始在原基督教会执事陶道明家聚会，读圣经，唱诗、祷告。

1993年8月，有3名信徒受洗，开始有奉献。在政府的关怀与民委的指导下，韩荣春与信徒学习党的有关宗教政策，同时向政府申请活动场所。1994年10月，经爱辉区政府批准，将郭俊英家作为爱辉区基督教活动临时场所。同年10月，韩荣洁参加省圣经培训班学习。之后，开始讲道并参与教会的事务，韩荣洁先后参加了义工学习班、圣经培训班，又在南京金陵协和神学院函授学习3年。当年信众约90人。1995年8月，韩荣洁代替韩荣春主持教会工作。

1996年，该教会经爱辉区政府批准为正式教会，韩荣洁为教会负责人，法人代表。同时成立了执事会，建立健全了各项规章制度和聚会学拜程序，建立了财务制度和教牧制度，建立了唱诗班。同年开始向政府提出解决因“文化大革命”被占用的教堂问题，得到补偿3万元，用以解决活动场所。

1998年4月，教会用3.5万元购买140平方米平房，作为教堂。1999年6月又用2万元购得教堂隔壁砖瓦结构平房30平方米，使活动场所面积达到170平方米。2000年11月12日，韩荣洁被按立为长老，基督教会有了教职人员。2004年3月15日，爱辉区基督教堂刘颖被按立为牧师。2004年，成立黑河市基督教两会，设会长，副会长和理事等职。

截至2005年，爱辉区基督教堂共有教职人员3人，分别为长老韩荣洁、牧师刘颖、教师孟凡荣，全区信众约有6 000人（包括农林牧场信教群众）。

黑河市爱辉区志（1983—2005）

◎人物

人　　物

一、人物传略

李长江(1953—1991)　男,1953 年 12 月 14 日出生,原籍黑龙江省呼兰县,汉族,中专文化,1971 年 3 月 10 日参加工作,1984 年 10 月 1 日参加公安工作,生前系黑河市公安局爱辉分局办公室科员。

1991 年 9 月 14 日,在黑河市新生乡缉捕持枪杀人凶犯祖庆的战斗中,李长江不顾个人安危,积极参战。在地形十分复杂的条件下,细心搜捕,不幸被躲藏在暗处的犯罪分子枪杀,壮烈牺牲,年仅 38 岁。同年 12 月 2 日,中华人民共和国民政部批准李长江为革命烈士;1992 年 8 月 12 日,黑龙江省公安厅为李长江追记一等功。

李长江烈士为了打击犯罪,面对穷凶极恶的持枪杀人犯,不顾个人安危,用宝贵的生命和鲜血捍卫了警徽的威严,谱写了人生追求的绚丽篇章,体现了公安民警不怕牺牲的浩然正气,其英名将彪炳史册,流芳百世。

曹文明(1947—2004)　男,爱辉区四嘉子乡原文化站站长,在投身基层文化战线的 20 余年间,组织带领农民群众开展农村文化活动,创造性地组建了农民自办文化的载体——农村文化大院,促进了当地农村群众文化事业的发展,为丰富农民的文化生活,提高农村的文明程度,推动农村社会主义精神文明建设做出了卓越贡献。

曹文明所在的四嘉子乡,农村文化活动一度匮乏。身为文化站站长的曹文明决心让农民群众不仅钱包鼓起来,精神生活也要富起来。曹文明克服了资金、设备、场地和农民热情不高等方面的困难,组建农村文艺表演队,组织农民开展自娱自乐的文艺活动。在短短几年时间内,7 个自然村组建了农村文化大院,7 个文化大院均成立了声乐队、舞蹈队、器乐队,培养了一批文艺活动骨干分子,群众文化活动开展得如火如荼。曹文明把党的农村政策和新时期农民的文明准则和发生在群众身边的新风、新事、美德、美谈创作成小品等节目,用农民喜闻乐见的形式送到群众身边,在潜移默化中对农民群众进行引导和教育。在曹文明的引导下,农村群众积极投身到文化大院活动中。四嘉子乡农村文化大院艺术团的演出走出区、市,演进省城。四嘉子乡进入全省文化先进乡行列,曹文明多次被评为先进文化工作者和劳动模范。

曹文明带领群众自己缝制演出服装,用铁丝和废旧物品制作道具,到处搜寻县、市文艺单位淘汰的乐器,手把手教农民文艺骨干,自己掏钱作为活动启动经费。曹文明坚持创作,全身心投入到文化大院事业,带病坚持在辅导工作第一线。每场演出兼策划、编导、剧务于一身,却未有一点报酬。乡镇机构改革,曹文明从乡文化站站长的位置退养,仍然一心扑在文化大院活动中。为使失学孩子重新走进课堂,曹文明通过文化大院的文艺活动在全乡开展助贫困学生活动,组织文化大院到敬老院演出,帮助残疾人、困难户排忧解难。曹文明用自己的实际行动,树立了党的基层文化干部在群众中的优秀形象。

2004 年 6 月,为向全区农民汇演献上最好的节目,曹文明连续多天组织排练,疲劳过度,在汇演前一天突发脑溢血去世,年仅 57 岁。本次演出四嘉子乡有 5 个节目获得一等奖,其中 4 个为曹文明所创作。曹文明吹拉弹唱写写画画样样精通,组织的“金色田野”农民艺术节、“文化大院”等各类演出百余场,自创节目 300 多个。

二、先进模范

李沛军　爱辉区四嘉子乡党委副书记，小三嘉子村党总支书记，三嘉农工贸总公司总经理，黑河市人大常务委员。

李沛军1951年9月1日生于瑷珲县四嘉子乡小三嘉子村，中学毕业后回乡务农，曾当过拖拉机手和机耕队长。1978年加入中国共产党，1981年当选为小三嘉子村党支部书记后，带领全体村民走上集体致富之路。先是与外地联营建起1座年产300吨红小豆的全粉厂，后陆续建起了养、加、销一条龙的生猪饲养场，创建了年产600万块红砖的制砖厂，创建了贸工农一体化的综合经济实体三嘉实业总公司。到1993年底，三嘉公司实现营业收入2 400万元，创产值375万元，利税65万元，对俄贸易总额完成300万瑞士法郎。1995年兼并了价值1 000万元的黑河肉联厂。1986—1993年，李沛军连续多次荣获中共黑河市委、爱辉区委授予的优秀共产党员称号；1992年被黑河市政府评为乡企系统先进工作者，被黑河地区行政公署授予"黑河地区第三届农民企业家称号"，被黑龙江省人大常委会授予"黑龙江省特等劳动模范"称号（全省10人）；1993年被中共黑龙江省委授予"优秀共产党员标兵"称号；1994年被中共黑河市委授予"优秀共产党员标兵"称号；1995年5月被国务院授予"全国劳动模范"光荣称号。

郑玲丽　女本科生于上海一个普通工人家庭，1969年初中毕业后，从上海来到黑河农村插队务农。1970年4月被分配到爱辉公社窦集屯大队里二道沟村参加农业生产，1983年4月被正式录用为工人。1984年1月分配到爱辉区地方道路管理站二道沟道班当上了养路工人。要想养护好路段，达到路况标准，作为女性需要付出比男职工多出几倍的精力与代价。"晴天一身灰、雨天一身泥，风雨雪无阻，夏天战高温，冬天冒严寒，饮食无定时"，这就是当时养路工人的真实写照。为把路况差的路面修整的光洁平坦，保障畅通无阻，需要把砂石料一铁锹一铁锹的铺撒在路面上。为创建优质路段，让道路更整洁美观，需要把砂石料堆堆放得有棱有角，行道树、路肩沟都要用大刀、小镰刀定期清理杂草。冬季遇到雪天，更要及时发现积雪结冰路面，为通行的车辆提供安全的保障。为了更好的完成养护工作任务，在工作中郑玲丽虚心向老工人请教学习，不断改进完善自己的工作，各项工作不甘于落后他人，在工作中取得了显著的成绩，连年获得殊荣，成为一个优秀的养路员工。1994年，郑玲丽担任了爱辉区二道沟道班班长职务，带领全班员工团结一致工作在道路养护工作的第一线，不断开创佳绩，多次被上级部门评为先进道班，为全区、全省树立了样板，成为交通事业的先进典型。郑玲丽把全身精力投入到公路养护事业上，无论是酷暑还是寒冬，每天起早贪黑工作在自已深爱的公路上，养护的路段年年被评为"最佳路段"。郑玲丽不但工作业绩突出，且热心助人，在道班门前设置加水桶、打气筒、邮政箱义务为过往车辆和村民服务，相继拿出1万余元资助贫困户，赢得人们一致好评。

1986—2002年，在从事道路养护工作的16年间，郑玲丽由于工作出色，先后获得黑河市"市级劳动模范记功奖""三八红旗手""模范工作者""行业女状元"等称号；荣获黑龙江省"四职三优优胜个人""省级优秀养路员工""省交通战线劳动模范""省最佳养路工""省级劳动模范""省级三八红旗手""省级女职工双文明建功立业竞赛标兵"第二届"十大女杰""十大巾帼"文明标兵等称号。1994年5月1日，郑玲丽被黑龙江省人民政府授予省级劳动模范。1995年4月，被评为"全国交通系统先进个人"。1995年五一国际劳动节，郑玲丽作为黑龙江省劳动模范代表，出席了全国先进个人（集体）劳动模范表彰大会，被国务院授予全国劳动模范称号，受到了党和国家领导人的接见，登上了天安门城楼，与全国各族人民共同欢度五一国际劳动节。1997年3月8日，被黑龙江省妇联授予全省"十佳女杰"称号。

李洪顺　1957年9月生人，本科学历；黑河市人大代表，心内科主任医师，黑河市拔尖人才、心内科专业学科带头人。1974 年 10 月参加工作,1976 年在部队开始从医,先后担任过卫生员、乡中心卫生院院长,黑河市第二医院内科主任、副院长、院长等职,一直默默奋斗在边疆医疗战线上,刻苦钻研业务,不断攻克医疗难题,为提高黑河市医疗水平屡建功勋。李洪顺酷爱医疗事业,敬业爱岗,医术求精。坚持工作在临床第一线,利用一切业余时间攻读业务理论,积累了丰富的第一手科研资料,摸索并总结出常见病、多发病的有效防治措施,解决了很多疾病诊治中的难点问题,部分技术达到省级医院水平,受到国内专家的好评。

李洪顺对工作兢兢业业,待患者一视同仁,不管熟识、陌生,不管班上、班下,不管白天、黑夜,只要有人找,便随叫随到,以忘我的工作精神树起了文明行医的新风尚。对危重患者,总是耐心热情地询问病史,反复查询,不遗漏任何一个环节,不忽略每一项检查。做到急诊病人及时看,入院病人当天看,重症病人反复看,危重病人守着看,保证了诊断处理及时无误。作为学科带头人和一院之长,李洪顺不仅注重自身业务水平的提高,更为全院整体医疗水平的提升殚精竭虑,不仅将先进的医学知识和临床经验毫不保留地传授给年轻医生,而且身体力行,历练本领的学风和极端负责的工作作风影响着每位医生。带领出来的心内科梯队医生个个技术过硬,水平领先,在社会上赢得了良好的信誉。

李洪顺在从医生涯中,刻苦钻研业务,不断攻克医疗难题,全心全意为病人服务,医风廉洁,赢得市民的广泛赞誉。2000 年享受省政府特殊贡献专家津贴,2002 年 4 月被评为黑龙江省第九届劳动模范,2004 年 4 月荣获全国五一劳动奖章,2005 年 4 月被国务院授予全国先进工作者。

武振伟 1960 年生人,1981 年参加工作,原为黑河饭店厨师,1991 年 12 月加入中国共产党,1995 年 7 月任黑河市黑河饭店党支部书记兼经理,1997 年当选为黑河市第二届人大代表。多年来,武振伟无论是在一线工作,还是在领导岗位,都是忘我的工作,不怕脏、不怕苦,认真钻研业务,圆满完成上级交给的各项工作任务。

武振伟担任黑河饭店总经理时,正是企业最困难时期(1993—1994 年饭店停业),经过不懈的努力和全体职工的辛勤劳动,企业得以发展,1995—1997 年 3 年累计营业额达 558 万元,上缴税金 35 万元。其中,1997 年销售 195 万元,上缴管理费 12 万元;三年提留折旧和修理费用达 22.5 万元。武振伟所领导的黑河饭店先后被授予省级“精神文明”单位、省级“卫生先进单位”和执行“食品卫生法先进单位”、省级“先进职工之家”称号;获得市级卫生防疫系统授予的“卫生信得过企业”、市消联命名的“消费者信得过单位”等荣誉称号。饭店装修期间,为节省资金,加快建设周期,在 30 天施工期间为不影响正常营业,采用白天进料,夜间施工的办法,武振伟每天坚持工作到下半夜,连续十几天没回过家。由于武振伟的超强能力和经营有方,1998 年 5 月,上级主管部门派武振伟兼任连续多年亏损的国营老字号企业——黑河海兰旅社的经理,武振伟上任后,根据市场需求,确定了餐饮业以大包桌为主,第三产业以楼房门市房出租、食品加工为主的经营模式。多方集资 60 余万元,把海兰旅社改造成集餐饮、住宿、食品加工为一体的新型经营格局,经营面积扩展到 2 000 平方米,建成市区最大的婚礼大厅,一次可容纳 500 多人就餐。经过 6 个月的苦心经营,海兰旅社甩掉了多年亏损的帽子,成为国营服务行业的一支新秀。1999 年创产值 110 万元,是 1998 年前 5 年的总和。1990—1997 年,武振伟连续多年荣获区市级模范共产党员和先进个人称号,先后多次被评为全省商业系统劳动模范。1991 年当选为黑龙江省第七届劳动模范。1997 年被省政府命名为省职教学校优秀毕业生(全省 7 名),同年荣获首届黑河市劳动模范。2001 年荣获全国五一劳动奖章。

张志忠 满族,1951 年 4 月生人,中共党员,中专文化,张地营子乡文化站站长。

张志忠自幼爱好音乐、摄影。16 岁开始从事业余文艺工作。1976 年参加工作,1984 年转入基层文化站任站长职务。由于酷爱文艺工作,在艺术道路上积极进取,为基层群众文化工作发展做出了卓越贡献。张志忠具备较全面的艺术专长,先后掌握了二胡、京胡、板胡、高胡、琵琶、月琴、柳琴、扬琴、竹笛、长笛、钢琴、手风琴、大提琴、电倍司、吉他、架子鼓等乐器的演奏技能,并在摄影、摄像、剪辑、书画、撰稿、解说、作曲等方面表现出了较好的业务素质。

在张志忠亲自主持或倡导下，张地营子乡群众文化建设得以全面开展。1978 年首创张地营子农民业余音乐艺术培训班，仅在册学生就有百余名。之后培养的学生有的考入艺术院校。1986 年 6 月 22 日，首创了张地营子第一支农民女子乐队。1987 年 12 月 18 日，张志忠荣获黑龙江省“群众文化先进工作者”称号。1988—1989 年，张志忠进驻张地营子乡驻军边防九连，帮助驻军组建了一支士兵乐队，军民共建取得丰硕成果。1990 年 7 月，张志忠协助省考古研究所谭英杰教授一行，在全乡进行了文物遗址考察。1991 年（正月十五），举办了张地营子乡首届元宵节庆丰收秧歌大赛；同年 5 月 1 日，举办了全乡首届妇女演唱大赛；5 月 4 日举办了全乡首届青年歌咏大赛。1992 年 10 月 18 日张志忠荣获黑龙江省文化工作突出贡献奖。1996 年 12 月 21 日，举办了全乡首届农民象棋大赛。1998 年 6 月 27 日至 8 月 16 日，参加抗洪抢险，拍摄了抗洪过程中的全部图片。1999 年 2 月 1 日，为纪念张地营子乡文艺舞台繁荣 50 周年，举办了首届文艺座谈会、独唱、独奏音乐会。

2002 年 4 月 28 日，张地营子文化大院正式挂牌成立。2003 年 5 月 1 日组建了全区第一支农民春之声艺术团；之后相继组建了“夕阳红”活动组、中青年活动组、半边天乐园、少儿天地等 5 个文艺团体。张地营子乡张地营子村文化大院成为黑河市文化大院的典型代表，也成为全省乃至全国农村文化建设的先进典型。2004 年 8 月省委副书记刘东辉、省文化厅厅长白亚光亲临张地营子村文化大院观看演出并给予高度评价。张地营子乡张地营子村文化大院 2005 年末被文化部授予国家级优秀农村文化大院，原张地营子乡文化站站长张志忠获文化部、人事部授予的全国文化系统先进工作者荣誉称号。同年 7 月 1 日张志忠被授予爱辉区第五届“十佳公仆”。

三、享受政府特殊津贴

为鼓励和奖励有重大贡献的专业技术人员，国务院和省政府自 1992 年开始设立政府特殊津贴待遇。截至 2005 年，爱辉区共有 8 名专业技术人员获得政府特殊津贴待遇。其中刘安泰、李永德、王荣祥 3 人享受国务院特殊津贴待遇，和德祥、臧石柱、全成雄、韩福义、李洪顺 5 人享受省政府特殊津贴待遇。

（一）享受国务院特殊津贴待遇

刘安泰　男，生于 1936 年 4 月 26 日，汉族，哈尔滨市人，1963 年 9 月 24 日毕业于中国医科大学儿科学系。被分配到爱辉县人民医院（现黑河市第二人民医院）担任儿科医生，1982 年 11 月加入中国共产党。曾获得黑河市（县级）拔尖人才、黑河地区优秀知识分子等多项殊荣。先后担任中华医学会黑河学会儿科组秘书、黑龙江省遗传学会会员、中国优生协会会员、黑河市（县级）儿少委员会理事、黑河市（县级）红十字协会理事等多项社会职务。曾先后撰写发表多篇有较大影响的科技论文，1984 年 4 月完成了《黑河地区鄂伦春族血缘婚配状况调查》，获黑河地区科技进步奖；《黑河地区鄂伦春族等 4 个少数民族血缘婚配状况调查》论文在第三次全国优生优育科学大会上宣读，并发表在《中国优生与遗传杂志》上；同时《影响人口素质的怪圈——对黑河地区农村中通婚圈缩小的状况调查》也于此次大会上交流。《儿童多动综合症与遗传关系及其遗传方式的探索》在 1992 年北京召开的国际优生优育学术研讨会上进行交流，认为该病与遗传关系密切、属多基因遗传的观点，被收录该会的资料汇编中，后刊登于《中国优生与遗传杂志》。《P. K. Se. E 方案在治疗紫癜性肾炎中的应用》于 1994 年 9 月参加全国疑难病学术研讨会并在大会上宣读。另有 10 余篇文章在省、地（市）级学术会上交流或发表于国家级刊物上。刘安泰作为儿科主任医师和儿科主任，精通本专业常见病、多发病的诊断与治疗，成为当地儿科专业的学术、技术带头人。依据当时的条件，以其熟练的高难技术和学识解决了很多儿科疑难疾病的诊断和对危重病儿的抢救，运用中西医结合的方法诊治小儿疾病方面有较深造诣,同时对小儿遗传性疾病、小儿先天缺陷性疾病的诊治、遗传性疾病的咨询、再发风险预测与科研等方面都有所涉猎和研究。1992 年 10 月荣获国务院颁发的政府特殊津贴待遇。

李永德 男,1936 年 10 月 2 日生于辽宁省兴城市,汉族,1959 年毕业于哈尔滨医科大学本科医疗系。1959 年 9 月分配到爱辉县医院(现黑河市第二人民医院)工作。1984 加入中国共产党。1962—1984 年先后到黑龙江省地方病研究所、中国医科大学、北京埠外医院、解放军第一军医大学南京医院、广州华侨医大、广州中山医大等地进修学习地方病、克山病的临床诊治及心血管病学、心电图学、遗传学、免疫学、胃镜学、消化病学等学科;1991 年赴美国参加了 CT 机短期考查和培训。1982 年晋升为内科主治医师,1987 年晋升为内科副主任医师,1993 年晋升内科主任医师。先后担任过内科主任、传染科主任、急诊科主任;1984 年末担任黑河市人民医院业务副院长。社会担任职务有中华内科学会会员、中华预防医学会会员。曾获得黑河地区、黑河市科技进步奖多项;黑龙江省科技进步奖二等奖 1 项;黑龙江省教育委员会科技进步一等奖 1 项;国家科技进步奖二等奖 1 项;国家科技成果展览会铜牌奖 1 项。李永德在临床实践中,以自己的学识和专长解决了内科医疗很多难题,总结许多经验,撰写了大量论文,20 多篇论文发表在较著名的医学杂志和医科大学学报上,其中有 2 篇刊登在在国际医学杂志上。1989 年被黑河市委批准为黑河市拔尖人材;1992 年进入黑龙江省中青年专家名人录;1992 年 10 月荣获国务院颁发的政府特殊津贴待遇。

王荣祥 男,汉族,绥化县人,生于 1940 年 10 月 23 日。1966 年 1 月毕业于东北农学院农学系植物保护专业,被分配到爱辉县农业科农技推广总站工作。1972 年 11 月加入中国共产党。1979—1984 年先后任爱辉县西岗子公社党委副书记和爱辉县、黑河市农业学校校长;1984—2000 年任黑河市爱辉区农业技术推广中心主任、党支部书记。王荣祥担任农业技术推广中心主任后,主持和领导大豆和小麦生产技术栽培的研究并取得多项成果。1988—1991 年,黑河市小麦、大豆"丰收计划"获省厅三等奖 2 次,二等奖 1 次,一等奖 1 次;大豆生产栽培技术获黑河行署一等奖 1 次,获省厅三等奖 1 次;小麦生产技术栽培获黑河行署四等奖 1 次,获省厅四等奖 1 次。1992 年后,王荣祥主持和领导的黑河市(爱辉区)的"丰收计划"再获省厅二等奖 2 次,获农业部二等奖 1 次;大豆生产栽培技术获黑河市政府三等奖,获省厅三等奖,获农业部二等奖;小麦丰产栽培技术获省科委一等奖,获省厅二等奖;大豆集团成包项目获爱辉区政府一等奖,获省厅二等奖。王荣祥多年从事农业技术的研究和应用,积累了丰富的实践经验,撰写并发表多篇科研论文。其中,获省农业推广协会优秀论文 1 篇;获中国林业科学院优秀论文 2 篇。1993 年,参加了由中国科学技术出版社出版发行的《植物保护》一书的编写。王荣祥曾连续被评为优秀共产党员和先进工作者;1989 年被评为黑河市拔尖人才;1990 年被评为黑河地区拔尖人才;1992 年享受国务院颁发的特殊津贴待遇。

(二)享受黑龙江省政府特殊津贴待遇

和德祥 男,汉族,生于 1939 年 7 月,原籍河北省定县,毕业于哈尔滨医科大学医疗专业,毕业后分配到张地营子公社卫生院任院长,1972 年 5 月加入中国共产党。黑河市第二人民医院主任医师,曾任黑河市第二人民医院院长。社会职务有中国中西医结合学会急腹症专业委员会黑龙江省分会委员;《伤残医学杂志》编委委员;黑河市人民代表大会代表;黑龙江省医疗事故鉴定委员会黑河分会委员;曾为中华医学会黑河地区分会常务理事。专业特长为腹部外科手术、胸部外科手术、脑部外科手术、骨科手术等。著作有《中国舌诊大全》。发表的论文有《人工髋关节置换术术后感染的处理》《激素类药物对骨的不良作用的临床意义》《人工髋关节置换术在临床应用》《上尿路结石非手术疗法》《单侧多功能骨外固定器的临床应用》《脂肪栓塞综合症临床上的几个问题》《复合组织修复褥疮》《脊髓损伤的研究》《人工股骨头置换术治疗老年股骨、锁骨骨折的应用》《关于不典型阑尾诊断方法的研究》《Batenek 氏人工髋关节置换术的临床应用》《胃大部切除术后食疗》《甲状腺手术后颈部的活动》《胆囊切除手术注意事项》《前列腺手术后防止尿路狭窄的几个方法》《腰间盘突出手术疗治》等。

1990年,和德祥被选为黑河市百名卫生系统先进工作者;1992年7月享受省级政府特殊津贴待遇。

臧石柱　男,满族,1939年生于爱辉县大五家子村,1960年毕业于东北农学院嫩江分院农学专业,大专学历。1971年加入中国共产党。毕业后先后在齐齐哈尔市郊区莽格吐公社农技站、爱辉县爱辉公社农技站、爱辉镇政府、爱辉区农牧渔业局、爱辉区农业技术推广中心工作,曾任副站长、站长、公社副主任、副镇长、副局长、副主任等职务。1992年晋升为高级农艺师;1996年10月受省政府表彰,并获得省政府颁发的特殊津贴证书,享受省政府特殊津贴待遇。1999年退休,之前曾任爱辉区政协常务委员。臧石柱在40年的农业技术推广工作中,依区划和生态类型,在试验示范的基础上共选用推广更新良种50多个,推广使用新技术成果百余项。尤其大面积推广了以深松为主体,松耙(旋)翻相结合、垄平作相结合、用地养地相结合的旱作农业少耕制度,并与之相结合的大豆"垄三"栽培法。总结推广"小麦爱辉栽培模式"即"伏秋整地,耙茬播麦,早播密植,良种增肥,连片细管,抗涝保收"的耕作方式。同时,臧石柱与宋贵庆配合、以麦豆不同品种试验所得出的施肥效应方程,制定了麦豆"配方施肥表",对指导配方施肥起到了重要作用。由于臧石柱和本区农业技术人员的共同努力,爱辉区的麦豆产量迈上了中产的台阶。1988—1993年间,臧石柱主持领导了爱辉区"丰收计划"的具体工作,有力地推动了新技术推广和高产化栽培。曾先后获省、部级二等奖各1次,市级科技进步一等奖2次;获省丰收计划一等奖1次、二等奖3次。多次被评为区(县)先进工作者,2次被黑河地委和行署授予优秀知识分子和农业科技先进工作者称号。臧石柱与宋贵庆等人合作发表的论文有《大豆除草剂氟乐灵的应用》《黑河5号大豆综合农艺措施的最佳选择》《黑河9号大豆综合农艺措施数字模型分析》等;臧石柱个人发表并获省、部级一、二等奖的论文有《重迎茬大豆对品质和产量的影响》《大豆重迎茬的危害及应采取的对策》《小麦应用生根粉的总结》《小麦化肥经济用量及施肥方法试验总结》等多篇。

全成雄　男,生于1942年12月8日,朝鲜族,中共党员,大学本科毕业,高级工程师。2001年6月退休。曾任爱辉县农机校副校长、黑河市农机研究所所长,1987年至退休一直担任农业机械化技术推广服务中心(现农机化技术推广站)主任。全成雄自1975年任农机校教务副校长以来,共培训各类农机人员2万多人次,同时把现代化教学管理放在首位,不断地探索新的教学模式,全成雄创新的几项管理措施均属全省首例。1978年在全省县级农机校中首次承担了国家统招统分的技工班,为农机系统和社会培训农机技工50人;1980年为适应农村改革,在全省首次举办2期农民技术员培训班,培训95名农民农机技术员。1982年以来,在全省县级农机校首次把电化教学搬进农机教学中,全成雄自制各种电教化教学片170片(块),编印电教化教材2份、4万多字,在全省电教化教学班上授课2次,受教育120多人。从1987年开始抓农机化新技术、新机具的推广,配合全国农机化综合试点工作,取得了较好的经济效益和社会效益。农业丰收计划项目"机械化综合高产技术"的推广工作中,先后引进推广了机械联合收割技术、精量点播深施化肥技术、旱作少耕和保护地栽培技术等十多项新技术,以及与之配套的大型谷物联合收割机、垄三栽培机、联合整地机等十多种新机具1 300多台。在技术上,全成雄不仅对国产机型的技术掌握全面,而且对俄制农机具技术也能精益求精,本市引进的"叶尼塞-1200p"型联合收割机,因故障较多而影响作业,在麦收期间,全成雄不分昼夜、节假日、不计报酬,全天候为农民跟踪服务,为农民解决生产中的技术难题27项,876例次,编印了培训教材和配件图册200本,被乡村干部和群众称为"叶尼塞"专家。全成雄年年被评为区先进工作者,1995年、1996年均被评为省"节本增效"工程技术推广先进工作者,先后获得部、省科技成果14项,其中部级二等奖7个,省级一等奖7个。1997年4月28日,荣获黑龙江省劳动模范称号,获得享受省政府特殊津贴待遇。

韩福义　男,生于1954年9月,毕业于哈医大本科医疗专业,爱辉区妇幼保健院妇产科主任医师。曾任黑河市红十字妇婴医院院长,爱辉区妇幼保健院院长、名誉院长。社会职务有中华现代管理杂志编辑委员会常务理事,黑龙江省优生优育协会委员,黑龙江省医疗事故技术鉴定专家库鉴定专家。获得的科技进步奖项有"孕产妇产后出血"的研究获卫生部科技进步二等奖;"左旋18甲基炔诺酮"皮下埋植的临床应用获市级科技进步四等奖;曾获黑龙江省总工会"三大工程"创新能手奖。专业特长为腹腔镜手术、宫腔镜手术、不孕症之介入术、植入术等手术,新阴式手术之全子宫切除术、次全切除术、肿瘤切除术等手术,盆底重建术等。著作及发表的论文有:《实用婚育保健知识》担任主编(1999年黑龙江省科技出版社出版),《公共卫生管理学》担任副主编(2000年黑龙江省科技出版社出版),《农村妇幼卫生人员培训教材》担任副编委(2000年黑龙江省卫生厅编制);在《中国妇幼保健杂志》等国家及省级医学刊物上发表《放置宫内节育器后发生的输卵管妊娠》《34例异位妊娠临床分析》《妊娠高血压综合症症因及部位的探讨》等论文35篇。1997年获省政府特殊津贴待遇。

李洪顺 男,1957年9月4日生于黑龙江省爱辉县,汉族,本科学历,1974年10月参加工作,1978年10月1日加入中国共产党,心内科主任医师。先后担任过部队卫生员、助理军医、中心乡镇卫生院院长、黑河市第二人民医院急诊科主任、内科主任、副院长、院长等职。其间,1984年9月至1986年7月在齐齐哈尔医学院临床医学专业脱产学习,1992年、1996年先后2次在北京医科大学第三医院和北京医科大学人民医院进修心血管内科。先后获得省、市优秀共产党员,省、市劳动模范等荣誉,2004年获得全国五一劳动奖章,2005年被国务院授予全国先进工作者。曾当选为黑河市人大代表、黑河市拔尖人才、黑河市内科学科带头人,黑龙江省免疫学会理事、黑龙江省血液与微循环学会委员和黑龙江省心血管内科专业委员会委员。李洪顺和哈尔滨医科大学免疫教研室王文余等人共同完成的"流行性出血热免疫疗法实验研究及临床应用"获1995年度黑龙江省医药卫生科技进步二等奖;参加黑龙江省卫生厅组织的"同步培养技术"研究获1999年度黑龙江省医药卫生科技进步二等奖;主持开展的"食道心房调搏技术在窦房结功能检测中的应用"获2000年度黑河市科技进步二等奖,并填补了黑河市心脏电生理检查的空白。2000年6月,李洪顺享受省政府特殊贡献专家津贴。李洪顺致力于提高重危病人抢救成功率和改善病人愈后生活质量,把内科重症弥散性血管内凝血这个国内外抢救的难题做为攻克目标,认真钻研,经过多年的努力和临床实践,成功解决了弥散性血管内凝血的早期诊断及抢救中的疑难问题,1996—2000年抢救急性弥散性血管内凝血病人20多例,抢救成功率达60%以上,达到省级医院水平,受到国内专家的好评。在黑河市率先开展采用介入方法治疗心脏病,2001年成功为1名严重病态窦房结综合症(心率28次/分)病人安植了球囊体外临时起搏器,挽救了患者的生命,其技术达到国内先进水平。2000—2005年,李洪顺带领心内科参加北京阜外医院和英国牛津大学共同组织的"中国第二项急性心肌梗死临床治疗研究"(CCS-2)课题,按要求完成任务并为这次实验提供了有价值的临床资料,其研究结果发表在英国柳叶刀杂志上。应用这种新的治疗方法成功救治70多名急性心肌梗死的病人,抢救成功率及愈后生活质量明显提高。曾成功组织抢救4例不同原因所致的心脏骤停病人,其中1例心脏骤停长达10分钟的重危病人被抢救成功,而且未留下心脑肾等重要器官合并症,在黑河市医疗史上创下奇迹。率先引进国家卫生部实施的"十年百项"高新技术普及项目——高血压脑出血早期微创抽吸治疗和脑血栓超早期溶栓治疗,有效提高了当地患病人群的抢救成功率和生活质量。1995年以来,李洪顺带头和参与研究的"同步培养技术推广应用研究""流行性出血热免疫疗法实验研究及临床应用""食道心房调搏技术在窦房结功能检测中的应用"获得省、市级科学技术进步二等奖3项,在《中国实用内科杂志》《中国地方病学杂志》《新医学》等国家级专业刊物上发表论文20多篇,省级刊物发表论文2篇。在完成好本职工作的同时,积极参与了制定市、区卫生发展规划等工作。

四、爱辉区(黑河市)领导简介

(1983—2005年任正职领导按任职时间排序)

（一）区委（市委）书记

张贵生　男，汉族，生于1930年3月，毕业于黑河兆麟联立中学，1948年参加工作，1949年4月加入中国共产党。1983年6月至1985年8月，任中共黑河市委书记。

王怀仁　男，汉族，生于1939年5月，高中学历，1957年8月参加工作，1964年4月加入中国共产党。1985年8月至1986年5月，任中共黑河市委书记。

刘振国　男，汉族，生于1938年6月，大学学历，1963年7月参加工作，1965年12月加入中国共产党。1986年5月至1989年5月，任中共黑河市委书记。

李秉德　男，汉族，生于1941年11月，大学学历，1966年1月参加工作，1973年1月加入中国共产党。1989年5月至1990年4月，任中共黑河市委书记。

张文树　男，汉族，生于1944年9月，大专学历，省委党校党政专修毕业，1968年10月参加工作，1965年10月加入中国共产党。1990年4月至1993年3月，任中共黑河市委书记。

战佩山　男，汉族，生于1953年7月，大专学历，1977年7月参加工作，1980年2月加入中国共产党。1993年4月至1997年4月，任中共黑河市爱辉区委书记。

赵洪生　男，汉族，生于1958年5月，大学学历，1975年11月参加工作，1979年4月加入中国共产党。1997年4月至1998年11月，任中共黑河市爱辉区委书记；1997年11月至1998年11月，任中共黑河市委常委、爱辉区委书记。

胡东胜　男，汉族，生于1956年12月，大专学历，1975年7月参加工作，1978年5月加入中国共产党。1998年12月至2002年8月，任中共爱辉区委书记；2002年8月至2003年6月，任中共爱辉区委书记、区人大常委会主任。

李洪祥　男，汉族，生于1963年12月，硕士研究生学历，1984年8月参加工作，1988年5月加入中国共产党。2004年4月，任中共黑河市爱辉区委书记、区人大常委会主任。

（二）人大常委会主任

张贵生　男，汉族，生于1930年3月，毕业于黑河兆麟联立中学，1948年参加工作，1949年4月入党。1982年1月至1983年7月，任黑河市人大常委会主任。

刘瑞元　男，汉族，生于1928年3月，初中文化，1947年6月1日参加工作，1952年7月加入中国共产党。1983年7月至1987年10月，任黑河市人大常委会主任。

王国生　男，汉族，生于1930年11月，初中文化，1948年11月加入中国共产党，1949年3月参加工作。1987年10月至1991年1月，任黑河市人大常委会主任。

贲鹤年　男，汉族，生于1935年11月，中专学历，1959年8月参加工作，1972年4月加入中国共产党。1991年1月至1994年1月，任黑河市人大常委会主任。

贾振国　男，汉族，生于1945年10月，籍贯黑龙江省泰来县，大专学历。1961年8月参加工作，1965年12月加入中国共产党。1994年1月至2002年8月，任爱辉区人大常委会主任。

胡东胜　男，汉族，生于1956年12月，大专学历，1975年7月参加工作，1978年5月加入中国共产党。2002年8月至2004年4月，任中共爱辉区委书记兼任爱辉区人大常委会主任。

李洪祥　男，汉族，生于1963年12月，硕士研究生学历。1984年8月参加工作，1988年11月加入中国共产党。2004年4月，任中共黑河市爱辉区委书记兼任爱辉区人大常委会主任。

(三)区长(市长)

宫海林 男,汉族,生于1927年7月,初中文化,1946年10月参加工作,1949年2月加入中国共产党。1981年2月至1984年2月,任黑河市人民政府市长。

刘振国 男,汉族,生于1938年6月,大学学历,1963年7月参加工作,1965年12月加入中国共产党。1984年2月至1986年6月,任黑河市人民政府市长。

李忠祥 男,汉族,生于1946年4月27日,本科学历,毕业于东北大学,1970年8月参加工作,1974年4月加入中国共产党,1986年6月至1987年10月,任黑河市人民政府市长。

徐福和 男,汉族,生于1946年10月,大专学历,1967年9月参加工作,中共党员。1987年10月至1993年3月,任黑河市委副书记、市长。

赵敬华 男,汉族,生于1952年8月,大专学历,1969年8月参加工作,1974年12月加入中国共产党。1993年4月至1993年7月,任黑河市爱辉区人民政府代区长;1993年7月至1995年7月,任黑河市爱辉区人民政府区长。

王圣文 男,汉族,生于1950年12月,本科学历,1968年12月参加工作,1975年8月加入中国共产党。1995年7月至1996年3月,任黑河市爱辉区人民政府代区长,1996年3月至1999年2月,任黑河市爱辉区人民政府区长。

夏作民 男,汉族,生于1949年6月,大专学历,1968年12月参加工作,1972年11月加入中国共产党。1999年2月至1999年4月,任黑河市爱辉区人民政府代区长,1999年4月至2002年9月,任黑河市爱辉区人民政府区长。

李洪祥 男,汉族,生于1963年12月,硕士研究生学历,1984年8月参加工作,1988年11月加入中国共产党。2002年9月至2002年10月,任黑河市爱辉区人民政府代区长;2002年10月至2004年4月,任黑河市爱辉区人民政府区长。

王喜军 男,汉族,生于1956年10月,大专学历,1975年10月加入中国共产党,1979年8月参加工作。2004年4月10日至2004年4月21日,任黑河市爱辉区人民政府代区长;2004年4月,任黑河市爱辉区人民政府区长。

(四)政协主席

刘瑞元 男,汉族,生于1928年3月,初中文化,1947年6月1日参加工作,1952年7月8日加入中国共产党。1982年1月至1983年7月,任政协黑河市委员会主席。

姜德春 男,汉族,生于1929年6月,初中文化,1950年参加工作,1956年4月加入中国共产党。1983年7月至1987年10月,任政协黑河市委员会主席。

王金发 男,汉族,生于1931年1月,初中学历,1950年5月参加工作,1954年3月加入中国共产党。1987年10月至1991年1月,任政协黑河市委员会主席。

刘万福 男,汉族,生于1938年10月,大学学历,1964年8月参加工作,1965年12月加入中国共产党。1991年1月至1993年3月,任政协黑河市委员会主席,1993年4月至1995年4月,任政协爱辉区委员会主席。

狄来三 男,汉族,生于1948年10月,大专学历,1965年6月参加工作,1968年10月加入中国共产党。1995年4月至1997年10月,任政协爱辉区委员会主席。

孙洪涛 男,汉族,生于1959年10月,大学学历,1977年10月参加工作,1983年1月加入中国共产党。1997年10月至1999年4月,任政协爱辉区委员会主席。

武俊富 男,汉族,生于1949年11月,初中文化,1976年1月参加工作,1977年4月加入中国共产党。1999年4月至2000年9月,任政协爱辉区委员会主席。

何　平　男，汉族，生于1957年8月，研究生学历，1980年7月参加工作，1984年12月加入中国共产党。2000年9月至2002年3月，任政协爱辉区委员会主席。

朱家明　男，汉族，生于1950年3月，本科学历，1969年9月参加工作，1979年12月加入中国共产党。2002年3月至2004年4月，任政协爱辉区委员会主席。

王　锋　男，汉族，生于1963年1月，大学学历，1982年8月参加工作，1984年11月加入中国共产党。2004年4月至2004年7月，任黑河市爱辉区委副书记，政协爱辉区委员会主席。

郭建华　女，汉族，生于1963年5月，研究生学历，1983年7月参加工作，1987年7月加入中国共产党。2004年8月，任黑河市爱辉区委副书记，政协爱辉区委员会主席。

五、省劳动模范、学科带头人、专业技术人员名录

1983—2005年爱辉区（黑河市）省级劳模、先进工作者名录

表24－1

姓　名	性别	所在单位及职务	获奖年份
谭延朴	男	黑河市农机厂厂长	1984、1986
王宝庆	男	黑河市宋集屯煤矿矿长	1984
曹根深	男	黑河市宋集屯煤矿工会主席	1986
赵忠贤	女	黑河市农行联行员	1986
王秋华	女	黑河市第三百货商店经理	1986
宋　格	女	黑河市黑河餐厅	1986
于　华	男	黑河市黑河中学校长	1986
苏训奎	男	黑河市第一建筑公司副班长	1988
武振伟	男	黑河市黑河餐厅厨师	1991
王恩香	女	黑河市煤建运销公司经理	1991
蒋景强	男	黑河市西沟水电站工程处长	1991
高左梅	女	黑河市环卫处清洁工	1991
郑玲丽	女	爱辉区地方道路管理站养路工	1994
关振利	男	爱辉区林业汽车队司机	1997
全成雄	男	爱辉区农机化技术推广站站长	1997
胡本忠	男	爱辉区幸福乡之路村党支部书记	1997
丛树成	男	爱辉区金水农场六分场党支部书记	1997
李洪顺	男	黑河市第二人民医院内科主任医师	2002
张德忠	男	黑河市水利水泥制品有限公司采购员	2002
孙朝玉	男	爱辉区爱辉镇二道泉村党支部书记	2002
俞良春	男	爱辉区爱辉镇北三家子村党支部书记	2004

2005 年爱辉区学科(专业)带头人名录

表 24－2

学科(专业)名称	学科带头人	学科后备带头人	学科后备带头人(第三梯队)
中学生物	孙立军	张　敏	陈　燕　尹　敬
音乐教学	孙威毅	吴　薇　孙晓红	王美芝　施小梅
电教	李和平	裴兰兰	姜　波　曹　林
作物栽培	李文福	程朝兴　孙忠明	姚丽华　万喜兰　徐　晶
内科	李洪顺	杨春波　王春燕	张永林　盖　红
外科	于洪源	刘庆云　赵　刚	王　军　张　宇　杨利伟
妇科	吕桂芹	王　敏　李桂明	周翠荣　宋书洪
儿科	于　泉	邢丽娟　张　静	徐　翔　弓莉莉
妇幼保健	韩福义	吴丽萍　胡爱琴	张玉芳　王春兰　张　华

1993—2005 年爱辉区高级专业技术职称情况表

表 24－3

姓　名	单　　位	出生日期	性别	技术级别	技术系列	技术职称	授予时间
韩丽梅	黑河市第二人民医院	1962.12.29	女	副高	卫生	副主任护师	1993.9
何丽范	黑河市第六小学	1960.6.12	女	副高	小学	中学高级教师(小学)	1995.9
关　艳	黑河市实验小学	1963.6.20	女	副高	小学	中学高级教师(小学)	1997.9
李丽新	黑河市第二中学	1958.8.15	女	副高	中学	中学高级教师	1997.9
季会英	爱辉区委党校	1963.11.20	女	副高	中专	高级讲师	1997.9
李大全	爱辉区职业技术学校	1959.12.19	男	副高	中学	中学高级教师	1998.9
寇积生	黑河市第二中学	1954.3.12	男	副高	中学	中学高级教师	1998.9
常　娜	黑河市第二中学	1957.2.4	女	副高	中学	中学高级教师	1998.9
高毓敏	黑河市第二中学	1960.9.13	女	副高	中学	中学高级教师	1998.9
王俊岭	黑河市爱辉区督导室	1963.5.14	男	副高	中学	中学高级教师	1998.9
尤广田	黑河市爱辉区招生办	1957.6.22	男	副高	中学	中学高级教师	1998.9
徐　颖	黑河市幸福中心校	1964.10.18	女	副高	中学	中学高级教师	1998.9
洪　伟	爱辉区水务局	1956.10.3	男	副高	工程	高级工程师	1998.9
吴雅芝	黑河市实验小学	1964.12.14	女	副高	小学	中学高级教师(小学)	1999.9
赵宗元	爱辉区农业技术推广中心	1952.11.17	男	副高	经济	高级经济师	1999.9
鲁　义	爱辉区委党校	1955.2.18	男	副高	中专	高级讲师	1999.9
陈丽华	黑河市第二人民医院	1964.12.28	女	副高	卫生	副主任医师	1999.9
王钦礼	黑河市第二人民医院	1952.11.28	男	副高	卫生	副主任医师	1999.12
盖玉玲	爱辉区档案局	1962.12.14	女	副高	档案	副研究馆员	2000.9

续表 24.3

姓　名	单　　位	出生日期	性别	技术级别	技术系列	技术职称	授予时间
曹丽华	爱辉区档案局	1949.10.14	女	副高	档案	副研究馆员	2000.9
李子发	爱辉区职业技术学校	1965.1.22	男	副高	中学	中学高级教师	2000.9
孙治中	黑河市进修学校	1965.10.23	男	副高	小学	中学高级教师(小学)	2000.9
王　健	黑河市第二中学	1967.11.26	女	副高	中学	中学高级教师	2000.9
宋欣欣	黑河市第二中学	1956.1.6	女	副高	中学	中学高级教师	2000.9
吴晓丽	黑河市第五中学	1962.11.24	女	副高	中学	中学高级教师	2000.9
滕若一	黑河市第五中学	1961.5.29	女	副高	中学	中学高级教师	2000.9
梁文福	黑河市第二中学	1963.7.26	男	副高	中学	中学高级教师	2000.9
焦秀华	爱辉区职业技术学校	1967.11.11	女	副高	工程	高级工程师	2000.9
袁锁刚	爱辉区委党校	1958.12.26	男	副高	中专	高级讲师	2000.9
曹胜利	林业工作总站	1963.5.8	男	副高	工程	高级工程师	2000.9
刘书发	黑河市第二人民医院	1951.9.9	男	正高	卫生	主任医师	2000.9
何存良	黑河市第二人民医院	1962.5.23	男	副高	卫生	副主任医师	2000.9
侯　敏	黑河市第二人民医院	1956.10.10	女	副高	卫生	副主任护师	2000.9
孙运才	爱辉区档案局	1965.2.24	男	副高	档案	副研究馆员	2001.9
李树和	爱辉区档案局	1962.2.28	男	副高	档案	副研究馆员	2001.9
王　芳	爱辉区档案局	1968.10.14	女	副高	档案	副研究馆员	2001.9
赵卫平	黑河市第五中学	1964.4.25	女	副高	中学	中学高级教师	2001.9
关彩兰	爱辉区职业技术学校	1965.12.8	女	副高	中学	中学高级教师	2001.9
逄　敏	爱辉区职业技术学校	1961.3.1	女	副高	中学	中学高级教师	2001.9
南明洁	黑河市第二中学	1960.5.3	女	副高	中学	中学高级教师	2001.9
何双艳	黑河市第二中学	1957.8.15	女	副高	中学	中学高级教师	2001.9
关宝成	黑河市张地营子学校	1952.12.29	男	副高	小学	中学高级教师(小学)	2001.9
王占民	黑河市第二中学	1962.12.2	男	副高	中学	中学高级教师	2001.9
马书彬	爱辉区职业技术学校	1968.3.9	男	副高	中学	中学高级教师	2001.9
李金英	黑河市爱辉中学	1965.1.30	女	副高	中学	中学高级教师	2001.9
曹国维	黑河市上马厂学校	1956.9.16	男	副高	中学	中学高级教师	2001.9
孙丽华	黑河市第五中学	1960.5.12	女	副高	中学	中学高级教师	2001.9
李冰洁	黑河市第五中学	1960.2.11	女	副高	中学	中学高级教师	2001.9
孟素芳	黑河市第五中学	1963.4.5	女	副高	中学	中学高级教师	2001.9
韩寿平	黑河市第五中学	1963.7.23	男	副高	中学	中学高级教师	2001.9

续表 24.3

姓　名	单　　位	出生日期	性别	技术级别	技术系列	技术职称	授予时间
鲍春光	黑河市第五中学	1958.4.21	男	副高	中学	中学高级教师	2001.9
崔淑梅	黑河市第五中学	1963.11.27	女	副高	中学	中学高级教师	2001.9
肖艳华	黑河市幸福中学	1967.4.7	女	副高	中学	中学高级教师	2001.9
王桂梅	黑河市进修学校	1965.4.1	女	副高	中学	中学高级教师	2001.9
马连级	黑河市爱辉区督导室	1961.4.6	男	副高	中学	中学高级教师	2001.9
赍　莹	黑河市进修学校	1963.8.23	女	副高	中学	中学高级教师	2001.9
林　静	黑河市第二中学	1962.12.16	女	副高	中学	中学高级教师	2001.9
徐艳萍	黑河市第五中学	1963.10.31	女	副高	中学	中学高级教师	2001.9
李开新	林产品经销处	1961.10.30	男	副高	会计审计	高级会计师	2001.9
韩福义	爱辉区妇幼保健院	1954.8.7	男	正高	卫生	主任医师	2001.9
于慧芝	黑河市第二人民医院	1958.2.3	女	副高	卫生	副主任医师	2001.9
王丽华	黑河市第二人民医院	1956.11.24	女	副高	卫生	副主任护师	2001.9
张明华	黑河市第五中学	1970.10.24	女	副高	中学	中学高级教师	2002.9
刘金梅	黑河市第六小学	1960.9.18	女	副高	小学	中学高级教师(小学)	2002.9
吴　英	黑河市进修学校	1966.1.2	女	副高	小学	中学高级教师(小学)	2002.9
张宝霞	黑河市第五小学	1966.12.4	女	副高	小学	中学高级教师(小学)	2002.9
郜忠义	黑河市西岗子中学	1963.3.13	男	副高	中学	中学高级教师	2002.9
关惠珍	黑河市第五中学	1962.8.11	女	副高	中学	中学高级教师	2002.9
姜　岩	黑河市第五中学	1968.9.21	女	副高	中学	中学高级教师	2002.9
姜　波	黑河市进修学校	1963.8.2	男	副高	中学	中学高级教师	2002.9
张连萍	黑河市第五中学	1964.3.21	女	副高	中学	中学高级教师	2002.9
曹双乐	爱辉区职业技术学校	1960.10.11	男	正高	工程	享受研究员级待遇	2002.9
李文福	爱辉区农业技术推广中心	1963.10.3	男	副高	农业	高级农艺师	2002.9
姚丽华	爱辉区农业技术推广中心	1956.8.27	女	副高	农业	高级农艺师	2002.9
于秀华	爱辉区委党校	1965.7.27	女	副高	中专	高级讲师	2002.9
乔润喜	病虫害防治站	1967.5.25	男	副高	工程	高级工程师	2002.9
尹　莉	爱辉区妇幼保健院	1958.3.24	女	副高	卫生	副主任医师	2002.9
王洪艳	黑河市第二人民医院	1956.2.2	女	正高	卫生	主任医师	2002.9
李洪顺	黑河市第二人民医院	1957.9.4	男	正高	卫生	主任医师	2002.9
乔红莲	爱辉区农经站	1967.1.10	女	副高	经济	高级经济师	2003.7
卢丹华	爱辉区职业技术学校	1970.3.20	女	副高	中学	中学高级教师	2003.8

续表 24.3

姓　名	单　　位	出生日期	性别	技术级别	技术系列	技术职称	授予时间
肖秋艳	爱辉区职业技术学校	1964.9.16	女	副高	中学	中学高级教师	2003.9
李洪友	爱辉区职业技术学校	1967.5.4	男	副高	中学	中学高级教师	2003.9
关　波	黑河市张地营子学校	1962.7.22	男	副高	中学	中学高级教师	2003.9
周珍范	黑河市第二中学	1962.2.25	女	副高	中学	中学高级教师	2003.9
朱爱春	黑河市第五中学	1968.3.7	女	副高	中学	中学高级教师	2003.9
杨文杰	黑河市第五中学	1966.2.21	女	副高	中学	中学高级教师	2003.9
吴玉利	黑河市进修学校	1965.11.1	男	副高	中学	中学高级教师	2003.9
步　娟	黑河市第五中学	1966.9.27	女	副高	中学	中学高级教师	2003.9
刘庆辉	黑河市第五中学	1969.2.18	女	副高	中学	中学高级教师	2003.9
刘北虹	黑河市第二小学	1971.6.6	女	副高	小学	中学高级教师(小学)	2003.9
李秀华	黑河市幸福中学	1958.12.17	女	副高	中学	中学高级教师	2003.9
李　霞	黑河市第五小学	1966.4.4	女	副高	小学	中学高级教师(小学)	2003.9
孙　斌	爱辉区体校	1962.4.25	男	副高	教练员	高级教练	2003.9
王丽娟	爱辉区农业技术推广中心	1967.9.19	女	副高	农业	高级农艺师	2003.9
刘　静	爱辉区妇幼保健院	1962.8.7	女	副高	卫生	副主任医师	2003.9
王晓冬	爱辉区妇幼保健院	1963.1.24	女	副高	卫生	副主任医师	2003.9
吕桂琴	黑河市第二人民医院	1962.8.20	女	正高	卫生	主任医师	2003.9
刘庆云	黑河市第二人民医院	1956.7.12	男	副高	卫生	副主任医师	2003.9
高巍岩	爱辉区档案局	1967.2.3	女	副高	档案	副研究馆员	2004.9
冯　博	爱辉区职业技术学校	1967.12.13	男	副高	中学	中学高级教师	2004.9
李晓明	黑河市进修学校	1970.11.15	男	副高	小学	中学高级教师(小学)	2004.9
关贵荣	爱辉区职业技术学校	1960.9.6	男	副高	中学	中学高级教师	2004.9
谭秀琴	黑河市第六小学	1964.9.24	女	副高	小学	中学高级教师(小学)	2004.9
聂芋蓉	黑河市第二中学	1963.9.14	女	副高	中学	中学高级教师	2004.9
吴丽杰	黑河市第二中学	1963.3.5	女	副高	中学	中学高级教师	2004.9
叶梅霞	黑河市第二中学	1963.2.24	女	副高	中学	中学高级教师	2004.9
任　春	黑河市第二中学	1969.5.25	女	副高	中学	中学高级教师	2004.9
刘艳玲	黑河市西岗子中学	1963.4.26	女	副高	中学	中学高级教师	2004.9
徐文静	黑河市第五中学	1965.10.29	女	副高	中学	中学高级教师	2004.9
张　涛	黑河市第五中学	1968.11.7	女	副高	中学	中学高级教师	2004.9
林存卿	黑河市第五中学	1967.9.6	男	副高	中学	中学高级教师	2004.9

续表 24.3

姓　名	单　　位	出生日期	性别	技术级别	技术系列	技术职称	授予时间
杨今贞	黑河市第五中学	1966.2.11	女	副高	中学	中学高级教师	2004.9
任海燕	黑河市第五中学	1969.4.10	女	副高	中学	中学高级教师	2004.9
张志才	黑河市爱辉中心校	1952.3.4	男	副高	小学	中学高级教师(小学)	2004.9
杨德清	黑河市幸福中学	1962.9.26	男	副高	中学	中学高级教师	2004.9
孟　波	黑河市第二中学	1962.10.17	女	副高	中学	中学高级教师	2004.9
武　荣	黑河市第四小学	1970.11.10	女	副高	小学	中学高级教师(小学)	2004.9
于　韡	爱辉区职业技术学校	1972.1.4	女	副高	农业	高级农艺师	2004.9
陈淑贤	黑河市西岗子中心校	1955.5.5	女	副高	小学	中学高级教师(小学)	2004.9
张淑艳	黑河市第二中学	1967.6.13	女	副高	中学	中学高级教师	2004.9
白桂梅	爱辉区动物疾病防控中心	1965.6.3	女	副高	农业	高级兽医师	2004.9
张美容	黑河市爱辉区种子管理站	1965.3.4	女	副高	农业	高级农艺师	2004.9
徐　晶	爱辉区农业技术推广中心	1962.3.2	女	副高	农业	高级农艺师	2004.9
张丛风	爱辉区水务局	1969.10.10	男	副高	工程	高级工程师	2004.9
夏　菡	爱辉区妇幼保健院	1963.8.11	女	副高	卫生	副主任医师	2004.9
沃　静	黑河市第二人民医院	1970.4.21	女	副高	档案	副研究馆员	2004.9
姜秋英	黑河市第二人民医院	1972.9.21	女	副高	档案	副研究馆员	2004.9
胡迎春	爱辉区青少年活动中心	1961.1.27	女	副高	小学	中学高级教师(小学)	2005.9
谭翠霞	黑河市第四小学	1966.2.25	女	副高	小学	中学高级教师(小学)	2005.9
宁茹艳	黑河市第二小学	1967.4.7	女	副高	小学	中学高级教师(小学)	2005.9
毕红梅	黑河市第五小学	1970.9.9	女	副高	小学	中学高级教师(小学)	2005.9
王洪梅	爱辉区青少年活动中心	1971.4.7	女	副高	小学	中学高级教师(小学)	2005.9
张淑英	黑河市新生学校	1960.6.9	女	副高	小学	中学高级教师(小学)	2005.9
隋春明	爱辉区职业技术学校	1969.11.8	女	副高	中学	中学高级教师	2005.9
齐丽娟	爱辉区职业技术学校	1966.2.27	女	副高	中学	中学高级教师	2005.9
梁文权	爱辉区职业技术学校	1968.4.5	男	副高	中学	中学高级教师	2005.9
吴丽华	黑河市第二小学	1965.1.25	女	副高	小学	中学高级教师(小学)	2005.9
郑海燕	黑河市进修学校	1972.6.8	女	副高	中学	中学高级教师	2005.9
袁庆峰	黑河市第二中学	1969.10.21	男	副高	中学	中学高级教师	2005.9
张　敏	黑河市进修学校	1965.7.6	女	副高	中学	中学高级教师	2005.9
赵连峰	黑河市第二中学	1968.3.22	男	副高	中学	中学高级教师	2005.9
郭月萍	黑河市第二中学	1965.9.12	女	副高	中学	中学高级教师	2005.9

续表 24.3

姓　名	单　　位	出生日期	性别	技术级别	技术系列	技术职称	授予时间
孟　敏	黑河市第五中学	1968.5.17	女	副高	中学	中学高级教师	2005.9
陈福仲	黑河市第五中学	1968.9.5	男	副高	中学	中学高级教师	2005.9
杨修建	黑河市第五中学	1966.7.29	男	副高	中学	中学高级教师	2005.9
方琼星	黑河市第五中学	1968.10.15	女	副高	中学	中学高级教师	2005.9
安孔贵	黑河市第五中学	1969.1.15	男	副高	中学	中学高级教师	2005.9
关兆英	黑河市幸福中学	1962.4.24	女	副高	中学	中学高级教师	2005.9
罗占祥	黑河市幸福中学	1956.10.7	男	副高	中学	中学高级教师	2005.9
滕迎春	黑河市黑河教育记者站	1965.1.20	女	副高	小学	中学高级教师(小学)	2005.9
孙向红	黑河市进修学校	1968.9.23	女	副高	小学	中学高级教师(小学)	2005.9
李　林	黑河市第五中学	1962.3.22	女	副高	中学	中学高级教师	2005.9
林存玲	黑河市第二中学	1964.5.6	女	副高	中学	中学高级教师	2005.9
张竹云	爱辉区图书馆	1952.5.25	女	副高	图书资料	副研究馆员	2005.9
冯彩霞	爱辉区图书馆	1965.2.15	女	副高	图书资料	副研究馆员	2005.9
林　英	爱辉区水务局	1959.12.2	女	正高	工程	享受研究员级待遇	2005.9
索春英	爱辉区妇幼保健院	1968.3.8	女	副高	卫生	副主任护师	2005.9
张　华	爱辉区妇幼保健院	1966.11.20	女	副高	卫生	副主任医师	2005.9
闫　敏	爱辉区妇幼保健院	1971.3.19	女	副高	卫生	副主任护师	2005.9
吴翠霞	爱辉区妇幼保健院	1964.11.22	女	副高	卫生	副主任医师	2005.9
王　颖	爱辉区妇幼保健院	1970.1.17	女	副高	卫生	副主任护师	2005.9
陈　英	黑河市第二人民医院	1964.1.5	女	副高	卫生	副主任护师	2005.9
陈启军	黑河市第二人民医院	1970.3.13	男	副高	卫生	副主任医师	2005.9
张　宇	黑河市第二人民医院	1971.1.11	男	副高	卫生	副主任医师	2005.9
徐　翔	黑河市第二人民医院	1972.9.10	女	副高	卫生	副主任医师	2005.9
杨　汀	黑河市第二人民医院	1965.2.15	女	副高	卫生	副主任医师	2005.9
李凤艳	黑河市第二人民医院	1963.12.23	女	副高	卫生	副主任护师	2005.9
李　刚	黑河市第二人民医院	1969.1.2	女	副高	卫生	副主任医师	2005.9
姜　涛	黑河市第二人民医院	1962.9.15	男	正高	卫生	主任医师	2005.9
关慧君	黑河市第二人民医院	1964.6.29	女	正高	卫生	主任医师	2005.9

◎附　录

附录一

2006—2018 年爱辉区领导简介

一、区委书记　副书记　常委

区委书记(按任职时间排序)

房敏杰　男,汉族,生于 1955 年 9 月,哈师大经济学研究生学历,1975 年 7 月参加工作,1978 年 8 月加入中国共产党。2006 年 12 月至 2009 年 2 月,任中共黑河市爱辉区委书记。

陈洪生　男,汉族,生于 1965 年 3 月,辽宁省沈阳市人,东北农学院农业经济专业,研究生学历,1988 年 8 月参加工作,1988 年 7 月加入中国共产党。2007 年 7 月至 2009 年 3 月,任中共黑河市爱辉区委副书记、区政府区长,2009 年 2 月至 2011 年 12 月,任中共爱辉区委书记。

徐　飞　男,汉族,生于 1964 年 7 月,黑龙江省黑河人,研究生学历,1982 年 11 月参加工作,1985 年 9 月加入中国共产党。2011 年 12 月至 2017 年 3 月,任中共爱辉区委书记。

张建国　男,汉族,生于 1968 年 7 月,黑龙江省德都人,研究生学历,1988 年 7 月参加工作,1995 年 5 月加入中国共产党。2011 年 11 月至 2011 年 12 月,任中共爱辉区委副书记,政府党组书记、副区长、代区长,2011 年 12 月至 2017 年 3 月,任中共黑河市爱辉区委副书记,政府党组书记、区长。2017 年 3 月,任爱辉区委书记、党校校长。

区委副书记(按任职时间排序)

王喜军　男,汉族,生于 1956 年 10 月,大专学历,1979 年 8 月参加工作,1975 年 10 月加入中国共产党。2004 年 4 月至 2007 年 7 月,任中共爱辉区委常委、副书记,爱辉区政府区长。

马福森　男,汉族,生于 1963 年 3 月,黑龙江省逊克县人,研究生学历,1984 年 7 月参加工作,1984 年 6 月加入中国共产党。2004 年 9 月至 2006 年 12 月,任爱辉区委副书记,2006 年 12 月,任爱辉区人大常委会党组书记、主任。

李前进　男,汉族,生于 1959 年 9 月,籍贯河北省唐山,研究生学历,1977 年 8 月参加工作,1986 年 1 月加入中国共产党。1999 年 2 月至 2001 年 12 月,任爱辉区委常委、纪检委书记,2001 年 12 月至 2005 年 9 月,任中共爱辉区委副书记、纪检委书记,2005 年 9 月至 2006 年 10 月,任中共黑河市爱辉区委副书记、政府副区长。

王殿东　男,汉族,生于 1962 年 5 月,籍贯黑龙江省海伦市,研究生学历,1981 年 7 月参加工作,1982 年 12 月加入中国共产党。2007 年 7 月至 2011 年 12 月,任中共黑河市爱辉区委副书记。

尹　力　男,汉族,生于 1964 年 7 月,籍贯内蒙古赤峰市,本科学历,1984 年 7 月参加工作,1990 年 12 月加入中国共产党。2009 年 2 月至 2011 年 11 月,任中共爱辉区委副书记,爱辉区人民政府区长。

次仁卓嘎　女,藏族,生于 1966 年 1 月,西藏日喀则人。1986 年 7 月参加工作,1986 年 8 月加入中国共产党。2010 年 4 月至 2012 年 4 月,任中共爱辉区委副书记、政府副区长。

张建国　男,汉族,生于1968年7月,黑龙江省德都县人,研究生学历,1988年7月参加工作,1995年5月加入中国共产党。2011年11月至2011年12月,任中共爱辉区委副书记,政府党组书记、副区长、代区长,2011年12月至2017年3月,任中共黑河市爱辉区委常委、副书记,政府党组书记、区长。

曲明龙　男,汉族,生于1964年7月,籍贯山东省莱州,中专学历,1985年7月参加工作,1989年11月加入中国共产党。2010年8月至2011年12月,任中共爱辉区委常委、宣传部长,2011年12月至2013年5月,任中共爱辉区委副书记。

王玉涛　男,汉族,生于1970年7月,黑龙江绥化人,研究生学历,1985年7月参加工作,1998年8月加入中国共产党。2013年4月至2015年12月,任中共爱辉区委副书记、政法委书记。

张大力　男,汉族,生于1974年7月,河北迁安人,1995年9月参加工作,大学学历,1995年7月加入中国共产党。2016年1月至2018年6月,任爱辉区委副书记、政法委书记(正处级)。

周　强　男,汉族,生于1967年11月,籍贯辽宁省建平县,黑龙江省委党校,研究生学历,1989年7月参加工作,1992年12月加入中国共产党。2005年9月至2009年7月,任黑河市爱辉区委常委、组织部长,党校校长,2017年3月至2017年4月,任中共爱辉区委副书记、政府党组书记、代区长,2017年4月,任中共黑河市爱辉区委副书记、政府党组书记、区长。

常　委(按任职时间排序)

李晓文　男,汉族,生于1962年7月,哈尔滨师范大学生物系,大学本科学历,1978年7月参加工作,1986年7月加入中国共产党。2001年12月至2010年9月,任黑河市爱辉区委常委、宣传部部长。

代树奇　男,汉族,生于1966年11月,籍贯黑龙江省望奎县,大学学历,毕业于东北农业大学会计专业。1987年7月参加工作,1992年5月加入中国共产党。2002年11月至2004年4月,任爱辉区委常委,2006年12月至2011年12月,任中共爱辉区委常委、政府副区长。

王振兴　男,汉族,生于1964年5月,黑龙江省黑河人,毕业于西安政治学院,研究生学历,1984年11月入伍,1986年8月加入中国共产党。2004年8月至2009年10月,任黑河市爱辉区委常委、黑河驻军边防某团政委。

齐树功　男,汉族,生于1962年9月,大学学历,毕业于大连陆军学院。1980年11月参加工作,1985年3月加入中国共产党。2005年11月至2009年1月,任黑河市爱辉区委常委、爱辉区人民武装部政治委员。

赵　伟　男,汉族,生于1963年7月,籍贯吉林省公主岭市,哈尔滨工业大学国民经济管理专业,本科学历,1981年12月参加工作,1993年10月加入中国共产党。2006年11月至2011年12月,任爱辉区委常委、纪检委书记、2011年12月,任政协爱辉区委员会党组书记、主席。

王彦杰　女,汉族,生于1957年10月,籍贯河北省定县,本科学历,毕业于黑龙江省经济管理干部学院法律专业,1974年8月参加工作,1983年6月加入中国共产党。2006年12月至2009年7月,任黑河市爱辉区委常委、区政府副区长。

张连刚　男,汉族,生于1967年1月,籍贯河南省固始,大学学历,1984年10月参加工作,1990年1月加入中国共产党。2009年1月至2013年4月,任爱辉区人武部政委,2009年6月至2013年4月,任中共爱辉区委常委。

潘书伟　男,汉族,生于1966年12月,籍贯辽宁省庄河,大学学历,1988年7月参加工作,1993年8月加入中国共产党。2009年7月至2015年3月,任爱辉区委常委、组织部部长。

徐　峪　女,汉族,生于1971年6月,籍贯山东省招远,大学学历,1993年8月参加工作,1997年5月加入中国共产党。2009年7月至2016年1月,任爱辉区委常委、政府副区长。

李胜彬 男,汉族,生于 1971 年 10 月,籍贯吉林省怀德,大学学历,1993 年 9 月参加工作,1992 年 12 月加入中国共产党。2010 年 5 月至 2011 年 7 月,任爱辉区委常委、政府副区长。

王家峰 男,汉族,生于 1973 年 3 月,籍贯河北省承德,大学学历,1991 年 12 月参加工作,1997 年 3 月加入中国共产党。2010 年 9 月至 2013 年 5 月,任黑河驻军边防七团政委、爱辉区委常委。

朱昊旻 男,满族,生于 1964 年 1 月,籍贯河北省围场,大学学历,1984 年 7 月参加工作,1991 年 6 月加入中国共产党。2011 年 12 月至 2016 年 1 月,任爱辉区委常委、纪检委书记。

关永宏 男,满族,生于 1964 年 3 月,黑龙江黑河人,大学学历,1984 年 7 月参加工作,1991 年 7 月加入中国共产党。2011 年 12 月至 2016 年 1 月,任爱辉区委常委、政府党组成员、副区长、森林防火副总指挥,2016 年 1 月,任爱辉区委常委、政府党组副书记、副区长、森林防火副总指挥。

郭建华 女,汉族,生于 1969 年 5 月,黑龙江大兴安岭人,研究生学历,1988 年 7 月参加工作,1995 年 9 月加入中国共产党。2011 年 12 月至 2016 年 1 月,任爱辉区委常委、宣传部部长。2016 年 1 月至 2016 年 3 月,任爱辉区政府党组成员、黑河市胜山国家级自然保护区管理局长,2016 年 3 月,任爱辉区政府党组成员,黑河市胜山国家级自然保护区管理局党组书记、局长。

李　会 男,满族,生于 1971 年 12 月,河北宽城人,大学学历,1989 年 3 月参加工作,1992 年 7 月加入中国共产党。2013 年 6 月,任爱辉区委常委、爱辉区人民武装部政治委员。

王　钧 男,汉族,生于 1972 年 11 月,辽宁开原人,大学学历,1990 年 12 月参加工作,1991 年 10 月加入中国共产党。上校军衔,2014 年 8 月,任爱辉区委常委、中国人民解放军 65935 部队政治委员。

李　军 男,汉族,生于 1965 年 10 月,黑龙江拜泉人,1990 年 7 月参加工作,1986 年 7 月加入中国共产党。2016 年 1 月至 2017 年 12 月,任爱辉区委常委、纪检委书记。2017 年 12 月至 2018 年 9 月,任爱辉区委常委、纪委常委、监察委员会主任。

李成斋 男,汉族,生于 1964 年 2 月,黑龙江嫩江人,大学学历,1986 年 8 月参加工作,1991 年 1 月加入中国共产党。2016 年 1 月,任爱辉区委常委、政府党组成员、副区长。2016 年 12 月至 2017 年 9 月,任爱辉区委常委。

杜　鑫 男,汉族,生于 1973 年 10 月,四川射洪人,研究生学历,1996 年 11 月参加工作,2000 年 10 月加入中国共产党。2016 年 1 月至 2016 年 4 月,任爱辉区委常委、组织部部长、党校校长,2016 年 4 月,任爱辉区委常委、组织部长、党校第一副校长。

梁玉钱 男,生于 1972 年 10 月,辽宁普兰店人,大专学历,1990 年 3 月参加工作,1991 年 8 月加入中国共产党。2016 年 10 月至 2016 年 11 月,任爱辉区委常委,2016 月 11 月,任爱辉区委常委、统战部长。

刘印平 男,汉族,生于 1970 年 3 月,辽宁锦州人,大学学历,1993 年 7 月参加工作,1997 年 6 月加入中国共产党。2016 年 12 月至 2017 年 8 月,任爱辉区委常委、政法委书记、政法工委书记。

王　媛 女,生于 1979 年 8 月,黑龙江北安人,大学学历,1997 年 8 月参加工作,2000 年 12 月加入中国共产党。2016 年 12 月,任爱辉区委常委、宣传部部长。

徐雅斌 男,汉族,生于 1972 年 12 月,黑龙江北安人,研究生学历,1993 年 7 月参加工作,1997 年 10 月加入中国共产党。2016 年 10 月至 2016 年 11 月,任爱辉区政府副区长,2016 年 11 月至 2017 年 9 月,任爱辉区政府党组成员、副区长。2017 年 9 月至 2017 年 10 月,任爱辉区委常委、政府党组成员、副区长,2017 年 10 月,任爱辉区委常委、政法委书记、政法工委书记。

郭　雷 男,汉族,生于 1974 年 6 月,黑龙江黑河人,研究生学历,1995 年 8 月参加工作,1999 年 9 月加入中国共产党。2017 年 9 月至 2017 年 10 月,任爱辉区委常委、政府办总支书记、主任,2017 年 10 月,任爱辉区委常委。

郝春雷 男,汉族,生于 1981 年 4 月,黑龙江兰西人,研究生学历,2003 年 7 月参加工作,2007 年 3 月加入中国共产党。2018 年 8 月,任中共黑河市爱辉区委常委、政府副区长。

二、人大常委会主任、副主任

人大常委会主任

马福森　男，汉族，生于1963年3月，黑龙江省逊克县人，研究生学历，经济管理专业；1984年7月参加工作，1984年6月加入中国共产党。2004年9月至2006年12月，任爱辉区委副书记，2006年12月，任爱辉区人大常委会党组书记、主任。

人大常委会副主任（按任职时间排序）

徐文致　男，汉族，生于1953年4月，大专学历，文秘专业；1971年3月参加工作，1982年2月加入中国共产党。2002年2月，任爱辉区人大常委会党组成员、副主任，2006年12月至2010年5月，任爱辉区人大常委会党组副书记、副主任。

于龙健　男，汉族，生于1955年11月，大学学历，经济管理专业，1975年6月参加工作。2002年10月至2011年12月，任爱辉区人大常委会副主任。

关常海　男，满族，生于1956年8月，大专学历，行政管理专业，1974年12月参加工作，1978年8月加入中国共产党。2006年12月至2011年12月，任爱辉区人大常委会党组成员、副主任。

王延利　男，汉族，生于1956年7月，大专学历，政治理论专业，1979年3月参加工作，1976年7月加入中国共产党。2006年12月至2011年12月，任爱辉区人大常委会党组成员、副主任。

张忠平　男，汉族，生于1963年12月，辽宁庄河市人，大学学历，1985年8月参加工作，1996年11月加入中国共产党。2010年8月至2011年12月，任爱辉区人大党组成员、副主任，2011年12月，任爱辉区人大常委会党组副书记、副主任。

李医恩　男，汉族，生于1959年5月，籍贯山西省长治市，本科学历，1976年8月参加工作，2010年8月，任黑河市爱辉区人大常委会副主任。

姜慧春　男，汉族，生于1961年2月，黑龙江黑河人，1977年7月参加工作，大专学历，1982年8月加入中国共产党。2011年12月，任爱辉区人大常委会党组成员、副主任。

李茂铎　男，汉族，生于1967年1月，籍贯山东省枣庄市，1988年8月参加工作，大专学历，1998年11月加入中国共产党。2011年12月，任爱辉区人大常委会党组成员、副主任。

周景双　男，汉族，生于1968年4月，黑龙江克东人，大专学历，1991年8月参加工作，2016年12月，任爱辉区人大常委会副主任，工商联主席。

三、政府区长、副区长

政府区长（按任职时间排序）

王喜军　男，汉族，生于1956年10月，大专学历，1979年8月参加工作，1975年10月加入中国共产党。2004年4月10日至2004年4月21日，任黑河市爱辉区人民政府代区长，2004年4月至2007年7月，任中共爱辉区委副书记、爱辉区政府区长。

陈洪生　男，汉族，生于1963年3月，东北农学院农业经济专业，农学学士，1988年8月参加工作，1988年7月加入中国共产党。2007年7月至2009年2月，任中共黑河市爱辉区委常委、副书记，爱辉区政府区长，2009年2月至2011年12月，任中共爱辉区委书记。

尹　力　男，汉族，生于1964年7月，籍贯内蒙古赤峰市，大学学历，1984年7月参加工作，1990

年 12 月加入中国共产党。2009 年 2 月至 2011 年 11 月,任中共黑河市爱辉区委常委、副书记,区政府区长。

张建国 男,汉族,生于 1968 年 7 月,黑龙江省德都县人,研究生学历,1988 年 7 月参加工作,1995 年 5 月加入中国共产党。2011 年 11 月至 2011 年 12 月,任中共爱辉区委副书记,政府党组书记、副区长、代区长,2011 年 12 月至 2017 年 3 月,任中共黑河市爱辉区委常委、副书记,政府党组书记、区长,2017 年 3 月,任中共爱辉区委书记、党校校长。

周　强 男,汉族,生于 1967 年 11 月,黑龙江克东人,研究生学历,1989 年 7 月参加工作,1992 年 12 月加入中国共产党。2017 年 3 月至 2017 年 4 月,任爱辉区委副书记、政府党组书记、代区长。2017 年 4 月,任爱辉区委副书记、政府党组书记、区长。

政府副区长(按任职时间排序)

郝忠安 男,汉族,生于 1963 年 11 月,籍贯辽宁省沈阳市,研究生学历,1983 年 9 月参加工作,1991 年 7 月加入中国共产党。1999 年 2 月至 2006 年 11 月,任黑河市爱辉区党组成员、政府副区长。

王彦杰 女,汉族,生于 1957 年 10 月,籍贯河北省定县,本科学历,1974 年 8 月参加工作,1983 年 6 月加入中国共产党。2002 年 2 月至 2006 年 12 月,任爱辉区政府副区长,2006 年 12 月至 2009 年 7 月,任中共黑河市爱辉区委常委、区政府副区长,2009 年 8 月至 2011 年 12 月,任政协爱辉区委员会主席。

刘洪法 男,汉族,生于 1968 年 7 月,黑龙江省德都县人,研究生学历,1990 年 7 月参加工作,2002 年 8 月至 2011 年 12 月,任爱辉区政府副区长。

刘运江 男,汉族,生于 1958 年 6 月,籍贯河北省乐亭县,大学学历,1975 年 7 月参加工作,1991 年 12 月加入中国共产党。2002 年 8 月至 2008 年 12 月,任黑河市爱辉区政府副区长。

高　福 男,汉族,生于 1952 年 5 月,大专学历,1969 年 4 月参加工作,1981 年 10 月加入中国共产党。2003 年 3 月至 2008 年 12 月,任爱辉区政府副区长,2007 年 9 月,任黑河市胜山国家级自然保护区管理局副局长。

代树奇 男,汉族,生于 1966 年 11 月,黑龙江省望奎县人,大学学历,1987 年 7 月参加工作,1992 年 5 月加入中国共产党。2004 年 4 月至 2011 年 12 月,任爱辉区政府副区长,2006 年 12 月至 2011 年 12 月,任中共爱辉区委常委、政府党组副书记、副区长。

李前进 男,汉族,生于 1959 年 9 月,籍贯河北省唐山,研究生学历,1977 年 8 月参加工作,1986 年 1 月加入中国共产党。1999 年 2 月至 2001 年 12 月,任爱辉区委常委、纪检委书记,2001 年 12 月至 2005 年 9 月,任爱辉区委副书记、纪检委书记,2005 年 9 月至 2006 年 10 月,任中共黑河市爱辉区委副书记、政府副区长。

郭儒东 男,汉族,生于 1968 年 3 月,大学学历,1991 年 8 月参加工作,1999 年 6 月加入中国共产党。2008 年 7 月至 2011 年 11 月,任黑河市爱辉区政府科技副区长。

关永宏 男,满族,生于 1964 年 3 月 27 日,大学学历,1984 年 7 月参加工作,1991 年 7 月加入中国共产党。2008 年 10 月,任黑河市爱辉区人民政府副区长,2011 年 12 月至 2016 年 1 月,任爱辉区委常委、政府党组成员、副区长、森林防火副总指挥,2016 年 1 月,任爱辉区委常委、政府党组副书记、副区长、森林防火副总指挥

徐　峪 女,汉族,生于 1971 年 6 月,籍贯山东省招远,大学学历,学士学位。1993 年 8 月参加工作,1997 年 5 月加入中国共产党。2009 年 7 月至 2011 年 12 月,任中共黑河市爱辉区委常委、区政府副区长,2011 年 12 月至 2016 年 1 月,任爱辉区委常委,政府党组副书记、政府副区长。

李成斋 男,汉族,生于 1964 年 2 月,黑龙江嫩江人,大学学历,1986 年 8 月参加工作,1991 年 1 月加入中国共产党。2009 年 7 月至 2016 年 1 月,任爱辉区人民政府党组成员、副区长,2016 年 1 月至 2016 年 12 月,任爱辉区委常委、政府党组成员、副区长。2016 年 12 月至 2017 年 9 月,任爱辉区委常委。

方　晓　男,汉族,生于1964年5月,籍贯江苏南京市,大专学历,1987年8月参加工作。2011年12月至2016年10月,任爱辉区人民政府副区长。

肖玉柱　男,汉族,生于1973年11月12日,研究生学历,1997年7月参加工作,2005年9月加入中国共产党。2011年12月至2016年10月,任爱辉区人民政府党组成员、副区长。

李宝华　男,汉族,生于1968年11月,黑龙江省肇源县人,硕士研究生学历,1991年7月参加工作,2001年6月加入中国共产党。2013年3月至2015年4月,任爱辉区副区长。

谭映辉　男,汉族,生于1972年1月,大学学历。1995年9月参加工作,2003年入党,2014年10月,任黑河市爱辉区人民政府党组成员、副区长。

杨子亮　男,汉族,生于1975年4月,吉林公主岭人,研究生学历,1995年10月参加工作,1998年4月加入中国共产党。2016年1月至2016年10月,任爱辉区政府党组成员、副区长。

刘昱洁　女,汉族,生于1971年6月,辽宁辽阳人,1991年12月参加工作,研究生学历,2016年1月,任爱辉区人民政府副区长。

赵丽华　女,汉族,生于1973年11月,黑龙江依安人,研究生学历,1995年8月参加工作,1994年6月加入中国共产党。2016年10月至2016年11月,任爱辉区政府副区长,2016年11月,任爱辉区政府党组成员、副区长。

徐子河　男,汉族,生于1964年9月,黑龙江黑河人,大专学历,1983年8月参加工作,1991年10月加入中国共产党。2013年6月至2015年9月,任爱辉区政府党组成员、黑河市胜山国家级自然保护区管理局副局长(副处级)、林业局党委书记、局长。2015月9月至2016年1月,任爱辉区政府党组成员、黑河市胜山国家级自然保护区管理局副局长(副处级)。2016年1月至2016年10月,任黑河市胜山国家级自然保护区管理局副局长(副处级)。2016年10月至2016年11月,任爱辉区政府副区长,2016年11月,任爱辉区政府党组成员、副区长。

孟宪辉　男,汉族,生于1965年2月,黑龙江黑河人,1985年8月参加工作,大专学历,2016年10月,任爱辉区政府副区长。

徐雅斌　男,汉族,生于1972年12月,黑龙江北安人,研究生学历,1993年7月参加工作,1997年10月加入中国共产党。2016年10月至2016年11月,任爱辉区政府副区长,2016年11月至2017年9月,任爱辉区政府党组成员、副区长,2017年9月至2017年10月,任爱辉区委常委,政府党组成员、副区长,2017年10月,任爱辉区委常委、政法委书记、政法工委书记。

赵青海　男,汉族,生于1967年11月,黑龙江龙江人,大学学历,1989年8月参加工作,2001年12月加入中国共产党。2016年12月,任爱辉区政府党组成员、副区长。

杨海东　男,汉族,生于1978年11月,黑龙江宾县人,大学学历,2000年8月参加工作,2005年5月加入中国共产党。2017年6月,任爱辉区政府党组成员、副区长(挂职)。

吕继宏　男,汉族,生于1969年2月,黑龙江甘南人,大学学历,1992年7月参加工作,1997年12月加入中国共产党。2017年12月,任爱辉区政府党组成员、副区长。

郝春雷　男,汉族,生于1981年4月,黑龙江兰西人,研究生学历,2003年7月参加工作,2007年3月加入中国共产党。2018年8月,任中共黑河市爱辉区委常委、政府副区长。

四、政协爱辉区委员会主席、副主席

政协主席(按任职时间排序)

郭建华　女,汉族,生于1963年5月,籍贯山东省海洋,研究生学历,1983年7月参加工作,1987年7月加入中国共产党。1997年2月至1999年2月,任爱辉区政府副区长,1999年2月至2004年8

月,任中共爱辉区委副书记,2004 年 8 月至 2006 年 10 月,任中共爱辉区委副书记、政协爱辉区委员会主席。

路景贵 男,汉族,生于 1952 年 5 月 6 日,大学学历,1970 年 9 月参加工作,1979 年 1 月加入中国共产党。2006 年 11 月至 2009 年 8 月,任政协爱辉区委员会主席,正处级。

王彦杰 女,汉族,生于 1957 年 10 月,籍贯河北省定县,大学学历,1974 年 8 月参加工作,1983 年 6 月加入中国共产党。2006 年 12 月至 2009 年 7 月,任爱辉区委常、区政府副区长。2009 年 8 月至 2011 年 12 月,任政协爱辉区委员会主席,正处级。

赵　伟 男,汉族,生于 1963 年 7 月,籍贯吉林省公主岭市,大学学历,1981 年 12 月参加工作,1993 年 10 月加入中国共产党。2006 年 11 月至 2011 年 12 月,任爱辉区委常委、纪检委书记。2011 年 12 月,任政协爱辉区委员会党组书记、主席。

副主席(按任职时间排序)

关兆军 男,满族,生于 1959 年 12 月 2 日,大专学历,1978 年 6 月参加工作,1987 年 12 月加入中国共产党。2002 年 3 月,任政协爱辉区委员会副主席,副处级。

李医恩 男,汉族,生于 1959 年 5 月 19 日,籍贯山西省长治市,本科学历,1976 年 8 月参加工作,2002 年 8 月至 2011 年 11 月,任政协爱辉区委员会副主席,副处级。

刘克东 男,俄罗斯族,生于 1957 年 2 月 15 日,研究生学历,1975 年 11 月参加工作。2006 年 12 月,任政协爱辉区委员会副主席,副处级。

刘海波 女,汉族,生于 1963 年 1 月,籍贯山东省平度,大学学历,1985 年 8 月参加工作。2011 年 12 月,任政协爱辉区委员会副主席。

王志强 男,汉族,生于 1966 年 9 月,河北滦县人,1987 年 9 月参加工作,大专学历,2016 年 12 月,任政协爱辉区委员会副主席。

附录二

《爱辉县志》修补

一、增　　补

(一)关于清始祖发祥的传说

三仙女沐浴长白山天池的故事,是一个脍炙人口的神话传说。十七世纪三四十年代,即在清入关前,这个神话传说就被后金统治者作为其祖先的神圣历史而载入典籍,它明确阐述清朝祖先为仙女所生,源起于长白山之东布库里山下的布尔和里湖。有关三仙女沐浴天池,清始祖为仙女所生的传说,在满族人民中间广泛流传。

三仙女沐浴天池的神话传说,最早见于清太宗皇太极为其父所修的《清太祖武皇帝努尔哈赤实录》。它记载:满洲源起于长白山之东北,布库里山下,一泊名布儿湖里。初,天降三仙女浴于泊,长名恩古伦,次名正古伦,三名佛古伦。浴毕上岸,有神鹊衔一朱果置佛古伦身上,色甚鲜艳。佛古伦爱之不忍释手,遂衔于口中。甫着衣,其果入腹中,即感而成孕,告二姊曰:“吾觉腹重,不能同升,奈何?”二姊曰:“吾等曾服丹药。谅无死理,此乃天意,俟尔身轻,上升未晚。”遂别去。佛古伦后生一男,生而能言,倏而长成。母告将所生缘由一一详说,乃与一舟,顺水去。

清朝统治者所说,这个为仙女佛古伦所生的孩子,姓爱新觉罗,名叫布库里雍顺。布库里雍顺乘舟而下,来到一个叫俄漠浑的地方,舍舟上岸,攀柳折枝,铺在地上,端坐其上。本地有三姓酋长,互争为王,攻杀不已,闹得地方大乱。正巧有一个人到河边取水,看到布库里雍顺。他回来告诉大家说,“我看到一个奇人”。大家来到河边,问布库里雍顺从哪里来。他把母亲教他的话说了一遍。大家感到惊奇,说,“这是天生的圣人”。于是把他抬回村去。三姓酋长商议说:“天意如此,我们不要争了,就推举这个人为王吧。”于是布库里雍顺在这里定居下来,被他们奉为贝勒。这便是清统治者所说的始祖。

三仙女传说源于哪里?清始祖发祥哪里?这两个问题,新的历史资料发现,早于《努尔哈赤实录》,未见于清朝官修史书的满文档案(满洲旧档)提供了新的证据。天聪八年(1634 年)十二月,清太宗派霸兰奇、萨穆什克率兵进征黑龙江呼尔哈部。呼尔哈部即在黑龙江中上游的瑷珲区域。第二年即天聪九年春,大军胜利返回沈阳。在带回来的二千余降人中,有一个叫穆克什克的人。他讲述了同清朝官修史书内容完全一样的神话。他说:他的父祖世代生活在布库里山下的布尔和里池。他们那里没有档子(档案)。古来传说,在布尔和里池,有三个女子,名叫恩古伦、正古伦、佛古伦来沐浴。最小的女子获得神鹊送来的果实,含在嘴中进入肚里而受孕,生下布库里雍顺。他的同族正是满洲国。那个布尔和里池周围百里,距黑龙江(即旧瑷珲城)有一百二、三十里。穆克什克生了两个儿子后,从布尔和里搬走,住到了名叫黑龙江纳尔浑的地方。

穆克什克是黑龙江瑷珲区域的人。他的父祖世代生活在布库里山下的布尔和里池地方。他讲述的神话传说在山水、人物、名称及故事情节与清太宗皇太极钦定的及其后世相传的三仙女神话传说一模一样,只是地点不同。穆克什克还说,他的家乡没有档子(档案),他讲的神话是“古来传说”。由此可知在穆克什克的家乡——黑龙江瑷珲区域自古以来就流传着有关三仙女的传说。由此证明三仙女的传说起源于黑龙江瑷珲区域。

神话传说起源于瑷珲,由神话传说而被清朝统治者认定的,由三仙女所生的清始祖布库里雍顺当然也发祥于黑龙江瑷珲区域。

关于布库里山、布尔和里湖的位置,在清康熙年间绘制的《盛京通志》记载:“黑龙江城南七十五里处有薄科里山、东南六十里处有薄和里池。”乾隆年间绘制的《盛京吉林黑龙江等处标注战迹舆图》记载:“薄科里山,城南七十五里,薄和力池,城南六十里。”嘉庆年间重修的《大清一统志》记载:“博和哩山在黑龙江城南七十五里,博尔和哩泊在黑龙江城南六十里。”另外,在清朝绘制的《皇舆全览图》和《布特哈衙门管辖图》中都可以找到这座山和这个池。这些史籍都将传说中的布库里山和布勒霍里池标记在江东旧爱辉城南。清光绪朝屠寄的《黑龙江舆图》将布科(库)里山标在今孙吴县境内的三架山处,布尔和里鄂漠(湖)标在布科里山隔黑龙江对面的原江东六十四屯境内。布尔和里鄂漠是一个很大的湖,方圆有百里,距江东旧瑷珲(又称黑龙江城)有百里之遥,这与穆克什克所说的“布尔和里池周围百里,距黑龙江有一百二三十里”相吻合。而在今俄阿穆尔州此处有俄谢米多姆卡,其周围有谢米多姆斯耶湖、杜坡沃耶湖、阿尔卡舍沃湖、阿得湖几个相连的湖泊,面积很大,超过一百平方里,古时可能是一个湖泊,谢米多姆斯耶湖及其相连的湖泊即是古时的布尔湖里池。

(二)关于清初瑷珲满族南迁

《爱辉县志》民族部分记述,“县内满族多是康熙年间及其以后一段时间,清政府为抗御沙俄侵略,从宁古塔、吉林、盛京等地征调来的驻防官兵的后裔”,对康熙前爱辉区域原住满族没有讲,记述的不全面。

明末清初,地处黑龙江中游瑷珲区域是满族直系先族虎尔哈部聚集地,自天命元年(1616 年),清太祖努尔哈赤命大臣扈尔汉领兵两千往征萨哈连部后,努尔哈赤和他的继任者清太宗皇太极曾多次采取招抚于军事行动并用的方式,用兵黑龙江流域,扩展后金政权势力范围。第一次用兵是天聪八年(1634 年),主要是以招降为主,《清太宗实录》记载:"十二月壬辰。命步兵梅勒章京霸奇兰、甲喇章京萨穆什喀,率章京四十一员,兵二千五百人,往征黑龙江地方。"这次招抚恩威并重,据《清实录》记载:"六月壬午,敕曰——霸奇兰、萨穆什喀于四月二十二日至,所得壮丁二千四百八十三人,已分与新编牛录。此番招降虎尔哈内幼小甚多,每牛录给不入册之幼丁约二百人,共计户口七千三百有二,马八百五十六匹,牛五百四十三头,驴八头。俘获妇女幼穉一百一十六人……皆分赐出征大臣。"

第二次用兵是崇德四年(1639 年),主要是征讨以博木博果尔为首领的索伦部,"十一月辛酉,遣索海、萨穆什喀、穆成格、叶克书、雍顺、拜、伊孙、罗奇等,率官属兵丁,往征索伦部落。"这次征战虎尔哈部的博和里屯额尔喷等人最初附会索伦部,参与了这次战争,博木博果尔战败后,虎尔哈部及时归附了后金额驸巴尔达齐。可见在此次后金和索伦部的对立中,虎尔哈部是持观望态度的,按战争的胜负选择其归属。这次征讨索伦部并未伤及虎尔哈部根本,对虎尔哈部没有造成多大影响。

第三次用兵是崇德八年(1643 年),鉴于虎尔哈部的摇摆政策和不完全臣服,后金再次用兵虎尔哈部。据《清实录》记载:"五月丁巳,往征黑龙江虎尔哈部落护军统领阿尔津、哈宁噶等,以我军攻克三屯,招降四屯,并籍俘获户口数目,自军中遣张泰、墨克奏报:臣等军至彼处,所向克捷,其波和里、诺尔噶尔、都里三处,俘获男子七百二十五名,小噶尔达苏、大噶尔达苏、绰库禅、能吉尔四处,投顺来归男子三百二十四名,妇人二十九口,又俘获男女幼穉一百九十九口。"到七月份,阿尔津、哈宁噶等人回师,"七月戊戌,往征黑龙江虎尔哈部落护军统领阿尔津、哈宁噶等人率师还,携来男子妇女幼稚,共二千五百六十八名口,马牛驴共四百五十有奇。外又俘获妇女幼稚,共二百四十九口……其携来男子,命按丁披甲,补编各旗缺额者,其余俘获,分别赏给出征将领。"

通过以上大规模的招抚、征战虎尔哈部后,后金在虎尔哈地区招降近万人,导致虎尔哈地区的人口大大减少。当沙俄于顺治元年(1644 年)入侵这一区域时,虽然各村落空户很多,但是仍然居住大量虎尔哈部常住居民,俄人称其为"久契尔"。这里留有虎尔哈居民主要原因应该是为后金统治者捕貂贡貂。沙俄入侵黑龙江流域后,虎尔哈人即向清统治者求助,由于当时清军入关无暇北顾,清廷遂下令虎尔哈部、索伦部等南迁嫩江流域及内陆地区,至顺治十年(1653 年),虎尔哈人基本迁往了内地。

俄罗斯的一些历史文献对虎尔哈人也有记载,他们称呼虎尔哈部人为久契尔、杜切尔,认为这些称呼都是"女真"一词的音变。俄罗斯学者贝扎尔金特在《契丹及其属族》中称:"'杜切尔'一名是俄国哥萨克人文书里对满洲人的称谓,不过是'女真'一名的音变,……耶稣会士旅行家之一的布耶尔指出,俄国人称满洲人为'ducher'。"俄罗斯的《阿穆尔边区史》有详细记载,据波雅科夫报告称:"由此(精奇里江与黑龙将交汇处)沿阿穆尔河而下,到松花江口,居住着杜切尔人。""经哥萨克暴力洗劫后,幸免于难的达斡尔人和杜切尔人迁徙到了嫩江两岸。"到康熙二十二年(1683 年),萨布素率大军进驻黑龙江流域时,这一区域已经基本没有虎尔哈人了。"原先达斡尔人和杜切尔人在阿穆尔河畔所占的地方,逐渐被从北方和西方来的鄂伦春人和马涅格尔人(鄂伦春一部)占据。"

二、纠　　误

(一)1956 年,国务院公布的《汉字简化方案》中,"瑷珲"简化为"爱辉"。故《爱辉县志》中,1956 年前爱辉应为"瑷珲";1956 年后为现在使用的爱辉。

(二)《龙沙吟》作者为边瑾

龙沙万里戍楼空,斑点离离塞草红。
六十四屯遗迹在,何人光复大江东?

曾渡雄俄十万兵,沿江布阵势纵横。
无端一夜萧萧雨,疑是当年饮马声。

黑龙江上又秋风,漫说当年汗马功。
多少兴亡多少恨,浪花淘尽几英雄。

飒飒西风卷暮涛,大江西畔好亭桡。
至今凭吊浮尸处,犹说红羊劫未消。

这一组充满着强烈爱国主义思想的边塞诗篇《龙沙吟》作者实为边瑾,1986 年版《爱辉县志》误记为姚福升,在此特予更正,请广大读者谅解。

爱国诗人边瑾,字璞山,河北任丘人,生于清光绪十一年(1885 年),卒于民国 25 年(1936 年)。民国 4 年(1915 年)秋,边瑾应黑龙江镇安右将军朱庆澜之邀,出任鄂伦春库玛尔路第一小学校校长,与其岳父周岱龄及二弟到瑷珲从事启蒙教育,民国 14 年(1925 年)返回任丘故里。

边瑾流寓瑷珲 10 年,凝其心血著有《龙沙吟》诗集,全集共有诗 32 题 63 首,内容宏泛,字字珠玑。边瑾的爱国主义思想,首先体现在《龙沙吟》4 首组诗上。“六十四屯遗迹在,何人光复大江东?”这不仅是诗人的家国情怀,更是每个中华儿女、炎黄子孙的爱国之情。

(三)海兰公园——王肃公园

1986 年版《爱辉县志》文化篇名胜古迹节记述黑河公园:“旧称海兰公园。俗称东花园。1952 年改名为黑河人民公园,1981 年改称王肃公园。1918 年由黑河镇守使,陆军混成三旅旅长巴英额修建”。

最新档案发现,巴英额不是最初创建者,初创者为瑷珲县知事谢泰钧。民国 2 年(1913 年),他根据民意,为改善人民的文化生活,计划在当时的瑷珲县公署所在地瑷珲建瑷珲公园一处,在黑河观察使所在地,商业日见繁荣的黑河建一处黑河的公园,经过同各界人士商议,认为在黑龙江边道南已拨作三江会馆的领地最为适宜。“经查此地原领毛荒三十二亩四分六厘。此会馆当时建筑占地不过是荒地一隅,况且,建会馆无须此宽广之地。经与三江会馆商议,业主情愿将此地划出,永远归官管理,以便为建设公园之用。协商议定,划出长二十丈,宽十五丈一隅为公园用地。”

公园从建设到竣工用了 4 年的时间,在公园内建有房屋 3 所,桥 3 座。

1918 年巴英额所建海兰公园应为重建。

(四)袁氏茔地

1986 年版《爱辉县志》记载“位于爱辉头道沟屯西北约 300 米处,墓地四周是一片庄稼地,墓穴呈圆形,封土高约 1 米,共占地面积 1 312 平方米,已被生产队开地所破坏,只剩一角,存有“震威将军墓”残碑一座和石蜡台、石桌各一。据群众传说,此墓地为清朝咸丰、同治年间曾任江宁、吉林等处将军富明阿(袁氏)父亲之墓。

上文墓主根据口碑资料记载错误。爱辉区档案馆馆藏新发现《瑷珲茔址四祠基段落丈尺清单》一文,其中记载:“距城南一里许大树林前南首,有茔地一段,内葬先武勤公(富明阿,原任吉林将军)之曾祖父母、祖父母、父母三代,茔垣三所,共计东西长四十丈,南北宽三十六丈,面积一千四百四十方丈。”

根据此文记载,富明阿父亲之墓应在“瑷珲城南一里许大树林前南首”。

瑷珲头道沟屯西北标有震威将军墓不是富明阿父亲之墓,经查民国9年《瑷珲县志》《人物宦业》庆祺传记载:“庆祺字云峰,瑷珲正白旗人,袁姓,前清花翎通肯副都统,父封震威将军,蓝翎银山保。”由此得知此墓为庆祺父亲银山保之墓。

(五)1986年版《爱辉县志》,爱辉县人民政府、人民委员会县长年表中,李伯言任县长时间为1950年6月至1952年12月。1952年12月至1953年10月,张庆生任县长。

作者:祁学俊　刘城　盖玉玲　孙运才

索　引

编辑说明

1. 本索引采用主题分析法编制,按标引词第一字汉语拼音字母顺序排列,同音字按声调排列,音调相同按下一字的音序排列。

2. 总述、大事记,以及附录、概况等,未编入索引。

3. 标引词后的数字,表示内容所在页码。

A

B

C

D

E

F

G

H

J

K

L

M

N

P

Q

R

S

T

W

X

Y

Z

后　　记

《黑河市爱辉区志》记载着爱辉区1983—2005年的发展历史及改革开放拼搏奋进的历程。该书的编纂工作浩繁,规模巨大。在中共黑河市爱辉区委、区政府的重视和关怀下,在省、市地方志办公室的指导下,在中、省直有关单位的配合下,在全区各部门、各单位的支持下,在全体修志人员的共同努力下,完成了180万字的具有爱辉区特色《黑河市爱辉区志》。

一、准备培训阶段

1998年,按照省、市地方志办公室关于第二轮修志的要求和部署,黑河市爱辉区开展了《黑河市爱辉区志》编纂的准备工作。2000年制定了《爱辉区续志工作方案》,要求各承编单位落实专兼职修志人员。2001年初,拟定了《黑河市爱辉区志》篇目框架,为33篇,时间断限为上限1983年,下限2000年。2001年8月举办2期以会代训培训班,邀请黑河市地方志办公室专家讲解了区志材料的编纂要求,共有200余人参加培训学习。截至2003年末,有46个承编单位没有完成材料(1983—2000年)的编纂和报送。

2005年初,按照省、市地方志办公室的部署和要求,调整了《黑河市爱辉区志》编纂时限,时限确定为上限1983年,下限延伸到2005年。2006年4月中旬召开了由各单位主管领导和编纂人员参加的专题会议。会议对《黑河市爱辉区志》材料的报送做了安排和部署,明确了工作任务。4月末先后3次举办了全区各承编单位编纂人员培训班,邀请了黑河市地方志办公室专家讲课,并对部分材料进行了评议。区地方志办人员到承编单位进行个别指导和评议。2006—2010年,经过多次修改完善了《黑河市爱辉区志》的篇目框架,修改后的篇目为21篇。突出了地方特色和时代特点。2005年末,全区有65%的部门单位完成了材料(1983—2005年)的编纂。收集资料200余万字。

二、编纂阶段

2011年,按照边指导培训、边收集核实资料、边纂写的方式方法,开始了编写工作,协调区委办、区政府办联合下发了《关于进一步做好〈爱辉区志〉编审工作的通知》,文件要求各单位各部门主要领导负责此项工作,落实了政治素质高,责任心强,文字综合能力强的人员负责编写工作;实施了"谁主管,谁负责""系统抓,抓系统"的工作机制。2012年末,由于区地方志办公室人员少,《黑河市爱辉区志》编纂量大,经请示区政府主要领导同意,聘请了3名有编纂经验的人员参加了续志工作。2013年区委办、区政府办联合下发了《关于报送黑河市爱辉区志·人物篇相关材料的通知》,文件对英烈人物、政治人物、模范人物和专业技术人才资料的报送工作提出了具体要求。在编写过程中,遇到实际问题,采取集中研究解决;截至2014年末,编纂完成了40余万字的初稿。对编纂完成的初稿及时报送黑河市地方志办公室,聘请专家进行初审,对初审专家提出的修改意见,及时修改完善。2014年,聘用的2名编纂人员先后辞去编纂工作,聘用人员只剩1名。2015年,加大了对机构改革中撤、并、转和档案资料缺失单位的资料的收集工作,同时到市、区组织部、档案局,区统计局等单位和部门查阅档案资料,收集资料和补充数据。在编纂领导干部更迭情况、基层组织建设和党员行业分布情况时,由于时间较久远,加之档案资料不全,编纂时参照了组织史资料。截至2015年末，完成了170万字的《黑河市爱辉区志》初稿，并按黑河市地方志办公室专家提出的修改意见，进行了修改和完善。

三、总纂和照片收集工作

2016年初，对《黑河市爱辉区志》初稿进行了认真总纂。按照志书编纂的要求，对篇目重新进行了调整，把卫生篇的人口和计划生育调整到社会生活篇；单独设置了精神文明篇；调整后共设置23篇。在总纂过程中，严把政治关，保证志书观点和党的路线、方针保持高度一致，严把体例关和文字关重点修改和完善了体例不规范、交叉重复，文字记述不准确、修饰性语言等问题，删除了冗长部分，补充完善了缺失部分。统一了文体和文风。保证了志书的质量、志书记述内容的完整和记述的准确，力求编纂出精品佳志。11月中旬，完成了《黑河市爱辉区志》的总纂工作。

为了使《黑河市爱辉区志》做到图文并茂，宣传爱辉区天蓝水美，地大物博；在总纂过程中对各篇章节目需要添加的照片列出了提纲。在市区和乡镇拍摄照片600余幅，与有关部门和单位联系收集照片60余幅。经过筛选《黑河市爱辉区志》共选用照片300余幅，基本做到了图文并茂。

12月末，总纂后的《黑河市爱辉区志》文字稿和收集的照片，进行排版印刷，完成了送审稿印刷工作。并报送省、市地方志办公室。

四、终审修改、定稿和交付印刷工作

《黑河市爱辉区志》终审会议　　2017年4月摄

2017年1月，《黑河市爱辉区志》送审稿，分别报送区委书记、常委，区政府区长、副区长，区人大常委会主任、副主任，区政协主席、副主席等主要领导；报送了区委保密办、区法制办等部门帮助协审。同时把区志送审稿下发到全区各承编单位进行审核，各部门和单位审核后，由主要领导签字，审核人员签字加盖公章后，报送地方志办公室。

2017年4月18日，召开了《黑河市爱辉区志》终审评议会议。黑龙江省地方志办公室市县指导处长刘树波、主任科员梁辰及黑河市、县、区地方志办公室主任参加了《黑河市爱辉区志》评审会议；会议由黑河市地方志办公室主任田桂珍主持，副区长孟宪辉出席会议并做重要讲话。评审专家对《黑河市爱辉区志》给与了充分肯定和较高评价，同时评审专家提出了修改意见和建议，为编纂较高质量的志书奠定了基础。按照评审专家、爱辉区四大班子领导和各单位部门提出的修改意见，进行了认真梳理、修改和完善。将第三篇人民生活调整到第二十三篇，第十二篇中国共产党爱辉区

《黑河市爱辉区志》编纂人员在研究志稿（傅静华〈左一〉、张德玉〈左二〉、孙运才〈右一〉）　　2018年4月摄

地方组织更名为中国共产党,第十三篇人大政府政协,拆分为人民代表大会,人民政府和政治协商会议。

重新调整了第四篇城乡建设和环境保护、调整了水利篇,设置了金融保险篇,篇目由原来的23篇,调整为27篇,形成了近180万字的第三稿。

2017年8月,《黑河市爱辉区志》向爱辉区史志专家祁学俊、白常祥、何常荣等老同志征求意见和建议。《黑河市爱辉区志》编纂完成,得到了区委、区政府的高度重视和大力支持,区委书记张建国,区长周强、副区长孟宪辉亲自过问地方志工作并帮助解决实际问题。同时也得到区委组织部、区委办、政府办、财政局、统计局等全区各部门和单位的鼎力支持,确保了编纂工作的顺利开展。《黑河市爱辉区志》的出版发行是各部门和地方志人员通力协作、共同努力的结晶。《黑河市爱辉区志》凝聚着许多人的心血和汗水,在此,向所有关心、帮助、支持和参与本志编纂工作专家、学者、领导和各部门单位的同志,一并致以衷心的感谢。

《黑河市爱辉区志》编纂工作是系统繁杂的文化工程,记载了1983—2005年爱辉区改革开放、边贸旅游快速发展的重要时期,同时爱辉区又经历了"两撤两建"特殊的机构变化。深刻的反映了爱辉区经济建设和社会事业所取得的成就,彰显了地方特色和时代特点。面对人员少、时间紧、任务重、资料收集难等困难,加之编者受阅历和水平有限,因此本志会有疏漏和不足之处,希望读者不吝赐教,以后修志者纠谬补遗。

编　者

2018年9月